길 진리 생명
해설 성경

오경 편

LA BIBBIA VIA VERITÀ E VITA

Edizioni San Paolo srl - Cinisello Balsamo (MI) - Italy

본서는 이탈리아에서 출간된 **LA BIBBIA** VIA VERITÀ E VITA의 오경 편을 따로 묶은 것입니다.

길 진리 생명 해설 성경 오경 편

초판 발행일 2023. 10. 4

기획 성바오로(이탈리아)
편역 임숙희
펴낸이 서영주

펴낸곳 성바오로
출판등록 7-93호 1992. 10. 6
주소 서울특별시 강북구 오현로7길 20(미아동)

취급처 성바오로보급소 **전화** 944-8300, 986-1361
팩스 986-1365 **통신판매** 945-2972
E-mail bookclub@paolo.net · **인터넷 서점** www.paolo.kr

취급처 바오로딸중앙보급소 **전화** 984-3611
팩스 984-3612 **통신판매** 944-0944~5
E-mail edit@pauline.or.kr · **인터넷 서점** www.pauline.or.kr

책값은 뒤표지에 있습니다.
ISBN 978-89-8015-946-8
교회인가 서울대교구 2023. 4. 13 SSP 1089

길
진리 생명

해설 성경

오경 편

임숙희 편역

바오로딸

성바오로

추천의 말

성경의 첫 권, 창세기는 창조하시는 하느님의 말씀으로 시작합니다. 그리고 창세기에 이어지는 구원의 역사는 "성경은 하느님께서 당신 백성에게 보내시는 편지다."라고 한 대 그레고리오 성인의 말씀처럼 하느님께서 당신 백성에게 보여 주시는 사랑의 말씀을 담고 있습니다. 신약의 요한 복음서는 그 "말씀이 사람이 되시어 우리 가운데 사셨다."(1,14)고 장엄하게 선포합니다.

성경은 창조하시고 구원하시는 하느님의 말씀에 응답하는 백성들의 이야기도 전합니다. "주님, 말씀하십시오. 당신 종이 듣고 있습니다."(1사무 3,9)라고 아뢰는 소년 사무엘의 듣는 마음이 있고, "말씀대로 저에게 이루어지기 바랍니다."(루카 1,37)라고 말씀에 순명하는 나자렛의 마리아가 있으며, "한 말씀만 해 주십시오. 그러면 제 종이 나을 것입니다."(마태 8,8)라고 종을 위해 간청하는 백인대장의 따뜻한 이야기도 있습니다. 이렇게 하느님의 말씀과 인간들의 응답이 씨줄과 날줄이 되어 거룩한 역사의 이야기, 성경의 이야기를 지어 냅니다. 하느님의 나라를 향해 걷고 있는 우리 신앙인들의 여정 또한 하느님의 말씀을 듣고 응답하는 과정이기에 성경은 곧 우리의 이야기가 되고, 우리 삶의 지침이며 양식이 됩니다.

'길 진리 생명 해설 성경'의 출간을 기뻐하며 이 해설 성경이 우리 신앙인들의 삶에 큰 도움이 되기를 바랍니다. 하느님 말씀의 뜻을 알고(진리), 그것을 일상에서 실천하며(길), 전례와 기도 생활에서 하느님과 일치하는(생명) 여정을 걷는 사람들이 사도 바오로의 염원대로 '언제나 기뻐하고' '끊임없이 기도하며' '모든 일에 감사하는'(1테살 5,16-18 참조) 삶을 체험하시기를 기도하는 마음입니다.

'길 진리 생명 해설 성경'을 펴내기 위해 애쓴 관계자 여러분께 치하의 말씀을 드리며 이 성경을 읽는 "모든 이의 마음과 삶에 복음의 기쁨"(복음의 기쁨, 1 참조)이 가득하기를 빕니다.

주교회의 성서위원회 위원장 주교
김종수 아우구스티노

여는 말

하나의 책이자 체험인 성경

이 해설서는 성경이 책일 뿐만 아니라 무엇보다 체험이기도 하다는 통찰에서 태어났다. 성경은 믿는 이들의 공동체(이스라엘과 교회)가 하느님의 구원 계획에 드리는 응답인 믿음의 체험이며 이는 우리가 성경이라고 부르는 책들의 모음집 안에 글자 형태로 담겨 있다. 다른 한편으로 이 믿음의 체험은 동시에 하느님의 호소에 생생하고 관대한 응답을 드리도록 하는데, 이런 응답은 성령의 감도를 받은 본문들의 의미를 깊게 하고 그 이해를 풍성하게 한다.

바오로가족의 창립자인 야고보 알베리오네 신부(1884-1971)는 제2차 바티칸 공의회 이전에 이미 이러한 생각을 성숙시켜 나갔다. 바오로가족의 성경 사도직은 그 초창기부터 특징적인 면모를 지니고 있었다. 그것은 성경을 보급하는 데만 머물지 않고, 성경 본문을 이해하고 참된 삶을 살 수 있도록 주석을 제공하는 것이었다. 이는 "사람들을 그들의 자리에서 그들 모습대로 하느님께 데려가기"(Apostolato Stampa, 107쪽) 위함이었다. 알베리오네 신부에게 성경은 "주님께서 당신 자녀들에게 쓰신 거룩한 편지"로서, 성경에 다가가기 위해서는 신자 자신의 온전한 참여가 요구된다. 즉 '지성으로' 믿음의 진리를 이해하는 것으로는 충분치 않으며, 자신의 '의지를 다해' 역사 안에 투신하고 '마음을 다해' 하느님과 친밀한 일치를 이루며 성장해 나가야 한다. 이러한 삼중 표현은 요한 복음서에서(14,6) 자신을 길, 진리, 생명으로 정의하신 예수님의 표현에서 가져온 것이다. 예수님의 이 자기 정의가 특히 이 책의 세 단계 구조의 주석에 영감을 주었다.

길 진리 생명 주석

본서의 주석들은 성경 본문을 이해하는 것뿐만 아니라 그것을 살아 내는 것 또한 돕고자 한다. 이 주석들은 신학적-사목적(길), 주석학적(진리), 전례적(생명) 성격의 세 단계 구조로 되어 있다.

첫째 단계 신학적-사목적 주석은 독자들이 내적인 양식을 얻게 하려는 목표를 가지고 있다. 성경 각 권 저자들이 사용한 이미지들이나 주제들을 통해 그들의 구체적인 신학적 특징들을 요약하고, 그 성경 저자가 이미 전제하고 있는 습관과 관례들을 상기시키면서 저자의 상황을 명확히 설명한다. 이 단계는 책 모양의 아이콘( )으로 표시했다.

반면, 주석학적 설명은 복잡한 문제점들을 골라내어 용어나 문장들의 의미를 명확하게 하며, 더 나아가 가끔 어떤 진술의 의미를 불명확하게 만드는 본문의 문제들에 대해 광범위한 정보를 제공한다.

마지막으로 전례적 설명은 한 성경 본문이 전례주년의 흐름 안에서 읽히는 경우나 성사 혹은 준성사 거행 때 읽히는 경우에 제시된다. 또한 이 설명은 한 본문이 선포되는 특정 전례 행위 안에서 그 본문이 어떠한 의미를 가지는지를 설명한다. 이 각주들은 십자가 모양의 아이콘(✠)으로 제시했다.

본문 디자인 역시 "길, 진리, 생명"이라는 세 가지 주석의 특성을 분명하게 담고 있다. 이는 유다교와 그리스도교 세계에서 중세 시기부터 17세기까지 출판된 성경 주해판이 채택한 배치에서 영감을 얻었다. 곧 주해는 성경 본문 가장자리를 둘러싸면서 본문과 하나를 이룬다. 신학적 전례적 성격의 설명들은 각주처럼 성경 본문 아래에 자리하며, 주석학적 설명들은 성경 본문 옆 날개 부분에 위치한다. 하지만 본문을 가두기보다는 독서와 열린 체험을 위해 개방된 구조에 따라 본문을 제시한다.

이 해설서의 새로움

이 해설서의 새롭고 폭넓은 입문 글들은 네 단계로 구조화되어 성경 각 권을 이해하는 데 필수적인 정보를 제공하고 있다.

병행 구절과 유사 구절에 대한 지침을 담고 있는 주석도 완전히 새로우며, 꼼꼼하고 정확한 참조 구절들을 제시하고 있다. 성경 연구가 오래전부터 확인해 온 사실, 곧 성경의 각 권이 다른 성경의 책들과 연결되어 있으며 무엇보다도 바로 그 성경 내부의 본문과도 관련되어 있다는 것이 이 주석에서 적용되고 있는 셈이다.

성경 본문에 대한 전례적 해석에도 주의를 기울여, 시편과 4복음서에 대한 전례적 설명이 풍요롭게 제시되고 있다.

고대와 현대의 다른 번역문들을 소개하는 것과 같이 본문에 대한 정보 역시 폭넓게 제공하고 있다. 그래서 독자는 어떤 한 단어 뒤에 얼마나 많은 문제가 있을 수 있는지를 볼 수 있고 다른 해석 가능성을 알 수 있으며 선택된 번역문을 평가할 수 있는 기회를 얻을 수 있다. 전례에서 더 많이 읽히는 책들에 우선순위를 두면서 보다 중요한 이문異文들에 대한 분석에 치중했다.

채택된 언어는 정확하면서도 너무 전문적이지 않도록 하였다. 고대 사본들에 대해 일반적으로 말할 경우에 시리아어 사본들과 타르굼 사본들(아람어)의 중요성을 염두에 두지만, 무엇보다도 (칠십인역) 그리스어본과 대중 라틴말 번역본을 언급하고 있다. 새 대중 라틴말 번역본은 현재 본문 번역과 다를 때만 언급했으며, 설명에서 "(새) 대중 라틴말"이라는 말은 대중 라틴말 성경과 새 대중 라틴말 성경의 번역이 동일하다는 것을 의미한다. 히브리어와 그리스어 단어들은 필요할 때만 언급했다.

축원

복자 알베리오네 신부는 즐겨 말하곤 했다. "거룩한 책을 읽는 사람은 거룩한(하느님의) 논리를 받아들이고 거룩한 언어를 구사하며 거룩한 효과를 얻게 된다."(Leggete le SS. Scritture, 120쪽) 이 해설서가 단순히 한 권의 책에 머무는 것이 아니라, 모든 독자에게 체험이 되고 알베리오네 신부가 말한 그 여정을 걷는 데 도움이 되기를 바란다.

자코모 페레고Giacomo Perego 신부, ssp
국제성바오로성서센터International saint Paul biblical center

한국어판 여는 말

일찍이 위대한 성경학자였던 성 예로니모는 "성경을 모르면 그리스도를 모르는 것이다."라고 하였습니다. 온 세상을 창조하시고 당신 자신을 계시하시는 하느님, 그리고 우리에게 그분을 온전히 알려 주신 그리스도를 아는 길은 여러 가지가 있겠지만 성경만큼 그분을 직접적으로 보여 주는 확실한 길을 찾기란 쉽지 않습니다. 모르는 것을 사랑할 수는 없는 법입니다. 알아야 사랑할 수 있으며 더 많이 아는 이는 더 많이 사랑할 수 있기에 성경은 그분을 깊이 사랑할 수 있게 하는 분명한 길입니다. 그리고 그분에 대한 앎과 사랑은 사고방식과 삶의 변화와 같은 우리 실존의 변화로까지 이어집니다. 이처럼 하느님과 맺는 관계에서나 우리 존재의 차원에서나 성경이 차지하는 중요성은 이루 말할 수 없기에 성경을 잘 아는 것은 신앙생활에 필수 불가결한 요소로 자리 잡고 있습니다.

이러한 필요성에 기초를 두고, 학적인 기반을 외면하지 않은 채 좀 더 대중적이고 우리 삶의 체험 영역에까지 가 닿을 수 있는 차원의 성경 주석서를 한국 신자들에게 제공하기 위해 이탈리아 성바오로출판사에서 펴낸 길 진리 생명 해설 성경을 소개하고자 합니다. 이 주석서는 다양한 분야의 전문가들 특히 성경 전문가들이 합심하여 오랜 기간 심혈을 기울여 내놓은 작품으로, 이탈리아 신자들에게 이미 좋은 평을 얻어 그 가치를 인정받은 책입니다.

다만 이 주석서를 한국 독자들에게 소개하기 위해서 불가피한 수정 작업을 거쳐야 했습니다. 본래 성경 번역이라는 것 자체가 하나의 해석 작업입니다. 하나의 현대어로 성경을 옮겨 놓기 위해서는 먼저 히브리어와 그리스어 본문에 대한 비평 작업이 있어야 하고 선정된 본문에 대해서도 번역의 다양한 가능성 가운데서 선택하는 과정을 거쳐야 하기 때문입니다. 단락을 나누는 것에서도 이러한 해석의 여지가 개입하게 됩니다. 따라서 성경학자들의 개인적 견해보다 객관적인 정통 해석을 따른다 하더라도 이탈리아 주교회의에서 공인된 성경 번역과 한국 교회에서 사용하는 성경 번역이 본문 자체에서 완전하게 일치할 수는 없습니다. 더욱이 이 번역된 성경 본문에 주석이 덧붙여지기 때문에 성경 본문이나 단락 구분에서 차이가 있을 경우에 이탈리아본 주석서의 설명을 그대로 사용할 수가 없었습니다.

이러한 이유로 한국 교회 공용 성경에 맞춰진 주석서 발행을 위해 성서학을 전공한 이들을 중심으로 출간 위원회가 구성되었습니다. 김태훈 신부(성바오로수도회), 안소근 수녀(성도미니코선교수녀회), 염철호 신부(부산교구), 임숙희 박사(엔아르케성경삶연구소)가 이 위원회의 구성원들입니다. 이 위원회를 중심으로 이탈리아어판 주석서의 내용에 대한 수정, 첨가, 삭제 등의 과정을 거쳐 우리 성경의 내용과 한국 독자들의 실정에 맞는 본문 설명을 제시하고자 했습니다. 이 길 진리 생명 해설 성경을 펴내는 데 귀중한 도움을 주신 말씀학교 회원들에게 이 자리를 빌려 감사를 드립니다.

성 대 그레고리오의 말처럼 하느님 말씀은 그 말씀을 읽는 이와 함께 자랍니다. 하느님 말씀을 더 깊이 이해함에 따라 우리가 성장할수록 그 하느님 말씀은 우리에게 더 크고 넓은 지평을 열어 주게 될 것입니다. 이러한 성장과 진보의 여정에 이 주석서가 조금이라도 보탬이 되기를 진심으로 기원합니다.

길 진리 생명 해설 성경 출간위원회를 대표하여
김태훈 신부, ssp

일러두기

1. 주석서의 해설의 대상이 되고 있는 성경은 주교회의 성서위원회에서 편찬하고 한국천주교주교회의에서 승인한 한국 교회 공용 번역본이다.

2. 성경 각 권의 순서와 각 권에 대한 약어, 성경 구절의 줄임 표기는 이 공용 번역본 성경의 것을 따른다. 하지만 독자들의 편의를 위해 약어표를 따로 제시하였다. 성경 구절의 줄임 표시에 대한 예시를 성경 일러두기에서 차용하여 표시한다면 다음과 같다. 예) 창세 5 ⇒ 창세기 5장 / 창세 3,15 ⇒ 창세기 3장 15절 / 창세 5,2ㄱ ⇒ 창세기 5장 2절 전반부 / 창세 3,5-10 ⇒ 창세기 3장 5절부터 10절까지 / 창세 4-6 ⇒ 창세기 4장부터 6장까지 / 잠언 1,28; 아가 5,6 ⇒ 잠언 1장 28절과 아가 5장 6절 / 욥 14,18; 18,4 ⇒ 욥기 14장 18절과 18장 4절 / 시편 22,3.15.24 ⇒ 시편 22편 3절과 15절과 24절 / 언급되고 있는 책의 구절은 그 책 이름을 별도로 기재하지 않고 숫자로만 표기하므로, 예를 들어 시편에 관한 책일 경우 11,7; 민수 12,8 ⇒ 시편 11편 7절과 민수기 12장 8절을 의미한다.

3. 우리말 표기는 국립국어연구원(현 국립국어원)에서 펴낸 『표준국어대사전』을 기준으로 삼으며, 외래어 표기는 정부에서 제시한 '외래어 표기법'을 따르되 이 책이 성경에 대한 주석서이기 때문에 몇몇 예외를 제외하고 되도록 성경의 외래어 표기법을 존중하여 따랐다.

4. 성경 외의 용어들은 가톨릭 교회교리서, 교회법전, 제2차 바티칸 공의회 문헌 등과 같은 교회 주요 문헌과 천주교 용어집(한국천주교주교회의, 2017년 개정 증보판)을 따랐으며 한국가톨릭대사전(한국교회사연구소), 전례사전(가톨릭출판사), 천주교 용어사전(도서출판 작은예수) 등도 참조하였다.

5. 전례에 관한 설명에서 언급되고 있는 책들은 한국천주교주교회의에서 편찬한 『로마 미사 경본』(제3판, 한국어판), 미사독서집들, 여러 예식서들, 성무일도서를 지칭한다.

6. 성경 각 구절에 대해 참조 구절들을 제시하고 있는 주석 부분에서 // 표시는 병행 구절을 의미한다.

7. 설명 부분에서 다른 설명을 참조하라고 가리키는 경우, '주'라는 말은 보통 성경 본문의 날개 부분에 설명이 나와 있는 주석학적 설명을 지칭하고, '주해'라는 말은 표시가 있는 신학적 사목적 설명을 가리킨다.

성경 약어표

구약 성경

오경	(약어)
창세기	(창세)
탈출기	(탈출)
레위기	(레위)
민수기	(민수)
신명기	(신명)

역사서	
여호수아기	(여호)
판관기	(판관)
룻기	(룻)
사무엘기 상권	(1사무)
사무엘기 하권	(2사무)
열왕기 상권	(1열왕)
열왕기 하권	(2열왕)
역대기 상권	(1역대)
역대기 하권	(2역대)
에즈라기	(에즈)
느헤미야기	(느헤)
토빗기	(토빗)
유딧기	(유딧)
에스테르기	(에스)
마카베오기 상권	(1마카)
마카베오기 하권	(2마카)

시서와 지혜	(약어)
욥기	(욥)
시편	(시편)
잠언	(잠언)
코헬렛	(코헬)
아가	(아가)
지혜서	(지혜)
집회서	(집회)

예언서	
이사야서	(이사)
예레미야서	(예레)
애가	(애가)
바룩서	(바룩)
에제키엘서	(에제)
다니엘서	(다니)
호세아서	(호세)
요엘서	(요엘)
아모스서	(아모)
오바드야서	(오바)
요나서	(요나)
미카서	(미카)
나훔서	(나훔)
하바쿡서	(하바)
스바니야서	(스바)
하까이서	(하까)
즈카르야서	(즈카)
말라키서	(말라)

신약 성경

마태오 복음서 ······ (마태)
마르코 복음서 ······ (마르)
루카 복음서 ······ (루카)
요한 복음서 ······ (요한)
사도행전 ······ (사도)
로마 신자들에게 보낸 서간 ······ (로마)
코린토 신자들에게 보낸 첫째 서간 ······ (1코린)
코린토 신자들에게 보낸 둘째 서간 ······ (2코린)
갈라티아 신자들에게 보낸 서간 ······ (갈라)
에페소 신자들에게 보낸 서간 ······ (에페)
필리피 신자들에게 보낸 서간 ······ (필리)
콜로새 신자들에게 보낸 서간 ······ (콜로)
테살로니카 신자들에게 보낸 첫째 서간 ······ (1테살)
테살로니카 신자들에게 보낸 둘째 서간 ······ (2테살)
티모테오에게 보낸 첫째 서간 ······ (1티모)
티모테오에게 보낸 둘째 서간 ······ (2티모)
티토에게 보낸 서간 ······ (티토)
필레몬에게 보낸 서간 ······ (필레)
히브리인들에게 보낸 서간 ······ (히브)
야고보 서간 ······ (야고)
베드로의 첫째 서간 ······ (1베드)
베드로의 둘째 서간 ······ (2베드)
요한의 첫째 서간 ······ (1요한)
요한의 둘째 서간 ······ (2요한)
요한의 셋째 서간 ······ (3요한)
유다 서간 ······ (유다)
요한 묵시록 ······ (묵시)

차례

길 진리 생명 해설 성경 입문

한처음에 말씀이

"한처음에… 하느님께서 말씀하시기를 '빛이 생겨라.' 하시자 빛이 생겼다."
(창세 1,1.3)

"한처음에 말씀이 계셨다."(요한 1,1)

구약 성경과 신약 성경은 하느님 말씀으로 시작된다. 다시 울려 퍼지고 일하시는 하느님 말씀이다. 곧 하느님께서는 우주와 인류를 피어나게 하는 당신 창조의 목소리로 무無의 침묵을 파괴하신다. 이것이 하느님의 첫 계시이다. "하늘은 하느님의 영광을 이야기하고 창공은 그분 손의 솜씨를 알리네. 말도 없고 이야기도 없으며 그들 목소리조차 들리지 않지만 그 소리는 온 땅으로, 그 말은 누리 끝까지 퍼져 나가네."(시편 19,2.4-5) 우주에 퍼져 가는 이 메시지를 들으며 인간은 "창조물의 위대함과 아름다움"을 보고 누가 이들을 만들었는지를 알 수 있다(지혜 13,5).

그러나 계시의 둘째 길이 있다. 하느님께서는 한 백성의 역사에서 일어나는 사건들을 통해 말씀하신다. 그분 목소리는 이스라엘의 조상을 움직이고 억압받는 민족을 해방으로 이끈다. 하느님께서는 그들에게 선물로 땅을 주신다. 그분은 경배해야 할 황금 우상이 아니라 높은 곳에서 내려와 인간의 의식을 흔들어 놓는, 살아 있는 힘 있는 말씀이시다. "너희는 말씀하시는 소리는 들었지만, 어떤 형상도 보지 못하였다. 너희는 소리만 들었을 뿐이다."(신명 4,12)

그렇지만 하느님께서는 더 나아가 인간의 사건에 온전히 참여하기를 원하신다. 역사와 어떤 인간들을 통하여 자신을 계시하시는 것만으로 만족하지 않으신다. 인간의 역사에 들어와 사람이 되시어 시간과 공간, 웃음과 눈물, 생명과 죽음을 인간과 함께 나누신다. "말씀이 사람이 되시어 우리 가운데 사셨다."(요한 1,14) "하느님께서 예전에는 예언자들을 통하여 여러 번에 걸쳐 여러 가지 방식으로 조상들에게 말씀하셨지만 이 마지막 때에는 하느님 영광의 광채이시며

하느님 본질의 모상인 아드님을 통하여 우리에게 말씀하셨다."(히브 1,1-3 참조)

하느님 말씀의 길은 그렇게 사람이 되신 분, "어제도, 오늘도 그리고 항상"(히브 13,8 참조) 계시는 예수 그리스도의 계시로 당신 땅에 도달한다. 그러나 하느님 말씀은 창조물 안에서 반향을 일으키고 족장과 예언자, 현자들에 의해 표현되며, 그리스도 안에서 사람이 되시고, 그리스도와 그분 사도들에 의해 세상에 선포된다. 이 하느님 말씀은 또한 성경이라는 책이 된다. 지금 우리가 열고 있는 성경은 『가톨릭교회교리서』(81항)에서 말하듯이 "성령의 영감에 의해서 기록된 하느님 말씀"이다. 이탈리아어로 성경Bibbia은 "책들"을 의미하는 그리스어 '비블리아'에서 파생한 용어이다. 첫 번째 성경, 곧 구약에는 다양한 범주의 책 마흔여섯 권이 들어 있다. 구약 성경은 주님께서 한 백성, 여러 민족 가운데에서 하느님의 사자使者, "사제들의 나라가 되고 거룩한 민족이 될"(탈출 19,6) 이스라엘에게 처음으로 자신을 드러내신 계시이다. 신약 성경은 스물일곱 권으로 구성된다. 하느님께서 그리스도와 교회, "선택된 겨레고 임금의 사제단이며 거룩한 민족이며 어둠에서 불러내어 당신의 놀라운 빛 속으로 이끌어 주신 분의 위업을 선포하기 위해 당신 소유로 삼은 백성"(1베드 2,9 참조) 안에서 결정적으로 그분 자신을 계시하신 내용을 소개한다.

인간의 말에 담긴 하느님 말씀

그러므로 우리는 지금 "영원히 머물러 계시는 말씀"(1베드 1,25; 이사 40,8 참조)을 자체 안에 간직하고 있는 인간의 말이라는 광대한 전망에 직면하고 있다. 구약 성경에 들어 있는 히브리어 단어는 305,441개이다(그 가운데 4,828개는 자매어인 아람어에 속한다). 그리스어로 기록된 다른 구약 성경 일곱 권도 있다. 신약 성경에는 그리스어 단어 138,013개가 들어 있다. 책들 안에 말이 마치 작은 대양처럼 자리 잡고 있다고 할 수 있다. 성경은 같은 종류의 항목에 따라 전통적으로 다음과 같이 구분할 수 있다. 첫 번째 계약은 세 항목으로 나뉘는데 첫째 항목은 창세기부터 마카베오기까지 전개되는 역사서로 구성된다. 여기에서 중요한 위치를 차지하는 것은 첫 책들, 히브리인들이 '토라' 곧 "율법", "가르침"이라고 부르는 다섯 권이다. 토라는 '펜타테우코스'Pen-tateuco라고도 불리는데 양피지 두루마리에 책을 쓸 때 그 책들을 보관한 다섯 개의 작은 상자를 가리킨다. 둘째 항목은 지혜문학에 속하는 책들이다. 히브리인들은 이런 책들을 '크투빔', 곧 성문서라고 부르는데 존재와 삶의 신비를 성찰하는 지혜의 목소리가 담겨 있다. 셋째 항목에는 히브리어로 '느비임'이라고 부르는 예언서들이 있다. 예언자들은 역사를 심판하고 구원하시며 역사 안으로 들어오시는 하느님 말씀에 대한 위대한 증인이다. 이사야부터 말라키에 이르기까지 하느님 말씀 선포에 헌신한 중요한 인물들과 덜 알려진 인물들이 우리 앞에 줄지어 나타나는데 메시아 희망과 함께 우리를 신약으로 데려간다.

신약도 세 항목으로 구분된다. 네 복음서와 사도행전은 거의 구약의 역사서와 병행한다. 사도들이 쓴 서간은 스물한 개인데 지혜문학 모델을 반영하고 있다. 성경 전체를 끝마치는 요한 묵시록은 예언자적 목소리와 유사하다(묵시 1,3; 22,7.10 참조). 성경에 들어 있는 책들은 세 개의 역사적인 언어(히브리어, 아람어, 그리스어)에 속하는 인간의 말로 기록되었기에 인간 저자의 참여에서 비롯된 특성, 스타일, 당시의 역사와 문화와 관련된 사항을 포함하고 있다. 그러므로 하느님 말씀과 인간의 말 사이에 섬세하고 복잡하게 얽혀 있는 요소들을 풀어내야 성경이 어떤 책인지 이해할 수 있다.

성경 전체는 하느님의 영감을 받는다

지금은 전통이 된 세 용어로 표현되는 요소들을 통해 우리는 하느님 말씀과 인간의 말이 어떻게 함께 짜이는지에 대해 여러 세기 동안 진행된 광범위한 연구를 살펴볼 것이다. 첫째 용어는 '영감'ispirazione이다. 용어 자체가 말하듯 성경 역사의 인물, 안내자, 신앙의 스승, 특히 성경 저자들의 정신과 마음, 증언을 통해 전달되는 성령의 감도를 가리킨다.

성 바오로는 이미 제자 티모테오에게 "성경은 전부 하느님의 영감으로 쓰인 것으로, 가르치고 꾸짖고 바로잡고 의롭게 살도록 교육하는 데에 유익"(2티모 3,16)하다는 것을 상기시켰다. 바오로의 말에 대한 메아리처럼 성 베드로는 그리스도인들에게 "예언은 결코 인간의 뜻에서 나온 것이 아니라, 사람들이 성령에 이끌려 하느님에게서 받아 전한 것입니다."(2베드 1,21)라고 권고하고 있다. 그는 "성령에 의해 움직이는" 사람들 가운데 "우리가 사랑하는 형제 바오로"가 쓴 기록들도 배치하였다(3,15-16).

이 지점에서 우리는 교회의 전통적인 가르침의 흐름을 받아들여 선언한 제2차 바티칸 공의회의 가르침을 체계적으로 살펴볼 수 있다. 성경에 있는 책들은 "성령의 감도로 기록된 것이고 하느님께서 저자이시며, 또 그렇게 교회에 맡겨졌다. 성경을 저술하는 데에 하느님께서는 인간을 선택하시고, 자기의 능력과 역량을 이용하는 사람들을 활용하신다. 하느님께서 몸소 그들 안에 또 그들을 통하여 활동하시어 하느님께서 원하시는 모든 것을, 또 원하시는 것만을 그들이 참저자로서 기록하여 전달하도록 하셨다."(『계시 헌장』 11항).

신학자들은 두 개의 자유, 곧 계시자 하느님이 지닌 최고의 자유와 고유한 공간과 표현을 지닌 인간의 자유 사이의 미묘한 교차를 깊이 탐구하는 데 헌신했다. 이 말의 의미를 이해하려면 성경 본문 몇 개를 읽는 것만으로 충분하다. 히브리 문학의 단테로 불리는 이사야처럼 화려한 경력을 지닌 예언자가 쓴 본문, "가축을 키우고 돌무화과나무를 가꾸는 사람"(아모 7,14) 아모스의 열정과 예리한 현실 감각이 담긴 본문, 예레미야의 아주 낭만적인 글이나 에제키엘의 바로크식 이미지, 다니엘서, 즈카르야서, 요한 묵시록에 담긴 열정적이고 감정적인 환시, 또는 복음서 저자들이 예수님 모습을 묘사하기 위해 제시하는 다양한 전망, 바오로의 어렵고 치밀한 서간 탐구 등의 본문들이다. 이런 몇 가지 예를 통해 하느님께서 우리에게 전하시는 메시지가 성령으로 감도된 저자의 인격을 통해 여과된다는 것이 무슨 뜻인지를 쉽게 이해할 수 있다.

거룩한 책 73권의 정경

이런 방식으로 성경 안에 육화의 신비가 예시되는 것을 이해할 수 있다. 말씀은 성경의 기록된 페이지를 통해서도 가시적인 형태를 갖춘다. 이제 둘째 용어인 '정경'canone을 통해 설명해야 할 다른 주제가 등장한다. '정경'이라는 말의 원래 의미는 길이를 측정하는 갈대를 가리킨다. '정경'은 측정 단위로 경계를 정의하고 영역을 결정하는 것이다. 우리의 경우에는 영감을 받은 책들, 성경을 구성하는 책들의 정확한 범위를 가리키는데 지금 우리 손 안에 있는 한 권의 성경에 들어 있는 책들이다.

물론 이런 책들을 선택하고 정의하려면 인간의 기준에 따른 검증만을 고려할 수 없고 구세사의 주인공들을 움직이시는 성령과 함께 하느님께서 직접 역사 장면에 등장하셔야 한다. 그리스도께서는 생애 마지막 날 저녁에 다락방에 모인 제자들에게 성령께서 "그분이 그들에게 말한 모든 것을 기억하게 해 주시고"(요한 14,26) 그들을 "모든 진리 안으로 이끌어 주실"(16,13) 것이며, 앞으로 그들과 함께하실 것임을 다섯 차례나 약속하셨다. 기원전 초세기 말경 이스라엘은 영감을 받은 책들에 대해 질문하기 시작했고 그런 범주에 속하는 책으로 기록된 스물네 권을 정경으로 받아들였다. 히브리어가 아니라 그리스어로 기록된 책들은 이 범주에서 제외되었다. 토빗기, 유딧기, 마카베오기 상·하권, 지혜서, 집회서, 바룩서가 이런 책들이다.

마찬가지로 교회도 기원후 2세기부터 글자로 기록된 하느님 말씀을 파악하기 위하여 성령의 인도 아래 길고 점진적인 탐구 과정을 거쳤다. 이 과정은 빛과 어둠이 교차하는 여러 단계를 거쳤는데 4세기부터 어느 정도 이미 가닥이 잡힌 이 여정은 1546년 트리엔트 공의회로 마침내 종지부를 찍었다. 73권의 책이 정경 목록에 포함되었으며 지금 읽고 있는 이 성경도 바로 그 책들을 담고 있다. 히브리 성경의 정경 목록을 따르는 개신교는 가톨릭과 다른 정경 목록을 선택하며, 앞에서 인용한 일곱 권의 그리스어 구약 책들을 정경에 포함하지 않는다. 가톨릭에서는 이런 책들을 "제2경전"(두 번째 순간에 정경으로 결정된 것)이라고 부른다. 이것은 실제로(본문의 사소한 차이를 넘어서) 가톨릭 성경과 개신교 성경의 차이이다.

성경의 역사적-문학적 해석

이제 아주 범위가 넓고 복잡한 사항을 살펴보자. 학자들에 따르면 원래 그리스어 전문 용어로 "에르메네우티카"ermeneutica라 불리는 해석학이다. 이것이 우리가 심화해야 할 셋째 용어이다. 먼저 이 용어에 감추어진 몇 가지 질문, 성경을 읽을 때 자주 우리를 당황스럽게 하는 질문들에 대한 전반적인 개관을 제시하겠다. 해석학을 이해하려면 하느님 계시의 핵심으로 우리를 인도하는 성경의 일반적인 특성을 먼저 이해해야 하기 때문이다. 그렇게 할 때 하느님 말씀과 인간의 말, 말씀과 육肉, 영원과 시간, 하느님의 무한과 인간의 유한한 공간, 하느님과 인간 사이에 지속적인 일치가 이루어진다. 그러므로 성경을 읽을 때 항상 사용해야 할 두 가지 전망이 있는데 이것은 신앙인 독자의 해석학적 여정을 비추어 줄 빛이다.

첫째, 역사적-문학적 측면이 있는데 이 주제를 조금 길게 다룰 것이다. 독자에게는 특정 지식에 대한 중요한 도구가 필요하다. 이것은 "주석"esegesi이 하는 작업인데 이 용어는 그리스어 본문의 표현 수단과 형태를 파악하면서 내용과 메시지의 풍요로움을 모두 본문 "밖으로 끌어내는 것"을 가리킨다. 본문 형태에서 중요한 것은 문학 유형, 곧 다양한 내용을 표현하는 방식을 파악하는 것이다. 말하려는 내용에 따라 채택하는 언어들이 다르다. 법규에 관한 본문, 찬미가, 역사 사건 묘사, 기도 중의 도움, 서간, 성찰을 통해 주제를 심화하는 것, 한

가지 개념을 묘사하기 위해 사용하는 비유, 예언자가 선포하는 하느님의 신탁, 훈계, 윤리 행동을 선택하라는 권고 등이 그것들이다.

문학 유형 외에도 성경 본문의 역사적-문학적 특성을 존중하면서 본문을 올바로 해석하도록 이끄는 많은 다른 문학 양식, 상징, 시대별 역사 편찬 같은 유형학도 있다. 나아가 특히 20세기 후반기 중반 무렵 성경 본문에서 문학적 측면과 내용을 더 잘 파악하기 위해 여러 가지 본문 분석 방법이 증가했다. 예를 들어 성경의 사람들이 살았고 거룩한 기록에도 반영된 사회적 차원에 관심을 둔다. 어떤 예언 체험이나 이미지와 성경 상징의 언어를 더욱 잘 설명하기 위해 심리학과 심리 분석에 호소하기도 한다. 페미니즘 성경 독서도 있는데 이는 인간 창조에 대한 성경의 메시지와 고대 히브리 사회의 어떤 역사 모델과 가부장적 표현을 혼동하지 않는 데 주목한다. 성경 이야기 분석이나 수사학, 곧 설득 기법을 통한 확실한 논제 전개에 초점을 맞추는 접근, 본문 구조 연구에 대한 현대적인 접근(기호학)도 있다.

성경의 "진리"

역사적-문학적으로 본문을 올바르게 해석하는 훈련을 할 때 우리 시대의 사고와도 연결되기 때문에 자주 생생한 관심을 불러일으키는 환경 두 가지가 있다. 첫째, 성경이 우리에게 전달하기를 원하는 "진리"에 대한 것이다. 과거에는 표현과 내용의 단계가 혼합되어 있어 학문과 신앙 사이에 강한 긴장이 생겼다. 한 가지 예로 진화론에 대해 생각해 보자. 물론 성경 저자는 학문 모델이 고정된 문화 안에서 살았기 때문에 지구 중심 방식으로 인간을 바라보며 인간을 이미 충만하고 완성된 존재로 여긴다. 성경이 우리에게 제공하고자 했던 가르침은 이것인가?

그러나 사실 성경은 인간학이나 천문학과 관련된 학문이 제시하는 질문을 하지 않는다. 성경은 인생의 의미, 인간 피조물, 실존, 그들과 창조주의 관계에 대해 질문한다. 성 아우구스티노는 자신의 확신을 생생하게 표현한다. "'어떻게 해와 달이 움직이는지를 가르치기 위해 나는 너희에게 성령을 보낸다.'라고 주님께서 말씀하셨다는 내용을 복음서에서 읽을 수는 없습니다. 주님께서는 수학자가 아니라 그리스도인을 교육하기를 원하셨습니다."(De Genesi ad litteram[창세기의 문자적 의미] 2,9,20). 따라서 성경이 제공하기를 원하지 않는 대답을 달라고 강요하거나 답변을 인위적으로 끌어내려 하지 말고 성경에 올바른 방식으로 질문해야 한다.

성경의 무오류는(과거에 자주 말했듯이) 학문이나 역사 이야기가 아니라 종교적인 진술과 관련된다. 달리 말하면 성경이 우리에게 전달하고 싶어 하는 "진리"는 제2차 바티칸 공의회에서 명확히 강조하듯이 학문적인 진리가 아니라 신학 유형의 진리다. "성경은 하느님께서 우리의 구원을 위하여 성경에 기록되기를 원하신"(『계시 헌장』 11항) 진리이다. 그러므로 성경 본문들이 우리에게 가르치는 진리는 우리 구원을 목적으로 하는 진리이다.

성경 안에 있는 당혹스러운 본문

그러나 우리는 피와 폭력, 온갖 종류의 비윤리적인 내용이 자주 그에 대한 부정적인 판단 없이 성경에 나온다는 사실을 지나칠 수 없다. 이런 본문들은 암묵적으로나 명시적으로 하느님의 동의 아래 이루어지는 일들로 소개된다. 그런데 이 내용은 복음이 전하는 사랑의 메시지와 순수하고 단순한 인간적 가치에 민감한 독자들에게 걸림돌이 된다. 이것은 훨씬 더 예민하고 어려운 해석학적 문제이므로 주의를 요한다. 여호수아기 처음 몇 장에서 약속의 땅 정복 과정을 다룬 대목만 봐도 이것을 충분히 이해할 수 있다. 이 대목에서 하느님의 명령과 허락 아래 이루어지는 잔인한 사건과 절멸 이야기를 발견할 수 있다. 이른바 저주 시편(예를 들어 58편; 109편; 137,8-9)에서도 저자의 격렬한 분노는 강한 인상을 준다.

앞에서 언급한 문학 분석은 이런 본문들이 고대 근동 문화의 언어와 특징적인 스타일에 영향을 받고 있음을 즉시 이해하게 한다는 것은 확실한데, 그 고대 근동 문화의 언어와 스타일은 동사들의 과도함, 생생한 표현 방식, 과장된 어조를 사랑하고 구전 유형의 문명에서 중요한 요소인 말 자체의 공격하는 힘을 신뢰했다. 그러므로 악에 대한 미움과 정의에 대한 염려가 우선적으로 말의 차원에서 이루어지고 있다. 나아가 셈족의 사고는 상징과 구체성을 사랑하기 때문에 악은 개념의 차원에서 공격받거나 단죄되기보다는 마치 살과 뼈를 가진 존재처럼 바로 "원수" 안에 인격화되어 묘사되고 있다. 그러나 이 모든 설명이 그런 본문들의 "비윤리성"을 정당화하는 데는 충분하지 않다. 성경 독자 앞에 놓인 이 장애물을 제거하기 위해서는 다른 사항들을 고려하는 것이 중요하다.

전쟁이나 폭력, 또는 비윤리적인 내용이 담긴 본문을 올바로 이해하기 위한 길은 성경 계시의 구체적인 특성을 다시 고려하는 것이다. 성경 계시는 매우 역사적이다. 하느님 말씀과 행동은 신화적이고 신비로운 하늘에서만 멈추는 것이 아니라 인간적인 사건들의 괴롭고 힘든 줄거리 안에서 일어난다. 이것들은 선집選集에 수집된, 논제나 진리 시리즈 같은 것이 아니라 메마르며 돌이 많고 그늘진 역사와 실존의 땅에서 싹을 틔우는 씨앗과 같다.

하느님께서는 그 자리에 가까이 다가오시고 인내로우시며 자유를 지닌 인간의 한계와 심지어는 그의 잔인함에 이르기까지 자신을 맞추시면서 인간을 점진적으로 더욱더 높은 지평으로 이끌어 가신다. 그 지평은 사랑과 용서라는 복음의 법에서 절정에 이르는데 이 법은 구약 안에 이미 광범위하고 심오하게 빛나고 있다. "당신께서는 힘의 주인이시므로 너그럽게 심판하시고 저희를 아주 관대하게 통솔하십니다. 당신께서는 무엇이든지 원하시는 때에 하실 능력이 있으십니다. 당신께서는 이렇게 하시어 의인은 인자해야 함을 당신 백성에게 가르치시고 지은 죄에 대하여 회개할 기회를 주신다는 희망을 당신의 자녀들에게 안겨 주셨습니다."(지혜 12,18-19).

성경 계시의 이런 역사적이고 점진적인 차원은 종교 운동들에서 실행하는 근본주의 성경 독서가 얼마나 위험하고 그릇된 것인지를 이해하게 한다. 근본주의 성경 독서는 마치 모델처럼 제시되기도 하는데, 그 독서의 본문에 충실한 나머지 자구적이고 절대적이며 물리적으로 들리는 그대로 말과 문장들을 맹목적으로 신뢰하기 때문이다. 하지만 이 독서는 성경 저자가 고대의 암시적인 언어를 통해 전달하고자 했던 것을 발견하도록 인도하는 올바른 해석을 적용하지 않는다. 그 언어는 지금 우리가 살고 있는 세상과는 거리가 먼, 구체적인 문화적, 사회적 세계에 연결되어 있는 언어이다.

그러므로 진정으로 성경의 참된 의미에 충실하려면 주석과 해석의 도움이 꼭 필요하다.

독자는 이런 길을 통해 성경의 "문자"와 역사성이 사라지게 하지 않고 성경이 우리에게 전달하고 싶은 "진리"를 받아들일 수 있다. 그래야 성경이 독자의 삶에서 "제 발에 등불, 저의 길에 빛"(시편 119,105)이 될 수 있다. 이런 노선에서 성 바오로가 "문자는 사람을 죽이고 성령은 사람을 살립니다."(2코린 3,6)라고 훈계한 이유를 이해할 수 있다.

성경의 신학적 해석

성경은 자체 안에 하느님께 기도하는 인간의 목소리(시편을 가리킨다)와 인간을 구원으로, 또 신적 생명과 친교를 이루도록 초대하시는 하느님 목소리를 결합한다. 성경은 또한 자체 안에 역사와 영원을 함께 엮는다. 성경은 창조주이자 주님이신 분과 그분 피조물 사이의 만남과 대화를 생생하고 구체적으로 전하는 이야기이다. 그러나 하느님 말씀은 인간이 빗나가거나 "죽은 자들에게 이른"(잠언 2,18) 길에서 방황할 때에도 울려 퍼진다. 나아가 바오로가 관찰하듯이 예언자 이사야는 심지어 이렇게까지 말한다. "나를 찾지도 않는 자들을 내가 만나주었고 나에 관하여 묻지도 않는 자들에게 나를 드러내 보였다."(로마 10,20; 이사 65,1 참조).

그러나 성경의 이 신적이고 초월적인 차원을 발견하기 위해, 성경 안에서 주님께서 계시하시는 구원 계획을 통찰하고 저자들 가운데 최고 저자(하느님)의 영감을 받기 위해서 지금까지 우리가 묘사한 역사적-문학적 접근과는 다른 인식의 여정이 필요하다. 우리는 그것을 "성경의 신학적 해석"이라고 부를 것이다. 이것은 기록된 하느님 말씀을 보존하고, 소개하며, 전파하고 해석하며, 역사 안에서 하느님 말씀을 육화하는 교회의 살아 있는 전통 안에서 성령의 인도에 따라 이루어진다. 제2차 바티칸 공의회에서 선언하듯이 "성경과 성전은 밀접하게 연결된다."(『계시 헌장』 9항)

성전Tradizione은 민간전승과 동일한 것이 아니다. 민간전승들도 가치가 있고 진리의 섬광을 드러내지만 종종 창의성, 신심, 심지어는 환상을 토대로 양육된다. 이것은 "외경"(직역하면 "감추어진")이라 부르는 다양한 작품에서 볼 수 있다. 외경은 정경에서 제외된 책인데 정경과 비교할 때 정경과 동시대나 후대에 싹이 텄다. 성전은 "진리의 영"(요한 16,13)의 인도를 받고 교회 안에서, 교회의 공적 가르침 안에서 현실화된다. 또한 믿는 이들의 공통된 의견에서도 현실화되는데, 신자들이 하느님 말씀을 듣고 이해하면서 가슴이 뜨겁게 타오르게 하시는(루카 24,32) 성령께서는 믿는 이들의 이 공통된 숨결 내부에서도 똑같이 활동하신다.

그러나 성전은 "하느님 말씀 위에 있지 않으며 하느님 말씀에 봉사"(『계시 헌장』 10항)한다. 그리고 자구적 의미나 역사적 문학적 의미에 연결되고, 그 저변에 깔려 있는 내적이고 충만하며 영적인 의미가 하느님 말씀에서 드러나게 한다. 저자와 사건들, 또 성경의 개별 책들이 여기저기 흩어져 있는 것처럼 보이고 그 단계가 다양할지라도 이것들을 넘어 성경이 그 깊은 단일성 안에서 자신을 드러내는 것은 바로 이런 길을 통해서이다. 고대 라삐 스승들이 암시적으로 말하기를 좋아했듯이 모든 거룩한 말씀에 들어 있는 "일흔 개의 얼굴"이 드러나는 것은 바로 이런 안내를 통해서이다.

그러므로 모든 성경 본문에 담긴 내용을 영적으로 일치시키며 전개해 나가는 중요한 노선을 간파할 수 있다. 그것은 하느님 나라의 선포 곧 구원과 해방, 진리와 사랑, 평화와 정의에 대한 보편적인 계획의 선포인데, 이는 메시아의 활동을 통해 이미 현재 역사 안에서 이루어지고 "첫 번째 하늘과 땅은 사라질 것이기 때문에 새 하늘과 새 땅에서"(묵시 21,1 참조) 온전히 꽃피기로 정해져 있다. 신약은 아브라함과 다윗의 자손 나자렛 예수님 안에서 메시아의 얼굴만이 아니라 그 나라를 시작하기 위해 인간 역사 안에 들어오신 하느님 아들의 얼굴도 본다. "때가 차서 하느님의 나라가 가까이 왔다. 회개하고 복음을 믿어라."(마르 1,15)

작고 땅속에 숨겨진 겨자씨와 비슷한 하느님 나라는 싹이 트고 거대한 나무로 성장한다(마르 4,30-32 참조). 이제 "다시는 죽음이 없고 다시는 슬픔도 울부짖음도 괴로움도 없는"(묵시 21,4) 날에 대한 큰 희망이 지평선에 서서히 모습을 드러내고 평화와 빛, 생명과 사랑의 도성, 새롭고 완전한 예루살렘이 등장할 것이다. 그리고 마침내 하느님께서는 모든 것 안에서 모든 것이 되실 것이다(1코린 15,28 참조). 그리스도께서는 그분의 죽음과 부활로 모든 예언자의 기대와 하느님의 모든 약속을 결정적으로 봉인하시는 분이시다. "하느님의 그 많은 약속이 그리스도에게서 '예!'가 됩니다."(2코린 1,20) 그리스도의 일을 통해 하느님의 입양 자녀가 된 새로운 인간이 탄생(로마 8,15 참조)하며 그들은 하느님을 아버지라고 부른다. 그리고 "하느님의 자녀들이 누리는 영광의 자유를 얻도록"(로마 8,21) 받아들여진 새로운 창조, "멸망의 종살이에서 해방된" 새로운 창조가 시작된다.

성령 안의 해석을 통해 성경은 하느님의 위대한 책일 뿐만 아니라 죽음에서 구원된 하느님 자녀들의 위대한 책으로 드러난다. 하느님 자녀는 성경 안에서 생명의 샘과 영적 양육의 원천을 발견한다. 성경 말씀은 "꿀보다 생청보다 더욱 달다."(시편 19,11) 성경은 하늘에서 내려오는 비처럼 마른땅에 내려와 싹이 돋아나게 한다. "씨 뿌리는 사람에게 씨앗을 주고 먹는 이에게 양식을 준다."(이사 55,10) 그러나 성경 안에서 심판하며 정화하고 변형시키는 목소리도 만나게 된다. "나의 말이 불과 같고 바위를 부수는 망치와 같지 않으냐? 주님의 말씀이다."(예레 23,29) "하느님의 말씀은 살아 있고 힘이 있으며 어떤 쌍날칼보다도 날카롭습니다. 그래서 사람 속을 꿰찔러 혼과 영을 가르고 관절과 골수를 갈라, 마음의 생각과 속셈을 가려냅니다."(히브 4,12)

교회 삶 안의 성경

말씀이 선포되고 해설되고 묵상의 대상이 되며 삶으로 이어지는 자리인 전례의 핵심에 성경이 자리하는 것은 이 때문이다. 성경은 또한 신앙과 교리 선포의 영혼이다. 성경은 렉시오 디비나를 통해 영성 생활을 양육한다. 렉시오 디비나는 믿는 이의 삶에 하느님의 뜻을 전달하며 내적 결실을 낳는 성경 읽기이다. 성경은 신학의 토대이며 이 말씀의 샘에서 신학은 자신이 설명하고 심화해야 할 진리를 길어 낸다. 성경은 개인과 공동체가 어떤 것을 선택할 때 추구해야 할 윤리 규범을 제공한다. 성경은 유다교와 그리스도교 관계의 뿌리이며 그리스도교 종파들의 종교 간 대화에서 아주 중요한 토양이다. 그리스도인들은 마치 밤하늘에 떠 있는 북극성을 바라보듯 성경을 바라본다. 나아가 성경의 인물, 사건, 주제들은 손질되고 변형된 형태이긴 하지만 이슬람교 성전인 코란 안에도 스며들어 있다.

성경은 문화의 "대헌장"이기도 하다. 여러 세기에 걸쳐 성경의 인물, 사건, 상징, 사고, 주제들이 아주 중요한 그림과 조각 작품 창작에 필요한 이미지를 제공하였고 음악으로 변형되고 문학 작품으로 재창조되었다. 철학적 성찰을 자극하고 윤리 탐구에 영향을 미쳤다. 고대부터 새로운 문화와 영성 환경에서 사는 독자가 더 쉽게 성경에 다가갈 수 있도록 새 언어로 성경을 번역하는 일이 진행되었다.

기원전 2-3세기에 구약을 그리스어로 번역한 칠십인역이 탄생하였다. 전설처럼 내려오는 전승은 이 과업을 실행하기 위해 이집트 알렉산드리아에 모인 학자 일흔 명을 이 칠십인역의 저자로 본다. 성 예로니모는 382년부터 413년까지 로마와 베들레헴에서 은수하면서 헌신적으로 작업한 결과 대중 라틴말 성경을 펴냈다. 이 성경이 여러 세기에 걸쳐 가톨릭교회에 중요한 역할을 하게 되는 "대중"판 라틴말 역이다. 고대의 여러 그리스도교 공동체, 시리아, 콥트, 아르메니아, 에티오피아, 아랍, 그루지야 공동체는 각자 언어로 번역된 성경을 제작하였다. 오늘날까지도 지구상의 모든 언어로 성경 번역 작업이 계속되고 있다.

성경은 처음에는 파피루스에, 후에는 양피지 "사본", 토기 조각 위에 기록되다가 인쇄된 책(구텐베르크 성경, 1452년)으로 출판되었다. 성경은 인류 문화와 믿는 이의 신앙 안에서 항상 생생하게 현존해 왔다. 정보화 문명 시대에는 전자책으로도 등장한다. 지금 우리 앞에 본질적인 요소와 풍요로운 내용이 결합되고 전례와 사목에 요긴한 귀한 자료와 정확하고 엄격하며 필수적인 해석을 담고 있는 성경이 있다.

이런 방식으로, 우리가 계속 말해왔던 하느님 말씀과 인간의 말, 신앙과 역사, “말씀”Verbo과 “육”이라는 두 차원의 활동이 만나게 된다. 성경은 이렇게 믿는 이들의 삶의 여정과 그들 현존의 빛 안에서 그들의 “길, 진리, 생명”이 될 수 있을 것이다.

잔프랑코 라바시Gianfranco Ravasi

구약 성경 입문

처음으로 "구약"舊約, 그리스어로 '팔라이아 디아테케'를 창안한 사람은 사도 바오로이다. "우리는, 광채가 완전히 사라지는 것을 이스라엘 자손들이 쳐다보지 못하게 하려고 자기 얼굴에 너울을 드리운 모세처럼 하지도 않습니다. 그런데도 이스라엘 자손들은 생각이 완고해졌습니다. 그리하여 오늘날까지도 그들이 옛 계약을 읽을 때에 그 너울이 벗겨지지 않고 남아 있습니다. 그것은 그리스도 안에서만 사라지기 때문입니다."(2코린 3,13-14) 바오로의 선언은 주님과 이스라엘 사이에 맺은 계약(그리스어로 같은 '디아테케'), 곧 히브리 백성이 자주 위반한 계약이며 바오로 사도를 통해 그리스도 안에서 충만함에 도달하기로 되어 있는 계약도 언급한다. 2-3세기에 바오로의 발자취를 따라 산 두 그리스도인, 테르툴리아노와 오리게네스는 그리스도교에서도 수용한 이스라엘의 거룩한 책들을 정의하기 위해서 처음으로 "구약"이라는 표현을 사용하였다. 그들은 그 책들이 모두 단일하며 신약과 연결된다고 여겼다.

그것이 하느님의 말씀 즉 성령의 감도를 받은 본문이기 때문에, 구원의 역사는 단일한 여정이며 그리스도교 신자들은 모두 그 단계들을 따라야 한다는 인식에서 이제는 첫째 계약Primo Testamento이라는 이름이 즐겨 받아들여진다. 어쨌든 구약과 첫째 계약이라는 두 가지 용어 모두 수용할 만하다. 둘 다 하느님의 우선적이고 직접적인 임무가 탄생하는 계약, 유언, 조약, 약속을 그 중심에 두고 있기 때문이다. 하느님께서는 심판과 구원을 위해 자신을 계시하신다. 인간을 자유와 충만하고도 완전한 삶으로 데려가기 위해 말씀과 행위로 역사의 다양한 단계에 먼저 등장하신다. 당신 자신과 그분의 사랑과 진리를 드러내고 그분 나라와 구원 계획을 시작하시기 위해 이스라엘 역사 안에서 이미 활동하고 계신다. 인간은 하느님 말씀을 듣도록 불리고 자신의 자유와 믿음과 삶의 헌신으로 하느님 계획에 협력하도록 초대받는다.

구약 성경은 다양한 역사-문학의 영역에서 많은 여정을 통과해야 할 약속의 땅과 같다. 이제 이 구약 성경을 객관적으로 보면서 두 가지 관점을 살펴볼 것이다. 우리 앞에 한 백성의 공간과 시간, 그 안에서 활동하는 하느님의 영원한 목소리가 숨겨진 책 사십육 권이 펼쳐질 것이다. 첫째 관점의 목표는 구약 성경 본문이 펼쳐지는 지도를 발견하는 것이다.

히브리 전통은 잘 분할되고 배치된 삼부작에 따라 히브리어(아주 적은 분량이 아람어로 기록됨)로 기록된 여러 정경, 성령의 감도를 받은 책들을 배열하였다. 이미 전체 입문에서 언급했듯이 그리스어로 기록된 일곱 권의 책은 이 삼부작에서 제외되었다. 그러나 그리스도교 전승에서는 이 책들을 성경으로 인정하였다. 이 이상적인 삼부작의 첫째 목록은 '토라', 곧 "율법", "가르침"으로 불리는데 구약의 첫 다섯 권을 구성한다. 이스라엘이 특히 소중하게 여기고 공경하는 책들이다. 후대 그리스도교 전승은 이 책들을 오경五經이라고 부르게 된다. 삼부작 둘째 목록은 '느비임', 곧 예언서인데 두 항목으로 나뉜다. 한편에는 여호수아기부터 룻기까지 여러 권의 역사서가 있다. 이 책들을 전기 예언서라고 부르는데 단순한 역사 작품이 아니다. 전기 예언서의 목적은 이야기하는 사건들의 심오한 종교적 의미(정확하게 말하면 예언적 의미)를 발견하는 것이다. 다른 한편에는 후기 예언서가 있다. 구원의 역사에 담긴 내밀한 의미를 체계적으로 보여 준 저자들과 그들이 쓴 책들이다. 마지막으로 삼부작 셋째 목록은 '크투빔', 곧 성문서인데 지혜문학 작품이나 다양한 전례 유형과 용도에 속하는 작품 모음집으로 시편으로 시작해서 역대기로 마친다.

그리스도교 전통에서도 삼부작 배열을 선택하지만 약간 다르다. 첫째 항목에 속하는 책은 오경, 히브리 토라와 여호수아기부터 마카베오까지 해당하는 역사서이다. 그리스어로 기록되었고 토빗기, 유딧기, 마카베오기처럼 제2경전에 속하는 책들도 이 항목에 해당한다. 둘째 항목에 속하는 책들은 지혜문학인데 이 책들도 구원의 역사를 표현하지만 다른 각도에서 실존과 일상, 개인과 사회에서 일어나는 일을 기록한다. 여기에 해당하는 책은 욥기, 시편, 잠언, 코헬렛, 아가인데 그리스어로 기록되고 제2경전에 속하는 두 권의 책, 지혜서와 집회서까지 확장된다. 지혜문학에는 과거의 역사와 현재의 지혜에 이어 희망의 미래가 등장한다. 그러나 이 미래는 역사 안에서 이미 싹튼 것이다. 삼부작의 세 번째이자 마지막 항목을 차지하는 것은 예언자의 목소리로 이사야서부터 말라키까지인데 히브리 정경 목록에는 없는 바룩서가 첨가된다.

이제 구약 성경을 객관적으로 바라보는 둘째 관점을 소개하겠다. 체계적이고 제한된 독서가 아니라 선택적이고 본질적인 독서를 통해 구약 성경의 기본적인 줄거리와 주제를 살펴본다. 이런 방식으로 구약 성경의 여러 책을 훑어볼 것이다. 가장 먼저 우주의 대성당 같은 장면이 우리 앞에 모습을 드러낸다. 창조물은 음악과 노래, 나아가 창조주의 은밀한 계시가 기록된 악보로 해독해야 한다. 창세기의 첫 페이지들, 성경의 다른 광대한 본문들은 창조물 안에 증언된 하느님 말씀을 해독하려고 노력한다. 이상적인 이 대성당 안에서 '하 아담' ha-'adàm, "사람"이 자신의 윤리적 모험과 함께 "선과 악을 알게 하는 나무" 아래에 등장한다. 여기에는 남자와 여자의 존재, 자유, 죄, 인간이라는 창조물의 위대함과 비참함에 대한 상징적 성찰이 들어 있다.

아브라함과 함께 좁은 의미에서 구원의 역사가 시작되는데 인간이 지은 죄의 역사와 대조된다. 아브라함은 믿음의 참된 개념, 자신을 부르신 주님께 대한 순종, 언약이자 희망, 모험과 기다림을 육화하는 인물이다. 그 옆에 다른 족장 아브라함의 자손인 야곱이 등장하여 임무를 맡는다. 야곱은 믿음과 믿음의 신비에 대한 힘든 모험을 증언하면서 하느님과 함께 싸울 것이다. 이어지는 중요한 사건은 이집트 종살이인데 하느님 계시의 특권적인 장소로서 역사에 대한 성경의 비전을 묘사하는 전형적인 사건이다.

이 탈출 이야기를 성경의 여러 역사서에서 말하는 히브리 역사만이 아니라 예언서에까지 확장할 수 있을 것이다. 예언자들은 무엇보다도 수치스럽고 처절하게 고통스러운 인간사 아래에서 심판하고 구원하시는 하느님의 활동이 어떻게 이어지는가를 알아보려고 애쓴 사람들이기 때문이다. 성경 본문은 길게 전개되다가 시나이에서 정점에 이른다. 시나이산 정상에서 하느님의 분명한 말씀이 내려오는데 십계명 안에 이 말씀이 정확하게 표현된다. 십계명은 참되고 고유한 윤리와 사회 법규 안에서 더 세부적으로 나누어진다. 이 율법들에서 이스라엘의 예배 또한 부각된다. 예배는 성경 전통에서 많은 사랑을 받고 시편집에 있는 백오십 편의 기도로 풍요롭게 된다. 그러나 예언자들의 작품에서는 예배가 윤리적인 삶의 생생한 참여이자 그것을 길어 내는 양분이 아니라 외적 의식에만 그칠 위험성에 대해서 경고한다.

가나안 땅을 정복하고 나서 얼마 후에 첫 계약의 백성은 국가 건설이라는 모험을 시작한다. 그러나 시간이 흐르면서 다윗 임금과 그 왕조의 면모는 "메시아"(히브리어로 "기름부음받은" "성별된")라는 용어와 동일시할 수 있는 신학적 표징으로 바뀌게 된다. 메시아는 성경 전체에서 근본적인 존재로서 성경 이야기가 충만함이라는 목표를 향해 점진적이고 긴박하게 흘러가게 하는 동력이 된다.

다윗에 이어 솔로몬이 왕위를 계승하는데 솔로몬도 신학적 표징이 된다. 솔로몬 안에서 새로운 종교의 비전, 곧 지혜의 비전이 종합된다.

그러나 현인賢人에게 인생이란 고뇌와 깊은 상흔, 특히 악과 고통이라는 이해하기 힘든 문제를 가진 것으로 보인다. 하느님의 영감을 받은 사람들, 기원전 586년 예루살렘 함락과 바빌론 유배, 유다교의 위기를 체험하고 돌아온 사람들에게서 새로운 지혜가 솟아난다. 이 지혜는 마음과 인생의 고통에 대해 질문한다. 이런 성찰을 대변하는 소리가 시적이고 영적 작품인 욥기와 기원전 3세기경의 현자인 코헬렛이다.

기원전 6세기 이스라엘 역사(바빌론 유배민들이 조상의 땅으로 귀환)는 조용하게 전진하다가 기원전 2세기 마카베오 혁명이 불붙었을 때 갑자기 요동한다. 그리고 폭풍우처럼 묵시문학이 모습을 드러낸다. 이 시기에 이스라엘도 헬레니즘 문화 환경이라는 더 넓은 지평에서 호흡하며 살게 된다. 지혜서는 이런 환경에서 나온 책으로 의인이 누리는 복된 불멸에 관해 묘사한다.

마지막으로 초기 예언자들 가운데 한 사람인 트코아 사람 아모스의 예언에 대해 전하는 일이 남아 있다. 아모스는 기원전 8세기에 하느님 정의를 전하도록 소명을 받았다. "보라, 그날이 온다. 주 하느님의 말씀이다. 내가 이 땅에 굶주림을 보내리라. 양식이 없어 굶주리는 것이 아니고 물이 없어 목마른 것이 아니라 주님의 말씀을 듣지 못하여 굶주리는 것이다."(아모 8,11) 그리고 기원전 6세기 중요한 대예언자 예레미야가 선언하듯이 사람들과 주님 사이에 "새 계약"이 맺어질 것이다. "나는 그들의 가슴에 내 법을 넣어 주고, 그들의 마음에 그 법을 새겨 주겠다. 그리하여 나는 그들의 하느님이 되고 그들은 나의 백성이 될 것이다. …그들이 낮은 사람부터 높은 사람까지 모두 나를 알게 될 것이기 때문이다. 주님의 말씀이다. 나는 그들의 허물을 용서하고, 그들의 죄를 더 이상 기억하지 않겠다."(예레 31,33-34)

잔프랑코 라바시Gianfranco Ravasi

오경 입문

양피지 두루마리에 기록된 성경의 첫 다섯 권은 지금도 히브리인들의 회당에서 가장 중요하게 여겨진다. 히브리인들은 이 책들을 "율법"뿐만 아니라 "가르침"을 의미하는 단어인 '토라'로 부른다. 그리스도교 전통은 이 책들을 그리스어인 '펜타테우코스'로 정의하였는데 이는 이 본문들을 보관하는 다섯 개의 원통형 그릇을 가리킨다. 이 책들이 히브리인들과 그리스도교인들의 신앙과 영성이라는, 하늘의 북극성 같은 성격을 갖는 것은 구약 성경 전체를 요약적으로 가리키기 위해 사용된 "율법과 예언서"라는 표현에서, 또 그리스도께서 산상 설교에서 선포하신 말씀("내가 율법이나 예언서들을 폐지하러 온 줄로 생각하지 마라. 폐지하러 온 것이 아니라 오히려 완성하러 왔다. 내가 진실로 너희에게 말한다. 하늘과 땅이 없어지기 전에는, 모든 것이 이루어질 때까지 율법에서 한 자 한 획도 없어지지 않을 것이다." 마태 5,17-18)에서 잘 나타난다.

히브리인들은 각 책의 본문 첫 단어로 책 이름을 지은 반면('브레싯' "한처음에", '스못' "이름들", '와이크라' "부르셨다", '브미드바르' "광야에서", '드바림' "말들"), 칠십인역이라 불리는 고대 그리스어 성경은 '게네시스'("기원"), '엑소도스'("떠남"), '레위티콘'("레위 사제 지파의 책"), '아리트모이'("인구 조사"), '데우테로노미온'("두 번째 율법서")같이 주제를 설명하는 식으로 이름을 부여한다. 79,980개의 히브리 단어가 들어 있는 오경은 크게 두 가지 문학 유형으로 이루어진다. 한편에는 사건들의 연관과 인물의 등장이 있는 이야기 본문이 있다. 다른 한편에는 종종 후대에 법전화되었으나 시나이의 혹독한 고독을 배경으로 하는 이스라엘의 기원으로 거슬러 올라가 적용된 율법이 많은 공간을 차지하고 있다.

이야기의 줄거리는 신앙 고백문과도 유사한 위대한 찬미가 시편 136편의 몇몇 구절로 요약될 수도 있겠다. "주님을 찬송하여라, … 슬기로 하늘을 만드신 분을. … 땅을 물 위에 펼쳐 놓으신 분을. … 커다란 빛들을 만드신 분을. … 이집트의 맏배들을 치신 분을. … 이스라엘을 그들 가운데에서 이끌어 내신 분을. … 갈대 바다를 둘로 가르신 분을. … 이스라엘을 그 가운데로 지나가게 하셨다. … 사막에서 당신 백성을 인도하신 분을. … 땅을 상속 재산으로 주셨다. 주님의 자애는 영원하시다." 여호수아기에 있는 비슷한 신앙 고백문(여호 24,2-13 참조)은 성조들이라는 다른 주제를 덧붙인다. "나는 너희 조상 아브라함을 강 건너편에서 데려다가, 온 가나안 땅을 돌아다니게 하고 … 내가 그에게 이사악을 주고 이사악에게는 야곱과 에사우를 주었다. … 야곱과 그의 아들들은 이집트로 내려갔지만"

그래서 이 책들에 있는 주요한 이야기 흐름은 창조, 성조들, 탈출, 시나이 광야, 약속의 땅으로 요약할 수 있다. 이것이 오경을 구성하는 다섯 권에 분포된 이야기의 중요한 단계들이다. 자주 단순화하거나 세밀하게 손질하여 소개한 사건들은 고대 이스라엘의 역사를 정리하려는 목적으로 서술한 것은 아니다. 그 목적은 신학적이다. 성경 저자는 그런 자료들과 역사 사건들에서 인간의 활동과 얽혀 있는 하느님의 행위를 보여 주고자 한다. 그래서 자주 성경을 구원의 역사 혹은 거룩한 역사라고 부른다. 이렇게 성경 계시의 근본적인 특성인 역사성을 볼 수 있다. 곧 하느님의 말씀과 행위는 땅을 떠나 무아의 경지 속에서 먼 하늘로 가서 발견할 수 있는 것이 아니라, 눈부신 광채와 수많은 비참이 공존하는 인간 역사라는 거친 돌밭이나 피로 물든 땅에 심긴 씨앗과 같다.

이 이야기를 완성하는 작업에 기여한 이는 한 명의 저자가 아니다. 특히 이스라엘의 집회에서, 선조들이 자식들에게 준 가르침에서, 민중의 기억에서 여러 세기에 걸쳐 구전으로 전수된 전승들에서 생겨난 작품이다. 이러한 기억과 이미지, 주제, 율법들의 생생한 흐름들이 다양한 성격을 지닌 일관된 글들로 점차 구체화되었다. 학자들은 이 흐름들, 곧 다양한 전승들을 파악하기 위해 각각 그 안에서 사용되는 하느님 칭호에 따라 이름을 붙였다. 야훼계 전승은 이스라엘 하느님의 거룩하고 특별한 이름인 YHWH, 야훼(자주 모음을 붙여 이렇게 부른다)에서 따왔고, 엘로힘계 전승은 고대 근동에서 신을 가리키는 일반 용어 엘로힘에서 따왔다. 끝으로 셋째 흐름은 바빌론 유배기에(기원전 6세기) 고대에 대한 기억을 잘 보존할 수 있었던 사제들의 환경에서 생겨났기 때문에 사제계 전승으로 불린다. 그리고 세 전승과 독립된 정체성을 지닌 자료를 신명기계 전승이라 부르는데, 신명기와 역사서들에서 볼 수 있다.

이 전승들은 기원전 10세기로 거슬러 올라가 적어도 기원전 6세기까지 이어지는데, 요즘은 아주 유동적이면서도 사례별로 자료를 확인하는 기준에 따라 전승들의 분류를 확장하고, 같은 전승들을 세분화하며 다른 소규모 전승들을 분리하면서 이 다양한 전승들의 한계와 윤곽을 정하려는 연구 경향을 띤다. 따라서 이는 매우 복잡하고 섬세한 역사-문학적 비평 작업이다. 앞으로 여러 책을 읽으면서 보겠지만 이 모든 전승들은 종종 반복되고 서로 모순되는 이야기 내용을 형성하면서(창세 1-2장의 두 개의 창조 이야기, 창세 15장과 17장에서 아브라함과 맺은 두 번의 주님의 계약, 탈출 3장과 4장과 6장에서 세 가지 모세의 소명 이야기, 탈출 20장과 신명 5장에서 두 가지 형태의 십계명 등) 현재의 오경 본문의 탄생에 기여하였다.

율법에 대해 언급했는데, 율법은 이런 규정들을 통해 (바빌론 유배의 결과로) 낯선 환경과 다른 관습을 가진 사회에서 흩어져 사는 히브리인들의 정체성을 지키기를 원했던 사제계 전승(P)에서 주로 제시된다. 이 작업은 안식일(창세 2,2-3 참조)과 할례(17장 참조)라는 구별된 표시를 통해, 또 고대 율법과 관습을 모으고 이스라엘이 살고 있던 새 시기에 필요한 다른 규정들을 정하는 사법 체계를 통해 이루어졌다. 오경에는 두 가지 율법 형태가 있다. 하나는 여러 사례에 기초한 규정인 결의決意법이다. "어떤 사람이 이웃에게 짐승을 빌려 갔다가 그것이 다치거나 죽었을 경우, 그 임자가 같이 있지 않았다면 배상해야 한다."(탈출 22,13). 그러나 명령과 직접적인 어조의 정언定言법도 있다. "아버지와 어머니를 공경하여라. … 살인해서는 안 된다."(탈출 20,12-13). 그리고 이스라엘의 의식과 예배의 실천 규정을 정한 성결법은 광범위하다(특히 레위기에 있다).

그러나 설화와 율법 외에도 중요한 인물들, 아브라함과 야곱-이스라엘, 모세 같은 하느님 목소리의 증인들이 등장한다. 모세는 오경에서 가장 뛰어난 주인공으로, 이집트 탈출의 인도자이자 율법의 중재자로서 히브리 종교의 순수성과 종교적 충실함을 수호하는 인물이다. 오경을 마무리하는 것은 바로 모세로, 그가 사명의 목적지인 약속의 땅 문턱에서 죽는 장면으로 오경이 끝난다(신명 34장 참조). 약속의 땅에 들어가 땅을 정복한 사람은 모세의 시종이자 계승자인 여호수아이다. 모세 오경 다음에 나오는 성경의 여섯 번째 책이자, 이스라엘이 거룩한 땅에 들어가는 이야기를 다루는 책의 이름은 여호수아의 이름에서 따온다. 그래서 어떤 학자들은 오경을 여호수아기까지 확장하여 육경六經으로, 창조부터 주님께서 이스라엘에게 선사하신 가나안 땅에까지 이르는 책들로 바꾸기도 했다.

잔프랑코 라바시Gianfranco Ravasi

창세기

제목과 정경 내의 위치

이 책 제목은 유다 전통에서 '브레싯'("한처음에")이라고 불린다. 이야기 시작 부분의 첫 단어를 따서 제목을 붙이는 고대 근동 문화의 관습에 따른 것이다. 이 이름은 실존의 토대가 되는 사건, 우주의 기원, 땅에서 생명의 탄생, 인류의 발생, 악의 등장, 문명의 발상, 창조주와 그분을 가장 많이 닮은 피조물 사이에 맺어진 특권적 관계의 첫 출발(창세 1,26-27; 5,1.3; 9,6; 지혜 2,23; 집회 17,3; 1코린 11,7 참조), 한 민족이 형성되는 원천 등 창세기 내용 전체의 핵심 주제와 질문을 잘 드러낸다. 이 주제들은 존재하는 모든 것의 절대적인 시작(그리스어 번역본에서는 '아르케')과 관련된다. 창세기의 시작은 요한 복음서 서문의 "한처음에('아르케') 말씀이 계셨다."(요한 1,1)라는 문장에서 반복된다. 이 동일한 시작을 중심으로 이스라엘과 교회 탄생의 전체 역사가 펼쳐진다. 그리스어 번역본 이름('게네시스')과 후에 같은 이름을 선택한 라틴어 번역본 이름('게네시스')을 따라, 서구 관습에서도 창세 2,4의 첫 표현인 '비블로스 게네세오스', "기원에 대한 책"(창세 5,1에서는 "족보"로 번역)에서 이 책 이름을 따온다. 이런 방식으로 특히 이야기 전체의 첫 장들(특히 창세 1-2장 참조)에 나오는 창조의 주제와 족보의 주제가 강조된다.

구조와 문학적 특성

책 전체의 실제 이야기 구조와 구성에서 여러 차례 이른바 '톨레돗' 정식formula이 반복되는데, 창세기에서 "…의 족보(생성, 역사)는 이러하다."로 번역되었다. 이 말은 족보 목록(5,1; 10,1; 11,10; 25,12; 36,1.9 참조)이나 중요한 이야기(2,4; 6,9; 11,27; 25,19; 37,2 참조)를 시작할 때 나온다. 창세기의 구조축이 되는 이 정식을 중심으로 개별 이야기들과 전체 주기들이 전개되고 구성된다.

창세기 첫 부분(1,1-11,26)은 창조된 세상에 있는 모든 존재의 기원을 다룬다. 우주 탄생(1,1-2,25 참조), 남자와 여자의 탄생(1,26-27; 2,7.21-22 참조), 악의 기원

(3장 참조), 폭력(4장), 아담의 자손들(5장 참조), 땅에 쏟아진 홍수와 새로운 삶의 출발(6-9장 참조), 홍수 이후 노아 자녀의 후손들(10장 참조), 특히 아브라함의 조상인 셈(11,10 참조), 바벨과 바벨탑 건설을 통해 하느님과 관계를 맺는 공간 없이 폐쇄된 자율을 창출하려는 인간의 대담하고 오만한 노력(11,1-9 참조)이 그러하다.

둘째 부분(11,27-50,26)은 주로 셈 자손 가운데 하나인 아브라함과 그를 통해 장차 한 민족으로 형성될 이스라엘에 대해 상세히 묘사한다. 아브라함 이야기 주기(11,27-25,11 참조)와 함께, 모세 오경 이야기 대부분과 그 이후 책들 이야기들의 특징이 될 주요 관심사, 곧 첫 성조의 "참된" 상속자와 "참된" 선택된 백성을 결정하는 것이 창세기에서 언급되기 시작한다. 아브라함과 아내 사라의 아들이요 참된 상속자인 이사악은 조카 롯(11,27.31; 12,4-5 참조), 종 엘리에제르(15,2 참조), 아들 이스마엘(16,11.15-16; 17,18 참조), 아우 나호르의 아들들(22,20-24 참조), 둘째 아내의 아들들(25,1-4 참조) 같은 잠재력 있는 모든 후보를 물리친다. 참으로 선택된 백성인 이스라엘은 아브라함 아우의 아들 롯의 후손인 모압인과 암몬인(19,30-38 참조), 아브라함과 그의 여종 하가르의 아들 이스마엘의 후손인 이스마엘인들(25,12-16 참조)과 다른 부차적인 족보 노선에서 파생한 다른 민족 등을 물리친다. 그리고 이 상속자는 자기 부모에게 그의 탄생을 약속하고 보증해 준 하느님(15,3-4; 17,18-19.21; 18,10.14; 21,1-5 참조)으로부터 역설적으로 자기 목숨을 요구받으며 중대한 위기에 놓이게 된다(22,1-19).

이사악에 관해서는 그의 인물상을 다룬 이야기들이 적지만, 이사악에게만 집중하는 주기에 국한되지 않고 아브라함 주기와 야곱 주기의 몇몇 사건들에 연결되어 있거나, 아브라함이 살았던 상황과 체험과 비슷하게 묘사된 이야기(26,1-11의 "아내-누이" 에피소드[12,10-20과 20,1-18에서 이미 나온다] 혹은 26,15-25의 우물을 둘러싼 소유권 분쟁[21,22-34에서도 나온다])에서 나타난다.

이어지는 야곱 주기에서도 전개되는 이야기들을 통해(25,19-35,29 참조) 아브라함에서 시작된 정통 족보 노선을 야곱의 열두 아들을 통해 보존하려는 관심이 지속된다. 이 노선은 잠재력이 있는 후보들에게서 보호되어야 한다. 특히 야곱의 쌍둥이 형 에사우(25,25-26 참조)와 그들 어머니의 오빠 라반(창세 24,29; 25,20; 27,43; 28,2.5; 29,10; 유딧 8,26 참조)이 대표적인 후보들이다. 사건이 전개되면서 에사우는 이웃 에돔 민족(창세 32,4; 36,1.8-9.19.43 참조)의 조상이 되고 라반은 아람 민족과 결합될 것이다(25,20; 28,5; 31,20.24 참조).

야곱 주기는 나중에 창세기 이야기 전개의 마지막 단계인 요셉 이야기(37,2-50,26 참조)와 연결된다. 야곱 이야기에서는 선택된 핵심 인물이자 미래 이스라엘 백성의 기원이 될 이가 체험한 고통과 모진 역경, 심각한 위기, 아브라함의 후손 보존을 막는 장애와 수없이 많은 위험 요소를 보게 될 것이다. 그러나 요셉 이야기에서는 외부에서 예측하기 힘든 사건이 발생하는 것보다는 요셉에 대한 모든 형제의 질투(37,4-5.8.11.18 참조)가 집단 전체의 미래를 위협할 것이다. 야곱 자손들이 모두 식량을 찾아 이집트에 내려가도록 이끌어 가는 사건들 말미에(46,31; 47,1.11-12.27 참조) 모든 사람이 다시 만나 화해하고 갈등이 해결된다. 이 이야기는 탈출기에서 이어지며 이스라엘의 참창시자들의 보호와 보존에 계속 관심을 갖는다.

세 성조와 연결된 이야기에서는, 하느님께서 이스라엘이 살 장소로 아브라함에게 약속하신 땅이 어떤 땅이 되어야 하는지 정의하고(12,1 참조) 주변의 다른 땅과 약속의 땅을 구별한다. 이런 의미에서 모호하게 섞이지 않도록 가나안 땅, 주님께서 이스라엘에게 약속하신 참된 땅이 이스라엘에게만 주어질 것이다. 이스라엘과 연결된 다른 모든 민족은 이 특권에서 제외될 것이다. 실제로 롯의 자손인 모압인과 암몬인은 각각 모압과 암몬(19,37.38 참조), 이스마엘의 자손인 이스마엘인은 이집트 광야 지역(25,18 참조), 에사우의 자손인 에돔인은 세이르의 고원, 곧 에돔(32,4; 33,14.16; 36,6.8.9 참조)에 정착하게 된다.

주요 신학 노선

창세기의 신학적, 해석학적 윤곽을 살펴보기 위해서는 우선 중요한 전제 사항을 상기해야 한다. 창세기의 의도는 우주의 기원에 대해 역사학적 특성으로 검증된 성찰이나 고대 근동의 지리 상황에서 다양한 민족들, 특히 이스라엘의 탄생과 진화에 대해 과학적으로 확정된 보고서를 소개하려는 것이 아니다. 창세기는 순수하게 신학적 성격을 지닌 내용을 제공한다.

예를 들어, 창세기에서 두 개의 창조 이야기(1,1-2,3과 2,4-25 참조)는 이스라엘이 존재의 기원에 관해 숙고하고 그 존재를 한 분이신 하느님의 행위와 사랑의 의지에로 돌리는 단순한 시도이다. 엄밀히 과학적이고 이성적인 주장이 빠져 있는(3,1에서는 뱀이 말하게 한다!), 매우 순진한 이 이야기들이야말로 세상과, 모든 것의 기원에서 하느님과 세상 간의 배타적 관계의 토대가 되는 사건에 대해 이 백성이 행한 흥미 있는 숙고를 전달하기 위해서 대단히 합당하고 적합한 수단인 것이다.

첫 번째 창조 이야기는 창조주가 사랑의 의지로 만든 모든 것을 긍정하고("하느님께서 보시니 좋았다." 1,4.10.12.18.21.25.31 참조), 존재하는 모든 것이 어떻게 그 분을 통해 생겨나고 그분 안에서 수렴되는지를 묘사한다. 이러한 이야기는 아트라하시스의 시나 길가메쉬 서사시, 에누마 엘리쉬와 같은, 우주와 관련된 바빌론의 고대 서사시들에서도 찾아볼 수 있다. 특히 기원전 587년 이후 갑자기 닥친 바빌론 유배로 이스라엘은 바빌론 문명의 중심지에서 살면서 그 영향을 많이 받았다. 천체 또는 어떤 지상 동물이나 수중 동물은 앞에서 언급한 메소포타미아 신화에서 신으로 숭배를 받고 자율적인 삶을 즐기는 존재이다. 그러나 창조 이야기에서는 다른 창조물들 가운데 하나로 등급이 축소된다. 그들 가운데 인간만이 창조물을 돌보는 사람이자 주인으로서 책임을 맡도록 선택된다(1,28 참조).

두 번째 창조 이야기 역시, 첫 번째 이야기와는 매우 다른 감각으로 묘사되었지만, 하느님께서 창조 활동에서 절대적으로 중요한 위치를 차지한다는 데 관심을 두고 있다. 땅에서 살고 움직이는 모든 것에 온전히 집중한다. 바다를 채우는 피조물이나 하늘에 존재하는 모든 것 가운데 어떤 것도 말하지 않는다. 남자는 여자와 따로 창조된다. 주변 환경은 메마르고 초목도 없이 황폐하다. 어떤 풍요로운 물이나 우거진 식물들의 자취도 찾아볼 수 없다. 하느님의 이미지도 다르다. 하느님은 1장처럼 피조물에 대해 위계 관계에 있지도, 타자도 아니며 초월적인 분도 아니다. 2장에서 하느님은 의인화되고, 창조하기로 결정한 것에 직접 참여하는 분으로 등장한다. 창조하는 일을 말씀으로만 제한하지 않고(1장 참조), 흙먼지로 자신을 더럽힌다(2,7ㄱ.19 참조). 숨을 불어넣고(2,7ㄴ 참조), 농부처럼 정원을 가꾸며(2,8-9 참조), 마취해서 상처를 열어 그 내부를 수술하고 다시 덮는 외과 의사 같은 하느님(2,21 참조)이시다.

이러한 노선에서 홍수 이야기(6-9장 참조)도 피조물 전체의 구원과 생존을 위해 이스라엘의 하느님께서 차지하는 중요한 위치를 여전히 강하게 강조한다. 오직 하느님의 현존(6,18; 9,8-17 참조)과 당신에 대한 경배 행위(7,2; 8,20-22 참조)만이 피조물이 완전히 멸망하는 것을 막을 수 있다고 선언된다. 이 이야기도 이스라엘이 이미 유배 체험을 통해 가까이 접하게 된 메소포타미아 문화 세계, 특히 아트라하시스의 시, 길가메쉬 서사시의 열한 번째 점토판이나 바빌론 역사가 베로수스가 언급한 고대 수메르의 홍수 전승에서 특별한 영감과 착상을 얻고 있다.

그러나 성조들의 주기 곧, 이스라엘의 미래를 위한 토대가 되는 사건들에 관해서는, 이미 존재하던 고대 설화에 유배와 유배 이후 시대의 편집 활동을 통해 추가된 부분들로 인해 새로운 의미가 부여되고 있음이 보인다. 이 편집 활동의 목적은 이스라엘과 편집자들이 자신들의 현재 역사에서 체험하는 상황을 해석하는 열쇠를 과거 이야기에서 발견하려는 것이다.

이런 의미에서 아브라함이라는 권위 있는 인물은 페르시아 임금 키루스가 선포한 해방 덕분에(2역대 36,22-23; 이사 44,28 참조) 고국으로 돌아가기 위해 바빌론을 떠나야 했던 이스라엘에게 모범이 되었다. 약속의 땅으로 가도록 칼데아의 우르(메소포타미아!)를 떠나라고 주님께서 아브라함을 부르시는 본문인 창세 12,1-4ㄱ은 아브라함 주기를 시작하는 바로 그 부분에 나오며 후대에 첨가된 본문인데, 이 본문은 자기 역사의 최근 상황에서 아브라함과 동일한 여행을 하도록 초대받은 이스라엘에게 강렬하고 명시적인 자극이 아닐 수 없었다.

야곱과 관련한 사건들이 담긴 설화들도(야곱이 자기 땅 브에르 세바, 곧 약속의 땅에서[27,42-28,7.10 참조] 숙부 라반이 사는 북부 메소포타미아[29,1 참조]로 갔다가 결국 자기 땅으로 되돌아오는[31,17-18 참조] 유배 사건을 묘사) 야곱과 같은 운명, 곧 바빌론으로 유배되었다가 이제 고국으로 돌아가라는 권고를 받은 이스라엘로서는 강한 매력을 느끼지 않을 수 없었을 것이다.

끝으로 요셉 이야기 역시 계속해서 낯선 땅(이집트: 37,28.36; 39,1 참조)에 유배된 이의 온갖 우여곡절을 묘사하며, 특히 그의 성공과 번영의 능력을 이야기하고 칭송한다(39,2-6.21-23; 41,38-46 참조). 요셉의 모든 가족은 다시 요셉과 결합하게 된다(47,11.27 참조). 이런 식으로, 이 이야기가 틀림없이 책의 나머지 부분에 수용되고 통합되기 시작했을 시기인 유배와 유배 이후 시대의 공동체에 중요한 메시지를 전달하게 된다. 곧 어떤 유배나 디아스포라 상황도 선택된 백성이 확장되고 번성하는 것을 막지 못할 것이라는 점이다. 불리한 상황에도 불구하고 이스라엘은 여전히 크게 성장할 수 있고 자기 정체성과 고유한 특성을 잃는 위험에 처하지 않고도 강제로 유배된 나라와 잘 통합할 수 있다(더 후대에 집필된 다니엘서와 에스테르기도 참조).

본문의 작성과 전수

구약 성경에 대한 근대의 학문적인 연구는 대략 삼백 년 전 창세기를 연구하면서 시작되었다. 그 시기에 학자들은 오경 전체 저자를 모세로 여기는 지배적인 견해를 반박했고, 점차 이른바 문헌 가설과 출전 비평을 주장했다. 창세기를 비롯하여 거의 오경 전체의 기초에 네 개의 완성된 문헌이 존재하고 그들 사이에 병행하는 내용은 후에 단일한 본문으로 병합되었다고 가정했다. 이 문헌들의 명칭은 각 문헌의 하느님 칭호('야훼'에서 비롯된 야훼계 문헌은 기원전 10-9세기경, '엘로힘'에서 생겨난 엘로힘계 문헌은 기원전 8세기)나 신학적 경향(신명기계 문헌[D]은 기원전 7세기 말, 사제계 문헌[P]은 기원전 6세기)을 따랐다.

오늘날 이와 같은 전망은 거의 만장일치로 포기했다. 이 문헌들 가운데에서, 이스라엘이 바빌론에 유배된 시기(기원전 587년부터)와 예루살렘 귀환 초기(기원전 539년 후)로 연대가 추정되는 사제계 문헌(P)만이 비판의 공격을 견뎌 냈다. 그러나 이 문헌은 완전한 사료가 아니라, 일부는 다른 신학들과 이념들에 기초하여 시기상 이전에 존재한 이야기들을 교정하고 일부는 그 이야기들에 병행하도록 배치한 문서로 특징지을 수 있다(예를 들어, 2,4-25에 대해 1,1-2,3[P]; 15·16·18·21장에 대해 17장[P]; 27장에 대해 28,1-9[P]; 32,23-33에 대해 35,9-10[P]; 28,10-22에 대해 35,11-15[P]).

반대로, 창세기의 작성 과정 중에 다소 길거나 짧은 여러 이야기들이 들어갔는데, 이 이야기들은 서로 거의 독립적이고 특히 각기 다른 전승들에 속한다고 보는 견해가 더 우세하다. 나중에 가서야 이런 전승들과 이야기들이 보다 후대의 편집 활동을 통해 엮어지면서(특히 유배기와 유배 후 시기에, 페르시아 시대와 일부 작은 분량은 아마 그리스 시대도) 현재의 정경 본문에서 보듯이 모두 연결되는 내용으로 결합되었다. 따라서 오직 이 긴 시간의 작성 과정을 거친 후에야 성조들의 인물상을 중심으로 전개되는 현재의 이야기 주기들이 형성되었거나, 소위 기원 이야기의 사건들이 현재 순서대로 모아졌을 것이다. 처음에는 서로 구별되고 독립적인 짧은 이야기들로만 존재했을 것이다.

그래서 이미 존재했던 이질적인 이야기들이 점차 서로 연결되고 합해졌다는 것이 현재 본문에 있는 중복 현상을 설명할 수 있겠다. 세상 창조 이야기(1,1-2,3과 2,4-25 참조)나 아브라함과 사라에 대한 아내-누이의 삼중 이야기를(12,10-20; 20,1-18; 26,1-11 참조) 생각해 볼 필요가 있다. 그러나 이와 관련해 현재 정경 본문에 공존하는 중복되고 자주 서로 충돌하는 이야기들도 편집 활동에 의한 추가 때문임을 언급해야 한다. 여러 이야기들 중 주목해야 할 것들은 홍수 이야기 안에 있는 여러 모순들(6-9장 참조)이나, 특히 요셉 이야기의 서두(37장 참조)

에서 확인할 수 있는 설화적 긴장들, 또는 37장 끝과 39장 시작 사이에 끼어 있는 38장이다. 38장은 전체 사건의 주된 줄거리와 비교할 때 명백히 다른 내용이다.

오경의 다른 나머지 책들처럼 창세기의 작성 과정에 대한 연구의 현재 상황은 여전히 열려 있는 상태지만, 최근의 주석학 연구에서 많은 통찰을 얻게 되었다. 본문의 탄생과 발전에 대한, 또 그에 이은 책 전체에 대한 이해의 성장은 본문 내용을 더욱 올바르게 해석하는 데 필수적인 도구가 된다.

페데리코 준톨리Federico Giuntoli

창세기

천지 창조

1 1 한처음에 하느님께서 하늘과 땅을 창조하셨다. 2
땅은 아직 꼴을 갖추지 못하고 비어 있었는데, 어둠
이 심연을 덮고 하느님의 영이 그 물 위를 감돌고 있었다.
3 하느님께서 말씀하시기를 "빛이 생겨라." 하시자 빛이 생
겼다. 4 하느님께서 보시니 그 빛이 좋았다. 하느님께서는
빛과 어둠을 가르시어, 5 빛을 낮이라 부르시고 어둠을 밤
이라 부르셨다. 저녁이 되고 아침이 되니 첫날이 지났다.
6 하느님께서 말씀하셨다. "물 한가운데에 궁창이 생겨, 물
과 물 사이를 갈라놓아라." 7 하느님께서 이렇게 궁창을
만들어 궁창 아래에 있는 물과 궁창 위에 있는 물을 가르
시자, 그대로 되었다. 8 하느님께서는 궁창을 하늘이라 부
르셨다. 저녁이 되고 아침이 되니 이튿날이 지났다.

1,2. 태초의 물과 어둠에서 우주가 생겨난다. "영"으로 번역된 히브리어 '루아'는 "바람"이라는 뜻도 있다. 저자는 창조주 하느님의 현존을 가리키거나, 혼돈의 요소로 사나운 바람을 상상했을 것이다.

1,3. 하느님께서는 피조물의 삶에 필수적인 것을 먼저 창조하신다. 빛과 시간, 이어서 공간과 양식을 창조하신다. 마지막으로 우주를 채우는 존재들을 창조하신다.

1,5. 이름을 부여한다는 것은 존재와 그 역할을 부여하거나 인정하는 것을 의미하고, 모든 창조물에 대한 하느님의 절대적인 지배권을 가리킨다.

1,6. 궁창은 땅 극단에 놓인 기둥이 받치고 있는 단단한 천장 같은 것인데, 하늘 위에 있는 물을 지탱한다고 여겼다(고전 라틴어 '피르마멘툼'은 지탱, 지지를 뜻한다. 예로니모가 이 용어를 사용한 후에 이 단어는 천체라는 뜻을 지니게 되었다). 궁창 위에는 물이 모아져 있는데 하느님께서는 궁창에 있는 구멍들을 통해 하늘 위에 있는 물이 땅에 떨어지게 하셨다(창세 7,11; 욥 38,22.25.37; 시편 78,23; 148,4 참조).

1,1-2,3 // 2,4-25; 히브 11,3. 1,1 시편 8,4; 이사 42,5; 44,24; 45,18; 요한 1,1. 1,2 시편 104,30; 예레 4,23; 2베드 3,5. 1,3 시편 33,6.9; 2코린 4,6. 1,4 이사 45,7. 1,5 시편 74,16. 1,6 예레 10,12; 2베드 3,5. 1,7 시편 148,4; 잠언 8,28.

1,1-2,3. 창세기에 나오는 두 개의 창조 이야기 가운데 하나이다. 이 본문은 일반적으로 사제계 전승(P)으로 여기는데 둘째 창조 이야기보다 후대에 기록된 본문(기원전 6세기)으로 지혜문학 유형에 속하는 성찰이다. 이 이야기에서 말씀을 통해 창조하시는 초월적인 하느님께서 활동하신다. 그분은 항상 '엘로힘'이라는 칭호로 불리시는데 복수형 '엘로힘'은 다른 민족의 신을 가리키기 위해서도 쓰이지만, 이스라엘의 하느님을 언급할 때는 그분의 위엄을 강조하는 듯하다. 하느님의 활동은 "날"이라고 불리는 여섯 시기에 일어난다. 저자는 하느님의 활동을 묘사하기 위해 전례 주간을 모델로 정확한 이야기 도식을 사용하는데, "하느님께서 말씀하시기를… 하시자 그대로 되었다… 하느님께서 보시니 좋았다… 저녁이 되고 아침이 되니"(유다인의 하루는 저녁에 시작된다)와 같은 정식을 반복한다. 하느님께서는 처음 며칠 동안은 가르고 구별하면서 창조하신다. 어둠과 빛을(창세 1,4.18 참조), 궁창 위에 있는 물과 궁창 아래의 물을(창세 1,6.7 참조), 밤과 낮을(창세 1,14 참조) 구별하신다. 하느님께서는 하늘의 궁창에 빛물체, 바다에 물고기, 하늘에 새, 땅 위에 동물과 사람을 배치하면서 당신의 활동을 마치신다.

✠ 1,1-2,2. 이 본문으로 파스카 전야 말씀 전례가 시작된다. 이 본문은 "하느님, 사람을 오묘히 창조하시고 더욱 오묘히 구원하셨으니…"라는 고대 기도문을 통해 새로운 창조, 구원 사건과 연결된다.

1,4. 우주는 완전히 긍정적이다. 하느님께서는 당신 작품을 바라보시면서 여섯 차례나(1,4.10.12.18.21.25 참조) "좋다"라고 말씀하신다. 1,31에서 첫 두 사람을 창조하신 후에는 "참 좋다"라고 하신다.

9 하느님께서 말씀하시기를 “하늘 아래에 있는 물은 한곳
으로 모여, 뭍이 드러나라.” 하시자, 그대로 되었다. 10 하느
님께서는 뭍을 땅이라, 물이 모인 곳을 바다라 부르셨다.
하느님께서 보시니 좋았다. 11 하느님께서 말씀하시기를
“땅은 푸른 싹을 돋게 하여라. 씨를 맺는 풀과 씨 있는 과
일나무를 제 종류대로 땅 위에 돋게 하여라.” 하시자, 그대
로 되었다. 12 땅은 푸른 싹을 돋아나게 하였다. 씨를 맺는
풀과 씨 있는 과일나무를 제 종류대로 돋아나게 하였다.
하느님께서 보시니 좋았다. 13 저녁이 되고 아침이 되니 사
흗날이 지났다.
14 하느님께서 말씀하시기를 “하늘의 궁창에 빛물체들이
생겨, 낮과 밤을 가르고, 표징과 절기, 날과 해를 나타내
어라. 15 그리고 하늘의 궁창에서 땅을 비추는 빛물체들이
되어라.” 하시자, 그대로 되었다. 16 하느님께서는 큰 빛물
체 두 개를 만드시어, 그 가운데에서 큰 빛물체는 낮을 다
스리고 작은 빛물체는 밤을 다스리게 하셨다. 그리고 별들
도 만드셨다. 17 하느님께서 이것들을 하늘 궁창에 두시어
땅을 비추게 하시고, 18 낮과 밤을 다스리며 빛과 어둠을
가르게 하셨다. 하느님께서 보시니 좋았다. 19 저녁이 되고
아침이 되니 나흗날이 지났다.
20 하느님께서 말씀하셨다. “물에는 생물이 우글거리고, 새
들은 땅 위 하늘 궁창 아래를 날아다녀라.” 21 이렇게 하느
님께서는 큰 용들과 물에서 우글거리며 움직이는 온갖 생
물들을 제 종류대로, 또 날아다니는 온갖 새들을 제 종류
대로 창조하셨다. 하느님께서 보시니 좋았다.
22 하느님께서 이들에게 복을 내리며 말씀하셨다. “번식하
고 번성하여 바닷물을 가득 채워라. 새들도 땅 위에서 번
성하여라.” 23 저녁이 되고 아침이 되니 닷샛날이 지났다.
24 하느님께서 말씀하시기를 “땅은 생물을 제 종류대로,
곧 집짐승과 기어 다니는 것과 들짐승을 제 종류대로 내
어라.” 하시자, 그대로 되었다. 25 하느님께서는 이렇게 들
짐승을 제 종류대로, 집짐승을 제 종류대로, 땅바닥을 기

1,14-18. “큰 빛물체”인 태양과 “작은 빛물체”인 달은 고대 근동에 많이 세워진 ‘판테온’(“만신전”)에서 중요한 신들로 여겼다. 창세기에서 사제계 전승 저자(P)는 이 빛물체들이 피조물임을 강조하면서 이스라엘 하느님의 유일성을 강조하고 또 다른 한편으로는 어떤 방식으로도 그것들을 인격화할 가능성을 피하고자 했다.

1,16. “다스리다”에는 “지배하다”라는 개념도 있다. 시편 136,8.9 주 참조.

1,9 욥 26,10; 잠언 8,29; 예레 5,22; 2베드 3,5. 1,10 시편 33,7. 1,11 루카 6,44; 1코린 15,38; 히브 6,7. 1,14 시편 74,16; 104,19; 잠언 43,6.7; 바룩 3,33-35; 사도 17,26. 1,16 욥 38,7; 시편 136,8.9. 1,18 예레 31,35. 1,20 1코린 15,39. 1,21 시편 104,25.26. 1,22 8,17. 1,24 사도 10,12; 11,6; 1코린 15,39. 1,25; 예레 27,5.

1,14. 천상 물체들은 빛물체가 되는 것 외에 전례력을 결정하면서 축제와 날과 해를 가리키는 표징 역할을 한다. 특히 달의 이동이 중요하다. 히브리의 한 해는 달의 형태를 따르기 때문이다. 초승달은 새달의 시작과 몇몇 축제들을, 보름달은 파스카와 초막절 축제(봄 파스카, 가을 초막절)를 표시한다.

어 다니는 온갖 것을 제 종류대로 만드셨다. 하느님께서
보시니 좋았다.
26 하느님께서 말씀하셨다. "우리와 비슷하게 우리 모습으
로 사람을 만들자. 그래서 그가 바다의 물고기와 하늘의
새와 집짐승과 온갖 들짐승과 땅을 기어 다니는 온갖 것
을 다스리게 하자."

27 하느님께서는 이렇게 당신의 모습으로 사람을 창조
하셨다.
하느님의 모습으로 사람을 창조하시되
남자와 여자로 그들을 창조하셨다.

28 하느님께서 그들에게 복을 내리며 말씀하셨다. "자식을
많이 낳고 번성하여 땅을 가득 채우고 지배하여라. 그리
고 바다의 물고기와 하늘의 새와 땅을 기어 다니는 온갖
생물을 다스려라."
29 하느님께서 말씀하시기를 "이제 내가 온 땅 위에서 씨를
맺는 모든 풀과 씨 있는 모든 과일나무를 너희에게 준다.
이것이 너희의 양식이 될 것이다. 30 땅의 모든 짐승과 하
늘의 모든 새와 땅을 기어 다니는 모든 생물에게는 온갖
푸른 풀을 양식으로 준다." 하시자, 그대로 되었다. 31 하느
님께서 보시니 손수 만드신 모든 것이 참 좋았다. 저녁이
되고 아침이 되니 엿샛날이 지났다.

1,26-27. 마지막으로 하느님께서는 피조물 중에 최고봉으로 인간 부부를 창조하신다. 양성은 남자와 여자로 창조된 사람('아담')의 본질적인 부분이다. 대화와 친교와 사랑과 상호 자기 증여와 풍요로움의 관계로 들어가는 능력을 의미하는 이 양성의 모습 안에서 인간 존재는 하느님 모습으로 창조되었다. 밀접하게 연결된 남자와 여자는 동등한 존엄성을 지니며 동일한 복을 받고 하느님의 창조력에 참여한다.

1,26. "우리 모습으로" 이집트와 메소포타미아 세계에서 "하느님의 모습"이라는 표현은 신의 대리자로서의 왕을 가리키는 데 자주 사용되었다. 이런 식으로 모든 인간존재는 하느님 창조 세계 안에서 이제 임금의 특성과 특권을 지니게 된다. 이집트와 메소포타미아 왕들처럼 인간은 세상에서 하느님 현존의 중개자들이 된다.

1,26.28. 두 개의 창조 이야기에서 각기 다른 강조점을 보게 된다. 사제계 전승(P) 이야기에서 사람은 피조물을 지배하고 다스리도록 초대받는다(26절과 28절 참조). 반면 더 나중에 기록된 것으로 추정되는 다른 이야기에서 사람은 피조물을 일구고 돌보도록 초대받는다. 둘째 이야기에서 사람과 땅 사이의 의존이 더 많이 나온다(2,7도 참조). 첫째 이야기에서 지배와 다스림은 하느님의 직접적인 중개자인 사람을 통해 그분이 실행하시는 것으로써 긍정적으로 이해되어야 한다(1,26).

1,29-30. 하느님의 원래 계획은 조화에 기초하며 온갖 폭력을 배제한다. 생물들은 풀을 먹는다. 홍수 후에야 육식을 할 수 있게 된다(9,3 참조).

1,26 시편 100,3; 지혜 2,23; 집회 17,3-4; 사도 17,26; 에페 4,24; 콜로 3,9.10; 야고 3,9. 1,27 마태 19,4; 마르 10,6; 또한 창세 5,2; 사도 17,29; 로마 8,29; 1코린 11,7; 1티모 2,13도 참조. 1,28 9,1.7; 레위 26,9; 지혜 9,2; 10,2; 집회 17,2-4; 사도 17,26. 1,29 시편 104,14.15; 136,25. 1,30 욥 38,41; 시편 145,15; 사도 11,6. 1,31 시편 104,24; 코헬 3,11; 집회 39,21-33; 1티모 4,4.

✠ 1,26-28.31. 혼인 예식에서는 지금 부부가 되려는 그리스도인 남녀에게 이 본문의 풍요로움을 제시한다. 그들이 지금 실현하고 있는 것이 창조주 하느님의 활동 자취를 밟아 가고 있음을 상기시키기 위해서이다.

1,28. 하느님께서는 번성과 다른 생물들에 대한 다스림을 포함하는 특별한 복으로 이 부부를 축복하신다. 번성하라는 말씀은 하느님께서 홍수 후에 노아와 그의 아들들에게 내리시는 복에 다시 나오는데 모든 생물체를 향한 보편적인 복이다. 하느님께서 피조물에 대해 인간에게 주신 다스림의 능력은 축복을 통해 전달되기 때문에 온갖 형태의 폭력이 배제된다. 동사 "지배하다"는 한계 없는 권력을 가리키지 않는다(민수 32,22.29; 여호 18,1; 2사무 8,11; 예레 34,11.16 참조). "다스리다"는 자주 임금, 목자와 백성의 인도자가 지닌 힘을 묘사한다(1열왕 5,4; 시편 72,8; 에제 34,4 참조). 인간은 피조물을 사용할 권한이 있으나 또한 피조물을 돌보아야 한다.

2

1 이렇게 하늘과 땅과 그 안의 모든 것이 이루어졌
다. 2 하느님께서는 하시던 일을 이렛날에 다 이루셨
다. 그분께서는 하시던 일을 모두 마치시고 이렛날에 쉬셨
다. 3 하느님께서 이렛날에 복을 내리시고 그날을 거룩하게
하셨다. 하느님께서 창조하여 만드시던 일을 모두 마치시
고 그날에 쉬셨기 때문이다.
4 하늘과 땅이 창조될 때 그 생성은 이러하였다.

에덴동산

주 하느님께서 땅과 하늘을 만드시던 날, 5 땅에는 아직 들
의 덤불이 하나도 없고, 아직 들풀 한 포기도 돋아나지 않
았다. 주 하느님께서 땅에 비를 내리지 않으셨고, 흙을 일
굴 사람도 아직 없었기 때문이다. 6 그런데 땅에서 안개가
솟아올라 땅거죽을 모두 적셨다. 7 그때에 주 하느님께서
흙의 먼지로 사람을 빚으시고, 그 코에 생명의 숨을 불어
넣으시니, 사람이 생명체가 되었다.
8 주 하느님께서는 동쪽에 있는 에덴에 동산 하나를 꾸미
시어, 당신께서 빚으신 사람을 거기에 두셨다. 9 주 하느님
께서는 보기에 탐스럽고 먹기에 좋은 온갖 나무를 흙에서
자라게 하시고, 동산 한가운데에는 생명나무와, 선과 악
을 알게 하는 나무를 자라게 하셨다.

2,2-3. 고대 라삐들은 이렛날에 '므누하'가 창조되었다고 본다. 보통 "쉼"으로 번역하는 이 히브리어는 더 많은 의미를 내포하는데, 현실적이고 본질적으로 좋은 어떤 것이자 이것 없이는 세상이 완전하지 않았을 어떤 것, 곧 "고요함, 평온함, 평화와 안식"이다(창세기 랍바 10,9). 성경의 정신에서 이 용어는 행복, 침묵, 평화, 조화와 동의어다. 후대에는 미래 세상에서의 삶, 영원한 생명과 동의어가 된다. 이 "이렛날"은 하느님의 복을 받아 거룩하게 된다.

2,4. 창세기에서 "…의 족보(생성, 역사)는 이러하다"로 번역된 '톨레돗' 정식formula이 처음 나오는데 창세기에서 자주 보게 될 것이다. 이 정식으로 둘째 창세기가 시작된다(입문의 구조와 문학적 특성 참조).

2,7. 사람('아담')은 흙의 먼지('아다마')로 빚어지는데 하느님께서 사람의 코에 불어넣으신 생명의 숨 덕분에 살아 있는 존재가 된다. 아트라하시스의 바빌론 신화에서는 엔키(지혜와 물의 신)와 닌투(어머니 신)가 진흙과 신적 요소(조직을 만드는 영을 지닌 신의 피)를 반죽하여 사람을 만든다.

2,8. 하느님께서 꾸미신 동산(자구적으로 "정원")은 그리스어 성경에서 '파라데이소스', 라틴어 성경에서는 '파라디수스'로 번역하는데 이 말이 현대 주요 언어에서는 '파라다이스'가 된다.

2,9. 생명나무는 신화에서 신들만 소유할 수 있다. 길가메쉬는 그 나무를 찾으러 바다 깊은 곳까지 가지만, 뱀은 그 나무를 훔치며 허물만 남기고 사라진다(길가메쉬 11,266-289). 에덴동산에서 사람은 생명나무 열매(16절)를 먹을 수 있었다. 그러나 원죄 이후에는 하느님께서 사람이 생명나무 열매를 먹을까 염려스러워 동산을 지키는 커룹들을 세워 놓는다(창세 3,22-24 참조). 사람은 종말 때 천상 예루살렘에서만 생명나무 열매를 먹을 수 있을 것이다(묵시 2,7; 22,2.14.19 참조).

2,1 시편 33,6. 2,2 히브 4,4; 또한 탈출 20,11; 히브 4,10도 참조. 2,3 이사 58,13. 2,4-25 // 1,1-2,3. 2,5 1,12; 욥 38,26-28. 2,7 1코린 15,45; 또한 창세 3,19; 욥 33,4; 시편 103,14; 코헬 3,20; 12,7; 지혜 15,8.11; 루카 3,38; 요한 20,22; 1코린 15,47; 1티모 2,13도 참조. 2,8 3,24; 4,16; 이사 51,3. 2,9 3,22; 에제 31,8; 묵시 2,7ㄴ; 22,2.

✠ 2,2-3. 전례력의 한 주간을 거룩한 것으로 제시하고, 절대적인 쉼의 날(탈출 20,8-11; 신명 5,12-15의 계명; 탈출 16,23.29-30; 23,12; 34,21; 35,2-3도 참조)인 안식일("멈추다"를 의미하는 '사밧'에서 파생한 말이다)이 그 절정이 된다. 예수님의 부활 이후에는 그리스도의 구원 덕택으로 인한 새 창조의 날인 주일이 한 주간의 절정이 될 것이다.

2,4-3,24. 저자는 생생하고 구체적이며 풍요로운 이미지로 둘째 창조 이야기를 서술한다. 여기서 하느님은 항상 이중 이름, "주 하느님"('야훼 엘로힘' 3,1-5은 예외로, 뱀과 여자가 "하느님"이라고만 부른다)으로 불린다. 하느님께서는 사람에게 대단히 가까이 계신 분으로 나타나고 자주 사람처럼 묘사된다(의인화 언어). 곧 도공처럼 흙을 빚으시고 정원사처럼 나무들을 심으시며 외과 의사처럼 아담에게서 갈빗대를 빼내어 살로 메우신다. 저녁에 정원에서 산책하시고 당신 피조물과 대화를 나누신다. 재봉사처럼 사람과 그의 아내에게 가죽옷을 만들어 주시고 어머니처럼 그들에게 그 옷을 입혀 주신다. 1장의 하느님과 매우 다른 모습으로, 하느님께서는 전지전능하시지도 않은 것 같다. 2,18-20에서는 사람의 고독이라는 문제를 어떻게 해결할지 자문하시고 동물들을 창조해서 이를 해결하려 하신다. 3,8-13에서는 사람이 어디에 있고 무슨 일이 일어났는지 모르시는 듯하다.

✠ 2,7-9; 3,1-7. 첫 부부의 유혹과 죄 이야기는 가해 사순 제1주일 독서에 해당한다. "주 너의 하느님께 경배하고 그분만을 섬겨라."로 마무리하며 예수님께서 유혹을 극복하시는 복음(마태 4,1-11)과 병행한다.

10 강 하나가 에덴에서 흘러나와 동산을 적시고 그곳에서
갈라져 네 줄기를 이루었다. 11 첫째 강의 이름은 피손인
데, 금이 나는 하윌라 온 땅을 돌아 흘렀다. 12 그 땅의 금
은 질이 좋았으며, 그 고장에는 브델리움 향료와 마노 보
석도 있었다. 13 둘째 강의 이름은 기혼인데, 에티오피아
온 땅을 돌아 흘렀다. 14 셋째 강의 이름은 티그리스인데,
아시리아 동쪽으로 흘렀다. 그리고 넷째 강은 유프라테스
이다.
15 주 하느님께서는 사람을 데려다 에덴동산에 두시어, 그
곳을 일구고 돌보게 하셨다. 16 그리고 주 하느님께서는 사
람에게 이렇게 명령하셨다. "너는 동산에 있는 모든 나무
에서 열매를 따 먹어도 된다. 17 그러나 선과 악을 알게 하
는 나무에서는 따 먹으면 안 된다. 그 열매를 따 먹는 날,
너는 반드시 죽을 것이다."
18 주 하느님께서 말씀하셨다. "사람이 혼자 있는 것이 좋
지 않으니, 그에게 알맞은 협력자를 만들어 주겠다." 19 그
래서 주 하느님께서는 흙으로 들의 온갖 짐승과 하늘의
온갖 새를 빚으신 다음, 사람에게 데려가시어 그가 그것
들을 무엇이라 부르는지 보셨다. 사람이 생물 하나하나를
부르는 그대로 그 이름이 되었다. 20 이렇게 사람은 모든
집짐승과 하늘의 새와 모든 들짐승에게 이름을 붙여 주
었다. 그러나 그는 사람인 자기에게 알맞은 협력자를 찾지
못하였다. 21 그래서 주 하느님께서는 사람 위로 깊은 잠이
쏟아지게 하시어 그를 잠들게 하신 다음, 그의 갈빗대 하
나를 빼내시고 그 자리를 살로 메우셨다. 22 주 하느님께서
사람에게서 빼내신 갈빗대로 여자를 지으시고, 그를 사람
에게 데려오시자, 23 사람이 이렇게 부르짖었다.

"이야말로 내 뼈에서 나온 뼈요

2,10 묵시 22,1. 2,12 민수 11,7. 2,18 // 토빗 8,6ㄴ. 2,14 다니 10,4. 2,17 신명 30,15.19.20; 로마 5,12; 7,10; 히브 5,14; 야고 1,15. 2,18 1코린 11,9. 2,19 1,20.24; 시편 8,7; 코헬 3,20. 2,21 1사무 26,12. 2,22 1티모 2,13. 2,23 1코린 11,8.

2,17. "선과 악을 알게 하는" 나무로 첫 번째 부정적인 요소가 등장하는데, 사람이 그것을 먹으면 목숨으로 그 책임을 져야 할 것이라고 언급하기 때문이다. 선과 악에 대한 지식은 하느님에게만 유보된 특권이다. 사람은 하느님 명령을 어기면서 피조물로서 이 자신의 신분을 거부하고 무엇이 선하고 무엇이 악한 것인지 스스로 결정할 권한을 가진 존재라고 주장한다. 이 오만이 모든 죄의 뿌리이다. 이 탈선의 예고된 결과에 대한 히브리어 표현은 "반드시 죽을 것이다" 또는 "죽어야 할 것이다"(3,4에서는 부정적인 문장)와 같이 강조의 의미를 띠며 전형적인 형벌 언어 유형에 해당한다.

✠ 2,18-24. 이 단락은 나해 연중 제27주일에 마르 10,2-16과 같이 읽는다. 예수님께서는 복음에서 이 창세기 본문을 인용하고 가치를 부여한다. 혼인 예식에서도 한 몸임을 강조하며 이 단락을 봉독한다.

2,18. 하느님께서 "사람이 혼자 있는 것이 좋지 않으니"라고 말씀하신다. "사람 앞에"(이것이 히브리어의 자구적 의미이다. 라틴어 번역본들처럼 단순히 "그와 닮은"이라는 의미가 아니다) 머물 수 있도록 그에게 알맞은 도움('에제르'의 자구적 의미)이 필요하다. '에제르'는 구약에 자주 나오지는 않는데, 하느님만이 주실 수 있는 대단히 특별한 도움이며 존재가 위협받을 때 결정적으로 드러나는 필수적인 도움을 가리킨다. 하느님께서 사람에게 주시는 이 도움이 바로 여자이다. 하느님께서 사람을 고독에서 구해 주시려고 여자를 귀한 선물로 주신다. 구약은 고독의 위험에 관해 자주 강조한다. 고립은 죽음이나 다름없다. 생명은 친교와 나눔과 풍요로움과 축복이다.

2,22. 히브리어 본문의 동사 변화가 번역에도 적용되었다(7절과 19절은 "빚으시다" 22절은 "지으시다"). 여자의 창조를 위해 선택한 동사("짓다", "건축하다")는 아주 실제적이다. 하느님께서는 사람과 동물을 창조하실 때는 도공처럼, 여자를 창조하실 때는 건축가처럼 일하신다.

2,23-24. 사람은 여자를 보면서 그녀와 깊은 친교 안에 있음을 느낀다. 자기 자신을 발견하고 개별적인 존재로서 자신을 바라본다. 전에는 일반적인 인간 존재('아담')로서 사람에 대해 말했다면 이제는 남자('이쉬')로서 고유성을 지닌 사람에 대해 말한다. 남자는 자신 앞에 있는 이 피조물이 자신과 동등한 존엄성을 갖고 있음을 안다(그녀 이름은 '이쌰', '이쉬'의 히브리어 여성형이다). 남자는 무한히 더 풍요로운 새 현실, 곧 한 존재와 다른 존재가 참으로 한 몸이 되는 친교에 참여하기 위해 고립된 개인으로서의 자신을 포기한다.

내 살에서 나온 살이로구나!
남자에게서 나왔으니
여자라 불리리라."
24 그러므로 남자는 아버지와 어머니를 떠나 아내와 결합
하여, 둘이 한 몸이 된다.
25 사람과 그 아내는 둘 다 알몸이면서도 부끄러워하지 않
았다.

인간의 죄와 벌

3 1 뱀은 주 하느님께서 만드신 모든 들짐승 가운데에
서 가장 간교하였다. 그 뱀이 여자에게 물었다. "하
느님께서 '너희는 동산의 어떤 나무에서든지 열매를 따 먹
어서는 안 된다.'고 말씀하셨다는데 정말이냐?" 2 여자가
뱀에게 대답하였다. "우리는 동산에 있는 나무 열매를 먹
어도 된다. 3 그러나 동산 한가운데에 있는 나무 열매만은,
'너희가 죽지 않으려거든 먹지도 만지지도 마라.' 하고 하
느님께서 말씀하셨다." 4 그러자 뱀이 여자에게 말하였다.
"너희는 결코 죽지 않는다. 5 너희가 그것을 먹는 날, 너희
눈이 열려 하느님처럼 되어서 선과 악을 알게 될 줄을 하
느님께서 아시고 그렇게 말씀하신 것이다." 6 여자가 쳐다보
니 그 나무 열매는 먹음직하고 소담스러워 보였다. 그뿐만
아니라 그것은 슬기롭게 해 줄 것처럼 탐스러웠다. 그래서
여자가 열매 하나를 따서 먹고 자기와 함께 있는 남편에게
도 주자, 그도 그것을 먹었다. 7 그러자 그 둘은 눈이 열려
자기들이 알몸인 것을 알고, 무화과나무 잎을 엮어서 두렁
이를 만들어 입었다.
8 그들은 주 하느님께서 저녁 산들바람 속에 동산을 거니

3,1. 뱀을 의인화한 것은 고대 근동에 널리 퍼져 있던 확신을 반영하는 듯하다. 고대인들은 뱀이 해마다 자기 껍질을 바꾸기 때문에 신성하고 불멸의 존재로 여겼다.

3,5-6. 사람은 자신의 불순종으로 스스로 획득한 다른 윤리 질서를 선택한다. 그는 자율적으로 결정하기를 원한다. 뱀은 "하느님처럼 될 것이다"라고 말한다. 사람에게 금지된 것은 사람이 사람이기를 거부하고 하느님이 되려는 갈망이다(에제 28,2 참조. "너는 마음이 교만하여 '나는 신이다. …' 하고 말한다. 너는 신이 아니라 사람이면서도 네 마음을 신의 마음에 비긴다.").

3,7. 사람은 하느님처럼 지혜롭게 되리라고 믿었지만, 자신이 알몸임을 발견하고 자신이 단지 피조물에 불과함을 알게 된다(2,25; 3,10도 참조). '애롬'("알몸" 7절)과 '아룸'("간교하였다" 1절) 사이에 언어유희가 나타난다. 5절과 7절 모두에 나타나는 동사 "알다"는 이 두 구절을 대조해서 보도록 이끈다.

2,24 마태 19,5; 마르 10,7-8; 1코린 6,16ㄴ; 에페 5,31. 2,25 3,7.10.11. 3,1-24 로마 5,12-21. 3,1-7 마태 4,3. 3,1 지혜 2,24; 마태 10,16; 묵시 12,9. 3,3 묵시 2,7ㄴ. 3,4 요한 8,44. 3,5 히브 5,14. 3,6 1티모 2,14. 3,8 욥 31,33; 예레 23,24.

3,1-24. 저자는 항상 인간을 괴롭히는 질문인 "왜 세상에 악이 존재하는가?"에 대답하기를 원한다. 처음에 모든 것이 평화롭고 뱀이 원수가 아닌 동물들 가운데 하나였다면, 악은 세상과 인간이 창조된 뒤에 생겼고 환경에서 왔다는 것이 분명하다. 선의 하느님이 따로 있고 악의 하느님이 따로 있는 것이 아니라 인간이 자유롭게 창조되었다는 것이다. 곧 인간은 선택할 수 있으며 하느님께 '예'나 '아니요'를 말할 수 있고 하느님의 명령을 어길 수도 있다. 뱀의 형상 뒤에는 히브리인들이 강하게 유혹을 받았던 가나안인들의 예배 예식이 엿보인다. 이 단락의 아람어 번역본(위 요나탄 타르굼)은 뱀을 죽음의 천사 삼마엘로 본다. 후기 유다이즘(지혜 2,23-24 참조)과 신약 성경은 뱀을 사탄, 악마로 본다(요한 8,44; 묵시 12,9 참조).

3,1-19. 고해성사 예식에서 이 본문을 사용한다. 기원에는 죄가 있지만 용서에 대한 희망도 있다.

시는 소리를 들었다. 사람과 그 아내는 주 하느님 앞을 피
하여 동산 나무 사이에 숨었다. 9 주 하느님께서 사람을
부르시며, "너 어디 있느냐?" 하고 물으셨다. 10 그가 대답
하였다. "동산에서 당신의 소리를 듣고 제가 알몸이기 때
문에 두려워 숨었습니다." 11 그분께서 "네가 알몸이라고
누가 일러 주더냐? 내가 너에게 따 먹지 말라고 명령한 그
나무 열매를 네가 따 먹었느냐?" 하고 물으시자, 12 사람이
대답하였다. "당신께서 저와 함께 살라고 주신 여자가 그
나무 열매를 저에게 주기에 제가 먹었습니다." 13 주 하느님
께서 여자에게 "너는 어찌하여 이런 일을 저질렀느냐?" 하
고 물으시자, 여자가 대답하였다. "뱀이 저를 꾀어서 제가
따 먹었습니다."

14 주 하느님께서 뱀에게 말씀하셨다.
"네가 이런 일을 저질렀으니
너는 모든 집짐승과 들짐승 가운데에서 저주를 받아
네가 사는 동안 줄곧
배로 기어 다니며 먼지를 먹으리라.
15 나는 너와 그 여자 사이에,
네 후손과 그 여자의 후손 사이에 적개심을 일으키리니
여자의 후손은 너의 머리에 상처를 입히고
너는 그의 발꿈치에 상처를 입히리라."

16 그리고 여자에게는 이렇게 말씀하셨다.
"나는 네가 임신하여 커다란 고통을 겪게 하리라.
너는 괴로움 속에서 자식들을 낳으리라.
너는 네 남편을 갈망하고
그는 너의 주인이 되리라."

3,14-15. 첫째 선고는 뱀에게 내려지는데 뱀은 저주를 받아 흙먼지 안에서 기어 다니게 된다. 15절에서는 뱀과 여자 사이에 있을 지속적인 적개심에 대해 말한다. 이 여자의 후손은 뱀의 머리에 상처를 입히고 뱀은 그 후손의 발꿈치를 물 것이다.

3,16-19. 뱀과 달리 여자와 남자는 저주받지 않는다. 남자와 여자 모두에게 죄의 결과는 노고/고통이다(16절과 17절에 고통이란 단어가 똑같이 나온다). 남녀 사이에 더 이상 일치는 없다. 그녀는 남편을 향해 갈망을 갖겠지만 남편은 그녀를 지배할 것이다. 여자는 고통 속에서 자녀를 출산할 것이고 남자는 땀을 흘려야 양식을 먹을 수 있을 것이다. 땅도 같은 벌을 받는데, 사람의 죄 때문에 저주받아 사람에게 호의적이지 않고 가시덤불과 엉겅퀴를 돋게 할 것이다.

3,10 1요한 3,20. 3,12 잠언 28,13. 3,13 로마 7,11; 2코린 11,3; 1티모 2,14. 3,14 이사 65,25; 미카 7,17; 묵시 12,9. 3,15 이사 7,14; 마태 1,23; 루카 10,19; 요한 8,44; 사도 13,10; 로마 16,20ㄱ; 1요한 3,8; 묵시 12,17. 3,16 4,7; 이사 13,8; 1코린 11,3; 14,34; 에페 5,22; 1티모 2,12.

✠ 3,9-15. 나해 연중 제10주일과 원죄 없이 잉태되신 동정 마리아 대축일(3,9-15.20)에 소위 원原복음(15절)이 포함된 이 본문을 읽는데, 전례 독서들은 이 원복음 안에 들어 있는 예언이 실현되었음을 보여 준다.

3,15. 고대 성경 번역본들은 이 최초의 구원 선포(원복음)를 여러 방식으로 해석한다. "여자의 후손은 너의 머리에 상처를 입히고"라고 번역된 부분에서 그리스어 번역본은 주어를 "그가"라고 명시함으로써 여러 명을 지칭할 수도 있는 "후손"보다 한 사람(메시아)에 대한 희망에 집중한다. 아람어 번역본(타르굼)은 여자를 이스라엘 공동체로 보고, 그녀의 후손이 율법을 잘 지킬 때는 뱀의 머리에 상처를 입히고 이들이 율법을 저버릴 때는 뱀이 그들의 발꿈치에 상처를 입힌다고 해석한다. 그리고 상처받은 이 발꿈치도 메시아 임금의 날에 치유될 것이라고 말한다. 예로니모의 라틴어 번역본은 "그녀가 네 머리를 부술 것이다."라고 번역하면서 마리아론적으로 해석한다. 하지만 새 대중 라틴말 성경에서는 여자의 후손이 뱀의 머리를 부술 것이라고 번역한다.

17 그리고 사람에게는 이렇게 말씀하셨다. “네가 아내의
말을 듣고, 내가 너에게 따 먹지 말라고 명령한 나무에서
열매를 따 먹었으니,

땅은 너 때문에 저주를 받으리라.
너는 사는 동안 줄곧
고통 속에서 땅을 부쳐 먹으리라.
18 땅은 네 앞에 가시덤불과 엉겅퀴를 돋게 하고
너는 들의 풀을 먹으리라.
19 너는 흙에서 나왔으니
흙으로 돌아갈 때까지
얼굴에 땀을 흘려야
양식을 먹을 수 있으리라.
너는 먼지이니
먼지로 돌아가리라.”

20 사람은 자기 아내의 이름을 하와라 하였다. 그가 살아
있는 모든 것의 어머니가 되었기 때문이다. 21 주 하느님께
서는 사람과 그의 아내에게 가죽옷을 만들어 입혀 주셨다.
22 주 하느님께서 말씀하셨다. “자, 사람이 선과 악을 알아
우리 가운데 하나처럼 되었으니, 이제 그가 손을 내밀어
생명나무 열매까지 따 먹고 영원히 살게 되어서는 안 되
지.” 23 그래서 주 하느님께서는 그를 에덴동산에서 내치시
어, 그가 생겨 나온 흙을 일구게 하셨다. 24 이렇게 사람을
내쫓으신 다음, 에덴동산 동쪽에 커룹들과 번쩍이는 불
칼을 세워, 생명나무에 이르는 길을 지키게 하셨다.

카인과 아벨

4 1 사람이 자기 아내 하와와 잠자리를 같이하니,
그 여자가 임신하여 카인을 낳고 이렇게 말하였
다. “내가 주님의 도우심으로 남자아이를 얻었다.” 2 그 여
자는 다시 카인의 동생 아벨을 낳았는데, 아벨은 양치
기가 되고 카인은 땅을 부치는 농부가 되었다. 3 세월
이 흐른 뒤에 카인은 땅의 소출을 주님께 제물로 바치고,

3,20. “하와”는 “살다”를 뜻하는 히브리어 동사 ‘하야’에서 파생한다.

3,22. 2,9 주 참조.

3,24. 커룹들과 번쩍이는 불 칼은 근동 전체의 민중 문화에 공통적으로 사용된 상징이다. 구약에서 천상 존재요 하느님의 봉사자인 커룹들은 메소포타미아에서는 인간의 두상에 날개를 지닌 소나 사자인 ‘카리부’였는데, 이들은 성전 문과 왕궁 문에 있었다. 두세 개의 뿔이 지그재그로 얽혀 있는 모양인 번쩍이는 불 칼은 신들의 전쟁에서 승리를 상징하며 어떤 장소를 출입 금지 구역으로 만들거나 그 장소의 재건을 막기 위해 사용했다.

4,1-2. 카인이라는 이름은 ‘카나’(“얻다”)에서 나온다. 반면 ‘아벨’이라는 이름은 설명하기 어렵지만, 유사한 단어로 “바람”, 사라지는 무엇을 뜻하는 히브리어 ‘헤벨’을 상기할 수도 있겠다. 이 단어는 지혜문학에 속하는 책들에서 특히 코헬렛(1,2 주 참조)에 자주 나온다.

4,1. 셈족 언어에서 동사 ‘알다’는 특히 실재를 소유하는 것, 체험하는 것을 가리키기 때문에 부부 관계를 가리키는 데도 사용된다(4,17.25; 19,8; 24,16과 38,26 참조).

3,17 2,17; 1사무 15,23; 로마 8,20-22; 1코린 15,21; 히브 6,8. 3,18 시편 104,14. 3,19 2,7; 시편 90,3; 104,29; 코헬 3,20; 12,7; 로마 5,12; 히브 9,27. 3,22 묵시 21,7. 3,23 4,2. 3,24 2,8.9; 묵시 2,7ㄴ. 4,2 루카 11,50.51. 4,3 민수 18,12.

3,21. 죄는 사람을 하느님에게서 분리시킨다. 그러나 죄에도 불구하고 하느님께서는 당신의 무한한 충실함으로 사람을 버리지 않으시고 계속 사랑으로 돌보신다.

✠ 4,1-15. 고해성사 예식에서 형제애 관계의 파괴를 강조하며 이 본문을 사용한다.

4,4-5. 주님께서 카인이 바친 제물을 받아들이지 않은 이유를 설명하지 않는다. 후대에 제정된 법규에 비추어 보면(레위 27,26; 신명 12,6; 15,19 참조) 아벨은 거기에 합당하게 자기 가축의 맏배들과 그 굳기름을 봉헌한 것이 특징이다(탈출 29,13; 레위 3,3.9.14; 4,26.31.35; 6,5; 7,25.30.31; 8,16; 9,10; 17,6). 아벨과 달리 카인은 후대 법규에서 요구하듯이 땅의 맏물이 아니라(탈출 23,19; 34,26; 레위 2,12.14; 23,10.17.20; 민수 15,20.21; 18,12.13; 신명 26,2.10 참조) 땅에서 소출한 일반적인 결실을 제물로 바친 것 같다.

4,9-12. 하느님께서 심판관으로 개입하신다. 피의 증거로 증명된 고발(9-10절 참조)에 저주와 방랑자의 삶이라는 선고(11-12절)가 이어진다. 아벨의 피로 젖은 땅은 카인에게 더 이상 풍요로운 수확을 내어 주지 않을 것이다.

4 아벨은 양 떼 가운데 맏배들과 그 굳기름을 바쳤다. 그런
데 주님께서는 아벨과 그의 제물은 기꺼이 굽어보셨으나,
5 카인과 그의 제물은 굽어보지 않으셨다. 그래서 카인은
몹시 화를 내며 얼굴을 떨어뜨렸다. 6 주님께서 카인에게
말씀하셨다. "너는 어찌하여 화를 내고, 어찌하여 얼굴을
떨어뜨리느냐? 7 네가 옳게 행동하면 얼굴을 들 수 있지
않느냐? 그러나 네가 옳게 행동하지 않으면, 죄악이 문 앞
에 도사리고 앉아 너를 노리게 될 터인데, 너는 그 죄악을
잘 다스려야 하지 않겠느냐?"
8 카인이 아우 아벨에게 "들에 나가자." 하고 말하였다. 그
들이 들에 있을 때, 카인이 자기 아우 아벨에게 덤벼들어
그를 죽였다. 9 주님께서 카인에게 물으셨다. "네 아우 아
벨은 어디 있느냐?" 그가 대답하였다. "모릅니다. 제가 아
우를 지키는 사람입니까?" 10 그러자 그분께서 말씀하셨
다. "네가 무슨 짓을 저질렀느냐? 들어 보아라. 네 아우의
피가 땅바닥에서 나에게 울부짖고 있다. 11 이제 너는 저주
를 받아, 입을 벌려 네 손에서 네 아우의 피를 받아 낸 그
땅에서 쫓겨날 것이다. 12 네가 땅을 부쳐도, 그것이 너에
게 더 이상 수확을 내주지 않을 것이다. 너는 세상을 떠돌
며 헤매는 신세가 될 것이다." 13 카인이 주님께 아뢰었다.
"그 형벌은 제가 짊어지기에 너무나 큽니다. 14 당신께서
오늘 저를 이 땅에서 쫓아내시니, 저는 당신 앞에서 몸을
숨겨야 하고, 세상을 떠돌며 헤매는 신세가 되어, 만나는
자마다 저를 죽이려 할 것입니다." 15 주님께서 그에게 말

4,4 레위 3,16; 민수 18,17; 히브 11,4. 4,5 이사 3,9; 유다 11. 4,7 요한 8,34. 4,8 지혜 10,3; 마태 23,35; 루카 11,51; 1요한 3,12; 유다 11. 4,10 마태 23,35; 루카 11,51; 히브 11,4; 12,24; 묵시 6,10. 4,14 9,6; 민수 35,19.21.27; 시편 51,13. 4,15 시편 79,12; 에제 9,4.6.

4,4-5. 하느님의 반응이 놀랍다. 한 사람을 반기지만 다른 한 사람에 대해서는 그렇지 않다. 이유 없이 하느님께서는 형보다 동생을 선호하시는데 이런 예는 구약에 자주 나온다(에사우보다 야곱, 므나쎄보다 에프라임, 다른 형제들보다 다윗을 선호하신다). 하느님께서는 당신 선물을 주실 때 자유로운 분이시다. 그러나 카인은 이를 받아들이지 않는다. 이런 내용이 로마 전문으로 알려진 감사 기도 제1양식에서 성체성사적인 용어로 다시 표현된다. "이 제물을 인자로이 굽어보시고 일찍이 주님의 의로운 종 아벨의 제물과… 제물을 받아 주셨듯이 이를 받아들이소서."

4,6-7. 다소 어려운 이 구절에서, 하느님께서는 카인을 내치지 않으시고 대신에 경고하신다. 하느님은 질문으로 카인의 태도의 옳지 않음과 죄를 다스릴 수 있음(바오로는 로마 6,14에서 은총으로 그렇게 할 수 있다고 말한다)을 보여 주신다. 1베드 5,8처럼 죄가 맹수와 비슷하게 묘사된다. "도사리고 앉아"라고 번역된 단어를 선과 악의 수호신을 가리키는 아카디아어에서 왔다고 보는 사람도 있다. "잘 다스려야 하지 않겠느냐?"는 "잘 다스려야 한다" 혹은 "잘 다스려라"로 옮길 수도 있다.

4,13-15. 카인은(탈출 21,12에 따르면 그는 사형을 받아야 한다) 사람들의 복수를 두려워하지만 하느님께서 특별한 표징으로 그를 보호하신다.

씀하셨다. "아니다. 카인을 죽이는 자는 누구나 일곱 곱절
로 앙갚음을 받을 것이다." 그런 다음 주님께서는 카인에
게 표를 찍어 주셔서, 어느 누가 그를 만나더라도 그를 죽
이지 못하게 하셨다. 16 카인은 주님 앞에서 물러 나와 에
덴의 동쪽 놋 땅에 살았다.

카인의 자손

17 카인이 자기 아내와 잠자리를 같이하니, 그 여자가 임
신하여 에녹을 낳았다. 카인은 성읍 하나를 세우고, 자기
아들의 이름을 따라 그 성읍의 이름을 에녹이라 하였다.
18 에녹에게서 이랏이 태어났고, 이랏은 므후야엘을 낳고,
므후야엘은 므투사엘을 낳고, 므투사엘은 라멕을 낳았다.
19 라멕은 아내를 둘 얻었는데, 한 아내의 이름은 아다이
고 다른 아내의 이름은 칠라였다. 20 아다는 야발을 낳았
는데, 그는 집짐승을 치며 천막에 사는 이들의 조상이 되
었다. 21 그 아우의 이름은 유발인데, 그는 비파와 피리를
다루는 모든 이의 조상이 되었다. 22 칠라도 투발 카인을
낳았는데, 그는 구리와 쇠로 된 온갖 도구를 만드는 이였
다. 그리고 투발 카인의 누이는 나아마였다.
23 라멕이 자기 아내들에게 말하였다.
"아다야, 칠라야, 내 소리를 들어라.
라멕의 아내들아, 내 말에 귀를 기울여라.
나는 내 상처 하나에 사람 하나를,
내 생채기 하나에 아이 하나를 죽였다.
24 카인을 해친 자가 일곱 곱절로 앙갚음을 받는다면
라멕을 해친 자는 일흔일곱 곱절로 앙갚음을 받는다."

셋과 그의 아들

25 아담이 다시 자기 아내와 잠자리를 같이하니, 그 여자
가 아들을 낳고는, "카인이 아벨을 죽여 버려, 하느님께서
그 대신 다른 자식 하나를 나에게 세워 주셨구나." 하면서
그 이름을 셋이라 하였다. 26 셋에게서도 아들이 태어나자,
그는 아들의 이름을 에노스라 하였다. 그때부터 사람들이
주님의 이름을 받들어 부르기 시작하였다.

4,16. 히브리어 동사 "목적 없이 방랑하다", "헤매다"를 뜻하는 '눗'에서 "놋"이라는 이름이 파생한다.

4,17-22. 이 족보에서 카인은 첫 성읍을 건설한 사람으로 소개된다. 카인의 후손들 가운데 가축 치는 사람, 음악가, 대장장이가 있다.

4,23. 무자비한 복수자 라멕의 난폭한 노래는 땅 위에 어떻게 폭력이 늘어나는지 보여 준다. 재앙이 미리 선포된다.

4,25. "세우다"('싯')로 번역된 히브리어 동사는 "셋"이라는 이름에 가깝다.

4,17 시편 49,12. 4,18 5,25.28.30. 4,23 탈출 20,13; 레위 19,18; 신명 32,35; 루카 3,36. 4,24 마태 18,22. 4,25 4,8; 5,3; 루카 3,38. 4,26 1열왕 18,24; 시편 116,17; 요엘 3,5; 스바 3,9; 1코린 1,2.

5,1. 아담 자손들의 목록과 함께 족보를 언급하는 유일한 사례이다.

5,3. 하느님 모습은 아담에게서 그 자손에게 전달된다. 1,26 주 참조.

5,3-11. 이 사제계 전승(P)의 홍수 이전 족보와 4,17-26에 서술된 족보와의 차이를 주목할 필요가 있다. 4장의 족보에서 셋과 에노스(25-26절 참조)는 카인부터 라멕까지의 족보(17-18절 참조)에 속하지 않으면서 별도의 단락을 형성한다. 그러나 사제계 목록(P)은 카인을 통해서가 아니라 셋을 통해서 아담의 후손의 윤곽을 그리고 있는데(5,3-8 참조), 그렇게 하여 노아와 홍수 후의 인류의 기원을 제시할 족보에 살인자 카인이 포함되는 것을 피한다.

아담의 자손

5 1 아담의 족보는 이러하다. 하느님께서 사람을 창조
하시던 날, 하느님과 비슷하게 그를 만드셨다. 2 그
분께서는 남자와 여자로 그들을 창조하셨다. 그리고 그들
을 창조하시던 날, 그들에게 복을 내리시고 그들의 이름을
사람이라 하셨다.
3 아담은 백삼십 세 되었을 때, 자기와 비슷하게 제 모습으
로 아들을 낳아 그 이름을 셋이라 하였다. 4 셋을 낳은 다
음, 아담은 팔백 년을 살면서 아들딸들을 낳았다. 5 아담
은 모두 구백삼십 년을 살고 죽었다.
6 셋은 백오 세 되었을 때, 에노스를 낳았다. 7 에노스를
낳은 다음, 셋은 팔백칠 년을 살면서 아들딸들을 낳았다.
8 셋은 모두 구백십이 년을 살고 죽었다.
9 에노스는 구십 세 되었을 때, 케난을 낳았다. 10 케난을
낳은 다음, 에노스는 팔백십오 년을 살면서 아들딸들을
낳았다. 11 에노스는 모두 구백오 년을 살고 죽었다.
12 케난은 칠십 세 되었을 때, 마할랄엘을 낳았다. 13 마할
랄엘을 낳은 다음, 케난은 팔백사십 년을 살면서 아들딸
들을 낳았다. 14 케난은 모두 구백십 년을 살고 죽었다.
15 마할랄엘은 육십오 세 되었을 때, 예렛을 낳았다. 16 예
렛을 낳은 다음, 마할랄엘은 팔백삼십 년을 살면서 아들
딸들을 낳았다. 17 마할랄엘은 모두 팔백구십오 년을 살고
죽었다.
18 예렛은 백육십이 세 되었을 때, 에녹을 낳았다. 19 에녹
을 낳은 다음, 예렛은 팔백 년을 살면서 아들딸들을 낳았
다. 20 예렛은 모두 구백육십이 년을 살고 죽었다.
21 에녹은 육십오 세 되었을 때, 므투셀라를 낳았다. 22 므
투셀라를 낳은 다음, 에녹은 삼백 년을 하느님과 함께 살
아가면서 아들딸들을 낳았다. 23 에녹은 모두 삼백육십오

5,1-8 루카 3,38. 5,1 1,26; 마태 1,1; 1코린 11,7; 에페 4,24; 콜로 3,10. 5,2 마태 19,4; 마르 10,6; 창세 1,27도 참조. 5,3 4,25; 1코린 15,49. 5,5 3,19; 히브 9,27. 5,6 4,26. 5,9-32 루카 3,36-37. 5,11 1역대 1,1. 5,12 1역대 1,2. 5,15 1역대 1,2. 5,18 판관 14. 5,21 1역대 1,3; 집회 44,16; 49,14; 판관 14.

5,1-32. 이 사제계 전승(P)의 족보는 첫 번째 창조 이야기(1,1-2,3 참조)와 연결되는데 아담부터 노아까지는 열 세대이다. 하느님과 함께 산 후 365세에 하느님께서 데려가신 에녹을 제외하고, 다른 성조들은 777세부터(라멕) 969세(므투셀라)까지 산다. 수치는 실제적이지 않지만 일종의 황금기인 이 첫 시대를 특징짓는 긴 수명을 강조한다. 모든 것이 아주 체계적으로 배치되고 조직되어 나오는 세상 창조 이야기(1,1-2,3 참조)에서 이미 본 사제계 저자의 신학은 홍수 이전 사람들의 족보가 정확한 방식으로 조직되어 있는 것에서도 나타난다. 이 조직화의 다른 예로, 여기에 제시된 아담부터 노아까지의 전체 열 세대가 어떻게 노아와 아브라함까지의 다른 열 세대(11,10-26 참조)를 반향하고 균형을 맞추는지 주목할 필요가 있다.

녇을 살았다. 24 에녹은 하느님과 함께 살다가 사라졌다.
하느님께서 그를 데려가신 것이다.
25 므투셀라는 백팔십칠 세 되었을 때, 라멕을 낳았다. 26
라멕을 낳은 다음, 므투셀라는 칠백팔십이 년을 살면서
아들딸들을 낳았다. 27 므투셀라는 모두 구백육십구 년을
살고 죽었다.
28 라멕은 백팔십이 세 되었을 때 아들을 낳고, 29 "이 아
이가 주님께서 저주하신 땅 때문에 수고하고 고생하는 우
리를 위로해 줄 것이다." 하면서, 그의 이름을 노아라 하였
다. 30 노아를 낳은 다음, 라멕은 오백구십오 년을 살면서
아들딸들을 낳았다. 31 라멕은 모두 칠백칠십칠 년을 살고
죽었다.
32 노아의 나이 오백 세 되었을 때, 노아는 셈과 함과 야펫
을 낳았다.

하느님의 아들들과 거인족

6 1 땅 위에 사람들이 늘어나기 시작하면서, 그들에
게서 딸들이 태어났다. 2 하느님의 아들들은 사람의
딸들이 아름다운 것을 보고, 여자들을 골라 모두 아내로
삼았다. 3 주님께서 말씀하셨다. "사람들은 살덩어리일 따
름이니, 나의 영이 그들 안에 영원히 머물러서는 안 된다.
그들은 백이십 년밖에 살지 못한다."
4 하느님의 아들들이 사람의 딸들과 한자리에 들어 그들
에게서 자식이 태어나던 그때와 그 뒤에도 세상에는 나필
족이 있었는데, 그들은 옛날의 용사들로서 이름난 장사들
이었다.

5,24. 칠십인역 그리스어 성경에는 "에녹은 하느님 마음에 들었다. 그리고 더 이상 보이지 않았는데 하느님께서 그를 이동시키셨기 때문이다."라고 되어 있다. 타르굼 옹켈로스는 "(에녹은) 더 이상 없었다. 주님께서 그를 죽게 하셨기 때문이다"라고 한다.

5,29. "위로해 줄 것이다." 히브리어 본문에는 '노아흐'("노아")와 '나함'("위로하다") 사이에 언어유희를 볼 수 있다. 칠십인역에서는 "위로하다" 대신 "쉬게 해 줄 것이다"로 번역한다.

5,24 2열왕 2,11; 지혜 4,10-11; 히브 11,5. 5,26 루카 3,36. 5,29 3,17-19. 5,32 6,10; 10,21. 6,1-4 2베드 2,4; 유다 6. 6,1 창세 1,28. 6,2 신명 7,1-4; 루카 20,36; 1코린 11,10. 6,3 시편 78,39; 집회 17,2; 1베드 3,19. 6,4 집회 16,7; 바룩 3,26-27.

6,1-4. 이해하기 힘든 이 이야기는 거인들(민수 13,33 참조)의 기원을 다룬 고대 전승을 담고 있고 인간의 수명이 백이십 년으로 축소된 이유를 제공한다. 사제계 전승(P)에서 완성한 족보에 따르면 홍수가 끝난 후에도 셈의 자손은 긴 수명을 누린다(창세 11,10-27.31-32 참조).

인류의 타락

5 주님께서는 사람들의 악이 세상에 많아지고, 그들 마음
의 모든 생각과 뜻이 언제나 악하기만 한 것을 보시고, 6
세상에 사람을 만드신 것을 후회하시며 마음 아파하셨다.
7 그래서 주님께서 말씀하셨다. "내가 창조한 사람들을 이
땅 위에서 쓸어버리겠다. 사람뿐 아니라 짐승과 기어 다니
는 것들과 하늘의 새들까지 쓸어버리겠다. 내가 그것들을
만든 것이 후회스럽구나!" 8 그러나 노아만은 주님의 눈에
들었다.

노아

9 노아의 역사는 이러하다. 노아는 당대에 의롭고 흠 없는
사람이었다. 노아는 하느님과 함께 살아갔다. 10 그리고 노
아는 아들 셋, 곧 셈과 함과 야펫을 낳았다. 11 세상은 하
느님 앞에 타락해 있었다. 세상은 폭력으로 가득 차 있었
다. 12 하느님께서 내려다보시니, 세상은 타락해 있었다. 정
녕 모든 살덩어리가 세상에서 타락한 길을 걷고 있었다.
13 하느님께서 노아에게 말씀하셨다. "나는 모든 살덩어리
들을 멸망시키기로 결정하였다. 그들로 말미암아 세상이
폭력으로 가득 찼다. 나 이제 그들을 세상에서 없애 버리
겠다. 14 너는 전나무로 방주 한 척을 만들어라. 그 방주에
작은 방들을 만들고, 안과 밖을 역청으로 칠하여라. 15 너
는 그것을 이렇게 만들어라. 방주의 길이는 삼백 암마, 너
비는 쉰 암마, 높이는 서른 암마이다. 16 그 방주에 지붕을
만들고 위로 한 암마 올려 마무리하여라. 문은 방주 옆쪽
에 내어라. 그리고 그 방주를 아래층과 둘째 층과 셋째 층

6,5 8,21. 6,6 1사무 15,11.29; 2사무 24,16; 이사 63,10; 말라 3,6; 야고 1,18. 6,8-9.13-7,1 히브 11,7. 6,8 19,19; 탈출 33,12; 루카 1,30; 사도 7,46. 6,9 5,22; 7,1; 집회 44,17; 에제 14,14.20; 2베드 2,5. 6,10 5,32. 6,11-13 마태 24,37; 루카 17,27. 6,12 시편 14,1-3; 로마 3,20; 갈라 2,16. 6,13 에제 7,2.3. 6,14 1베드 3,20.

6,5-9,17. 학자들은 홍수 이야기에 후대에 첨가된 본문들이 결합되어 단일한 본문으로 완성된 것으로 여긴다. 실제로 본문에 명백하게 일관성이 없는 내용들이 존재한다. 하느님께서 방주에 들어가게 한 동물들에 대한 명령(7,2에 정결한 동물 일곱 쌍과 부정한 동물 한 쌍인 반면, 6,19-20에는 온갖 종류의 암컷과 수컷 한 쌍)과 홍수의 특성(7,4.12; 8,2ㄴ에서는 하늘에서 밤낮으로 비가 내리고, 7,11과 8,2ㄱ에서는 심연의 샘구멍들이 터지고 하늘의 창문들이 열린다)이 그 예이다.

메소포타미아 문학에서도(아트라하시스 신화와 길가메쉬 서사시 참조) 인간을 멸망시키기 위해 신들이 내린 홍수가 기록되어 있다. 홍수는 인간의 타락이나 윤리적인 부패 때문이 아니라 사람들의 시끄러운 소리에 대신大神 엔릴이 잠을 깼기 때문이다. 마지막에는 엔키(아키디아어 본문에서는 '에아') 신이 보호하는 한 사람, 곧 아트라하시스(길가메쉬 속 우트나피쉬팀), 또 그와 함께 그의 가족과 온갖 종류의 대표 동물들이 살아남을 것이다. 그는 그를 보호하는 신의 지시에 따라 정육면체 형태로 큰 배를 만든 후 배를 완전히 닫고 역청을 바른다.

6,5-8. 1,29-31의 상황이 완전히 역전된다. 처음에는 모든 것이 "좋았다." 그런데 지금은 사람들의 악이 크게 늘어나 주님께서는 사람을 창조한 것을 후회하신다. 의롭고 흠 없는 사람(9절) 노아만이 주님 마음에 드신다.

6,9. 창세기에서 "의로운"('차딕') 이라는 말은 명시적으로 노아에게만 해당하는데 암시적으로는 아브라함(15,6의 명사 '츠다카' "의로움")과 그의 자손도 의로운 사람들이다(18,19의 '츠다카' "정의").

6,13-17. 사람들의 폭력은 땅의 파괴와 모든 살덩어리의 멸망을 가져온다. 피조물의 운명은 사람들의 운명과 밀접하게 결합된다(로마 8,18-22 참조).

6,14-16. 제시된 치수에 따르면 방주는 평행 육면체 형태이다. 커다란 상자와 비슷한 이 형태는 고대 근동의 몇몇 홍수 이야기에서 변형된 듯하다. 메소포타미아의 홍수 이야기들에서 방주는 정육면체 형태이다.

6,14. "전나무" 여기에 상응하는 히브리어 명사의 뜻은 확실하지 않다. 고대 그리스어역과 라틴어 역들은 사각형이거나 평평한 판자 형태로 추정한다.

6,15. 암마는 길이 측정 단위다. 암마 길이는 45~52.5cm 사이다.

6,16. "지붕"은 "창문"([새] 대중 라틴말 성경)으로 옮기는 편이 나을 것이다.

으로 만들어라. 17 이제 내가 세상에 홍수를 일으켜, 하늘
아래 살아 숨 쉬는 모든 살덩어리들을 없애 버리겠다. 땅
위에 있는 모든 것이 숨지고 말 것이다. 18 그러나 내가 너
와는 내 계약을 세우겠다. 너는 아들들과 아내와 며느리
들과 함께 방주로 들어가거라. 19 그리고 온갖 생물 가운데
에서, 온갖 살덩어리 가운데에서 한 쌍씩 방주에 데리고
들어가, 너와 함께 살아남게 하여라. 그것들은 수컷과 암
컷이어야 한다. 20 새도 제 종류대로, 짐승도 제 종류대로,
땅바닥을 기어 다니는 것들도 제 종류대로, 한 쌍씩 너에
게로 와서 살아남게 하여라. 21 그리고 너는 먹을 수 있는
온갖 양식을 가져다 쌓아 두어, 너와 그들의 양식이 되게
하여라." 22 노아는 그대로 하였다. 하느님께서 그에게 명령
하신 대로 다 하였다.

7 1 주님께서 노아에게 말씀하셨다. "너는 네 가족들
과 함께 방주로 들어가거라. 내가 보니 이 세대에
내 앞에서 의로운 사람은 너밖에 없구나. 2 정결한 짐승은
모두 수놈과 암놈으로 일곱 쌍씩, 부정한 짐승은 수놈과
암놈으로 한 쌍씩 데려가거라. 3 하늘의 새들도 수컷과 암
컷으로 일곱 쌍씩 데리고 가서, 그 씨가 온 땅 위에 살아남
게 하여라. 4 이제 이레가 지나면, 내가 사십 일 동안 밤낮
으로 땅에 비를 내려, 내가 만든 생물을 땅에서 모두 쓸어
버리겠다." 5 노아는 주님께서 명령하신 대로 다 하였다.

홍수

6 땅에 홍수가 난 것은 노아가 육백 살 되던 때였다. 7 노아
는 아들들과 아내와 며느리들과 함께 홍수를 피하여 방주
로 들어갔다. 8 정결한 짐승과 부정한 짐승, 새와 땅바닥을
기어 다니는 모든 것이 9 하느님께서 노아에게 명령하신
대로, 수컷과 암컷 둘씩 노아에게 와서 방주로 들어갔다.
10 이레가 지나자 땅에 홍수가 났다.
11 노아가 육백 살 되던 해 둘째 달 열이렛날, 바로 그날에
큰 심연의 모든 샘구멍이 터지고 하늘의 창문들이 열렸다.
12 그리하여 사십 일 동안 밤낮으로 땅에 비가 내렸다. 13
바로 그날, 노아는 자기 아들 셈과 함과 야펫, 자기 아내,
그리고 세 며느리와 함께 방주로 들어갔다. 14 그들과 함께
모든 들짐승이 제 종류대로, 모든 집짐승이 제 종류대로,

6,17. 홍수는 창조를 통해 세워진 하느님의 질서가(1,1-2,3 참조) 근본적으로 파괴된 것으로 이해해야 한다. 궁창 위에 있는 물과 궁창 아래에 있는 물(1,6-7 참조) 사이에 경계가 사라지면서 모든 것이 태초의 불완전한 혼돈을 만든다. 예언자 예레미야도 같은 용어로 이를 표현한다. 이스라엘의 죄는 피조물이 태초의 혼돈과 불모 상태에 빠지게 할 것이다(예레 4,23-28 참조).

6,18. 하느님께서는 땅과 생물들을 더 이상 파멸하지 않겠다고 약속하시면서(9,9.11.17 참조) 일방적으로 노아와 계약을 맺으신다.

6,21. 노아는 온갖 양식을 가져다 쌓아 두어야 한다. 저자에 따르면 그 시기에 생물들은 아직 채식을 한다. 이것은 모든 동물끼리, 또 동물들과 사람들이 어떻게 평화롭게 공존할 수 있는지를 설명한다.

7,4. 사십이라는 숫자는 성경에 자주 나온다. "사십 일 동안 밤낮으로"라는 말은 시나이산에서 모세가 한 체험과 연결된다(탈출 24,18; 34,28; 신명 9,9.11.18; 10,10 참조). 이렇게 그 자체로 완성된 시간을 가리키고자 한다. 모세나 노아의 사례에서 하느님께 충실한 의로운 사람과 불충실하며 죄인인 다른 대부분 인간들 사이에 대조가 있다.

7,8. 정결한 동물과 부정한 동물 사이의 구분은 고대에 일찍부터 존재했고 이스라엘 주변 문화에서 공통된 현상이다. 이 구분은 원래 동물들이 인간의 삶에서 지니는 긍정적 의미와 부정적 의미에 토대를 두었을 것이다. 이 선택을 주관하는 기준은 거의 알려지지 않았다.

7,11. 사제계 문헌(P)의 계산법에 따르면(7,11; 8,14 참조), 홍수는 달의 주기에 기초해 대략 계산한 한 달이 29일이나 30일이라도 총 12개월 10일 동안 지속되어야 한다. 달리 말하면 태양력에 따른 한 해 전체 기간보다 약간 더 적은 기간이어야 한다. 그러나 비사제계 자료에 따르면(7,4.12.17 참조),

6,17 7,4.21-23. 6,18 7,1.7.13; 1베드 3,20; 2베드 2,5. 6,19 7,8.9.15.16. 6,20 7,9.15. 6,22 7,5; 히브 11,7. 7,1 지혜 10,4; 마태 24,38; 루카 17,26. 7,2 레위 10,10; 11; 에제 44,23. 7,7 6,22; 마태 24,38; 루카 17,27. 7,11 8,2; 잠언 8,28; 에제 26,19. 7,13 1베드 3,20; 2베드 2,5.

홍수는 "사십 일 동안 밤낮으로" 지속되었다.

7,20. 6,15 주 참조.

땅을 기어 다니는 모든 것이 제 종류대로, 그리고 모든 새
가 제 종류대로, 곧 온갖 날짐승과 날개 달린 것들이 들어
갔다. 15 살아 숨 쉬는 모든 살덩어리들이 둘씩 노아에게
와서 방주로 들어갔다. 16 이렇게, 하느님께서 노아에게 명
령하신 대로, 모든 살덩어리들의 수컷과 암컷이 들어갔다.
그런 다음 주님께서 노아 뒤로 문을 닫아 주셨다.
17 땅에 사십 일 동안 홍수가 계속되었다. 물이 차올라 방
주를 밀어 올리자 그것이 땅에서 떠올랐다. 18 물이 불어
나면서 땅 위로 가득 차 오르자 방주는 물 위를 떠다니게
되었다. 19 땅에 물이 점점 더 불어나, 온 하늘 아래 높은
산들을 모두 뒤덮었다. 20 물은 산들을 덮고도 열다섯 암
마나 더 불어났다. 21 그러자 땅에서 움직이는 모든 살덩
어리들, 새와 집짐승과 들짐승과 땅에서 우글거리는 모든
것, 그리고 사람들이 모두 숨지고 말았다. 22 마른땅 위에
살면서 코에 생명의 숨이 붙어 있는 것들은 모두 죽었다.
23 그분께서는 사람뿐 아니라 짐승과 기어 다니는 것들과
하늘의 새들까지, 땅에 사는 모든 생물을 쓸어버리셨다.
이렇게 그것들은 땅에서 쓸려 가 버렸다. 노아와, 그와 함
께 방주에 있는 사람과 짐승만 남았다. 24 물은 땅 위에 백
오십 일 동안 계속 불어났다.

홍수가 그치다

8 1 그때에 하느님께서 노아와, 그와 함께 방주에 있
는 모든 들짐승과 집짐승을 기억하셨다. 그리하여
하느님께서 땅 위에 바람을 일으키시니 물이 내려갔다. 2
심연의 샘구멍들과 하늘의 창문들이 닫히고 하늘에서 비
가 멎으니, 3 물이 땅에서 계속 빠져나가, 백오십 일이 지나

7,15 6,20. 7,17 루카 17,27; 1베드 3,20. 7,18 시편 104,26. 7,21 6,13.17; 2베드 3,6; 루카 17,27. 7,22 2,7. 7,23 1베드 3,20; 2베드 2,5. 7,24 8,3. 8,1 19,29; 탈출 2,24; 14,21; 1사무 1,19; 욥 12,15; 시편 29,10; 이사 44,27; 나훔 1,4ㄱ. 8,2 7,11; 욥 38,37. 8,3 7,24.

7,17-20. 홍수는 창조를 파멸시키는 행위이며 재창조가 잇따른다. 다시 혼돈이 나타나고 모든 것이 물로 덮인다. 물의 위력은 땅에 널리 퍼진 폭력을 제거한다. 우주적 차원의 위대한 세례이자 정화 예식인 셈이다(1베드 3,20-21 참조). 세례 예식은 세례수 축복 기도에서 성경의 이 사건의 의미를 상기시킨다. "홍수의 심판을 내리실 때 물로 죄를 씻으시고 덕행의 기원을 삼으심으로써, 신비로이 재생의 표본을 보여 주셨나이다."

8,1-17. 이야기의 반전은 하느님께서 노아를, 그와 함께한 방주 안에 있는 모든 것을 기억하신(8,1) 순간 이루어진다. 구약에서 하느님께서 기억하신다는 것은 보통 그분께서 선택하신 이들을 위해 역사적 현실을 바꾸고자 그 현실에 개입하심을 뜻한다(예를 들어 탈출 2,24; 6,5 등). 우리는 여기서 이전처럼 시작되는 새 창조를 보게 된다. 곧 1절에서 물이 내려가게 하는 바람(창세 1,2 '루아' 참조)이 땅 위에 불고 심연(1,2에서처럼 '트홈')의 샘들이 닫힌다. 13-14절에서는 마른 땅이 다시 보인다(1,9-10 참조). 이제 정화된 땅은 새 아담인 노아에게 맡겨진다.

자 물이 줄어들었다. 4 그리하여 일곱째 달 열이렛날에 방
주가 아라랏산 위에 내려앉았다. 5 물은 열째 달이 될 때까
지 계속 줄어, 열째 달 초하룻날에는 산봉우리들이 드러
났다.
6 사십 일이 지난 뒤에 노아는 자기가 만든 방주의 창을 열
고 7 까마귀를 내보냈다. 까마귀는 밖으로 나가 땅에 물이
마를 때까지 왔다 갔다 하였다. 8 그는 또 물이 땅에서 빠
졌는지 보려고 비둘기를 내보냈다. 9 그러나 비둘기는 발붙
일 곳을 찾지 못하고 방주로 노아에게 돌아왔다. 온 땅에
아직도 물이 있었던 것이다. 노아는 손을 내밀어 그것을
잡아 방주 안으로 들여놓았다. 10 그는 이레를 더 기다리
다가 다시 그 비둘기를 방주에서 내보냈다. 11 저녁때가 되
어 비둘기가 그에게 돌아왔는데, 싱싱한 올리브 잎을 부리
에 물고 있었다. 그래서 노아는 땅에서 물이 빠진 것을 알
게 되었다. 12 노아는 이레를 더 기다려 그 비둘기를 내보
냈다. 그러자 비둘기는 그에게 다시 돌아오지 않았다.
13 노아가 육백한 살이 되던 해, 첫째 달 초하룻날에 땅의
물이 말랐다. 노아가 방주 뚜껑을 열고 내다보니 과연 땅
바닥이 말라 있었다. 14 둘째 달 스무이렛날에 땅이 다 말
랐다.

방주에서 나오다

15 하느님께서 노아에게 이르셨다. 16 "너는 아내와 아들들
과 며느리들과 함께 방주에서 나와라. 17 모든 생물들, 너
와 함께 있는 모든 살덩어리들, 곧 새와 짐승과 땅을 기어
다니는 모든 것을 데리고 나와라. 그래서 그것들이 땅에
우글거리며 번식하고 번성하게 하여라." 18 노아는 아들들
과 아내와 며느리들과 함께 밖으로 나왔다. 19 모든 짐승과
기어 다니는 모든 것, 모든 새와 땅에서 움직이는 모든 것
도 종류별로 방주에서 나왔다.

8,4. "아라랏산"은 산 하나가 아니라 현재의 아르메니아, 이라크, 튀르키예에 걸쳐 있는 산악 지역 전체를 가리킨다.

8,11. "싱싱한 올리브 잎"을 예로니모의 라틴어 번역본은 올리브 가지라고 제시하는데 오해의 소지가 있다. 비둘기는 어딘가에서 작은 올리브 가지 하나를 발견할 수 있었을 것이다. 그러나 싱싱한 잎이란 번역은 자연이 다시 활발하게 소생하고 있음을 명시한다.

8,13. 사제계 문헌(P) 저자에 따르면 노아는 홍수에서 다시 나타난 세상을 새 시대의 시작을 가리키는 새해 첫날에 볼 수 있다.

8,17. 하느님께서는 홍수를 끝내시고 땅을 새롭게 창조하신 후 생물들에게 다시 땅 위에서 "번식하고 번성"하라고 명령하신다(1,22 참조). 1,28에서 인간에게 자식을 많이 낳고 번성하여 땅을 가득 채우라고 하신 명령이 9,1에 다시 나온다.

8,4 예레 51,27. 8,6 2베드 2,5. 8,7 1열왕 17,4.6. 8,11 마태 10,16. 8,13 2베드 3,5.6. 8,16 7,13. 8,17 1,22; 1코린 15,39. 8,18 2베드 2,5.

노아의 제사와 하느님의 다짐

20 노아는 주님을 위하여 제단을 쌓고, 모든 정결한 짐승
과 모든 정결한 새들 가운데에서 번제물을 골라 그 제단
위에서 바쳤다. 21 주님께서 그 향내를 맡으시고 마음속으
로 생각하셨다.

'사람의 마음은 어려서부터 악한 뜻을 품기 마련
내가 다시는 사람 때문에 땅을 저주하지 않으리라.
이번에 한 것처럼 다시는 어떤 생물도 파멸시키지 않으
리라.
22 땅이 있는 한
씨뿌리기와 거두기, 추위와 더위
여름과 겨울, 낮과 밤이 그치지 않으리라.'

노아와 계약을 맺으시다

9 1 하느님께서 노아와 그의 아들들에게 복을 내리
시며 말씀하셨다. "자식을 많이 낳고 번성하여 땅
을 가득 채워라. 2 땅의 모든 짐승과 하늘의 모든 새와 땅
바닥을 기어 다니는 모든 것과 바다의 모든 물고기가 너
희를 두려워하고 무서워할 것이다. 이것들이 너희의 손
에 주어졌다. 3 살아 움직이는 모든 것이 너희의 양식이
될 것이다. 내가 전에 푸른 풀을 주었듯이, 이제 이 모든
것을 너희에게 준다. 4 다만 생명 곧 피가 들어 있는 살코
기를 먹어서는 안 된다. 5 나는 너희 각자의 피에 대한 책
임을 물을 것이다. 나는 어떤 짐승에게나 그 책임을 물
을 것이다. 남의 피를 흘린 사람에게 나는 사람의 생명

8,20-22. 새로워진 땅에서 노아가 처음으로 한 일은 제단을 세우고 온갖 종류의 정결한 동물을 번제물로 바친 것이다(7,2에서 이 제사를 예상하며 주님께서 정결한 동물 일곱 쌍과 정결하지 않은 동물 한 쌍을 방주로 데려가라고 명령하신다. 6,19-20에서는 이와 다르게 말한다). 하느님께서는 그 제물에 기뻐하시고 그 제물의 "향내"를 맡으신다(이 표현은 예배 언어에 속한다. 탈출 29,18.25.41; 레위 1,9.13.17; 민수 28,1 참조).

8,22. 짧은 시 같은 이 문장에서 더 이상 땅을 저주하지 않겠다고 하신 하느님의 약속은 이스라엘 농경 달력의 중요한 시점들과 관계가 있다.

9,2. 1장에서 히브리어 '하얏 하아레츠'는 "들짐승"으로 번역했지만, 이 장에서는 "땅의 짐승"이라고 표현한다.

9,3. 1,29에서는 인간이 채식만 가능했는데, 홍수 후에는 4절에 금지 규정이 있기는 해도 육식도 할 수 있게 된다.

8,20 7,2; 12,7.8; 13,18; 22,2.9; 탈출 10,25. 8,21 3,17; 6,17; 9,11.15; 레위 1,9; 2코린 2,15; 필리 4,18. 8,22 이사 54,9; 예레 33,20.25. 9,1 1,28. 9,2 야고 3,7. 9,3 1,29; 신명 12,15; 1티모 4,3ㄴ-4. 9,4 레위 17,10-16; 신명 12,23; 1사무 14,33; 사도 15,20. 9,5 4,9; 탈출 21,28.

8,20-22. 메소포타미아 문학에서도 홍수에서 살아남은 영웅이 신들에게 제사를 바친다. 신들은 제물을 태운 향기를 맡으며 한꺼번에 몰려든다(길가메쉬 11,159-161; 아트라하시스 3,5,34-36). 화를 누그러뜨린 엔릴 신은 영웅과 그의 아내에게 복을 내리고 불멸을 선물한다(길가메쉬 11,189-195). 노아가 바친 제사 덕분에 하느님께서는 인간 마음에 항상 현존하는 악함에도 불구하고 더 이상 우주 질서를 전복시키지 않을 것을 약속하신다(이는 예배의 중요성을 강조한다).

9,1-7. 노아와 그의 자녀들은 1,28의 첫 부부처럼 복을 받는다. "자식을 많이 낳고 번성하여라."라는 창조 때의 명령이 반복된다. 인간은 여전히 피조물의 임금이지만 이제 짐승들은 인간을 두려워한다. 세상은 더 이상 창조 때처럼 평화롭지 않다. 전체적인 조화는 메시아 시대에나 가능할 것이다(이사 11,6-9 참조). 창세 1,29-30에서와 달리 이제는 짐승을 죽이는 것이 허용되는데 제물용(8,21 참조)뿐만 아니라 살코기를 먹기 위해서다(9,2-3 참조). 그러나 생명의 상징인 피는 하느님께 속한다. 6절에서는 인간 생명 보호에 대한 법적 원칙이 선언되는데, 인간은 하느님 모습으로 창조되었으므로 인간 생명은 신성하다.

에 대한 책임을 물을 것이다.
6 사람의 피를 흘린 자
그자도 사람에 의해서 피를 흘려야 하리라.
하느님께서 당신 모습으로
사람을 만드셨기 때문이다.
7 너희는 자식을 많이 낳고 번성하여라.
땅에 우글거리고 그곳에서 번성하여라."
8 하느님께서 노아와 그의 아들들에게 말씀하셨다. 9 "이
제 내가 너희와 너희 뒤에 오는 자손들과 내 계약을 세운
다. 10 그리고 너희와 함께 있는 모든 생물, 곧 방주에서 나
와, 너희와 함께 있는 새와 집짐승과 땅의 모든 들짐승과
내 계약을 세운다. 11 내가 너희와 내 계약을 세우니, 다시
는 홍수로 모든 살덩어리들이 멸망하지 않고, 다시는 땅
을 파멸시키는 홍수가 일어나지 않을 것이다."
12 하느님께서 다시 말씀하셨다. "내가 미래의 모든 세대를
위하여, 나와 너희, 그리고 너희와 함께 있는 모든 생물 사
이에 세우는 계약의 표징은 이것이다. 13 내가 무지개를 구
름 사이에 둘 것이니, 이것이 나와 땅 사이에 세우는 계약
의 표징이 될 것이다. 14 내가 땅 위로 구름을 모아들일 때
무지개가 구름 사이에 나타나면, 15 나는 나와 너희 사이
에, 그리고 온갖 몸을 지닌 모든 생물 사이에 세워진 내 계
약을 기억하고, 다시는 물이 홍수가 되어 모든 살덩어리
들을 파멸시키지 못하게 하겠다. 16 무지개가 구름 사이로
드러나면, 나는 그것을 보고 하느님과 땅 위에 사는, 온갖
몸을 지닌 모든 생물 사이에 세워진 영원한 계약을 기억
하겠다."
17 하느님께서 노아에게 말씀하셨다. "이것이 나와 땅 위
에 사는 모든 살덩어리들 사이에 내가 세운 계약의 표징이
다."

9,6 1,27; 탈출 21,12.14; 레위 24,17; 마태 26,52. 9,9 6,18; 이사 54,9. 9,11 집회 44,18; 이사 54,9. 9,12 17,11. 9,13 에제 1,28; 묵시 4,3. 9,15 레위 26,42.45; 신명 7,9. 9,16 17,13.19.

9,8-17. 우주의 존재는 하느님의 호의에 달려 있다. 곧 하느님께서는 하늘에 무지개를 표징으로 놓으시면서 모든 생명체와 영원한 계약을 맺으신다(이스라엘의 하느님께서는 보편적인 하느님이시다). 그 목적은 하느님과 그분의 모든 창조물 사이에 신성하고 영속적인 관계를 승인하는 것이다. 사제계 본문(P)의 구원 역사에서는 이 계약 후에 아브라함과 맺은 계약(17,1-27 참조)과 시나이에서 이스라엘과 맺은 계약이(탈출 31,12-17 참조) 이어진다.

✠ 9,8-15. 나해 사순 제1주일 전례는 노아의 계약을 예수님께서 모든 피조물과 맺으신 계약("예수님께서는 광야에서 사십 일 동안 사탄에게 유혹을 받으셨다. 또한 들짐승들과 함께 지내셨는데 천사들이 그분의 시중을 들었다." 마르 1,13)을 연결하며 제2독서도 이 관계를 분명히 한다(1베드 3,18-22).

9,14. "내가 … 구름을 모아들일 때"의 히브리어 본문은 효과적인 언어유희('안니 아난')를 보여 주는데 "내가 구름을 일으킬 때", "내가 구름을 나타나게 할 때"로 옮길 수도 있다.

9,16. "무지개"로 번역된 히브리어는 일차적으로 고대 근동의 전쟁과 공격용 무기의 전형인 "활"을 뜻하지만(48,22), 은유적으로 하느님의 활, 곧 계약 자체의 보증이요 평화의 표징인 무지개 의미도 지닌다. 하느님께서는 지금까지 인간의 악행과(6,5 참조) 땅의 타락을 보시고(6,12 참조) 홍수를 내리셨지만(7,1) 또한 노아의 의로움을 보시고 방주라는 수단을 통해 구원의 가능성을 피조물에게 주셨다. 이제 하느님께서는 무지개를, 평화에 대한 당신의 영원한 계약을 바라보신다.

9,18-27. 이 이야기는 토착민들의 윤리적 타락과 그들의 예배를 암시하는데 함의 자손인 가나안에 대한 저주와 아브라함의 조상 셈에게 내린 축복의 이유를 설명한다. 아브라함의 역할은 구원 역사에서 중요하다.

9,24. "작은 아들" 실제로는 둘째 아들을 가리킨다(예로 5,32; 9,18 참조). 그래서 라삐문학에서는 이 "작은"이라는 형용사를 "쓸모없는", "덕스럽지 못한"이라는 뜻으로 생각했다. 그리고 위 요나탄 타르굼은 함이 노아를 거세하거나 노아를 불임 상태로 만들었다고 본다. "…그의 아들은 쓸모없었는데, 그가 한 일 때문에 넷째 아들을 낳을 수 없게 되었기 때문이다."

9,27. 야펫이라는 이름과 동사 '야프트'("자리를 넓게 마련하다") 사이에 언어유희가 있다.

셈과 함과 야펫

18 방주에서 나온 노아의 아들은 셈과 함과 야펫이다. 함
은 가나안의 조상이다. 19 이 셋이 노아의 아들인데, 이들
에게서 온 땅으로 사람들이 퍼져 나갔다.
20 농부인 노아는 포도밭을 가꾸는 첫 사람이 되었다. 21
그가 포도주를 마시고 취하여 벌거벗은 채 자기 천막 안
에 누워 있었다. 22 그때 가나안의 조상 함이 자기 아버지
의 알몸을 보고, 밖에 있는 두 형제에게 알렸다. 23 셈과 야
펫은 겉옷을 집어 둘이서 그것을 어깨에 걸치고 뒷걸음으
로 들어가, 아버지의 알몸을 덮어 드렸다. 그들은 얼굴을 돌
린 채 아버지의 알몸을 보지 않았다. 24 노아는 술에서 깨어
나 작은아들이 한 일을 알고서, 25 이렇게 말하였다.

"가나안은 저주를 받으리라.
그는 제 형제들의 가장 천한 종이 되리라."

26 그는 또 말하였다.

"셈의 하느님이신 주님께서는 찬미받으소서.
그러나 가나안은 셈의 종이 되어라.
27 하느님께서는 야펫에게 자리를 넓게 마련해 주시고
셈의 천막들 안에서 살게 해 주소서.
그러나 가나안은 야펫의 종이 되어라."

28 노아는 홍수가 있은 뒤에 삼백오십 년을 살았다. 29 노
아는 모두 구백오십 년을 살고 죽었다.

9,18 10,6. 9,19 5,32. 9,23 탈출 20,12. 9,25 신명 27,16. 9,26 시편 144,15. 9,27 에페 2,13-14; 3,6.

9,18-27. 특별한 이야기들을 통해 이스라엘이 이웃 민족과 갖는 관계에 관심을 갖는 것은 성경, 특히 창세기의 많은 이야기들의 전형적인 소재이다. 이를 위해 여러 민족의 소상들 사이에 친척 관계를 설정한다. 그래서 가나안 사람들은 노아의 아들 함의 후손이 되고(9,25 참조) 모압 민족과 암몬 민족은 아브라함의 아우의 아들인 롯의 자손이 된다(창세 19,30-38 참조). 이스마엘인들은 아브라함과 여종 하가르의 아들 이스마엘의 자손이며(16,1-6; 21,8-21; 25,12-16 참조) 에돔인들은 야곱의 형 에사우의 자손이다(25,19-34; 27,1-45; 32,1-33,17 참조). 그 외에 다른 민족들과의 관계는 오래된 것으로 성조 시대로 거슬러 올라간다(필리스티아인과의 관계는 26,1-33 참조. 아람인과의 관계는 29-31장 참조).

노아의 자손들

10
1 노아의 아들 셈과 함과 야펫의 족보는 이러하
다. 홍수가 있은 뒤에 그들에게서 자식들이 태
어났다.
2 야펫의 아들은 고메르, 마곡, 마다이, 야완, 투발, 메섹,
티라스이다. 3 고메르의 아들은 아스크나즈, 리팟, 토가르
마이고, 4 야완의 아들은 엘리사아, 타르시스, 키팀, 도다
님이다. 5 이들에게서 바닷가 민족들이 퍼져 나갔다. 이들
이 지방과 각 언어와 씨족과 민족에 따라 본 야펫의 자손
들이다.
6 함의 아들은 에티오피아, 이집트, 풋, 가나안이다. 7 에티
오피아의 아들은 스바, 하윌라, 삽타, 라아마, 삽트카이다.
라아마의 아들은 세바와 드단이다. 8 에티오피아는 니므
롯을 낳았는데, 그가 세상의 첫 장사이다. 9 그는 주님 앞
에도 알려진 용맹한 사냥꾼이었다. 그래서 '니므롯처럼 주
님 앞에도 알려진 용맹한 사냥꾼'이라는 말이 생겼다. 10
그의 왕국은 신아르 지방의 바벨과 에렉과 아카드와 칼네
에서 시작되었다. 11 그는 그 지방을 떠나 아시리아로 가서
니네베와 르호봇 이르와 켈라를 세우고, 12 니네베와 큰
성읍 켈라 사이에 레센을 세웠다.
13 이집트는 루드인, 아남인, 르합인, 납투인, 14 파트로스
인, 후에 필리스티아족이 나온 카슬루인, 캅토르인을 낳
았다.
15 가나안은 맏아들 시돈, 히타이트, 16 여부스족, 아모리
족, 기르가스족, 17 히위족, 아르케족, 신족, 18 아르왓족, 체
메르족, 하맛족을 낳았다. 그 뒤에 가나안족의 씨족들이
사방으로 흩어져 나갔다. 19 가나안족의 경계는 시돈에서
그라르 쪽으로 가자까지 이르고, 소돔과 고모라와 아드마
와 츠보임 쪽으로는 레사에 이르렀다. 20 이들이 씨족과 언

10,2-5. "야펫의 아들"은 이스라엘 북쪽과 북서쪽에 위치한(대략 현재의 키프로스, 튀르키예, 그리스) 주민을 나타낸다.

10,5. "바닷가"로 옮긴 히브리어는 섬을 가리킬 수도 있다.

10,6-20. "함의 아들"은 이스라엘 남쪽과 남서쪽(대략 오늘날의 이집트, 수단, 사우디아라비아, 리비아와 에티오피아)에 거주한 주민을 표시한다.

10,1-32 사도 17,26. 10,2-4 1역대 1,5-7. 10,5 5,32. 10,6-8 1역대 1,8-10. 10,9-10 미카 5,5. 10,13 1역대 1,8.11. 10,15 1역대 1,13. 10,18 1역대 1,16; 18,3. 10,19 민수 34,2-12.

10,1-32. 비록 후대의 몇몇 첨가가 있지만 일반적으로 사제계 문헌(P)으로 여겨지는 이 "민족 계보"는 9,1에서 하느님께서 내리신 복이 어떻게 실현되는지를 보여 준다. 곧 홍수 후에 노아의 자손들이 서서히 번성하여 땅을 가득 채운다. 야펫(2-5절 참조)과 함(6-20절 참조)에게서 나온 모든 민족이 소개된다. 비록 에베르(21절)라는 이름에 암시적으로 표현될 수도 있지만(이 말에는 히브리인을 가리키는 히브리어 자음 네 개 가운데 세 개가 들어 있다), 명시적으로는 선택된 백성이 아직 등장하지 않는다. 그리고 에베르의 모든 아들들(25절 참조)의 조상인 셈의 후손은 에베르의 두 아들 펠렉과 욕탄에까지, 또 욕탄의 아들들에까지 이른다. 11,18-26에서만 테라와 아브람에 이르는 펠렉의 후손들에 대해서 말한다. 사제계 문헌인 홍수 후의 이 민족 계보는 홍수 이전의 인간들(5,1-32 참조)을 열거하는 사제계 족보 목록과 병행한다.

어와 지방과 민족에 따라 본 함의 자손들이다.
21 셈에게서도 자식들이 태어났는데, 그는 에베르의 모든
아들들의 조상이며 야펫의 맏형이다. 22 셈의 아들은 엘
람, 아시리아, 아르팍삿, 루드, 아람이다. 23 아람의 아들은
우츠, 훌, 게테르, 마스이다. 24 그리고 아르팍삿은 셀라흐
를 낳고 셀라흐는 에베르를 낳았다. 25 에베르에게서는 아
들 둘이 태어났는데, 한 아들의 이름은 펠렉이다. 그의 시
대에 세상이 나뉘었기 때문이다. 그 동생의 이름은 욕탄
이다. 26 욕탄은 알모닷, 셀렙, 하차르마웻, 예라, 27 하도람,
우잘, 디클라, 28 오발, 아비마엘, 스바, 29 오피르, 하윌라,
요밥을 낳았다. 이들이 모두 욕탄의 아들들이다. 30 그들
의 거주지는 메사에서 동부 산악 지방인 스파르 쪽까지였
다. 31 이들이 씨족과 언어와 지방과 민족에 따라 본 셈의
자손들이다.
32 이것이 민족 계보에 따라 본 노아 자손들의 씨족들이
다. 홍수가 있은 뒤에, 이들에게서 민족들이 세상으로 갈
라져 나갔다.

바벨탑

11 1 온 세상이 같은 말을 하고 같은 낱말들을 쓰
고 있었다. 2 사람들이 동쪽에서 이주해 오다가
신아르 지방에서 한 벌판을 만나 거기에 자리 잡고 살았
다. 3 그들은 서로 말하였다. "자, 벽돌을 빚어 단단히 구워
내자." 그리하여 그들은 돌 대신 벽돌을 쓰고, 진흙 대신
역청을 쓰게 되었다. 4 그들은 또 말하였다. "자, 성읍을 세
우고 꼭대기가 하늘까지 닿는 탑을 세워 이름을 날리자.
그렇게 해서 우리가 온 땅으로 흩어지지 않게 하자." 5 그
러자 주님께서 내려오시어 사람들이 세운 성읍과 탑을 보
시고 6 말씀하셨다. "보라, 저들은 한 겨레이고 모두 같은 말
을 쓰고 있다. 이것은 그들이 하려는 일의 시작일 뿐, 이제

10,21-31. "셈의 아들"은 이스라엘 동쪽(대략 현재의 이라크, 이란, 시리아)에 위치한 민족을 표시한다.

10,21-25. 히브리 민족을 가리키는 에베르의 아들들은 여기서 고대 이란인들(엘람), 아시리아인들(아시리아), 메소포타미아 북부의 후리족(아르팍삿), 리디아인들(루드)과 아람인들(아람) 주변에, 메소포타미아의 민족들 사이에 배치되어 있다.

10,25. 히브리어 동사 '팔락'은 "나누다"라는 뜻인데 '펠렉'이라는 이름과 유사하다.

11,2. "동쪽에서"는 "동쪽을 향하여"로 번역할 수 있다.

11,4. "꼭대기가 하늘까지 닿는 탑"은 계단이 있는 탑으로, 메소포타미아 도시들에서 전형적으로 나타나는 지구라트인 것 같다(가장 큰 것이 바빌론에 있는 마르둑 신의 지구라트인데 높이와 바닥 넓이와 길이가 각각 91.5m이다). 가장 높은 층의 평평한 곳에는 작아서 모든 사람이 거기에 들어갈 수는 없는 규모의 신전이 있었다. 바벨탑 이야기는 신바빌론 제국과 바빌론의 예배 및 문화에 대한 풍자로 읽을 수 있다. 사람들은 탑을 통해 이름을 날리려고 생각한다.

10,22 11,10; 14,1.9; 1역대 1,17; 이사 66,19. 10,23 욥 1,1. 10,24 11,12; 루카 3,35. 10,25 1역대 1,19. 10,26-29 1역대 1,20-23. 11,1-9 지혜 10,5; 사도 2,5-12; 묵시 7,9-10. 11,3 탈출 1,11.14; 5,7-19. 11,4 신명 1,28; 집회 40,19; 루카 14,28. 11,5 18,21. 11,6 9,19; 사도 17,26.

11,1-9. 바벨탑 이야기는 민족들의 지리적 분산과 언어의 다양성에 대해서뿐만 아니라 어떻게 전체적인 조화에서("온 세상이 같은 말을 하고 같은 낱말들을 쓰고 있었다.") 전체적인 몰이해와 혼란으로 넘어갔는지에 대해서도 설명하고자 한다. 그리고 이 모든 것은 이름을 날리고자 하늘에 닿으려는 인간의 의도에 합당한 하느님의 벌에서 나온 듯하다.

11,1-9. 성령 강림 대축일 전야 미사의 첫 독서 본문인 바벨탑 이야기의 결과는 성령 강림을 통해 온전히 극복된다.

그들이 하고자 하는 것은 무엇이든 못할 일이 없을 것이
다. 7 자, 우리가 내려가서 그들의 말을 뒤섞어 놓아, 서로
남의 말을 알아듣지 못하게 만들어 버리자." 8 주님께서는
그들을 거기에서 온 땅으로 흩어 버리셨다. 그래서 그들
은 그 성읍을 세우는 일을 그만두었다. 9 그리하여 그곳의
이름을 바벨이라 하였다. 주님께서 거기에서 온 땅의 말을
뒤섞어 놓으시고, 사람들을 온 땅으로 흩어 버리셨기 때
문이다.

11,9. 저자는 '바벨'(바빌론, 아카디아어로 '바빌룸', "신/신들의 문")이라는 이름을 히브리 동사 '발랄'("뒤섞다")에서 왔다고 보면서 역설적으로 언어유희를 한다.

셈에서 아브라함까지

10 셈의 족보는 이러하다. 셈은 나이가 백 세 되었을 때, 아
르팍삿을 낳았다. 홍수가 있은 지 이 년 뒤의 일이다. 11 아
르팍삿을 낳은 뒤, 셈은 오백 년을 살면서 아들딸들을 낳
았다.
12 아르팍삿은 삼십오 세에 셀라흐를 낳았다. 13 셀라흐를
낳은 뒤, 아르팍삿은 사백삼 년을 살면서 아들딸들을 낳
았다.
14 셀라흐는 삼십 세에 에베르를 낳았다. 15 에베르를 낳은
뒤, 셀라흐는 사백삼 년을 살면서 아들딸들을 낳았다.
16 에베르는 삼십사 세 되었을 때, 펠렉을 낳았다. 17 펠렉
을 낳은 뒤, 에베르는 사백삼십 년을 살면서 아들딸들을
낳았다.
18 펠렉은 삼십 세 되었을 때, 르우를 낳았다. 19 르우를 낳
은 뒤, 펠렉은 이백구 년을 살면서 아들딸들을 낳았다.
20 르우는 삼십이 세 되었을 때, 스룩을 낳았다. 21 스룩을
낳은 뒤, 르우는 이백칠 년을 살면서 아들딸들을 낳았다.
22 스룩은 삼십 세 되었을 때, 나호르를 낳았다. 23 나호르
를 낳은 뒤, 스룩은 이백 년을 살면서 아들딸들을 낳았다.
24 나호르는 이십구 세 되었을 때, 테라를 낳았다. 25 테라
를 낳은 뒤, 나호르는 백십구 년을 살면서 아들딸들을 낳
았다.
26 테라는 칠십 세 되었을 때, 아브람과 나호르와 하란을
낳았다.

11,10-26. 사제계(P) 족보는 노아의 맏아들부터 아브라함(히브리어 본문에는 17,5까지 아브람)의 아버지 테라까지의 족보에만 집중하면서 셈과 홍수 후 그의 자손을 강조한다.

27 테라의 족보는 이러하다. 테라는 아브람과 나호르와 하
란을 낳고, 하란은 롯을 낳았다. 28 그러나 하란은 본고장
인 칼데아의 우르에서 자기 아버지 테라보다 먼저 죽었다.

11,27-32. 테라에 대한 짧은 이야기는 아브람 사건을 인류 최초 이야기에 연결한다. 테라와 그의 가족은 칼데아 우르를 떠나 북서쪽으로 가서 하란에 정착한다.

11,7 1,26; 42,23; 탈출 4,11; 1코린 14,2.11. 11,8 10,25.32; 루카 1,51. 11,9 10,10. 11,10-26 루카 3,34-36. 11,10 10,22; 1역대 1,17.

[29] 아브람과 나호르가 아내를 맞아들였는데, 아브람의 아
내 이름은 사라이이고 나호르의 아내 이름은 밀카였다.
밀카는 하란의 딸로서 이스카와 동기간이었다. [30] 사라이
는 임신하지 못하는 몸이어서 자식이 없었다. [31] 테라는
아들 아브람과, 아들 하란에게서 난 손자 롯과, 아들 아브
람의 아내인 며느리 사라이를 데리고, 가나안 땅으로 가
려고 칼데아의 우르를 떠났다. 그러나 그들은 하란에 이르
러 그곳에 자리 잡고 살았다. [32] 테라는 이백오 년을 살고
하란에서 죽었다.

아브람이 부르심을 받다

12 [1] 주님께서 아브람에게 말씀하셨다. "네 고향
과 친족과 아버지의 집을 떠나, 내가 너에게 보
여 줄 땅으로 가거라. [2] 나는 너를 큰 민족이 되게 하고, 너
에게 복을 내리며, 너의 이름을 떨치게 하겠다. 그리하여
너는 복이 될 것이다. [3] 너에게 축복하는 이들에게는 내가
복을 내리고, 너를 저주하는 자에게는 내가 저주를 내리
겠다. 세상의 모든 종족들이 너를 통하여 복을 받을 것이
다."
[4] 아브람은 주님께서 이르신 대로 길을 떠났다. 롯도 그와
함께 떠났다. 아브람이 하란을 떠날 때, 그의 나이는 일흔
다섯 살이었다. [5] 아브람은 아내 사라이와 조카 롯과, 자
기가 모은 재물과 하란에서 얻은 사람들을 데리고 가나
안 땅을 향하여 길을 나서, 마침내 가나안 땅에 이르렀다.
[6] 아브람은 그 땅을 가로질러 스켐의 성소 곧 모레의 참나
무가 있는 곳에 다다랐다. 그때 그 땅에는 가나안족이 살
고 있었다. [7] 주님께서 아브람에게 나타나 말씀하셨다. "내
가 이 땅을 너의 후손에게 주겠다." 아브람은 자기에게 나

11,30 16,1. 11,31 15,7; 느헤 9,7; 사도 7,2. 11,32 사도 7,4. 12,1 사도 7,3; 또한 지혜 10,5; 히브 11,8도 참조. 12,2; 15,5; 17,4.5; 18,18; 22,17; 28,14; 32,13; 35,11; 46,3. 12,3 갈라 3,8; 묵시 1,7; 또한 창세 18,18; 22,18; 26,4; 27,29; 탈출 23,33; 민수24,9; 집회 44,21; 사도 3,25도 참조. 12,4 11,27.31; 히브 11,8. 12,5 11,31; 14,16; 사도 7,4. 12,6 10,18.19; 신명 11,30; 히브 11,9. 12,7 13,4.15; 17,1.8; 시편 105,9; 사도 7,5; 갈라 3,16.

✠ 12,1-4ㄱ. 가해 사순 제2주일에 그리스도의 변모라는 전례 주제와 함께 이 본문을 읽는데 사도 바오로는 구원자에게서 나오는 은총과 빛이라는 용어로 이 사건을 다시 읽는다(2티모 1,8ㄴ-10).

📖 12,4. 하느님 명령에 아무런 반론도 제기하지 않고 묻지도 않으며 어디로 가는지도 모른 채(히브 11,8 참조) 아브람은 하느님께 대한 전적인 신뢰 행위로 미지의 장소를 향해 하란을 떠난다. 본문에 따르면 아브람은 75세이고 아이를 낳지 못하는 아내(창세 11,30 참조)가 있었다. 아브람은 가나안 땅을 가로질러 스켐에 도착해서야 비로소 이 땅이 자기 후손에게 약속된 땅임을 주님에게서 알게 된다(6-7절; 17,8도 참조).

12,1-4. 뒤에서 몇 차례나 다시 언급되는(18,18; 22,18; 24,7; 26,4; 28,13-14 참조) 이 중요한 본문에서 하느님께서는 주도권을 갖고 아브람에게 말씀을 건네시며 미래에 그에게 보여 줄 땅으로 가기 위해 집과 친족을 떠나라고 명령하신다. 이 명령("가거라.")에 대한 순종에 나머지 모든 것, 곧 소유할 땅(12,7 참조), 후손, 복이 달려 있다. 특별히 복이 강조되는데, (축)복과 관련된 히브리어가 2-3절에 다섯 차례 나온다.

12,1. 아브라함에 대한 부르심은 하느님의 구원 역사의 새로운 출발점이다. 하느님은 이 출발점의 주체이자 뒤이어 오는 구원 사건 전체의 주체이다. 떠나라고 초대받은 아브람이 땅에 대해 알고 있는 전부는 앞으로 주님께서 그 땅을 보여 주신다는 것이다. 그는 단순히 모든 것을 버리고 그분의 인도하심에 내맡겨야 한다.

12,2. 바벨탑 이야기에서 사람들이 제멋대로 얻으려 하던 바를("이름을 날리자.") 이제 주님께서 주고자 하신다("너의 이름을 떨치게 하겠다.").

12,3. "모든 종족들이 너를 통하여 복을 받을 것이다." 구절은 그리스어 번역본의 집회 44,21과 갈라 3,8처럼 수동태 의미로 해석했다. 하지만 이 히브리어 표현은 재귀적 의미(스스로 복이 됨)로 해석할 수도 있다("모든 종족들이 네 안에서 복되다고 일컬어지리라" 2절 참조).

12,6. 오래된 나무를 신성시하던 우리나라처럼 많은 민족과 종교에서 나무 숭배가 있었다. 또 "모레"라는 히브리어는 "스승" 곧 신적 가르침을 주는 이라는 의미도 포함될 수 있다.

12,6.8. 아브람은 성경의 이스라엘에서 세 개의 중요한 예배 중심지가 될 장소인 북쪽의 스켐(6절 참조), 중부의 베텔(8절 참조), 남쪽의 헤브론(13,18 참조)과 연결된다.

12,7-8. 아브람은 가다가 멈춘 온갖 장소에서 제단을 쌓고 주님의

타나신 주님을 위하여 그곳에 제단을 쌓았다. [8] 그는 그곳
을 떠나 베텔 동쪽의 산악 지방으로 가서, 서쪽으로는 베
텔이 보이고 동쪽으로는 아이가 보이는 곳에 천막을 쳤다.
그는 그곳에 주님을 위하여 제단을 쌓고, 주님의 이름을
받들어 불렀다. [9] 아브람은 다시 길을 떠나 차츰차츰 네겝
쪽으로 옮겨 갔다.

이름을 받들어 부르는데 이는 믿음으로 그 땅을 소유한다는 뜻이다.

이집트로 간 아브람

10 그 땅에 기근이 들었다. 그래서 아브람은 나그네살이하
려고 이집트로 내려갔다. 그 땅에 든 기근이 심하였기 때
문이다. 11 이집트에 가까이 이르렀을 때, 그는 자기 아내
사라이에게 말하였다. "여보, 나는 당신이 아름다운 여인
임을 잘 알고 있소. 12 이집트인들이 당신을 보면, '이 여자
는 저자의 아내다.' 하면서, 나는 죽이고 당신은 살려 둘
것이오. 13 그러니 당신은 내 누이라고 하시오. 그래서 당
신 덕분에 내가 잘되고, 또 당신 덕택에 내 목숨을 지킬
수 있게 해 주시오." 14 아브람이 이집트에 들어갔을 때, 이
집트인들이 보니 과연 그 여자는 매우 아름다웠다. 15 파
라오의 대신들이 사라이를 보고 파라오 앞에서 그 여자
를 칭찬하였다. 그리하여 그 여자는 파라오의 궁전으로
불려 갔다. 16 파라오는 사라이 때문에 아브람에게 잘해
주었다. 그래서 그는 양과 소와 수나귀, 남종과 여종, 암나
귀와 낙타들을 얻게 되었다.
17 그러나 주님께서는 아브람의 아내 사라이의 일로 파라
오와 그 집안에 여러 가지 큰 재앙을 내리셨다. 18 파라오
가 아브람을 불러 말하였다. "네가 도대체 어찌하여 나에
게 이런 짓을 저질렀느냐? 그 여자가 네 아내라고 왜 나에
게 알리지 않았느냐? 19 어찌하여 그 여자가 네 누이라고
해서, 내가 그를 아내로 삼게 하였느냐? 자, 네 아내가 여
기 있으니 데리고 떠나라." 20 파라오는 신하들에게 명령
을 내려, 아브람을 그의 아내와 그의 모든 소유와 함께 떠
나보내게 하였다.

12,10-20. 이 이야기의 목적은 주님께서 아브람의 아내 사라이를 구하시는 것을 보여 주기 위함이다. 창세기에서 내용이 비슷한 이야기를 두 개 더 보게 된다(20,1-18; 26,1-11 참조). 이 성조는 낯선 땅에서 자기 목숨이 두려워 아내를 누이로 소개하는데 그것이 속임수임이 곧 밝혀진다. 이것이 세 본문의 공통점인데 차이점도 있다. 20,1-18에서 주인공은 똑같이 아브라함과 사라지만 배경 장소는 그라르이다. 파라오 대신에 아비멜렉이 등장하는데 두 사람 모두 자기 행위를 정당화하려고 애쓴다. 첫 번째 이야기에서 아브람은 거리낌 없이 사람들을 속인다. 26,1-11은 가장 짧은 이야기다. 장소는 아비멜렉이 있는 그라르지만 성조는 이사악이고 아내/누이는 레베카이다. 이 이야기들에는 영웅의 아름다운 아내가 납치되고 영웅이 다시 아내를 찾으려고 애쓰는 고대 문학의 모티브가 반영된다.

12,8 13,4; 히브 11,9. 12,10-20 // 20,1-18; 26,1-11. 12,12 20,11. 12,13 20,5.13.
12,15 20,2. 12,16 20,14. 12,17 20,18; 1역대 16,21; 시편 105,14. 12,18 20,9.10.
12,20 잠언 21,1.

롯이 분가하다

13 1 아브람은 아내와 자기의 모든 소유를 거두어
롯과 함께 이집트를 떠나 네겝으로 올라갔다. 2
아브람은 가축과 은과 금이 많은 큰 부자였다. 3 그는 네겝
을 떠나 차츰차츰 베텔까지, 곧 그가 처음에 베텔과 아이
사이에 천막을 쳤던 곳까지 옮겨 갔다. 4 그곳은 그가 애초
에 제단을 만들었던 곳이다. 거기에서 아브람은 주님의 이
름을 받들어 불렀다.
5 아브람과 함께 다니는 롯도 양과 소와 천막들을 가지고
있었다. 6 그래서 그 땅은 그들이 함께 살기에는 너무 좁았
다. 그들의 재산이 너무 많아 함께 살 수가 없었던 것이다.
7 아브람의 가축을 치는 목자들과 롯의 가축을 치는 목자
들 사이에 다툼이 일어나기도 하였다. 그때 그 땅에는 가
나안족과 프리즈족이 살고 있었다.
8 아브람이 롯에게 말하였다. "우리는 한 혈육이 아니냐?
너와 나 사이에, 그리고 내 목자들과 너의 목자들 사이에
싸움이 일어나서는 안 된다. 9 온 땅이 네 앞에 펼쳐져 있
지 않느냐? 내게서 갈라져 나가라. 네가 왼쪽으로 가면 나
는 오른쪽으로 가고, 네가 오른쪽으로 가면 나는 왼쪽으
로 가겠다." 10 롯이 눈을 들어 요르단의 온 들판을 바라보
니, 초아르에 이르기까지 어디나 물이 넉넉하여 마치 주님
의 동산과 같고 이집트 땅과 같았다. 그때는 주님께서 소
돔과 고모라를 멸망시키시기 전이었다. 11 롯은 요르단의
온 들판을 제 몫으로 선택하고 동쪽으로 옮겨 갔다. 이렇
게 두 사람은 서로 갈라지게 되었다. 12 아브람은 가나안
땅에서 살고, 롯은 요르단 들판의 여러 성읍에서 살았다.
롯은 소돔까지 가서 천막을 쳤는데, 13 소돔 사람들은 악
인들이었고, 주님께 큰 죄인들이었다.
14 롯이 아브람에게서 갈라져 나간 다음, 주님께서 아브람
에게 말씀하셨다. "눈을 들어 네가 있는 곳에서 북쪽과 남
쪽을, 또 동쪽과 서쪽을 바라보아라. 15 네가 보는 땅을 모

13,1. "올라가다"는 히브리어 본문에서 지리의 정확성을 반영한다. 같은 동사가 이집트에서 약속의 땅까지 백성의 행진에, 갈릴래아에서 예루살렘까지 예수님의 여정에(루카 18,31; 19,28 참조), 거룩한 도성으로 가는 바오로에게 사용될 것이다(사도 21,12; 25,9 참조).

13,13. 소돔 사람들의 악행에 대한 강조는 18,20-21과 19장의 이야기를 준비한다. 19장에서 소돔은 고모라와 함께 파괴될 것이다.

13,14-18. 주님께서 아브람에게 땅(아브람이 있는 곳에서 보이는 모든 땅)과 후손("땅의 먼지처럼")에 대한 당신 약속을 갱신하신다(12,7 참조).

13,1 12,9. 13,3 12,8.9. 13,4 12,7.8. 13,7 26,20. 13,8 잠언 15,18; 20,3. 13,10 19,17-29; 신명 2,8. 13,12 19,29; 히브 11,9. 13,13 18,20; 2베드 2,7.8. 13,14 28,14; 신명 3,27. 13,15 갈라 3,16; 또한 창세 12,7; 17,8; 신명 34,3; 2역대 20,7; 사도 7,5도 참조.

13,1-12. 아브람은 자신의 목자들과 롯의 목자들의 갈등을 피하기 위해 롯에게 헤어질 것을 제안하면서 땅을 선택하게 할 때까지, 하란을 출발할 때부터 롯이 아브람 옆에 있다는 것이 강조된다(11,31; 12,4-5; 13,1.5 참조). 얼마간 아브람에게 약속된 상속자로 보일 수도 있었던 롯은 요르단 남쪽 계곡(19,17.25.28.29 참조)에서 사해 남쪽(소금바다 혹은 시팀 골짜기 14,3 참조)에 이르는 아주 비옥한 땅을 선택한다. 반면, 아브람은 요르단 서쪽의 가나안 땅에 정착하고 헤브론에 있는 마므레의 참나무들 옆에 자기 천막을 치고 산다(18절 참조).

두 너와 네 후손에게 영원히 주겠다. [16] 내가 너의 후손을
땅의 먼지처럼 많게 할 것이니, 땅의 먼지를 셀 수 있는 자
라야 네 후손도 셀 수 있을 것이다. [17] 자, 일어나서 이 땅
을 세로로 질러가 보기도 하고 가로로 질러가 보기도 하여
라. 내가 그것을 너에게 주겠다." [18] 아브람은 천막을 거두어,
헤브론에 있는 마므레의 참나무들 곁으로 가서 자리 잡고
살았다. 그는 거기에 주님을 위하여 제단을 쌓았다.

13,18. 12,6.8 주 참조

아브람이 롯을 구하다

14 [1] 신아르 임금 아므라펠과 엘라사르 임금 아르
욕과 엘람 임금 크도를라오메르와 고임 임금
티드알의 시대였다. [2] 그들은 소돔 임금 베라, 고모라 임금
비르사, 아드마 임금 신압, 츠보임 임금 세므에베르, 벨라
곧 초아르 임금과 전쟁을 벌였다. [3] 이들 다섯 임금은 모두
동맹을 맺고 시띰 골짜기 곧 '소금 바다'로 모여들었다. [4] 이
들은 십이 년 동안 크도를라오메르를 섬기다가, 십삼 년째
되는 해에 반란을 일으켰던 것이다. [5] 십사 년째 되는 해에
는 크도를라오메르가 자기와 연합한 임금들과 함께 진군
해 가서, 아스타롯 카르나임에서 라파족을 치고, 함에서
는 주즈족을, 사웨 키르야타임에서는 엠족을, [6] 그리고 세
이르 산악 지방에서는 호르족을 쳐서 광야 언저리에 있는
엘 파란까지 이르렀다. [7] 그들은 발길을 돌려 엔 미스팟 곧
카데스로 진군해 가서, 아말렉족의 온 땅과 하차촌 타마
르에 사는 아모리족까지 쳤다.
[8] 그러자 소돔 임금, 고모라 임금, 아드마 임금, 츠보임 임
금, 벨라 곧 초아르 임금이 마주 나와, 시띰 골짜기에서 그
들에 맞서 전열을 가다듬었다. [9] 엘람 임금 크도를라오메
르, 고임 임금 티드알, 신아르 임금 아므라펠, 엘라사르 임
금 아르욕, 이 네 임금이 다섯 임금과 맞섰다. [10] 그런데 그

14,3. "사해" 자구적인 의미는 "소금 바다"이다.

14,10. 후대 편집 과정에서 롯이 분가하게 된 이야기를 확장한 작은 흔적을 이 구절에서 볼 수 있다. 10절에 따르면 소돔과 고모라 임금의 마지막 운명은 그 지역에 많이 있던 역청 수렁에 빠지는 것이다. 그 후에 고모라 임금의 자취는 찾을 수 없지만, 소돔 임금은 17절과 21-24절에서 아직 살아 있다는 것을 보게 된다. 그는 다행히 역청 수렁에 빠졌지만 살아남았을까? 아니면 역청 가스에 의해 죽었을까? 혹은 그가 목숨을 건진 것은 원래 편집자가 확장한 내용인가?

13,16 16,10; 28,14. 13,17 민수 13,17-24. 13,18 14,13; 35,27. 14,1 이사 11,11; 다니 8,2. 14,2 10,19; 13,10; 신명 29,22. 14,3 민수 34,12; 신명 3,17; 여호 3,16. 14,5 15,20; 신명 2,20. 14,6 신명 2,12.22. 14,7 2역대 20,2.

14,1-24. 그 정체를 파악하기 힘든 동쪽의 네 임금은(1절. 아모리인, 히타이트인, 우리타인, 엘람인) 반란 동맹을 맺은 남쪽의 다섯 임금(2절. 소돔, 고모라, 아드마, 츠보임, 초아르라고 알려진 벨라의 임금)과 전쟁을 한다. 이 와중에 동쪽 임금들이 아브람의 조카 롯을 잡아가고 그의 재물도 가져가 버렸다. 아브람은 조카를 구하기 위해 전쟁에 개입하여 그들을 공격하고 조카를 해방시키며 모든 재물을 도로 가져왔다. 아브람은 돌아오는 길에 사웨 골짜기, 곧 임금 골짜기에서 소돔 임금을 만난다. 플라비우스 요세푸스에 따르면 이 장소는 예루살렘에서 매우 가까운 곳에 있었다. 왜 멜키체덱 이야기가 이 지점에 삽입되었는지 이해할 수 있다. 일반적으로, 이 전쟁 이야기의 내용과 스타일은 개인이나 가정 관련 문제에 집중한 아브라함 이야기들과 다른 성조들 이야기와 꽤 다르다. 14장의 이야기 배경은 당시 전쟁에서 승리하는 주인공으로서 아브람의 모습을 갑작스럽게 부각시킨다.

골짜기에는 역청 수렁이 많아, 소돔 임금과 고모라 임금이
달아나다 거기에 빠지고 나머지는 산으로 달아났다. 11 그
러자 적군들이 소돔과 고모라에 있는 모든 재물과 양식을
가지고 가 버렸다. 12 그들은 또한 소돔에 살고 있던 아브
람의 조카 롯을 잡아가고 그의 재물도 가지고 가 버렸다.
13 그곳에서 도망쳐 나온 사람 하나가 히브리인 아브람에
게 와서 이 일을 알렸다. 아브람은 그때 아모리족 마므레
의 참나무들 곁에 머물고 있었다. 마므레는 에스콜과 형제
간이었고 아네르와도 형제간이었는데, 이들은 아브람과
동맹을 맺은 사람들이었다. 14 아브람은 자기 조카가 잡혀
갔다는 소식을 듣고, 자기 집에서 태어나서 훈련받은 장정
삼백십팔 명을 불러 모아 단까지 쫓아갔다. 15 아브람과 그
의 종들은 여러 패로 나뉘어 밤에 그들을 치고, 다마스쿠
스 북쪽에 있는 호바까지 쫓아갔다. 16 그는 모든 재물을
도로 가져오고, 그의 조카 롯과 그의 재물과 함께 부녀자
들과 다른 사람들도 도로 데려왔다.

아브람과 멜키체덱

17 아브람이 크도를라오메르와 그와 연합한 임금들을 치
고 돌아오자, 소돔 임금이 사웨 골짜기 곧 임금 골짜기로
그를 마중 나왔다. 18 살렘 임금 멜키체덱도 빵과 포도주
를 가지고 나왔다. 그는 지극히 높으신 하느님의 사제였다.
19 그는 아브람에게 축복하며 이렇게 말하였다.

"하늘과 땅을 지으신 분
지극히 높으신 하느님께
아브람은 복을 받으리라.
20 적들을 그대 손에 넘겨주신 분
지극히 높으신 하느님께서는 찬미받으소서."

아브람은 그 모든 것의 십분의 일을 그에게 주었다. 21 소

14,15. "여러 패로 나뉘어"는 "분할하다"를 뜻하는 히브리어 동사의 의역이다(예로니모의 라틴어 번역본도). 그리스어 번역본은 "그들을 급습하였다"로 옮긴다.

14,18-20. 멜키체덱('말키-체덱', "나의 임금은 의로움이시다")은 살렘 곧 예루살렘(시편 76,3 참조)의 임금으로 신비로운 인물이다. 그가 지극히 높으신 하느님('엘 엘룐' 22절의 아브람의 하느님과 같은 분이다. 시편 78,35 참조)의 사제라는 것 외에 본문은 그에 대해 아무것도 말하지 않는다("그는 아버지도 없고 어머니도 없으며 족보도 없고 생애의 시작도 끝도 없는 이로서 하느님의 아들을 닮아, 언제까지나 사제로 남아 있습니다." 히브 7,3). 멜키체덱은 환대 표시로 빵과 포도주를 제공하고, 아브람에게 승리를 주신 하느님을 찬미하면서 그에게 하느님의 복을 빌어 준다. 아브람은 모든 것의 십분의 일을 멜키체덱에게 준다. 멜키체덱 안에서 임금과 사제의 특성이 특별히 공존하는 것을 주목할 필요가 있다. 그리고 이 에피소드를 통해 승리자로서 아브람의 모습이 후대에 다윗이 이스라엘의 "어머니 도성"으로 삼을 예루살렘(2사무 5,6-10 참조)에 연결된다.

14,12 12,5; 13,12. 14,13 13,18. 14,14 13,8; 15,3. 14,17-20 히브 7,1-2. 14,17 1사무 18,6.18; 히브 7,10. 14,18 시편 110,4; 루카 8,28; 히브 5,6.10; 7,1. 14,19 마태 11,25; 히브 7,6; 묵시 10,6. 14,20 히브 7,4.9-10; 창세 24,27도 참조.

14,18-20. 히브리 전승은 멜키체덱의 모습에서 메시아요 임금이며 사제인 인물상을 본다(시편 110편 참조). 히브리서 저자는 멜키체덱에게서 영원한 대사제이신 영광스러운 그리스도의 원형을 발견한다. 또한 빵과 포도주를 제공하는 행위는 후대에 성체성사라는 열쇠로 재해석되며 로마 미사 경본에서 이런 흔적을 볼 수 있다. "이 제물을 인자로이 굽어보시고 일찍이 주님의 의로운 종 아벨의 제물과 저희 조상 아브라함의 제사와 대사제 멜키체덱이 바친 거룩하고 흠 없는 제물을 받아 주셨듯이 이를 받아들이소서."

✠ 14,18-20. 다해 지극히 거룩하신 그리스도의 성체 성혈 대축일은 제1독서로 이 본문을 선택하여 "나는 주님에게서 받은 것을 여러분에게도 전해 주었습니다."(1코린 11,23)와 "너희가 그들에게 먹을 것을 주어라."(루카 9,13에서 예수님께서 제자들에게 하신 말씀)처럼 받다-주다의 맥락 안에 배치하고 있다.

돔 임금이 아브람에게 "사람들은 나에게 돌려주고 재물은
그대가 가지시오." 하고 말하자, 22 아브람이 소돔 임금에
게 대답하였다. "하늘과 땅을 지으신 분이시며 지극히 높
으신 하느님이신 주님께 내 손을 들어 맹세하오. 23 실오라
기 하나라도 신발 끈 하나라도 그대의 것은 아무것도 가
지지 않겠소. 그러니 그대는 '내가 아브람을 부자로 만들
었다.'고 말할 수 없을 것이오. 24 나는 아무것도 필요 없
소. 다만 젊은이들이 먹은 것을 빼고, 나와 함께 갔던 사
람들 곧 아네르와 에스콜과 마므레만은 저희의 몫을 가지
게 해 주시오."

하느님께서 아브람과 계약을 맺으시다

15 1 이런 일들이 있은 뒤, 주님의 말씀이 환시 중
에 아브람에게 내렸다. "아브람아, 두려워하지
마라. 나는 너의 방패다. 너는 매우 큰 상을 받을 것이다."
2 그러자 아브람이 아뢰었다. "주 하느님, 저에게 무엇을 주
시렵니까? 저는 자식 없이 살아가는 몸, 제 집안의 상속자
는 다마스쿠스 사람 엘리에제르가 될 것입니다." 3 아브
람이 다시 아뢰었다. "저를 보십시오. 당신께서 자식을
주지 않으셔서, 제 집의 종이 저를 상속하게 되었습니다."
4 그러자 주님의 말씀이 그에게 내렸다. "그가 너를 상속
하지 못할 것이다. 네 몸에서 나온 아이가 너를 상속할 것
이다." 5 그러고는 그를 밖으로 데리고 나가서 말씀하셨다.

15,1-6. 여기서 아브람의 소명(12,1-3 참조)이 다시 묘사되는데, 예언자들의 신탁에 사용되는 전형적인 도입 말씀 "두려워하지 마라!"로 시작한다. 하느님께서는 아브람에게 그가 받을 큰 상에 대해 말씀하시지만 지금 그는 자식이 없는 몸이다(그는 85세이고 아내 사라이는 75세이다. 이 장면은 17,17에 다시 나오는데 아브람은 100세, 사라이는 90세가 될 때이다). 아브람은 의심이 생겨 하느님께 질문한다. "저에게 무엇을 주시렵니까?" 종 엘리에제르가 입양된 후에 약속의 상속자가 될 것인가? 주님께서는 늙은 부모에게서 나올 아들을 염두에 두시고 즉시 그 종을 거부하시는 응답을 주신다(4절 참조).

15,2.8. "주 하느님"이라는 우리말 번역은 히브리어 본문의 특성을 온전히 살리지 못한다. 2-3장의 하느님 호칭('야훼 엘로힘')과 여기서의 호칭 둘 다 "주 하느님"으로 번역한다. 하지만 여기에는 '아도나이 야훼'가 나오며 이는 하느님 칭호에 대한 아브람 주기의 특징이다. "야훼"는 이스라엘 하느님의 고유 명사이다. '아도나이'는 해석하기 힘든 말인데, 기본적인 뜻은 "주인"('아돈')이며 히브리어 어미('아이')는 소유격 형태("나의 주인")로 예의와 공경의 표현으로 생각할 수 있다.

14,22 다니 12,7; 묵시 10,6. 14,23 2열왕 5,16. 15,1-21 // 17,1-27. 15,1 21,17; 26,24; 신명 33,29; 잠언 11,8; 다니 10,1; 마태 5,12ㄱ. 15,2-4 18,9-10. 15,2 사도 7,5. 15,3 14,14. 15,4 갈라 4,28. 15,5 로마 4,18; 또한 창세 22,17; 시편 147,4; 예레 33,22; 히브 11,12도 참조.

여러 전승들을 조화시킨 15장 전체는 오늘날 논쟁이 많다. 대부분의 성경학자들은 적어도 현재 본문 상태의 15장을 더 이상 그리 오래된 본문으로 여기지 않는다. 현재의 본문은 긴 편집 과정의 흔적을 보여 주는데, 주요 주제는 후손과 땅, 두 가지이다. 이런 사실이 히브리 영성과 그리스도교 영성에서, 해석 전통에서 이 본문이 지닌 중요성과 명성을 감소시키지 않는다.

15,1-6; 21,1-3. 가해 예수, 마리아, 요셉의 성가정 축일에 이 본문을 읽는다. 후손에 대한 약속과, 하느님과 나누는 충만한 친교의 원천인 신앙의 가치를 보여 준다(제2독서 히브 11,8.11-12.17-19 참조).

15,5-6. 하느님께서 상징적인 환시를 보여 주신다. 더 이상 땅의 먼지(창세 13,16 참조)를 언급하지 않으시고 별들을 보여 주신다. 이사 40,26에서 천상 군대를 보기 위해 눈을 드는 것은 하느님의 전능하심을 관상하는 것을 뜻한다. 아브람은 주님의 말씀을 믿는다. 처음에는 의심하지만, "하느님께서는 약속하신 것을 능히 이루실 수 있다고 확신하였습니다."(로마 4,21)라는 신뢰와 확신을 갖는다. 그리고 주님께서는 아브람의 믿음을 "인정해 주셨다." 이 동사는 사제계 문헌(P)의 예배 신학에 나오는 전문 용어로, 규정에 따라 바친 제물의 유효성 인정에 사용된다(레위 7,18; 민수 18,27 참조). 아브람은 "희망이 없어도 희망하며 믿었기 때문에" 하느님 앞에서 "의롭게" 된다(로마 4,18-22 참조).

"하늘을 쳐다보아라. 네가 셀 수 있거든 저 별들을 세어
보아라." 그에게 또 말씀하셨다. "너의 후손이 저렇게 많
아질 것이다." 6 아브람이 주님을 믿으니, 주님께서 그 믿
음을 의로움으로 인정해 주셨다.
7 주님께서 그에게 말씀하셨다. "나는 주님이다. 이 땅을
너에게 주어 차지하게 하려고, 너를 칼데아의 우르에서 이
끌어 낸 이다." 8 아브람이 "주 하느님, 제가 그것을 차지하
리라는 것을 무엇으로 알 수 있겠습니까?" 하고 묻자, 9 주
님께서 그에게 말씀하셨다. "삼 년 된 암송아지 한 마리와
삼 년 된 암염소 한 마리와 삼 년 된 숫양 한 마리, 그리고
산비둘기 한 마리와 어린 집비둘기 한 마리를 나에게 가져
오너라." 10 그는 이 모든 것을 주님께 가져와서 반으로 잘
라, 잘린 반쪽들을 마주 보게 차려 놓았다. 그러나 날짐승
들은 자르지 않았다. 11 맹금들이 죽은 짐승들 위로 날아
들자, 아브람은 그것들을 쫓아냈다.
12 해 질 무렵, 아브람 위로 깊은 잠이 쏟아지는데, 공포와
짙은 암흑이 그를 휩쌌다. 13 그때 주님께서 아브람에게 말
씀하셨다. "너는 잘 알아 두어라. 너의 후손은 남의 나라
에서 나그네살이하며 사백 년 동안 그들의 종살이를 하고
학대를 받을 것이다. 14 그러나 네 후손이 종이 되어 섬길
민족을 나는 심판하겠다. 그런 다음, 네 후손은 많은 재물
을 가지고 나올 것이다. 15 너는 평화로이 네 조상들에게로
갈 것이다. 너는 장수를 누리고 무덤에 묻힐 것이다. 16 그
리고 그들은 사 대째가 되어서야 여기로 돌아올 것이다.
아모리족의 죄악이 아직 다 차지 않았기 때문이다."
17 해가 지고 어둠이 깔리자, 연기 뿜는 화덕과 타오르는
횃불이 그 쪼개 놓은 짐승들 사이로 지나갔다. 18 그날 주

15,7-21. 미래에 소유할 땅에 대한 표징을 청하는 아브람에게 하느님께서는 공식적인 계약 의식으로 응답하신다. 암흑 속에서 하느님은 후손에 대해 말씀하시고 땅을 약속하신다. 이집트 탈출을 언급하는 13-16절은 이 장의 다른 많은 내용처럼 후대의 본문이 편집 활동으로 삽입된 듯하다.

15,9. 마지막 조류는 정체를 파악하기 힘들다(신명 32,11은 독수리로 번역). 제물 규정을 다룬 본문에서 산비둘기와 집비둘기(레위 1,14; 5,11 등)를 언급하므로 이에 맞추기 위해 "비둘기"로 옮긴다.

15,10. 동물을 반으로 자르는 것은 계약을 맺는 행위와 관련된다. 따라서 히브리어에서는 계약을 맺는 행위를 표현할 때 "자르다" 의미를 지닌 동사를 사용한다(18절; 탈출 24,8 참조). 반으로 잘린 짐승의 두 부분은 계약의 당사자들을 상징한다.

15,13. 이스라엘인들의 이집트 종살이를 "사백 년"으로 보는 것은 사도 7,6 참조. "사백삼십 년"으로 보는 것은 탈출 12,40과 갈라 3,17 참조.

15,6 로마 4,3.9; 갈라 3,6; 야고 2,23ㄱ. 15,7 11,31; 13,15.17; 사도 7,2; 히브 11,8. 15,8 루카 1,18. 15,10 레위 1,17; 예레 34,18. 15,12 2,21; 사도 10,10; 묵시 11,11. 15,13-14 사도 7,6-7; 유딧 5,9-10도 참조. 15,13 탈출 12,40. 15,14 탈출 12,36. 15,15 25,8; 루카 2,29. 15,16 1열왕 21,26; 1테살 2,16. 15,17 예레 34,18.19. 15,18 12,7; 24,7; 탈출 23,31; 민수 34,3; 신명 11,24; 여호 1,4; 묵시 9,14.

✠ 15,5-12.17-18. 다해 사순 제2주일 말씀은 하느님과 아브람이 맺은 계약 의식을 예수님 변모와 연결한다. 하느님께서 아브람에게 쳐다보라고 하신 그 하늘을 바라보도록 바오로는 제2독서(필리 3,17-21; 4,1)에서 그리스도인들을 초대한다.

15,7-21. 해가 지고 어둠이 깔리자 불의 모습으로 하느님께서 몸소 절반으로 질라 놓은 짐승들 사이를 지나가신다(화덕, 연기와 타오르는 횃불은 시나이에서의 신현을 암시할 수 있다. 탈출 19,10-19; 20,18 참조). 이는 계약을 맺는 방식이며 반으로 잘린 짐승 사이로 지나가는 것은 계약을 어겼을 때 이 짐승처럼 죽게 됨을 의미한다(예레 34,18-20 참조). 아브람이 동물을 준비하고 도살하기 때문에 어느 정도 이 계약 의식에 참여할지라도 제물 사이를 지나가는 것은 하느님 혼자이다. 하느님께서 일방적으로 행동하시는 것은 약속을 이루어 주시겠다는 일종의 맹세가 된다. 아브람은 깊은 잠 속, 곧 수동적 상태로 불 속에 계신 주님의 현존을 알아보고 하느님의 약속을 경청한다.

님께서는 아브람과 계약을 맺으시며 이렇게 말씀하셨다.
“나는 이집트 강에서 큰 강 곧 유프라테스강까지 이르는
이 땅을 너의 후손에게 준다. 19 이는 카인족, 크나즈족, 카
드몬족, 20 히타이트족, 프리즈족, 라파족, 21 아모리족, 가나
안족, 기르가스족, 그리고 여부스족이 살고 있는 땅이다.”

하가르와 이스마엘

16 1 아브람의 아내 사라이는 그에게 자식을 낳아
주지 못하였다. 사라이에게는 이집트인 여종이
하나 있었는데, 그 이름은 하가르였다. 2 사라이가 아브람
에게 말하였다. “여보, 주님께서 나에게 자식을 갖지 못하
게 하시니, 내 여종과 한자리에 드셔요. 행여 그 아이의 몸
을 빌려서라도 내가 아들을 얻을 수 있을지 모르잖아요.”
아브람은 사라이의 말을 들었다. 3 그리하여 아브람의 아내
사라이는 자기의 이집트인 여종 하가르를 데려다, 자기 남
편 아브람에게 아내로 주었다. 아브람이 가나안 땅에 자리
잡은 지 십 년이 지난 뒤의 일이었다. 4 그가 하가르와 한자
리에 들자 그 여자가 임신하였다. 그 여자는 자기가 임신
한 것을 알고서 제 여주인을 업신여겼다. 5 그래서 사라이
가 아브람에게 말하였다. “내가 이렇게 부당한 일을 겪는
것은 당신 책임이에요. 내가 내 여종을 당신 품 안에 안겨
주었는데, 이 여종은 자기가 임신한 것을 알고서 나를 업
신여긴답니다. 아, 주님께서 나와 당신 사이의 시비를 가
려 주셨으면!” 6 아브람이 사라이에게 말하였다. “여보, 당
신의 여종이니 당신 손에 달려 있지 않소? 당신 좋을 대로
하구려.” 그리하여 사라이가 하가르를 구박하니, 하가르
는 사라이를 피하여 도망쳤다.
7 주님의 천사가 광야에 있는 샘터에서 하가르를 만났다.
그것은 수르로 가는 길가에 있는 샘이었다. 8 그 천사가
“사라이의 여종 하가르야, 어디에서 와서 어디로 가는 길
이냐?” 하고 묻자, 그가 대답하였다. “저의 여주인 사라이
를 피하여 도망치는 길입니다.” 9 주님의 천사가 그에게 말
하였다. “너의 여주인에게 돌아가서 그에게 복종하여라.”
10 주님의 천사가 다시 그에게 말하였다. “내가 너의 후손

16,4-6. 사라이, 아브람과 하가르의 태도는 당시 관습과 조화를 이룬다. 함무라비 법전에 따르면 불임인 아내가 아들을 얻기 위해 자기 남편에게 준 여종은 그 목적을 이루었다 해도 여주인과 같은 처지에 있기를 요구할 수도 없고, 다른 곳으로 팔려서도 안 되며 계속 종으로 대우받아야 했다.

16,7-12. 이 이야기에서 하가르는 임신 중일 때 도망친다. 그런데 21,8-21에서는 그녀가 아들 이스마엘이 이미 아이일 때 하느님 허락으로 아브람을 완전히 떠난다. 13절에 나오듯 주님의 천사, 곧 주님께서 직접 이 여종의 탄식을 들으시기 때문에 태어날 아기에게 주어질 이름은 “하느님께서 들으신다”는 뜻인 이스마엘이다.

16,1-16 // 21,8-21. 16,1 11,30; 21,9; 사도 7,5; 갈라 4,24. 16,2 30,3.4.9.10. 16,3 12,5. 16,5 31,53. 16,7 20,1; 21,17.18; 22,11.15; 31,11. 16,10 17,20.

16,1-3. 아브람과 사라이의 상속자 문제로 돌아온다. 사라이의 여종 하가르를 통해 상속자를 얻으려는 시도를 보게 된다. 함무라비 법전에도 나오듯(137.144-145) 불임인 아내는 남편이 아들을 얻도록 여종을 남편에게 줄 수 있었다. 이스마엘이 태어나지만 하느님께서 언약하신 상속자는 그가 아닐 것이다.

16,11. "들으셨다"('사마')로 번역된 동사는 이스마엘이라는 이름과 유사하다.

16,13. "저를 돌보시는 하느님"은 히브리어 '엘 로이'를 옮긴 것이다. 이것이 14절의 '브에르(우물) 라하이 로이("저를 돌보시는 살아 있는 분께")'라는 우물 이름이 된다.

을 셀 수 없을 만큼 번성하게 해 주겠다." 11 주님의 천사가
또 그에게 말하였다.

"보라, 너는 임신한 몸
이제 아들을 낳으리니
그 이름을 이스마엘이라 하여라.
네가 고통 속에서 부르짖는 소리를 주님께서 들으셨다.
12 그는 들나귀 같은 사람이 되리라.
그는 모든 이를 치려고 손을 들고
모든 이는 그를 치려고 손을 들리라.
그는 자기의 모든 형제들에게 맞서 혼자 살아가리라."

13 하가르는 "내가 그분을 뵈었는데 아직도 살아 있는가?"
하면서, 자기에게 말씀하신 주님의 이름을 "당신은 '저를
돌보시는 하느님'이십니다."라고 하였다. 14 그리하여 그 우
물을 브에르 라하이 로이라 하였다. 그것은 카데스와 베렛
사이에 있다.

15 하가르는 아브람에게 아들을 낳아 주었다. 아브람은 하
가르가 낳은 아들의 이름을 이스마엘이라 하였다. 16 하가
르가 아브람에게 이스마엘을 낳아 줄 때, 아브람의 나이
는 여든여섯 살이었다.

16,11 탈출 3,7.9; 루카 1,31. 16,12 25,18. 16,13 32,31. 16,15 갈라 4,22.

계약과 할례

17 1 아브람의 나이가 아흔아홉 살이 되었을 때,
주님께서 아브람에게 나타나 말씀하셨다. "나
는 전능한 하느님이다. 너는 내 앞에서 살아가며 흠 없는
이가 되어라. 2 나는 나와 너 사이에 계약을 세우고, 너를
크게 번성하게 하겠다."
3 아브람이 얼굴을 땅에 대고 엎드리자, 하느님께서 그에
게 이르셨다. 4 "나를 보아라. 너와 맺는 내 계약은 이것이
다. 너는 많은 민족들의 아버지가 될 것이다. 5 너는 더 이
상 아브람이라 불리지 않을 것이다. 이제 너의 이름은 아
브라함이다. 내가 너를 많은 민족들의 아버지로 만들었
기 때문이다. 6 나는 네가 매우 많은 자손을 낳아, 여러 민
족이 되게 하겠다. 너에게서 임금들도 나올 것이다. 7 나
는 나와 너 사이에, 그리고 네 뒤에 오는 후손들 사이에 대
대로 내 계약을 영원한 계약으로 세워, 너와 네 뒤에 오는
후손들에게 하느님이 되어 주겠다. 8 나는 네가 나그네살
이하는 이 땅, 곧 가나안 땅 전체를 너와 네 뒤에 오는 후
손들에게 영원한 소유로 주고, 그들에게 하느님이 되어 주
겠다."
9 하느님께서 다시 아브라함에게 말씀하셨다. "너는 내 계
약을 지켜야 한다. 너와 네 뒤에 오는 후손들이 대대로 지
켜야 한다. 10 너희가 지켜야 하는 계약, 곧 나와 너희 사이
에, 그리고 네 뒤에 오는 후손들 사이에 맺어지는 계약은
이것이다. 곧 너희 가운데 모든 남자가 할례를 받는 것이
다. 11 너희는 포피를 베어 할례를 받아야 한다. 이것이 나
와 너희 사이에 세운 계약의 표징이다. 12 대대로 너희 가
운데 모든 남자는 난 지 여드레 만에 할례를 받아야 한다.

17,1. 주님께서는 아브람에게 당신 자신을 '엘 사따이'로 소개하신다. 그 정확한 뜻은 알 수 없지만 자주 "전능하신 하느님"으로 옮긴다(28,3; 35,11; 43,14; 48,3; 49,25에도 이 칭호가 나오는데 사제계 문헌[P]에 속한 본문이다). 이스라엘의 하느님께서는 이 이름으로 아브람, 이사악, 야곱(탈출 6,2-3 참조)에게 자신을 계시하신다. 아카디아어를 참조로 이 용어를 "산의 하느님"으로 옮길 수도 있다.

17,4-5. 이름의 변화는 운명이 바뀌는 것을 강조한다. 아브람("아버지는 위대하시다")은 아브라함(5절, "많은 민족들의 아버지")으로, 사라이는 사라로 이름이 바뀐다(15절, 사라는 사라이의 다른 형태로 둘 다 "왕비"를 뜻한다).

17,1-27 // 15,1-21. 17,1 28,3; 탈출 6,3; 신명 18,13. 17,2 15,18. 17,4 35,11; 48,19. 17,5 로마 4,17; 느헤 9,7도 참조. 17,6 35,11; 마태 1,6. 17,7 26,24; 28,13; 로마 9,8; 갈라 3,17. 17,8 갈라 3,16; 또한 창세 12,7; 23,4; 28,4; 탈출 6,7; 레위 26,12; 시편 105,9.11; 사도 7,5.45도 참조. 17,10-12 요한 7,22. 17,10-11 로마 4,9-10. 17,10 사도 7,8. 17,11 탈출 12,48; 신명 10,16. 17,12 레위 12,3; 루카 1,59; 2,21.

17장은 아브라함과 맺으시는 하느님 계약을 사제계 문헌(P)의 견해에서 본 내용이다. 계약이라는 용어가 1절부터 21절까지 하느님 말씀 안에서 14차례(이 숫자는 충만과 총체성을 가리킨다) 나온다. 주신 약속들은 15장과 같은데, 많은 후손, 땅(가나안 땅)에 대한 것이다. 그러나 15,9-21에서는 하느님께서 아브라함에게 아무것도 요구하지 않으시고 잘린 동물 가운데를 불처럼 지나가시면서 일방적으로 장엄한 계약을 맺으신다. 반면, 여기서는 그분께서 아브라함에게 특히 "흠 없는"('타밈') 이가 되라고 요구하신다. "흠 없는"("완전하다, 완성에 이르다"를 뜻하는 히브리어 어원)이라는 용어는 거의 모든 경우에 전례에서 예물로 바치는 흠 없는 짐승을 가리키며, 몇몇 경우에만 사람을 가리키는데 항상 하느님과의 관계에서 사용된다(6,9; 17,1; 신명 18,13; 여호 24,14 참조). 그리고 하느님께서는 아브라함과 그의 자손에게 계약의 표징(11절)으로 자기 살에 새겨진 인장인 할례를 요구하신다.

씨종과, 너의 후손이 아닌 외국인에게서 돈으로 산 종도
할례를 받아야 한다. 13 네 씨종과 돈으로 산 종도 할례를
받아야 한다. 그러면 내 계약이 너희 몸에 영원한 계약으
로 새겨질 것이다. 14 할례를 받지 않은 남자, 곧 포피를 베
어 할례를 받지 않은 자, 그자는 자기 백성에게서 잘려 나
가야 한다. 그는 내 계약을 깨뜨린 자다."
15 하느님께서 다시 아브라함에게 말씀하셨다. "너의 아내
사라이를 더 이상 사라이라는 이름으로 부르지 마라. 사
라가 그의 이름이다. 16 나는 그에게 복을 내리겠다. 그리
고 네가 그에게서 아들을 얻게 해 주겠다. 나는 복을 내려
사라가 여러 민족이 되게 하겠다. 여러 나라의 임금들도
그에게서 나올 것이다." 17 아브라함은 얼굴을 땅에 대고
엎드려 웃으면서 마음속으로 생각하였다. '나이 백 살 된
자에게서 아이가 태어난다고? 그리고 아흔 살이 된 사라
가 아이를 낳을 수 있단 말인가?' 18 그러면서 아브라함이
하느님께 "이스마엘이나 당신 앞에서 오래 살기를 바랍니
다." 하고 아뢰자, 19 하느님께서 말씀하셨다. "아니다. 너의
아내 사라가 너에게 아들을 낳아 줄 것이다. 너는 그 이름
을 이사악이라 하여라. 나는 그의 뒤에 오는 후손들을 위
하여 그와 나의 계약을 영원한 계약으로 세우겠다. 20 이
스마엘을 위한 너의 소원도 들어 주겠다. 나는 그에게 복
을 내리고, 그가 자식을 많이 낳아 크게 번성하게 하겠다.
그는 열두 족장을 낳고, 나는 그를 큰 민족으로 만들어 줄
것이다. 21 그러나 나의 이 계약은 내년 이맘때에 사라가
너에게 낳아 줄 이사악과 세우겠다." 22 하느님께서는 아브
라함과 말씀을 마치시고 그를 떠나 올라가셨다.
23 아브라함은 그날로 자기 아들 이스마엘과 씨종들과 돈
으로 산 종들, 곧 아브라함의 집안 사람들 가운데에서 남
자들을 모두 데려다가, 하느님께서 자기에게 이르신 대로
포피를 베어 할례를 베풀었다. 24 아브라함이 포피를 베
어 할례를 받았을 때, 그의 나이는 아흔아홉 살이었고, 25
그의 아들 이스마엘이 포피를 베어 할례를 받았을 때, 그
의 나이는 열세 살이었다. 26 바로 그날에 아브라함과 그의
아들 이스마엘이 할례를 받았다. 27 그리고 집안의 모든
남자들, 곧 씨종들과 외국인에게서 돈으로 산 종들도 그
와 함께 할례를 받았다.

17,14. 아브라함 이전에도 행해진 할례는 아마도 유아에서 성인으로의 전환을 나타내는 입문 행위였을 것이다. 여기서 할례는 구원의 성사인 하느님과 맺은 계약의 표징이 된다(예레 9,25; 로마 4,11 참조). 오늘날에도 모든 남자는 태어난 지 8일 후에 야훼의 백성에 속한다는 표징으로 회당에서 특별히 엄숙하게 할례를 거행한다(레위 12,3 참조).

17,16-17. 주님께서는 아브라함에게 사라에게서 태어날 아들에 대한 약속을 갱신하신다. 그때 아브라함은 100세, 사라는 90세였다. 아브라함은 이 말을 듣고 웃었는데 나중에 사라도 웃는다(18,12-15 참조). 그 웃음은 놀라움과 불신을 표현한다. 그러나 결국 웃는 이는 하느님이시다. 그 아들은 미리 알려진 시간에 태어날 것이며 "그가 웃다"('이츠학' 21,6 참조)라는 뜻인 이사악이라 불릴 것이다.

17,13 사도 7,8. 17,14 탈출 4,25. 17,15-21 // 18,9-15. 17,16 18,10; 35,11; 갈라 4,23. 17,17 18,12; 21,6; 루카 1,18; 로마 4,19. 17,19 18,10; 21,2; 26,2-5; 마태 1,21; 루카 1,13; 히브 11,11. 17,20 16,10; 25,12.16. 17,23 14,14. 17,24 로마 4,11.

주님께서 아브라함에게 나타나시다

18 1 주님께서는 마므레의 참나무들 곁에서 아브
라함에게 나타나셨다. 아브라함은 한창 더운
대낮에 천막 어귀에 앉아 있었다. 2 그가 눈을 들어 보니
자기 앞에 세 사람이 서 있었다. 그는 그들을 보자 천막 어
귀에서 달려 나가 그들을 맞으면서 땅에 엎드려 3 말하였
다. "나리, 제가 나리 눈에 든다면, 부디 이 종을 그냥 지
나치지 마십시오. 4 물을 조금 가져오게 하시어 발을 씻으
시고, 이 나무 아래에서 쉬십시오. 5 제가 빵도 조금 가져
오겠습니다. 이렇게 이 종의 곁을 지나게 되셨으니, 원기를
돋우신 다음에 길을 떠나십시오." 그들이 "말씀하신 대로
그렇게 해 주십시오." 하고 대답하였다.
6 아브라함은 급히 천막으로 들어가 사라에게 말하였다.
"빨리 고운 밀가루 세 스아를 가져다 반죽하여 빵을 구우
시오." 7 그러고서 아브라함이 소 떼가 있는 데로 달려가
살이 부드럽고 좋은 송아지 한 마리를 끌어다가 하인에게
주니, 그가 그것을 서둘러 잡아 요리하였다. 8 아브라함은
엉긴 젖과 우유와 요리한 송아지 고기를 가져다 그들 앞
에 차려 놓았다. 그들이 먹는 동안 그는 나무 아래에 서서
그들을 시중들었다.
9 그들이 아브라함에게 "댁의 부인 사라는 어디에 있습니
까?" 하고 물으니, 그가 "천막에 있습니다." 하고 대답하였
다. 10 그러자 그분께서 말씀하셨다. "내년 이때에 내가 반
드시 너에게 돌아올 터인데, 그때에는 너의 아내 사라에
게 아들이 있을 것이다." 사라는 아브라함의 등 뒤 천막
어귀에서 이 말을 듣고 있었다. 11 아브라함과 사라는 이미
나이 많은 노인들로서, 사라는 여인들에게 있는 일조차
그쳐 있었다. 12 그래서 사라는 속으로 웃으면서 말하였다.

18,2-15. 근동에서 손님 환대는 성스러운 일이었는데 아브라함은 자기 손님을 극진히 접대하려고 바삐 서두른다(2-8절 참조). 주님께서 아들에 대한 약속을 두 번째로 다시 말씀하실 때에야 아브라함은 자신이 주님 앞에 있다는 사실을 깨달았을지도 모른다.

18,6. 고대 도량형은 파악하기 힘들다. 1스아는 약 15리터이다.

18,12. 사라가 나중에 자신이 임신할 것이라는 선포를 듣고 웃은 것은 사제계 문헌(P)에서 아브라함이 같은 예고를 듣고 웃은 일을 상기시킨다(17,17 참조).

18,1 13,18; 14,13. 18,2-3 히브 13,2. 18,2 32,25; 여호 5,13; 판관 13,6-11. 18,4 19,2; 43,24; 루카 7,44. 18,5 판관 6,18.19; 13,15.16. 18,6 마태 13,33. 18,8 19,3. 18,9-15 // 17,15-21. 18,9-10 15,2-4. 18,10 로마 9,9. 18,11 17,17; 루카 1,7.18; 로마 4,19. 18,12 1베드 3,6.

18장에서는 주님께서 세 명의 신비로운 인물(히브리어 본문은 "사람들")의 모습으로 나타나신다. 이야기에서 여러 차례 단수에서 복수로 넘어간다. 주어는 주님인데, 1.10.13.14.15.17.19.20.21절에서는 단수로 쓰이지만, 2.5.8.9.16절에서는 복수로 쓰인다. 22절에서 "그 사람들"이 소돔으로 가지만 "주님"께서 아브라함과 대화를 나누신다(22-23절). 그러나 19,1에서 그 사람들은 "천사들"로 바뀌는데 15절에서도 마찬가지이며 그 뒤에는 항상 그 "사람들"로 불린다. 대담하게도 교회 교부들은 이 단락에서 삼위일체 신비를 성경이 미리 보여 준 것으로 이해했다.

✠ 18,1-10ㄴ. 다해 연중 제16주일은 예수님께 대한 마르타와 마리아의 환대를 아브라함과 아내 사라가 하루 가운데 가장 더운 시간에 자신들을 방문한 세 사람에게 보여 준 환대와 연결한다. 두 경우 모두 환대하는 사람은 가장 귀한 선물인 생명을 보상으로 받는다.

‘이렇게 늙어 버린 나에게 무슨 육정이 일어나랴? 내 주
인도 이미 늙은 몸인데.’ 13 그러자 주님께서 아브라함에게
말씀하셨다. “어찌하여 사라는 웃으면서, ‘내가 이미 늙었
는데, 정말로 아이를 낳을 수 있으랴?’ 하느냐? 14 너무 어
려워 주님이 못 할 일이라도 있다는 말이냐? 내가 내년 이
맘때에 너에게 돌아올 터인데, 그때에는 사라에게 아들이
있을 것이다.” 15 사라가 두려운 나머지 “저는 웃지 않았습
니다.” 하면서 부인하자, 그분께서 “아니다. 너는 웃었다.”
하고 말씀하셨다.

아브라함이 소돔을 위하여 빌다

16 그 사람들은 그곳을 떠나 소돔이 내려다보이는 곳에 이
르렀다. 아브라함은 그들을 배웅하려고 함께 걸어갔다. 17
그때에 주님께서 말씀하셨다. “내가 앞으로 하려는 일을
어찌 아브라함에게 숨기랴? 18 아브라함은 반드시 크고 강
한 민족이 되고, 세상 모든 민족들이 그를 통하여 복을 받
을 것이다. 19 내가 그를 선택한 것은, 그가 자기 자식들과
뒤에 올 자기 집안에 명령을 내려 그들이 정의와 공정을
실천하여 주님의 길을 지키게 하고, 그렇게 하여 이 주님
이 아브라함에게 한 약속을 그대로 이루려고 한 것이다.”
20 이어 주님께서 말씀하셨다. “소돔과 고모라에 대한 원성
이 너무나 크고, 그들의 죄악이 너무나 무겁구나. 21 이제
내가 내려가서, 저들 모두가 저지른 짓이 나에게 들려온
그 원성과 같은 것인지 아닌지를 알아보아야겠다.”
22 그 사람들은 거기에서 몸을 돌려 소돔으로 갔다. 그러나
아브라함은 주님 앞에 그대로 서 있었다. 23 아브라함이 다가
서서 말씀드렸다. “진정 의인을 죄인과 함께 쓸어버리시
렵니까? 24 혹시 그 성읍 안에 의인이 쉰 명 있다면, 그래
도 쓸어버리시렵니까? 그 안에 있는 의인 쉰 명 때문에라

18,19. “선택하였다”의 자구적 의미는 두 인격 사이의 관계 개념이며 친밀감을 포함하는 “알았다”이다.

18,20. 아벨의 피가 울부짖는 것처럼(4,10 참조) 소돔과 고모라의 죄를 처벌해 달라는 원성이 하늘에 닿고 있다. 그 성읍에는 한 명의 의인도 없기 때문에 이 표현은 “소돔과 고모라에 대한 고발이 엄중하다”는 뜻이다.

18,14 로마 9,9; 또한 예레 32,17.27; 즈카 8,6; 마태 3,9; 19,26; 마르 10,27; 루카 1,37. 18,18 갈라 3,8; 또한 사도 3,25; 로마 4,13도 참조. 18,19 신명 4,9.10; 6,7; 여호 24,15; 마태 22,16; 에페 6,4. 18,20 19,13; 에제 16,49.50; 루카 17,28; 묵시 18,5. 18,21 11,5. 18,22 19,1. 18,23 민수 16,22; 히브 10,22. 18,24 예레 5,1.

18,16-19,38. 이 긴 이야기는 아브라함 전체 주기 이야기의 관련된 주제들을 따라가는 것뿐만 아니라 이스라엘이 주님과 특별히 가까워서 다른 민족들의 운명에 미치는 중요성을 강조한다(아브라함의 소돔과 고모라를 위한 중재 참조). 그리고 이스라엘과 그들의 이웃인 모압족과 암몬족 사이의 관계가 존재하는 이유를 제공한다(19,30-38 참조). 마지막으로 요르단 계곡 남쪽에 있는 황무지 들판의 기원에 대해서 설명한다(19,23-28).

18,17-33. 아브라함의 아름다운 중재 기도 일부(18,20-21.23-32 참조)가 고해성사 예식에 들어 있다. 다해 연중 제17주일에 사용되는데 병행하는 복음서 본문은 제자들이 예수님께 “주님, 우리에게 기도를 가르쳐 주십시오….”(루카 11,1-13)라고 청하는 내용이다.

도 그곳을 용서하지 않으시렵니까? 25 의인을 죄인과 함께
죽이시어 의인이나 죄인이나 똑같이 되게 하시는 것, 그런
일은 당신께 어울리지 않습니다. 그런 일은 당신께 어울리
지 않습니다. 온 세상의 심판자께서는 공정을 실천하셔야
하지 않겠습니까?" 26 그러자 주님께서 대답하셨다. "소돔
성읍 안에서 내가 의인 쉰 명을 찾을 수만 있다면, 그들을
보아서 그곳 전체를 용서해 주겠다."
27 아브라함이 다시 말씀드렸다. "저는 비록 먼지와 재에
지나지 않는 몸이지만, 주님께 감히 아룁니다. 28 혹시 의
인 쉰 명에서 다섯이 모자란다면, 그 다섯 명 때문에 온
성읍을 파멸시키시렵니까?" 그러자 그분께서 대답하셨다.
"내가 그곳에서 마흔다섯 명을 찾을 수만 있다면 파멸시
키지 않겠다."
29 아브라함이 또다시 그분께 아뢰었다. "혹시 그곳에서 마
흔 명을 찾을 수 있다면 …… ?" 그러자 그분께서 대답하
셨다. "그 마흔 명을 보아서 내가 그 일을 실행하지 않겠
다."
30 그가 말씀드렸다. "제가 아뢴다고 주님께서는 노여워
하지 마십시오. 혹시 그곳에서 서른 명을 찾을 수 있다면
…… ?" 그러자 그분께서 대답하셨다. "내가 그곳에서 서
른 명을 찾을 수만 있다면 그 일을 실행하지 않겠다."
31 그가 말씀드렸다. "제가 주님께 감히 아룁니다. 혹시 그
곳에서 스무 명을 찾을 수 있다면 …… ?" 그러자 그분께
서 대답하셨다. "그 스무 명을 보아서 내가 파멸시키지 않
겠다."
32 그가 말씀드렸다. "제가 다시 한번 아뢴다고 주님께서는
노여워하지 마십시오. 혹시 그곳에서 열 명을 찾을 수 있
다면 …… ?" 그러자 그분께서 대답하셨다. "그 열 명을 보
아서라도 내가 파멸시키지 않겠다."
33 주님께서는 아브라함과 말씀을 마치시고 자리를 뜨셨
다. 아브라함도 자기가 사는 곳으로 돌아갔다.

18,25 욥 8,20; 이사 3,10.11; 로마 3,6. 18,27 3,19; 욥 4,19; 30,19, 42,6; 2코린 5,1. 18,32 판관 6,39; 야고 5,16.

18,23-32. 아브라함은 혹시 있을지도 모를 의인들을 위해 중재 기도를 바치고 불의로 해석될 수도 있는 주님 행동의 모순을 주님께 강조하면서(25절 참조) 소돔의 멸망을 막으려고 애쓴다. 그는 주님의 관대하심을 보면서 다소 수사학적인 어조로 매번 주님께 새로운 내용을 간청한다. 그때마다 아브라함이 가정하는 의인 숫자가 감소하는데 그는 열 명에 이를 때까지 간청하고 그 이상은 감히 청하지 않는다(예레 5,1에서는 의인 한 명에 대해서도 말한다).

소돔의 멸망과 롯의 구원

19 [1] 저녁때에 그 두 천사가 소돔에 이르렀는데, 그
때 롯은 소돔 성문에 앉아 있었다. 롯이 그들
을 보자 일어나 맞으면서 얼굴을 땅에 대고 엎드려 [2] 말하
였다. "나리들, 부디 제 집으로 드시어 밤을 지내십시오.
발도 씻고 쉬신 뒤에, 내일 아침 일찍 일어나 길을 떠나십
시오." 그러자 그들은 "아니오. 광장에서 밤을 지내겠소."
하고 대답하였다. [3] 그러나 롯이 간절히 권하자, 그들은 롯
의 집에 들기로 하고 그의 집으로 들어갔다. 롯이 그들에
게 큰 상을 차리고 누룩 안 든 빵을 구워 주자 그들이 먹
었다.
[4] 그들이 아직 잠자리에 들기 전이었다. 성읍의 사내들 곧
소돔의 사내들이 젊은이부터 늙은이까지 온통 사방에서
몰려와 그 집을 에워쌌다. [5] 그러고서는 롯을 불러 말하였
다. "오늘 밤 당신 집에 온 사람들 어디 있소? 우리한테로
데리고 나오시오. 우리가 그자들과 재미 좀 봐야겠소." [6]
롯이 문밖으로 나가 등 뒤로 문을 닫고 [7] 말하였다. "형제
들, 제발 나쁜 짓 하지들 마시오. [8] 자, 나에게 남자를 알지
못하는 딸이 둘 있소. 그 아이들을 당신들에게 내어 줄 터
이니, 당신들 좋을 대로 하시오. 다만 내 지붕 밑으로 들
어온 사람들이니, 이들에게는 아무 짓도 말아 주시오." [9] 그
러나 그들은 "비켜라!" 하면서 "이자는 나그네살이하려고
이곳에 온 주제에 재판관 행세를 하려 하는구나. 이제 우리
가 저자들보다 너를 더 고약하게 다루어야겠다." 하고는,
그 사람 롯에게 달려들어 밀치고 문을 부수려 하였다. [10] 그
때에 그 두 사람이 손을 내밀어 롯을 집 안으로 끌어들인
다음 문을 닫았다. [11] 그리고 그 집 문 앞에 있는 사내들을
아이부터 어른까지 모두 눈이 멀게 하여, 문을 찾지 못하
게 만들었다.
[12] 그러고 나서 그 사람들은 롯에게 말하였다. "그대의 가
족들이 여기에 또 있소? 사위들과 그대의 아들딸들, 그리
고 성읍에 있는 그대의 가족을 모두 데리고 이곳에서 나
가시오. [13] 우리는 지금 이곳을 파멸시키려 하오. 저들에

19,1-3 히브 13,2. 19,1 18,1-2.22. 19,2 18,4. 19,3 18,8. 19,4 25 유디 7. 19,5 판관 19,22; 이사 3,9; 로마 1,24. 19,6 판관 19,23. 19,7-9 2베드 2,7. 19,8 판관 19,24. 19,9 탈출 2,14. 19,11 2열왕 6,18; 사도 13,11. 19,12 7,1; 2베드 2,7.9. 19,13 18,20; 1역대 21,15.

19,1-10. 18장의 아브라함처럼 롯에게도 환대는 신성한 법이다. 그러나 소돔 주민들은 이 법을 어긴다. 따라서 레위 18,22에서 엄하게 단죄하고 20,13에서 사형을 벌로 선고하는 이들의 죄는 성적인 죄일 뿐만 아니라 신학적이고 사회적 범죄이다.

19,1-10. 18,20에서 주님께서는 아브라함을 신뢰하시면서 소돔과 고모라의 죄가 너무 무겁다고(13,13도 참조) 말씀하시지만 직접 나서서 그 상황을 통제하는 것은 참으신다. 주님과 아브라함의 대화는 적어도 몇 명의 의인은 찾을 수 있으리라는 희망을 드러낸다(18,23-32 참조). 19장에서는 이 희망이 사라진다(레위 20,23도 참조). 젊은이부터 늙은이까지 성읍의 모든 사내들(4절)이 두 손님을 추행하려고 롯의 집을 에워싼다. 롯만이 주님의 호의를 입는데 주님께서는 이 한 명의 의인만 소돔이 멸망하기 전에 아내와 두 딸과 함께 소돔에서 빠져나오게 하셨다.

19,2-3. 롯의 정성스러운 환대가 아브라함의 환대에 잘 일치하고 있다(18,2-8 참조).

19,5. "재미 좀 봐야겠소." 자구적인 의미는 "알아야겠소"인데 이는 나그네들에 대한 정보보다는 성적인 의미에 가깝다(4,1 주 참조).

19,8. 롯의 말은 고대 근동 문화 세계에서 여성이 얼마나 하찮은 대우를 받았는지 추측하게 하면서도, 역설적으로 롯이 어떤 수를 써서라도 손님의 목숨을 보호해야 할 성스러운 책임과 의무를 다하고 있음을 보여 준다.

대한 원성이 주님 앞에 너무나 크기 때문이오. 주님께서
소돔을 파멸시키시려고 우리를 보내셨소.” 14 롯은 밖으로
나가 장차 자기 딸들을 데려갈 사위들에게 말하였다. “자,
이곳을 빠져나가게. 주님께서 곧 이 성읍을 파멸시키실 것
이네.” 그러나 사위들은 롯이 우스갯소리를 한다고 생각
하였다.
15 동이 틀 무렵에 천사들이 롯을 재촉하며 말하였다. “자,
이 성읍에 벌이 내릴 때 함께 휩쓸리지 않으려거든, 그대
의 아내와 여기에 있는 두 딸을 데리고 어서 가시오.” 16 그
런데도 롯이 망설이자 그 사람들은 롯과 그의 아내와 두
딸의 손을 잡고 성읍 밖으로 데리고 나갔다. 주님께서 롯
에게 자비를 베푸셨기 때문이다. 17 그들은 롯의 가족을
밖으로 데리고 나와 말하였다. “달아나 목숨을 구하시오.
뒤를 돌아다보아서는 안 되오. 이 들판 어디에서도 멈추
어 서지 마시오. 휩쓸려 가지 않으려거든 산으로 달아나시
오.” 18 그러나 롯은 그들에게 말하였다. “나리, 제발 그러
지 마십시오. 19 이 종이 나리 눈에 들어, 나리께서는 이제
껏 저에게 하신 것처럼 큰 은혜를 베푸시어 저의 목숨을
살려 주셨습니다. 그렇지만 재앙에 휩싸여 죽을까 두려
워, 저 산으로는 달아날 수가 없습니다. 20 보십시오, 저 성
읍은 가까워 달아날 만하고 자그마한 곳입니다. 제발 그리
로 달아나게 해 주십시오. 자그마하지 않습니까? 그러면
제 목숨을 살릴 수 있겠습니다.” 21 그러자 그가 롯에게 말
하였다. “좋소. 내가 이번에도 그대의 얼굴을 보아 그대가
말하는 저 성읍을 멸망시키지 않겠소. 22 서둘러 그곳으로
달아나시오. 그대가 그곳에 다다르기 전까지는 내가 일을 하
지 못하기 때문이오.” 그리하여 그 성읍을 초아르라 하였다.
23 롯이 초아르에 다다르자 해가 땅 위로 솟아올랐다. 24 그
때 주님께서 당신이 계신 곳 하늘에서 소돔과 고모라에 유
황과 불을 퍼부으셨다. 25 그리하여 그 성읍들과 온 들판과
그 성읍의 모든 주민, 그리고 땅 위에 자란 것들을 모두 멸
망시키셨다. 26 그런데 롯의 아내는 뒤를 돌아다보다 소금
기둥이 되어 버렸다.
27 아브라함이 아침 일찍 일어나, 자기가 주님 앞에 서 있

19,20. “자그마하지 않습니까?” 작다는 것이 강조된다. 롯이 그 작은 성읍으로 달아나게 허락해 달라는 청원은 이 성읍을 살려 달라는 청원과 같다. 성경에서 작음과 보잘것없음은 하느님 연민의 동기가 된다(아모 7,2.5 참조).

19,24-25. 하느님께서는 자주 당신의 처벌을 집행하기 위해 불과 유황을 보내신다. 구약(욥 18,15; 시편 11,6; 이사 34,9; 에제 38,22 참조)이나 신약(묵시 9,17-18; 14,10; 19,20; 20,10; 21,8 참조) 성경에서 이런 예들을 볼 수 있다. 소돔과 고모라가 멸망한 사례는 역청(창세 14,10 참조)과 유황이 풍부했던 지역의 지리적 특성이 그 형벌과 연결되어 있는 듯하다.

19,14 탈출 9,21; 민수 16,21; 루카 17,28. 19,15 민수 16,24.26; 루카 17,29; 묵시 18,4. 19,16 시편 34,23; 루카 18,13; 2베드 2,7. 19,17 1열왕 19,3; 예레 48,6; 루카 9,62; 17,31. 19,19 루카 1,58. 19,21 욥 42,8.9; 시편 145,9. 19,24 신명 29,22; 이사 13,19; 마태 10,15; 루카 17,29; 2베드 2,6; 유다 7; 묵시 14,10ㄴ. 19,25 시편 107,34. 19,26 지혜 10,7; 루카 17,32; 또한 루카 9,62; 17,31도 참조. 19,27 18,22.

던 곳으로 가서 28 소돔과 고모라와 그 들판의 온 땅을 내
려다보니, 마치 가마에서 나는 연기처럼 그 땅에서 연기가
솟아오르고 있었다.
29 하느님께서 그 들판의 성읍들을 멸망시키실 때, 아브라
함을 기억하셨다. 그래서 롯이 살고 있던 성읍들을 멸망시
키실 때, 롯을 그 멸망의 한가운데에서 내보내 주셨다.

모압족과 암몬족의 기원

30 롯은 초아르를 떠나 산으로 올라가서 자기의 두 딸과
함께 살았다. 초아르에서 사는 것이 두려웠기 때문이다.
그리하여 롯은 자기의 두 딸과 함께 굴속에서 살았다. 31
그때 맏딸이 작은딸에게 말하였다. "우리 아버지는 늙으
셨고, 이 땅에는 세상의 풍속대로 우리에게 올 남자가 없
구나. 32 자, 아버지에게 술을 드시게 하고 나서, 우리가 아
버지와 함께 누워 그분에게서 자손을 얻자." 33 그날 밤에
그들은 아버지에게 술을 들게 한 다음, 맏딸이 가서 아버
지와 함께 누웠다. 그러나 그는 딸이 누웠다 일어난 것을
몰랐다. 34 이튿날, 맏딸이 작은딸에게 말하였다. "간밤에
는 내가 아버지와 함께 누웠다. 오늘 밤에도 아버지에게
술을 드시게 하자. 그리고 네가 가서 아버지와 함께 누워
라. 그렇게 해서 그분에게서 자손을 얻자." 35 그래서 그날
밤에도 그들은 아버지에게 술을 들게 한 다음, 이번에는
작은딸이 일어나 가서 아버지와 함께 누웠다. 그러나 그는
딸이 누웠다 일어난 것을 몰랐다. 36 이렇게 해서 롯의 두
딸이 아버지의 아이를 가지게 되었다. 37 맏딸은 아들을
낳고 그 이름을 모압이라 하였으니, 그는 오늘날까지 이어
오는 모압족의 조상이다. 38 작은딸도 아들을 낳고 그 이
름을 벤 암미라 하였으니, 그는 오늘날까지 이어 오는 암
몬인들의 조상이다.

19,30-38. 이스라엘과 적대적 관계인 모압족과 암몬족의 불명예스러운 기원을 강조한다. 그들은 롯과 그의 딸들 사이의 근친상간으로 태어난 민족이다. 그럼에도 이 이야기는 후손에게 생명을 전하는 일이 얼마나 중요한지 보여 준다(32절과 34절, 그리고 38장 참조).

19,37. 그리스어 번역본은 "그 이름을 모압이라 하였으니" 뒤에 "'그는 내 아버지에게서 나왔다'라고 말하면서"를 덧붙여서 이 백성의 이름에 대한 설명을 제공한다.

19,38. 본문은 '벤 암미'("내 백성의 아들")를 암몬인들('브네 암몬', "암몬의 아들들")과 연결한다.

19,28 묵시 9,2; 18,9. 19,29 2베드 2,7. 19,31 38,8.9; 신명 25,5. 19,32 마르 12,19.
19,38 신명 2,19.

아브라함과 아비멜렉

20

1 아브라함은 그곳을 떠나 네겝 땅으로 옮겨 가
서, 카데스와 수르 사이에 자리를 잡았다. 그라
르에서 나그네살이하게 되었을 때, 2 아브라함은 자기 아내
사라를 자기 누이라고 말하였다. 그러자 그라르 임금 아
비멜렉이 사람을 보내어 사라를 데려갔다. 3 그날 밤 꿈에,
하느님께서 아비멜렉에게 나타나 말씀하셨다. "네가 데려
온 여자 때문에 너는 죽을 것이다. 그 여자는 임자가 있는
몸이다." 4 아비멜렉은 아직 그 여자를 가까이하지 않았으
므로, 이렇게 아뢰었다. "주님, 당신께서는 죄 없는 백성도
죽이십니까? 5 아브라함 자신이 저에게 '이 여자는 제 누이
입니다.' 하였고, 그 여자 또한 스스로 '그는 제 오라비입
니다.' 하지 않았습니까? 저는 흠 없는 마음과 결백한 손
으로 이 일을 하였습니다." 6 그러자 하느님께서 꿈에 다시
그에게 말씀하셨다. "나도 네가 흠 없는 마음으로 이 일을
한 줄 안다. 네가 나에게 죄를 짓지 않도록 막아 준 이가
바로 나다. 네가 그 여자를 건드리는 것을 내가 허락하지
않았다. 7 이제 그 사람의 아내를 돌려보내라. 그 사람은 예
언자이니, 그가 너를 위하여 기도하면 너는 살 것이다. 그
러나 네가 만일 돌려보내지 않으면, 너와 너에게 딸린 자
들이 모두 반드시 죽으리라는 것을 알아 두어라."
8 아비멜렉은 아침 일찍 일어나 자기 종들을 모두 불러 모
으고서, 그들에게 이 일을 낱낱이 들려주었다. 그러자 그
사람들은 크게 두려워하였다. 9 아비멜렉은 아브라함을
불러 그에게 말하였다. "그대는 어째서 이런 짓을 하였소?
내가 그대에게 무슨 죄를 지었기에, 그대는 나와 내 왕국
에 이렇게 큰 죄를 끌어들였소? 그대는 해서는 안 될 일을
나에게 저질렀소." 10 아비멜렉이 아브라함에게 다시 물었
다. "그대는 도대체 어쩌자고 이런 일을 저질렀소?" 11 아브
라함이 대답하였다. "'이곳에는 하느님에 대한 경외심이라
고는 도무지 없어서, 사람들이 내 아내 때문에 나를 죽일

20,1. 네겝은 팔레스티나 남쪽 광야 지역이다. 카데스는 이 광야의 남쪽 끝자락에 위치하는데 우물 근처이다. 이 지역은 이집트 탈출 이야기 여정에서 중요한 단계에 해당한다. 수르는 시나이반도 북쪽 광야 지역을 가리킨다. 그라르의 위치는 확실하지 않다. 그러나 현재의 도시 가자 남쪽에서 몇 km 떨어진 장소였을 것이다. 이 이야기에서 그라르라는 도시는 헤브론 주변 구릉 지역 남서쪽에 위치한 듯하다. 그런데 이 본문에서는 그런 성읍이 26,1-11처럼 필리스티아 땅에 있는 것 같다.

20,5. "마음"과 "손"은 히브리어를 자구적으로 옮긴 것인데 그 의미를 살릴 필요가 있다(손 자체는 윤리적인 특성을 지니지 않지만, 깨끗할 수도 있고 어떤 범죄로 더러워질 수도 있다). 이 구절의 히브리어 표현은 "저는 선한 믿음과 올바른 지향으로 이 일을 하였습니다"라는 뜻이다.

20,7. 하느님의 개입을 통해 아브라함에게 예언자의 역할이 주어진다. 이런 식으로 이스라엘에서 이 중요한 제도의 기원이 성조 아브라함에게로 거슬러 올라간다.

20,1-18 // 12,10-20; 26,1-11. 20,1 16,7.14; 18,1; 26,6. 20,2 12,13.15. 20,3 26,11; 욥 33,15; 시편 105,14. 20,5-6 마태 5,8. 20,5 1열왕 9,4; 2열왕 20,3. 20,7 1사무 7,5; 욥 42,8. 20,9 26,10; 34,7; 탈출 32,21 여호 7,25. 20,11 12,12; 26,7; 시편 36,1.

20,1-18. 12,10-20에서도 아브라함이 아내를 누이로 소개한 이야기가 나오지만, 12장과 20장 이야기는 다른 점이 있다. 아브라함과 사라는 이집트가 아니라 그라르에 있으며 그라르 임금은 아비멜렉이다. 12,10-20에서 일어난 일과 달리, 여기서는 죄의 법적 문제가 중요하다. 이 이야기의 저자는 윤리 문제에 더 민감한데, 아비멜렉이 죄짓는 일을 막기 위해 하느님께서 개입하시고 이 아비멜렉은 아무 죄도 없으며 사실 사라가 같은 아버지의 딸(어머니는 다르다)이어서 참으로 아브라함의 누이라는 점에서 그도 거짓말을 하지 않았음을 밝히는 것이 저자의 관심이다. 결국 모든 일이 잘 해결된다.

20,12. 후대 법규에서는 이와 유사 한 혼인이 금지된다(레위 18,9.11; 20,17; 신명 27,22 참조).

21,3-6. 아브라함과 사라의 아들은 17,19에서 하느님께서 요구하신 대로 이사악('이츠학')이라고 불린다. 사라는 언어유희로 이 이름을 해설한다. "하느님께서 나에게 웃음('츠혹')을 가져다주셨구나. 이 소식을 듣는 이마다 나한테 기쁘게 웃어 주겠지('이츠학')."

것이다.' 하고 내가 생각하였기 때문입니다. 12 더구나 그
여자는 정말 나의 누이입니다. 아버지는 같고 어머니가 달
라서 내 아내가 되었습니다. 13 하느님께서 내게 아버지 집
을 떠나 떠돌아다니게 하셨을 때, 나는 그 여자에게 말하
기를, '당신에게 당부하는데, 우리가 어느 곳으로 가든지
내가 당신의 오라비라고 말하시오.' 하였습니다."
14 그러자 아비멜렉은 양과 소, 남종과 여종들을 데려다
아브라함에게 주고, 그의 아내 사라도 돌려주었다. 15 그러
고 나서 아비멜렉이 말하였다. "보시오, 내 땅이 그대 앞
에 펼쳐져 있으니 그대 마음에 드는 곳에 자리를 잡으시
오." 16 그리고 사라에게 말하였다. "나는 그대의 오라버니
에게 은전 천 닢을 주었소. 보시오, 그것은 그대와 함께 있
는 모든 이들 앞에서 그대의 명예를 회복시켜 줄 것이오.
이로써 그대는 모든 면에서 결백하다는 것이 입증되었소."
17 이에 아브라함이 하느님께 기도하자, 하느님께서는 아비
멜렉과 그의 아내와 그의 여종들의 병을 고쳐 주셨다. 그
래서 그들은 다시 아이를 낳을 수 있게 되었다. 18 주님께
서 아브라함의 아내 사라 때문에 아비멜렉 집안의 모든
태를 닫아 버리셨던 것이다.

이사악이 태어나다

21
1 주님께서는 말씀하신 대로 사라를 돌보셨다.
주님께서 말씀하신 대로 사라에게 해 주시니, 2
사라가 임신하여, 하느님께서 아브라함에게 일러 주신 바
로 그때에 늙은 아브라함에게 아들을 낳아 주었다. 3 아브
라함은 사라가 자기에게 낳아 준 아들의 이름을 이사악이
라 하였다. 4 아브라함은 하느님께서 자기에게 명령하신 대
로, 자기 아들 이사악이 태어난 지 여드레 만에 할례를 베
풀었다. 5 아브라함에게서 아들 이사악이 태어났을 때, 그
의 나이는 백 살이었다. 6 사라가 말하였다. "하느님께서
나에게 웃음을 가져다주셨구나. 이 소식을 듣는 이마다
나한테 기쁘게 웃어 주겠지." 7 그리고 또 말하였다. "사라
가 자식들에게 젖을 먹이리라고 누가 아브라함에게 감히
말할 수 있었으랴? 그렇지만 내가 늙은 그에게 아들을 낳
아 주지 않았는가!"

20,14 12,16. 20,15 13,9. 20,17 민수 12,13 욥 42,9. 20,18 12,17. 21,1 17,16.21; 1사무 2,21; 갈라 4,23. 21,2 17,21; 루카 3,34; 사도 7,8; 갈라 4,22; 히브 11,11. 21,3 17,19. 21,4 17,12; 사도 7,8. 21,5 17,17. 21,6 시편 126,2; 이사 54,1.

하가르와 이스마엘

8 아기가 자라서 젖을 떼게 되었다. 이사악이 젖을 떼던
날 아브라함은 큰 잔치를 베풀었다. 9 그런데 사라는 이집
트 여자 하가르가 아브라함에게 낳아 준 아들이 자기 아들
이사악과 함께 노는 것을 보고, 10 아브라함에게 말하였다.
"저 여종과 그 아들을 내쫓으세요. 저 여종의 아들이 내
아들 이사악과 함께 상속을 받을 수는 없어요." 11 그 아
들도 자기 아들이므로 아브라함에게는 이 일이 무척이나
언짢았다. 12 그러나 하느님께서는 아브라함에게 말씀하
셨다. "그 아이와 네 여종 때문에 언짢아하지 마라. 사라
가 너에게 말하는 대로 다 들어 주어라. 이사악을 통하여
후손들이 너의 이름을 물려받을 것이다. 13 그러나 그 여
종의 아들도 네 자식이니, 내가 그도 한 민족이 되게 하겠
다."

14 아브라함은 아침 일찍 일어나 빵과 물 한 가죽 부대를
가져다 하가르에게 주어 어깨에 메게 하고는, 그를 아기와
함께 내보냈다. 길을 나선 하가르는 브에르 세바 광야에서
헤매게 되었다. 15 가죽 부대의 물이 떨어지자 그 여자는
아기를 덤불 밑으로 내던져 버리고는, 16 활 한 바탕 거리
만큼 걸어가서 아기를 마주하고 주저앉았다. '아기가 죽어
가는 꼴을 어찌 보랴 !' 하고 생각하였던 것이다. 이렇게
그는 아기를 마주하고 주저앉아 목 놓아 울었다. 17 하느님
께서 아이의 목소리를 들으셨다. 그래서 하느님의 천사가
하늘에서 하가르를 부르며 말하였다. "하가르야, 어찌 된
일이냐? 두려워하지 마라. 하느님께서 저기에 있는 아이의
목소리를 들으셨다. 18 일어나 가서 아이를 들어 올려 네
손으로 꼭 붙들어라. 내가 그를 큰 민족으로 만들어 주겠

21,8-21 // 16,1-16. 21,9 16,15; 갈라 4,22.29. 21,10 갈라 4,30. 21,11 17,18. 21,12 로마 9,7; 히브 11,18. 21,13 16,10; 17,20. 21,17 탈출 3,7; 요한 12,29.

21,8-21. 하가르가 멀리 떠나는 이야기는 16,1-15에 나오는 하가르 도피 이야기와 비교하면 뚜렷한 차이가 있으나 요점은 같다. 이스마엘이 약속된 상속자가 아니다. 그러나 하느님께서는 이스마엘도 큰 민족으로 만드실 것이다(16,10; 17,20; 21,13.18; 25,12-18 참조). 이 둘째 이야기에서 이스마엘은 한 번도 그의 이름으로 불리지 않고 "하가르의 아들", "여종의 아들"로 불린다(9-10.13절). 16,1-15에서 하가르는 임신 중이고 도피하려 한 이는 바로 그녀인 반면, 여기서 하가르의 아들은 어느 정도 자란 아이이고 무척 언짢았지만 하가르를 내보낸 이는 아브라함이다. 따라서 이 둘째 이야기는 16,1-15의 병행 본문이 아니다. 하지만 16장의 연속된 내용으로 보지 않을 수 없다. 이스마엘은 아직 어린아이로 아브라함에게서 어머니에게로 넘겨지며, 어머니는 이 아이를 손으로 꼭 붙들고, 물을 마시게 한다(21,18-19 참조). 그러나 첫째 이야기에 근거하면 이스마엘은 17세일 것이다(17,25에서 이미 13세이다). 아브라함이 86세일 때 그가 태어났고(16,16) 아브라함이 100세 때 이사악이 태어났으며(21,5), 21,8에서 이스마엘은 이사악보다 세 살 더 많았을 것(아기는 세 살에 젖을 뗀다)이기 때문이다.

21,9. "노는"으로 번역한 단어('므차헥')에서도 이사악의 이름('이츠학')과 관련된 언어유희가 나타난다. 예로니모는 "노는"이라고 번역했고 새 대중 라틴말 성경은 "농담하는"으로 번역했다.

21,16. 목 놓아 우는 이는 하가르인데 17절에서는 하느님께서 "아이"의 목소리를 들으셨다고 나온다. 아마도 이스마엘에 대해 아브라함에게 하신 하느님의 약속(17,20)의 관점에서 하느님의 응답을 다루기 때문인 듯하다. 또한 "하느님께서… 들으셨다"는 이스마엘이라는 이름의 의미를 암시한다.

21,17. 목말라 죽어 가는 아이의 목소리를 하느님께서 들으신다. 창세 16,11에서 하가르의 한탄을 들으시고 탈출 2,24에서 이스라엘 백성의 신음 소리를 들으시는 것과 같다. 그분은 항상 고통받는 이에게 연민을 지니신다.

다." 19 그런 다음 하느님께서 하가르의 눈을 열어 주시니,
그가 우물을 보게 되었다. 그는 가서 가죽 부대에 물을 채
우고 아이에게 물을 먹였다.
20 하느님께서는 그 아이와 함께 계셨다. 그는 자라서 광야
에 살며 활잡이가 되었다. 21 그는 파란 광야에서 살았는
데, 그의 어머니가 그에게 이집트 땅에서 아내를 얻어 주
었다.

아브라함과 아비멜렉의 계약

21,22-33. 아브라함은 약속의 아들 이사악이 태어난 후에 우물에 대한 권리를 획득한다. 그것을 확증하기 위해 에셀 나무를 심고 그곳에서 주님의 이름을 받들어 불렀다. 아비멜렉이 아브라함에게 우물에 대한 권리를 인정한 이야기는 브에르 세바라는 지명의 기원을 두 가지 다른 방식, 곧 "맹세의 우물" 또는 "일곱(마리 어린 암양)의 우물"('세바'는 "일곱", '사바'는 "맹세하다"라는 뜻이다)로 설명한다. 이 본문은 26,15-33에 다시 언급된다.

22 그때 아비멜렉과 그의 군대 장수인 피콜이 아브라함에
게 말하였다. "하느님께서는 그대가 무슨 일을 하든지 함
께 계시는구려. 23 그러니 이제 그대는 나와 내 자식들과
내 후손들을 속이지 않고, 오히려 내가 그대에게 호의를
베푼 것처럼, 나와 그리고 그대가 나그네살이하는 이 땅을
그렇게 대해 줄 것을 여기에서 하느님을 두고 나에게 맹세
해 주시오." 24 아브라함은 "맹세합니다." 하고 말하였다.
25 그러고 나서 아브라함은 아비멜렉의 종들이 빼앗은 우
물 때문에 아비멜렉에게 따졌다. 26 아비멜렉이 대답하였
다. "누가 그런 짓을 하였는지 나는 모르오. 그대도 나에
게 말해 준 적이 없지 않소? 나는 오늘까지 그런 말을 들
어 보지 못하였소." 27 그래서 아브라함이 소들과 양들을
데려다 아비멜렉에게 주고, 두 사람은 계약을 맺었다. 28
아브라함이 양 떼에서 어린 암양 일곱 마리를 따로 떼어
놓자, 29 아비멜렉이 아브라함에게 물었다. "어린 암양 일
곱 마리를 따로 떼어 놓은 까닭이 무엇이오?" 30 아브라함
이 대답하였다. "이 어린 암양 일곱 마리를 내 손에서 받
으시고, 내가 이 우물을 팠다는 사실에 대하여 증인이 되
어 달라는 것입니다." 31 이렇게 그 두 사람이 거기에서 맹
세를 했다고 하여, 그곳을 브에르 세바라 하였다. 32 그들
이 이렇게 브에르 세바에서 계약을 맺은 다음, 아비멜렉
과 그의 군대 장수인 피콜은 일어나 필리스티아인들의 땅
으로 돌아갔다.
33 아브라함은 브에르 세바에 에셀 나무를 심고, 그곳에서
영원한 하느님이신 주님의 이름을 받들어 불렀다. 34 아브
라함은 오랫동안 필리스티아인들의 땅에서 나그네살이하
였다.

21,19 민수 22,31; 요한 4,11. 21,20 28,15; 39,2.3.21. 21,21 24,4. 21,22-23 // 26,26-33. 21,22 20,2; 26,26.28. 21,25-31 // 26,15-33. 21,30 31,48.52. 21,33 4,26; 신명 33,27.

아브라함이 이사악을 제물로 바치다

22 1 이런 일들이 있은 뒤, 하느님께서 아브라함
을 시험해 보시려고 "아브라함아!" 하고 부르시
자, 그가 "예, 여기 있습니다." 하고 대답하였다. 2 그분께서
말씀하셨다. "너의 아들, 네가 사랑하는 외아들 이사악을
데리고 모리야 땅으로 가거라. 그곳, 내가 너에게 일러 주
는 산에서 그를 나에게 번제물로 바쳐라."
3 아브라함은 아침 일찍 일어나 나귀에 안장을 얹고 두 하
인과 아들 이사악을 데리고서는, 번제물을 사를 장작을
팬 뒤 하느님께서 자기에게 말씀하신 곳으로 길을 떠났
다. 4 사흘째 되는 날에 아브라함이 눈을 들자, 멀리 있는
그곳을 볼 수 있었다. 5 아브라함이 하인들에게 말하였다.
"너희는 나귀와 함께 여기에 머물러 있어라. 나와 이 아이
는 저리로 가서 경배하고 너희에게 돌아오겠다." 6 그러고
나서 아브라함은 번제물을 사를 장작을 가져다 아들 이사
악에게 지우고, 자기는 손에 불과 칼을 들었다. 그렇게 둘
은 함께 걸어갔다. 7 이사악이 아버지 아브라함에게 "아버
지!" 하고 부르자, 그가 "얘야, 왜 그러느냐?" 하고 대답하
였다. 이사악이 "불과 장작은 여기 있는데, 번제물로 바칠
양은 어디 있습니까?" 하고 묻자, 8 아브라함이 "얘야, 번
제물로 바칠 양은 하느님께서 손수 마련하실 거란다." 하
고 대답하였다. 둘은 계속 함께 걸어갔다.
9 그들이 하느님께서 아브라함에게 말씀하신 곳에 다다르
자, 아브라함은 그곳에 제단을 쌓고 장작을 얹어 놓았다.
그러고 나서 아들 이사악을 묶어 제단 장작 위에 올려놓

22,1 지혜 10,5; 집회 44,20. 22,2 2역대 3,1; 마태 3,17; 루카 3,22; 히브 11,17; 야고 2,21. 22,6 요한 19,17. 22,7 요한 1,29.36; 묵시 13,8. 22,9 히브 11,17-19; 야고 2,21.

22,1-18. 파스카 성야 미사 제2독서와 나해 사순 제2주일에 이사악의 희생 제사 본문을 사용한다. 둘 다 제물로 바치는 대상이 사랑하는 아들임을 강조한다. 그러나 나해 사순 제2주일 복음 예수님의 변모 이야기(마르 9,2-10 참조)에서는 아버지가 사랑하는 아들을 아끼지 않으실 것이다.

22,9. 히브리인들은 이사악의 이 "묶임"('아케다')을 특히 중요시한다. 라삐들의 창세기 해석은 이사악(더 이상 아이가 아니라 성인 남자)이 자원해서 스스로를 바치는 봉헌과 그 대속의 가치를 강조한다. 모세 오경의 아람어 번역인 네오피티 타르굼에서는 이에 대해 중요한 부연 설명을 덧붙인다. 이사악은 무의식적으로 몸부림치면서 상처를 입음으로써 자기 봉헌이 허사로 돌아가지 않도록 아브라함에게 잘 묶어 달라고 청한다. 아브라함은 이사악을 바라보고 이사악은 높은 곳에 있는 천사들을 바라보고 있는데 하늘에서 이런 목소리가 들린다. "내 세상에서 하나밖에 없는 두 명이 여기 있다. 한 명은 제물을 바치고 있고 다른 한 명은 제물로 바쳐지고 있다. 제물을 바치는 사람은 주저하지 않고 희생되는 사람은 목을 내어놓는다." 아브라함은 아들 대신에 번제물로 숫양을 봉헌한 후에 이 '아케다'를 기억해 주시어 이스라엘인들의 고난의 시간에 그들의 탄원을 들어 주시기를 주님께 청한다. 고대 이콘들에 예수님이 구유에 누운 모습이 아니라 제단에 묶인 모습으로 등장하는 것은 이 때문이다.

22,1-19. 하느님께서는 백성의 아버지가 되도록 불린 아브라함에게 과거의 제물(12,1 참조)뿐 아니라 미래의 제물도 요구한다. 아들을 포기하라는 것인데 그 아들은 약속된 상속자다(15,4; 17,16.21 참조). 하느님께서는 그를 시험하신다. 율법은 살아 있는 사람을 제물로 바치는 것을 금지한다(미카 6,6-7 참조). 그런데 여기서는 하느님께서 그것을 요구하신다. 라삐들에 따르면 이 희생 제사가 이야기로 전수된 이유는 이런 유형의 제사가 실현되지 않았기 때문이다. 아브라함은 "예, 여기 있습니다."라고 대답하고 다른 말은 하지 않는다. 아브라함은 다른 장면에서는 보통 침묵하지 않는데, 이 본문에서는 설사 이해하지 못한다 해도 아무런 반대도 하지 않고 약속의 아들을 데리고 그에게 알려 준 장소로 향한다. 아브라함의 믿음은 하느님께서 이 아들의 탄생에 개입하셨듯이 이런저런 방식으로 개입하실 것임을 아는 그런 믿음이다. 곧 하느님께서 아브라함에게 이사악과 그 뒤에 오는 후손과 맺을 계약에 대해 여러 차례 말씀하시는데(창세 17,19.21 참조) 그 말씀을 깨지 않으실 것을 아는 믿음이다.

22,2. 성경 문학(2역대 3,1 참조)과 후대 유다 문학에서 모리야 땅은 예루살렘 성전의 산이다. 이스라엘의 미래 수도와 아브라함을 연결하는 것에 대해서는 창세 14,18-20의 주 참조한다.

았다. 10 아브라함이 손을 뻗쳐 칼을 잡고 자기 아들을 죽
이려 하였다. 11 그때, 주님의 천사가 하늘에서 "아브라함
아, 아브라함아!" 하고 그를 불렀다. 그가 "예, 여기 있습니
다." 하고 대답하자 12 천사가 말하였다. "그 아이에게 손대
지 마라. 그에게 아무 해도 입히지 마라. 네가 너의 아들,
너의 외아들까지 나를 위하여 아끼지 않았으니, 네가 하
느님을 경외하는 줄을 이제 내가 알았다." 13 아브라함이
눈을 들어 보니, 덤불에 뿔이 걸린 숫양 한 마리가 있었
다. 아브라함은 가서 그 숫양을 끌어와 아들 대신 번제물
로 바쳤다. 14 아브라함은 그곳의 이름을 '야훼 이레'라 하
였다. 그래서 오늘도 사람들은 '주님의 산에서 마련된다.'
고들 한다.
15 주님의 천사가 하늘에서 두 번째로 아브라함을 불러 16
말하였다. "나는 나 자신을 걸고 맹세한다. 주님의 말씀이
다. 네가 이 일을 하였으니, 곧 너의 아들, 너의 외아들까
지 아끼지 않았으니, 17 나는 너에게 한껏 복을 내리고, 네
후손이 하늘의 별처럼, 바닷가의 모래처럼 한껏 번성하게
해 주겠다. 너의 후손은 원수들의 성문을 차지할 것이다.
18 네가 나에게 순종하였으니, 세상의 모든 민족들이 너의
후손을 통하여 복을 받을 것이다."
19 아브라함은 하인들에게 돌아왔다. 그들은 함께 브에르
세바를 향하여 길을 떠났다. 그리하여 아브라함은 브에르
세바에서 살았다.

아브라함의 아우 나호르의 자손

20 이런 일들이 있은 뒤, 밀카도 아브라함의 아우 나호르
에게 아들들을 낳아 주었다는 소식이 아브라함에게 전해
졌다. 21 곧 맏아들 우츠, 그의 아우 부즈, 아람의 아버지
인 크무엘, 22 그리고 케셋, 하조, 필다스, 이들랍, 브투엘
이다. 23 이 브투엘이 레베카를 낳았다. 이 여덟을 밀카가
아브라함의 아우 나호르에게 낳아 주었다. 24 나호르에게
는 르우마라는 이름을 가진 소실이 있었는데, 그도 테바,
가함, 타하스, 마아카를 낳았다.

사라의 죽음과 막펠라의 무덤

22,12 26,5; 1사무 15,22. 22,16 로마 8,32; 히브 6,13-14. 22,17 히브 6,14; 또한 창세 15,5; 24,60; 26,4; 32,13; 로마 4,13; 히브 11,12도 참조. 22,18 사도 3,25; 갈라 3,8.16; 또한 창세 18,19; 마태 1,1도 참조. 22,23 24,15.

22,10. "죽이다"로 번역된 단어를 (새)대중 라틴말 성경에서는 제의적 의미를 담아 "제물로 바치다"로 옮긴다.

22,14. 8절과 14절 모두 동사 '라아'는 "마련하다"로 번역되었다. 하지만 이 히브리어 동사의 본래 뜻이 "보다"이기 때문에 "야훼 이레"는 "야훼께서 마련하신다" 혹은 "야훼께서 보신다"의 의미를 지니고, "주님의 산에서 마련된다."는 "주님의 산에서 나타나신다"(동사 '라아'의 수동 의미 "보여-지다"에서 "나타나다")로 옮길 수도 있다(2절의 "모리야"라는 이름도 같은 어근을 지니며 탈출 3,2에서도 같은 동사가 "나타나다"로 번역되었다).

22,15-18. 주님의 천사가 두 번째로 하는 말은 나중에 삽입된 내용이다. 이 담화를 통해서 아브라함의 순종 덕분에 그와 그의 자손들에게 하신 하느님의 모든 약속이(창세 12,2-3; 13,16; 15,5; 18,18도 참조) 확고해진다.

22,20-24. 나호르 집안 소식을 짧게 전하는데 장차 이사악의 아내가 될 레베카는 이 집안의 후손이다(24장 참조). 이런 식으로 11,27-29에 나오는 아브라함 형제의 족보 내용을 보완하고 다른 한편으로는 다음 이야기에서 적극적으로 활동하게 될 중요 인물의 등장을 예고한다.

23

1 사라는 백이십칠 년을 살았다. 이것이 사라가
산 햇수이다. 2 사라는 가나안 땅 키르얏 아르
바 곧 헤브론에서 죽었다. 아브라함은 빈소에 들어가 사라
의 죽음을 애도하며 슬피 울었다. 3 그런 다음 아브라함은
죽은 아내 앞에서 물러 나와 히타이트 사람들에게 가서
말하였다. 4 "나는 이방인이며 거류민으로 여러분 곁에 살
고 있습니다. 죽은 내 아내를 내어다 안장할 수 있게, 여러
분 곁에 있는 묘지를 양도해 주십시오." 5 그러자 히타이트
사람들이 아브라함에게 대답하였다. 6 "나리, 들으십시오.
나리는 우리에게 하느님의 제후이십니다. 우리 무덤 가운
데에서 가장 좋은 것을 골라 고인을 안장하십시오. 나리
께서 고인을 모시겠다는데, 그것이 자기 무덤이라고 해서
나리께 거절할 사람이 우리 가운데는 없습니다." 7 아브라
함은 일어나 그곳 주민들 곧 히타이트 사람들에게 큰절을
하고, 8 그들에게 말하였다. "내가 죽은 내 아내를 내어다
안장할 수 있게 기꺼이 허락해 주신다면, 내 말을 듣고 초
하르의 아들 에프론에게 간청하여, 9 그가 자기의 밭머리
에 있는 막펠라 동굴을 나에게 양도하게 해 주십시오. 값
은 드릴 만큼 다 드릴 터이니, 여러분 앞에서 그것을 나에
게 묘지로 양도하게 해 주십시오." 10 그때 에프론은 히타
이트 사람들 사이에 앉아 있었다. 그래서 이 히타이트 사
람 에프론은 성문에 나와 있는 히타이트 사람들이 모두
듣는 데에서 아브라함에게 대답하였다. 11 "나리, 아닙니
다. 제 말을 들어 보십시오. 제가 그 밭을 나리께 그냥 드
리겠습니다. 거기에 있는 동굴도 드리겠습니다. 내 겨레가
보는 앞에서 그것을 드릴 터이니, 거기에다 고인을 안장하
십시오." 12 아브라함은 그곳 주민들 앞에 큰절을 하고, 13
그곳 주민들이 듣는 데에서 에프론에게 말하였다. "제발
그대가 나의 말을 들어 주기를 바랍니다. 밭 값을 드릴 터
이니 받아 주십시오. 그래야 죽은 내 아내를 거기에 안장
할 수 있겠습니다." 14 그러자 에프론이 아브라함에게 대답

23,2. 아브라함과 사라는 헤브론 성읍에 거처가 있었다(13,18; 18,1 참조). 이 성읍이 후에 다윗 왕국의 첫 수도가 될 것이다(2사무 5,1-5 참조).

23,10. 고대 근동 관습에 따르면 성읍의 성문은 만남과 상업, 계약이 이루어지고 재판을 수행하는 장소였다. 또한 "성읍의 성문으로 들어오는 사람들"이라고 불리는 사람들, 곧 권위 있는 사람들이 모이는 장소이기도 했다.

23,2 13,18; 여호 14,15. 23,4 1역대 29,15; 시편 105,12; 히브 11,9.13; 1베드 2,11. 23,6 24,35. 23,8 25,9. 23,10 룻 4,4. 23,11 2사무 24,21-24.

23,1-20. 아브라함은 약속의 땅에서 합법적으로 히타이트 사람들에게서 동굴과 밭을 구입하여 그곳에 사라를 매장한다. 장차 아브라함(25,9-10 참조)과 그의 자손들(49,29-32; 50,12-13 참조)도 그곳에 매장될 것이다. 땅에 대한 앞으로의 권리를 위해 중요한 거래를 하는데 이와 관련된 법규 양식이 정확하게 규정된다. 거래가 일어나는 공적 장소(히타이트 사람들 앞에서, 성문 앞에서), 소유자의 요구로 아브라함이 지불한 가격(은 사백 세켈), 대화를 통한 협상 등이다.

23,15. 세켈은 무게 측량 단위이다. 11.5~13g까지 해당하는데 이것이 이른바 궁정 세켈이다. 성소 세켈도 따로 있었다.

24,2. 손을 샅 밑에 넣는 것은 맹세에 엄숙함을 덧붙이는 행위다(47,29 참조). 샅이라는 용어는 남자의 생식기, 생명이 탄생하는 자리를 가리킨다.

하였다. 15 "나리, 제 말을 들어 보십시오. 은 사백 세켈짜
리 땅이 저와 나리 사이에 무슨 문제가 되겠습니까? 거기
에 고인을 안장하십시오." 16 아브라함은 에프론의 말에 따
라, 히타이트 사람들이 듣는 데에서 에프론이 밝힌 가격
은 사백 세켈을 상인들 사이에 통용되는 무게로 달아 내어
주었다.
17 그리하여 마므레 맞은쪽 막펠라에 있는 에프론의 밭, 곧 밭
과 그 안에 있는 동굴과 그 밭 사방 경계 안에 있는 모든 나무
가, 18 성문에 나와 있는 히타이트 사람들이 모두 보는 앞에서
아브라함의 재산이 되었다.
19 그런 다음 아브라함은 가나안 땅 마므레, 곧 헤브론 맞은쪽
막펠라 밭에 있는 동굴에 자기 아내 사라를 안장하였다. 20 이
렇게 하여 그 밭과 그 안에 있는 동굴이 히타이트 사람들에
게서 아브라함에게로 넘어와 그의 묘지가 되었다.

이사악과 레베카의 혼인

24 1 아브라함은 이제 늙고 나이가 무척 많았다.
주님께서는 모든 일마다 아브라함에게 복을 내
려 주셨다. 2 아브라함은 자기의 모든 재산을 맡아보는, 집
안의 가장 늙은 종에게 말하였다. "네 손을 내 샅에 넣어
라. 3 나는 네가 하늘의 하느님이시며 땅의 하느님이신 주
님을 두고 맹세하게 하겠다. 내가 살고 있는 이곳 가나안
족의 딸들 가운데에서 내 아들의 아내가 될 여자를 데려
오지 않고, 4 내 고향, 내 친족에게 가서 내 아들 이사악의
아내가 될 여자를 데려오겠다고 하여라." 5 그 종이 아브라
함에게 물었다. "그 여자가 저를 따라 이 땅으로 오려고 하
지 않을지도 모릅니다. 제가 아드님을 나리께서 떠나오신
그 땅으로 데려가야 합니까?" 6 그러자 아브라함이 그에게
대답하였다. "너는 내 아들을 그곳으로 데려가는 일이 없
도록 조심하여라. 7 하늘의 하느님이신 주님, 곧 나를 아버
지의 집과 내 본고장에서 데려오시고, '내가 네 후손에게

23,15 탈출 30,13; 에제 45,12. 23,16 예레 32,9; 즈카 11,12. 23,17-20 25,9; 49,30-32; 50,13; 사도 7,16. 24,1 13,2. 24,2 47,29. 24,3 10,1.19; 14,22; 26,34.35; 28,1.2.8; 미르 5,7. 24,4 12,1; 28,2. 24,7 갈라 3,16; 또한 창세 12,7; 13,15; 15,18; 탈출 23,20.23 도 참조.

24,1-9. 아브라함은 죽기 전, 친족 가운데서 이사악의 아내를 찾으려고 애쓴다. 종족의 순수성을 유지하고 믿음이 다른 민족과 조금이라도 섞이는 것을 피하기 위해서다(탈출 34,16 참조). 이사악도 나중에 같은 것을 염려하면서 야곱에게 가나안 사람의 딸들 가운데서 아내를 데려오지 말라고 명령한다(창세 28,1-2 참조). 이렇게 후손에 대한 하느님 약속이 실현되어 간다.

이 땅을 주겠다.'고 나에게 말씀하시며 맹세하신 그분께서
당신 천사를 네 앞에 보내시어, 네가 그곳에서 내 아들의
아내가 될 여자를 데려올 수 있게 해 주실 것이다. 8 그 여
자가 너를 따라오려고 하지 않으면, 너는 나에게 한 맹세
에서 풀리게 된다. 다만 내 아들만은 그곳으로 데려가서는
안 된다." 9 그래서 그 종은 자기 주인 아브라함의 샅에 제
손을 넣고, 이 일에 대하여 그에게 맹세하였다.
10 그 종은 주인의 낙타 떼에서 열 마리를 데리고, 또 주인
의 온갖 선물을 가지고 나호르가 사는 성읍인 아람 나하
라임으로 길을 떠났다. 11 그는 여자들이 물을 길으러 나
오는 시간인 저녁때에, 성 밖 우물 곁에 낙타들을 쉬게 하
였다. 12 그러고 나서 이렇게 기도하였다. "제 주인 아브라
함의 하느님이신 주님, 오늘 일이 잘되게 해 주십시오. 제
주인 아브라함에게 자애를 베풀어 주십시오. 13 이제 제가
샘물 곁에 서 있으면, 성읍 주민의 딸들이 물을 길으러 나
올 것입니다. 14 제가 '그대의 물동이를 기울여서, 내가 물
을 마시게 해 주오.' 하고 청할 때, '드십시오. 낙타들에게
도 제가 물을 먹이겠습니다.' 하고 대답하는 바로 그 소녀
가, 당신께서 당신의 종 이사악을 위하여 정하신 여자이게
해 주십시오. 그것으로 당신께서 제 주인에게 자애를 베
푸신 줄 알겠습니다."
15 그가 말을 마치기도 전에, 아브라함의 아우 나호르의 아
내인 밀카의 아들 브투엘에게서 태어난 레베카가 어깨에
물동이를 메고 나왔다. 16 이 소녀는 아직 남자를 알지 못
하는 아주 예쁜 처녀였다. 그가 샘으로 내려가서 물동이
를 채워 올라오자, 17 그 종이 그에게 달려가서 말하였다.
"그대의 물동이에서 물을 좀 들이키게 해 주오." 18 그러자
그가 "나리, 드십시오." 하면서, 급히 물동이를 내려 손에
받쳐들고서는 그 종에게 물을 마시게 해 주었다. 19 이렇게
그 종에게 물을 마시게 해 준 다음, 레베카는 "낙타들도 물
을 다 마실 때까지 계속 길어다 주겠습니다." 하면서, 20 서
둘러 물동이에 남아 있는 물을 물통에 붓고는, 다시 물을
길으러 우물로 달려갔다. 이렇게 레베카는 그 낙타들에게

24,15. 하느님께서 이사악에게 맺어 준 처녀는 아람 나하라임(10절 "두 강의 아람")에 사는 아브라함의 아우 나호르 가정의 레베카다. 레베카는 가나안 땅에 사는 이사악에게 도달하기 위해 가족의 축복을 받고 유모와 여종들과 함께 집을 떠난다. 본문은 하느님 도움에 대한 아브라함의 믿음(24,7.40 참조)을 강조하고 레베카를 만나기 전 종이 바치는 청원 기도(12-14.42-44절 참조)와 그 후에 바치는 감사 기도(26-27.48.52절 참조)를 전하며 일어난 일이 주님에게서 오는 것이라는 레베카 가족의 확신(50절 참조)을 언급하면서, 이 사건들 안에서 하느님의 적극적인 역할을 명확하게 서술한다.

24,16. "아직 남자를 알지 못하는" 4,1 주 참조.

24,10 11,31.32; 27,43. 24,11 1사무 9,11. 24,12 26,24; 탈출 3,6. 24,14 판관 6,17.37; 1사무 6,7. 24,15 22,20.23. 24,16 26,7.

24,11-28. 저자는 여기서 우물가에서의 만남 장면을 소개하는데, 이는 성경에서 자주 결혼식을 예고한다. 남자들과 그들의 가축들에게 전형적인 만남과 휴식의 장소인 우물은 상당히 자주 나오는 문학 도식에 따르면 약혼이나 혼인 청원의 장소가 된다(예를 들어 29,1-30; 탈출 2,11-22; 신약에서 요한 4,1-26 참조).

24,22. 세켈에 대해서는 23,15의 주 참조.

24,29. 라반은 레베카의 오빠다. 그는 아브라함의 종을 집에 초대하여 집안의 어른 역할을 하면서 누이의 혼인 계약에 개입한다. 라반은 야곱의 아내가 될 라헬과 레아의 혼인에서도 같은 역할을 할 것이다. 라반은 "하얀" 또는 "우유"를 뜻한다. 이 인물은 목자들의 고유한 특성을 갖고 있다(인색하며 영리하고 일에 있어서는 계산적이다).

모두 물을 길어다 주었다. 21 그러는 동안 그 남자는 주님
께서 자기 여행의 목적을 이루어 주시려는지 알아보려고,
그 처녀를 말없이 지켜보고 있었다.
22 낙타들이 물을 다 마시고 나자, 그 남자는 무게가 반 세
켈 나가는 금 코걸이 하나를 그 처녀의 코에 걸어 주고, 무
게가 금 열 세켈 나가는 팔찌 두 개를 팔에 끼워 주고는 23
말하였다. "그대가 누구의 따님인지 나에게 말해 주오. 그
대의 아버지 집에 우리가 밤을 지낼 수 있는 자리가 있겠
소?" 24 레베카가 그에게 대답하였다. "저는 밀카가 나호르
에게 낳아 준 아들 브투엘의 딸입니다." 25 그리고 그에게
또 말하였다. "저희 집에는 꼴과 여물도 넉넉하고, 밤을 지
낼 수 있는 자리도 있습니다." 26 그는 무릎을 꿇어 주님께
경배하고 나서 27 말하였다. "나의 주인에게 당신 자애와
신의를 거절하지 않으셨으니, 내 주인 아브라함의 하느님
이신 주님께서는 찬미받으소서. 주님께서는 이 몸을 내 주
인의 아우 집에 이르는 길로 이끌어 주셨구나."
28 그 소녀는 달려가서 어머니 집 식구들에게 이 일을 알
렸다. 29 레베카에게는 라반이라는 오빠가 있었는데, 라반
은 샘에 있는 그 사람에게 뛰어나갔다. 30 그는 코걸이와
누이의 팔에 걸려 있는 팔찌를 보고, 또 "그 사람이 저에
게 이렇게 말했습니다." 하고 말하는 누이 레베카의 이야
기를 듣고 그 남자에게 간 것이다. 가서 보니 그는 아직도
샘물 옆 낙타 곁에 서 있었다. 31 라반이 말하였다. "주님께
복 받으신 분이시여, 들어오십시오. 왜 밖에 서 계십니까?
제가 집을 치워 놓았고 낙타들을 둘 곳도 마련하였습니
다." 32 그 사람이 집으로 들어오자, 라반은 낙타들의 짐을
부리고 낙타들에게 꼴과 여물을 주었으며, 그와 동행자들
에게 발 씻을 물을 주었다. 33 그리고 그 사람 앞에 먹을 것
을 차려 놓았다. 그러나 그 사람이 "저의 볼일을 여쭙기 전
에는 먹을 수가 없습니다." 하자, 라반이 "말씀하십시오."
하고 대답하였다.
34 그 사람이 말하였다. "저는 아브라함의 종입니다. 35 주님
께서 저의 주인에게 복을 내리시어, 그분은 큰 부자가 되셨
습니다. 주님께서는 그분에게 양과 소, 은과 금, 남종과 여
종, 낙타와 나귀들을 주셨습니다. 36 제 주인의 부인인 사라
가 늘그막에 제 주인에게 아들을 낳아 주셨는데, 주인은

24,29 29,5.13. 24,31 26,29. 24,32 43,24; 판관 19,21. 24,35 13,2. 24,36 21,2.10; 25,5.

자기의 모든 재산을 그 아들에게 주셨습니다. 37 저의 주인
은 이렇게 말씀하시면서 저에게 맹세하게 하셨습니다. '너
는 내가 살고 있는 이 땅 가나안족의 딸들 가운데에서 내
아들의 아내가 될 여자를 데려오지 말고, 38 내 아버지의
집안, 내 친족에게 가서 내 아들의 아내가 될 여자를 데려
와야 한다.' 39 그래서 제가 주인에게 '그 여자가 저를 따라
오려고 하지 않을지도 모릅니다.' 하고 아뢰었더니, 40 저에
게 말씀하셨습니다. '내가 모시고 살아가는 주님께서 당신
의 천사를 너와 함께 보내시어 네 여행의 목적을 이루어
주셔서, 너는 내 친족, 내 아버지의 집안에서 내 아들의 아
내가 될 여자를 데려올 수 있을 것이다. 41 그러니 네가 내
친족에게 가기만 하면 너는 나에게 한 서약에서 풀려난다.
그들이 여자를 내주지 않아도 너는 나에게 한 서약에서
풀려난다.'
42 그래서 제가 오늘 그 샘터에 다다라 이렇게 기도하였습
니다. '제 주인 아브라함의 하느님이신 주님, 제가 하고 있
는 여행의 목적을 제발 이루어 주십시오. 43 이제 제가 샘
물 곁에 서 있다가 처녀가 물을 길으러 나오면 그에게, '그
대의 물동이에서 물을 좀 마시게 해 주오.' 하고 말하겠습
니다. 44 만일 그가 저에게 '드십시오. 낙타들에게도 제가
물을 길어다 주겠습니다.' 하고 대답하면, 바로 그가 주님
께서 제 주인의 아들을 위하여 정하신 여자이게 해 주십
시오.'
45 제가 마음속으로 말을 마치기도 전에, 레베카가 어깨에
물동이를 메고 나와 샘터로 내려가서 물을 길었습니다. 그
래서 제가 그에게 '물을 마시게 해 주오.' 하였더니, 46 서
둘러 물동이를 어깨에서 내려놓고, '드십시오. 낙타들에
게도 제가 물을 먹이겠습니다.'하고 말하였습니다. 그래
서 제가 물을 마셨습니다. 그리고 그는 낙타들에게도 물
을 먹였습니다. 47 제가 그에게 '그대는 누구의 따님이오?'
하고 물었더니, '밀카가 나호르에게 낳아 준 아들 브투엘
의 딸입니다.' 하고 대답하였습니다. 저는 그의 코에 코걸
이를 걸어 주고 두 팔에는 팔찌를 끼워 주고 나서, 48 무릎
을 꿇어 주님께 경배하고 제 주인 아브라함의 하느님이신

24,37 히브 11,13. 24,45 1사무 1,13. 24,49 47,29; 여호 2,14.

✠ 24,48-51.58-67. 혼인 예식서는 이 아름다운 혼인 장면을 독서로 사용한다. 아브라함의 종이 바치는 감사 기도와 "이 일은 주님에게서 비롯된 것이니…"(48-51절)라는 라반과 브투엘의 결정적인 확신으로 이 장면이 시작되고 레베카의 동의(58절)와 축복(60절)으로 확증된다. 이 이야기는 상호 사랑의 장면으로 마무리된다.

주님을 찬미하였습니다. 그분께서는 제 주인의 아우님 딸
을 주인 아들의 아내로 얻을 수 있도록 저를 바른길로 인
도해 주셨습니다. 49 이제 여러분께서 저의 주인에게 자애
와 신의를 베풀어 주시려거든, 그렇다고 제게 알려 주십시
오. 아니면 그렇지 않다고 제게 알려 주십시오. 그러면 제
가 오른쪽으로든 왼쪽으로든 가겠습니다."
50 그러자 라반과 브투엘이 대답하였다. "이 일은 주님에게
서 비롯된 것이니, 우리가 당신에게 나쁘다 좋다 말할 수
가 없습니다. 51 레베카가 여기 있으니 데리고 가서, 주님께
서 말씀하신 대로 당신 주인 아들의 아내가 되게 하십시
오." 52 아브라함의 종은 그들의 말을 듣고 땅에 엎드려 주
님께 경배하였다. 53 그리고 그 종은 금은 패물과 옷가지를
꺼내어 레베카에게 주고, 또 레베카의 오빠와 어머니에게
도 값진 선물을 주었다. 54 종과 그의 일행은 먹고 마신 뒤
그곳에서 밤을 지냈다. 이튿날 아침, 모두 일어났을 때에
그 종이, "제 주인에게 돌아가게 해 주십시오." 하고 청하
자, 55 레베카의 오빠와 어머니는 "저 애를 다만 며칠이라
도, 열흘만이라도 우리와 더 머물게 해 주십시오. 그런 다
음 가십시오." 하고 말하였다. 56 그러자 그가 대답하였다.
"저를 붙잡지 말아 주십시오. 주님께서 제 여행의 목적
을 이루어 주셨으니, 주인에게 갈 수 있게 저를 보내 주십
시오." 57 그래서 그들이 "그 애를 불러다가 직접 물어봅시
다." 하고는, 58 레베카를 불러 그에게 "이 사람과 같이 가
겠느냐?" 하고 묻자, 그가 "가겠습니다." 하고 대답하였다.
59 그리하여 그들은 누이 레베카와 그의 유모를 아브라함
의 종과 그 일행과 함께 보내면서, 60 레베카에게 축복하
였다.

"우리 누이야
너는 수천만의 어머니가 되어라.
너의 후손은
적들의 성문을 차지하여라."

61 레베카는 몸종들과 함께 일어나, 낙타를 타고 그 사람
을 따라나섰다. 이리하여 그 종은 레베카를 데리고 길을
떠나게 되었다.
62 그때 이사악은 브에르 라하이 로이를 떠나, 네겝 땅에
살고 있었다. 63 저녁 무렵 이사악이 들에 바람을 쐬러 나

24,50 31,24; 시편 118,23. 24,59 35,8. 24,60 17,16; 22,17. 24,62 16,14; 20,1; 25,11. 24,63 시편 77,13; 119,15; 143,5; 145,5.

24,49. "자애와 신의"로 번역된 '헤셋'과 '에멧'은 성경 특히 시편(신학적 함의를 지닌 시편들)에 자주 나온다. 하지만 종이 레베카 가족과 만나는 문맥에서는 이 두 용어를 "친절과 진실함" 같은 일상적 의미로 이해해야 한다.

24,50. 여기서 레베카의 아버지 브투엘이 등장하지만, 단락 전체에서 집안 어른처럼 행동하는 사람은 아버지가 아니라 오빠라는 점(29-33.51절), 레베카의 혼인과 관련하여 이후에 아브라함의 종과 관계를 맺는 이가 레베카의 오빠와 어머니뿐이라는 점(53.55절)이 이상하다. 이에 대해 본문은 브투엘이 이미 죽은 것으로 전제한다고 보고 이 구절을 수정하기도 한다. 혹은 본문 수정 대신에 브투엘이 너무 늙어 혼인 계약을 위해 행동하기 어렵다든지, 그가 아내에 매여 살기 때문이라고 추정하기도 한다.

24,53. 아브라함의 종이 레베카와 그 오빠와 어머니에게 귀한 선물을 많이 주었는데, 이는 신랑 가족이 신부 가족에게 지불해야 하는 대가('모하르')이자 신부에게 직접 주어야 하는 선물('마탄')일 수도 있다.

24,63. "바람을 쐬러"에 해당하는 히브리어 동사의 뜻이 분명하지 않아 여러 가지 의미로 옮긴다. 이사악은 예로니모에 따르면 묵상하러 밖으로 나가고, 새 대중 라틴말 성경에 따르면 울기 위해 밖으로 나간다.

갔다가 눈을 들어 보니, 낙타 떼가 오고 있었다. 64 레베카
도 눈을 들어 이사악을 보고서는 얼른 낙타에서 내려, 65
그 종에게 물었다. "들을 가로질러 우리 쪽으로 오는 저 남
자는 누구입니까?" 그 종이 "그분은 나의 주인입니다." 하고
대답하자, 레베카는 너울을 꺼내어 얼굴을 가렸다. 66 그 종
은 이사악에게 자기가 한 모든 일을 이야기하였다. 67 이사
악은 레베카를 자기 어머니 사라의 천막으로 데리고 들어
가서, 그를 아내로 맞아들였다. 이사악은 레베카를 사랑
하였다. 이로써 이사악은 어머니를 여읜 뒤에 위로를 받게
되었다.

크투라에게서 얻은 아브라함의 자손

25 1 아브라함은 다시 아내를 맞아들였는데, 그의
이름은 크투라였다. 2 그는 아브라함에게 지므
란, 욕산, 므단, 미디안, 이스박, 수아를 낳아 주었다. 3 욕
산은 세바와 드단을 낳았다. 드단의 자손들은 아수르인,
르투스인, 르옴인이다. 4 미디안의 아들들은 에파, 에페르,
하녹, 아비다, 엘다아이다. 이들 모두가 크투라의 자손들
이다.
5 아브라함은 자기의 모든 재산을 이사악에게 물려주었
다. 6 아브라함은 소실들이 자기에게 낳아 준 아들들에게
도 한몫씩 나누어 주었다. 그런 다음 아브라함은 죽기 전
에, 그들을 자기 아들 이사악에게서 떼어 동쪽 곧 동방의
땅으로 내보냈다.

25,1-6. 아브라함의 둘째 아내 크투라에게서 아랍 유목민의 일부 지파 자손들이 나오는데 그 가운데 미디안인, 세바인, 드단인이 있다. 5-6절은 약속의 아들인 이사악과 아브라함의 다른 자손들이 갈라진다는 것을 강조한다. 아브라함은 다른 자손들을 동쪽, 동방의 땅으로 내보냈다.

아브라함이 세상을 떠나다

7 아브라함이 산 햇수는 백칠십오 년이다. 8 아브라함은 장
수를 누린 노인으로, 한껏 살다가 숨을 거두고 죽어 선조
들 곁으로 갔다. 9 그의 아들 이사악과 이스마엘이 그를
막펠라 동굴에 안장하였다. 이 굴은 마므레 맞은쪽, 히타
이트 사람 초하르의 아들 에프론의 밭에 있었다. 10 이 밭
은 아브라함이 히타이트 사람들에게서 사들인 것으로,
바로 이곳에 아브라함과 그의 아내 사라가 안장되었다. 11
아브라함이 죽은 뒤에 하느님께서는 그의 아들 이사악에
게 복을 내리셨다. 이사악은 브에르 라하이 로이에 자리
잡고 살았다.

25,7-11. 사제계 문헌(P)에 속하는 아브라함의 죽음에 대한 해설은 형태와 부성이라는 측면에서 이사악의 죽음(35,27-29 참조)과 야곱의 죽음(49,29-33 참조)에 대한 해설을 상기시킨다.

24,65 1코린 11,10. 24,67 23,1.2; 25,20; 29,18. 25,2-4 // 1역대 1,32-33.
25,5 24,35.36. 25,8 15,15; 35,29; 49,29.33. 25,10 23,16. 25,11 24,62.

이스마엘의 족보

12 사라의 여종인 이집트 여자 하가르가 아브라함에게 낳
아 준 아들, 곧 아브라함의 아들 이스마엘의 족보는 이러
하다. 13 태어난 순서에 따르면, 이스마엘 아들들의 이름
은 이러하다. 곧 이스마엘의 맏아들 느바욧, 케다르, 앗브
엘, 밉삼, 14 미스마, 두마, 마싸, 15 하닷, 테마, 여투르, 나
피스, 케드마이다. 16 이들이 이스마엘의 아들들이고, 또
마을과 고을에 따라 본 그들의 이름으로서, 열두 부족의
족장들이다. 17 이스마엘이 산 햇수는 백삼십칠 년이다. 그
는 숨을 거두고 죽어 선조들 곁으로 갔다. 18 그들은 하윌
라에서 수르에 이르는 지방에 살았다. 수르는 이집트 맞
은쪽, 아시리아로 가는 곳에 있다. 이렇게 그는 자기의 모
든 형제들에게 맞서 혼자 떨어져 살았다.

에사우와 야곱이 태어나다

19 아브라함의 아들 이사악의 역사는 이러하다. 아브라함
은 이사악을 낳았고, 20 이사악은 나이 마흔에, 파딴 아람
에 사는 아람 사람 브투엘의 딸이며 아람 사람 라반의 누
이인 레베카를 아내로 맞이하였다. 21 이사악은 자기 아내
가 임신하지 못하는 몸이었기 때문에, 그를 위하여 주님
께 기도하였다. 주님께서 그의 기도를 들어주시어, 그의
아내 레베카가 임신하게 되었다. 22 그런데 아기들이 속에
서 서로 부딪쳐 대자, 레베카는 "어째서 나에게 이런 일이
일어나는가?" 하면서, 주님께 문의하러 갔다. 23 주님께서
그에게 대답하셨다.

"너의 배 속에는 두 민족이 들어 있다.
두 겨레가 네 몸에서 나와 갈라지리라.
한 겨레가 다른 겨레보다 강하고
형이 동생을 섬기리라."

24 달이 차서 몸 풀 때가 되고 보니, 레베카의 배 속에는 쌍
둥이가 들어 있었다. 25 선둥이가 나왔는데 살갗이 붉고
온몸이 털투성이라, 그의 이름을 에사우라 하였다. 26 이

25,12 16,15. 25,13-16 // 1역대 1,29-31. 25,16 17,20. 25,18 16,12. 25,20 24,15.19. 25,21 1사무 1,17; 시편 127,3. 25,22 루카 1,41. 25,23 로마 9,12; 또한 창세 17,16; 27,29; 민수 20,14; 말리 1,2-3도 참조. 25,24 루카 2,6. 25,25 27,11. 25,26 27,36; 호세 12,4; 마태 1,2; 루카 3,34; 사도 7,8.

25,21. 레베카는 선대 인물인 사라나 후대 인물인 라헬처럼 아이를 낳지 못한다. 그러나 그녀의 모성애는 후손에 대한 하느님 약속의 성취와 연결된다. 이사악이 오래 기도한 후에야 주님께서는 그의 기도를 들어주신다(이사악은 마흔 살에 혼인하여 예순 살에 두 아들을 얻었다. 25,20.26 참조). 쌍둥이 에사우와 야곱이 태어나는데 그들 관계가 이후 장들에서 전개될 것이다.

25,12-18. 이 단락은 이스마엘의 톨레돗 정식(입문의 구조와 문학적 특성 참조)으로 시작한다. 아브라함-테라의 자손들에게서 분리된 혈통으로서 이스마엘의 자손을 따로 떼어 놓는다. 후에 에사우와 야곱에게 일어날 일처럼, 큰아들 이스마엘보다 작은아들 이사악이 선택되어 약속의 땅이 주어지고 형은 그 땅 경계 밖에서 살게 된다(25,18; 36,6-8 참조). 이슬람교에서는 이스마엘을 원조로 공경하는데 이스마엘에게서 북쪽 아랍 지파 자손이 나온다.

25,19. "이사악의 역사"(톨레돗 정식)라는 표현으로 그의 후손 역사가 시작된다. 이야기는 특히 작은아들 야곱과 관련되며 그를 통해 약속과 축복 노선이 계속된다.

25,22-23. 두 아기가 모태 안에서 싸우는 일은 두 형제 사이에, 그리고 그들에게서 나올 후손인 에돔인들과 이스라엘인들 사이에 항상 있을 적대감의 표징이다.

25,25-26. 본문은 두 형제의 이름 뜻을 설명하기 위해 언어유희를 한다. 에사우라는 이름은 그의 외모를 묘사한다. 살갗이 붉고('앗모니') 온몸이 털('세아르')로 덮인 아기는 후에 에돔이라 불리는데 에돔의 고대 이름이 세이르다(32,4; 36,8 참조). 25,30에서 에돔이라는 이름에 대한 새로운 설명이 제시된다. 에사우는 야곱에게서 붉은('아돔') 콩죽을 받은 대가로 장자권을 양도했다. '야곱'이라는 이름은 태어날 때 형의 발뒤꿈치('아켑')를 붙잡았다는 사실에서 비롯된다. 혹은 야곱이 어떤 유형의 사람인지를 묘사하는 27,36과 호세 12,4에 따르면, 야곱은 에사우에게서 장자권(창세 25,29-34)과 복(27,1-40)을 가로채고 에사우를 속인다('아캅').

어 동생이 나오는데, 그의 손이 에사우의 발뒤꿈치를 붙잡
고 있어, 그의 이름을 야곱이라 하였다. 이들이 태어났을
때 이사악의 나이는 예순 살이었다.
27 이 아이들이 자라서, 에사우는 솜씨 좋은 사냥꾼 곧 들
사람이 되고, 야곱은 온순한 사람으로 천막에서 살았다.
28 이사악은 사냥한 고기를 좋아하여 에사우를 사랑하였
고, 레베카는 야곱을 사랑하였다.

에사우가 맏아들 권리를 팔다

29 하루는 야곱이 죽을 끓이고 있었다. 그때 에사우가 허
기진 채 들에서 돌아왔다. 30 에사우가 야곱에게 "허기지
구나. 저 붉은 것, 그 붉은 것 좀 먹게 해 다오." 하고 말하
였다. 그리하여 그의 이름을 에돔이라 하였다. 31 그러나
야곱은 "먼저 형의 맏아들 권리를 내게 파시오." 하고 말
하였다. 32 그러자 에사우가 대답하였다. "내가 지금 죽을
지경인데, 맏아들 권리가 내게 무슨 소용이겠느냐?" 33 그
래서 야곱이 "먼저 나에게 맹세부터 하시오." 하자, 에사
우는 맹세를 하고 자기의 맏아들 권리를 야곱에게 팔아넘
겼다. 34 그러자 야곱이 빵과 불콩죽을 에사우에게 주었
다. 그는 먹고 마시고서는 일어나 나갔다. 이렇게 에사우
는 맏아들 권리를 대수롭지 않게 여겼다.

이사악과 아비멜렉

26 1 일찍이 아브라함 시대에 기근이 든 적이 있었
는데, 그 땅에 또 기근이 들었다. 그래서 이사
악은 그라르로 필리스티아 임금 아비멜렉에게 갔다. 2 주님
께서 이사악에게 나타나 말씀하셨다. "이집트로 내려가지
말고, 내가 너에게 일러 주는 땅에 자리 잡아라. 3 너는 이
땅에서 나그네살이하여라. 내가 너와 함께 있으면서, 너에
게 복을 내려 주겠다. 내가 너와 네 후손에게 이 모든 땅
을 주고, 너의 아버지 아브라함에게 맹세한 그 맹세를 이
루어 주겠다. 4 너의 후손을 하늘의 별처럼 불어나게 하고,
네 후손에게 이 모든 땅을 주겠다. 세상의 모든 민족들이
너의 후손을 통하여 복을 받을 것이다. 5 이는 아브라함이
내 말에 순종하고, 나의 명령과 나의 계명, 나의 규정과 나
의 법을 지켰기 때문이다."

25,27 27,3.5. 25,33 히브 12,16. 26,1-11 // 12,10-20; 20,1-18. 26,1 12,10; 20,1-2. 26,2 12,1.7; 17,1; 18,1. 26,3 12,2.7; 13,15; 15,18; 20,1; 22,16-18; 루카 1,73. 26,4 사도 3,25; 또한 창세 12,3; 15,5; 22,17.18; 갈라 3,8도 참조. 26,5 루카 1,6.

25,29-34. 에사우와 야곱의 갈등은 야곱이 형에게서 장자권을 훔치는 이야기에서 이내 드러난다. 에사우는 장자권을 대수롭지 않게 생각한 듯하다. 야곱은 27,1-40에서 임종을 앞둔 아버지가 내리는 복도 교묘하게 차지할 것이다.

25,30. 히브리어로 '에돔'이라는 고유 명사는 형용사 "붉은"('아돔' 25,25-26 주 참조)과 유사하다.

26,1-14. 아브라함과 사라가 주인공으로 등장한 두 사건(12,10-20; 20,1-18 참조)과 같은 일이 이사악과 레베카에게도 반복된다. 이 본문은 다른 두 본문보다 짧고 다른 에피소드처럼 소개된다(26,1 참조). 이사악이 레베카를 애무하고 있는 것을 본 아비멜렉 임금은(26,8 참조) 그녀가 이사악의 누이가 아니라 아내라는 것을 알게 되고, 온 백성에게 이 남자도 이 여자도 건드리지 말라고 명령한다. 다른 두 이야기에 나오는 아브라함과 이 본문에 나오는 이사악 사이에 차이점이 있는데 이사악이 그 고장을 떠나지 않는다는 사실이다. 더욱이 씨를 뿌려 풍작을 거두게 되는데 이것 때문에 이사악은 큰 부자가 된다.

26,2-5. 과거에 하느님께서 아브라함에게 하신 약속들(12,2-3; 13,14-17; 22,16-18 참조)이 여기서 반복된다. 그러나 아브라함(12,1 참조)과 달리 이사악은 그 땅을 떠나지 않고 머물러야 할 것이다(2-3절 참조).

6 이리하여 이사악은 그라르에 살게 되었다. 7 그런데 그
곳 사내들이 자기 아내에 대하여 묻자, 이사악은 "내 누이
요." 하고 대답하였다. 그는 '레베카가 예뻐서 이곳 사내들
이 레베카 때문에 나를 죽일지도 모르지.' 하고 생각하였
기에, "내 아내요." 하고 말하기가 두려웠던 것이다.
8 이사악이 그곳에 산 지 꽤 오래된 어느 날, 필리스티아
임금 아비멜렉이 창문으로 밖을 내다보니, 이사악이 자기
아내 레베카를 애무하고 있었다. 9 그래서 아비멜렉이 이
사악을 불러 말하였다. "그 여자는 그대의 아내임이 분명
한데, 그대는 어째서 '그 여자는 내 누이요.' 하고 말하였
소?" 이사악이 그에게 "그 여자 때문에 제가 목숨을 잃을
지도 모른다고 생각하였기 때문입니다." 하고 대답하자, 10
아비멜렉이 말하였다. "그대는 어쩌자고 우리에게 이런 일
을 저질렀소? 하마터면 백성 가운데 누군가 그대 아내와
동침하여, 우리를 죄에 빠뜨릴 뻔하지 않았소?" 11 그러고
서 아비멜렉은 온 백성에게 경고하였다. "이 남자와 이 여
자를 건드리는 자는 사형을 받을 것이다."
12 이사악은 그 땅에 씨를 뿌려, 그해에 수확을 백 배나 올
렸다. 주님께서 그에게 이렇듯 복을 내리시어, 13 그는 부자
가 되었다. 그는 점점 더 부유해져 마침내 큰 부자가 되었
다. 14 그가 양 떼와 소 떼와 많은 하인을 거느리자, 필리스
티아인들이 그를 시기하였다. 15 그래서 필리스티아인들은
이사악의 아버지 아브라함 시대에 이사악 아버지의 종들
이 판 우물을 모두 막고 흙으로 메워 버렸다. 16 아비멜렉
이 이사악에게 말하였다. "이제 그대가 우리보다 훨씬 강
해졌으니, 우리를 떠나 주시오."
17 그래서 이사악은 그곳을 떠나 그라르 골짜기에 천막을
치고 살았다. 18 이사악은 자기 아버지 아브라함 시대에 팠
던 우물들을 다시 팠다. 이것들은 아브라함이 죽은 뒤에
필리스티아인들이 막아 버린 우물들이다. 이사악은 그 우
물들의 이름을 자기 아버지가 부르던 이름 그대로 불렀다.
19 이사악의 종들이 그 골짜기를 파다가, 생수가 솟는 우
물을 발견하였다. 20 그러자 그라르의 목자들이 그 물을
자기네 것이라고 하면서, 이사악의 목자들에게 시비를 걸
었다. 그리하여 우물을 두고 싸웠다 해서 그 우물의 이름

26,16-33. 이 이야기는 21,22-33을 상기시킨다.

26,20. "싸우다"('아삭')로 옮긴 히브리어 동사는 고유 명사 "에섹"과 유사하다.

26,7 12,13; 20,2.12.13. 26,10 20,9. 26,14 24,35; 37,11. 26,15-33 // 21,25-31. 26,15 21,25.30. 26,18 21,31. 26,19 요한 4,10.

26,12-22. 이사악 가족이 일군 땅이 성조들에게 내린 하느님 축복에 비추어 묘사되고 있다. 본문은 창조주 하느님을 강조하는데, 하느님께서 아브라함과 그의 자손들에게 약속하신 땅을 비옥하고 거주할 수 있는 땅으로 만드신다.

을 에섹이라 하였다. 21 이사악의 종들이 또 다른 우물을
팠더니, 그라르의 목자들이 그것에 대해서도 시비를 걸었
다. 그래서 그 이름을 시트나라 하였다. 22 이사악이 그곳
에서 자리를 옮겨 또 다른 우물을 팠는데, 그것에 대해서
는 아무도 시비를 걸지 않았다. 그래서 그는 "이제 주님께
서 우리에게 넓은 곳을 마련해 주셨으니, 우리가 이 땅에
서 퍼져 나갈 수 있게 되었다." 하면서, 그 우물 이름을 르
호봇이라 하였다.
23 그는 그곳을 떠나 브에르 세바로 올라갔는데, 24 그날
밤 주님께서 그에게 나타나 말씀하셨다. "나는 너의 아버
지 아브라함의 하느님이다. 내가 너와 함께 있으니 두려워
하지 마라. 나의 종 아브라함을 보아서, 내가 너에게 복을
내리고 네 후손의 수를 불어나게 하겠다." 25 그는 그곳에
제단을 쌓고 주님의 이름을 받들어 불렀다. 이사악은 그
곳에 천막을 치고 그의 종들은 그곳에서도 우물을 팠다.
26 아비멜렉이 친구 아후잣과 자기 군대의 장수 피콜과 함
께 그라르에서 이사악에게로 왔다. 27 이사악이 그들에게
"그대들은 나를 미워하여 쫓아내고서, 무슨 일로 나에게
왔소?" 하고 물으니, 28 그들이 대답하였다. "우리는 주님께
서 그대와 함께 계시는 것을 똑똑히 보았소. 그래서 우리
사이에, 곧 우리와 그대 사이에 서약이 있어야겠다고 생각
하였소. 우리는 그대와 계약을 맺고 싶소. 29 우리가 그대
를 건드리지 않고 그대에게 좋게만 대해 주었으며 그대를
평화로이 보내 주었듯이, 그대도 우리한테 해롭게 하지 않
기를 바라는 것이오. 이제 그대는 주님께 복 받은 사람이
오." 30 이사악은 그들에게 잔치를 베풀어 함께 먹고 마셨
다. 31 그들은 이튿날 아침 일찍 일어나 서로 맹세하였다.
그런 다음 이사악이 그들을 보내자, 그들은 평화로이 그를
떠나갔다.
32 바로 그날 이사악의 종들이 와서 자기들이 판 우물에
대하여 그에게 알리며, "저희가 물을 발견하였습니다." 하
고 말하였다. 33 이사악은 그 우물을 시브아라 하였다. 그
래서 오늘날까지 그 성읍의 이름이 브에르 세바이다.

26,21. '시트나'는 "시비, 적개심"을 뜻한다.

26,22. 르호봇이라는 이름은 바로 앞에 나오는 "넓은 곳을 마련해 주다"('라합')라는 동사와 유사하다.

26,30-31. 함께 식사를 하는 것은 조약이나 계약을 맺는 일상적인 의식에 속한다(31,51-54이나 탈출 24,9-11 참조).

26,33. 시브아라는 이름은 "일곱"(혹은 이 숫자의 상징적 의미에 따라 "풍요로움")이나 "맹세"(이사악과 그 지역 지도자들이 방금 맺은 맹세를 암시)를 뜻할 수 있다. 브에르라는 이름은 "우물"을 뜻한다(21,22-31 주 참조).

26,22 17,6. 26,24 17,7; 24,12; 탈출 3,6. 26,25 12,7.8; 13,4.18; 시편 116,17.
26,26-33 // 21,22-23. 26,26 21,22. 26,28 21,22.23. 26,31.33 21,31.

에사우가 히타이트 여인을 아내로 맞다

34 에사우는 마흔 살 되던 해에 히타이트 사람 브에리의
딸 여후딧과 히타이트 사람 엘론의 딸 바스맛을 아내로
맞아들였다. 35 이들은 이사악과 레베카에게 근심거리가
되었다.

야곱이 에사우의 복을 가로채다

27 1 이사악은 늙어서 눈이 어두워 잘 볼 수 없게
되었을 때, 큰아들 에사우를 불러 그에게 "내
아들아!" 하고 말하였다. 에사우가 "예, 여기 있습니다."
하고 대답하자, 2 그가 말하였다. "네가 보다시피 나는 이
제 늙어서 언제 죽을지 모르겠구나. 3 그러니 이제 사냥할
때 쓰는 화살통과 활을 메고 들로 나가, 나를 위해 사냥을
해 오너라. 4 그런 다음 내가 좋아하는 대로 별미를 만들어
나에게 가져오너라. 그것을 먹고, 내가 죽기 전에 너에게
축복하겠다."
5 레베카는 이사악이 아들 에사우에게 하는 말을 엿듣고
있었다. 그래서 에사우가 사냥하러 들로 나가자, 6 레베카
는 아들 야곱에게 일렀다. "얘야, 너의 아버지가 네 형 에
사우에게 이렇게 말하는 것을 들었다. 7 '사냥한 고기를
가져다가 나를 위하여 별미를 만들어라. 그것을 먹고, 내
가 죽기 전에 주님 앞에서 너에게 축복하겠다.' 8 그러니
내 아들아, 내가 너에게 말하는 것을 듣고 시키는 대로 하
여라. 9 가축 있는 곳으로 가서 좋은 새끼 염소 두 마리를
나에게 끌고 오너라. 내가 그것을 가지고 네 아버지가 좋
아하는 대로 별미를 만들어 줄 터이니, 10 너는 그것을 아
버지께 가져다 드려라. 그러면 아버지가 그것을 잡수시고,
돌아가시기 전에 너에게 축복해 주실 것이다." 11 그러자
야곱이 어머니 레베카에게 말하였다. "보십시오, 형 에사
우는 털이 많은 사람이고, 저는 살갗이 매끈한 사람입니
다. 12 혹시나 아버지께서 저를 만져 보시면, 제가 그분을
놀리는 것처럼 되어 축복은커녕 저주를 받을 것입니다."
13 그러나 그의 어머니는 말하였다. "내 아들아, 네가 받을
저주는 내가 받으마. 너는 그저 내 말을 듣고, 가서 짐승이
나 끌고 오너라." 14 그가 가서 짐승을 끌고 어머니에게 왔
다. 그의 어머니는 그의 아버지가 좋아하는 대로 별미를
만들었다. 15 그런 다음 레베카는 자기가 집에 가지고 있던

26,34. 에사우는 이민족 여인들과 결혼해 동족 혼인법(자기 가문 안에서 혼인)을 어긴다. 관습, 풍습, 종교 차이 때문에 그 여인들은 이사악과 레베카에게 고통의 원인이 된다. 에사우는 이 혼인을 성사시킬 때 아버지나 아버지의 권위와 관계없이 독자적으로 행동한다. 이것은 레베카가 아들 야곱을 선호하기 시작한 이유를 설명해 준다.

27,1-29. 에사우의 장자권('브코라')을 가로챈 후 야곱은 어머니의 재촉과 도움으로 이사악의 특별한 복('브라카')을 받으려고 형인 양 행세하면서 아버지를 속인다. 이사악은 죽기 전에 가정에 대한 권위와 땅의 풍요를 보증할 축복을 맏아들에게 주어야 했다.

27,11. "털이 많은" 히브리어 형용사 '사이르'는 보통 에사우와 연결되는 '세이르'를 연상시킨다(그 예로 14,6; 32,4 참조).

26,34 28,8; 36,2; 히브 12,16. 26,35 27,46. 27,2 47,29. 27,3 25,27.28. 27,4 48,9.15; 49,28. 27,11 25,25. 27,13 마태 27,25.

큰아들 에사우의 옷 가운데 가장 값진 것을 꺼내어, 작은
아들 야곱에게 입혔다. 16 그리고 그 새끼 염소의 가죽을
그의 손과 매끈한 목둘레에 입힌 다음, 17 자기가 만든 별
미와 빵을 아들 야곱의 손에 들려 주었다.
18 야곱이 아버지에게 가서 "아버지!" 하고 불렀다. 그가
"나 여기 있다. 아들아, 너는 누구냐?" 하고 묻자, 19 야곱
이 아버지에게 대답하였다. "저는 아버지의 맏아들 에사
우입니다. 아버지께서 저에게 이르신 대로 하였습니다. 그
러니 일어나 앉으셔서 제가 사냥한 고기를 잡수시고, 저
에게 축복해 주십시오." 20 그래서 이사악이 아들에게 "내
아들아, 어떻게 이처럼 빨리 찾을 수가 있었더냐?" 하고
묻자, 그가 "아버지의 하느님이신 주님께서 일이 잘되게
해 주셨습니다." 하고 대답하였다. 21 이사악이 야곱에게
말하였다. "내 아들아, 가까이 오너라. 네가 정말 내 아들
에사우인지 아닌지 내가 만져 보아야겠다." 22 야곱이 아
버지 이사악에게 가까이 가자, 이사악이 그를 만져 보고
말하였다. "목소리는 야곱의 목소리인데, 손은 에사우의
손이로구나." 23 그는 야곱의 손에 그의 형 에사우의 손처
럼 털이 많았기 때문에 그를 알아보지 못하고, 그에게 축
복해 주기로 하였다. 24 이사악이 "네가 정말 내 아들 에사
우냐?" 하고 다져 묻자, 그가 "예, 그렇습니다." 하고 대답
하였다. 25 그러자 이사악이 말하였다. "그것을 나에게 가
져오너라. 내 아들이 사냥한 고기를 먹고, 너에게 축복해
주겠다." 야곱이 아버지에게 그것을 가져다 드리니 그가
먹었다. 그리고 포도주를 가져다 드리니 그가 마셨다. 26
그런 다음 아버지 이사악이 그에게 말하였다. "내 아들아,
가까이 와서 입 맞춰 다오." 27 그가 가까이 가서 입을 맞
추자, 이사악은 그의 옷에서 나는 냄새를 맡고 그에게 축
복하였다.

"보아라, 내 아들의 냄새는
주님께서 복을 내리신
들의 냄새 같구나.
28 하느님께서는 너에게
하늘의 이슬을 내려 주시리라.
땅을 기름지게 하시며
곡식과 술을 풍성하게 해 주시리라.
29 뭇 민족이 너를 섬기고

27,27. 축복 의식에서 포옹과 입맞춤의 기능은 축복에 연결된 생명력과 번영을 전달하는 것이다. "들의 냄새 같구나." 네오피티 타르굼과 위 요나탄 타르굼은 야곱이 입은 옷 냄새를 성전의 산 위에서 바치는 좋은 향내에 비교한다. 위 요나탄 타르굼은 그 산을 명시적으로 "주님께서 복을 내리신 들"로 제시한다.

27,27 아가 4,11; 히브 11,20. 27,28 45,18; 신명 33,13.28. 27,29 9,25; 12,3; 25,23; 49,8; 민수 24,9; 스바 2,8.

뭇 겨레가 네 앞에 무릎을 꿇으리라.
너는 네 형제들의 지배자가 되고
네 어머니의 자식들은 네 앞에 무릎을 꿇으리라.
너를 저주하는 자는 저주를 받고
너에게 축복하는 자는 복을 받으리라."

에사우가 잃어버린 복

30 이사악이 야곱에게 축복하고 나서 야곱이 아버지 앞에
서 물러나자마자, 그의 형 에사우가 사냥에서 돌아왔다.
31 그도 별미를 만들어 아버지에게 들고 가서 말하였다.
"아버지, 일어나셔서 아들이 사냥해 온 고기를 잡수시고,
저에게 축복해 주십시오." 32 그의 아버지 이사악이 그에
게 "너는 누구냐?" 하고 물으니, 그가 "저는 아버지의 아
들, 아버지의 맏아들 에사우입니다." 하고 대답하였다. 33
그러자 이사악이 깜짝 놀라 몸을 떨면서 말하였다. "그렇
다면 사냥을 해서 나에게 고기를 가져온 자는 누구란 말
이냐? 네가 오기 전에 나는 이미 그것을 다 먹고, 그에게
축복해 주었다. 그러니 그가 복을 받을 것이다." 34 에사우
는 아버지의 말을 듣고 비통에 차 큰 소리로 울부짖으며
아버지에게 말하였다. "아버지, 저에게, 저에게도 축복해
주십시오." 35 그러나 이사악이 말하였다. "네 동생이 와서
나를 속이고 네가 받을 축복을 가로챘구나." 36 그러자 에
사우가 말하였다. "이제 저를 두 번이나 속였으니, 야곱이
라는 그 녀석의 이름이 딱 맞지 않습니까? 저번에는 저의
맏아들 권리를 가로채더니, 보십시오, 이번에는 제가 받을
축복까지 가로챘습니다." 그러고서는 "저를 위해선 축복
을 남겨 두지 않으셨습니까?" 하고 묻자, 37 이사악이 에사
우에게 대답하였다. "얘야, 나는 그를 너의 지배자로 세웠
고, 그의 모든 형제들을 그에게 종으로 주었으며, 곡식과
술을 그에게 마련해 주었다. 그러니 내 아들아, 내가 너에
게 무엇을 해 줄 수 있겠느냐?" 38 그러자 에사우가 아버지
에게 말하였다. "아버지, 아버지께는 축복이 하나밖에 없
다는 말씀입니까? 아버지, 저에게, 저에게도 축복해 주십
시오." 그런 다음 에사우는 목 놓아 울었다.

27,36. 이 구절은 "야곱"이라는 이름과 동사 "속이다"('아캅')의 언어유희를 소개한다. 에사우는 야곱의 이름에서 야곱의 성격을 알아본다. 속임수로 남을 지배하는 데 성공하는 것인데 그 능력은 나중에 라반과 야곱의 관계 이야기에서도 나온다.

27,33 28,3.4; 로마 11,29. 27,34 히브 12,17. 27,36 25,26.32-34. 27,38 히브 12,17.

27,30-40. 가족의 가부장적 구조에 토대를 둔 고대 사회에서 아버지의 축복은 종교 생활과 사회생활에서 매우 중요한 사건이었다. 그것은 가부장의 후손 대에서도 신이 계속 가문을 보호한다는 것을 보증했다. 한 번 선언된 축복은 취소할 수도 바꿀 수도 없었다. 이사악에게는 에사우가 자신의 칼에 의지하며 살라고 하는 것 외에는 더 이상 기원해 줄 복이 남아 있지 않다. 이것은 그 아들이 왜 분노하는지를 설명해 준다.

39 그러자 아버지 이사악이 그에게 대답하였다.
"네가 살 곳은
기름진 땅에서
저 위 하늘의 이슬에서
멀리 떨어져 있으리라.
40 너는 칼을 의지하고 살면서
네 아우를 섬기리라.
그러나 네가 뿌리칠 때
네 목에서
그의 멍에를 떨쳐 버릴 수 있으리라."

야곱이 에사우를 피해 하란으로 도망가다

41 에사우는 아버지가 야곱에게 해 준 축복 때문에 야곱
에게 앙심을 품었다. 그래서 에사우는 '아버지의 죽음을
애도하게 될 날도 멀지 않았으니, 그때에 아우 야곱을 죽
여 버려야지.' 하고 마음속으로 생각하였다. 42 레베카는
큰아들 에사우가 한 말을 전해 듣고는, 사람을 보내어 작
은아들 야곱을 불러 놓고 그에게 말하였다. "얘야, 너의
형 에사우가 너를 죽여서 원한을 풀려고 한다. 43 그러니
내 아들아, 내 말을 듣고 일어나 하란에 있는 내 오라버니
라반에게로 달아나라. 44 네 형의 분이 풀릴 때까지, 얼마
동안 그분 집에 머물러라. 45 너에 대한 네 형의 분노가 풀
리고, 네가 형에게 한 일을 형이 잊을 때까지만이다. 그러
면 내가 사람을 보내어 너를 그곳에서 데려오게 하겠다.
내가 어찌 한날에 너희 둘을 다 잃을 수 있겠느냐?"
46 레베카가 이사악에게 말하였다. "나는 히타이트 여자
들 때문에 살기가 싫어졌어요. 만일 야곱마저 이 땅에 사
는 저런 히타이트 여자들 가운데에서 아내를 맞아들인다
면, 내가 어찌 살겠습니까?"

28 1 그러자 이사악이 야곱을 불러 그에게 축복해
주고 당부하였다. "너는 가나안 여자들 가운데
에서 아내를 맞아들이지 마라. 2 일어나 파딴 아람에 있는
네 외할아버지 브투엘 댁으로 가서, 그곳에 있는 너의 외
숙 라반의 딸들 가운데에서 아내를 맞아들여라. 3 전능하
신 하느님께서 너에게 복을 내리시어, 네가 자식을 많이

27,40 25,23; 2열왕 8,20-22. 27,41-45 27,46-28,5. 27,41 32,4-12. 27,42 지혜 10,10. 27,43 24,29. 27,46-28,5 27,41-45. 27,46 26,34.35. 28,1 24,3.4. 28,2 25,20. 28,3 17,1.6.

27,40. "떨쳐 버릴 수 있으리라."는 해석이 힘든 히브리어 동사를 옮긴 것으로 "빼내 버릴 수 있으리라"로도 옮길 수 있다.

27,41-42. 야곱은 자신의 속임수 때문에 에사우에게서 죽음의 위협을 받고 즉시 메소포타미아로 떠나야 하는 신세가 되었다. 그 출발의 공식적인 이유는 야곱이 그 지역 처녀들과 혼인해서는 안 된다는 레베카의 제안(46절) 때문이다.

28,1-9. 이사악이 그랬듯이(24장 참조) 야곱도 이민족과의 혼인이 초래하는 종교적 오염의 위험을 피하기 위해 자신의 씨족 안에서 신부를 찾아야 한다. 이사악은 아브라함의 복으로 야곱을 축복한 후에 레베카의 오빠 라반이 사는 파딴 아람(24,10에서는 아람 나하라임으로 불린다)으로 보낸다. 이곳은 현재 시리아 북동쪽의 하란 지역에 위치한다(27,43 참조). 이 본문은 전체가 사제계 문헌(P)에 속한다. 앞서 26,34-35에서 소개된 에사우와 이민족의 혼인이라는 주제와 연결된다(항상 사제계 문헌 구절들). 한편 같은 사제계 신학의 중요한 내용으로, 이사악이 야곱에게 내린 축복을 확인한다(27,27-29과 28,3-4 참조). 26,34-35과 28,1-9의 사제계 문헌 자료들이 27장 전체의 틀을 형성한다.

낳고 번성하게 하시며, 네가 민족들의 무리가 되게 해 주
실 것이다. 4 그분께서 아브라함에게 주신 복을 너와 네 후
손에게 내리시어, 네가 나그네살이하는 이 땅, 곧 하느님
께서 아브라함에게 주신 이 땅을 네가 차지하게 될 것이
다." 5 이사악이 야곱을 떠나보내자, 그는 파딴 아람에 있
는 아람 사람 브투엘의 아들 라반에게 갔다. 라반은 야곱
과 에사우의 어머니 레베카의 오빠였다.

에사우가 이스마엘의 딸과 혼인하다

6 에사우는, 이사악이 야곱에게 축복하고 그를 파딴 아람
으로 보내어 그곳에서 아내를 맞아들이게 하면서, 그에게
축복하며 "가나안 여자들 가운데에서 아내를 맞아들이
지 마라." 하고 당부하는 것과, 7 야곱이 아버지와 어머니
의 말을 듣고 파딴 아람으로 떠나는 것을 보았다. 8 그리고
에사우는 자기 아버지 이사악이 가나안 여자들을 달갑게
여기지 않는 것도 보았다. 9 그래서 에사우는 아내들이 있는
데도 이스마엘에게 가서, 다시 아브라함의 아들 이스마엘의
딸이며 느바욧의 누이인 마할랏을 아내로 맞아들였다.

야곱이 베텔에서 꿈을 꾸다

10 야곱은 브에르 세바를 떠나 하란으로 가다가, 11 어떤
곳에 이르러 해가 지자 거기에서 밤을 지내게 되었다. 그
는 그곳의 돌 하나를 가져다 머리에 베고 그곳에 누워 자
다가, 12 꿈을 꾸었다. 그가 보니 땅에 층계가 세워져 있고
그 꼭대기는 하늘에 닿아 있는데, 하느님의 천사들이 그
층계를 오르내리고 있었다. 13 주님께서 그 위에 서서 말씀
하셨다. "나는 너의 아버지 아브라함의 하느님이며 이사
악의 하느님인 주님이다. 나는 네가 누워 있는 이 땅을 너

28,10. 야곱의 여정은 브에르 세바에서 시작해, 이십 년 후(31,38.41 참조) 마므레-헤브론의 이사악에게 돌아오는 것으로 끝난다(35,27 참조). 주님께서 베텔의 하느님이라고 당신을 소개하시면서 야곱에게 돌아가라고 직접 말씀하실 것이다(31,3.13 참조). 야곱이 떠나는 길(28,13-15 참조)과 돌아오는 길(35,9-12 참조)에 주님께서 몸소 베텔에서 야곱에게 나타나신다. 야곱은 그곳에 성소를 세우겠다고 서약하고(28,22 참조) 돌아올 때 그곳에 제단과 기념 기둥을 세울 것이다(35,7.14-15 참조).

28,4 12,2; 17,8. 28,8 24,3; 26,35. 28,9 36,3. 28,10 지혜 10,10. 28,12 요한 1,51. 28,13 13,15; 26,24; 35,1.12; 48,3.

28,13-15. 이제 막 하란을 향한 여정을 시작한 야곱에게 주님께서는 성조들의 연속성을 강조하시며 아브라함과 이사악의 하느님으로 당신을 계시하신다. 아브라함(13,14-16의 땅과 많은 후손; 12,3과 18,18의 그를 복이 되게 하겠다는 약속; 22,18도 참조)과 이사악(26,4 참조)에게 하신 약속을 야곱에게 다시 하신다. 당신의 보호로 야곱을 시켜 주시고 다시 돌아오게 할 것을 약속하신다.

28,10-22. 이 본문은 그리스도인의 영적 숙고에서 매우 중요한데 무엇보다도 요한 1,51에 이 본문이 다시 나오기 때문이다. 이 일화를 배경으로 아우구스티누스 성인은 예수 그리스도를 하늘과 땅을 연결하는 분으로 제시하고, 계단을 오르내리는 천사들을 그리스도교 설교가들에 비유한다. 이 해석은 하느님과 인간의 통교를 강조한다. 교회의 다른 교부들은 계단의 이미지에서 덕을 통해 하느님과의 만남으로 상승하는 인간의 여정을 본다. 이 해석은 주로 인간의 노력을 강조한다.

와 네 후손에게 주겠다. 14 네 후손은 땅의 먼지처럼 많아
지고, 너는 서쪽과 동쪽 또 북쪽과 남쪽으로 퍼져 나갈 것
이다. 땅의 모든 종족들이 너와 네 후손을 통하여 복을 받
을 것이다. 15 보라, 내가 너와 함께 있으면서 네가 어디로
가든지 너를 지켜 주고, 너를 다시 이 땅으로 데려오겠다.
내가 너에게 약속한 것을 다 이루기까지 너를 떠나지 않겠
다." 16 야곱은 잠에서 깨어나, "진정 주님께서 이곳에 계시
는데도 나는 그것을 모르고 있었구나." 하면서, 17 두려움
에 싸여 말하였다. "이 얼마나 두려운 곳인가! 이곳은 다
름 아닌 하느님의 집이다. 여기가 바로 하늘의 문이로구
나."
18 야곱은 아침 일찍 일어나, 머리에 베었던 돌을 가져다
기념 기둥으로 세우고 그 꼭대기에 기름을 부었다. 19 그러
고는 그곳의 이름을 베텔이라 하였다. 그러나 그 성읍의
본 이름은 루즈였다. 20 그런 다음 야곱은 이렇게 서원하
였다. "하느님께서 저와 함께 계시면서 제가 가는 이 길에
서 저를 지켜 주시고, 저에게 먹을 양식과 입을 옷을 마련
해 주시며, 21 제가 무사히 아버지 집으로 돌아가게 해 주
신다면, 주님께서는 저의 하느님이 되시고, 22 제가 기념
기둥으로 세운 이 돌은 하느님의 집이 될 것입니다. 그리
고 저는 당신께서 주시는 모든 것에서 십분의 일을 당신께
바치겠습니다."

28,14. "많아지고"라는 말은 원문에는 없지만 비교의 뜻을 구체화하기 위해 삽입되었다. 그러나 히브리 해석 전승은 먼지가 쉽게 사라지고 형체가 없는 측면을 강조한다. 백성을 구성하는 씨족을 가리키는 히브리어 '미스파하'는 민족보다는 작고 가족보다는 범위가 넓은 단위이다.

28,17-22. 야곱의 환시(하늘로 이끄는 계단)와 주님의 발현은 하느님의 집(22절)인 베텔의 이름을 설명하고자 하며 이 중요하고 거룩한 장소의 기원을 정당화하고 그 장소의 거룩함을 칭송한다. 기념 기둥으로 세워진 돌은 하느님의 현존을 가리키며, 야곱은 그 돌을 성별하기 위해 그 위에 기름을 붓는다(탈출 29,36; 30,22-29 참조).

야곱이 라반의 집에 도착하다

29
1 야곱은 발걸음을 옮겨 동방인들의 땅으로 들
어갔다. 2 그가 보니 들에 우물이 하나 있고, 양
떼 세 무리가 그 곁에 엎드려 있었다. 그것은 가축에게 물
을 먹이는 우물인데, 그 우물 위에는 큰 돌이 덮여 있었다.
3 가축들이 그곳에 다 모이면 목자들은 우물에서 그 돌을
굴려 내어 양 떼에게 물을 먹인 다음, 그 돌을 다시 우물
위 제자리로 돌려놓는 것이었다.
4 야곱이 그들에게 "형제들, 그대들은 어디서 오셨습니
까?" 하고 묻자, 그들이 "우리는 하란에서 왔습니다." 하고
대답하였다. 5 그가 또 "나호르의 아들 라반을 알고 계십

29,1-30. 24,11-28 주해 참조.

28,14 묵시 1,7; 또한 창세 12,3; 13,14-16; 18,18; 22,17.18; 26,4도 참조. 28,15 히브 13,5; 창세 26,3; 48,21; 민수 6,24; 신명 31,6.8; 시편 121,7.8. 28,16 탈출 3,5; 여호 5,15. 28,18 35,14; 레위 8,10-12. 28,19 판관 1,23.26. 28,20 31,13; 1티모 6,8. 28,21 신명 26,17; 판관 11,31; 2사무 15,8; 19,25.31. 28,22 35,7.14; 레위 27,30. 29,1 판관 6,3.33. 29,4 28,10. 29,5 24,24.29.

니까?" 하고 묻자, 그들이 "압니다." 하고 대답하였다. 6 야
곱이 다시 "그분은 잘 계십니까?" 하고 묻자, 그들이 "잘
있습니다. 보십시오, 그의 딸 라헬이 양 떼를 몰고 오는군
요." 하고 대답하였다. 7 그러자 야곱이 말하였다. "아직
한낮이라 짐승들을 모아들일 때가 아니지 않습니까? 양
떼에게 물을 먹이고 어서 가서 풀을 뜯게 하셔야지요." 8
그들이 대답하였다. "그렇게 할 수가 없답니다. 가축들이
다 모여든 다음에야 우물에서 돌을 굴려 내고 양 떼에게
물을 먹이게 되어 있습니다."

9 야곱이 아직도 그들과 말하고 있을 때, 라헬이 아버지의
양 떼를 몰고 왔다. 그는 양치는 여자였다. 10 야곱은 자기
외숙 라반의 딸 라헬과 외숙 라반의 양 떼를 보자, 다가가
우물에서 돌을 굴려 내고, 자기 외숙 라반의 양 떼에게 물
을 먹였다. 11 그런 다음 야곱은 라헬에게 입 맞추고 목 놓
아 울었다. 12 그리고 야곱은 라헬에게 자기가 그 아버지의
혈육이고 레베카의 아들임을 밝혔다. 라헬은 달려가서 아
버지에게 이 사실을 알렸다.

13 라반은 자기 누이의 아들 야곱이 왔다는 소식을 듣고,
그에게 달려 나가 그를 껴안고 입 맞추고는 집으로 데리고
들어갔다. 야곱이 라반에게 자기의 일을 모두 들려주자,
14 라반이 그에게 말하였다. "정녕 너는 내 골육이다." 이리
하여 야곱은 그 집에 한 달 동안 머물렀다.

야곱이 라반의 딸들과 혼인하다

15 하루는 라반이 야곱에게 물었다. "네가 내 혈육이기는
하지만, 내 일을 거저 해 줄 수야 없지 않느냐? 네 품값이
얼마면 되겠는지 나에게 말해 보아라." 16 라반에게는 딸
이 둘 있었는데, 큰딸의 이름은 레아였고 작은딸의 이름
은 라헬이었다. 17 레아의 눈은 생기가 없었지만, 라헬은
몸매도 예쁘고 모습도 아름다웠다. 18 야곱은 라헬을 사
랑하고 있었으므로, "외삼촌의 작은딸 라헬을 얻는 대신
칠 년 동안 외삼촌 일을 해 드리겠습니다." 하고 대답하자,
19 라반이 말하였다. "그 아이를 다른 사람에게 주는 것보
다 너에게 주는 것이 낫겠다. 그러면 내 집에 머물러라." 20
야곱은 라헬을 얻으려고 칠 년 동안 일을 하였다. 이것이
그에게는 며칠로밖에 여겨지지 않았다. 그가 그만큼 라헬
을 사랑하였던 것이다.

29,17. "생기가 없었지만" 이 형용사 자체의 의미는 확실하지 않다. 그리스와 라틴 전승에 따르면 레아는 어떤 형태의 눈병을 앓고 있었다.

29,18-19. 이스라엘 혼인 관습은 혼인 합의를 맺는 순간 신랑 될 사람이 신부에 대한 권한을 가진 이에게 일정 금액의 돈을 주게 되어 있다. '모하르'라고 하는 이 돈은 신부의 재산으로 남았다. 라헬과 레아의 경우 이 돈은, 야곱이 라헬과 혼인하려고 칠 년과 다른 칠 년 동안 라반을 위해 했던 노동으로 대체되었는데(29,18.20.27 참조) 그들은 "우리에게 올 돈"(31,15)에 대해 말하고 있다.

29,6 43,27. 29,9 탈출 2,16. 29,10 탈출 2,17. 29,12 13,8; 14,14.16; 24,28. 29,13 24,29.31; 33,4. 29,14 판관 9,2. 29,18 호세 12,13.

21 마침내 야곱이 라반에게 말하였다. "기한이 찼으니 제
아내를 주십시오. 같이 살겠습니다." 22 그러자 라반은 그
곳 사람들을 모두 청해 놓고 잔치를 베풀었다. 23 저녁이
되자 그는 딸 레아를 야곱에게 데려다 주었다. 그래서 야
곱은 그와 한자리에 들었다. 24 라반은 자기의 여종 질파
를 딸 레아에게 몸종으로 주었다. 25 그런데 아침에 보니,
레아가 아닌가! 야곱이 라반에게 말하였다. "저에게 이러
실 수가 있습니까? 제가 라헬을 얻는 대신 외삼촌 일을 해
드리지 않았습니까? 그런데 왜 저를 속이셨습니까?" 26 라
반이 대답하였다. "우리 고장에서는 작은딸을 맏딸보다
먼저 주는 법이 없다. 27 이 초례 주간을 채워라. 그리고 네
가 다시 칠 년 동안 내 일을 해 준다면 작은애도 우리가
너에게 주겠다." 28 야곱은 그렇게 하기로 하고 초례 주간
을 채웠다. 그러자 라반은 자기의 딸 라헬을 그에게 아내
로 주었다. 29 라반은 자기의 여종 빌하를 딸 라헬에게 몸
종으로 주었다. 30 야곱은 라헬과도 한자리에 들었다. 그는
레아보다 라헬을 더 사랑하였다. 그는 다시 칠 년 동안 라
반의 일을 하였다.

야곱의 아들들

31 주님께서는 레아가 사랑받지 못하는 것을 보시고, 그의
태를 열어 주셨다. 그러나 라헬은 임신하지 못하는 몸이었
다. 32 레아는 임신하여 아들을 낳았다. 그러고는 "주님께
서 나의 괴로움을 보아주셨구나. 이제는 남편이 나를 사
랑해 주겠지." 하면서 그 이름을 르우벤이라 하였다. 33 그
는 또 임신하여 아들을 낳았다. 그러고는 "주님께서 내가
사랑받지 못한다는 것을 들으시고, 나에게 이 아들도 주
셨구나." 하면서 그 이름을 시메온이라 하였다. 34 그는 또
임신하여 아들을 낳고, "내가 이렇게 아들을 셋이나 낳
아 주었으니, 이제는 남편이 나에게 매이겠지." 하고 말하
였다. 그리하여 그 이름을 레위라 하였다. 35 그는 또 임신
하여 아들을 낳고, "이제야말로 내가 주님을 찬송하리라."
하고 말하였다. 그리하여 아기의 이름을 유다라 하였다.
그러고서는 그의 출산이 멈추었다.

29,23. 라반은 라헬을 레아로 대체할 수 있다. 신부는 얼굴을 가리는 너울을 써야 했고(아가 4,1.3; 6,7 참조) 신방 안에서만 그 너울을 벗었기 때문이다.

29,27. 이스라엘에서는 한 남자가 몇 명의 아내와 함께 살곤 했다. 그러나 레위 18,18에서는 아내가 살아 있는 동안 아내의 자매와 혼인하는 것이 금지될 것이다.

29,31-30,24. 아브라함 세대(이스마엘과 이사악)와 이사악 세대(에사우와 야곱)에는 이스라엘과 주변 민족(이스마엘인들과 에돔인들)의 관계에 집중한다. 야곱 세대(그의 열두 아들. 35,16-18도 참조)에는 이스라엘 내부 관계를 강조한다. 열두 아들은 이들의 이름을 붙인 미래 열두 지파의 선조가 될 것이다. 그들의 이름은 대중 어원학을 이용해 지어졌는데, 이는 그들의 등장 직전이나 직후에 그들에 대한 설명이나 해설 같은 데서 사용된 동사와 비슷한 발음이 나는 단어에 바탕을 두고 있다.

29,21 판관 15,1. 29,22 판관 14,10; 요한 2,1.2. 29,27 판관 14,12. 29,31-30,24 사도 7,8. 29,31 30,1; 시편 127,3. 29,32 16,11; 31,42; 루카 1,48. 29,34 49,5. 29,35 49,8; 마태 1,2; 루카 3,33.

30,3-8. 무릎 위나 무릎 사이에 갓 태어난 아기를 놓는 것은 그 아기를 입양한다는 뜻이다. 라헬은 여종 빌하가 낳은 아들들을 자기 아들로 여길 수 있고 그들에게 이름을 지어 주는 이도 바로 그녀이다. 레아도 여종 질파의 아들들에게 같은 것을 행한다.

30,14-16. 합환채의 놀라운 효력을 강조한다. 이 식물은 특히 성욕 촉진에 효력이 있고 불임을 해결할 수 있다고 여겨졌다. 합환채 향기는 아가(7,14 참조)에도 나오는데 여자가 연인에게 갖는 열정의 강도를 강조할 때 사용된다.

30

1 라헬은 자기가 야곱에게 아이를 낳아 주지 못
하는 것 때문에, 언니를 시샘하며 야곱에게 말
하였다. "나도 아이를 갖게 해 주셔요. 그러지 않으시면
죽어 버리겠어요." 2 야곱은 라헬에게 화를 내며 말하였다.
"내가 당신에게 소생을 허락하지 않으시는 하느님 자리에
라도 있다는 말이오?" 3 그러자 라헬이 말하였다. "보셔요,
내 몸종 빌하가 있잖아요. 그 아이와 한자리에 드셔요. 빌
하가 아기를 낳아 내 무릎에 안겨 준다면, 그의 몸을 빌려
서나마 나도 아들을 얻을 수 있겠지요." 4 이렇게 해서 라
헬이 야곱에게 자기의 몸종 빌하를 아내로 주자, 야곱이
그와 한자리에 들었다. 5 빌하가 임신하여 야곱에게 아들
을 낳아 주었다. 6 라헬은 "하느님께서 내 권리를 되찾아
주셨구나. 그분께서는 내 호소도 들으셔서 나에게 아들을
주셨다네." 하면서 그 이름을 단이라 하였다. 7 라헬의 몸
종 빌하가 다시 임신하여 야곱에게 두 번째 아들을 낳아
주었다. 8 라헬은 "내가 언니와 죽도록 싸워서 이겼다." 하
면서 그 이름을 납탈리라 하였다.
9 레아는 자기의 출산이 멈춘 것을 알고, 자기의 몸종 질
파를 데려다 야곱에게 아내로 주었다. 10 그래서 레아의
몸종 질파도 야곱에게 아들을 낳아 주었다. 11 레아는 "다
행이로구나!" 하면서 그 이름을 가드라 하였다. 12 레아의
몸종 질파가 야곱에게 두 번째 아들을 낳아 주었다. 13 레
아는 "여인들이 나를 행복하다고 할 것이니, 나는 행복하
구나!" 하면서, 그 이름을 아세르라 하였다.
14 밀을 거두어들일 때, 르우벤이 밖에 나갔다가 들에서
합환채를 발견하고, 자기 어머니 레아에게 갖다 드렸다.
라헬이 레아에게 "언니 아들이 가져온 합환채를 좀 나눠
줘요." 하자, 15 레아가 그에게 대답하였다. "내 남편을 가
로챈 것으로는 모자라, 내 아들의 합환채까지 가로채려느
냐?" 그러자 라헬이 말하였다. "좋아요. 언니 아들이 가져
온 합환채를 주면, 그 대신 오늘 밤에는 그이가 언니와 함
께 자게 해 주지요." 16 저녁에 야곱이 들에서 돌아오자, 레
아가 나가 그를 맞으며 말하였다. "저에게 오셔야 해요. 내
아들의 합환채를 주고 당신을 빌렸어요." 그리하여 야곱
은 그날 밤에 레아와 함께 잤다. 17 하느님께서 레아의 소
원을 들어 주셔서, 그가 임신하여 야곱에게 다섯 번째 아
들을 낳아 주었다. 18 레아는 "내가 남편에게 내 몸종을 준

30,1 1사무 1,5.6. 30,2 20,18; 29,31. 30,3 16,2. 30,4 16,3.4. 30,6 애가 3,59.
30,8 마태 4,13. 30,13 잠언 31,28; 루카 1,48. 30,14 25,30. 30,15 민수 16,9.13.

값을 하느님께서 나에게 갚아 주셨구나." 하면서, 그 이름
을 이사카르라 하였다.
19 레아가 다시 임신하여 야곱에게 여섯 번째 아들을 낳
아 주었다. 20 레아는 "하느님께서 나에게 좋은 선물을 주
셨구나. 내가 남편에게 아들을 여섯이나 낳아 주었으니,
이제는 나를 잘 대해 주겠지." 하고는, 그 이름을 즈불룬
이라 하였다. 21 레아는 또 얼마 뒤에 딸을 낳아 그 이름을
디나라 하였다.
22 그 뒤에 하느님께서 라헬을 기억하셨다. 하느님께서는
그의 청을 들어 주셔서 그의 태를 열어 주셨다. 23 그리하
여 라헬은 임신하여 아들을 낳고, "하느님께서 나의 수치
를 없애 주셨구나." 하고 말하였다. 24 그러고는 "주님께서
나에게 아들 하나를 더 보태 주셨으면!" 하면서, 그 이름
을 요셉이라 하였다.

야곱과 라반

25 라헬이 요셉을 낳자 야곱이 라반에게 말하였다. "제고
장, 제 고향으로 가게 저를 보내 주십시오. 26 장인어른의
일을 해 드리고 얻은 제 아내들과 자식들을 내주시어, 제
가 돌아가게 해 주십시오. 제가 장인어른의 일을 어떻게
해 드렸는지 어른께서도 잘 아시지 않습니까?" 27 그러자
라반이 대답하였다. "나에게 호의를 베풀어 주게나. 내가
점을 쳐 보니, 주님께서 자네 때문에 나에게 복을 내리셨
더군." 28 그는 다시 말을 이었다. "내가 자네에게 주어야
할 품삯을 정해 보게. 그대로 주겠네." 29 야곱이 그에게
대답하였다. "제가 장인어른의 일을 어떻게 해 드렸는지,
그리고 어른의 가축들이 제 밑에서 어떻게 되었는지 어른
께서도 잘 아시지 않습니까? 30 제가 오기 전에는 장인어
른의 재산이 보잘것없었지만, 지금은 크게 불어났습니다.
제 발길이 닿는 곳마다 주님께서는 장인어른에게 복을 내
리셨습니다. 이제는 저도 제 집안을 돌보아야 하지 않겠습
니까?" 31 그래서 라반이 "내가 자네에게 무엇을 주면 좋
겠나?" 하고 묻자, 야곱이 대답하였다. "아무것도 안 주셔
도 좋습니다. 다만 이것만 해 주신다면, 장인어른의 양과

30,21. 이 구절의 디나에 관한 내용은 편집자가 삽입한 것으로, 34장에 등장하는 그녀의 인물상을 정당화하고 미리 알린다. 34장도 후대에 편집한 내용이다(46,15도 참조).

30,25-43. 야곱은 라반에게서 최대한으로 재산을 얻어 내기 위해 자신의 모든 계략을 사용한다. 가장 약한 짐승들은 장인에게 남겨 두고 더 살찐 양들은 자신이 가지려고 전략을 꾸민다. 그렇게 해서 그는 큰 부자가 되는 데 성공한다.

30,27. "점을 쳐 보니" 같은 히브리어 동사가 44,5.15에도 나온다. 대중 라틴말 성경에서는 아마도 "점치다" 동사가 지나치게 이교적 의미를 함축하는 것을 피하기 위해 "체험을 통해 나는 알았네"라고 번역했다. 이 히브리어 동사를 "풍요롭게 되다", "번영하다"를 뜻하는 유사한 아카디아어 동사에 비추어 해석하기를 제안하기도 하는데 이 경우에 "나는 부유하게 되었다"라고 번역할 수 있다.

30,20 마태 4,13. 30,22 29,31; 1사무 1,19.20. 30,23 이사 4,1; 루카 1,25. 30,24 35,17. 30,25 24,54.56. 30,27 39,3.5. 30,28 29,15. 30,29 31,38-40. 30,30 1티모 5,8.

30,22. 하느님께서 "어떤 사람을 기억한다"고 말할 때 그 의미는 노아에게 일어난 것처럼(8,1-17 주해 참조) 당신께서 선택하신 사람들의 유익을 위해 역사적 현실을 변화시키고 은총을 베풀고자 그 현실에 개입하신다는 것이다.

30,35. '라반'은 "하얀"이라는 뜻이다.

염소를 제가 다시 먹이며 돌보겠습니다. 32 오늘 제가 장인
어른의 양과 염소 사이를 두루 다니면서, 얼룩지고 점 박
힌 모든 양들을, 그리고 새끼 양들 가운데에서 검은 것들
을 모두 가려내고 염소들 가운데에서도 점 박히고 얼룩진
것들을 가려내겠습니다. 이것들이 저의 품삯이 되게 해
주십시오. 33 제가 정직하다는 것은 뒷날 장인어른이 저의
품삯을 확인하러 와 보시면 증명될 것입니다. 제가 차지한
염소들 가운데에서 얼룩지고 점 박히지 않은 것이나, 새끼
양들 가운데에서 검지 않은 것이 있다면, 그것들은 제가
훔친 것이 될 것입니다." 34 라반은 "좋네. 자네 말대로 함
세." 하고 대답하였다. 35 그러나 라반은 바로 그날로, 줄쳐
지고 점 박힌 숫염소들을 가려내고, 얼룩지고 점 박힌 암
염소들과 흰 점이 있는 것들과 그리고 새끼 양들 가운데에
서 검은 것들을 모두 가려내어 자기 아들들에게 맡겼다. 36
그러고서는 야곱이 자기의 남은 양과 염소를 치는 동안, 라
반은 야곱을 자기에게서 사흘 거리로 떼어 놓았다.
37 야곱은 은백양나무와 편도나무와 버즘나무의 싱싱한
가지들을 꺾고, 흰 줄무늬 껍질을 벗겨 내어 가지의 하얀
부분이 드러나게 하였다. 38 그런 다음 껍질을 벗긴 가지들
을 물통에, 곧 양들과 염소들이 물을 먹으러 오는 물구유
에 세워, 가축들이 그 가지들을 마주 보게 하였다. 그런데
양들과 염소들은 물을 먹으러 와서 짝짓기를 하였다. 39
양들과 염소들은 그 가지들 앞에서 짝짓기를 하여 줄쳐진
것, 얼룩진 것, 점 박힌 것들을 낳았다. 40 야곱은 어린양
들을 골라내어, 그 양들의 얼굴을 라반의 양 떼 가운데에
서 줄쳐진 양들과 모든 검은 양들에게로 향하게 하였다.
그러나 자기의 가축 떼는 따로 떼어 놓아, 라반의 것과 섞
이지 않게 하였다. 41 야곱은 튼튼한 양들과 염소들이 끼
리끼리 짝짓기 할 때마다, 그 나뭇가지들을 볼 수 있도록
물통에 세워 놓고, 그 가지 앞에서 짝짓기를 하게 하였다.
42 그러나 약한 양들과 염소들이 끼리끼리 짝짓기 할 때는
가지들을 세우지 않았다. 그래서 약한 것들은 라반 차지
가 되고, 튼튼한 것들은 야곱 차지가 되었다. 43 이렇게 해
서 야곱은 대단한 부자가 되어, 수많은 양과 염소뿐만 아
니라 여종과 남종, 낙타와 나귀들을 거느리게 되었다.

30,32 31,8. 30,33 시편 37,6. 30,37 31,9-12. 30,43 12,16; 13,2; 24,35; 26,13.14.

야곱이 고향으로 달아나다

31 1 야곱은 라반의 아들들이 "야곱이 우리 아버
지 것을 모조리 가로채고, 우리 아버지 것으
로 그 모든 재산을 이루었다." 하고 말하는 것을 듣게 되었
다. 2 야곱이 라반의 얼굴을 살펴보니, 자기를 대하는 태도
가 예전 같지 않았다. 3 그때 주님께서 야곱에게 말씀하셨
다. "네 조상들의 땅으로, 네 친족에게 돌아가거라. 내가
너와 함께 있겠다." 4 그래서 야곱은 라헬과 레아에게 사람
을 보내어, 자기 가축 떼가 있는 들로 불러내고는, 5 그들에
게 말하였다. "내가 당신네 아버지의 얼굴을 살펴보니 나
를 대하는 것이 예전 같지 않소. 그러나 내 아버지의 하느
님께서는 나와 함께 계셔 주셨소. 6 내가 힘을 다하여 당신
네 아버지의 일을 해 준 것을 당신들도 잘 알고 있을 것이
오. 7 그런데도 당신네 아버지는 나를 속이면서 내 품값을
열 번이나 바꿔 쳤소. 그렇지만 하느님께서는 나에게 해를
입히지 못하게 하셨소. 8 장인이 '얼룩진 것들이 자네 품삯
이네.' 하면, 양들과 염소들이 모두 얼룩진 새끼들만 낳고,
'줄쳐진 것들이 자네 품삯이네.' 하면, 양들과 염소들이 모
두 줄쳐진 새끼들만 낳았소. 9 하느님께서는 이처럼 당신네
아버지의 가축을 거두어 나에게 주셨소. 10 양들과 염소들
이 끼리끼리 짝짓기 하는 시기에, 내가 꿈속에서 눈을 들
어 보니, 암컷들과 교미하고 있는 수컷들이 줄쳐진 것, 얼
룩진 것, 반점이 있는 것뿐이었소. 11 그 꿈속에서 하느님
의 천사가 '야곱아!' 하고 부르시기에, 내가 '여기 있습니
다.' 하고 대답하였더니, 12 그분이 말씀하시기를 '눈을 들
어 보아라. 암컷들과 교미하고 있는 수컷들이 모두 줄쳐진
것, 얼룩진 것, 반점이 있는 것뿐이다. 라반이 너에게 어떻
게 하는지 내가 다 보았다. 13 나는 네가 기념 기둥에 기름
을 붓고 나에게 서원을 한 베텔의 하느님이다. 이제 일어나
서 이 땅을 떠나 네 본고장으로 돌아가거라.' 하셨소." 14 그
러자 라헬과 레아가 그에게 대답하였다. "아버지의 집에서
우리가 얻을 몫과 유산이 또 있기나 합니까? 15 우리는 아
버지에게 이방인이나 마찬가지 아닙니까? 아버지는 우리

31,15-16. 라반 딸들의 불평은 그들 각자가 여종 한 명씩을 받았다는 점에서(29,24.29 참조) 혼인 지참금에 관한 것이 아니라 모하르(29,18-19 주 참조)에 대한 것이다. 야곱은 처음에는 레아, 나중에는 라헬과 혼인하기 위해 14년 동안 라반을 위해 일했기 때문에, 라반의 딸들이 자기들 돈을 아버지가 다 써 버렸다고 그를 고소할 경우 라반은 애초에 딸들에게 줬어야 했지만 주지 않은 그 돈을 지불해야 할 것이다.

31,3 28,15.20.21; 32,9. 31,5 48,15. 31,7 욥 19,3; 시편 37,28; 105,14. 31,8 30,32. 31,11 48,16. 31,13 28,13.18.20. 31,14 29,15.27.

31,1-54. 야곱이 자신에 대한 라반의 바뀐 태도를 보고 걱정하자 하느님께서는 그의 조상 땅으로 돌아가라고 두 차례 야곱을 격려하신다(3절과 13절 참조). 야곱은 아내들과 자녀들과 모든 가축 떼를 데리고 몰래 파딴 아람을 떠난다. 라반은 야곱이 도망쳤다는 소식을 듣자 그를 추격하고 신상을 훔쳤다고 비난한다(22-42절 참조). 그러나 그 다툼은 계약으로 마무리된다(43-54절 참조).

31,19. 라헬이 아버지에게서 훔친 집안의 수호신들은 집에 모신 작은 신상들을 가리킨다. 이 도둑질은 고대 근동 관습과 연관되는데, 그 신상들을 가지고 있는 것은 상속권을 갖게 한다.

31,21. "강"은 유프라테스를 뜻한다. 길앗은 요르단 계곡 동쪽의 산악 지대에 위치한다.

를 팔아넘기시고, 우리에게 올 돈도 다 써 버리셨습니다. 16
하느님께서 우리 아버지에게서 거두신 재물은 모두 우리
와 우리 아들들의 것입니다. 그러니 이제 하느님께서 당신
께 분부하신 대로 다 하십시오."
17 그리하여 야곱은 일어나 자식들과 아내들을 낙타에 나
누어 태우고, 18 자기의 모든 가축과 그동안 모은 재산, 곧
파딴 아람에서 모아 자기 소유가 된 가축을 몰고, 가나안
땅에 있는 아버지 이사악에게 돌아가기로 하였다.
19 라반이 마침 양털을 깎으러 간 틈을 타서, 라헬은 아버
지 집안의 수호신들을 훔쳐 냈다. 20 야곱은 아람 사람 라
반을 속여, 달아날 낌새를 보이지 않고 있다가, 21 자기의
모든 재산을 거두어 도망쳤다. 그는 길을 떠나 강을 건너
길앗 산악 지방으로 향하였다.

라반이 야곱을 쫓아가다

22 야곱이 달아났다는 소식이 사흘 만에 라반에게 전해졌
다. 23 그는 친족을 이끌고 야곱의 뒤를 쫓아 이레 길을 달
려가, 길앗 산악 지방에서 그를 따라잡게 되었다. 24 그날
밤 꿈에 하느님께서 아람 사람 라반에게 나타나 말씀하
셨다. "좋은 말이든 나쁜 말이든 야곱에게 아무 말도 하지
않도록 조심하여라."
25 라반이 야곱에게 다다랐을 때, 야곱이 산악 지방에 천
막을 쳤으므로, 라반도 자기 친족과 함께 길앗 산악 지방
에 천막을 쳤다. 26 라반이 야곱에게 말하였다. "자네가
나를 속이고 내 딸들을 전쟁 포로처럼 끌고 가다니, 어찌
이럴 수가 있는가? 27 어째서 나를 속이고 몰래 달아났는
가? 왜 나에게 알리지 않았나? 그랬다면 내가 손북과 비
파로 노래 부르며 기쁘게 자네를 떠나보내지 않았겠나?
28 왜 내 손자들과 딸들에게 입 맞추게 해 주지도 않았는
가? 자네가 한 짓은 어리석기만 하네. 29 나는 자네들을 해
칠 수도 있지만, 어젯밤 자네들 아버지의 하느님께서 나에
게 '좋은 말이든 나쁜 말이든 야곱에게 아무 말도 하지 않
도록 조심하여라.' 하셨네. 30 그런데 자네는 아버지의 집
이 그토록 그리워 떠났다고는 하지만, 내 신들은 어째서
훔쳤나?" 31 야곱이 라반에게 대답하였다. "장인어른께서
제 아내들을 빼앗아 가지나 않을까 하는 생각에 두려웠

31,19 판관 17,5; 1사무 19,13; 호세 3,4. 31,21 37,25. 31,24 20,3; 24,50; 욥 33,15. 31,26 1사무 30,2. 31,27 룻 1,9.14; 사도 20,37.

기 때문입니다. 32 그러나 장인어른께서 저희 가운데 누구
에게서든 어른의 신들을 발견하신다면, 그자는 죽어 마땅
합니다. 제 짐 속에 장인어른의 것이 있는지, 저희 친족들
이 보는 앞에서 찾아내어 가져가십시오." 야곱은 라헬이
그것들을 훔쳤다는 사실을 모르고 있었던 것이다. 33 라반
은 야곱의 천막과 레아의 천막, 그리고 두 여종의 천막에
들어가 보았지만 찾아내지 못하였다. 그는 레아의 천막에
서 나와 라헬의 천막으로 들어갔다. 34 라헬은 그 수호신
들을 가져다 낙타 안장 속에 넣고는 그 위에 앉아 있었다.
라반은 천막 안을 샅샅이 뒤졌으나 찾아내지 못하였다. 35
라헬이 자기 아버지에게 말하였다. "아버지께서는 노여워
하지 마십시오. 저는 지금 몸이 있어, 아버지 앞에서 일어
설 수가 없답니다." 라반은 두루 찾아보았지만 수호신들을
찾아내지 못하였다.
36 그러자 야곱이 화를 내며 라반에게 따졌다. 야곱이 라
반에게 다그쳤다. "제가 무엇을 잘못했습니까? 제가 무슨
죄를 지었기에, 이렇게 악착스레 쫓아오셨습니까? 37 제 물
건을 샅샅이 뒤지셨는데, 장인어른 집안의 기물 가운데
무엇이라도 찾아내셨습니까? 여기 저의 친족과 장인어른
의 친족이 보는 앞에서 그것을 내놓으십시오. 그들이 우리
사이의 시비를 가리게 하십시다. 38 저는 이 이십 년을 장
인어른과 함께 지냈습니다. 그동안 장인어른의 암양들과
암염소들은 유산한 일이 없고, 저는 어른의 양 떼에서 숫
양들을 잡아먹은 적이 없습니다. 39 들짐승에게 찢긴 것은
장인께 가져가지 않고 제가 물어냈습니다. 낮에 도둑을 맞
든 밤에 도둑을 맞든 장인께서는 그것을 저에게 물리셨습
니다. 40 낮에는 더위가, 밤에는 추위가 저를 괴롭혀, 눈도
제대로 붙이지 못했습니다. 41 이 이십 년을 저는 장인어른
댁에서 지냈습니다. 그 가운데 십사 년은 어른의 두 딸을
얻으려고, 그리고 육 년은 어른의 가축을 얻으려고 일을
해 드렸습니다. 그런데 장인어른께서는 저의 품값을 열 번
이나 바꿔 치셨습니다. 42 제 아버지의 하느님, 아브라함의
하느님, 이사악의 두려우신 분께서 제 편이 되어 주지 않
으셨다면, 장인어른께서는 저를 틀림없이 빈손으로 보내

31,32 44,9. 31,35 탈출 20,12; 레위 19,32. 31,39 탈출 22,9-12. 31,41 29,27.30.
31,42 29,32; 1역대 12,18; 시편 124,1.2; 이사 8,13.

31,42. "이사악의 두려우신 분"(자구적으로 "이사악의 공포")은 하느님께 감도되어 지니게 된 경외심과 관련해 이 구절과 53절에 붙여진 하느님 칭호이다(이사 2,10.19.21에서 주님에 대한 공포는 그분의 영광스러운 위엄과 병행한다).

셨을 것입니다. 그러나 하느님께서는 저의 고통과 제 손의
고생을 보시고, 어젯밤에 시비를 가려 주신 것입니다."

야곱과 라반이 계약을 맺다

43 라반이 야곱에게 대답하였다. "이 여자들은 내 딸들이
고 이 아이들은 내 손자들이며, 이 가축 떼도 내 가축 떼
일세. 자네가 보고 있는 것들이 모두 내 것이네. 그렇지만
오늘에 와서 내가 여기 있는 내 딸들이나 그 애들이 낳은
아이들을 어찌하겠는가? 44 그러니 이제 이리 와서 자네와
내가 계약을 맺어, 그것이 나와 자네 사이에 증인이 되게
하세." 45 그래서 야곱이 돌 하나를 가져다 기념 기둥으로
세웠다. 46 그리고 야곱이 친족들에게 "돌을 모아 오십시
오." 하자, 그들이 돌들을 가져다 돌무더기를 만들었다. 그
들은 그 돌무더기 위에서 음식을 먹었다. 47 라반은 그 돌
무더기를 여가르 사하두타라 불렀고, 야곱은 갈엣이라 불
렀다. 48 그런 다음 라반이 말하였다. "오늘 이 돌무더기가
나와 자네 사이의 증인일세." 그리하여 그 이름을 갈엣이
라 하였다. 49 그곳은 또 미츠파라고도 하는데, 그것은 그
가 이렇게 말하였기 때문이다. "우리가 서로 볼 수 없는 동
안 주님께서 우리를 살피시기를 바라네. 50 자네가 내 딸
들을 구박하거나 내 딸들을 두고 다른 아내들을 맞아들
일 경우, 우리 곁에 아무도 없다 하더라도, 하느님께서 나
와 자네 사이의 증인이심을 명심하게."
51 라반이 야곱에게 다시 말하였다. "이 돌무더기를 보게.
그리고 내가 나와 자네 사이에 세워 놓은 이 기념 기둥을
보게. 52 내가 이 돌무더기를 넘어 자네 쪽으로 건너가지
않고, 자네가 나쁜 뜻을 품고 이 돌무더기와 이 기념 기둥
을 넘어오지 않는다는 것에 대해서 이 돌무더기가 증인이
고 이 기념 기둥이 증인일세. 53 아브라함의 하느님과 나호
르의 하느님께서 우리 사이의 심판자가 되어 주시기를 바
라네." 그래서 야곱은 자기 아버지 이사악의 두려우신 분
을 두고 맹세하였다. 54 야곱은 그 산악 지방에서 제사를
지내고, 자기 친족들에게 음식을 함께 나누자고 청하였
다. 그들은 음식을 함께 나누고 그 산악 지방에서 밤을 지
냈다.

31,43-54. 라반은 야곱과 자기 딸들 및 존중되어야 할 경계에 관한 계약을 맺는다. 기념 기둥과 돌무더기가 그 표징이며, 46절 식사로 계약이 체결된다. 54절에서 야곱이 제사를 봉헌한 뒤 관련된 식사가 이어진다. 기념 기둥과 특히 돌무더기는 각자의 소유 영역이나 행동 영역의 범위를 정하는 표시가 된다. 이런 의미에서 이 경계 표시에 야곱은 히브리어로, 라반은 아람어로(47절, 아람어는 "동방인들의 땅"의 고유 언어이다. 29,1 참조), 이중으로 이름을 붙이는 점이 주목할 만하다.

31,47. "여가르 사하두타"는 아람어로 "돌무더기 증인"이라는 뜻이다.

31,48. "갈엣" 히브리어로 앞에 나온 아람어 표현과 같은 뜻이다(31,47 주 참조).

31,49. "살피시기를 바라네."로 옮긴 동사는 '미츠파'("망보는 곳")라는 이름을 떠올리게 한다.

31,44 21,27.32; 26,28; 여호 24,27. 31,45 28,18. 31,48 여호 24,27. 31,49 판관 11,29; 1사무 7,5. 31,53 16,5; 21,23; 28,13.

32

1 이튿날 아침 라반은 일찍 일어나 손자들과 딸
들에게 입 맞추고 축복해 주었다. 그런 다음 라
반은 길을 떠나 자기 고장으로 돌아갔다.

야곱이 에사우를 만날 준비를 하다

2 야곱도 길을 떠났다. 그는 도중에 하느님의 천사들과 마
주쳤다. 3 야곱은 그들을 보고 "이곳은 하느님의 진영이구
나." 하면서, 그곳의 이름을 마하나임이라 하였다.
4 야곱은 에돔 지방 세이르 땅에 있는 형 에사우에게 자기
보다 먼저 심부름꾼들을 보내면서, 5 그들에게 지시하였
다. "너희는 나의 주인인 에사우에게 이렇게 말하여라. '나
리의 종인 야곱이 이렇게 아뢲니다. ′저는 라반 곁에서 나
그네살이하며 이제까지 그곳에 머물러 있었습니다. 6 저
는 그동안 소와 나귀, 양과 염소, 남종과 여종들을 가지게
되었습니다. 이제 저에게 호의를 베풀어 주십사고, 이렇게
사람들을 보내어 주인님께 소식을 전해 드립니다.′'"
7 심부름꾼들이 돌아와서 야곱에게 말하였다. "나리의 형
님 에사우에게 다녀왔습니다. 그분은 장정 사백 명을 거
느리고 나리를 만나러 오십니다." 8 야곱은 몹시 놀라고 걱
정이 되어, 자기 일행과 양과 염소, 소와 낙타들을 두 무
리로 나누었다. 9 그는 '에사우가 한 무리에게 달려들어 치
더라도, 나머지 한 무리는 살아남을 수 있겠지.' 하고 생각
하였던 것이다.
10 그러고 나서 야곱은 기도하였다. "저의 아버지 아브라함
의 하느님, 저의 아버지 이사악의 하느님! '너의 고향으로,
너의 친족에게 돌아가거라. 내가 너에게 잘해 주겠다.' 하
고 저에게 약속하신 주님! 11 당신 종에게 베푸신 그 모든
자애와 신의가 저에게는 과분합니다. 사실 저는 지팡이
하나만 짚고 이 요르단강을 건넜습니다만, 이제 이렇게 두
무리를 이루었습니다. 12 제 형의 손에서, 에사우의 손에서
부디 저를 구해 주십시오. 그가 들이닥쳐서 어미 자식 할
것 없이 저희 모두를 치지나 않을까 저는 두렵습니다. 13
당신께서는 '내가 너에게 잘해 주고, 네 후손을 너무 많아
셀 수 없는 바다의 모래처럼 만들어 주겠다.' 하고 말씀하
셨습니다."
14 그날 밤 야곱은 그곳에서 밤을 지냈다. 그런 다음 그는

32,3. 야곱이 약속의 땅 경계에서 천사들의 정렬된 군대를 만났을 때(2절) 지른 탄성은 마하나임이라는 이름의 기원을 설명한다(히브리어 '마하네'는 "진영"을 뜻한다). 마하나임은 야뽁강 북쪽의 요르단 동편 중심지다. 이 만남은 야곱이 야뽁강 여울에서 신비로운 상대와 밤새 싸우는 일을 준비한다.

32,4-22. 야곱은 에사우와의 만남을 두려워한다. 20년 전 야곱은 에사우에게서 합법적인 장자권(25,29-34 참조)과 아버지의 축복을 훔쳤다(27,1-40 참조). 야곱은 형에게 먼저 심부름꾼들을 보내고(4-7절 참조) 자기 가족을 두 무리로 나누어 위험을 피하려고 애쓴다. 야곱은 두려워하지만 하느님의 약속에 힘을 얻어 그분께 도움을 청한다. 형에 대한 죄의식을 갖고 형에게 많은 선물을 제공하면서 화해하려고 노력한다.

32,6. 30,27처럼 "호의를 베풀어 주다"(자구적으로는 "어떤 사람의 눈에서 호의를 발견하다")라는 히브리어 표현이 다시 나타나는데, 이 구절에서는 따뜻한 환대를 가리킨다(33,8 참조).

32,1 18,33; 30,25. 32,3 시편 103,21. 32,4 33,14.16; 25,30; 36,8.9. 32,5 잠언 15,1. 32,6 30,43; 33,8.15. 32,7 33,1. 32,10 28,15; 31,13.42. 32,11 24,27; 욥 8,7. 32,12 27,41.42; 33,4. 32,13 28,13-15; 히브 11,12. 32,14 43,11; 잠언 18,16.

자기가 가진 것 가운데에서 자기의 형 에사우에게 줄 선
물을 골라내었다. 15 암염소 이백 마리와 숫염소 스무 마
리, 암양 이백 마리와 숫양 스무 마리, 16 어미 낙타 서른
마리와 거기에 딸린 새끼들, 암소 마흔 마리와 황소 열 마
리, 암나귀 스무 마리와 수나귀 열 마리였다. 17 야곱은 이
것들을 종들의 손에 한 떼씩 따로 넘기면서 "나보다 앞서
가되, 떼와 떼 사이에 거리를 두어라." 하고 종들에게 일
렀다. 18 그리고 맨 앞에 선 종에게 지시하였다. "나의 형
에사우가 너를 만나, '너는 뉘 집 사람이냐? 어디로 가느
냐? 네 앞에 있는 이것들은 누구의 것이냐?' 하고 묻거든,
19 이렇게 대답하여라. '이것들은 나리의 종 야곱의 것인
데, 주인이신 에사우께 보내는 선물입니다. 야곱도 저희
뒤에 오고 있습니다.'" 20 야곱은 둘째와 셋째 종에게도,
그리고 가축 떼를 뒤따라가는 자들에게도 지시하였다.
"너희도 에사우를 만나거든 그렇게 말해야 한다. 21 그리
고 '나리의 종 야곱도 저희 뒤에 오고 있습니다.' 하고 말
해야 한다." 야곱은 '선물을 먼저 보내어 형의 마음을 풀
어야지. 그런 다음 그를 보게 되면, 그가 나를 좋게 받아
들일지도 모르지.' 하고 생각하였던 것이다. 22 이렇게 해
서 야곱은 선물을 앞서 보내고, 자신은 그날 밤을 야영지
에서 지냈다.

야곱이 하느님과 씨름하다

23 바로 그 밤에 야곱은 일어나, 두 아내와 두 여종과 열한
아들을 데리고 야뽁 건널목을 건넜다. 24 야곱은 이렇게
그들을 이끌어 내를 건네 보낸 다음, 자기에게 딸린 모든
것도 건네 보냈다. 25 그러나 야곱은 혼자 남아 있었다. 그

32,23. 야뽁이 동쪽에서 시작해 요르단강으로 흘러드는 지류로 묘사된다. 다른 구절에서는 이스라엘의 경계, 국경을 가리킨다(민수 21,24; 신명 2,37; 3,16; 여호 12,2; 판관 11,13.22 참조).

32,21 잠언 21,14. 32,23 신명 3,16; 여호 12,2; 지혜 10,12. 32,25 호세 12,4.5.

32,23-33. 야곱은 하느님께서 신비 안에 자신을 감추시는 동시에 계시하시는 특별한 체험을 통해 이스라엘이 된다. 신비로운 인물과의 싸움은 야곱을 약하게 하지 않고 힘을 주며 그를 변화시킨다. 이것은 형과 두려운 만남 전에 야곱이 대면하여 극복해야 할 시험이며, 약속에 대한 확인이다. 본문은 야곱이 혼자 남아 새벽까지 싸운 상대가 누구인지 말하지 않는다. (라삐 주석에 따르면) 에사우를 보호하는 영, 또는 (고대 전설들에서처럼) 야곱이 건너가는 것을 방해하는 강의 영, 또는 천사나 주님 자신 등 다양하게 해석된다. 25절은 "사람"이라고 말하지만 야곱은 그 사람 안에서 초월적 존재를 알아보면서(호세 12,4-5 참조) 그가 복을 내려주기 전까지는 놓아주지 않는다. 먼저 그 존재는 자신의 이름을 밝혀야 한다. 그러나 그 알려지지 않는 존재는 자기 이름을 드러내기를 거부한다. 야곱은 이스라엘이라는 새 이름을 받는데 "그가 하느님과 겨루었기" 때문이다. 그는 새 사람이 될 것이다. 호세 12,4-5에서 이 투쟁은 호의를 간청하는 것으로, 지혜 10,12에서는 하느님도 굽힐 수 있는 힘을 지닌 끈질긴 기도(로마 15,30; 콜로 4,12 참조)로 해석된다. 복음서 저자들도 예수님께서 수난 전에 체험한 어둠을 일종의 싸움, 그리스어로 '아고니아'(루카 22,44 참조)라는 용어로 이야기한다.

런데 어떤 사람이 나타나 동이 틀 때까지 야곱과 씨름을
하였다. 26 그는 야곱을 이길 수 없다는 것을 알고 야곱의
엉덩이뼈를 쳤다. 그래서 야곱은 그와 씨름을 하다 엉덩이
뼈를 다치게 되었다. 27 그가 "동이 트려고 하니 나를 놓아
다오." 하고 말하였지만, 야곱은 "저에게 축복해 주시지
않으면 놓아 드리지 않겠습니다." 하고 대답하였다. 28 그
가 야곱에게 "네 이름이 무엇이냐?" 하고 묻자, "야곱입니
다." 하고 대답하였다. 29 그러자 그가 말하였다. "네가 하
느님과 겨루고 사람들과 겨루어 이겼으니, 너의 이름은 이
제 더 이상 야곱이 아니라 이스라엘이라 불릴 것이다." 30
야곱이 "당신의 이름을 알려 주십시오." 하고 여쭈었지만,
그는 "내 이름은 무엇 때문에 물어보느냐?" 하고는, 그곳
에서 야곱에게 복을 내려 주었다. 31 야곱은 "내가 서로 얼
굴을 맞대고 하느님을 뵈었는데도 내 목숨을 건졌구나."
하면서, 그곳의 이름을 프니엘이라 하였다. 32 야곱이 프니
엘을 지날 때 해가 그의 위로 떠올랐다. 그는 엉덩이뼈 때
문에 절뚝거렸다. 33 그래서 이스라엘 자손들은 오늘날까
지도 짐승의 엉덩이뼈에 있는 허벅지 힘줄을 먹지 않는다.
그분께서 야곱의 허벅지 힘줄이 있는 엉덩이뼈를 치셨기
때문이다.

32,27. 라삐 해석에 따르면 야곱의 상대는 하느님 어좌 앞, 아침 합창단에서 노래해야 하는 천사이다. 이는 천사가 해가 뜨기 전에 서둘러 떠나야 했던 이유를 설명해 준다.

32,29. "겨루다"('사라')로 이스라엘이라는 이름을 설명하는데 '이스라엘'은 "하느님께서 싸우신다"를 뜻한다. 고대 번역들은 '사란', "강하다, 우세하다"에서 이 이름의 의미를 해석한다.

32,31-32. 프니엘("하느님의 얼굴")이라는 이름을 언어유희로 설명한다. "내가 서로 얼굴을 맞대고('파님 엘 파님') 하느님을 뵈었는데"

야곱이 에사우를 다시 만나다

33
1 야곱이 눈을 들어 보니, 에사우가 장정 사백
명과 함께 오고 있었다. 그래서 그는 레아와 라
헬과 두 여종에게 아이들을 나누어 맡긴 다음, 2 두 여종과
그들의 아이들을 앞에 세우고, 레아와 그의 아이들을 그
뒤에, 그리고 라헬과 요셉을 맨 뒤에 세웠다. 3 야곱 자신은
그들보다 앞장서 가면서, 형에게 다가갈 때까지 일곱 번
땅에 엎드려 절하였다.
4 그러자 에사우가 야곱에게 달려와서 그를 껴안았다. 에
사우는 야곱의 목을 끌어안고 입 맞추었다. 그들은 함께
울었다. 5 에사우가 눈을 들어 여자들과 아이들을 바라보
며, "네 곁에 있는 이 사람들은 누구냐?" 하고 묻자, 야곱
이 "하느님께서 당신의 이 종에게 은혜로이 주신 아이들
입니다." 하고 대답하였다. 6 그러자 두 여종과 그들의 아

33,1-17. 야곱과 에사우는 좋은 분위기에서 해후한다. 야곱은 형 앞에서 겸손한 자세를 보인다. 일곱 차례나 땅에 엎드려 절하면서(엘 아마르나 서간들에서 속국 봉신들이 파라오 앞에서 하는 것처럼) 형을 주인이라 부르고 자신을 형의 종이라 말한다. 야곱은 하느님께서 베푸신 은혜(11절에서 자기 선물을 그렇게 정의한다)의 결실인 자신의 선물을 받아 달라고 계속 형에게 간청한다. 그러나 에사우의 형제적 환대에도 야곱은 계속 형을 신뢰하지 않고, 형에게 자기보다 앞에 가 달라고 간청하며 세이르를 향해 형을 따라가는 체하다가 수콧으로 향한다.

32,27 호세 12,5. 32,29 35,10; 1열왕 18,31. 32,30 판관 13,17.18. 32,31 16,13; 탈출 24,11; 민수 12,8; 판관 6,22; 13,22; 1코린 13,12. 33,1 32,6. 33,3 18,2; 42,6. 33,4 45,14.15; 사도 20,37. 33,5 48,9; 시편 127,3; 이사 8,18.

이들이 앞으로 나와 큰절을 하였다. 7 레아와 그의 아이들
도 앞으로 나와 큰절을 하고, 마지막으로 요셉과 라헬이
앞으로 나와 큰절을 하였다.
8 에사우가 물었다. "내가 오다가 만난 그 무리는 모두 무
엇하려는 것이냐?" 야곱이 대답하였다. "주인께서 저에게
호의를 베풀어 주셨으면 해서 준비한 것입니다." 9 에사우
가 "내 아우야, 나에게도 많다. 네 것은 네가 가져라." 하고
말하였지만, 10 야곱은 이렇게 대답하였다. "아닙니다. 저
에게 호의를 베풀어 주신다면, 이 선물을 제 손에서 받아
주십시오. 정녕 제가 하느님의 얼굴을 뵙는 듯 주인의 얼
굴을 뵙게 되었고, 주인께서는 저를 기꺼이 받아 주셨습
니다. 11 제발 주인께 드리는 이 선물을 받아 주십시오. 하
느님께서 저에게 은혜를 베푸시어, 저는 모든 것이 넉넉합
니다." 이렇게 야곱이 간곡히 권하자 에사우는 그것을 받
아들였다.

33,10. "저에게 호의를 베풀어 주신다면"은 "원한을 품지 않는다면"이라는 뜻이다.

야곱이 에사우와 헤어지다

12 에사우가 말하였다. "자, 일어나 가자. 내가 앞장서마."
13 그러자 야곱이 그에게 말하였다. "주인께서도 아시다시
피 아이들은 약하고, 저는 또 새끼 딸린 양들과 소들을 돌
보아야 합니다. 하루만 몰아쳐도 짐승들이 모두 죽습니
다. 14 그러니 주인께서는 이 종보다 앞서서 떠나시기 바랍
니다. 저는 세이르에 계시는 주인께 다다를 때까지, 앞에
가는 가축 떼의 걸음에 맞추고 아이들의 걸음에 맞추어
천천히 나아가겠습니다."
15 에사우가 "나와 동행한 사람들 가운데 몇을 너에게 남
겨 주어야 하겠구나." 하고 말하였지만, 야곱은 "그러실 필
요가 있겠습니까? 주인께서 저에게 호의를 베풀어 주시기
만 하면 저는 충분합니다." 하고 대답하였다. 16 그날로 에
사우는 길을 떠나 세이르로 돌아가고, 17 야곱은 수콧으
로 가서 자기가 살 집을 짓고 가축들을 위한 초막들을 만
들었다. 그리하여 그곳의 이름을 수콧이라 하였다.

33,17. 수콧은 "천막들"이라는 뜻이다.

33,8 32,15-17. 33,10 43,3; 2사무 3,13. 33,11 1사무 25,27. 33,14 32,4. 33,15 34,11; 47,25; 룻 2,13. 33,17 판관 8,5.14; 시편 60,8.

야곱이 스켐에 다다르다

18 야곱은 파딴 아람을 떠나 가나안 땅에 있는 스켐 성읍
에 무사히 이르러, 그 성읍 앞에 천막을 쳤다. 19 그리고 자
기가 천막을 친 땅을 스켐의 아버지 하모르의 아들들에
게서 돈 백 닢을 주고 샀다. 20 그는 그곳에 제단을 세우고,
그 이름을 엘 엘로헤 이스라엘이라 하였다.

디나가 폭행을 당하다

34 1 레아가 야곱에게 낳아 준 딸 디나가 그 고장
여자들을 보러 나갔다. 2 그런데 그 고장의 족
장인 히위 사람 하모르의 아들 스켐이 디나를 보고, 그를
데리고 가서 겁탈하였다. 3 그는 야곱의 딸 디나에게 반하
여 그 소녀를 사랑하게 되었다. 그는 그 소녀에게 다정하게
이야기하였다. 4 스켐은 자기 아버지 하모르에게 "이 처녀
를 제 아내로 얻어 주십시오." 하고 말하였다. 5 야곱은 스
켐이 자기 딸 디나를 더럽혔다는 말을 들었지만, 아들들
이 가축과 함께 들에 있었기 때문에, 그들이 돌아올 때까
지 아무 말도 하지 않았다.

스켐인들과 혼인 계약을 맺다

6 스켐의 아버지 하모르가 야곱에게 이야기하려고 왔다. 7
마침 야곱의 아들들이 들에서 돌아와 있었는데, 이 남자
들은 소식을 듣고 분개하여 화가 치밀어 있었다. 스켐이
야곱의 딸과 동침하여 이스라엘에서 추잡한 짓을 저질렀
기 때문이다. 그런 짓은 해서는 안되는 것이었다.
8 그러나 하모르는 그들에게 이렇게 말하였다. "내 아들
스켐이 여러분의 따님에게 반해 있습니다. 따님을 그의 아
내로 주십시오. 9 우리와 인척 관계를 맺읍시다. 여러분의
딸들을 우리에게 주고, 우리 딸들을 데려가십시오. 10 우
리와 어울려 삽시다. 이 땅은 여러분 앞에 펼쳐져 있으니,
여기 사시면서 두루 돌아다니실 수 있습니다. 이곳에 정착
하십시오." 11 스켐도 디나의 아버지와 오빠들에게 말하였

33,18 25,20; 28,2; 여호 24,1; 판관 9,1. 33,19 여호 24,32; 요한 4,5; 사도 7,16. 34,1 30,21. 34,4 판관 14,2. 34,7 신명 22,21; 여호 7,15; 판관 20,6; 2사무 13,12. 34,10 13,9; 20,15.

34,1-31. 스켐에 머무르면서 그 지역 사람들과 이스라엘인들 사이의 관계 문제가 대두된다. 스켐이 디나를 성폭행으로 모욕한 일은 그의 청혼에도 불구하고 대량 살육으로 보복을 한다. 이것은 아주 심각해 보이는데, 스켐과 디나의 형제들 사이에 일어난 다툼이 야곱의 아들들에 의해 제안된 조건인 할례를 스켐 사람들이 수용하는 것으로 마무리된 듯했기 때문이다. 사실, 그 제안은 성읍을 파괴하고 주민들이 강건한 상태가 아닐 때 그들을 학살하기 위한 속임수였다.

33,18-20. 23장에서 아브라함이 한 것처럼 야곱도 가나안의 작은 땅을 구입한다. 그 땅은 정확히 스켐이다. 주님께서 아브라함에게 나타나시어 그의 자손에게 주겠다고 약속하신 곳과 같은 장소다(12,6-7 참조). 그 땅에 아브라함은 제단을 세웠다. 이제 야곱도 똑같이 제단을 세우고 "엘 엘로헤 이스라엘"("이스라엘의 하느님 엘")이라고 하였다. 셈족은 기원전 삼천 년에 그들 신들 가운데 하나를 '엘'이라고 불렀는데 이제 이 칭호가 이스라엘의 하느님을 가리킨다.

33,20. 야곱이 베텔에서 "제가 무사히 아버지 집으로 돌아가게 해 주신다면, 주님께서는 저의 하느님이 되시고"라고 서원한 것(28,21)을 지키면서 신앙을 고백하고 있다.

34,1-31. 이 장 전체가 디나와 관련된 사건에 초점을 맞추고 있지만 본문 어디에도 그 처녀의 관점이나 말은 나오지 않는다. 이 장은 후대에 편집된 내용이다.

34,7. "이스라엘"이라는 이름을 야곱(32,29 참조)이 아니라 백성(이야기 흐름상 한 백성으로서 이스라엘은 아직 형성되는 중이다)을 가리켜 씀으로써 이 본문이 후대에 기록된 내용에 속함을 보여 준다.

34,11-12. 어떤 남자가 아직 정혼하지 않은 처녀를 유혹하거나 성폭행했을 경우, 그는 관례적인 결혼 선물을 주면서 그녀를 아내로 삼을 수 있다고 이스라엘 율법은 규정했다. 그러나 처녀의 아버지가 그 요청을 거부할 경우에는 처녀와 가족에게 입힌 피해에 대한 보상으로 결혼 선물에 해당하는 금액을 지불해야 했다(탈출 22,15-16 참조).

다. "저에게 호의를 베풀어 주십시오. 여러분이 저에게 말
씀하시는 것을 다 드리겠습니다. 12 신부 몸값과 선물을 아
주 많이 요구하십시오. 여러분이 저에게 말씀하시는 대로
다 드리겠습니다. 다만 그 소녀를 저에게 아내로 주시기만
하십시오."
13 야곱의 아들들은 스켐이 자기들의 누이 디나를 더럽혔
기 때문에, 스켐과 그의 아버지 하모르에게 거짓으로 대
답하였다. 14 그들은 이렇게 말하였다. "할례 받지 않은 남
자에게 우리 누이를 주는 그러한 일을 우리는 할 수 없습
니다. 그것은 우리에게 수치스러운 일입니다. 15 다만 여러
분 가운데에 있는 남자들이 모두 할례를 받아 우리처럼
된다는 조건이라면, 여러분의 청을 받아들이겠습니다. 16
그렇게 하면, 우리 딸들을 여러분에게 주고 여러분의 딸
들을 우리에게 데려오고 하면서, 서로 어울려 살 수 있습
니다. 그래서 우리는 한 겨레가 되는 것입니다. 17 그러나
여러분이 우리 말대로 할례를 받지 않으신다면, 우리는
누이를 데리고 떠나가겠습니다."
18 하모르와 하모르의 아들 스켐은 야곱 아들들의 제안을
좋게 여겼다. 19 그래서 그 젊은이는 지체하지 않고 그 제
안을 실행에 옮겼다. 그가 야곱의 딸을 좋아하였기 때문
이다. 이 젊은이는 자기 아버지의 온 집안에서 가장 존경
받는 사람이었다.
20 하모르와 그의 아들 스켐은 성문으로 가서 자기네 성
읍 남자들에게 말하였다. 21 "이 사람들은 우리에게 호의
를 지니고 있습니다. 그러니 그들이 이 땅에 살면서 두루
돌아다닐 수 있게 해 줍시다. 이 땅은 그들을 받아들일 수
있을 만큼 넓습니다. 그들의 딸들을 아내로 데려오고 우
리 딸들을 그들에게 줍시다. 22 그러나 이 사람들은 자기
들이 할례를 받은 것처럼 우리 가운데에 있는 남자들도
모두 할례를 받는다는 조건이어야, 우리와 어울려 살면서
한 겨레가 되겠다고 합니다. 23 결국은 그들의 가축 떼와
그들의 재산과 그들의 짐승들이 모두 우리 것이 되지 않겠
습니까? 그들의 조건을 받아들여서 그들이 우리와 어울려
살게만 합시다." 24 성문에 나온 사람들이 모두 하모르와
그의 아들 스켐의 말을 받아들였다. 그리하여 모든 남자

34,12 탈출 22,15; 신명 22,29; 1사무 18,25. 34,14 17,14. 34,19 1역대 4,9. 34,24 23,10.

34,14-17. 이스라엘인들이 주님에게서 멀어질 가능성 때문에 신명 7,3에서 이민족과의 혼인을 명시적으로 금지할 것이다. 에즈 9,1-2 주해 참조.

들이, 성문에 나온 모든 이들이 할례를 받았다.

시메온과 레위의 음흉한 복수

25 사흘 뒤, 그들이 아직 아파하고 있을 때, 야곱의 두 아
들 곧 디나의 오빠인 시메온과 레위가 각자 칼을 들고, 거
침없이 성읍으로 들어가 남자들을 모조리 죽였다. 26 하모
르와 그의 아들 스켐도 칼로 쳐 죽이고, 스켐의 집에서 디
나를 데리고 나왔다.
27 야곱의 아들들은 칼에 맞아 쓰러진 자들에게 달려들
어 성읍을 약탈하였다. 그들이 자기들의 누이를 더럽혔기
때문이다. 28 그들은 양과 염소, 소와 당나귀, 성안에 있는
것과 바깥 들에 있는 것들을 가져갔다. 29 재산을 모두 빼
앗고 모든 어린아이들과 아낙네들을 잡아가고, 집 안에
있는 것들을 모조리 약탈하였다.
30 그러자 야곱이 시메온과 레위에게 말하였다. "너희는
이 땅에 사는 가나안족과 프리즈족에게 나를 흉측한 인
간으로 만들어, 나를 불행에 빠뜨리는구나. 나에게는 사
람들이 얼마 없는데, 그들이 합세하여 나를 치면, 나도 내
집안도 몰살당할 수밖에 없다." 31 그러나 그들은 "우리 누
이가 창녀처럼 다루어져도 좋다는 말씀입니까?" 하고 말
하였다.

야곱이 베텔로 돌아가다

35 1 하느님께서 야곱에게 말씀하셨다. "일어나 베
텔로 올라가 그곳에서 살아라. 그곳에 제단을
만들어, 네가 너의 형 에사우를 피해 달아날 때 너에게 나
타난 그 하느님에게 바쳐라." 2 야곱은 가족들과 자기에게
딸린 모든 사람에게 말하였다. "너희에게 있는 낯선 신들
을 내버려라. 몸을 깨끗이 씻고 옷을 갈아입어라. 3 일어나
베텔로 올라가자. 그곳에 제단을 만들어, 내가 어려움을
당할 때 나에게 응답해 주시고 내가 어디를 가든 나와 함
께 계셔 주신 하느님께 바치고자 한다." 4 그들은 자기들이
가지고 있던 모든 낯선 신들과 귀에 걸고 있던 귀걸이들을
내놓았다. 야곱은 스켐 근처에 있는 향엽나무 밑에 그것
들을 묻어 버렸다.

34,30-31. 시메온과 레위가 한 일을 인정하지 않는 야곱의 불평에 대한 시메온과 레위의 반응은 부족의 자존심과 명예의 개념이 다른 모든 고려 사항보다 중요하다는 것을 보여 준다. 49,5-7에서 야곱은 두 아들의 폭력과 교만을 단죄한다.

34,31. 야곱의 아들들은 "아버지의 딸"이라고 하지 않고 "우리 누이"라고 한다. 이들은 가문의 명예보다 안전을 중요시하면서 디나를 소홀히 하는 야곱의 태도에 저항하고 있다.

35,2-4. 여호 24,14.23에서 온갖 이방 신들 형상을 제거하라는 명령이 반복된다. 옷을 갈아입는 것은 감염될 수 있는 온갖 부정을 정화하는 행위에 항상 포함된다(탈출 19,10.14도 참조). 사람들이 걸고 있던 귀걸이를 내놓는 것의 정확한 뜻을 말하기는 쉽지 않다. 그러나 이 행동은 앞으로 일어날 일의 징후를 예시한다는 점에서 의미가 있다. 탈출 32,1-4에서 이스라엘은 그런 장신구를 녹여 최고의 우상인 금송아지를 만들 것이다.

34,25 49,5-7. 34,26 루카 21,24. 34,30 36,26.27; 49,6; 탈출 5,21. 35,1 27,43; 28,13.19. 35,2 31,19; 탈출 19,10.14. 35,3 28,15.20-22; 32,8.25. 35,4 여호 24,26; 호세 2,15.

5 그들이 길을 가는 동안 하느님께서 내리신 공포가 그들
주위의 성읍들을 휘감아, 아무도 야곱의 아들들을 뒤쫓
지 못하였다. 6 야곱은 자기에게 딸린 모든 사람과 함께 가
나안 땅에 있는 루즈 곧 베텔에 다다랐다. 7 야곱은 거기
에 제단을 쌓고 그곳의 이름을 엘 베텔이라 하였다. 그가
자기 형을 피해 달아날 때, 하느님께서 당신 자신을 바로
그곳에서 그에게 드러내 보이셨기 때문이다.
8 그때 레베카의 유모 드보라가 죽어, 베텔 아래에 있는 참
나무 밑에 묻혔다. 그래서 그곳의 이름을 알론 바쿳이라
하였다.
9 야곱이 파딴 아람에서 돌아오자, 하느님께서 다시 그에
게 나타나 복을 내려 주셨다. 10 하느님께서 그에게 말씀
하셨다. "너의 이름은 야곱이다. 그러나 더 이상 야곱이라
불리지 않을 것이다. 이스라엘이 이제 너의 이름이다." 이
렇게 하느님께서 그의 이름을 이스라엘이라 하셨다. 11 하
느님께서 그에게 다시 말씀하셨다. "나는 전능한 하느님이
다. 자식을 많이 낳고 번성하여라. 너에게서 한 민족이, 아
니 민족들의 무리가 생겨날 것이다. 네 몸에서 임금들이
나올 것이다. 12 내가 아브라함과 이사악에게 준 땅을 너
에게 준다. 또한 네 뒤에 오는 후손들에게도 그 땅을 주겠
다." 13 그런 다음 하느님께서는 야곱과 말씀을 나누시던
그곳에서 그를 떠나 올라가셨다. 14 야곱은 하느님께서 자
기와 말씀을 나누신 곳에 기념 기둥, 곧 돌로 된 기념 기
둥을 세운 다음, 그 위에 제주를 따르고 또 기름을 부었
다. 15 야곱은 하느님께서 자기와 말씀을 나누신 그곳의 이
름을 베텔이라 하였다.

벤야민의 탄생과 라헬의 죽음

16 그들이 베텔을 떠나 에프라타까지는 아직 얼마 더 가야
하는 곳에서 라헬이 해산하게 되었는데, 산고가 심하였다.
17 이렇게 라헬의 산고가 심하자 산파가 그에게 말하였다.

35,5-15. 야곱은 여행을 마칠 무렵 베텔에 도착한다. 주님께서 아브라함의 하느님과 이사악의 하느님으로 그에게 당신 자신을 이미 계시하신 장소이다(28,11-22 참조). 야곱은 그곳에 제단을 쌓는다. 이 단락에서 두 번 베텔이라는 이름의 기원을 설명하는데(7절과 15절) 28,19에서 이미 설명했다. 이것은 예배 장소로 베텔의 중요성을 이스라엘에게 알려 준다. 하느님께서는 이곳에서 야곱에게 다시 나타나신다. 그의 이름 변경(더 이상 야곱이 아니라 이스라엘)을 확인해 주시고 축복하시며 두 가지 약속(땅과 후손)을 쇄신하신다.

35,7. 엘 베텔은 "베텔의 하느님"이라는 뜻이다.

35,9-15. 야곱의 이름이 바뀌는 이야기인데 사제계 전승(P)에 속하며 32,23-33에 기록된 내용과 병행한다. 사제계 전승에 따르면 이름이 바뀌는 것은 야뽁 건널목(32,23 참조)이 아니라 베텔에서 일어난 일이다.

35,11. "네 몸에서… 나올 것이다"에서 몸의 자구적 의미인 허리는 힘과 활력의 자리이다. "너희 후손들 사이에 임금들이 있을 것이다"로 옮길 수도 있다.

35,12. 히브리어 본문에서 이 구절은 완전한 교차 대구 구조이다. "내가 아브라함과 이사악에게 준 그 땅을(a), 너에게 그것을 주겠다(b). 그리고 네 뒤에 오는 후손들에게 주겠다(b'). 그 땅을(a')." 번역에서는 이 수사학적 구성의 묘미가 상실된다.

35,14. 야곱이 세운 기념 기둥(28,18도 참조)은 베텔 성소의 성별을 기억하는 역할을 한다.

35,5 탈출 15,16; 신명 2,25; 11,25. 35,6 28,19; 48,3. 35,7 28,13; 티토 2,11. 35,8 24,59. 35,9 15 32,30; 호세 12,5. 35,10 32,29. 35,11 17,1.6.16; 28,3; 36,31; 48,4; 히브 7,5. 35,12 13,15; 26,3; 28,13. 35,13 17,22. 35,14 28,18. 35,15 28,19. 35,16-18 사도 7,8. 35,17 30,24.

35,1-4. 야곱은 스켐을 떠나기 전에 베텔 도착을 눈앞에 두고 식솔들에게 자신을 정화하고 우상 숭배에 속하는 과거의 모든 것을 버리라고 요구한다. 한 분이신 참하느님을 알기 위해서다. 이스라엘 백성은 계속 그들의 역사 안에서 모든 우상들을 버리고 주님만 섬기라는 권고를 받을 것이다(여호 24,1-28 주해 참조).

"두려워하지 마셔요. 이번에도 아들이에요." [18] 라헬은 마
침내 죽게 되어 마지막 숨을 거두면서, 아기의 이름을 벤
오니라 하였다. 그러나 아기의 아버지는 벤야민이라 불렀
다. [19] 라헬은 이렇게 죽어, 에프라타 곧 베들레헴으로 가
는 길가에 묻혔다. [20] 야곱은 라헬의 무덤에 비석을 세웠
다. 그것이 오늘날까지도 서 있는 라헬의 묘비이다.

35,18. 라헬은 죽기 직전에 방금 낳은 아들에게 '벤 오니', "내 고통의 아들"이라는 이름을 붙인다. 야곱은 흉조가 담긴 이 이름 대신 길조를 희망하며 '벤야민', "오른손의 아들, 또는 오른쪽의 아들"이라고 바꾼다.

르우벤의 추행

[21] 이스라엘은 다시 길을 떠나 믹달 에데르 건너편에 천막
을 쳤다. [22] 이스라엘이 그 땅에서 살고 있을 때, 르우벤이
자기 아버지의 소실 빌하에게 가서 그와 동침하였다. 이스
라엘이 이를 듣고 알게 되었다.

35,22. 야곱의 장자 르우벤의 근친상간이 언급되는데 49,3-4에 가서 그 결과를 볼 것이다. 르우벤은 장자권을 상실한다.

야곱의 열두 아들

야곱의 아들은 열둘이다. [23] 레아의 아들은 야곱의 맏아
들 르우벤, 시메온, 레위, 유다, 이사카르, 즈불룬이고, [24]
라헬의 아들은 요셉과 벤야민이다. [25] 라헬의 몸종 빌하의
아들은 단과 납탈리이고, [26] 레아의 몸종 질파의 아들은
가드와 아세르이다. 이들은 야곱이 파딴 아람에 있을 때
태어난 아들들이다.

이사악이 죽다

[27] 마침내 야곱은 마므레 곧 키르얏 아르바에 있는 자기 아
버지 이사악에게 다다랐다. 그곳은 아브라함과 이사악이
나그네살이하던 헤브론이다. [28] 이사악의 나이는 백여든
살이었다. [29] 이사악은 노인으로, 한껏 살다가 숨을 거두
고 죽어 선조들 곁으로 갔다. 아들 에사우와 야곱이 그를
안장하였다.

35,19 48,7; 룻 1,2; 미카 5,1; 마태 2,18. 35,20 1사무 10,2. 35,22-26 29,31-30,24; 묵시 7,5-8. 35,22 49,2; 1역대 5,1; 1코린 5,1. 35,27 18,1; 23,9; 히브 11,9. 35,29 15,15; 25,8.

가나안에서 난 에사우의 자손

36 1 에사우 곧 에돔의 족보는 이러하다. 2 에사우
는 가나안 여자들 가운데에서 아내들을 맞아
들였다. 히타이트 사람 엘론의 딸 아다, 히위 사람 치브온
의 아들 아나에게서 난 딸 오홀리바마, 3 그리고 이스마엘
의 딸이며 느바욧의 누이인 바스맛이 그들이다. 4 아다는
에사우에게 엘리파즈를 낳아 주었고, 바스맛은 르우엘을
낳았다. 5 오홀리바마는 여우스, 얄람, 코라를 낳았다. 이
들이 가나안 땅에서 태어난 에사우의 아들들이다.
6 그 뒤에 에사우는 아내들과 아들딸들, 자기 집에 딸린
모든 식구들, 그리고 가나안 땅에서 얻은 가축 떼와 모든
짐승들과 재산을 거두어, 자기의 아우 야곱에게서 좀 떨
어진 땅으로 갔다. 7 함께 살기에는 그들의 가산이 너무
많았기 때문이다. 가축이 너무 많아 그들이 머물던 땅이
그들을 다 받아들일 수가 없었던 것이다. 8 그래서 에사우
는 세이르의 산악 지방에 자리를 잡았다. 이 에사우가 곧
에돔이다.

세이르에서 난 에사우의 자손

9 세이르 산악 지방에 사는 에돔의 조상 에사우의 족보는
이러하다. 10 에사우의 아들들의 이름은 이러하다. 에사우
의 아내 아다의 아들 엘리파즈와 에사우의 아내 바스맛의
아들 르우엘이다. 11 엘리파즈의 아들들은 테만, 오마르, 츠
포, 가아탐, 크나즈이다. 12 에사우의 아들 엘리파즈에게
는 팀나라는 소실이 있었는데, 그가 엘리파즈에게 아말렉
을 낳아 주었다. 이들이 에사우의 아내 아다의 자손들이
다. 13 르우엘의 아들들은 이러하다. 곧 나핫, 제라, 삼마,
미짜이다. 이들이 에사우의 아내 바스맛의 자손들이다. 14
치브온의 아들 아나의 딸로서 에사우의 아내인 오홀리바
마의 아들들은 이러하다. 그는 에사우에게 여우스, 얄람,
코라를 낳아 주었다.

36,2. "치브온의 아들" 이 번역은 칠십인역, 시리아어 번역과 사마리아 오경을 따른다. 히브리어 본문에는 "치브온의 딸"로 되어 있다(14절에도 같은 표현이 나온다).

36,6-8. 사제계 전승(P)에서 전하는 야곱과 에사우의 이별 이야기다. 33,12-17에는 이보다 더 모호하고 아이러니한 어조로 기록되어 있다.

36,8. 성경 전통에서 '세이르'("털이 많은") 땅은 에사우와 연결되는데 에사우는 털이 많은 사람으로 소개된다. 이 지역은 가나안 남쪽, 사해 지역을 따라 뻗은 산맥의 기슭에 있다.

36,12.16. 이 족보의 여러 이름 가운데 아말렉은 이스라엘에게 주요 적대 민족으로 계속 기억된다(탈출 17,8-16; 신명 25,17-19 참조).

36,1 25,30. 36,2 26,34; 28,9. 36,6 12,5; 묵시 18,13. 36,7 13,6.11; 17,8; 28,4. 36,8 32,4. 36,9-14 // 36,15-19. 36,10 1역대 1,35. 36,12 탈출 17,8.14.

36,1-43. 이 장에서 에사우의 후손을 야곱의 후손과 확실히 구분하며(에사우의 후손은 1절에서 에돔과 동일시되고, 9절에서는 "에돔의 조상"으로 표현된다), 땅의 분리도 강조한다(25,12-18 참조). 에사우는 아우 야곱에게서 조금 떨어진 땅, 곧 약속의 땅 경계 밖으로 이동한다(36,8-9). 야곱은 자기 아버지가 나그네살이하던 땅 곧 가나안 땅에 자리를 잡는다(창세 37,1).

에돔의 족장들

15 에사우의 자손들의 족장들은 이러하다. 에사우의 맏
아들 엘리파즈의 아들들은 족장 테만, 족장 오마르, 족장
츠포, 족장 크나즈, 16 족장 코라, 족장 가아탐, 족장 아말
렉이다. 이들이 에돔 땅에 있는 엘리파즈의 족장들이다.
이들은 아다의 자손들이다. 17 에사우의 아들 르우엘의 아
들들은 이러하다. 족장 나핫, 족장 제라, 족장 삼마, 족장
미짜이다. 이들이 에돔 땅에 있는 르우엘의 족장들이다.
이들은 에사우의 아내 바스맛의 자손들이다. 18 에사우의
아내 오홀리바마의 아들들은 이러하다. 족장 여우스, 족
장 얄람, 족장 코라이다. 이들은 아나의 딸로서 에사우의
아내인 오홀리바마의 아들들이다. 19 이들이 에사우 곧 에
돔의 아들들이며, 이들이 그 족장들이다.

호르 사람 세이르의 자손

20 호르 사람 세이르의 아들들로서 그 땅의 주민들은 이러
하다. 곧 로탄, 소발, 치브온, 아나, 21 디숀, 에체르, 디산이
다. 이들이 에돔 땅에 사는 세이르의 아들들로서 호르족
족장들이다. 22 로탄의 아들들은 호르와 헤맘이고, 로탄
의 누이는 팀나이다. 23 소발의 아들들은 이러하다. 곧 알
완, 마나핫, 에발, 스포, 오남이다. 24 치브온의 아들들은
이러하다. 곧 아야와 아나이다. 아나는 자기 아버지 치브
온의 나귀를 치다가, 광야에서 온천을 발견한 사람이다.
25 아나의 자녀들은 이러하다. 곧 디숀과 아나의 딸 오홀
리바마이다. 26 디숀의 아들들은 이러하다. 곧 헴단, 에스
반, 이트란, 크란이다. 27 에체르의 아들들은 이러하다. 곧
빌한, 자아완, 아칸이다. 28 디산의 아들들은 이러하다. 곧
우츠와 아란이다. 29 호르족 족장들은 이러하다. 곧 족장
로탄, 족장 소발, 족장 치브온, 족장 아나, 30 족장 디숀, 족
장 에체르, 족장 디산이다. 이들이 세이르 땅에 사는 부족
들에 따라 본 호르족의 족장들이다.

36,20-30. 호르족도 에돔 지역의 주민들 가운데 하나다(14,6; 신명 2,12.22 참조).

36,15 1역대 1,34. 36,17 1역대 1,35.37. 36,18 1역대 1,52. 36,20 14,6; 신명 2,12.22; 1역대 1,38. 36,25 1역대 1,52. 36,27 1역대 1,42.

36,31-39. 8명의 임금이 언급되는데 그 자리는 세습되지 않았다. 임금이 죽으면 힘이 센 어떤 사람이 임금이 되고 그에 따라 수도도 바뀌었다("그의 성읍 이름은… 이었다.").

에돔의 임금들

31 이스라엘 자손들을 임금이 다스리기 전에, 에돔 땅을
다스리던 임금들은 이러하다. 32 브오르의 아들 벨라가 에
돔을 다스렸는데, 그의 성읍 이름은 딘하바였다. 33 벨라
가 죽자 보츠라 출신 제라의 아들 요밥이 그 뒤를 이어 임
금이 되었다. 34 요밥이 죽자 테만 땅 출신 후삼이 그 뒤를
이어 임금이 되었다. 35 후삼이 죽자 브닷의 아들, 곧 미디
안을 모압평야에서 무찌른 하닷이 그 뒤를 이어 임금이
되었다. 그의 성읍 이름은 아윗이었다. 36 하닷이 죽자 마
스레카 출신 사믈라가 그 뒤를 이어 임금이 되었다. 37 사
믈라가 죽자 강가 르호봇 출신 사울이 그 뒤를 이어 임금
이 되었다. 38 사울이 죽자 악보르의 아들 바알 하난이 그
뒤를 이어 임금이 되었다. 39 악보르의 아들 바알 하난이
죽자 하다르가 그 뒤를 이어 임금이 되었다. 그의 성읍 이
름은 파우였다. 그리고 그의 아내 이름은 므헤타브엘이었
는데, 메 자합의 딸인 마트렛의 딸이었다.

에돔의 족장들

40 씨족과 지역과 이름에 따라 본 에사우의 족장들의 이
름은 이러하다. 곧 족장 팀나, 족장 알와, 족장 여텟, 41 족
장 오홀리바마, 족장 엘라, 족장 피논, 42 족장 크나즈, 족
장 테만, 족장 밉차르, 43 족장 막디엘, 족장 이람이다. 이
들이 저마다 차지하고 살던 거주지에 따라 본 에돔의 족
장들이다. 에사우는 에돔의 조상이다.

36,31-39 // 1역대 1,43-50. 36,40-43 // 1역대 1,51-54.

요셉과 그 형제들

37 1 야곱은 자기 아버지가 나그네살이하던 땅 곧
가나안 땅에 자리를 잡았다. 2 야곱의 역사는
이러하다.
열일곱 살 난 요셉은 형들과 함께 양을 치는 목자였는데,
아버지의 아내인 빌하의 아들들과 질파의 아들들을 도와
주는 심부름꾼이었다. 요셉은 그들에 대한 나쁜 이야기들
을 아버지에게 일러바치곤 하였다.
3 이스라엘은 요셉을 늘그막에 얻었으므로, 다른 어느 아
들보다 그를 더 사랑하였다. 그래서 그에게 긴 저고리를
지어 입혔다. 4 그의 형들은 아버지가 어느 형제보다 그를
더 사랑하는 것을 보고 그를 미워하여, 그에게 정답게 말
을 건넬 수가 없었다.

요셉의 꿈

5 한번은 요셉이 꿈을 꾸고 그것을 형들에게 말한 적이 있
는데, 그 때문에 형들은 그를 더 미워하게 되었다. 6 요셉
이 그들에게 말하였다. "내가 꾼 이 꿈 이야기를 들어 보
셔요. 7 우리가 밭 한가운데에서 곡식 단을 묶고 있었어요.
그런데 내 곡식 단이 일어나 우뚝 서고, 형들의 곡식 단들
은 빙 둘러서서 내 곡식 단에게 큰절을 하였답니다." 8 그
러자 형들이 그에게 말하였다. "네가 우리의 임금이라도
될 셈이냐? 네가 우리를 다스리기라도 하겠다는 말이냐?"
그리하여 형들은 그의 꿈과 그가 한 말 때문에 그를 더욱
미워하게 되었다.

37,1 17,8; 28,4. 37,3 44,20. 37,4 27,41; 49,22.23. 37,7 42,6.9; 43,26; 44,14. 37,8 49,26.

37,2-50,26. 이 단락은 "야곱의 역사는 이러하다."('톨레돗' 정식. 도입에서 구조와 문학적 특성 참조)로 시작된다. 족보가 점차 줄어들어 나온다. 창세기 마지막 장들에 해당하는 이 단락에서 중심인물은 야곱이지만, 전체 관심사는 아버지에게 편애를 받는 동생에 대한 형제들의 미움, 이집트에서 권력자의 지위로 상승하는 요셉, 그리고 형제들의 화해 등 요셉과 형제들에게 집중된다(37장에서 "형[제]" 단어가 21번이나 반복된다). 이 설화는 극소수의 비설화 자료들(46,8-27의 이스라엘인들 족보와 49,1-27 야곱의 축복) 때문에 중단되지만 전체적으로 단일한 이야기이며 가나안을 이집트와 연결하는 데 사용된다. 여기서 지혜문학의 특징적인 주제들이 발견되는데, 요셉이라는 인물의 특성(꿈 해석가, 하느님을 경외하는 사람, 지혜로운 행정관), 복잡다단한 인간사를 통해 하느님의 섭리 활동이 이루어지는 장소로 역사 전체를 해석하는 것("형님들은 나에게 악을 꾸몄지만, 하느님께서는 그것을 선으로 바꾸셨습니다." 50,20) 등이 그러하다. 이 이야기는 성조들과 관련된 다른 이야기들처럼 가나안 땅 안에서가 아니라 외부, 곧 이집트에서 마친다. 이런 식으로 다음 책인 탈출기로 넘어가는 문학적인 가교가 제공되는데, 이 탈출기의 첫 열다섯 장은 이집트 땅을 배경으로 전개된다.

37,1. 가나안 땅과 관련하여 변화를 강조한다. 야곱은 가나안 땅에 "자리를 잡았다." 그의 아버지는 그 땅에서 "나그네살이"를 하였다.

37,2-4. 형제들 사이의 관계가 심상치 않다는 것이 언급된다. 형제들이 함께 양을 치고 있는데 요셉은 아버지에게 다른 형들에 대해 좋지 않게 일러바친다. 야곱은 편애하는 아들 요셉에게 다른 형제들이 보통 입던 작업복과 다른 특별한 옷을 입힌다. 그것은 긴 저고리인데 왕자의 옷이다(2사무 13,18 참조). 요셉은 이 모든 것 때문에 다른 형제들에게 미움을 받는다.

37,3. "긴 저고리"는 긴 소매가 있는 겉옷이다. 그리스어 번역과 예로니모의 대중 라틴말 성경은 겉옷을 암시하는 이 흔치 않은 히브리어를 색동저고리로 번역한다.

37,5-11. 형제들은 미래에 대한 신적 계시처럼 해석되는 요셉의 꿈 때문에 그를 더 미워하게 되고 반발한다. 첫째 꿈에서는 형들의 곡식단이 요셉의 곡식단 앞에서 큰절을 한다. 둘째 꿈에서는 태양, 달과 별 열한 개가 요셉 앞에서 큰절을 한다. 이번에는 "땅에 엎드려"라는 말을 덧붙이면서 요셉에 반발하는 이는 야곱이다. 형들은 요셉을 질투하나 아버지는 이 일을 마음에 간직한다(42,6.9 참조). 꿈이 아니더라도 37,2에 따르면 형제들과 요셉의 갈등은 이미 있었는데, 요셉이 아버지에게 형제들에 대한 나쁜 이야기를 일러바쳤기 때문이다. 혹은 37,3에 따르면 야곱이 형제들 앞에서 요셉에 대한 편애를 감추지 않았기 때문이다.

9 그는 또 다른 꿈을 꾸고 그것을 형들에게 말하였다. “내
가 또 꿈을 꾸었는데, 해와 달과 별 열한 개가 나에게 큰
절을 하더군요.” 10 이렇게 그가 아버지와 형들에게 이야기
하자, 그의 아버지가 그를 꾸짖어 말하였다. “네가 꾸었다
는 그 꿈이 대체 무엇이냐? 그래, 나와 네 어머니와 네 형
들이 너에게 나아가 땅에 엎드려 큰절을 해야 한단 말이
냐?” 11 형들은 그를 시기하였지만, 그의 아버지는 이 일을
마음에 간직하였다.

요셉이 이집트로 팔려 가다

12 그의 형들이 아버지의 양 떼에게 풀을 뜯기러 스켐 근처
로 갔을 때, 13 이스라엘이 요셉에게 말하였다. “네 형들이
스켐 근처에서 양 떼에게 풀을 뜯기고 있지 않느냐? 자, 내
가 너를 형들에게 보내야겠다.” 요셉이 “그러십시오.” 하고
대답하자, 14 이스라엘이 그에게 말하였다. “가서 네 형들
이 잘 있는지, 양들도 잘 있는지 보고 나에게 소식을 가져
오너라.” 이렇게 해서 그는 요셉을 헤브론 골짜기에서 떠나
보냈다.
요셉이 스켐에 도착하였다. 15 어떤 사람이 보니 그가 들
에서 헤매고 있었다. 그래서 그 사람이 “무엇을 찾고 있느
냐?” 하고 묻자, 16 요셉이 대답하였다. “저는 형들을 찾고
있습니다. 그들이 어디서 양들에게 풀을 뜯기고 있는지 저
에게 제발 알려 주십시오.” 17 그러자 그 사람이 말하였다.
“그 사람들은 여기서 떠났단다. ‘도탄으로 가자.’ 하는 말
을 내가 들었다.” 그래서 요셉은 형들을 뒤따라가 도탄에
서 그들을 찾아냈다. 18 그런데 그의 형들은 멀리서 그를
알아보고, 그가 자기들에게 가까이 오기 전에 그를 죽이
려는 음모를 꾸몄다. 19 그들은 서로 말하였다. “저기 저 꿈
쟁이가 오는구나. 20 자, 이제 저 녀석을 죽여서 아무 구덩
이에나 던져 넣고, 사나운 짐승이 잡아먹었다고 이야기하
자. 그리고 저 녀석의 꿈이 어떻게 되나 보자.”
21 그러나 르우벤은 이 말을 듣고 그들의 손에서 요셉을 살
려 낼 속셈으로, “목숨만은 해치지 말자.” 하고 말하였다.
22 르우벤이 그들에게 다시 말하였다. “피만은 흘리지 마

37,13.14.17. 여기서 언급하는 지리가 특이하다. 스켐과 도탄은 산악 지역 북쪽인 반면, 요셉이 출발한 헤브론은 스켐에서 약 80km 떨어진 남쪽 언덕 지역이다. 따라서 요셉이 걸어갈 거리가 상당하다.

37,9 묵시 12,1. 37,10 27,29. 37,11 루카 2,19; 사도 7,9. 37,14 35,27. 37,17; 2열왕 6,13. 37,18. 1사무 19,1; 마태 27,1; 사도 23,12. 37,20 마르 12,7. 37,21 42,22.

37,18-20. 미움 때문에 형제들은 요셉에 대한 음모를 꾸민다. 요셉에게서, 요셉이 꾼 꿈들의 예견된 운명에서 벗어나기 위해서이다. 그들은 요셉을 구하고 싶은 맏형 르우벤의 조언에 따라 그를 죽이지는 않고 구덩이에 던지는 데 동의한다.

라. 그 아이를 여기 광야에 있는 이 구덩이에 던져 버리고,
그 아이에게 손을 대지는 마라." 르우벤은 그들의 손에서
요셉을 살려 내어 아버지에게 되돌려 보낼 생각이었다.
23 이윽고 요셉이 형들에게 다다르자, 그들은 그의 저고리,
곧 그가 입고 있던 긴 저고리를 벗기고, 24 그를 잡아 구덩
이에 던졌다. 그것은 물이 없는 빈 구덩이였다.
25 그들이 앉아 빵을 먹다가 눈을 들어 보니, 길앗에서 오
는 이스마엘인들의 대상이 보였다. 그들은 여러 낙타에 향
고무와 유향과 반일향을 싣고, 이집트로 내려가는 길이었
다. 26 그때 유다가 형제들에게 말하였다. "우리가 동생을
죽이고 그 아이의 피를 덮는다고 해서, 우리에게 무슨 이
득이 있겠느냐? 27 자, 그 아이를 이스마엘인들에게 팔아
버리고, 우리는 그 아이에게 손을 대지 말자. 그래도 그 아
이는 우리 아우고 우리 살붙이가 아니냐?" 그러자 형제들
은 그의 말을 듣기로 하였다.
28 그때에 미디안 상인들이 지나가다 요셉을 구덩이에서
끌어내었다. 그들은 요셉을 이스마엘인들에게 은전 스무
닢에 팔아넘겼다. 이들이 요셉을 이집트로 데리고 갔다.
29 르우벤이 구덩이로 돌아와 보니, 그 구덩이 안에 요셉이
없었다. 그는 자기의 옷을 찢고, 30 형제들에게 돌아가 말
하였다. "그 애가 없어졌다. 난, 나는 어디로 가야 한단 말
이냐?"
31 그들은 요셉의 저고리를 가져다, 숫염소 한 마리를 잡아
그 피에 적셨다. 32 그들은 그 긴 저고리를 아버지에게 가
지고 가서 말하였다. "저희가 이것을 주웠습니다. 이것이
아버지 아들의 저고리인지 아닌지 살펴보십시오." 33 그가
그것을 살펴보다 말하였다. "내 아들의 저고리다. 사나운
짐승이 잡아먹었구나. 요셉이 찢겨 죽은 게 틀림없다." 34
야곱은 옷을 찢고 허리에 자루옷을 두른 뒤, 자기 아들의
죽음을 오랫동안 슬퍼하였다. 35 그의 아들딸들이 모두 나
서서 그를 위로하였지만, 그는 위로받기를 마다하면서 말하
였다. "아니다. 나는 슬퍼하며 저승으로 내 아들에게 내려가
련다." 이렇게 요셉의 아버지는 그를 생각하며 울었다.
36 한편 미디안인들은 이집트로 가서 파라오의 내신으로
경호대장인 포티파르에게 그를 팔아넘겼다.

37,25-30. 사건들의 연속성이 분명하지 않다. 본문은 병행되는 이야기 두 개를 결합시키고 있다. 하나는 르우벤의 조언으로 형제들이 요셉을 구덩이에 빠뜨린 이야기이다(37,21-24 참조). 형제들이 모르는 사이에 미디안인들이 지나가다가 요셉을 끌어내(28ㄱ절 참조) 이집트로 데려가 포티파르에게 팔아넘긴다(36절 참조). 구덩이로 돌아온 르우벤은 동생을 찾을 수 없자 절망에 빠진다(30절 참조). 그러나 다른 이야기에서는 이집트로 가던 이스마엘인 상인들에게 요셉을 팔자고 제안하며 사건에 개입하는 이가 유다이고(25-27절 참조) 형제들은 요셉을 은전 스무 닢에 팔아넘긴다(45,4-5 참조). 이 두 번째 이야기에 39,1이 연결된다.

37,32. 긴 저고리는 중요한 역할을 한다. 그 옷이 야곱이 편애하는 아들이 죽었다는 증거로 제시되기 때문이다. 27장에서도 같은 이야기 도식을 볼 수 있다. 야곱이 입은 에사우의 소중한 옷이 아버지를 속인다. 27장에서 염소는 사냥으로 잡은 짐승을 대신하고 37장에서 염소의 피는 아들의 피를 대신한다.

37,34. "자루옷"은 애도나 속죄를 표하기 위해 입는다. 요엘 1,13 참조.

37,35. "저승"으로 번역된(욥 7,9; 11,8; 14,13 등 참조) 히브리어 '스올'은 그리스인들의 '하데스'와 죽은 이들의 나라에 해당한다(창세 42,38 주해 참조).

37,36. "내신"으로 번역된 단어의 자구적 의미는 "내시"이다(2열왕 18,17; 25,19; 예레 34,19; 사도 8,27-39 참조). 고대 근동에서 내시는 거세된 후에 왕궁에서 여인들을 보호하는 임무를 맡았다. 그러나 이 용어는 기본적 의미와는 별도로 경호대장처럼 다소 높은 직위의 관리를 가리키기도 한다.

37,25 43,11; 예레 8,22. 37,26 4,10; 욥 16,18. 37,27 42,21. 37,28 39,1; 45,4.5; 판관 6,3; 지혜 10,13; 사도 7,9. 37,29 44,13. 37,30 42,13.36. 37,33 44,28. 37,34 2사무 3,31. 37,35 42,38; 44,29.31; 2사무 12,17. 37,36 39,1.

유다와 타마르

38 [1]그때에 유다는 형제들과 떨어져 내려와, 히라
라는 이름을 지닌 아둘람 사람에게 붙어살았
다. [2]유다는 그곳에서 수아라는 이름을 지닌 가나안 사람
의 딸을 만나 아내로 삼고, 그와 한자리에 들었다. [3]그 여
자가 임신하여 아들을 낳자, 유다는 그 이름을 에르라 하
였다. [4]그 여자는 또 임신하여 아들을 낳고 그 이름을 오난
이라 하였다. [5]그 여자는 다시 아들을 낳고 그 이름을 셀라
라 하였다. 그가 셀라를 낳을 때 유다는 크집에 있었다.
[6]유다는 맏아들 에르에게 아내를 얻어 주었는데, 그 이름
은 타마르였다. [7]그런데 유다의 맏아들 에르는 주님께서
보시기에 악하였으므로, 주님께서 그를 죽게 하셨다. [8]그
래서 유다가 오난에게 말하였다. "네 형수와 한자리에 들
어라. 시동생의 책임을 다하여 네 형에게 자손을 일으켜
주어라." [9]그러나 오난은 그 자손이 자기 자손이 되지 않
을 것을 알고 있었기 때문에, 형수와 한자리에 들 때마다,
형에게 자손을 만들어 주지 않으려고 그것을 바닥에 쏟아
버리곤 하였다. [10]그가 이렇게 한 것이 주님께서 보시기에
악하였으므로, 그도 죽게 하셨다. [11]그러자 유다는 자기
며느리 타마르에게 말하였다. "내 아들 셀라가 클 때까지
너는 친정에 돌아가 과부로 살고 있어라." 그는 '이 아이도
제 형들처럼 죽어서는 안 되지.' 하고 생각하였던 것이다.
그리하여 타마르는 친정으로 돌아가 살게 되었다.
[12]오랜 세월이 흐른 뒤에 수아의 딸, 유다의 아내가 죽었
다. 애도 기간이 지나자, 유다는 아둘람 사람인 친구 히라
와 함께 팀나로 자기 양들의 털을 깎는 이들에게 올라갔
다. [13]타마르는 "너의 시아버지가 자기 양들의 털을 깎으
러 팀나로 올라간다."는 말을 전해 듣고는, [14]입고 있던 과
부 옷을 벗고 너울을 써서 몸을 가리고, 팀나로 가는 길
가에 있는 에나임 어귀에 나가 앉았다. 셀라가 이미 다 컸
는데도 자기를 그의 아내로 데려가 주지 않는다는 사실을
알았기 때문이다.
[15]유다가 그를 보았을 때, 얼굴을 가리고 있었으므로 창녀

38,8. 후대 법규에 규정된 대로(신명 25,5-10; 룻 4,5 참조) 형제들은 아들 없이 죽은 형제의 후손을 보장해 주기 위해 죽은 형제의 부인과 혼인하는 것이 의무이다(이 결합에서 태어난 맏아들은 법적으로 죽은 사람의 아들로 여겼다). 고대 라틴 세계뿐만 아니라('레비라'leviratus법), 우리 역사에도 고구려와 부여 등에서 이런 풍습이 있었다(형사취수兄死娶嫂).

38,12-26. 유다는 마지막 아들인 셋째마저 잃을까 두려워 그에게 큰아들의 과부인 타마르를 아내로 주지 않는다. 레비라법에 따르면 응당 그렇게 해야 했다. 타마르는 그 불의에 항의하고 죽은 남편의 후손을 잇기 위해 영리하고도 대담하게 결단력 있게 행동한다.

38,15. 타마르는 15절에서 돈 때문에 매음을 하는 여자를 가리키는 "창녀"('조나')라고 불린다. 21-22절에서는 신전 매음에 종사하는 여자를 가리키는 용어인 '크데사'로 불린다(1열왕 14,24; 22,47; 2열왕 23,7; 호세 4,12-14 참조). 신전 매춘은 가나안의 일반적인 관습인데 신명 23,18-19에서 단죄된다. 아마도 여기서는 두 용어가 동의어이며 일반 창녀를 가리키는 것 같다.

38,3 46,12; 민수 26,19. 38,7 1역대 2,3. 38,8 마태 22,24; 마르12,19; 또한 신명 25,5; 루카 20,28도 참조. 38,9 신명 25,6. 38,11 룻 1,12.13. 38,12 여호 15,10.57.

38,1-30. 유다와 타마르 이야기가 요셉 이야기의 흐름을 중단시키는데 39장에서 요셉 이야기는 다시 전개된다. 이 이야기는 유다 지파의 기원에 중요하다. 유다와 타마르의 아들 페레츠에게서 후손 다윗이 탄생한다(민수 26,19; 룻 4,18-22; 1역대 2,3-4.9-15 참조).

려니 생각하였다. 16 그래서 그는 길을 벗어나 그 여자에게
가서 말하였다. "이리 오너라. 내가 너와 한자리에 들어야
겠다." 유다는 그가 자기 며느리인 줄을 몰랐던 것이다. 그
러자 그 여자가 물었다. "저와 한자리에 드는 값으로 제게
무엇을 주시겠습니까?" 17 "내 가축 떼에서 새끼 염소 한
마리를 보내마." 하고 그가 대답하자, 그 여자가 "그것을
보내실 때까지 담보물을 주시면 좋겠습니다." 하고 말하였
다. 18 그래서 유다가 "너에게 무슨 담보물을 주랴?" 하고
묻자, 그 여자가 "어르신네의 인장과 줄, 그리고 손에 잡고
계신 지팡이면 됩니다." 하고 대답하였다. 그래서 유다는
그것들을 주고 그와 한자리에 들었다. 그는 유다의 아이를
가지게 되었다. 19 그는 일어나 돌아가서 쓰고 있던 너울을
벗고 다시 과부 옷을 입었다.
20 유다는 자기 친구 아둘람 사람 편에 새끼 염소 한 마리
를 보내면서, 그 여자에게서 담보물을 찾아오게 하였으나,
그는 그 여자를 찾지 못하였다. 21 그가 그곳 사람들에게
"에나임 길가에 있던 신전 창녀가 어디 있습니까?" 하고
묻자, "여기에는 신전 창녀가 없습니다." 하고 대답하였다.
22 그는 유다에게 돌아가 말하였다. "그 여자를 찾지 못했
네. 그리고 그곳 사람들이 '여기에는 신전 창녀가 없습니
다.' 하더군." 23 유다가 말하였다. "가질테면 가지라지. 우
리야 창피만 당하지 않으면 되니까. 보다시피 내가 이 새
끼 염소 한 마리를 보냈는데, 자네가 그 여자를 찾지 못한
게 아닌가?"
24 석 달쯤 지난 뒤, 유다는 "그대의 며느리 타마르가 창
녀 노릇을 했다네. 더군다나 창녀질을 하다 임신까지 했다
네." 하는 말을 전해 들었다. 유다가 명령하였다. "그를 끌
어내어 화형에 처하여라." 25 밖으로 끌려 나오게 된 타마
르는 자기의 시아버지에게 전갈을 보냈다. "저는 이 물건
임자의 아이를 배었습니다." 그는 또 말하였다. "이 인장과
줄과 지팡이가 누구 것인지 살펴보십시오." 26 유다가 그것
들을 살펴보다 말하였다. "그 애가 나보다 더 옳다! 내가
그 애를 내 아들 셀라에게 아내로 주지 않았기 때문이다."
유다는 그 뒤 다시는 그를 가까이하지 않았다.
27 타마르가 해산할 때가 되었는데, 그의 태 안에는 쌍둥
이가 들어 있었다. 28 그가 해산할 때, 한 아기가 손을 내
밀었다. 산파가 붉은 실을 가져다가 그 손에 매고서, "얘가

38,20. 타마르가 시아버지에게 담보물로 요구한 인장과 줄, 지팡이는 즉시 그 주인을 알아보는 인식표이다.

38,17 에제 16,33. 38,24 레위 21,9; 신명 22,21; 요한 8,41. 38,26 1사무 24,18.

먼저 나온 녀석이다." 하고 말하였다. 29 그러나 그 아기가
손을 도로 집어넣고, 그의 동기가 나오니, 산파는 "아니,
네가 틈을 비집고 나오다니!" 하고 말하였다. 그래서 그 이
름을 페레츠라 하였다. 30 그다음 그의 동기 곧 손에 붉은
실을 매단 아기가 나오자, 그 이름을 제라라 하였다.

포티파르의 종이 된 요셉

39 1 요셉은 이집트로 끌려 내려갔다. 파라오의 내
신으로 경호대장인 이집트 사람 포티파르가 요
셉을 그곳으로 끌고 내려온 이스마엘인들에게서 그를 샀
다. 2 주님께서 요셉과 함께 계셨으므로, 그는 모든 일을
잘 이루는 사람이 되었다. 그는 자기 주인인 이집트 사람
의 집에서 살았다. 3 그 주인은 주님께서 요셉과 함께 계시
며, 그가 하는 일마다 주님께서 그의 손을 통해서 잘 이루
어 주신다는 것을 알았다. 4 그래서 요셉은 주인의 눈에 들
어 그의 시중을 들게 되었다. 주인은 요셉을 자기 집 관리
인으로 세워, 자기의 모든 재산을 그의 손에 맡겼다. 5 주인
이 요셉을 자기 집과 모든 재산의 관리인으로 세운 뒤부
터, 주님께서는 요셉 때문에 그 이집트 사람의 집에 복을
내리셨다. 주님의 복이 집 안에 있는 것이든, 들에 있는 것
이든 그의 모든 재산 위에 미쳤다. 6 주인은 자기의 모든 재
산을 요셉의 손에 내맡기고, 그가 있는 한 자기가 먹는 음
식밖에는 마음을 쓰지 않았다.

요셉과 포티파르의 아내

요셉은 몸매와 모습이 아름다웠다. 7 이런 일이 있고 난 뒤,
주인의 아내가 요셉에게 눈길을 보내며 "나와 함께 자요!"
하고 말하였다. 8 그러나 요셉은 거절하면서 주인의 아내
에게 말하였다. "보시다시피 주인께서는 모든 재산을 제
손에 맡기신 채, 제가 있는 한 집안일에 전혀 마음을 쓰지
않으십니다. 9 이 집에서는 그분도 저보다 높지 않으십니
다. 마님을 빼고서는 무엇 하나 저에게 금하시는 것이 없
습니다. 마님은 주인어른의 부인이십니다. 그런데 제가 어

38,29. 페레츠("틈"이라는 뜻)에게서 후손 다윗과 예수님이 나온다(마태 1,3-16; 루카 3,23-33 참조).

38,30. 제라라는 이름은 "나오다", "나타나다"를 뜻하는 동사 '자라'와 연결된다. 이 아기의 손이 출산 중에 밖으로 "나왔다"(28절).

39,1-23. 이 장에서 몇 차례나 '주님께서 요셉과 함께 계셨다'라는 말(2.3.21.23절 참조)과 '주님께서 요셉이 하는 모든 일을 성공하게 하셨다'(3.23절 참조)는 것이 반복된다. 이전에 야곱이 라반의 집에서 그랬던 것처럼, 요셉은 이집트인 포티파르의 집에서 복을 가져오는 사람이 된다(5절 참조; 30,27). 요셉은 주님을 경외하고, 유혹에 강하게 저항하며 시련 속에서 겸손한 모습을 보여 준다. 주님께서는 억압받는 의인을 잊지 않고 감옥 안에서도 요셉이 간수장의 호의를 사게 하신다.

39,5. 하느님께서 12,3에서 아브라함에게 하신 약속대로(야곱에게도 하신 약속은 30,27 참조) 이스라엘인들은 그들을 받아들이는 사람에게 축복의 원천이 된다(21-23절도 참조).

39,6. 요셉의 몸매와 모습이 아름답다고 한 것은 그의 어머니 라헬에 대해 기록한 것을 글자 그대로 반향한다(29,17 참조).

38,29 46,12; 민수 26,20; 마태 1,3; 루카 3,33. 39,1 37,28.36; 시편 105,17. 39,2 사도 7,9. 39,3 21,22; 26,28; 사도 7,9. 39,5 30,27; 마태 24,45. 39,7 2사무 13,11; 잠언 7,15-20. 39,9 20,6; 42,18; 2사무 12,13.

39,1-23. 포티파르의 아내가 요셉을 유혹하는 행동과 성폭력 시도를 주로 다루는 이 일화는 이집트의 고대 이야기인 "두 형제 이야기"에서 영향을 받았다. 거기서 형의 아내는 부질없이 동생을 유혹하지만 그는 자신의 정덕을 지키면서 형수에게 저항한다. 요셉 이야기 안에서 이 일화는 요셉이라는 인물의 윤리적인 고결함과 요셉에게 호의를 베푸시는 하느님의 현존을 강조하는 데 사용된다.

찌 이런 큰 악을 저지르고 하느님께 죄를 지을 수 있겠습니
까?” 10 그 여자는 날마다 요셉에게 졸랐지만, 요셉은 그의
말을 듣지 않고, 그의 곁에 눕지도 그와 함께 있지도 않았
다. 11 하루는 그가 일을 보러 집 안으로 들어갔는데, 마침
하인들이 집 안에 아무도 없었다. 12 그때 그 여자가 요셉
의 옷을 붙잡고 “나와 함께 자요!” 하고 말하자, 요셉은 자
기 옷을 그의 손에 버려둔 채 밖으로 도망쳐 나왔다. 13 그
여자는 요셉이 옷을 자기 손에 버려둔 채 밖으로 도망치
는 것을 보고, 14 하인들을 불러 그들에게 말하였다. “이것
좀 보아라. 우리를 희롱하라고 주인께서 저 히브리 녀석을
데려다 놓으셨구나. 저자가 나와 함께 자려고 나에게 다가
오기에 내가 고함을 질렀지. 15 저자는 내가 목청을 높여
소리 지르는 것을 듣고, 자기 옷을 내 곁에 버려두고 밖으
로 도망쳐 나갔다.” 16 그러고는 자기 주인이 집에 돌아올
때까지 그 옷을 제 곁에 놓아두었다가, 17 그에게 같은 말
로 이르는 것이었다. “당신이 데려다 놓으신 저 히브리 종
이 나를 희롱하려고 나에게 다가오지 않겠어요? 18 그래서
내가 목청을 높여 소리 질렀더니, 자기 옷을 내 곁에 버려
두고 밖으로 도망쳤답니다.” 19 주인은 “당신 종이 나에게
이렇게 했어요.” 하는 아내의 말을 듣고 화가 치밀어 올랐
다. 20 그래서 요셉의 주인은 그를 잡아 감옥에 처넣었다.
그곳은 임금의 죄수들이 갇혀 있는 곳이었다.

39,14-15. 증인들이 없는 성폭력의 경우에 도움을 청하는 여자의 외침은 그녀의 무죄에 대한 보증이 된다(신명 22,23-27 참조).

감옥에 갇힌 요셉

이렇게 해서 요셉은 그곳 감옥에서 살게 되었다. 21 그러나
주님께서는 요셉과 함께 계시면서 그에게 자애를 베푸시
어, 전옥의 눈에 들게 해 주셨다. 22 전옥은 감옥에 있는 모
든 죄수를 요셉의 손에 맡기고, 그곳에서 하는 모든 일을
요셉이 처리하게 하였다. 23 전옥은 요셉의 손에 맡긴 것에
대해서는 아무런 간섭도 하지 않았다. 주님께서 요셉과 함
께 계셨으며, 그가 하는 일마다 주님께서 잘 이루어 주셨
기 때문이다.

39,21. 전옥의 눈에 든다는 것은 전옥에게 존중을 받는다는 뜻이다.

39,12 잠언 7,13-25. 39,17 탈출 23,1; 시편 120,3. 39,19 잠언 6,34.35. 39,20 시편 105,18. 39,21 탈출 3,21; 시편 105,19; 다니 1,9; 사도 7,9.10. 39,23 사도 7,9.

39,11-15. 교회 교부들은 요셉의 정결을 칭송하기 좋아한다. 오리게네스는 요셉이 이집트에서 높은 지위와 영예를 갖게 되는 것은 정결 때문이라고 여긴다. 시리아의 에프렘은 “요셉의 옷을 찢은 유혹녀는 그에게 광채의 옷을 입혀 주었다”라고 말한다. 밀라노의 암브로시우스는 “요셉은 옷을 버려둔 채 도망치지만 알몸은 아니다. 아직 정결이라는 옷을 입고 있었기 때문이다. 죄로 인해 벌거벗겨진 사람만이 알몸이다.”라고 기록한다.

요셉이 감옥에서 꿈을 풀이하다

40 1 이런 일이 있은 지 얼마 뒤, 이집트 임금의 헌
작 시종과 제빵 시종이 그들의 주군인 이집트
임금에게 잘못을 저지른 일이 일어났다. 2 파라오는 자기의
이 두 대신 곧 헌작 시종장과 제빵 시종장에게 진노하여,
3 그들을 경호대장 집에 있는 감옥에 가두었는데, 그곳은
요셉이 갇혀 있는 곳이었다. 4 경호대장은 요셉을 시켜 그
들을 시중들게 하였다. 이렇게 그들은 얼마 동안 갇혀 있
었다.
5 그러던 어느 날 밤 이 두 사람, 곧 감옥에 갇힌 이집트 임
금의 헌작 시종과 제빵 시종이 저마다 뜻이 다른 꿈을 꾸
었다. 6 아침에 요셉이 그들에게 가 보니, 그들은 근심하고
있었다. 7 요셉은 자기 주인의 집에 함께 갇혀 있는 파라오
의 이 두 대신에게 물었다. "오늘은 어째서 언짢은 얼굴을
하고 계십니까?" 8 그들이 "우리가 꿈을 꾸었는데 풀이해
줄 사람이 없다네." 하고 대답하자, 요셉이 그들에게 말하
였다. "꿈풀이는 하느님만이 하실 수 있는 일이 아닙니까?
저에게 말씀해 보십시오."
9 헌작 시종장이 요셉에게 자기의 꿈 이야기를 들려주었
다. "내가 꿈에 보니, 내 앞에 포도나무 한 그루가 있었네.
10 그 포도나무에는 가지가 셋이 있었는데, 싹이 돋자마자
꽃이 피어오르고 포도송이들이 익더군. 11 그런데 내 손에
는 파라오의 술잔이 들려 있었다네. 그래서 내가 그 포도
송이들을 따서 파라오의 술잔에다 짜 넣고는, 그 술잔을
파라오의 손에 올려 드렸네." 12 그러자 요셉이 그에게 말
하였다. "꿈풀이는 이렇습니다. 가지 셋은 사흘을 뜻합니
다. 13 이제 사흘이 지나면, 파라오께서는 나리를 불러올
려 복직시켜 주실 것입니다. 그러면 나리께서는 전에 헌작
시종으로서 하시던 법대로 파라오의 손에 술잔을 올리시
게 될 것입니다. 14 그러니 나리께서 잘되시면, 저를 기억해
주시기 바랍니다. 저에게 은혜를 베푸셔서 파라오께 저의
사정을 아뢰시어, 저를 이 집에서 풀려나게 해 주시기를
빕니다. 15 사실 저는 히브리인들의 땅에서 붙들려 왔습니
다. 그리고 여기서도 저는 이런 구덩이에 들어올 일은 아

40,3 39,20.23. 40,8 41,16; 다니 2,27.28. 40,12 41,12.25; 다니 2,36. 40,14 여호 2,12; 루카 23,42. 40,15 37,26-28.

40,8. 고대 사람들은 꿈이 미래를 예시한다고 믿었고 꿈 해석은 참되고 고유한 지식이었다. 요셉과 함께 감옥에 있던 파라오의 고관들은 그들의 꿈을 해석할 사람이 없어서 괴로워한다. 요셉은 꿈을 해석할 줄 아는 은사를 그들을 위해 사용하고 그 능력의 기원에는 하느님이 계시다는 것을 분명히 한다.

40,2. 임금의 식탁을 위해 음료 시중을 드는 일을 맡은 헌작 시종장은 온갖 독살 시도를 막기 위해 깨어 있어야 했다. 제빵 시종장은 임금의 식탁을 위해 빵과 케이크 등 밀가루 반죽으로 만든 음식을 준비하는 일을 맡았다.

40,9-19. 헌작 시종장과 제빵 시종장의 꿈은 숫자의 측면에서는 같지만(포도 가지 셋과 과자 바구니 세 개는 모두 사흘 동안의 기다림을 뜻한다) 반대되는 가치의 징후를 감추고 있다. 요셉은 "불러올려"(자구적으로 "당신의 머리를 들어 올려")의 뜻으로 헌작 시종장에게는 호의적인 해석을(파라오에 의해 복직될 것이다), 제빵 시종장에게는 부정적인 해석을 제공한다(나무에 달려 죽을 것이다).

무것도 한 적이 없습니다."
[16] 요셉이 좋게 풀이하는 것을 보고 제빵 시종장도 그에게
말하였다. "나도 꿈에 보니 내 머리 위에 과자 바구니가 세
개 있었네. [17] 제일 윗 바구니에는 파라오께 드릴 온갖 구
운 빵이 들어 있었는데, 새들이 내 머리 위에 있는 그 바
구니에서 그것들을 쪼아 먹고 있었네." [18] 그러자 요셉이
대답하였다. "그 꿈풀이는 이렇습니다. 바구니 셋은 사흘
을 뜻합니다. [19] 이제 사흘이 지나면, 파라오께서 나리를
불러올려 나무에 매달 것입니다. 그러면 새들이 나리의 살
을 쪼아 먹을 것입니다."
[20] 그리고 사흘째 되는 날, 그날은 파라오의 생일이어서 그
는 모든 신하들에게 잔치를 베풀었다. 그러고는 헌작 시종
장과 제빵 시종장을 신하들 가운데로 불러올려, [21] 헌작
시종장을 헌작 직위에 복직시키니, 그가 파라오의 손에
술잔을 올리게 되었다. [22] 그러나 제빵 시종장은 나무에
매달게 하였다. 요셉이 그들에게 풀이하여 준 그대로였다.
[23] 그렇지만 헌작 시종장은 요셉을 기억하지 않았다. 그를
잊어버린 것이다.

파라오의 꿈

41 [1] 그로부터 이 년이 지난 뒤, 파라오가 꿈을 꾸
었다. 그가 나일강 가에 서 있는데, [2] 잘생기고
살진 암소 일곱 마리가 나일강에서 올라와 갈대밭에서 풀
을 뜯었다. [3] 그런데 그 뒤를 이어, 또 다른 못생기고 야윈
암소 일곱 마리가 나일강에서 올라와, 강가에 있는 그 암
소들 곁으로 가서 섰다. [4] 그러고는 이 못생기고 야윈 암소
들이 잘생기고 살진 그 일곱 암소를 잡아먹는 것이었다.
파라오는 잠에서 깨어났다.
[5] 그는 다시 잠이 들어 두 번째 꿈을 꾸었다. 밀대 하나에
서 살지고 좋은 이삭 일곱이 올라왔다. [6] 그 뒤를 이어 야
위고 샛바람에 바싹 마른 이삭 일곱이 솟아났는데, [7] 이
야윈 이삭들이 살지고 여문 그 일곱 이삭을 삼켜 버리는

41,1-57. 파라오의 꿈은 두 가지인데 각기 두 장면으로 펼쳐진다. 요셉이 설명하듯이 두 가지 꿈에 담긴 의미는 하나이다. 하느님께서는 요셉을 이용해 파라오에게 일어날 일을 계시하신다. 칠 년 동안 풍년이 든 후에 칠 년 동안 기근이 들 것이다. 요셉은 하느님께서 주신 이 능력 덕분에 다른 현자들과 구별된다. 요셉은 꿈을 풀이할 뿐 아니라 파라오가 해야 할 일, 곧 슬기롭고 지혜로운 사람을 찾아 그를 이집트 지도자로 임명하라고 권고한다. 파라오의 결론은 분명하다. 그 사람은 요셉이다. 하느님께서는 그에게 이 모든 것을 보여 주셨고, 그는 이집트에 필요한 사람, 하느님의 영이 현존하는 유일한 사람(38-39절 참조)이다. 복잡한 인간사들을 통해 일하시는 분은 하느님이심이 분명하다. 요셉은 하느님의 계획이 이루어지기 위해 이집트에 왔다.

41,8. 이집트에서 요술사와 현인의 두 부류 사람들은 큰 특권을 누렸다. 요술사는 항상 꿈을 해석하는 임무를 맡은 사제를 가리킨다. 더욱 일반적인 용어는 현인이다. 이집트 사제들은 꿈을 풀이하기 위해 신에게 제물을 바치거나 마술적인 이름들의 암시, 설명, 짝 맞추기 등 여러 가지 방식을 가지고 있었다. 요술사들은 탈출 7,11.22; 8,3.14.15; 9,11에서 다시 나온다.

41,16. 이집트와 바빌론의 사고방식에서 임금은 신적 특권을, 사제는 예지 능력을 가지며 지식과 자연의 신비를 보유한 존재로 여겨졌다. 반면 성경에서는 오직 하느님께서만 이런 일을 하실 수 있다고 선언한다. 성경에 따르면 현자는 하느님께 순종하며 신앙에 비추어 모든 것을 평가하는 사람이다.

것이었다. 파라오가 잠에서 깨어 보니 꿈이었다.
8 아침이 되자 그는 마음이 불안하여, 사람을 보내 이집트
의 모든 요술사와 모든 현인을 불러들였다. 그런 다음 파
라오는 자기가 꾼 꿈을 그들에게 이야기하였지만, 아무도
파라오에게 그것을 풀이해 주지 못하였다. 9 그때 헌작 시
종장이 파라오에게 아뢰었다. "오늘에야 제 잘못이 생각
납니다. 10 파라오께서는 당신의 종들에게 진노하시어, 저
와 제빵 시종장을 경호대장 집에 가두신 적이 있습니다.
11 저와 그는 같은 날 밤에 꿈을 꾸었는데, 저마다 다른 뜻
을 지닌 꿈을 꾸었습니다. 12 그때 거기에는 경호대장의 종
인 젊은 히브리인이 저희와 함께 있었습니다. 저희가 그에
게 말하자 그는 저희 꿈을 풀이하였습니다. 저희 각자의
꿈을 풀이해 주었던 것입니다. 13 그리고 그가 풀이한 대로
되었습니다. 저는 복직되고 제빵 시종장은 나무에 매달렸
습니다."

요셉이 꿈을 풀이하다

14 그러자 파라오는 사람들을 보내어 요셉을 불러오게 하
였다. 그들은 서둘러 그를 구덩이에서 끌어내어, 수염을
깎고 옷을 갈아입혔다. 그런 다음 요셉은 파라오에게 들어
갔다. 15 파라오가 요셉에게 말하였다. "내가 꿈을 하나 꾸
었는데, 그것을 풀이할 자가 하나도 없다. 그런데 너는 꿈
이야기를 듣기만 하면 그것을 풀이한다고 들었다." 16 요셉
이 파라오에게 대답하였다. "저는 할 수 없습니다만, 하느
님께서 파라오께 상서로운 대답을 주실 것입니다." 17 파
라오가 요셉에게 이야기하였다. "꿈에서 보니 내가 나일
강 가에 서 있는데, 18 살지고 잘생긴 암소 일곱 마리가 나
일강에서 올라와 갈대밭에서 풀을 뜯었다. 19 그 뒤를 이
어 또 다른 가냘프고 아주 못생기고 마른 암소 일곱이 올
라오는데, 그것들처럼 흉한 것은 이집트 온 땅에서 본 일
이 없다. 20 그런데 이 마르고 흉한 암소들이 먼저 올라온
그 살진 일곱 암소를 잡아먹었다. 21 그러나 이렇게 잡아먹
었는데도, 그것을 알아볼 수 없을 정도로 여전히 그 모습
이 흉하였다. 그러고는 내가 잠에서 깨어났다. 22 내가 또
꿈에서 보니, 밀대 하나에서 여물고 좋은 이삭 일곱이 올
라왔다. 23 그런데 그 뒤를 이어 딱딱하고 야위고 샛바람

41,8 탈출 7,11.22; 다니 2,1.3.27; 4,2.4.16. 41,10 40,2.3. 41,11 40,5. 41,12 40,12-19. 41,13 40,21.22. 41,14 시편 105,20; 113,7.8; 다니 2,25. 41,16 40,8; 다니 2,30; 사도 3,12; 2코린 3,5.

에 바싹 마른 이삭 일곱이 솟아났다. 24 이 야윈 이삭들이
그 좋은 일곱 이삭을 삼켜 버렸다. 내가 이것을 요술사들
에게 이야기하였지만 아무도 나에게 풀어 주지 못하였다."
25 그러자 요셉이 파라오에게 말하였다. "파라오의 꿈은
한 가지입니다. 하느님께서 앞으로 당신께서 하고자 하시
는 바를 파라오께 알려 주시는 것입니다. 26 좋은 암소 일
곱 마리는 일곱 해를 뜻합니다. 좋은 이삭 일곱도 일곱 해
를 뜻합니다. 그러므로 그 꿈은 한 가지입니다. 27 그 뒤를
이어 올라온 마르고 흉한 암소 일곱 마리도 일곱 해를 뜻
하고, 속이 비고 샛바람에 바싹 마른 이삭도 그러합니다.
이것들은 기근이 들 일곱 해를 뜻합니다. 28 하느님께서 앞
으로 당신께서 하고자 하시는 바를 파라오께 보여 주시는
것이라고 제가 파라오께 아뢴 바가 바로 이것입니다. 29 앞
으로 오게 될 일곱 해 동안, 이집트 온 땅에는 대풍이 들
겠습니다. 30 그러나 그 뒤를 이어 일곱 해 동안은 기근이
들겠습니다. 그러면 이집트 땅에서는 전에 들었던 그 모든
대풍이 잊히고, 기근이 이 땅을 고갈시켜 버릴 것입니다.
31 이렇듯 뒤따라오는 기근이 하도 심하여, 이 땅에 대풍
이 든 적이 있었다는 것을 아는 이조차 없을 것입니다. 32
파라오께서 같은 꿈을 두 번이나 되풀이하여 꾸신 것은,
하느님께서 이 일을 이미 결정하셨고 지체 없이 그대로 실
행하시리라는 것을 뜻합니다.
33 그러니 이제 파라오께서는 슬기롭고 지혜로운 사람 하
나를 가려내시어, 이집트 땅을 그의 손 아래 두시는 것이
좋겠습니다. 34 파라오께서는 또 나라의 감독관들을 임명
하셔서, 대풍이 드는 일곱 해 동안 이집트 땅에서 거둔 수
확의 오분의 일을 받아들이게 하시는 것이 좋겠습니다.
35 이 사람들이 앞으로 올 좋은 시절 동안 모든 양식을 거
두어들이게 하시고, 파라오의 권한으로 성읍들에 곡식을
쌓아 갈무리하게 하십시오. 36 이 양식은 앞으로 이집트
땅에 닥칠 일곱 해 동안의 기근에 대비하여, 나라를 위한
비축 양식으로 남겨 두십시오. 그러면 이 나라는 기근으
로 망하지 않을 것입니다."

41,27. 나일강 물이 범람하거나 부족할 때 또는 전쟁으로 관개 수로망이 손상되었을 때 이집트에 기근이 들었다. 칠 년 동안 지속된 기근이 파라오가 크눔신에게 바친 기도 덕분에 끝났다는 것을 한 비문 기록에서 볼 수 있다.

41,27 2열왕 8,1. 41,30 47,13. 41,32 민수 23,19; 이사 46,10.11.

요셉이 재상이 되다

37 파라오와 그의 신하들은 이 제안을 좋게 여겼다. 38 그
리하여 파라오는 자기 신하들에게 말하였다. "이 사람처
럼 하느님의 영을 지닌 사람을 우리가 또 찾을 수 있겠
소?" 39 그런 다음 파라오는 요셉에게 말하였다. "하느님께
서 그대에게 이 모든 것을 알려 주셨으니, 그대처럼 슬기롭
고 지혜로운 사람이 또 있을 수 없소. 40 내 집을 그대 손
아래 두겠소. 내 모든 백성은 그대 명령을 따를 것이오.
나는 왕좌 하나로만 그대보다 높을 따름이오." 41 파라오
가 다시 요셉에게 말하였다. "이제 내가 이집트 온 땅을 그
대 손 아래 두오." 42 그런 다음 파라오는 손에서 인장 반
지를 빼어 요셉의 손에 끼워 주고는, 아마 옷을 입히고 목
에 금 목걸이를 걸어 주었다. 43 그리고 자기의 두 번째 병
거에 타게 하니, 그 앞에서 사람들이 "무릎을 꿇어라!" 하
고 외쳤다. 이렇게 파라오는 이집트 온 땅을 요셉의 손 아
래 두었다. 44 파라오가 다시 요셉에게 말하였다. "나는 파
라오요. 그대의 허락 없이는 이집트 온 땅에서 그 누구도
손 하나 발 하나 움직이지 못하오." 45 파라오는 요셉의 이
름을 차프낫 파네아라 하고, 온의 사제 포티 페라의 딸 아
스낫을 아내로 주었다. 요셉은 이집트 땅을 살펴보러 나섰
다.
46 요셉이 이집트 임금 파라오 앞에 섰을 때, 그의 나이 서
른 살이었다. 요셉은 파라오 앞에서 물러 나와 이집트 온
땅을 두루 돌아다녔다.
47 대풍이 든 일곱 해 동안 그 땅은 풍성한 곡식을 내었다.
48 요셉은 이집트 땅에 대풍이 든 일곱 해 동안, 모든 양식
을 거두어 성읍들에 저장하였다. 성읍마다 주위 밭에서
나는 양식을 그 안에 저장하였다. 49 이렇게 해서 요셉은
바다의 모래처럼 엄청난 곡식을 쌓아, 헤아리는 것조차 그
만두었다. 헤아릴 수가 없었던 것이다.

41,41-46. 파라오는 요셉을 공식적으로 이집트 재상에 임명한다. 그에게 직무 위임을 선포하고 권력과 권위의 표징인 자신의 인장 반지를 넘겨준다. 그리고 최고급 아마 옷을 입히고 직위 표식인 금 목걸이를 걸어 준다. 파라오는 요셉의 병거가 자신의 병거 바로 뒤를 따르게 하며, 요셉이 지나갈 때 사람들이 그에게 경의를 표하게 한다. 히브리어로 보고 "무릎을 꿇어라!"로 번역한 단어는 이집트어("조심하여라!")의 음역일 수도 있다. 파라오는 요셉에게 새 이름을 주고 이집트의 최상위 귀족 출신 아내를 맞게 한다.

41,45. "온" 히브리어 본문에 따른 이집트 지역명(46,20과 에제 30,17에서도)인데 그리스어 성경은 '헬리오폴리스'로 번역한다. 요셉의 새로운 이름은 "하느님께서 말씀하셨다. 그는 살 것이다"라는 뜻일 것이다.

41,48. "대풍이 든" 이 표현은 히브리어 본문에는 없지만 칠십인역에는 있다.

41,38 민수 27,18; 다니 4,5.15. 41,40 시편 105,21.22; 사도 7,10. 41,41 42,6. 41,42 에스 3,10; 다니 5,7.16.29; 루카 15,22. 41,43 에스 6,9; 사도 7,10. 41,44 시편 105,22. 41,46 37,2; 루카 3,23; 사도 7,10.

요셉의 아들들

50 흉년이 들기 전에 요셉에게서 두 아들이 태어났다. 온의
사제 포티 페라의 딸 아스낫이 그에게 낳아 준 아들들이
다. 51 요셉은 "하느님께서 나의 모든 고생과 내 아버지의
집안조차 모두 잊게 해 주셨구나." 하면서, 맏아들의 이름
을 므나쎄라 하였다. 52 그리고 "하느님께서 내 고난의 땅
에서 나에게 자식을 낳게 해 주셨구나." 하면서, 둘째 아
들의 이름을 에프라임이라 하였다.

흉년이 시작되다

53 이집트 땅에 들었던 칠 년 대풍이 끝났다. 54 그러자 요
셉이 말한 대로 칠 년 기근이 시작되었다. 모든 나라에 기
근이 들었지만, 이집트 온 땅에는 빵이 있었다. 55 이집트
온 땅에 기근이 들자, 백성이 파라오에게 빵을 달라고 부
르짖었다. 그러자 파라오는 모든 이집트인에게 말하였다.
"요셉에게 가서 그가 시키는 대로 하여라." 56 기근이 온
땅에 퍼지자, 요셉은 곡식 창고를 모두 열고 이집트인들에
게 곡식을 팔았다. 이집트 땅에 기근이 심하였지만, 57 온
세상은 요셉에게 곡식을 사려고 이집트로 몰려들었다. 온
세상에 기근이 심하였기 때문이다.

요셉의 형들이 이집트로 가다

42 1 야곱은 이집트에 곡식이 있다는 것을 알았다.
그래서 야곱은 아들들에게 "어째서 서로 쳐다
보고만 있느냐?" 하면서 2 이렇게 말하였다. "내가 들으니
이집트에는 곡식이 있다는구나. 그러니 그곳으로 내려가
곡식을 사 오너라. 그래야 우리가 죽지 않고 살 수 있겠다."
3 그래서 요셉의 형 열 명이 이집트에서 곡식을 사려고 내
려갔다. 4 야곱은 요셉의 아우 벤야민을 그의 형들과 함께
보내지 않았다. 그가 무슨 변이라도 당하지 않을까 염려스
러웠기 때문이다. 5 이렇게 가나안 땅에도 기근이 들었기
때문에, 이스라엘의 아들들은 이집트로 곡식을 사러 가
는 다른 사람들 틈에 끼어 그곳으로 들어갔다.

41,50-52. 요셉은 이제 이집트의 삶과 문화 안에 통합되지만 자기 기원을 잊지 않는다. 요셉이 자기 아들들에게 붙인 이름들은 항상 자기 아버지 집과 자신이 겪은 고난을 기억하게 할 것이다. 대중 어원학에 따르면 이 이름들은 이것을 설명하기 위해 쓰인 동사를 반향한다. 곧 므나쎄는 '나샤'("잊다"), 에프라임은 '히프라'("[자식을] 낳게 해 주다")를 상기시킨다.

42,4. 벤야민은 요셉과 같은 아버지(야곱)와 어머니(라헬, 야곱이 더 사랑한 아내)에게서 나온 유일한 형제다.

42,5. 요셉의 형제들은 사건의 역사적 차원을 강조하기 위해 이스라엘의 아들들로 불린다. 이스라엘인들이 이집트에 도착한 시기가 바로 이때였다.

41,50 46,20. 41,52 17,6; 28,3; 49,22. 41,54 시편 105,16; 사도 7,11. 41,55 요한 2,5. 41,56 42,6. 42,1 사도 7,12. 42,2 43,8; 사도 7,12. 42,4 35,24. 42,5 41,57; 사도 7,11.

요셉이 형들을 알아보다

6 그때 요셉은 그 나라의 통치자였다. 그 나라 모든 백성에
게 곡식을 파는 이도 그였다. 그래서 요셉의 형들은 들어
와서 얼굴을 땅에 대고 그에게 절하였다. 7 요셉은 형들을
보자 곧 알아보았지만, 짐짓 모르는 체하며 그들에게 매
몰차게 말하면서 물었다. "너희는 어디서 왔느냐?" 그들이
대답하였다. "양식을 사러 가나안 땅에서 왔습니다." 8 요
셉은 형들을 알아보았지만, 형들은 그를 알아보지 못하였
던 것이다. 9 그때 요셉은 형들에 대하여 꾼 꿈들을 생각
하며 그들에게 말하였다. "너희는 염탐꾼들이다. 너희는
이 땅의 약한 곳을 살피러 온 자들이다." 10 그러자 그들
이 대답하였다. "아닙니다, 나리. 나리의 이 종들은 양식
을 사러 왔습니다. 11 저희는 모두 한 사람의 자식입니다.
저희는 정직한 사람들입니다. 이 종들은 염탐꾼이 아닙니
다." 12 그러나 그는 그들에게 말하였다. "아니다. 너희는
이 땅의 약한 곳을 살피러 온 자들이다." 13 그들이 대답하
였다. "나리의 이 종들은 본디 열두 형제입니다. 저희는 가
나안 땅에 사는 어떤 한 사람의 아들들입니다. 막내는 지
금 저희 아버지와 함께 있고, 다른 한 아우는 없어졌습니
다." 14 그러나 요셉은 그들에게 말하였다. "내가 너희에게
말한 그대로다. 너희는 염탐꾼들이다. 15 너희를 이렇게 시
험해 봐야겠다. 너희 막내아우가 이리로 오지 않으면, 내
가 파라오의 생명을 걸고 말하건대, 너희는 결코 이곳을
떠날 수 없다. 16 너희 가운데 한 사람을 보내어 아우를 데
려오너라. 그동안 너희는 옥에 갇혀 있어라. 너희 말이 참
말인지 시험해 봐야겠다. 그렇지 않을 때에는, 내가 파라
오의 생명을 걸고 말하건대, 너희는 정녕 염탐꾼들이다."
17 그러고 나서 그들을 사흘 동안 감옥에 가두었다.
18 사흘째 되던 날 요셉이 그들에게 말하였다. "너희가 살
려거든 이렇게 하여라. 나도 하느님을 경외하는 사람이다.
19 너희가 정직한 사람들이라면, 너희 형제들 가운데 한 사
람만 감옥에 남아 있고, 나머지는 굶고 있는 너희 집 식구
들을 위하여 곡식을 가져가거라. 20 그리고 너희 막내아우
를 나에게 데려오너라. 그러면 너희 말이 참되다는 것이
밝혀지고, 너희는 죽음을 면할 것이다." 그들은 그렇게 하
기로 하였다. 21 그들이 서로 말하였다. "그래, 우리가 아우
의 일로 죗값을 받는 것이 틀림없어. 그 애가 우리에게 살

42,6 37,7; 41,41.55. 42,9 37,6-9. 42,13 37,30; 43,7. 42,16 사도 7,13. 42,18 레위 25,43. 42,21 잠언 21,13; 호세 5,15.

42,6-13. 요셉의 꿈들(37,7.9 참조)이 실현되기 시작한다. 첫 만남에서부터 형제들은 요셉의 정체를 전혀 의심하지 않고 요셉 앞에 엎드려 절하며 자신들을 그의 종으로 여긴다. 두 번째 만남에서 요셉에게 다시 엎드려 절한다(43,26.28 참조). 요셉은 즉시 그들을 알아보지만 자신이 누구인지 바로 드러내지 않는다. 형제들은 자신들이 바뀌었다는 것을, 정말로 형제라는 것을 증명할 때에만 화해에 이르게 될 것이다. 요셉은 형제들을 시험하기 위해 냉정한 태도를 보이면서 그들을 염탐꾼이라고 고발한다. (12명 모두 같은 아버지의 아들들이고 막내는 집에 있으며 다른 한 아우는 없어졌다는) 그들의 대답은 그들 안에 기억이, 또 아마도 양심의 가책이 생생하다는 것을 보여 준다.

42,18-20. 요셉은 형제들에게 벤야민을 데려오라고 요구하면서 계속 그들을 시험한다. 처음에는 막내를 데려오기 위해 집으로 돌아갈 한 사람만 빼고 모두를 감옥에 가두기를 원한다. 그러나 요셉은 그들을 사흘만 감옥에 가둔 후 요구 사항을 변경한다. 그는 하느님을 경외하는 사람이다! 그러므로 형제들 가운데 오직 한 사람만 볼모로 남고 다른 형제들은 곡식을 갖고 집으로 돌아간 뒤에 벤야민을 데리고 다시 이집트에 돌아올 것이다.

42,21. 37,18-36에 나오듯이 형제들 때문에 구덩이에 갇혔다가 이집트에 도착할 때까지의 이야기에서 요셉은 완전히 수동적이며 저항하지 않는 인물이었다. 지금에서야 요셉의 고통과 애원에 대한 세부 사항들이 제시된다.

려 달라고 애원할 때, 우리는 그 고통을 보면서도 들어 주
지 않았지. 그래서 이제 이런 괴로움이 우리에게 닥친 거
야." 22 그러자 르우벤이 그들에게 말하였다. "그러기에 내
가 '그 아이에게 잘못을 저지르지 마라.' 하고 너희에게 말
하지 않았더냐? 그런데도 너희는 말을 듣지 않더니, 이제
우리가 그 아이의 피에 대한 책임을 지게 되었다." 23 그들
은 자기들과 요셉 사이에 통역이 서 있었기 때문에, 요셉
이 알아듣는 줄을 알지 못하였다. 24 요셉은 그들 앞에서
물러 나와 울었다. 그런 다음 돌아와 그들과 이야기하였
다. 그는 그들 가운데에서 시메온을 불러내어 그들이 보는
앞에서 묶었다.

요셉의 형들이 가나안으로 돌아가다

25 요셉이 명령하기를, 그들의 포대에 밀을 채우고 그들의
돈을 각자의 자루에 도로 넣고 그들에게 여행 양식을 주
라고 하자, 그대로 되었다. 26 그들은 곡식을 나귀에 싣고
그곳을 떠났다. 27 하룻밤 묵을 곳에 이르러, 그들 가운데
하나가 자기 나귀에게 먹이를 주려고 자루를 열다가, 그
곡식 자루 부리에 자기 돈이 놓여 있는 것을 보았다. 28 그
래서 그는 형제들에게 말하였다. "내 돈이 돌아와 있어.
봐, 내 자루 속에 들어 있어!" 그러자 그들은 얼이 빠져 떨
면서 서로 말하였다. "하느님께서 어찌하여 우리에게 이런
일을 하셨는가?"
29 그들은 가나안 땅으로 아버지 야곱에게 돌아와, 그동안
겪은 모든 일을 그에게 말씀드렸다. 30 "그 나라의 주인 되
는 사람이 우리에게 매몰차게 말하면서, 저희를 그 나라
를 엿보러 간 염탐꾼으로 여겼습니다. 31 그래서 저희는 그
에게 대답하였습니다. '저희는 정직한 사람들이지 염탐꾼
은 아닙니다. 32 저희는 한 아버지의 아들들로서 열두 형제
입니다. 하나는 없어졌고, 막내는 지금 가나안 땅에 저희
아버지와 함께 있습니다.' 33 그랬더니 그 나라의 주인 되
는 사람이 저희에게 말하였습니다. '너희가 정직한 사람
들인지 이렇게 알아봐야겠다. 너희 형제들 가운데 하나를

42,22 9,5.6; 37,22. 42,24 43,14.23.30; 45,14.15. 42,25 44,1; 로마 12,17.20.21. 42,33 15,19.20.

42,22.28. 요셉의 요구로 근심에 싸인 형제들은 현재의 괴로움을 자신들이 과거에 요셉에게 지은 죗값으로 여긴다. 지금 그들에게 요셉의 피에 대해 값을 치르도록 요구하고 계신 분은 바로 하느님이시다. 이렇게 회심의 여정이 시작된다. 요셉은 마음이 북받쳤지만 형제들이 계속해서 변화의 과정을 걷도록 자신을 절제하고 형제들이 그 사건들에 대해 성찰하도록 몰아붙인다. 그들은 그 사건들을 이해하지는 못하지만 모든 것 뒤에 하느님의 뜻이 있음은 알고 있다.

여기에 나와 함께 남겨 두어라. 나머지는 굶고 있는 너희
집 식구들을 위하여 곡식을 가지고 가거라. 34 그리고 너
희 막내아우를 나에게 데려오너라. 그래야만 너희가 염탐
꾼들이 아니라 정직한 사람들이라는 것을 알 수 있겠다.
그제야 내가 너희 형제를 풀어 주고, 너희는 이 땅을 두루
돌아다닐 수 있게 될 것이다.'"
35 그런 다음 그들이 자루를 비우는데, 각자의 자루에 제
돈주머니가 들어 있는 것이었다. 그들과 그들의 아버지는
그 돈주머니를 보고 두려움에 사로잡혔다. 36 아버지 야곱
이 그들에게 말하였다. "너희가 내게서 자식들을 빼앗아
가는구나! 요셉이 없어졌고 시메온도 없어졌는데, 이제 벤
야민마저 데려가려 하는구나. 이 모든 것이 나에게 들이
닥치다니!" 37 그러자 르우벤이 아버지에게 말하였다. "제
가 만일 벤야민을 아버지께 데려오지 않으면, 제 두 아들
을 죽이셔도 좋습니다. 그 아이를 제 손에 맡겨 주십시오.
제가 아버지께 그 아이를 다시 데려오겠습니다." 38 그러나
야곱은 말하였다. "내 아들은 너희와 함께 내려갈 수 없
다. 그의 형은 죽고 그 아이만 홀로 남았는데, 그 아이가
너희와 함께 가다가 무슨 변이라도 당하게 되면, 너희는
이렇게 백발이 성성한 나를, 슬퍼하며 저승으로 내려가게
하고야 말 것이다."

42,35-38. 이제 늙고 약해진 야곱은 르우벤이 자기 아들들의 목숨을 걸고 벤야민의 안전을 보장해도, 또 야곱이 거부한 결과가 지금 이집트에 머물고 있는 시메온에게 영향을 미친다 해도 벤야민을 떠나보내기를 거부한다. 요셉이 행방불명이 된 뒤에 라헬이 야곱에게 남긴 유일한 혈육인 벤야민에게 혹시나 무슨 일이라도 생긴다면 야곱은 괴로워서 죽게 될 것이다.

요셉의 형들이 벤야민을 데리고 이집트로 가다

43 1 그 땅에 기근이 심하였다. 2 그래서 그들이 이
집트에서 가져 온 곡식을 다 먹어 갈 때, 아버
지가 그들에게 말하였다. "다시 가서 양식을 좀 사 오너
라." 3 그러자 유다가 그에게 말하였다. "그 사람이 저희에
게 엄중히 경고하면서, '너희 아우와 함께 오지 않으면, 너
희는 내 얼굴을 볼 수 없다.'고 하였습니다. 4 아버지께서
아우를 저희와 함께 보내시면, 내려가서 아버지께 양식을
사다 드리겠습니다. 5 그러나 그 아이를 보내시지 않으면,
저희는 내려가지 못합니다. '너희 아우와 함께 오지 않으
면, 너희는 내 얼굴을 볼 수 없다.'고 그 사람이 말하였기

43,1-10. 이집트로 돌아가는 것은 모두에게 사느냐 죽느냐의 문제가 된다. 이제 유다가 나서서 아우의 안전에 대한 보증인이 되기를 자처한다(3-7절에서 "아우"라는 말이 다섯 차례나 나온다).

42,35 43,12.15. 42,36 43,14. 42,38 37,33. 35 44,31. 43,1 41,56.57. 43,3 42,20; 44,23.

42,38. "저승"으로 번역한 히브리어 '스올'은 히브리인들에게 죽은 이들의 거처인 사후 세계로, 죽은 이들이 아무 활동도 하지 않는 심연과 암흑의 장소이다. 이집트인들의 사후 세계에 대한 개념은 꽤 정교하다. 사람이 죽으면 죽음과 더불어 태양신을 향해 긴 여정을 시작하고 그 과정 중에 많은 장애물을 만나고 위험을 극복하게 된다. 그 과정이 좀 더 수월하도록 관 안에 요술 문구, 주문과 기도문을 넣어 주었다. 저세상에서의 생존 여부는 유해 보존에 달려 있다. 이집트인들이 미라 제작에 매력을 느낀 이유도 이것이다.

때문입니다.” 6 그래서 이스라엘이 “너희는 어찌하여 아우
가 또 있다는 소리를 해서 나를 괴롭히느냐?” 하고 말하
자, 7 그들이 대답하였다. “그 사람이 저희와 우리 가족에 대
해 낱낱이 캐물으면서, ‘아버지께서 살아 계시느냐?’, ‘너희
에게 다른 형제가 또 있느냐?’ 하기에, 저희는 묻는 대로
대답했을 뿐입니다. 저희에게 아우를 데려오라고 할 줄이
야 어찌 알았겠습니까?” 8 유다가 아버지 이스라엘에게 말
하였다. “그 아이를 저와 함께 보내 주십시오. 그러면 저희
가 일어나 떠나가겠습니다. 그래야 저희도, 아버지도, 그
리고 저희의 어린것들도 죽지 않고 살 수 있지 않겠습니
까? 9 제가 그 아이를 맡겠습니다. 그 아이에 대해서 저에
게 책임을 물으십시오. 제가 만일 그 아이를 아버지께 도
로 데려와 아버지 앞에 세우지 않는다면, 제가 아버지에
대한 그 죄를 평생 동안 짊어지겠습니다. 10 저희가 이렇게
머뭇거리지 않았더라면, 지금쯤 벌써 두 번은 다녀왔을 것
입니다.”
11 그러자 아버지 이스라엘이 그들에게 말하였다. “정 그
렇다면 이렇게 하여라. 이 땅의 가장 좋은 토산물을 너희
포대에 담아 그 사람에게 선물로 가지고 내려가거라. 약간
의 유향과 꿀, 향고무와 반일향, 향과와 편도를 가져가거
라. 12 돈도 두 배로 가져가거라. 너희 곡식 자루 부리에 담
겨 돌아왔던 돈도 도로 가져가거라. 그것은 아마도 무슨
착오였을 것이다. 13 너희 아우를 데리고 일어나 그 사람에
게 다시 가거라. 14 너희가 그 사람 앞에 섰을 때, 전능하신
하느님께서 너희를 가엾이 여기시어, 그 사람이 너희의 다
른 형제와 벤야민을 보내 주기를 바란다. 자식을 잃어야
한다면 나로서는 잃을 수밖에 없지 않겠느냐?”

43,11. 어떤 사람의 호의를 얻는 수단으로 풍부한 선물을 주는 것은 32,14-16; 33,8-11에서 야곱이 형 에사우에게 한 것을 상기시킨다.

요셉이 형제들을 다시 만나다

15 그리하여 이 사람들은 선물을 마련하고 돈도 갑절로 준

43,7 42,13. 43,9 42,37; 44,32; 필레 18.19. 43,11 32,21; 37,25; 잠언 18,16; 예레 8,22. 43,12 42,35. 43,14 17,1; 28,3; 35,11; 42,24; 시편 106,46.

43,11-14. 야곱은 벤야민을 떠나보내는 것을 받아들인다. 야곱은 전능하신 하느님(‘엘 사따이’ 14절 참조)이자 조상들의 하느님께서 자기 아들들을 가엾이 여기시도록(‘라하밈’) 자신을 그분께 내맡기면서 모든 사람의 생존을 위해 자신을 희생한다. 이 ‘라하밈’은 ‘레헴’(“모태, 자궁”)의 복수형인데 근본적으로 어머니가 자녀에게 갖는 애정을 가리킨다. 이 의미가 확장되었는데 내면 깊은 곳의 감정이라는 원래 이미지는 항상 보존된다. 특히 아픔과 고통의 상황에서 드러나며 이것들을 완화시키거나 제거하고자 하는 느낌이다. 동사 ‘라함’은 이런 야훼의 본성이 표현되는 여러 본문에도 나온다(예를 들어 탈출 33,19 참조). 이 감정은 하느님과 인간 사이의 관계에서 필수적이고 근본적인 요소이다. 하느님께서는 절대적인 자유로 그것을 행사하신다.

비하여, 벤야민을 데리고 길을 떠나 이집트로 내려가 요셉
앞에 섰다. 16 요셉은 그들과 함께 벤야민이 있는 것을 보
고, 자기 집 관리인에게 일렀다. “이 사람들을 집으로 데려
가거라. 짐승을 잡고 상을 차려라. 이 사람들은 나와 함께
점심을 먹을 것이다.” 17 관리인은 요셉이 말한 대로 해 놓
고, 그 사람들을 요셉의 집으로 데려갔다. 18 그 사람들은
자기들을 요셉의 집으로 데려가는 것을 보고 두려워하며
서로 말하였다. “지난번 우리 곡식 자루에 담겨 돌아왔던
그 돈 때문에 우리를 데려가는 거야. 우리에게 달려들어
우리를 덮치고, 나귀와 함께 우리를 종으로 삼으려는 거
야.” 19 그래서 그들은 요셉의 집 관리인에게 다가가, 그 집
문간에서 그에게 말을 걸며 20 물었다. “나리, 저희는 지난
번에도 양식을 사러 내려왔습니다. 21 그런데 하룻밤 묵을
곳에 이르러 곡식 자루를 열어 보니, 각자의 곡식 자루 부
리에 저희 돈이 고스란히 들어 있었습니다. 그래서 그것을
이렇게 도로 가져왔습니다. 22 저희는 또 양식을 살 돈도
따로 가져왔습니다. 누가 곡식 자루 속에 그 돈을 넣었는
지 저희는 모릅니다.” 23 그러자 관리인은 말하였다. “안심
하십시오. 두려워하지 마십시오. 여러분의 하느님, 여러분
아버지의 하느님께서 그 곡식 자루에 보물을 넣어 주신 것
입니다. 나는 여러분의 돈을 이미 받았습니다.” 그러고서는
시메온을 그들에게 데려왔다. 24 관리인은 그 사람들을 요
셉의 집으로 데려가서 발 씻을 물을 주고, 그들의 나귀들에
게도 먹이를 주었다. 25 그들은 그곳에서 식사한다는 말을
듣고, 정오에 올 요셉을 기다리며 선물을 정돈하였다.
26 요셉이 집에 들어오자, 그들은 그 집으로 가져온 선물을
요셉 앞에 내놓고 땅에 엎드려 절하였다. 27 요셉은 그들에
게 인사하고 물었다. “전에 너희가 말한 늙은 아버지는 잘
계시느냐? 아직도 살아 계시느냐?” 28 그들은 “나리의 종
인 저희 아버지는 잘 있습니다. 지금도 살아 있습니다.” 하
고 대답하면서 무릎을 꿇고 절하였다. 29 요셉은 눈을 들어
자기 친어머니의 아들, 친동생 벤야민을 보며, “전에 너희
가 나에게 말한 막내아우가 이 아이냐?” 하면서, “얘야, 하
느님께서 너를 어여삐 여겨 주시기를 빈다.” 하고 말하였다.
30 요셉은 자기 아우에 대한 애정이 솟구쳐 올라 울음이 나
오려고 해서, 서둘러 안방으로 들어가 그곳에서 울었다. 31

43,23. 저자는 요셉의 집 관리인을 통해 “안심하십시오. 두려워하지 마십시오.”라는 하느님 메시지 정식을 제시한다. 관리인은 모든 것이 요셉 형제들의 하느님, 그들 조상들의 하느님의 업적임을 아는 것처럼 보이고 그들에게 이것을 기억시키는 것도 그이다.

43,26-34. 형제들은 요셉 앞에서 (37,7.9 참조) 두 번 더 큰 절을 한다(26.28절; 42,6 참조). 그리고 잔치가 시작되어 모두 모였지만 아직은 갈라져 있다. 요셉은 벤야민을 보고 감정이 북받쳐 올라 하느님께서 그에게 은총을 베풀어 주시기를 기원한다. 벤야민은 따뜻한 환대를 받는다.

43,16 44,1. 43,20 42,3.10. 43,21 42,35. 43,23 42,24. 43,24 18,4; 19,2; 24,32. 43,26 37,7.10. 43,27 45,3. 43,28 3,7.10. 43,29 35,17.18; 42,13; 민수 6,25; 시편 67,1. 43,30 42,24; 45,2.14.15; 46,29. 43,31 45,1.

그는 얼굴을 씻고 다시 나와서 자신을 억제한 다음, "음식
을 차려라." 하고 명령하였다. 32 그들은 요셉에게 상을 따
로 차려 올리고 그의 형제들에게도 따로 차려 주고 그와
함께 식사하는 이집트인들에게도 따로 차려 주었다. 이집
트인들은 히브리인들과 함께 식사할 수 없었다. 그것이 이
집트인들에게는 역겨운 일이었기 때문이다. 33 그들은 요
셉 앞에 맏아들부터 막내아들에 이르기까지 나이 순서로
앉게 되자, 서로 얼굴을 쳐다보며 어리둥절해하였다. 34 요
셉이 자기 상에서 각 사람의 몫을 나르게 하는데, 벤야민의
몫이 다른 모든 이들의 몫보다 다섯 배나 많았다. 그들은 요
셉과 함께 마시며 즐거워하였다.

43,33. 나이 순서대로 식탁 자리가 배치된 것은 이야기의 긴장을 높이기 위해(이 형제들을 "알지 못하는 사람"이 어떻게 그들 나이를 알 수 있을까?) 첨가된 문학 요소이다.

43,34. 요셉은 벤야민을 특별 대우하는데, 부모가 같아서 그에게 특별한 감정을 느끼는 것인지, 형제들이 과거에 자기에게 그랬듯이 그를 시기하는지 보기 위함인지 불분명하다. 여하튼 형제들은 벤야민을 시기하지 않고 함께 마시며 즐거워한다.

벤야민의 자루에서 요셉의 잔이 나오다

44 1 요셉이 자기 집 관리인에게 명령하였다. "저
사람들의 곡식 자루에다 그들이 가져갈 수 있
을 만큼 양식을 채워 주어라. 그리고 각자의 돈을 그들의
곡식 자루 부리에 넣는데, 2 막내의 곡식 자루 부리에는 곡
식 값으로 가져온 그의 돈과 함께 내 은잔을 넣어라." 그
는 요셉이 분부한 대로 하였다. 3 이튿날 날이 밝자 그 사
람들은 나귀들을 끌고 길을 나섰다. 4 그들이 그 성읍을 나
와 얼마 가지 않았을 때, 요셉이 자기 집 관리인에게 말하
였다. "일어나 그 사람들을 쫓아가거라. 그들을 따라잡거
든 그들에게 이렇게 말하여라. '너희는 어찌하여 선을 악
으로 갚느냐? 5 이것은 내 주인께서 마실 때 쓰시는 잔이며
점을 치시는 잔이다. 너희는 고약한 짓을 저질렀다.'"
6 관리인이 그들을 따라잡고 이렇게 말하자, 7 그들이 그에
게 대답하였다. "나리께서는 어찌 그런 말씀을 하십니까?
나리의 이 종들이 그런 짓을 하다니, 있을 수 없는 일입니
다. 8 보십시오, 저희는 지난번 곡식 자루 부리에서 발견한
돈을 가나안 땅에서 가져다 나리께 되돌려 드렸습니다. 그
런데 저희가 어찌 나리의 주인댁에서 은이나 금을 훔칠
수 있겠습니까? 9 나리의 이 종들 가운데 그것이 발견되는
자는 죽어 마땅합니다. 그리고 나머지도 나리의 종이 되
겠습니다." 10 그러자 그가 말하였다. "그렇다면 좋다. 너희
말대로 하자. 그것이 발견되는 자는 나의 종이 된다. 그러나
나머지는 자유롭게 가도 좋다." 11 그들은 서둘러 곡식 자루
를 땅에 내려놓고 저마다 제 곡식 자루를 풀었다. 12 관리인
이 큰아들부터 시작하여 막내아들에 이르기까지 뒤지자,

44,1-14. 열한 명의 형제들은 출발하지만 여전히 요셉의 통제 아래 있다. 곧 요셉은 그의 마지막 행동 계획에 착수하는데 그들이 선을 악으로 갚고 점을 칠 때 쓰는 잔을 훔쳤다고 고발한다. 성물을 훔친 사람은 사형을 당한다. 형제들은 의도하지 않은 채 벤야민에 대해 사형을 선포하게 되는데(9절), 벤야민의 자루에서 요셉이 시킨 대로 잔이 발견되기 때문이다. 그러나 이번에는 열 명의 형들이 막내를 버리지 않고 모두 함께 되돌아간다.

43,32 46,34. 43,34 45,22. 44,1 42,25. 44,5 레위 19,26; 신명 18,10-14. 44,8 43,21. 44,9 31,32.

그 잔이 벤야민의 곡식 자루에서 나왔다. 13 그러자 그들
은 자기들의 옷을 찢고 저마다 나귀에 짐을 도로 실은 뒤,
그 성읍으로 되돌아갔다.
14 유다와 그 형제들이 요셉의 집에 이르러 보니, 그는 아
직도 그곳에 있었다. 그들이 그 앞에서 땅에 엎드리자, 15
요셉이 그들에게 말하였다. "너희는 어찌하여 이런 짓을
저질렀느냐? 나 같은 사람이 점을 치는 줄을 너희는 알지
못하였더냐?" 16 유다가 대답하였다. "저희가 나리께 무어
라 아뢰겠습니까? 무어라 여쭙겠습니까? 또 무어라 변명
하겠습니까? 하느님께서 이 종들의 죄를 밝혀내셨습니다.
이제 저희는 나리의 종입니다. 저희도, 잔이 나온 아이도
그러합니다." 17 그러나 요셉은 말하였다. "나는 그런 일을
할 수 없다. 잔이 나온 사람만 내 종이 되고, 나머지는 평
안히 너희 아버지에게 올라가거라."

유다가 대신 종이 되겠다고 나서다

18 그러자 유다가 그에게 나아가 말하였다. "나리, 이 종이
감히 나리께 한 말씀 아뢰겠습니다. 나리께서는 파라오와
같으신 분이시니, 이 종에게 노여워하지 마십시오. 19 나리
께서 이 종들에게 '아버지나 아우가 있느냐?' 물으시기에,
20 저희가 나리께 대답하였습니다. '저희에게 늙은 아버지
가 있고, 그가 늘그막에 얻은 막내가 있습니다. 그 애 형은
죽고 그의 어머니 아들로는 그 애밖에 남지 않아, 아버지
가 그 애를 사랑합니다.' 21 그러자 나리께서는 '그 아이를
나에게 데리고 내려오너라. 내 눈으로 그를 보아야겠다.'
하고 이 종들에게 말씀하셨습니다만, 22 저희는 나리께 대
답하였습니다. '그 아이는 제 아버지를 떠날 수 없습니다.
떠나면 그 애 아버지는 죽고 말 것입니다.' 23 그러나 나리
께서는 이 종들에게, '너희 막내아우가 함께 내려오지 않
으면, 너희는 다시 내 얼굴을 볼 수 없다.' 하셨습니다. 24
그래서 저희가 나리의 종인 저희 아버지에게 올라갔을 때,
나리의 말씀을 아버지에게 전하였습니다. 25 그 뒤에 저희
아버지가 '다시 가서 양식을 좀 사 오너라.' 하였지만, 26 저
희는 이렇게 대답하였습니다. '저희는 내려갈 수 없습니
다. 막내아우가 함께 가야 저희가 내려갈 수 있습니다. 막
내아우가 저희와 함께 가지 않으면, 저희는 그 어른의 얼
굴을 뵐 수 없습니다.' 27 그랬더니 나리의 종인 저희 아버

44,13 37,29.34; 민수 14,6. 44,14 37,7.10. 44,18 37,7.8; 41,40-44. 44,20 37,33; 42,13.38; 43,8. 44,23 43,3.

44,16-17. 유다가 모든 형제를 대신하여 자신들이 죄를 지었다고 말한다. 그러나 그 나리가 고발하는 죄가 아니라 다른 죄에 대해 말한다. 그들은 모두 벤야민과 함께 종이 될 것이다. 과거의 죄에 대한 이 암시를 알아차리고 있는 요셉은 그들의 변화를 깨닫게 된다. 그러나 요셉은 여전히 형제들을 시험하면서 벤야민만 남으라고 요구한다.

44,18-34. 벤야민 대신 종이 되겠다고 하며 늙은 아버지에게 다른 고통을 더하기를 원하지 않는 유다가 행한 이 위대한 담화는 그의 내면에 일어난 변화를 보여 준다. 이제 유다는 정말로 형제이며 아들이다. 그런 방식으로 유다(곧 미래의 남왕국, 또 더 나아가서는 바빌론 유배 체험 기간과 그 후에 남아 있게 되는 유일한 이스라엘)는 자신의 모든 가족(곧 이스라엘 전체)을 통합시키는 요소가 된다.

지가 저희에게 이렇게 말하였습니다. '내 아내가 나에게 아
들 둘을 낳아 주었다는 것을 너희도 알지 않느냐? 28 그런
데 한 아이는 나를 떠났다. 나는 그 애가 찢겨 죽은 것이 틀
림없다고 말하였고, 사실 나는 지금까지도 그 아이를 다시
보지 못하였다. 29 그런데 너희가 이 아이마저 나에게서 데
려갔다가 무슨 변이라도 당하게 되면, 너희는 이렇게 백발
이 성성한 나를, 비통해하며 저승으로 내려가게 하고야 말
것이다.' 30 이렇게 아버지의 목숨이 그 애의 목숨에 달려
있는데, 이제 그 아이 없이 제가 나리의 종인 저희 아버지
에게 돌아갔을 때, 31 그 아이가 없는 것을 보게 되면, 아
버지는 죽고 말 것입니다. 그렇게 되면 이 종들은 결국, 나
리의 종인 백발이 성성한 저희 아버지를, 애통해하며 저승
으로 내려가게 하고야 말 것입니다. 32 나리의 이 종은 제
아버지에게 그 아이를 맡겠다고 하면서, '제가 만일 그 아
이를 아버지께 도로 데려오지 않는다면, 제가 아버지 앞
에서 그 죄를 평생 짊어지겠습니다.' 하고 말하였습니다. 33
그러니 이제 이 종이 저 아이 대신 나리의 종으로 여기에
머무르고, 저 아이는 형들과 함께 올라가게 해 주십시오.
34 그 아이 없이 제가 어떻게 아버지에게 올라갈 수 있겠
습니까? 저의 아버지가 겪게 될 그 비통함을 저는 차마 볼
수 없습니다."

요셉이 형들에게 자신을 밝히다

45 1 요셉은 자기 곁에 서 있는 모든 이들 앞에서
더 이상 자신을 억제하지 못하고, "모두들 물러
가게 하여라." 하고 외쳤다. 그래서 요셉이 형제들에게 자
신을 밝힐 때, 그 곁에는 아무도 없었다. 2 요셉이 목 놓아
울자, 그 소리가 이집트 사람들에게 들리고 파라오의 궁
궐에도 들렸다.
3 요셉이 형제들에게 말하였다. "내가 요셉입니다! 아버지
께서는 아직 살아 계십니까?" 그러나 형제들은 요셉 앞에
서 너무나 놀라, 그에게 대답할 수가 없었다. 4 그래서 요
셉은 형제들에게 "나에게 가까이 오십시오." 하고서는, 그
들이 가까이 오자 다시 말하였다. "내가 형님들의 아우 요
셉입니다. 형님들이 이집트로 팔아넘긴 그 아우입니다. 5 그
러나 이제는 저를 이곳으로 팔아넘겼다고 해서 괴로워하
지도, 자신에게 화를 내지도 마십시오. 우리 목숨을 살리

45,1-28. 형제들끼리 서로 알아보고 화해할 순간이 되자 요셉은 두 차례나 '내가 요셉입니다'라고 말하며 자기를 소개한다. 먼저 아버지 안부를 물은 뒤에 아우라고 정체를 밝히면서 "형님들이 이집트로 팔아넘긴 사람"이라고 덧붙인다. 요셉은 일어난 일에 대한 신학적 해석을 제공하면서 하느님 섭리의 활동을 강조한다. 이집트에 요셉을 보낸 존재는 형제들이 아니라 하느님이심을 세 차례나 반복한다(5.7.8절 참조). 생명과 자유, 생존을 위해, 곧 남은 자들("자손들"의 자구적 의미)을 일으켜 세우기 위해(7절) 하느님께서 요셉을 이집트에 먼저 보내셨다.

44,28 37,31-35. 44,29 42,36.38. 44,32 43,9. 45,1 사도 7,13. 45,2 46,29.
45,3 43,27. 45,4 37,28; 사도 7,9. 45,5 37,28; 44,20; 50,20; 이사 40,2.

45,7. "구원받은 이들의 큰 무리가 되도록"은 "위대한 탈출(혹은 해방)로"라고 번역할 수도 있다. 요셉을 통한 하느님의 놀라운 섭리로 약속의 상속자인 야곱과 그의 가족은 기근의 재난에서 탈출하여 목숨을 보존하게 되었다. 이 탈출은 창세기 전체에 중요한 구원의 주제에 연결되어 있다. 홍수 이야기에서 노아는 우주적 재난에서 탈출하여 새 인류의 조상이 되었고, 바벨탑 사건으로 흩어진 인류는 부르심에 응답하여 고향과 친족과 아버지 집을 탈출하는 아브라함을 통해 새로운 출발을 하며, 롯은 하느님의 자비로 소돔을 탈출하여 구원을 얻는다.

45,10. 고센은 이집트에 온 이스라엘 사람들이 자리를 잡은 이집트 지명이다. 나일강 삼각주 지역에 위치하며 특히 비옥하고 목축에 적합하다. 고센 지역은 겨울에는 가자까지, 여름에는 현재 수에즈 운하까지 확장되는 목초지를 포함한다.

시려고 하느님께서는 나를 여러분보다 앞서 보내신 것입니
다. 6 이 땅에 기근이 든 지 이태가 되었습니다. 앞으로도
다섯 해 동안은 밭을 갈지도 거두지도 못합니다. 7 그래서
하느님께서는 나를 여러분보다 앞서 보내시어, 여러분을
위하여 자손들을 이 땅에 일으켜 세우고, 구원받은 이들
의 큰 무리가 되도록 여러분의 목숨을 지키게 하셨습니다.
8 그러니 나를 이곳으로 보낸 것은 여러분이 아니라 하느
님이십니다. 하느님께서 나를 파라오의 아버지로, 그의 온
집안의 주인으로, 그리고 이집트 온 땅의 통치자로 세우셨
습니다. 9 그러니 서둘러 아버지께 올라가 아버지의 아들
요셉의 말이라 하고 이렇게 전하십시오. '하느님께서 저를
온 이집트의 주인으로 세우셨습니다. 지체하지 마시고 저
에게 내려오십시오. 10 아버지께서 고센 지방에 자리 잡게
되시면, 아버지께서는 아들들과 손자들, 그리고 양 떼와
소 떼 등 모든 재산과 더불어 저와 가까이 계실 수 있습니
다. 11 기근이 아직도 다섯 해나 계속될 터이니, 제가 그곳
에서 아버지를 부양해 드리겠습니다. 그러면 아버지와 집
안, 그리고 아버지께 딸린 것들이 궁핍해지지 않을 것입니
다.' 12 지금 형님들은 내가 여러분에게 직접 말하고 있는
것을 내 아우 벤야민과 함께 바로 눈으로 보고 있습니다.
13 내가 이집트에서 누리는 이 영화와 그 밖에 무엇이든 본
대로 다 아버지께 말씀드리십시오. 서둘러 아버지를 모시
고 이곳으로 내려오십시오." 14 그러고 나서 요셉은 자기
아우 벤야민의 목을 껴안고 울었다. 벤야민도 그의 목을
껴안고 울었다. 15 요셉은 형들과도 하나하나 입을 맞추고
그들을 붙잡고 울었다. 그제야 형들은 그와 이야기하였다.

파라오의 초청

16 요셉의 형제들이 왔다는 소식이 파라오의 궁궐에 전해
지자, 파라오와 그의 신하들이 좋아하였다. 17 파라오가
요셉에게 말하였다. "그대의 형제들에게 이르시오. '너희
는 이렇게 하여라. 너희의 짐승들에 짐을 싣고 가나안 땅
으로 가서, 18 너희 아버지와 집안 식구들을 데리고 나에
게 오너라. 내가 너희에게 이집트에서 가장 좋은 땅을 주
고, 이 땅의 기름진 것을 먹게 해 주겠다.' 19 그대는 또 이
렇게 내 말을 전하시오. '너희는 이렇게 하여라. 너희의 어
린것들과 아내들을 생각하여, 이집트 땅에서 수레들도 끌

45,8 41,43; 사도 7,10. 45,9-11 사도 7,14. 45,10 46,28.34; 47,1. 45,14 사도 20,37.
45,18 27,28; 민수 18,12.29.

고 가거라. 거기에다 너희 아버지를 태워 오너라. 20 너희
세간들을 아까워하지 마라. 이집트 온 땅의 가장 좋은 것
들이 너희 차지가 될 것이다.'"

요셉의 형제들이 가나안으로 돌아가다

21 이스라엘의 아들들은 하라는 대로 하였다. 요셉은 파라
오의 명령대로 그들에게 수레들을 내주고 여행 양식도 마
련해 주었다. 22 그리고 그들 모두에게 예복을 한 벌씩 주
고, 벤야민에게는 은전 삼백 닢과 예복 다섯 벌을 주었다.
23 또한 아버지에게는 이집트의 특산물을 실은 나귀 열 마
리와, 아버지가 여행길에 먹을 곡식과 빵과 음식을 실은
암나귀 열 마리를 보냈다. 24 요셉은 형제들을 떠나보냈다.
그들이 떠나갈 때 요셉은 "길에서 너무 흥분하지들 마십
시오." 하고 당부하였다.
25 이렇게 하여 그들은 이집트에서 올라와 가나안 땅에 있
는 아버지 야곱에게 다다랐다. 26 그들이 야곱에게 "요셉
이 살아 있습니다. 그는 온 이집트 땅의 통치자입니다." 하
고 말하였지만, 야곱의 마음은 무덤덤하기만 하였다. 그
들의 말을 믿지 않았기 때문이다. 27 그러나 요셉이 한 말
을 다 전해 듣고, 요셉이 자기를 데려오라고 보낸 수레들
을 보자, 아버지 야곱은 정신이 들었다. 28 "내 아들 요셉
이 살아 있다니, 이제 여한이 없구나! 내가 죽기 전에 가서
그 아이를 봐야겠다." 하고 이스라엘은 말하였다.

45,22. 세켈은 23,15 주 참조.

야곱이 이집트로 떠나다

46 1 이스라엘은 자기에게 딸린 모든 것을 거느리
고 길을 떠났다. 그는 브에르 세바에 이르러 자
기 아버지 이사악의 하느님께 제사를 드렸다. 2 하느님께
서 밤의 환시 중에 이스라엘에게 말씀하셨다. 하느님께서
"야곱아, 야곱아!" 하고 부르시자, "예, 여기 있습니다." 하
고 그가 대답하였다. 3 그러자 하느님께서 말씀하셨다. "나
는 하느님, 네 아버지의 하느님이다. 이집트로 내려가는 것
을 두려워하지 마라. 내가 그곳에서 너를 큰 민족으로 만
들어 주겠다. 4 나도 너와 함께 이집트로 내려가겠다. 그리
고 내가 그곳에서 너를 다시 데리고 올라오겠다. 요셉의
손이 네 눈을 감겨 줄 것이다." 5 그리하여 야곱은 브에르

46,1-4. 야곱이 가족과 함께 요셉을 만나게 될 이집트로 떠나는 순간에 하느님께서는 그에게 확신을 주시고 당신 약속을 쇄신하기 위해 밤의 환시로 야곱에게 나타나신다. 하느님께서는 이집트에서 야곱을 큰 민족으로 만드실 것이다. 그와 함께 계실 것이고 그를 동반할 것이며 야곱의 죽음 후 그의 매장을 위해서이긴 하지만 그를 돌아오게 하실 것이다.

45,22 43,34. 45,23 사도 7,14. 45,26 루카 24,11. 46,1 28,10.13; 26,24. 46,2 22,11; 31,11; 욥 33,14.15; 사도 9,4. 46,3 12,2; 28,13. 46,4 28,15; 50,1.13.24.25; 탈출 3,8. 46,5 45,19.21.

세바를 떠났다.
이스라엘의 아들들은 아버지를 태워 오라고 파라오가 보낸
수레들에 아버지 야곱과 아이들과 아내들을 태웠다. 6 그들
은 가나안 땅에서 얻은 가축과 재산을 가지고 이집트로
들어갔다. 야곱과 그의 모든 자손이 함께 들어갔다. 7 야
곱은 아들과 손자, 딸과 손녀, 곧 그의 모든 자손을 거느
리고 이집트로 들어갔다.

이집트로 내려간 야곱의 자손

8 이집트로 들어간 이스라엘인들, 곧 야곱과 그 아들들의
이름은 이러하다.
야곱의 맏아들은 르우벤이고, 9 르우벤의 아들은 하녹,
팔루, 헤츠론, 카르미이다. 10 시메온의 아들은 여무엘, 야
민, 오핫, 야킨, 초하르, 그리고 가나안 여자에게서 난 사
울이다. 11 레위의 아들은 게르손, 크핫, 므라리이다. 12 유
다의 아들은 에르, 오난, 셀라, 페레츠, 제라인데, 에르와
오난은 가나안 땅에서 죽었다. 페레츠의 아들은 헤츠론과
하물이다. 13 이사카르의 아들은 톨라, 푸와, 야숩, 시므론
이다. 14 즈불룬의 아들은 세렛, 엘론, 야흘르엘이다. 15 이
들은 레아가 파딴 아람에서 야곱에게 낳아 준 아들들이
다. 이 밖에 딸 디나가 있다. 그의 아들딸들은 모두 서른세
명이다.
16 가드의 아들은 치프욘, 하끼, 수니, 에츠본, 에리, 아로
디, 아르엘리이다. 17 아세르의 아들은 임나, 이스와, 이스
위, 브리아이고, 그들에게는 세라라는 누이가 있었다. 브
리아의 아들은 헤베르와 말키엘이다. 18 이들은 라반이 자
기의 딸 레아에게 준 질파의 자손들이다. 질파가 이들을
야곱에게 낳아 주었다. 이들은 열여섯 명이다.
19 야곱의 아내 라헬의 아들은 요셉과 벤야민이다. 20 요셉
에게서는 이집트 땅에서 므나쎄와 에프라임이 태어났다.
이들은 온의 사제 포티 페라의 딸 아스낫이 그에게 낳아
준 아들들이다. 21 벤야민의 아들은 벨라, 베케르, 아스벨,
게라, 나아만, 에히, 로스, 무핌, 후핌, 아르드이다. 22 이들
은 야곱에게서 태어난 자식들로 라헬의 자손들이다. 이들
은 모두 열네 명이다.
23 단의 아들은 후심이다. 24 납탈리의 아들은 야흐츠엘,

46,8-27. 야곱과 함께 이집트에 들어간 아들과 손자들의 숫자를 헤아린다. 일흔 명이라고 하는데(46,27; 탈출 1,5; 신명 10,22 참조) 이 숫자가 이집트에서 늘어나(창세 47,27 참조) 이집트인들을 위협할 정도가 된다(탈출 1,12 참조). 일흔이라는 숫자는 상징적인 가치가 있는데 일곱과 일곱의 배수는 완전과 완벽을 가리킨다.

46,9.11.12.13. 이 족보 목록은 1역대 5,3; 5,27; 2,3; 4,2; 7,1에서 각각 확인된다.

46,6 신명 26,5; 여호 24,4; 시편 105,23; 이사 52,4; 사도 7,15. 46,8-27 // 민수 26,5-51. 46,8 탈출 1,1. 46,10 탈출 6,15; 6,1. 46,12 38,3.7.10.29. 46,17 1역대 7,30-31. 46,18 29,24; 30,10. 46,19 44,27. 46,20 41,50. 46,21 1역대 7,6; 8,1. 46,23 1역대 7,12. 46,24 1역대 7,13.

구니, 예체르, 실렘이다. 25 이들은 라반이 자기 딸 라헬에
게 준 빌하의 자손들이다. 빌하가 이들을 야곱에게 낳아
주었다. 이들은 모두 일곱 명이다.
26 야곱과 함께 이집트로 들어간 사람들은 야곱의 며느리
들을 뺀 직계 자손들이 모두 예순여섯 명이다. 27 이집트에
서 태어난 요셉의 아들들은 둘이다. 그래서 이집트로 들
어간 야곱의 집안 식구는 모두 일흔 명이다.

요셉이 가족을 맞이하다

28 이스라엘은 자기보다 앞서 유다를 요셉에게 보내어, 고
센으로 오게 하였다. 그런 다음 그들은 고센 지방에 이르
렀다. 29 요셉은 자기 병거를 준비시켜, 아버지 이스라엘
을 만나러 고센으로 올라갔다. 요셉은 그를 보자 목을 껴
안았다. 목을 껴안은 채 한참 울었다. 30 이스라엘이 요셉
에게 말하였다. "내가 이렇게 너의 얼굴을 보고 네가 살아
있는 것을 알았으니, 이제는 기꺼이 죽을 수 있겠구나."
31 요셉이 자기 형제들과 아버지의 집안 식구들에게 말하
였다. "제가 올라가 파라오께 이렇게 아뢰겠습니다. '가
나안 땅에 살던 제 형제들과 아버지의 집안 식구들이 저
에게 왔습니다. 32 그 사람들은 본디 가축을 치던 목자들
이어서 양 떼와 소 떼, 그리고 모든 재산을 가지고 왔습니
다.' 33 그러니 파라오께서 여러분을 불러 '너희의 생업이
무엇이냐?' 하고 물으시거든, 34 이렇게 대답하십시오. '임
금님의 이 종들은 어릴 적부터 지금까지 줄곧 가축을 쳐
온 사람들입니다. 저희도 그러하고 저희 조상들도 그러하
였습니다.' 그러면 여러분이 고센 지방에 자리 잡을 수 있
습니다. 이집트 사람들은 목자라면 모두 역겨워하기 때문
입니다."

46,32-34. "가축을 치던 목자들"이라는 말은 이집트인들과 농부들이 목자들에 대해 가진 경멸을 반영하는 듯하다. 어떤 학자들은 이집트인들과 셈족 유목민의 갈등 관계를 언급한 것이라고 여긴다. 셈족은 동쪽에서 자주 이집트를 침략하여 나일강 삼각주의 동쪽 지역을 정복하였다. 요셉이 이 말을 하려는 암묵적인 의도는 그의 가족이 이집트 땅에서 외국인처럼 혹은 이집트 출신 토착민과 동등한 권리가 없는 이방인처럼 보이게 하려는 것이었을 수 있다. 곧 그들이 자기 조상들과 하느님의 약속에도 무관한 이집트 백성과 조금도 섞이지 않고 잘 보존되게 하려는 것이었을 수 있다.

46,25 29,29; 30,5.7. 46,26-27 탈출 1,5. 46,27 신명 10,22; 사도 7,14. 46,28 47,1. 46,29 45,14.15. 46,30 루카 2,29. 46,31 47,1. 46,33 47,2.3. 46,34 13,7.8; 26,20; 37,2; 45,10.18; 탈출 8,22.

요셉의 가족이 파라오를 알현하다

47 1 요셉이 가서 파라오에게 아뢰었다. "제 아버
지와 형제들이 양 떼와 소 떼, 그리고 자기들의
재산을 모두 가지고 가나안 땅을 떠나와, 지금 고센 지방
에 있습니다." 2 그런 다음 요셉은 자기 형제들 가운데에서
다섯 사람을 가려 파라오에게 소개하였다. 3 파라오가 그
의 형제들에게 "너희의 생업이 무엇이냐?" 하고 묻자, 그
들이 파라오에게 대답하였다. "이 종들은 목자들입니다.
저희도 그러하고 저희 조상들도 그러하였습니다." 4 그들은
계속 파라오에게 말하였다. "저희는 이 땅에서 나그네살
이를 할까 해서 왔습니다. 가나안 땅에 기근이 심하여 이
종들의 양 떼를 먹일 풀밭이 없습니다. 그러니 이 종들이
고센 지방에 머무를 수 있게 해 주시기를 바랍니다."
5 그러자 파라오가 요셉에게 말하였다. "그대의 아버지와
형제들이 그대에게 왔소. 6 이집트 땅이 그대 앞에 펼쳐져
있으니, 그 가운데에서 가장 좋은 땅에 그대의 아버지와
형제들을 머무르게 하시오. 그들은 고센 지방에 머물러도
좋소. 그대가 알기에 그들 가운데 유능한 사람들이 있거
든 내 가축을 돌보는 책임자로 세우시오."
7 요셉이 자기 아버지 야곱을 모셔다 파라오 앞에 세우자,
야곱이 파라오에게 축복하였다. 8 파라오가 야곱에게 "연
세가 얼마나 되시오?" 하고 묻자, 9 야곱이 파라오에게 대
답하였다. "제가 나그네살이한 햇수는 백삼십 년입니다.
제가 산 햇수는 짧고 불행하였을 뿐 아니라 제 조상들이
나그네살이한 햇수에도 미치지 못합니다." 10 야곱은 다시
파라오에게 축복하고 그 앞에서 물러 나왔다.
11 요셉은 파라오가 분부한 대로 자기 아버지와 형제들을
이집트 땅에, 곧 그 땅에서 가장 좋은 곳인 라메세스 지방
에 머무르게 하고, 그들에게 소유지도 떼어 주었다. 12 그
리고 아버지와 형제들과 아버지의 온 집안에, 그 식솔 수
대로 양식을 대 주었다.

요셉의 양곡 관리

13 기근이 매우 심하여 온 땅에 양식이 떨어졌다. 이집트
땅과 가나안 땅이 이 기근으로 피폐해져 갔다. 14 요셉은
사람들이 사 가는 곡식 값으로 이집트 땅과 가나안 땅에

47,7-10. 130년의 나그네살이를 기억하는 노인 야곱과 파라오의 대화는 야곱의 축복 행위에 대한 이중 언급의 틀 안에 들어가 있다. 다음 장에서 이 노인은 요셉의 아들들을 축복할 것이다. 이사악의 축복을 가로챈 후에 이제 야곱은 축복을 주는 사람이 된다.

47,11. 라메세스라는 이름은 연대를 무시한 것이다. 후대에 가서야 라메세스 2세(기원전 1304-1238년경)의 이름을 붙인 성읍이 건설되었다.

47,13-26. 이집트에서 요셉의 양곡 정책을 상세히 다룬 이 부분은 이집트 전체의 재산 관리(행정)에서 드러나는 그의 예리한 지혜와 명민함을 강조하는 것이 목적이다(41,33-36 참조).

47,1 46,31. 47,3 46,33.34. 47,4 15,13; 43,1; 46,34; 신명 26,5. 47,6 45,10.18. 47,8.9 25,7; 35,28; 욥 14,1; 시편 39,13; 히브 11,9.13. 47,11 탈출 1,11; 12,37. 47,13 41,30; 사도 7,11. 47,14 41,56.

있는 돈을 모조리 거두어들였다. 그는 그 돈을 파라오의
궁궐로 넘겼다. 15 이렇게 하여 이집트 땅과 가나안 땅에
서 돈이 떨어지게 되자, 이집트인들이 모두 요셉에게 몰려
와 말하였다. "우리에게 양식을 주십시오. 돈이 떨어졌다
고 해서 우리가 나리 앞에서 죽을 수야 없지 않습니까?"
16 그러자 요셉이 대답하였다. "돈이 떨어졌으면 여러분의
가축을 몰고 오시오. 그러면 그 가축 값으로 여러분에게
양식을 내주겠소." 17 그리하여 그들은 자기들의 가축을
요셉에게 몰고 왔다. 요셉은 말과 양 떼와 소 떼와 나귀들
을 받고서 양식을 내주었다. 이렇게 그해에는 그들의 가축
값으로 양식을 공급해 주었다. 18 그해가 다 지나 이듬해
가 되자, 그들이 다시 요셉에게 와서 말하였다. "저희가 나
리께 무엇을 숨길 수 있겠습니까? 돈은 떨어졌고 가축 떼
도 이제 다 나리 것입니다. 이제 나리께 갖다 드릴 것이라
고는 저희 몸과 농토밖에 남지 않았습니다. 19 저희가 저희
농토와 함께 나리께서 보시는 앞에서 망할 수야 없지 않
습니까? 그러니 양식을 주시고 저희와 저희 농토를 사십
시오. 농토는 물론이고 저희가 파라오의 종이 되겠습니다.
씨앗을 주십시오. 그러면 저희도 죽지 않고 살 것이고, 농
토도 황폐해지지 않을 것입니다."
20 이리하여 요셉은 이집트의 모든 농토를 파라오의 것으
로 사들였다. 기근이 심하여 이집트인들이 하나같이 자
기 밭을 팔았기 때문이다. 그래서 온 땅이 파라오의 차지
가 되었다. 21 그는 이집트 국경 끝에서 끝까지 백성들을
모두 종으로 만들었다. 22 그러나 사제들의 농토만은 사들
이지 않았다. 사제들은 파라오에게서 녹을 받기 때문이었
다. 그들은 파라오가 주는 녹을 먹었으므로 농토를 팔 필
요가 없었다. 23 그런 다음 요셉이 백성에게 말하였다. "나
는 오늘 여러분과 여러분의 농토를 파라오의 것으로 사들
였소. 자, 여기에 씨앗이 있으니 농토에 씨앗을 뿌리시오.
24 그러나 수확의 오분의 일을 파라오께 바치시오. 그리
고 오분의 사는 여러분의 것이니, 밭에 씨앗을 뿌리고, 여
러분과 집안 식구들의 양식과 아이들의 양식으로 삼으시
오." 25 그러자 그들이 요셉에게 대답하였다. "나리께서 저

47,20. 이집트에서 신성한 존재로 여겨진 파라오는 절대적인 주군이자 주인으로 처신했다. 이론상으로 이렇지만 실제로는 개인의 토지 소유가 중왕국 시대(기원전 1955-1750년)에 인정되었다. 힉소스인들을 추방한 후 파라오들은 자신의 권리를 다시 주장했는데(기원전 1500년대) 더 강한 통치의 필요성이 개인의 권한을 축소한 시기이다.

47,22. 사제들은 자기 농토를 팔 필요가 없었다. 왕궁에서 상당한 양의 양식을 받았기 때문이다. 라메세스 3세(기원전 1186-1155년)는 해마다 밀 185,000자루를 성전에 하사했다.

47,22 에즈 7,24. 47,24 41,34. 47,25 33,15.

47,22. 고대 사회에서 사제들은 특권과 독자적인 소득을 누렸다. 이 특별한 조건은 예배에서 그들의 역할과 연결되었다. 예배는 그들을 구별되는 집단이자 사회적으로 필수적인 집단이 되게 했는데, 당시 믿음에 따라 그들이 나라의 번영에 필요한 신들의 호의를 얻어 내야 했기 때문이다. 사제들은 보통 매년 수확물의 일부와 신전에 바쳐진 제물 일부를 가질 권한과 성소 주변 땅의 소유 권한도 있었다.

희의 목숨을 살려 주셨습니다. 나리께서 저희에게 호의를
베풀어 주십시오. 저희는 기꺼이 파라오의 종이 되겠습니
다.” 26 이렇게 하여 요셉은 이집트의 농토에 관하여 오늘
날까지 유효한 법을 만들었다. 곧 오분의 일이 파라오에게
속한다는 것이다. 다만 사제들의 농토만은 파라오의 차지
가 되지 않았다.

야곱의 유언

27 이스라엘은 이집트 땅 고센 지방에 머물게 되었다. 그
들은 그곳에 소유지를 얻어 자식들을 많이 낳고 크게 번
성하였다. 28 야곱은 이집트 땅에서 십칠 년을 살았다. 그
래서 야곱이 산 햇수는 백사십칠 년이 되었다. 29 죽을 때
가 다가오자 이스라엘은 자기 아들 요셉을 불러 말하였
다. “네가 나에게 호의를 보여 준다면, 나에게 효성과 신의
를 지켜 나를 이집트 땅에 묻지 않겠다고, 네 손을 내 샅
에 넣고 맹세해 다오. 30 내가 조상들과 함께 잠들게 되거
든 나를 이집트에서 옮겨 그분들의 무덤에 묻어 다오.” 요
셉이 “제가 꼭 아버지의 말씀대로 하겠습니다.” 하고 대답
하자, 31 이스라엘이 “그러면 나에게 맹세하여라.” 하고 말
하였다. 요셉이 맹세하니, 이스라엘이 침상 머리맡에 엎드
려 경배하였다.

야곱이 에프라임과 므나쎄를 아들로 삼다

48 1 이런 일들이 있은 뒤, 요셉은 아버지가 아프
다는 소식을 들었다. 그래서 그는 두 아들 므나
쎄와 에프라임을 데리고 갔다. 2 아들 요셉이 왔다고 사람
들이 야곱에게 알렸다. 그러자 이스라엘은 기운을 내어
침상에서 일어나 앉았다.
3 야곱이 요셉에게 말하였다. “전능하신 하느님께서 가나
안 땅 루즈에서 나에게 나타나 복을 내려 주시며, 4 이렇
게 말씀하셨다. ‘나는 네가 자식을 많이 낳고 번성하게 하
겠다. 또한 네가 민족들의 무리가 되게 하고, 이 땅을 네
뒤에 오는 후손들에게 영원한 소유로 주겠다.’ 5 그러니 이
제 내가 이집트로 너에게 오기 전에, 이집트 땅에서 태어
난 너의 두 아들을 내 아들로 삼아야겠다. 에프라임과 므
나쎄는 르우벤과 시메온처럼 내 아들이 되는 것이다. 6 이

47,31. 야곱은 자신을 이집트가 아니라 가나안 땅에 묻겠다는 것을 요셉에게 엄숙히 맹세하게 한다(요셉은 야곱의 샅에 자기 손을 넣고 맹세한다. 24,2 주 참조).

48,1-20. 야곱은 많은 후손과 비옥한 땅을 얻으리라는 약속과 함께 베텔에서 받은 복(28,10-22 참조)을 기억하면서 자신이 이집트에 오기 전에 태어난 두 손자 에프라임과 므나쎄를 입양하겠다는 결정을 전한다. 입양과 축복의 두 가지 예식이 겹쳐져 있다. 요셉의 두 아들을 야곱의 무릎에 앉히는 것은 입양 예식이다(12절 참조; 30,3-8 주 참조). 이 순간부터 이들은 야곱의 다른 아들들과 동등하게 여겨질 것이다. 이 두 아들을 소개하고 이들의 신원을 확인하며(8-9절 참조; 27,18.24) 이들에게 입 맞추고(10절 참조; 27,27 주 참조) 머리에 손을 얹는 것은 축복 예식에 속한다.

47,27 46,3; 탈출 1,7; 사도 7,17. 47,28-31 // 49,29-32. 47,29 24,2.49; 신명 31,14. 47,30 49,29; 50,5.13. 47,31 21,23.24; 24,3; 31,53; 50,25; 히브 11,21. 48,1 묵시 7,6. 48,3 28,19; 35,6.9.12. 48,4 사도 7,5; 또한 창세 17,8; 사도 7,45도 참조. 48,5 46,20; 여호 13,7; 14,4.

아이들 다음에 너에게서 태어난 자식들은 너의 아이들이
다. 그들은 제 형들의 이름으로 상속 재산을 받을 것이다.
7 내가 파딴에서 가나안 땅으로 와서 길을 가던 중, 에프
랏까지는 아직 얼마 더 가야 하는 곳에서 그만 라헬이 죽
고 말았다. 그래서 나는 에프랏 곧 베들레헴으로 가는 길
옆에 그를 묻었다."
8 이스라엘이 요셉의 아들들을 보고 "이 아이들은 누구
냐?" 하고 물었다. 9 요셉이 "이 아이들은 하느님께서 이
곳에서 저에게 주신 아들들입니다." 하고 대답하자, 이스
라엘이 "아이들을 나에게 데려 오너라. 내가 아이들에게
축복하겠다." 하고 말하였다. 10 그런데 이스라엘은 나이
가 많아 눈이 어두워서 앞을 볼 수 없었다. 요셉이 아이들
을 가까이 데려가자, 이스라엘은 그들에게 입 맞추고 끌어
안았다. 11 그런 다음 이스라엘이 요셉에게 말하였다. "나
는 네 얼굴을 다시 보리라고는 생각도 못 했는데, 이제 하
느님께서는 네 자식들까지 보게 해 주시는구나." 12 요셉은
아이들을 아버지 무릎에서 물러나게 하고, 얼굴을 땅에
대고 절하였다.
13 요셉은 두 아이를 데려다, 에프라임은 오른손으로 이끌
어 이스라엘의 왼쪽으로, 므나쎄는 왼손으로 이끌어 이스
라엘의 오른쪽으로 가까이 가게 하였다. 14 그러자 이스라
엘은 손을 엇갈리게 내밀어, 에프라임이 작은아들인데도
오른손을 에프라임의 머리에 얹고, 므나쎄가 맏아들인데
도 왼손을 므나쎄의 머리에 얹었다.

15 이스라엘이 요셉에게 축복하였다.
"저의 조상 아브라함과 이사악을 당신 앞에서 살아가
게 하신 하느님,
제가 사는 동안 지금까지 늘 저의 목자가 되어 주신 하
느님,
16 저를 모든 불행에서 구해 주신 천사께서는 이 아이
들에게 복을 내려 주소서.
나의 이름과 내 조상 아브라함과 이사악의 이름이

48,7 33,18; 35,19.20. 48,9 33,5. 48,10 27,1.27. 48,11 45,26. 48,15 17,1. 48,16 28,14; 31,11.13.24; 46,3.

48,13-14. 두 손자에게 하는 축복이 동시에 이루어지는데 예외적인 일이다. 오른손을 얹어 축복해 주는 사람이 특권을 받는데, 카인과 아벨, 에사우와 야곱, 나중에 다른 사람들에게도 일어나듯 동생이 형보다 앞자리를 받는다. 하느님께서 선택에 있어서 자유로운 분임을 다시 보여 준다. 야곱 오른편에는 요셉의 맏아들 므나쎄, 왼편에는 에프라임이 있었는데, 야곱은 에프라임에게 특권을 주기 위해서는 손을 엇갈리게 내밀어 두 손자를 축복해야 했다. 에프라임은 장차 북쪽에서 가장 중요한 지파 중 하나가 될 것이다.

48,15-20. 15절에서 축복은 요셉을 향해 있지만 16절에서 그의 두 아들을 언급하면서 그들이 크게 불어나기를 기원한다. 20절에서 "그들에게… 축복하였다"에 바로 "이스라엘 백성이 너를(자구적 번역) 들어 말하며… 축복하리라." 가 이어지지만, 이 미래의 축복 정식은 에프라임과 므나쎄와 관련되어 있다. 그들이 축복의 표징이 될 것이다(12,2; 18,18; 22,18; 26,4; 28,14 참조).

48,15-16. 축복 정식은 하느님에 대한 삼중 호칭으로 매우 장엄하게 제시된다. 아브라함과 이사악을 당신 앞에서 살아가게 하신 하느님, 야곱의 목자이셨던 하느님, 바로 그분이 미래에 모든 백성의 목자가 되실 것이다.

이 아이들에게 살아 있으리라.
또한 이들이 세상에서 크게 불어나리라."
17 요셉은 아버지가 오른손을 에프라임의 머리 위에 얹은
것을 보고는 못마땅하게 여겨, 아버지의 손을 잡아 에프
라임의 머리에서 므나쎄의 머리로 옮기려 하였다. 18 그러
면서 아버지에게 말하였다. "아닙니다, 아버지. 이 아이가
맏아들이니, 이 아이 위에 아버지의 오른손을 얹으셔야
합니다." 19 그러나 그의 아버지는 거절하며 말하였다. "아
들아, 나도 안다, 나도 알아. 이 아이도 한 겨레를 이루고
크게 될 것이다. 그러나 그의 아우가 그보다 더 크게 되고,
그의 후손은 많은 민족을 이룰 것이다."
20 그날 야곱은 그들에게 이렇게 축복하였다.
"이스라엘 백성이 너희를 들어 말하며 이렇게 축복하리라.
'하느님께서 너를 에프라임과 므나쎄처럼 만들어 주시리라.'"
이렇게 그는 에프라임을 므나쎄 앞에 내세웠다.
21 그러고 나서 이스라엘이 요셉에게 말하였다. "자, 나는
이제 죽는다. 그러나 하느님께서는 너희와 함께 계시면서,
너희를 다시 조상들의 땅으로 데려가 주실 것이다. 22 그리
고 나는 너의 형제들보다 너에게, 내 칼과 활로 아모리족
의 손에서 빼앗은 스켐 하나를 더 준다."

야곱의 축복

49 1 야곱이 아들들을 불러 말하였다.
"너희는 모여들 오너라.
뒷날 너희가 겪을 일을
내가 너희에게 일러 주리라.
2 야곱의 아들들아, 모여 와 들어라.
너희 아버지 이스라엘의 말을 들어라.

3 르우벤아, 너는 나의 맏아들
나의 힘, 내 정력의 첫 열매.
너는 영광이 넘치고 힘이 넘친다.

48,19. 분열 왕국 시대와 관련된 많은 본문에서 "에프라임"은 "이스라엘"의 왕국인 북왕국 전체를 가리키는 별칭이 된다(예를 들어 이사 7,9; 예레 31,9; 호세 11,8 참조).

48,22. "스켐"에는 언어유희가 있을 수 있다. 이 단어는 "어깨"라는 뜻도 지니는데 식사를 위해 여러 부분을 나눌 때 어깨는 가장 좋은 부분 중 하나였다. 또한 이 단어는 북왕국의 중요한 성읍(여호 24,1.25.32; 판관 9장; 1열왕 12,1; 12,25; 2역대 10,1 참조)이자 성소가 있는 "스켐" 성읍의 이름을 직접 암시할 수도 있다.

49,3-4. 야곱은 르우벤의 장자권을 부정하는데 그는 아버지의 소실인 빌하와 동침하여 아버지의 침상을 더럽혔기 때문이다. 야곱은 빌하에게서 두 아들 단과 납탈리(30,3-8; 35,22 참조)를 얻었다. 다른 구절들에서도 르우벤의 운명은 자랑스럽지 못한 그 어조가 계속될 것이다(예를 들어 신명 33,6; 판관 5,15-16 참조).

48,19 민수 1,33.35. 48,21 26,3; 28,15; 46,4; 50,24. 48,22 여호 24,32; 요한 4,5. 49,1-28 신명 33. 49,1 민수 24,14. 49,3 29,32; 신명 21,17.

49,1-28. 성경의 유명 인물들이 죽음을 눈앞에 두고 하듯이(예를 들어 신명 33장의 모세) 야곱도 죽기 전에 자기 아들들에 대한 신탁을 선포한다. 왕정 시대 지파들의 미래와 상황에 대해 언급한다. 축복을 내려야 마땅하겠지만, 르우벤, 시메온과 레위 첫 세 아들에 대해서는 오히려 저주가 내린다. 그러나 유다와 요셉에게는 특전이 주어진다. 유다에게서 장차 다윗 왕조가 나올 것이며 요셉의 아들 에프라임은 이스라엘 북왕국을 지배할 지파의 조상이다.

4 그러나 물처럼 끓어오르니
너는 남보다 뛰어나지 못하리라.
너는 아버지의 침상에 올라갔다.
그때 너는 내 침상을 더럽혔다.

5 시메온과 레위는 형제
그들의 칼은 폭행의 도구.
6 나는 그들의 모의에 끼지 않고
그들의 모임에 들지 않으리라.
그들은 격분하여 사람들을 죽이고
멋대로 소들을 못 쓰게 만들었다.
7 포악한 그들의 격분,
잔악한 그들의 분노는 저주를 받으라.
나 그들을 야곱에 갈라놓으리라.
그들을 이스라엘에 흩어 버리리라.

8 너 유다야, 네 형제들이 너를 찬양하리라.
네 손은 원수들의 목을 잡고
네 아버지의 아들들이 네 앞에 엎드리리라.
9 유다는 어린 사자.
내 아들아, 너는 네가 잡은 짐승을 먹고 컸다.
유다가 사자처럼, 암사자처럼 웅크려 엎드리니
누가 감히 그를 건드리랴?
10 유다에게 조공을 바치고
민족들이 그에게 순종할 때까지
왕홀이 유다에게서,
지휘봉이 그의 다리 사이에서 떠나지 않으리라.
11 그는 제 어린 나귀를 포도 줄기에,
새끼 나귀를 좋은 포도나무에 매고

49,5-7. 시메온과 레위의 격분과 분노는 저주받는다. 이 격분과 분노로 인해 스켐인들을 학살하면서 여동생 디나에 대한 복수를 하였기 때문이다(창세 34,25-29 참조).

49,8-12. 다윗이 나올 지파의 조상인 유다에 대한 축복이 특히 중요하다. 유다가 다른 형제보다 뛰어나다는 것, 그의 힘, 그의 왕국의 지속과 번영이 찬양되고 있다.

49,4 35,22; 신명 27,20. 49,5 34,25-30. 49,6 34,26; 잠언 1,15; 에페 5,11. 49,7 여호 19,1.9; 21,1-42. 49,8 신명 33,7; 1역대 5,2. 49,9 에제 19,5-7; 미카 5,7; 묵시 5,5. 49,10 민수 24,17; 시편 60,9; 이사 2,2; 11,1; 루카 1,32; 히브 7,14. 49,11 마르 11,2; 묵시 7,14.

✠ 49,8-12. 이 축복에 메시아적 의미가 부여되었다. 사실 10절의 "민족들이 그에게 순종할 때까지"라고 번역한 부분을 대중 라틴말 성경은 "파견되셔야 하는 분(곧 메시아)이 오실 때까지"라고 번역하고 있으며, 11-12절의 표상들로 예언자들의 신탁은 메시아 시대를 묘사하기 때문이다. 곧 나귀는 메시아께서 타신 짐승이고(즈카 9,9; 마태 21,5-7 참조) 포도주와 우유는 풍요와 번영과 아름다움의 표징인데, 특히 포도주는 메시아 시대의 표징이다(예레 31,12-14; 호세 2,23-24; 아모 9,13-15 참조). 그래서 대림 시기인 12월 17일에 야곱이 유다에게 한 축복 본문인 창세 49,2.8-10을 읽는다. 이 유다에게서 메시아 곧 민족들이 순종할(10절) 분이 나올 것이다. 미사 독서로 마태오 복음서의 예수님 족보와 함께 이 본문을 읽는다.

포도주로 제 옷을,
포도의 붉은 즙으로 제 겉옷을 빤다.
12 그의 눈은 포도주보다 검고
그의 이는 우유보다 희다.

13 즈불룬은 바닷가에 살며
배들의 항구가 되고
그 경계는 시돈에 이르리라.

14 이사카르는 튼튼한 나귀
가축우리 사이에 엎드린다.
15 쉬기에 좋고
땅이 아름다운 것을 보고는
그곳에서 짐을 지려고 어깨를 구부려
노역을 하게 되었다.

16 단은 이스라엘의 여느 지파처럼
제 백성을 정의로 다스리리라.
17 단은 길가의 뱀
오솔길의 독사.
말 뒤꿈치를 물어
그 위에 탄 사람이 뒤로 떨어진다.

18 주님, 제가 당신의 구원을 기다립니다.

19 가드는 약탈자들의 습격을 받겠지만
그 자신이 그들의 뒤를 습격하리라.

20 아세르는 양식이 넉넉하여
임금에게 진미를 올리리라.

21 납탈리는 풀어 놓은 암사슴
예쁜 새끼들을 낳는다.

49,12. "그의 눈은 포도주보다 검고" 이는 예로니모의 고대 라틴어 본이 "그의 눈은 포도주보다 아름답다"라고 번역하는 것처럼 유다의 아름다움을 강조한다. "검은"에 해당하는 히브리 형용사는 여기에만 나오기 때문에 의미를 파악하기 힘들다.

49,13-15. 즈불룬은 시돈(페니키아) 북쪽 해안에 자리 잡을 것이다. 나귀로 상징되고 비옥한 지역에 정착하는 이사카르는 주변의 지배를 받으며 살게 될 것이다.

49,16. "단은… 정의로 다스리리라." 히브리어 본문에는 언어유희('단 야딘')가 있다. 단은 작은 지파이지만 다른 지파들처럼 존속하며 교활하고 공격적인 독사처럼 승리할 것이다.

49,19. 습격이라는 뜻을 가진 단어와 같은 어근인 가드 지파는 주변 이민족들에게 끊임없이 공격을 받았다.

49,21. 납탈리 부족은 산악 지대에서 재빨리 이동하며("풀어 놓은 암사슴") 살았다. 예로니모의 라틴어 번역본과 고대 히브리어 해석은 "예쁜 새끼들을 낳는다." 대신에 "매혹적인 말을 하네"로 옮기기도 한다.

49,13 신명 33,18.19; 여호 19,10.11. 49,16 신명 33,22; 판관 18,1.2. 49,17 판관 18,26.27. 49,18 탈출 15,2; 시편 25,5; 119,166.174; 이사 25,9; 미카 7,7. 49,19 신명 33,20; 1역대 5,18. 49,20 신명 33,24.25; 여호 19,24. 49,21 신명 33,23.

22 요셉은 열매 많은 나무
샘 가에 심긴 열매 많은 나무.
그 가지가 담장 너머로 뻗어 간다.
23 궁수들이 그를 어지럽히고
그에게 활을 쏘며 덤벼들었어도
24 그의 활은 든든히 버티고
그의 손과 팔은 날쌔었다.
이는 야곱의 장사의 손,
이스라엘의 목자요 바위이신 분의 이름 덕분이고
25 네 아버지의 하느님 덕분이다. 그분께서 너를 도우시리라.
전능하신 분 덕분이다. 그분께서 너에게 복을 내리시리라.
위에 있는 하늘의 복,
땅속에 놓여 있는 심연의 복,
젖가슴과 모태의 복을 내리시리라.
26 네 아버지의 복은
예로부터 있던 산들의 복보다,
처음부터 있던 언덕들의 탐스러운 것들보다 크다.
그 복이 요셉의 머리로,
제 형제들 가운데에서 봉헌된 자의 정수리로 내리리라.

27 벤야민은 약탈하는 이리
아침에는 움켜쥔 것을 먹고
저녁에는 잡은 것을 나눈다."
28 이들이 모두 이스라엘의 열두 지파다. 이것은 그들의 아
버지가 그들 각자에게 알맞은 복을 빌어 주면서 한 말이다.

49,24. "그의 활은 든든히 버티고 그의 손과 팔은 날쌔었다." 칠십인역과 새 대중 라틴말 성경은 "그들의 활은 부러졌고 그들 팔의 힘은 빠져 버렸다"로 해석하고 있다.

49,27. 벤야민 지파의 호전적 성격 때문에 약탈하는 이리에 비교되지만 그 의미는 긍정적이다.

49,22 신명 33,13-17. 49,23 37,4.24.28. 49,24 시편 18,35; 23,1; 132,2.5; 이사 1,24; 28,16; 41,10; 1베드 2,6-8. 49,25 27,28; 28,3.13; 32,10; 48,3. 49,26 신명 33,15.16.

49,22-26. 요셉의 머리 위에서 축복이 늘어나는데, 그는 형제들 가운데 제일인자로 여겨지며 야곱이 요셉의 아들 에프라임과 므나쎄를 입양할 때 이미 아들들 안에서 축복을 받았다(48장 참조). 22절의 히브리어 본문의 뜻이 분명하지 않지만("샘 가에 심긴 열매 많은 나무" 혹은 "목장의 담장을 뛰어넘는 어린 황소") 요셉의 번영을 언급하는 것은 확실하다. 23-24절에서는 전쟁에서 자신을 방어하는 능력이 칭송되는데 그 능력은 무엇보다 그를 위해 개입하시는 하느님의 도움 덕분이다. 하느님을 가리키는 여러 칭호는 권능("야곱의 장사"), 당신 백성에 대한 돌봄("목자"), 당신께 의탁하는 사람에 대한 보호("바위")를 강조한다.

49,31. 창세기에서 여기서만 레베카와 레아의 죽음과 그 매장에 대해 이야기한다.

50,2-3. 장차 요셉에게도 일어날 일처럼(26절 참조) 야곱의 몸은 이집트 관습대로 방부 처리된다. 그러나 이스라엘인들은 유해를 닦고 향유를 발랐다.

야곱이 죽다

29 그런 다음 야곱이 아들들에게 분부하였다. "나는 이제
선조들 곁으로 간다. 나를 히타이트 사람 에프론의 밭에
있는 동굴에 조상들과 함께 묻어 다오. 30 그 동굴은 가나
안 땅 마므레 맞은쪽 막펠라 밭에 있는 것으로, 아브라함
께서 그 밭을 히타이트 사람 에프론에게서 묘지로 사 두
셨다. 31 그곳에 아브라함과 그분의 아내 사라께서 묻히셨
고, 그곳에 이사악과 그분의 아내 레베카께서 묻히셨다.
나도 레아를 그곳에 묻었다. 32 밭과 그 안에 있는 굴이 히
타이트 사람들에게서 산 것이다."
33 야곱은 자기 아들들에게 분부하고 나서, 다리를 다시
침상 위로 올린 뒤, 숨을 거두고 선조들 곁으로 갔다.

야곱의 장례

50 1 그러자 요셉은 아버지의 얼굴에 엎드려 울며
입을 맞추었다. 2 그런 다음 요셉이 자기 시의들
에게 아버지의 몸을 방부 처리하도록 명령하자, 시의들이
이스라엘의 몸을 방부 처리하였다. 3 그들이 이 일을 하는
데에 사십 일이 걸렸다. 방부 처리를 하는 데에는 그만큼
시일이 걸리는 것이다. 그리고 이집트인들은 야곱의 죽음
을 애도하며 칠십 일 동안 곡을 하였다.
4 곡하는 기간이 지나자 요셉이 파라오의 궁궐 사람들에
게 말하였다. "여러분이 나에게 호의를 베풀어 준다면, 파
라오께 이렇게 말씀을 전해 주시오. 5 '저의 아버지가 ′내
가 죽거든, 내가 가나안 땅에 나를 위해서 파 놓은 무덤에
묻어라.′ 하며, 저에게 맹세하게 하였습니다. 그러니 제가
올라가서 아버지의 장사를 지낼 수 있게 해 주십시오. 그
런 다음 제가 돌아오겠습니다.'" 6 파라오는 "아버지가 그
대에게 맹세하게 한 대로, 올라가서 그분의 장사를 지내시
오." 하고 윤허하였다.
7 이리하여 요셉은 아버지의 장사를 지내러 올라갔다. 그
와 함께 파라오의 모든 신하와 파라오 궁궐의 원로들과
이집트 땅의 모든 원로, 8 그리고 요셉의 온 집안과 그의
형제들과 아버지의 집안 사람들이 올라갔다. 그들의 아이
들과 양 떼와 소 떼만 고센 지방에 남겨 두었다. 9 또 병거
와 기병까지 요셉과 함께 올라가니, 그것은 굉장한 행렬이

49,29-32 // 47,28-31; 23,16-20도 참조. 49,29 25,8; 47,30. 49,30 23,16. 49,31 23,19; 25,9; 35,29. 49,33 25,8; 사도 7,15. 50,1 46,4. 50,3 민수 20,29; 신명 34,8. 50,5 47,29-31. 50,8 탈출 8,18.

었다. 10 그들은 요르단 건너편에 있는 고렌 아탓에 이르
러, 크고 아주 장엄하게 호곡하였다. 요셉은 이레 동안 아
버지의 죽음을 애도하였다. 11 그 지방에 사는 가나안족은
고렌 아탓에서 애도하는 것을 보고, "이것이 이집트인들
의 장엄한 애도로구나." 하고 말하였다. 그리하여 그곳의
이름을 아벨 미츠라임이라 하였다. 그곳은 요르단 건너편
에 있다.
12 야곱의 아들들은 아버지가 분부한 대로 하였다. 13 그
아들들은 아버지의 주검을 가나안 땅으로 모셔다, 막펠라
밭에 있는 동굴에 안장하였다. 그 밭은 마므레 맞은쪽에
있는 것으로서, 아브라함이 히타이트 사람 에프론에게서
묘지로 사 둔 것이다. 14 아버지의 장사를 지낸 다음 요셉
은 형제들과 또 자기와 함께 아버지의 장사를 지내러 올라
왔던 사람들과 더불어 이집트로 돌아갔다.

50,10. 이레 동안의 애도 기간은 고대 이스라엘 관습에 따른 것으로 보인다(예를 들어 1사무 31,13 참조).

50,11. 고렌 아탓은 "가시나무 타작마당"이라는 뜻이다. 이 지역을 히브리어로 아벨 미츠라임과 동일시하는데 "이집트인들의 애도"라는 뜻이다.

요셉이 형들을 안심시키다

15 요셉의 형들은 아버지가 돌아가신 것을 보고, "요셉이
우리에게 적개심을 품고, 우리가 그에게 저지른 모든 악을
되갚을지도 모르지." 하면서, 16 요셉에게 말을 전하게 하
였다. "아우님의 아버지께서 돌아가시기 전에 이렇게 분부
하셨네. 17 '너희는 요셉에게 이렇게 전하여라. '너의 형들
이 네게 악을 저질렀지만, 제발 형들의 잘못과 죄악을 용
서해 주어라.'' 그러니 아우님은 그대 아버지의 하느님의
이 종들이 저지른 잘못을 용서해 주게. " 요셉은 그들이
자기에게 이렇게 말한 것을 듣고 울었다.
18 이어 요셉의 형제들도 직접 와서 그 앞에 엎드려 말하였
다. "이제 우리는 아우님의 종들일세." 19 그러자 요셉이 그
들에게 대답하였다. "두려워하지들 마십시오. 내가 하느님
의 자리에라도 있다는 말입니까? 20 형님들은 나에게 악
을 꾸몄지만, 하느님께서는 그것을 선으로 바꾸셨습니다.
그것은 오늘 그분께서 이루신 것처럼, 큰 백성을 살리시려
는 것이었습니다. 21 그러니 이제 두려워하지들 마십시오.
내가 여러분과 여러분의 아이들을 부양하겠습니다." 이렇

50,15-17. 야곱이 죽은 뒤 요셉의 형제들은 요셉이 아직도 그들에게 원한을 품고 있을 것이라고 여겨 그를 두려워한다. 그들은 요셉에게 말을 전하여 아버지께서 요셉에게 자신들을 용서하라고 분부했음을 기억하게 한다. 요셉은 아버지와 하느님을 생각하고 형들을 용서해야 한다. 본문에 "너의 형들", "그대 아버지의 하느님의 이 종들"이라는 표현이 차례로 나온다. 용서를 요구하는 동기는 종교적이다.

50,20. 이미 앞에서도 요셉은 같은 해석을 표현하였다. 요셉은 역사의 고통스러운 사건들, 윤리적으로 더 복잡하고 풀기 힘든 사건들 안에서도 긍정적이고 구원의 목적을 향해 모든 것을 이끌어 가시는 하느님의 뜻을 읽었다(45,5-8 참조).

50,21. "다정하게 이야기하였다."(자구적으로는 "그들의 마음에 이야기하였다")는 "격려하다"라는 뜻이며 이 구절에서는 "안심시키다"로 볼 수 있다.

50,10 1사무 31,13; 2사무 1,17; 욥 2,13. 50,13 23,16; 49,29.30; 사도 7,16. 50,15 37,28; 42,21.22. 50,18 37,7.10; 41,43. 50,19 45,5; 신명 32,35; 로마 12,19; 히브 10,30. 50,20 37,26.27; 45,5.7. 50,21 45,11; 47,12.

50,18-21. 형제들이 요셉에게 와서 엎드리며 자신들을 그의 종이라고 했을 때, 처음에는 울던(17절 참조) 요셉이 이제 "두려워하지들 마십시오."(21절)라고 하며 그들을 위로하고 용서한다. 그리고 하느님의 섭리가 모든 것 안에서 일하고 있음을 단언한다. 요셉을 거슬러 꾸며진 온갖 악의 음모들을 하느님께서는 선으로 바꾸셨다.

게 요셉은 그들을 위로하며 다정하게 이야기하였다.

요셉이 죽다

22 이렇게 해서 요셉과 그 아버지의 집안이 이집트에 자리
잡고 살게 되었다. 요셉은 백십 년을 살았다. 23 그러면서
요셉은 에프라임에게서 삼 대를 보았다. 므나쎄의 아들 마
키르의 아들들도 태어나 요셉 무릎에 안겼다.
24 요셉이 자기 형제들에게 말하였다. "나는 이제 죽습니
다. 그러나 하느님께서는 반드시 여러분을 찾아오셔서, 여
러분을 이 땅에서 이끌어 내시어 아브라함과 이사악과 야
곱에게 맹세하신 땅으로 데리고 올라가실 것입니다."
25 요셉은 이스라엘의 아들들에게 맹세하게 하면서 일렀
다. "하느님께서 반드시 여러분을 찾아오실 것입니다. 그
때 여기서 내 유골을 가지고 올라가십시오."
26 요셉이 백열 살에 죽자, 사람들이 그의 몸을 방부 처리
하고 관에 넣어 이집트에 모셨다.

50,24. 성경 저자는 성조들의 이야기를 다음 책인 탈출기와 연결한다. 이스라엘은 영원히 이집트에 머물지는 않을 것이다. 죽기 전에 요셉은 하느님께서 아브라함과 이사악과 야곱에게 약속하신 땅으로 백성을 데려가실 것이라고 선포한다.

50,26. 요셉의 죽음으로 성조들의 시대가 마무리된다. 요셉의 유골 이장과 약속의 땅에 매장하는 것에 대해서는 탈출 13,19; 여호 24,32을 본다(창세 33,18-19 참조).

50,24 13,15.17; 17,7.8; 26,3; 28,13; 35,12; 48,21. 50,25 히브 11,22.

탈출기

제목과 정경 내의 위치

'스못'("이름들")은 유다 전승에서 부르는 이 책의 이름이다. 율법 두루마리 첫 마디 말들을 따서 책 이름을 붙이는 유다교의 관습적인 방식을 따라 성경 두 번째 책을 이렇게 부른다. 이 책은 야곱의 아들 열한 명의 이름을 언급하는 것으로 시작하는데, 이들은 아버지와 그 아버지의 모든 자손과 함께 형제 요셉을 만나러 이집트에 가서 오랜 기간 정착하고 있었다(1,1-5; 창세 46,5-27 참조).

그리스 전승('엑소도스', "떠남")과 그 후 라틴 전승('엑소두스')은 이야기의 주요 주제를 토대로 이 책 이름을 붙였다. "탈출"은 이스라엘이 기적을 일으키시는 하느님(탈출 15,11 참조)의 위업으로 이집트에서 출발하고 종살이에서 해방된 것을 의미한다(창세 15,13-14; 탈출 12,40-41; 레위 26,13; 신명 6,21-23; 사도 7,6-7 참조). 그리스어 번역본에서는 탈출 19,1에서 처음으로 이 용어를 사용하는데 이스라엘 자손들이 이집트 땅에서 "나온" 것을 의미한다. 이런 책 이름은 서양 관습에서 일반적으로 통용된다.

구조와 문학적 특성

탈출기 설화 자료는 a) 이스라엘의 이집트 탈출(1,1-15,21), b) 이스라엘의 시나이를 향한 여정 단계(15,22-18,27), c) 시나이에 체류하고 있는 이스라엘(19,1-40,38) 세 부분으로 구성된다. 마지막 c) 부분은 c^1) 주님과의 계약 조인(19,1-24,11), c^2) 주님의 이동 성소 건립 지시(24,12-31,18), c^3) 이스라엘이 조인한 계약 위반(32,1-34,35), c^4) 성소 건립에 관한 내용(35,1-40,38)으로 더 구체적으로 구분할 수 있다. 이 스케마 내부에서 a)를 제외하고 주제 서술과 설화 요소가 항상 일관되거나 연결되지는 않는다. 이어지는 부분에서 때로는 율법과 전례 규정 반포(20,1-23,19; 31,12-17; 35,1-3 참조), 때로는 건축과 성소 기물에 대한 아주 세부적인 목록(25,1-31,11; 35,4-40,33 참조)이 교대로 나온다.

탈출기 첫 부분인 a)에서의 근본적인 문제는 누가 이스라엘의 참된 임금인지 결정하는 것이다. 종살이를 하고 있는 그 백성을 포악하게 통치하는 파라오인가(1,8-22 참조)? 아니면 불타는 떨기나무 속에서 모세에게 자신을 계시하신 주 하느님(3,1-6 참조), 곧 이스라엘이 이집트에서 해방되어 가나안 땅에 들어갈 것을 약속하신 분인가(3,7-22; 6,2-8 참조)? 권력, 완고함, 내기와 경쟁이라는 일련의 긴 시험(재앙 이야기[7-11장 참조] 또는 바다를 통과하는 이야기[14장 참조]) 끝에 주님께서는 승리한 임금, 이스라엘이 따라야 할 유일하신 분, 이스라엘을 위한 당신의 권능과 사랑의 효력을 보여 주는 유일한 분으로 자신을 계시하신다.

둘째 부분 b)에서는 이스라엘의 참된 임금이 세워지고 그 임금이 이제 이집트 억압에서 풀려난 자기 백성의 삶에 필수적인 것과 긴요하게 요구되는 것을 제공하기 위해 어떻게 일하는지 소개한다. 비록 이스라엘이 주님, 그분의 종 모세, 그의 형 아론에게 감사하지 않고 주님에게 반항하는 일도 일어나지만(15,24; 16,2-3; 17,2-3 참조), 이스라엘의 해방자는 순례하는 당신 백성의 생존에 필수적인 것을 해결하기 위해 계속 일하실 것이다. 굶주림(16,1-36 참조), 목마름(15,22-27; 17,1-7 참조), 적의 공격(17,8-16 참조)이 백성을 힘들게 하는 장해물이 될 것이다. 주님께서는 이스라엘의 강력한 임금이시자 당신 섭리로 이스라엘을 보호하고 힘 있게 이끄시는 보호자요 동맹자로서 당신을 계시하신다.

셋째 부분 첫 단락 c[1])은 이스라엘이 석 달의 여정을 거친 후 마침내 시나이에 도착하는(19,1 참조) 내용이다. 시나이는 주님께서 모세에게 발현하신 장소이자 율법을 선물로 주신 공간적 배경이다. 시간 경과의 측면에서 이야기를 볼 때 이스라엘이 가나안 땅에 도착하기 전 광야에서 순례 중일 때 가장 오래 머문 장소가 시나이 지역이다. 탈출 19,1부터 레위기 전체, 그리고 민수 10,11까지의 내용 배경이 모두 시나이다(이스라엘 음력 달력으로는 약 열 달 이십 일에 해당하는 시간이다. 탈출 19,1; 40,2.17; 민수 10,11 참조).

이 단락의 주요 내용은 주님께서 율법을 선물하신 일과 이스라엘과 계약을 맺으신 것이다. 그 계약(19,3-25은 계약 체결 예고, 24,1-11은 실제 계약 체결)과 주님께서 모세에게 주신 율법, 이것과 연결된 계명, 명령, 규정(20,1-23,19; 20,22-23,33에는 유배 이전 시기에 기원을 둔 이른바 계약 법전이 포함되어 있다)을 통해 이 백성은 그들의 유일한 임금께 충실함을 간직하고 살아야 한다. 하느님께서는 이스라엘과 맺은 계약을 통해 모든 민족 가운데에서 당신을 섬기는 유일한 백성으로 이스라엘을 미리 선택하셨다(19,5-6 참조). 이스라엘은 자기 역사 안에서 그 의무를 계속 지키면서(19,8; 24,3 참조) 다른 신이나 구원자로 여겨지는 다른 대상을 경배하지 말아야 한다(20,2-6.23; 23,23-25.32-33 참조).

셋째 부분 둘째 단락 c[2])는 문학 유형이 바뀐다. 주님께서 광야에서 이동할 수 있는 당신의 성소 건립에 필요한 사항을 모세에게 정확하고 자세히 지시하신다. 지금까지 이뤄진 것의 결과로, 세상을 창조하시고 오직 당신에게 속한 백성을 얻으신 이스라엘의 참된 임금께 이제 그분 현존이 자리 잡을 궁전이 필요하다. 주님께서는 지금까지 종 모세에게 소리를 통해 당신 존재를 표현하는 것으로 제한하셨다(19,19 참조). 그러나 이제 보다 구체적으로 그분의 현존을 공간 안에 머물게 해야 한다. 마지막 단락 c[4])에서는 이 내용을 다룬다. 하느님 지시에 따라 정확하게 건립된 성소는 만남의 천막 또는 성막 형태를 갖출 것이다(40,16-34 참조).

모세가 성막 건립에 대해 구체적인 지시를 받고 나서 그것을 세우기도 전에, 이스라엘이 주님과 방금 맺은 계약을 어기는 사건이 일어난다. 금송아지를 만든 사건인데, 이는 구원자 하느님을 부정한 것이며 이스라엘의 진짜 원죄이다(c[3] 참조). 백성으로서 이스라엘의 실존을 위협하는 중대한 위기가 발생한 것이다. 백성은 동물 형상으로 만든 상을 섬기면서 자신의 진정한 임금을 알아보지 못한다. 백성은 계약의 근본적인 조항, 곧 유일하신 하느님-임금에게만 예배를 바쳐야 한다(20,2-6.23; 23,23-25.32-33 참조)는 것을 제대로 지키지 못했다(20,2-6.23; 23,23-25.32-33 참조).

모세가 이 사건에 중재자로 개입하고(32,11-13.31; 33,12-17 참조), 이스라엘이 받은 벌의 본보기(32,26-29.33-35; 33,3-6 참조) 덕분에 주님께서는 그분 백성을 절멸하려던 계획을 멈추신다(32,14 참조). 이런 방식으로 계약 쇄신(34,1-35 참조), 이미 앞에 나온 성소 건립 지시 내용을 상기시키는 성소 건립 이야기(c[4] 35,1-40,38)가 이어진다. 다음 책인 레위기에서는 이스라엘의 시민 생활과 전례 생활의 규정을 반포하고 세부적으로 실천하는 일을 계속할 것이다.

주요 신학 노선

창세기와 마찬가지로 탈출기도 독자에게 이 책이 이야기하는 사건들의 역사성에 대해 강한 의문을 제기하게 한다. 창세기와 마찬가지로(창세기 입문, 주요 신학 노선 참조) 탈출기에서도, 역사 기록을 정리하고 서술된 사건에 대해 설명하려는 저자들과 편집자들의 의도보다는 오히려 책에 담겨 있는 내용에서 신학적이고 선포적(케리그마)인 의도를 확인하는 일이 필요하다. 탈출기는 이 책에 있는 설화들을 정확한 역사적 문맥에 배치하는 데 전혀 관심이 없다. 모든 것이 아주 불확실하고 잘 구분되지 않으며 역사 정보도 적다. 예를 들어, 이야기가 전개되는 사건과 관련된 파라오 이름이 탈출기 전체에서 단 한 번도 언급되지 않는다. 그 이집트 환경과 분위기에서 일어나는 사건들은 매우 흐릿하고 모호하며 순진무구하게 보이기도 한다. 이 성경 자료를 지지해 줄 역사와 고고학 지식은 쉽게 찾을 수 없다. 그런 의미에서 오늘날 우리는 야곱과 그의 아들들이 이집트로 내려간 것, 이집트 거주, 그 땅에 살면서 아마도 몇 백 년 동안 억압받다가 그 땅을 빠져나온 것에 대해 성경에서 말하는 것과 다른 자료를 갖고 있지 않다.

탈출기는 정확한 역사 정보를 제공하는 책이 아니라 신학과 전례, 이스라엘의 성찰과 자의식에서 흘러나온 실존적인 사항을 매우 풍요롭게 잘 정리한 책이다. 무엇보다도 탈출기가 성경의 다른 모든 책과 구별되는 이유는 이 책 안에 이스라엘의 하느님 이름 계시가 담겨 있기 때문이다. '에흐예 아세르 에흐예'(3,14), "나는 있는 나다" 또는 "나는 있을 나일 것이다"라는 표현은 히브리인들이 발음할 수 없는 네 글자, 이른바 사성문자 YHWH의 기원이 되었다. 이 글자는 동사 '하야'("존재하다")와 비슷하며, 이 동사의 모음을 YHWH라는 자음에 붙이면 "야훼"가 된다. 구약의 그리스어 번역본인 칠십인역은 야훼를 '에고 에이미 호 온', "나는 있는 나다"로 번역했는데 히브리어 표현보다 더 형이상학적 의미와 연결된다.

하느님 이름의 히브리어 표현에는 강한 실존적인 내용이 들어 있다. 이 하느님 이름은 아브라함, 이사악, 야곱 같은 족장들의 하느님과 밀접하게 연결된다(3,15 참조). 그런 방식으로 이스라엘 백성의 조상을 돕고 그들과 함께한 하느님과, 모세를 통해 백성의 외침을 듣고(3,7.9 참조) 그들을 돕기 위해 개입하기로 결정하신 하느님 사이의 강한 연속성을 강조한다(3,8.10 참조). 이 연속성의 창조를 통해 하느님 이름 곧 그분의 실존 자체는 당신 백성의 역사와 연결된다(6,2-8도 참조). 따라서 하느님의 계시는 당신 백성의 역사와 결코 분리될 수 없다. 그리고 이 백성의 역사에 대한 친밀하고도 생생한 지식은 하느님에 대한 구체적이고 실존적인 지식이 될 수밖에 없다.

이 책에서 이야기하는 다른 중요한 사건은 파스카 의식이다. 이 의식은 이스라엘 백성의 역사에 자리 잡은 첫 순간부터 오늘에 이르기까지, 그리고 미래 세기에도 계속 중요할 것이다. 탈출기에서 이집트 종살이 해방(14-15장 참조)과 파스카 기념과 연결된 전례 사건(12-13장 참조)은 밀접하게 결합된다. 탈출기를 통해 해방 사건이 파스카 의식을 거행하는 밤에 일어난 사건과 일치한다는 것을 발견하게 된다.

파스카는 봄에 아빕 달(13,4; 23,15; 34,18 참조) 또는 바빌론 유배 이후 시대의 명칭인 니산 달(에스 3,7 참조) 십사 일에 거행한다. 원래 파스카 축제의 목적은 양들의 다산과 양들이 흠 없이 잘 자라기를 기원하는 것이었다. 그런데 파스카는 무교절, 곧 누룩 없는 빵 의식과 결합된다. 원래 첫 수확 축제인 무교절에는 수확한 곡물 첫 단과 새 밀가루로 만든 첫 빵을 바쳤다. 그런데 이런 요소들이 이집트 탈출의 맥락에서 완전히 특별한 가치를 지니게 된다. 이 예식이 이스라엘의 새로운 삶을 가리키는 상징이 된 것이다. 이집트 종살이의 옛 누룩에 매여 있는 것이 아니라, 오랫동안 기다려 온 해방을 향한 여정의 자유로운 상태가 된다. 이 예식을 통해 미래 세대의 새 이스라엘도 생생하고 현실화하는 기억(12,14 참조)을 통해 그 구원의 실제 참여자가 될 수 있다(12,26-27; 신명 6,20-25도 참조).

하느님의 이름, 그분의 본질을 알게 되고 하느님 자신의 행위 덕분에 자유를 얻었으며 해방의 파스카를 기념하게 되면서, 이스라엘은 하느님께서 주신 자유 안에서 사는 법을 다시 배워야 했다. 시나이산에서 율법의 수여(탈출 19-24장 참조)와 주님과 당신 백성 사이의 계약(24,1-11 참조)과 연결된 사건들은 그렇게 이스라엘의 삶과 이스라엘의 존재에 필수적이고 본질적인 지점이 된다. 지침, 법규, 명령과 교훈, 계율은 앞으로 전개되는 이스라엘 성경 역사에서 계속 언급되는데 이 모든 것이 바로 탈출기에서 시작된다. 이와 함께 이스라엘은 주님께서 이스라엘의 모든 미래 세대의 번영, 구원과 축복을 위해 지정한 모든 것(19,5-6 참조)을 받아들이도록 초대받는다(19,8; 24,3.7 참조). 이스라엘은 오직 율법과 계약에 충실할 때 하느님께서 영원히 당신 백성이 되도록 그들에게 허락하신 그 해방 안에 계속 존재할 수 있다.

본문의 작성과 전수

탈출기 안의 대부분의 설화를 이스라엘 역사의 고대 시기의 맥락 안에서 보려는 많은 시도들이 최근까지 있었다. 모세 오경 주석 연구에서 자주 했듯이 문헌 가설, 또는 출전 비평(창세기 입문, 본문의 작성과 전수 참조)은 오랜 시간 동안 그 방법론적 패러다임 안에 탈출기 본문 자료를 삽입하려고 노력했다. 그런 의미에서 탈출기의 많은 대목이 야훼계 저자(기원전 10-9세기경)나 엘로힘계 저자(기원전 8세기경)가 쓴 내용으로 여겨졌다.

마찬가지로 백성으로서 이스라엘의 기원(탈출기의 사건들에서 주로 다뤄지는 실재), 또는 이집트와 이 백성의 갈등 관계를 역사-언어-고고학적 연구의 관점에서 추론하기 위해 많은 시도가 이루어졌다. 과거에는 힉소스족, 곧 "양치기 왕들"과 이스라엘 백성을 연결했지만 이것을 뒷받침하는 가시적인 근거는 없었다. 힉소스족은 이집트 제2중간기 왕조(기원전 1650-1540년) 동안에 활동한 비이집트 출신 민족이다. 더 좁게 언어학 관점에서는 엄밀한 근거가 없다 해도 히브리어 '이브리'("히브리인", 예를 들어 탈출 1,19; 2,6; 3,18 참조)를 "용병", "무법자"를 의미하는 아카디아어 '하비루'와 연결하기도 했다. 고고학적 발견에서는 기원전 1210년경으로 연대를 추정하는 메르넵타 기념비를 성경의 이스라엘과 결합시키기도 했다. 이 석비는 파라오 메르넵타가 해양 민족과의 원정 전쟁에서 승리한 것을 기념하기 위해 세운 것이다. 이 석비에 다른 정복 지역들과 함께 "이스라엘"이라는 이름이 새겨져 있는데 성경 외 이집트 문헌에서 "이스라엘"이라는 용어가 최초로 등장하는 고고학 증거이다. 이집트 탈출 시기를 아메노피스 통치 시대(기원전 1289-1279년, 아마도 세티 1세의 다른 이름이거나 오류)나 그의 아들 람세스 2세(기원전 1279-1212년) 시대나 제19왕조로 보기도 하는데 이에 대한 역사적 근거는 없다.

이런 연구 외에도 책에 서술된 사실을 역사적으로 정당화하기 위한 연구가 있었지만 불확실하고 추정에 가까우며 쉽게 증명할 수 없다. 탈출기 편집 역사에 대해서는 더 오래된 본문 자료들이 유배 시대나 유배 이후에, 그 후대에도 교정되는 편집 과정을 거쳤다고 말하는 것이 중요하다. 그런 의미에서 탈출기에서 신명기까지의 주요 인물인 모세가 시나이 사건처럼(판관 5,5; 시편 68,9.18 참조) 나머지 다른 성경책들 안에서는 매우 적게 언급된다는 사실은 우연이 아니다. 이것은 후대에 이 책을 집필하고 재작업하였음을 보여 주는 웅변적인 표징이다.

이것과 관련해서 항상 책의 동기와 주된 주제에 대해서도 상기할 필요가 있다. 이방 권력의 억압과 종살이 상황에서 이스라엘이 해방되는 탈출기 내용은 다른 상황에서 일종의 모델로 재해석할 수 있다. 상황과 역사 현실은 다르지만 주제가 매우 유사하기 때문이다. 그런 의미에서 기원전 8세기 아모스의 본문(2,10; 3,1; 9,7 참조)이나 호세아의 본문(2,17; 8,13; 9,3; 11,1; 12,10.14; 13,4 참조)을 생각할 수 있다. 이런 본문에서 이집트 탈출이라는 주제는 아시리아의 팽창 정책(이스라엘 왕국과 국경선을 맞대는 지점까지 이름)에서 도피처를 발견하고자 북이스라엘 왕국에서 남유다 왕국으로 건너가는 몇몇 그룹들의 이민을 가리키는 패러다임으로 다시 읽을 수 있다. 머지않은 후대에 이집트 탈출 동기는 다른 제국인 바빌론 지배의 끝과 선택된 백성의 조국 귀환(새로운 탈출)의 시작을 의미하는 원형으로 새롭게 해석될 것이다(예레 16,14-15; 23,7-8 참조).

페데리코 준톨리Federico Giuntoli

탈출기

이스라엘인들의 종살이

1 1 야곱과 함께 저마다 가족을 데리고 이집트로 들
어간 이스라엘의 아들들 이름은 이러하다. 2 르우
벤, 시메온, 레위, 유다, 3 이사카르, 즈불룬, 벤야민, 4 단,
납탈리, 가드, 아세르이다. 5 야곱의 몸에서 난 이들은 모
두 일흔 명이었는데, 그 가운데 요셉은 이미 이집트에 가
있었다. 6 그 뒤 요셉과 그의 형제들과 그 세대 사람들이 모
두 죽었다. 7 그러나 이스라엘 자손들은 자식을 많이 낳고
늘어만 갔다. 그들은 번성하고 더욱더 강해졌다. 그리하여
그 땅이 이스라엘 자손들로 가득 찼다.
8 그런데 요셉을 알지 못하는 새 임금이 이집트에 군림하
게 되었다. 9 그가 자기 백성에게 말하였다. "보아라, 이스
라엘 백성이 우리보다 더 많고 강해졌다. 10 그러니 우리는
그들을 지혜롭게 다루어야 할 것이다. 그러지 않으면 그들
이 더욱 번성할 것이고, 전쟁이라도 일어나면, 그들은 우
리 원수들 편에 붙어 우리에게 맞서 싸우다 이 땅에서 떠
나가 버릴 것이다." 11 그래서 이집트인들은 강제 노동으로
그들을 억압하려고 그들 위에 부역 감독들을 세웠다. 그
렇게 하여 이스라엘 백성은 파라오의 양식을 저장하는 성
읍, 곧 피톰과 라메세스를 짓게 되었다. 12 그러나 그들은

1,2. 창세 35,23-25처럼 먼저 아내(레아와 라헬)의 아들, 이어서 여종(빌라와 질파)의 아들을 언급한다.

1,6. "그 세대 사람들이 모두 죽었다." 한 세대의 죽음은 과거와의 단절과 불연속성을 의미하는 사건이다. 이스라엘 왕조 계승에서 이전 세대에 대한 기억과 접촉이 상실된다(민수 26,63-65; 판관 2,8-11도 참조).

1,7. 백성의 엄청난 증가를 서술하기 위해 사용한 동사들은 창세기 다른 본문에서 하느님께서 하신 여러 약속에도 반복된다. 저자는 사제계로 추정할 수 있다. 이 약속은 창세 1,28의 하느님께서 첫 부부에게 내리신 축복에 처음 나온다.

1,11. 이집트인들이 미래에 이스라엘을 억압할 것이라는 예고는 창세 15,13에서 하느님께서 이미 아브라함에게 선포하셨다.

1.1 창세 46,8-27. 1,5 창세 46,26-27; 사도 7,14도 참조. 1,6 창세 50,26; 사도 7,15. 1,7 창세 46,3; 47,27; 사도 7,17. 1,8 사도 7,18. 1,9 시편 105,24.25; 사도 7,19. 1,11 3,7; 5,6.

1,1-7. 이 첫 단락은 야곱 집안의 족보(창세 46,8-27 참조)를 짧게 요약하고 창세기와 탈출기를 연결하는 고리 역할을 한다. 연속성을 강조하면서도 새로운 점을 부각한다. 이집트에 거주하는 새 이스라엘 세대는 히브리인에 대한 정책을 바꾼 새 파라오의 억압을 받기 시작한다.

1,11. "파라오"라는 용어는 원래 "큰 집"이라는 뜻이다. 고대 이집트 제18왕조부터 이집트 임금을 가리키는 가장 일반적인 용어로 사용했다. 구약에서는 몇 구절에서만 이 파라오 칭호와 고유한 이름이 같이 나온다(2열왕 23,29-35; 예레 44,30; 46,2 참조). 이 구절의 파라오는 람세스 2세(기원전 1279-1212년)를 가리키는 듯하다. 그는 나일강 삼각주 북동쪽 성읍에 자기 이름을 붙였는데 오늘날 고고학자들은 그 지역을 칸티르와 동일시한다. 파라오는 수확한 곡식 가운데 남은 양식을 저장하기 위해 피톰("아툼 신의 집")과 라메세스라는 두 성읍을 세웠다.

억압을 받을수록 더욱 번성하고 더욱 널리 퍼져 나갔다. 이
집트인들은 이스라엘 자손들을 두려워하게 되었다. 13 그리
하여 이집트인들은 이스라엘 자손들을 더욱 혹독하게 부
렸다. 14 진흙을 이겨 벽돌을 만드는 고된 일과 온갖 들일
등, 모든 일을 혹독하게 시켜 그들의 삶을 쓰디쓰게 만들
었다.
15 이집트 임금이 히브리 산파들에게 말하였다. 그들 가운
데 한 여자의 이름은 시프라였고 다른 여자의 이름은 푸
아였다. 16 그가 말하였다. "너희는 히브리 여자들이 해산
하는 것을 도와줄 때, 밑을 보고 아들이거든 죽여 버리고
딸이거든 살려 두어라." 17 그러나 산파들은 하느님을 경외
하는 마음에서, 이집트 임금이 그들에게 분부한 대로 하
지 않고 사내아이들을 살려 주었다. 18 이집트 임금이 산
파들을 불러, "너희는 왜 그런 짓을 하였느냐? 왜 사내아
이들을 살려 주었느냐?" 하고 묻자, 19 산파들이 파라오에
게 대답하였다. "히브리 여자들은 이집트 여자들과는 달
리 기운이 좋아, 산파가 가기도 전에 아기를 낳아 버립니
다." 20 이에 하느님께서 산파들을 잘 돌보아 주셨다. 이스
라엘 백성은 번성하여 더욱 강해졌다. 21 산파들이 하느님
을 경외하였기 때문에, 하느님께서는 그들의 집안을 일으
켜 주셨다. 22 마침내 파라오가 온 백성에게 명령하였다.
"히브리인들에게서 태어나는 아들은 모두 강에 던져 버리
고, 딸은 모두 살려 두어라."

모세의 탄생

2 1 레위 집안의 어떤 남자가 레위의 딸을 아내로 맞
이하였다. 2 그 여자가 임신하여 아들을 낳았는데,
그 아기가 잘생긴 것을 보고 석 달 동안 그를 숨겨 길렀다.
3 그러나 더 숨겨 둘 수가 없게 되자, 왕골 상자를 가져다
역청과 송진을 바르고, 그 안에 아기를 뉘어 강가 갈대 사
이에 놓아두었다. 4 그리고 아기의 누이가 멀찍이 서서 아
기가 어떻게 되는지 지켜보고 있었다.

1,13-14. 히브리어 본문 이 구절에 어원 '아바드'에서 유래한 단어가 다섯 번 나온다. 우리말 성경에서는 이 단어들을 "부렸다", "고된 일", "온갖 들일", "모든 일"로 번역했는데 히브리인들이 이집트에서 종살이를 하고 있는 힘든 상황을 강조한다. 그러나 같은 '아바드' 동사가 하느님과 연결될 때 "하느님을 섬긴다"는 긍정적인 의미를 갖는데, 이는 "그분을 주님으로 인정하는 것"이다(그러므로 다른 신들을 섬기는 것과 반대된다). 종이 자기 주인에게 하듯이 하느님에게 충실한 것이자 하느님께 예배를 드리는 것이다. 3,12에서 하느님께서는 모세에게 이집트에서 나온 백성은 하느님을 예배할 것이라고 말씀하신다. 이 백성은 이집트 종살이에서 하느님 섬김으로 넘어간다(히브리어 본문에서는 종살이와 섬김에 모두 같은 명사 '아보다'를 사용한다). 나중에 레위기(25,43.46.53 참조)의 희년 법에서는 이스라엘인 종을 가혹하게 다루는 일을 금지한다.

1,16. "밑을 보고" 자구적으로는 "두 돌 사이를 지켜보고"인데, 산모가 출산을 위해 허리를 굽히고 두 무릎을 대는 돌들을 가리킨다.

1,19. 두 산파의 거짓말은 이스라엘 백성의 탁월한 생명력을 칭송하기 위해 사용된다(1,7.9.12 참조).

1,22. 파라오가 지시한 명령에 매우 역설적인 특성이 있다(앞서 그가 산파들에게 지시한 명령도 마찬가지다. 16절 참조). 성읍을 건설하거나 들에서 노동할 때 히브리 백성을 가혹하게 억압하라고 명령한 사람(1,11-14; 5,6-11 참조)이 이제는 히브리 백성에게서 태어나는 아들들, 곧 장차 강제 노동 부역의 잠재력이 있는 사람들을 모두 죽이라고 지시한다.

2,1. 레위 집안 자료들은 창세 29,34; 46,11; 탈출 6,16-20; 민수 26,57-59에 나온다.

2,4. 어떤 소개나 준비 없이 모세의 누이가 갑자기 등장한다. 민수 26,59의 족보에서는 그녀를 "미르얌"(1역대 5,29도 참조)이라고

1,14 시편 81,7. 1,16 사도 7,19. 1,20 이사 3,10; 사도 7,17. 1,21 1사무 2,35. 1,22 사도 7,19. 2,1 6,19.20. 2,2 사도 7,20; 히브 11,23. 2,4 15,20; 민수 26,59.

2,1-4. 모세의 탄생에는 전설적인 특성이 담겨 있는데 다른 유명한 사람들의 탄생도 비슷하다. 아카드 임금 사르곤(기원전 약 2330-2274년경)은 어머니가 몰래 그를 출산한 후 갈대 광주리를 만들어 역청을 바르고 뚜껑을 덮은 뒤에 아기가 든 광주리를 강물에 흘려보낸다. 그리고 "물을 긷는 사람"이라는 이름을 가진 '아키'가 그 아기를 구해 아들로 키운다.

5 마침 파라오의 딸이 목욕하러 강으로 내려왔다. 시녀들
은 강가를 거닐고 있었는데, 공주가 갈대 사이에 있는 상
자를 보고, 여종 하나를 보내어 그것을 가져오게 하였다.
6 그것을 열어 보니 아기가 울고 있었다. 공주는 그 아기를
불쌍히 여기며, "이 아기는 히브리인들의 아이 가운데 하
나로구나." 하였다. 7 그러자 아기의 누이가 나서서 파라오
의 딸에게 말하였다. "제가 가서, 공주님 대신 아기에게 젖
을 먹일 히브리인 유모를 하나 불러다 드릴까요?" 8 파라
오의 딸이 "그래, 가거라." 하자, 그 처녀가 가서 아기의 어
머니를 불러왔다. 9 파라오의 딸이 그에게 말하였다. "이
아기를 데려다 나 대신 젖을 먹여 주게. 내가 직접 그대에
게 삯을 주겠네." 그리하여 그 여인은 아기를 데려다 젖을
먹였다. 10 아이가 자라자 그 여인은 아이를 파라오의 딸
에게 데려갔다. 공주는 그 아이를 아들로 삼고, "내가 그
를 물에서 건져 냈다." 하면서 그 이름을 모세라 하였다.

모세가 미디안으로 달아나다

11 모세가 자란 뒤 어느 날, 그는 자기 동포들이 있는 데로
나갔다가, 그들이 강제 노동하는 모습을 보았다. 그때 그
는 이집트 사람 하나가 자기 동포 히브리 사람을 때리는
것을 보고, 12 이리저리 살펴 사람이 없는 것을 확인한 뒤
에, 그 이집트인을 때려죽이고서 모래 속에 묻어 감추었
다. 13 그가 이튿날 다시 나가서 보니, 히브리 사람 둘이 싸
우고 있었다. 그래서 그는 잘못한 사람에게 "당신은 왜 동
족을 때리시오?" 하고 말하였다. 14 그자는 "누가 당신을
우리의 지도자와 판관으로 세우기라도 했소? 당신은 이집
트인을 죽였듯이 나도 죽일 작정이오?" 하고 대꾸하였다.
그러자 모세는 "이 일이 정말 탄로나고야 말았구나." 하면

부르면서 그녀가 모세의 누이임을 확인해 준다.

2,10. 모세 이름을 설명한다. 그의 이름은 히브리어 '마사', 곧 "밖으로 건져 내다"에서 유래한다. 이런 이름은 이집트식인데, '모시'("…의 아들")는 신의 이름과 결합된 많은 이름에 등장한다(예를 들어 '톳-모세'는 "톳의 아들", "라-므세스'는 "라의 아들" 등). 모세라는 이름이 "…의 아들"을 의미하기 때문에 해설자가 "그녀에게는 마치 아들 같았다"라고 하는 말은 언어유희에 해당한다. 통속 어원에 따른 모세의 히브리어 이름('모세')은 현재 분사 형태("밖으로 건져 내는 사람")이다. 이런 이름은 그의 미래 사명, 곧 이집트에서 이스라엘 백성을 "밖으로 건져 내는" 사명을 어렴풋이 암시한다.

2,5 사도 7,21. 2,10 사도 7,21. 2,11 사도 7,23; 히브 11,24-26. 2,12 사도 7,24. 2,13 사도 7,26. 2,14 사도 7,27-28.35; 창세 19,9; 루카 12,14.

2,7-9. 본문은 매우 역설적 의미를 담고 있다. 파라오의 딸은 알지 못한 채 아기 어머니인 여인에게 젖을 먹이는 임무, 곧 어머니이기에 당연하고도 자연스러운 임무에 대해 삯을 지불한다. 이런 관점에서 파라오의 딸은 자신이 의도하지는 않았지만 히브리 민족의 모든 사내아이를 죽이라는 자기 아버지 명령에 노골적으로 반대한 결과를 낳는다(1,22 참조). 파라오는 두 산파와 함께 또 다른 여자, 곧 자기 딸에게 계속 불순종과 조롱을 당하고 있다.

2,11-13. 히브리어 본문에서는 "때리다"로 번역한 동사('나카')를 여러 차례 사용한다. 모세는 이집트 사람 하나가 히브리 사람을 때리는 것을 목격한다(11절). 모세가 나서서 그 이집트 사람을 때린다(12절). 모세는 히브리 사람들 가운데서 동족 형제를 때리고 있는 사람을 꾸짖는다(13절). 모세가 저지른 살인으로 시작된 폭력의 악순환은 파라오가 모세를 죽이려는 결정에서 절정에 도달한다(15ㄱ절 참조). 이와 달리 모세가 르우엘의 딸들에게 보여 준 이타적 행동(2,17 참조)은 르우엘 편에서 모세를 환영하고 환대하는 결과를 낳는다(2,20-21 참조).

서 두려워하였다. 15 파라오는 그 일을 전해 듣고 모세를
죽이려 하였다. 그래서 모세는 파라오를 피하여 도망쳐서,
미디안 땅에 자리 잡기로 하고 어떤 우물가에 앉아 있었
다. 16 그런데 미디안의 사제에게는 딸이 일곱 있었다. 이들
이 그곳으로 와서 물을 길어 구유에 채우고서는 아버지의
양 떼에게 물을 먹이려 하였다. 17 그때 목자들이 와서 그
들을 쫓아내었다. 그러자 모세가 일어나서 그 딸들을 도
와 양 떼에게 물을 먹여 주었다. 18 그들이 아버지 르우엘
에게 돌아가자, "오늘은 웬일로 일찍 돌아왔느냐?" 하고
그가 물었다. 19 "어떤 이집트 사람이 우리를 목자들의 손
에서 구해 주고, 우리 대신 물까지 길어서 양 떼에게 먹여
주었습니다." 하고 그들이 대답하자, 20 그가 딸들에게 말
하였다. "그가 어디 있느냐? 어째서 그 사람을 내버려 두
었느냐? 그를 불러다 음식을 대접하여라." 21 그 뒤 모세가
그 사람의 청을 받아들여 함께 살기로 하자, 그는 자기 딸
치포라를 모세에게 주었다. 22 그 여자가 아들을 낳자, 모
세는 "내가 낯선 땅에서 이방인이 되었구나." 하면서 그 이
름을 게르솜이라 하였다.

하느님께서 이스라엘을 생각하시다

23 오랜 세월이 지난 뒤 이집트 임금이 죽었다. 이스라엘
자손들은 고역에 짓눌려 탄식하며 부르짖었다. 그러자 고
역에 짓눌려 도움을 청하는 그들의 소리가 하느님께 올라
갔다. 24 하느님께서 그들의 신음 소리를 들으시고, 아브라
함과 이사악과 야곱과 맺으신 당신의 계약을 기억하셨다.
25 하느님께서는 이스라엘 자손들을 살펴보시고 그 처지
를 알게 되셨다.

2,18. 여기서 미디안 사제이자 모세의 미래 장인의 이름은 르우엘(민수 10,29도 참조)이다. 그러나 다른 전승에 속하는 여러 구절에서는 이트로(탈출 3,1; 4,18; 18,1-27 참조), 호밥(판관 4,11; 민수 10,29도 참조)으로도 불린다.

2,19. 자구적으로는 "어떤 남자, 이집트인"인데 갑자기 낯선 남자를 만난 처녀들의 두려움을 감지할 수 있다.

2,21-22. 모세는 치포라에게서 게르솜과 다른 아들 엘리에제르를 얻을 것이다(18,3-4 참조).

2,23-25. "부르짖었다." 동사 '자악'을 옮긴 말로 억압받는 사람들이 하느님께 재판관으로서 정의를 행사해 달라고 제기하는 소송을 가리킨다. 하느님께서는 이 외침을 들으시고 적극적으로 개입하신다.

2,25. "그 처지를 알게 되셨다." 그리스어 번역본에서는 "(그분께서) 그들에게 알려지셨다"로 번역한다. 곧이어 하느님께서는 당신 이름을 계시하신다(3,13-15; 6,2-3 참조). 새 대중 라틴말 성경에서도 이 번역을 선택한다("그들에게 나타나셨다").

2,15 창세 24,11; 29,2; 마태 2,13. 2,17 창세 29,3.10. 2,18 3,1; 민수 10,29. 2,20 창세 18,2; 31,54. 2,21 창세 4,25; 사도 7,29. 2,22 18,3; 사도 7,6.29; 히브 11,13.14. 2,23 3,9; 신명 26,7; 야고 5,4. 2,24 6,5; 창세 22,16-18; 시편 105,8.42; 루카 1,72. 2,25 3,7; 4,31.

2,15-16. 다른 성경 본문 사례처럼 우물에서 남자와 여자의 만남은 혼인으로 이어진다(창세 24,11-27 참조). 미디안족은 아브라함의 둘째 부인 크투라와 아브라함 사이에서 나온 자손들이다(창세 25,1-4 참조).

2,24. 하느님께서는 어떤 사람이나 어떤 것을 기억하실 때 돕기 위해서 역사 안에 개입하신다(창세 8,1; 30,22; 1사무 1,11.19; 시편 115,12 등 참조).

하느님께서 불타는 떨기 속에 나타나시다

3 1 모세는 미디안의 사제인 장인 이트로의 양 떼를
치고 있었다. 그는 양 떼를 몰고 광야를 지나 하느
님의 산 호렙으로 갔다. 2 주님의 천사가 떨기나무 한가운
데로부터 솟아오르는 불꽃 속에서 그에게 나타났다. 그가
보니 떨기가 불에 타는데도, 그 떨기는 타서 없어지지 않
았다. 3 모세는 '내가 가서 이 놀라운 광경을 보아야겠다.
저 떨기가 왜 타 버리지 않을까?' 하고 생각하였다. 4 모세
가 보러 오는 것을 주님께서 보시고, 떨기 한가운데에서
"모세야, 모세야!" 하고 그를 부르셨다. 그가 "예, 여기 있
습니다." 하고 대답하자, 5 주님께서 말씀하셨다. "이리 가
까이 오지 마라. 네가 서 있는 곳은 거룩한 땅이니, 네 발
에서 신을 벗어라." 6 그분께서 다시 말씀하셨다. "나는 네
아버지의 하느님, 곧 아브라함의 하느님, 이사악의 하느님,
야곱의 하느님이다." 그러자 모세는 하느님을 뵙기가 두려
워 얼굴을 가렸다.

3,1. 가끔 다른 구절에서는 수식어 없이 "산"(3,12 이 산; 19,12 산)이라고만 하는데 이 구절에서는 "하느님의 산 호렙"이라고 부른다(17,6; 33,6 그리고 신명 33,2을 제외한 신명기 전체). 탈출 19,11-25과 신명 4,10-11의 비교에서 명확히 보이듯이 하느님의 산은 시나이다. 기원후 4세기 그리스도교 전승은 시나이반도 남쪽에 있는 게벨 무사와 이 산을 동일시한다. 이 산의 위치를 오늘날 게벨 헬랄로 추정하기도 하는데 카데스-바르네아에서 가까운 지역이다.

3,1-4,23 6,2-13. 3,1 2,18; 4,27; 18,5. 3,2 신명 33,16; 루카 20,37; 사도 7,30. 3,3 사도 7,31. 3,5 사도 7,33; 여호 5,15. 3,6 마태 22,32; 마르 12,26; 루카 20,37; 사도 3,13; 7,32; 히브 11,16.

✠ 3,1-8ㄱㄷ.13-15. 다해 사순 제3주일에 루카 13,1-9에서 예수님께서 회개에 대해 여러 차례 경고한 내용과 주님의 이름인 "야훼"를 계시하는 본문을 함께 읽는다. 하느님께서는 벌과 복수의 하느님이 아니라 자비의 하느님으로 당신을 계시하신다.

3,2. 주님의 천사는 바로 주님이시다. 하느님께서는 4절에서 모세를 부르신다. 떨기나무(히브리어 '스네'는 '시나이'와 발음이 비슷하다) 한가운데서 불꽃이 솟아오르는 장면은 흥미롭다. 라삐 해석에 따르면 하느님께서 현존하시지 않는 장소는 세상 어디에도 없다. 하느님께서는 비천한 떨기나무 안에도 현존하신다. 라삐들은 이렇게 해설한다. "찬양받으실 거룩한 분께서 모세에게 말씀하셨다. '이스라엘이 고통 속에 있듯이 나도 고통 속에 있는 것을 너는 느끼지 않느냐? 내가 어느 장소에서 너에게 말하는지를 보아라, 가시나무에서다! 이렇게 말할 수 있다면 나는 이스라엘의 고통을 함께 나눈다!'" (탈출기 랍바 2,5).

3,4-6. 모세는 파라오의 궁정에서 하느님을 만나지 않았다. 하느님께서는 모세가 광야와 고독 안에서 당신 목소리를 듣게 하신다. 모세를 두 번 부르시는데 모세는 처음에는 두려운 태도로 반응하지만 나중에는 순종과 준비된 자세를 가리키는 "예, 여기 있습니다."(창세 22,1도 참조)라는 말로 응답한다. 그가 처음에 응답하기를 두려워한 이유는 어떤 사람도 죽지 않고는 하느님을 볼 수 없기 때문이었다(창세 32,31; 탈출 33,20 참조).

모세가 소명을 받다

7 주님께서 말씀하셨다. “나는 이집트에 있는 내 백성이 겪
는 고난을 똑똑히 보았고, 작업 감독들 때문에 울부짖는
그들의 소리를 들었다. 정녕 나는 그들의 고통을 알고 있
다. 8 그래서 내가 그들을 이집트인들의 손에서 구하여, 그
땅에서 저 좋고 넓은 땅, 젖과 꿀이 흐르는 땅, 곧 가나안
족과 히타이트족과 아모리족과 프리즈족과 히위족과 여
부스족이 사는 곳으로 데리고 올라가려고 내려왔다. 9 이
제 이스라엘 자손들이 울부짖는 소리가 나에게 다다랐다.
나는 이집트인들이 그들을 억누르는 모습도 보았다. 10 내
가 이제 너를 파라오에게 보낼 터이니, 내 백성 이스라엘
자손들을 이집트에서 이끌어 내어라.” 11 그러자 모세가 하
느님께 아뢰었다. “제가 무엇이라고 감히 파라오에게 가서,
이스라엘 자손들을 이집트에서 이끌어 낼 수 있겠습니
까?” 12 하느님께서 대답하셨다. “내가 너와 함께 있겠다.
이것이 내가 너를 보냈다는 표징이 될 것이다. 네가 이 백
성을 이집트에서 이끌어 내면, 너희는 이 산 위에서 하느
님을 예배할 것이다.”

하느님께서 당신 이름을 계시하시다

13 모세가 하느님께 아뢰었다. “제가 이스라엘 자손들에게
가서, ‘너희 조상들의 하느님께서 나를 너희에게 보내셨
다.’ 하고 말하면, 그들이 저에게 ‘그분 이름이 무엇이오?’
하고 물을 터인데, 제가 그들에게 무엇이라고 대답해야 하
겠습니까?” 14 하느님께서 모세에게 “나는 있는 나다.” 하
고 대답하시고, 이어서 말씀하셨다. “너는 이스라엘 자손
들에게 ‘′있는 나′께서 나를 너희에게 보내셨다.’ 하여라.”

3,7-8.10 사도 7,34. 3,7 2,25; 느헤 9,9. 3,8 창세 50,24.25; 여호 24,11. 3,9 1,13.14; 2,23. 3,10 미카 6,4. 3,12 창세 31,3; 여호 1,5; 사도 7,7. 3,14 6,3; 요한 8,58; 히브 11,6; 13,8; 묵시 1,4ㄱ.

3,7-10. 하느님께서는 이스라엘의 부르짖음(2,23-25 참조)을 들으시고 모세에게 백성을 구원하는 사명을 맡기신다. 모세는 이 사명을 위해 선택되었다. 항상 그렇듯 이 하느님의 선택은 인간의 기대를 벗어난다. 두 차례나 죽을 고비를 넘긴 모세는 지금 도피 생활 중이며 자기 소유도 아닌 양들을 돌보는 목자에 지나지 않는다. 이런 상황에 처한 모세가 자신을 거부한 동족을 설득하기 위해, 이름조차 모르는 신의 뜻을 전하기 위해 파견된다. 게다가 모세는 말솜씨도 전혀 없는 사람이다. 모세는 자신이 이 일에 적합하지 않다고 선언하며(예레미야도 같은 반응을 보인다. 예레 1,4-10 참조) 표징을 요구한다(기드온도 마찬가지다. 판관 6,11-23.36-40 참조). 모세는 말 잘하는 형 아론의 도움을 받은 후에야(탈출 4,10-17 참조) 하느님께 속한 백성을 인도하는 사명을 받아들인다. 그러나 그 사명은 모세에게 항상 모험이며 무거운 부담으로 작용할 것이다.

3,11-12. 하느님께서는 모세의 첫 이의 제기에 대해 역사 안에서 당신이 사명을 맡긴 모든 사람에게 하시는 말씀으로 응답하신다. “내가 너와 함께 있겠다.” 모세는 자기 힘에 의지하지 않아야 한다는 것을 알면서 두려워하지 않아야 한다. 하느님께서는 그를 돕기 위해 그와 함께 계실 것이다. 하느님에게서 받은 소명에 대한 저항과 의심도 하느님께서 선택한 다른 인물들이 공유하는 체험이다. 예를 들어 기드온(판관 6,11-24 참조), 이사야(이사 6,1-13 참조), 예레미야(예레 1,4-10 참조)도 모세와 같은 태도를 보인다. 모든 예언자 가운데 가장 위대한 예언자 모세(신명 34,10 참조)는 비록 부질없는 일이기는 하지만 주님 앞에서 자기 소명에 대해 다섯 차례나 이의 제기를 한다(탈출 3,11; 3,13; 4,1; 4,10; 4,13 참조). 이 장면은 모세의 사명의 확고한 진정성을 암시적으로 보여 주는 표징이다.

3,13-15. “나는 있는 나다.”(‘에흐예 아세르 에흐예’)는 하느님 이름처럼 보이지 않는다. 하지만 주님께서 “너는 이스라엘 자손들에게 ‘′있는(에흐예) 나′께서 나를 너희에게 보내셨다.’ 하여라.”라는 말씀을 덧붙일 때 당신 자신이 이런 의미를 의도하신 듯하다. 라삐 주석은 이 문장을 이렇게 해설한다. “찬양받으실 거룩하신 분께서 모세에게 말씀하셨다. ‘무엇을 알려고 애쓰느냐? 나는 내 행위에 따라 이름 불린다…. 내가 나의 세상에 자비를 보일 때 나는 야훼(YHWH)로 불린다. 왜냐하면 ′주님(야훼)은, 주님은 자비하고 너그러운 하느님이다.′(34,6)라고 선포된 것처럼 이 네 글자는 자비 외에 다른 특성이 아니기 때문이다. 이것이 ′나는 있는 나다.′라는 구절의 의미다. 나는 나의 행동으로 불린다.’”(탈출기 랍바 3,6) 주님께서는 다시 15절에서 이 말을 사용하면서 ‘야훼’로서 당신 자신을 소개하고 아브라함, 이사악, 야곱의 하느님으로서 자신을 드러내시는데, 이들과 다른 사람들

은 각자 자기 삶의 사건을 통해 항상 새로운 하느님의 얼굴을 발견했다.

3,16. "찾아가… 살펴보았다." 원문에서는 하나의 동사와 동일한 동사의 강조 형태가 쓰였을 뿐이지만, 이 강조 형태를 표현하기 위해 동사가 지닌 의미를 나누어 번역하였다. 여기서 "순찰하다, 순회하다"로 번역할 수도 있다. "원로들"이라는 말은 이스라엘의 중요한 제도(연장자)를 가리키는데, 평신도가 주축을 이루며 가끔 사제직과 레위직의 종교 제도와 충돌하기도 한다.

15 하느님께서 다시 모세에게 말씀하셨다. "너는 이스라
엘 자손들에게, '너희 조상들의 하느님, 곧 아브라함의 하
느님, 이사악의 하느님, 야곱의 하느님이신 야훼께서 나를
너희에게 보내셨다.' 하여라. 이것이 영원히 불릴 나의 이
름이며, 이것이 대대로 기릴 나의 칭호이다."

모세의 소명에 관한 지침

16 "가서 이스라엘 원로들을 모아 놓고, '주 너희 조상들의
하느님, 곧 아브라함과 이사악과 야곱의 하느님께서 나에
게 나타나 이렇게 말씀하셨다.' 하고, 그들에게 말하여라.
'나는 너희를 찾아가 너희가 이집트에서 겪고 있는 일을
살펴보았다. 17 그리하여 이집트에서 겪는 고난에서 너희
를 끌어내어, 가나안족과 히타이트족과 아모리족과 프리
즈족과 히위족과 여부스족이 사는 땅, 곧 젖과 꿀이 흐르
는 땅으로 데리고 올라가기로 작정하였다.' 18 그러면 그들
이 너의 말을 들을 것이다. 너는 이스라엘의 원로들과 함
께 이집트 임금에게 가서, '주 히브리인들의 하느님께서 저
희에게 나타나셨습니다. 그러니 이제 저희가 광야로 사흘
길을 걸어가, 주 저희 하느님께 제사를 드릴 수 있도록 허
락해 주십시오.' 하고 말하여라. 19 그러나 강한 손으로 몰
아세우지 않는 한, 이집트 임금은 너희를 내보내지 않으리
라는 것을 나는 안다. 20 그러므로 나는 손을 내뻗어 이집
트에서 온갖 이적을 일으켜 그 나라를 치겠다. 그런 뒤에
야 그가 너희를 내보낼 것이다.
21 나는 또 이 백성이 이집트인들에게 호감을 사도록 하여,
너희가 떠날 때 빈손으로 떠나지 않게 하겠다. 22 여인들은
저마다 이웃 여자와 자기 집에 함께 사는 여자에게 은붙
이와 금붙이와 옷가지를 요구할 것이고, 너희는 그것들을
너희 아들딸들에게 지울 것이다. 이렇게 너희는 이집트를
털 것이다."

3,15 시편 135,13; 호세 12,6; 마태 22,32; 마르 12,26; 루카 20,37; 사도 3,13; 5,30; 7,32; 22,14. 3,17 창세 15,14.16; 여호 24,11. 3,18 4,31; 5,3. 3,19 5,2; 6,1. 3,20 6,6; 9,15; 12,31; 신명 6,22; 느헤 9,10. 3,21 11,3; 12,36. 3,22 11,2.3; 12,35.36; 지혜 10,17.

3,15. 원래 발음이 "야훼"라고 주장하기도 하지만, "야훼(YHWH)"라는 이름의 정확한 발음은 알 수 없다. 히브리인들은 이 이름을 결코 발음하지 않는다. 성경 본문을 읽을 때 야훼를 '아도나이'("주님", 또는 '하 셈'(그 이름)으로 대체한다. 원래 자음만 기록되어 있던 히브리어 본문에 모음 발음을 나타내는 기호가 첨가되었을 때, 하느님 이름을 구성하는 네 개의 자음(YHWH)에 '아도나이'라는 이름의 모음을 덧붙였는데 읽다가 실수로 하느님 이름을 발음하지 않도록 하기 위해서다.

하느님께서 모세에게 능력을 주시다

4 1 그러자 모세가 대답하였다. "그들이 저를 믿지 않
고 제 말을 듣지도 않으면서, '주님께서 당신에게 나
타나셨을 리가 없소.' 하면 어찌합니까?" 2 주님께서 그에
게 물으셨다. "네 손에 있는 것이 무엇이냐?" 그가 "지팡
이입니다." 하고 대답하자, 3 그분께서 말씀하셨다. "그것
을 땅에 던져라." 모세가 지팡이를 땅에 던지니, 뱀이 되었
다. 모세가 그것을 피해 물러서자, 4 주님께서 모세에게 말
씀하셨다. "손을 내밀어 그 꼬리를 잡아라." 그가 손을 내
밀어 꼬리를 붙잡으니, 뱀이 그의 손에서 도로 지팡이가
되었다. 5 "이는 그들 조상들의 하느님, 곧 아브라함의 하느
님, 이사악의 하느님, 야곱의 하느님인 주님이 너에게 나타
났다는 것을 그들이 믿게 하려는 것이다."
6 주님께서 다시 그에게 말씀하셨다. "네 손을 품에 넣어
보아라." 그가 손을 품에 넣었다가 꺼내 보니, 그 손이 나
병에 걸려 하얀 눈처럼 되어 있었다. 7 주님께서 "네 손을
다시 품에 넣어 보아라." 하고 말씀하시자, 그가 손을 다시
품에 넣었다. 그런 다음 품에서 손을 꺼내 보니, 제 살로
되돌아와 있었다. 8 "그들이 너를 믿지 않고 첫 번째 표징
이 말하는 것을 듣지 않는다 하더라도, 두 번째 표징이 말
하는 것은 믿을 것이다. 9 그들이 이 두 표징도 믿지 않고
너의 말을 듣지 않거든, 나일강에서 물을 퍼다가 마른땅
에 부어라. 그러면 나일강에서 퍼 온 물이 마른땅에서 피
가 될 것이다."

아론이 모세의 대변인이 되다

10 모세가 주님께 아뢰었다. "주님, 죄송합니다. 저는 말솜
씨가 없는 사람입니다. 어제도 그제도 그러하였고, 주님
께서 이 종에게 말씀하시는 지금도 그러합니다. 저는 입도
무디고 혀도 무딥니다." 11 그러자 주님께서 그에게 말씀하
셨다. "누가 사람에게 입을 주었느냐? 누가 사람을 말 못
하게 하고 귀먹게 하며, 보게도 하고 눈멀게도 하느냐? 나
주님이 아니냐? 12 그러니 이제 가거라. 네가 말할 때 내가
너를 도와, 무슨 말을 해야 할지 가르쳐 주겠다." 13 그러나
모세는 "주님, 죄송합니다. 제발 주님께서 보내실 만한 이
를 보내십시오." 하고 말하였다. 14 그러자 주님께서 모세

4,1-9. 모세가 백성과 이집트에 정당하게 자기 권한을 행사하고, 하느님께서 그에게 하신 명령의 진정성을 그가 이해하도록 돕기 위해 하느님께서는 그에게 세 가지 "표징들"(또는 4,21의 "그 모든 기적")을 주신다. 1) 요술 능력이 있는 지팡이(4,2-5 참조), 2) 질병과 죽음에서 회복시키는 힘(4,6-8 참조), 3) 나일강 물을 피로 바꾸는 능력(4,9 참조)이다.

4,6. "나병에 걸려" 레위 13,1-59 주 참조.

4,1 3,18; 6,30. 4,6 민수 12,10; 2열왕 5,27. 4,7 민수 12,13.14; 신명 32,39; 2열왕 5,14; 마태 8,3. 4,9 7,19. 4,10 6,12; 예레 1,6. 4,11 시편 94,9; 마태 11,5. 4,12 이사 50,4; 예레 1,9; 마태 10,19; 마르 13,11; 루카 12,11.12; 21,14.15.

에게 화를 내며 말씀하셨다. "레위인인 너의 형 아론이 있
지 않느냐? 나는 그가 말을 잘하는 줄 안다. 그가 지금 너
를 만나러 오고 있다. 그는 너를 보면 마음으로 기뻐할 것
이다. 15 너는 그에게 일러, 그가 해야 할 말을 그 입에 담
아 주어라. 네가 말할 때나 그가 말할 때, 내가 너희를 도
와주겠다. 너희가 무엇을 해야 할지 내가 가르쳐 주겠다.
16 그가 너를 대신하여 백성에게 이야기할 것이다. 그는 너
의 입이 되고, 너는 그의 하느님이 되어 줄 것이다. 17 그리
고 이 지팡이를 손에 잡아라. 너는 그것으로 표징들을 일
으킬 것이다."

모세가 미디안을 떠나 이집트로 돌아가다

18 모세는 장인 이트로에게 돌아가서 말하였다. "저는 이
제 떠나야겠습니다. 이집트에 있는 친척들에게 돌아가서,
그들이 아직도 살아 있는지 보아야겠습니다." 그러자 이
트로가 모세에게 "평안히 가게." 하고 말하였다.
19 주님께서 미디안에서 모세에게 말씀하셨다. "이집트로
돌아가거라. 네 목숨을 노리던 사람들이 모두 죽었다." 20
그래서 모세는 아내와 아들들을 데려다 나귀에 태워 이집
트 땅으로 돌아갔다. 모세는 손에 하느님의 지팡이를 들
고 있었다. 21 주님께서 모세에게 말씀하셨다. "네가 이집
트로 돌아가거든, 내가 네 손에 쥐어 준 그 모든 기적을 명
심하여 파라오 앞에서 일으켜라. 그러나 나는 그의 마음
을 완고하게 하여 내 백성을 내보내지 않게 하겠다. 22 그
러면 너는 '주님께서 이렇게 말씀하십니다.' 하고, 파라오
에게 말하여라. '이스라엘은 나의 맏아들이다. 23 내가 너
에게 내 아들을 내보내어 나를 예배하게 하라고 말하였건

4,20. 모세의 아내와 "아들들"이 다시 등장한다. 첫아들 게르솜은 2,22에, 둘째 아들 엘리에제르는 18,4에만 나온다. 이들이 이야기 흐름과 관계없이 등장하는 이유와 기원에 대해서는 파악하기 힘들다.

4,22-23. 이스라엘은 주님의 맏아들이다. 파라오가 이스라엘이 떠나는 것을 거부하기 때문에 이집트의 맏아들이 죽을 것이다. 이 벌은 동태 복수법에 따른 것인데 이 구절에서는 위협이지만 11,4-9; 12,12-13에서는 선포하고 12,29-32에서 실현될 것이다.

4,15 7,1.2; 민수 23,5.12.16; 신명 5,13. 4,16 히브 2,17. 4,17 7,9-20. 4,19 2,15.23; 마태 2,20. 4,20 17,9; 민수 20,8. 4,21 7,3.13; 9,12.35; 10,1; 14,8; 신명 2,30; 요한 12,40; 로마 9,18. 4,22 이사 63,16; 64,7; 예레 31,9; 호세 11,1; 로마 9,4. 4,23 5,1; 6,11; 7,16; 12,29.

4,21. 파라오의 완강한 마음이 자주 묘사되는데(탈출 7,3.22; 8,15; 9,12.35; 10,1.20.27; 11,10; 13,15; 14,4.8.17 참조), 이는 처음부터 하느님 계획에 속한다. 저자가 사용하는 신학 언어는 하느님의 주도권을 강조하며 거부하는 사람에게도 이 주도권이 계시된다. 하느님 말씀은 경청하는 사람에게 자유를 주고 응답하라는 책임을 지운다. 10,1에서 하느님께서 직접 모세에게 어떤 동기로 파라오의 마음을 그토록 완강하게 했는지 설명하신다. 그분이 표징을 일으키기 위해서, 그리고 그 표징을 보고 이집트인과 이스라엘인 모두가 그분이 주님임을 알게 하기 위해서이다(14,4.17-18 참조). 하느님의 행위에서 당신의 절대적인 자유를 이해시키기 위해서, 바오로는 로마 9,18에서 이 구절을 언급하고, 탈출 9,16도 인용하면서 하느님께서는 "당신이 원하시는 대로 어떤 사람에게는 자비를 베푸시고, 당신이 원하시는 대로 어떤 사람은 완고하게 만드십니다."라고 말한다. 예언자들은 듣는 사람의 완고한 마음에 대해서 자주 암시한다(이사 6,9-10; 29,9-14 참조).

만, 너는 거부하며 그를 내보내지 않았다. 그러니 이제 내
가 너의 맏아들을 죽이겠다.'"

모세의 아들이 할례를 받다

24 모세가 길을 가다 어떤 곳에서 밤을 지내는데, 주님께
서 그에게 달려들어 그를 죽이려 하셨다. 25 그러자 치포라
가 날카로운 차돌을 가져다 제 아들의 포피를 자르고서
는, 모세의 발에 대고 "나에게 당신은 피의 신랑입니다."
하고 말하였다. 26 그러자 그분께서 그를 놓아주셨다. 그때
치포라는 할례를 두고 '피의 신랑'이라고 말한 것이다.

모세와 아론이 백성 앞에 서다

27 주님께서 아론에게 말씀하셨다. "모세를 만나러 광야로
가거라." 그래서 아론은 길을 떠나 하느님의 산에서 모세
를 만나 그에게 입을 맞추었다. 28 모세는 주님께서 자기를
보내면서 하신 모든 말씀과 자기에게 일으키라고 명령하
신 모든 표징을 아론에게 알려 주었다. 29 모세와 아론은
가서 이스라엘 자손의 원로들을 모두 불러 모았다. 30 아
론은 주님께서 모세에게 하신 모든 말씀을 들려주고, 백
성이 보는 앞에서 표징들을 일으켰다. 31 그러자 백성이 믿
었다. 그들은 주님께서 이스라엘 자손들을 찾아오셔서 그
들의 고난을 살펴보셨다는 말을 듣고, 무릎을 꿇어 경배
하였다.

모세와 아론이 주님의 말씀을 파라오에게 전하다

5 1 그 뒤 모세와 아론이 파라오에게 가서 말하였다.
"주 이스라엘의 하느님께서 말씀하셨습니다. '내 백
성을 내보내어 그들이 광야에서 나를 위하여 축제를 지내
게 하여라.'" 2 그러자 파라오가 대답하였다. "그 주님이 누
구이기에 그의 말을 듣고 이스라엘을 내보내라는 것이냐?
나는 그 주님을 알지도 못할뿐더러, 이스라엘을 내보내지

4,24 창세 32,25-33; 민수 22,22. 4,25 여호 5,3.3. 4,27 3,1. 4,29 3,16. 4,31 2,25; 3,7.18; 12,27; 루카 1,68. 5,1 3,18; 4,23; 10,9. 5,2 3,19; 욥 21,15.

5,1-15,21. 이 단락에서 (모세의 중재를 통한) 주님과 파라오 가운데, 누가 따라야 할 참된 신인가에 대해 격렬한 대결이 벌어진다(파라오는 5,2에서 이렇게 말한다. "그 주님이 누구이기에 그의 말을 듣고 이스라엘을 내보내라는 것이냐? 나는 그 주님을 알지도 못할뿐더러, 이스라엘을 내보내지도 않겠다."). 일련의 수많은 증거와 기적(7-11; 12,29-30), 또 비슷하게 제시되는 파라오의 거부와 고집을 통해, 주님께서는 이집트 전체의 모든 신들, 파라오와 그의 신하들의 불신보다 당신이 더 우월하다는 것을 보여 주신다(7,5; 14,4.18 참조). 결국 따라야 할 신은 주님이 될 것이다. 당신 백성의 상황을 노예에서 자유인으로 역전시킬 수 있는 분은 바로 그분이시다(14,30-31 참조).

4,24-26. 주님께서 잠든 모세를 죽이려고 했다는 신비로운 이야기는 모세가 완수해야 할 힘든 사명과 관련하여 시험이자 힘을 얻는 순간을 뜻한다(창세 32,25-32의 야뽁강 야곱의 싸움 참조). 치포라를 통해 아들이 받은 할례 덕분에 모세는 목숨을 구한다. 이 충돌은 주님 편에서는 종 모세와 관련해서 그의 맏아들에 대한 소유권 요구도 의미할 것이다(13,2 참조). "발"은 성기에 대한 완곡어법 기능을 한다.

4,27-31. 아론의 소명이 매우 구체적으로 묘사된다. 주님께서는 아론을 불러 모세를 만나러 가라고 보내신다. 아론은 이 부르심에 응답할 자세를 갖추었고 그의 중재는 즉시 좋은 결과를 가져온다. 백성은 믿었고 아론은 그때부터 항상 모세 곁에 있게 된다.

5,1-2. 이스라엘이 이집트를 출발한 동기는 항상 같다. "주님을 섬기는 것" 또는 "주님을 예배하는 것"(7,16.26; 8,16; 9,1.13; 10,3.7.8.24.26; 12,31; 13,14 참조), "주님께 제사를 드리는 것"(5,17; 8,4.21.23)이다. 모세와 아론이 전하는 하느님 말씀에 대해 파라오는 5,2에서 질문 형식으로 응답한다. 이 질문에서 파라오는 자신이 그런 하느님을 알지 못한다고 말하면서 그분에 대한 경멸을 표현한다. 이집트인들은 하느님께서 그들을 향해 손을 뻗치실 때 비로소 그분이 어떤 분이신지 알게 된다(7,5 참조). 파라오는 오로지 맏아들과 맏배의 죽음을 체험한 후에야 이스라엘인들이 주님을 섬기기 위해 떠나는 것을 허락할 것이다(12,31 참조). 그러나 얼마 안 가 그들을 종으로 부릴 수 없다는 것을 알고 후회할 것이다.

5,1.10. "주 이스라엘의 하느님께서 말씀하셨습니다." "파라오께서 이렇게 말씀하셨다." 이것은 신의 메시지를 전달하도록 부름받은 이들이 선포하는 문구인데 예언서에 자주 나온다. 이것을 통해 참된 신이 누구인지 가리기 위해 두 경쟁자가 대결한다. 한편에는 주님, 다른 한편에는 파라오가

있다. 그러나 이제부터 이 두 경쟁자 사이의 숨겨진 불균형을 주목해야 한다. 파라오는 주님을 알지 못한다고 말하는 반면(5,2 참조), 주님께서는 파라오를 알고 계신다.

도 않겠다." 3 그들이 다시 말하였다. "히브리인들의 하느님
께서 저희에게 나타나셨습니다. 그러니 저희가 광야로 사
흘 길을 걸어가, 주 저희 하느님께 제사를 드릴 수 있도록
허락해 주십시오. 그러지 않으시면 그분께서 흑사병이나
칼로 저희를 덮치실 것입니다." 4 이집트 임금이 그들에게
대답하였다. "모세와 아론, 너희는 어찌하여 백성이 일을
하지 않도록 부추기느냐? 너희 일터로 돌아가라." 5 파라오
가 또 말하였다. "그들이 이제 이 땅의 백성보다 많아졌는
데도, 너희는 그들이 일을 그만두게 하려는구나!"

파라오가 이스라엘인들을 더 심하게 부리다

5,6-19. 이집트에서는 진흙에 짚을 섞어 흙벽돌을 만들었는데 이것이 벽돌을 견고하고 단단하게 제조하는 기술이었다. 빚어진 벽돌은 햇빛에 말렸다. 파라오는 모세와 아론이 제시하는 모든 요구에 대한 응답으로 작업 상황 자체를 불가능하게 하면서 히브리인들의 처지를 악화시킨다. 히브리인들은 이제 벽돌 제조에 필요한 짚까지도 직접 마련해야 한다.

6 파라오는 그날로 이스라엘 백성을 부리는 작업 감독들
과 조장들에게 명령하였다. 7 "너희는 벽돌을 만드는 데
쓰는 짚을 더 이상 예전처럼 저 백성에게 대 주지 마라. 그
들이 직접 가서 짚을 모아 오게 하여라. 8 그러나 벽돌 생
산량은 그들이 예전에 만들던 것만큼 그들에게 지워라.
그 양을 줄여서는 안 된다. 그들은 게을러져, '가서 저희
하느님께 제사를 드릴 수 있게 해 주십시오.' 하며 아우성
치고 있다. 9 그자들의 일을 더 힘들게 하여라. 그러면 그
들이 일만 하느라 허튼 말에 귀를 기울이지 않게 될 것이
다." 10 이에 그 백성의 작업 감독들과 조장들이 물러가서
그들에게 말하였다. "파라오께서 이렇게 말씀하셨다. '나
는 너희에게 더 이상 짚을 대 주지 않겠다. 11 직접 가서, 너
희가 쓸 짚을 어디서든 찾아 가져와라. 그러나 너희의 일
을 조금도 줄여서는 안 된다.'"
12 그리하여 그 백성은 온 이집트 땅에 흩어져, 벽돌 짚으
로 쓸 지푸라기를 모아 왔다. 13 그러나 작업 감독들은 "너
희는 짚이 있을 때와 다름없이 그날 일은 그날로 마쳐라."
하며 다그쳤다. 14 그리고 파라오의 작업 감독들은 자기들
이 세운 이스라엘 자손들의 조장들에게, "너희는 어째서
정해진 벽돌 양을 어제도 오늘도 예전처럼 채우지 못하느
냐?" 하면서 그들을 때렸다.

이스라엘인 조장들이 파라오에게 항의하다

15 이스라엘 자손의 조장들이 파라오에게 가서 부르짖었
다. "어찌하여 임금님의 종들에게 이렇게 하십니까? 16 이
종들은 짚을 받지도 못하는데, 그들은 벽돌을 만들라고

5,3 3,18. 5,4 1,11; 2,11; 6,6.7. 5,5 1,7.9. 5,6 1,11; 3,7. 5,14 이사 10,24.

말합니다. 보십시오, 이 종들이 이렇게 매를 맞았습니다.
임금님께서는 이 백성에게 잘못하고 계십니다.” 17 그러자
파라오가 대답하였다. “너희는 게으르기 짝이 없는 자들
이다. 그러니까 너희가, ‘가서 주님께 제사를 드릴 수 있게
해 주십시오.’ 하고 말하는 것이다. 18 가서 일이나 하여라.
너희에게 짚을 대 주지 않겠다. 그러나 벽돌은 정해 준 수
대로 만들어 내어라.” 19 이스라엘 자손의 조장들은, “너희
가 만들어야 하는 벽돌 양을 줄여서는 안 된다. 그날 일은
그날로 하여라.” 하는 말을 듣고 자기들이 곤경에 빠진 것
을 알았다.

조장들의 불평과 모세의 탄원

20 그들은 파라오 앞에서 물러 나오다가 자기들을 만나려
고 서 있는 모세와 아론과 마주치자, 21 그들에게 말하였
다. “주님께서 당신들을 내려다보시고 심판해 주셨으면 좋
겠소. 당신들은 파라오와 그 신하들이 우리를 역겨워하게
만들어, 우리를 죽이도록 그들 손에 칼을 쥐어 주었소.”
22 그러자 모세는 주님께 돌아와 아뢰었다. “주님, 어찌하
여 이 백성을 괴롭히십니까? 어찌하여 저를 보내셨습니
까? 23 제가 파라오에게 가서 당신 이름으로 말한 뒤로, 그
가 이 백성을 괴롭혀 오고 있습니다. 그런데도 당신께서는
당신 백성을 도무지 구해 주시지 않습니다.”

6 1 그러자 주님께서 모세에게 말씀하셨다. “이제 너
는 내가 파라오에게 어떻게 하는지 보게 될 것이다.
정녕 그는 강한 손에 밀려 그들을 내보낼 것이다. 강한 손
에 밀려 그가 자기 땅에서 그들을 내쫓을 것이다.”

모세가 부르심을 받다

2 하느님께서 모세에게 이르셨다. “나는 야훼다. 3 나는 아
브라함과 이사악과 야곱에게 ‘전능한 하느님’으로 나타났
으나, ‘야훼’라는 내 이름으로 나를 그들에게 알리지는 않
았다. 4 또 나는 가나안 땅, 그들이 나그네살이하는 땅을

5,21. “당신들을 내려다보시고” 라는 표현은 문맥과 둘째 동사(“심판하다”)를 고려하면 너무 약하다는 느낌을 준다. 아마도 “시험하시고”가 더욱 적절한 표현일 것이다.

6,2-8. 하느님께서는 족장들과 맺은 계약 덕분에 당신 백성을 구원하겠다고 모세에게 말씀하신다. 하느님 말씀은 두 단락으로 구성된다. 첫째, 모세에게 하신 말씀으로 과거형 동사(2-5절 참조)는 언약의 시대(‘엘 사따이’, “전능한 하느님”으로서 족장들에게 하신 하느님 계시. 이집트의 억압을 받던 상황에서 하느님께서는 당신 계약을 “기억하시고” 개입하신다)를 요약한다. 둘째, 이스라엘에게 하신 말씀으로 미래형 동사(6-8절 참조)는 이집트 탈출, 광야 체류, 약속의 땅 입성이라는 탈출의 세 시기를 선포한다. 이스라엘이 하느님 가족이 되면서 서서히 그들의 법적 신분이 바뀐다.

5,21 14,11; 15,24; 창세 16,5; 34,30. 5,22 민수 11,11; 예레 4,10. 5,23 3,8. 6,1 3,19.20; 7,4.5; 12,31.33.39; 사도 13,17. 6,2-13 3,1-4,23. 6,3 시편 68,5; 83,19; 이사 52,6; 예레 16,21; 에제 37,6.13. 6,4 창세 15,18; 28,4.

6,2-7,7. 모세 사명의 새로운 이야기(3,1-4,17 참조)는 사제계 전승에 속한다. 6,2에서 야훼 이름 계시(3,14-16 참조)가 반복되지만, 여기서는 미디안이 아니라 이집트에서 계시가 일어나고 나아가 아론의 역할을 강조한다(6,13; 7,1-6 참조). 아론은 하느님에게 선택되고(민수 16,5-7; 17,20 참조) 부르심을 받아(히브 5,4 참조) 사제직의 원조가 된다.

6,7. 첫째 정식 "나는 너희를 … 으로 삼고"는 혼인(창세 25,20 참조)이나 입양(에스 2,7.15 참조)의 경우에 사용한다. 둘째 정식("너희 하느님이 되어 주겠다")도 입양(2사무 7,14 참조)을 상기시킨다. 하느님께서는 이스라엘을 당신 가족으로 삼는다. 땅의 모든 민족 가운데에서 이스라엘을 당신 백성이 되게 하신다. 파라오가 주님을 "알지도 못할뿐더러"(탈출 5,2)라고 말하는 동안 하느님과 계약으로 결합된 이스라엘은 누가 주님인지 "알게 될 것이다." 이것은 단지 지적 관계만이 아니라 실존적 관계가 함축된 앎의 유형이다.

6,8. 마지막 단계는 주님께서 아브라함 후손의 "차지"('모라사'는 "상속 재산"을 의미함)로 주시겠다고 언약한 땅에 이스라엘이 들어가는 것이다. "데리고 가다"(자구적으로는 "들어가게 하다")는 법적 의미를 띠는데, 이 정식은 혼인의 마지막 행위, 곧 신부가 남편 집에 들어가는 것을 서술한다(창세 24,67 참조). 하느님께서는 조상들에게 장엄하게 맹세한 것을 성취하신다(탈출 6,4 참조).

6,12. "입이 안 떨어져"는 자구적으로 "할례 받지 않은 입술"인데, 말하는 데 장애가 있는 사람의 입술을 뜻한다(30절도 참조). 할례는 성기 포피 일부나 전체를 제거하는 것이다. 여기서 전달되는 이미지는 입술을 덮고 있는 막의 이미지인데 이것 때문에 입을 열고 다무는 것이 힘들어져 유창하게 말할 수 없다(4,10 참조).

6,14-27. 저자는 여기에 모세와 아론의 족보를 삽입한다. 레위까지만 야곱의 아들들을 기억하는데, 이 레위에게서 모세와 아론이 태어난다. 이들이 탈출기 나머지 이야기의 중심인물이다. 족보 다음에 이어지는 이야기(28-30절 참조)에 하느님 부르심에 주저하는 모세의 모습(12절 참조)이 다시 나온다. 족보 목록은 항상 왕조의 관점에서 이야기의 주요 인물을 정당화하고 그들 가문의 유서가 깊다는 것을 확인하기 위해

주기로 그들과 계약을 세웠다. 5 그리고 나는 이집트인들
이 종으로 부리는 이스라엘 자손들의 신음 소리를 듣고,
나의 계약을 기억하였다. 6 그러므로 너는 이스라엘 자손
들에게 말하여라. '나는 주님이다. 나는 이집트의 강제 노
동에서 너희를 빼내고, 그 종살이에서 너희를 구해 내겠
다. 팔을 뻗어 큰 심판을 내려서 너희를 구원하겠다. 7 그
러고 나서 나는 너희를 내 백성으로 삼고, 너희 하느님이
되어 주겠다. 그러면 너희는 내가 주님임을, 이집트의 강제
노동에서 너희를 빼낸 너희 하느님임을 알게 될 것이다. 8
그런 다음 나는 아브라함과 이사악과 야곱에게 주기로 손
을 들어 맹세한 땅으로 너희를 데리고 가서, 그 땅을 너희
차지로 주겠다. 나는 주님이다.'" 9 모세가 이스라엘 자손
들에게 그대로 전하였다. 그러나 그들은 기가 꺾이고 힘겨
운 종살이에 시달려 모세의 말을 듣지 않았다.
10 주님께서 모세에게 이렇게 이르셨다. 11 "너는 이집트 임
금 파라오에게 가서 이스라엘 자손들을 자기 땅에서 내보
내라고 하여라." 12 이에 모세가 주님께 아뢰었다. "보십시
오, 이스라엘 자손들도 제 말을 듣지 않았는데, 어찌 파라
오가 제 말을 듣겠습니까? 그리고 저는 입이 안 떨어져 말
을 못 합니다." 13 주님께서는 모세와 아론에게 말씀하신
다음, 이스라엘 자손들을 이집트 땅에서 이끌어 내라고
명령하시며, 그들을 이스라엘 자손들과 이집트 임금 파라
오에게 보내셨다.

모세와 아론의 족보

14 그들 집안의 우두머리들은 이러하다. 이스라엘의 맏아
들 르우벤의 아들들은 하녹, 팔루, 헤츠론, 카르미인데, 이
들이 르우벤의 씨족들이다. 15 시메온의 아들들은 여무
엘, 야민, 오핫, 야킨, 초하르, 그리고 가나안 여인의 아들
인 사울인데, 이들이 시메온의 씨족들이다. 16 족보에 따
라 본 레위 아들들의 이름은 이러하다. 곧 게르손, 크핫,

6,5 2,24. 6,6 신명 26,8; 사도 13,17. 6,7 16,12; 신명 4,20; 26,8; 시편 81,7; 이사 41,20. 6,8 창세 15,18. 6,14 창세 46,9; 민수 26,5-11. 6,15 창세 46,10; 1역대 4,24;. 6,16 창세 46,11; 민수 3,17.

6,6. 주님께서 당신 백성의 이집트 종살이 해방을 약속하신다. 이 구절에 나오는 동사들은 법률 용어이다. "빼내다"(자구적으로는 "나오게 하다")는 "풀려나게 하다, 종에게 자유를 주다"라는 뜻이다. 동사 "구하다"('가알')는 노예 처지에 있는 혈족을 위해 가까운 친척이 짊어져야 할 의무를 가리킨다(레위 25,48-49 참조). 주님께서 직접 탈출 4,22에서 강조하시듯 이스라엘은 주님의 맏아들이다. 하느님께서는 이스라엘을 구원하기 위해 가까운 친척처럼 개입하신다. 제2이사야서의 여러 구절(이사 41,14; 43,14; 44,6.24 참조)에서 '고엘'("구원자")이라는 용어는 하느님을 가리키는 칭호가 된다.

므라리이다. 레위가 산 햇수는 백삼십칠 년이다. 17 씨족에
따라 본 게르손의 아들들은 리브니와 시므이이다. 18 크핫
의 아들들은 아므람, 이츠하르, 헤브론, 우찌엘이다. 크핫
이 산 햇수는 백삼십삼 년이다. 19 므라리의 아들들은 마
흘리와 무시이다. 이들이 족보에 따라 본 레위의 씨족들
이다. 20 아므람은 자기의 고모 요케벳을 아내로 맞아들였
는데, 이 여인이 그에게 아론과 모세를 낳아 주었다. 아므
람이 산 햇수는 백삼십칠 년이다. 21 이츠하르의 아들들은
코라, 네펙, 지크리이다. 22 우찌엘의 아들들은 미사엘, 엘
차판, 시트리이다. 23 아론은 암미나답의 딸이요 나흐손의
누이인 엘리세바를 아내로 맞아들였는데, 이 여인이 그에
게 나답, 아비후, 엘아자르, 이타마르를 낳아 주었다. 24 코
라의 아들들은 아씨르, 엘카나, 아비아삽이다. 이들이 코
라인들의 씨족들이다. 25 아론의 아들 엘아자르는 푸티엘
의 딸들 가운데 하나를 아내로 맞아들였는데, 이 여인이
그에게 피느하스를 낳아 주었다. 이들이 씨족에 따라 본
레위인 가문의 우두머리들이다.
26 "이스라엘 자손들을 부대로 편성하여 이집트 땅에서
이끌어 내어라." 하신 주님의 분부를 받은 이들이 바로 모
세와 아론이다. 27 이스라엘 자손들을 이집트에서 이끌어
내려고 이집트 임금 파라오에게 말한 이들도 바로 모세와
아론이다.

모세가 소명을 받다

28 주님께서 이집트 땅에서 모세에게 이르시던 날, 29 주님
께서는 모세에게 이렇게 말씀하셨다. "나는 주님이다. 내
가 너에게 이르는 말을 모두 이집트 임금 파라오에게 전하
여라." 30 그러자 모세가 주님께 아뢰었다. "보십시오, 저는
입이 안 떨어져 말을 못 합니다. 어찌 파라오가 제 말을 듣
겠습니까?"

7 1 주님께서 모세에게 말씀하셨다. "보아라, 나는 너
를 파라오에게 하느님처럼 되게 하였다. 그리고 너
의 형 아론은 너의 예언자가 될 것이다. 2 너는 내가 너에
게 명령한 것을 모두 너의 형 아론에게 말하고, 아론은 그
것을 파라오에게 말하여, 이스라엘 자손들을 자기 땅에
서 내보내게 하여라. 3 그러나 나는 파라오의 마음을 완고

6,17 1역대 6,2. 6,18 1역대 5,28; 6,3. 6,19 1역대 6,4. 6,20 2,1.2; 민수 26,59. 6,21 민수 16,1; 1역대 6,22.23. 6,22 레위 10,4; 민수 3,30. 6,23 루카 1,5. 6,24 민수 26,11. 6,25 민수 25,7-11; 여호 24,33; 시편 106,30. 6,29 7,2. 6,30 4,10. 7,1 4,16. 7,2 4,15. 7,3 4,21; 11,9; 사도 7,36; 로마 9,18.

사용한다. 여기서 관심사는 레위인 가문, 특히 아론에 초점을 맞추는데 그의 손자 피느하스까지 소개한다. 피느하스는 앞으로 전개될 이야기에서 아주 중요한 역할을 할 것이다(민수 25장; 31장; 여호 22장; 24,33 참조).

6,30. 6,12 주 참조.

7,1-5. 이 기조(基調) 담화에서, 바다를 통과하는 순간까지 앞으로 사건이 어떻게 일어날 것인지 하느님께서 모세에게 선포하신다. 아론은 모세의 예언자가 될 것이다. 곧 아론은 모세의 이름으로 말할 것이다. "재앙"(9,14; 12,13)은 여기에서 "표징"과 "기적"(3절; 3,20; 7,9; 11,9-10도 참조), "큰 심판"(4절)으로 정의되기도 한다. 비록 대부분의 사례에서 이것들은 대개 이집트나 고대 근동에서 볼 수 있는 자연 현상을 지칭하지만, 특히 히브리인의 하느님의 절대적 우월성과 권능을 보

하게 하고, 이집트 땅에서 표징과 기적을 많이 일으키겠
다. 4 그래도 파라오가 너희 말을 듣지 않으면, 나는 이집트
에 내 손을 뻗쳐 큰 심판을 내려서 나의 군대, 곧 나의 백
성 이스라엘 자손들을 이집트 땅에서 이끌어 내겠다. 5 내
가 이집트 위로 내 손을 뻗어 그들 가운데에서 이스라엘
자손들을 이끌어 내면, 이집트인들은 내가 주님임을 알게
될 것이다." 6 모세와 아론은 그렇게 하였다. 그들은 주님께
서 자기들에게 명령하신 대로 하였다. 7 그들이 파라오에게
말할 때, 모세는 여든 살, 아론은 여든세 살이었다.

지팡이가 뱀으로 변하다

8 주님께서 모세와 아론에게 말씀하셨다. 9 "파라오가 너
희에게 '기적을 일으켜 보아라.' 하거든, 너는 아론에게 지
팡이를 집어 파라오 앞으로 던지라고 말하여라. 그것이 큰
뱀이 될 것이다." 10 모세와 아론은 파라오에게 가서 주님
께서 명령하신 대로 하였다. 아론이 자기 지팡이를 파라
오와 그의 신하들 앞으로 던지자, 그것이 큰 뱀이 되었다.
11 파라오도 현인들과 요술사들을 불러들였다. 이들 이집
트의 요술사들도 자기네 요술로 그와 똑같이 하였다. 12 그
들이 저마다 자기 지팡이를 던지자, 그것들도 큰 뱀이 되
었다. 그러나 아론의 지팡이가 그들의 지팡이들을 삼켜
버렸다. 13 그래도 파라오는 마음이 완고해져 그들의 말을
듣지 않았다. 주님께서 말씀하신 대로였다.

첫째 재앙: 물이 피가 되다

14 주님께서 모세에게 말씀하셨다. "파라오가 마음이 완강
해져 백성을 내보내기를 거부하는구나. 15 아침에 파라오
에게 가거라. 그가 물가로 나갈 터이니, 나일강 가에 서 있
다가 그를 만나라. 뱀으로 변하였던 그 지팡이도 손에 쥐
고 있어라. 16 그리고 그에게 이렇게 말하여라. '주 히브리
인들의 하느님께서 저를 임금님께 보내시어, '내 백성을
내보내어 그들이 광야에서 나를 예배하게 하여라.' 하셨
는데도, 파라오께서는 여태껏 말을 듣지 않으셨습니다. 17 그

여 주고자 한다. 그래서 주님을 몰랐던 이집트인들(5,1-2 참조)은 그분이 누구신지 알게 될 것이다(7,5.17; 8,6.18; 9,14.29; 10,2; 14,4.18 참조). 바로 이것이 완고한 마음의 최종 목적이다.

7,9. "큰 뱀"으로 옮긴 히브리어 '탄닌'은 바다 괴물을 뜻한다(창세 1,21; 이사 27,1 참조).

7,10.20. 원문에 충실하다는 것은 그것의 의미를 전달하는 것이다. 그래서 자구적인 의미는 "종"인데 "신하"로 번역한다.

7,11. 이집트 요술사들은 처음에는 아론과 대결하는 데 성공한다. 그러나 얼마 안 가 아론과 모세 뒤에 정말 "하느님의 손가락"이 있다는 것을 인정하게 될 것이다(8,12-15 참조). 마지막에 그들은 어쩔 수 없이 물러나는데 그들 자신이 종기의 공격을 받았기 때문이다(9,11 참조).

7,14-11,10. 이 본문에서 열 가지 재앙에 대해 말한다. 마지막 재앙은 맏아들의 죽음인데 먼저 이것을 선포하고(11,1-10 참조) 이어서 이 재앙의 모든 극적 내용을 서술한다(12,29-30 참조). "열"은 다른 전승들을 합한 숫자다. 각 전승은 열 개보다 낮은 숫자의 재앙을 전한다. 원래는 시편 78,43-51과 105,28-36에서 말하듯이 각각 일곱 개의 재앙이 묘사된 두 개의 시리즈였을 것이다. 각 재앙 이야기에는 항상 같은 도식이 반복된다. 주님께서 파라오에게 전하는 메시지 시작 부분은 "내 백성을 내보내어 나를 예배하게 하여라."(5,1-2 참조)이다. 마칠 때는 파라오의 완고한 저항이 나오는데 그는 모세와 아론의 말을 경청하지 않는다(4,21 참조). 여기서 명시적으로 말하려는 바는 주님의 주권을 보여 주는 것이다(7,1-5 참조).

7,4 3,19.20; 6,6; 10,1; 11,9; 12,51; 13,3.9. 7,5 3,20; 8,15. 7,7 신명 34,7; 사도 7,23.30. 7,8-12 지혜 11,14-20; 16-18. 7,9 4,2.17; 이사 7,11; 요한 2,18. 7,10 4,3. 7,11 8,3.14; 창세 41,8; 2티모 3,8. 7,13.16. 4,21. 7,14-25 지혜 11,6-8. 7,14 8,11; 10,1.20.27. 7,15 4,2.3. 7,16 3,12,18; 5,1.3. 7,17 4,9; 5,2; 묵시 11,6; 16,3.4.6.

7,8-8,11. 아론이 "보여 준"(7,9 주 참조) 첫째 재앙(물이 피로 변하다. 7,14-25)뿐 아니라 둘째 재앙(개구리. 7,26-8,11)도 물과 관련된 요소를 중심으로 전개된다.

래서 주님께서 이렇게 말씀하셨습니다. '이것으로 너는 내가
주님임을 알게 될 것이다. 보아라, 내 손에 있는 이 지팡이로
나일강 물을 치겠다. 그러면 물이 피로 변할 것이다. 18 강
에 있는 물고기들은 죽고 강은 악취를 풍겨, 이집트인들이
강에서 물을 퍼 마시지 못할 것이다.'"
19 주님께서 모세에게 말씀하셨다. "너는 아론에게, 지팡
이를 잡고 이집트에 있는 물, 강과 운하와 늪, 그 밖에 물
이 괸 모든 곳 위로 손을 뻗으라고 말하여라. 그리하여 그
것들이 피가 되게 하여라. 그러면 이집트 땅 모든 곳에, 심
지어 나무와 돌에까지도 피가 흥건할 것이다."
20 모세와 아론은 주님께서 명령하신 대로 하였다. 그가
파라오와 그의 신하들 앞에서 지팡이를 들어 나일강 물
을 쳤다. 그러자 나일강 물이 모두 피로 변하였다. 21 강에
있는 물고기들은 죽고 강은 악취를 풍겨, 이집트인들이 강
에서 물을 퍼 마실 수가 없었다. 이집트 온 땅에 피가 흥건
하였다. 22 그러나 이집트의 요술사들도 자기네 마술로 그
와 똑같이 하였다. 그러자 파라오는 마음이 완고해져 그들
의 말을 듣지 않았다. 주님께서 말씀하신 대로였다. 23 파
라오는 이 일도 마음에 두지 않은 채, 몸을 돌려 궁궐로
돌아가 버렸다. 24 나일강에서 물을 퍼 마실 수 없게 되자,
이집트인들은 모두 마실 물을 찾아 강 주변을 팠다. 25 주
님께서 나일강을 치신 지 이레가 지났다.

둘째 재앙: 개구리 소동

26 주님께서 모세에게 말씀하셨다. "파라오에게 가서, '주
님께서 이렇게 말씀하십니다.' 하고 말하여라. '나의 백성
을 내보내어 나를 예배하게 하여라. 27 네가 만일 내보내기
를 거부한다면, 나는 개구리 떼로 너의 온 영토를 치겠다.
28 그러면 나일강에 개구리들이 우글거릴 것이다. 그것들
은 올라와 네 궁궐과 침실로, 네 침상 위로, 네 신하들과
백성의 집으로, 네 화덕과 반죽 통 속으로 들어갈 것이다.
29 그리고 개구리들은 너에게, 네 백성에게, 너의 모든 신
하들에게 뛰어오를 것이다.'"

7,19 8,1.2.12; 9,22; 10,12.21; 14,21.26; 묵시 11,6. 7,20 시편 78,44; 105,29; 묵시 8,8. 7,22 8,3; 2티모 3,8. 7,26 3,12.18. 7,28 시편 105,30.

7,26-8,11. 이 둘째 재앙을 통해 첫째 창조 이야기에서 시작된 "물"과 "뭍"(창세 1,9-10) 사이의 명확한 경계(창세 1,1-2,3 참조)가 무너지고 이런 방식으로 짐승과 사람들에게 유보된 장소도 전복된다.

8

1 주님께서 모세에게 말씀하셨다. "너는 아론에게,
지팡이를 든 손을 강과 운하와 늪 위로 뻗어, 개구
리들을 이집트 땅 위로 올라오게 하라고 말하여라." 2 아론
이 이집트의 물 위로 손을 뻗자, 개구리들이 올라와 이집
트 땅을 뒤덮었다. 3 그러나 요술사들도 자기네 마술로 그
와 똑같이 하여, 개구리들을 이집트 땅 위로 올라오게 하
였다.
4 파라오가 모세와 아론을 불러 말하였다. "너희는 주님
께 기도하여 나와 내 백성에게서 개구리들을 물리쳐 다
오. 그러면 내가 너희 백성을 내보내어, 주님께 제사를 드
릴 수 있게 해 주겠다." 5 그러자 모세가 파라오에게 말하
였다. "개구리들이 임금님과 궁궐에서 물러나 나일강에만
남아 있도록, 임금님과 신하들과 백성을 위하여 언제 기
도해야 할지 저에게 분부만 내리십시오." 6 파라오가 "내
일이다." 하고 대답하자, 모세가 말하였다. "임금님 말씀대
로 하겠습니다. 이는 주 저희 하느님과 같으신 분이 없다
는 것을 임금님께서 아시게 하려는 것입니다. 7 이제 개구
리들이 임금님과 궁궐과 신하들과 백성에게서 물러가, 나
일강에만 남아 있을 것입니다." 8 모세와 아론은 파라오에
게서 물러 나왔다. 모세는, 주님께서 파라오에게 보내신
개구리들 때문에 주님께 부르짖었다. 9 주님께서는 모세가
청한 대로 해 주셨다. 개구리들이 집과 뜰과 들에서 죽어
갔다. 10 사람들이 그것들을 모아 무더기로 쌓아 놓으니,
땅이 악취를 풍겼다. 11 그러나 파라오는 일이 진정되는 것
을 보고, 마음이 완강해져 그들의 말을 듣지 않았다. 주님
께서 말씀하신 대로였다.

8,1 7,19. 8,2 시편 78,45; 105,30. 8,3 7,11; 묵시 16,13. 8,4 9,27.28; 10,17; 사도 8,24. 8,6 9,14; 신명 33,26; 시편 86,8; 이사 46,9; 예레 10,6.7. 8,8 9,33; 10,18. 8,11 7,4.

8,1-28. 재앙이 계속 이어지지만 파라오는 항복하지 않는다. 파라오는 개구리들이 공격하자 모세와 아론에게 이집트가 그 재앙에서 해방되도록 주님께 기도해 달라고 요구한다. 그렇게 된다면 대가로 백성이 주님을 예배하러 떠나게 허용할 것이다. 그러나 파라오는 요구한 것을 얻자 자신이 한 약속을 잊어버린다(3-11절 참조). 파라오는 이집트 요술사들이 이 사건의 초자연적인 특성을 인정할 때에도 완강하게 저항한다(12-15절 참조). 파라오는 위험이 지나갈 때마다 계속 생각을 바꾼다(16-28절 참조).

셋째 재앙: 모기 소동

12 주님께서 모세에게 말씀하셨다. "너는 아론에게, 지팡
이를 뻗어 땅의 먼지를 쳐서, 그것을 이집트 온 땅에서 모
기로 변하게 하라고 말하여라." 13 그들은 그대로 하였다.
아론이 지팡이를 든 손을 뻗어 땅의 먼지를 치자, 사람들
과 짐승들에게 모기들이 달려들었다. 이집트 온 나라에서
땅의 먼지가 모기로 변하였다. 14 요술사들도 똑같이 하여
자기네 마술로 모기들을 생기게 하려 하였으나, 그렇게 할
수가 없었다. 모기들이 계속해서 사람들과 짐승들에게 달
려들었다. 15 요술사들이 파라오에게 말하였다. "이것은 하
느님의 손가락이 하신 일입니다." 그러나 파라오는 마음이
완고해져 그들의 말을 듣지 않았다. 주님께서 말씀하신 대
로였다.

넷째 재앙: 등에 소동

16 주님께서 모세에게 말씀하셨다. "너는 아침 일찍 일어나
파라오 앞에 나서라. 그가 물가로 나오면, '주님께서 이렇
게 말씀하십니다.' 하고 그에게 말하여라. '나의 백성을 내
보내어 나를 예배하게 하여라. 17 네가 나의 백성을 내보내
지 않으면, 내가 너와 네 신하들과 백성들에게, 또 너의 궁
궐로 등에 떼를 보내겠다. 그러면 이집트인들의 집과 그들
이 사는 땅이 등에로 가득할 것이다. 18 그러나 그 날에 나
는 내 백성이 사는 고센 땅만은 따로 구분하여, 그곳에는
등에가 없게 하겠다. 이는 나 주님이 이 땅에 있음을 네가
알게 하려는 것이다. 19 나는 이렇게 나의 백성과 너의 백
성 사이에 구별을 둘 터인데, 그 표징이 내일 일어날 것이
다.'" 20 주님께서는 그대로 하셨다. 엄청난 등에 떼가 파라
오의 궁궐과 그 신하들의 집으로 날아들었다. 이집트 온
나라의 땅이 등에 때문에 폐허가 되었다.
21 그러자 파라오가 모세와 아론을 불러 말하였다. "가거라.
그러나 이 땅 안에서 너희 하느님께 제사를 드려라." 22 모세
가 대답하였다. "그렇게 하는 것은 옳지 않습니다. 저희가
주 저희 하느님께 바치는 제물을 이집트인들이 역겨워하
기 때문입니다. 이집트인들이 역겨워하는 것을 그들이 보
는 앞에서 저희가 제물로 바치면, 그들이 저희에게 돌을

8,13 시편 105,31. 8,14 7,11. 8,15 7,5; 10,7; 루카 11,20. 8,16 // 9,13; 7,15. 8,18 9,4.6.26; 10,23; 11,6.7. 8,20 시편 78,45; 105,31.

8,12-11,10. 계속 이어지는 재앙으로, 홍수 이후 창조계의 파괴는 공중으로(모기 8,12-15; 등에 8,16-28; 우박 9,13-35; 메뚜기 10,1-20; 어둠 10,21-29), 땅으로(가축의 죽음 9,1-7; 종기 9,8-12; 맏아들의 죽음 11,1-10; 12,29-34) 이동한다.

8,12. "모기"로 옮긴 히브리어에 해당하는 곤충이 정확히 무엇인지 파악하기 힘들다. 고대 번역본들은 각기 다르게 번역한다. 이(시리아어 번역본), 모기(그리스어 번역본), 빈대([새] 대중 라틴말 성경) 등이다. 이것이 무엇이든지 물거나 찌르는 벌레를 말한다.

8,17. "등에"로 번역한 단어는 그 뜻이 분명하지 않다. 파리(대중 라틴말 성경의 번역)나 일반적인 해충을 가리키는 것 같다.

8,18-19. 파라오의 영토에 대한 주님의 절대적 권능, 또 모세의 백성에 대한 그분의 배타적 보호를 강조하기 위해, 처음으로 모든 이집트 땅과 이스라엘인이 거주하는 고센 지역(창세 45,10; 47,6.27 참조)을 구별한다. 탈출 9,4.7.26; 10,23ㄴ; 11,7에서 여러 재앙 때에 이 구별이 명확히 드러난다.

8,19. "구별"에 해당하는 히브리어 자체는 "구속, 구원"을 뜻한다. 주님께서는 이스라엘을 종살이에서 해방시키면서 이스라엘인과 이집트인을 구별한다. 곧 구별되는 방식으로 그들을 대한다.

8,22. 소, 황소, 숫양 같은 동물들은 이집트인들이 신성하게 여겼으므로 그들이 보는 데에서 희생시킬 수 없었다.

던지지 않겠습니까? 23 주 저희 하느님께서 말씀하신 대로, 저희는 광야로 사흘 길을 걸어가 그분께 제사를 드려야 합니다." 24 그러자 파라오가 말하였다. "그렇다면 내가 너희를 내보낼 터이니, 광야에서 주 너희 하느님께 제사를 드려라. 다만 너무 멀리 가서는 안 된다. 나를 위하여 기도해 다오." 25 모세가 말하였다. "보십시오, 이제 제가 임금님에게서 물러가 주님께 기도하겠습니다. 내일이면 파라오와 신하들과 백성에게서 등에 떼가 물러날 것입니다. 다만 파라오께서 다시 저희를 속이시고 이 백성을 내보내시지 않아, 주님께 제사를 드리지 못하게 하시는 일이 없기를 바랍니다."

26 모세는 파라오에게서 물러 나와 주님께 기도하였다. 27 그러자 주님께서 모세가 말한 대로 해 주셨다. 등에 떼가 파라오와 그의 신하들과 그의 백성에게서 물러가 하나도 남지 않았다. 28 그러나 파라오는 이번에도 마음이 완강해져 백성을 내보내지 않았다.

다섯째 재앙: 가축병

9 1 주님께서 모세에게 말씀하셨다. "파라오에게 가서, '주 히브리인들의 하느님께서 이렇게 말씀하십니다.' 하고 그에게 일러라. '내 백성을 내보내어 나를 예배하게 하여라. 2 네가 그들을 내보내기를 거부하고 계속 그들을 붙잡아 둔다면, 3 주님의 손이 들에 있는 너의 집짐승들, 말과 나귀와 낙타와 소와 양을 지독한 흑사병으로 칠 것이다. 4 그러나 주님은 이스라엘의 집짐승과 이집트의 집짐승을 구분하여, 이스라엘 자손들의 것은 하나도 죽지 않게 할 것이다.'" 5 그리고 주님께서는 "주님이 내일 이 땅에서 이 일을 이룰 것이다." 하시며 때를 정하셨다. 6 이튿날 주님께서 이 말씀대로 하셨다. 이집트의 집짐승들은 모두 죽고, 이스라엘 자손들의 집짐승들은 한 마리도 죽지 않았다. 7 파라오는 사람을 보내어, 이스라엘의 집짐승은 한 마리도 죽지 않은 것을 확인하였다. 그러나 파라오는 마음이 완강해져 백성을 내보내지 않았다.

9,3. 여기서 낙타를 언급하는 것은 연대 착오다. 이따금 어떻게든 이 문제를 해설하려는 시도가 있지만 이집트에서 가축용 낙타는 기원전 4세기 전에는 흔치 않았다. 낙타를 부르는 이름이나 낙타를 가리키는 상형 문자도 존재하지 않았다. 이런 측면은 이런 본문이 후대에 기록되었음을 보여 주는 설득력 있는 실마리가 된다.

8,23 3,18; 5,3. 8,28 4,21. 9,1 7,26. 9,2 7,27. 9,6 11,5. 9,7 7,14; 8,28.

9,1-35. 여러 재앙이 계속 이집트를 공격한다. 그러나 파라오는 더욱 완고해진다. 이집트의 모든 집짐승이 죽고(1-7절 참조), 모든 사람, 요술사들까지 종기로 공격받을 때에도(8-12절 참조) 파라오는 항복하지 않는다. 그러나 파라오는 우박이 사람과 짐승, 풀과 나무를 모조리 파괴할 때 죄의식을 느끼고 이스라엘인들의 출발을 허용한다. 그러나 우박이 멈추자 다시 죄를 지었다. 그리고 완고해져서 그들을 떠나지 못하게 한다(13-35절 참조). 저자는 파라오의 완고함을 강조하면서 각 재앙 이야기를 마무리한다. 그러나 이 모든 것이 하느님 계획에 속한다는 것을 명시한다(12절 참조).

여섯째 재앙: 종기

8 주님께서 모세와 아론에게 말씀하셨다. "너희는 가마에
있는 그을음을 두 손 가득히 쥐어라. 그리고 모세가 그것
을 파라오 앞에서 공중으로 뿌려라. 9 그리하여 그것이 먼
지가 되어 이집트 온 땅에 퍼져 나가, 이집트 온 땅에 있는
사람과 짐승에게 궤양을 일으키는 종기가 되게 하여라."
10 그들은 가마에 있는 그을음을 쥐고 파라오 앞에 섰다.
모세가 그것을 공중으로 뿌리니, 사람과 짐승에게 궤양을
일으키는 종기가 되었다. 11 요술사들과 모든 이집트인에
게 종기가 생겨, 요술사들도 종기 때문에 모세 앞에 서 있
을 수가 없었다. 12 그러나 주님께서 파라오의 마음을 완고
하게 하셨으므로, 그는 그들의 말을 듣지 않았다. 주님께
서 모세에게 말씀하신 대로였다.

일곱째 재앙: 우박

13 주님께서 모세에게 말씀하셨다. "너는 아침 일찍 일어
나 파라오 앞에 나서서, '주 히브리인들의 하느님께서 이
렇게 말씀하십니다.' 하고 그에게 말하여라. '내 백성을 내
보내어 나를 예배하게 하여라. 14 이번에는 내가 온갖 재
앙을 너 자신과 너의 신하들과 백성들에게 내려, 온 세상
에 나와 같은 신이 없음을 네가 알게 하겠다. 15 진작 나는
손을 내뻗어 너와 너의 백성을 흑사병으로 쳐서, 네가 이
세상에서 사라지게 해 버릴 수도 있었다. 16 그렇지만 나
는 까닭이 있어 너를 살려 두었다. 너에게 내 능력을 보이
고, 온 세상에 내 이름을 떨치게 하려는 것이다. 17 그런데
너는 계속 내 백성을 거만하게 대하면서, 그들을 내보내려
하지 않는다. 18 그러므로 나는 내일 이 시간에, 이집트가
생긴 날부터 지금까지 한 번도 내린 적이 없는 엄청난 우
박을 쏟아붓겠다. 19 그러니 이제 사람을 보내어 너의 집짐
승과 들에 있는 너의 모든 것을 안전한 곳으로 옮겨라. 미
처 집 안으로 들어오지 못하고 들에 남은 사람이나 짐승
은 모두 우박에 맞아 죽을 것이다.'" 20 파라오의 신하들
가운데 주님의 말씀을 두려워한 자들은 제 종들과 집짐
승들을 재빨리 집 안으로 피신시켰다. 21 그러나 주님의 말

9,11. 이집트 "요술사들"의 중요성과 그들의 능력이 점차 줄어들고 있음이 서술된다. 처음에 그들은 아론이 한 것과 같은 표징을 재현하는 데 성공했지만(7,11-12.22; 8,3 참조), 이어진 몇 번의 시도는 성공하지 못하고(8,14-15), 마지막에는 모세 앞에 서 있을 수조차 없게 된다(9,11 참조).

9,14. "너 자신"의 자구적인 의미는 "너의 마음"인데, "어떤 사람의 마음에 재앙을 보내다"라는 표현은 히브리어 어법(대중 라틴말 성경에도 같은 표현이 이어진다)이다. 여기서도 파라오의 완고한 마음이라는 주제가 나오고 있음을 기억해야 한다(4,21; 7,3 참조). 성경 이미지 가운데 마음은 인간이 자신의 가치 평가를 성숙시키고 결정을 내리는 자리다.

9,20-21. 처음으로 이집트인들 사이에 분열이 일어난다. 주님의 말씀을 두려워하는 사람과 그분 말씀을 듣지 않는 사람 사이의 분열을 기록한다.

9,10 묵시 16,2. 9,12 4,21; 마태 27,10. 9,13 // 8,16. 9,14 8,6. 9,15 3,20. 9,16 로마 9,17. 9,18 마르 13,19. 9,20 잠언 13,13.

9,16. 주님께서는 파라오를 "살려" 두셨는데(히브리어 동사 '아맛'의 자구적 번역대로라면 "서 있게" 해 주셨는데), 파라오뿐 아니라 온 세상에 당신의 권능을 보여 주시기 위함이다. 이 구절은 로마 9,17에도 나오는데, 바오로 사도는 여기서 "떨치다"로 번역된 그리스어 동사('디앙겔로', "선포하다")의 선교적 뉘앙스를 사용한다.

씀을 마음에 두지 않은 자들은 제 종들과 집짐승들을 그
대로 들에 내버려 두었다.
22 주님께서 모세에게 말씀하셨다. "네 손을 하늘로 뻗어
라. 그리하여 우박이 이집트 온 땅에, 이집트 땅에 있는 사
람과 짐승과 모든 풀 위에 내리게 하여라." 23 모세가 지팡
이를 하늘로 뻗자, 주님께서 우레와 함께 우박을 내리셨
다. 번갯불이 땅으로 떨어졌다. 주님께서 이집트 땅에 우
박을 쏟으셨다. 24 번갯불이 잇달아 번쩍이면서 우박이 내
렸다. 이처럼 엄청난 우박은, 이집트에 나라가 선 뒤로 이
집트 온 땅에 한 번도 내린 적이 없었다. 25 이렇게 우박이
이집트 온 땅에서, 사람을 비롯하여 짐승에 이르기까지
들에 있는 모든 것을 쳤다. 들의 풀도 모조리 치고 들의 나
무도 모조리 부러뜨렸다. 26 그러나 이스라엘 자손들이 사
는 고센 땅에만은 우박이 내리지 않았다.
27 파라오는 사람을 보내어 모세와 아론을 불러다 말하였
다. "이번에는 내가 죄를 지었다. 주님께서는 옳으시고 나
와 내 백성은 그르다. 28 주님께 기도해 다오. 우레와 우박
이 너무 심하구나. 내가 너희를 내보내겠다. 더 이상 여기
에 머무르지 않아도 된다." 29 그러자 모세가 그에게 말하
였다. "제가 성읍을 나서는 대로 주님께 제 손을 펼치겠습
니다. 그러면 우레가 멎고 우박이 더 이상 내리지 않을 것
입니다. 이는 세상이 주님께 속한다는 것을 임금님께서 아
시게 하려는 것입니다. 30 그래도 임금님과 임금님의 신하
들이 아직 주 하느님을 두려워하지 않으실 줄을 저는 알고
있습니다."
31 마침 보리는 이삭이 패고 아마는 꽃이 피어 있었으므
로, 아마와 보리는 못 쓰게 되고 말았다. 32 그러나 밀과 귀
리는 늦게 나오는 것들이었으므로 못 쓰게 되지는 않았
다.
33 모세는 파라오에게서 물러나 성읍을 나와서, 주님께 손
을 펼쳤다. 그러자 우레와 우박이 멎고, 땅에는 비가 더 이
상 쏟아지지 않았다. 34 파라오는 비와 우박과 우레가 멎
는 것을 보고 다시 죄를 지었다. 그와 그의 신하들의 마음
이 또 완강해진 것이다. 35 파라오는 마음이 완고해져 이스
라엘 자손들을 내보내지 않았다. 주님께서 모세를 통하여
말씀하신 대로였다.

9,27. 히브리어 '차딕'("옳은")은 법률 소송에서 무죄한 사람이 합당한 명분이 있다는 것을 인정한다는 뜻이다. 파라오는 자신이 죄를 지었다는 것뿐 아니라 그의 고소인인 주님께서 옳다는 것을 선언하기 위해 모세와 아론을 부른다. 파라오는 이것 때문에 모세와 아론이 자신에게 요구한 히브리인들의 출발을 허락한다.

9,29. "세상"의 자구적인 의미는 "땅"인데 이는 지리적으로 축소(이집트)하거나 확장(세상)하여 해석할 수 있다. 이집트에 대한 주권과 세상에 대한 주권이 연결된다.

9,22 묵시 16,21. 9,23 38,22; 창세 19,24; 여호 10,11; 시편 78,47; 이사 30,30; 묵시 8,7ㄱ. 9,24 묵시 11,19; 16,18. 9,25 시편 78,47; 105,32.33. 9,26 8,18; 9,4.6; 10,23; 11,7; 12,13. 9,27 8,4; 10,16.17; 2역대 12,6; 시편 129,4. 9,28 8,4; 10,17; 사도 8,24. 9,29 8,18; 19,5; 20,11; 1열왕 8,22; 시편 24,1; 143,6. 9,35-10,1 4,21; 7,14.

여덟째 재앙: 메뚜기 소동

10 [1] 주님께서 모세에게 말씀하셨다. "파라오에게
가거라. 그의 마음과 그 신하들의 마음을 완강
하게 만든 것은 나다. 그것은 그들 한가운데에 나의 이 표
징들을 일으키려는 것이고, [2] 내가 이집트인들을 어떻게
다루었는지 그리고 내가 그들에게 어떤 표징들을 이루었
는지 네가 너의 아들과 너의 손자에게 들려줄 수 있도록 하
려는 것이며, 내가 주님임을 너희가 알게 하려는 것이다."
[3] 모세와 아론이 파라오에게 가서 말하였다. "주 히브리인
들의 하느님께서 이렇게 말씀하십니다. '너는 언제까지 내
앞에서 굽히기를 거부하려느냐? 내 백성을 내보내어 나
를 예배하게 하여라. [4] 네가 나의 백성을 내보내기를 거부
한다면, 나는 내일 너의 영토 안으로 메뚜기 떼를 끌어들
이겠다. [5] 메뚜기들이 온 땅을 덮어 땅이 보이지 않을 것이
다. 그것들은 우박의 피해를 입지 않고 남은 것들을 먹어
버리고, 들에서 자라는 너희의 나무들도 모조리 먹어 버
릴 것이다. [6] 또 너의 궁궐과 네 모든 신하의 집과 모든 이
집트인의 집이 메뚜기로 가득 찰 것이다. 이는 너의 아버
지와 너의 조상들이 이 땅에서 살기 시작한 날부터 오늘
까지 일찍이 보지 못한 일이 될 것이다.'" 모세는 몸을 돌
려 파라오에게서 물러 나왔다.
[7] 파라오의 신하들이 그에게 말하였다. "저자가 언제까지
우리에게 올가미가 되도록 내버려 두시렵니까? 저자들을
내보내시어 주 그들의 하느님께 예배드리게 하십시오. 이
집트가 망한 것을 아직도 모르십니까?" [8] 그리하여 모세
와 아론이 다시 파라오에게 불려 갔다. 파라오가 그들에
게 말하였다. "가서 주 너희 하느님께 예배드려라. 그런데
갈 사람은 누구누구냐?" [9] 모세가 대답하였다. "저희의 아
이들과 노인들을 데리고 가야겠습니다. 아들딸들과 함께,
양 떼와 소 떼도 몰고 가야겠습니다. 저희가 주님의 축제

10,7. 파라오의 신하들이 파라오가 이스라엘인들을 내보내게 하려고 간곡히 설득하는 새 이유를 소개한다.

10,2 7,5.15; 12,26.27; 13,8.14.15; 신명 4,9; 시편 44,2. 10,3 4,23; 야고 4,10; 1베드 5,6. 10,4 묵시 9,3. 10,5 9,32; 요엘 1,4; 2,25. 10,6 7,28. 10,7 7,5; 8,15; 12,33. 10,8 8,4.21. 10,9 5,1; 12,37.38.

10,1-29. 여덟째 재앙(메뚜기 습격)과 아홉째 재앙(어둠)도 파라오를 굴복시키지 못했다. 파라오는 위험한 상황으로 내몰리자 모세와 협상을 시도한다. 장정들만 출발하라거나(11절 참조) 집짐승은 놔두라고 한다(24절 참조). 파라오는 일어나는 일에 두려움을 느끼면서 다시금 죄를 지었다는 것을 인정하고, 주님께서 자신을 죽음에서 떼어 놓도록 용서와 기도를 청한다(17절 참조. 9,27-28). 그러나 결국에는 항상 그의 완고함이 지배하고 만다. 오직 열째 재앙 곧 맏아들의 죽음을 겪은 후에야 파라오는 이스라엘인을 내보내기로 결정한다(12,31-32 참조). 하지만 그 결정을 내린 후에도 바로 마음을 바꾼다(14,5 참조). 파라오의 완고함은 주님께서 표징을 일으켜 당신이 주님이심을 보여 주게 한다(1-2절 참조).

를 지내야 하기 때문입니다.” 10 그러자 파라오가 그들에게
말하였다. “아무리 주님께서 너희와 함께 계시다 한들, 내
가 너희와 너희 어린것들을 함께 내보낼 성싶으냐? 너희
가 흉계를 꾸미고 있는 것이 분명하다. 11 어림도 없다. 장
정들이나 가서 주님께 예배드려라. 이것이 너희가 바라던
것이 아니냐?” 그들은 파라오 앞에서 쫓겨났다.
12 주님께서 모세에게 말씀하셨다. “네 손을 이집트 땅 위
로 뻗어라. 그리하여 메뚜기 떼가 이집트 땅으로 몰려와
땅의 풀을 모조리, 우박이 남겨 놓은 것을 모조리 먹어 버
리게 하여라.” 13 모세가 이집트 땅 위로 지팡이를 뻗자, 주
님께서 그날 온종일, 그리고 밤새도록 그 땅으로 샛바람
을 몰아치셨다. 아침이 되어 보니, 샛바람이 이미 메뚜기
떼를 몰고 와 있었다. 14 메뚜기 떼가 이집트 온 땅에 몰려
와, 이집트 온 영토에 내려앉았다. 이렇게 엄청난 메뚜기
떼는 전에도 없었고 앞으로도 없을 것이었다. 15 그것들이
온 땅을 모두 덮어 땅이 어두워졌다. 그러고는 우박이 남
긴 땅의 풀과 나무의 열매를 모조리 먹어 버렸다. 그리하
여 이집트 온 땅에는 들의 풀이고 나무고 할 것 없이 푸른
것이라고는 하나도 남지 않았다.
16 그러자 파라오가 서둘러 모세와 아론을 불러 말하였다.
“내가 주 너희 하느님과 너희에게 죄를 지었다. 17 그러니 이
번만은 내 죄를 용서하고 주 너희 하느님께 기도하여, 이 치
명적인 재앙을 내게서 거두어 주시게만 해 다오.” 18 모세가
파라오에게서 물러 나와 주님께 기도하였다. 19 그러자 주
님께서 바람을 매우 세찬 하늬바람으로 바꾸셨다. 그 바
람이 메뚜기 떼를 몰고 가서 갈대 바다로 처넣으니, 이집
트 온 영토에 메뚜기가 한 마리도 남지 않았다. 20 그러나
주님께서는 파라오의 마음을 완고하게 하셨다. 그리하여
그는 이스라엘 자손들을 내보내지 않았다.

10,11. 예배를 드리는 것은 인간의 임무이다.

10,16. 파라오가 “죄”를 고백하는 동기가 반복된다(9,27도 참조).

10,19. 바람이 갈대 바다로 메뚜기를 몰고 가서 죽인 사건은 파라오와 그의 모든 군대가 같은 “바다”에 빠져 죽을 일을 예고한다. “갈대 바다”의 번역에 대해서는 13,17-18 주 참조.

10,12 묵시 9,3. 10,14 시편 78,46; 105,34; 요엘 2,1-11. 10,15 시편 105,35. 10,16 9,27; 루카 15,18. 10,17 8,4.25; 사도 8,24. 10,20 4,21; 11,10.

아홉째 재앙: 어둠

21 주님께서 모세에게 말씀하셨다. "하늘로 손을 뻗어라.
그리하여 어둠이, 손으로 만져질 듯한 어둠이 이집트 땅
을 덮게 하여라." 22 모세가 하늘로 손을 뻗자, 사흘 동안
짙은 어둠이 이집트 온 땅을 덮었다. 23 사흘 동안 사람들
은 서로 볼 수도 없었고 자리를 뜰 수도 없었다. 그러나 이
스라엘 자손들이 사는 곳은 어디에나 빛이 있었다.
24 파라오가 모세를 불러 말하였다. "너희는 가서 주님께
예배드려라. 다만 너희 양 떼와 소 떼만은 남겨 두어라. 어
린것들은 너희와 함께 가도 좋다." 25 그러자 모세가 대답
하였다. "임금님께서도, 주 저희 하느님께 저희가 바칠 희
생 제물과 번제물을 내주셔야 하겠습니다. 26 그리고 저희
의 집짐승들도 저희와 함께 가야 합니다. 한 마리도 남아
서는 안 됩니다. 그 가운데에서 주 저희 하느님께 바칠 것
을 골라야 하는데, 저희가 그곳에 다다를 때까지는 주님
께 무엇을 바쳐야 할지 알지 못하기 때문입니다." 27 그러
나 주님께서는 파라오의 마음을 완고하게 하셨다. 그리하
여 그는 그들을 내보내려 하지 않았다. 28 파라오가 모세
에게 말하였다. "나에게서 썩 물러가라. 다시는 내 얼굴을
보지 않도록 조심하여라. 네가 내 얼굴을 보는 날 너는 죽
을 것이다." 29 모세가 대답하였다. "말씀하신 대로, 저도
임금님의 얼굴을 다시는 보지 않겠습니다."

열째 재앙의 예고

11

1 주님께서 모세에게 말씀하셨다. "나는 이제
파라오와 이집트에 한 가지 재앙을 더 내리겠
다. 그런 다음에야 그가 너희를 이곳에서 내보낼 것이다.
그가 너희를 내보낼 때에는 아예 너희를 모조리 이곳에서

10,21-23. 어둠의 재앙은 아마도 뜨거운 바람이 4월부터 6월까지 사막을 통과하여 이집트에 먼지와 모래를 가져오는 현상을 가리킬 것이다. 이집트인들을 덮은 이 어둠은 지혜 17,1-18,4에서 길게 서술된다.

10,22-23. "사흘 동안"이란 말은 강조하는 데 사용된다. 일시적인 일식이라면 인상적이지만 제한된 현상으로 나타났을 것이다. 대신 어둠의 재앙은 견딜 수 없을 정도로 긴 시간 지속된다.

11,1. "재앙"으로 번역된 히브리어 명사는 "채찍, 매"(2사무 7,14; 시편 89,33), "고난"(이사 53,8) 등 징벌의 의미도 지니며 이 단어의 그리스어와 라틴어에는 타격, 불행, 상처라는 의미가 담겨 있다. 그래서 이 구절은 파라오와 주님 사이의 투쟁이라는 맥락에서 주님께서 당신의 적대자를 치시고 처벌하시며 패배시키는 어조를 띠고 있다.

10,21-29 지혜 17,1-18,4. 10,21 신명 28,29; 묵시 8,12. 10,22 시편 105,28; 묵시 16,10. 10,29 히브 11,27. 11,1 12,31.33.39.

10,21-29. 아홉째 재앙, 어둠이 이집트 온 땅을 덮은 것은 강렬한 상징주의다. 하느님의 창조 활동으로 세워진 질서가 전복되는 것을 강렬하게 상기시킨다. 이 재앙은 다시 모든 것이 한처음의 혼돈에 잠기게 한다(창세 1,2-3 참조). 아홉째 재앙은 이집트에서 사람이든 짐승이든 처음 태어난 것이 죽음을 맞이하게 될 열 번째 재앙의 밤을 소개하는 역할을 한다(탈출 11,4; 12,29 참조). 이 재앙은 강력한 이집트 태양신 '라'의 패배를 가리키는 암시적 신호로 사용된다.

11,1-8. 주님께서 모세에게 열째 재앙을 선포하시고 모세는 파라오에게 이것을 경고한다. 주님께서 직접 한밤중에 이집트를 통과하시며 사람이든 짐승이든 이집트의 모든 맏아들과 맏배를 죽이셨다. 그러나 이스라엘인들은 건드리지 않으셨다. 하느님께서는 이집트와 이스라엘(8,18-19; 9,4 참조), 억압자와 억압받는 이들 사이를 구별하신다. 히브리인들의 출발은 어느 때는 파라오가 그들을 추방한 사건으로, 어느 때는 히브리인들의 도망으로 소개된다(14,5 참조)

11,2. 이스라엘인들이 이집트를 떠날 때 이집트인들은 귀중품을 주어야 한다(3,21; 12,35-36 참조). 아마도 오랜 종살이에 대한 보상일 것이다(신명 15,13 참조). 지혜 10,17에서는 억압자들이 주는 이 선물을 히브리인들의 "그 노고에 맞는 상급"으로 여겼다.

11,7. "짖지 않을 것이다."의 히브리어 표현은 "혀를 움직이다"(공동 번역 참조)인데, 이는 "위협하다"를 의미하며 이스라엘 자손들에 대한 특별한 보호를 묘사하고 있다.

내쫓을 것이다. 2 백성에게 일러, 남자는 이웃 남자에게, 여
자는 이웃 여자에게 은붙이와 금붙이를 요구하게 하여라.
" 3 주님께서는 이스라엘 백성이 이집트인들에게 호감을 사
도록 해 주셨다. 그리고 이 모세라는 사람은 이집트 땅에서
파라오의 신하들과 백성의 눈에 위대한 인물로 보였다.
4 모세가 말하였다. "주님께서 이렇게 말씀하십니다. '내
가 한밤중에 이집트 가운데로 나아가겠다. 5 왕좌에 앉은
파라오의 맏아들부터 맷돌 앞에 앉은 여종의 맏아들까지
이집트 땅의 맏아들과, 짐승의 맏배들이 모조리 죽을 것
이다. 6 그러면 이집트 온 땅에서 이제까지도 없었고 앞으
로도 없을 큰 곡성이 터질 것이다. 7 그러나 이스라엘 자손
들에게는 개조차 짖지 않을 것이다. 사람에게나 짐승에게
나 그러할 것이다. 이는 주님이 이집트인들과 이스라엘인
들을 구분하였음을 너희가 알게 하려는 것이다.' 8 이렇게
되면 임금님의 신하들이 모두 내려와 저에게 엎드려, '그
대와 그대를 따르는 백성은 모두 떠나가 주시오.' 하고 말
할 것입니다. 그제야 저는 떠나가겠습니다." 모세는 노기
에 차 파라오에게서 물러 나왔다.
9 주님께서 모세에게 말씀하셨다. "파라오는 너희 말을 듣
지 않을 것이다. 이는 나에게 이집트 땅에서 더 많은 기적
을 이루게 하려는 것이다." 10 모세와 아론은 파라오 앞에
서 이 모든 기적을 일으켰다. 그러나 주님께서는 파라오의
마음을 완고하게 하셨다. 그리하여 파라오는 이스라엘 자
손들을 자기 땅에서 내보내지 않았다.

11,2 3,22; 12,35.36. 11,3 3,21; 12,36; 신명 34,10-12. 11,4 12,29. 11,5 12,12.29; 시편 78,51; 105,36; 135,8; 136,10. 11,6 12,30. 11,7 8,18. 11,8 12,31-33. 11,9 7,3.4. 11,10 4,21; 10,20.27.

파스카 축제

12 1 주님께서 이집트 땅에서 모세와 아론에게 말
씀하셨다. 2 "너희는 이달을 첫째 달로 삼아, 한
해를 시작하는 달로 하여라. 3 이스라엘의 온 공동체에게
이렇게 일러라. '이달 초열흘날 너희는 가정마다 작은 가
축을 한 마리씩, 집집마다 작은 가축을 한 마리씩 마련하
여라. 4 만일 집에 식구가 적어 짐승 한 마리가 너무 많거
든, 사람 수에 따라 자기 집에서 가장 가까운 이웃과 함께
짐승을 마련하여라. 저마다 먹는 양에 따라 짐승을 골라
라. 5 이 짐승은 일 년 된 흠 없는 수컷으로 양이나 염소 가
운데에서 마련하여라. 6 너희는 그것을 이달 열나흗날까지
두었다가, 이스라엘의 온 공동체가 모여 저녁 어스름에 잡
아라. 7 그리고 그 피는 받아서, 짐승을 먹을 집의 두 문설
주와 상인방에 발라라. 8 그날 밤에 그 고기를 먹어야 하
는데, 불에 구워, 누룩 없는 빵과 쓴나물을 곁들여 먹어
야 한다. 9 그것을 날로 먹거나 물에 삶아 먹어서는 안 된
다. 머리와 다리와 내장이 있는 채로 불에 구워 먹어야 한
다. 10 아침까지 아무것도 남겨서는 안 된다. 아침까지 남은
것은 불에 태워 버려야 한다. 11 그것을 먹을 때는, 허리에
띠를 매고 발에는 신을 신고 손에는 지팡이를 쥐고, 서둘
러 먹어야 한다. 이것이 주님을 위한 파스카 축제다. 12 이
날 밤 나는 이집트 땅을 지나면서, 사람에서 짐승에 이르
기까지 이집트 땅의 맏아들과 맏배를 모조리 치겠다. 그리
고 이집트 신들을 모조리 벌하겠다. 나는 주님이다. 13 너희
가 있는 집에 발린 피는 너희를 위한 표지가 될 것이다. 내
가 이집트를 칠 때, 그 피를 보고 너희만은 거르고 지나가

12,2 13,4; 신명 16,1. 12,5 레위 22,18-20. 12,6 레위 23,5; 민수 9,3; 신명 16,1.6. 12,8 34,25; 민수 9,11.12; 신명 16,7. 12,10 23,18; 34,25. 12,11; 루카 12,35. 12,12 11,4.5; 민수 33,4; 12,14-20; 마태 26,17; 마르 14,12.

12,1-8.11-14. 파스카 성삼일이 시작되는 주님 만찬 성목요일 미사 제1독서로 쓰이는 본문으로, 히브리 파스카 예식의 제정을 상기시킨다. 제2독서는 바오로의 증언(1코린 11,23-26)이고 복음은 요한 13,1-15의 발을 씻겨 주는 장면이다. 이 기념은 하느님 개입의 효과와 그 결과로 이어지는 인간의 응답을 혼합한다.

12,1-28. 열째 재앙 선포(11,1-10 참조)와 맏아들과 맏배의 죽음(12,29-30 참조) 사이에 파스카 의식이 삽입된다. 아빕 달 14일에 기념하는 이 축제는 봄의 첫 만월에 해당하는데 두 개의 다른 축제를 하나로 결합했을 것이다. 한 축제는 목자들의 예식으로 악의 영향이나 "파괴자"의 악한 행동을 친족들에게서 멀리하기 위해(12,21-23 참조) 작은 가축 한 마리를 잡는 것이었고, 이 예식은 이스라엘이 주님의 위업을 통해 이집트에서 해방된 것을 기념하는 의식이 된다(12,14.27.42 참조). 다른 하나는 원래 가나안에서 기원한 무교절 축제인데, 이 축제도 이집트 탈출과 연결되어 봄에 첫 수확을 기념하며 거행되었다(23,15-20; 34,18 참조). 두 축제는 신명 16,1-18에서 결합된다(레위 23,5-8 참조). 기원전 7세기에 요시야 임금은 이와 비슷한 파스카를 장엄하게 기념했다(2열왕23,21-23; 2역대 35,1-19 참조).

12,2. 탈출기에서 첫 달은 3-4월에 해당하는 아빕 달(13,4; 23,15; 34,18; 신명 16,1 참조)이다. 이것은 서구 셈족 명칭인데 바빌론 유배 이후부터 니산 달이라는 바빌론식 이름으로 대체되었다. 바빌론의 영향을 받아 유배 이후에는 이달에 새해 시작을 기념하였다.

12,3-11ㄱ. 파스카 의식의 근본 요소는 다음과 같다. 그해 태어난 흠 없는 숫양이나 숫염소(히브리어 '세'는 작은 짐승 한 마리의 머리를 가리킨다)의 피를 받아 집 문설주와 상인방에 바른다. 가족끼리의 저녁 식사는 서둘러(서서, 허리에 띠를 매고, 손에는 지팡이를 들고) 누룩 없는 빵과 양과 쓴나물을 먹어야 한다. 모든 집짐승은 통째 구워 한집에서 전부 먹어야 한다(46절 참조). 고기가 남으면 아침에 불살라야 한다. 가족 수가 너무 적으면 가까운 이웃과 결합해야 한다.

12,6. "온 공동체가 모여"로 옮긴 두 개의 히브리어 '에다'와 '카할'은 그리스어본에서는 '시나고게'(특히 탈출기, 레위기, 민수기에서) 혹은 '에클레시아'로 번역되었는데, 초대 그리스도인들은 교회(라틴어로 '에클레시아')를 가리키는 말로 사용했다.

12,11ㄴ-13. 주님께서는 히브리인들의 문 상인방과 좌우 문설주에 발린 피를 보면서 "거르고 지나간다." 저자는 파스카라는 낱말의 의미를 이렇게 서술한다. 이 낱말의 어원학적 의미는 아직도 논쟁 중이다. 어떤 이들은 "치다, 때리다"(열째 재앙과 관련해서)를 뜻하는 이집트어에서 유래한 말로 여긴다. 어떤 이들은 전례적 춤의 "껑충껑충 뛰다"를 생각한다. 후대 그리스도교에서는 이 말을 "통과"로 해석한다.

겠다. 그러면 어떤 재앙도 너희를 멸망시키지 않을 것이다.
14 이날이야말로 너희의 기념일이니, 이날 주님을 위하여
축제를 지내라. 이를 영원한 규칙으로 삼아 대대로 축제일
로 지내야 한다.'

무교절

15 '너희는 이레 동안 누룩 없는 빵을 먹어야 한다. 아예 첫
날에 너희 집 안에서 누룩을 치워 버려라. 첫날부터 이렛
날까지 누룩 든 빵을 먹는 자는 누구든지 이스라엘에서
잘려 나갈 것이다. 16 첫날에 거룩한 모임을 열고, 이렛날
에도 거룩한 모임을 열어라. 이 두 날에는 어떤 일도 해서
는 안 된다. 그러나 너희가 저마다 먹어야 할 것만은 준비
해도 된다. 17 너희는 무교절 축제를 지켜야 한다. 바로 이
날, 내가 너희 부대들을 이집트 땅에서 이끌어 냈기 때문
이다. 너희는 이날을 영원한 규칙으로 삼아 대대로 지켜야
한다. 18 첫째 달 열나흗날 저녁부터 그달 스무하룻날 저녁
까지, 너희는 누룩 없는 빵을 먹어야 한다. 19 이레 동안 너
희 집 안에 누룩이 있어서는 안 된다. 누룩 든 것을 먹는
자는 이방인이든 본토인이든 누구든지 이스라엘 공동체
에서 잘려 나갈 것이다. 20 누룩 든 것은 아무것도 먹어서
는 안 된다. 너희가 사는 곳에서는 어디서나 누룩 없는 빵
을 먹어야 한다.'"

파스카 축제에 대한 지시

21 모세는 이스라엘의 원로들을 모두 불러 그들에게 말하
였다. "너희는 가서 저마다 제 집안을 위하여 작은 짐승을
한 마리씩 끌어다 파스카 제물로 잡아라. 22 그리고 우슬
초 한 묶음을 가져다가 대야에 받아 놓은 피에 담가라. 그
것으로 그 대야에 받아 놓은 피를 두 문설주와 상인방에
발라라. 너희는 아침까지 아무도 자기 집 문밖으로 나가서
는 안 된다. 23 주님께서 이집트인들을 치러 지나시다가, 두

12,15. 이스라엘은 이레 동안 발효되지 않은 음식, "고난의 빵"(신명 16,3)인 누룩 없는 빵을 먹어야 하며 어기는 자는 공동체에서 쫓겨난다. 오늘날에도 파스카 축제 팔일 동안에 히브리인들은 누룩 없는 빵을 먹는다. 이미 파스카 첫날부터 타락의 상징인 누룩을 집에서 제거해야 한다. 바오로는 1코린 5,7에서 그리스도인들을 누룩 없는 빵으로 여기고, 새 반죽이 되기 위해 묵은 누룩을 없애라고 권고한다.

12,16. "거룩한 모임"은 예배 용어이기도 한데 "전례 모임"으로도 번역할 수 있다.

12,23. 파괴자 "천사"의 이미지에 대해서는 2사무 24,16-17을 보라.

12,14 13,9.10; 루카 22,19. 12,15 23,15; 34,18; 레위 23,5.6; 민수 9,13; 신명 16,3; 루카 2,43; 1코린 5,7. 12,16 레위 23,7.8; 루카 23,56. 12,17 13,3. 12,18 레위 23,5-8; 민수 28,16-25; 루카 2,43; 22,7. 12,19 1코린 5,7. 12,21 민수 9,4; 사도 5,21; 1코린 5,7; 히브 11,28.

✠ 12,14. 파스카는 대대손손 해마다 "기념"(히브리어로 '지카론')해야 한다. 이집트 탈출 이야기(히브리어 '하까다')에서 언급하듯이 장엄한 파스카 저녁 식사 동안 "모든 세대의 각 사람들은 마치 자신이 이집트에서 탈출한 것처럼 여겨야 한다"(13,8; 신명 6,23 참조). 이스라엘 역사의 토대가 되는 이집트 탈출 사건을 백성이 "기억하고" 기념하면서 현재화하고 그 사건에 참여하는 것은 무엇보다도 전례 안에서다. 이런 식으로 참여자 자신이 해방을 체험한다.

문설주와 상인방에 바른 피를 보시면, 그 문은 거르고 지
나가시고 파괴자가 너희 집을 치러 들어가지 못하게 하실
것이다. 24 너희는 이것을 너희와 너희 자손들을 위한 규
정으로 삼아 영원히 지켜야 한다. 25 너희는 주님께서 약
속하신 대로 너희에게 주실 땅에 들어가거든, 이 예식을 지
켜라. 26 너희 자녀들이 너희에게 '이 예식은 무엇을 뜻합니
까?' 하고 물으면, 27 이렇게 대답하여라. '그것은 주님을 위
한 파스카 제사이다. 그분께서는 이집트인들을 치실 때, 이
스라엘 자손들의 집을 거르고 지나가시어, 우리 집들을 구
해 주셨다.'" 그러자 백성은 무릎을 꿇고 경배하였다.
28 이스라엘 자손들은 가서 그렇게 하였다. 그들은 주님께
서 모세와 아론에게 명령하신 대로 하였다.

열째 재앙: 이집트 맏아들과 맏배의 죽음

29 한밤중에 주님께서는 이집트 땅의 맏아들과 맏배를, 곧
왕좌에 앉은 파라오의 맏아들부터 감옥에 있는 포로의
맏아들과 짐승의 맏배까지 모조리 치셨다. 30 그러자 파라
오와 그의 신하들과 이집트인들이 모두 그 밤중에 일어났
다. 이집트에 큰 곡성이 터졌다. 초상나지 않은 집이 하나
도 없었던 것이다. 31 파라오는 밤중에 모세와 아론을 불러
말하였다. "너희도 이스라엘 자손들도 어서 일어나 내 백
성에게서 떠나라. 너희가 말하던 대로, 가서 주님께 예배
드려라. 32 너희가 말하던 대로, 너희의 양과 소도 데리고
가거라. 그리고 나를 위해서도 복을 빌어 다오." 33 이집트
인들은 "우리가 모두 죽게 되었구나." 하면서, 이스라엘 백
성에게 자기네 땅에서 어서 떠나가라고 재촉하였다. 34 그
래서 이스라엘 백성은 빵 반죽이 부풀기도 전에, 반죽 통
째 옷에 싸서 어깨에 둘러메었다.
35 이스라엘 자손들은 모세가 일러 준 대로, 이집트인들에
게 은붙이와 금붙이와 옷가지를 요구하였다. 36 주님께서
는 이스라엘 백성이 이집트인들에게 호감을 사도록 하시

12,24 13,5.10. 12,26 13,14.15; 여호 4,6. 12,27 4,31; 12,29-34 지혜 18,6-19. 12,29 4,23; 9,6; 11,4; 시편 78,51; 105,36. 12,30 11,6. 12,31 8,4.21. 12,32 10,9.26. 12,33 10,7; 11,1; 시편 105,38. 12,35 3,21.22; 11,2.3. 12,36 3,22; 지혜 10,17.

✠ 12,25-27. 오늘날에도 파스카 예식 동안에 둘째 잔을 포도주로 가득 채우고 이 입문 정식("이것은 우리 조상들이 이집트에서 먹었던 고난의 빵이다. 배고픈 사람은 와서 먹어라. 필요한 사람은 와서 파스카를 하여라…")을 바친 후에, 참석자 가운데 가장 어린 사람이 다른 모든 저녁에 비해 이 저녁이 다른 이유가 무엇인지 질문한다. 아버지나 다른 사람들이 이집트 해방 이야기로 이 질문에 응답한다. 그리고 성경 구절들, 이야기들(미드라쉬), 상징적인 설명과 찬미가와 시편들이 이어진다.

어, 요구하는 대로 다 내주게 하셨다. 이렇게 그들은 이집
트인들을 털었다.

이스라엘이 이집트에서 나오다

37 마침내 이스라엘 자손들은 라메세스를 떠나 수콧으로
향하였다. 아이들을 빼고, 걸어서 행진하는 장정만도 육
십만가량이나 되었다. 38 그 밖에도 많은 이국인들이 그들
과 함께 올라가고, 양과 소 등 수많은 가축 떼도 올라갔
다. 39 그들은 이집트에서 가지고 나온 반죽으로 누룩 없
는 과자를 구웠다. 반죽이 부풀지 않았기 때문이다. 그들
은 이집트에서 쫓겨 나오느라 머뭇거릴 수가 없어서, 여행
양식도 장만하지 못하였던 것이다.
40 이스라엘 자손들이 이집트에서 산 기간은 사백삼십 년
이다. 41 사백삼십 년이 끝나는 바로 그날, 주님의 모든 부
대가 이집트 땅에서 나왔다. 42 그날 밤, 주님께서 그들을
이집트에서 이끌어 내시려고 밤을 새우셨으므로, 이스라
엘의 모든 자손도 대대로 주님을 위하여 이 밤을 새우게
되었다.

파스카 축제 세칙

43 주님께서 모세와 아론에게 말씀하셨다. "파스카 축제
규칙은 이러하다.
외국인은 아무도 파스카 제물을 함께 먹지 못한다.
44 돈으로 사들인 종은 누구든 할례를 받았으면 함께 먹
을 수 있다.
45 거류민과 머슴은 함께 먹지 못한다.

12,37. "걸어서 행진하는 장정"으로 번역된 부분의 히브리어 표현의 의미는 쉽게 파악하기 힘든데, "아이들을 빼고"라는 내용에 비추어 성년에 이른 사람을 가리키는 것으로 해석했다. 이 표현을 군사 용어로 보고 보병 부대(13,18 참조)로 해석할 수도 있다. 대중 라틴말 성경은 이 두 가지 가능성을 포괄하여 표현하고 있다. 출발 장소(라메세스)와 이스라엘 여정의 첫 단계(수콧)는 민수 33,5에 다시 나온다. 수콧은 초막절('수콧')을 상기시킨다. 레위 23,33-44과 신명 16,13-15의 주 참조. 육십만 명은 성경의 수 계산에서 자주 그런 것처럼 과장된 것으로 보아야한다.

12,38. "이국인"은 "이방인"(공동번역 "잡식구")을 가리키는 듯하다. 12,43-51에 언급된 파스카 축제 세칙은 이들을 염두에 둔 내용이다.

12,40. 이스라엘이 이집트에서 종살이를 하며 머문 기간인 "사백삼십 년"에 대해서는 갈라 3,17도 참조. "사백 년"으로 계산하는 것은 창세 15,13과 사도 7,6 참조.

12,37 38,26; 민수 1,46; 11,21; 33,3.4. 12,38 17,3; 민수 11,4; 12,39 11,1. 12,40 창세 15,13; 사도 7,6; 갈라 3,17. 12,41 3,8.10; 6,6. 12,42 13,10; 신명 16,1; 사도 13,17.

12,42. 후기 유다 전승(12,42의 네오피티 타르굼 1)에 따르면, 기념의 책들 안에 기록되어 있는 거룩하고 위대한 밤은 네 가지이며, 이집트 탈출은 세상 역사에서 가장 중요한 사건들 곁에 나란히 있다. 첫째, 하느님의 구원 의지가 처음으로 드러난 것으로 여겨지는 창조의 밤. 둘째, 주님께서 아브라함과 사라에게 아들을 언약하신 밤, 후에 이 아들 이사악은 37세에 제단에 봉헌되니(창세 22,9 참조) 이스라엘의 맏아들처럼 어린양의 피로 죽음에서 해방된다. 셋째, 이집트인들을 거슬러 주님께서 나타나신 밤. 이 밤은 해방을 위해 또 이스라엘의 모든 세대를 위하여 주님의 이름으로 예정되고 준비된 밤이다. 넷째, 구약에서 새로운 창조(이사 65,17; 66,22-23; 호세 2,20 참조)요, 에덴으로의 귀환으로(이사 65,25 참조) 소개되는 종말 때의 메시아 해방의 밤. 따라서 이집트 탈출은 창조와 같은 종류의 새로운 출발로 여겨진다. 주님께서는 당신 백성을 해방시키면서 특히 구원자로서 당신 자신을 드러내신다. 그러나 이스라엘은 탈출과 계약 체험에서 출발해 자신들을 구원하신 이 하느님께서 창조주시라는 것도 발견한다.

46 어느 집이든 한 집에서 먹어야 한다.
고기를 집 밖으로 가지고 나가면 안 된다.
뼈를 부러뜨려서도 안 된다.
47 이스라엘의 온 공동체가 이 파스카 축제를 지내야 한다.
48 네 곁에 머무르는 이방인이 주님을 위하여 파스카 축제
를 지내려면, 남자는 모두 할례를 받아야 한다. 그러면 그
는 본토인처럼 파스카 축제를 함께 지낼 수 있다. 할례를
받지 않은 자는 아무도 함께 먹지 못한다.
49 이 법은 본토인에게나 너희 가운데에 머무르는 이방인
에게나 동일하다."
50 이스라엘 자손들은 모두 그렇게 하였다. 그들은 주님께
서 모세와 아론에게 명령하신 대로 하였다.
51 바로 이날 주님께서는 이스라엘 자손들을 부대로 편성
하여 이집트 땅에서 이끌어 내셨다.

맏아들과 맏배의 봉헌

13 1 주님께서 모세에게 이르셨다. 2 "이스라엘 자
손들 가운데에서 맏아들, 곧 태를 맨 먼저 열
고 나온 첫아들은 모두 나에게 봉헌하여라. 사람뿐 아니
라 짐승의 맏배도 나의 것이다."

누룩 없는 빵에 관한 세칙

3 모세가 백성에게 말하였다. "너희는 이집트에서, 곧 종
살이하던 집에서 나온 이날을 기억하여라. 주님께서 강
한 손으로 너희를 그곳에서 이끌어 내셨기 때문이다. 이
날 누룩 든 빵을 먹어서는 안 된다. 4 너희는 아빕 달 바로
오늘 나왔다. 5 주님께서 너희에게 주시겠다고 너희 조상
들에게 맹세하신 대로, 가나안족과 히타이트족과 아모리
족과 히위족과 여부스족의 땅, 곧 젖과 꿀이 흐르는 땅으
로 너희를 데려가시거든, 이달에 이러한 예식을 올려야 한
다. 6 너희는 이레 동안 누룩 없는 빵을 먹고, 이렛날에는
주님을 위하여 축제를 지내야 한다. 7 이레 동안 누룩 없는
빵을 먹어야 한다. 그동안 너희 영토 어느 곳에서든 누룩
든 빵이 보여서도 안 되고, 누룩이 보여서도 안 된다. 8 그날
너희는 너희 아들에게, '이것은 내가 이집트에서 나올 때,

12,46. 요한 19,33에서는 이 구절을 언급하면서 십자가에 못 박히신 예수님의 다리가 부러지지 않았다는 것을 정확히 말하면서 "성경 말씀이 이루어지려고 이런 일들이 일어난 것"(민수 9,12도 참조)이라고 강조한다. 바오로는 1코린 5,7에서 예수님을 참된 파스카 어린양으로 간주한다.

12,51. "부대로 편성하여" 이스라엘 자손들이 질서정연하게 이집트 땅에서 출발하는 모습을 서술하는데, 특히 전례적이고 군사적인 분위기(민수기에서는 광야에서 행진하는 이스라엘의 전형적인 모습)를 띠고 잘 준비되어 체계적인 대열의 행진을 생각하게 한다. 이런 묘사는 12,33-34.39에서 유추할 수 있듯이 이스라엘이 "서둘러서" 마치 "도주"하는 것처럼 떠나는 것과 대조된다.

13,1-2.11-16. 이스라엘의 맏아들이 주님께 속한다는 율법(22,28-29; 34,19도 참조)은 이집트 탈출과 이집트인 맏아들의 죽음과 연결된다. 아이들은 항상 대체할 수 있는 제물(민수 18,15-16에 따르면 태어난 지 한 달이 되었을 때)로 대속해야 하고, 짐승들은 농사일에 중요한 나귀(탈출 13,13 참조)를 포함하여 대속해야 되는 부정한 짐승들을 빼고는 제물로 바쳐야 한다(탈출 13,15; 신명 15,19-20 참조). 루카 2,22-24에 따르면 예수님의 부모도 이 구원 예식을 위해 아기 예수를 성전에 데려간다.

13,3-10. 무교절 축제 담화를 계속한다. 이스라엘이 약속의 땅에 들어간 뒤에 이집트에서 탈출한 날을 기억하기 위해 기념하는 예식이다. 탈출기 설화 전개에서 무교절 축제는 이스라엘의 이집트 탈출을 기억하고, 파스카는 이스라엘의 맏아들이 죽음에서 탈출했다는 사실을 상기한다.

13,4. 아빕 달에 대해서는 12,2 주 참조.

12,46 요한 19,36; 민수 9,12. 12,47 민수 9,13.14. 12,48 히브 11,28. 12,49 민수 15,15.16; 갈라 3,28. 13,2 루카 2,23; 탈출 22,28도 참조. 13,3 3,20; 6,1; 12,19. 13,5 3,8; 12,25.26. 13,6 12,15-20. 13,7 1코린 5,7. 13,8 10,2.

13,9. "손에 감은 표징"과 "이마에 붙인 기념의 표지"는 은유적인 맥락(잠언 7,1-3 참조)으로 이해하거나, 유다인들이 오늘날까지도 몸에 차고 다니는 성구갑이나 메달(탈출 13,16; 신명 6,8 참조)로 볼 수도 있다.

13,15. 주님께서 사람과 짐승의 온갖 처음 난 것에 대한 권리를 요구하시는 것은 해방의 밤에 이집트 땅에서 사람이든 짐승이든 첫 번째로 태어난 모든 것이 죽은 사건을 상기시킨다.

13,16. 신명 6,8; 11,18에서처럼 히브리어 '토타폿'은 "표지"로 옮겼다. 이마에 매다는 상징물인데, 이를 대중 라틴말 성경은 '기억하기 위해 매다는 것'으로 길게 번역한다.

주님께서 나를 위하여 하신 일 때문이란다.' 하고 설명해
주어라. 9 이것을 너희는 너희 손에 감은 표징과 너희 이마
에 붙인 기념의 표지로 여겨, 주님의 가르침을 되뇔 수 있
게 하여라. 주님께서 강한 손으로 너희를 이집트에서 이끌
어 내셨기 때문이다. 10 너희는 이 규칙을 해마다 정해진
때에 지켜야 한다."

맏아들과 맏배의 봉헌 세칙

11 "주님께서 너희와 너희 조상들에게 맹세하신 대로, 너
희를 가나안족의 땅으로 데려가셔서 그 땅을 너희에게 주
시면, 12 너희는 태를 맨 먼저 열고 나온 것을 모두 주님께
바쳐야 한다. 너희 가축이 처음 낳은 것으로 수컷은 모두
주님의 것이다. 13 그러나 나귀의 첫 새끼는 양으로 대속해
야 한다. 대속하지 않으려면 그 목을 꺾어야 한다. 너희 자
식들 가운데 맏아들은 모두 대속해야 한다.
14 뒷날, 너희 아들이 '왜 그렇게 하십니까?' 하고 물으면,
이렇게 대답하여라. '주님께서 강한 손으로 이집트에서,
곧 종살이하던 집에서 우리를 이끌어 내셨다. 15 그때 파
라오가 우리를 내보내지 않으려고 고집을 부렸으므로, 주
님께서 사람의 맏아들부터 짐승의 맏배까지 이집트 땅에
서 처음 난 것을 모조리 죽이셨다. 그래서 나는 태를 맨 먼
저 열고 나온 수컷을 모두 주님께 바친다. 그러나 아들들
가운데에서 맏아들은 모두 대속하는 것이다. 16 이것을 네
손에 감은 표징과 네 이마에 붙인 표지로 여겨라. 주님께
서 강한 손으로 우리를 이집트에서 이끌어 내셨기 때문이
다.'"

13,9 12,14; 신명 6,8; 11,18; 마태 23,5. 13,10 12,24.25. 13,12.15 루카 2,23. 13,12 22,28; 34,19. 13,13 34,20; 민수 18,15.16. 13,14 12,26.27; 신명 6,20. 13,15 12,29.

13,9.16. 모든 히브리인은 주님께서 그들을 위해 하신 모든 것을 끊임없이 기억해야 한다. 자기 손 위에 있는 표징(반지나 인장)처럼, 자기 이마에 붙이는 장식(신명 6,8; 11,18 참조)처럼 항상 기억해야 한다. 히브리인들은 이 말을 자구 그대로 준수하면서 왼쪽 어깨와 이마에 성구갑(히브리어로 '트필린', 그리스어로 "지키다"를 뜻하는 '필락세인')을 부착한다. 이것은 검은 가죽으로 된 사각형 작은 상자(긴 가죽띠로 고정)인데, 토라의 네 구절(탈출 13,1-10; 13,11-16; 신명 6,4-9; 11,13-21)이 기록된 작은 양피지 두루마리가 그 안에 담겨 있다.

이스라엘이 이집트를 떠나다

17 파라오가 이스라엘 백성을 내보낼 때, 하느님께서는 필
리스티아인들의 땅을 지나는 길이 가장 가까운데도, 그들
을 그곳으로 인도하지 않으셨다. 하느님께서 '그들이 닥쳐
올 전쟁을 내다보고는 마음을 바꾸어 이집트로 되돌아가
서는 안 되지.' 하고 생각하셨던 것이다. 18 그래서 하느님
께서는 백성을 갈대 바다에 이르는 광야 길로 돌아가게
하셨다. 이스라엘 자손들은 전열을 갖추고 이집트 땅에서
올라갔다.
19 모세는 요셉의 유골을 가지고 나왔다. 요셉이 "하느님
께서 반드시 여러분을 찾아오실 것입니다. 그때 여기서 내
유골을 가지고 올라가십시오." 하며 이스라엘 자손들에게
엄숙히 맹세하게 하였기 때문이다.
20 그들은 수콧을 떠나 광야 가장자리에 있는 에탐에 진
을 쳤다. 21 주님께서는 그들이 밤낮으로 행진할 수 있도록
그들 앞에 서서 가시며, 낮에는 구름 기둥 속에서 길을 인
도하시고, 밤에는 불기둥 속에서 그들을 비추어 주셨다.
22 낮에는 구름 기둥이, 밤에는 불기둥이 백성 앞을 떠나
지 않았다.

에탐에서 갈대 바다로

14 1 주님께서 모세에게 이르셨다. 2 "너는 이스라
엘 자손들에게, 되돌아가서 믹돌과 바알 츠폰
앞 바다 사이에 있는 피 하히롯 앞에 진을 치라고 일러라.
너희는 바알 츠폰을 마주하고 바닷가에 진을 쳐야 한다.
3 그러면 파라오는 이스라엘 자손들이 광야에 갇혀 아직
도 이 땅에서 헤매고 있다고 생각할 것이다. 4 내가 파라오
의 마음을 완고하게 하면, 그가 그들의 뒤를 쫓을 것이다.
그런 다음 내가 파라오와 그의 모든 군대를 쳐서 나의 영
광을 드러내면, 이집트인들은 내가 주님임을 알게 될 것이
다." 그들은 그대로 하였다.

이집트인들이 이스라엘인들을 뒤쫓다

5 이스라엘 백성이 도망쳤다는 소식이 이집트 임금에게
전해졌다. 그러자 파라오와 그의 신하들은 이 백성에 대
한 마음이 달라져, "우리를 섬기던 이스라엘을 내보내다

13,17 14,11.12; 민수 14,1-4; 신명 17,16. 13,19 창세 50,25.26; 여호 24,32; 사도 7,16. 13,20 민수 33,6-8. 13,21 14,19.24; 33,9.10; 시편 78,14; 105,39; 지혜 10,17-18; 18,3; 1코린 10,1; 묵시 10,1. 14,2 민수 33,7.8. 14,4 4,21; 7,5.

13,17-18. 이스라엘인들은 지름길인 지중해 해안 도로(필리스티아인 영토의 길)를 따라가지 않았다. 이집트인들이 그 길을 지배하고 있기 때문이다. 대신 "갈대 바다에 이르는 광야 길"을 선택하면서 에탐에 도착한다. 고대 그리스어본과 라틴어본은 갈대 바다를 "홍해"로 제시한다. 히브리어 본문에는 "갈대 바다" 또는 "숩suf 바다"로 되어 있는데 나일강 삼각주 동쪽 늪지대에 해당할 것이다.

13,18. "전열을 갖추고"로 옮긴 단어는 "무장하고서"(대중 라틴말 성경), "장비를 갖추고" 등으로도 번역할 수 있다. 보통 행군하거나 야영하는 군대를 묘사하므로 12,51처럼("부대로 편성하여") 행진 대열을 가리키는 것 같다.

13,19. 가나안 땅에 요셉의 유골을 매장하는 것에 대해서는 창세 50,25; 여호 24,32도 참조.

13,21-22. "구름 기둥"은 다음에 이른바 "만남의 천막" 안에 계신 하느님의 현존과 결합될 것이다(탈출 33,9-10; 민수 12,5; 신명 31,15 참조).

14,1-31. 이 본문에는 바다의 기적에 대한 두 전승이 섞여 있다. 한 전승에 따르면 주님께서는 "바다를 마른땅으로 만드는" 강한 동풍이 밤새 불어오게 하신다. 그리고 새벽녘에 이집트인들을 혼란에 빠뜨리신다. 이들은 도망치기를 원하지만 전차를 움직일 수 없었다. 결국 바다를 향해 가지만 물이 되돌아오는 바람에 혼비백산한다. 두려워하지 말라는 모세의 격려를 받은(13-14절 참조) 백성은 "주님을 두려워하고" 주님과 모세를 믿는다(31절). 사제계 전승에 속하는 다른 이야기에 따르면 주님께서는 모세에게 "물을 가르도록" 바다 위로 손을 뻗으라고 명령하신다. 물이 갈라져 왼쪽과 오른쪽에 물 벽을 형성하자 이스라엘인들이 그 사이로 걸어가게 하신다. 모세는 바다 건너편에 안전하게 도착한 후, 다시 물 위로 손을 뻗어 물이 제자리로 돌아가 그들을 추격하던 이집트인들을 덮어 버린다. 주님께서 당신

영광을 드러내시는(4.17-18절 참조) 이 이야기에서 주님을 알아볼 것이라는 표현이 두 차례 나온다("이집트인들은 내가 주님임을 알게 될 것이다." 4.18절). 바다 근처에서 치르는 대결은 이집트인과 이스라엘인 사이가 아니라 파라오와 주님 사이에 벌어진 대결임이 명확히 드러난다.

니, 우리가 무슨 짓을 하였는가?" 하고 말하였다. 6 파라오
는 자기 병거를 갖추어 군사들을 거느리고 나섰다. 7 그는
병거 육백 대에 이르는 정예 부대와, 군관이 이끄는 이집
트의 모든 병거를 거느리고 나섰다. 8 주님께서 이집트 임
금 파라오의 마음을 완고하게 하셨으므로, 그는 이스라엘
자손들의 뒤를 쫓았다. 이스라엘 자손들은 당당하게 나
아가고 있었다. 9 마침내 파라오의 모든 말이며 병거, 그의
기병이며 보병 등 이집트인들이 그들의 뒤를 쫓아가, 바알
츠폰 앞 피 하히롯 근처 바닷가에 진을 친 그들을 따라잡
았다.
10 파라오가 다가왔다. 이스라엘 자손들이 눈을 들어 보
니, 이집트인들이 그들 뒤로 다가오고 있었다. 이스라엘
자손들은 몹시 두려워하며 주님께 부르짖었다. 11 그들은
모세에게 말하였다. "이집트에는 묏자리가 없어 광야에서
죽으라고 우리를 데려왔소? 어쩌자고 우리를 이집트에서
이끌어 내어 이렇게 만드는 것이오? 12 '우리한테는 이집트
인들을 섬기는 것이 광야에서 죽는 것보다 나으니, 이집트
인들을 섬기게 우리를 그냥 놔두시오.' 하면서 우리가 이
미 이집트에서 당신에게 말하지 않았소?" 13 그러자 모세
가 백성에게 대답하였다. "두려워하지들 마라. 똑바로 서
서 오늘 주님께서 너희를 위하여 이루실 구원을 보아라.
오늘 너희가 보는 이집트인들을 다시는 영원히 보지 않게
될 것이다. 14 주님께서 너희를 위하여 싸워 주실 터이니,
너희는 잠자코 있기만 하여라."

이스라엘인들이 바다를 건너다

15 주님께서 모세에게 말씀하셨다. "너는 어찌하여 나에게
부르짖느냐? 이스라엘 자손들에게 앞으로 나아가라고 일
러라. 16 너는 네 지팡이를 들고 바다 위로 손을 뻗어 바다
를 가르고서는, 이스라엘 자손들이 바다 가운데로 마른
땅을 걸어 들어가게 하여라. 17 나는 이집트인들의 마음을
완고하게 하여, 너희를 뒤따라 들어 가게 하겠다. 그런 다
음 나는 파라오와 그의 모든 군대, 그의 병거와 기병들을
쳐서 나의 영광을 드러내겠다. 18 내가 파라오와 그의 병거
와 기병들을 쳐서 나의 영광을 드러내면, 이집트인들은 내

14,8 민수 33,3; 사도 13,17. 14,9 15,9. 14,10 느헤 9,9. 14,11 시편 106,7.8. 14,13 15,2; 창세 15,1. 14,14 15,3; 신명 1,30; 3,22; 이사 30,15. 14,16 4,17; 민수 20,8.9.11; 이사 10,26.

✠ 14,15-15,1ㄱ. 부활 성야 미사의 제3독서 화답송으로 15,1ㄷㄹㅁ-2.3-4.5-6.17-18을 봉독한다.

가 주님임을 알게 될 것이다.”
19 이스라엘 군대 앞에 서서 나아가던 하느님의 천사가 자
리를 옮겨 그들 뒤로 갔다. 구름 기둥도 그들 앞에서 자리
를 옮겨 그들 뒤로 가 섰다. 20 그리하여 그것은 이집트 군
대와 이스라엘 군대 사이에 자리 잡게 되었다. 그러자 그
구름이 한쪽은 어둡게 하고, 다른 쪽은 밤을 밝혀 주었다.
그래서 밤새도록 아무도 이쪽에서 저쪽으로 다가갈 수 없
었다.
21 모세가 바다 위로 손을 뻗었다. 주님께서는 밤새도록 거
센 샛바람으로 바닷물을 밀어내시어, 바다를 마른땅으
로 만드셨다. 그리하여 바닷물이 갈라지자, 22 이스라엘 자
손들이 바다 가운데로 마른땅을 걸어 들어갔다. 물은 그
들 좌우에서 벽이 되어 주었다. 23 뒤이어 이집트인들이 쫓
아왔다. 파라오의 모든 말과 병거와 기병들이 그들을 따
라 바다 한가운데로 들어갔다. 24 새벽녘에 주님께서 불기
둥과 구름 기둥에서 이집트 군대를 내려다보시고, 이집트
군대를 혼란에 빠뜨리셨다. 25 그리고 그분께서는 이집트
병거들의 바퀴를 움직이지 못하게 하시어, 병거를 몰기 어
렵게 만드셨다. 그러자 이집트인들이 “이스라엘을 피해 달
아나자. 주님이 그들을 위해서 이집트와 싸우신다.” 하고
말하였다.
26 주님께서 모세에게 말씀하셨다. “바다 위로 손을 뻗어,

14,19. 하느님 현존은 이중적인데 “천사”의 모습과 “구름 기둥” 형태로 나타난다.

14,19 13,21.22. 14,21 시편 106,9; 114,3.5; 이사 63,12.13. 14,22 15,19; 느헤 9,11; 지혜 10,18-19; 1코린 10,1; 히브 11,29. 14,24 13,21.

14,22.29. 이스라엘은 오른쪽과 왼쪽(히브리어로 남쪽과 북쪽)에 두 개의 물 벽이 있는 바다 한가운데를 통과한다. 서쪽(일몰, 모든 종교와 신화에서 죽음의 상징)에서 동쪽(탄생, 생명의 상징)으로 간다. 부활의 여정이다. 이집트에서 광야로, 파라오에게서 하느님에게로 간다. 보편적인 상징주의에서 물 안으로 들어간다는 것은 혼돈·무로 돌아간다는 뜻이고, 물에서 나온다는 것은 탄생한다는 뜻이다. 백성으로 존재하지 않았던 이스라엘은 바다를 통과하면서 한 백성으로 탄생한다. 바오로는 1코린 10,2에서 그리스도인의 세례를 이 바다 통과와 유사한 체험으로 여긴다. 세례 덕분에 비존재가 존재로 넘어간다(로마 6,3-4도 참조). 고대 근동의 여러 종교에는 가끔 물과 연결된 신과 다른 신들이 벌이는 투쟁이 나타난다. 예를 들어 가나안의 풍요의 신 바알은 바다와 강의 신들인 얌과 나하르를 상대로 투쟁한다. 바알은 그들을 물리치고 질서와 풍요를 회복한다. 반면, 바빌론의 ‘에누마 엘리쉬’에서는 마르둑 신의 창조 첫째 행위가 바다 괴물 티아맛과 벌이는 투쟁이다. 해양 민족이 아닌 히브리 백성은 이웃 페니키아와 달리 항상 바다에 대단한 상징적 가치를 부여하면서 바다를 두려워했다. 그 예로 이사 51,9-10과 주님께서 바다 괴물 라합을 쓰러뜨린 후에 가져오신 구원을 떠올릴 수 있다. 혹은 시편 74,12-15과 다른 바다 괴물인 레비아탄을 주님께서 죽인 일도 기억할 수 있다. 게다가 이스라엘인들의 해방 역사는 바다를 다스리는 주님의 권능 행위로 시작된다. 동일한 주님의 행위가 이스라엘 자손들의 약속의 땅 입성에서도 나타난다(여호 3-4장. 특히 3,13-17과 4,18 참조). 욥 9,8; 38,16; 시편 77,17.20; 이사 43,2ㄱ.16에 따르면 주님께서는 물 위를 걸으시면서 물에 대한 지배력을 행사하신다(마태 14,25; 마르 6,48; 요한 6,19도 참조). 바다에 대한 주님의 주권이라는 문맥에서 복음서의 사나운 풍랑 이야기도 기억해야 한다(마태 8,23-27; 마르 4,35-41; 루카 8,22-25 참조).

이집트인들과 그들의 병거와 기병들 위로 물이 되돌아오
게 하여라." 27 모세가 바다 위로 손을 뻗었다. 날이 새자
물이 제자리로 되돌아왔다. 그래서 도망치던 이집트인들
이 물과 맞닥뜨리게 되었다. 주님께서는 이집트인들을 바
다 한가운데로 처넣으셨다. 28 물이 되돌아와서, 이스라엘
자손들을 따라 바다로 들어선 파라오의 모든 군대의 병거
와 기병들을 덮쳐 버렸다. 그들 가운데 한 사람도 살아남
지 못하였다. 29 그러나 이스라엘 자손들은 바다 가운데로
마른땅을 걸어갔다. 물은 그들 좌우에서 벽이 되어 주었다.
30 그날 주님께서는 이렇게 이스라엘을 이집트인들의 손에
서 구해 주셨고, 이스라엘은 바닷가에 죽어 있는 이집트
인들을 보게 되었다. 31 이렇게 이스라엘은 주님께서 이집
트인들에게 행사하신 큰 권능을 보았다. 그리하여 백성은
주님을 경외하고, 주님과 그분의 종 모세를 믿게 되었다.

모세의 노래

15 1 그때 모세와 이스라엘 자손들이 주님께 이 노
래를 불렀다. 그들은 이렇게 노래하였다.

"나는 주님께 노래하리라.
그지없이 높으신 분,
말과 기병을 바다에 처넣으셨네.
2 주님은 나의 힘, 나의 굳셈.
나에게 구원이 되어 주셨다.
이분은 나의 하느님, 나 그분을 찬미하리라.
내 아버지의 하느님, 나 그분을 높이 기리리라.
3 주님은 전쟁의 용사
그 이름 주님이시다.
4 파라오의 병거와 군대를
바다에 내던지시니
그 빼어난 군관들이 갈대 바다에 빠졌네.

14,31. "보다"를 뜻하는 동사 '라아'와 "경외하다"를 뜻하는 '야레'는 발음이 비슷하다. 이스라엘이 "보는 것"과 "경외하는 것"은 "믿는 것"(히브리어 '아만'에서 우리가 사용하는 '아멘'이 유래한다)으로 이끈다.

15,1-18. 모세의 노래로 알려진 이 찬미가에는 여러 주제가 나온다. 파라오와 그의 군대를 물리치신 하느님 야훼는 전사이자 강력한 하느님, 이스라엘 조상들의 하느님이시다. 그분께서 피조물과 그 능력에 대한 확실한 지배자로 나타나신다. 신들 가운데 가장 탁월한 분이시며 당신의 권능 안에서 당신 백성을 사랑하신다. 다른 모든 민족은 그분의 권능 앞에서 겁에 질린다. 오로지 그분의 왕국만이 절대적이고 영원무궁하다. 이 찬가의 결론은 "당신 소유의 산에"(17절 참조) 장차 성전이 세워질 것임을 일깨운다. 고대 근동의 종교적 상상력에 따르면 신의 성소 건립은 신이 결정적으로 세상 창조를 승인하고 마치는 것을 의미했다. 이 모든 것이 광야의 "주님의 거처" 건립이 서술되는 탈출기 여러 장(35-40장 참조)에서 암시적으로 계속 상기된다. 이와 관련하여 25,1-31,18 주도 참조.

15,3. "주님은 전쟁의 용사"라는 말에 놀란 고대 번역자들은 이 표현을 "전쟁 영웅"(사마리아 모세 오경), "주님은 전쟁들을 없애 버리시는 분"(그리스어본. 유딧 16,2; 시편 46,10 참조)이라고 완화하려고 애썼다. 그러나 "용사"에 해당되는 히브리어는 다른 곳(예를 들어 이사 3,2; 에제 39,20)과 (새) 대중 라틴말 성경에도 나온다.

15,4. "갈대 바다"에 대해서는 탈출 13,17-18 주 참조.

14,27 15,1.7; 히브 11,29. 14,28 시편 78,53; 106,11. 14,29 15,19; 느헤 9,11; 히브 11,29. 14,30 시편 106,8. 14,31-15,1 시편 106,12; 묵시 15,3. 15,2 3,15.16; 시편 59,18; 이사 12,2. 15,3 시편 24,8; 83,19. 15,4 14,6.7.17.28; 사도 7,36.

15,1-18. 바닷물이 파라오 군대를 덮치자 모세와 이스라엘인들은 주님께 감사의 찬미가를 바친다. 모세의 노래는 매우 오래된 본문인데 최근 연구에서는 모세 시대보다 후대에 기록된 것으로 여긴다. 바다의 기적 외에도 찬미가에서는 광야 체험, 주님 백성의 통과에 대한 다른 민족들(필리스티아인, 에돔인, 모압인과 가나안인)의 두려움, 가나안 입성과 주님의 거처인 예루살렘 성소 건설도 기억한다. 마지막 구절은 전례 환호인데 주님께서 영원히 통치할 것임을 확신한다. 그리고 이 노래는 주님의 거처와 왕권이라는 두 개의 근본적인 주제로 마무리된다. "하느님의 종" 모세의 노래는 묵시 15,3에서 어린양의 승리가 된다.

5 깊은 물이 그들을 덮치니
돌처럼 깊이 가라앉았네.

6 주님, 권능으로 영광을 드러내신 당신의 오른손이,
주님, 당신의 오른손이 원수를 짓부수셨습니다.
7 당신의 그 큰 엄위로 적들을 뒤엎으시고
당신의 진노를 보내시어 그들을 검불인 양 살라 버리셨
습니다.
8 당신 노호의 숨결로 물이 모이고
물결은 둑처럼 우뚝 섰으며
깊은 물은 바다 한가운데에서 엉겼습니다.
9 원수가 말하였습니다.
'내가 쫓아가 붙잡고
노획물을 나누어
내 욕구를 채우리라.
칼을 뽑아 들고
이 손으로 그들을 쳐부수리라.'
10 그러나 당신께서 바람을 일으키시니
바다가 그들을 덮쳤습니다.
그들은 거센 물속에 납덩이처럼 내려앉았습니다.
11 주님, 신들 가운데 누가 당신과 같겠습니까?
누가 당신처럼 거룩함으로 영광을 드러내고
위업으로 두렵게 하며 기적을 일으키겠습니까?
12 당신께서 오른손을 뻗으시니
땅이 그들을 삼켜 버렸습니다.
13 당신께서 구원하신 백성을
자애로 인도하시고
당신 힘으로
그들을 당신의 거룩한 처소로 이끄셨습니다.
14 민족들이 듣고 떨었으며
필리스티아 주민들은 고통에 사로잡혔습니다.
15 에돔의 족장들이 질겁하고
모압의 수령들이 전율에 사로잡혔으며
가나안의 모든 주민이 불안에 떨었습니다.
16 공포와 두려움이 그들에게 밀어닥쳤습니다.

15,7-8. 구약에서는 하느님의 화나 분노에 대해 자주 말한다. 하느님께서는 악 앞에서 분노하신다. 억압받는 당신 백성에게 정의를 행하기 위해 재판관으로 개입하시는 하느님(2,23-25 참조)은 억압자 이집트를 심판하거나 처벌하실 수 있다.

15,8. 둑처럼 일어서는 물의 이미지는 요르단강을 건널 때 다시 등장한다(여호 3,13.16 참조).

15,11. 이스라엘은 두 개의 질문을 통해 그들의 하느님께서 다른 어떤 존재와도 비교할 수 없이 탁월하신 분이심을 확신한다. 영감을 주는 그분의 위엄, 경외심과 공경, 일으킨 이적들은 그분의 우월성과 유일성, 비교할 수 없음을 인정하게 한다(시편 18,32 참조).

15,5 느헤 9,11. 15,6 시편 118,15. 15,7 14,27; 시편 78,49.50. 15,8 14,22.29; 시편 78,13. 15,9 14,5. 15,10 14,28. 15,11 8,6; 신명 3,24; 시편 22,24; 72,18; 이사 6,3; 묵시 4,8ㄴ; 13,4. 15,13 느헤 9,12; 시편 77,16; 78,54. 15,14 신명 2,25; 하바 3,7; 묵시 11,18. 15,15 창세 36,15; 민수 22,3; 여호 5,1. 15,16 23,27; 1사무 25,37; 시편 74,2; 묵시 11,11.

그들은 당신 팔의 위력을 보고
돌처럼 잠잠해졌습니다.
주님, 당신의 백성이 다 지나갈 때까지,
당신께서 얻으신 백성이 다 지나갈 때까지 잠잠하였습니다.
17 당신께서 그들을 데려다
당신 소유의 산에 심으셨습니다.
주님, 그 산은 당신께서 살려고 만드신 곳
주님, 당신 손수 세우신 성소입니다.

18 주님께서는 영원무궁토록 다스리신다."

19 파라오의 말들이 그의 병거와 기병들과 함께 바다에 들어
섰을 때, 주님께서는 바닷물을 그들 위로 되돌리셨다. 그러나
이스라엘 자손들은 바다 가운데로 마른땅을 밟고 걸어갔다.

미르얌의 노래

20 예언자이며 아론의 누이인 미르얌이 손북을 들자, 여자
들이 모두 그 뒤를 따라 손북을 들고 춤을 추었다. 21 미르
얌이 그들에게 노래를 메겼다.
"주님께 노래하여라.
그지없이 높으신 분,
말과 기병을 바다에 처넣으셨네."

모세가 마라에서 쓴 물을 단물로 바꾸다

22 모세가 이스라엘을 갈대 바다에서 떠나게 하니, 그들이
수르 광야로 나아갔다. 광야에서 사흘 동안을 걸었는데
도, 그들은 물을 찾지 못하였다. 23 마침내 마라에 다다랐
지만, 그곳 마라의 물이 써서 마실 수가 없었다. 그리하여

15,20-21. 모세의 누이와 다른 여인들이 손북을 들고 춤을 추면서 모세의 노래 서두(15,1 참조)에서 볼 수 있는 후렴구를 노래한다. 아마도 이 후렴이 찬미가의 핵심으로, 여기서 찬미가가 발전했을 것이다. 이 모세의 누이가 2,4.7-8에 나오는 누이와 일치한다면 그녀는 이스라엘 해방 이야기 내부에서 두 가지 중요한 사건을 강조한다. 하나는 모세의 목숨을 살리는 데 공헌하며, 다른 하나는 자신의 노래(미르얌의 노래로 알려진)로 이집트에 대한 주님의 결정적인 승리를 인정한다.

15,22-27. 광야의 마라의 물은 써서(히브리어 '마라'의 뜻) 마실 수 없다. 주님께서 모세에게 나무 하나를 보여 주시자 모세는 그것을 물에 던져 단물로 만든다. 오늘날에도 베두인족은 어떤 관목들은 이런 속성을 갖고 있다고 여긴다. 모세의 개입을 통해 쓴 물이 식수가 된 에피소드는 2열왕 2,19-22 엘리사의 개입으로 일어난 일과 비슷하다. 창조된 요소의 정화라는 이 장르는 이집트에 내린 재앙 이야기에서(탈출 7-11장; 12,29-30 참조) 창조 질서를 파괴하는 행동과 반대된다.

15,17 시편 44,3; 78,54. 15,18 시편 10,16. 15,19 14,23.28. 15,20 민수 26,59; 판관 4,4; 1사무 18,6; 시편 30,12; 150,4. 15,22 민수 33,8; 시편 77,21. 15,23 민수 33,8; 묵시 8,11.

15,22-40,38. 미르얌의 노래(15,21 참조)로 탈출기 1부를 마친다. 1부의 이야기는 책 전체와 이스라엘의 신앙 자체에 대한 두 가지 중요한 토대를 설명했다. 먼저 (파라오가 아니라) 야훼께서 유일하고 참된 하느님이시며 이스라엘은 그분을 따르고 예배드려야 한다. 둘째, 이스라엘은 조상들의 하느님의 확고하고 효과적인 개입으로 해방되어 자유로운 백성이다. 해방된 이스라엘이 광야에서 행진을 시작하는 15,22로 이야기의 다른 중요한 단계가 시작된다. 주님께서는 이스라엘의 하느님이실 뿐만 아니라 이스라엘을 위하시는, 또 이스라엘과 함께하시는 하느님이시기도 하며, 무력하고 충실하지 못한 백성을 언제든 즉시 돕는 분이시다.

그 이름을 마라라 하였다. 24 백성은 모세에게 "우리가 무
엇을 마셔야 한단 말이오?" 하고 불평하였다. 25 모세가 주
님께 부르짖으니, 주님께서 나무 하나를 보여 주셨다. 모
세가 그것을 물에 던지자 그 물이 단물이 되었다.
그곳에서 주님께서는 백성을 위한 규정과 법규를 세우시고
그곳에서 주님께서는 백성을 시험하셨다.
26 그리고 말씀하셨다. "너희가 주 너희 하느님의 말을 잘
듣고, 주님의 눈에 드는 옳은 일을 하며, 그 계명에 귀를
기울이고 그 모든 규정을 지키면, 이집트인들에게 내린 어
떤 질병도 너희에게는 내리지 않을 것이다. 나는 너희를
낫게 하는 주님이다."
27 그들은 엘림에 다다랐다. 그곳에는 샘이 열두 개, 야자
나무가 일흔 그루 있었다. 그들은 그곳 물가에 진을 쳤다.

만나와 메추라기

16 1 이스라엘 자손들의 온 공동체는 엘림을 떠나,
엘림과 시나이 사이에 있는 신 광야에 이르렀
다. 그들이 이집트 땅에서 나온 뒤, 둘째 달 보름이 되는
날이었다. 2 이스라엘 자손들의 온 공동체가 광야에서 모
세와 아론에게 불평하였다. 3 이들에게 이스라엘 자손들이
말하였다. "아, 우리가 고기 냄비 곁에 앉아 빵을 배불리
먹던 그때, 이집트 땅에서 주님의 손에 죽었더라면! 그런
데 당신들은 이 무리를 모조리 굶겨 죽이려고, 우리를 이
광야로 끌고 왔소?"
4 주님께서 모세에게 말씀하셨다. "이제 내가 하늘에서 너
희에게 양식을 비처럼 내려 줄 터이니, 백성은 날마다 나
가서 그날 먹을 만큼 모아들이게 하여라. 이렇게 하여 나
는 이 백성이 나의 지시를 따르는지 따르지 않는지 시험해
보겠다. 5 엿샛날에는, 그날 거두어들인 것으로 음식을 장
만해 보면, 날마다 모아들이던 것의 갑절이 될 것이다."
6 그리하여 모세와 아론이 이스라엘의 모든 자손에게 말
하였다. "저녁이 되면, 너희를 이집트 땅에서 이끌어 내신

15,24 14,11; 시편 106,13. 15,25 2열왕 2,21; 시편 50,15; 집회 38,5. 15,26 신명 7,12; 28,27. 15,27 민수 33,9.10. 16,1-35 // 민수 11,4-9; 지혜 16,20-29. 16,1 민수 33,11.12. 16,2 14,11; 1코린 10,10. 16,3 17,3; 민수 11,4.5. 16,4 신명 8,2.16; 요한 6,32; 1코린 10,3.

✠ 16,1-35. 시편 105,40의 저자는 "하늘의 빵으로 그들을 배불리셨다."라고 말한다. 만나는 지혜 16,20에서 "천사들의 음식"으로 불리고, 요한 6,28-58에서는 성체성사의 형상인 "생명의 빵"이 된다. 나해 연중 제18주일에 제1독서로 탈출 16,2-4.12-15을, 복음으로 참된 "하늘의 빵"에 대한 예수님의 담화를 읽는다.

15,24. 이스라엘은 이집트를 떠난 후 처음으로 모세에게 불평한다. 인도자를 불신하는 자세는 이스라엘이 광야에서 보낸 이야기에서 몇 번 다시 나온다(16,2; 17,2-3; 민수 14,2; 16,11; 17,6.20 참조).

16,1-35. 백성은 모세와 아론에게 자기들을 굶어 죽게 하려고 광야로 이끌었다고 불평한다. 빵과 고기의 부족을 한탄하면서 하느님께 불평하고 그분을 시험한다(7-8절 참조). 이 사건은 시편 78,17-22에서 죄와 반항의 본보기로 제시된다. 하느님께서는 이 반대를 받아들이시어 "하늘의 곡식"이요 "천사들의 빵"(78,24-25)인 만나를 비처럼 내리시고, 메추라기를 "먼지처럼", "바다의 모래처럼"(78,27) 내리신다.

16,6. 이집트에 내린 재앙 "표징과 이적"이 파라오와 이스라엘 백성이 주님을 알게 하기 위함이라면, 만나의 선물(과 메추라기 선물)은 주님의 해방하는 현존을 이스라엘에게 다시 확인시키기 위함이다.

분이 주님이심을 너희가 알게 될 것이다. 7 그리고 아침이
되면, 너희는 주님의 영광을 보게 될 것이다. 주님께서는
너희가 주님께 불평하는 소리를 들으셨다. 도대체 우리가
무엇이기에 너희가 우리에게 불평하느냐?” 8 모세가 다시
말하였다. “주님께서 너희에게 저녁에는 먹을 고기를 주시
고, 아침에는 배불리 먹을 빵을 주실 것이다. 주님께서는
너희가 주님께 불평하는 소리를 들으셨다. 도대체 우리가
무엇이냐? 너희는 우리가 아니라 주님께 불평한 것이다.”
9 모세가 아론에게 말하였다. “이스라엘 자손들의 온 공동
체에게, ‘주님께서 너희의 불평을 들으셨으니, 그분 앞으로
가까이 오너라.’ 하고 말하십시오.” 10 아론이 이스라엘 자
손들의 온 공동체에게 말하고 있을 때, 그들이 광야 쪽을
바라보니, 주님의 영광이 구름 속에 나타났다. 11 주님께
서 모세에게 이렇게 이르셨다. 12 “나는 이스라엘 자손들
이 불평하는 소리를 들었다. 그들에게 이렇게 일러라. ‘너
희가 저녁 어스름에는 고기를 먹고, 아침에는 양식을 배
불리 먹을 것이다. 그러면 너희는 내가 주 너희 하느님임을
알게 될 것이다.’”
13 그날 저녁에 메추라기 떼가 날아와 진영을 덮었다. 그리
고 아침에는 진영 둘레에 이슬이 내렸다. 14 이슬이 걷힌
뒤에 보니, 잘기가 땅에 내린 서리처럼 잔 알갱이들이 광
야 위에 깔려 있는 것이었다. 15 이것을 보고 이스라엘 자
손들은 그것이 무엇인지 몰라, “이게 무엇이냐?” 하고 서
로 물었다. 모세가 그들에게 말하였다. “이것은 주님께서
너희에게 먹으라고 주신 양식이다. 16 주님께서 내리신 분
부는 이렇다. ‘너희는 저마다 먹을 만큼 거두어들여라. 너
희 식구의 머리 수대로 한 오메르씩, 저마다 자기 천막에
사는 이들을 위하여 가져가거라.’” 17 이스라엘 자손들은
그렇게 하였다. 더러는 더 많이, 더러는 더 적게 거두어들
였다. 18 그러나 오메르로 되어 보자, 더 많이 거둔 이도 남
지 않고, 더 적게 거둔 이도 모자라지 않았다. 저마다 먹을
만큼 거두어들인 것이다.
19 모세는 그들에게 말하였다. “아무도 그것을 아침까지
남겨 두지 마라.” 20 그러나 어떤 사람들은 모세의 말을 듣
지 않고, 그것을 아침까지 남겨 두었다. 그랬더니 거기에서
구더기가 꾀고 고약한 냄새가 났다. 모세가 그들에게 화

16,10. “주님의 영광”은 시나이 산 위에 나타날 때나(24,17 참조) “천막” 안에 드러날 때나(40,35 참조) 항상 그분 현존 외에 다른 것이 아니다.

16,13. 민수 11,4-6에 따르면 백성은 만나에 싫증이 나 고기를 요구한다.

16,14-15. 히브리어 ‘만-후’(“이게 무엇이냐?”)에서 “만나”가 나온다. 만나는 잔 알갱이(14절 참조)이며 이슬과 함께 하늘에서 내려왔다. 고수풀 씨와 비슷하며 꿀을 바른 과자 냄새가 났다(31절 참조). 민수 11,8에 따르면 백성은 그것을 모아 가루로 만들어 냄비에 넣고 요리해 과자를 만들었다. 어떤 이들은 만나를 시나이반도에서 흔히 볼 수 있는 특별한 관목에서 나오는 일종의 식용 수지로 여겼다.

16,18. 오메르는 도량형 단위로 약 4.5리터에 해당한다. 그러나 고대인이 사용하던 도량형을 오늘날 정확히 측정하기는 힘들다는 점을 기억해야 한다. 16,16이 이를 보여 준다. 4.5리터가 한 사람이 하루에 먹을 수 있는 음식 분량이라고는 생각하기 힘들다(16,19 참조).

16,7 민수 14,27; 16,11; 2코린 3,18. 16,9 민수 16,16. 16,10 민수 16,19; 로마 9,4; 2코린 3,18. 16,13 민수 11,31; 시편 78,27.28; 105,40. 16,14 민수 11,7-9. 16,15 요한 6,32. 16,18 2코린 8,15. 16,19 12,10; 23,18; 마태 6,34.

를 내었다. 21 그래서 그들은 아침마다, 제가 먹을 만큼만
거두어들였다. 해가 뜨거워지면 그것은 녹아 버렸다.
22 엿샛날에는 한 사람에 두 오메르씩, 양식을 갑절로 거
두어들였다. 공동체의 수장들이 모두 와서 모세에게 이
일을 알리자, 23 모세가 그들에게 말하였다. "주님께서 이
렇게 분부하셨다. '내일은 안식의 날, 주님을 위한 거룩한
안식일이다. 구울 것은 굽고 삶을 것은 삶아라. 그리고 남
는 것은 모두 아침까지 보관해 두어라.'" 24 그들은 모세가
명령한 대로 그것을 아침까지 놓아두었지만, 고약한 냄새
를 피우지도 않고 벌레가 꾀지도 않았다. 25 모세가 말하
였다. "오늘은 이것을 먹어라. 오늘은 주님을 위한 안식일
이다. 오늘만은 들에서 양식을 얻지 못할 것이다. 26 엿새
동안 너희는 그것을 거두어들일 수 있다. 그러나 안식일인
이렛날에는 아무것도 없다."
27 그런데 이렛날에 백성 가운데 몇몇이 그것을 거두어들
이려고 나갔다. 그러나 아무것도 얻지 못하였다. 28 주님께
서 모세에게 말씀하셨다. "너희는 언제까지 내 계명과 내
지시를 지키지 않으려느냐? 29 보아라, 주님이 너희에게 안
식일을 주었다. 그래서 엿샛날에는 너희에게 이틀치 양식
을 준다. 그러니 이렛날에는 저마다 제자리에 머무르고,
아무도 자기가 있는 곳을 떠나 밖으로 나가지 마라." 30 그
리하여 백성은 이렛날에는 쉬었다.
31 이스라엘 집안은 그것의 이름을 만나라 하였다. 그것은
고수풀 씨앗처럼 하얗고, 그 맛은 꿀 섞은 과자 같았다.
32 모세가 말하였다. "주님께서 내리신 분부는 이렇다. '그
것을 한 오메르 가득 채워 대대로 보관하여라. 그리하여 내
가 너희를 이집트 땅에서 이끌어 낼 때, 광야에서 너희를
먹여 살린 이 양식을 자손들이 볼 수 있게 하여라.'" 33 그러
고 나서 모세가 아론에게 말하였다. "항아리 하나를 가져다
그 안에 만나 한 오메르를 가득 담아서, 주님 앞에 두어 대
대로 보관하십시오." 34 그래서 아론은 주님께서 모세에게
명령하신 대로 그것을 증언판 앞에 놓아 보관하게 하였다.
35 이스라엘 자손들은 정착지에 다다를 때까지 사십 년 동
안 만나를 먹었다. 가나안 땅 경계에 다다를 때까지 그들
은 만나를 먹었던 것이다.
36 한 오메르는 십분의 일 에파이다.

16,22-30. 안식일 규정은 시나이에서 제정되는데(20,11 참조) 여기서는 안식일 준수를 예시한다(16,29-30 참조).

16,26. 이 규정은 안식일 법규를 존중한다(31,15; 레위 23,3 참조). 히브리어 '사빳'은 "멈추다", "중단하다"를 의미하는 동사 '사밧'을 상기시킨다. 이날에는 만나의 선물도 중단되는데, 이는 하느님께서도 이날은 쉬신다는 점을 알아듣게 하려는 듯하다(창세 2,2-3 참조).

16,36. 에파는 도량형 단위로 약 45 리터에 해당한다(16,18 주 참조).

16,22 34,31. 16,23 20,8; 23,12. 16,28 시편 78,10. 16,31 민수 11,6-9. 16,32 묵시 2,17ㄱ. 16,33 히브 9,4. 16,34 25,16.21. 16,35 여호 5,12; 느헤 9,20.21; 사도 13,18; 1코린 10,3.

마싸와 므리바의 물

17 1 이스라엘 자손들의 온 공동체는 주님의 분부
대로 신 광야를 떠나 차츰차츰 자리를 옮겨 갔
다. 그들은 르피딤에 진을 쳤는데, 백성이 마실 물이 없었
다. 2 백성은 "우리가 마실 물을 내놓으시오." 하면서 모세
와 시비하였다. 그러자 모세가 말하였다. "어째서 나와 시
비하려 하느냐? 어째서 주님을 시험하느냐?" 3 그러나 백
성은 그곳에서 목이 말라, 모세에게 불평하며 말하였다.
"어쩌자고 우리를 이집트에서 데리고 올라왔소? 우리와
우리 자식들과 가축들을 목말라 죽게 하려고 그랬소?" 4
모세가 주님께 부르짖었다. "이 백성에게 제가 무엇을 해
야 합니까? 이제 조금만 있으면 저에게 돌을 던질 것 같습
니다." 5 그러자 주님께서 모세에게 말씀하셨다. "이스라엘
의 원로들 가운데 몇 사람을 데리고 백성보다 앞서 나아가
거라. 나일강을 친 너의 지팡이를 손에 잡고 가거라. 6 이제
내가 저기 호렙의 바위 위에서 네 앞에 서 있겠다. 네가 그
바위를 치면 그곳에서 물이 터져 나와, 백성이 그것을 마
시게 될 것이다." 모세는 이스라엘의 원로들이 보는 앞에
서 그대로 하였다.
7 그는 이스라엘 자손들이 시비하였다 해서, 그리고 그들
이 "주님께서 우리 가운데에 계시는가, 계시지 않는가?"
하면서 주님을 시험하였다 해서, 그곳의 이름을 마싸와 므
리바라 하였다.

아말렉족과 싸워 이기다

8 그때 아말렉족이 몰려와 르피딤에서 이스라엘과 싸움을
벌였다. 9 그러자 모세가 여호수아에게 말하였다. "너는 우
리를 위하여 장정들을 뽑아 아말렉과 싸우러 나가거라.
내일 내가 하느님의 지팡이를 손에 잡고 언덕 꼭대기에 서
있겠다." 10 여호수아는 모세가 말한 대로 아말렉과 싸우
고, 모세와 아론과 후르는 언덕으로 올라갔다. 11 모세가
손을 들면 이스라엘이 우세하고, 손을 내리면 아말렉이

17,1-7 // 민수 20,1-13. 17,1 16,1; 히브 3,16. 17,2 민수 20,3; 신명 6,16; 사도 15,10; 1코린 10,9. 17,3 16,2.3. 17,4 14,15; 민수 14,10; 1사무 30,6. 17,5 3,16.18; 7,20. 17,6 민수 20,10; 시편 114,8; 1코린 10,4. 17,7 시편 81,8; 히브 3,8. 17,8 민수 24,20; 신명 25,17-19. 17,9 4,20.

✠ 17,1-7. 고해성사 예식에서 이 본문을 사용한다. 가해 사순 제3주일에 17,3-7을 사마리아 여인에 관한 복음(요한 4,5-42)과 같이 읽는다. 3-7절이 세례 예식에 다시 나온다.

✠ 17,8-13. 다해 연중 제29주일의 일반적인 주제는 기도인데 과부의 끈질긴 기도를 들어주는 불의한 재판관에 대한 복음(루카 18,1-8)과 이 본문을 같이 읽는다.

17,1-7. 만나와 메추라기 사건(16장 참조) 후에 바위에서 솟아나는 물의 이적에 대해 말한다(같은 주제를 다루는 둘째 이야기는 민수 20,1-13에 나오는데 더 복잡하다). 시나이 이전의 마지막 여정인 르피딤에서 목이 마른 백성은 물 부족을 모세에게 항의하고, 모세는 그들이 주님을 시험한다고 질책한다. 그곳은 그들이 그들과 함께하시는 주님의 현존을 의심하며 그분을 "시험했기"에 마싸("시험")라고도 불리고, 이스라엘이 "시비하였기 때문에" 므리바("싸움, 논쟁")라고도 불린다. 바오로는 1코린 10,4에서, 구원을 가져온 이 물의 선물을 기억하며 광야에서 이스라엘인을 동반한 바위를 알레고리로 해석하고, 그 바위를 그리스도로 본다.

17,3. 동사 "오르다"의 중요성에 대해서는 창세 13,1 참조.

17,7. 이스라엘이 주님과 모세에게 반항하는 세 사례(15,23-24; 16,2-3; 17,1-3 참조)는 주님의 현존을 의심하는 이 질문에서 절정에 이른다. 출애굽의 하느님 야훼를 알아보고 고백한 이는 바로 모세의 장인이자 미디안 사제, 곧 이스라엘 백성에 속하지 않는 이트로이다(18,9-12 참조).

17,8-16. 이스라엘이 이집트를 탈출한 후에 처음으로 벌인 싸움이다. 아론과 후르가 모세의 두 손을 받쳐 주는 동안 모세는 손을 든 채 해가 질 때까지 기도한다. 모세가 죽은 후 백성을 약속의 땅으로 이끌어 갈 여호수아(민수 27,18; 신명 31,3.7-8 참조)는 모세의 중재 덕분에 아말렉족을 쳐부순다. 이 본문은 기도의 힘과 하느님의 결정적 개입을 강조한다. 승리를 주시는 분은 하느님이시다. 아말렉족은 에사우 자손의 백성들 가운데 하나인데(창세 36,12 참조), 이 일화는 이스라엘과 에돔(곧 에사우) 사이의 적대감을 확인할 수 있는 이야기들 중 하나이다.

17,9. 여호수아라는 인물이 모세의 조력자라는 명확한 역할로 처음 등장한다.

우세하였다. 12 모세의 손이 무거워지자, 그들은 돌을 가져
다 그의 발 아래 놓고 그를 그 위에 앉혔다. 그런 다음 아
론과 후르가 한 사람은 이쪽에서, 다른 사람은 저쪽에서
모세의 두 손을 받쳐 주니, 그의 손이 해가 질 때까지 처지
지 않았다. 13 그리하여 여호수아는 아말렉과 그의 백성을
칼로 무찔렀다.
14 주님께서 모세에게 말씀하셨다. "이 일을 기념하여 책
에 기록해 두어라. 그리고 내가 아말렉에 대한 기억을 하
늘 아래에서 완전히 없애 버리겠다는 것을 여호수아에게
똑똑히 일러 주어라."
15 모세는 제단을 쌓아 그 이름을 야훼 니씨라 하고, 16 이
렇게 말하였다. "손 하나가 주님의 어좌를 거슬러 들리리
니, 주님과 아말렉 사이에 대대로 전쟁이 일어날 것이다."

17,16. 이 구절 전반부 히브리어 본문의 의미는 모호하다. 이스라엘과 아말렉족의 전쟁 상황임을 감안하여 히브리어 전치사 '알'을 "거슬러"로 옮겼다.

이트로가 사위 모세를 찾아오다

18 1 미디안의 사제이며 모세의 장인인 이트로는,
하느님께서 모세와 당신 백성 이스라엘에게 하
신 모든 일, 곧 주님께서 이스라엘을 이집트에서 어떻게
이끌어 내셨는지를 들었다. 2 그래서 모세의 장인 이트로
는 친정에 돌아와 있던 모세의 아내 치포라와, 3 치포라의
두 아들을 데리고 나섰다. 한 아이의 이름은 게르솜인데,
이는 모세가 "낯선 땅에서 내가 이방인이 되었구나." 하고
말한 까닭이고, 4 다른 아이의 이름은 엘리에제르인데, 이
는 모세가 "내 아버지의 하느님께서 나에게 도움이 되시
어, 나를 파라오의 칼에서 구해 주셨다." 하고 말한 까닭
이다. 5 모세의 장인 이트로는 모세의 아들들과 아내를 데
리고, 모세가 진을 친 광야, 곧 하느님의 산으로 그를 찾
아갔다. 6 그는 모세에게 전갈을 보냈다. "자네의 장인인 나
이트로가 자네 처와 두 아들을 데리고 왔네." 7 모세는 장
인을 맞으러 나가 엎드려 절하고 입을 맞추었다. 그들은 서
로 안부를 묻고 함께 천막으로 들어갔다.
8 모세는 장인에게, 주님께서 이스라엘을 위하여 파라오

18,3-4. 이어지는 설명에 따르면 "게르솜"이라는 이름은 "이방인", "엘리에제르"는 "나의 하느님이 나의 도움이시다"를 뜻한다.

17,14 34,27; 민수 24,20; 신명 29,19. 18,1 2,16; 3,1. 18,2 4,25. 18,3 2,22; 사도 7,29. 18,4 사도 12,11. 18,5 3,1.12. 18,7 창세 43,26-28. 18,8 시편 81,8.

18,1-12. 모세의 장인 이트로는 딸이자 모세의 아내인 치포라와 그들의 두 아들 게르솜과 엘리에제르와 함께 하느님 산(시나이/호렙. 신명 1,6 참조)이 있는 광야로 모세를 만나러 간다. 이트로는 미디안 사제였지만 야훼를 이집트에서 이스라엘을 빠져나오게 하신 하느님으로 인정한다. 그는 그분을 찬미하고 모든 신보다 위대하다는 것을 선포한다. 찬미를 드린 후에 번제(제물을 온전히 불에 태워 바치는 제사)와 친교제(제물 일부는 불살라 하느님께 바치고 일부는 참석한 사람들이 먹는 제사)를 바친다. 아론과 이스라엘의 원로들도 거룩한 식사에 참여한다.

와 이집트인들에게 하신 모든 일과 자기들이 도중에 겪은
모든 고생, 그리고 주님께서 자기들을 어떻게 구해 주셨는
지 이야기하였다. 9 이트로는 주님께서 이스라엘을 이집트
인들의 손에서 구해 내시면서 이스라엘에게 베푸신 온갖
고마운 일을 듣고 기뻐하였다. 10 이트로가 말하였다. "이
집트인들의 손과 파라오의 손에서 자네들을 구해 주신 주
님, 이 백성을 이집트인들의 손 아래에서 빼내어 구해 주
신 주님께서는 찬미받으시리라! 11 이집트인들이 이 백성
을 방자하게 다루었지만, 그 일에서도 이제 나는 주님께서
모든 신들보다 위대하시다는 것을 알았네." 12 모세의 장
인 이트로는 하느님께 번제물과 희생 제물을 바쳤다. 그러
자 아론과 이스라엘의 모든 원로들이 와서, 모세의 장인
과 함께 하느님 앞에서 음식을 먹었다.

이트로의 충고에 따라 재판관들을 세우다

13 이튿날, 모세가 백성을 재판하려고 자리에 앉았다. 그리
고 백성은 아침부터 저녁까지 모세 곁에 서 있었다. 14 모
세의 장인은 모세가 백성을 위하여 하는 일을 모두 보고
말하였다. "자네가 백성을 위하여 하는 이 일은 도대체 어
떻게 된 것인가? 어째서 자네 혼자 앉아 있고, 백성은 모
두 아침부터 저녁까지 자네 곁에 서 있는가?" 15 그러자 모
세가 장인에게 대답하였다. "백성이 하느님께 문의하려고
저를 찾아오기 때문입니다. 16 무슨 일이 생기면 그들은 저
에게 옵니다. 그러면 저는 이웃 간의 문제를 재판해 주고,
하느님의 규정들과 지시들을 알려 줍니다." 17 모세의 장
인이 그에게 말하였다. "자네가 일하는 방식은 좋지 않네.
18 자네뿐만 아니라 자네가 거느린 백성도 아주 지쳐 버리
고 말 걸세. 이 일은 자네에게 너무나 힘겨워 자네 혼자서
는 할 수가 없네. 19 이제 내가 자네에게 충고할 터이니 내
말을 듣게. 아무쪼록 하느님께서 자네와 함께 계시기를 비
네. 자네는 하느님 앞에서 백성을 대리하는 사람으로서
그들의 일을 하느님께 가져가게나. 20 그리고 그들에게 규
정들과 지시들을 밝혀 주고, 그들이 걸어야 할 길과 해야
할 일을 가르쳐 주게. 21 또 자네는 온 백성 가운데에서, 하
느님을 경외하고 진실하며 부정한 소득을 싫어하는 유능
한 사람들을 가려내어, 그들을 천인대장, 백인대장, 오십

18,13-27. 한 사람이 혼자서 모든 상황을 처리할 수 없다는 이트로의 조언을 받고 모세는 사법 집행을 위한 '재판인단'을 형성한다. 모세는 그들에게 일을 맡기고 어려운 일은 자신이 맡는다(신명 1,9-18 참조). 13절의 시간 표시("이튿날")는 두 날을 구분할 뿐만 아니라, 특히 예배 예식(10-12절)에서 새로운 사법 조직의 설립으로 주제도 구분한다.

18,10 시편 68,20.21. 18,11 12,12; 15,11; 1사무 2,3. 18,13-26 // 신명 1,9-18. 18,15 민수 9,8; 신명 17,8-13. 18,17-23 사도 6,2-3. 18,18 민수 11,14.17. 18,19 3,12; 민수 27,5; 히브 5,1. 18,20 신명 1,18. 18,21 신명 1,13.15.

인대장, 십인대장으로 백성 위에 세우게. 22 이들이 늘 백
성을 재판하고, 큰일만 자네에게 가져오도록 하게. 작은
일들은 모두 그들이 재판하도록 하게. 이렇게 그들과 짐을
나누어 져서, 자네 짐을 덜게나. 23 자네가 이렇게 일을 하
고 하느님께서도 그렇게 명령하시면, 자네도 버티어 나갈
수 있고, 이 백성도 평화롭게 제자리로 돌아갈 것이네."
24 모세는 장인의 말을 듣고, 그가 말한 대로 다 하였다.
25 모세는 온 이스라엘에서 유능한 사람들을 뽑아 백성의
우두머리, 곧 천인대장, 백인대장, 오십인대장, 십인대장으
로 삼았다. 26 그리하여 이들이 늘 백성을 재판하였다. 그
들은 어려운 일만 모세에게 가져오고, 작은 일들은 모두
그들이 맡아 재판하였다.
27 그 뒤 모세가 장인을 떠나보내자, 그는 제고장으로 돌아
갔다.

시나이산에 도착하다

19 1 이스라엘 자손들이 이집트 땅에서 나온 뒤 셋
째 달 바로 그날, 그들은 시나이 광야에 이르렀
다. 2 그들은 르피딤을 떠나 시나이 광야에 이르러 그 광야
에 진을 쳤다. 이렇게 이스라엘은 그곳 산 앞에 진을 쳤다.

계약 체결을 약속하시다

3 모세가 하느님께 올라가자, 주님께서 산에서 그를 불러
말씀하셨다. "너는 야곱 집안에게 이렇게 말하여라. 이스
라엘 자손들에게 알려 주어라. 4 '너희는 내가 이집트인들
에게 무엇을 하고 어떻게 너희를 독수리 날개에 태워 나에
게 데려왔는지 보았다. 5 이제 너희가 내 말을 듣고 내 계약을

18,23. "평화롭게"('샬롬')를 "무사히"(창세 28,21; 여호 10,21) 혹은 "행복하게"(이사 38,17; 45,7 참조)로도 옮길 수 있다. 현대어에서 "평화"는 흔히 "전쟁"의 반대말로 이해되지만('샬롬'은 "승리"라는 뜻도 있다), 사실 '샬롬'의 어원에는 특히 완전함과 온전함이라는 개념이 담겨 있다.

18,24-27. 민수 10,29-36에는 모세와 이트로(이 전승에서는 호밥, 모세의 장인의 다양한 이름에 대해서는 탈출 2,18 주 참조) 사이에 일어난 일에 대한 다른 전승이 들어 있다.

19,4-6. 하느님께서는 조건을 부여하는 것이 아니라 제안하신다. 이스라엘의 미래는 율법에 대한 순종과 준수에 달려 있다. 다음 표현들은 하느님 제안의 중요성과 유일성을 드러낸다. 이스라엘은 그분의 "소유가 될 것이다."("소유, 재산"으로 번역되는 히브리어 '스굴라'는 "소중한 재산", "특별한 보물"의 어감을 지닌다), "사제들의 나라"가 될 것이다(여기서 강조점은 역할이 아니라 존엄성에 있다. 이스라엘은 그분 가까이에 있으면서 하느님을 섬길 것이다). 신약은 이 정의를 그리스도교 공동체에 적용한다(1베드 2,5.9; 묵시 1,5-6; 5,9-10 참조). 이스라엘은 창세 12,2에서 하느님께서 아브라함에게 언약하신 것처럼 다른 민족들같이 한 "민족"('고이')이 될 뿐만 아니라 다른 민족들과 구별되는 "거룩한"('카도시') 민족이 될 것이다. 주님께서 그들을 선택하시어 당신 소유의 백성으로 삼으셨기 때문이다(신명 7,6).

18,22 민수 1,17; 신명 1,17.18. 18,25 신명 1,15. 18,27 민수 10,29.30. 19,2 17,1; 18,5. 19,3 20,21; 사도 7.38. 19,4 신명 29,1; 이사 63,9; 묵시 12,14ㄱ. 19,5 신명 5,2; 7,6; 10,14; 티토 2,14; 히브 8,9.

✠ 19,2-6. 가해 연중 제11주일에 열두 제자는 하느님의 새 백성이 되고 우선적으로 이스라엘 집안의 길 잃은 양에게 파견된다는(마태 9,36-38; 10,1-8) 관점에서 이 본문을 읽는다.

19,5. 하느님과 백성의 관계는 계약('브릿')의 범주에 따라 소개된다. 몇몇 저자들에 따르면 히타이트 종속국의 조약 모델(기원전 15-13세기)을 여기서 발견할 수 있다. 그 구조는 구약에도(특히 십계명. 신명 29장-30장; 여호 24장 참조) 나타나며, 다음 요소들로 이루어져 있다. 종주국 임금을 소개하는 머리말, 허락된 이익의 목록이 있는 역사적 서문, 규칙(종속국 임금이 받아들인 의무들), 문서 조항들(성전에 보관하고 정기적으로 공적으로 읽음), 증인 목록(구약에서는 신들 대신에 하늘과 땅을 증인으로 세움. 신명 30,19 참조), 종속국 임금의 행실에 따른 축복과 저주(신명 28장 참조)이다. 그러나 예언자들은 하느님과 백성의 관계를 혼인 관계로 소개한다(호세 2,21-22; 예레 2,2; 이사 54,4-8; 62,4-5; 에제 16장 참조). 이 혼인 이미지는 신약에 다시 나오는데, 신랑은 메시아이다.

지키면, 너희는 모든 민족들 가운데에서 나의 소유가 될 것이
다. 온 세상이 나의 것이다. 6 그리고 너희는 나에게 사제들의
나라가 되고 거룩한 민족이 될 것이다.' 이것이 네가 이스라엘
인들에게 알려 줄 말이다."
7 모세가 돌아와 백성의 원로들을 불러, 주님께서 분부하신
이 모든 말씀을 전하였다. 8 그러자 백성이 다 함께, "주님께
서 이르신 모든 것을 우리가 실천하겠습니다." 하고 대답하
였다. 모세는 백성의 말을 주님께 그대로 아뢰었다.

계약 체결을 준비하다

9 주님께서 모세에게 말씀하셨다. "이제 내가 짙은 구름
속에서 너에게 다가가겠다. 그러면 내가 너와 말하는 것을
백성이 듣고 너를 언제까지나 믿게 될 것이다."
모세가 백성의 말을 주님께 그대로 전해 드리자, 10 주님
께서 모세에게 말씀하셨다. "백성에게 가거라. 오늘과 내
일 그들을 성결하게 하고, 옷을 빨아 11 셋째 날을 준비하
게 하여라. 바로 이 셋째 날에 온 백성이 보는 앞에서 주님
이 시나이산에 내릴 것이다. 12 그리고 백성에게 경계를 두
루 정하여 주고 이렇게 일러라. '산에 오르지도 말고 산자
락을 건드리지도 마라. 산을 건드리는 자는 누구든 죽음
을 면치 못할 것이다. 13 그런 자는 아무도 손을 대지 말고,
돌이나 활에 맞아 죽게 해야 한다. 짐승이든 사람이든 아
무도 살아남지 못한다.' 숫양 뿔 나팔 소리가 길게 울리거
든, 백성을 산으로 올라오게 하여라." 14 모세는 산에서 백
성에게 내려왔다. 그는 백성을 성결하게 하고, 그들은 자
기들의 옷을 빨았다. 15 그는 백성에게, "셋째 날을 준비하
고 여자를 가까이하지 마라." 하고 말하였다.

19,9. 백성이 모세를 믿기 위해서는 그들이 하느님과 모세가 나누는 대화를 봐야 한다. 모세를 통해 이스라엘에 율법과 구원이 백성에게 주어졌는데, 모세는 구약에서 사람들이 그를 "믿도록"('아만') 초대받은 유일한 인물이다. 하느님과 모세에게 같은 동사가 사용된다(탈출 14,31 주 참조).

19,10. "성결하게 하고"로 번역된 히브리어 동사 '카다스'는 이중 번역이 가능하다. 모세는 이스라엘이 하느님과 관계를 맺을 수 있도록 거룩한 상태에 이르게 해야 한다(대중 라틴말 성경 "거룩하게 하고"). 이것은 구체적으로 정화 행위를 통해 이루어진다(그리스어 번역은 "정결하게 하고"). 같은 동사가 22절에도 나온다.

19,13. 여기서 관악기는 '소파르'(16절과 19절)와 다른 히브리어 용어이다.

19,6 신명 14,21; 26,19; 1베드 2,5ㄴ.9; 묵시 1,6; 5,10. 19,8 24,3.7. 19,9 24,15; 집회 45,5. 19,10 창세 35,2; 레위 11,44.45; 민수 8,7; 19,19; 히브 10,22; 묵시 7,14. 19,12 히브 12,18.20. 19,14 묵시 7,14.

19,10-15.20-25. 여기서 사람과 하느님 사이에 존재하는 분리라는 사고가 처음으로 광범위하게 주제화된 것을 보게 된다. 창조주이자 해방자 하느님께서는 질적으로 말하면 당신 창조물과 같은 차원에 계시지 않는다. 게다가 인간은 개인과 공동체의 죄를 통해서 하느님 앞에서 거리감과 타자성이 더욱 커질 뿐이다. 성경이 정결과 부정의 개념을 소개하는 것은 바로 이와 관련되어 있다. 그 두 개념으로 인해 하느님의 세계와 인간의 세계가 대립한다. 거룩하고 정결한 하느님의 현존이 세속적이고 부정한 그분의 피조물에게는 위험할 수 있다. 이러한 이유에서 이스라엘의 전례 예식(특히 레위기에서 그것을 볼 수 있다)은 여러 가지 방책들, 곧 몸을 씻는 것, 옷을 빠는 것, 따라야 할 세밀한 사항을 규정한다. 피조물이 창조주를 떠난 후에 생긴(창세 3장 참조) 하느님과의 거리를 일부나마 회복하기 위해서이다.

하느님께서 시나이산에 나타나시다

16 셋째 날 아침, 우렛소리와 함께 번개가 치고 짙은 구름
이 산을 덮은 가운데 뿔 나팔 소리가 크게 울려 퍼지자, 진
영에 있던 백성이 모두 떨었다. 17 하느님을 만날 수 있도록
모세가 백성을 진영에서 데리고 나오자 그들은 산기슭에
섰다. 18 그때 시나이산은 온통 연기가 자욱하였다. 주님께
서 불 속에서 그 위로 내려오셨기 때문이다. 마치 가마에
서 나오는 것처럼 연기가 솟아오르며 산 전체가 심하게 뒤
흔들렸다. 19 뿔 나팔 소리가 점점 크게 울려 퍼지는 가운
데 모세가 말씀을 아뢰자, 하느님께서 우렛소리로 대답하
셨다. 20 주님께서는 시나이산 위로, 그 산봉우리로 내려
오셨다. 그런 다음 주님께서 모세를 그 산봉우리로 부르시
니, 모세가 올라갔다.
21 주님께서 모세에게 말씀하셨다. "너는 내려가서 백성에
게, 주님을 보려고 밀려들다 많은 이들이 죽는 일이 없게
경고하여라. 22 주님에게 가까이 오는 사제들도 자신을 성
결하게 해야 한다. 그렇게 하지 않으면 주님이 그들을 내
려칠 것이다." 23 모세가 주님께 대답하였다. "'산에 경계를
정하여 그곳을 성별하여라.' 하고 주님께서 저희에게 경고
하셨기 때문에, 백성은 시나이산으로 올라올 수 없습니
다." 24 그러자 주님께서 그에게 말씀하셨다. "내려가서 아
론과 함께 올라오너라. 그러나 사제들이나 백성이 주님에
게 올라오려고 밀려들어서는 안 된다. 그러면 주님이 그들
을 내려칠 것이다." 25 모세는 백성에게 내려가 말하였다.

19,16-25. 하느님 신현 장면에서 강력한 폭풍의 이미지들은 화산 폭발의 이미지와 결합된다(20,18 참조). 이 모든 현장에서 항상 뿔 나팔 소리가 점점 더 크게 울려 퍼지는데 일반적으로 뿔 나팔은 전례 예식에서 사용한다. 흔들림(처음에는 백성, 나중에는 산)과 하느님 현존의 강도가 점점 강해진다. 17-18절에서만 하느님께서 불 속에 내려오시고 끝으로 19절에서 우렛소리/목소리('콜')로 모세에게 말씀하시고 응답하신다. 하느님 신현에서 가장 중요한 요소는 바로 소리다. 백성(현존하는 백성과 미래의 백성)이 들을 수 있도록(5.9절 참조) 하느님께서는 소리로 당신 자신을 계시하신다.

19,19. 16절과 19절의 "우렛소리"로 번역된 히브리어의 자구적 의미는 "소리"이다. 16절에서는 이어지는 단어인 번개로 인해 "우렛소리"로 번역한 것이 적절하겠지만 19절에서는 자구적인 의미를 살려 "하느님께서 소리로 대답하셨다"로 번역할 수도 있다.

19,16-25 신명 5,2-5.25-31. 19,16 40,34; 히브 12,18.19; 묵시 1,10; 4,5ㄱ. 19,18 창세 19,28; 시편 68,8.9; 104,32; 히브 12,18; 묵시 9,2. 19,19 시편 81,8; 히브 12,19.21. 19,21 3,5. 19,22 레위 10,3; 2사무 6,7. 19,24 묵시 4,1.

십계명

20 [1] 그때 하느님께서 이 모든 말씀을 하셨다. [2] "나
는 너를 이집트 땅, 종살이하던 집에서 이끌어
낸 주 너의 하느님이다.
[3] 너에게는 나 말고 다른 신이 있어서는 안 된다.
[4] 너는 위로 하늘에 있는 것이든, 아래로 땅 위에 있는 것
이든, 땅 아래로 물속에 있는 것이든 그 모습을 본뜬 어떤
신상도 만들어서는 안 된다. [5] 너는 그것들에게 경배하거
나, 그것들을 섬기지 못한다. 주 너의 하느님인 나는 질투
하는 하느님이다. 나를 미워하는 자들에게는 조상들의 죄
악을 삼 대 사 대 자손들에게까지 갚는다. [6] 그러나 나를
사랑하고 내 계명을 지키는 이들에게는 천대에 이르기까
지 자애를 베푼다.
[7] 주 너의 하느님의 이름을 부당하게 불러서는 안 된다. 주
님은 자기 이름을 부당하게 부르는 자를 벌하지 않은 채
내버려 두지 않는다.
[8] 안식일을 기억하여 거룩하게 지켜라. [9] 엿새 동안 일하면
서 네 할 일을 다 하여라. [10] 그러나 이렛날은 주 너의 하느
님을 위한 안식일이다. 그날 너와 너의 아들과 딸, 너의 남
종과 여종, 그리고 너의 집짐승과 네 동네에 사는 이방인

20,2. 십계명은 하느님의 자기소개로 시작된다. 하느님께서는 이스라엘에 구원(14,13.30; 15,2 참조)과 자유를 주셨다. 이제 이스라엘이 종이 아니라 자유롭게 살 가능성을 주신다. 십계명은 각각 개별 규정이 아니라 시작하는 말씀인 "나는 너를 이집트 땅, 종살이하던 집에서 이끌어 낸 주 너의 하느님이다."의 발전으로 읽어야 한다.

20,3. 이 명령은 유일신(신은 오직 한 분) 사상이 아니라 택일신론(많은 신 중 한 신을 선택)을 배경으로 한다. 주님께서는 이스라엘에게 다른 여러 신 가운데 당신만을 선택하고 섬기라고 요구하셨다.

20,4-6. 어떤 신상도 만들지 않고 이스라엘의 하느님을 경배하는 것은 인간에 대한 그분의 초월성을 강조하기 위한 것이다. 아무리 귀한 것이라 해도 가시적인 것이나 인간의 손으로 만든 구체적인 것으로 그분을 축소할 수 없다.

20,6. '헤셋'을 "자애"로 옮겼는데 더욱 적절한 의미는 "충실"일 것이다.

20,7. 신성 모독이나 불경스러운 말뿐만 아니라, 하느님에 대해 말하는 방식(예를 들어 신학적 담화, 교의적 가르침 등에서)이나 권력과 권위를 독단적으로 행사하기 위해서, 불의를 위해서, 단순히 자기 이익을 위해서 하느님 이름을 도구화하는 가능성까지 다루고 있다.

20,8-11. 안식일 쉼의 목적은 지친 인간이 힘을 얻어 이전에 하던 활동으로 다시 돌아가기 위함이 아니라, 우주에 대한 하느님의 절대적 권능을 긍정하고 구원이 오직 주님에게서 온다는 것을 인정하면서 인간이 지닌 존엄성을 회복하는 것이 그 목적이다. 20,8에서 안식일은 창조에 대한 기념이며, 신명 5,12-15에서 안식일은 탈출에 대한 기념이다. 신명 5,12-15 주 참조.

20,1 신명 5,22. 20,2-17 // 신명 5,6-22. 20,2 신명 5,6.7. 20,3 예레 35,15. 20,4 레위 26,1; 신명 4,15-19; 5,8; 시편 97,7; 묵시 5,3. 20,5 신명 4,24; 이사 44,15.19; 예레 32,18; 요한 9,2. 20,6 신명 7,9. 20,7 레위 19,12; 마태 5,33. 20,8 23,12; 31,15. 20,9 34,21; 루카 13,14. 20,10 마태 12,2; 마르 2,27; 루카 23,56.

20,1-17. "십계명"(34,28; 신명 4,13; 10,4. 그리스어 '데칼로고')은 하느님께서 백성에게 직접 하신 유일한 말씀(신명 5,6-22도 참조)으로, 이 "너"(이스라엘 민족 전체를 하나로 말하기 때문에 2인칭 단수 사용)를 변화시키는 것이 목적이다. 하느님께서는 "너"를 당신 대담자처럼 대하면서 듣는 사람의 실존 자체를 건드리는 변화를 원하신다. 하느님께서 두 개의 돌판에 십계명을 기록하시는데 일반적으로 두 개의 주제, 곧 하느님에 대한 의무(2-11절 참조)와 이웃에 대한 의무(12-17절 참조)로 구분된다. 신약에서도 모든 법은 하느님 사랑과 이웃 사랑으로 요약된다(마태 22,37-40; 루카 10,27 참조). 그러나 더 주의 깊게 분석하면 십계명을 세 부분으로 나눌 수 있다. 처음과 끝에는 부정적인 형태의 명령이 나온다(2-7절에는 하느님과의 관계에 대해, 13-17절에는 이웃과의 관계에 대해). 중간 부분(8-12절 참조)에는 유일하게 긍정 형태의 두 개의 명령, 안식일 준수와 부모 공경이 나오는데, 둘 다 하느님과 이웃 모두에 관련된다. 사실 안식일 준수는 가정의 아버지가 자신에게 의존하고 있는 모든 사람이 안식일을 지키게 하는 것을 뜻하며, 성인 아들에게 부모 공경은 부모가 자신에게 전달한 신앙 전승에 충실함을 뜻한다. 십계명의 말은 조건법이 아니라 정언법(apodictic, "너는 … 안 된다")이며, 계약 법전의 전형적인 결의법casuistic이나 조건법(20,22-23,33 참조)과도 다르다("네가 이것을 한다면…, 이것이 그 결과일 것이다…").

✠ 20,1-17. 나해 사순 제3주일에 예수님께서 하느님 성전에서 장사꾼을 쫓아내시는 복음서 본문(요한 2,13-25)과 같이 읽는다. 하느님 현존 장소에서는 우상 숭배나 그릇된 예배가 의심되는 어떤 것도 있어서는 안 된다. 예수님의 인격은 오염되지 않은 거룩함의 장소이다. 20,1-21은 고해성사 예식에서 좋은 양심 성찰의 토대를 제공한다.

은 어떤 일도 해서는 안 된다. 11 이는 주님이 엿새 동안 하
늘과 땅과 바다와 그 안에 있는 모든 것을 만들고, 이렛날
에는 쉬었기 때문이다. 그러므로 주님이 안식일에 강복하
고 그날을 거룩하게 한 것이다.
12 아버지와 어머니를 공경하여라. 그러면 너는 주 너의 하
느님이 너에게 주는 땅에서 오래 살 것이다.
13 살인해서는 안 된다.
14 간음해서는 안 된다.
15 도둑질해서는 안 된다.
16 이웃에게 불리한 거짓 증언을 해서는 안 된다.
17 이웃의 집을 탐내서는 안 된다. 이웃의 아내나 남종이나
여종, 소나 나귀 할 것 없이 이웃의 소유는 무엇이든 탐내
서는 안 된다."

백성이 모세의 중개를 요청하다

18 온 백성은 우렛소리와 불길과 뿔 나팔 소리와 연기에 싸
인 산을 보고 있었다. 백성은 그것을 보고 떨면서 멀찍이
서 있었다. 19 그들이 모세에게 말하였다. "우리에게는 당
신이 말해 주십시오. 우리가 듣겠습니다. 하느님께서 직접
우리에게 말씀하시지 않도록 해 주십시오. 그랬다가는 우
리가 죽습니다." 20 그러자 모세가 백성에게 말하였다. "두
려워하지들 마라. 하느님께서는 너희를 시험하시려고, 그
리고 너희가 그분을 경외하는 마음을 지녀 죄짓지 않게
하시려고 오신 것이다." 21 백성은 멀찍이 서 있었고, 모세
는 하느님께서 계시는 먹구름 쪽으로 가까이 갔다.

20,12. 부모는 자녀에게 생명을 줄 뿐 아니라 율법(토라)과 신앙의 전통, 하느님의 축복, 땅, 자유의 근본적인 조건(상태)을 전달하였다. 따라서 부모를 공경하는 사람은 주님께서 주신 땅에서 오래 살 것이다(집회 3,8 참조).

20,13-17. 어떤 식으로든 이웃에게 해를 끼치는 행위를 단죄한다. 생명의 권리(13절 참조)와 혼인의 거룩한 가치(14절 참조), 개인의 자유와 생존을 위한 본질적인 재산(15절 납치와 도둑질 단죄)에 대해 말한다. 이런 행위에서 그 원인이 될 수 있는 것으로 거슬러 올라간다. 말과 법정에서의 거짓 증언(16절 참조)뿐만 아니라 다른 사람의 집, 아내, 종과 동물(17절 참조)을 자기 소유로 하려는 갈망이나 유혹을 경계한다.

20,18-21. 하느님 신현에 대한 이스라엘의 반응(19,16-19 참조)은 두려움이다. 백성은 두려워하면서 모세의 중재의 필요성을 인정한다(19,9에서 하느님께서 이미 모세의 이 역할을 설정하셨다).

20,20. "너희가 그분을 경외하는 마음을 지녀"의 자구적 번역은 "그분에 대한 경외가 너희의 얼굴 위에 있어"이다.

20,11 사도 4,24; 14,15; 창세 2,2.3도 참조; 사도 17,24; 묵시 10,6. 20,12-16 마태 19,18-19; 마르 10,19; 루카 18,20. 20,12 마태 15,4; 마르 7,10; 에페 6,2; 레위 19,3도 참조. 20,13-17 로마 13,9. 20,13-14 야고 2,11. 20,13 마태 5,21; 로마 13,9; 묵시 9,21. 20,14 마태 5,27; 마태 19,18도 참조. 20,15 마태 19,18. 20,16 23,1; 사도 6,13. 20,17 로마 7,7; 마태 5,28도 참조; 로마 13,9. 20,18 9,18; 히브 12,19. 20,19 신명 5,23-27. 20,20 14,13; 15,25; 신명 4,10. 20,21 신명 5,22.

계약의 책

제단에 관한 법

22 주님께서 모세에게 말씀하셨다. "이스라엘 자손들에게
이렇게 말하여라. '너희는 내가 하늘에서 너희와 함께 이
야기하는 것을 보았다. 23 너희는 내 곁에 아무것도 만들
어 두어서는 안 된다. 너희는 자신들을 위하여 은으로 신
들을 만들어서도, 금으로 신들을 만들어서도 안 된다.
24 너희는 나를 위하여 흙으로 제단을 만들어, 그 위에서
너희의 번제물과 친교 제물, 그리고 양과 소를 바쳐라. 내
가 나의 이름을 기억하여 예배하게 하는 곳이면 어디든지
가서 너희에게 강복하겠다. 25 너희가 나를 위하여 돌로 제
단을 만들려거든, 다듬은 돌로 쌓아서는 안 된다. 너희가
정을 대면 제단이 부정하게 된다. 26 그리고 너희는 층계로
내 제단에 올라가서는 안 된다. 제단 앞에서 너희 알몸이
드러나지 않게 하려는 것이다.'"

종에 관한 법

21 1 "이것이 네가 그들 앞에 세워 놓아야 할 법이다.
2 '너희가 히브리인을 종으로 샀을 경우, 그는 여
섯 해 동안 종살이하고, 일곱째 해에는 대가 없이 자유로운
몸으로 풀려 나간다. 3 그가 홀몸으로 들어왔으면 홀몸으
로 나가고, 아내를 데리고 왔으면 아내도 그와 함께 나간
다. 4 주인이 그에게 아내를 얻어 주어, 그 아내가 그에게
아들이나 딸을 낳아 주었으면, 그 아내와 자식들은 주인
차지가 되고, 그는 홀몸으로 나간다. 5 그러나 그가 '나는
주인과 내 아내와 아들들을 사랑하기 때문에, 자유로운

20,22-23,33. 여기서 이른바 "법전" 또는 "계약의 책"(24,7)이 시작되며, 모세는 계약 예식 동안 본질적인 요소로 이것을 공적으로 읽는다(24,3-8 참조). 모세가 네 번째로 산에 올라갔을 때 하느님께서 이 법전을 모세에게 주신다(19,3과 19,7; 19,8과 19,14; 19,20과 19,25; 20,21 참조).

21,2-11. 히브리인 종들, 곧 채무를 갚지 못해 종살이를 해야 하는 사람들에 대한 사회법이다. 여종과 남종의 사례가 구별되며, 그들에 대한 주인의 권한과 의무를 강조한다. 히브리인 종의 해방 규정은 여섯 해 동안 종살이를 하고 일곱째 해가 되면 자유롭게 되어야 한다고 정하고 있다(레위 25,40-41; 신명 15,12과 신명 15,1의 안식년 탕감 규정. 신명 31,10도 참조).

20,22 느헤 9,13. 20,23 32,1.2.4. 20,24 창세 12,2; 레위 1,2; 신명 12,5. 20,25 신명 27,5.6. 21,1 신명 4,14. 21,2 레위 25,39-41; 신명 15,12-18.

20,22-23,33. 이 율법들에는 고대 근동 많은 나라의 법 전승(수메르 법, 함무라비 법과 아시리아와 히타이트의 다른 법들)과 접촉한 요소가 많이 담겨 있다. 이 율법의 청중은 들에서 살면서(대부분 목자와 농민들) 기본 식료품 생산에 참여하는 사람들이다. 가나안 정착 이후의 상황으로, 집안의 가장들이 지역 갈등들을 처리하던 시기다(임금이나 다른 정치적 권위에 대해서 말하지 않는다). 그러나 이런 규정들을 모세와 시나이 계시에 소급 적용해, 규정들에 거룩한 가치를 부여한다. 종교법과 민법 사이에 차이가 없는데 주님께서 그 법을 세운 유일한 권위자이시기 때문이다. 온갖 범죄는 "죄"다(20,20 참조).

21,1-22,19. 서문(20,22-26 참조)에 이어 법전 1부는 결의법casuistic으로 형성된 율법들인데 정언법apodictic으로 표현된 율법도 여기에 첨가된다. 이 단락에서는 사형도 내릴 수 있는 행동을 규정한다(21,12-17; 22,17-19 참조).

몸으로 나가지 않겠습니다.' 하고 선언하면, 6 주인은 그를
하느님께 데리고 가서 문짝이나 문설주에 다가세우고, 그
의 귀를 송곳으로 뚫는다. 그러면 그는 종신토록 그의 종
이 된다.
7 어떤 사람이 자기 딸을 여종으로 팔았을 경우, 이 여종
은 남종들이 풀려 나가듯 나가지는 못한다. 8 주인이 데리
고 살려 했는데 눈에 들지 않으면, 그 여자를 되팔아야 한
다. 그러나 주인이 그 여자를 부당하게 대하였으므로, 그
를 이민족에게 팔 권리는 없다. 9 그 여자를 자기 아들에
게 주려고 샀으면, 딸들에게 해 주는 법대로 그 여자를 대
해야 한다. 10 주인이 다른 여자를 맞아들이더라도, 첫 여
자의 양식과 의복, 그리고 부부 관계를 줄여서는 안 된다.
11 주인이 그에게 이 세 가지를 다 하지 않을 경우, 그 여자
는 값을 치르지 않고 대가 없이 풀려 나간다.'

폭력에 관한 법

12 '사람을 때려서 죽인 자는 사형을 받아야 한다. 13 만일
그가 일부러 하지 않고, 하느님이 그의 손에 걸리게 한 것
이라면, 그가 피신할 수 있는 곳을 너희에게 지정해 주겠
다. 14 그러나 악의로 흉계를 꾸며 이웃을 죽였을 경우에
는, 그가 내 제단을 붙잡았더라도 끌어내어 사형에 처해
야 한다.
15 자기 아버지나 어머니를 때린 자는 사형을 받아야 한다.
16 사람을 유괴한 자는 그 사람을 팔았든 데리고 있든 사
형을 받아야 한다.
17 자기 아버지나 어머니를 욕하는 자는 사형을 받아야 한다.'

21,12-17. 사형법을 소개한다. 실수로 살인을 저지른 사람에게 피신 권한이 주어진다(13절 참조). 그러나 의도적인 살인은 사형을 피할 수 없고 제단의 뿔을 붙잡을 수도 없다(27,2 참조). 고의성은 미리 계획된 것으로 명시되어 있다(14절).

21,15. 더 엄격한 것은 신명 2,18-21에 이미 규정된 조항이다(모임 전체의 참여를 암시한다).

21,6 22,7.8. 21,7 느헤 5,5. 21,10 1역대 7,3.5. 21,12 창세 9,6; 레위 24,17; 마태 5,21. 21,13 민수 35,22; 신명 19,4.5. 21,14 신명 19,11.12; 1열왕 2,28-34; 히브 10,26. 21,16 신명 24,7. 21,17 // 레위 20,9; 마태 15,4도 참조; 마르 7,10.

21,12-22,19. 계약 법전은 사형에 처하는 다른 범죄도 소개한다. 의도적 살인(21,12.14), 부모에 대한 폭력(21,15), 유괴(21,16), 부모를 욕하는 행위(21,17), 자기 목숨 값으로 배상금을 지불하는 것이 허락된 경우를 제외하고 한 번 이상 다른 사람을 죽인 소의 주인의 감독 소홀(21,29-31), 주술 행위(22,17), 동물과의 교접 행위(22,18), 다른 신들에 희생 제사를 바치는 것(22,19)이 그러하다. 21,20-21처럼 애매한 사례도 있다.

상해에 관한 법

18 '사람들이 서로 다투다 한 사람이 상대방을 돌이나 주
먹으로 때려, 그가 죽지는 않고 자리에 눕게 되었을 경우,
19 그가 나중에 일어나서 지팡이를 짚고 밖을 돌아다니게
되면, 때린 자는 벌을 면한다. 다만 그동안의 손해를 갚고,
나을 때까지 치료해 주어야 한다.
20 어떤 사람이 자기 남종이나 여종을 몽둥이로 때렸는데,
그 종이 그 자리에서 죽었을 경우, 그는 벌을 받아야 한다.
21 그러나 그 종이 하루나 이틀을 더 살면, 그는 벌을 받지
않는다. 종은 주인의 재산이기 때문이다.
22 사람들이 서로 싸우다 임신한 여자와 부딪쳤을 경우,
그 여자가 유산만 하고 다른 해가 없으면, 가해자는 그 여
자의 남편이 요구하는 대로 벌금형을 받아야 한다. 그는
재판관을 통해서 벌금을 치른다. 23 그러나 다른 해가 뒤
따르게 되면, 목숨은 목숨으로 갚아야 하고, 24 눈은 눈으
로, 이는 이로, 손은 손으로, 발은 발로, 25 화상은 화상으
로, 상처는 상처로, 멍은 멍으로 갚아야 한다.
26 어떤 사람이 자기 남종의 눈이나 여종의 눈을 때려 상
하게 하였을 경우, 눈 대신 그를 자유로운 몸으로 내보내
야 한다. 27 그가 자기 남종의 이나 여종의 이를 부러뜨렸
어도, 이 대신 그를 자유로운 몸으로 내보내야 한다.
28 소가 남자나 여자를 뿔로 받아서 그가 죽었을 경우, 그
소는 돌에 맞아 죽어야 한다. 그 고기를 먹어서는 안 된다.
이 경우 소 임자는 벌을 받지 않는다. 29 그러나 그 소가
예전부터 받는 버릇이 있어, 그 주인이 경고를 받고도 그
것을 잡도리하지 않아 남자나 여자를 죽였으면, 소가 돌
에 맞아 죽어야 할 뿐만 아니라, 주인도 사형을 받아야 한
다. 30 만일 배상금을 요구해 오면, 그 주인은 자기 몸값으
로 요구하는 것을 다 물어야 한다. 31 소가 남의 아들을 받
았거나 남의 딸을 받았을 때에도, 그 주인은 이 법에 따라
다루어진다. 32 소가 남의 남종이나 여종을 받았으면, 그

21,22-23. 임신한 여자에게 실수로 상해를 입히는 사례는 특히 흥미롭다. 그녀가 유산을 했지만 "다른 해"를 입지 않았으면(대중 라틴말 성경은 "만약에 그 여자가 살아 있으면"이라고 표현함) 보상해야 한다. 임신한 여자에게 해를 입히면 "목숨은 목숨으로" 갚아야 한다.

21,32. '세켈'은 무게를 재는 단위였다. 11.5-13g 사이는 '궁정 세켈'에 해당하고 '성소 세켈'도 따로 존재했다.

21,21 레위 25,45.46. 21,23 레위 24,19. 21,24-25 마태 5,38. 21,28 창세 9,5. 21,32 즈카 11,12.13; 마태 26,15.

21,18-27. 고대 근동(함무라비 법전)과 로마 세계(12표법)에서도 볼 수 있는 동태 복수법의 목적은 피해자가 받은 상해와 똑같은 형벌을 가해자가 받게 함으로써 과도한 개인적 복수(창세 4,23-24 참조)를 피하게 하는 것이다(탈출 21,23-25; 레위 24,17-20; 신명 19,21; 25,11-12 참조). 이 법은 사랑이라는 그리스도교 윤리(마태 5,38-42 참조)와 대조되는데, 실제로는 재판 때 의도적 살인에만 문자 그대로 적용된 것 같다(임신한 여자의 경우는 예외다. 탈출 21,22-23 참조). 18-19절에서 싸움 때문에 생긴 상해는 상해를 입힌 사람이 손해를 배상하고 치료비를 부담해야 한다. 26-27절에서 종의 눈이나 이를 잃게 했다면 종을 자유롭게 해 주어야 한다.

주인에게 은 서른 세켈을 갚아야 하고, 소는 돌에 맞아 죽
어야 한다.
33 어떤 사람이 구덩이를 열어 놓거나 구덩이를 파고 그것
을 덮지 않아서 소나 나귀가 거기에 빠졌을 경우, 34 그 구
덩이의 임자는 짐승의 임자에게 돈을 치러 배상해야 한
다. 그러나 죽은 짐승은 구덩이 임자의 차지가 된다.
35 어떤 사람의 소가 이웃의 소를 받아서 죽게 하였을 경
우, 살아 있는 소를 팔아서 그 돈을 나누어 가지고, 죽은
소도 나누어 가진다. 36 그러나 그 소가 예전부터 받는 버
릇이 있다는 사실이 알려졌는데도, 그 주인이 그것을 잡도
리하지 않았다면, 소는 소로 배상하고 죽은 소는 자기가
차지한다.'

절도에 관한 법

37 '어떤 사람이 소나 양을 도둑질하여 그것을 잡거나 팔았을
경우, 소 한 마리에 소 다섯 마리를, 양 한 마리에 양 네 마
리를 배상해야 한다.

22 1 도둑이 집을 뚫고 들어가다 들켜서 맞아 죽었
으면, 살인죄가 되지 않는다. 2 그러나 해가 이
미 떠오른 다음에는 살인죄가 된다. 도둑질한 자는 배상
해야 한다. 그가 가진 것이 없으면, 제 몸을 팔아 도둑질
한 것을 갚아야 한다. 3 도둑질한 짐승이 소든 나귀든 양이
든 아직 산 채로 그의 손에 있으면, 그는 그것을 갑절로 배
상해야 한다.'

손해 배상법

4 '어떤 사람이 밭이나 포도원에서 풀을 뜯기던 가축을 풀
어 놓아 남의 밭 곡식을 뜯어 먹게 하였을 경우, 그는 자기
밭의 가장 좋은 소출과 자기 포도원의 가장 좋은 소출로
배상해야 한다.
5 불이 나서 가시덤불에 옮겨붙어 남의 낟가리나 거두지
않은 곡식이나 밭을 태웠을 경우, 불을 낸 자는 자기가 태
운 것을 배상해야 한다.

22,2-14. 재산과 관련된 손해는 배상해야 하는데 일반적으로 더 높은 가치(갑절로. 3.6.8절; 또는 자기 밭이나 자기 포도밭의 "가장 좋은 소출" 4절)로 배상한다.

21,33 루카 14,5. 21,37 2사무 12,6; 루카 19,8. 22,1 민수 35,27; 마태 24,43. 22,2 21,2.

22,1-2. 피의 보복은 '고엘'(특정한 경우에 친족을 보호하거나 그의 이익을 옹호하기 위해 개입해야 했던 가까운 친척)의 중요한 임무 가운데 하나였다. 친척이 살해된 경우에 고엘은 그 죄인을 죽여 정의를 행할 권리/의무가 있었다(민수 35,19.21; 신명 19,12 참조). 도둑의 경우에 살인이 낮에 일어났으면 보복이 허용된다(밤에 일어난 살인은 고의가 아닌 것으로 여겼다). 생명은 거룩하고 재산보다 더 중요하다.

6 어떤 사람이 이웃에게 돈이나 물건을 지켜 달라고 맡겼
다가 그 집에서 도둑을 맞았을 경우, 그 도둑이 잡히면 도
둑은 그것을 갑절로 배상해야 한다. 7 그러나 도둑이 잡히
지 않으면, 그 집 주인이 이웃의 물품에 손을 대지 않았는
지 밝히러 하느님께 나아가야 한다.
8 소나 나귀나 양이나 겉옷이나 그 밖의 어떤 분실물이든,
한쪽이 '저것은 내 것이다.' 하고 주장하는 사건이 생기면,
양쪽이 관련된 이 일은 하느님께 가져가야 한다. 하느님께
서 유죄 판결을 내리신 자는 상대방에게 갑절로 배상해야
한다.
9 어떤 사람이 이웃에게 나귀나 소나 양이나 그 밖의 어
떤 가축이든 지켜 달라고 맡겼는데, 죽거나 다치거나 아무
도 보지 않는 사이에 없어졌을 경우, 10 맡았던 이가 이웃
의 물건에 손을 대지 않았다는 것을 주님 앞에서 맹세하
여, 두 사람 사이의 시비를 가려야 한다. 그러면 임자는 그
것을 받아들이고, 상대방은 배상하지 않는다. 11 그러나
그것이 도둑을 맞았다면, 그 임자에게 배상해야 한다. 12
그것이 맹수에게 찢겨 죽었다면, 그것을 증거물로 내놓고,
찢겨 죽은 짐승은 배상하지 않는다.
13 어떤 사람이 이웃에게 짐승을 빌려 갔다가 그것이 다치
거나 죽었을 경우, 그 임자가 같이 있지 않았다면 배상해
야 한다. 14 임자가 같이 있었다면 배상하지 않는다. 그 짐
승이 세를 낸 것이면 셋돈은 물어야 한다.'

처녀를 범한 자에 관한 법

15 '어떤 사람이 정혼하지 않은 처녀를 꾀어 그와 동침하였
을 경우, 신부 몸값을 내고 그 처녀를 아내로 맞아들여야
한다. 16 그 처녀의 아버지가 자기 딸을 그에게 주는 것을
거절하면, 처녀의 몸값에 해당하는 금액을 물어야 한다.'

그 밖에 사형에 처할 죄인

17 '너희는 주술쟁이 여자를 살려 두어서는 안 된다.
18 짐승과 교접하는 자는 누구든 사형을 받아야 한다.
19 주님 말고 다른 신들에게 제사를 지내는 자는 처형되어
야 한다.'

22,15-16. "정혼하지 않은 처녀"를 성폭행한 사람은 그 잘못을 보상하기 위해, 혼인 동의의 계약 행위에서 신부에 대해 권한을 가진 사람에게 장차 신랑이 될 사람이 주어야 할 금액('모하르')을 지불한 후(창세 29,18-19 참조) 그녀와 혼인해야 한다. 그녀의 아버지가 보상으로 하는 혼인을 거절할지라도, 가해자는 처녀 몸값에 해당하는 모하르를 주어야 한다. 신명 22,29에 따르면 금액이 더 늘어난 모하르인 은 50세켈을 지불해야 한다.

22,17-19. 19절은 계약 법전의 중심인데 주님의 주권을 강조한다.

22,7 21,6; 신명 17,8.9; 19,17. 22,10 히브 6,16. 22,11 창세 31,39. 22,15 신명 22,28.29. 22,17 레위 20,27; 신명 18,10. 22,18 레위 18,23; 신명 27,21. 22,19 신명 17,2.3.5.

약자 보호법

20 '너희는 이방인을 억압하거나 학대해서는 안 된다. 너
희도 이집트 땅에서 이방인이었다.
21 너희는 어떤 과부나 고아도 억눌러서는 안 된다. 22 너희
가 그들을 억눌러 그들이 나에게 부르짖으면, 나는 그 부
르짖음을 들어줄 것이다. 23 그러면 나는 분노를 터뜨려 칼
로 너희를 죽이겠다. 그러면 너희 아내들은 과부가 되고,
너희 아들들은 고아가 될 것이다.
24 너희가 나의 백성에게, 너희 곁에 사는 가난한 이에게
돈을 꾸어 주었으면, 그에게 채권자처럼 행세해서도 안 되
고, 이자를 물려서도 안 된다. 25 너희가 이웃의 겉옷을 담
보로 잡았으면, 해가 지기 전에 돌려주어야 한다. 26 그가
덮을 것이라고는 그것뿐이고, 몸을 가릴 것이라고는 그 겉
옷뿐인데, 무엇을 덮고 자겠느냐? 그가 나에게 부르짖으
면 나는 들어 줄 것이다. 나는 자비하다.'

하느님을 섬기는 몇 가지 법

27 '너희는 하느님을 욕하거나 너희 백성의 수장을 저주해
서는 안 된다.
28 너희의 풍성한 수확과 과일즙을 나에게 바치기를 미루
어서는 안 된다.
너희 아들들 가운데 맏이는 나에게 바쳐야 한다. 29 너희
소와 양도 그렇게 해야 한다. 이레 동안은 어미와 함께 두
었다가, 여드렛날에는 나에게 바쳐야 한다.
30 너희는 나에게 거룩한 사람들이 되어야 한다. 너희는
들에서 맹수에게 찢긴 짐승의 고기를 먹어서는 안 된다.
그런 것은 개에게나 던져 주어야 한다.'

22,20. 계약 법전 2부(21,1-22,19 참조)가 시작된다. 1부와 비교해서 많은 측면이 다르다. 부정 명령형으로 명확하게 표현되고 실천해야 하는 정당한 이유도 자주 제시되는 율법들이 나온다.

22,20-26. 이 대목은 특히 사회 정의와 가장 약자의 범주에 해당하는 사람(과부, 고아, 궁핍한 사람, 채무자)의 보호와 관련되는데, 이방인에 대한 규정(23,9에 다시 나옴)으로 시작한다.

22,28-29. 주님께 맏이와 짐승 맏배를 봉헌하는 법(민수 3,11-13.40-41; 신명 15,19-20도 참조)은 이집트 맏아들의 죽음(탈출 13,1-2.11-16 참조)과 관련된다. 34,19-20에 따르면 맏이와 맏배는 대속해야 한다.

22,30. "거룩함"(19,10-15.20-25 주 참조)은 특별한 음식 규정을 요구한다(레위 11장 참조).

22,20 23,9; 레위 19,33; 신명 10,19. 22,21 신명 24,17.18. 22,22 신명 15,9; 시편 18,7; 마르 12,40; 루카 18,3. 22,23 시편 69,25; 109,9. 22,24 레위 25,35-37; 신명 23,20.21. 22,25-26 // 신명 24,12-13. 22,27 사도 23,5; 레위 24,15.16도 참조; 코헬 10,20; 요한 10,33.34; 18,22. 22,28 13,2.12; 23,16. 22,29 레위 22,27; 신명 15,19. 22,30 레위 19,6; 22,8.

✠ 22,20-26. 가해 연중 제30주일에 예수님께서 율법 가운데 가장 중요한 계명에 대해 응답하시는 복음(마태 22,34-40)과 같이 읽는다.

23,1. 자구적인 번역은 "거짓 증인이 되려고 악인과 함께 네 손을 내려놓지 마라"인데, 죄인을 고발하면서 그 사람에게 손을 얹는 관습을 언급하는 듯하다(레위 24,14 참조).

23,4-5. 나귀와 소는 농업 경제와 목축에서 중요한 동물이기 때문에 이 법은 "원수"(이웃으로 추정하는데 지역 공동체의 일을 다루고 있기 때문이다)의 나귀라도 길을 잃고 헤매면 주인이 되찾게 도와주면서 어떤 적대감도 극복하라고 권고한다.

23,10-12. 안식년에 관한 법(레위 25,1-7 참조)에 이어서 안식일(이렛날)에 대한 법이 나온다. 인간이든 동물이든 법의 사회적 기능에 초점을 맞춘다. 신명 5,12-15 주 참조.

정의 실현에 관한 법

23 1 너희는 헛소문을 퍼뜨려서는 안 된다. 악인과
손잡고 거짓 증인이 되어서는 안 된다. 2 너희는
다수를 따라 악을 저질러서는 안 되며, 재판할 때 다수를
따라 정의를 왜곡하는 증언을 해서는 안 된다. 3 또 힘없는
이라고 재판할 때 우대해서도 안 된다.
4 길을 잃고 헤매는 너희 원수의 소나 나귀와 마주칠 경우,
너희는 그것을 임자에게 데려다 주어야 한다.
5 너희를 미워하는 자의 나귀가 짐에 눌려 쓰러져 있는 것
을 보았을 경우, 내버려 두지 말고 그와 함께 나귀를 일으
켜 주어야 한다.
6 너희는 재판할 때 가난한 이의 권리를 왜곡해서는 안 된
다. 7 그리고 거짓 고소를 멀리해야 한다. 죄 없는 이와 의
로운 이를 죽여서는 안 된다. 나는 악인을 죄 없다고 하지
않는다. 8 너희는 뇌물을 받아서는 안 된다. 뇌물은 온전
한 눈을 멀게 하고, 의로운 이들의 송사를 뒤엎어 버린다.
9 너희는 이방인을 학대해서는 안 된다. 너희도 이집트 땅
에서 이방인이었으니, 이방인의 심정을 알지 않느냐?'

안식년과 안식일에 관한 법

10 '너희는 여섯 해 동안 땅에 씨를 뿌리고 그 소출을 거두
어들여라. 11 그러나 일곱째 해에는 땅을 놀리고 묵혀서,
너희 백성 가운데 가난한 이들이 먹게 하고, 거기에서 남
는 것은 들짐승이 먹게 해야 한다. 너희 포도밭과 올리브
밭도 그렇게 해야 한다.
12 너희는 엿새 동안 일을 하고, 이렛날에는 쉬어야 한다.
이는 너희 소와 나귀가 쉬고, 너희 여종의 아들과 이방인
이 숨을 돌리게 하려는 것이다.
13 너희는 내가 너희에게 말한 모든 것을 명심해야 한다.
다른 신들의 이름을 찬미하여 불러서는 안 된다. 그것을
입 밖에 내어 들리게 해서는 안 된다.'

23,1 20,16; 시편 35,11. 23,2 신명 16,19. 23,4-5 // 신명 22,1-4. 23,7 로마 1,18. 23,8 신명 10,17; 16,19. 23,9 22,20. 23,10 레위 25,3. 23,12 20,8-11.

23,1-3.6-8. 정언법 형태인 이 구절들은 재판 절차와 연결되고 재판관, 고발자와 증인의 태도를 규정한다. 재판관은 부패하지 않아 판결은 공정하고 객관적이어야 하며(레위 19,15; 신명 1,17) 증인, 특히 고발자는 거짓되지 않고 진실해야 한다(신명 19,16; 시편 35,11 참조).

연중 삼 대 축제에 관한 법

14 '너희는 일 년에 세 차례 나를 위하여 축제를 지내야 한
다. 15 너희는 무교절을 지켜야 한다. 내가 너희에게 명령한
대로, 아빕 달 정해진 때에 이레 동안 누룩 없는 빵을 먹
어야 한다. 그달에 너희가 이집트에서 나왔기 때문이다.
아무도 빈손으로 내 앞에 나와서는 안 된다.
16 너희는 밭에 씨를 뿌려 얻은 너희 노동의 맏물을 바치
는 수확절을 지키고, 밭에서 너희 노동의 결실을 거두어
들이는 연말에는 추수절을 지켜야 한다. 17 남자들은 모두
일 년에 세 번 주 하느님 앞에 나와야 한다.
18 너희는 나를 위한 희생 제물의 피를 누룩 든 빵과 함께
바쳐서는 안 된다. 또 축제 때 나에게 바친 굳기름을 이튿
날 아침까지 남겨 두어서도 안 된다.
19 너희 땅에서 난 맏물 가운데 가장 좋은 것을 주 너희 하
느님의 집으로 가져와야 한다. 너희는 새끼 염소를 그 어
미의 젖에 삶아서는 안 된다.'

가나안 땅 입주에 관한 약속과 경고

20 '보라, 내가 너희 앞에 천사를 보내어, 길에서 너희를 지
키고 내가 마련한 곳으로 너희를 데려가게 하겠다. 21 너희
는 그 앞에서 조심하고 그의 말을 들어라. 그가 너희 죄를
용서하지 않으리니, 그를 거역하지 마라. 그는 내 이름을
지니고 있다. 22 너희가 그의 말을 잘 들어 내가 일러 준 것
을 모두 실행하면, 나는 너희 원수들을 나의 원수로 삼고,
너희의 적들을 나의 적으로 삼겠다.
23 나의 천사가 앞장서서 너희를 아모리족, 히타이트족, 프
리즈족, 가나안족, 히위족, 여부스족이 사는 곳으로 데려

23,14-17. 3대 순례 축제는 농경 절기에서 영향을 받은 전례력(신명 16,16-17도 참조)을 전제한다. 다른 전례력에 대한 소개는 탈출 34,18-26과 레위 23,1-44; 민수 28-29장; 신명 16,1-17을 참조한다. 이 본문에서 보리 수확 시기인 무교절은 나중에 만들어진 달력들처럼(신명 16,1-8 참조) 파스카와 결합되지는 않는다(탈출 12,15-20 참조). 아빕 달에 대해서는 12,2 주 참조. 탈출 34,22ㄱ; 민수 28,26-31; 신명 16,9-10에서 수확절은 주간절이라는 이름으로도 알려졌다. 밀 수확을 마친 것을 기념하는데 5-6월에 해당한다. 토빗 2,1과 2마카 12,31-32처럼 그리스어로 기록된 책들은 이 축제를 오순절(50일째 날)이라고 부른다. 마지막 축제인 추수절(탈출 34,22ㄴ도 참조)은 포도와 올리브 수확 시기인 9월에 기념했다. 레위 23,22-43과 신명 16,13-15에서는 초막절로 알려졌다. 이 모든 축제는 이스라엘 남자들이 지켜야 하는 축제로 명시된다.

23,19. 신명 14,21 주 참조.

23,20-33. 시나이에서 반포된 계약 법전은 길고 장엄한 단락으로 마무리된다. 이 단락은 자유의 땅을 향해 행군 중인 이스라엘 전체를 향한 호소와 유사하다. 한 분이신 하느님과 그분 말씀에 대한 절대적인 충실함에 대한 의무를 열정적으로 반복한다.

23,14-17 루카 2,41. 23,15 12,15; 34,20. 23,16 34,22; 신명 16,13. 23,19 22,28; 신명 14,21. 23,20 15,16.17; 32,34; 마태 11,10; 마르 1,2; 루카 7,27. 23,21 민수 14,11.35; 시편 78,40.56. 23,22 창세 12,2; 1베드 2,9; 묵시 1,6. 23,23 여호 24,8.11.

✠ 23,14-19. 계약 법전은 순례 축제에 대한 항목으로 마무리되는데, 소위 "예배 십계명"(34,11-26 참조)이라는 것과 병행한다. 3대 축제를 기념하라고 지시한다. 이 축제들은 원래 농사일의 리듬과 연결되었는데 이스라엘은 나중에 축제들을 탈출 체험에 비추어 재해석한다. 무교절(파스카. 탈출 12,1-20; 13,3-10; 신명 16,1-9 참조), 탈출 34,22과 신명 16,10에서 주간절이라고도 부르는 수확절(밀 수확과 맏물 축제), 신명 16,13(16,1-16과 레위 23장도 참조)에서 초막절이라고도 부르는 추수절이 여기에 해당한다.

23,20-33. 계약 법전의 결말 부분은 하느님의 인도와 땅의 정복을 소개하면서 미래를 바라본다. 이스라엘 역사의 핵심 요소는 주님께 대한 충실임을 강조한다. 쉽게 모세와 동일시할 수 없는 천사 혹은 전령, 안내자는 하느님을 대표하지만 하느님과 구별된다.

23,24. "기념 기둥"은 하느님 현존의 표지(창세 28,18) 혹은 죽은 이에 대한 기념(2사무 18,18)이기도 했지만 우상 숭배의 위험과 가나안 신의 상징(2열왕 3,2)이라는 점에서 단죄된다. 2열왕 10,26-27 주 참조.

23,31. 유프라테스강을 약속의 땅의 이상적인 경계로 여겼는데(1열왕 5,1 참조), 이 구절에서 유프라테스강에서 지중해까지로 확정한 경계는 이상화된 것이다(대략 아시리아 제국, 신바빌론 제국과 페르시아 제국의 국경에 상응하기 때문이다). "갈대 바다"에 대해서는 탈출 10,19 주 참조.

24,1-2. 하느님께서 19,24의 말씀을 다시 하신다. 모세와 아론 외에 아론의 두 아들 나답과 아비후(6,23 참조), 탈출기에 여러 차례 언급된 원로들(탈출 3,16.18; 4,29; 18,12; 19,7 참조)도 산 위로 올라오라고 요구하신다. 9절에서 이스라엘의 특권을 가진 대표자들은 하느님 명령을 따를 것이다.

갈 것이다. 나는 그들을 멸종시키겠다. 24 그러면 너희는
그들의 신들에게 경배해서도 그 신들을 섬겨서도 안 되
고, 그들이 하는 짓을 따라 해서도 안 된다. 오히려 그들의
기념 기둥들을 부수고 깨뜨려 버려야 한다.25 너희는 주 너
희 하느님을 섬겨야 한다. 그러면 나는 너희의 빵과 물에
강복하고, 너희에게서 질병을 없애 주겠다. 26 너희 땅에는
유산하는 여인도 임신하지 못하는 여인도 없을 것이며,
나는 너희의 수명을 채워 주겠다.
27 나는 나에 대한 공포를 너희보다 앞서 보내어, 너희가
쳐들어가는 모든 민족을 혼란에 빠뜨리고, 너희의 모든
원수가 등을 돌려 달아나게 하겠다. 28 나는 또 말벌을 너
희보다 앞서 보내어, 히위족과 가나안족과 히타이트족을
너희 앞에서 몰아내게 하겠다. 29 그러나 땅이 황폐해지고
들짐승이 많아져서 너희를 해치는 일이 있을까 염려되므
로, 일 년 동안은 그들을 너희 앞에서 몰아내지 않겠다. 30
나는 너희가 번성하여 그 땅을 차지할 때까지 그들을 너
희 앞에서 조금씩 조금씩 몰아내겠다. 31 그리고 너희 땅
의 경계를 갈대 바다에서 필리스티아 바다까지, 광야에서
유프라테스강까지로 정하여, 그 땅의 주민들을 너희 손에
넘겨주겠다. 그러면 너희는 그들을 너희 앞에서 몰아낼 수
있을 것이다. 32 너희는 그들이나 그들의 신들과 계약을 맺
어서는 안 된다. 33 그들이 너희 땅에 살아서는 안 된다. 그
러면 그들이 너희를 유혹하여 나에게 죄를 짓게 할 것이
다. 너희가 그들의 신들을 섬길 경우, 그것이 너희에게 덫
이 되고 말 것이다.'"

시나이산에서 계약을 맺다

24 1 주님께서 모세에게 말씀하셨다. "너는 아론
과 나답과 아비후와 이스라엘의 원로 일흔 명
을 데리고 주님에게 올라와, 멀찍이 서서 경배하여라. 2 너
모세만 주님에게 가까이 오고 다른 이들은 가까이 와서는
안 된다. 백성은 아예 산으로 올라와서는 안 된다."
3 모세가 백성에게 와서 주님의 모든 말씀과 모든 법규를
일러 주었다. 그러자 온 백성이 한목소리로 "주님께서 하

23,24 20,5; 34,13; 레위 18,3. 23,25 15,26; 신명 6,13; 28,5; 마태 4,10. 23,26 신명 7,14; 욥 5,26; 말라 3,11. 23,27 15,14.16; 신명 7,23. 23,28 신명 7,20; 여호 24,12; 지혜 12,8. 23,29 신명 7,22. 23,31 창세 15,18; 여호 21,44; 24,12.18. 23,32 신명 7,2. 23,33 신명 7,1-5.16. 24,1 레위 10,1; 민수 11,16; 루카 10,1. 24,3 19,8.

✠ 24,3-8. 위에서 말한 모든 이유로 나해 지극히 거룩하신 그리스도의 성체 성혈 대축일에 이 본문을 읽는다.

신 모든 말씀을 실행하겠습니다." 하고 대답하였다. 4 모세
는 주님의 모든 말씀을 기록하였다. 그는 다음 날 아침 일
찍 일어나 산기슭에 제단을 쌓고, 이스라엘의 열두 지파
에 따라 기념 기둥 열둘을 세웠다. 5 그는 이스라엘 자손
들 가운데 몇몇 젊은이들을 그리로 보내어, 번제물을 올
리고 소를 잡아 주님께 친교 제물을 바치게 하였다. 6 모세
는 그 피의 절반을 가져다 여러 대접에 담아 놓고, 나머지
절반은 제단에 뿌렸다. 7 그러고 나서 계약의 책을 들고 그
것을 읽어 백성에게 들려주었다. 그러자 그들은 "주님께서
말씀하신 모든 것을 실행하고 따르겠습니다." 하고 말하였
다. 8 모세는 피를 가져다 백성에게 뿌리고 말하였다. "이는
주님께서 이 모든 말씀대로 너희와 맺으신 계약의 피다."
9 모세는 아론과 나답과 아비후와 이스라엘의 원로 일흔
명과 함께 올라갔다. 10 그들은 그곳에서 이스라엘의 하느
님을 뵈었다. 그분의 발밑에는 청옥으로 된 바닥 같은 것
이 있었는데, 맑기가 꼭 하늘 같았다. 11 주님께서는 이스
라엘 자손들의 수령들에게 손을 대지 않으셨으므로, 그
들은 하느님을 뵙고서 먹고 마셨다.

모세가 시나이산에서 사십 일을 지내다

12 주님께서 모세에게 말씀하셨다. "너는 내가 있는 이 산
으로 올라와 거기 머물러라. 내가 백성을 가르치려고 율법
과 계명을 기록한 돌판을 너에게 주겠다." 13 모세는 일어
나 자기 시종 여호수아를 데리고 하느님의 산으로 올라가
면서, 14 원로들에게 말하였다. "우리가 너희에게 돌아올
때까지 여기에서 우리를 기다려라. 아론과 후르가 너희와
함께 있으니, 문제가 있는 이는 그들에게 가거라."

24,4 창세 28,18; 신명 31,9. 24,6 히브 9,18. 24,7 히브 9,19. 24,8 히브 9,20; 마태 26,28 도 참조; 마르 14,24; 루카 22,20; 1코린 11,25; 히브 10,29; 13,20; 1베드 1,2. 24,10 에제 1,26; 마태 17,2; 묵시 4,3. 24,13-16 마태 17,1.

24,3-8. 계약 책의 공적 독서와, 제단과 백성 위에 피를 뿌리는 이 두 가지 중요한 요소가 계약 예식에서 구분된다. 계약의 책을 공적으로 읽은 다음에는 19,8에서 이미 한 것처럼 백성이 주님께서 요구하시는 것을 실행하는 것에 두 차례 동의한다.

24,8. 성경에서 피는 생명이며 거룩하고 하느님께 속한다. 제단 위에 뿌려진 피와 모세가 계약의 책을 읽은 것은 하느님께서 제안하는 삶, 곧 거룩한 삶과 관련된다. 백성 위에 피를 뿌리는 것으로 백성은 이 책이 제안하는 삶을 살기를 받아들이고 하느님께 봉헌된 백성이 된다. 피가 축성의 주요 요소라면, 19,3-6에서 하느님께서 하신 언약, 곧 이스라엘이 거룩한 민족, 사제들의 백성이 된다는 것이 여기에서 이루어진다. 모세가 피를 뿌릴 때 한 말을 예수님께서 최후 만찬 때에 다시 하시는데(마태 26,28과 마르 14,24 "이는 … 내 계약의 피다."; 루카 22,20과 1코린 11,25 "이 잔은 내 피로 맺는 새 계약이다.") 성체성사와 연결된다.

24,4. 구전에 의한 하느님 율법이 기록된다(34,27-28; 신명 31,9도 참조). 모세 오경 다른 곳에서도 모세가 기록하는 행위를 서술한다. 아말렉에게 내리는 재난 예언(17,14 참조), 광야에서 이스라엘의 순례 여정(민수 33,2 참조), 노래(신명 31,22 참조)가 그런 모습을 보여 준다.

24,7. 본문의 자구적인 의미는 "실행하고 듣겠습니다"인데, 논리적으로는 그 반대가 맞다. 그래서 라삐들은 이 말의 의미에 대해 활발하게 해설한다.

24,10-11. 하느님 앞에서 하는 식사는 3-8절의 예식과 병행하면서 계약 체결 예식을 이루지만, 장엄한 결론이자 계약을 기쁘게 축하하는 것에 해당하며(창세 26,26-30; 31,43-54에서도 식사는 맹세와 구분된다), 주님과 그분 백성 사이의 관계에서 무엇인가 바뀌었다는 것을 보여 준다. 백성의 대표자들은 이제 하느님을 볼 수 있고 그럼에도 죽지 않고 살아 있다(식사보다는 하느님을 본다는 것을 강조한다). 보는 것과 식사의 목적은 그들의 권위를 인가하고 정당화하기도 한다.

24,10. "청옥" 고대 근동에서 신전 내부 장식에 자주 쓰인 보석인 청옥석을 가리킨다. 일부 문화권에서는 그 강렬한 푸른색 때문에 신전에서 하늘과 땅 사이의 만남을 용이하게 한다고 생각하기도 했다. 28,18; 39,11도 참조.

24,12. 이 구절과 24,4의 차이에 주목하자. 24,4에서는 주님의 모든 말씀을 기록한 이가 모세였음을 강조한다(34,27-28도 참조). 24,12에서는 사실 돌판, 율법과 계명을 실제로 쓰신 분은 바로 하느님이셨음을 강조한다(31,18도 참조).

15 모세가 산에 오르자 구름이 산을 덮었다. 16 주님의 영
광이 시나이산에 자리 잡고, 구름이 엿새 동안 산을 덮었
다. 이렛날 주님께서 구름 가운데에서 모세를 부르셨다. 17
주님의 영광이 나타나는 모습은 이스라엘 자손들이 보기
에 산봉우리에서 타오르는 불과 같았다. 18 모세는 구름을
뚫고 산에 올라갔다. 모세는 밤낮으로 사십 일을 그 산에
서 지냈다.

성소 건립을 위한 예물

25 1 주님께서 모세에게 이르셨다. 2 "이스라엘 자
손들에게 일러 나를 위한 예물을 받아라. 마
음에서 우러나와 나에게 바치는 것이면 누구에게서든 예
물을 받아라. 3 너희가 그들에게서 받을 예물은 이런 것들
이다. 금, 은, 청동, 4 자주와 자홍과 다홍 실, 아마실, 염소
털, 5 붉게 물들인 숫양 가죽, 돌고래 가죽, 아카시아 나무,
6 등잔 기름, 성별 기름과 향기로운 향에 넣을 향료, 7 에폿
과 가슴받이에 박을 마노와 그 밖의 장식 보석들이다.
8 그들이 나를 위하여 성소를 만들게 하여라. 그러면 내가
그들 가운데에 머물겠다. 9 내가 너에게 보여 주는 성막의
모형과 온갖 기물의 모형에 따라 모든 것을 만들어라."

계약 궤

10 "그들이 아카시아 나무로 궤를 만들게 하여라. 그 길이
는 두 암마 반, 너비는 한 암마 반, 높이도 한 암마 반으
로 하여라. 11 너는 그것을 순금으로 입히는데, 안팎을 입
혀라. 그 둘레에는 금테를 둘러라. 12 금 고리 네 개를 부어
만들어 네 다리에 다는데, 한쪽에 고리 두 개, 다른 쪽에
고리 두 개를 달아라. 13 그리고 아카시아 나무로 채를 만

24,15-18. 모세는 주님께서 그에게 돌판, 율법과 계명을 위임할 장소인 산으로 혼자서 올라간다. 하느님 현존의 위대한 상징은 영광과 구름인데 성소가 세워진 뒤에는 더 이상 성소를 떠나지 않을 것이다(40,34-38도 참조). 6일+1일의 구조는 첫 번째 창조 이야기(창세 1,1-2,3 참조)의 시간 분할을 암시적으로 상기시키는 듯하다.

25,3. "청동"에 대해서는 27,11.17-29 참조.

25,7. 에폿, 가슴받이, 사제 복장에 대한 세밀한 묘사는 28,6-14.15-30 참조.

25,10. 암마는 길이 측정 단위로, 45~52.5cm가량이다.

25,10-22. 성소 건립을 위해 예물을 모으라는 명령 뒤에 성소 건립을 위한 지침이 시작된다. 궤는 성소의 거룩한 중심이고 광야와 약속의 땅에서 이스라엘 사람들을 동반할 것이다. 다윗 임금이 예루살렘으로 이 궤를 모셔 가고 마지막에는 솔로몬이 성전 안에 모신다(1열왕 8,1-13 참조).

24,15 19,9; 마르 9,2. 24,16 16,10. 24,17 3,2; 신명 4,36; 2코린 3,18; 히브 12,18.29. 24,18 34,28; 신명 9,9; 루카 9,34. 25,2 35,5.21; 2코린 8,12; 9,7. 25,6 27,20; 30,23.34. 25,7 28,4.6.15. 25,8 29,45; 36,1.3.4; 히브 9,1.2; 묵시 21,3. 25,9 사도 7,44; 히브 8,2.5. 25,10-22 37,1-9.

25,1-31,18. 계약 체결 후 주님께서는 시나이산에서 모세에게 징사 백성 가운데 있게 될 성막에 대한 계획을 보여 주신다(탈출 25,8-9.40 참조). 그리고 성소 건립, 성소 기물, 예복, 사제들의 임직 예식, 성유와 향료의 제조에 대해 정확하게 지시하신다. 이 모든 지시는 35-40장에서 구체적으로 실행된다. 성소의 건립, 특히 당신의 성막 건립은 매우 사소한 것까지 자세하게 계획되는데 주님께서 땅에 내려와 당신 백성들 사이에서 머무실 장소이기 때문이다(탈출 25,8 참조). 그래서 한편으로는 하늘과 땅이 만나는 장소를 세우게 되고 다른 한편으로는 하느님 창조 사업이 완성된다. 하느님께서는 사실상 세상을 창조하신 후, 또 한 백성을 선택하시고 마치 임금처럼 당신의 궁궐-성전에서 백성들 한가운데 머물기 위해 오신다.

들어 금을 입혀라. [14] 그 채를 궤 양쪽 고리에 끼워 궤를 들
수 있게 하고, [15] 채를 궤의 고리에 그대로 두어 거기에서
빠지지 않게 하여라. [16] 그러고 나서 내가 너에게 줄 증언
판을 그 궤 안에 넣어라.
[17] 너는 순금으로 속죄판을 만들어라. 그 길이는 두 암마
반, 너비는 한 암마 반으로 하여라. [18] 그리고 금으로 커룹
둘을 만드는데, 속죄판 양쪽 끝을 마치로 두드려 만들어
라. [19] 커룹 하나는 이쪽 끝에, 다른 하나는 저쪽 끝에 자
리 잡게 만들어라. 그 커룹들은 속죄판 양쪽 끝에 만들어
야 한다. [20] 커룹들은 날개를 위로 펴서 그 날개로 속죄판
을 덮고, 서로 얼굴을 마주 보게 하여라. 커룹들의 얼굴은
속죄판 쪽을 향해야 한다. [21] 너는 그 속죄판을 궤 위에 얹
고, 궤 안에는 내가 너에게 줄 증언판을 넣어라. [22] 내가 그
곳에서 너를 만나고, 속죄판 위, 곧 증언 궤 위에 있는 두
커룹 사이에서 이스라엘 자손들을 위하여 내가 너에게 명
령할 모든 것을 일러 주겠다."

제사상

[23] "너는 아카시아 나무로 상을 만들어라. 그 길이는 두 암
마, 너비는 한 암마, 높이는 한 암마 반으로 하여라. [24] 그것
을 순금으로 입히고, 그 둘레에는 금테를 둘러라. [25] 그리고
그 상 둘레에 손바닥 너비만 한 턱을 만들고, 그 턱 둘레에
도 금테를 둘러라. [26] 또 금 고리 네 개를 만들어 그 상 네 다
리의 귀퉁이에 달아라. [27] 상을 들 때 쓰는 채를 끼워 넣을
수 있게, 그 고리들은 턱 곁에 달려 있어야 한다. [28] 그 채는
아카시아 나무로 만들고 금을 입혀서, 그것으로 상을 들게

25,17. 히브리 용어(그리고 그리스어 용어)를 존중하기 위하여, 그리고 이 기물의 목적을 존중하기 위하여, "속죄"(로마 3,25; 1요한 2,2 참조. "속죄의 도구/제물")라는 용어를 써서 더 일반적인 용어인 "덮개" 대신 "속죄판"이라고 옮긴다. 속죄판은 죄를 지우기 위해 바치는 희생 제물의 피를 뿌리는 장소이다.

25,25. "손바닥"은 너비를 재는 단위인데 약 7.5cm에 해당한다.

25,16 신명 31,26; 히브 9,4. 25,17.18 37,6; 로마 3,25; 히브 9,5ㄱ. 25,20 1열왕 8,7; 히브 9,5ㄱ. 25,21 26,34; 히브 9,4. 25,22 29,42.43; 30,6.36; 시편 80,2; 히브 9,5. 25,23-28 37,10-16; 히브 9,2.

25,10-22. 계약 궤는 실제로는 아카시아 나무로 만든 직사각형 상자(길이 1.25m, 넓이 75cm, 높이 75cm)였다. 내부는 순금으로 도배했고 외부는 운반용 막대를 장착했다. 궤 위에는 황금 뚜껑, 곧 "속죄판"이 있다(동사 '키페르' "속죄하다"에서 유래한 '카포렛'). 대사제는 속죄일('욤 키푸르')에 희생 제물의 피를 속죄판 위에 뿌리면서 속죄 예식을 한다(레위 16,11-17 참조). 속죄판 양 끝에 서로 마주 보고 있는 두 개의 순금 커룹이 속죄판을 보호하기 위해 날개를 펼치고 있다(탈출 25,18-22 참조). 주님께서는 속죄판 위에서 자신을 계시하시고 모세에게 말씀하셨을 것이다. 궤 안에는 하느님의 십계명이 새겨진(신명 10,1-5; 1열왕 8,9; 2역대 5,10 참조) 돌판 두 개가 들어 있다(이것 때문에 "증언 궤"라고 불린다). 히브 9,4에 표현된 전승에 따르면 궤 안에 율법판 두 개와 만나 모형을 보관한 금 항아리가 보관되어 있다. 하느님께서는 40년 동안 광야에서 순례하는 당신 백성에게 만나를 양식으로 주셨다(탈출 16장; 민수 11장 참조). 그리고 민수 17장에 나오듯(특히 23절 참조) 백성이 반항하자 하느님의 뜻에 따라 기적적으로 꽃이 핀 아론의 지팡이도 궤 안에 들어 있다.

25,30. 제사 빵(하느님의 얼굴 앞에 놓인다는 점에서 자구적으로는 "얼굴의 빵")은 밀가루를 구워 만든 빵 열두 개로 안식일마다 주님 앞에 놓인 순금 제사상에 두 줄로 차려 놓았다. 이 빵들은 아론과 그의 아들들의 몫이었다(레위 24,5-9 참조).

25,31-39. 일곱 가지 등잔대는 순금 덩어리 하나(약 34kg)를 두드려 제조했다. 그 위에 등잔을 놓고 올리브를 짠 순수한 향유로 불을 켠다(27,20-21 참조). 이렇게 주님 앞에 항상 불을 켜 놓는다. 등잔대 모습이 지닌 상징주의는 에덴동산에 심긴 생명나무를 연상시킨다. 이 등잔대는 특히 성소를 밝히는 데 사용됐다(민수 8,1-3 참조).

25,39. 탈렌트는 무게를 재는 도량형 단위인데 약 34kg에 해당한다.

하여라. 29 너는 상에 딸린 대접과 접시, 그리고 제주를 따
르는 단지와 잔을 만들어라. 그것들은 순금으로 만들어야
한다. 30 그리고 제사 빵을 늘 그 상 위에, 곧 내 앞에 놓아
두어라."

등잔대

31 "너는 또 순금 등잔대를 만들어라. 등잔대의 밑받침과
가지는 마치로 두드려 만들고, 잔과 꽃받침과 꽃잎은 등
잔대와 한 덩어리가 되어야 한다. 32 등잔대 양쪽에 가지
여섯 개가 나오게 하는데, 한쪽에 등잔대 가지 세 개, 다
른 쪽에 등잔대 가지 세 개가 벋어 나오게 하여라. 33 가지
하나에 꽃받침과 꽃잎을 갖춘 편도 꽃 모양의 잔 세 개, 또
다른 가지에 꽃받침과 꽃잎을 갖춘 편도 꽃 모양의 잔 세
개를 만들어라. 등잔대에서 벋어 나온 가지 여섯 개를 모
두 이처럼 만들어라. 34 등잔대 원대에는 꽃받침과 꽃잎을
갖춘 편도 꽃 모양의 잔 네 개를 만들어라. 35 등잔대에서
양쪽으로 벋어 나온 가지 둘 바로 밑에 꽃받침 하나, 그다
음에 양쪽으로 벋어 나온 가지 둘 바로 밑에 꽃받침 하나,
또 다음에 벋어 나온 가지 둘 바로 밑에 꽃받침 하나를 만
들어라. 등잔대에서 벋어 나온 가지 여섯 개를 모두 이처
럼 만들어라. 36 꽃받침과 가지들을 등잔대와 한 덩어리가
되게 하고, 순금을 두드려 모두 하나로 만들어라. 37 그리
고 등잔 일곱 개를 만들어 앞쪽을 밝게 비추도록 등잔대
위에 올려놓아라. 38 불똥 가위와 불똥 접시도 순금으로
만들어라. 39 등잔대와 이 모든 기물들을 순금 한 탈렌트
로 만들어라. 40 자, 내가 이 산에서 너에게 보여 준 모형대
로 만들어라."

25,29 37,16; 민수 4,7. 25,30 레위 24,5-9; 히브 9,2. 25,31 37,17; 히브 9,2; 묵시 1,12. 25,32 37,18. 25,34 // 37,20. 25,37 27,20.21; 레위 24,3.4; 묵시 1,12. 25,40 히브 8,5; 탈출 26,30도 참조; 사도 7,44.

성막

26
1 "너는 가늘게 꼰 아마실, 자주와 자홍과 다
홍 실로 짠 천 열 폭으로 성막을 만들어라. 커
룹들을 정교하게 수놓아 그 폭을 만들어야 한다. 2 각 폭의
길이는 스물여덟 암마, 각 폭의 너비는 네 암마로 하되, 폭
마다 치수를 같게 하여라. 3 다섯 폭을 옆으로 나란히 잇고
다른 다섯 폭도 옆으로 나란히 이어라. 4 그리고 나란히 이
은 것의 마지막 폭 가장자리에 자주색 실로 고를 만들고,
나란히 이은 다른 것의 마지막 폭 가장자리에도 그와 같
이 하여라. 5 폭 하나에 고 쉰 개를 만들고, 이것과 이을 다
른 마지막 폭의 언저리에도 고 쉰 개를 만들어, 그것들을
서로 맞물리게 하여라. 6 그리고 금 갈고리 쉰 개를 만들어,
이 두 쪽을 하나하나 갈고리로 맞걸어서 한 성막이 되게
하여라.
7 너는 또한 성막 위에 씌울 천막의 폭을 염소 털로 만드
는데, 열한 폭을 만들어라. 8 각 폭의 길이는 서른 암마, 각
폭의 너비는 네 암마로 하되, 열한 폭의 치수를 모두 같게
하여라. 9 다섯 폭을 따로 잇고 나머지 여섯 폭도 따로 이
어라. 여섯째 폭은 천막 앞에서 겹치게 하여라. 10 그리고
나란히 이은 것의 마지막 폭 가장자리에 고 쉰 개를 만들
고, 나란히 이은 다른 것의 마지막 폭 가장자리에도 고 쉰
개를 만들어라. 11 또 청동 갈고리 쉰 개를 만들고, 그 갈고
리를 고에 꿰어 한 천막이 되게 이어라. 12 그리고 천막의
폭 가운데에서 여분으로 남는 부분, 곧 여분으로 남는 반
폭은 성막 뒤로 늘어뜨려라. 13 천막 폭 길이에서 양쪽으
로 한 암마씩 남는 것은 성막 양쪽으로 늘어뜨려 덮어라.
14 또 붉게 물들인 숫양 가죽으로 천막 덮개를 만들고, 돌
고래 가죽으로 그 위에 덧씌울 덮개를 만들어라."

26,1-37. 광야에서 계약 궤는 하느님께서 백성들 가운데 현존하심을 강조하기 위해 "성막"('미스칸', 자구적으로 "거처", 라틴어 성경은 '타베르나쿨룸')이라고 불리는 곳 안에 보관했는데, 성막은 나무로 뼈대를 세우고 가늘게 꼰 아마실과 자주 실로 짠 천을 덮어 형태를 만든다. 그리고 염소 털로 만든 천막으로 씌우고, 그 위에 붉게 물들인 숫양 가죽으로 천막 덮개를 얹으며, 마지막으로 돌고래 가죽으로 만든 덮개를 덧씌운다. 내부는 두 개의 공간으로 구분되는데 미래의 예루살렘 성전도 그러하다(1열왕 6,16 참조). 곧 가장 작은 공간은 "지성소"인데 여기에 궤를 보관하였다. 가장 큰 공간은 "성소"라고 불리는데, 7개의 가지가 있는 등잔대와 제물로 바칠 빵을 차리는 제사상을 보관하였다. 두 개의 공간은 자주색 아마천으로 분리되었고 일반인들은 지성소를 볼 수 없었다. 대사제만 1년에 단 한 번 속죄일에 지성소에 들어갈 수 있었다(레위 16장; 히브 9,7 참조).

26,2. 25,10 주 참조.

26,11. "청동"에 대해서는 27,11.17-19 주 참조.

성막에 쓸 목제품

15 "너는 아카시아 나무로 성막을 세울 널빤지를 만들어
라. 16 각 널빤지 길이는 열 암마, 각 널빤지 너비는 한 암
마 반으로 하고, 17 널빤지마다 촉꽂이 두 개를 만들어 서
로 잇댈 수 있게 하여라. 성막의 널빤지를 모두 이와 같이
만들어라. 18 이렇게 성막의 널빤지를 만드는데, 우선 네겝
쪽 곧 남쪽에 세울 널빤지 스무 장을 만들어라. 19 또 그
널빤지 스무 장 밑에 받칠 은 밑받침 마흔 개를 만드는데,

26,15. 성경 본문에서 말하는 아카시아는 한국에서 흔히 아카시아 혹은 아까시나무로 알려진 나무와 다른 식물이므로 혼동하지 말아야 한다. 성경의 아카시아는 미모사아과에 속하며 하얀 꽃을 가지고 있다. 오늘날에도 시나이 반도에서 자라는데 이 지역에서 가공이 가능하고 가벼우며 내구력이 있는 목재를 제공하는 유일한 식물이다.

26,1 36,8. 26,3 36,10. 26,5 36,12. 26,7 36,14. 26,11. 36,18. 26,14 36,19. 26,15 36,20.

널빤지마다 촉꽂이를 꽂을 밑받침 두 개씩을 만들어라. 20 성
막의 두 번째 면, 곧 북쪽에 세울 널빤지도 스무 장을 만
들어라. 21 그리고 은 밑받침 마흔 개를 만드는데, 널빤지
마다 그 밑에 밑받침 두 개씩을 만들어라. 22 성막 뒷면인
서쪽에 세울 널빤지는 여섯 장을 만들어라. 23 성막의 뒷
면 두 모퉁이에 세울 널빤지도 두 장을 만들어라. 24 이것
들이 밑에서 서로 겹치고 꼭대기에서도 포개져서 첫 고리
에 연결되게 하여라. 두 모퉁이 다 이렇게 하여라. 25 한 널
빤지 밑에 밑받침 두 개, 또 한 널빤지 밑에 밑받침 두 개,
이렇게 하여 널빤지가 여덟 장, 그에 딸린 은 밑받침이 열
여섯 개가 된다.
26 아카시아 나무로 가로다지를 만들어라. 성막 한 면의 널
빤지들에 다섯, 27 성막 다른 한 면의 널빤지들에도 가로다
지 다섯, 성막 뒷면인 서쪽의 널빤지들에도 가로다지 다섯
을 만들어라. 28 널빤지들 가운데에 끼울 중간 가로다지는
이쪽 끝에서 저쪽 끝까지 미치게 하여라. 29 널빤지에는 금
을 입히고, 가로다지를 꿸 고리는 금으로 만들어라. 그리
고 가로다지에도 금을 입혀라. 30 이렇게 하여 산에서 너에
게 보여 준 규격대로 성막을 세워라."

휘장

31 "너는 또한 자주와 자홍과 다홍 실, 그리고 가늘게 꼰
아마실로 휘장을 만들어라. 커룹들을 정교하게 수놓아 그
것을 만들어야 한다. 32 이 휘장을 아카시아 나무로 만든
네 기둥에 드리우는데, 기둥마다 금을 입히고 고리들을
금으로 만들어, 은 밑받침 네 개 위에 세워라. 33 그 휘장을
갈고리들에 걸고 그 뒤에 증언 궤를 모셔라. 그래서 그 휘
장이 성소와 지성소를 갈라놓게 하여라. 34 지성소에 있는
증언 궤는 속죄판으로 덮어라. 35 휘장 앞에는 상을 놓고,
그 상 맞은편인 성막의 남쪽에는 등잔대를 놓는데, 상은
북쪽에 놓아라.
36 천막 어귀를 가리는 막을 자주와 자홍과 다홍 실, 그리
고 가늘게 꼰 아마실로 무늬를 놓아 가며 만들어라. 37 이
막을 칠 기둥 다섯을 아카시아 나무로 만들어 금을 입히
고 금 고리를 붙여라. 그리고 기둥을 세울 밑받침 다섯은
청동을 부어 만들어라."

26,31. "정교하게 수놓아"의 자구적 번역은 "성찰의 일로"이며, 다양하게 번역된다. 정성을 다해 숙련된 솜씨로 마치 예술 작품을 만들듯이 수놓는 모습을 의미한다.

26,33. "지성소"의 자구적 번역은 "거룩한 곳들 중에 거룩한 곳"이다. 히브리 어법에서 절대 최상급을 표현할 때 이와 같은 형태를 사용한다.

26,20 36,23. 26,25 36,30. 26,30 25,9.40; 27,8; 사도 7,44; 히브 8,5. 26,31 36,35; 마태 27,51; 마르 15,38; 루카 23,45; 히브 9,3. 26,33 25,16; 40,21; 레위 16,2; 히브 9,2.3. 26,34 25,21; 40,20; 히브 9,5ㄱ. 26,35 40,22.24; 히브 9,2. 26,36 36,37. 26,37 36,38.

제단

27 [1] "아카시아 나무로 제단을 만들어라. 길이는
다섯 암마, 너비도 다섯 암마로 하여 제단을 네
모나게 만들고, 높이는 세 암마로 하여라. [2] 그 네 귀퉁이
에는 뿔을 만드는데, 뿔과 제단을 한 덩어리가 되게 하여
청동을 입혀라. [3] 그리고 재 받이와 삽과 쟁반, 고기 갈고리
와 부삽 등 제단에 딸린 모든 기물을 청동으로 만들어라.
[4] 제단에 쓸 그물 격자를 청동으로 만들고, 그 그물의 네
모서리에 청동 고리 네 개를 만들어 붙여라. [5] 그것을 제단
가두리 밑에 아래쪽으로 달아, 제단 중간까지 닿게 하여
라. [6] 또 제단을 드는 채를 아카시아 나무로 만들어 청동을
입혀라. [7] 이 채들을 고리에 끼워, 제단을 들어 나를 때 그것
들이 제단 양옆에 붙어 있게 하여라. [8] 제단은 판자로 안이
비게 만드는데, 산에서 너에게 보여 준 그대로 만들어라."

성막 뜰

[9] "너는 성막 뜰을 만들어라. 가늘게 짠 아마포로 네겹, 곧
남쪽에 칠 뜰의 휘장을 만드는데, 그쪽 면의 길이가 백 암
마 되게 하여라. [10] 휘장을 칠 기둥 스무 개와 밑받침 스
무 개는 청동으로, 기둥 고리와 가로대는 은으로 만들어
라. [11] 북쪽에도 마찬가지로 휘장이 백 암마 되게 하고, 기
둥 스무 개와 밑받침 스무 개는 청동으로, 기둥 고리와 가
로대는 은으로 만들어라. [12] 뜰의 서쪽 너비는 휘장 길이
를 쉰 암마로 하고, 기둥 열 개와 받침대 열 개를 만들어
라. [13] 해가 뜨는 동쪽 뜰의 너비도 쉰 암마로 하여라. [14] 한
쪽에 기둥 셋, 밑받침 셋과 함께 열다섯 암마 되는 휘장을
쳐라. [15] 다른 쪽에도 기둥 셋, 밑받침 셋과 함께 열다섯 암
마 되는 휘장을 쳐라. [16] 또 자주와 자홍과 다홍 실, 그리
고 가늘게 꼰 아마실로 무늬를 놓아 가며, 뜰 정문에 칠
스무 암마 되는 막과 기둥 네 개, 밑받침 네 개를 만들어
라. [17] 뜰의 사방에 세울 기둥들은 은으로 된 가로대로 잇
는데, 고리는 은으로, 기둥은 청동으로 하여라. [18] 뜰의 길
이는 암마로 백 암마, 너비는 쉰 암마, 높이는 다섯 암마로
하되, 가늘게 짠 아마포로 둘러치고, 밑받침은 청동으로
만들어라. [19] 각종 예식에 쓰는 성막의 기물과 말뚝, 그리
고 뜰의 말뚝은 모두 청동으로 만들어야 한다."

27,1 38,1; 에제 43,13. 27,2 묵시 9,13. 27,3 민수 4,14. 27,8 25,40; 26,30. 27,9 38,9. 27,10 38,17. 27,14 38,15. 27,16 36,37.

27,1-8. 의식에 중요한 요소는 제물 봉헌을 위해 쓰는 청동을 입힌 나무 제단인데 성소 밖에 있다. 제단 네 모퉁이에 뾰쪽하게 튀어나온 부분인 "뿔"이 네 개 있으며 제단과 한 몸체를 이루었다. 하느님의 능력을 상징하는 듯한 뿔에 제물로 바친 동물의 피를 발랐다(29,12; 레위 4,25.30.34; 8,15; 9,9 등 참조). 계획적인 살인의 죄만 아니라면(탈출 21,14 참조) 도피처를 찾는 사람이나 죄인들이 제단 뿔을 붙잡을 때 보호를 받을 수 있었다(1열왕 1,50; 2,28 참조).

27,1. 25,10 주 참조.

27,9-19. "성막" 주위의 거룩한 공간인 성막 뜰은 실로 짠 휘장(높이 약 2.5m)으로 만든 울타리(길이 50m, 폭이 약 25m)로 경계가 정해지고 보호되었다. 휘장은 청동 밑받침과 함께 나무 기둥이 지탱했다. 담장 내부에는 번제 제단(27,1-8 참조) 외에도 몸을 씻을 청동 물두멍(30,17-21 참조)이 있었다.

27,11.17-19. "청동" 동일한 히브리어가 "구리"나 "청동"을 가리키기도 한다. 구리는 천연 광물이고 청동은 구리를 다른 광물과 혼합한 것이다. 수공품에는 청동을 사용했는데 내구성이 더 좋고 단단했기 때문이다. 로마 시대에도 둘 다 같은 이름으로 불렸다. 청동에서 철로 넘어간 것은 새로운 수공품의 질 때문이 아니라 구리 가격 인상 때문이다. 청동은 계속해서 특별한 귀중품 제작에 사용되었다(로마 군대에서 일반 보병에게는 쇠검을, 장교들에게는 청동검을 제공했다). 기원전 7-5세기(이 성경 본문이 구성된 시기)에 여전히 청동으로 만든 중요 물품에 대해 말하는 이유이다.

등불

20 "그리고 너는 이스라엘 자손들에게 명령하여, 등잔에
쓸 기름, 곧 올리브를 찧어서 짠 순수한 기름을 가져다가,
등불이 끊임없이 타오르게 하여라. 21 아론과 그 아들들
은 그 등불을 만남의 천막 안 증언 궤 앞 휘장 밖에 켜 두
어, 저녁부터 아침까지 주님 앞에서 그것을 보살펴야 한
다. 이는 이스라엘 자손들이 대대로 지켜야 할 영원한 규
칙이다."

사제들의 옷

28 1 "너는 이스라엘인들 가운데 너의 형 아론과
그의 아들들을 너에게 가까이 오게 하여, 사
제로서 나를 섬기게 하여라. 곧 아론과 그의 아들인 나
답, 아비후, 엘아자르, 이타마르이다. 2 그리고 너의 형 아
론이 입을 거룩한 옷을 영광스럽고 장엄하게 만들어라. 3
내가 슬기의 영으로 가득 채워 주어 재능을 갖추게 된 이
들을 모두 불러, 아론이 사제로서 나를 섬기도록 성별할
옷을 만들라고 하여라. 4 그들이 만들 옷은 가슴받이, 에
폿, 겉옷, 수놓은 저고리, 쓰개, 허리띠다. 이렇게 너의 형
아론과 그의 아들들에게 거룩한 옷을 만들어 주어, 그들
이 사제로서 나를 섬기게 하여라. 5 금과, 자주와 자홍과
다홍 실, 그리고 아마실을 가져다 만들게 하여라."

에폿

28,6-14. 에폿은 금으로 수놓은 코르셋 같은 것인데, 두 부분(앞과 뒤)으로 되어 있고 에폿 양쪽 끝에 멜빵 두 개로 지탱되며 수놓은 허리띠로 고정했다. 양쪽 어깨에는 이스라엘 아들들의 이름이 새겨진 마노 보석 두 개를 부착했다. 성소에 들어갈 때 아론은 주님 앞에서 기념으로 항상 그 이름을 간직하였을 것이다.

6 "그들은 금과, 자주와 자홍과 다홍 실, 그리고 가늘게 꼰
아마실로 정교하게 에폿을 만들어야 한다. 7 에폿에 멜빵
을 두 개 붙이는데, 그 양쪽 끝에 붙여라. 8 에폿 위에 달
띠는 같은 솜씨로 금과, 자주와 자홍과 다홍 실, 그리고
가늘게 꼰 아마실로 만들어 에폿에다 한데 붙이게 하여
라. 9 너는 마노 보석 두 개를 가져다 거기에 이스라엘 아
들들의 이름을 새겨라. 10 태어난 순서에 따라 한 보석에
여섯 이름, 다른 보석에 나머지 여섯 이름을 새겨라. 11 보
석공이 인장 반지를 새기듯, 두 보석에 이스라엘 아들들
의 이름을 새겨라. 그리고 그 보석들을 금테두리에 박아

27,20 레위 24,2. 27,21 26,31.33; 28,43; 30,8; 레위 3,17; 16,34; 사도 7,44. 28,1 민수 18,7; 히브 5,1.4. 28,2 29,5.29; 31,10. 28,3 31,3.6. 28,6 39,2. 28,9 1역대 29,2.

28,1-43. 주님께서 아론과 그의 아들들을 사제라고 부르신다. 모세는 전문 장인들에게 그들의 거룩한 옷을 짓게 한다. 금, 자주, 자홍, 다홍 실로 짠 천으로 사제의 존엄에 적합한 예복을 마련하게 한다. 대사제만의 고유한 의상은 에폿, 판결 가슴받이, 겉옷과 성직패였다.

라. 12 이 보석 두 개를 에폿의 양쪽 멜빵에 이스라엘 자손
들을 기념하는 보석으로 달아라. 이렇게 아론은 주님 앞
에서 그들의 이름을 기념하여 양어깨에 짊어지게 되는 것
이다. 13 너는 또 금으로 테를 만들고, 14 순금 사슬 두 개
를 줄을 꼬듯이 만들어, 그 꼰 사슬들을 테에 달아라."

가슴받이

15 "너는 에폿을 만들 때와 같은 방식으로 금과, 자주와 자
홍과 다홍 실, 그리고 가늘게 꼰 아마실로 판결 가슴받이
를 정교하게 만들어야 한다. 16 이것은 두 겹으로 네모나게
만드는데, 길이도 한 뼘, 너비도 한 뼘이 되게 하고, 17 거기
에 보석을 넉 줄로 박아라. 첫째 줄에는 홍옥수와 황옥과
취옥, 18 둘째 줄에는 홍옥과 청옥과 백수정, 19 셋째 줄에
는 풍신자석과 흑요석과 자수정, 20 넷째 줄에는 녹주석과
마노와 벽옥을 박는데, 이것들을 금테 안에 박아 넣어라.
21 이 보석들은 이스라엘 아들들의 이름에 따라, 곧 그들
의 이름 수대로 열둘이 되어야 한다. 인장 반지를 새기듯
각자의 이름을 새겨 열두 지파가 되게 하여라.
22 가슴받이를 매달 사슬은 순금으로 줄을 꼬듯이 만들어
라. 23 그리고 가슴받이에 달 금 고리 두 개를 만들어, 그
두 고리를 가슴받이 양쪽 끝에 달고, 24 금줄 두 개를 가
슴받이 양쪽 끝에 있는 그 고리에 걸어라. 25 두 줄의 다른
두 끝을 양 테두리에 매달아, 에폿 멜빵 앞쪽으로 늘어지
게 하여라. 26 그리고 금 고리 두 개를 더 만들어, 가슴걸이
양 끝에, 곧 에폿의 옆쪽으로 가슴받이 안쪽 두 가장자리
에 달아라. 27 다시 금 고리 두 개를 만들어, 에폿 양쪽 멜
빵 앞부분의 아래, 곧 에폿의 띠 위쪽, 멜빵이 에폿과 겹
치는 곳 곁에 달아라. 28 그리고 자주색 실로 만든 끈으로
가슴받이 고리를 에폿 고리에 이어, 에폿의 띠 위에 오게
해서 가슴받이가 에폿에서 늘어지지 않게 하여라. 29 아론
이 성소에 들어갈 때에는 판결 가슴받이에 새긴 이스라엘
아들들의 이름을 가슴에 달아, 주님 앞에서 늘 기념이 되
게 하여라. 30 판결 가슴받이 안에는 우림과 툼밈을 넣어,
아론이 주님 앞으로 들어갈 때, 그것을 가슴에 달게 하여
라. 이렇게 아론은 늘 주님 앞에서 이스라엘 자손들을 위
한 판결 도구를 가슴에 지녀야 한다."

28,15-29. 에폿에 사각형으로 된 판결 가슴받이를 부착하는데 이스라엘의 아들들에 상응하는 보석 열두 개를 네 줄로 배치하였다(28,17-20 참조). 이렇게 아론은 성소에 들어갈 때 주님 앞에 기념으로 어깨(마노 보석 두 개에 새겨진)뿐만 아니라 가슴(열두 개의 보석에 새겨진)에도 이스라엘인들의 이름도 가져갔다.

28,16. 뼘은 길이를 재는 도량형 단위로 약 22.5cm에 해당한다.

28,30. 우림과 툼밈은 판결 가슴받이 안에 들어 있는데 신비로운 두 개의 물건이었다(아마도 두 개의 돌이나 두 개의 작은 막대기). 이스라엘 왕정 초기에는 주님께 자문을 구할 때도 사용했다(레위 8,8; 민수 27,21; 신명 33,8; 1사무 28,6; 에즈 2,63; 느헤 7,65 참조).

28,12 39,7. 28,15 39,8. 28,17 39,10-13; 묵시 21,19. 28,21 39,14; 묵시 21,12.
28,24.26 39,17. 28,30 레위 8,8; 민수 27,21.

겉옷

31 "너는 또 순 자주색 실로 에폿에 딸린 겉옷을 만들어
라. 32 그 가운데에 머리를 넣을 구멍을 뚫고, 구멍 가장자
리를 돌아가며 갑옷의 구멍처럼 홀쳐서 찢어지지 않게 하
여라. 33 그 겉옷 자락 둘레에는 자주와 자홍과 다홍 실로
석류들을 만들어 달고, 석류 사이사이에는 돌아가며 금
방울을 달아라. 34 겉옷 자락을 돌아가며 금방울 하나에
석류 하나, 또 금방울 하나에 석류 하나씩을 달아라. 35 그
리하여 아론이 예식을 거행할 때 이것을 입어, 주님 앞으
로 성소에 들어가거나 거기에서 물러날 때 방울 소리가 울
려, 그가 죽지 않게 하여라."

28,31-35. 겉옷은 소매 없는 긴 튜닉 종류로, 가운데 구멍을 뚫어 머리를 넣을 수 있게 했다. 겉옷 자락 둘레에는 자주와 자홍과 다홍 실로 석류를 만들어 장식했고 석류 사이사이에 금방울이 달렸다. 방울 소리가 악령을 쫓아낸다고 여겼다. 석류는 다산과 아름다움의 상징이었을 것이다(아가 4,3 참조).

성직패

36 "너는 또 순금으로 패를 만들어, 인장 반지를 새기듯,
그 위에 '주님께 성별된 이'라고 새겨라. 37 이것을 자주색
실로 된 끈에 매어 쓰개에 다는데, 그것이 쓰개 앞쪽으로
오게 하여라. 38 그것을 아론의 이마에 달아, 이스라엘 자
손들이 거룩한 예물을 봉헌할 때, 그 봉헌물로 짓는 죄를
아론이 짊어지게 하여라. 그것이 늘 그의 이마에 달려 있
어, 그 예물이 그들을 위해 주님 앞에서 호의로 받아들여
지게 하여라."

28,36. 쓰개에 순금패가 달려 있는데 인장을 새기듯 "주님께 성별된 이"라는 말이 새겨져 있었다. 대사제는 이 순금패(39,30에서 "성별의 표시"['네제르 하코데스'의 자구적 번역]라 부름)를 이마에 달고 다니는데 이스라엘인들에게 생명과 구원의 상징이었다.

그 밖의 사제복

39 "너는 또 아마포로 저고리를 지어라. 그리고 아마포로
쓰개를 만들고, 무늬를 놓아 가며 허리띠를 만들어라.
40 너는 아론의 아들들이 입을 저고리를 만들어라. 띠도
만들고 두건도 만들어, 그들이 영광스럽고 장엄하게 보이
도록 하여라. 41 너의 형 아론과 그의 아들들에게 이것들
을 입히고, 그들에게 기름을 부어 직무를 맡기고 성별하
여, 사제로서 나를 섬기게 하여라. 42 그들의 치부를 가릴
속바지를 아마포로 만들어라. 그것은 허리에서 넓적다리
까지 닿아야 한다. 43 아론과 그의 아들들은 만남의 천막
으로 들어갈 때나, 성소에서 예식을 거행하러 제단으로
나아갈 때 이 옷을 입어야 한다. 그래야 죄를 짊어져 죽는
일이 없게 된다. 이는 아론과 그의 후대 자손들이 지켜야
할 영원한 규칙이다."

28,41. 기름부음 예식이 모든 사제에게 확장된다(30,30; 40,12-15; 레위 7,35-36; 10,7; 민수 3,3 참조). 탈출 29,7과 레위 8,12에서는 이 예식을 대사제에게만 유보하며 초기에는 임금에게만 적용했다(1사무 10,1; 16,13 참조).

28,31 39,22. 28,33 집회 45,9. 28,36 39,30.31. 28,38 레위 10,17; 민수 18,1; 히브 9,28; 1베드 2,24. 28,40 39,27-29. 28,41 29,7-9; 30,30; 레위 8장; 히브 7,28. 28,42 39,28. 28,43 20,26; 27,21; 레위 17,7; 20,19.20.

사제 임직식 준비

29
1 "이것은 사제로서 나를 섬기도록 그들을 성별
하기 위하여 네가 그들에게 해야 할 바다. 황소
한 마리와 숫양 두 마리를 흠 없는 것으로 골라 놓아라. 2
그리고 누룩 없는 빵과 누룩 없이 기름을 섞어 만든 과자
와 누룩 없이 기름을 발라 만든 부꾸미를 고운 밀가루로
만들어라. 3 그것들을 한 광주리에 담아, 황소와 두 마리의
숫양과 함께 광주리째 가져오너라."

정결례와 착복과 기름부음

4 "너는 아론과 그의 아들들을 만남의 천막 어귀로 데려
다 물로 씻겨라. 5 그리고 옷을 가져다가, 저고리와 에폿에
딸린 겉옷, 에폿과 가슴받이를 입히고 에폿 띠를 매어 주
어라. 6 그의 머리에 쓰개를 씌우고, 쓰개 위에 거룩한 관
을 씌워라. 7 성별 기름을 가져다 그의 머리 위에 부어 그
를 성별하여라. 8 그런 다음 그의 아들들을 데려다 저고리
를 입히고, 9 그들에게 허리띠를 매어 주고 두건을 감아 주
어라. 그리하여 영원한 규칙에 따라 사제직이 그들의 것이
되게 하여라. 이렇게 아론과 그의 아들들에게 직무를 맡
겨라."

임직 예식

10 "너는 황소를 만남의 천막 앞으로 끌어다 놓고, 아론과
그의 아들들이 그 황소 머리에 손을 얹게 하여라. 11 그런
다음, 너는 만남의 천막 어귀 주님 앞에서 그 황소를 잡아
라. 12 그리고 그 황소의 피를 받아다 손가락으로 제단의
뿔들에 바르고, 나머지 피는 모두 제단 밑바닥에 쏟아라.
13 내장을 덮은 모든 굳기름과 간에 붙은 것, 두 콩팥과 거
기에 있는 굳기름을 가져다 제단 위에서 살라 연기로 바쳐
라. 14 그러나 그 황소의 고기와 가죽과 똥은 진영 밖에서
불에 태워라. 이것은 속죄 제물이다.
15 너는 숫양 한 마리를 끌어다 놓고, 아론과 그의 아들들
이 그 숫양 머리에 손을 얹게 하여라. 16 그런 다음, 그 숫양
을 잡아 피를 받아다 제단을 돌면서 거기에 뿌려라. 17 그
숫양의 각을 뜬 다음, 내장과 다리를 씻어 각을 뜬 고기와

29,1-37. 아론과 그의 아들들은 만남의 천막 입구에서 물로 정결례를 한 후 사제복을 입어야 한다. 그리고 모세는 아론의 머리 위에 성별 기름을 부었을 것이다. 모세는 사제 성별을 위해 속죄 제물로 황소를(10-14절), 번제물로 첫째 숫양을(15-18절), 친교 제물로 둘째 숫양을 바쳐야 했다. 임직식 숫양인(19-37절) 이 둘째 숫양의 피로 모세는 아론과 그의 아들들을 성별한 후 굳기름, 제물의 오른쪽 넓적다리, 둥근 빵, 기름을 섞어서 만든 빵 과자와 부꾸미를 그들의 손바닥에 얹었다. 그리고 제단 위에서 태우기 전에 흔들어 바치는 의식으로 이것들을 주님께 바쳤다. 가슴과 다른 넓적다리는 제단을 향해 들어 올려 바친 후 아론과 그의 아들들이 바구니에 남아 있는 빵과 함께 거룩한 것으로 먹기 위해 따로 떼어 놓았다. 임직식은 이레에 걸쳐 계속되었으며 그 기간 동안 제단 정화 제물로 황소를 매일 바쳤다.

29,7. 대사제만 성별 기름을 머리에 부어 성별하였다(레위 21,10 참조). 다른 사제들에게는 희생 제물의 피가 섞인(탈출 29,21; 레위 8,30 참조) 약간의 성별 기름(탈출 30,22-25.30 참조)을 뿌렸다.

29,1 레위 8,2. 29,2 레위 6,12-16. 29,4-9 // 40,12-15; 레위 8,2-13도 참조. 29,4 40,12; 히브 10,22. 29,5 28,2.8. 29,6 레위 8,9. 29,7 레위 8,12. 29,8 레위 8,13. 29,9 28,41; 민수 18,7. 29,10 레위 1,4; 8,14. 29,12 27,2; 레위 8,15. 29,13 레위 3,3. 29,14 레위 4,11.12.21. 29,15 레위 1,4-9; 8,18.

머리에 얹어 놓아라. 18 이렇게 그 숫양을 송두리째 제단
위에서 살라 연기로 바쳐라. 이것은 주님을 위한 번제물이
고 향기며 주님을 위한 화제물이다.
19 너는 다른 숫양을 끌어다 놓고, 아론과 그의 아들들이
그 숫양 머리에 손을 얹게 하여라. 20 그런 다음, 그 숫양을
잡아 그 피를 얼마쯤 받아서 아론의 오른쪽 귓불과 그 아
들들의 오른쪽 귓불, 그들의 오른손 엄지와 오른발 엄지에
발라라. 그리고 나머지 피는 제단을 돌면서 거기에 뿌려
라. 21 너는 제단 위에 있는 피와 성별 기름을 얼마쯤 가져
다 아론과 그의 옷, 그의 아들들과 그들의 옷에 뿌려라. 그
러면 그와 그의 옷, 그의 아들들과 그들의 옷이 성별된다.
22 이 숫양에서 굳기름, 곧 기름진 꼬리와 내장을 덮은 굳
기름과 간에 붙은 것, 두 콩팥과 거기에 있는 굳기름과 오
른쪽 넓적다리를 가져오너라. 이것은 바로 임직식을 위한
숫양이다. 23 너는 또 주님 앞에 놓인 누룩 없는 빵 광주리
에서 둥근 빵 하나, 기름을 섞어 만든 빵 과자 하나, 부꾸
미 하나를 가져다가, 24 그것을 모두 아론과 그 아들들의
손바닥에 얹고, 흔들어 바치는 예물로 주님 앞에 올리게
하여라. 25 너는 그것을 그들의 손에서 받아다 주님을 위한
향기로, 제단의 번제물 위에 놓고 살라 연기로 바쳐라. 이
것은 주님을 위한 화제물이다.
26 아론의 임직식 제물인 숫양의 가슴을 가져다 주님 앞에
서 흔들어 바쳐라. 이것은 너의 몫이 된다. 27 아론과 그의
아들들의 임직식 제물인 숫양에서 흔들어 바친 것과 들어
올려 바친 것, 곧 흔들어 바친 가슴과 들어 올려 바친 넓
적다리를 성별하여 놓아라. 28 이것은 들어 올려 바친 예
물이므로, 아론과 그의 아들들이 이스라엘 자손들에게서
받는 영원한 몫이 된다. 이것이 친교 제물 가운데에서 이
스라엘 자손들이 들어 올려 바칠 예물이다. 곧 주님에게
들어 올려 바치는 그들의 예물인 것이다.
29 아론의 거룩한 옷은 그의 후대 자손들에게 물려주어,
그들이 그것을 입고 기름부음을 받아 직무를 맡게 하여
라. 30 그의 자손들 가운데에서 그의 뒤를 이을 사제는 만
남의 천막에 들어가 성소에서 예식을 거행할 때, 이레 동
안 그 옷을 입어야 한다.

29,24. "흔들어 바치는 예물"은 "들어 올려 바치는 예물"로 번역하기도 한다. 이는 히브리 동사 '눕'을 이해하는 방식의 차이에서 나온다. 어떤 저자들에 따르면 이 동사는 흔드는 동작을 가리킨다. 전례적인 흔듦은 주님께 바치는 봉헌물을 표현한다. 어떤 저자들에 따르면 팔을 뻗어 높이 들어 올려 바치는 제물이다(우가릿과 이집트에서 이 예식에 대한 증언을 볼 수 있다). 두 번째 해석이 학자들 사이에서는 더 부각된다. 그런데 흥미롭게도 이 구절과 민수 8,21에서 새 대중 라틴말 성경은 첫째 해석("흔들어")을 채택하고, 대중 라틴말 성경은 둘째 해석("들어 올려")을 채택한다는 점이 주목할 만하다.

29,18 창세 8,21; 에페 5,2; 필리 4,18. 29,21 30,25.31; 히브 9,22. 29,23 레위 8,26. 29,24 레위 7,30. 29,25 레위 8,28. 29,26 레위 8,29. 29,27 레위 7,31.34. 29,28 레위 10,15; 신명 18,3. 29,29 민수 18,8; 20,26.28. 29,30 레위 8,35; 9,1; 민수 20,28.

31 너는 임직식의 숫양을 가져다 그 고기를 거룩한 곳에
서 삶아라. 32 아론과 그의 아들들은 만남의 천막 어귀에
서 이 고기를 광주리에 든 빵과 함께 먹도록 하여라. 33 그
들에게 직무를 맡기고 그들을 성별하려고 속죄 예식을 거
행한 것이므로, 그들만 그것을 먹을 수 있다. 그것은 거룩
한 것이기 때문에 속인은 먹지 못한다. 34 임직식의 고기와
빵이 이튿날 아침까지 남으면, 남은 것을 불에 태워버려야
한다. 그것은 거룩한 것이기 때문에 먹어서는 안 된다.
35 너는 이와 같이 내가 너에게 명령한 것을 아론과 그의
아들들에게 그대로 다 해 주어라. 너는 이레 동안 그들의
임직식을 거행해야 한다."

제단 축성

36 "너는 속죄하기 위하여 날마다 속죄 제물로 황소 한 마
리를 바쳐라. 또 제단에 대한 속죄로서 그것을 위하여 속
죄 제물을 바치고, 그것에 기름을 부어 성별하여라. 37 너
는 이레 동안 제단을 위하여 속죄 예식을 거행하여 그것
을 성별하여라. 그러면 제단은 가장 거룩한 것이 되고, 거
기에 닿는 것도 모두 거룩하게 된다."

일일 번제물

38 "네가 제단 위에서 바칠 것은 이러하다. 일 년 된 숫양
두 마리를 거르지 말고 날마다 바쳐야 한다. 39 어린 숫양
한 마리는 아침에 바치고, 다른 한 마리는 저녁 어스름에
바쳐라. 40 첫 번째 어린 숫양에다 고운 곡식 가루 십분의
일 에파와 찧어서 짠 기름 사분의 일 힌을 섞은 것을 바치
고, 포도주 사분의 일 힌을 제주로 바쳐야 한다. 41 두 번
째 어린 숫양을 저녁 해거름에 바칠 때에도, 아침처럼 곡
식 제물과 제주를 바쳐라. 이것은 주님을 위한 향기로운
화제물이다. 42 이것은 내가 너에게 말하려고 너희와 만나
는 만남의 천막 어귀 곧 주님 앞에서, 너희가 대대로 바쳐
야 하는 일일 번제물이다. 43 내가 거기에서 이스라엘 자손들
을 만나 주어, 그곳이 내 영광으로 거룩하게 될 것이다. 44 나
는 만남의 천막과 제단을 성별하고, 아론과 그의 아들들이

29,38-42. 일일 번제물로 숫양 두 마리를 봉헌해야 한다. 한 마리는 아침에 바치고 나머지 한 마리는 저녁 어스름에 바친다. 빠아 짠 기름을 고운 곡식 가루와 섞어 바치고 제주로 포도주를 함께 바친다.

29,40. 에파는 양을 측정하는 도량형 단위로 약 45리터, 힌은 약 7.5리터에 해당한다.

29,31 레위 8,31. 29,32 마태 12,4. 29,33 레위 10,14.15.17; 22,10; 마태 7,6. 29,34-35 레위 8,32-33. 29,36 40,10; 히브10,11. 29,37 40,10; 마태 23,19. 29,38-46 // 민수 28,3-8; 레위 6,2-6도 참조. 29,38 히브 7,27. 29,42 30,8. 29,43 1열왕 8,11. 29,44 레위 21,15.

사제로서 나를 섬기도록 성별하겠다. 45 그리고 나는 이스라
엘 자손들 가운데에 머물면서 그들의 하느님이 되어 주겠
다. 46 그러면 그들은 바로 내가 그들 가운데에 머물려고,
그들을 이집트 땅에서 이끌어 낸 주 그들의 하느님임을 알
게 될 것이다. 나는 주 그들의 하느님이다."

분향 제단

30 1 "너는 향을 피우는 제단을 만드는데, 그것을
아카시아 나무로 만들어라. 2 길이는 한 암마,
너비도 한 암마로 하여 네모나게 하고, 높이는 두 암마로
하며, 제단과 그 뿔들이 한 덩어리가 되게 하여라. 3 그리고
제단의 윗면과 네 옆면과 뿔들을 순금으로 입히고, 돌아
가면서 테를 둘러라. 4 또 금 고리 두 개를 만들어 금테 밑
양쪽 옆에 붙여, 거기에 채를 끼워 제단을 들 수 있게 하
여라. 5 채는 아카시아 나무로 만들고 금으로 입혀라. 6 너
는 그 제단을 증언 궤 앞에, 곧 내가 너를 만나 줄 증언 궤
위에 있는 속죄판을 가린 휘장 앞에 놓아두어라. 7 아론은
그 제단 위에다 향기로운 향을 피우는데, 아침마다 등을
손질할 때 피워야 하고, 8 해거름에 등을 켤 때에도 피워야
한다. 이는 너희가 대대로 거르지 말고 주님 앞에서 피워
야 하는 향이다. 9 너희는 그 위에 속된 향이나 번제물이나
곡식 제물을 올려서도 안 되고, 그 위에 제주를 부어서도
안 된다. 10 아론은 그 제단의 뿔에 해마다 한 번씩 속죄 예
식을 거행해야 한다. 너희는 대대로 해마다 한 번씩, 속죄
하려고 바치는 속죄 제물의 피로 그 제단을 위한 속죄 예
식을 거행해야 한다. 이 제단은 주님에게 바친 가장 거룩
한 것이다."

인구 조사와 세금

11 주님께서 모세에게 이르셨다. 12 "네가 이스라엘 자손들
의 수를 세어 인구 조사를 실시할 때, 사람마다 자기 목숨
값으로 주님에게 속전을 바쳐야 한다. 그래야 인구 조사

30,2. 암마에 대해서는 25,10 주 참조.

30,9. "속된"을 "이상한", "불법적인", "금지된"으로 옮길 수도 있다. 절차상 규정을 위반했기 때문이다. 즉 잘못 제조했거나 그릇된 때, 지정된 장소가 아닌 곳에서 바친 것이다. 같은 형용사가 불에도 적용된다(레위 10,1; 민수 3,4; 26,61 참조).

30,11-16. 모든 이스라엘인은 인구 조사를 받고 성소 건립을 위해 반 세켈(귀금속의 약 5.5g)을 지불해야 한다. 이것은 동시에 속죄용 세금이다. 사실 다른 전승에 따르면 인구 조사는 하느님의 분노를 불러일으킨다고 여겼는데(2사무 24장 참조), 오로지 하느님만이 살거나 죽어야 할 사람의 목록을 지닐 수 있기 때문이다.

29,45 25,8; 레위 26,12; 묵시 21,3. 29,46 20,2. 30,1 37,25; 묵시 8,3; 9,13. 30,6 25,21.22. 30,7-8 27,21; 루카 1,9; 묵시 8,3. 30,9 레위 10,1. 30,10 레위 16,18; 히브 9,7. 30,12 민수 1,2; 31,50; 2사무 24,15; 마태 20,28.

30,1-10. 작은 네모 분향 제단(50×50cm)의 높이는 약 1m인데 나무에 순금을 입혀서 만들었다. 궤를 가리는 휘장 앞에 이 제단을 배치한다. 대사제는 매일 아침과 해 질 무렵 향기로운 향을 이 제단 위에 피워야 한다. 그는 일 년에 한 번 제물의 피를 제단 뿔들에 바르면서 제단을 정화하고 다시 성별해야 한다.

때문에 그들에게 재앙이 닥치지 않을 것이다. 13 인구 조사
를 받는 이는 누구나 성소 세켈로 반 세켈을 내야 한다. 한
세켈은 스무 게라이다. 그 반 세켈은 주님에게 올리는 예
물이다. 14 인구 조사를 받는 스무 살 이상의 남자는 누구
나 주님에게 예물을 올려야 한다. 15 너희 목숨에 대한 속
죄로 주님에게 이 예물을 바칠 때, 부자라고 반 세켈보다
더 많이 내도 안 되고, 가난한 이라고 이보다 덜 내도 안
된다. 16 너는 이스라엘 자손들에게서 속전을 받아, 만남
의 천막 예식 비용으로 쓰도록 내주어라. 이것이 주님 앞
에서 너희 목숨에 대한 속죄의 기념이 될 것이다."

물두멍

17 주님께서 모세에게 이르셨다. 18 "너는 몸을 씻을 물두
멍과 그 받침을 청동으로 만들어, 만남의 천막과 제단 사
이에 놓고, 거기에 물을 담아라. 19 아론과 그의 아들들이
그 물로 손과 발을 씻게 하여라. 20 그들이 만남의 천막으
로 들어갈 때, 물로 씻어야 죽지 않는다. 그들이 예식을 거
행하려고, 곧 주님에게 화제물을 살라 바치려고 제단에
다가갈 때에도 마찬가지다. 21 그들이 손과 발을 씻어야 죽
지 않는다. 이는 그와 그의 후손이 대대로 지켜야 할 영원
한 규정이다."

성유

22 주님께서 모세에게 이르셨다. 23 "너는 가장 좋은 향료
를 이렇게 장만하여라. 액체 몰약을 오백 세켈, 향기로운
육계향을 그 절반인 이백오십 세켈, 향기로운 향초를 이
백오십 세켈, 24 계피를 성소 세켈로 오백 세켈, 그리고 올
리브 기름 한 힌을 장만하여라. 25 너는 향을 만드는 법에
따라 이것들을 잘 섞어 거룩한 성별 기름을 만들어라. 바
로 이것이 거룩한 성별 기름이 될 것이다. 26 너는 이것을
만남의 천막과 증언 궤에 붓고, 27 또 상과 거기에 딸린 모
든 기물, 등잔대와 거기에 딸린 기물들, 분향 제단, 28 번
제 제단과 거기에 딸린 모든 기물, 그리고 물두멍과 그 받
침에 부어 29 그것들을 성별하여라. 그러면 그것들이 가장
거룩한 것이 되고, 거기에 닿는 것도 모두 거룩하게 된다.
30 또한 너는 아론과 그 아들들에게 기름을 부어, 그들이

30,13 마태 17,24. 30,15 잠언 22,2. 30,16 38,25; 민수 17,5. 30,18 38,8; 40,7.30. 30,19 40,31.32. 30,21 28,43. 30,25 37,29; 40,9. 30,26 레위 8,10. 30,29 29,37. 30,30 레위 8,12.30.

30,13. 21,32 주 참조. 게라는 가장 작은 도량형 단위로 약 0.55g에 해당한다.

30,22-38. 성별 기름과 향료를 만드는 법(34-38절)을 지정하며, 제의 용도로만 사용했다. 성별 기름에 닿는 물건이나 사람은 거룩한 상태가 된다.

30,24. 29,40 주 참조.

사제로서 나를 섬기도록 성별하여라. 31 너는 이스라엘 자
손들에게 이렇게 일러라. '이것은 너희 대대로 나의 거룩
한 성별 기름이 될 것이다. 32 아무 사람의 몸에나 부어서
는 안 되고, 그런 배합법으로 똑같이 만들어서도 안 된다.
그것은 거룩한 것이니, 너희에게도 거룩한 것이 되어야 한
다. 33 그와 같이 섞어 만들거나 속인에게 발라 주는 사람
은 자기 백성에게서 잘려 나갈 것이다.'"

향료

34 주님께서 모세에게 말씀하셨다. "너는 향료들, 곧 소합
향과 나감향과 풍자향을 장만하여, 이 향료들과 순수한
유향을 섞는데, 각각 같은 분량으로 하여라. 35 너는 향 제
조사가 하듯이, 이것들을 잘 섞고 소금을 쳐서 깨끗하고
거룩한 것을 만들어라. 36 너는 그 가운데 일부를 가루로
빻아서, 내가 너를 만나 줄 만남의 천막 안 증언 궤 앞에
놓아라. 이는 너희에게 가장 거룩한 것이다. 37 너희는 사
사로이 쓰려고 같은 배합법으로 향을 만들어서는 안 된
다. 너희는 그것을 주님을 위한 거룩한 것으로 삼아야 한
다. 38 향기를 즐기려고 그와 같은 것을 만드는 사람은 자
기 백성에게서 잘려 나갈 것이다."

성막 제조 기술자

31 1 주님께서 모세에게 이르셨다. 2 "보아라, 내가
유다 지파에 속하는 후르의 손자이며 우리의
아들인 브찰엘을 지명하여 불러, 3 그를 하느님의 영으로,
곧 재능과 총명과 온갖 일솜씨로 채워 주겠다. 4 그러면 그
는 여러 가지를 고안하여 금, 은, 청동으로 만들고, 5 테에
박을 보석을 다듬고 나무를 다듬는 온갖 일을 할 것이다.
6 나는 또 단 지파에 속하는 아히사막의 아들 오홀리압을
브찰엘에게 붙여 주었다. 그리고 재능 있는 모든 이의 마
음에 재능을 더해 주어, 내가 너에게 명령한 모든 것을 만
들게 하였다. 7 그리하여 그들은 만남의 천막과 증언 궤와
그 위에 덮을 속죄판과 천막에 딸린 모든 기물, 8 상과 거기

30,33. "속인" 9절의 "속된"이라는 말과 같은 히브리어 형용사(9절 주 참조)를 사용하는데 이 구절에서는 사제가 아닌 사람을 가리킨다.

30,34. "순수한 유향" 남부 아라비아, 에티오피아, 소말리아, 인도에서 생산되는 향기로운 송진을 가리킨다.

30,35. "소금을 쳐서" 고대 번역본들은 더욱 쉽게 이해할 수 있게 "섞어", "혼합하여"로 옮긴다. 그러나 메소포타미아의 마술 본문들에 따르면 잘 타게 하기 위해서 향에 소금을 쳤다. 또한 곡식 제물에도 소금을 쳤다(레위 2,13; 에제 43,24 참조).

30,33 12,15. 30,36 29,37.42; 레위 2,3; 16,2. 31,1-6 // 35,30-35. 31,2 35,30-36,1. 31,3 사도 6,3. 31,6 35,34. 31,7 36,8; 37,1.6. 31,8 37,10.17.

31,1-11. 성막과 모든 기물을 만들어야 하는 기술자인 브찰엘과 오홀리압은 하느님께서 직접 선택하셨다. 하느님께서는 직접 이름을 불러 그들 안에 당신 영을 불어넣으신다. 전형적인 예언자 소명의 순간이다. 35,34에서는 주님께서 오홀리압에게 가르치는 은사도 주신다.

에 딸린 기물들, 순금 등잔대와 거기에 딸린 모든 기물, 분
향 제단과 9 번제 제단과 거기에 딸린 모든 기물, 물두멍과
그 받침, 10 예식을 거행할 때 입는 옷, 사제 아론의 거룩한
옷과 그의 아들들이 사제직을 수행할 때 입는 옷, 11 성별
기름과 성소에서 쓸 향기로운 향을, 내가 너에게 명령한
대로 다 만들 것이다."

안식일

12 주님께서 모세에게 말씀하셨다. 13 "너는 이스라엘 자손
들에게 일러라. '너희는 나의 안식일을 반드시 지켜야 한
다. 안식일은 나 주님이 너희를 성별하는 이라는 것을 알
게 하려고, 나와 너희 사이에 대대로 세운 표징이다. 14 너
희는 안식일을 지켜야 한다. 그것은 너희에게 거룩한 날
이다. 이날을 더럽히는 자는 사형을 받아야 한다. 이날에
일을 하는 자는 누구나 제 백성 가운데에서 잘려 나갈 것
이다. 15 엿새 동안은 일을 할 수 있다. 그러나 이렛날은 안
식일, 주님을 위한 거룩한 안식의 날이니, 이 안식일에 일
을 하는 자는 누구나 사형을 받아야 한다. 16 그러므로 이
스라엘 자손들은 대대로 안식일을 영원한 계약으로 삼아,
이 안식일을 지켜 나가야 한다. 17 이것은 나와 이스라엘
자손들 사이에 세워진 영원한 표징이다. 주님이 엿새 동안
하늘과 땅을 만들고, 이렛날에는 쉬면서 숨을 돌렸기 때
문이다.'"

31,12-17. 안식일을 지키라는 명령으로 예배 제도 지침을 마무리한다. 이 명령은 성소 건립을 위한 일을 시작하기 전에 35,1-3에 다시 나온다. 창세 2,3에서 하느님께서는 "이렛날"에 복을 내리시고 그날을 성별하셨다. 이제 안식일은 하느님과 이스라엘 사이에 맺은 계약의 "영원한 표징"이 된다. 하느님께서 당신 백성 가운데에 영원히 거주하실 성소의 건립은 어떤 의미에서 창조에서 시작된 일의 완성으로 나타난다. 신명 5,12-15 주 참조.

31,17. "숨을 돌리다"로 번역한 히브리어 동사 '나파스'는 "숨", "생명", "사람"을 지칭하는 명사 '네페쉬'의 파생어로 "원기를 회복하다", "생기를 찾다"는 뜻이다.

모세에게 증언판을 주시다

18 하느님께서는 시나이산에서 모세와 말씀을 다 하신 다
음, 당신 손가락으로 쓰신, 돌로 된 두 증언판을 그에게 주
셨다.

31,11 30,25.31.34; 37,29. 31,13 레위 19,3.30; 에제 20,12.20; 히브 2,11. 31,14 35,2; 민수 15,32.35; 마르 3,1-6. 31,15 16,23; 20,9.10; 35,2. 31,17 20,11; 창세 2,2.3. 31,18 24,12; 32,15.16; 34,1.28; 사도 7,38; 2코린 3,3.

금송아지

32 1 백성들은 모세가 산에서 오래도록 내려오지
않는 것을 보고, 아론에게 몰려와 말하였다.
"일어나, 앞장서서 우리를 이끄실 신을 만들어 주십시오.
우리를 이집트에서 데리고 올라온 저 모세라는 사람은 어
떻게 되었는지 모르겠습니다." 2 아론이 그들에게 "여러분
의 아내와 아들딸들의 귀에 걸린 금 고리들을 빼서 나에
게 가져오시오." 하자, 3 온 백성이 저희 귀에 걸린 금 고리
들을 빼서 아론에게 가져왔다. 4 아론이 그 금을 그들 손
에서 받아 거푸집에 부어 수송아지 상을 만들자, 사람들
이 외쳤다. "이스라엘아, 이분이 너를 이집트 땅에서 데리
고 올라오신 너의 신이시다." 5 아론은 이것을 보고 그 신
상 앞에 제단을 쌓은 뒤, "내일은 주님을 위한 축제를 벌
입시다." 하고 선포하였다. 6 이튿날 그들은 일찍 일어나, 번
제물을 올리고 친교 제물을 바쳤다. 그러고 나서 백성들
은 앉아서 먹고 마시다가 일어나 흥청거리며 놀았다.

하느님의 진노와 모세의 간청

7 주님께서 모세에게 이르셨다. "어서 내려가거라. 네가 이
집트 땅에서 데리고 올라온 너의 백성이 타락하였다. 8 저
들은 내가 명령한 길에서 빨리도 벗어나, 자기들을 위하
여 수송아지 상을 부어 만들어 놓고서는, 그것에 절하고
제사 지내며, '이스라엘아, 이분이 너를 이집트 땅에서 데
리고 올라오신 너의 신이시다.' 하고 말한다." 9 주님께서
다시 모세에게 말씀하셨다. "내가 이 백성을 보니, 참으로
목이 뻣뻣한 백성이다. 10 이제 너는 나를 말리지 마라. 그
들에게 내 진노를 터뜨려 그들을 삼켜 버리게 하겠다. 그

32,4. 고대 근동에서 수송아지의 이미지는 힘, 권능과 다산의 표징이었다.

32,5-6. 주님을 경배하는 축제를 선포한 아론은 우상 숭배의 죄까지는 아니지만, 모습을 본뜬 상을 만들어서는 안 된다는 계명(20,4-6)은 위반한 것이다. 이 이야기는 예로보암 1세가 이스라엘에 우상 숭배를 도입한 것을 반영하는 듯하다. 그는 솔로몬 사후 왕국이 분열되었을 때 금송아지 둘을 만들어 세우고 자신이 독단적으로 제정한 축제 때 그 상들에 제물을 바쳤다(1열왕 12,28-33 참조).

32,6. "일어나 흥청거리며 놀았다"는 표현은 성적 행동을 의미하고 암시할 수 있다(창세 26,8; 39,14.17 참조).

32,10. 하느님의 분노는 태워 버리는 불이다. 이 묘사에 더 적합한 동사는 단순히 "파괴하다"보다는 "삼켜 버리다"이다.

32,1-35 // 신명 9,7-29. 32,1 사도 7,40; 탈출 13,21; 24,18; 신명 9,9. 32,2 35,22. 32,4 신명 9,16; 사도 7,41. 32,6 1코린 10,7; 사도 7,41. 32,7 창세 6,11.12; 신명 9,12; 다니 9,24. 32,8 20,3.4.23; 1열왕 12,28; 사도 7,41. 32,9 33,3.5; 34,9; 민수 14,11. 32,10 민수 14,12; 신명 9,14.

32,1-34,35. 이스라엘인들은 인도자로서 모세를 거부하고 자신들 앞에서 걸어갈 신을 요구한다. 아론은 백성의 장신구에서 얻은 금을 녹여 신을 상징하는 토대인 수송아지를 만든다. 이스라엘의 참된 원죄인 이 사건으로 계약이 깨진다. 이스라엘은 첫째 계명(20,3-6 참조)을 존중하지 않으면서 주님 백성인 그들의 실존을 위험에 빠뜨리며, 하느님께서 더 이상 그들을 인도하기를 원하지 않으시는 것처럼 보인다(33,3.5 참조). 그러나 모세의 중재 덕분에 주님께서는 여전히 그들 가운데에서 걸으실 것이다(33,14.17 참조). 참된 인도자는 금송아지가 아니라 하느님과 얼굴을 마주하여 말하는(33,11) 모세이다. 계약이 쇄신되고 주님께서 다시 당신 십계명을 새로운 두 개의 판에 기록하신다. 모세는 이 돌판을 가지고 시나이산에서 내려온다(34,29 참조).

32,7-11.13-14. 다해 연중 제24주일에 이 본문을 읽는데(화답송은 시편 51편의 구절이다) 병행 본문은 루카 복음서(15,1-32)의 자비로운 아버지에 대한 내용이다. 제2독서는 "나에게 자비를 베푸셨습니다."라는 바오로의 고백이다(1티모 1,12-17).

리고 너를 큰 민족으로 만들어 주겠다."
11 그러자 모세가 주 그의 하느님께 애원하였다. "주님, 어
찌하여 당신께서는 큰 힘과 강한 손으로 이집트 땅에서
이끌어 내신 당신의 백성에게 진노를 터뜨리십니까? 12 어
찌하여 이집트인들이, '그가 이스라엘 자손들을 해치려고
이끌어 내서는, 산에서 죽여 땅에 하나도 남지 않게 해 버
렸구나.' 하고 말하게 하시렵니까? 타오르는 진노를 푸시
고 당신 백성에게 내리시려던 재앙을 거두어 주십시오. 13
당신 자신을 걸고, '너희 후손들을 하늘의 별처럼 많게 하
고, 내가 약속한 이 땅을 모두 너희 후손들에게 주어, 상
속 재산으로 길이 차지하게 하겠다.' 하며 맹세하신 당신
의 종 아브라함과 이사악과 이스라엘을 기억해 주십시
오." 14 그러자 주님께서는 당신 백성에게 내리겠다고 하신
재앙을 거두셨다.

모세가 증언판을 깨뜨리다

15 모세는 두 증언판을 손에 들고 돌아서서 산을 내려왔
다. 그 판들은 양면에, 곧 앞뒤로 글이 쓰여 있었다. 16 그
판은 하느님께서 손수 만드신 것이며, 그 글씨는 하느님께
서 손수 그 판에 새기신 것이었다. 17 여호수아가 백성이
떠드는 소리를 듣고, "진영에서 전투 소리가 들립니다." 하
고 모세에게 말하였다. 18 그러자 모세가 말하였다.

"승리의 노랫소리도 아니고
패전의 노랫소리도 아니다.
내가 듣기에는
그냥 노랫소리일 뿐이다."

19 모세는 진영에 가까이 와 사람들이 춤추는 모습과 수
송아지를 보자 화가 나서, 손에 들었던 돌판들을 산 밑에
내던져 깨 버렸다. 20 그는 그들이 만든 수송아지를 가져다
불에 태우고, 가루가 될 때까지 빻아 물에 뿌리고서는, 이
스라엘 자손들에게 마시게 하였다.

32,12-14. 32,12ㄴ의 간구(자구적으로는 "당신의 타오르는 분노에서 돌아오소서. 당신 백성에 대한 재앙을 철회하소서!")는 벌의 용서를 청하는 전문적 표현이다. 중재 기도 덕분에 주님께서 뉘우치시고 당신 백성에 대한 태도를 자비롭게 바꾸신다.

32,14. "재앙을 거두셨다." 일반적으로 이렇게 번역하는데, 이 본문의 의인화된 하느님의 모습에 더욱 적합한 표현은 "뉘우치다"이다. 하느님께서 뉘우치는 이미지는 예레 18,7-10; 26,3.19; 요나 3,10(민수 14,13-20도 참조)에 다시 나온다.

32,20. 모세는 죄가 있어 보이는 모든 백성에게 금송아지 가루를 뿌린 물을 마시게 한다. 민수 5,11-28의 쓴 물은 죄인과 무고한 이를 구별하는 시험 도구, 하느님 판결의 도구이다.

32,11-14 // 신명 9,25-29. 32,11 신명 9,18. 32,12 민수 14,13; 신명 9,28. 32,13 13,5; 창세 12,7; 13,15; 22,16-17; 히브 6,13-14; 11,12. 32,14 시편 106,45. 32,15 신명 9,15; 2코린 3,3. 32,16 31,18. 32,19 신명 9,16.17. 32,20 신명 9,21.

32,11-12. 모세가 백성을 위해 중재에 나서(32,31-32; 민수 11,11-15; 14,13-19; 16,22 참조) 하느님의 분노가 타오르는 것을 진정시키려고 노력한다. 모세는 "왜?"로 시작하는 두 개의 질문을 주님께 던진다. 그 질문에서 그는 백성에게 내리시는 벌의 부정적인 측면, 곧 하느님께서 직접 이집트에서 해방시킨 백성을 땅에서 사라지게 하는 비논리성과 이스라엘 하느님의 이해할 수 없는 행위에 대한 이집트인들의 조롱을 강조한다. 끝으로 그는 하느님께서 족장들에게 한 맹세에 호소하면서 용서를 구하는 간청 형태의 명령형으로 말씀드린다.

32,25-35. 백성이 중죄를 지은 후 종교적 정통성의 수호자들인 레위 자손들이 정화 임무를 맡는다. 이로써 백성 삼천 명(1코린 10,8에서는 2,300명)가량이 죽었다. 그 후 모세는 용서를 얻지 못하면 의인들의 이름이 기록된 생명의 책에서(시편 69,29; 다니 12,1 참조) 주님께서 자기 이름을 지워 달라고 청하는 식으로 자신의 생명을 바치며 백성을 위해 다시 중재 기도를 바친다. 대량 학살의 폭력성(27절 참조)에 관해서는, 이스라엘의 바빌론 유배 기간 또는 그 후에 유다와 예루살렘의 붕괴와 파괴라는 상황에서 이 구절들이 쓰였음을 기억할 필요가 있다. 파괴를 일삼은 권력자들의 예배는 바로 이방신과 우상들에게 바쳐졌다.

21 모세가 아론에게 말하였다. "이 백성이 형님에게 어떻게
하였기에, 그들에게 이렇게 큰 죄악을 끌어들였습니까?"
22 아론이 대답하였다. "나리, 화내지 마십시오. 이 백성이
악으로 기울어져 있음을 아시지 않습니까? 23 그들이 나
에게 '앞장서서 우리를 이끄실 신을 만들어 주십시오. 우
리를 이집트에서 데리고 올라온 저 모세라는 사람은 어떻
게 되었는지 모르겠습니다.' 하기에, 24 내가 그들에게 '금
붙이를 가진 사람은 그것을 빼서 내시오.' 하였더니, 그들
이 그것을 나에게 주었습니다. 그래서 내가 그것을 불에
던졌더니 이 수송아지가 나온 것입니다."

레위인들의 열성

25 모세는 백성이 제멋대로 하는 것을 보았다. 아론이 그
들을 제멋대로 하게 내버려 두어, 적들에게 조롱거리가 되
었던 것이다. 26 모세가 진영 대문에 서서, "누구든지 주님
의 편이거든 나에게로 오너라." 하고 외치자, 레위의 자손
들이 모두 그에게 모여들었다. 27 모세가 그들에게 말하였
다. "주 이스라엘의 하느님께서 이렇게 말씀하신다. '너희
는 각자 허리에 칼을 차고, 진영의 이 대문에서 저 대문으
로 오가면서, 저마다 자기 형제와 친구와 이웃을 죽여라.'"
28 레위의 자손들은 모세가 분부한 그대로 하였다. 그날
백성 가운데에서 삼천 명가량이나 쓰러졌다. 29 모세가 말
하였다. "오늘 너희는 저마다 자기 아들이나 형제에 대한
대가로 주님을 위한 직무를 맡았다. 그분께서 오늘 너희에
게 복을 내리시기를 빈다."

모세가 다시 하느님께 빌다

30 이튿날 모세가 백성에게 말하였다. "너희는 큰 죄를 지
었다. 행여 너희의 죄를 갚을 수 있는지, 이제 내가 주님께
올라가 보겠다." 31 모세가 주님께 돌아가서 아뢰었다. "아,
이 백성이 큰 죄를 지었습니다. 자신들을 위하여 금으로
신을 만들었습니다. 32 그러나 이제 그들의 죄를 부디 용서
해 주시기 바랍니다. 그렇게 하시지 않으려거든, 당신께서
기록하신 책에서 제발 저를 지워 주십시오." 33 주님께서
모세에게 말씀하셨다. "나는 나에게 죄지은 자만 내 책에

32,21 창세 26,10. 32,22 신명 9,24. 32,23 사도 7,40. 32,27 민수 25,7-13. 32,30 민수 25,13; 1사무 12,20.23; 2사무 16,12. 32,31 20,23; 신명 9,18. 32,32 시편 69,29; 다니 12,1; 루카 10,20; 로마 9,3; 묵시 3,5ㄴ; 13,8; 17,8ㄴ; 21,27. 32,33 신명 29,19; 시편 9,6.

서 지운다. 34 이제 너는 가서 내가 너에게 일러 준 곳으로
백성을 이끌어라. 보아라, 내 천사가 네 앞에 서서 나아갈
것이다. 그러나 내 징벌의 날에 나는 그들의 죄를 징벌하
겠다." 35 그 뒤 주님께서는 백성이 수송아지를 만든 일 때
문에, 곧 아론이 만든 수송아지 때문에 백성에게 재앙을
내리셨다.

이스라엘 백성에게 출발을 명령하시다

33 1 주님께서 모세에게 이르셨다. "너는 이집트
땅에서 데리고 올라온 이 백성과 함께 이곳을
떠나, 내가 아브라함과 이사악과 야곱에게, '네 후손들에
게 이것을 주겠다.' 하며 맹세한 땅으로 올라가거라. 2 나는
너희 앞에 천사를 보내어, 가나안족, 아모리족, 히타이트
족, 프리즈족, 히위족, 여부스족을 몰아내겠다. 3 너희는 젖
과 꿀이 흐르는 땅으로 올라가거라. 그러나 나는 너희와
함께 올라가지 않겠다. 너희는 목이 뻣뻣한 백성이므로,
도중에 내가 너희를 없애 버릴 수도 있기 때문이다." 4 백성
은 이렇듯 참담한 말씀을 듣고 슬퍼하며, 패물을 몸에 다
는 사람이 없었다.
5 주님께서 모세에게 말씀하셨다. "이스라엘 자손들에게
말하여라. '너희는 목이 뻣뻣한 백성이다. 내가 한순간이
라도 너희와 함께 올라가다가는, 너희를 없애 버릴 수도
있다. 그러니 이제 너희는 패물을 몸에서 떼어 내어라. 그
러면 내가 너희를 어떻게 할지 결정하겠다.'" 6 그리하여
이스라엘 자손들은 호렙산에서부터 패물을 벗어 버렸다.

만남의 천막

7 모세는 천막을 챙겨 진영 밖으로 나가 진영에서 멀리 떨
어진 곳에 그것을 치곤 하였다. 모세는 그것을 만남의 천
막이라 불렀다. 주님을 찾을 일이 생기면, 누구든지 진영 밖
에 있는 만남의 천막으로 갔다. 8 모세가 천막으로 갈 때면,
온 백성은 일어나 저마다 자기 천막 어귀에 서서, 모세가 천

33,1. 모세가 받은 명령("올라가거라.")은 창세 13,1의 해설을 기억할 때에만 이해할 수 있다. 자구적 이해를 더 유연하게 하는 번역은 "땅을 향해 가거라"이겠다.

33,7-11. 백성은 진영에서 떨어진 만남의 천막에서 모세의 중재를 통해 주님께 자문을 구할 수 있었다. 주님께서는 모세와 함께 "얼굴을 마주하여" 말씀하셨다. 천막 안에는 예배를 거드는 "시종"이자 "젊은이"라고 불리는 여호수아가 항상 머물렀다. "젊은이"라는 말은 "예배 직분"(1사무 2,18에서 예언자 사무엘처럼)을 의미했을 것이다. 이스라엘 진영에서 좀 떨어진 진영 밖에 세운 이 천막의 특성과, 탈출기 25-31장에서 준비되고 35-40장에서 실현되는 진영 가운데의 성소(민수 2,2; 5,3 참조)에 대한 서술 사이에 모습과 형태가 다르다는 것에 주목할 필요가 있다.

32,34 3,17; 23,20; 시편 99,8. 33,1 2,7.13; 창세 12,7. 33,2 23,27-31; 32,34. 33,3 3,8.17; 32,9.10; 사도 7,51. 33,4 민수 14,1.39. 33,7 29,42.43; 히브 13,13. 33,8 민수 16,27.

33,1-6. 이스라엘은 시나이를 떠나 다시 여정을 계속해야 한다. 그러나 백성들의 배신 후에 하느님의 현존과 안내가 불확실해진다. 주님께서는 더 이상 이스라엘인 가운데에 계시지 않을 것이다. 주님이 함께 계신다면 "목이 뻣뻣한 백성"을 절멸시키실 것이다. 주님의 천사가 주님의 현존을 대신할 것이다(23,20-33 참조). 모든 백성은 뉘우침의 표시로 패물을 떼어 버려야 했다.

막으로 들어갈 때까지 그 뒤를 지켜보았다. 9 모세가 천막으
로 들어가면, 구름 기둥이 내려와 천막 어귀에 머무르고, 주
님께서 모세와 말씀을 나누셨다. 10 구름 기둥이 천막 어귀
에 머무르는 것을 보면, 온 백성은 일어나 저마다 자기 천막
어귀에서 경배하였다. 11 주님께서는 마치 사람이 자기 친구
에게 말하듯, 모세와 얼굴을 마주하여 말씀하시곤 하였다.
모세가 진영으로 돌아온 뒤에도, 그의 젊은 시종, 눈의 아
들 여호수아는 천막 안을 떠나지 않았다.

모세의 기도와 하느님의 응답

12 모세가 주님께 아뢰었다. “보십시오, 당신께서는 저에
게 ‘이 백성을 데리고 올라가거라.’ 하고 말씀하셨습니다.
그러나 당신께서는 저와 함께 누구를 보내실지 알려 주시
지 않았습니다. 그러면서도 당신께서는 ‘나는 너를 이름까
지도 잘 알뿐더러, 너는 내 눈에 든다.’고 하셨습니다. 13 그
러니 이제 제가 당신 눈에 든다면, 저에게 당신의 길을 가
르쳐 주십시오. 그러면 제가 당신을 알고, 더욱 당신 눈에
들 수 있을 것입니다. 이 민족이 당신 백성이라는 것도 생
각해 주십시오.” 14 주님께서 대답하셨다. “내가 몸소 함께
가면서 너에게 안식을 베풀겠다.” 15 모세가 주님께 아뢰었
다. “당신께서 몸소 함께 가시지 않으려거든, 저희도 이곳
을 떠나 올라가지 않게 해 주십시오. 16 이제 저와 당신 백
성이 당신 눈에 들었는지 무엇으로 알 수 있겠습니까? 저
희와 함께 가시는 것이 아닙니까? 그래야만 저와 당신 백
성이 땅 위에 있는 다른 모든 주민과 구분되는 것이 아닙
니까?” 17 주님께서 모세에게 말씀하셨다. “네가 청한 이
일도 내가 해 주겠다. 네가 내 눈에 들고, 나는 너를 이름
까지도 잘 알기 때문이다.”

33,9 25,22; 31,18; 시편 99,7. 33,11 24,13; 민수 12,8; 신명 34,10; 요한 15,15. 33,12 32,34; 예레 1,5; 요한 10,14.15; 2티모 2,19. 33,13 34,9; 신명 9,26.29; 시편 25,4. 33,14 여호 22,4; 이사 63,9; 마태 11,28. 33,16 34,10; 민수 14,14; 루카 1,30.

33,9. “주님께서 모세와 말씀을 나누셨다.”에서 히브리어 본문에는 “주님”이라는 주어가 나오지 않지만, 여러 번역본에서 모호함을 피하고자 주어를 구체적으로 표현한다. 사실 모세와 “말한” 것은 구름이다.

33,13. 이때 이스라엘이 “민족”으로서 광야에 존재했다고 말하기는 이르다(실제로 대중 라틴말 성경에서는 “이 사람들”이라고 말하는 것을 선호한다). 그러나 이 본문을 그런 과거에서 자신들의 창립 순간을 발견하는 후대 역사 상황을 과거로 투사한 것으로 이해한다면, 이와 유사한 번역은 정당화될 수 있다.

33.14.15. “몸소”는 자구적으로 “나의 얼굴이”이다. 하느님의 초월성을 지키기 위해 히브리어 본문은 다양하게 돌려서 말하지만 “나의 얼굴이”의 문구는 그렇지 않다. 히브리어에서 얼굴은 보통 볼 수 있는 주체로서 사람을 가리키기 때문에 “나의 얼굴이 함께 가면서”라는 번역은 히브리어를 잘 표현한 것이 아니며 표현도 매끄럽지 않다. 애가 4,16에서도 “친히”로, 신명 4,37에서도 “몸소”로 옮겼다.

하느님의 얼굴을 볼 수는 없다

18 모세가 아뢰었다. "당신의 영광을 보여 주십시오." 19 그
러자 주님께서 대답하셨다. "나는 나의 모든 선을 네 앞으
로 지나가게 하고, 네 앞에서 '야훼'라는 이름을 선포하겠
다. 나는 내가 자비를 베풀려는 이에게 자비를 베풀고, 동
정을 베풀려는 이에게 동정을 베푼다." 20 그리고 다시 말
씀하셨다. "그러나 내 얼굴을 보지는 못한다. 나를 본 사
람은 아무도 살 수 없다." 21 주님께서 말씀을 계속하셨다.
"여기 내 곁에 자리가 있으니, 너는 이 바위에 서 있어라.
22 내 영광이 지나가는 동안 내가 너를 이 바위 굴에 넣고,
내가 다 지나갈 때까지 너를 내 손바닥으로 덮어 주겠다.
23 그런 다음 내 손바닥을 거두면, 네가 내 등을 볼 수 있
을 것이다. 그러나 내 얼굴은 보이지 않을 것이다."

33,18-23. 모세도 하느님 말씀을 "들은" 후에 하느님의 영광인 그분 얼굴을 "보기를" 원한다. 주님께서는 모세가 죽지 않도록(하느님 얼굴을 본 후에 살아남을 수 없다) 모세를 보호하기 위해 당신의 이름을 선포하면서 지나가는 동안에 바위 굴에 모세를 넣고 그를 손바닥으로 덮어 주신다. 모세는 다만 주님께서 지나간 후에야 주님의 어깨를 본다. 하느님은 그분 존재가 아니라 행위로 알 수 있고 이런 식으로 그분께서 가리키는 길에서 그분을 따를 수 있다. 하느님의 가려진 환시에 대한 다른 체험은 엘리야의 체험(1열왕 19,9-18)이 있다.

모세가 새 증언판을 받으러 시나이산으로 올라가다

34 1 주님께서 모세에게 말씀하셨다. "너는 처음 것
과 같은 돌판 두 개를 깎아라. 그러면 네가 깨뜨
려 버린 그 처음 돌판에 새겨져 있던 말을 내가 새 돌판에
다시 써 주겠다. 2 내일 아침까지 준비하고 있다가, 아침이
되면 시나이산으로 올라와, 이 산꼭대기에서 나를 기다리
고 서 있어라. 3 아무도 너와 함께 올라와서는 안 된다. 이
산 어디에도 사람이 보여서는 안 되고, 양과 소가 이 산을
마주하고 풀을 뜯게 해서도 안 된다." 4 모세는 주님께서 그
에게 명령하신 대로 처음 것과 같은 돌판 두 개를 깎고, 이
튿날 아침 일찍 일어나 그 돌판 두 개를 손에 들고 시나이
산으로 올라갔다.

34,1-5. 우리는 탈출기 전체에 소개된 시나이(호렙)에서의 네 번째 하느님 신현 앞에 있다. 첫 번째 신현은 모세가 자기 양들과 함께 목초지에 있을 때 일어난다(3,1-4,17 참조). 두 번째 신현은 계약 체결을 위해 모세에게, 또 그와 멀리 떨어져 있던 모든 이스라엘에게 있었다(19,16-19). 세 번째 신현은 계약을 마무리할 때 모세, 아론, 나답, 아비후와 칠십 명의 이스라엘 원로들에게 있었다(24,9-11 참조). 네 번째 신현은 현재 본문인데 모세가 하느님의 영광을 보여 달라고 한 요청(33,18 참조) 후에 모세에게만 일어난다. 다섯 번째 신현은 책 마지막에 하느님께서 이제 막 건립한 성소에서 자신을 드러내실 때이다(40,34-35 참조).

33,19 로마 9,15. 33,20 창세 32,31; 이사 6,5; 요한 1,18; 1티모 6,16. 33,23 요한 1,18. 34,1-2.27 // 신명 10,1-5. 34,1 32,16.19. 34,2 19,20. 34,3 19,12.13.21.

33,19. 하느님의 은총, 호의, 자비(이 모든 것을 히브리 어원 '하난', "은총을 베풀다"가 표현한다)와 부드러운 사랑(어원 '라함', "자비를 베풀다")은 하느님과 인간 사이의 관계를 구성하는 근본적인 요소인데, 당신의 절대적인 자유로 행사하신다. 하느님의 장엄한 현존(당신의 영광)은 이스라엘을 위해 행하셨고 행하실 모든 것에서 백성을 향한 당신의 선하심으로 드러난다. 그러므로 이 구절을 3,14과 연결하면서 즉시 하느님 이름이 선포된다.

✠ 34,4ㄱㄷ-6.8-9. 가해 삼위일체 대축일에 읽는다. 믿는 이가 하느님이 누구신지 이해하도록 돕는다.

하느님께서 나타나시다

5 그때 주님께서 구름에 싸여 내려오셔서 모세와 함께 그
곳에 서시어, '야훼'라는 이름을 선포하셨다. 6 주님께서는
모세 앞을 지나가며 선포하셨다.
"주님은, 주님은
자비하고 너그러운 하느님이다.
분노에 더디고
자애와 진실이 충만하며
7 천대에 이르기까지 자애를 베풀고
죄악과 악행과 잘못을 용서한다.
그러나 벌하지 않은 채 내버려 두지 않고
조상들의 죄악을
아들 손자들을 거쳐
삼 대 사 대까지 벌한다."
8 모세는 얼른 땅에 무릎을 꿇어 경배하며 9 아뢰었다. "주
님, 제가 정녕 당신 눈에 든다면, 주님께서 저희와 함께 가
주시기를 바랍니다. 이 백성이 목이 뻣뻣하기는 하지만,
저희 죄악과 저희 잘못을 용서하시고, 저희를 당신 소유로
삼아 주시기를 바랍니다."

다시 계약을 맺다

10 주님께서 말씀하셨다. "이제 내가 계약을 맺는다. 나는
세상 어느 곳에서도, 어떤 민족에게서도 일어난 적이 없
는 기적들을 너의 온 백성 앞에서 일으키겠다. 너를 둘러
싼 온 백성이 주님의 일을 보게 될 것이다. 내가 너와 함께
할 이 일은 참으로 놀라운 것이다.
11 너희는 내가 오늘 너희에게 명령하는 것을 잘 지켜라.
이제 내가 너희 앞에서 아모리족, 가나안족, 히타이트족,
프리즈족, 히위족, 여부스족을 몰아내겠다. 12 너희가 들어
가는 땅의 주민들과 계약을 맺지 않도록 조심하여라. 그것
이 너희에게 올가미가 될 것이다. 13 그러니 너희는 그들의
제단들을 헐고 그들의 기념 기둥들을 부수고 그들의 아세
라 목상들을 잘라 버려야 한다.

34,5-9. 당신의 영광을 보고자 하는 모세에게 하느님께서는 두 차례 당신의 이름을 선언하며 응답하신다. 그 이름 뒤에 바로 하느님의 특성이 나온다(동정심 많고 인자하며 참을성 많고 자애롭고 충실한). 그것은 인간에 대한 하느님의 선하심과 부드러움, 당신 백성에 대한 구원 행위를 보여 주시면서 하느님께서는 피조물과 결합하는 내적 관계를 가리키는 이름이다(3,13-15 참조). 모세는 이 하느님께 이스라엘을 용서해 달라고 청한다. 3,14의 숨겨진 신비로운 이름부터 34,6-7의 긴 이름까지 하느님께서 모세에게 계시하신 이름이 확장되는 것을 볼 필요가 있다. 주님께서 이스라엘에게 자비롭고 인정 많은 분으로서 당신 자신을 알려 주신 것은 바로 탈출기에서 전개되는 일과 사건을 통해서였다. 나아가 이스라엘은 다른 곳에서도 분노에 더디시고 자애가 충만한 하느님에 관해 계속해서 성찰할 것이다(민수 14,18; 느헤 9,17.31; 요나 4,2; 나훔 1,2-3; 시편 103,8 참조).

34,10-26. 계약이 새롭게 선포된 후에 탈출 20,1-17과 신명 5,6-21에 제시된 "윤리" 십계명과는 다른, "예식 또는 경신례" 십계명(또는 열두 계명)이 이어진다. 이 규정들은 주님께 유보된 예배에만 관련된다. 다른 신들에 대한 예배 금지 외에도 희생 제물과 전례력에 대한 법들도 있다.

34,13. 아세라는 가나안에서 풍요 다산을 관장하는 여신이며, 가나안 신전에 이 여신 경배를 위해 목상을 세웠다(판관 3,7 주 참조). 돌로 된 기념 기둥을 우상으로 여겼다(2열왕 10,26 27 주 참조).

34,5 33,19. 34,6-7 // 민수 14,18-19. 34,6 민수 14,18; 느헤 9,17; 시편 86,15; 103,8; 요한 1,17; 야고 5,11. 34,7 20,6.7; 시편 103,3; 다니 9,9; 에페 4,32. 34,8 4,31. 34,9 33,3.15.16. 34,10 신명 4,32; 5,2; 묵시 15,3. 34,11 33,2; 신명 6,3. 34,12 23,32.33. 34,13 23,24; 2열왕 18,4.

✠ 34,5-9. 규정을 철저하게 지키는 히브리인들은 "자비의 열세 가지 특성"으로 정의되는 34,6-7을 매일 암송한다. 라삐들의 해석에 따르면, 죄의 용서를 위한 이 구절의 효과를 하느님께서 직접 모세에게 계시하셨다고 한다.

14 너희는 다른 신에게 경배해서는 안 된다. 주님의 이름은
'질투하는 이', 그는 질투하는 하느님이다. 15 너희는 그 땅
의 주민들과 계약을 맺어서는 안 된다. 그들이 저희 신들
을 따르며 불륜을 저지르고 저희 신들에게 제사를 바치면
서 너희를 부르면, 너희는 그들의 제물을 먹게 될 것이다.
16 또한 너희가 그들의 딸들을 너희 아들들에게 아내로 얻
어 주어, 저희 신들을 따르며 불륜을 저지르는 그 여자들
이 너희 아들들도 그 신들을 따르며 불륜을 저지르게 만
들 것이다.
17 너희는 신상들을 부어 만들어서는 안 된다.
18 너희는 무교절을 지켜야 한다. 내가 너희에게 명령한 대
로, 아빕 달 정해진 때에 이레 동안 누룩 없는 빵을 먹어
야 한다. 너희가 아빕 달에 이집트에서 나왔기 때문이다.
19 태를 맨 먼저 열고 나온 것은 모두 나의 것이다. 큰 가축
이건 작은 가축이건 너희 집짐승 가운데 태를 맨 먼저 열
고 나온 수컷은 모두 나의 것이다. 20 그러나 나귀의 첫 새
끼는 양으로 대속해야 한다. 대속하지 않으려면 그 목을
꺾어야 한다. 너희 자식들 가운데에서 맏아들은 모두 대
속해야 한다. 아무도 빈손으로 내 앞에 나와서는 안 된다.
21 너희는 엿새 동안 일하고, 이렛날에는 쉬어야 한다. 밭
갈이하는 철에도 거둠질하는 철에도 쉬어야 한다.
22 너희는 밀의 맏물을 거두어들일 때 주간절을, 해가 바
뀔 때 추수절을 지켜야 한다. 23 남자들은 모두 일 년에 세
번 주 하느님, 곧 이스라엘 하느님 앞에 나와야 한다. 24 나
는 민족들을 너희 앞에서 쫓아내고 너희 영토를 넓혀 주
며, 너희가 한 해에 세 번 주 너희 하느님 앞에 나오려고
올라올 때 아무도 너희 땅을 탐내지 않게 하겠다.
25 너희는 나를 위한 희생 제물의 피를 누룩 든 빵과 함께
바쳐서는 안 된다. 파스카 제물을 이튿날 아침까지 남겨
두어서는 안 된다.
26 너희 땅에서 난 맏물 가운데 가장 좋은 것을 주 너희 하
느님 집으로 가져와야 한다.
너희는 새끼 염소를 그 어미의 젖에 삶아서는 안 된다."
27 주님께서 모세에게 말씀하셨다. "너는 이 말을 기록하
여라. 나는 이 말을 조건으로 너와 이스라엘과 계약을 맺

34,14 20,3.5; 신명 4,24. 34,15 민수 25,2; 판관 2,17; 사도 15,20; 1코린 8,4.7.10. 34,16 신명 7,3; 민수 25,1. 34,17 32,8. 34,18 12,2.15-17; 13,4. 34,19 13,2; 22,28. 34,20 13,13. 34,21 20,9; 마르 2,24; 루카 13,14. 34,22 23,16. 34,23 23,14-17. 34,25 12,10; 23,18. 34,26 23,19. 34,27 17,14; 24,4.

34,18-26. 23,14-17 주 참조.

34,21. 신명 5,12-15 주 참조.

34,22. 수확절(23,16ㄱ도 참조)은 민수 28,26-31과 신명 16,9-10에서 주간절로 불렸다. 2마카 12,31-32과 토빗 2,1에서는 오순절로 부른다. 탈출 23,14-17 주 참조.

34,26. 신명 14,21 주 참조.

34,27. "이 말을 조건으로"의 자구적 번역은 "이 말들의 입 위에"이다. 후대 유다 전통은 이 표현을 하느님께서 주신 "기록 율법"(20-23장) 외에 모세에게 계시하신 "구전 율법"을 언급하는 암시로 해석한다.

었다.” 28 모세는 그곳에서 주님과 함께 밤낮으로 사십 일
을 지내면서, 빵도 먹지 않고 물도 마시지 않았다. 그는 계
약의 말씀, 곧 십계명을 판에 기록하였다.

모세가 빛나는 얼굴로 시나이산에서 내려오다

29 모세는 시나이산에서 내려왔다. 산에서 내려올 때 모세
의 손에는 증언판 두 개가 들려 있었다. 모세는 주님과 함
께 말씀을 나누어 자기 얼굴의 살갗이 빛나게 되었으나,
그것을 알지 못하였다. 30 아론과 이스라엘의 모든 자손이
모세를 보니, 그 얼굴의 살갗이 빛나고 있었다. 그래서 그
들은 그에게 가까이 가기를 두려워하였다. 31 모세가 그들
을 불렀다. 아론과 공동체의 모든 수장들이 그에게 나아
오자, 모세가 그들에게 이야기하였다. 32 그런 다음에야 이
스라엘의 모든 자손이 그에게 가까이 왔다. 모세는 주님께
서 시나이산에서 자기에게 말씀하신 모든 것을 그들에게
명령하였다. 33 모세는 그들과 이야기를 다 하고 자기 얼굴
을 너울로 가렸다. 34 모세는 주님과 함께 이야기하러 그분
앞으로 들어갈 때는 너울을 벗고, 나올 때까지 쓰지 않았
다. 나와서는, 주님께서 명령하신 것을 이스라엘 자손들
에게 전하였다. 35 이스라엘 자손들이 자기 얼굴의 살갗이
빛나는 것을 보게 되므로, 모세는 주님과 함께 이야기하
러 들어갈 때까지는, 자기 얼굴을 다시 너울로 가리곤 하
였다.

안식일을 지켜라

35 1 모세가 이스라엘 자손들의 온 공동체를 모아
놓고 말하였다. “이것이 주님께서 너희에게 실
천하라고 명령하신 것이다. 2 ‘엿새 동안은 일을 할 수 있
다. 그러나 이렛날은 거룩하게 지내야 하는 안식일, 주님
을 위한 안식의 날이니, 이날 일하는 자는 누구나 사형을
받아야 한다. 3 안식일에는 너희가 사는 곳 어디에서도 불
을 피워서는 안 된다.’”

34,29-35. 모세는 하느님을 만난 후 변화되어 시나이산에서 내려온다. 그의 얼굴 살갗은 “빛나고 있었다.” 히브리어 본문에는 동사 ‘카란’이 세 번 나오는데 ‘케렌’(“뿔”)과 발음이 비슷하다. 아퀼라는 기원전 2세기 초 그의 그리스어 번역에서 후자의 의미로 해석했다. 이 의미는 예로니모에게도 전달되어 그의 대중 라틴말 성경에서도 “뿔”로 번역했다(“그의 얼굴에 뿔이 있는 것을 알지 못했다”). 이마에 뿔이 돋은 채 시나이산에서 내려오는 모세의 모습은 후대에 모세를 그린 다양한 그림의 기원이 되었다. 성경에서 뿔은 무엇보다도 힘을 상징한다.

34,33-35. 모세가 하느님과 함께 말할 때 그의 얼굴은 빛나고 하느님께서 그에게 말씀하신 것을 이스라엘인들에게 말하려고 나갈 때도 그러했다. 그 후 즉시 모세는 너울로 얼굴을 가렸다. 이 행동의 이유는 나오지 않지만, 아마도 계약의 중재자로서 모세의 특별한 상태와 하느님께서 계시하신 율법의 광채의 신적 기원을 강조하고 싶은 것 같다. 그 광채는 나중에 사라졌다. 바오로는 2코린 3,13에서 “광채가 완전히 사라지는 것을 이스라엘 자손들이 쳐다보지 못하게 하려고” 모세가 얼굴에 너울을 드리웠다고 말한다. 그러나 어떤 교부의 묵상에서는, 모세가 주님 앞에 머무른 후에 그의 얼굴에서 나온 광채가 예수님의 변모 사건과 연결된다(마태 17,1-9; 마르 9,2-10; 루카 9,28-36 참조).

34,28 24,18; 31,18; 34,1; 신명 4,13; 10,4; 마태 4,2. 34,29 32,15; 마태 17,2; 2코린 3,7.10.13. 34,30 2코린 3,7. 34,32 24,3. 34,33 2코린 3,13. 34,34 2코린 3,16. 34,35 2코린 3,10.13. 35,1 34,32. 35,2 // 31,15. 35,3 16,23.

35-40장. 25-31장에서 주님께서 모세에게 주셨고 이제 여기서 실제적으로 같은 용어로 제시되는 지침대로, 성소 건립이 시작된다. 모든 것이 “주님께서 모세에게 명령하신 대로” 되었다는 것이 계속 반복된다. 그런 반복은 백성이 죄를 지은 후에 아무것도 바뀌지 않았다는 것을 강조하고 싶기 때문일 것이다. 하느님께서 대사제로 선택하신 아론(28장)도 그 죄에 연루되었다. 그들이 계속해서 계약에 불충실했음에도 불구하고 주님께서는 당신 백성을 용서하셨고 백성 가운데 현존하실 것이다.

성소 건립을 위한 예물

4 모세가 이스라엘 자손들의 온 공동체에게 말하였다. "이
것이 주님께서 명령하신 것이다. 5 너희 가운데에서 주님
을 위한 예물을 거두어 가져오너라. 마음에서 우러나오는
이는 누구나 주님을 위한 예물을 가져오너라. 곧 금, 은,
청동, 6 자주와 자홍과 다홍 실, 아마실, 염소 털, 7 붉게 물
들인 숫양 가죽, 돌고래 가죽, 아카시아 나무, 8 등잔 기름,
성별 기름과 향기로운 향에 넣을 향료, 9 에폿과 가슴받이
에 박을 마노와 그 밖의 장식 보석들이다."

성막 기물들

10 "너희 가운데 재능 있는 이는 모두 와서, 주님께서 명령
하신 모든 것을 만들어라. 11 곧 성막과 그 천막과 덮개, 갈
고리, 널빤지, 가로다지, 기둥, 밑받침, 12 궤와 그 채, 속죄
판과 칸막이 휘장, 13 상과 그 채와 거기에 딸린 모든 기물,
제사 빵, 14 불을 켤 등잔대와 거기에 딸린 기물들, 등잔과
등잔 기름, 15 분향 제단과 그 채, 성별 기름, 향기로운 향,
어귀 곧 성막 어귀의 막, 16 번제 제단과 거기에 달 청동 격
자와 채와 거기에 딸린 다른 모든 기물, 물두멍과 그 받침,
17 뜰에 두를 휘장과 그 기둥과 밑받침, 뜰 정문의 막, 18 성
막의 말뚝과 뜰의 말뚝, 그리고 거기에 쓰일 줄, 19 성소에
서 예식을 거행할 때 입는 옷, 사제 아론의 거룩한 옷과 그
의 아들들이 사제직을 수행할 때 입는 옷이다."

기쁜 마음으로 예물을 바치다

20 이스라엘 자손들의 온 공동체는 모세 앞에서 물러 나
왔다. 21 마음이 내킨 사람과 마음에서 우러나오는 사람들
은 모두 나서서, 만남의 천막과 그곳에서 거행되는 온갖
예식에 필요한 기물들과 거룩한 옷을 만드는 데에 쓸 주님
의 예물을 가져왔다. 22 남자들은 물론 여자들도 나섰다.
마음에서 우러나오는 이들은 모두 깃꽂이, 귀걸이, 인장
반지, 목걸이 등 온갖 금붙이를 가져와, 저마다 그 금붙이
를 주님께 흔들어 바쳤다. 23 그리고 자주와 자홍과 다홍
실, 아마실, 염소 털, 붉게 물들인 숫양 가죽, 돌고래 가죽
을 가진 사람들도 모두 그것들을 가져왔다. 24 은과 청동
을 예물로 바칠 수 있는 이들도 모두 그것을 주님을 위한
예물로 가져왔다. 예식 준비를 위한 온갖 일에 쓸 아카시

35,4 25,1-9. 35,10 31,6. 35,11 26,1.2-29. 35,13 25,23.30. 35,15 30,1. 35,19 31,10.
35,21 25,2. 35,23 1역대 29,8.

아 나무를 가진 이들도 모두 그것을 가져왔다. [25] 재능 있
는 여자들은 모두, 자주와 자홍과 다홍 실, 그리고 아마실
을 손수 자아서 그것들을 가져왔다. [26] 재능이 있어 마음
이 내킨 여자들은 모두 염소 털로 실을 자았다. [27] 지도자
들은 에폿과 가슴받이에 박을 마노와 그 밖의 장식 보석
들, [28] 향료와 등잔 기름, 성별 기름과 향기로운 향에 넣을
향료를 가져왔다. [29] 남녀 할 것 없이 모두가 마음에서 우
러나와, 주님께서 모세를 통하여 만들라고 명령하신 온갖
작업에 필요한 것을 가져왔다. 이렇게 이스라엘 자손들은
주님을 위하여 자원 예물을 가져왔다.

성막 제조 기술자

[30] 모세가 이스라엘 자손들에게 말하였다. "주님께서 유다
지파에 속하는 후르의 손자이며 우리의 아들인 브찰엘을
지명하여 부르셔서, [31] 그를 하느님의 영으로, 곧 재능과
총명과 온갖 일솜씨로 채워 주셨다. [32] 그래서 그가 여러
가지를 고안하여 금, 은, 청동으로 만들고, [33] 테에 박을 보
석을 다듬고 나무를 다듬는 온갖 세공일을 하게 되었다.
[34] 또한 주님께서는 그와 단 지파에 속하는 아히사막의 아
들 오홀리압에게 가르치는 능력도 주셨다. [35] 주님께서는
그들에게 온갖 조각하는 일과 고안하는 일, 그리고 자주
와 자홍과 다홍 실과 아마실로 무늬를 놓으며 길쌈하는
일과 같은 모든 일을 하고, 여러 가지를 고안하는 재능을
채워 주셨다.

36 [1] 그러므로 브찰엘과 오홀리압과 재능 있는 모
든 사람은, 곧 성소 건립 작업을 낱낱이 수행할
줄 알게 하시려고 주님께서 재능과 총명을 주신 이들은,
모든 것을 주님께서 명령하신 그대로 만들어야 한다."

예물 봉헌을 중단시키다

[2] 모세는 브찰엘과 오홀리압을 비롯하여 주님께서 재능을
주신 모든 사람을 부르고, 일을 해 보려고 마음먹은 사람
들을 모두 불러 모았다. [3] 그들은 성소 건립 작업에 쓰라고
이스라엘 자손들이 가져온 모든 예물을 모세에게서 받았
다. 그래도 사람들이 아침마다 계속 자원 예물을 모세에
게 가져오자, [4] 성소의 갖가지 일을 하는 기술자들이 저마

35,30-35. 제조 기술자들은 성경에서 "마음의 현자들"이라고 불렀다. 셈족은 마음을 생각하고 이해하고 결정하는 자리로 여겼다. 성소 건립을 위해 일하도록 하느님께 선택된 기술자들은 온갖 종류의 일을 실현하기 위해 특별한 신적 능력을 받는다.

36,3-7. 모세는 35,5에서 이스라엘인들에게 성소 건립을 위해 기부를 요구하면서 이스라엘인들의 관대함에 호소하였다. 백성은 열정적으로 응답하여 예물이 남기에 이른다. 유배 후 성전 재건립 시기에 주님께서 백성에게 "내 집이 무너져 있는데도 너희가 저마다 제집 돌보는 데에만 바빴기 때문이다."(하까 1,9)라고 경고해야 할 상황과 많이 다르다.

35,27 1역대 29,6; 에즈 2,68. 35,28 30,23. 35,30-35 // 31,1-6. 35,31 사도 6,3. 36,1 25,8. 36,2 35,21.26; 1역대 29,5. 36,3 35,27-29.

다 하던 일을 멈추고 와서, 5 모세에게 말하였다. “주님께
서 만들라고 명령하신 일을 하기에 넉넉한데도, 백성이 많
은 것을 가져옵니다.” 6 그래서 모세는 이렇게 명령을 내려
진영에 두루 전하게 하였다. “남자든 여자든 성소를 위한
예물로 바칠 물품을 더 이상 만들지 마라.” 그러자 백성이
가져오기를 멈추었다. 7 그러나 물품은 그 모든 일을 하고
도 남을 만큼 넉넉하였다.

성막을 만들다

8 일꾼들 가운데 재능 있는 이들이 모두, 가늘게 꼰 아마
실과 자주와 자홍과 다홍 실로 짠 천 열 폭으로 성막을
만드는데, 커룹들을 정교하게 수놓아 그 폭을 만들었다.
9 각 폭의 길이는 스물여덟 암마, 각 폭의 너비는 네 암마
로 하되, 폭마다 치수를 같게 하였다. 10 그는 다섯 폭을 옆
으로 나란히 잇고 다른 다섯 폭도 옆으로 나란히 이었다.
11 그리고 나란히 이은 것의 마지막 폭 가장자리에 자주색
실로 고를 만들고, 나란히 이은 다른 것의 마지막 폭 가장
자리에도 그와 같이 하였다. 12 폭 하나에 고 쉰 개를 만들
고, 이것과 이을 다른 마지막 폭의 언저리에도 고 쉰 개를
만들어, 그것들을 서로 맞물리게 하였다. 13 그리고 금 갈
고리 쉰 개를 만들어, 이 두 쪽을 하나하나 갈고리로 맞걸
어서 한 성막이 되게 하였다.
14 그는 또한 성막 위에 씌울 천막의 폭을 염소 털로 만드
는데, 열한 폭을 만들었다. 15 각 폭의 길이는 서른 암마,
각 폭의 너비는 네 암마로 하되, 열한 폭의 치수를 모두 같
게 하였다. 16 다섯 폭을 따로 잇고 나머지 여섯 폭도 따로
이었다. 17 나란히 이은 것의 마지막 폭 가장자리에 고 쉰
개를 만들고, 나란히 이은 다른 것의 마지막 폭 가장자리
에도 고 쉰 개를 만들었다. 18 그리고 청동 갈고리 쉰 개를
만들어 한 천막이 되게 이었다. 19 이 밖에도 붉게 물들인
숫양 가죽으로 천막 덮개를 만들고, 돌고래 가죽으로 그
위에 덧씌울 덮개를 만들었다.

36,8-19. 하느님의 영을 선물로 받은(31,3 참조) 모든 제조 기술자들은 31,6-11의 주님 명령대로 성소 건립 작업을 수행한다.

36,9. 25,10 참조.

36,5 2역대 24,14. 36,8 26,1-14. 36,12 26,5. 36,14 26,7. 36,19 26,14.

36,20-34. 26,15-29의 주님 지시와 산 위에서 모세에게 보여 주신 모델(25,9.40; 26,30 참조)에 따라 성막을 세운다.

36,37. "무늬를 놓아 가며"라고 번역한 히브리어 동사는 다양한 색을 사용해 그림을 그리고 수를 놓는 행위를 뜻한다.

성막에 쓸 목제품을 만들다

20 그는 아카시아 나무로 성막을 세울 널빤지를 만들었다.
21 각 널빤지 길이는 열 암마, 각 널빤지 너비는 한 암마 반
으로 하고, 22 널빤지마다 촉꽂이 두 개를 만들어 서로 잇
대어 놓았다. 성막의 널빤지를 모두 이와 같이 만들었다.
23 이렇게 성막의 널빤지를 만드는데, 우선 네겝 쪽 곧 남
쪽에 세울 널빤지 스무 장을 만들었다. 24 또 그 널빤지 스
무 장 밑에 받칠 은 밑받침 마흔 개를 만들고, 널빤지마다
촉꽂이를 꽂을 밑받침 두 개씩을 만들었다. 25 성막의 두
번째 면, 곧 북쪽에 세울 널빤지도 스무 장을 만들었다.
26 그리고 은 밑받침 마흔 개를 만들고, 널빤지마다 그 밑
에 밑받침 두 개씩을 만들었다. 27 성막 뒷면인 서쪽에 세
울 널빤지는 여섯 장을 만들었다. 28 성막의 뒷면 두 모퉁
이에 세울 널빤지도 두 장을 만들었다. 29 이것들이 밑에서
서로 겹치고 꼭대기에서도 포개져서 첫 고리에 연결되게
하였다. 두 모퉁이 다 이렇게 만들었다. 30 한 널빤지 밑에
각각 밑받침을 두 개씩 하여, 널빤지가 여덟 장, 그에 딸린
은 밑받침이 열여섯 개가 되었다.
31 그는 또 아카시아 나무로 가로다지를 만들었다. 성막 한
면의 널빤지들에 다섯, 32 성막 다른 한 면의 널빤지들에
도 가로다지 다섯, 성막 뒷면인 서쪽의 널빤지들에도 가로
다지 다섯을 만들었다. 33 중간 가로다지도 만들어 널빤지
들 가운데에 끼워, 이쪽 끝에서 저쪽 끝까지 미치게 하였
다. 34 널빤지에는 금을 입히고, 가로다지를 꿸 고리는 금
으로 만들었다. 그리고 가로다지에도 금을 입혔다.

휘장을 만들다

35 그는 또한 자주와 자홍과 다홍 실, 그리고 가늘게 꼰 아
마실로 휘장을 만드는데, 커룹들을 정교하게 수놓아 만들
었다. 36 이 휘장을 칠 기둥 네 개는 아카시아 나무로 만들
어 금을 입히고, 고리들을 금으로 만들어 달았다. 그리고
그 기둥에 받칠 은 밑받침 네 개를 부어 만들었다. 37 천막
어귀를 가리는 막을 자주와 자홍과 다홍 실, 그리고 가늘
게 꼰 아마실로 무늬를 놓아 가며 만들었다. 38 이 막을 칠
기둥 다섯과 고리를 만들어 그 기둥머리와 가로대에 금을
입히고, 그 밑받침 다섯은 청동으로 만들었다.

36,20 26,15-29. 36,24 26,21. 36,27 26,22. 36,31 26,26. 36,35 26,31-37.

계약 궤를 만들다

37

1 브찰엘은 아카시아 나무로 궤를 만들었다. 그
길이는 두 암마 반, 너비는 한 암마 반, 높이도
한 암마 반으로 하였다. 2 순금으로 안팎을 입히고 그 둘레
에는 금테를 둘렀다. 3 금 고리 네 개를 부어 만들어 네 다
리에 달았는데, 한쪽에 고리 두 개, 다른 쪽에 고리 두 개
를 만들었다. 4 그리고 아카시아 나무로 채를 만들어 금을
입혔다. 5 그 채를 궤 양쪽 고리에 끼워 궤를 들 수 있게 하
였다.
6 그는 순금으로 속죄판을 만들었다. 그 길이는 두 암마
반, 너비는 한 암마 반으로 하였다. 7 그리고 금으로 커룹
둘을 만들었는데, 속죄판 양쪽 끝을 마치로 두드려 만들
었다. 8 커룹 하나는 이쪽 끝에, 다른 하나는 저쪽 끝에 자
리 잡게 하였다. 그 커룹들을 속죄판 양쪽 끝을 늘여 만
들었다. 9 커룹들은 날개를 위로 펴서 그 날개로 속죄판을
덮고, 서로 얼굴을 마주 보게 하였다. 커룹들의 얼굴은 속
죄판 쪽을 향하게 하였다.

제사상을 만들다

10 그는 아카시아 나무로 상을 만들었다. 그 길이는 두 암
마, 너비는 한 암마, 높이는 한 암마 반으로 하였다. 11 그
것을 순금으로 입히고, 그 둘레에는 금테를 둘렀다. 12 그
리고 그 상 둘레에 손바닥 너비만 한 턱을 만들고, 그 턱
둘레에도 금테를 둘렀다. 13 또 금 고리 네 개를 부어 만들
어 그 상 네 다리의 귀퉁이에 달았는데, 14 상을 들 때 쓰
는 채를 끼워 넣을 수 있게 그 고리들을 턱 곁에 달았다. 15
그 채는 아카시아 나무로 만들고 금을 입혀서, 그것으로
상을 들게 하였다. 16 그는 상 위에 놓을 기물들, 곧 대접과
접시, 그리고 제주를 따르는 잔과 단지를 순금으로 만들
었다.

등잔대를 만들다

17 그는 또 순금으로 등잔대를 만들었다. 등잔대의 밑받침
과 가지는 마치로 두드려 만들고, 잔과 꽃받침과 꽃잎은
등잔대와 한 덩어리가 되게 하였다. 18 등잔대 양쪽에 가
지 여섯 개가 나오게 하였는데, 한쪽에 등잔대 가지 세 개,

37,1 25,10-20. 37,3 25,12. 37,6 25,17. 37,10 25,23-29. 37,16 25,29. 37,17 25,31-39.

37,1-9. 이동을 위해 채가 준비됨으로써, 계약 궤는 모든 중요 사건에서 이스라엘을 동반할 것이다. 후에 다윗 임금이 이 궤를 예루살렘으로 운반할 것이고(2사무 6,17 참조) 솔로몬은 성전에 모실 것이다(1열왕 8,1-13 참조). 주님께서는 탈출 25,10-22에서 궤를 만들기 위한 지침을 주시면서 두 차례(16.21절 참조)에 걸쳐 궤 안에 당신 백성과 맺은 계약의 표징인 돌판을 넣으라고 요구하셨고, 40,20에서 모세는 계약 궤 안에 돌판을 넣는다. 돌판을 궤 안에 보존하는 것이 대단히 중요해, 신명 10,1-5에서는 주님께서 모세에게 아직 두 개의 돌판을 주시기도 전에 그에게 궤를 만들라고 지시하시기까지 한다. 모세는 시나이산에 올라가기 전에 궤를 준비하고 내려오자마자 궤 안에 판들을 넣는다. 물론 이 모든 것은 계약이 더 이상 깨지지 않을 것이며 주님께서는 항상 당신 백성과 함께 계실 것임을 말하는 상징적인 가치를 지닌다.

37,1. 25,10 주 참조.

37,10-16. 예배 장소들 안에 봉헌 제물을 놓을 제사상 하나(또는 모든 신들을 위한 여러 개의 제사상)를 놓았다. 그 위에 꽃들, 과일들, 신에게 바치는 희생 제물 일부를 놓았다. 25,30에서는 상 위에 제사 빵을 놓는데, 이는 신들에 대한 경배로 빵을 봉헌하는 메소포타미아 풍습을 따른 것이다.

37,12. 25,25 주 참조.

다른 쪽에 등잔대 가지 세 개가 벋어 나오게 하였다. 19 가
지 하나에 꽃받침과 꽃잎을 갖춘 편도 꽃 모양의 잔 세 개,
또 다른 가지에 꽃받침과 꽃잎을 갖춘 편도 꽃 모양의 잔
세 개를 만들었다. 등잔대에서 벋어 나온 가지 여섯 개를
모두 이처럼 만들었다. 20 등잔대 원대에는 꽃받침과 꽃잎
을 갖춘 편도 꽃 모양의 잔 네 개를 만들었다. 21 등잔대에
서 양쪽으로 벋어 나온 가지 둘 바로 밑에 꽃받침 하나, 그
다음에 양쪽으로 벋어 나온 가지 둘 바로 밑에 꽃받침 하
나, 또 다음에 벋어 나온 가지 둘 바로 밑에 꽃받침 하나
를 만들었다. 등잔대에서 벋어 나온 가지 여섯 개를 모두
이처럼 만들었다. 22 꽃받침과 가지들을 등잔대와 한 덩어리
가 되게 하고, 순금을 두드려 모두 하나로 만들었다. 23 그리
고 등잔 일곱 개와 불똥 가위와 불똥 접시를 순금으로 만
들었는데, 24 등잔대와 이 모든 기물을 순금 한 탈렌트로
만들었다.

분향 제단을 만들다

37,25. 30,10의 규정과 달리 여기서 분향 예식은 속죄일과 연결되어 있지 않다. 속죄일 예식 절차는 레위 16장에서 자세히 서술한다.

25 그는 아카시아 나무로 분향 제단을 만들었다. 길이는
한 암마, 너비도 한 암마로 하여 네모나게 하고, 높이는 두
암마로 하였으며, 제단과 그 뿔들이 한 덩어리가 되게 하
였다. 26 그리고 제단의 윗면과 네 옆면과 뿔들을 순금으
로 입히고, 돌아가면서 테를 둘렀다. 27 또 금 고리 두 개를
만들어 금테 밑 양쪽 옆에 붙여, 거기에 채를 끼워 제단을
들 수 있게 하였다. 28 채는 아카시아 나무로 만들고 금으
로 입혔다.

성별 기름과 향을 만들다

37,29. 30,22-38의 세부적인 사항을 생략하고 간결하게 서술한다.

29 그는 향을 만드는 법에 따라 거룩한 성별 기름과 향기
롭고 순수한 향을 만들었다.

번제 제단을 만들다

38,1-7. 번제 제단을 27,1-8의 지침에 따라 만든다. 하느님께서 산 위에서 모세에게 보여 주신 모델대로 완성된다(25,9.40도 참조).

38,1. 25,10의 주 참조.

38 1 그는 아카시아 나무로 번제 제단을 만들었다.
길이는 다섯 암마, 너비도 다섯 암마로 네모나
게 하고 높이는 세 암마로 하였다. 2 그 네 귀퉁이에는 뿔
을 만들었는데, 뿔과 제단을 한 덩어리가 되게 하여 청동
을 입혔다. 3 그리고 제단에 딸린 모든 기물, 곧 재 받이와

37,19 25,33. 37,20 // 25,34. 37,21 25,35. 37,25 30,1-5. 37,29 30,23.34. 38,1 27,1-8.

삽과 쟁반, 고기 갈고리와 부삽을 만들었다. 이 모든 기물
을 청동으로 만들었다. 4 제단에 쓸 그물 격자를 청동으로
만들어 제단 가두리 밑에 아래쪽으로 달아, 제단 중간까
지 닿게 하였다. 5 또 청동 격자의 네 모서리에 채를 끼우
는 데 쓸 고리 네 개를 부어 만들었다. 6 채는 아카시아 나
무로 만들어 청동을 입혔다. 7 이 채들을 제단 양옆의 고리
에 끼워 제단을 들어 나를 수 있게 하였다. 그리고 제단은
판자로 안이 비게 만들었다.

물두멍을 만들다

8 그는 만남의 천막 어귀에서 봉사하는 여인들의 거울을
녹여 청동 물두멍과 청동 받침을 만들었다.

성막 뜰을 만들다

9 그는 뜰을 만들었다. 가늘게 짠 아마포로 네겹, 곧 남쪽
에 칠 뜰의 휘장을 길이가 백 암마 되게 만들었다. 10 휘장
을 칠 기둥 스무 개와 밑받침 스무 개는 청동으로, 기둥
고리와 가로대는 은으로 만들었다. 11 북쪽에 칠 휘장도 백
암마 되게 하고, 기둥 스무 개와 밑받침 스무 개는 청동으
로, 기둥 고리와 가로대는 은으로 만들었다. 12 서쪽에 칠
휘장은 쉰 암마 되게 하고, 기둥 열 개와 받침대 열 개를
만들었다. 기둥 고리와 가로대는 은으로 만들었다. 13 해가
뜨는 동쪽 뜰의 너비도 쉰 암마로 하였다. 14 한쪽에 기둥
셋, 밑받침 셋과 함께 열다섯 암마 되는 휘장을 치고, 15 다
른 쪽, 곧 뜰 정문의 양쪽에도 기둥 셋, 밑받침 셋과 함께
열다섯 암마 되는 휘장을 쳤다. 16 뜰의 사방에 두른 휘장
은 가늘게 짠 아마포로 만들었다. 17 기둥 받침대는 청동
으로, 기둥 고리와 가로대는 은으로 만들고, 또 기둥머리
덮개도 은으로 만들었다. 뜰의 기둥들은 모두 은으로 된
가로대로 이었다. 18 뜰 정문에 칠 막은 자주와 자홍과 다
홍 실, 그리고 가늘게 꼰 아마실로 무늬를 놓아 가며 만든
것으로, 길이는 스무 암마이고, 높이 곧 너비는 다섯 암마
로 뜰의 휘장과 같았다. 19 그 막을 칠 기둥 네 개와 밑받
침 네 개는 청동으로, 고리는 은으로 만들고, 또 기둥머리
덮개와 가로대도 은으로 만들었다. 20 성막과 뜰의 사방에
박을 말뚝은 모두 청동으로 만들었다.

38,8. 몸을 씻는 청동 물두멍을 만들기 위해(30,17-18 참조) 여인들의 거울(그 시대에는 청동으로 만들었다)이 사용된다. 1사무 2,22에서 다시 언급되는 이 여인들의 역할이 무엇인지는 모른다. 여기서 "봉사하다"라고 번역한 동사는 전례 용어에 속하기 때문에(예를 들어 레위인들에 대해 언급할 때 사용된다. 민수 4,23; 8,24 참조) 여기서 언급되는 여인들은 예배와 관련된 특별한 형태의 봉사와 직분을 수행했을 것이다.

38,8 30,18. 38,9 27,9-19. 38,11 27,11. 38,14 27,14. 38,18 27,16.

공사에 든 금속 명세

21 다음은 성막, 곧 증언판을 모신 성막 공사의 명세서로,
아론 사제의 아들 이타마르가 모세의 명령을 받아 레위인
들을 시켜 만든 것이다. 22 유다 지파에 속한 후르의 손자
이며 우리의 아들인 브찰엘이 주님께서 모세에게 명령하
신 모든 것을 만들었다. 23 브찰엘과 함께, 단 지파에 속하
는 아히사막의 아들 오홀리압이 일하였는데, 그는 조각가
이고 도안가이며, 또 자주와 자홍과 다홍 실, 그리고 아마
실로 무늬를 놓는 자수가였다.
24 성소 건축 작업에 든 금, 곧 흔들어 바친 금은 모두 성소
세켈로 이십구 탈렌트 칠백삼십 세켈이었다. 25 인구 조사
의 대상이 된 공동체가 바친 은은 성소 세켈로 백 탈렌트
천칠백칠십오 세켈이었다. 26 이것은 인구 조사를 받은 스
무 살 이상의 남자 육십만 삼천오백오십 명이 모두 머릿수
대로 저마다 한 베카, 곧 성소 세켈로 반 세켈씩을 낸 셈이
다. 27 성소 밑받침과 휘장 밑받침을 부어 만드는 데 은 백
탈렌트가 들었다. 밑받침 백 개에 백 탈렌트, 곧 밑받침 하
나에 한 탈렌트가 든 셈이다. 28 나머지 천칠백칠십오 세켈
로 기둥 고리를 만들고 기둥머리를 덮었으며, 기둥들을 이
었다. 29 흔들어 바친 청동은 칠십 탈렌트 이천사백 세켈이
었다. 30 이것으로 그는 만남의 천막 어귀의 밑받침, 청동
제단과 그것에 다는 청동 격자와 제단의 다른 모든 기물
을 만들고, 31 뜰 사방의 밑받침, 뜰 정문의 밑받침, 성막의
말뚝과 뜰 사방의 모든 말뚝을 만들었다.

대사제의 옷

39

1 그들은 자주와 자홍과 다홍 실로 성소에서 예
식을 거행할 때 입는 옷을 만들고, 주님께서 모
세에게 명령하신 대로, 아론이 입을 거룩한 옷을 만들었다.

에폿

2 그는 금과, 자주와 자홍과 다홍 실, 그리고 가늘게 꼰 아
마실로 에폿을 만들었다. 3 그들은 금판을 두드려 늘린 다
음 그것을 잘라 가는 실처럼 만들고, 자주와 자홍과 다홍
실, 그리고 아마실을 사이사이에 섞어 가며 정교하게 감
을 짰다. 4 또 에폿에 붙일 멜빵들을 만들어 그 양쪽 끝에
붙였다. 5 에폿 위에 달 띠도 같은 방식으로 금과, 자주와

38,21 민수 4,28.33. 38,22.23 31,2.6. 38,24 30,13. 38,25 30,11-16. 38,26 30,13.15; 민수 1,46. 38,27 26,19.21.25.32. 39,1 28,4; 35,23. 39,2 28,6-12.

38,21-31. 여기서 여러 가지 일을 실행하는 데 사용한 금속(금, 은, 청동)의 양에 대해서 잘 정리한 명세서가 소개된다. 이는 이트마르(민수 4,33 참조)의 감독 아래 레위인들이 명세서를 작성했다는 점에서 후대의 편집자가 덧붙인 것이다(레위인들을 선택하여 따로 세우시는 것은 민수 3장에만 나온다). 백성들의 인구 조사(레위인들을 제외하고 603,550명. 민수 1,46 참조)가 이집트에서 빠져나온 지 둘째 해 둘째 달 첫날에 이루어진다(민수 1,17-18). 그러나 이 본문에서는 아직도 성막이 세워져야 한다(이것은 주님의 명령에 따라 둘째 해 첫째 달 첫날에 일어날 것이다. 탈출 40,17 참조). 사용된 귀금속의 막대한 양은 믿기 어려운데, 아마도 성소 건립을 위한 목적으로 백성이 보여 준 큰 관대함과 성소의 종교적이고 실질적인 고귀한 가치의 표시일 것이다.

38,24. 탈렌트는 25,39 주 참조. 세켈에 대해서는 21,32 주 참조.

38,26. 베카는 무게를 재는 단위로 약 5.5g에 해당한다.

39,1-31. 사제 예복에 대해 28,2-43에서 주님께서 모세에게 주신 명령들은 일련의 "실행 문구"로 마무리된다. 곧 모든 것이 "주님께서 모세에게 명령하신 대로"(1.5.7.21.26.29.31절) 되었다.

39,1. "예식을 거행할 때 입는 옷"이라고 번역한 히브리어 '빅데-스랏'은 이 구절과 31,10; 35,19; 39,41에만 나온다. 용어 '스랏'이 무엇을 의미하는지 정확히 알 수 없지만 의식용 특별 예복일 것이다. 이 본문에서는 성소에서 직무를 수행하기 위해('세렛') 입는다고 말한다. 이 동사는 무엇보다도 한 대상에게만 하는 봉사를 말하는데, 이 단어를 주님께 적용하면 예배 행위를 가리키며 '아밧', "봉사하다"와 동의어가 된다.

자홍과 다홍 실, 그리고 가늘게 꼰 아마실로 만들어 에폿
에다 한데 붙였다. 이는 주님께서 모세에게 명령하신 대로
였다. [6] 그리고 금테두리에 박을 마노들을 다듬어, 인장 반
지를 새기듯 이스라엘 아들들의 이름을 새겼다. [7] 이 보석
들은 에폿의 양쪽 멜빵에 이스라엘 자손들을 기념하는
보석으로 달았다. 이는 주님께서 모세에게 명령하신 대로
였다.

가슴받이

[8] 그는 에폿을 만들 때와 같은 방식으로 금과, 자주와 자
홍과 다홍 실, 그리고 가늘게 꼰 아마실로 판결 가슴받이
를 정교하게 만들었다. [9] 이 가슴받이를 두 겹으로 하여
네모나게 만들었는데, 두 겹으로 하였을 때 길이도 한 뼘,
너비도 한 뼘이었다. [10] 거기에 보석을 넉 줄로 박았다. 첫
째 줄에는 홍옥수와 황옥과 취옥, [11] 둘째 줄에는 홍옥과
청옥과 백수정, [12] 셋째 줄에는 풍신자석과 흑요석과 자수
정, [13] 넷째 줄에는 녹주석과 마노와 벽옥을 박았는데, 이
것들을 금테두리 안에 끼워 박았다. [14] 이 보석들은 이스
라엘 아들들의 이름에 따라, 곧 그들의 이름 수대로 열둘
이 되었다. 인장 반지를 새기듯 각자의 이름을 새겨 열두
지파가 되게 하였다.
[15] 그들은 가슴받이를 매달 사슬을 순금으로 줄을 꼬듯
이 만들었다. [16] 그리고 금테두리 두 개와 금 고리 두 개를
만들어, 그 두 고리를 가슴받이 양쪽 끝에 달았다. [17] 그런
다음 금줄 두 개를 가슴받이 양쪽 끝에 있는 그 고리에 걸
었다. [18] 두 줄의 다른 두 끝을 양 테두리에 매달아 에폿 멜
빵 앞쪽으로 늘어지게 하였다. [19] 그리고 금 고리 두 개를
더 만들어, 가슴걸이 양 끝에, 곧 에폿의 옆쪽으로 가슴
받이 안쪽 두 가장자리에 달았다. [20] 다시 금 고리 두 개를
만들어, 에폿 양쪽 멜빵 앞부분의 아래, 곧 에폿의 띠 위
쪽, 멜빵이 에폿과 겹치는 곳 곁에 달았다. [21] 그리고 자주
색 실로 만든 끈으로 가슴받이 고리를 에폿 고리에 이어,
에폿의 띠 위에 오게 해서 가슴받이가 에폿에서 늘어지지
않게 하였다. 이는 주님께서 모세에게 명령하신 대로였다.

39,9. 28,16 주 참조.

39,6 28,9. 39,7 28,12. 39,8 28,15-28. 39,11 28,18. 39,14 28,21; 묵시 21,12.
39,16 28,24. 39,19 28,26.

막을 세우는데, 먼저 밑받침을 놓은 다음 널빤지를 맞추
고 가로다지를 끼운 뒤, 기둥을 세웠다. 19 또 성막 위로 천
막을 치고 천막 덮개를 그 위에 씌웠다. 이는 주님께서 모
세에게 명령하신 대로였다.
20 그런 다음 증언판을 가져다 궤 안에 놓았다. 그 궤에 채
를 끼우고 궤 위에 속죄판을 덮었다. 21 또 궤를 성막 안에
들여놓고 칸막이 휘장을 쳐서 증언 궤를 가렸다. 이는 주
님께서 모세에게 명령하신 대로였다.
22 그는 만남의 천막 안, 성막의 북쪽 면, 휘장 바깥에 상
을 놓았다. 23 상 위에는 주님께 바치는 빵을 가지런히 차
려 놓았다. 이는 주님께서 모세에게 명령하신 대로였다.
24 만남의 천막 안, 상 맞은쪽, 곧 성막의 남쪽 면에 등잔대
를 놓고, 25 주님 앞에 등잔들을 올려놓았다. 이는 주님께
서 모세에게 명령하신 대로였다.
26 또 금으로 된 제단을 만남의 천막 안, 휘장 앞에 놓고,
27 그 위에 향기로운 향을 피웠다. 이는 주님께서 명령하신
대로였다.
28 그리고 성막 어귀에 막을 드리웠다. 29 그런 다음 성막
곧 만남의 천막 어귀에 번제 제단을 놓고, 그 위에서 번제
물과 곡식 제물을 바쳤다. 이는 주님께서 모세에게 명령하
신 대로였다.
30 그러고는 만남의 천막과 제단 사이에 물두멍을 놓고, 거
기에 씻을 물을 담았다. 31 모세와 아론과 그의 아들들이
그 물로 손과 발을 씻었는데, 32 만남의 천막에 들어갈 때
와 제단에 가까이 나아갈 때마다 씻었다. 이는 주님께서
모세에게 명령하신 대로였다.
33 그는 또 성막과 제단 둘레에 뜰을 만들고, 뜰 정문에 막
을 드리웠다. 이렇게 하여 모세는 일을 마쳤다.

주님께서 성막을 당신 것으로 받아들이시다

34 그때에 구름이 만남의 천막을 덮고 주님의 영광이 성막
에 가득 찼다. 35 모세는 만남의 천막 안으로 들어갈 수 없

40,29. 히브리 해석 전통에 따르면 아론은 아직 사제가 아니므로 예식은 모세가 집전한다(29,38-42 참조).

40,34-35. 성막 내부에 주님 영광이 현존하므로 모세는 그곳에 들어갈 수 없다. 이후 제물에 관한 규정(레위 1-7장 참조)과 사제직(레위 8-9장 참조)이 세워지면 모세나 대사제가 지금은 금지된 천막 입장이 가능해진다.

40,20 25,16. 40,21 26,33; 35,12. 40,22 26,35. 40,23 마태 12,4; 마르 2,26. 40,25 25,37. 40,28 26,36. 40,32 30,19.20. 40,34-38 민수 9,15-23; 마르 9,7; 묵시 15,5.8. 40,35 묵시 15,8.

40,34-38. 성막 건설을 마쳐, 주님께서 백성들 사이에 머물기 위해 오실 수 있다. 주님의 영광이 성막을 가득 채우는데, 이후 주님께서 당신 소유로 삼으실 솔로몬 성전(1열왕 8,10-13; 2역대 5,11-6,2 참조)과 에제키엘이 환시로 본 성전(에제 43,1-7 참조)도 그렇게 하실 것이다. 주님은 성막을 덮고 있는 구름 안에서 현존하시면서 당신 백성을 인도하신다.

었다. 구름이 그 천막 위에 자리 잡고 주님의 영광이 성막
에 가득 차 있었기 때문이다.

구름이 이스라엘인들을 이끌다

36 이스라엘 자손들은 그 모든 여정 중에, 구름이 성막에서
올라갈 때마다 길을 떠났다. 37 그러나 구름이 올라가지 않
으면, 그 구름이 올라가는 날까지 떠나지 않았다. 38 그 모든
여정 중에 이스라엘의 온 집안이 보는 앞에서, 낮에는 주님
의 구름이 성막 위에 있고, 밤에는 불이 그 구름 가운데에
자리를 잡았다.

40,36 민수 9,17; 10,11; 느헤 9,19. 40,38 13,21; 민수 9,15.

레위기

제목과 정경 내의 위치

유다 전승의 책 이름은 '와이크라'("그분께서 부르셨다")이며, 책의 첫마디를 따서 이름을 붙이는 관습을 따른 것이다. 주님께서 모세에게, 또 그를 통해 온 이스라엘에게 예배와 제사에 대한 법규를 주기 위해 만남의 천막에서 모세를 부른 것을 가리킨다(탈출 40,34-38; 레위 1,1 참조).

그리스어 전승(칠십인역본 참조)에서는 이 책을 '레위티콘'이라고 불렀는데, 이것이 라틴 전승에도 영향을 미쳐 라틴어 번역본에서도 이 책을 '레비티쿠스'라고 불렀다. 그래서 서구 전승에서 '레위기'라는 이름을 관습처럼 사용하게 되었다. 그러나 이 책 자체는 유사 사제직 레위 제도를 책의 끝부분이자 거의 모든 내용을 마무리하는 25,32-34에서 레위인들 소유의 성읍과 집에 관해 희년 동안 따라야 할 규정을 제시하면서 잠시 언급하는 정도로 소개할 뿐으로 한 부분과 하나의 상황에서만 언급되므로 나머지 당면 과제 전체와 비교할 때 정말 부차적인 것이다. 사실 레위기는 레위인들과 조금 관련이 있거나 전혀 관련이 없다. 오히려 레위기 대부분은 이스라엘의 예배를 규율하는 규칙과 법규, 따라서 예배에서 역할을 담당하는 사제와 관련되어 있다. 바로 이런 점 때문에라도 헬레니즘 시대에 레위인이라는 용어가 어떻게 특히 사제와 동의어로 사용되었는지 생각해 봐야 한다. 이와 관련하여 이스라엘에서 사제는 나머지 레위인들처럼 레위 지파에서 나오는데, 그 기원은 야곱의 셋째 아들 레위로 거슬러 올라감을 기억해야 한다(창세 29,34; 신명 21,5 참조). 모세의 형이자 이스라엘의 첫 대사제인 아론도 레위 지파에 속했다(탈출 4,14 참조). 이 단순한 통찰을 통해 그리스어 전승부터 시작해 관습적으로 폭넓게 이 책을 "레위기"로 부르게 된 이유를 꽤 명확히 알 수 있다. 결국 이 책의 전체 내용은 단순히 레위인들과 관련한 사항이라기보다는 예배와 그에 연관된 레위 지파 사제에 관해, 예배가 온 이스라엘의 실존과 삶의 토대이자 기초로 여겨졌다는 점에서 이스라엘 백성 모두에 관해 다루고 있다. 이스라엘을 주님 둘레에 모인 전례 모임으로 보지 않는다면,

이 책에 나온 이스라엘을 이해할 수도 없으며 그런 이스라엘은 존재할 수도 없다.

구조와 문학적 특성

탈출기 마지막(40,33ㄴ-38 참조)은 주님께서 당신 백성 사이에 계속 머무시기 위해 오시는 장면이다. 만남의 천막, 곧 광야 여정의 이동 성소인 성막은 주님 현존의 확실한 표징이었다. 이제 이스라엘의 임금이신 주님께서는 마침내 당신 백성 안에 있는 당신의 왕궁에 머무실 수 있고(탈출 25,8; 29,45, 2코린 6,16도 참조; 탈출기 입문의 구조와 문학적 특성도 참조) 그곳에서 아브라함과 그의 자손에게 약속하신 땅을 소유하도록 백성을 인도하실 수 있다(창세 12,1.5.7; 13,15.17; 15,7.18; 17,8 참조). 바로 이 지점에서 이스라엘에게는 자신들의 역사를 공유해야 했던 하느님의 전형적인 거룩하심과 타자성이라는 기준에 맞춰 자기 실존과 행동을 규정하는 것이 필수적이게 된다. 사실 레위기 전체는 이스라엘의 하느님이신 주님의 거룩하심과 타자성에 어울리고 거기서 영감을 얻은 윤리와 행동 절차에 따라 백성의 삶 전반을 훈련하고 통제하며 감독하기 위해 정한 법규와 규정 모음집이다. 레위기에 여러 주제가 일관성 있게 전개되는데, 제사, 제의 행위, 정결과 부정, 음식 규정, 전례 예식, 성적 처신, 안식일 준수, 안식년과 희년에 대한 선포 등이 그 예이다.

다루는 논제의 다양성과 이질성 때문에 내용을 엄밀하고 독립적인 구조로 구분하는 것이 항상 가능하지는 않더라도, 보통 이 책 전체를 네 부분으로 구분한다.

1-7장에서는 특히 전례 절차, 번제물과 곡식 제물과 여러 종류의 제물을 규정하는 규범과 지침에 초점을 맞춘다. 1,1-2은 일곱 장의 입문 역할을 하며 1,3-3,17은 예물 봉헌자가 자발적으로 바치는 제물, 그중에서 번제물, 곡식 제물, (하느님과 나누는) 친교 제물에 대해 서술한다. 4-5장은 주로 의무로 바치는 제물, 그중에서 속죄 제물과 (지은 죄에 대한) 보상 제물을 소개한다. 6,1-7,21은 번제물, 곡식 제물, 속죄 제물, 보상 제물, 친교 제물에 관해 사제들에게 주는 특별 규정을 설명한다. 마지막으로 7,22-34은 백성들에게 몇 가지 지시를 내리고 7,35-38로 일곱 장을 마무리한다.

8-10장은 사제 성별과 임직 예식, 주님께 드리는 예배의 시작 예식 등을 다룬다. 8장은 사제 임직식 전례, 9장은 광야에서 주님께 처음으로 바치는 제사, 10장은 예배와 관련하여 나답과 아비후에게 일어난 사건과 이와 관련된 몇 가지

규정을 언급한다.

11-16장은 정결과 부정, 삶과 죽음, 거룩한 것과 속된 것(주님의 거룩함과 초월성 앞에서의 이스라엘과 관련된 것)의 실제를 다룬 법규와 규정 모음이다. 이것은 신약 시대에 이르기까지(마태 15,11; 마르 1,44; 7,3-5.15.18; 루카 2,22; 5,14; 요한 2,6; 3,25; 11,55 참조) 사제계 신학의 맥락에서 중요한 내용이다. 특히 11장은 이스라엘의 음식 규정과 이를 지키지 않아 생길 수 있는 부정을 다룬다. 12장은 출산에서 비롯된 부정, 이와 관련한 정결례, 13장과 14장은 몇몇 피부병(자주 나병으로 축소해서 번역하는데 적절하지 않다)에 대한 확증과 그 병에 걸린 사람의 정결례와 관련된 사항을 소개한다. 마지막으로 15장은 남녀의 성과 관련된 부정을 다룬다. 레위기 셋째 부분의 마지막인 16장 전체는 이스라엘의 죄를 속죄하는 날인 "속죄일"(히브리어로 '욤 키푸르')과 관련된 내용을 다룬다.

17-26장은 성결법을 다루는 부분으로 특히 이스라엘의 거룩함 곧 다른 민족들과의 분리와 구별을 강조한다. 다른 모든 민족과 비교해 이스라엘을 완전히 다른 수준에 자리매김하는 것은 바로 백성 사이에 계신 주님의 현존이다. 이 부분의 주제는 다음과 같다. 제물로 바치는 짐승을 잡는 것과 그 짐승의 피를 뿌리는 것에 관한 규정(17장), 몇 가지 성적인 행동의 금지(18장), 이스라엘인의 성화의 삶을 규정하는 여러 법규(19장), 여러 가지 무질서한 행동에 대한 형벌(20장), 사제들을 위한 특별 규정(21장), 주님께 봉헌하는 예물과 제물로 바치는 짐승에 관한 규정(22장), 이스라엘의 축일 전례력(23장), 여러 주제와 관련된 다양한 규정(24장), 안식년과 희년(25장), 축복과 저주 목록(26장)이다.

이렇게 네 부분 외에 마지막으로 27장이 남는데, 거의 모든 학자들이 이를 앞부분의 부록으로 여긴다. 이 장은 성소에서 바치는 서원 예물 값과 예물 규정을 모은 것이다.

결국 일반적으로 레위기는 대부분 법규와 규정 모음집으로 이루어지는데, 이 법규와 규정은 매우 다양하고 서로 충돌하기도 해서 법전, 전례 지침서, 윤리와 도덕 편람으로 여겨지기도 한다. 한편 레위기 안에는 이야기체의 본문(8-10장; 24,10-23 참조)도 있다.

지금 소개하듯이 레위기에는 36개의 하느님의 담화가 있는데, 그 가운데 31개는 하느님께서 모세에게만, 4개는 모세와 그의 형 아론에게, 그리고 1개는 아론에게 하신 말씀이다. 이 단순한 근거로도 레위기에 담긴 모든 법이 폐쇄적이고 비인격적인 규정과 계명 법전처럼 기록되고 구성되지 않았다는 것을 다시

금 확인해 준다. 오히려 모든 것이 결국에는 주님의 말씀에서 나온 규정과 명령 모음집으로 구성되고 배열되었다. 이러한 연유로 레위기는 이스라엘에서 스러지지 않는 불멸의 가치를 지닌다(3,17; 6,11.15; 7,34; 10,9.15; 16,29.31.34; 17,7; 23,14.21.31.41; 24,3.9; 25,32.34 참조).

주요 신학 노선

레위기와 다음 책인 민수기 일부는 다루는 자료의 특성 때문에 현대 독자의 선호와 관심에서는 동떨어진 책일지 모른다. 그러나 우리보다 훨씬 오래전 시대에도 상황은 더 낫지 않았던 것 같다. 이미 오리게네스(기원후 185-254년)는 그의 『민수기 강론』(7,2)에서 이렇게 말한다. "제사 의식, 안식일 준수, 이와 비슷한 내용에 대한 선포를 교회 안에서 듣는 이들은 틀림없이 불편해하면서 '그런 것들을 교회에서 읽을 필요가 있는가?'라고 질문할 수 있다." 이런 본문에 다가갈 때 범하는 오류는 한편으로는 레위기와 그 내용이 모세 오경 전체 구조에서 갖는 역할이라는 맥락을 고려하지 않고 이 책을 읽는 것에 있으며, 다른 한편으로는 레위기의 내용이 나자렛 예수께서 오심으로 인해 완전히 쓸모없는 것이 되어 아무런 동기 부여도 받지 못한다는 식으로 비판적 시각과 시대착오적 입장에서 읽는 것에 있다(마태 5,17-19은 이와 반대).

모세 오경 다섯 권 가운데에 셋째 책인 레위기는 사실상 율법, 곧 토라와 이스라엘 신앙의 심장에 자리하고 있다. 앞에서 이미 서술했듯이(구조와 문학적 특성 참조) 레위기는 이스라엘이 그들 가운데 머무시는 주님(탈출 25,8; 29,45-46 참조)의 타자성과 초월성에 합당하도록 개인적·사회적·경신례적 삶의 양식과 행동을 조직하는 조건과 전제를 결정한다. 주님께서 직접 모세에게 알려 주신 모든 규범과 규정을 사제들과 온 이스라엘이 확고하고 엄격하게 지키도록 요구하는 것은 바로 만남의 천막 안에 계신 주님의 현존 자체이다. 이 규정들이 세워진 순간부터 주님의 계시 장소는 더 이상 시나이산이 아니라(비록 책 전체 배경은 시나이산이지만) 당신의 성막이다. 그분은 이제 광야에서 이스라엘이 매일 살아가는 친숙한 공간인 천막의 제한된 공간에서 당신 자신을 드러내신다.

사제계(문자 P로도 표시) 저자의 특징적인 전망에 따르면 인간 실존은 보통 정결과 부정, 삶과 죽음, 거룩함과 속됨처럼 대립하는 쌍 구조를 통해 법전화된다. 정결, 생명(피로 상징화됨), 거룩함이 하느님의 특성이어서 공간의 관점에서 주로 지성소에(탈출 26,33-34; 28,29.35 참조) 집중되어 있다면(지성소는 성소의 가장 내밀한 장소이며 이 안에 보관된 계약 궤를 통해서 주님께서 현존하신다. 탈출 25,10-22; 40,1-3.20-21; 레위 16,2,13), 그 자체로 부패, 오류, 혼돈과 죽음의 가능성에 넘겨진 인간은 레위기 안에 법전화된 것을 충실하고 주의 깊게 지키는 것을 통해서만 하느님의 거룩함에 참여할(비록 속도와 강도가 다를지라도) 수 있을 것이다. 이스라엘을 주변의 다른 모든 민족에서 분리하고 구별되게 한 것은 바로 거룩함과 정결의 보존이었다(레위 20,24.26 참조). 그러나 탈선과 부정과 거룩함의 변질은 그들이 거주하는 땅 자체를 더럽혔다(18,25,28; 20,22 참조).

의식과 규정이 다양해 정확하게 일률적인 순서로 분류하는 것이 어렵지만 보통 세 가지 공통 특징에 따라 묶을 수 있다. 먼저 이스라엘에서 단 한 번 일어났지만 영속적인 특성을 지닌 의식들을 언급해야 한다. 이 의식들은 유일성을 지니며 이스라엘의 제의적 실존의 토대 자체에서 발견된다. 특히 광야의 첫 예배와 사제 임직식이 여기에 해당된다(8-9장 참조). 둘째, 정해진 질서의 유지와 보존을 위해 매일 하는 모든 예배 절차를 떠올릴 수 있다. 시간의 성화를 위한 일상의 전례 행위 또는 축제 주기를 예로 들 수 있다. 마지막으로 부주의함이나 부정·부패한 것과의 접촉 때문에 정결과 거룩함을 상실했을 때 사람과 물건을 다시 정결과 거룩함의 질서 안으로 회복시켜 복원하는 모든 예식이 언급되어야 한다(특정 물품과 사람의 정화와 관련한 절차 법전을 생각해 본다).

레위기에서 죄(그리고 부정과 부패와 죽음)는 항상 하느님 영역에서 나오는 규범, 규칙, 규정에서 이탈함을 뜻한다. 죄는 사람을 하느님에게서 멀어지게 하고, 의도적이든 그렇지 않든 죄지은 이뿐만 아니라 널리 퍼져 공동체와 물건과 땅까지 더럽히고 타락시킨다. 부정해진 사람이나 사물과 접촉한 모든 것은 똑같이 부정한 상태에 빠지게 된다. 성결법(17-26장 참조)의 주제 문장인 "나, 주 너희 하느님이 거룩하니 너희도 거룩한 사람이 되어야 한다."(19,2; 11,44; 20,7도 참조)는 레위기에 있는 모든 규범과 규정 준수의 뿌리가 되는 관심사를 잘 요약한다.

지리적-공간적 관점에서 볼 때 레위기 전체의 배경은 시나이 광야인데, 탈출 19,1에 따르면 이스라엘은 이집트를 탈출해 석 달 후 그곳에 도착했다. 이집트 탈출 둘째 해 첫째 달 초하룻날(탈출 40,17 참소), 곧 시나이 도착 후 아홉째 달에 이스라엘은 주님께서 머무시면서 예배를 받으실 만남의 장막 건립의 완성을 보게 된다(탈출 40,17-33 참조). 이스라엘 백성은 민수 10,11에 이르기까지 시나이산 기슭에 계속 머문다. 한편 민수기는 시간적으로 이집트 탈출 둘째 해 둘째 달 초하룻날에 시작된다(민수 1,1. 그러나 이집트 탈출 둘째 해 "첫째" 달 십사 일의 파스카 예식 거행에 관한 민수 9,1.5의 언급은 과거 회고적 시점이다). 역사적 시간의 관점에서 볼 때 레위기 전체는 정확히 한 달의 기간(민수 1,1과 탈출 40,17 참조), 혹은 민수 9,1.5의 정보를 고려해 단 15일 동안에 걸쳐 전개되는 듯하다. 이 기간 내내(그러나 실제적으로는 탈출 19,1의 시나이산 기슭에 도착한 이후에) 이스라엘은 하느님의 목소리를 성찰하고 경청하기 위해 약속의 땅인 가나안 땅을 향한 광야 행진을 중단한다. 하느님께서는 이스라엘이 완전히 다른, 초월적인 당신의 거룩함 앞에서 자신을 정결하고 흠 없는 상태로 보존하도록 꼭 필요한 수단들을 그들에게 선물하신 모든 규정과 율법을 통해 보장해 주신다.

본문의 작성과 전수

레위기는 창세기와 탈출기에 이미 존재한 사제계 전승(P)에 문학적·신학적으로 매우 가깝다는 것을 보여 준다. 그러나 성경 학자들은 특히 레위기의 첫 세 부분(1,1-16,34 참조)의 많은 율법 모음집의 기원이 되는 이 전승 옆에, 이 책의 넷째 부분인 성결법(문자 H로 표시; 17,1-26,46 참조)의 기원이 되는 둘째 전승을 발견했다. 하지만 이런 학문적 도식화를 넘어 레위기 전체는 매우 복잡한 편집 역사를 보여 준다. 첨가, 이전 맥락 안에 새로운 자료 삽입, 본문 확장과 편집 개입 등의 표시가 많이 보인다. 책 전체에서 명확한 일관된 구조를 찾기가 어렵다는 자체가(구조와 문학적 특성) 책의 기원과 발전의 복잡성에 대한 실마리이다. 레위기 전체에서 종종 후대의 것이 아닌 전승이나 관습이 보인다 해도, 그 작성 시기는 페르시아 시대나 초기 헬레니즘 시대로 거슬러 올라갈 수 있다.

페데리코 준톨리Federico Giuntoli

레위기

번제물에 관한 규정

1 1 주님께서 모세를 부르신 다음, 만남의 천막에서 그
에게 말씀하셨다. 2 "너는 이스라엘 자손들에게 일러
라. 그들에게 이렇게 말하여라. '너희 가운데 누가 짐승을
잡아 주님에게 예물을 바칠 때에는, 소 떼나 양 떼 가운데
에서 골라 예물을 바쳐야 한다.
3 소 떼에서 고른 예물을 번제물로 바치려면, 흠 없는 수컷
을 바쳐야 한다. 주님 앞에서 호의로 받아들여지도록, 그
것을 만남의 천막 어귀로 가져온 다음, 4 번제물의 머리에
손을 얹는다. 그러면 그 제물이 그를 위해 호의로 받아들
여져, 그의 속죄가 이루어진다. 5 그가 주님 앞에서 그 소
를 잡으면, 아론의 아들인 사제들은 그 피를 가져다가, 만
남의 천막 어귀에 있는 제단을 돌며 거기에 그 피를 뿌린다.
6 그런 다음 그는 제물의 가죽을 벗기고 각을 뜬다. 7 아론
사제의 아들들은 제단에 불을 피우고, 그 불에 장작을 얹
어 놓는다. 8 아론의 아들인 사제들은 각을 뜬 고기와 머리
와 지방을 제단의 불에 얹은 장작 위에 차려 놓는다. 9 제물
을 바치는 이가 내장과 다리를 물에 씻어 놓으면, 사제는 그
것을 모두 제단 위에서 번제물, 곧 주님을 위한 향기로운

1,1 민수 7,89. 1,2 22,18.19. 1,3 신명 15,21; 히브 9,14; 1베드 1,19. 1,4 9,7; 탈출 29,10; 민수 15,25. 1,5 탈출 29,11; 히브 10,11; 12,24; 1베드 1,2. 1,7 6,1-6. 1,9 민수 15,8-10.

1,1-7,38. 입문(1,1 참조)과 결론(7,35-38 참조)과 함께 소개된 제물에 관한 규정은 항상 사제에게 중요한 역할을 부여하면서 여러 제물과 그것을 바치는 방법에 대한 정확한 지침을 제시한다. 현재 본문 내용은 제2성전 시대의 제사 법전이다. 이 부분에서 첫 대목(1,2-5,26)은 특히 다양한 짐승 제물과 곡식 제물을 바치는 규정이다. 둘째 대목(6,1-7,21)은 주로 사제를 위한 규정이다. 짧은 단락인 7,22-34은 백성을 위한 규정이다. 1,2-3,17은 봉헌자가 주도권을 가지고 자발적으로 바치는 번제물, 곡식 제물과 친교 제물을 다룬다. 이와 달리 4,1-5,26은 하느님께서 직접 요구하시는 의무 제물 규정이다.

1,1-3,17. 제물을 세 가지 유형으로 분류한다. 번제물('올라')은 제물을 통째 불로 살라 바치는 것이다(1,3-17 참조). 곡식 제물('민하', "예물")은 땅에서 수확한 생산물을 바치는 것이다(2,1-16 참조). 친교 제물('제바 슬라밈')의 근본 요소는 제물이 되는 짐승의 굳기름 부분을 하느님께 바친 후에 그 고기를 함께 먹는 것이다(3,1-17 참조).

1,1. 레위기의 주님께서는 이제 완성된 만남의 천막에서 모세에게 말씀하신다(탈출 40,34-35 참조; 탈출 25,21-22도 참조). 그러나 다른 구절(레위 7,37-38; 25,1; 26,46; 27,34 참조)에서는 시나이산으로 보이는 장소에서 모세에게 말씀하신다.

1,2. 이미 탈출 40,29에서 모세가 만남의 천막을 세운 다음 하느님께 번제물과 예물을 바치는 모습을 묘사했다.

1,3-17. "번제물"은 짐승을 통째로 불로 살라 바친 제물(창세 8,20; 22,13; 1열왕 3,4; 18,30-38도 참조)을 가리킨다(가죽은 나중에 사제들이 생계를 위해 팔았다. 레위 7,8 참조). 제물의 향기는 찬미, 간청, 기도와 함께 하느님께 "올라갔다"(1,9.13.17 참조). 히브리어로 번제물은 동사 '알라'("올라가다")에서 유래한 '올라'이다. 제물로 바칠 짐승을 잡은 뒤에, 소나 작은 가축이면 제단 주위에 그 피를 뿌리고, 산비둘기나 집비둘기일 경우에는 제단 벽에 대고 피를 빼내는데 그것이 사제의 직무였다. 이는 의식의 필수적인 순간으로, 피는 생명이라는 점에서 생명으로 속죄하기 때문이다(레위 17,11 참조).

1,4. 제물의 머리에 손을 얹는 것은 피를 흘리는 모든 형태의 제사에서 봉헌자가 하는 일이었다. 이것은 봉헌자와 예물 사이의 동일화를 의미한다.

화제물로 살라 바친다.
10 작은 가축, 곧 양이나 염소 가운데에서 예물을 골라 번
제물로 바치려면, 흠 없는 수컷을 바쳐야 한다. 11 제물을
바치는 이는 제단의 북쪽, 주님 앞에서 그것을 잡고, 아론
의 아들인 사제들은 제단을 돌며 거기에 그 피를 뿌린다.
12 그런 다음 제물을 바치는 이가 각을 뜨고 그 제물의 머
리와 지방을 베어 놓으면, 사제는 그것들을 제단의 불에
얹은 장작 위에 차려 놓는다. 13 또 내장과 다리를 물에 씻
어 놓으면, 사제가 그것을 모두 제단 위에서 살라 연기로
바친다. 이것은 번제물, 곧 주님을 위한 향기로운 화제물
이다.
14 날짐승 가운데에서 주님을 위한 예물을 골라 번제물로
바치려면, 산비둘기나 집비둘기 가운데에서 예물을 골라
바쳐야 한다. 15 사제는 그 날짐승을 제단으로 가져다가,
머리를 떼어 제단 위에서 살라 연기로 바치고, 피는 제단
벽에 대고 짜낸다. 16 제물의 모이주머니는 그 안에 든 것
과 함께 꺼내어, 제단 동쪽에 있는 재 구덩이에 버린다. 17
제물을 바치는 이가 두 날개를 잡고, 아주 떨어지지는 않
게 그 날짐승을 찢어 놓으면, 사제가 그것을 제단 위에서,
곧 불에 얹은 장작 위에서 살라 연기로 바친다. 이것은 번
제물, 곧 주님을 위한 향기로운 화제물이다.'

곡식 제물에 관한 규정

2 1 '누가 주님에게 곡식 제물을 예물로 바칠 때에는,
고운 곡식가루를 바쳐야 하는데, 거기에 기름을 따
르고 유향을 얹어, 2 아론의 아들인 사제들에게 가져와야
한다. 사제는 고운 곡식 가루와 기름을 한 손 가득 퍼내
어, 유향 전부와 함께 기념 제물로 제단 위에서 살라 연기
로 바친다. 이것은 주님을 위한 향기로운 화제물이다. 3 남
은 곡식 제물은 아론과 그 아들들의 것이 된다. 이것은 주
님에게 바친 화제물에서 온 것이므로 가장 거룩한 것이다.
4 너희가 가마에 구운 것을 곡식 제물로 바칠 때에는, 고
운 곡식 가루에 기름을 섞어 누룩 없이 반죽하여 만든 과
자나, 기름을 발라 누룩 없이 반죽하여 만든 부꾸미를 바
쳐야 한다. 5 너희 예물이 번철에 구운 곡식 제물이면, 고
운 곡식 가루에 기름을 섞어 누룩 없이 반죽한 것이어야
한다. 6 그것을 여러 조각으로 나누고 그 위에 기름을 따르

1,13. "화제물"이라는 표현은 히브리어 '이쎄'("불"을 뜻하는 '에스'에서 유래)를 번역한 것이다. 이 전문 용어는 제물의 여러 유형에 적용된다. "주님을 위한 향기로운"이라는 표현은 하느님께서 그 예물을 받아들이신다는 것을 가리키는 전문적인 표현이다.

1,15. "가져다가"로 번역한 히브리어 동사 '히크립'은 제사를 바치는 행위를 묘사하는데, "신들의 식사를 시중들다"를 의미하는 아카디아어 동사와 어원이 같다.

2,1-16. "곡식 제물"은 땅에서 난 생산물로 바치는 제물을 가리킨다. 고운 곡식 가루 위에 기름을 따르고 그 위에 유향을 얹은 것, 고운 곡식에 기름을 섞어 누룩 없이 반죽하여 만든 과자, 기름을 발라 누룩 없이 반죽해서 만든 부꾸미, 가마 안이나 번철 위 또는 냄비 안에 구운 것들, 맏물 제물(밀 이삭과 밀알) 위에 기름을 붓고 유향을 놓은 것이다. 일부는 기념 제물로 제단 위에서 살라 연기로 바친다. 나머지는 아론과 그 아들들의 몫이다. 곡식 제물은 누룩을 넣어서 만들어서는 안 되는데 누룩은 부패의 상징이기 때문이다. "계약의 소금"(에제 43,24; 마르 9,49 참조) 예물도 빠져서는 안 되는데, 소금은 부패를 막아 정화의 가치를 지닌다. 고대 근동에서는 소금을 공유하면서 계약을 인준하였다. 민수 18,19과 2역대 13,5에서 "소금 계약"(자구적으로 "계약의 소금")이라는 표현이 나오는데 계약의 영속성을 강조한다. 에즈 4,14도 비슷한 내용으로 볼 수 있다.

2,3. "가장 거룩한 것"이란 성소 안에서 사제들만 먹을 수 있는 온갖 유형의 제물을 가리킨다.

1,14 5,7. 1,15 5,9. 1,16 6,3. 1,17 5,8; 창세 15,10. 2,1 6,7. 2,2 5,12; 6,8; 사도 10,4.
2,3 6,9; 10,12.13.

다. 이것은 곡식 제물이다. 7 너희 예물이 냄비에 구운 곡
식 제물이면, 고운 곡식 가루에 기름을 넣어 만든 것이어
야 한다. 8 너희가 이렇게 만든 곡식 제물을 주님에게 가지
고 와서 사제에게 주면, 사제는 그것을 제단으로 가져온
다. 9 그런 다음 사제는 그 곡식 제물에서 기념 제물을 들
어내어, 제단 위에서 살라 연기로 바친다. 이것은 주님을
위한 향기로운 화제물이다. 10 남은 곡식 제물은 아론과
그 아들들의 것이 된다. 이는 주님에게 바친 화제물에서
온 것이므로 가장 거룩한 것이다.
11 너희가 주님에게 바치는 곡식 제물은 어떤 것이든 누룩
을 넣어 만들어서는 안 된다. 어떤 누룩이나 어떤 꿀도 주
님을 위한 화제물로 바쳐서는 안 된다. 12 이것들을 맏물
예물로는 주님에게 바쳐도 되지만, 향기로 바치려고 제단
위에 올려놓아서는 안 된다. 13 너희가 곡식 제물로 바치
는 모든 예물에는 소금을 쳐야 한다. 너희가 바치는 곡식
제물에 너희 하느님과 맺은 계약의 소금을 빼놓아서는 안
된다. 너희의 모든 예물과 함께 소금도 바쳐야 한다.
14 너희가 주님에게 맏물 제물을 바치려면, 이삭을 불에
볶아 굵게 빻은 햇곡식을 너희의 맏물 제물로 바쳐야 한
다. 15 그 위에 기름을 붓고 유향을 놓는다. 이것은 곡식 제
물이다. 16 사제는 햇곡식과 기름을 조금 덜어 내어, 유향
전부와 함께 기념 제물로 살라 연기로 바친다. 이것은 주
님을 위한 화제물이다.'

친교 제물에 관한 규정

3 1 '친교 제물을 올리는데 소를 잡아 바치려면, 수컷
이든 암컷이든 흠 없는 것을 주님 앞에 바쳐야 한
다. 2 제물을 바치는 이가 자기 예물의 머리에 손을 얹은
다음, 만남의 천막 어귀에서 그것을 잡으면, 아론의 아들
인 사제들은 제단을 돌며 거기에 그 피를 뿌린다. 3 이 친교
제물 가운데 일부를 주님에게 화제물로 바치는데, 곧 내
장을 덮은 굳기름과 내장에 붙은 모든 굳기름, 4 두 콩팥과
거기에 있는 허리께의 굳기름, 그리고 콩팥을 떼어 낼 때
함께 떼어 낸 간에 붙은 것이다. 5 아론의 아들들은 그것
들을 제단 위에서, 불에 얹은 장작 위 번제물과 함께 살라
연기로 바친다. 이것은 주님을 위한 향기로운 화제물이다.

3,1-17. "친교 제물"은 제물(소든 작은 가축이든, 암컷이든 수컷이든)의 가장 좋은 부위라고 할 만한 것(내장을 덮은 굳기름과 내장에 붙은 굳기름, 콩팥에 있는 굳기름, 양의 경우에는 꼬리도)을 제단 위에서 불살라 하느님께 바치는 제물이다. 사제들이 제단을 돌며 거기에 피를 뿌린다. 제물 짐승의 선택된 부분은 사제들 몫이 된다(7,14 참조). 나머지는 백성들이 의례적으로 정결한 상태에서 함께 나누어 먹는다. 여기서 중요한 요소는 제물로 바칠 짐승을 잡는 것이 아니라 거룩한 잔치를 통해 제물을 함께 먹는 것인데 하느님과 나누는 통교의 측면을 강조한다.

3,4. 간을 떼어 내라는 명령은 고대 근동에 널리 퍼진 관습인 간을 관찰하면서 점을 치는 것을 막기 위한 규정일 수 있다.

2,9 탈출 29,18. 2,11 6,9.10; 탈출 23,18; 34,25. 2,12 7,13; 23,10.11. 2,13 민수 18,19; 마르 9,49. 2,14 23,10.14. 3,1 7,11.19; 22,21. 3,2 1,4; 탈출 29,11.16.20. 3,3 탈출 29,13.22. 3,5 7,28-34; 탈출 29,13.

6 작은 가축을 친교 제물로 주님에게 바치려면, 수컷이든
암컷이든 흠 없는 것을 바쳐야 한다. 7 예물로 바치려는 것
이 양이면, 예물을 바치는 이는 그것을 주님 앞으로 끌고
와서, 8 자기 예물의 머리에 손을 얹은 다음, 만남의 천막
앞에서 그것을 잡는다. 아론의 아들들은 제단을 돌며 거
기에 그 피를 뿌린다. 9 이 친교 제물 가운데 일부를 주님
에게 화제물로 바치는데, 곧 엉덩이뼈 가까이에서 떼어 낸
기름진 꼬리 전부와 내장을 덮은 굳기름과 내장에 붙은
모든 굳기름, 10 두 콩팥과 거기에 있는 허리께의 굳기름,
그리고 콩팥을 떼어 낼 때 함께 떼어 낸 간에 붙은 것이다.
11 사제는 그것들을 제단 위에서 살라 연기로 바친다. 이것
은 불에 태워 주님에게 바치는 음식 제물이다.
12 염소를 바치려면, 예물을 바치는 이가 그것을 주님 앞
으로 끌고 와서, 13 그 머리에 손을 얹은 다음, 만남의 천막
앞에서 그것을 잡는다. 아론의 아들들은 제단을 돌며 거
기에 그 피를 뿌린다. 14 그 짐승의 일부를 주님에게 화제
물로 바치는데, 곧 내장을 덮은 굳기름과 내장에 붙은 모
든 굳기름, 15 두 콩팥과 거기에 있는 허리께의 굳기름, 그
리고 콩팥을 떼어 낼 때 함께 떼어 낸 간에 붙은 것이다. 16
사제는 그것들을 제단 위에서 살라 연기로 바친다. 이것은
불에 태워 바치는 향기로운 음식 제물이다.
모든 굳기름은 주님의 것이다. 17 이는 너희가 사는 곳 어
디에서나 대대로 지켜야 하는 영원한 법규이다. 너희는 어
떤 굳기름도, 어떤 피도 먹어서는 안 된다.'"

3,9.14. 지방질로 번역할 수도 있는 "굳기름"은 제물의 가장 좋은 부분으로(창세 45,18; 이사 25,6) 피와 비슷하게 생명의 자리로 여겼다.

3,17. "너희가 사는 곳 어디에서나" 이스라엘 영토 밖에 사는 이스라엘인의 존재 가능성을 암시하는 듯하다. 그러므로 단순히 "너희가 사는 곳"(탈출 12,20처럼)을 가리키지 않는다.

3,8 1,4.5. 3,11 21,6.8.17. 3,14 7,23-25. 3,17 17,10.14; 창세 9,4; 신명 12,16.

속죄 제물에 관한 규정

대사제의 속죄 제물

4 [1]주님께서 모세에게 이르셨다. [2]“너는 이스라엘 자
손들에게 이렇게 일러라. ‘누가 실수로, 주님이 하
지 말라고 명령한 것을 하나라도 하여 죄를 지었을 때에
는 다음과 같이 해야 한다.
[3]기름부음받은 사제가 죄를 지어 백성도 죄인이 되게 하
였으면, 자기가 저지른 죄를 용서받기 위하여, 흠 없는 황
소 한 마리를 주님에게 속죄 제물로 바쳐야 한다. [4]그는
그 황소를 만남의 천막 어귀, 곧 주님 앞으로 끌고 와서,
그 황소의 머리에 손을 얹은 다음, 주님 앞에서 그 황소를
잡는다. [5]기름부음받은 사제는 황소의 피를 얼마쯤 받아,
만남의 천막으로 가지고 들어간다. [6]사제는 손가락에 피
를 찍어 주님 앞에, 곧 성소 휘장 앞면에 그 피를 일곱 번
뿌린다. [7]사제는 또 그 피에서 얼마를 만남의 천막 안 주
님 앞에 있는, 향기로운 향을 피우는 분향 제단의 뿔들에
바르고, 황소의 나머지 피는 모두 만남의 천막 어귀에 있
는 번제 제단 밑바닥에 쏟는다. [8]그러고 나서 속죄 제물
이 된 황소의 모든 굳기름을 들어내는데, 곧 내장을 덮은
굳기름과 내장에 붙은 모든 굳기름, [9]두 콩팥과 거기에 있
는 허리께의 굳기름, 그리고 콩팥을 떼어 낼 때 함께 떼어
낸 간에 붙은 것이다. [10]사제는 그것들을 친교 제물이 된
소에서 들어낼 때처럼 들어내어, 번제 제단 위에서 살라
연기로 바친다. [11]그 황소의 가죽과 모든 살, 머리와 다리,
내장과 똥, [12]곧 그 황소의 나머지는 모두 진영 밖 깨끗한

4,2 5,15-18; 시편 19,13. 4,4 1,4. 4,5 16,14. 4,7 5,9; 8,15; 9,9. 4,8 3,3-5. 4,12 6,4; 히브 13,11.

4,1-5,26. 죄로 깨진 하느님과의 계약을 회복하려면 두 가지 제물이 요구되는데, 그 차이를 쉽게 구별할 수 없다. 첫째, 속죄 제물(히브리어 ‘하탓’은 죄와 속죄 제물 모두를 의미한다)은 실수로라도(4,2.13.22.27; 5,2.3 참조) 주님 율법의 어떠한 금지 조항이라도 어긴 사람이 바쳐야 한다(민수 15,30-31에 따르면 고의로 죄를 지은 사람은 백성 사이에서 떨어져 나가야 한다). 둘째, 보상 제물(히브리어 ‘아삼’은 잘못과 보상 제물 모두를 의미한다)은 주님께 봉헌된 것에 실수로 죄를 지은 사람이나 의식하지 못하고 금지 행위를 한 사람, 도둑질과 사기, 착취처럼 이웃에 대한 고의적인 행동으로 주님께 불충을 저지른 사람이 바쳐야 한다. 보상 제물의 경우에 손해를 금전으로 환산할 수 있을 때에는 그 값의 오분의 일을 추가해서 제물을 바치는 바로 그날 본래 임자에게 갚아야 한다.

4,1-35. 4장에서 속죄 제물이라는 새로운 제물이 등장한다. 구약에서는 의식하면서 지은 죄뿐만 아니라 실수 곧 태만이나 피상적인 태도로 인한 것도 죄에 해당했다. 이는 하느님 백성의 양심을 항상 깨어 있도록 교육하기 위한 방법이며 또한 죄가 삶의 굴곡 안에 숨어 있는 신비로운 어떤 것이라고 규정한다. 실수로 지은 죄는 전체 공동체 차원에 타격을 줄 수 있다. 이 때문에 죄를 지은 주체에 따라 속죄 제물의 사례를 네 가지로 구분한다.

4,1-5,26. 이 대목은 의무 제사 규정(1,1-7,38 주해 참조)을 다루는데, 실수로라도 정결치 못한 행위를 한 것 때문에 생기는 전염과 불경의 상황을 회복시키는 것에 관련된다. 이 개인적(또는 집단적) 부정 상태는 공동체 전체만이 아니라 만남의 천막과 그곳의 모든 비품에도 전파될 수 있다고 여겼다. 예를 들어, 여러 전례 행위들 중에서 의무적으로 바치는 제물의 피를 성소 일부에 뿌리는 것은 부정한 상태에서 벗어나 회복하는 데 도움이 된다고 믿었다. 보통 이스라엘 법은 죄를 지은 실제 가해자보다 주로 피해자에게 관심의 초점을 둔다고 말할 수 있다. 그러나 형벌에 관해서는, 범죄 행위에 대한 복수나 징벌보다는 고통스럽게 빼앗겼거나 피해를 입은 것에 대한 배상을 더 목표로 한다. 악인-죄인은 잘못을 고백하면서 범죄에 대한 책임을 져야 했다. 그런 다음에 배상을 통해 그가 저지른 범죄 행위로 어지럽혀진 사회관계의 균형을 바로잡도록 요구받았다. 마지막으로 제물을 통해 죄로 인해 부정해지고 변질된 하느님과 자신의 관계를 회복해야 했다.

4,3-35. 죄의 심각성에 따라 각기 다른 속죄 예식을 규정한다. 죄의 심각성은 실수로 죄를 지은 사람이 누구인가에 달려 있다. 기름을 부어 성별된 사제, 곧 대사제의 죄는 온 백성을 죄인으로 만든다(3-12절 참조). 회중(13-21절 참조), 수장(22-26절 참조), 나라 백성 가운데 누가(27-35절 참조) 죄를 지었을 때 바치는 속죄 예식이 소개된다.

4,3. 대사제는 이스라엘 공동체 전체를 대표하는 사람이기 때문에 그의 행동은 좋은 것이든 나쁜 것이든 백성 전체에게 영향을 끼쳐 결과를 낳는다. 규정된 예식(6-7절 참조)은 대사제의 죄가 어떻게 만남의 천막 안 가장 내밀한 영역에까지 스며들었는지를 강조한다.

4,11-12. 속죄 예식은 희생 제단에서 불에 살라 바치고 남은 희생

곳에 있는, 재를 쌓아 두는 정결한 곳으로 내다가 장작불
위에 올려놓고 태운다. 그것은 재를 쌓아 두는 곳에서 태
워야 한다.'

회중의 속죄 제물

13 '이스라엘의 온 공동체가 실수로 잘못을 저지르고, 모
두 그 사실을 알아차리지 못하더라도, 주님이 하지 말라고
명령한 것을 하나라도 하여 죄인이 되었으면, 14 자기들이
저지른 죄를 깨닫는 대로 회중은 황소 한 마리를 속죄 제
물로 바쳐야 한다. 그 소를 만남의 천막 앞으로 끌고 오면,
15 공동체의 원로들이 주님 앞에서 황소의 머리에 손을 얹
고 나서, 주님 앞에서 그 황소를 잡는다. 16 기름부음받은
사제는 황소의 피를 얼마쯤 가지고 만남의 천막으로 들어
가서, 17 손가락에 피를 찍어 주님 앞에, 곧 휘장 앞면에 일
곱 번 뿌린다. 18 또 그 피에서 얼마를 만남의 천막 안 주님
앞에 있는 제단의 뿔들에 바르고, 나머지 피는 모두 만남
의 천막 어귀에 있는 번제 제단 밑바닥에 쏟는다. 19 그러
고 나서 황소의 굳기름을 모두 들어내어 제단 위에서 살
라 연기로 바친다. 20 속죄 제물로 바치는 황소를 처리하듯
이 황소도 그것과 똑같이 처리해야 한다. 사제가 이렇게
그들을 위하여 속죄 예식을 거행하면 그들은 용서를 받는
다. 21 그리고 그는 그 황소를 진영 밖으로 끌어내어, 앞서
말한 황소를 태우는 것처럼 그것을 태운다. 이것이 회중의
속죄 제물이다.'

수장의 속죄 제물

22 '수장이 실수로, 주 그의 하느님이 하지 말라고 명령한
것을 하나라도 하여 죄를 짓고 죄인이 되었으면, 23 자기가
저지른 죄를 깨닫는 대로, 흠 없는 숫염소 한 마리를 예물
로 끌고 와서, 24 그 숫염소의 머리에 손을 얹은 다음, 번제
물을 잡는 곳, 곧 주님 앞에서 그것을 잡는다. 이것은 속죄
제물이다. 25 사제는 이 속죄 제물의 피를 손가락에 조금
묻혀 번제 제단의 뿔들에 바르고, 나머지 피는 번제 제단
밑바닥에 쏟는다. 26 그러고 나서 굳기름은 모두, 친교 제
물의 굳기름처럼, 제단 위에서 살라 연기로 바친다. 이렇게
사제가 그 죄 때문에 수장을 위하여 속죄 예식을 거행하
면, 그는 용서를 받는다.'

4,13 5,2-4.17; 민수 15,24-26. 4,14 히브 10,6. 4,15 1,4. 4,20 로마 5,11; 히브 2,17; 10,10-12.

제물을 진영 밖에서 불에 태워 완성할 것을 요구한다(8-10절). 이를 통해 그 어떤 사람도 희생 제물을 먹을 수 없다는 사실을 강조하고 대사제 한 사람의 죄로 죄인이 된 백성도 속죄 예식의 혜택을 받는다는 사실을 강조한다(3절 주 참조). 사실 대사제만을 위한 죄의 정화 절차는 전체 공동체 죄의 정화 절차와 매우 유사하다(13-21절 참조).

4,17. 그리스어 번역본에서는 "휘장" 앞에, 히브리어 본문에는(대중 라틴말 성경 역시) 없는 "성소의"라는 말을 덧붙여 구체화한다(6절 참조).

4,22-35. 수장과 일반인의 경우에는 만남의 천막 안에 제물(수장의 죄는 흠 없는 숫염소, 일반인의 죄는 흠 없는 암염소)의 피를 가져가지 않고 번제 제단의 뿔에 그 피를 조금 바른 후(탈출 27,2; 38,2 참조) 나머지는 번제 제단 밑바닥에 쏟는다. 굳기름은 제단 위에서 살라 연기로 바쳤다. 제물의 고기는 사제들의 몫이다(레위 7,8-9 참조). 따라서 호세아 예언자가 왜 사제들이 하느님 백성의 "속죄 제물을 먹고 살며"라고 말하면서 그들을 고발했는지 이해할 수 있다(호세 4,8; 1사무 2,12-17 참조). 대사제의 죄(레위 4,3-12 참조)와 모든 회중의 죄(4,13-21 참조)와는 달리 수장, 또는 일반인이 지은 죄는 제단의 뿔과 제단 밑바닥만 연관되어 있다는 점에서(4,25.30.34 참조) 감염력과 확산력에 관련하여 덜 중요시했다.

4,27. "나라 백성 가운데 누가" 자구적 의미는 "땅의 백성 가운데 누가"인데 일반 시민 각자를 가리킨다. 20,2.4에서는 같은 히브리어 표현을 "그 땅의 백성"으로 번역한다.

일반인의 속죄 제물

27 '나라 백성 가운데 누가 실수로, 주님이 하지 말라고 명
령한 것을 하나라도 하여 죄를 짓고 죄인이 되었으면, 28
자기가 저지른 죄를 깨닫는 대로, 그 죄를 용서받기 위하
여 흠 없는 암염소 한 마리를 예물로 끌고 와서, 29 그 속
죄 제물의 머리에 손을 얹은 다음, 번제물을 잡는 곳에서
그 속죄 제물을 잡는다. 30 사제는 그 피를 손가락에 조금
묻혀 번제 제단의 뿔들에 바르고, 나머지 피는 모두 번제
제단 밑바닥에 쏟는다. 31 그런 다음 친교 제물에서 굳기름
을 떼어 내듯 그 굳기름을 모두 떼어 낸다. 그러면 사제는 그
것을 살라 주님을 위한 향기로 바친다. 이렇게 사제가 그를
위하여 속죄 예식을 거행하면 그는 용서를 받는다.
32 속죄 제물로 양을 바치려면, 흠 없는 암컷을 끌고 와서,
33 그 속죄 제물의 머리에 손을 얹은 다음, 번제물을 잡는
곳에서 그것을 잡아 속죄 제물로 삼는다. 34 사제는 그 피
를 손가락에 조금 묻혀 번제 제단의 뿔들에 바르고, 나머
지 피는 모두 제단 밑바닥에 쏟는다. 35 그런 다음 친교 제
물로 바치는 양의 굳기름을 떼어 내듯 그 굳기름을 모두
떼어 낸다. 그러면 사제는 그것을 주님을 위한 화제물과
함께 살라 바친다. 이렇게 사제가 어떤 사람이 지은 죄 때
문에 그를 위하여 속죄 예식을 거행하면, 그는 용서를 받
는다.'

속죄 제물을 바치는 구체적인 경우

5 1 '누가 어떤 사건을 보거나 알고 있어서 증인이 되
었는데, 증언하지 않으면 저주를 받으리라는 소리
를 듣고서도 알리지 않아 죄를 짓고 그 죗값을 지게 될 경
우, 2 누가 부정한 들짐승의 주검이나 부정한 집짐승의 주
검, 또는 부정한 길짐승의 주검같이 어떤 것이든 부정한
것에 몸이 닿아, 그것을 알지 못하였을지라도 부정하게 되
어 죄인이 되었을 경우, 3 또는 사람 몸에 있는 부정한 것,
곧 그것이 무엇이든 그를 부정하게 하는 것에 몸이 닿고서
도 그것을 알지 못하다가, 그 사실을 깨달아 죄인이 되었

4,29 1,4.5. 4,35 3,5. 5,1 잠언 29,24. 5,2 11,24-39; 민수 19,11-16.

5,1-13. 이 단락은 죄를 지어 속죄 제물을 바치는 경우를 열거한다. 1절은 법정 증인에 대해 언급하고 2-3절은 법적으로 부정한 상태, 4절은 피상적인 맹세와 관련된다. 이 모든 사례에서 먼저 자기 죄를 고백하고 작은 가축의 암컷(암염소나 암양)을 제물로 바쳐야 한다. 경제적 여유가 없는 사람은 산비둘기나 집비둘기 두 마리를 제물로 바칠 수 있다. 한 마리는 속죄 제물로, 다른 한 마리는 번제물로 바친다. 가장 가난한 사람들은 기름이나 유향 없이 고운 곡식 가루 십분의 일 에파(약 4.5리터)만 바친다. 사제가 거기서 한 손 가득 퍼서 기념 제물로 살라 바치고 나머지는 사제 몫이 된다.

을 경우, 4 또는 누가, 사람들이 생각 없이 맹세하며 말할
수 있는 그 무엇에 대해서건, 생각 없이 입을 놀려 좋은 뜻
으로든 나쁜 뜻으로든 맹세를 하고서도 그것을 알지 못하
다가, 그 사실을 깨닫게 되어 그런 맹세 때문에 죄인이 되
었을 경우, 5 누가 이러한 것들 가운데 한 가지 때문에 죄인
이 되었을 경우, 그는 자기가 죄를 지었음을 고백해야 한
다. 6 그런 다음 주님에게 자기가 저지른 죄에 대한 보상을
해야 한다. 작은 가축 가운데에서 암컷을, 곧 암양이나 암
염소 한 마리를 속죄 제물로 바치는데, 사제는 그 죄 때문
에 그를 위하여 속죄 예식을 거행해야 한다.'

가난한 이들의 속죄 제물

7 '그러나 그가 작은 집짐승 하나도 마련할 힘이 없으면,
그는 자기가 저지른 죄에 대한 보상으로 산비둘기 두 마리
나 집비둘기 두 마리를 주님에게 가져다가, 한 마리는 속
죄 제물로, 다른 한 마리는 번제물로 바쳐야 한다. 8 이것
들을 사제에게 가져오면 사제는 먼저 속죄 제물로 가져온
것을 바치는데, 머리가 목에서 떨어지지는 않게 떼어 놓는
다. 9 그리고 그 속죄 제물의 피를 얼마쯤 제단 벽에 뿌리
고, 나머지 피는 제단 밑바닥에 대고 짜낸다. 이것은 속죄
제물이다. 10 두 번째 비둘기는 법규에 따라 번제물로 바친
다. 이렇게 사제가 어떤 사람이 지은 죄 때문에 그를 위하
여 속죄 예식을 거행하면, 그는 용서를 받는다.
11 그러나 산비둘기 두 마리나 집비둘기 두 마리도 장만
할 힘이 없으면, 그는 자기가 저지른 죄에 대한 예물로 고
운 곡식 가루 십분의 일 에파를 가져다 속죄 제물로 바쳐
야 한다. 이것은 속죄 제물이므로, 그 위에 기름을 치거나
유향을 얹어서는 안 된다. 12 그가 사제에게 그것을 가져오
면, 사제는 그 가루를 기념 제물로 삼아 한 손 가득 퍼내
어, 주님을 위한 화제물과 함께 제단 위에서 살라 바친다.
이것은 속죄 제물이다. 13 이렇게 사제가, 어떤 사람이 위
에서 말한 것 가운데 하나라도 거슬러 지은 죄 때문에 그
를 위하여 속죄 예식을 거행하면, 그는 용서를 받는다. 나
머지는 곡식 제물에서처럼 사제의 것이 된다.'"

5,5 16,21; 26,40; 민수 5,7; 잠언 28,13. 5,7 12,8; 14,21; 루카 2,24. 5,8 1,15.17. 5,9 4,17.18.30.34. 5,10 1,14-17. 5,11 2,1-2. 5,13 2,3; 4,26.

5,5. 자기 죄를 어떤 특정 봉사자나 개인에게 말로 고백해야 하는지에 대해서는 명시하지 않는다(민수 5,6-8도 참조).

5,10.13. "속죄 예식을 거행하면, 그는 용서를 받는다." 각자의 재산 정도에 따라 바치는 속죄 제물의 세 종류가 언급되는데(5절부터 13절까지), 제물이 다를지라도 제사 행위 자체는 항상 똑같이 완전한 속죄의 효과를 갖는다는 것이 약속된다.

5,11. 에파는 용량을 재는 단위로, 45리터에 해당한다.

보상 제물에 관한 규정

14 주님께서 모세에게 이르셨다. 15 "누가 주님에게 봉헌된
것과 관련하여 실수로 죄를 지어 불충을 저질렀을 때에
는, 주님을 위한 보상 제물로 작은 가축 가운데에서 흠 없
는 숫양 한 마리를 가져와야 한다. 그것은 성소 세켈로 은
몇 세켈이 되는지를 정한 값에 따른 보상 제물이어야 한
다. 16 그는 봉헌된 것과 관련하여 지은 죄를 배상하는데,
그 값의 오분의 일을 더 보태어 사제에게 낸다. 그래서 사
제가 보상 제물인 숫양으로 그를 위하여 속죄 예식을 거
행하면, 그는 용서를 받는다.
17 누가 모르고 했을지라도, 주님이 하지 말라고 명령한 것
을 하나라도 하여 죄를 지어 죄인이 되고, 그 죗값을 지게
되었을 때에는, 18 정해진 값에 따라, 작은 가축 가운데에
서 흠 없는 숫양 한 마리를 보상 제물로 사제에게 가져와
야 한다. 그리하여 모르고 실수로 저지른 잘못 때문에 사
제가 그를 위하여 속죄 예식을 거행하면, 그는 용서를 받
는다. 19 이것은 보상 제물이다. 그는 정녕 주님에게 죄인이
되었던 것이다."
20 주님께서 모세에게 이르셨다. 21 "누가 위탁물이나 담보
물, 또는 약탈물과 관련하여 동족을 속이거나, 동족을 착
취하여 주님에게 불충을 저질렀을 때, 22 또는 분실물을
줍고서 거짓말을 하거나, 사람이 하면 죄를 짓게 되는 온
갖 일들 가운데 어느 한 가지에 대해 거짓으로 맹세하여
주님에게 불충을 저질렀을 때, 23 그가 이렇게 죄를 지어
죄인이 되었을 때에는, 자기가 약탈한 약탈물이나 착취한
착취물, 자기가 맡았던 위탁물이나 주운 분실물, 24 또는
거짓으로 맹세한 물건을 돌려주어야 한다. 그는 완전히 배
상할뿐더러 물건 값의 오분의 일을 보태야 한다. 보상 제
물을 바치는 날, 원임자에게 그것을 갚아야 한다. 25 그리
고 그는 정해진 값에 따라, 작은 가축 가운데에서 흠 없는
숫양 한 마리를 주님을 위한 보상 제물로 사제에게 가져와
야 한다. 26 그래서 사제가 그를 위하여 주님 앞에서 속죄
예식을 거행하면, 그는 사람이 하면 죄가 되는 일들 가운
데 하나라도 하여 지은 죄를 용서받는다."

5,15-19. 주님께 봉헌된 것(제물과 십일조처럼 사제나 성전에 속하는 것)과 관련하여 실수로 죄를 지은 사람은 보상 제물을 봉헌해야 할 뿐만 아니라, 끼친 손해액에 오분의 일을 더 보태어 배상도 해야 한다.

5,15. 불충을 저지른다는 것은 제물을 바칠 때 열등한 가치의 것을 바치거나 의식에 맞지 않게 바치거나 혹은 제물을 빠뜨리고 바치지 않는 것을 의미한다. 속죄를 받을 수 있는 것은 그 일이 실수로 일어났다는 전제하에서 가능하며 고의로 이런 일을 했을 경우에는 사형을 받는다(민수 15,30 참조). 세켈은 무게를 측정하는 단위로 궁정 세켈은 11.5~13g에 해당하며 성소 세켈도 있었다.

5,17. "그 죗값을 지게 되었을"의 자구적 번역은 "그의 죄를 지게 되었을"인데, 마치 죄가 죄지은 사람을 짓누르는 것을 가리키는 듯하다.

5,20-26. 21절은 이웃에 대한 죄악이 동시에 하느님께 대한 범죄임을 명확하게 말한다. 이웃에게 사기를 치는 경우에도 피해 배상(물건을 돌려주고 여기에 물건 값의 오분의 일을 보태야 한다)과 함께 보상 제물이 규정되어 있다. 필요한 속죄 행위들을 예식이 설명하고 있듯이, 이웃의 물건을 취하여 해를 입힌 것(21-22절 참조)을 배상하는 것이 주님께 보상 제물을 바치는 것에 앞선다. 이런 의미에서 하느님에 대한 행동과 이웃에 대한 행동이 서로 연결될 뿐만 아니라 하느님과 화해하기 위해서는 형제에 대한 정의를 회복하는 것이 필수라는 것이 강조된다(마태 5,23-24도 참조). 재물을 돌려주면서 그 값의 오분의 일에 해당하는 금액을 첨가하는 것은(16절도 참조) 재산을 잃은 것에 대해 그 소유자에게 주어야 하는 이자로 이해해야 한다.

5,15 7,1-10; 탈출 30,13. 5,16 4,26; 5,24; 22,14; 민수 5,7.8. 5,17 4,2.13.22.27. 5,21 탈출 22,6.9; 민수 5,6; 잠언 24,28; 사도 5,4; 콜로 3,9. 5,22 신명 22,1-3. 5,24 5,16; 민수 5,7.8. 5,25 5,15. 5,26 4,26.

번제물을 바칠 때 사제가 지킬 규정

6 1 주님께서 모세에게 이르셨다. 2 "너는 아론과 그의
아들들에게 이렇게 명령하여라. '번제물에 관한 법
은 다음과 같다. 번제물은 아침까지 밤새도록 제단 위, 제
물을 태우는 곳에 그대로 있어야 하고, 제단의 불은 계속
타고 있어야 한다. 3 사제는 아마포 옷을 입고, 안에는 맨
몸에 아마포 속바지를 입는다. 제단 위에서 번제물이 불
에 타고 남은 재는 쳐서 제단 옆에 둔다. 4 그리고 그 옷들
을 벗고 다른 옷으로 갈아입은 다음, 그 재를 진영 밖 정
결한 곳으로 내간다. 5 제단 위의 불은 계속 타고 있어야 하
며, 꺼져서는 안 된다. 사제는 아침마다 제단 위에 장작을
지펴, 번제물을 그 위에 차려 놓고, 친교 제물의 굳기름을
그 위에서 살라 바친다. 6 제단 위에서는 불이 꺼지지 않고
늘 타고 있어야 한다.'

곡식 제물을 바칠 때 사제가 지킬 규정

7 '곡식 제물에 관한 법은 다음과 같다. 아론의 아들들이
그것을 주님 앞, 곧 제단 앞에서 바친다. 8 곡식 제물로 바
친 고운 곡식 가루와 기름과, 제물 위에 얹은 향 전부를
한 손 가득 퍼내어, 제단 위에서 주님을 위한 향기, 곧 기
념 제물로 살라 바친다. 9 나머지는 아론과 그의 아들들이
먹는데, 누룩을 넣지 않고 거룩한 곳에서 먹는다. 곧 만
남의 천막 뜰에서 그것을 먹는다. 10 누룩을 넣고 구워서
는 안 된다. 그것은 나에게 바친 화제물 가운데에서 내가
그들의 몫으로 준 것이다. 그것은 속죄 제물과 보상 제물
처럼 가장 거룩한 것이다. 11 아론의 자손들 가운데 남자
는 모두 그것을 먹을 수 있다. 이는 주님에게 바치는 화제
물과 관련하여 너희가 대대로 지켜야 할 영원한 규정이다.
이 제물에 닿는 것은 무엇이든 거룩하게 된다.'"
12 주님께서 모세에게 이르셨다. 13 "아론과 그의 아들들
이 기름부음받는 날, 주님에게 바쳐야 하는 예물은 이러
하다. 고운 곡식 가루 십분의 일 에파를 정례 곡식 제물로
바치는데, 반은 아침에, 반은 저녁에 바친다. 14 이 예물은
번철 위에서 기름을 섞어 만드는데, 잘 반죽하여 구운 것
을 여러 조각으로 부수어, 그것을 곡식 제물로 가져와 주

6,2-6. 왕정 시대에는 2열왕 16,15의 저녁 곡식 제물과 구별되는 아침 번제물만 바치라고 규정한 반면(에제 46,13-15 참조), 여기서는 탈출 29,38-42과 민수 28,3-8에서 규정하듯이 매일 두 번, 아침에 한 번 저녁에 한 번 번제물을 바치는 것에 대해 말한다. 번제 제단 위의 불은 항상 타고 있는 상태로 보존해야 한다.

6,3. "맨몸에"(자구적으로는 "그의 살 위에")라는 말은 성기를 암시할 수도 있는데 새 대중 라틴말 성경에서는 "그의 부끄러운 부분 위에"라고 구체적으로 표현한다. 속바지는 사제가 제단에 올라갈 때 그의 알몸을 가려 품위를 지키는 데 사용한다.

6,8. 제단 위에서 살라 바치는 곡식 제물을 기념 제물('아즈카라', "기억하다"의 어근 '자카르'가 포함됨)이라고 부르는데, 이는 하느님께 봉헌자를 기억하게 한다.

6,11. 곡식 제물로 바친 곡식은 가장 거룩한 것(10절 참조)이어서 거기에 닿는 것은 무엇이든 거룩해진다. 거룩함의 상태는 사람뿐만 아니라 물건에도 전달될 수 있다.

6,3 탈출 28,39-41.43; 39,27.28. 6,7 2,1.2. 6,9 2,3. 6,10 2,11. 6,11 민수 18,10.
6,13 탈출 29,1.2. 6,14 2,5.

6,1-7,38. 이 두 장은 후대에 첨가된 부분으로 추정되며 사제들의 권한과 의무뿐 아니라 여러 제물과 관련된 절차 문제를 다룬다. 주님의 모든 말씀은 모세를 통해 아론과 그의 아들들에게 하신 명령이다(6,2 참조).

님을 위한 향기로 바친다. 15 아론의 아들들 가운데에서
그의 뒤를 이어 기름부음받은 사제가 이 예물을 만든다.
이는 영원한 규정이다. 이 제물은 주님에게 온전히 살라
연기로 바친다. 16 사제의 모든 곡식 제물은 온전히 바쳐야
한다. 누구도 그것을 먹어서는 안 된다."

속죄 제물을 바칠 때 사제가 지킬 규정

17 주님께서 모세에게 이르셨다. 18 "아론과 그의 아들들
에게 이렇게 일러라. '속죄 제물에 관한 법은 다음과 같
다. 속죄 제물은 번제물을 잡는 곳, 곧 주님 앞에서 잡는
다. 이 제물은 가장 거룩한 것이다. 19 속죄 제물을 바치는
사제가 그것을 먹는데, 거룩한 곳, 곧 만남의 천막 뜰에서
먹는다. 20 그 고기에 닿는 것은 다 거룩하게 된다. 그 피가
옷에 튀었을 때는, 피가 튄 데를 거룩한 곳에서 빨아야 한
다. 21 그 제물을 삶은 옹기그릇은 깨뜨려야 한다. 청동 그
릇에 삶았으면 문질러 닦고 물로 헹구어야 한다. 22 사제
집안의 남자는 모두 그 제물을 먹을 수 있다. 그것은 가장
거룩한 것이다. 23 그러나 성소에서 속죄 예식을 거행하려
고 제물의 피를 만남의 천막 안으로 가져왔으면, 그 제물
은 어떤 것이든 먹지 못한다. 그것은 불에 태워야 한다.'

보상 제물을 드릴 때 사제가 지킬 규정

7 1 '보상 제물에 관한 법은 다음과 같다. 이 제물은
가장 거룩한 것이다. 2 번제물을 잡는 곳에서 보상
제물을 잡고, 그 피는 제단을 돌며 거기에 뿌린다. 3 그리고
그 제물의 굳기름은 모두 바친다. 곧 기름진 꼬리와 내장
을 덮은 굳기름, 4 두 콩팥과 거기에 있는 허리께의 굳기름,
그리고 콩팥을 떼어 낼 때 함께 떼어 낸 간에 붙은 것이다.
5 사제는 그것들을 제단 위에서 주님을 위한 화제물로 살
라 바친다. 이것은 보상 제물이다. 6 사제 집안의 남자는 모
두 그 제물을 먹을 수 있는데, 그것은 거룩한 곳에서만 먹
을 수 있다. 그것은 가장 거룩한 것이다.'

사제의 몫

7 '속죄 제물은 보상 제물과 같아, 같은 법을 이 두 제물에
적용한다. 그 제물은 속죄 예식을 거행하는 사제의 것이

6.21. 제물을 삶기 위해 사용한 흙 그릇은 깨뜨려야 한다. 그릇 재질이 투과성을 지녀 삶은 제물 액체를 흡수해 제물의 거룩함이 거기에 스며들었기 때문에 그 효력을 없애기 위해서다(18.20절 참조).

6,22-23. 속죄 제물과 보상 제물은 봉헌자가 먹을 수 없고 사제 가문의 모든 남자들만 먹을 수 있다(6,22; 7,6; 신명 18,7-8 참조). 이것은 가장 거룩한 것으로 간주된다. 제물의 피를 만남의 천막 안으로 가져갈 때 곧 대사제나 공동체의 죄를 위해 제물을 바칠 때에는(레위 4,7.16 참조) 그 제물을 완전히 불살라야 한다.

7,1-10. 보상 제물이나 속죄 제물이나 제물은 속죄 예식을 주관한 사제의 몫이며 거룩한 장소에서 그것을 먹어야 한다. 친교 제물도 그것을 바친 사제의 몫이다. 번제물의 경우에는 제물로 바친 짐승의 가죽만 사제 몫이 된다.

6,18 1,3.5.11; 4,2.24.29.33. 6,19 10,17.18. 6,20 탈출 29,37. 6,21 11,33; 15,12. 6,23 4,7.11.12.18.21; 히브 13,11. 7,1 5,14-26. 7,2 1,11. 7,4 // 3,4. 7,6 2,3; 6,9-11; 1코린 10,18. 7,7 6,18.19.

된다. 8 어떤 사람의 번제물을 받아서 바친 사제는 그렇게
바친 번제물의 가죽을 자기 것으로 차지한다. 9 가마에 구
운 곡식 제물, 냄비나 번철에서 만든 제물들은 모두 그것
을 바친 사제의 것이 된다. 10 다른 모든 곡식 제물은, 기름
을 섞은 것이든 섞지 않은 것이든 아론의 모든 아들에게
똑같이 돌아간다.'

친교 제물을 바칠 때 사제가 지킬 규정

11 '주님에게 바치는 친교 제물에 관한 법은 다음과 같다.
12 감사의 뜻으로 친교 제물을 바치려면, 감사의 제물에,
누룩 없이 기름을 섞어 만든 과자와 누룩 없이 기름을 발
라 만든 부꾸미와 고운 곡식 가루에 기름을 섞어 과자처
럼 반죽한 것을 곁들여 바친다. 13 이런 감사의 친교 제물
에 누룩을 넣은 빵 과자를 예물로 곁들여 바친다. 14 이 예
물들 가운데에서 각각 하나씩을 주님에게 들어 올려 바치
는 예물로 드린다. 이것은 친교 제물의 피를 뿌린 사제의
것이 된다. 15 감사의 친교 제물로 바친 고기는 예물을 바
친 그날로 먹는다. 다음 날 아침까지 아무것도 남겨서는
안 된다.
16 바치는 예물이 서원 제물이거나 자원 제물이면, 그 제
물을 바친 그날에 먹고, 남은 것은 다음 날 먹어도 된다. 17
그러나 사흘째 되는 날에는 남은 제물의 고기를 불에 태
운다.'

일반 규정

18 '사흘째 되는 날에 자기가 바친 친교 제물의 고기를 먹
으면, 그것을 바친 자는 호의로 받아들여지지 않고, 그 제
물은 그의 것으로 헤아려지지 않는다. 그것은 부정한 고
기가 되어, 그것을 먹는 자는 그 죗값을 지게 된다. 19 무엇
이든 부정한 것에 닿은 고기는 먹지 못한다. 그것은 불에
태워야 한다. 그렇지 않은 고기라면, 정결한 이는 누구나
그 고기를 먹을 수 있다. 20 그러나 주님에게 바친 친교 제
물의 고기를 부정한 상태에서 먹는 자는 자기 백성에게서
잘려 나가야 한다. 21 누가 무엇이든 부정한 것, 곧 사람 몸
에 있는 부정한 것이나 부정한 집짐승 또는 부정한 길짐
승에 몸이 닿고 나서, 주님에게 바친 친교 제물의 고기를
먹었을 경우, 그는 자기 백성에게서 잘려 나가야 한다.'"

7,9 2,3.10. 7,12 히브 13,15. 7,14 민수 18,8.11.19. 7,15 22,30; 1코린 10,18. 7,16 19,6-8. 7,18 19,7. 7,20 22,3. 7,21 11,24.28.

7,11-14. 세 가지 유형의 친교 제물을 분류한다. 받은 은혜에 감사의 뜻으로 바치는 제물(12-15절; 22,29-30 참조. 그리스어 아퀼라역은 '에우카리스티아'로 번역), 서원을 채우기 위해 바치는 제물인 서원 제물, 자발적으로 바치는 제물인 자원 제물이다(16-17절; 22,18-23 참조). 감사 제물의 경우에는 누룩 없이 기름을 섞어 만든 과자와 누룩을 넣은 빵 과자도 바쳐야 한다.

7,15-18. 제물로 바친 고기를 먹는 규정은 매우 명확하다. 바로 그날 먹어야 한다. 서원 제물과 자원 제물일 때만 그다음 날에도 남은 고기를 먹을 수 있다. 그러나 사흘째 날에는 제물로 바친 고기가 남아 있으면 불에 태워야 했다. 그렇지 않으면 제물이 무효가 된다. "부정한"이라는 번역(18절)은 경신례의 맥락을 고려한 것이며 "상한"이라고 옮길 수도 있다. 제물로 바친 고기를 이틀 이상 먹지 않는 것은 단순히 위생과 건강 때문일 수도 있고, 제사에 참석하고 때로 성소에 머무는 사람들의 이동에 대한 통제 때문일 수 있다.

7,19-21. 거룩한 식사에 참석하는 모든 사람에 대해 법적인 정결을, 또 자기 백성에게서 잘려 나가는 벌 곧 경신례를 거행하는 공동체에서 배제되는 벌을 규정한다(이 잘려 나가는 것이 실제로 무엇인지는 명시하지 않는다).

피와 굳기름은 먹지 못한다

22 주님께서 모세에게 이르셨다. 23 "이스라엘 자손들에게
이렇게 일러라. '너희는 소나 양이나 염소의 굳기름은 어
떤 것이든 먹어서는 안 된다. 24 죽은 짐승의 굳기름이나
맹수에게 찢긴 짐승의 굳기름은 어떤 일에나 쓸 수 있다.
그러나 그것을 먹어서는 결코 안 된다. 25 주님에게 화제물
로 바친 짐승의 굳기름을 먹는 자는, 정녕 누구나 자기 백
성에게서 잘려 나가야 한다. 26 너희가 사는 곳 어디에서
나, 새의 것이든 짐승의 것이든 어떤 피도 먹어서는 안 된
다. 27 어떤 피든 피를 먹는 자는 자기 백성에게서 잘려 나
가야 한다.'"

친교 제물에서 사제에게 돌아가는 몫

7,28-34. 친교 제물을 바치는 사람은 주님께 드리는 예물로 굳기름과 가슴 부위를 가져오는데, 굳기름은 제단 위에서 살라야 되고 가슴 부위는 흔들어 바치는 예식(탈출 29,24 참조)으로 바친 다음에 아론과 그의 아들들에게 준다. 짐승의 오른쪽 넓적다리도 들어 올려 바친 예물로 이들 몫이 된다(탈출 29,27-28 참조).

28 주님께서 모세에게 이르셨다. 29 "이스라엘 자손들에게
이렇게 말하여라. '주님에게 친교 제물을 바치는 이는 그
친교 제물의 일부를 주님을 위한 예물로 가져와야 한다. 30
주님에게 바칠 화제물을 직접 손에 들고 온다. 가슴 부위
에 곁들여 굳기름을 가져오는데, 가슴 부위는 흔들어 바
치는 예물로 주님 앞에 드리고, 31 굳기름은 사제가 제단
위에서 살라 연기로 바친다. 가슴 부위는 아론과 그 아들
들의 것이 된다. 32 너희 친교 제물의 오른쪽 넓적다리는
들어 올려 바치는 예물로 사제에게 준다. 33 이 오른쪽 넓
적다리는 아론의 아들들 가운데에서 친교 제물의 피와 굳
기름을 바친 사람의 몫이 된다. 34 나는 이스라엘 자손들
의 친교 제물 가운데 흔들어 바친 가슴 부위와 들어 올려
바친 넓적다리를 그들에게서 받아, 이스라엘 자손들이 지
켜야 하는 영원한 규정에 따라 아론 사제와 그의 아들들
에게 준다.'"

제물에 관한 맺음말

35 이것이 아론과 그의 아들들이 주님을 섬기는 사제가 되
도록 봉헌된 날부터, 주님께 바친 화제물 가운데에서 아
론이 받는 몫이며, 그의 아들들이 받는 몫이다. 36 곧 그들
에게 기름 부으신 날, 주님께서 그들에게 주라고 이스라엘
자손들에게 명령하신 것이다. 이는 그들이 대대로 지켜야
하는 영원한 규칙이다.

7,23 3,17. 7,26 17,10-14. 7,29 3,1. 7,34 민수 18,18.19.

37 이것이 번제물과 곡식 제물, 속죄 제물과 보상 제물, 임
직 제물과 친교 제물에 관한 법이다. 38 이는 주님께서 시
나이산에서 모세에게 명령하신 것이다. 그날 모세는 시나
이 광야에서, 주님께 예물을 바치라고 이스라엘 자손들에
게 명령하였다.

첫 사제들의 임직식

8 1 주님께서 모세에게 이르셨다. 2 "너는 아론과 그의
아들들을 함께 데려오너라. 또 옷들과 성별 기름,
속죄 제물로 바칠 황소 한 마리, 숫양 두 마리와 누룩 없
는 빵 한 광주리를 가져오너라.
3 그런 다음 만남의 천막 어귀로 온 공동체를 불러 모아
라." 4 모세는 주님께서 명령하신 대로 하였다. 공동체가
만남의 천막 어귀로 모여 오자, 5 모세가 공동체에게 말하
였다. "주님께서 이렇게 하라고 명령하셨다."
6 모세는 아론과 그의 아들들을 데려다 물로 씻겼다. 7 그
는 아론에게 저고리를 입히고 허리띠를 매어 주고 겉옷을
입혔다. 그리고 아론에게 에폿을 걸쳐 준 다음, 에폿 띠를
매어 꼭 붙어 있게 하였다. 8 모세는 또 그에게 가슴받이
를 달아 주고 그 가슴받이 안에 우림과 툼밈을 넣었다. 9
그리고 그의 머리에 쓰개를 씌우고, 얼굴 앞쪽 쓰개 위에
금패를 달아 준 다음, 거룩한 관을 씌워 주었다. 이는 주님
께서 모세에게 명령하신 대로였다.
10 그런 다음 모세는 성별 기름을 가져다가, 성막과 그 안
에 있는 모든 것에 부어 그것들을 성별하였다. 11 그는 또
그 기름을 제단 위에 일곱 번 뿌리고 나서, 제단과 그 모
든 기물, 물두멍과 그 받침에 기름을 부어 그것들을 성별
하였다. 12 그는 또 성별 기름을 아론의 머리에 따라 부어
그를 성별하였다. 13 그러고 나서 모세는 아론의 아들들을
데려다가, 저고리를 입히고 허리띠를 매어 주고 두건을 감
아 주었다. 이는 주님께서 모세에게 명령하신 대로였다.
14 그런 다음 모세는 속죄 제물로 바칠 황소를 끌어오게
하였다. 아론과 그의 아들들은 속죄 제물로 바칠 그 황소

8,5. 사제 직무의 특징인 모든 것이 하느님 뜻에 직접적으로 달려 있음을 강조할 목적으로 주님의 명령으로 완성된 일이라는 것을 계속해서 반복한다(9.13.17.21.29.36절도 참조).

8,6-12. 정화 예식 후에 모세는 아론에게 대사제 예복(탈출 28; 39,1-31 참조)을 입히고 머리에 성별 기름을 붓는다(레위 21,10 참조). 처음에는 임금 성별에만 사용했다가(1사무 10,1; 16,13 참조) 이후 모든 사제에게 확장된(탈출 28,41 30,30, 40,12-15; 레위 7,35-36; 10,7; 민수 3,3 참조) 이 의식이 언제 대사제를 위해 거행되기 시작했는지 말하기 어렵다. 유배 전에는 이런 의식이 존재하지 않은 듯하다. 이 기름부음을 통해 세속적이고 평범한 속인의 상태에서 거룩하고 완전한 구별된 상태로 넘어간다. 히브리어 '메시아'는 "기름부음받은이"(그리스어 번역은 '그리스도')를 뜻하게 된다. 다른 본문처럼 모세는 모든 종류의 직무보다 우월한 사람으로 소개된다. 그는 모든 것에서, 또 모든 것을 위해 하느님께서 명령하신 것만을 행하며 사제들의 모든 임직식의 집행자, 전례자, 주관자이다.

8,7-8. 우림과 툼밈은 탈출 28,30 주를, 에폿과 가슴받이는 28,6-14.15-29.30 주를 참조한다.

8,14-36. 모세와 아론과 그의 아들들은 탈출 29,10-37에서 주님께서 지시한 명령을 실행한다. 모세는 속죄 제물을 바치고(14-17절) 번제물로 숫양을 바쳤다(18-21절). 마지막으로 친교 제물로 숫양을 바치는데 그 피로 아론과 그의 아들들을 성별한다(22-30절). 모세는 그들에게 성별 기름과 피를 뿌린 다음 고기를 삶아 하느님께 바친 빵과 함께 먹으라고 그들에게 명령한다. 그 의식은 이레 동안 계속된다(31-36절). 여덟째 되는 날 성별된 사제들은 처음으로 제물을 바치는 직무를 시작할 수 있게 된다(9장 참조).

7,37 6,2.7.13.18. 7,38 1,1.2. 8,2 탈출 28,2.4; 29,1-3; 30,24.25. 8,6 탈출 29,4-6. 8,8 탈출 28,30. 8,9 탈출 28,36.37. 8,12 탈출 30,30; 시편 133,2. 8,13 탈출 29,8.9. 8,14 4,4; 탈출 29,10.

8,1-9,24. 레위기에서 몇 안 되는 설화체 본문이다(다른 것은 10,1-7.16-20; 24,10-14.23에 나온다). 사제 임직식과 공식적으로 경신례가 시작되는 첫 제물 봉헌 이야기가 나온다. 8장에서 모세는 주님의 명령으로 만남의 천막 입구에 공동체 전체를 소집하고 탈출 28-29장; 39장; 40,12-15에서 하느님께서 그에게 이르신 규정을 실행한다.

의 머리에 손을 얹었다. 15 모세는 그 소를 잡고 피를 받아
다가, 제단을 돌며 그 뿔들에 손가락으로 피를 발랐다. 이
렇게 제단을 정화하고, 나머지 피는 제단 밑바닥에 쏟아
속죄 예식을 거행하여 제단을 성별하였다. 16 그러고 나서
모세는 내장에 붙은 모든 굳기름과 간에 붙은 것, 두 콩팥
과 거기에 있는 굳기름을 가져다 제단 위에서 살라 연기로
바쳤다. 17 황소의 나머지, 곧 가죽과 살과 똥은 진영 밖에서
불에 태웠다. 이는 주님께서 모세에게 명령하신 대로였다.
18 그런 다음 번제물로 바칠 숫양을 끌어오자, 아론과 그
의 아들들이 그 숫양의 머리에 손을 얹었다. 19 모세는 그
것을 잡고, 제단을 돌며 거기에 그 피를 뿌렸다. 20 그리고
모세는 그 숫양의 각을 떠서, 머리와 각을 뜬 고기와 지방
을 살라 연기로 바쳤다. 21 내장과 다리들을 물에 씻은 뒤,
모세는 숫양을 송두리째 제단 위에서 살라 연기로 바쳤
다. 그것은 향기로운 번제물, 곧 주님을 위한 화제물이었
다. 이는 주님께서 모세에게 명령하신 대로였다.
22 그러고 나서 두 번째 숫양, 곧 임직식에 쓸 숫양을 끌어
오자, 아론과 그의 아들들이 그 숫양의 머리에 손을 얹었
다. 23 모세는 그것을 잡고 그 피를 얼마쯤 가져다가, 아론
의 오른쪽 귓불과 오른손 엄지와 오른발 엄지에 발랐다.
24 모세는 또 아론의 아들들을 데려다가, 그들의 오른쪽
귓불과 오른손 엄지와 오른발 엄지에 그 피를 발랐다. 모
세는 제단을 돌며 거기에 나머지 피를 뿌렸다. 25 그는 굳
기름, 곧 기름진 꼬리와 내장에 붙은 모든 굳기름과 간에
붙은 것, 두 콩팥과 거기에 있는 굳기름, 그리고 오른쪽 넓
적다리를 떼어 내었다. 26 또 주님 앞에 놓인 누룩 없는 빵
광주리에서 누룩 없는 과자 하나, 기름을 섞어 만든 빵 과
자 하나, 부꾸미 하나를 집어 굳기름과 오른쪽 넓적다리
위에 올려놓았다. 27 이것을 모두 아론의 손바닥과 그 아
들들의 손바닥에 놓고, 흔들어 바치는 예물로 주님 앞에
드리게 하였다. 28 그런 다음 모세는 그들 손에서 그것들
을 받아, 번제물과 함께 제단 위에서 살라 연기로 바쳤다.
그것은 향기로운 임직식 제물, 곧 주님을 위한 화제물이었
다. 29 모세는 가슴 부위를 가져다 주님 앞에 흔들어 바치
는 예물로 드렸다. 그것은 임직식 제물 가운데에서 모세의
몫이 되었다. 이는 주님께서 모세에게 명령하신 대로였다.

8,23-24. 오른손 엄지와 오른발 엄지는 인간 신체의 맨 끄트머리인데 상징적으로는 몸 전체를 뜻하는 듯하다(탈출 29,20; 레위 14,14.17.25.28 참조). 경청과 순종의 기관인 귀의 끝 귓불에도 상징적 가치가 부여된다(순종의 개념을 표현하기 위해 히브리어는 "소리를 들어라"라는 관용어 형태를 반복한다). 이 전례 나머지에 나오듯 임직식에서 숫양의 피를 뿌리는 것으로 사제의 인격 전체와 그의 능력이 일상적이고 평범한 것의 세계에서 거룩하고 신성한 세계로 넘어간다. 그리고 숫양의 남은 피를 제단 주변에 뿌림으로써 사제들은 그들 직무의 중요한 장소들 가운데 하나와 결합된다.

8,15 4,7; 히브 9,21. 8,16 4,8. 8,17 4,11.12. 8,18 탈출 29,15. 8,19 히브 9,21. 8,21 탈출 29,18. 8,22 탈출 29,19.31. 8,25 탈출 29,22. 8,26 탈출 29,23. 8,28 탈출 29,25. 8,29 탈출 29,26.

30 그리고 모세는 성별 기름과 제단 위에 있는 피를 얼마
쯤 가져다가, 아론과 그의 옷, 그의 아들들과 그들의 옷에
뿌려, 아론과 그의 옷, 그의 아들들과 그들의 옷을 성별하
였다.
31 그런 다음 모세는 아론과 그의 아들들에게 말하였다.
“만남의 천막 어귀에서 고기를 삶아, 임직식 광주리에 담
은 빵과 함께, ‘아론과 그의 아들들이 그것을 먹어야 한
다.’ 하고 내가 명령한 대로, 거기서 드십시오. 32 남은 고
기와 빵은 불에 태워 버리십시오. 33 임직식 기간이 끝나
는 날까지, 이레 동안 만남의 천막 어귀 바깥으로 나가서
는 안 됩니다. 여러분의 임직식은 이레 동안 계속됩니다.
34 주님께서는 오늘 한 것처럼 여러분을 위한 속죄 예식을
거행하라고 명령하셨습니다. 35 여러분은 이레 동안 밤낮
으로 만남의 천막 어귀에 머물면서, 주님의 명령을 지켜야
합니다. 그러면 여러분이 죽지 않을 것입니다. 정녕 내가
이렇게 명령을 받았습니다.” 36 그래서 아론과 그의 아들
들은 주님께서 모세를 통하여 명령하신 것을 모두 실행하
였다.

아론이 첫 제물을 바치다

9 1 여드레째 되는 날, 모세는 아론과 그의 아들들,
그리고 이스라엘의 원로들을 불러 놓고, 2 아론에
게 말하였다. “속죄 제물로 바칠 송아지 한 마리와 번제물
로 바칠 숫양 한 마리를, 흠 없는 것들로 끌어다 주님 앞에
바치십시오. 3 그리고 이스라엘 자손들에게 이렇게 이르십
시오. ‘속죄 제물로 바칠 숫염소 한 마리, 그리고 번제물로
바칠 일 년 된 송아지 한 마리와 양 한 마리를 흠 없는 것으
로 끌어오고, 4 또 주님 앞에 친교 제물로 바칠 수소 한 마리
와 숫양 한 마리, 기름을 섞어 반죽한 곡식 제물을 가져오
십시오. 오늘 주님께서 여러분에게 나타나실 것입니다.’”
5 그들이 모세가 명령한 것들을 만남의 천막 앞으로 끌어
오고, 온 공동체가 모여 주님 앞에 서자, 6 모세가 말하였
다. “이것은 주님의 영광이 나타나도록 주님께서 너희에게
하라고 명령하신 것이다.” 7 그리고 나서 모세는 아론에게
말하였다. “제단으로 가까이 가서 형님의 속죄 제물과 번
제물을 바쳐, 형님과 백성을 위하여 속죄 예식을 거행하
십시오. 그리고 주님께서 명령하신 대로, 백성의 예물을

8,33. “여러분의 임직식은 이레 동안 계속됩니다.”의 자구적 번역은 “이레 동안 여러분의 손을 채울 것입니다.”이다. 이 표현의 원래 의미는 명확하지 않은데 후에 전례 전문 용어가 되었다. 탈출 29,24-25과 레위 8,27-28에서는 바칠 제물을 사제의 손에 넘기는 것을 가리키는 듯하다(탈출 29,7; 레위 7,37 참조).

9,1-21. 7일 동안의 임직식 후(8,33; 9,1) 사제들은 제물을 바치기 시작한다. 사제계 문서에 따르면 창조의 목적을 나타내는 예배가 시작되는 것이다. 아론은 먼저 자신을 위해 송아지와 숫양으로 속죄 제물을 바친 다음 백성을 위해 속죄 예식을 한다. 아론의 사제 직분은 임직식 전체를 위해 필요한 이레가 지나고(8,33 참조) 여덟째 날에 온전히 효력을 발휘한다. 이것은 하느님께서 일을 마치고 쉬신 이렛날(창세 2,2-3 참조) 다음 날부터 피조물의 자연 주기가 시작되는 것과 암묵적으로 연결된다.

8,30 탈출 30,30; 민수 3,3. 8,31 탈출 29,31.32. 8,32 탈출 29,34. 8,33 탈출 29,30.35. 9,2 8,18; 탈출 29,1. 9,3 4,23. 9,7 히브 5,1.3.

바쳐 그들을 위하여 속죄 예식을 거행하십시오."
8 아론은 제단으로 가까이 가서 자기를 위한 속죄 제물로
바칠 송아지를 잡았다. 9 아론의 아들들이 그 피를 가져
오자, 그는 손가락에 그 피를 찍어 제단의 뿔들에 바르고,
나머지 피는 제단 밑바닥에 쏟았다. 10 그리고 속죄 제물
에서 떼어 낸 굳기름과 콩팥들과 간에 붙은 것은, 주님께
서 모세에게 명령하신 대로, 제단 위에서 살라 연기로 바
쳤다. 11 고기와 가죽은 진영 밖에서 불에 태웠다.
12 다음에 아론은 번제물을 잡았다. 아론의 아들들이 그
피를 건네자, 아론은 제단을 돌며 거기에 그것을 뿌렸다.
13 또 그들이 각을 뜬 번제물을 그 머리와 함께 건네자, 아
론은 그것들을 제단 위에서 살라 연기로 바쳤다. 14 내장과
다리들은 씻어서 번제물에 얹어 제단 위에서 살라 연기로
바쳤다.
15 다음에 아론은 백성의 예물을 드렸다. 백성을 위한 속
죄 제물로 바칠 숫염소를 끌어다 잡고, 먼젓번처럼 속죄
제물로 드렸다. 16 또 번제물을 끌어다 법규에 따라 바쳤
다. 17 이어서 곡식 제물을 드렸다. 그것을 한 손 가득 채워
아침 번제물과 함께 제단 위에서 살라 연기로 바쳤다.
18 다음에 아론은 백성을 위한 친교 제물로 바칠 수소와
숫양을 잡았다. 아론의 아들들이 그 피를 건네자, 아론이
제단을 돌며 거기에 그것을 뿌렸다.19 그리고 그 수소와 숫
양의 굳기름, 곧 기름진 꼬리와 내장을 덮은 것, 콩팥들과
간에 붙은 것을 떼어, 20 이 굳기름들을 그 짐승의 가슴 위
에 얹었다. 아론은 그 굳기름들을 제단 위에서 살라 연기
로 바치고, 21 가슴 부위와 오른쪽 넓적다리는, 모세가 명
령한 대로, 주님 앞에 흔들어 바치는 예물로 드렸다.
22 그런 다음에 아론은 손을 들어 백성에게 축복하였다.
이렇게 그는 속죄 제물과 번제물과 친교 제물을 다 드리고
내려왔다. 23 모세와 아론은 만남의 천막에 들어갔다 나와
서 백성에게 축복하였다. 그러자 주님의 영광이 온 백성에
게 나타났다. 24 그때 주님 앞에서 불이 나와 제단 위의 번
제물과 굳기름을 삼켰다. 온 백성은 그것을 보고 환성을
올리며 땅에 엎드렸다.

9,22-24. 아론의 첫 축복과, 모세와 아론의 여러 제물 봉헌과 장엄 축복이 있은 다음, 6절에서 모세가 이미 선포한 것처럼 주님의 영광이 온 백성에게 나타난다. 주님 앞에서 불이 나와 번제물을 태운다. 이 하느님 현현에 백성은 찬미 노래를 부르고 땅에 엎드리는 것으로 응답한다. 불의 현존은 탈출 19,18에서 주님께서 시나이산에 나타나신 순간에도 등장한다.

9,8 4,1-12. 9,11 4,11; 8,17. 9,15 4,27-31. 9,16 1,3.10. 9,17 2,1.2; 3,5. 9,18 3,1-11. 9,21 7,30-34. 9,23 민수 14,10. 9,24 1열왕 18,38.39; 2마카 2,10.

나답과 아비후의 죽음과 사제들의 상례

10 [1] 아론의 두 아들 나답과 아비후는 저마다 제
향로를 가져다가, 거기에 불을 담고 향을 놓았
다. 그들은 주님께서 그들에게 명령하신 것과는 다른 속
된 불을 주님 앞에 피워 바친 것이다. [2] 그러자 주님 앞에
서 불이 나와 그들을 삼키니, 그들은 주님 앞에서 죽고 말
았다. [3] 모세가 아론에게 말하였다. "주님께서 '나에게 가
까이 있는 이들을 통하여 나의 거룩함을 드러내고, 나의 온
백성 앞에 나의 영광을 나타내겠다.'고 하신 말씀은 바로 이
를 두고 하신 것입니다." 아론은 아무 말도 하지 못하였다.
[4] 모세는 아론의 삼촌 우찌엘의 두 아들 미사엘과 엘차판
을 불러 말하였다. "이리 와서 너희 조카들을 성소에서 진
영 밖으로 옮겨가거라." [5] 그들은 모세가 분부한 대로 앞으
로 나와, 조카들의 저고리를 잡고 그들을 진영 밖으로 옮
겨 갔다.
[6] 모세는 아론과 그의 두 아들 엘아자르와 이타마르에게
말하였다. "머리를 풀지 말고 옷을 찢지 마십시오. 그러다
가는 여러분이 죽고, 온 공동체에는 주님의 진노가 미칠
것입니다. 여러분의 형제들, 곧 이스라엘의 온 집안만이
주님께서 불살라 버리신 자들의 죽음을 애도할 수 있습니
다. [7] 여러분은 만남의 천막 어귀 밖으로 나가서는 안 됩니
다. 그러다가는 죽습니다. 여러분은 주님의 기름으로 성별
된 사람들이기 때문입니다." 그들은 모세의 분부대로 하
였다.

사제는 집무 중에 술을 마시지 못한다

[8] 주님께서 아론에게 이르셨다. [9] "너와 너의 아들들이 만
남의 천막 안에 들어올 때에는, 포도주나 독주를 마셔서
는 안 된다. 마시면 죽을 것이다. 이는 너희가 대대로 지켜
야 하는 영원한 규칙이다. [10] 이는 또한 너희가 거룩한 것
과 속된 것, 부정한 것과 정결한 것을 구별하고, [11] 주님이
모세를 통하여 말한 모든 규정을 이스라엘 자손들에게 가
르치게 하려는 것이다."

10,1 16,12; 탈출 30,9; 민수 3,3.4. 10,2 민수 3,4; 26,61. 10,3 21,6; 탈출 19,22; 30,30. 10,4 탈출 6,18.22; 사도 5,6.9.10. 10,6 21,1.10; 민수 16,22; 17,11; 여호 7,1; 22,18-20; 마태 26,65. 10,7 21,12. 10,9 에제 44,21; 루카 1,15. 10,10 11,47; 20,25; 에제 22,26. 10,11 신명 24,8; 말라 2,7.

10,1-7. 탈출 30,34-35의 규정에 따라 제조한 향을 사르려면 번제 제단에서 타는 숯을 사용해야 한다(레위 16,12 참조). 아론의 두 아들 나답과 아비후(탈출 6,23; 24,1.9; 28,1 참조)는 속된 불 곧 합법적이지 않은 불을 사용해 주님에게서 죽음의 벌을 받는다. 이는 의식 규정을 존중해야 할 절대적 필요성을 강조한다. 유죄 판결을 받은 두 사람은 진영 밖으로 쫓겨나는데 그 죄가 무거워 아론과 다른 아들들에게 애도조차 금지된다. 성소 건립 지시가 포함된 율법이라는, 무엇으로도 대체할 수 없는 선물을 시나이에서 받은 직후(탈출 19-31장 참조) 온 백성이 금송아지를 만들어 주님에게서 멀어지는 엄청난 행위를 저질렀듯이(32장 참조), 여기서도 가장 높은 사제직 제도 설립 후에 나답과 아비후가 불법적이고 무례하게 경신례의 절대적 신성함을 훼손한 일이 기록되어 있다.

10,2. 불로 인한 위반(1절 참조)에서 불을 통한 벌로 넘어가는데 이는 상응하는 보복의 일종이다.

10,6-7.9. 이 금지는 무엇으로도, 특히 속된 행동으로 성소 내부의 거룩한 완전함과 신성한 고요를 깨뜨리지 말아야 함을 강조한 것 같다.

10,6. 제의 상의 정결을 지키기 위해 사제들에게는 장례 예식이 허락되지 않는다(21,10 참조). 자연적 죽음뿐만 아니라 하느님 심판에 의한 죽음도 마찬가지이다. 이를 위반하면 사제들에게는 죽음이, 온 공동체에는 주님의 진노가 내린다. 장례 예식은 사제가 아닌 이스라엘 백성들에게 맡겨야 한다.

10,8-11. 사제들은 만남의 천막에 들어가기 전에 포도주나 독주를 마실 수 없다. 주님께서 직접 아론에게 그 이유를 설명하신다. 사제들이 거룩한 것과 속된 것, 부정한 것과 정결한 것을 구별하고 백성에게 율법을 가르쳐야 하기 때문이다. 레위기에서 이 구절만 모세의 중재 없이 주님께서 아론에게 직접 말씀하신다.

사제들의 몫

12 모세가 아론과 그의 살아남은 두 아들 엘아자르와 이타
마르에게 일렀다. "주님께 화제물로 바치고 남은 곡식 제
물을 가져다가, 누룩을 넣지 말고 제단 곁에서 드십시오.
그것은 가장 거룩한 것이므로, 13 거룩한 곳에서 먹어야
합니다. 주님께 바친 화제물 가운데에서 이것이 형님의 몫
이고 형님 아들들의 몫입니다. 나는 그렇게 명령을 받았
습니다. 14 흔들어 바치는 가슴 부위와 들어 올려 바치는
넓적다리는 형님과 형님의 아들딸들이 정결한 곳에서 먹
을 수 있습니다. 이것은 이스라엘 자손들이 바친 친교 제
물 가운데에서 형님의 몫이고 형님 아들들의 몫으로 주
어진 것입니다. 15 이 들어 올려 바치는 넓적다리와 흔들어
바치는 가슴 부위를, 화제물로 바치는 굳기름과 함께 가져
와서 주님 앞에 흔들어 바치고 나면, 주님께서 명령하신
영원한 규정에 따라, 그것은 형님과 형님 아들들의 것이
됩니다."

속죄 제물에 관한 특별 규정

16 모세는 속죄 제물로 바친 숫염소가 어찌 되었는지 조사
해 보았다. 그랬더니 그것은 이미 타 버린 뒤였다. 그래서
모세는 아론의 남은 두 아들 엘아자르와 이타마르에게 화
를 내며 말하였다. 17 "너희는 어찌하여 그 속죄 제물을 거
룩한 곳에서 먹지 않았느냐? 그것은 가장 거룩한 것으로
서, 공동체의 죄를 벗기고 주님 앞에서 그들을 위하여 속
죄 예식을 거행하라고, 주님께서 너희에게 주신 것이다. 18
그 피를 성소 안으로 가져가지 않았으므로, 너희는 내가
명령한 대로 그 제물을 성소에서 먹어야 했다." 19 그러자
아론이 모세에게 말하였다. "보십시오, 그들이 바로 오늘
주님 앞에 속죄 제물과 번제물을 바쳤습니다. 그런데 이런
일이 나에게 닥치다니요! 내가 오늘 속죄 제물을 먹는다
한들 주님께서 좋게 보아주시겠습니까?" 20 이 말을 듣고
모세도 동감하였다.

10,16-20. 제물의 피를 성소 안으로 가져가지 않았다면 제물은 만남의 천막 울타리 안에서 사제들이 먹어야 했다(6,22-23 참조). 엘아자르와 이타마르가 속죄 제물로 바친 숫염소를 완전히 태워 버린 것이 모세를 화나게 한다. 그러나 아론은 부정의 동기를 제시하며 정당화한다.

10,20. "모세도 동감하였다." 자구적 번역은 "그의 눈에 좋았다"인데 "만족했다"는 뜻이다.

10,12 6,7-11; 21,22. 10,14 탈출 29,24.26.27. 10,15 7,29.30.34. 10,17 6,17-23. 10,19 9,8.12.

정결과 부정에 관한 가르침

정결한 짐승과 부정한 짐승

11 1 주님께서 모세와 아론에게 이르셨다. 2 “너희
는 이스라엘 자손들에게 이렇게 일러라. ‘땅 위
에 사는 모든 짐승 가운데 너희가 먹을 수 있는 동물은 이
런 것들이다. 3 짐승 가운데 굽이 갈라지고 그 틈이 벌어져
있으며 새김질하는 것은 모두 너희가 먹을 수 있다. 4 그러
나 새김질하거나 굽이 갈라졌더라도 이런 것들은 먹어서
는 안 된다. 낙타는 새김질은 하지만 굽이 갈라지지 않았
으므로 너희에게 부정한 것이다. 5 오소리도 새김질은 하
지만 굽이 갈라지지 않았으므로 너희에게 부정한 것이다.
6 토끼도 새김질은 하지만 굽이 갈라지지 않았으므로 너희
에게 부정한 것이다. 7 돼지는 굽이 갈라지고 그 틈이 벌어
져 있지만 새김질을 하지 않으므로 너희에게 부정한 것이
다. 8 너희는 이런 짐승의 고기를 먹어서도 안 되고, 그 주
검에 몸이 닿아서도 안 된다. 그것들은 너희에게 부정한
것이다.
9 물에 사는 모든 것 가운데 이런 것은 너희가 먹을 수 있
다. 물에 살면서 지느러미와 비늘이 있는 것은, 바다에서
살든 개울에서 살든 무엇이든 먹을 수 있다. 10 그러나 물
속에서 우글거리는 모든 것과 물에 사는 모든 동물 가운
데, 지느러미와 비늘이 없는 것은, 바다에서 살든 개울에
서 살든 모두 너희에게 혐오스러운 것이다. 11 그것들은 너
희에게 혐오스러운 것이다. 너희는 그 고기를 먹어서는 안
되고, 그 주검도 혐오스럽게 여겨야 한다. 12 물에 살면서
지느러미와 비늘이 없는 것은 모두 너희에게 혐오스러운
것이다.
13 새들 가운데 너희가 혐오스럽게 여길 것은 이런 것들이
다. 그것들은 혐오스러운 것이니 먹어서는 안 된다. 곧 독

11,1-47. 이 장에서는 먹을 수 있는 정결한 짐승(자연사로 죽어 있는 것을 제외하고)과 먹어서는 안 되는 부정한 짐승(20,25 참조)을 구분한다. 부정한 짐승은 그 주검과 접촉한 사람도 부정해진다. 어떤 기준에 따라 짐승들을 이런저런 범주로 분류하는지 뚜렷하지 않다. 아마도 변칙적으로 보이는 것을 배제하면서 창조 원형의 질서와 구별을 보존하기를 원했을 것이다. 또는 돼지와 같은 이교 의식과 관련된 것은 제외되었을 것이다. 오늘날에도 유다교에는 음식을 먹는 것에 대한 일련의 규정이 있는데 다음 짐승은 먹을 수 있다. 포유동물 중에서 네 발이 있고 되새김질하며 굽이 갈라진 것과 조류 중 거위, 오리, 닭 등이며, 물고기와 수생 동물 중 지느러미와 비늘이 있는 것이다. 금지하는 짐승은, 포유동물 가운데 토끼와 돼지와 말처럼 앞서 언급한 특징이 없는 경우, 조류 중에서 맹금류, 수생 동물 중 갑각류와 해산물, 연체동물 등이다.

11,8. 구별을 명확히 하면, 목록에 먹을 수 없는 짐승으로 선언된 동물이라도 직접 부정을 옮기는 매개체로 여긴 것은 아니다. 이 구절에서 제시하는 음식 규정은 차치하고, 어떤 동물이 특히 부정을 옮기는 매개체로 간주되는 것은 오직 주검 상태일 때뿐인데(11장 외에 5,2; 21,11; 22,4 참조), 먹을 수 있는 동물을 포함해 모든 주검 상태가 그러하다(11,39-40 참조).

11,1-47 // 신명 14,3-21; 사도 10,14도 참조. 11,2 히브 9,10. 11,4 마태 23,24. 11,7 이사 65,4; 66,3.17. 11,8 이사 52,11; 히브 9,10. 11,9 신명 14,9. 11,10 7,18; 신명 14,3.

11,1-16,34. 정결법이라고 알려진 이 장들에서 첫 다섯 장은 원래 정결과 부정에 관한 것, 하느님과 신성한 영역에 속한 것과 그 반대되는 것을 정리한 별도의 소책자였을 것이다. 연관된 규정에 따라 명확하게 다음 다섯 부분으로 나뉜다. 정결한 동물과 부정한 동물(11장), 산모의 정결례(12장), 피부병(13-14장), 성적 부정(15장)이다. 나답과 아비후(16,1; 10,1-7 참조)가 성소를 모독한 순간부터 이야기를 다시 시작하는 16장은 부정에 대한 법에 속하지 않지만 속죄일 의식을 규정하는데 이는 레위기의 중심 요소이다. 이 장 마지막에서 결론에 해당하는 정식 “이것은 너희에게 영원한 규칙이 되어야 한다.”(16,29.34)를 두 번 반복한다.

수리와 참수리와 수염수리, 14 검은 솔개와 각종 솔개, 15
각종 모든 까마귀, 16 타조와 쏙독새와 갈매기와 각종 매,
17 부엉이와 가마우지와 올빼미, 18 흰올빼미와 사다새와
물수리, 19 황새와 각종 왜가리와 오디새와 박쥐다.
20 네 발로 걸으며 날개가 달린 동물은 모두 너희에게 혐
오스러운 것이다. 21 그러나 네 발로 걸으며 날개가 달린
모든 벌레 가운데, 발 위로 다리가 있어 땅에서 뛸 수 있는
것은 먹어도 된다. 22 그래서 너희가 먹을 수 있는 것은 각
종 메뚜기와 각종 방아깨비, 각종 누리와 각종 귀뚜라미
다. 23 이 밖에 네 발이 있고 날개가 달린 모든 벌레는 너희
에게 혐오스러운 것이다.
24 이런 것들이 너희를 부정하게 만든다. 이것들의 주검
에 몸이 닿는 이는 저녁때까지 부정하게 된다. 25 그 주검
을 나르는 이는 누구나 자기 옷을 빨아야 한다. 그는 저녁
때까지 부정하게 된다. 26 굽이 갈라졌어도 그 틈이 벌어져
있지 않거나 새김질하지 않는 짐승은 모두 너희에게 부정
한 것이다. 그것에 몸이 닿는 이는 모두 부정하게 된다. 27
네 발로 걷는 동물 가운데 발바닥으로 걷는 것은 모두 너
희에게 부정한 것이다. 그 주검에 몸이 닿는 이는 모두 부
정하게 된다. 28 그 주검을 나르는 이는 자기 옷을 빨아야
한다. 그는 저녁때까지 부정하게 된다. 이런 것들이 너희에
게 부정한 것이다.
29 땅을 기어 다니는 것들 가운데 너희에게 부정한 것은
족제비와 쥐와 각종 큰도마뱀, 30 도마뱀붙이와 육지 악어
와 도마뱀, 모래 도마뱀과 카멜레온이다.
31 기어 다니는 모든 것 가운데 이런 것들은 너희에게 부
정한 것이다. 이것들이 죽었을 때에, 거기에 몸이 닿는 이
는 누구나 저녁때까지 부정하게 된다. 32 이것들이 죽어
서, 어떤 나무 그릇에든, 옷에든, 가죽에든, 자루에든, 일
하는 데에 쓰는 어떤 기물에든 떨어지면 모두 부정하게 된
다. 그것은 물에 담가야 한다. 그것은 저녁때까지는 부정
하고, 그 뒤에는 정결하게 된다. 33 이런 것들이 옹기그릇
속에 떨어지면, 그것이 어떤 것이든 그 안에 있는 것은 모
두 부정하게 된다. 너희는 그 그릇을 깨뜨려 버려야 한다.
34 그 그릇에 있던 물에, 먹을 수 있는 어떤 음식이라도 닿
으면 부정하게 된다. 그러한 모든 그릇에 담긴 마실 것도
다 부정하게 된다. 35 이런 것들의 주검이 떨어지면 무엇이

11,24. 이 구절에서 문체와 주제가 바뀐다. 23절은 곤충에 대해 말하는 반면, 24-25절은 주검에 대해 말하고 있으며 더 이상 먹는 문제가 아니라 접촉으로 인한 부정에 대해 언급하고 있다. 23절은 곤충과 관련된 단락(20-23절)의 결론으로, 24-25절은 일반적인 규정의 시작으로 해석하는 것이 적절하다.

11,33-35. 옹기그릇을 깨뜨려 버려야 한다. 그 그릇에 담긴 물이 닿은 음식은 부정하게 된다. 그 그릇 안에 있는 모든 음료도 마찬가지다. 동물의 주검에 닿은 가마나 아궁이는 부정하기 때문에 부수어야 한다. 우물, 샘, 저수 동굴만 정결한 채로 남는다.

11,21-22 마태 3,4; 마르 1,6. 11,29 이사 66,17. 11,32-33 6,21; 15,12.

든 부정하게 된다. 가마든 아궁이든 부수어야 한다. 그것
들은 부정한 것이다. 너희는 그것들을 부정한 것으로 여
겨야 한다. 36 샘과 물을 모아 두는 저수 동굴만은 정결한
채로 남는다. 그러나 그것들의 주검에 닿는 이는 부정하게
된다. 37 어떤 것이든 파종할 씨에 이런 것들의 주검이 떨
어졌을 경우, 그 씨는 정결하다. 38 그러나 그 씨에 물을 부
은 뒤에 이런 것들의 주검이 그 위로 떨어질 경우, 그것은
너희에게 부정한 것이 된다.

39 너희가 먹을 수 있는 짐승이 죽었을 경우, 그 주검에 몸
이 닿는 이는 저녁때까지 부정하게 된다. 40 그 죽은 고기
를 먹는 이는 자기 옷을 빨아야 한다. 그는 저녁때까지 부
정하게 된다. 그 주검을 나르는 이도 자기 옷을 빨아야 한
다. 그는 저녁때까지 부정하게 된다.

41 땅을 기어 다니는 모든 것은 혐오스러운 것이다. 그것
들을 먹어서는 안 된다. 42 배로 기어 다니든, 네 발이나 더
많은 발로 기어 다니든, 땅을 기어 다니는 어떤 것도 너희
가 먹어서는 안 된다. 그것들은 혐오스러운 것이다. 43 너
희는 기어 다니는 어떤 것으로도 너희 자신을 혐오스럽게
만들어서는 안 된다. 그것들로 너희 자신을 부정하게 만
들어, 너희가 부정한 사람이 되어서는 안 된다. 44 나는 주
너희 하느님이다. 내가 거룩하니 너희도 자신을 거룩하게
하여 거룩한 사람이 되어야 한다. 무엇이든 땅에서 우글거
리며 기어 다니는 것으로 너희 자신을 부정하게 해서는 안
된다. 45 나는 너희 하느님이 되려고, 너희를 이집트 땅에
서 데리고 올라온 주님이다. 내가 거룩하니 너희도 거룩한
사람이 되어야 한다.

46 이는 짐승과 새와 물속에서 우글거리는 모든 동물과 땅
을 기어 다니는 동물에 관한 법으로, 47 부정한 것과 정결
한 것, 먹을 수 있는 동물과 먹을 수 없는 동물을 구별하
기 위한 것이다.'"

11,41-43. "기어 다니는"으로 번역한 히브리어 동사 '사라츠'는 창세 1,20에서 생물들이 물 안에서 움직이는 장면("우글거리고")을 상기시킨다. 아마도 곤충을 가리킬 것이다. "배로 기어 다니든"은 창세 3,14의 뱀에게 사용되었다.

11,44-45. 처음으로 하느님의 거룩함을 본받으라고 백성을 초대하는 표현을 보게 된다. 거룩하게 되라는 이 지속적인 초대에서 17-26장의 성결법이라는 이름이 나온다.

11,46-47. 이 구절이 이 장의 성격을 표현한다. 백성의 음식 선택을 지도할 사람들을 위한 안내서이다. "구별하다"(47절) 동사가 중요한데, 창세 1,3-7에서 창조 단계를 정의하며 사용되기 때문이다. 창조의 첫 며칠 동안 하느님께서는 나누고 구별하시면서 창조하신다. 레위 11장의 저자는 사제의 행동과 한 처음에 하느님의 행동이 병행함을 파악하게 한다.

11,40 17,15; 22,8. 11,43 20,25. 11,44 1베드 1,16; 또한 탈출 6,7; 19,6; 레위 19,2도 참조. 11,45 탈출 6,7; 마태 5,48; 1베드 1,16. 11,47 10,10.

11,44-45. 이스라엘은 거룩한 백성이다. 계약으로 하느님께 봉헌되었기 때문이다. 그러나 이스라엘의 거룩함은 계시된 말씀에 개방하는 것에 달려 있다. 백성은 말씀을 들어야 하고 받아들여야 하고 살아내야 한다(탈출 24,7 참조). 그래서 또한 거룩하게 "되도록" 권고를 받는다.

12,1-8. 여자는 출산 후에 피를 흘린 것 때문에 부정하다고 간주된다(4ㄱ.5ㄴ.7ㄴ절 참조). 정해진 기간이 차면 정결례를 행해야 한다(사내아이가 태어나면 40일, 여자아이가 태어나면 80일). 번제물로 어린양 한 마리, 속죄 제물로 집비둘기와 산비둘기를 바친다. 가난한 사람들은 루카 2,22-24에서 마리아가 한 것처럼 다른 집비둘기나 산비둘기로 어린 양을 대체할 수 있다. 복음서에서 마리아의 정결례 순간은 예수님의 대속 순간과 연결된다(탈출 13,2.11-16; 민수 18,16 참조).

12,3. 오늘날에도 모든 히브리 남자아이는 출생 후 여덟째 되는 날 할례를 받아야 한다. 주님 백성에 속하는 표징(창세 17,11 참조)으로서 할례의 계약을 회당에서 장엄하게 거행한다. 이때 아기는 이름을 받고(루카 1,59; 2,21 참조), 아기를 위한 하느님의 축복도 간청한다. 이 율법을 어기지 않기 위해 안식일에도 할례가 허용된다(요한 7,23 참조).

13,1-59. "악성 피부병"이라고 번역한 히브리어는 2-44절의 다양한 형태의 피부병을 가리킨다(칠십인역에서 "나병"으로 번역한 이후 다른 번역본들에서도 이를 따랐는데 일반적인 "피부 질환", "피부병"이라는 용어가 더 적절하다). 그런 병은 환자를 격리할 정도로 전염성이 있다고 판단되었다. 다른 질병들과 마찬가지로 나병도 구약의 여러 구절에 분명히 나오듯이(민수 12,9-15; 2사무 3,29; 2열왕 5,27; 15,5; 2역대 26,19-21 참조) 죄에 대한 벌로 여겼다(응보 이론). 피부 질환을 가리키는 악성 피부병이라는 말은 직물, 모피나 가죽(47-59절 참조), 집의 벽(14,34-48 참조)에

산모의 정결례

12 1 주님께서 모세에게 이르셨다. 2 "너는 이스라
엘 자손들에게 이렇게 일러라. '여자가 아기를
배어 사내아이를 낳았을 경우, 이레 동안 부정하게 된다.
월경할 때와 같이 부정하게 된다. 3 여드레째 되는 날에는
아기의 포피를 잘라 할례를 베풀어야 한다. 4 그리고 그 여
자는 피로 더럽혀진 몸이 정결하게 될 때까지, 삼십삼 일
동안 집 안에 머물러 있어야 한다. 몸이 정결하게 되는 기
간이 찰 때까지, 거룩한 것에 몸이 닿거나 성소에 들어가서
는 안 된다. 5 계집아이를 낳으면, 월경할 때와 같이 두 주 동
안 부정하게 된다. 그리고 피로 더럽혀진 몸이 정결하게 될
때까지, 육십육 일 동안 집 안에 머물러 있어야 한다.
6 몸이 정결하게 되는 기간이 차면, 아들이나 딸을 위하여
번제물로 바칠 일 년 된 어린양 한 마리와, 속죄 제물로 바
칠 집비둘기나 산비둘기 한 마리를 만남의 천막 어귀로 가
져와서 사제에게 주어야 한다. 7 사제는 그것을 주님 앞에
바쳐, 그 여자를 위하여 속죄 예식을 거행한다. 그러면 피
로 더럽혀진 그 여자의 몸이 정결하게 된다. 이것이 사내
아이나 계집아이를 낳은 산모에 관한 법이다.
8 그러나 양 한 마리를 바칠 힘이 없으면, 산비둘기 두 마
리나 집비둘기 두 마리를 가져다가, 한 마리는 번제물로,
한 마리는 속죄 제물로 올려도 된다. 그리하여 사제가 그
여자를 위하여 속죄 예식을 거행하면, 그 여자는 정결하
게 된다.'"

사람에게 생기는 악성 피부병

13 1 주님께서 모세와 아론에게 이르셨다. 2 "누구
든지 살갗에 부스럼이나 습진이나 얼룩이 생
겨, 그 살갗에 악성 피부병이 나타나면, 그를 아론 사제나
그의 아들 사제 가운데 한 사람에게 데려가야 한다. 3 사
제는 살갗에 생긴 병을 살펴보는데, 병든 자리의 털이 희
어지고, 그 자리가 다른 살갗보다 우묵하게 들어가 보이
면, 그것은 악성 피부병이다. 사제는 그것을 살펴본 뒤, 그
를 부정한 이로 선언한다. 4 그러나 그 살갗에 생긴 얼룩이

12,2-4 루카 2,22. 12,2 15,19; 18,19. 12,3 창세 17,12; 루카 1,59; 요한 7,22. 12,6 루카 2,22. 12,8 루카 2,24; 또한 레위 4,26; 5,7도 참조. 13,2 신명 24,8.

✠ 13,1-2.44-46. 나해 연중 제6주일에 예수님의 나병 환자 치유 이야기(마르 1,40-45)와 함께 읽는다. 예수님께서 나병 환자를 만지신다. 그분의 자비는 율법을 초월하며 인간에 대한 하느님의 긍정적인 열망을 온전히 표현한다. 그러나 예수님께서는 치유하신 다음 모세의 명령대로 사제에게 몸을 보이라고 이르신다(레위 14장 참조).

희기는 하나, 다른 살갗보다 우묵하게 들어가 보이지는 않
고, 털도 희어지지 않았으면, 사제는 병자를 이레 동안 격
리한다. 5 이레째 되는 날 사제가 그를 살펴보아, 병이 변하
지 않고 살갗에 더 번지지 않은 것으로 보이면, 사제는 그
를 다시 이레 동안 격리한다. 6 다시 이레째 되는 날에 사제
가 그를 살펴보아, 병이 수그러지고 살갗에 더 번지지 않
았으면, 사제는 그를 정결한 이로 선언한다. 그것은 단순
한 습진이므로 옷을 빨아 입으면 그는 정결하게 된다. 7 그
러나 사제에게 보여 정결 선언을 받은 뒤에라도 그 습진이
살갗에 두루 번졌으면, 그는 다시 사제에게 보여야 한다. 8
사제가 그것을 살펴보고 습진이 살갗에 번졌으면, 사제는
그를 부정한 이로 선언한다. 그것은 악성 피부병이다.
9 누구든지 악성 피부병이 생기면 그를 사제에게 데려가야
한다. 10 사제가 그를 살펴보는데, 살갗에 흰 부스럼이 나
고 그곳의 털이 희어졌으며, 또 그 부스럼에 새살이 생겼으
면, 11 살갗에 생긴 것은 이미 오래된 악성 피부병이다. 사
제는 그를 부정한 이로 선언한다. 그는 이미 부정한 사람
이므로 사제는 그를 격리하지 않는다. 12 그러나 사제의 눈
에 보이는 곳마다 악성 피부병이 살갗에 두루 퍼져, 그의
머리에서 발까지 온 살갗을 덮었으면, 13 사제는 다시 살펴
본다. 악성 피부병이 그의 몸 전체를 덮었으면, 그를 정결
한 이로 선언한다. 그는 온통 희어졌으므로 정결하다. 14
그러나 새살이 보이는 날에 그는 부정하게 된다. 15 사제는
새살을 살펴보고 그를 부정한 이로 선언한다. 그것은 악성
피부병이므로 그 새살은 부정하다. 16 그러나 새살이 다시
희어지면 그는 사제에게 간다. 17 사제가 그를 살펴보아, 병
들었던 자리가 희어졌으면 그 사람을 정결한 이로 선언한
다. 그는 정결하다.
18 누구든지 살갗에 종기가 생겼다 나았는데, 19 종기가 났
던 그 자리에 흰 부스럼이나 희불그레한 얼룩이 생기면,
사제에게 보여야 한다. 20 사제가 살펴보아, 그 자리가 다
른 살갗보다 깊이 들어가 보이고 털이 희어졌으면, 사제는
그를 부정한 이로 선언한다. 그것은 종기에서 퍼진 악성
피부병이다. 21 그러나 사제가 그것을 살펴보아, 털이 희어
지지도 않고 다른 살갗보다 깊이 들어가지도 않았으며 병
이 수그러졌으면, 사제는 그를 이레 동안 격리한다. 22 그것
이 살갗에 두루 퍼졌으면 사제는 그를 부정한 이로 선언한

생기는 얼룩이나 곰팡이, 부식을 가리킬 때도 사용한다. 악성 피부병은 법적 부정의 원인이다. 사람, 물건, 집이 악성 피부병(또는 곰팡이)에 감염되었는지 결정하고, 치유나 얼룩이 사라진 것을 검사한 후에 다시 정결하다고 선언하는 것은 사제의 역할이다.

13,6 11,25; 14,8. 13,7 루카 5,14. 13,10 민수 12,10; 2열왕 5,27; 2역대 26,20. 13,12 루카 5,12. 13,15 마태 8,3. 13,18 탈출 9,9. 13,21 민수 12,14.15.

다. 그것은 악성 피부병이다. 23 그러나 그 얼룩이 한 곳에
머물러 더 번지지 않았으면, 그것은 종기 자국이다. 사제
는 그를 정결한 이로 선언한다.
24 또 누구든지 화상을 입었는데, 그 상처에 희불그레한
얼룩이나 흰 얼룩이 생기면, 25 사제는 그것을 살펴본다.
그 얼룩에 난 털이 희어지고, 그 자리가 다른 살갗보다 우
묵하게 들어가 보이면, 그것은 화상에서 생겨난 악성 피부
병이다. 사제는 그를 부정한 이로 선언한다. 그것은 악성
피부병이다. 26 그러나 사제가 그것을 살펴보아, 그 얼룩에
흰 털도 없고 그 자리가 다른 살갗보다 깊이 들어가지도
않았으며 병이 수그러졌으면, 사제는 그를 이레 동안 격리
한다. 27 이레째 되는 날에 사제가 그를 살펴보아, 증상이
살갗에 두루 번졌으면, 사제는 그를 부정한 이로 선언한
다. 그것은 악성 피부병이다. 28 그러나 얼룩이 한 곳에 머
물러 살갗에 더 번지지 않고 수그러졌으면, 그것은 화상에
서 생긴 부스럼이다. 그것은 화상 자국이므로 사제는 그
를 정결한 이로 선언한다.
29 남자든 여자든 머리나 턱에 어떤 병이 나타나면, 30 사
제는 그 병을 살펴본다. 그 자리가 다른 살갗보다 우묵하
게 들어가 보이고, 거기에 난 털이 누렇고 가늘면, 사제는
그를 부정한 이로 선언한다. 그것은 백선, 곧 머리나 턱에
생기는 악성 피부병이다. 31 사제가 백선이 든 자리를 살
펴보아, 그곳이 다른 살갗보다 우묵하게 들어가 보이지 않
고, 또 거기에 검은 털도 없을 경우에, 사제는 백선 병자를
이레 동안 격리한다. 32 이레째 되는 날에 사제가 병을 살
펴보아, 백선이 번지지 않고 거기에 누런 털도 생기지 않
았으며, 백선이 든 자리가 다른 살갗보다 우묵하게 들어가
보이지 않으면, 33 백선이 든 자리만 빼놓고 털을 밀게 한
다음, 사제는 백선 병자를 다시 이레 동안 격리한다. 34 이
레째 되는 날에 사제가 그 백선을 살펴보아, 그것이 살갗
에 번지지 않고, 그 자리가 다른 살갗보다 우묵하게 들어
가 보이지 않으면, 사제는 그를 정결한 이로 선언한다. 그
가 옷을 빨아 입으면 정결하게 된다. 35 그러나 그가 정결
선언을 받은 뒤에라도 그 백선이 살갗에 두루 번지면, 36
사제는 그를 다시 살펴본다. 그래서 백선이 살갗에 번졌으
면, 사제가 누런 털을 찾아볼 필요도 없이, 그는 부정하다.
37 그러나 사제가 보기에 백선이 멎고 그 자리에 검은 털이
났으면, 백선이 나았으므로 그는 이미 정결하다. 사제는

13,29-37. 머리나 턱에 어떤 병이 나타나면 사제에게 알려야 한다. "백선"이라고 번역한 히브리어는 여기에만 나오므로 의미가 확실하지 않다.

13,31-36. 이 구절들은 의미와 구조상 4-8절과 병행한다.

13,34 14,8.

그를 정결한 이로 선언한다.
38 남자든 여자든 살갗에 얼룩이 생기면, 곧 흰 얼룩이 생
기면, 39 사제가 살펴본다. 살갗에 생긴 얼룩이 희끄무레하
면, 그것은 살갗에 생겨난 백반이므로 그는 정결하다.
40 누구든지 머리카락이 빠지면, 대머리가 될 뿐, 그는 정
결하다. 41 앞 머리카락만 빠지면 앞 대머리가 될 뿐, 그는
정결하다. 42 그러나 대머리가 된 정수리나 이마에 희불그
레한 병반이 나타나면, 그것은 정수리나 이마에 생겨난
악성 피부병이다. 43 사제가 그를 살펴보아, 정수리나 앞머
리에 희불그레한 부스럼이 생겨, 다른 살갗에 나타나는 악
성 피부병처럼 보이면, 44 그는 악성 피부병에 걸린 사람이
므로 부정하다. 그는 머리에 병이 든 사람이므로, 사제는
그를 부정한 이로 선언해야 한다.
45 악성 피부병에 걸린 병자는 옷을 찢어 입고 머리를 푼
다. 그리고 콧수염을 가리고 '부정한 사람이오.', '부정한
사람이오.' 하고 외친다. 46 병이 남아 있는 한 그는 부정하
다. 그는 부정한 사람이므로, 진영 밖에 자리를 잡고 혼자
살아야 한다."

옷과 가죽에 생기는 곰팡이

47 "옷에 곰팡이가 생겨, 모직 옷이든, 아마포 옷이든, 48 아
마포나 모직으로 된 직물이든 편물이든, 또 가죽이든 가
죽 물품이든, 49 푸르스름하거나 불그스름한 병반이 그 옷
이나 가죽에, 그 직물이나 편물에, 또는 어떤 가죽 제품에
나타나면, 그것은 곰팡이 병이므로 사제에게 보여야 한
다. 50 사제는 그 병을 살펴보고 병든 물건을 이레 동안 따
로 둔다. 51 이레째 되는 날에 병든 물건을 살펴보아, 옷이
나 직물이나 편물에, 또는 어떤 용도로 쓰는 가죽 물품이
든 그 가죽에 병이 번졌으면, 해로운 곰팡이 병이므로, 그
물건은 부정하다. 52 그래서 병든 것은, 모직이나 아마포로
된 옷이든, 직물이든, 편물이든, 또는 어떤 가죽 제품이든
불에 태워야 한다. 그것은 해로운 곰팡이이므로 불에 태
워야 한다. 53 그러나 사제가 살펴보아, 그 옷이나 직물이
나 편물에, 또는 어떤 가죽 제품에 그 병이 번지지 않았으
면, 54 사제는 병든 물건을 빨도록 지시하고, 다시 이레 동
안 따로 두게 한다. 55 병든 물건을 빨아 놓은 뒤에 사제가
살펴보아, 그 병이 더 번지지 않았더라도 생김새가 바뀌지

13,40 에제 29,18. 13,46 민수 5,2; 12,14; 2열왕 7,3; 15,5; 루카 17,12. 13,49 마태 8,4; 마르 1,44; 루카 5,14; 17,14. 13,51-52 14,44.

13,40. 머리카락이 빠지는 것을 전염병으로 생각할 수 있었다.

13,45-46. 악성 피부병 환자는 거주지 밖에서 종종 다른 악성 피부병 환자와 함께 집단을 이루어 살았다(2열왕 7,3; 루카 17,12 참조). 그는 옷을 찢어 입고 머리를 풀고 콧수염을 가려(레위 10,6.21; 21,10; 에제 24,17.22 참조) 애도 중인 사람과 비슷한 표시를 해야 했다. 그는 다른 사람들이 자신과 접촉하는 것을 피할 수 있도록 누군가를 만나면 '부정한 사람이오! 부정한 사람이오!' 라고 외쳐야 했다.

13,47. 곰팡이(히브리어로는 "악성 피부병"과 같은 말)가 의복과 집에도 해를 입힐 수 있다면 이 병이 지닌 벌의 의미를 상실했음을 가리킨다. 13장 전체는 악성 피부병을 부정한 것으로 여기지만 그 질병의 원인을 조사하지는 않는다.

않았으면, 그것은 부정하다. 안쪽이든 바깥쪽이든 파먹혀
들어간 그것을 불에 태워야 한다. 56 그러나 그 물건을 빨
아 놓은 뒤에 사제가 살펴보아, 그 병이 수그러졌으면, 그
옷이나 가죽, 또는 직물이나 편물에서 그 부분을 떼어 낸
다. 57 그 뒤에도 옷이나 직물이나 편물, 또는 어떤 가죽 물
품에 병이 다시 나타나면, 그것은 퍼지고 있는 것이므로,
병든 물건을 불에 태워야 한다. 58 그러나 한 번 빤 뒤에 옷
이나 직물이나 편물, 또는 어떤 가죽 제품에서 병이 사라
졌을 때에는, 그것을 다시 빨면 정결하게 된다.
59 이는 모직이나 아마포로 된 옷, 직물이나 편물, 또는 온
갖 가죽 제품에 나타나는 곰팡이에 관한 법으로, 그 물건
을 정결하다거나 부정하다고 선언하기 위한 것이다."

악성 피부병 환자의 정결례

14 1 주님께서 모세에게 이르셨다. 2 "악성 피부병
환자를 정결하게 하는 날에 지켜야 할 법은 다
음과 같다. 그를 사제에게 데려가면, 3 사제는 진영 밖으로
나간다. 사제가 살펴보아 악성 피부병 환자가 그 병에서
나았으면, 4 사제는 정결하게 되려는 그 사람을 위하여, 살
아 있는 정결한 새 두 마리와 향백나무와 다홍실과 우슬
초를 가져오도록 지시한다. 5 사제는 또 옹기그릇에 담긴
생수 위에서 새 한 마리를 잡도록 지시한다. 6 그러고 나서
그는 살아 있는 다른 새와 향백나무와 다홍실과 우슬초
를 가져다가, 이 물건들과 살아 있는 새를, 생수 위에서 잡
은 새의 피에 찍어, 7 악성 피부병에 걸렸다가 정결하게 되
려는 이에게 일곱 번 뿌린다. 그런 다음 그를 정결한 이로
선언하고, 살아 있는 새를 들로 날려 보낸다. 8 정결하게 되
려는 이는 자기 옷을 빨고 털을 모두 민 뒤에 물로 몸을 씻
으면 정결하게 된다. 그리고 그는 진영으로 들어가 자기 천
막 밖에서 이레 동안 머무른다. 9 이레째 되는 날에 그는
다시 털을 모두 민다. 머리털과 수염과 눈썹까지 털을 모
두 민다. 그런 다음 옷을 빨고 물에 몸을 씻으면 그는 정결
하게 된다.
10 여드레째 되는 날에, 그는 흠 없는 어린 숫양 두 마리
와 일 년 된 흠 없는 어린 암양 한 마리, 곡식 제물로 바칠
기름 섞은 고운 곡식 가루 십분의 삼 에파와 기름 한 록

14,1-32. 악성 피부병 환자가 공동체에 다시 들어가려면 사제에게 자신의 치유 사실을 알리고 정결례를 해야 했다.

14,4-7. 뿌릴 물은 민수 19,1-10에서 붉은 암소를 사르고 남은 재로 정화의 물을 얻게 되는 것과 비슷하게 고대 예식에 따라 준비했다.

14,4. 정결한 새는 먹을 수 있는 새이다(11,13-19.47 참조).

14,8-11. 치유된 사람은 피 뿌림 예식 후 완전히 털을 민 뒤 몸을 씻고 옷을 빨아야 하고 이레째 되는 날에 이 행동을 반복한다. 이 이레 동안 진영으로 들어갈 수는 있지만 사는 곳에는 들어갈 수 없다. 그곳을 부정하게 하지 않기 위해서이다. 그리고 나면 정결해지고 여덟째 날 공적으로 경신례에 참여할 수 있다. 사제는 그를 위해 정결례를 수행해야 한다.

14,10. 에파에 대해서는 5,11 주 참조. 록은 용량을 재는 단위로 약 0.75리터이다.

13,56 14,8. 14,2 마태 8,2.4; 마르 1,40.44; 루카 5,12.14; 17,14. 14,4 민수 19,6; 히브 9,19. 14,7 2열왕 5,10.14. 14,8 13,6; 민수 8,7. 14,10 마태 8,4; 마르 1,44; 루카 5,14.

을 가져온다. [11] 정결례를 거행하는 사제는 정결하게 되려
는 사람을 이것들과 함께 만남의 천막 어귀, 주님 앞에 세
운다. [12] 그리고 사제는 어린 숫양 한 마리를 끌어다 기름
한 록과 함께 보상 제물로 올리는데, 그것들을 주님 앞에
흔들어 바치는 예물로 드린다. [13] 그리고 나서 그 어린 숫
양을 속죄 제물과 번제물을 잡는 거룩한 곳에서 잡는다.
이 보상 제물은 속죄 제물과 마찬가지로 사제의 것이 된
다. 그것은 가장 거룩한 것이다. [14] 사제는 보상 제물의 피
를 얼마쯤 가져다가, 정결하게 되려는 사람의 오른쪽 귓불
과 오른손 엄지와 오른발 엄지에 바른다. [15] 그런 다음 사
제는 기름 한 록에서 얼마쯤 가져다 자기 왼 손바닥에 붓
는다. [16] 사제는 자기 왼 손바닥에 있는 기름을 오른쪽 손
가락으로 찍어, 그 손가락에 묻은 기름을 주님 앞에 일곱
번 뿌린다. [17] 그러고는 손바닥에 남은 기름을 정결하게 되
려는 이의 오른쪽 귓불과 오른손 엄지와 오른발 엄지, 곧
보상 제물의 피를 바른 곳에 덧바른다. [18] 또 사제는 자기
손바닥에 아직 남아 있는 기름을 정결하게 되려는 사람의
머리에 바른다. 그런 다음, 사제는 주님 앞에서 그를 위하
여 속죄 예식을 거행한다. [19] 곧 사제는 속죄 제물을 바쳐,
부정한 상태에서 정결하게 되려는 이를 위하여 속죄 예식
을 거행한다. 그러고 나서 번제물을 잡고, [20] 번제물과 곡
식 제물을 제단 위에서 바친다. 이렇게 사제가 그를 위하
여 속죄 예식을 거행하면, 그는 정결하게 된다.
[21] 그러나 그가 가난하여 그것들을 다 마련할 힘이 없으
면, 그는 자신을 위한 속죄 예식을 거행하기 위하여, 흔들
어 바칠 속죄 제물로 어린 숫양 한 마리, 곡식 제물로 바
칠 기름 섞은 고운 곡식 가루 십분의 일 에파, 그리고 기
름 한 록을 가져온다. [22] 또 힘이 닿는 대로 산비둘기 두 마
리나 집비둘기 두 마리를, 한 마리는 속죄 제물로, 다른 한
마리는 번제물로 마련한다. [23] 여드레째 되는 날에 그는 정
결 선언을 받기 위하여 이것들을 사제에게, 곧 만남의 천
막 어귀, 주님 앞으로 가져온다. [24] 그러면 사제는 보상 제
물로 드릴 어린 숫양과 기름 한 록을 가져다가, 흔들어 바
치는 예물로 그것들을 주님 앞에 올린다. [25] 그러고 나서
보상 제물로 바칠 어린 숫양을 잡는다. 사제는 그 보상 제
물의 피를 얼마쯤 가져다가, 정결하게 되려는 이의 오른쪽
귓불과 오른손 엄지와 오른발 엄지에 바른다. [26] 그리고 사

14,12-32. 속죄 예식을 위해서는 제물로 바칠 짐승과 곡식 예물용으로 기름 섞은 고운 곡식 가루 외에 기름 한 록(약 4분의 3리터)을 가져가야 했다. 사제는 그 기름을 조금 가져가 손가락으로 찍어 주님 앞에서 일곱 번 뿌린 다음 정결하게 할 사람의 오른쪽 귓불, 오른손 엄지와 오른발 엄지에 바른다. 손바닥에 남은 기름은 정결해지려는 사람의 머리에 바른다(15-18.26-29절 참조).

14,15. 여기서 말하는 기름은 탈출 30,22-25의 규범에 따라 준비된 성별 기름(레위 8,10)이 아니다.

14,17. 고대 의식에 따라 피와 기름을 귓불, 손발의 엄지에 바른다. 신체에서 이 부분은 외부 세계와 접촉하는 끝에 해당한다.

14,21-32. 악성 피부병에서 치유된 사람이 자신의 경제 상황 때문에 의식 경비를 마련할 수 없다면 보상 제물로 어린 숫양 한 마리, 곡식 제물로 고운 곡식 가루 10분의 1에파와 기름 한 록을 바칠 수 있다(보통의 제물 양인 10절과 비교). 덧붙여 산비둘기나 집비둘기 두 마리를 하나는 속죄 제물, 하나는 번제물로 바쳐야 했다(5,7-13 참조).

14,12 5,2.8.25.26; 탈출 29,24. 14,13 1,5.11; 2,3; 6,17-23; 7,6. 14,14 8,23. 14,18 4,26. 14,21 5,7.11; 12,8. 14,22 12,8; 15,14.15.

제는 자기 왼 손바닥에 기름을 얼마쯤 붓고, 27 그 왼 손바
닥에 있는 기름을 오른쪽 손가락으로 얼마쯤 찍어 주님
앞에 일곱 번 뿌린다. 28 그러고는 손바닥에 있는 기름을,
정결하게 되려는 이의 오른쪽 귓불과 오른손 엄지와 오른
발 엄지, 곧 보상 제물의 피를 바른 바로 그 자리에 덧바른
다. 29 또 사제는, 주님 앞에서 그를 위한 속죄 예식을 거행
하기 위하여, 자기 손바닥에 아직 남아 있는 기름을 정결
하게 되려는 사람의 머리에 바른다. 30 그런 다음, 정결하
게 되려는 이가 힘이 닿는 대로 마련한 산비둘기나 집비둘
기를 한 마리씩 바친다. 31 곧 그의 힘이 닿는 대로 마련한
것들 가운데에서, 한 마리는 속죄 제물로, 다른 한 마리는
번제물로 곡식 제물과 함께 바친다. 이렇게 사제는 정결하
게 되려는 이를 위하여 주님 앞에서 속죄 예식을 거행한
다. 32 이는 정결 선언을 받는 데에 필요한 것을 다 마련하
지 못하는 악성 피부병 환자에 관한 법이다."

집에 생기는 곰팡이

33 주님께서 모세와 아론에게 이르셨다. 34 "내가 너희에
게 소유로 주는 가나안 땅으로 너희가 들어갔을 때, 너희
소유가 된 그 땅의 어떤 집에 내가 곰팡이 병을 생기게 하
면, 35 그 집 임자는 사제에게 와서, '저의 집에 어떤 병 같
은 것이 보입니다.' 하고 알려야 한다. 36 사제는 자기가 그
병을 살펴보러 가기 전에 집을 비우도록 지시한다. 비우지
않으면 그 집 안에 있는 것이 모두 부정하게 된다. 그렇게
한 다음에 사제는 그 집을 살펴보러 간다. 37 병든 곳을 살
펴보아, 집 벽에 생긴 그 병이 푸르스름하거나 불그스름한
점으로 되어 있고, 다른 벽면보다 깊이 들어가 보이면, 38
사제는 그 집 문밖으로 나와 이레 동안 그 집을 잠가 둔다.
39 이레째 되는 날에 사제가 다시 가서 살펴보아, 병이 그
집 벽에 번졌으면, 40 사제는 병든 돌들을 빼내어 성읍 밖
부정한 곳에 버리도록 지시한다. 41 또 그 집 안벽을 돌아
가며 긁어내어, 긁어낸 흙도 성읍 밖 부정한 곳에 쏟아 버
리게 한다. 42 그러고 나서 다른 돌들을 가져다 그 돌들 대
신 끼우고, 다른 흙을 가져다 그 집 벽에 바르게 한다.
43 그 돌들을 빼내고 집 벽을 긁어내어 다시 바른 다음에,
그 병이 또 생겨 집에 퍼지면, 44 사제가 가서 살펴본다. 그
병이 과연 집에 번졌으면, 그것은 집에 생긴 해로운 곰팡

14,34. "곰팡이 병"이라고 번역했지만 "악성 피부병"과 같은 히브리어라는 점은 이 용어가 성경에서 폭넓게 사용되고 있음을 보여 준다. 고대 근동 사람들은 이 병을 악마의 힘 때문이거나(메소포타미아) 그 집에 사는 사람의 어떤 죄 때문이라고 여겼다(히타이트 사람들). 그러나 성경은 이를 다르게 해석한다. 발병의 근원에 주님께서 계신다고 여기면서 주님의 절대적 주도권을 강조한다.

14,28 5,6. 14,30 15,14-15. 14,31 5,7. 14,34 창세 17,8; 민수 32,22; 신명 7,1. 14,35 시편 91,10; 잠언 3,33. 14,38 민수 12,15. 14,44 13,51.

이다. 그 집은 부정하다. 45 그러므로 그 집을 허물고 돌과
나무와 그 집의 흙을 모두 성읍 밖 부정한 곳에 내다 버리
게 한다. 46 그 집을 잠가 둔 동안, 그 안에 들어가는 이는
저녁때까지 부정하게 된다. 47 그 집에 누워 자는 이는 옷
을 빨아야 하고, 그 집에서 음식을 먹는 이도 옷을 빨아
야 한다. 48 사제가 가서 살펴보아, 그 집을 다시 바른 다음
에 그 집에 병이 번지지 않았으면, 병이 나은 것이므로 사
제는 그 집을 정결한 것으로 선언한다.
49 그 집을 정화하기 위하여 새 두 마리와 향백나무와 다
홍실과 우슬초를 가져온다. 50 먼저 옹기그릇에 담긴 생수
위에서 새 한 마리를 잡는다. 51 그런 다음에 향백나무와
우슬초와 다홍실, 그리고 살아 있는 새를 가져다가, 잡은
새의 피와 생수에 찍어 그 집에 일곱 번 뿌린다. 52 이렇게
새의 피와 생수, 그리고 살아 있는 새와 향백나무와 우슬
초와 다홍실로 그 집을 정화한다. 53 살아 있는 새는 성읍
밖 들로 날려 보낸다. 이렇게 그 집에 대한 속죄 예식을 거
행하면, 그 집은 정결하게 된다.
54 이는 온갖 악성 피부병과 백선, 55 옷과 집에 생기는 곰
팡이, 56 그리고 부스럼과 습진과 얼룩에 관한 법으로서,
57 언제 부정하게 되고 언제 정결하게 되는지를 정하기 위
한 것이다. 이는 악성 피부병에 관한 법이다."

남자가 부정하게 되는 경우

15 1 주님께서 모세와 아론에게 이르셨다. 2 "이스
라엘 자손들에게 일러라. 그들에게 이렇게 말
하여라. '어떤 남자든 그곳에서 고름이 흐를 경우, 그는 그
고름 때문에 부정하게 된다. 3 고름이 흘러 생기는 부정은
이러하다. 그곳에서 고름이 계속 흐르든, 그곳에서 고름이
더 이상 흐르지 않든 그는 부정하다. 4 고름을 흘리는 남자
가 눕는 잠자리는 모두 부정하게 된다. 그가 앉는 물건도
모두 부정하게 된다. 5 그의 잠자리에 몸이 닿는 사람은 옷
을 빨고 물로 몸을 씻어야 한다. 그 사람은 저녁때까지 부
정하게 된다. 6 고름을 흘리는 남자가 앉았던 물건에 앉는
이도 옷을 빨고 물로 몸을 씻어야 한다. 그도 저녁때까지
부정하게 된다. 7 고름을 흘리는 남자의 몸에 닿는 이도 옷
을 빨고 물로 몸을 씻어야 한다. 그도 저녁때까지 부정하
게 된다. 8 고름을 흘리는 남자가 정결한 이에게 침을 뱉는

15,2-30. 몸에서 배출되는 것 때문에 부정하게 되는 사례들 가운데 남자의 임질(2-15절 참조)이나 여자의 비정상적 피 흘림(25-30절; 마태 9,20 참조)같이 어떤 것은 정말 질병에 해당한다. 이렇게 단일한 종교적 개념에 의해 영성과 사회적, 생리학적 현실이 밀접하게 얽히게 된다. 이런 경우에 치유된 지 이레 후에 산비둘기 두 마리나 집비둘기 두 마리를 예물로 바쳐야 한다. 사제는 그 예물들 가운데 한 마리는 속죄 제물로, 한 마리는 번제물로 봉헌해야 한다(14-15.29-30절).

14,51 시편 51,9. 14,54 13,30. 14,56 13,2. 15,2 22,4; 2사무 3,29; 마태 9,20. 15,7 민수 19,19.

경우, 침이 묻는 이도 옷을 빨고 물로 몸을 씻어야 한다.
그도 저녁때까지 부정하게 된다. 9 고름을 흘리는 남자가
타고 다니는 안장은 모두 부정하게 된다. 10 무엇이든 그 남
자가 깔고 앉는 것에 몸이 닿는 이는 모두 저녁때까지 부
정하게 된다. 그런 물건을 나르는 이도 옷을 빨고 물로 몸
을 씻어야 한다. 그는 저녁때까지 부정하게 된다. 11 고름을
흘리는 남자가 물로 손을 씻가시지 않고 손을 댄 이는 모
두 옷을 빨고 물로 몸을 씻어야 한다. 그들은 저녁때까지 부
정하게 된다. 12 고름을 흘리는 남자의 몸이 닿는 옹기그릇은
깨뜨려야 하고, 나무 그릇은 모두 물로 씻가셔야 한다.
13 고름을 흘리던 남자의 고름이 멎어 깨끗하게 되면, 정결
하게 되기까지 이레 동안 기다렸다가 옷을 빨고 생수로 몸
을 씻는다. 그러면 그는 정결하게 된다. 14 여드레째 되는
날에 그는 산비둘기 두 마리나 집비둘기 두 마리를 가지고
주님 앞, 곧 만남의 천막 어귀로 와서 그것들을 사제에게
준다. 15 사제는 그 가운데에서, 한 마리는 속죄 제물로 한
마리는 번제물로 바친다. 사제는 이렇게, 고름을 흘린 것
때문에 그를 위하여 주님 앞에서 속죄 예식을 거행한다.
16 남자가 정액을 흘릴 경우, 온몸을 물로 씻어야 한다. 그
는 저녁때까지 부정하게 된다. 17 정액이 묻은 옷과 가죽
은 모두 물로 씻어야 한다. 그것은 저녁때까지 부정하게
된다.
18 남자가 여자와 동침하여 정액을 쏟으면, 둘 다 물로 몸
을 씻어야 한다. 그들은 저녁때까지 부정하게 된다.'

여자가 부정하게 되는 경우

19 '여자에게서 무엇인가 흐를 경우, 곧 그곳에서 피가 흐
를 때에 그 여자는 이레 동안 불결하다. 그 여자의 몸에 닿
는 이는 모두 저녁때까지 부정하게 된다. 20 그 여자가 불
결한 기간에 눕는 자리는 모두 부정하게 된다. 그가 앉는
자리도 모두 부정하게 된다. 21 그 여자의 잠자리에 몸이
닿는 이는 모두 옷을 빨고 물로 몸을 씻어야 한다. 그는 저
녁때까지 부정하게 된다. 22 무엇이든 그 여자가 앉는 물건
에 몸이 닿는 이도 모두 옷을 빨고 물로 몸을 씻어야 한다.
그는 저녁때까지 부정하게 된다. 23 잠자리든, 또는 그 여
자가 앉는 물건이든 그것에 몸이 닿는 이는 저녁때까지 부

15,19-24. 2사무 11,2-4에 기록된 관행과는 달리, 이레 동안 월경의 부정한 기간 끝에 행해야 할 정화 예식에 대해 아무것도 정해져 있지 않다.

15,10 민수 19,10. 15,12 6,21; 11,32.33. 15,14 14,22.23. 15,15 14,30.31. 15,16 22,4; 신명 23,11. 15,18 1사무 21,5; 히브 9,10. 15,19 12,2.

정하게 된다. 24 어떤 남자가 그 여자와 동침하면, 그 여자
의 불결한 상태가 그에게 옮아 이레 동안 부정하게 된다.
그 남자가 눕는 잠자리도 모두 부정하게 된다.
25 어떤 여자가 불결한 기간이 아닌데도 오랫동안 피를 흘
리거나, 불결한 기간이 끝났는데도 피를 흘리면, 피를 흘
리는 동안 내내 그 여자는 부정하다. 불결한 기간일 때처
럼 그 여자는 부정하다. 26 그 여자가 피를 흘리는 기간 동
안 눕는 잠자리도 모두, 불결한 기간에 눕는 잠자리처럼
다루어야 한다. 그 여자가 앉는 물건도, 불결한 기간에 부
정하듯, 모두 부정하게 된다. 27 그것들에 몸이 닿는 이는
모두 부정하게 된다. 그는 옷을 빨고 물로 몸을 씻어야 한
다. 그는 저녁때까지 부정하게 된다.
28 흐르던 피가 멎어 깨끗하게 되면 이레 동안 기다린다.
그런 뒤에 그 여자는 정결하게 된다. 29 여드레째 되는 날
에 그 여자는 산비둘기 두 마리나 집비둘기 두 마리를 가
지고 만남의 천막 어귀에 있는 사제에게 온다. 30 사제는
한 마리는 속죄 제물로 한 마리는 번제물로 바친다. 사제
는 이렇게, 부정하게 피를 흘린 것 때문에 그 여자를 위하
여 주님 앞에서 속죄 예식을 거행한다.'

맺음말

31 '너희는 이스라엘 자손들에게 그들의 부정을 경고하여
서, 그들 가운데에 있는 나의 성막을 부정하게 하여 그들
이 부정 속에 죽는 일이 없게 하여라.
32 이는 유출하는 자에 관한 규정이다. 곧 정액을 흘려 부
정하게 된 남자, 33 불결한 기간 중에 있는 여자, 몸에 유출
이 있는 남자나 여자, 그리고 부정한 상태에 있는 여자와
동침한 남자에 관한 규정이다.'"

15,31. 한 개인이 겪을 수 있는 부정이 당신 백성 가운데에 계시는 주님의 천막에 옮을 수 있음을 주목할 필요가 있다.

15,24 20,18. 15,25 마태 9,20; 마르 5,25; 루카 8,43. 15,29 창세 15,9. 15,31 민수 5,3; 19,13.20; 에제 5,11; 23,38; 44,23.

속죄일

16 1 아론의 두 아들이 주님 앞으로 가까이 갔다가
죽은 뒤, 주님께서 모세에게 이르셨다. 2 주님께
서 모세에게 이렇게 말씀하셨다. "너는 너의 형 아론에게
일러, 휘장 안쪽의 성소, 곧 궤 위에 있는 속죄판 앞으로
아무 때나 들어왔다가 죽는 일이 없게 하여라. 내가 구름
속에서 속죄판 위로 나타나기 때문이다.
3 아론이 성소에 들어오려면 이렇게 해야 한다. 그는 속죄
제물로 바칠 황소 한 마리와 번제물로 바칠 숫양 한 마리
를 가져온다. 4 그는 거룩한 아마포 저고리를 입고 그 안에
는 맨몸 위에 아마포 속바지를 입는다. 그리고 아마포 띠
를 매고 아마포 쓰개를 두른다. 이것들은 거룩한 옷이다.
그는 물로 몸을 씻고 나서 이것들을 입는다. 5 그리고 이
스라엘 자손들의 공동체에게서, 속죄 제물로 바칠 숫염소
두 마리와 번제물로 바칠 숫양 한 마리를 받는다.
6 아론은 자신을 위한 속죄 제물로 황소를 바쳐, 자신과
자기 집안을 위하여 속죄 예식을 거행한다. 7 그런 다음 숫
염소 두 마리를 끌어다가, 주님 앞, 만남의 천막 어귀에 세
워 놓는다. 8 아론은 그 숫염소 두 마리를 놓고 제비를 뽑
는데, 제비 하나는 주님을 위한 것이고 다른 제비는 아자
젤을 위한 것이다. 9 아론은 주님을 위한 제비가 뽑힌 숫염
소를 속죄 제물로 바친다. 10 아자젤을 위한 제비가 뽑힌
숫염소는 산 채로 주님 앞에 세워 두었다가, 그 위에서 속
죄 예식을 거행하고 광야로 아자젤에게 보낸다.
11 아론은 다음과 같이 자신을 위한 속죄 제물로 황소를
바쳐, 자신과 자기 집안을 위하여 속죄 예식을 거행한다. 그
는 먼저 자신을 위한 속죄 제물이 될 황소를 잡는다. 12 그
런 다음 주님 앞 제단에서 숯불을 향로에 가득 담고, 곱
게 간 향기로운 향을 두 손으로 가득 퍼서 휘장 안으로 들

16,1. 속된 불을 가지고 주님께 갔다가 죽은 나답과 아비후의 이야기(10,1-7 참조)가 다시 나온다.

16,2. 속죄판에 대해서는 탈출 25,17 주 참조.

16,12-13. 예외적으로 지성소에 향을 가지고 들어간다. 하느님께서 그곳에 현존하시지만(탈출 25,22 참조) 속죄판(계약 궤의 덮개)이 향 연기로 덮여야 한다. 탈출 33,20에서 주님께서 직접 모세에게 말씀하셨듯이 아무도 그분을 보고 살아남지 못하기 때문이다.

16,1-34 로마 8,3. 16,1 10,1.2. 16,2 탈출 25,21.22; 30,10; 히브 6,19; 9,7; 10,19. 16,3 4,3; 히브 9,7.12.24.25. 16,4 탈출 28,39; 히브 10,22. 16,5 4,13-21. 16,6.11 9,7; 히브 5,3; 7,27.28ㄱ; 9,7. 16,12 10,1; 탈출 30,34; 히브 6,19; 묵시 8,5.

16,1-34. 정결과 부정을 다룬 앞의 다섯 장 뒤에 16장은 속죄일, '욤 키푸르' 또는 '욤 하 키푸림'에 지키는 의식을 서술한다(전례 용어로 "속죄하다"를 의미하는 동사 '키페르'에서 파생한다. 이 동사의 원래 의미는 "뿌리 뽑다, 제거하다, 덮다"일 수 있다). 29절에서는 이 장엄한 날의 날짜를 일곱째 달 초열흘날(티스리, 9월/10월)로 정하는데(23,26-32; 민수 29,7-11; 히브 9,6-12 참조) 대사제가 지성소에 들어갈 수 있는 유일한 날이다. 23,32에서는 "안식의 날"('사빳 사빠톤', "절대적인 휴식의 날"), 사도 27,9에서는 "단식일"이라고 불렀으며 토라가 규정한 유일한 단식일이다(레위 16,29-31 참조). 미쉬나에서는 단순히 "그날"('욤')이라고 부른다. 온 공동체의 모든 죄를 없애기 위해 정해진 연례 속죄 의식은 유배 시기 이전에는 없었던 것 같다. 에즈라와 느헤미야 시대에도 이 장엄한 예식은 존재하지 않은 것 같은데, 지금은 유다교의 중심 예식이다.

어가, 13 그 향을 주님 앞에서 숯불에 놓아, 향 연기가 증
언 궤 위에 있는 속죄판을 덮게 한다. 그래야 그가 죽지 않
는다. 14 그러고 나서 황소의 피를 얼마쯤 가져다가, 손가
락에 찍어 속죄판 동쪽 위로 뿌리고, 또 그 피를 손가락에
찍어 속죄판 앞에 일곱 번 뿌린다.
15 이어서 백성을 위한 속죄 제물이 될 숫염소를 잡아, 그
피를 휘장 안으로 가져와서, 황소 피를 뿌릴 때와 마찬가
지로 속죄판 위와 속죄판 앞에 뿌린다. 16 이렇게 그는 성
소를 위하여 속죄 예식을 거행하는데, 그것은 이스라엘
자손들의 부정과 허물, 그리고 그들의 모든 잘못 때문이
다. 그는 또 부정한 그들 가운데에 있는 만남의 천막을 위
해서도 같은 예식을 거행한다. 17 그가 성소에서 속죄 예
식을 거행하기 위하여 들어왔다 나갈 때까지, 아무도 만
남의 천막 안에 있어서는 안 된다. 이렇게 그는 자신과 자
기 집안과 이스라엘 온 회중을 위하여 속죄 예식을 거행
한다. 18 그러고 나서 주님 앞에 있는 제단으로 나와, 그것
을 위한 속죄 예식을 거행하는데, 먼저 황소의 피와 숫염
소의 피를 얼마쯤 가져다가, 제단을 돌며 그 뿔들에 바른
다. 19 그리고 그 피를 손가락에 찍어 제단 위에 일곱 번 뿌
린다. 이렇게 그는 이스라엘 자손들의 부정을 벗겨 제단을
정결하고 거룩하게 한다.
20 그는 성소와 만남의 천막과 제단을 위한 속죄 예식을
마친 다음, 살려 둔 숫염소를 끌고 온다. 21 아론은 살려 둔
그 숫염소 머리에 두 손을 얹고, 이스라엘 자손들의 모든
죄, 곧 그들의 허물과 잘못을 고백하여 그것들을 그 염소
머리에 씌우고서는, 기다리고 있는 사람의 손에 맡겨 광
야로 내보낸다. 22 그러면 그 염소는 그들의 모든 죄를 불
모지로 날라 간다. 이렇게 그 숫염소를 광야로 내보낸다.
23 그러고 나서 아론은 만남의 천막으로 들어와, 성소에
들어올 때 입은 아마포 옷들을 벗어 거기에 놓아둔다. 24
그는 거룩한 곳에서 물로 몸을 씻은 다음, 본래의 옷을 입
고 밖으로 나가, 자기의 번제물과 백성의 번제물을 바쳐,
자신과 백성을 위하여 속죄 예식을 거행한다. 25 속죄 제
물의 굳기름은 제단 위에서 살라 연기로 바친다.
26 숫염소를 아자젤에게 놓아 보낸 이는 옷을 빨고 물로 몸
을 씻는다. 그런 다음 진영 안으로 들어온다. 27 성소에서 속

16,13 22,9; 로마 3,25. 16,14 4,6.17; 히브 9,13.25. 16,15 히브 7,27; 9,3.7.12. 16,16 탈출 29,36; 히브 2,17; 5,3; 9,7. 16,18 4,25; 에제 43,20.22; 히브 9,7. 16,21 이사 53,6. 16,22 토빗 8,3; 이사 53,11.12. 16,23 에제 42,14; 44,19. 16,27 4,12.21; 6,23; 히브 13,11.

16,13. “계약 궤”(민수 10,33)라는 말 대신 “증언 궤”가 쓰이고 있는데, 이는 증언판을 담은 궤를 말하며(탈출 25,16.21 참조) 증언판은 하느님과 이스라엘 사이의 계약을 “증언”해 주는 십계명 돌판을 말한다.

16,20-27. 속죄 제물 봉헌(대사제와 그 집안을 위한 황소 한 마리, 온 이스라엘 공동체를 위한 숫염소 한 마리. 3-19절 참조)과 함께 하는 속죄 예식에 아자젤을 위한 숫염소 예식이 덧붙는다(20-27절). 대부분의 성경 학자들은 아자젤을 악령의 세력으로 여기지만 라삐 전승에서는 험하고 황폐한 장소로 본다. 여하튼 백성의 죄는 대사제의 안수로 숫염소에게 전이되고 이 동물과 함께 영원히 광야로 사라진다.

16,29-31. 대 단식, 토라에서 유일하게 규정하는 24시간 동안의 온전한 단식은 참회와 내적 쇄신으로 이어져야 한다. 하느님 용서에 대한 신뢰는 각자에게 요구된 개인 책임에 대한 자각을 없애지 않는다. 욤 키푸르에 해당하는 미쉬나 조항은 하느님께서는 그분을 거슬러 지은 죄만 용서하시며 이웃을 거슬러 지은 죄는 먼저 형제와 화해해야 한다고 말한다('요마' 8,9; 마태 5,23-24 참조).

죄 예식을 거행하려고 피를 받았던 황소와 숫염소, 곧 속
죄 제물로 바친 황소와 속죄 제물로 바친 숫염소의 나머지
는 진영 밖으로 내다가, 그 가죽과 고기와 똥을 불에 태운
다. 28 이것들을 태운 이도 옷을 빨고 물로 몸을 씻는다. 그
런 다음 진영 안으로 들어온다.
29 이것은 너희에게 영원한 규칙이 되어야 한다. 일곱째 달
초열흘날에 너희는 고행을 하고, 일은 아무것도 해서는
안 된다. 본토인이든 너희 가운데에 머무르는 이방인이든
마찬가지다. 30 바로 이날이 너희를 위한 속죄 예식을 거행
하여 너희를 정결하게 하는 날이기 때문이다. 이로써 너희
는 주님 앞에서 너희의 모든 잘못을 벗고 정결하게 된다.
31 이날은 너희에게 안식일, 곧 안식의 날이다. 너희는 고
행을 해야 한다. 이는 영원한 규칙이다.
32 기름부음받고 자기 아버지 대신 사제직을 수행하도록
직무를 받은 사제가 속죄 예식을 거행한다. 그는 아마포
옷, 곧 거룩한 옷을 입고, 33 지성소를 위하여 속죄 예식을
거행한다. 그리고 만남의 천막과 제단을 위하여 속죄 예
식을 거행하고, 사제들과 회중의 온 백성을 위하여 속죄
예식을 거행한다. 34 이렇게 한 해에 한 번씩 이스라엘 자
손들의 모든 잘못 때문에 그들을 위하여 속죄 예식을 거
행하는 것을 너희의 영원한 규칙으로 삼아라." 모세는 주
님께서 명령하신 대로 하였다.

16,29 23,27; 민수 29,7; 사도 27,9. 16,31 23,32; 이사 58,3.5. 16,32 민수 20,26.28.
16,34 히브 9,7.25; 10,3.

성결법

짐승을 잡는 장소와 방식

17 1 주님께서 모세에게 이르셨다. 2 "아론과 그의
아들들과 이스라엘 모든 자손에게 일러라. 그
들에게 이렇게 말하여라. '이것은 주님이 명령한 것이다.
3 누구든지 이스라엘 집안에 속한 사람으로서, 소나 어린양
이나 염소를 진영 안에서 잡았든 진영 밖에서 잡았든, 4 그
것을 만남의 천막 어귀로 가져와 주님의 성막 앞에서 주님
에게 예물로 바치지 않는 자는 그 피에 대한 책임을 져야
한다. 그 사람은 피를 흘렸으니, 자기 백성에게서 잘려 나
가야 한다. 5 이는 이스라엘 자손들이 들판에서 잡아 제
사를 지내 오던 제물들을 주님에게, 곧 만남의 천막 어귀
로 사제에게 가져와서 친교 제물로 잡아 주님에게 바치게
하려는 것이다. 6 사제는 그 피를 만남의 천막 어귀에서 주
님의 제단 쪽으로 뿌리고, 굳기름은 살라 주님을 위한 향
기로 바친다. 7 그들은 더 이상 자기들이 불륜을 저지르며
따르던 염소 귀신들에게 제물을 잡아 바쳐서는 안 된다.
이것은 그들이 대대로 지켜야 하는 영원한 규칙이다.'
8 너는 또 그들에게 말하여라. '누구든지 이스라엘 집안에
속한 사람이든 그들 가운데에 머무르는 이방인이든, 번제
물이나 다른 희생 제물을 바칠 때, 9 그것을 만남의 천막
어귀로 가져와서 주님에게 바치지 않는 자는 자기 백성에
게서 잘려 나가야 한다.'

17,1-9. 신명기(12-26장 참조) 법전처럼 성결법도 중앙 성소에서만 제물을 바치도록 제한하면서 시작하고, 율법을 지키는 사람은 축복을, 지키지 않는 사람은 저주로 끝마친다(26장 참조).

17,6 3,2; 민수 18,17. 17,7 탈출 22,19; 32,8; 34,15; 신명 32,17; 2역대 11,15; 1코린 10,20.

17,1-26,46. 레위기를 넷으로 나눌 때 마지막에 속하는 이 부분은 유배 시대 또는 그 이후 시대의 율법 모음집으로, 19,2의 성화로의 초대("나, 주 너희 하느님이 거룩하니 너희도 거룩한 사람이 되어야 한다." 20,7.26도 참조) 때문에 성결법으로 불린다. 앞서 11,44에도 있다. 하느님께서 거룩하시면 아니, 거룩한 분이시라면 그분의 백성도 거룩해야 한다. 규정 대부분은 단순히 '나는 주님이다'라는 말에서 동기 부여를 받는다. 본문에서 반복되는 이 말이 거룩하게 되라고 권고하시는 하느님의 정체성을 끊임없이 상기시킨다. 그분은 당신 백성을 이집트 땅에서 나오게 하신 주님이시다. 성결법의 여러 대목은 규정을 지키라는 권고로 마무리되는데 이는 하느님께서 당신 백성을 데려가시는 땅에서 살기 위한 필수 조건이다. 한편 사제들을 위한 규정인 21장과 전례력을 설명하는 23장은 모세가 아론이나 이스라엘인들에게 주님의 말씀을 알려 주는 것으로 끝맺는다. 지금까지 이어진 장들에서 파악되는 사제계 신학에서 거룩함의 상태는, 비록 그 내용이 모든 백성을 부정과 감염에서 보호하는 것에 계속 관심을 갖지만, 주로 성소와 거기서 일하는 사제들에 연결된다. 그러나 앞 장들의 내용보다 후대의 것인 이 성결법 신학에서는 정결과 부정의 사고를 넘어 거룩함의 개념이 이스라엘 온 공동체로 확고하게 확장되어 있다.

피는 먹지 못한다

10 '누구든지 이스라엘 집안에 속한 사람이나 너희 가운데
에 머무르는 이방인이나, 어떤 피든 피를 먹으면, 나는 그
피를 먹은 자에게 내 얼굴을 돌려, 그를 자기 백성에게서
잘라 내겠다. 11 생물의 생명이 그 피에 있기 때문이다. 나
는 너희 자신을 위하여 속죄 예식을 거행할 때에 그것을
제단 위에서 쓰라고 너희에게 주었다. 피가 그 생명으로
속죄하기 때문이다.
12 그래서 내가 이스라엘 자손들에게 이렇게 말한 것이다.
'너희 가운데 어느 누구도 피를 먹어서는 안 된다. 너희 가
운데에 머무르는 이방인도 피를 먹어서는 안 된다.'
13 누구든지 이스라엘 자손들에게 속한 사람이든 그들 가
운데에 머무르는 이방인이든, 먹을 수 있는 짐승이나 새
를 사냥하였을 때에는, 그 피를 흘리고 나서 흙으로 덮어
야 한다. 14 피는 곧 모든 생물의 생명이기 때문이다. 그래
서 내가 이스라엘 자손들에게 이렇게 말한 것이다. '너희
는 어떤 생물의 피도 먹어서는 안 된다. 피는 곧 모든 생물
의 생명이기 때문이다. 누구든지 그것을 먹는 자는 잘려
나갈 것이다.'
15 저절로 죽은 짐승이나 맹수에게 찢겨 죽은 짐승을 먹는
자는 본토인이든 이방인이든 옷을 빨고 물로 몸을 씻어야
한다. 그는 저녁때까지 부정하게 되었다가, 그 뒤에 정결하
게 된다. 16 그러나 빨지 않고 씻지 않으면, 그는 그 죗값을
져야 한다.'"

성과 혼인과 가족의 성스러움

18 1 주님께서 모세에게 이르셨다. 2 "너는 이스라
엘 자손들에게 일러라. 그들에게 이렇게 말하
여라.
'나는 주 너희 하느님이다. 3 너희는 너희가 살던 이집트
땅에서 사람들이 하는 것처럼 해서는 안 된다. 내가 이제
너희를 이끌고 들어가는 가나안 땅에서 사람들이 하는
것처럼 해서도 안 된다. 그리고 너희는 그들의 규칙들을
따라서도 안 된다. 4 너희는 나의 법규들을 실천하고, 나의
규칙들을 지키며 따라야 한다. 나는 주 너희 하느님이다.

17,10-14. 제물로 바치는 짐승을 잡는 규정을 소개한다. 피의 중요성이 강조된다. 사제는 제단 위에 그 피를 뿌려야 한다. 피는 신성하고 생명의 상징이기 때문이다. 그러므로 피는 생명을 대신해 하느님께 봉헌된다. 예식이 아닌 경우에 흘린 피는 흙으로 덮어야 한다. 피와 고기를 함께 먹을 수 없다는 사실(19,26 참조)은 도살할 때 정확한 규정을 준수해야 한다는 것을 의미한다(신명 12,15-16.20-25; 1사무 14,32-35 참조). 이는 오늘날에도 유효하다.

18,1-30. 특히 성생활 관련 규정을 지시하는 이 장은 이스라엘에게 이집트인이든지 가나안인이든지 다른 민족의 행동을 따라하지 말라고 호소하며 시작한다(1-5절). 무엇보다도 근친상간(6-16절) 및 한 여자와 그 딸 또는 손녀와의 결합, 한 자매와의 혼인(한때는 합법이었다. 창세 29장 참조)이 금지된다. 월경으로 부정한 상태(레위 15,24 참조)인 여자와 관계, 간음이(20절) 금지된다. 남자와 동침(22절), 동물과 성교는(23절) 역겨운 짓으로 여겼다. 그러나 몰록 신에게 아이들을 제물로 바치는 이교인 관습을 금지하는(레위 20,2-5; 1열왕 11,5-7; 2열왕 23,10; 에제 20,31도 참조) 21절은 성생활과 관련되지 않는다. 이 장은 이스라엘인들 이전에 이미 이 땅에 살던 사람들이 그 역겨운 짓을 행했다고 언급하면서 마무리된다. 그들은 그 비윤리적인 행위 때문에 쫓겨났다(24-30절). 이스라엘이 같은 방식으로 처신하면 그들과 같은 운명을 맞을 것이다. 끝으로 이 본문 저자는 한 독자나 한 남성 청중을 염두에 두고 있음에 주목할 필요가 있다.

17,10 3,17; 신명 12,16.23; 요한 6,53; 사도 15,20. 17,11 창세 9,4; 히브 9,13.22. 17,14 7,26; 신명 12,16. 17,15 탈출 22,30; 신명 14,21. 18,2 11,44; 탈출 6,7. 18,3 20,23; 탈출 23,24; 에제 20,7.8.

5 너희는 내 규칙들과 내 법규들을 지켜야 한다. 그것들을
실천하는 이는 그것들로 살 것이다. 나는 주님이다.
6 너희 가운데 누구든지 자기 살붙이를 가까이하여 그의
치부를 드러내서는 안 된다. 나는 주님이다. 7 네 아버지의
치부와 네 어머니의 치부를 드러내서는 안 된다. 그는 네
어머니이니, 너는 그의 치부를 드러내서는 안 된다. 8 네
아버지의 아내의 치부를 드러내서는 안 된다. 그것은 곧
네 아버지의 치부이다. 9 너는 네 누이의 치부를 드러내서
는 안 된다. 네 아버지의 딸이든, 네 어머니의 딸이든, 집에
서 낳았든, 밖에서 낳았든 마찬가지다. 10 네 아들이 낳은
딸이나 네 딸이 낳은 딸의 치부를 드러내서는 안 된다. 그
것은 네 치부이다. 11 네 아버지의 아내가 낳은 딸은 네 아
버지의 자식으로 네 누이니, 그의 치부를 드러내서는 안
된다. 12 네 아버지의 누이의 치부를 드러내서는 안 된다.
그는 네 아버지의 살붙이다. 13 네 어머니의 자매의 치부
를 드러내서는 안 된다. 그는 네 어머니의 살붙이다. 14 네
아버지의 형제의 치부를 드러내서는 안 된다. 그의 아내를
가까이해서도 안 된다. 그는 네 숙모이다. 15 네 며느리의
치부를 드러내서는 안 된다. 그는 네 아들의 아내이니, 그
의 치부를 드러내서는 안 된다. 16 네 형제의 아내의 치부
를 드러내서는 안 된다. 그것은 네 형제의 치부이다. 17 어
떤 여자와 또 그 딸의 치부를 드러내서는 안 된다. 그 여자
의 친손녀나 외손녀를 데려다 치부를 드러내서도 안 된다.
그들은 그 여자의 살붙이로, 그것은 더러운 짓이다. 18 아
내가 살아 있는 동안 그의 자매를 첩으로 데려다 치부를
드러내서는 안 된다.
19 불결한 기간을 맞아 부정한 상태에 있는 여자를 가까이
하여 그의 치부를 드러내서는 안 된다. 20 너희는 동족의
아내와 동침해서는 안 된다. 그 여자로 네가 부정하게 된
다. 21 너희는 너희 자식을 몰록에게 희생 제물로 바쳐서는
안 된다. 그렇게 하여 너희 하느님의 이름을 더럽혀서는
안 된다. 나는 주님이다. 22 여자와 동침하듯 남자와 동침
해서는 안 된다. 그것은 역겨운 짓이다. 23 어떤 짐승하고
도 교접하면 안 된다. 그것으로 너희가 부정하게 된다. 여
자도 짐승과 교합하면 안 된다. 그것은 추잡한 짓이다.

18,6.7.8.9.10. 성경에서 "치부"라는 용어는 자주 생식기를 가리킨다. 그래서 치부를 드러낸다는 말은 부정적인 의미로 이해한 성관계를 에둘러 표현한 것이다.

18,9. 창세 20,12에 따르면 사라는 자기 남편인 아브라함의 아버지의 딸이었을 것이다. 이 금지에 대해서는 레위 20,17; 신명 27,22 참조.

18,18. 성조 야곱의 이야기에서는 이 계명이 아직 나오지 않았을 때 자매인 레아와 라헬과 야곱이 혼인하였다(창세 29,15-30 참조).

18,21. 몰록이라는 용어는 "임금"을 뜻하는 '멜렉'과 같은 자음에 다른 모음을 붙인 것으로 보인다. 이스라엘에서 몰록은 이방신과 특별한 유형의 희생 제사와 연결되어 있었다. 2열왕 23,10과 예레 32,35은 몰록 경배를 예루살렘 근처에 있는 벤 힌놈 골짜기에 연결시킨다.

18,5 로마 10,5; 갈라 3,12; 또한 에제 20,11; 루카 10,28; 로마 2,26; 7,10도 참조. 18,6-18 사도 15,20. 18,8 20,11; 1코린 5,1. 18,9 20,17. 18,12 20,19. 18,14 20,20. 18,15 20,12. 18,16 20,21; 마태 14,4; 마르 6,17-18. 18,17 20,14. 18,19 15,24; 20,18. 18,20 20,10; 탈출 20,14; 잠언 6,32; 마태 5,27. 18,21 20,2-5; 19,12; 21,6. 18,22 20,13; 로마 1,27. 18,23 20,15; 탈출 22,18; 신명 27,21.

다. 남편에게 소박맞은 여자도 아내로 맞아들여서는 안
된다. 사제는 자기 하느님에게 거룩한 사람이다. 8 너희는
사제를 거룩한 사람으로 대해야 한다. 그는 너희 하느님에
게 양식을 바치는 사람이다. 사제는 너희에게 거룩한 사
람이다. 너희를 거룩하게 하는 나 주님이 거룩하기 때문이
다. 9 사제의 딸이 불륜을 저질러 제 몸을 더럽힐 경우, 그
것은 제 아버지를 더럽히는 것이다. 그 여자는 불에 태워
야 한다.
10 자기 형제들 가운데에서 으뜸으로 뽑힌 대사제는 성별
기름을 머리에 받고 직무를 맡아 예복을 입었으므로, 머
리를 풀거나 옷을 찢어서는 안 된다. 11 그는 어떤 주검에
도 다가가서는 안 된다. 자기 아버지나 어머니 때문이라도
자신을 부정하게 만들어서는 안 된다. 12 그는 성소 밖으
로 나가서 자기 하느님의 성소를 더럽혀서는 안 된다. 그
는 자기 하느님의 성별 기름으로 축성을 받았다. 나는 주
님이다. 13 그는 숫처녀만을 아내로 맞아들여야 한다. 14 과
부나 소박맞은 여자나 창녀가 되어 몸을 더럽힌 여자, 이
런 여자를 맞아들여서는 안 된다. 자기 백성 가운데에서
숫처녀를 아내로 맞아들여야 한다. 15 이렇게 하여 자기 백
성 가운데에서 자식을 더럽히는 일이 있어서는 안 된다.
나는 그를 거룩하게 하는 주님이다.'"
16 주님께서 모세에게 이르셨다. 17 "너는 아론에게 이렇게
일러라.
'너의 후손 대대로, 몸에 흠이 있는 사람은 자기 하느님에
게 양식을 바치러 가까이 오지 못한다. 18 정녕 몸에 흠이
있는 사람은 누구도 가까이 오지 못한다. 눈먼 사람, 다리
저는 사람, 얼굴이 일그러졌거나 몸이 기형인 사람, 19 다
리가 부러지거나 팔이 부러진 사람, 20 곱사등이, 난쟁이,
눈에 백태 낀 사람, 가려움증이 있거나 수포진에 걸린 사
람, 고환이 상한 사람은 가까이 오지 못한다. 21 아론 사제
의 후손들 가운데 몸에 흠이 있는 사람은 주님에게 화제
물을 바치러 다가오지 못한다. 몸에 흠이 있기 때문에 자
기 하느님에게 양식을 바치러 다가오지 못한다. 22 그는 하
느님에게 바친 양식, 곧 가장 거룩한 것과 거룩한 것들을
먹을 수 있다. 23 그러나 몸에 흠이 있기 때문에, 그는 휘장으
로 오거나 제단으로 다가와서 나의 이 거룩한 곳들을 더럽혀
서는 안 된다. 나는 그것들을 거룩하게 하는 주님이다.'"

21,20. 어떤 번역본들에서는 "고환이 상한 사람"을 "고자"로 번역하기도 하는데 본문이나 의미의 관점에서 적절하지 않다. 히브리어 본문은 한쪽 고환이 으깨지거나(새 대중 라틴말 성경) 손상되거나 비정상인 사람(또는 둘 다)을 말한다. 그리스어 번역본은 한쪽 고환만 가진 사람으로, 대중 라틴말 성경은 탈장 환자로 번역한다.

21,10 10,6.7; 16,32; 마태 26,65; 마르 14,63. 21,12 10,7; 탈출 29,6.7. 21,13 에제 44,22. 21,18 22,23. 21,20 신명 23,2.

24 모세는 이 말씀을 아론과 그의 아들들과 이스라엘의
모든 자손에게 일러 주었다.

제물의 성스러움

22 1 주님께서 모세에게 이르셨다. 2 "너는 아론과
그의 아들들에게 일러, 이스라엘 자손들이 나
에게 봉헌하는 거룩한 예물들을 조심스럽게 다루어, 나의
거룩한 이름을 더럽히는 일이 없게 하여라. 나는 주님이
다. 3 그들에게 이렇게 말하여라.
'너희 후손 대대로, 이스라엘 자손들이 주님에게 봉헌하
는 거룩한 예물에 부정한 몸으로 가까이 가는 자는 모
두 내 앞에서 잘려 나갈 것이다. 나는 주님이다. 4 아론의
후손 가운데 누구든 악성 피부병을 앓거나 고름을 흘리
는 사람은 정결하게 될 때까지 거룩한 예물을 먹지 못한
다. 어떤 주검 때문에 부정하게 된 것에 몸이 닿는 사람이
나 정액을 흘리는 남자, 5 또는 접촉하면 부정하게 되는 온
갖 길짐승이나, 어떤 종류의 부정이든 접촉하면 부정하게
되는 사람에게 몸이 닿는 이, 6 이런 것이나 이런 사람에
게 몸이 닿는 이는 저녁때까지 부정하게 된다. 그리고 물
로 몸을 씻지 않고서는 거룩한 예물을 먹지 못한다. 7 해
가 지면 그는 정결하게 된다. 그런 다음에야 거룩한 예물
을 먹을 수 있다. 그것이 그의 양식이기 때문이다. 8 저절
로 죽은 짐승이나 맹수에게 찢겨 죽은 짐승을 먹어, 그것
으로 부정하게 되어서는 안 된다. 나는 주님이다. 9 그들은
내가 지키라고 한 것을 지켜, 거룩한 예물 때문에 죗값을
지지 않아야 한다. 그들이 거룩한 예물을 더럽힐 경우, 그
것 때문에 죽을 것이다. 나는 그들을 거룩하게 하는 주님
이다.
10 속인은 누구도 거룩한 예물을 먹지 못한다. 사제의 객
식구나 품팔이꾼도 거룩한 예물을 먹지 못한다. 11 그러나
사제가 돈을 주고 사들인 사람은 그것을 먹을 수 있다. 사
제의 씨종도 마찬가지다. 이들은 사제의 양식을 함께 먹을
수 있다. 12 사제의 딸이라도 속인에게 시집갔으면, 거룩한
예물로 바친 것을 먹지 못한다. 13 사제의 딸이 자식 없이
과부가 되었거나 소박을 맞고 아버지 집에 돌아왔으면, 처
녀 때처럼 자기 아버지의 양식을 먹을 수 있다. 그러나 속

22,1-16. 사제들은 그들에게 주어진 제물을 먹을 수 있는데 오직 의식적으로 정결한 상태에 있을 때만 가능하다. 종(11절 참조)이나 과부, 다른 생계 수단이 없어 아버지와 함께 살려고 돌아온 소박맞은 딸을 포함해서 사제 집안의 식솔들도 이 고기를 먹을 수 있다. 하지만 손님들, 품팔이꾼들, 당연히 이방인들은 거룩한 제물을 먹을 수 없다. 권한이 없는 사람이 실수로 희생 제물 고기를 먹었다면 그는 자신이 먹은 것에 해당하는 금액과 그 금액의 오분의 일 가치에 해당하는 값을 덧붙여 사제에게 배상해야 한다.

22,2 18,21. 22,3 7,20. 22,4 14,1-32; 민수 19,11.12. 22,5 11,24.43.44; 15,7.19. 22,8 17,15; 탈출 22,30. 22,9 18,30. 22,10 마태 7,6.

22,17-25. 하느님께 호의로 받아들여지기 위해 번제물이나 친교 제물로 바칠 짐승은 흠이 없어야 했다. 23절에서 자원 제물의 예외 사항이 설정되는데 기형이거나 한쪽이 오그라든 짐승을 제물로 바칠 수 있다는 것이다.

22,22-24. 17-25절 단락은 제물로 바치는 짐승의 상태가 어떤 때 제의적으로 부적합한지를 백성에게 가르치기 위한 것이므로, 22-24절에 나와 있는 짐승들의 결함 목록은 이 단락의 핵심이 된다.

인은 누구도 그것을 먹지 못한다. 14 어떤 사람이 실수로
거룩한 예물을 먹을 경우, 그는 거룩한 예물의 오분의 일
값을 더 보태어 사제에게 갚아야 한다. 15 이렇게 사제들
은 이스라엘 자손들이 주님에게 바친 거룩한 예물들을 더
럽혀서는 안 된다. 16 그래서 거룩한 예물들을 먹다가 보상
해야 할 죄를 짊어지는 일이 없어야 한다. 나는 그 예물들
을 거룩하게 하는 주님이다.'"

하느님께서 받으시는 제물

17 주님께서 모세에게 이르셨다. 18 "너는 아론과 그의 아
들들과 이스라엘의 모든 자손에게 일러라. 그들에게 이렇
게 말하여라.
'누구든지 이스라엘 집안에 속한 사람이든 이스라엘에 머
무르는 이방인이든, 서원을 채우는 어떤 예물이나 자원으
로 올리는 예물을 주님에게 번제물로 바칠 때, 19 그 예물
은 소나 양이나 염소 가운데에서 흠 없는 수컷이어야 너희
를 위하여 호의로 받아들여진다. 20 어떤 것이든 흠이 있
는 것을 바쳐서는 안 된다. 그것은 너희를 위하여 호의로
받아들여지지 않는다.
21 누가 서원을 채우기 위해서든 자원으로든, 소 떼나 양
떼에서 골라 주님에게 친교 제물을 바칠 경우, 호의로 받
아들여지려면 그 짐승에 흠이 없어야 한다. 어떤 흠도 있
어서는 안 된다. 22 눈이 먼 것이나 어디가 부러진 것, 어디
가 잘려 나간 것이나 얼룩이 있는 것, 가려움증이 있거나
수포진에 걸린 것, 너희는 이런 것들을 주님에게 바쳐서는
안 된다. 이런 것들을 제단 위에서 화제물로 주님에게 올
려서는 안 된다. 23 몸이 기형이거나 한쪽이 오그라든 소
나 양을 자원 제물로는 바칠 수 있다. 그러나 서원 제물로
는 호의로 받아들여지지 않는다. 24 고환이 터졌거나 으스
러졌거나 빠졌거나 잘린 짐승을 주님에게 바쳐서는 안 된
다. 너희 땅에서는 그런 짓을 해서는 안 된다. 25 너희는 이
런 것들 가운데 그 무엇도 외국인의 손에서 받아, 너희 하
느님에게 양식으로 바쳐서는 안 된다. 그런 결함이 곧 흠
이어서, 그것들은 너희를 위하여 호의로 받아들여지지 않
는다.'"
26 주님께서 모세에게 이르셨다. 27 "소나 양이나 염소가 태
어나면 이레 동안 어미 품에 있어야 한다. 여드레째 되는

22,14 5,15.16. 22,19 1,3. 22,20 신명 15,21; 17,1; 히브 9,14; 1베드 1,19. 22,21 3,1.6. 22,25 21,6.17. 22,27 탈출 22,29.

날부터는 주님을 위한 화제의 예물로서 호의로 받아들여
질 수 있다. 28 너희는 소나 양을 그 새끼와 함께 같은 날에
잡아서는 안 된다.
29 주님에게 감사 제물을 바칠 경우, 너희를 위하여 호의로
받아들여지도록 그것을 바쳐야 한다. 30 그것은 그날로 다
먹고 다음 날 아침까지 남겨서는 안 된다. 나는 주님이다.
31 너희는 나의 계명들을 지키고 그것들을 실천해야 한다.
나는 주님이다. 32 나의 거룩함이 이스라엘 자손들 가운데
에 드러나도록, 너희는 나의 거룩한 이름을 더럽혀서는 안
된다. 나는 너희를 거룩하게 하는 주님이다. 33 나는 너희
하느님이 되려고 너희를 이집트 땅에서 이끌어 낸 이다.
나는 주님이다."

22,31-32. 주님의 명령을 지키라는 권고는 주님의 거룩함에 의해 동기 부여를 받는다. 명령을 실천하지 않는 것은 그분의 거룩한 이름을 속되게 하는 것과 같다.

이스라엘의 축일들

23 1 주님께서 모세에게 이르셨다. 2 "너는 이스라엘
자손들에게 일러라. 그들에게 이렇게 말하여라.
'너희가 거룩한 모임을 소집해야 하는 주님의 축일들은 이
러하다. 이것들이 나의 축일이다.'

23,1-44. 탈출 23,14-17 주 참조.

안식일

3 '너희는 엿새 동안 일을 할 수 있다. 그러나 이렛날은 안
식일로서 거룩한 모임을 여는 안식의 날이니, 어떤 일도
해서는 안 된다. 이날은 너희가 사는 곳 어디에서나 지켜
야 하는 주님의 안식일이다.'

23,3. 모임에 대해서 탈출 12,16 참조. 안식일 규정에 대해서는 신명 5,12-15 주해 참조.

22,28 신명 22,6.7. 22,29 7,12. 22,30 7,15. 22,31 19,37. 22,32 10,3; 18,21. 22,33 11,45; 탈출 6,7. 23,2 민수 29,39. 23,3 19,3; 탈출 31,13-17; 신명 5,13.14.

✠ 23,1-44. 사제계 전승(P)에 속하는 23장은 세 개의 순례 대축제(파스카, 주간절, 초막절을 가리키는데, 다른 시대들의 본문으로 추정되는 탈출 23,14-17; 34,18-23과 신명 16,1-16에 있는 규범들로 정해져 있다)에 다른 축제들을 덧붙이고 민수 28-29장에 다시 나올 전례력을 결정한다. 먼저 안식일이 나오고(레위 23,3-4) 그 후에 한 해 흐름대로 주님의 다른 대축일들이 열거된다. 첫째 달 열나흗날(탈출 12,1-14 참조) 저녁 어스름에 파스카를 지내는데 이는 순례 의무가 있는 세 축제 가운데 첫 축제이다. 같은 달 보름에는 무교절 축제를(레위 23,6-8), 안식일 다음 날에는 햇곡식단을 봉헌하는 축일을(레위 23,9-14), 일곱 주간 후에는 탈출 34,22에서 주간절이라고 말하는 대축일을 거행한다(레위 23,15-22). 그리고 일곱째 달 초하루 축일(레위 23,23-25), 그달 초열흘날에 속죄일('욤 키푸르')을 지낸다(레위 23,26-32). 전례력의 마지막 축일은 이 일곱째 달 보름날에 지내는 초막절이다(레위 23,33-36). 이 대축일들은 오늘날에도 지낸다.

파스카와 무교절

4 '너희가 정해진 때에 소집해야 하는 거룩한 모임, 곧 주
님의 축일들은 이러하다. 5 첫째 달 열나흗날 저녁 어스름
에 주님의 파스카를 지켜야 한다.
6 이달 보름에는 주님의 무교절을 지내는데, 너희는 이레
동안 누룩 없는 빵을 먹어야 한다. 7 첫날에는 거룩한 모임
을 열고, 생업으로 하는 일은 아무것도 해서는 안 된다. 8
그리고 이레 동안 주님에게 화제물을 바쳐야 한다. 이레째
되는 날에는 다시 거룩한 모임을 열고, 생업으로 하는 일
은 아무것도 해서는 안 된다.'"

햇곡식을 바치는 축일

9 주님께서 모세에게 이르셨다. 10 "너는 이스라엘 자손들
에게 일러라. 그들에게 이렇게 말하여라.
'너희는 내가 너희에게 주는 땅으로 들어가서 수확을 거
두어들일 때, 너희 수확의 맏물인 곡식 단을 사제에게 가
져와야 한다. 11 사제는 그 곡식 단이 너희를 위하여 호의
로 받아들여지도록 주님 앞에 흔들어 바친다. 사제는 그
것을 안식일 다음 날 흔들어 바친다. 12 곡식 단을 흔들어
바치는 날, 너희는 일 년 된 흠 없는 어린 숫양 한 마리를
주님에게 번제물로 바쳐야 한다. 13 또 거기에 따르는 곡
식 제물로는 기름을 섞은 고운 곡식 가루 십분의 이 에파
를 바친다. 이는 주님을 위한 향기로운 화제물이다. 그리
고 제주로는 포도주 사분의 일 힌을 바친다. 14 바로 그날
이 되기 전에는, 곧 너희가 이렇게 너희 하느님에게 예물
을 가져오기 전에는 빵도 볶은 곡식도 풋이삭도 먹지 못
한다. 이는 너희가 사는 곳 어디에서나 대대로 지켜야 하
는 영원한 규칙이다.'

주간절

15 '너희는 안식일 다음 날부터, 곧 곡식 단을 흔들어 바친
날부터 일곱 주간을 꽉 차게 헤아린다. 16 이렇게 일곱째
안식일 다음 날까지 오십 일을 헤아려, 새로운 곡식 제물
을 주님에게 바친다. 17 흔들어 바칠 예물로, 고운 곡식 가
루 십분의 이 에파에 누룩을 넣어 구운 빵 두 개를 너희
가 사는 곳에서 가져온다. 이것은 주님에게 올리는 맏물이

23,4-8. 원래 파스카(탈출 12,3-14 참조)와 무교절(탈출 12,15-20; 23,15; 34,18 참조)은 두 개의 구별되는 축제였다. 여기서도 아직 분리되어 있지만 같은 시기에 지낸다. 곧 첫째 달 열나흗날 저녁 어스름에 파스카를 지내고 같은 달 보름에 무교절 축제를 지낸다. 신명 16,1-17에는 두 축제가 거의 합쳐져서 나오지만 요시야 임금 시대에 와서야 두 축제를 함께 기념하게 된다(2열왕 23,21-23 참조).

23,5. 민간에서는 새해를 가을 곧 일곱째 달('티스리')에 지냈지만, 예배 주기는 봄에 시작했고 이 계절에 달 계산이 시작되었다. 탈출기에서 첫 달은 '아빕'인데 이 고대 셈족 이름은 유배 때부터 바빌론 이름인 '니산'으로 대체되었다.

23,9-14. 파스카 다음 날 보리 수확의 맏물인 곡식 단을 제물로 바쳐야 한다(히브리어 본문은 안식일 다음 날이라고 하는데 이 안식일은 휴식의 날인 파스카 축제 거행 당일로 해석했다). 의식은 번제물, 곡식 제물, 제주로 포도주를 곁들여야 한다. 이때부터 일곱 주간 후에 주간절을 지낸다. 그러나 이미 언급한 것처럼 이 안식일 다음 날(11절 참조)을 파스카 안식일의 다음 날인 일요일로 보는 해석(바리사이의 입장) 외에, 무교절 축제의 7일 후에 바로 오는 일요일로 보는 입장(쿰란 공동체의 입장)과 무교절 축제의 7일 안의 일요일로 여기는 해석(사두가이의 입장)도 존재한다.

23,11-20. 흔들어 바치는 예식에 대해서 탈출 29,24 주 참조.

23,13. 에파에 대해서는 5,11 주 참조. 힌에 대해서는 19,35-36 주 참조.

23,15-21. 주간절 축제(탈출 34,22과 신명 16,9-10)는 파스카 후 오십 일째에 지내기 때문에 오순절로도 불렸다(토빗 2,1; 2마카 12,31-32 참조). 이 축제는 원래 수확과 관련된 농민 축제였다(탈출 23,16 참조). 새 밀가루로 만든 첫 빵 외에도 하느님께 다양한 제

23,5 탈출 12,18.19; 민수 28,16.17. 23,8 루카 23,56. 23,10 탈출 23,16.19; 34,22.26. 23,13 2,14-16. 23,15-21 사도 2,1. 23,15 신명 16,9. 23,16 민수 28,26. 23,17 2,12; 7,13.

다. 18 이 빵과 함께, 일 년 된 흠 없는 어린 숫양 일곱 마리
와 황소 한 마리와 숫양 두 마리를 끌어다 바친다. 그리하
여 이것들이 곡식 제물과 제주와 함께 주님을 위한 번제
물, 곧 주님을 위한 향기로운 화제물이 되게 한다. 19 너희
는 또 숫염소 한 마리를 속죄 제물로, 일 년 된 어린 숫양
두 마리를 친교 제물로 올린다. 20 사제는 이것들을 맏물로
올리는 빵과 어린 숫양 두 마리와 함께 주님 앞에 흔들어
바친다. 이것들은 주님에게 바쳐진 거룩한 것들로서 사제
의 몫이 된다. 21 바로 그날에 너희는 모임을 소집한다. 이
는 거룩한 모임이므로, 생업으로 하는 일은 아무것도 해
서는 안 된다. 이는 너희가 사는 곳 어디에서나 대대로 지
켜야 하는 영원한 규칙이다.
22 너희 땅의 수확을 거두어들일 때, 밭 구석까지 모조리
거두어들여서는 안 된다. 거두고 남은 이삭을 주워서도 안
된다. 그것들을 가난한 이와 이방인을 위하여 남겨 두어
야 한다. 나는 주 너희 하느님이다.'"

물을 봉헌했다. 후에 이스라엘은 이 맏물 축제를 구원 역사와 연결하여, 이 축제는 토라를 선물받은 날 곧 이집트 탈출 후 오십 일째에 시나이에서 맺은 계약을 기념하는 날이 되었다. 사도 2,1-11에서는 이 히브리 축제를 성령 강림과 일치시킨다(사도 20,16; 1코린 16,8 참조). 이 축제는 탈출 23,16ㄱ에서는 수확절로 불린다.

칠월 초하루

23 주님께서 모세에게 이르셨다. 24 "너는 이스라엘 자손들
에게 이렇게 일러라. '일곱째 달, 그달 초하룻날은 너희에
게 안식의 날이다. 나팔을 불어 기념일임을 알리고 거룩한
모임을 열어야 한다. 25 너희는 생업으로 하는 일은 아무것
도 하지 말고, 주님을 위한 화제물을 바쳐야 한다.'"

23,23-25. 성경에서 일곱째 달이라고 말하는 티스리 달(9월/10월) 초하룻날은 민간 달력에서 새해 첫날이다. 이날 세상의 창조뿐만 아니라, 각자의 공로와 잘못이 기록된 책들이 하느님 앞에 펼쳐질 때인 심판을 기억한다. "나팔을 불어 기념일임을 알리"는 날(23,23-25; 25,9), 또는 나팔과 함께 환호하는(민수 29,1) 날인 이날에 숫양 뿔로 만든 나팔을 불고 이로써 하느님께 아브라함의 순종과 이사악의 '아케다'("묶음" 창세 22,9)를 상기시키면서 그분의 자비를 청한다.

속죄일

26 주님께서 모세에게 이르셨다. 27 "또한 이 일곱째 달 초
열흘날은 속죄일이다. 너희는 거룩한 모임을 열고 고행하
며, 주님에게 화제물을 바쳐야 한다. 28 이날에는 어떤 일
도 해서는 안 된다. 주 너희 하느님 앞에서 너희를 위하여
속죄 예식을 거행하는 속죄일이기 때문이다. 29 이날에 고
행하지 않는 자는 누구든지 자기 백성에게서 잘려 나갈
것이다. 30 그리고 누구든지 이날에 어떤 일이라도 하면,
내가 그자를 자기 백성 가운데에서 없애 버리겠다. 31 너희
는 어떤 일도 해서는 안 된다. 이는 너희가 사는 곳 어디에
서나 대대로 지켜야 하는 영원한 규칙이다. 32 이날은 너희
에게 안식일, 곧 안식의 날이며 고행을 해야 하는 날이다.
그달 초아흐렛날 저녁, 곧 그날 저녁부터 다음 날 저녁까

23,19 3,1; 민수 28,30. 23,22 // 19,9. 23,24 25,9; 민수 29,1. 23,27 16,29.30. 23,29 창세 17,14; 사도 3,23. 23,30 20,3.5.6.

23,33-44. 추분 첫 보름에 해당하는 티스리 달 15일부터 22일까지 추수 축제를 지내며(탈출 23,16; 34,22 참조) 여기서는 초막절('수콧', 신명 16,13-15 참조)이라 불린다. 올리브나 포도를 추수하는 이 고대 축제는 가장 중요한 순례 축제이다(1열왕 8,2.65; 에제 45,25 참조). 모든 이스라엘인은 이레 동안 나뭇가지로 만든 지붕이 있는 초막 안에서 살아야 했고 오늘날에도 그렇게 한다(느헤 8,13-18 참조). 이 지붕으로 하늘을 볼 수 있었는데, 광야에서 사십 년의 힘들었지만 날마다 주님의 도움을 체험한 순례 시간을 기억했다. 이레 동안 매일 특별한 제물을 주님께 바쳐야 했다(민수 29,12-39 참조). 특히 수콧은 이스라엘이 이집트 탈출 후에 통과한 첫 장소였음도 기억해야 한다(탈출 12,37; 민수 33,5 참조).

지 안식일을 지켜야 한다."

초막절

33 주님께서 모세에게 이르셨다. 34 "너는 이스라엘 자손들
에게 일러라.
'이 일곱째 달 보름날부터 이레 동안은 주님을 위한 초막
절이다. 35 그 첫날에는 거룩한 모임을 열고, 생업으로 하
는 일은 아무것도 해서는 안 된다. 36 너희는 이레 동안 주
님에게 화제물을 바친다. 여드레째 되는 날에는 다시 거룩
한 모임을 열고, 주님에게 화제물을 바친다. 이날은 집회일
이므로, 너희는 생업으로 하는 일은 아무것도 해서는 안
된다.'

맺음말

37 '이는 너희가 거룩한 모임을 소집해야 하는 주님의 축일
들로서, 이때 너희는 그날그날에 맞는 번제물과 곡식 제물
과 희생 제물과 제주를 주님에게 화제물로 바쳐야 한다. 38
이것들은 주님의 안식일 제물과는 다른 것이며, 너희가 주
님에게 바치는 예물과 모든 서원 제물, 그리고 모든 자원
제물과도 다른 것이다.'

초막절 규정에 덧붙이는 말

39 '땅의 소출을 거두고 난 다음, 너희는 일곱째 달 보름날
부터 이레 동안 주님의 축제를 지내야 한다. 첫날은 안식
의 날이고 여드레째 되는 날도 안식의 날이다. 40 첫날 너
희는 좋은 나무의 열매와 야자나무의 가지와 무성한 나무
의 줄기와 갯버들을 마련하고, 주 너희 하느님 앞에서 이
레 동안 즐거워하여라. 41 너희는 해마다 이레 동안 이렇
게 주님의 축제를 지내야 한다. 이는 너희가 대대로 지켜
야 하는 영원한 규칙으로서, 일곱째 달에 이 축제를 지내
야 한다. 42 너희는 이레 동안 초막에서 지내야 한다. 이스
라엘에 있는 모든 본토인은 초막에서 지내야 한다. 43 이는
내가 이스라엘 자손들을 이집트 땅에서 이끌고 나올 때,
초막에서 살게 하였던 일을 너희가 대대로 알게 하려는
것이다. 나는 주 너희 하느님이다.'
44 그리하여 모세는 이스라엘 자손들에게 주님의 축일들

23,34 탈출 23,16; 민수 29,12; 요한 7,2. 23,36 민수 29,12-38; 요한 7,37. 23,39 탈출 23,16; 신명 16,13. 23,40 신명 16,14.15; 느헤 8,15; 요한 12,13; 묵시 7,9. 23,42 느헤 8,14-16.

을 일러 주었다.

성소의 등불

24 1 주님께서 모세에게 이르셨다. 2 “너는 이스라
엘 자손들에게, 올리브를 찧어서 짠 순수한 등
잔 기름을 가져오도록 명령하여, 늘 등불이 타오르게 하
여라. 3 아론에게 말하여, 그것을 만남의 천막 안 증언 궤
의 휘장 밖에 차려 놓아, 저녁부터 아침까지 주님 앞에 늘
켜 두게 하여라. 이는 너희가 대대로 지켜야 하는 영원한
규칙이다. 4 그 등불들을 주님 앞 순금 등잔대 위에 늘 차
려 놓게 하여라.”

제사상

5 “너희는 고운 곡식 가루를 가져다가, 하나에 십분의 이
에파를 들여 과자 열두 개를 굽고, 6 주님 앞 순금 상
위에, 한 줄에 여섯 개씩 두 줄로 쌓아 놓아라. 7 그리고 그
줄마다 순수한 유향을 얹어라. 그리하여 이것이 그 빵의
기념 제물, 곧 주님을 위한 화제물이 되게 하여라. 8 안식
일마다 그것을 주님 앞에 늘 차려 놓아야 한다. 이는 이스
라엘 자손들이 지켜야 할 영원한 계약이다. 9 그것은 아론
과 그의 아들들의 몫이 된다. 그것은 주님에게 바친 화제
물에서 온 것으로 가장 거룩한 것이기 때문에, 거룩한 곳
에서 먹어야 한다. 이는 영원한 규정이다.”

하느님 이름을 모독한 자의 처벌

10 이스라엘 여자와 이집트 남자 사이에서 난 어떤 사람이
이스라엘 자손들과 함께 나왔다. 이 이스라엘 여자의 아
들이 이스라엘 사람과 진영에서 싸우게 되었는데, 11 이 이
스라엘 여자의 아들이 주님의 이름을 모독하면서 저주하
였다. 그래서 사람들이 그를 끌고 모세에게 왔다. 그 어머
니의 이름은 슬로밋인데, 단 지파에 속하는 디브리의 딸
이었다. 12 사람들은 주님의 분부에 따라 결정을 내리려고
그를 가두어 두었다.
13 그러자 주님께서 모세에게 이르셨다. 14 “저주한 그자를
진영 밖으로 끌고 가서, 그가 저주하는 것을 들은 이들이
모두 그의 머리에 손을 얹게 한 다음, 온 공동체가 그에게

24,2 탈출 27,20.21. 24,4 탈출 31,8; 39,37. 24,5 탈출 25,30. 24,6 탈출 25,24; 1열왕 7,48. 24,7 1코린 11,24. 24,8 민수 4,7; 1역대 9,32; 2역대 2,3. 24,9 8,31; 마태 12,4; 마르 2,26; 루카 6,4. 24,12 민수 15,34; 탈출 18,15.16. 24,14 20,2.27; 신명 13,10; 17,7; 21,21; 사도 7,58; 히브 13,13.

24,1-9. 일 년 전례와 관련된 규정을 중단하면서(25장에 다시 나온다), 만남의 천막 안에 있는 휘장 앞의 등잔대 기름에 대한 지침(탈출 27,20-21 참조)과 안식일마다 순금 상 위에 두 줄로 차려야 하는 열두 개 빵에 대한 지침(탈출 25,23-30; 35,13 참조)을 삽입한다. 새로운 빵으로 바꾸고 물려 낸 빵은 사제들만 먹을 수 있었다(1사무 21,4-7 참조).

24,5. 5,11 주 참조.

24,10-23. 이방인의 신성 모독에 대한 사법 소송의 판결을 위해 사람들은 모세에게 간다. 모세는 주님께 가고, 주님은 이방인이든 아니든 모든 신성 모독자에 대해 공동체 전체가 돌을 던져 사형에 처하라고 판결하신다. 이 일화 안에 동태복수법의 새 정식이 삽입되는데(탈출 21,23-25; 신명 19,21 참조) 이방인과 이스라엘인을 같은 차원에 놓는다. 이 법(라틴어로 ‘렉스 탈리오니스’, “무게를 재다”를 의미하는 “탈”에서 유래)은 잘못된 행위에 대한 벌이 일반적으로 그 행위에 상응해야 한다고(탈출 21,18-27의 주해 참조) 정한다.

24,10-16.23. 모세가 해결하기 힘든 몇 가지 사례에 대해 주님의 직접 개입을 기대하면서 결정을 미루는 이야기가 모세 오경에서 몇 개 나온다(민수 9,6-14; 15,32-36; 27,1-11 참조).

돌을 던지게 하여라. 15 그리고 너는 이스라엘 자손들에게
일러라. '누구든지 자기 하느님을 저주할 경우, 그 죗값을
져야 한다. 16 주님의 이름을 모독한 자는 사형을 받아야
한다. 온 공동체가 그에게 돌을 던져야 한다. 이방인이든
본토인이든 주님의 이름을 모독하면 사형을 받아야 한다.'

보상법

17 '누구든지 사람을 때려 목숨을 잃게 한 자는 사형을 받
아야 한다. 18 또 짐승을 때려 목숨을 잃게 한 자는 그것
을 보상해야 한다. 목숨은 목숨으로 갚는다. 19 동족에게
상해를 입힌 사람은 자기가 한 대로 되받아야 한다. 20 골
절은 골절로, 눈은 눈으로, 이는 이로 갚는다. 다른 사람
에게 상해를 입힌 대로 자신도 상해를 입어야 한다. 21 짐
승을 때려죽인 자는 그것을 보상해야 한다. 사람을 때려
죽인 자는 사형을 받아야 한다. 22 이방인이든 본토인이든
너희에게는 법이 하나일 뿐이다. 나는 주 너희 하느님이
다.'" 23 모세가 이스라엘 자손들에게 이렇게 이르자, 저주
한 그자를 사람들이 진영 밖으로 끌고 가서, 그에게 돌을
던졌다. 이렇게 이스라엘 자손들은 주님께서 모세에게 명
령하신 대로 하였다.

성년

안식년

25 1 주님께서 시나이산에서 모세에게 이르셨다. 2
"너는 이스라엘 자손들에게 일러라. 그들에게
이렇게 말하여라.
'내가 너희에게 주는 땅으로 너희가 들어가면, 그 땅도 주
님의 안식을 지켜야 한다. 3 너희는 여섯 해 동안 밭에 씨
를 뿌리고, 여섯 해 동안 포도원을 가꾸어 그 소출을 거두
어라. 4 그러나 일곱째 해는 안식년으로, 땅을 위한 안식의
해, 곧 주님의 안식년이다. 너희는 밭에 씨를 뿌려서도 안

25,1-7. 안식일이 인간을 위한 휴식의 날이듯 안식년은 땅을 위한 휴식의 때이다. 땅은 칠 년마다 놀리고 모든 사람이 땅에서 절로 자라는 산물을 먹게 허용한다(탈출 23,10-12; 1마카 6,53 참조). 하느님께서는 땅의 주인이시고 당신 축복으로 사람과 짐승 모두에게 필요한 것이 저절로 나게 하신다(레위 25,20-22; 시편 104편; 마태 6,25-34 참조). 신명 15,1-11; 31,10은 땅의 휴식에 빛 탕감을 덧붙인다. 탈출 21,2-6; 신명 15,12-18은 칠 년째에 히브리인 종들의 해방도 언급한다.

24,16 1열왕 21,10.13; 마태 12,31; 26,66; 마르 3,28-29; 14,64; 요한 10,33; 19,7; 2티모 2,19. 24,17 탈출 21,12; 민수 35,30.31; 신명 19,11.12; 마태 5,21. 24,20 마태 5,38; 또한 탈출 21,23.24; 신명 19,21도 참조. 24,22 탈출 12,49; 민수 15,16. 25,3.4 탈출 23,10.11.

25,1-55. 안식일과 축제들 외에 안식년(오늘날에도 자주 사용하는 표현, 5절)과 희년이라는 다른 두 개의 중요한 시기가 있다. 이 두 제도는 서로 밀접히 연결되어 있고 땅에 대한 하느님의 절대적 주권 개념에 토대를 둔다.

되고 포도원을 가꾸어서도 안 된다. 5 너희가 수확한 다음
에 저절로 자란 곡식을 거두어서도 안 되고, 너희가 가꾸
지 않은 포도나무에 저절로 열린 포도를 따서도 안 된다.
이것이 땅의 안식년이다. 6 안식년에 땅에서 나오는 것이
너희뿐만 아니라 너희의 남종과 여종과 품팔이꾼, 그리고
너희와 함께 머무르는 거류민의 양식이 될 것이다. 7 또한
너희 가축과 너희 땅에서 사는 짐승까지도 땅에서 나는
온갖 소출을 먹을 것이다.'

희년

8 '너희는 안식년을 일곱 번, 곧 일곱 해를 일곱 번 헤아려
라. 그러면 안식년이 일곱 번 지나 마흔아홉 해가 된다. 9 그
일곱째 달 초열흘날 곧 속죄일에 나팔 소리를 크게 울려라.
너희가 사는 온 땅에 나팔 소리를 울려라. 10 너희는 이 오
십 년째 해를 거룩한 해로 선언하고, 너희 땅에 사는 모든
주민에게 해방을 선포하여라. 이 해는 너희의 희년이다.
너희는 저마다 제 소유지를 되찾고, 저마다 자기 씨족에
게 돌아가야 한다. 11 이 오십 년째 해는 너희의 희년이다.
너희는 씨를 뿌려서도 안 되고, 저절로 자란 곡식을 거두
어서도 안 되며, 저절로 열린 포도를 따서도 안 된다. 12 이
해는 희년이다. 그것은 너희에게 거룩한 해다. 너희는 밭
에서 그냥 나는 것만을 먹어야 한다.
13 이 희년에 너희는 저마다 제 소유지를 되찾아야 한다.
14 너희가 동족에게 무엇을 팔거나 동족의 손에서 무엇을
살 때, 서로 속여서는 안 된다. 15 너희는 희년에서 몇 해가
지났는지 헤아린 다음 너희 동족에게서 사고, 그는 소출
을 거둘 햇수를 헤아린 다음 너희에게 팔아야 한다. 16 그
햇수가 많으면 값을 올리고, 햇수가 적으면 값을 내려야
한다. 그는 소출을 거둘 횟수를 너희에게 파는 것이다. 17
너희는 동족끼리 속여서는 안 된다. 너희는 너희 하느님을
경외해야 한다. 나는 주 너희 하느님이다.
18 너희는 나의 규칙들을 실천하고, 나의 법규들을 지키며
실천해야 한다. 그래야 너희가 그 땅에서 평안히 살게 될
것이다. 19 그리고 땅이 열매를 내주어 너희가 배불리 먹으
며, 그곳에서 평안히 살게 될 것이다.
20 '씨를 뿌려서도 안 되고 소출을 거두어서도 안 된다면,
우리가 일곱째 해에는 무엇을 먹으리오?' 하고 너희가 물

25,8-22. 오십 년째 되는 해를 희년이라고 하는데, 일곱째 달 열흘째에('욥 키푸르' 16,29; 23,27 참조) 숫양 뿔 나팔 소리와 함께 선포된다. 그 해에 해방의 메시지가 선포된다. 땅은 경작하지 않고 놓아둔다. 각 사람은 자기 유산을 차지하러 돌아가야 한다. 빚 때문에 팔린 사람은 자기 가족에게 돌아가고 조상 전래의 소유지를 되찾아야 한다(25,41 참조). 희년이 실천되었다는 증거나 문서는 없다. 희년을 지키지 않은 것에 대한 형벌 규정이 전적으로 부재하다는 것도 인상적이다. 에제 46,17에 언급한 내용은 희년의 의미를 상당히 바꾼 것처럼 보인다. 한편, 예레 34,8-16에서는 칠 년째에 히브리인 종을 해방시키지 않은 것을 비난한다(탈출 21,2; 신명 15,12 참조). 신약 성경은 레위 25장을 명시적으로는 언급하지 않지만 루카 4,18-19은 이사 61,1-2을 인용한다(마태 11,5; 루카 7,22도 참조). 유배 체험에 대해서는 연대적인 관점에서만 볼 때, 이스라엘인들이 바빌론 종살이로 끌려간 것이 기원전 587년이며 고향으로 귀환하기 시작한 것이 기원전 538년부터라는 것 곧 유배 후 거의 오십 년이란 점을 고려해야 한다. 확고하고 입증된 증거가 없더라도 이런 것을 숙고할 때, 이스라엘인들이 없는 동안에 다른 이들이 소유했을 그 땅을 이스라엘인들이 희년의 해방 덕분에 되찾게 되는 것은 하느님께서 그들에게 자격을 주셨기 때문일 것이다.

25,9 23,24.27. 25,10 루카 4,19. 25,14 19,13; 1사무 12,3.4; 1코린 6,8. 25,15 27,18.23.
25,17 19,14.32. 25,18 19,37; 26,4.5.

을 수도 있을 것이다. 21 그러나 나는 여섯째 해에 나의 복
을 베풀어 세 해 동안 먹을 소출이 나게 하겠다. 22 그래서
씨를 다시 뿌리는 여덟째 해에 너희는 묵은 곡식을 먹을
것이다. 아홉째 해가 되어 그해 소출이 날 때까지 묵은 곡
식을 먹게 될 것이다.'

재산을 되사는 규정

23 '땅을 아주 팔지는 못한다. 땅은 나의 것이다. 너희는 내
곁에 머무르는 이방인이고 거류민일 따름이다. 24 너희가
소유한 땅에서는 어디서나 땅을 되사는 권리가 보장되어
야 한다.
25 너희 형제가 가난해져 자기 소유지를 팔 경우, 그에게
가장 가까운 구원자가 나서서 그 판 것을 되사야 한다. 26
구원자가 없는 사람이라도, 스스로 힘이 닿아 되사기에
충분한 방도가 생기면, 27 자기가 판 뒤에 지난 햇수를 헤
아려 나머지 값을 산 사람에게 치르고 그 소유지를 되찾
는다. 28 그러나 되찾을 능력이 생기지 않으면, 그가 판 것
은 희년이 될 때까지 그것을 산 사람의 손에 남아 있게 된
다. 그러다가 희년에는 그 소유지가 풀려, 그는 그것을 되
찾게 된다.
29 어떤 사람이 성곽 도시에 있는 주택을 팔 경우, 판 지 한
해가 다 될 때까지는 되살 권리가 있다. 되살 권리가 일정
기간에만 있는 것이다. 30 한 해가 다 차기까지 되사지 못
하면, 성곽이 있는 그 도시의 집은 대대로 아주 그 집을
산 사람의 것이 된다. 그것은 희년이 되어도 풀리지 않는
다. 31 둘레에 성곽이 쳐지지 않은 시골의 집들은 그 땅의
토지로 여겨진다. 그래서 그것을 되살 권리가 있고, 희년
이 되면 풀린다.'

레위인들에 관한 특별 규정

32 '레위인들의 성읍에 관해서는 다음과 같다. 레위인들은
언제나 그들 소유의 성읍에 있는 집을 되살 권리가 있다.
33 다른 레위인이 그것을 되산다 하더라도, 레위인들이 소
유한 성읍에서 팔린 집은 희년이 되면 풀린다. 레위인들의
성읍에 있는 집들은 이스라엘 자손들 가운데에서 그들이
자기 소유로 얻은 것이다. 34 그들 성읍 둘레의 목초지는
팔지 못한다. 그것은 그들의 영원한 소유지다.'

25,23-28. 백성의 땅은 주님의 것이다. 이스라엘인은 단지 이방인이자 거류민이다. 그들은 땅을 영구히 팔 수는 없다(그러나 이 사상은 후대 곧 유배 후에 생긴 듯하다). 상황이 좋지 않아 어쩔 수 없이 땅을 팔아야 했던 이는 희년 동안에 되찾게 될 것이다. 그러나 이 시기 전에 가장 가까운 친척('고엘', "구원자")이나 필요한 금액을 얻을 수 있다면 빚진 사람 스스로가 그 땅을 되찾는 권한을 쓸 수 있다(룻 4,1-6; 예레 32,6-15 참조). '고엘'이라는 용어는 하느님의 칭호가 될 것이다. 하느님께서는 당신 맏아들인 이스라엘을 이집트에서 해방하기 위해서(탈출 4,22; 6,6 참조) 가까운 친척으로 행동하셨다.

25,29-34. 성곽 도시 안에 있는 집을 파는 사람은 그 집에 대한 권한이 더 적다. 레위인들에게는 집 소유와 관련해서 특별 규정을 적용하는데 그들은 집에 대해 영속적인 권한을 갖는다. 레위기 전체에서 이 구절에만 레위인 관련 제도에 대해 언급한다.

25,22 26,10. 25,23 창세 23,4; 탈출 19,5; 1역대 29,15; 시편 39,13. 25,25 룻 2,20; 4,4.6. 25,32 민수 35,1-8.

가난한 이들을 도울 의무

35 '너희 형제가 가난하게 되어 너희 곁에서 허덕이면, 너
희는 그를 거들어 주어야 한다. 그도 이방인이나 거류민처
럼 너희 곁에서 살 수 있게 해야 한다. 36 그에게서 이자나
이익을 거두어서는 안 된다. 너희는 너희 하느님을 경외해
야 한다. 그리하여 너희 형제가 너희 곁에서 살 수 있게 해
야 한다. 37 이자를 받으려고 그에게 돈을 꾸어 주어서도
안 되고, 이득을 보려고 그에게 양식을 꾸어 주어서도 안
된다. 38 나는 너희에게 가나안 땅을 주고 너희 하느님이
되려고, 너희를 이집트 땅에서 이끌어 낸 주 너희 하느님
이다.'

25,35-38. 형제에게 이자를 받고 돈을 빌려주는 것을 금지(탈출 22,24; 신명 23,20-21 참조)할 뿐만 아니라 곤경 중에 있는 형제를 부양할 필요도 덧붙인다.

이스라엘인의 종이 될 경우

39 '너희 곁에 사는 형제가 가난하게 되어 자신을 너희에게
팔 경우, 그를 종 부리듯 해서는 안 된다. 40 그가 품팔이꾼
이나 거류민처럼 너희 곁에서 살며 희년이 될 때까지 너희
일을 하다가, 41 자기 자식들과 함께 너희를 떠나서 자기
씨족에게 돌아가 조상 전래의 소유지를 되찾게 해야 한
다. 42 그들은 내가 이집트 땅에서 이끌어 낸 나의 종들이
니, 종이 팔리듯 팔려서는 안 된다. 43 그를 가혹하게 다스
려서는 안 된다. 너희는 너희 하느님을 경외해야 한다.'

25,39-46. 종의 신분에 대해 형제(히브리인)와 이방인 사이에 차이가 있다. 탈출 체험에 호소하여 이스라엘 백성 내부에서 노예 제도를 폐지한다. 이스라엘인들은 모두 그들을 이집트에서 나오게 하신 주님의 종들이다. 빚 때문에 자신을 판 이는 채권자 집에서 종으로 여겨져서는 안 되며 희년까지 품팔이꾼이나 거류민으로 일해야 한다. 그래서 안식년과는 별개로 6년의 종살이 후에 해방하라고 명령했지만(탈출 21,2; 신명 15,12-13 참조) 거의 존중되지 않던(예레 34,8-22 참조) 이 규정도 변경된다. 하지만 이방인은 영속적으로 노예일 수 있었다.

외국인 종

44 '너희가 소유할 수 있는 남종과 여종에 관해서는 다음
과 같다. 너희는 주위 민족들에게서 남종과 여종을 사들
일 수 있다. 45 또 너희 곁에 머무르는 거류민의 자식들 가
운데에서나, 너희 땅에서 태어나 너희 곁에 머무르는 그들의
친척 가운데에서 사들여, 너희 소유로 삼을 수 있다. 46 너희
는 그들을 너희 자손에게 대대로 물려주어 소유하게 할 수
있다. 너희는 그들을 언제까지나 종으로 부려도 된다. 그
러나 너희 형제 이스라엘 자손들끼리는 가혹하게 다스려
서는 안 된다.'

이스라엘인이 외국인의 종이 될 경우

47 '너희 곁에 사는 이방인이나 거류민이 넉넉해졌는데, 그
옆에 사는 너희 형제가 가난해져, 너희 곁에 사는 이방인이

25,47-55. 이스라엘 땅에 사는 이방인에게 빚 때문에 자신을 팔아야 하는 이스라엘인 사례도 규정한다. 그들은 종처럼 대우받지 않아야 하고 스스로 자신을 되사거나 가까운 친척('고엘', 25절)이 그를 되살 수 있다. 희년까지 남은 햇수에 따라 지불할 가격이 달라진다. 어떤 경우에도 희년이 되면 자유롭게 되었다.

25,35 신명 15,7-11; 시편 37,26; 루카 6,33.35. 25,36 탈출 22,24; 신명 23,20.21. 25,38 11,45. 25,39 탈출 21,2; 신명 15,12; 1열왕 9,22. 25,41 탈출 21,3. 25,43 탈출 1,13.14; 에페 6,9; 콜로 4,1. 25,45 이사 56,3.6.

나 거류민, 또는 이방인 씨족의 후손에게 자신을 팔 경우,
48 팔린 다음에라도 그는 자신을 되살 권리를 지닌다. 그
의 형제 가운데 한 사람이 그를 되살 수도 있다. 49 아니면
그의 삼촌이나 삼촌의 아들이 그를 되살 수도 있고, 그 씨
족의 다른 살붙이가 그를 되살 수도 있다. 그 자신이 넉넉
해지면 스스로 제 몸을 되살 수도 있다. 50 이 경우 그는 자
기를 산 사람과 함께 제 몸을 판 그해부터 희년까지가 몇
해인지 헤아려, 그 햇수에 따라 가격을 매기는데, 그 집에
머물러야 할 기간을 날품팔이의 날수로 쳐서 계산한다. 51
아직 햇수가 많이 남았으면, 그것에 따라 자기를 판 가격
에서 일정액을 빼고 자신을 되사는 값을 치른다. 52 희년까
지 남은 햇수가 얼마 되지 않으면, 그 햇수에 따라 계산한
다음 자신을 되사는 값을 치른다. 53 그를 한 해 한 해 날
품팔이로서 주인집에 머무르게 하고, 주인이 너희 눈앞에
서 그를 가혹하게 다스리는 일이 없게 해야 한다. 54 그가
이 여러 방도 가운데 어느 하나로도 자신을 되사지 못한
다 하더라도, 희년이 되면 자식들과 함께 풀려난다. 55 이
는 이스라엘 자손들이 나에게 속한 종들이기 때문이다.
그들은 내가 이집트 땅에서 이끌어 낸 나의 종들이다. 나
는 주 너희 하느님이다.'

계명들의 요약

26 1 '너희를 위하여 우상을 만들거나, 신상이나
기념 기둥을 세워서는 안 된다. 또 조각한 돌을
너희 땅에 놓고 그것에 절해서도 안 된다. 나는 주 너희 하
느님이다. 2 너희는 나의 안식일을 지키고, 나의 성소를 경
외해야 한다. 나는 주님이다.'

순종에 따르는 상

3 '너희가 나의 규칙들을 따르며 나의 계명들을 지키고 실
천하면, 4 나는 제때에 비를 내려 주겠다. 그러면 땅은 소
출을 내고 들의 나무는 열매를 낼 것이다. 5 타작 기간이
포도 수확 때까지 이어지고, 포도 수확이 파종 때까지 이
어질 것이다. 그래서 너희는 양식을 배불리 먹으며 너희
땅에서 평안히 살게 될 것이다. 6 내가 그 땅에 평화를 줄
것이니, 너희가 누워 자더라도 너희는 아무런 위협도 받지

26,1-17. 고대 근동의 계약 조항들처럼 성결법도 율법 준수와 연결된 일련의 축복과 저주로 마친다(신명 28장 참조). 축복(3-13절 참조)은 땅의 풍요로운 수확, 평화, 원수들을 쉽게 이기는 것, 많은 자녀, 당신 백성 가운데서 주님의 현존과 관련된다. 저주(14-39절 참조)는 질병, 패배, 소출을 내지 못하는 땅, 들짐승, 칼, 흑사병, 기근과 관련된다. 백성이 주님에게서 멀어지기를 고집하면 이런 것들은 더욱 그들을 괴롭힐 것이다.

26,1. 기념 기둥에 대해서는 2열왕 10,26-27 주 참조.

25,48 느헤 5,5. 25,50 욥 7,1; 이사 16,14; 21,16. 25,51 예레 32,7. 25,53 콜로 4,1. 26,1 탈출 20,4.5; 레위 19,4; 신명 5,8. 26,2 // 19,30. 26,3 신명 28,1. 26,4 사도 14,17. 26,5 25,18.19; 아모 9,13. 26,6 시편 29,11; 147,14; 스바 3,13.

않을 것이다. 나는 위험한 짐승들을 없애고, 칼이 너희 땅
을 휩쓸지 못하게 하겠다. 7 너희는 원수들을 뒤쫓고, 그들
은 너희 앞에서 칼에 맞아 쓰러질 것이다. 8 너희는 다섯
명이 백 명을 뒤쫓고 백 명이 만 명을 뒤쫓으며, 원수들은
너희 앞에서 칼에 맞아 쓰러질 것이다. 9 나는 너희를 보살
펴 너희가 자식을 많이 낳고 번성하게 하며, 너희와 맺은
나의 계약을 이루겠다.10 너희는 묵은 곡식을 오래 갈무리
하며 먹다가, 햇곡식이 나오면 묵은 곡식을 퍼내 버려야
할 것이다. 11 나는 너희 가운데에 나의 거처를 정하고, 너
희를 혐오하지 않겠다. 12 나는 너희와 함께 살아가면서 너
희 하느님이 되고 너희는 나의 백성이 될 것이다. 13 나는
너희를 더 이상 종으로 남지 않게 하려고, 너희를 이집트
땅에서 이끌어 낸 주 너희 하느님이다. 나는 너희 멍에를
부수어, 너희가 얼굴을 들고 걸어갈 수 있게 하였다.'

거역에 따르는 벌

14 '그러나 너희가 나의 말을 듣지 않고 이 모든 계명을 실
천하지 않거나, 15 나의 규칙들을 업신여기고 나의 법규들
을 혐오하여, 나의 모든 계명을 실천하지 않고 나의 계약
을 깨뜨리면, 16 나는 너희에게 이렇게 하겠다. 나는 너희
에게 갑작스러운 재난을, 곧 폐병과 열병을 보내어, 눈이
어두워지고 목숨이 사그라지게 하겠다. 너희가 씨앗을 뿌
려도 헛될 것이니, 너희 원수가 그것을 먹어 버릴 것이기
때문이다. 17 내가 너희에게 내 얼굴을 돌리면, 너희는 원
수들 앞에서 패망하여 적의 지배를 받을 것이다. 너희는
뒤쫓는 자가 없어도 도망치게 될 것이다.
18 이렇게까지 하여도 너희가 내 말을 듣지 않는다면, 나
는 계속해서 너희 죄를 일곱 배로 벌하겠다. 19 그리하여
나는 너희가 자랑하는 그 힘을 꺾어 버리겠다. 나는 너희
하늘을 쇠처럼, 너희 땅을 구리처럼 만들겠다. 20 그러면
너희가 힘을 다하여도 헛될 것이니, 땅은 소출을 내지 않
고 땅의 나무는 열매를 내지 않을 것이기 때문이다.
21 그래도 너희가 나에게 맞서며 내 말을 듣지 않으려 한다
면, 나는 계속해서 너희 죄에 마땅한 재앙을 일곱 배로 내
리겠다. 22 나는 너희에게 들짐승들을 보내어 너희 자식들

26,18-46. 재앙에도 불구하고 당신 백성이 계속해서 그분 말씀을 듣지 않으면 그분도 그들의 죄에 대해 일곱 배로 벌하며 맞서시겠다고 네 차례나 반복해서 말씀하신다(18.21.23-24.27-28절). 땅은 황폐해지겠지만 마침내 쉬게 될 것이고 성읍들은 폐허가 될 것이며 주민들은 이민족들 사이로 흩어질 것이다. 그러나 마지막 말씀은 희망의 말씀이다. 그들의 마음이 바뀌면 그들은 완전히 멸망하지는 않을 것이다. 주님께서는 성조들과 맺으신 계약을 기억하실 것이며(40-45절) 당신 백성을 돕기 위해 개입하실 것이다(탈출 2,24-25 참조).

26,8 신명 32,30; 여호 23,10. 26,9 창세 17,6.7; 22,17; 느헤 9,23. 26,10 25,22. 26,11-12 // 2코린 6,16. 26,11 탈출 25,8; 시편 76,3. 26,12 묵시 21,3.7. 26,14 신명 28,15; 말라 2,2. 26,16 신명 28,22.35.51; 1사무 2,33. 26,17 17,10; 신명 28,25; 시편 53,6; 106,41. 26,19 신명 28,23; 이사 25,11. 26,20 신명 11,17; 이사 17,10.11. 26,21 묵시 15,1.6. 26,22 신명 32,24.

을 물어 가게 하고 너희 가축들을 멸종케 하겠다. 그러면
너희 수가 줄어들어, 너희가 다니는 길들이 한산하게 될
것이다.
23 이렇게 해도 너희가 내 징계를 받아들이지 않고 나에게
맞선다면, 24 나도 너희에게 맞설 수밖에 없다. 나 역시 너
희 죄를 일곱 배로 하여 너희를 치겠다. 25 나는 너희에게
칼을 보내어 계약을 어긴 것을 복수하게 할 것이다. 너희
가 너희 성읍들 안으로 피해 모여들면, 나는 너희 가운데
에 흑사병을 보내겠다. 그리하여 너희는 원수의 손에 넘어
가고 말 것이다. 26 내가 너희 양식을 끊어 버리면, 여자 열
명이 너희가 먹을 빵을 가마 하나에서 구워 낼 것이다. 그
들이 그 빵을 저울에 달아 너희에게 나누어 주면, 그것을
먹어 보아야 너희가 배부르지 않을 것이다.
27 이렇게 해도 너희가 내 말을 듣지 않고 나에게 맞선다
면, 28 나 역시 화를 내며 너희에게 맞서고, 너희 죄를 일곱
배로 벌하겠다. 29 그러면 너희는 너희 아들들의 살을 먹
고 너희 딸들의 살을 먹어야 할 것이다. 30 나는 너희의 산
당들을 헐어 버리고 너희의 분향 제단들을 부수어 버리겠
다. 그리고 너희 주검들이 너희 우상들의 주검 위로 쌓이
게 하겠다. 이렇게 나는 너희를 혐오할 것이다. 31 나는 너
희 성읍들을 폐허로 만들고 너희 성소들을 황폐하게 하겠
다. 너희가 바치는 향기도 맡지 않겠다. 32 나는 그 땅을 황
폐하게 만들어 버리리니, 너희 원수들이 그곳에 살러 왔다
가 그 모습에 질겁할 것이다. 33 나는 너희를 민족들 사이로
흩어 버리며 너희 뒤로 칼을 빼어 휘두르겠다. 그리하여 너
희 땅은 황폐해지고 너희 성읍들은 폐허가 될 것이다.
34 이렇게 땅이 황폐해지고 너희가 원수들의 땅에 있는 동
안, 땅은 비로소 제 안식년들을 줄곧 누리게 될 것이다. 그
때에야 비로소 땅은 쉬면서 제 안식년들을 누릴 것이다. 35
너희 땅은, 너희가 그곳에 살 때 안식년에 쉬지 못한 대신,
이제 황폐해 있는 동안 줄곧 쉬게 될 것이다.
36 너희 가운데 살아남은 자들이 원수들의 땅에 사는 동
안, 내가 그들 마음에 겁을 집어넣으리니, 그들은 떨어지
는 나뭇잎 소리에도 쫓길 것이다. 칼을 피하듯 도망치다
뒤쫓는 자가 없는데도 쓰러질 것이다. 37 뒤쫓는 자가 없는

26,30. 산당들에 대해서는 1열왕 3,2 주 참조.

26,34-35. 이스라엘은 그들이 사는 땅을 적절한 시기에 쉬게 하라는 법을 존중하지 않았다. 이스라엘이 벌을 받고 자기 땅에서 강제로 멀리 떨어져 있어야 하는 상황에 놓일 때 그 법이 자동으로 적용될 것이다(2역대 36,21도 참조).

26,23 예레 2,30; 5,3. 26,25 민수 14,12; 에제 5,17. 26,26 시편 105,16; 이사 3,1; 미카 6,14. 26,29 신명 28,53. 26,30 2역대 34,3; 에제 6,3-6.13. 26,31 시편 74,7; 이사 63,18. 26,32 예레 9,10. 26,33 신명 4,27; 에제 12,15. 26,34 2역대 36,21. 26,36 에제 21,7. 26,37 여호 7,12.13.

데도 칼을 피해 도망칠 때처럼 서로 걸려 비틀거릴 것이다.
너희는 원수에게 맞설 힘이 없을 것이다. 38 너희는 민족들
틈에서 멸망해 가고, 너희 원수들의 땅이 너희를 삼켜 버
릴 것이다. 39 너희 가운데 살아남은 자들은 너희 원수들
의 땅에서 자기들의 죄악 때문에 스러져 갈 것이다. 조상
들의 죄악 때문에도 그들은 스러져 갈 것이다.'

회개의 전망

40 '그러나 그들이, 나를 배신하고 나에게 맞서 지은 자기
들의 죄악과 조상들의 죄악을 고백하면, 41 그리고 내가 자
기들에게 맞서고 자기들을 원수들의 땅으로 보낼 수밖에
없었음을 깨닫는다면, 그리하여 할례 받지 못한 그들의
마음이 겸손해져 자기들의 죗값을 치른다면, 42 나는 야곱
과 맺은 나의 계약과 이사악과 맺은 나의 계약, 또 아브
라함과 맺은 나의 계약을 기억하고, 그 땅도 기억하겠다.
43 그들이 죗값을 치르는 동안, 그들이 버리고 떠난 그 땅
은 그들 없이 황폐한 채 남아 제 안식년들을 누릴 것이다.
그들이 나의 법규들을 업신여기고 나의 규칙들을 혐오하
였기 때문이다. 44 그렇지만 나는 그들이 원수들의 땅에
있는 동안에도, 그들을 업신여기거나 혐오하여 그들을 멸
망시키거나 그들과 맺은 나의 계약을 깨뜨리지 않겠다. 나
는 주 그들의 하느님이다. 45 나는 그들을 위하여 선조들과
맺은 계약을 기억하겠다. 나는 그들의 하느님이 되려고,
민족들이 보는 앞에서 그들을 이집트 땅에서 이끌어 내었
다. 나는 주님이다.'"
46 이것이 주님께서 시나이산에서 모세를 통하여 당신과
이스라엘 자손들 사이에 세우신 규정과 법규와 법이다.

26,41. 하느님께서 아브라함에게 당신 앞에서 살아가고 흠 없이 되라고 요구하시면서(창세 17,1 참조) 계약의 표징으로 할례를 정하셨다면 모세는 백성에게 완고한 마음에 할례를 행하고 더 이상 목을 뻣뻣하게 하지 말라고 권고한다(신명 10,12; 30,6 참조). 예언자 예레미야도 참된 할례는 마음의 할례임을 상기시킨다(예레 4,4; 9,25; 로마 2,25-29; 필리 3,3; 콜로 2,11 참조).

부록: 서원 예물의 값

27 1 주님께서 모세에게 이르셨다. 2 "너는 이스라엘
자손들에게 일러라. 그들에게 이렇게 말하여라.
'누구든지 사람을 봉헌하겠다고 주님에게 서원하고, 그
사람에 해당하는 값에 따라 서원을 채우려 할 경우, 3 스
무 살에서 예순 살에 이르는 남자의 값은 성소 세켈로 은
쉰 세켈이다. 4 여자이면 그 값이 서른 세켈이다. 5 다섯 살

27,1-34. 이 장은 서원으로, 하느님께 봉헌하겠다고 한 사람(2-8절), 짐승(9-13절), 집(14-15절), 땅(16-24절)에 대한 규정으로 후대에 첨가한 내용이다. 결론 구절은 26,46과 비슷한 내용이다.

27,3. 세켈은 무게 단위로 궁정 세켈은 11.5~13g 정도였다. 성소 세켈도 있었다.

26,38 신명 4,26. 26,39 신명 4,27; 에제 4,17. 26,40 예레 3,12-15; 루카 15,18; 1요한 1,9. 26,41 2역대 12,6.7; 에제 44,9; 사도 7,51. 26,42 창세 22,15-18; 26,2-5; 28,13-15; 루카 1,72-73. 26,44 신명 4,31; 로마 11,2ㄱ. 26,45 25,38; 창세 17,7; 탈출 6,6-8. 26,46 7,38; 25,1; 27,34; 갈라 3,19. 27,3 탈출 30,13

27,16. 호메르는 부피 측정 단위로 약 450리터에 해당한다.

27,21. 그러나 민수 18,20에 따르면 사제는 어떤 땅도 상속 재산으로 소유할 수 없다.

에서 스무 살까지는, 남자의 값이 스무 세켈이고 여자는
열 세켈이다. [6] 한 달에서 다섯 살까지는, 남자의 값이 은
다섯 세켈이고 여자의 값은 은 세 세켈이다. [7] 예순 살 이
상인 남자의 값은 열다섯 세켈이고 여자는 열 세켈이다.
[8] 너무 가난하여 이 값을 낼 수 없는 사람이 있으면, 그를
사제 앞에 세우고 사제가 그 값을 매기는데, 서원한 사람
의 능력에 따라 값을 매긴다.
[9] 주님에게 예물로 바칠 수 있는 짐승이면, 주님에게 올리
려고 한 것은 모두 거룩하다. [10] 그러므로 그것을 다른 것
으로 대신하지 못한다. 좋은 것을 나쁜 것으로, 또 나쁜
것을 좋은 것으로 바꾸지 못한다. 짐승을 짐승으로 바꾸
면, 본래의 것과 바꾼 것, 둘 다 거룩하게 된다. [11] 주님에
게 예물로 바칠 수 없는 부정한 짐승이면, 그것이 어떤 짐
승이든 사제 앞에 세우고, [12] 사제가 그것이 좋은지 나쁜
지 가려 값을 매긴다. 사제가 값을 매기는 그대로 그 값이
된다. [13] 그것을 되사고자 하면 그 값에다 오분의 일을 더
보태야 한다.
[14] 누가 자기 집을 주님에게 거룩한 것으로 봉헌하고자 할
경우, 사제가 그것이 좋은지 나쁜지 가려 값을 매긴다. 사
제가 값을 매기는 그대로 그 값이 결정된다. [15] 봉헌한 이
가 자기 집을 되사고자 하면, 그 가격에 오분의 일을 더 보
태야 한다. 그러면 그 집이 다시 그의 것이 된다.
[16] 누가 자기 소유의 밭을 주님에게 봉헌하고자 하면, 씨
앗의 분량에 따라 그 값이 매겨진다. 보리 한 호메르의 씨
앗 분량이면 은 쉰 세켈이다. [17] 희년부터 그 밭을 봉헌하
면, 그 값이 그대로 결정된다. [18] 희년이 지난 다음에 그 밭
을 봉헌하면, 사제가 다음 희년까지 남은 햇수에 따라 돈을
계산하여 본값에서 깎는다. [19] 그 밭을 봉헌한 이가 그것을
되사고자 하면, 그 가격에 오분의 일을 더 보탠다. 그러면 그
밭은 다시 그의 것이 된다. [20] 그 밭을 되사지 않고 다른 사
람에게 팔면, 다시는 그 밭을 되살 수 없게 된다. [21] 희년이 되
어 그 밭이 풀리더라도, 그것은 완전 봉헌물이 된 밭처럼 주
님에게 바쳐진 거룩한 것으로서, 사제의 소유가 된다.
[22] 누가 본래 자기 소유의 밭이 아니라 사들인 밭을 주님
에게 봉헌하면, [23] 사제가 희년까지 얼마인지 따져 그 값의
총액을 계산한다. 그러면 그는 그날로 그 값을 주님에게
거룩한 것으로 바친다. [24] 희년이 되면 그 밭은 그것을 판

27,6 민수 18,16. 27,18 25,15.16. 27,21 25,10.28.31; 민수 18,14. 27,24 25,28.

사람, 곧 그 땅의 본래 임자에게 돌아간다.
25 모든 값은 스무 게라를 한 세켈로 하는 성소 세켈에 따
른다.
26 짐승의 맏배는, 맏배로서 이미 주님에게 속하기 때문에
아무도 그것을 봉헌할 수 없다. 소든지, 양이나 염소든지
그것은 이미 주님의 것이다. 27 그러나 부정한 짐승이면 그
값에 오분의 일을 더 보태어 그것을 대속할 수 있다. 그것
을 되사지 않으면 그 값으로 다른 이에게 팔려 나간다.
28 그러나 누가 자기가 가진 것 가운데에서 무엇이든 완전
봉헌물로 주님에게 바쳤으면, 사람이든 짐승이든 자기 소
유의 밭이든, 그것을 팔거나 되살 수 없다. 완전 봉헌물은
모두 주님에게 바쳐진 가장 거룩한 것이다. 29 완전 봉헌물
이 된 사람은 그가 누구이든 대속할 수 없다. 그는 반드시
죽어야 한다.
30 땅의 십분의 일은, 땅의 곡식이든 나무의 열매든 모두
주님의 것이다. 주님에게 바쳐진 거룩한 것이다. 31 누가 그
십분의 일을 되사고자 하면 그것에 오분의 일을 더 보태야
한다. 32 큰 가축과 작은 가축의 십분의 일, 곧 지팡이 밑
으로 지나가게 하여 골라낸 모든 가축의 십분의 일은 주님
에게 바쳐진 거룩한 것이 된다. 33 그것이 좋은지 나쁜지 살
펴서도 안 되고 바꾸어서도 안 된다. 그것을 바꾸면 본래의
것과 바꾼 것이 둘 다 거룩하게 되어 되살 수 없게 된다.'"
34 이것이 주님께서 이스라엘 자손들을 위하여 시나이산
에서 모세에게 내리신 계명들이다.

27,25. 게라는 가장 작은 무게 단위로 약 0.55g이다.

27,26-29. "완전 봉헌물"이라고 번역한 단어(히브리어 '헤렘', 그리스어 번역본에서 '아나테마')는 이미 하느님께 속한 것이라는 점에서 대속이 불가능해진 특정 자원 제물을 가리키는 전문적인 표현이다. 민수 18,14과 에제 44,29에서도 이 용어는 예배 어휘에 속하는데 원래는 거룩한 전쟁 예식에 속했다. 곧 승리의 결실(원수들, 전리품)은 속된 용도에 사용할 수 없고, 전적으로 돌이킬 수 없는 하느님의 것이다. 그래서 전멸되었다(여호 6,18-24; 1사무 15장 참조). 보통 주님께서 그것을 요구하신다(신명 7,2; 20,17; 여호 8,2; 1사무 15장에서 사울은 하느님께 버림받는데, 완전 봉헌물로 바치라는 명령을 따르지 않고 전리품 가운데 가장 좋은 것들을 남겨 두었기 때문이다. 여호 7,1.11도 참조). 민수 21,2에서 백성은 가나안 사람들과 그들의 도성을 "완전 봉헌물로 바치겠습니다."라고 서원한다. 이는 전쟁과 관련해 사용된 것인데 다른 민족들에게도 존재했다.

27,25 탈출 30,13. 27,26 탈출 13,2.12. 27,28 여호 6,17-19. 27,30 창세 28,22; 말라 3,8.10; 마태 23,23. 27,34 26,46; 신명 4,5.

민수기

제목과 정경 내의 위치

민수기의 칠십인역 이름은 '아리트모이'다. 라틴어 번역본인 대중 라틴말 성경과 서구 전승에서는 이 책에 숫자와 명부, 계산, 등록 목록이 많이 나오기 때문에(예를 들어 1,5-15.20-46; 2,3-33; 3,14-39; 7,12-88; 26,5-51.57-62) 책 이름을 "숫자들"Numbers이라고 불렀다. 그러나 이런 내용이 책 전체에서 큰 부분을 차지하지는 않는다. 따라서 이런 이름 자체가 책 전체에 나오는 다른 중요한 내용들까지 대변할 만한 정당성은 없다. 이 책의 히브리어 제목은 "광야에"('브미드바르')인데 책의 첫 구절(1,1 참조) 넷째 단어를 딴 것이다. 앞으로 보겠지만 간결한 이 용어가 책 전체의 의미를 더 잘 요약한다. 유다 전승에서는 글의 첫머리를 따서 제목을 붙이는 관습대로 '와이답베르', 주님께서 "말씀하셨다"라고 부르기도 한다. 이 "말씀"은 1,1에 명시된 대로 만남의 천막부터 시나이 광야까지 하느님께서 모세에게 하신 담화를 가리킨다.

구조와 문학적 특성

이스라엘 율법의 네 번째 책은 모세 오경 전체 구조의 체계에서 하느님의 선택을 받은 백성이 11개월 20일 동안 머물던 시나이 광야에서(탈출 19,1; 민수 10,11-12 참조) 모압 대초원 곧 약속의 땅인 가나안 땅 경계 지점까지 이동하는 시기를 담고 있다.

이렇게 민수기는 이스라엘 백성이 가나안 땅으로 행군하면서 만난 광야 지역(시나이 외에도 파란, 에돔, 네겝, 아모리, 모압 영토)에서 행한 여러 중요한 단계를 서술한다. 다른 한편, 가나안 땅 정복 시작(21,21-32은 아모리 임금 시혼의 영토, 21,33-35은 바산 임금 옥의 영토, 31,1-54은 미디안인들의 영토)을 다룬다. 또 민수기 내용 구성에는 율법, 명부, 연대기 자료도 포함된다.

이스라엘의 시나이 광야 출발은 이 책 전체를 설득력 있게 구분하는 기준이 된다. 이것을 분기점으로 민수기 전체를 1,1-10,10(광야에서 이스라엘 행진 준비)

와 10,11-36,13(행진 실현) 둘로 불균등하게 나눌 수 있다. 오늘날 이 책의 본문 자료를 만족스럽게 구분할 만한 단일하고 명확한 원칙은 쉽게 찾을 수 없다. 이 행진에 대한 묘사와 표현을 보면 행진에 군사적 특성과 제의적 특성이 모두 담겨 있음을 알게 된다. 사실 이스라엘 진영의 모양은 장엄한 전투 배치와 매우 비슷한 형태를 생각나게 한다. 다른 한편, 진영 한가운데 있는 성소 곧 만남의 천막의 현존 자체가 광야를 통과하는 이 군사 행진에 전형적으로 종교적이고 전례적인 성격과 본성을 부여한다(2장 참조). 따라서 광야에서의 이스라엘의 전진은 군사 행진이자 종교 행렬이다.

서술된 이야기를 시간의 관점에서 보면, 이 책 제1부(10,10까지)에는 20일이 할애된다(1,1과 10,11 참조. 그런데 9,1.5에 나오는 시간 회상에 대한 언급을 고려하면 이 과업은 실제로 한 달 닷새가 걸릴 것이다). 제2부(10,11-36,13)에는 39년이(14,33-34; 32,13; 33,38; 신명 1,3 참조) 필요하다. 이 제2부는 이스라엘이 약속의 땅에 도착하기 전에 주변 광야를 헤매던 시기 거의 전부에 해당한다. 이 시기에 여러 차례의 반란과 반복적인 불평 때문에 이집트에서 나온 세대 전체는 행진하는 동안 약속의 땅에 도착하지 못하고 죽었다(1코린 10,5도 참조). 새로운 세대만이 하느님 명령으로 약속의 땅을 상속받을 수 있었다(민수 14,26-35; 26,1-65 참조).

레위기를 통해 이스라엘은 주님 앞에서 자신의 실존을 합당하게 살도록 규정과 윤리적·전례적 법전을 받았다. 이후 민수기를 통해 이스라엘은 백성으로서 자신에 대해 기록하면서 하느님 현존 앞에서 살고 걸은 다양하고 구체적인 사건들을 기억하게 되었다. 이런 의미에서 이스라엘 한가운데 현존하시는 주님의 이동 성소(또는 만남의 천막)는, 레위기에 이어 이 책 제1부(1,1-10,10 참조)에서도 여전히 관심의 중심으로 남아 있다. 이 제1부는 광야를 통과하여 약속의 땅 문턱까지 이스라엘을 데려갈 전례적-군사적 행진 준비를 다룬다.

특히 성소를 중심으로 한 지파 배치, 만남의 천막에서 레위인들의 제의 봉사 조직, 만남의 천막 유지, 레위인들의 인구 조사 같은 여러 주제를 다루고 있다(1-4장 참조). 뿐만 아니라 윤리, 예식, 전례와 관련된 규범도 많이 들어 있다(5-8장 참조). 이스라엘이 시나이 광야에서 출발하기 전에 행진 준비를 하면서 탈출 12장에서 묘사한 예식대로 파스카 예식을 거행한 것은 주목할 만하다. 이는 이집트에서 나온 다음 해 첫 달 열나흘에 일어난 일이다(민수 9,1.5 참조). 민수기의 내용에 따르면 모세는 이 의식을 치르고 열닷새 뒤에 주님의 명령대로 이스라엘 백성의 인구를 조사했을 것이다(1,1-4 참조).

그러므로 이 길고 복잡한 일련의 도입과 준비 이후 비로소 10,11의 이스라엘 백성은 시나이에서 모압 대초원으로 향하는 참되고 고유한 전례-행진을 시작할 수 있었다(2,1; 21,20도 참조). 이 출발로 민수기 제2부가 시작된다. 이 행진 내내 이스라엘이 모세와 아론 앞에서 곧 주님 앞에서 끊임없이 반항하는 주제가 펼쳐진다. 주님께서 그 반항에 개입하신다는 것이 여러 이야기에 담겨 있다(11,1ㄱ.4-9; 12,1-2ㄱ; 14,1-4; 16,1-3; 17,6; 21,5 참조. 이런 문학 유형은 탈출 15,24; 16,2-3; 17,3에 이미 나온다). 주님의 교정 외에도, 이스라엘이 규정과 법규를 따르면서 하느님을 섬기려는 갈망과 굳센 의지를 보여 줄 때에만 행진의 성공과 정복이라는 과업의 확실한 결실을 맺을 것이다.

이스라엘이 가나안 땅을 정복하는 과정 중 아모리 임금과 바산 임금과 전쟁에서(21,21-35 참조) 두 차례 승리한 후, 22-24장은 프오르의 아들 발라암과 연관된 사건과 신탁을 소개한다. 이 부분은 민수기의 나머지 주제와 비교할 때 독자적이고 자율적으로 전승된 본문이다. 1967년 현재의 요르단 데이르 알라에서 발견된 비문 내용과 영감 면에서 매우 유사하다. 이 비문은 기원전 약 8세기경으로 추정되는 붉은색과 검은색 잉크로 석고 위에 글자를 새겼다.

25장(31장도 참조)에서는 이스라엘이 어떻게 우상 숭배로 넘어가는지 서술한다. 신전 매음, 종교 혼합주의, 변절, 결론적으로 주님과 맺은 계약에 대한 불충실은 이후 이스라엘 역사에서 큰 부담으로 작용할 것이다. 우상 숭배는 이스라엘 전체를 패배와 유배로 이끄는 여러 원인 가운데 하나가 될 것이다(특히 열왕기 상하권 참조).

26장은 이집트를 떠나온 모든 사람(1,1-54 참조)이 죽은 후에(14,26-35 참조) 약속의 땅에 들어갈 이스라엘의 새로운 세대의 인구 조사를 다룬다. 27-30장은 특히 율법이나 전례 자료를 소개한다(그러나 이 단락의 단일한 본문인 27,12-23에서 모세의 죽음 이후 여호수아가 후계자로 선포되는 이야기도 주목할 필요가 있다). 마지막으로 31-34장은 가나안 정복의 첫 단계를 보여 준다. 먼저 미디안족의 땅 차지(31장 참조), 요르단 동편 땅 분배(32장 참조), 이집트 탈출에서 모압 대초원에 도착할 때까지의 여정에 대한 요약 자료(33장 참조)를 제공한다. 그리고 가나안에 들어가기 전에 일련의 다양하고 다채로운 가르침, 명령, 지시가 이어진다(34-36장 참조). 이 책 마지막 장들은 약속의 땅 정복 시작과 정복한 영토 분배를 다루며 여호 12-22장의 주제와 직접 연결될 것이다.

주요 신학 노선

이미 말했듯이 민수기 일부는 사제 출신 저자와 편집자들(P)의 전형적 방식에 따라 숫자와 족보 목록의 정확한 등록, 명부와 목록 작성에 할애된다. 인구조사 산출과 관련하여 지나치게 많은 숫자의 총액에서 비롯되는 이 조직화는 항상 조화와 평화만 존재하지 않는 이스라엘의 거주 환경에, 특히 바빌론 유배 시기와 조상 아브라함의 자손인 거룩하고 선택된 지파들과는 다른 이질적인 민족들이 거주하는 파괴된 예루살렘으로의 귀환 시대에 질서와 균형과 평정을 부여했다. 족보와 왕조 문제에 관련된 질서와 명확성은 유배 후 시대에 더 필수적이었다. 이 시대에는 자신이 참된 이스라엘에 속함을 보여 주는 것이, 거룩한 백성에게 낯선 이질적인 민족과 문화들과의 과거나 현재에 이루어진 빈번한 혼합에서 자신이 거리를 두고 있음을 보여 주는 것이 생존과 관련된 본질적인 문제였기 때문이다(예를 들어 에즈 2,59-63 참조). 이제 이스라엘 역사에서 이러한 시대적 일반 관심사가 사제계(또는 후기 사제계) 저자와 편집자들이 사용하는 전형적 절차에 따라 민수기를 통해 고대 시대 곧 이스라엘이 약속의 땅을 향해 행진하면서 광야를 순례하던 시기로 투영되었다.

이 책에서 사제계 저자와 편집자(P)의 감수성이 강하게 개입한 증거로 가나안 땅 정복을 향한 광야 행진이 종교적 행진으로 묘사된 것을 들 수 있다. 계약의 궤와 함께 만남의 천막에 큰 중요성을 부여하는데, 여러 지파의 행진 대열의 이동과 정렬뿐만 아니라 정복 과정에서 군대의 승리와 성공에서도 큰 역할을 하게 된다. 이 거룩한 것에 대한 강조는(비록 거룩한 것이 전쟁과 군사 행위로 연결되는 것 자체는 우리에게 이상해 보이지만) 예식에 관한 필연적인 결과도 낳는다. 곧 이미 광야 때에(레위기부터 이것이 드러난다) 엄격하게 정형화된 정교한 의식을 통해 이스라엘의 주 하느님을 섬기고 공경해야 했을 것이다(더 고대의 견해인 아모 5,25과는 대조적인 면을 보라).

이스라엘의 고통스러운 광야 체험이 민수기에서 어떻게 사용되었는지 다시 설명할 필요가 있다. 먼저 하느님의 약속과 보증 앞에 백성이 보여 준 불충실을 강조한다(여러 이야기에서 규칙적으로 자주 나오는 불평과 관련된 반항을 기억할 필요가 있다. 구조와 문학적 특성 참조). 다른 한편, 이와 반대로 주님의 지속적이고 충실한 도움에 대한 이 백성의 불가피하고 근본적인 의존성을 확인한다. 이런 의미에서 다소 목가적이고 고요한 장소로 광야를 바라보는 호세 2,16-17의 환시와는 다르다.

그런데 비이스라엘인 예언자 발라암(22-24장 참조)은 주님의 이름으로, 주님을 대신하여 자신의 신탁을 선포한다. 이것은 독립적인 전승으로 기원전 약 8세기경으로 연대를 추정하는 비성경 비문에서 이와 관련된 내용을 볼 수 있다(구조와 문학적 특성 참조). 특히 민수기에서 이 특별한 예언자가 말한 것으로 여기는 신탁 중 24,17은 야곱 집안에서 솟아올라야 할 "별"과 이스라엘에서 솟아야 할 "홀"의 이미지를 사용한다. 그런 이미지는 특히 헬레니즘과 로마 제국 시기에 메시아에 대한 기대의 표상이 될 것이다. 예를 들어, 쿰란에서 별은 합법적이고 적합한 예식을 회복할 사제를, "홀"은 이스라엘의 적을 결정적으로 물리칠 임금의 모습을 상기시켰을 것이다. 또는 별과 홀이 단일한 인물을 가리키는 이중 이미지라고 보는 다른 해석도 있다. 예를 들어 라삐 아키바에 따르면 기원후 132-135년의 반란 선동자 시몬 바르 코시바는 민수기의 이 신탁에서 선포된 메시아였을 것이다. 유다 전통은 이 때문에 그를 '바르 코시바', "별의 아들"이라고 부른다.

책에서 감지할 수 있는 사제계(그리고 후기 사제계) 저자와 편집자의 강한 감수성은 아론과 그의 아들 엘아자르의 사제직과 그의 아들 피느하스의 사제직에서도 드러난다(탈출 6,25; 민수 25,7.11; 31,6 참조). 백성이 시도한 배반 행위를 잠재우기 위해 보인 피느하스의 열성과 특별한 추진력은 유배 후 이스라엘에게 기준점이자 비교 대상이 될 것이다. 그 예로, 기원전 2세기 마카베오 집안 사람들이 압제자인 안티오코스 에피파네스 임금에게 무장 투쟁을 할 때 피느하스의 모습에서 영감과 방향을 얻었을 것이다. 기원후 1세기 로마 지배에 저항한 열혈당원들도 바로 이 인물에게서 그들의 특징과 모델을 취했을 것이다.

다양성, 불충실, 부정함을 받아들이지 않는 이 감수성은 이방인 이교도 예언자 발라암이 주님의 영감을 통해 말하는 31,8.16에서도 볼 수 있을 것이다(여호 13,22; 2베드 2,15; 유다 11절; 묵시 2,14 참조). 발라암은 프오르의 바알에게 드리는 예식을 통해서 이스라엘에게 주님에 대한 불충실을 가르쳤다는 것 때문에 칼로 살해되었다(민수 25장; 신명 4,3; 시편 106,28-31; 호세 9,10 참조).

끝으로, 민수기에서 대사제라는 인물은 그가 대표하는 전체 세상에서 주요한 중개자(덜 정교한 제도인 "원로들" 외에. 11장; 16,25 참조)가 된다. 민수기가 기록된 유배 후 시대에 임금의 모습과 그가 행사하는 왕권이 부재할 때, 대사제는 주님 말씀의 중개자뿐만 아니라, 이스라엘의 형법과 민법의 중개자이기도 하다. 바로 이 민수기에서 레위인의 모습도(레위 지파 남자들) 사제들(아론의 후손들, 아론도 레위 지파 출신이다)에게 종속된 모습으로 주제화되고 정의된다. 탈출기와 레위기에서는 레위인들의 특징이나 특히 만남의 천막과 천막 비품들과 관련된 일의 조력자요 관리자이자 제의실 담당자로서 그들의 임무에 대해 별로 서술되지 않고 가끔씩만 언급된다.

본문의 작성과 전수

민수기의 자료들은 거의 대부분이 사제 계층에 뿌리를 둔 사람들에서 기인하는데, 이들은 유배기와 유배 이후 시대부터 주로 예배와 사제 계층의 권한 직무에 연결된 환경에서 살던 사람들이다. 확실히 이 책은 기존에 있었거나 별개의 다른 전승들이 함께 엮였다. "주님의 전쟁기"(21,14 참조)나 다른 노래들, 민중 찬가를 반복하는 것이 이런 본문에 속한다(21,17-18.27-30 참조). 민수기에는 서로 다른 문학 유형이(인구 조사, 목록, 광야의 지명과 행진 여정, 이스라엘의 불평, 요르단 동편 정복, 토지 분할, 법률, 전례 규범 등) 많이 들어 있는데 다양한 작성 환경과 여러 시기, 여러 가지 관심사를 표현하는 듯 보인다. 바빌론 유배에서 귀환한 후 사제계와 후기 사제계 저자들은 이미 준비된 그다지 많지 않은 자료를 적절히 개정된 다른 자료들과 통합하면서, 페르시아 시대에 그리고 아마도 일부는 헬레니즘 시대에 이 책의 전체 구성을 최종적으로 확정했음에 틀림없다.

페데리코 준톨리Federico Giuntoli

민수기

첫 번째 인구 조사

1 [1] 이스라엘 자손들이 이집트 땅에서 나온 그 이듬
해 둘째 달 초하룻날, 주님께서 시나이 광야에 있
는 만남의 천막에서 모세에게 이르셨다.
2 "너희는 씨족과 집안에 따라 이스라엘 자손들의 온 공
동체의 수를 세어라. 모든 장정을 하나하나 호명하며 세어
라. 3 너는 아론과 함께, 이스라엘에서 전쟁에 나갈 수 있
는 스무 살 이상 된 남자들을 모두 부대별로 사열하여라.
4 각 지파에서 한 사람씩, 자기 집안의 우두머리 되는 사
람들이 너희를 돕게 하여라.
5 너희를 도와줄 사람들의 이름은 이러하다. 르우벤 지파
에서는 스데우르의 아들 엘리추르, 6 시메온 지파에서는
추리사따이의 아들 슬루미엘, 7 유다 지파에서는 암미나
답의 아들 나흐손, 8 이사카르 지파에서는 추아르의 아들
느탄엘, 9 즈불룬 지파에서는 헬론의 아들 엘리압, 10 요셉
의 아들들 가운데, 에프라임 지파에서는 암미훗의 아들
엘리사마, 므나쎄 지파에서는 프다추르의 아들 가믈리엘
이다. 11 그리고 벤야민 지파에서는 기드오니의 아들 아비
단, 12 단 지파에서는 암미사따이의 아들 아히에제르, 13
아세르 지파에서는 오크란의 아들 파그이엘, 14 가드 지파
에서는 드우엘의 아들 엘야삽, 15 납탈리 지파에서는 에난
의 아들 아히라이다."
16 이들이 공동체 가운데에서 뽑힌 사람들로서, 각 지파의

1,1 탈출 19,1; 40,2.17. 1,2 26,2; 탈출 38,26. 1,14 2,14. 1,16 16,2; 26,9.

1,1-4. 민수기는 사건 장소와 날짜를 구체적으로 말하면서 시작한다. 배경은 아직도 시나이 광야이다. 주님께서 "만남의 천막"에서 모세에게 말씀하신다. 이 천막은 이스라엘이 이집트를 떠난 지 일 년이 지나고 "첫째 달 초하룻날"에 세워졌다. 그리고 한 달 후 파스카 축제를 지낸다(9,5 참조). 주님께서는 약속의 땅으로 이스라엘을 데려가기 위해 행진 계획을 시작하시고 부대 진영을 갖추신다. 바로 이것이 인구 조사의 목적이다("이스라엘에서 전쟁에 나갈 수 있는… 남자들"). 그런데 이 군사적 행동은 전례적이면서 예식적이다. 이스라엘의 군주는 주님이시기 때문이다.

1,1. 주님께서는 만남의 천막에서 모세를 만나셨는데(탈출 25,22; 29,42-43 참조) 그와 "얼굴을 마주하여"(탈출 33,7.11) 말씀하셨다. 백성도 그곳에서 모세의 중재를 통해 주님께 자문을 청할 수 있었다(민수 16,19-20 참조). 탈출 33,7-11의 전승에는 그 천막이 진영 밖에 있는데, 민수 3,2에서는 진영 한가운데 설치된 것으로 보인다(5,3도 참조).

1,5-53. 레위 지파 남자들은 인구 조사에서 제외된다. 그들은 성소에서만 일해야 하며(50-53절 참조) 군 복무에서 면제되었기 때문이다. 그러나 요셉 대신에 그의 두 아들 에프라임과 므나쎄가 뒤를 잇기 때문에 전장에 나가 싸우는 지파는 항상 열두 지파가 된다.

1,5-15. 이 지파 명단 양식은 비록 그 순서가 조금 다를지라도 민수기의 다른 곳에서 다시 나올 것이다. 1,20-43; 2,3-31; 7,12-83; 10,14-27; 13,4-15; 26,5-51 참조.

1,16. "수장"이 이스라엘에서 왕정 이전에 존재했을 가능성은 낮다(탈출 16,22 참조). "수장"과 "우두머리"(공동 번역 "사령관") 라는 신분은 지파 대표나 부족 대표로 추정할 수 있다.

수장이며 이스라엘 각 부족의 우두머리였다.
17 모세와 아론은 지명된 이 사람들을 데리고, 18 둘째 달
초하룻날에 온 공동체를 불러 모아, 스무 살 이상 된 남자
들을 하나하나 호명하며 씨족과 집안별로 등록하게 하였
다. 19 이는 주님께서 모세에게 명령하신 대로였다. 이렇게
모세는 시나이 광야에서 그들을 사열하였다.
20 이스라엘의 맏아들 르우벤의 자손들 가운데에서, 전쟁
에 나갈 수 있는 스무 살 이상 된 모든 장정을 씨족과 집안
별로 혈통에 따라 하나하나 모두 호명하였다. 21 이렇게 르
우벤 지파에서 사열을 받은 이는 사만 육천오백 명이었다.
22 시메온의 자손들 가운데에서, 전쟁에 나갈 수 있는 스
무 살 이상 된 모든 장정을 씨족과 집안별로 혈통에 따라
하나하나 호명하며 모두 사열하였다. 23 이렇게 시메온 지
파에서 사열을 받은 이는 오만 구천삼백 명이었다.
24 가드의 자손들 가운데에서, 전쟁에 나갈 수 있는 스무
살 이상 된 남자들을 씨족과 집안별로 혈통에 따라 모두
호명하였다. 25 이렇게 가드 지파에서 사열을 받은 이는 사
만 오천육백오십 명이었다.
26 유다의 자손들 가운데에서, 전쟁에 나갈 수 있는 스무
살 이상 된 남자들을 씨족과 집안별로 혈통에 따라 모두
호명하였다. 27 이렇게 유다 지파에서 사열을 받은 이는 칠
만 사천육백 명이었다.
28 이사카르의 자손들 가운데에서, 전쟁에 나갈 수 있는
스무 살 이상 된 남자들을 씨족과 집안별로 혈통에 따라
모두 호명하였다. 29 이렇게 이사카르 지파에서 사열을 받
은 이는 오만 사천사백 명이었다.
30 즈불룬의 자손들 가운데에서, 전쟁에 나갈 수 있는 스
무 살 이상 된 남자들을 씨족과 집안별로 혈통에 따라 모
두 호명하였다. 31 이렇게 즈불룬 지파에서 사열을 받은 이
는 오만 칠천사백 명이었다.
32 요셉의 자손들, 곧 에프라임의 자손들 가운데에서, 전
쟁에 나갈 수 있는 스무 살 이상 된 남자들을 씨족과 집안
별로 혈통에 따라 모두 호명하였다. 33 이렇게 에프라임 지
파에서 사열을 받은 이는 사만 오백 명이었다.
34 므나쎄의 자손들 가운데에서, 전쟁에 나갈 수 있는 스
무 살 이상 된 남자들을 씨족과 집안별로 혈통에 따라 모
두 호명하였다. 35 이렇게 므나쎄 지파에서 사열을 받은 이

1,19-46. 사열을 받은 이를 문자가 아니라 숫자로 표기하면 "인구 조사"에 관련된 본문의 문학 장르를 훨씬 살릴 수 있다. 또한 그것은 이 본문의 공적인 독서를 더욱 수월하게 할 것이다.

1,20 26,5-11. 1,22 26,12-14. 1,24 26,15-18. 1,26 26,19-22. 1,28 26,23-25. 1,30 26,26.27. 1,32 26,35-37. 1,34 26,28-34.

는 삼만 이천이백 명이었다.
36 벤야민의 자손들 가운데에서, 전쟁에 나갈 수 있는 스
무 살 이상 된 남자들을 씨족과 집안별로 혈통에 따라 모
두 호명하였다. 37 이렇게 벤야민 지파에서 사열을 받은 이
는 삼만 오천사백 명이었다.
38 단의 자손들 가운데에서, 전쟁에 나갈 수 있는 스무 살
이상 된 남자들을 씨족과 집안별로 혈통에 따라 모두 호
명하였다. 39 이렇게 단 지파에서 사열을 받은 이는 육만
이천칠백 명이었다.
40 아세르의 자손들 가운데에서, 전쟁에 나갈 수 있는 스
무 살 이상 된 남자들을 씨족과 집안별로 혈통에 따라 모
두 호명하였다. 41 이렇게 아세르 지파에서 사열을 받은 이
는 사만 천오백 명이었다.
42 납탈리의 자손들 가운데에서, 전쟁에 나갈 수 있는 스
무 살 이상 된 남자들을 씨족과 집안별로 혈통에 따라 모
두 호명하였다. 43 이렇게 납탈리 지파에서 사열을 받은 이
는 오만 삼천사백 명이었다.
44 이들은 모세와 아론이, 저마다 자기 집안을 대표하는
이스라엘의 열두 수장과 함께 사열한 사람들이다. 45 이렇
게 이스라엘에서 전쟁에 나갈 수 있는 스무 살 이상 된 사
람으로서 집안별로 사열을 받은 이스라엘의 모든 자손의
수는, 46 곧 사열을 받은 이들의 총수는 육십만 삼천오백
오십 명이었다. 47 그러나 레위인들의 지파만은 이들과 함
께 사열을 받지 않았다.

레위인들의 병역 면제

48 주님께서 모세에게 이르셨다. 49 "이스라엘 자손들 가운
데에서 레위 지파만은 사열하지도 말고, 그들의 수를 세
지도 마라. 50 너는 레위인들에게 증언판을 모신 성막과
모든 기물과 거기에 딸린 모든 물건을 맡겨라. 그들은 성
막과 모든 기물을 날라야 하고, 성막을 보살피며 그 둘레
에 진을 치고 살아야 한다. 51 성막을 옮겨 갈 때에 레위인
들이 그것을 거두어 내려야 하고, 성막을 칠 때에도 레위
인들이 그것을 세워야 한다. 속인이 다가왔다가는 죽을
것이다. 52 이스라엘의 다른 자손들은 저마다 자기 진영
안에, 저마다 자기 부대의 깃발 아래 진을 치고, 53 레위인

1,46. 병적부에 등록된 사람 수와 같은 숫자가 탈출 38,26에서도 보고되었는데 과장인 듯하다. 모세와 엘아자르가 모압 초원에서 실시한 두 번째 인구 조사도 마찬가지다(26,51 참조). 장정들만 포함한 통계 숫자인데 여자와 아이(스무 살 아래) 등 전체 주민 수까지 합하면 대략 200만 명에 해당할 것이다. 성경의 이스라엘에게는 비정상적인 숫자이다. 이스라엘이 사백 년 전 이집트에 내려갔을 때는 불과 칠십 명에 지나지 않았다(창세 46,27; 탈출 1,1-5 참조). 이 인구 조사의 통계 숫자 상승은 하느님의 축복과 약속의 효력을 재확인하는 데 암묵적으로 사용된다(창세 15,5; 17,4-6; 22,17; 26,4; 32,13; 35,11 참조).

1,50. 성막 안에 무엇이 있는지 "증언판"으로 구체적으로 말한다. 성막 안에는 두 개의 돌판 위에 새겨진 하느님의 십계명이 보관된 계약 궤가 있다(탈출 25,10-22; 1열왕 8,9 참조).

1,36 26,38-41. 1,38 26,42.43. 1,40 26,44-47. 1,42 26,48-50. 1,44 26,64. 1,46 2,32; 26,51; 탈출 12,37; 38,26. 1,47 2,33; 3; 4; 26,57. 1,50 3,25-37. 1,51 4,1-33. 1,52 2,2.

들은 증언판을 모신 성막 둘레에 진을 쳐야 한다. 그래야
이스라엘 자손들의 공동체에게 진노가 내리지 않을 것이
다. 이렇게 레위인들은 증언판을 모신 성막을 지키는 일을
해야 한다."
54 이스라엘 자손들은 그렇게 하였다. 그들은 주님께서 모
세에게 명령하신 대로 다 하였다.

지파들의 야영 위치와 행진 순서

2 1 주님께서 모세와 아론에게 이르셨다.
2 "이스라엘 자손들은 저마다 제 집안의 표지로 세
운 깃발 아래 진을 쳐야 한다. 만남의 천막에서 조금 떨어
져 그 둘레에 진을 쳐야 한다.
3 동쪽 곧 해 뜨는 쪽에 진을 칠 이들은 유다 진영의 깃발
아래 있는 부대들이다. 유다 자손들의 수장은 암미나답의
아들 나흐손이고, 4 그의 부대 곧 사열을 받은 이들은 칠
만 사천육백 명이다. 5 그 곁에 진을 칠 이들은 이사카르
지파이다. 이사카르 자손들의 수장은 추아르의 아들 느탄
엘이고, 6 그의 부대 곧 사열을 받은 이들은 오만 사천사백
명이다. 7 그다음은 즈불룬 지파이다. 즈불룬 자손들의 수
장은 헬론의 아들 엘리압이고, 8 그의 부대 곧 사열을 받
은 이들은 오만 칠천사백 명이다. 9 이렇게 유다 진영으로
사열을 받은 이들은 부대별로 세어 모두 십팔만 육천사백
명이다. 이들이 첫 번째로 출발한다.
10 남쪽에는 르우벤 진영의 깃발 아래 있는 부대들이 진을
친다. 르우벤 자손들의 수장은 스데우르의 아들 엘리추르
이고, 11 그의 부대 곧 사열을 받은 이들은 사만 육천오백
명이다. 12 그 곁에 진을 칠 이들은 시메온 지파이다. 시메
온 자손들의 수장은 추리사따이의 아들 슬루미엘이고, 13
그의 부대 곧 사열을 받은 이들은 오만 구천삼백 명이다.
14 그다음은 가드 지파이다. 가드 자손들의 수장은 드우엘
의 아들 엘야삽이고, 15 그의 부대 곧 사열을 받은 이들은
사만 오천육백오십 명이다. 16 이렇게 르우벤 진영으로 사
열을 받은 이들은 부대별로 세어 모두 십오만 천사백오십
명이다. 이들이 두 번째로 출발한다.
17 그다음에는 만남의 천막과 함께 레위인들의 진영이 다
른 진영들의 한가운데에 자리 잡고 출발한다. 이렇게 진을
치는 순서대로 출발하는데, 저마다 자기 깃발 아래 제자
리를 지켜야 한다.

2,1-34. 이스라엘은 약속의 땅 정복을 향한 긴 행진을 준비해야 한다. 주님께서는 모세에게 진영을 편성하는 방법을 설명하신다. 레위인들이 둘러싼 만남의 천막을 중심으로 지파는 각 방향마다 세 부대씩 정사각형 구조로 배치된다. 행진 순서도 결정된다. 동쪽에 진을 친 지파들이 먼저 이동한다(모든 지파 가운데 유다 지파가 먼저 출발). 남쪽에 진을 친 지파들이 두 번째로 출발하고, 그다음으로 레위 지파가 성소와 함께 뒤를 따른다. 그렇게 성소는 항상 중앙에 있게 된다(에제 48,1-2 참조). 세 번째로 서쪽에 진을 친 지파들, 마지막으로 북쪽에 진을 친 지파들이 출발한다. 행진 때뿐만 아니라 행진하지 않는 동안에도 주님께서는 항상 당신 백성 가운데에 계신다.

2,9. 유다 지파가 첫 번째로 출발하는 것은 우연이 아니며, 모든 지파 가운데 첫 번째이자(창세 49,8-12 참조) 다른 지파에 비해 가장 인원수가 많기 때문이다(민수 1,46도 참조).

2,2 1,52. 2,3 10,14. 2,5 1,8. 2,9 10,14. 2,10 1,5. 2,12 1,6. 2,14 1,14. 2,17 1,53.

18 서쪽에는 에프라임 진영의 깃발 아래 있는 부대들이 진
을 친다. 에프라임 자손들의 수장은 암미훗의 아들 엘리
사마이고, 19 그의 부대 곧 사열을 받은 이들은 사만 오백
명이다. 20 그 곁에는 므나쎄 지파가 진을 친다. 므나쎄 자
손들의 수장은 프다추르의 아들 가믈리엘이고, 21 그의 부
대 곧 사열을 받은 이들은 삼만 이천이백 명이다. 22 그다
음은 벤야민 지파이다. 벤야민 자손들의 수장은 기드오니
의 아들 아비단이고, 23 그의 부대 곧 사열을 받은 이들은
삼만 오천사백 명이다. 24 이렇게 에프라임 진영으로 사열
을 받은 이들은 부대별로 세어 모두 십만 팔천백 명이다.
이들이 세 번째로 출발한다.
25 북쪽에는 단 진영의 깃발 아래 있는 부대들이 진을 친
다. 단 자손들의 수장은 암미사따이의 아들 아히에제르이
고, 26 그의 부대 곧 사열을 받은 이들은 육만 이천칠백 명
이다. 27 그 곁에 진을 칠 이들은 아세르 지파이다. 아세르
자손들의 수장은 오크란의 아들 파그이엘이고, 28 그의 부
대 곧 사열을 받은 이들은 사만 천오백 명이다. 29 그다음
은 납탈리 지파이다. 납탈리 자손들의 수장은 에난의 아
들 아히라이고, 30 그의 부대 곧 사열을 받은 이들은 오만
삼천사백 명이다. 31 이렇게 단 진영으로 사열을 받은 이
들은 모두 십오만 칠천육백 명이다. 이들이 자기들의 깃발
아래 마지막으로 출발한다."
32 이것이 이스라엘 자손들 가운데에서 집안별로 사열을
받은 이들이다. 이렇게 부대별로 진영에 따라 사열을 받은
이들은 모두 육십만 삼천오백오십 명이었다. 33 그러나 레
위인들은 주님께서 모세에게 명령하신 대로 이스라엘 자
손들 가운데에서 사열을 받지 않았다.
34 이스라엘 자손들은 주님께서 모세에게 명령하신 대로
다 하였다. 그들은 저마다 씨족과 집안에 따라 자기들의
깃발 아래 진도 치고 출발도 하였다.

아론의 아들들

3 1 주님께서 시나이산에서 모세에게 말씀하시던 때
에 아론과 모세의 자식들은 이러하다. 2 아론의 아
들들의 이름은 맏아들 나답, 아비후, 엘아자르, 이타마르
이다. 3 이것이 사제직을 수행하도록 직무를 받은, 곧 기름

3,1-4. 희생 제물의 피와 섞은(탈출 29,21; 레위 8,30 참조) 성별 기름을 뿌려 사제들을 성별했다(탈출 30,22-25.30 참조). 머리 위에 기름을 붓는 것은 대사제에게만 해당되었다(탈출 29,7; 레위 21,10 참조).

3,3. "직무를 받은" 레위 8,33 주 참조.

2,20 1,10. 2,24 10,22. 2,25 1,12. 2,27 1,13. 2,31 10,25. 2,32 1,46; 탈출 38,26. 2,33 1,47. 3,2 26,60.

부음을 받은 사제들로서 아론의 아들들의 이름이다. 4 나
답과 아비후는 시나이 광야에서 속된 불을 주님 앞에 바
치다가 주님 앞에서 죽었다. 그들에게는 아들이 없었기 때
문에, 엘아자르와 이타마르가 아버지 아론 밑에서 사제직
을 수행하였다.

레위인들의 임무

5 주님께서 모세에게 이르셨다. 6 "너는 레위 지파를 가까
이 오게 하여, 그들을 아론 사제 앞에 세워서 그를 시중들
게 하여라. 7 그들은 성막의 일을 하여, 만남의 천막 앞에
서 아론을 위한 임무와 온 공동체를 위한 임무를 수행해
야 한다. 8 그들은 또한 만남의 천막에 있는 모든 기물을
보살피고 성막의 일을 하여, 이스라엘 자손들을 위한 임
무를 수행해야 한다. 9 너는 레위인들을 아론과 그의 아들
들에게 붙여 주어라. 레위인들은 이스라엘 자손들에게서
뽑혀 나에게 바쳐진 이들이며 아론에게 주어진 이들이다.
10 너는 아론과 그의 아들들을 임명하여 사제직을 수행하
게 하여라. 속인이 다가왔다가는 죽을 것이다."

레위인들을 선택하시다

11 주님께서 모세에게 이르셨다. 12 "나는 이제 이스라엘
자손들 가운데에서 태를 맨 먼저 열고 나온 모든 맏아들
대신, 레위인들을 이스라엘 자손들 가운데에서 골라 갖는
다. 레위인들은 나의 것이 된다. 13 처음 난 것은 모두 나의
것이기 때문이다. 내가 이집트 땅에서 처음 난 것들을 모
두 치던 날, 사람에서 짐승에 이르기까지 처음 난 것은 모
두 나의 것으로 성별하였다. 그것들은 나의 것이 된다. 나
는 주님이다."

3,5-13. 모세는 아론의 아들들에게 기름을 부어 성별한 후, 그들에게 맡겨진 레위인들의 역할을 정확하게 규정한다. 레위인은 사제보다 낮은 위치에 있다.

3,10. "속인" 히브리어 '자르'는 보통 "낯선 이"로 번역하는데, 특정 집단에 속하지 않는 사람, 그 집단에서 "이질적인 사람"을 가리킨다. 여기서 "속인"은 예배에서 임무를 맡지 않은 "평신도"를 가리킨다.

3,11-13.40-41. 처음 태어나는 것은 모두 주님께 속하고 대속해야 한다(탈출 13,2.12.14-15; 22,28-29; 34,20 참조). 맏이 대신에 주님께서는 당신에게 봉사할 레위인들을 선택하신다(41절 참조). 대신하는 것은 대속으로 간주된다. 이렇게 레위인들은 주님의 소유로 정의되며(12.44절), 레위인의 이 특별한 위치는 주어진 것으로써 주님의 뜻에 근거를 둔다.

3,13. "성별하였다"는 본디 "거룩함의 상태로 옮기다"이다. 더 이상 세속이 아닌 거룩한 영역에 속한다는 의미에서 맏아들은 주님께 성별된다(그들은 대속되어야 하므로 그들의 출발 조건으로 돌아가는 것이다).

3,4 26,61. 3,6 8,6-22; 18,1-7. 3,9 18,6. 3,10 1,51; 18,7; 탈출 28,41; 29,9. 3,12 8,16; 18,6. 3,13 8,17; 탈출 13,2.12.15.

✠ 3,5-9. 부제서품 예식에서 이 단락을 사용한다. 교회는 항상 레위인들에게서 미래 부제의 예형을 보았다. 오늘날에도 부제 서품식에서 이렇게 기도한다. "또한 레위의 후손들을 선택하시어 옛 성막의 봉사직을 수행하게 하셨듯이 교회가 크고 훌륭한 새 성전으로 발전하도록 봉사자의 직무를 세 품계로 나누어 제정하셨나이다."

3,14-39. 레위인(게르손, 크핫, 므라리의 자손)들의 인구 조사가 실시된다. 그들은 다른 지파들처럼 전투에 참가하지 않으며 오로지 예배에만 헌신한다. 인구 조사는 전장에 나갈 만한 연령뿐만 아니라 생후 한 달이 지난 모든 남자(22,000명)를 대상으로 한다(민수 1,2-3 참조). 그들이 성소에서 맡는 임무도 규정한다.

3,32. 엘아자르는 남아 있는 아론의 아들 가운데 가장 연장자(레위 10,1-2 참조)로, 아론이 죽은 뒤 그의 대사제 자리를 이어받을 것이다(민수 20,23-29 참조).

레위인들의 첫 번째 인구 조사

14 주님께서 시나이 광야에서 모세에게 이르셨다. 15 "너는
레위의 자손들을 집안과 씨족별로 사열하여라. 태어난 지
한 달 이상 된 남자를 모두 사열해야 한다." 16 모세는 주님
의 분부에 따라, 명령을 받은 대로 그들을 사열하였다. 17
레위의 아들들의 이름은 게르손, 크핫, 므라리이다. 18 씨
족에 따라 본 게르손의 아들들의 이름은 리브니와 시므이
이다. 19 씨족에 따라 본 크핫의 아들들은 아므람, 이츠하
르, 헤브론, 우찌엘이다. 20 씨족에 따라 본 므라리의 아들
들은 마흘리와 무시이다. 이것이 집안에 따라 본 레위의
씨족들이다.
21 게르손에게는 리브니 씨족과 시므이 씨족이 속하였다.
이들이 게르손의 씨족들이다. 22 그들 가운데에서 태어난
지 한 달 이상 된 모든 남자의 수를 헤아리며 사열하니,
사열을 받은 이들은 칠천오백 명이었다. 23 게르손의 씨족
들은 성막 뒤 서쪽에 진을 치게 되어 있었고, 24 그 게르손
의 집안 수장은 라엘의 아들 엘야삽이었다. 25 게르손의
자손들이 만남의 천막에서 맡은 임무는 성막과 천막과 그
덮개, 만남의 천막 어귀를 가리는 막, 26 뜰의 휘장, 성막과
제단을 둘러싼 뜰의 어귀를 가리는 막, 그리고 온갖 일에
쓰는 줄들을 관리하는 것이었다.
27 크핫에게는 아므람 씨족, 이츠하르 씨족, 헤브론 씨족,
우찌엘 씨족이 속하였다. 이들이 크핫의 씨족들이다. 28
태어난 지 한 달 이상 된 모든 남자의 수를 헤아리니 팔천
육백 명이었는데, 이들은 성소에서 임무를 수행하는 사람
들이었다. 29 크핫 자손 씨족들은 성막 옆 남쪽에 진을 치
게 되어 있었다. 30 크핫 씨족들의 집안 수장은 우찌엘의
아들 엘리차판이었다. 31 그들의 임무는 궤와 상과 등잔
대, 제단들과 예식에 쓰는 성소의 기물들과 휘장의 관리,
그리고 이것과 관련된 온갖 일이었다. 32 레위인들의 최고
수장은 아론 사제의 아들 엘아자르였는데, 그는 성소에서
임무를 수행하는 이들의 감독이었다.
33 므라리에게는 마흘리 씨족과 무시 씨족이 속하였다. 이
들이 므라리의 씨족들이다. 34 그들 가운데에서 태어난 지
한 달 이상 된 모든 남자의 수를 헤아리며 사열하니, 육천
이백 명이었다. 35 므라리 씨족들의 집안 수장은 아비하일
의 아들 추리엘이었다. 이들은 성막 옆 북쪽에 진을 치게

3,15 3,40. 3,17 탈출 6,16-22. 3,20 창세 46,11. 3,21 탈출 6,17. 3,25.26 4,24-26; 탈출 25,9. 3,27 1역대 26,23. 3,29 탈출 6,18. 3,32 레위 10,1-2. 3,33 탈출 6,19.

되어 있었다. 36 므라리의 자손들에게 맡겨진 임무는 성막
의 널빤지, 가로다지, 기둥, 밑받침들과 거기에 딸린 모든
기물의 관리, 성막과 관련된 모든 일, 37 그리고 뜰 둘레에
세우는 기둥과 밑받침, 말뚝과 줄들을 관리하는 것이었
다. 38 성막 앞 동쪽으로, 곧 만남의 천막 앞 해 뜨는 쪽으
로 진을 칠 이들은 모세와 아론과 그 아들들이었다. 이들
은 이스라엘 자손들의 임무를 대신하여 성소에서 임무를
수행하는 사람들이었다. 속인이 다가왔다가는 죽게 되어
있었다.
39 모세와 아론이 주님의 분부에 따라 씨족별로 사열한 레
위인들은 모두, 곧 태어난 지 한 달 이상 된 남자는 모두
이만 이천 명이었다.

3,39. 22,000이라는 숫자는 실은 22,300명에 해당할 것이다(22.28.34절의 합계 참조).

레위인과 맏아들

40 주님께서 모세에게 말씀하셨다. "이스라엘 자손들 가
운데에서 태어난 지 한 달 이상 된 맏아들을 모두 사열하
고 그들의 이름을 세어라. 41 이스라엘 자손들의 모든 맏
아들 대신에 레위인들을, 그리고 이스라엘 자손들이 가진
가축의 모든 맏배 대신에 레위인들의 가축을 나의 것으로
골라내어라. 나는 주님이다." 42 모세는 주님께서 명령하신
대로 이스라엘 자손들의 모든 맏아들을 사열하였다. 43 그
들 가운데에서 태어난 지 한 달 이상 된 맏아들을 모두 호
명하며 사열하니, 이만 이천이백칠십삼 명이었다.
44 주님께서 모세에게 이르셨다. 45 "이스라엘 자손들의 모
든 맏아들 대신에 레위인들을, 그리고 이스라엘 자손들
의 가축 대신에 레위인들의 가축을 골라내어라. 레위인들
은 나의 것이 된다. 나는 주님이다. 46 이스라엘 자손들의
맏아들 가운데에서 레위인들의 수를 넘는 이백칠십삼 명
의 대속 값으로는, 47 한 사람에 다섯 세켈씩 받아라. 스무
게라가 한 세켈이 되는 성소 세켈로 받아라. 48 이렇게 수
를 넘는 이들을 위한 대속 값으로 아론과 그의 아들들에
게 이 돈을 주어라." 49 그리하여 모세는 레위인들이 대속
한 사람들의 수를 넘는 이들에게서 대속 값을 받았다. 50
이스라엘 자손들의 맏아들에게서 받은 돈은 성소 세켈로
천삼백육십오 세켈이었다. 51 모세는 주님의 분부에 따라,
주님께서 자기에게 명령하신 대로 이 대속 값을 아론과 그
의 아들들에게 주었다.

3,42-50. 이스라엘의 맏아들 수는 레위인 수보다 많다(39절 참조). 레위인으로 대신할 수 없는 273명은 아론과 그의 아들들에게 해당하는 값을 주어(한 명당 5세켈이며 1세켈은 약 11.5g) 대속해야 한다.

3,47. 게라는 최소 도량형 단위로, 0.55g에 해당한다. 세켈은 도량형 단위이며 11.5~13g까지 해당한다. 궁정 세켈과 성소 세켈이 있었다.

3,36 4,29-32. 3,38 18,5. 3,39 26,62. 3,46 18,15; 탈출 13,13. 3,47 탈출 30,13.

레위 지파 각 씨족의 직무

4 [1] 주님께서 모세와 아론에게 이르셨다. [2] "너는 레위
의 자손들 가운데에서 크핫 자손들의 수를 씨족과
집안별로 세어라. [3] 서른 살 이상에서 쉰 살까지, 복무에
들어가 만남의 천막에서 작업을 할 수 있는 남자들의 수
를 모두 세어라. [4] 크핫의 자손들이 만남의 천막에서 할 일
은 가장 거룩한 것들을 다루는 일이다. [5] 진영을 옮길 때에
는 아론과 그의 아들들이 들어와서, 칸막이 휘장을 내려
그것으로 증언 궤를 덮은 다음, [6] 그 위에 돌고래 가죽 덮
개를 씌우고, 다시 그 위에 순 자주색 천을 펴고 채를 꿴
다. [7] 제사상 위에는 자주색 천을 펴고, 그 위에 대접, 접시,
잔, 제주 단지들을 놓는다. 늘 차려 놓는 빵도 그 위에 놓
아야 한다. [8] 그 위에 다홍색 천을 펴고, 돌고래 가죽 덮개
로 덮은 다음 채를 꿴다. [9] 그러고는 자주색 천을 가져다가,
불을 켜는 등잔대와 그것에 딸린 등잔, 불똥 가위, 불똥
접시, 그리고 등잔대에 쓰는 온갖 기름 그릇을 덮은 다음,
[10] 그 등잔대와 그것에 딸린 모든 기물을 돌고래 가죽 덮개
로 싸서 들것 위에 얹는다. [11] 금 제단 위에는 자주색 천을
펴고, 그것을 돌고래 가죽 덮개로 덮은 다음 채를 꿴다. [12]
성소에서 예식에 쓰는 그 밖의 모든 기물을 가져다가, 자
주색 천으로 싸고 돌고래 가죽 덮개로 덮어 들것 위에 얹
는다. [13] 제단은 재를 치우고 나서 그 위에 자홍색 천을 편
다음, [14] 제단에서 쓰는 모든 기물, 곧 불똥 접시, 고기 갈고
리, 삽, 쟁반 등 제단의 모든 기물을 얹고, 그 위에 돌고래
가죽 덮개를 편 다음 채를 꿴다. [15] 진영을 옮길 때에, 아론
과 그의 아들들은 성소와 성소의 모든 기물을 덮는 일을
이런 식으로 마친다. 그런 다음에야 크핫의 자손들이 와
서 그것들을 든다. 그들은 거룩한 물건들에 몸이 닿지 않
게 해야 한다. 그랬다가는 죽는다. 이것이 만남의 천막에
서 크핫의 자손들이 옮겨야 하는 짐이다.
[16] 아론 사제의 아들 엘아자르가 맡은 것은 등잔 기름, 향
기로운 향, 늘 바치는 곡식 제물, 성별 기름이다. 그는 성
막과 그 안에 있는 모든 것, 성소와 거기에 딸린 모든 기물
을 맡는다."
[17] 주님께서 모세와 아론에게 이르셨다. [18] "너희는 크핫의
씨족들로 이루어진 부족이 레위인들 가운데에서 끊어지
지 않게 하여라. [19] 그들이 가장 거룩한 것들에 가까이 갈

4,1-49. 레위인에 대한 새 인구 조사는 수행할 특정 봉사 때문에 30~50세의 남자로 제한된다. 3,15에서는 출생 후 한 달이 지난 모든 남자가 그 대상이었고, 8,24에서 25세로 고정된다. 1역대 23,23-24(하느님의 성막과 모든 비품을 더 이상 이동할 필요가 없을 때)에서는 20세로 조정된다.

4,1-15. 크핫의 아들들은 가장 중요한 임무를 맡았는데 모세와 아론의 아버지 아므람이 크핫 집안 사람이기 때문일 것이다(탈출 6,18.20 참조). 그들은 죽지 않으려면 거룩한 기물을 건드리지 않아야 하며 성소에 들어가지 않은 채 기물을 운반해야 했다. 아론과 그의 아들들은 먼저 돌고래 가죽 덮개로 모든 것을 잘 덮어야 했다.

4,16. "늘 바치는 곡식 제물"이 민수기에서는 자주 나오는데 그밖에는 레위 6,13과 느헤 10,34에만 나온다(에제 46,14.15도 참조). 이것은 매일 희생 제물과 함께 바치는 밀가루와 기름과 포도주를 가리킨다고 볼 수 있다(탈출 29,40-41; 레위 6,14-18 참조).

4,3 8,24. 4,7 탈출 25,23; 레위 24,5-9. 4,9 탈출 25,31.37.38. 4,11 탈출 30,1.3.
4,15 7,9; 2사무 6,6.7. 4,16 탈출 30,23.34; 레위 24,1-3.

때 죽지 않고 살게 하려면, 너희가 이렇게 해 주어야 한다.
아론과 그의 아들들이 들어와서 한 사람 한 사람에게 일
과 짐을 정해 주어야 한다. 20 그러나 크핫인들은 들어와
서 한순간이라도 거룩한 것을 보아서는 안 된다. 그랬다가
는 죽는다."
21 주님께서 모세에게 이르셨다. 22 "게르손의 자손들도 집
안과 씨족에 따라 수를 세어라. 23 서른 살 이상에서 쉰 살
까지, 복무에 들어가 만남의 천막에서 일을 할 수 있는 남
자들을 모두 사열하여라. 24 게르손의 씨족들이 할 일과
질 짐은 이러하다. 25 그들이 나를 것은 성막에 치는 천,
만남의 천막과 그 덮개, 그 위에 씌우는 돌고래 가죽 덮개,
만남의 천막 어귀에 치는 막, 26 뜰의 휘장, 성막과 제단을
둘러싼 뜰의 정문 어귀에 치는 막, 거기에 딸린 줄과 그들
이 일하는 데에 필요한 모든 기물이다. 그들은 이것들과
관련된 모든 일도 해야 한다. 27 게르손의 자손들은 어떤
짐을 나르든 어떤 일을 하든, 모든 일에서 아론과 그의 아
들들의 분부를 따라야 한다. 그러므로 너희는 그들이 질
모든 짐을 그들의 임무로 지정해 주어야 한다. 28 이것이
게르손의 씨족들이 만남의 천막에서 할 일이다. 그들은
아론 사제의 아들 이타마르의 지휘 아래 자기들의 임무를
수행해야 한다.
29 너는 므라리의 자손들도 씨족과 집안별로 사열하여라.
30 서른 살 이상에서 쉰 살까지, 복무에 들어가 만남의 천
막에서 일할 수 있는 남자들을 모두 사열하여라. 31 그들
이 만남의 천막에서 할 모든 일은 이러한 것들을 맡아서
옮기는 것이다. 곧 성막의 널빤지, 가로다지, 기둥, 밑받침,
32 뜰 둘레에 세우는 기둥, 밑받침, 말뚝, 줄과 이것들에 딸
린 모든 기물, 그리고 이것들과 관련된 일에 필요한 모든
것이다. 너희는 그들이 맡아 옮겨야 하는 기물들을 지정
해서 맡겨야 한다. 33 이것이 므라리의 씨족들이 아론 사제
의 아들 이타마르의 지휘 아래, 만남의 천막에서 해야 할
모든 일이다."

레위인 장정들의 인구 조사

34 모세와 아론과 공동체의 수장들은 크핫의 자손들을 씨
족과 집안별로 사열하였다. 35 서른 살 이상에서 쉰 살까
지, 복무에 들어가 만남의 천막에서 일할 수 있는 남자들
을 모두 사열하였다. 36 이렇게 씨족별로 사열을 받은 이들

4,25 3,25.26. 4,27 3,21. 4,31 3,36.37.

4,20. "한순간이라도" 자구적으로는 목구멍으로 한 번에 삼킴을 의미하며, 꿀꺽 삼킬 만한 시간을 의역하였다.

4,21-33. 게르손의 자손과 므라리의 자손은 성소의 여러 기물을 옮기는 임무를 맡는데 아론의 아들 이타마르가 그들을 감독한다.

4,29. 므라리는 레위의 셋째 아들이다(창세 46,11). 그의 씨족은 게르손의 씨족에게 맡긴 것과 비슷한 임무를 맡는다. 둘 다 성소의 물건과 기물을 옮기는 일에 종사한다. 므라리라는 이름은 "강한" 또는 "쓰라림"을 뜻한다.

4,34. 저자는 사제와 레위인 사이의 구별을 광야 시대로 거슬러 올라가게 한다. 유배 귀환 이후의 시대 상황이 하느님께서 "광야"에서 모세를 통해 하신 분부를 통해 승인된다.

은 이천칠백오십 명이었다. 37 이들이 모두 만남의 천막에
서 일할 사람으로, 크핫의 씨족들에서 사열을 받은 이들
이다. 모세와 아론은 주님께서 모세를 통하여 내리신 분
부에 따라 그들을 사열하였다.
38 게르손의 자손들 가운데에서 씨족과 집안별로 사열
을 받은 이들은, 39 곧 서른 살 이상에서 쉰 살까지, 복무
에 들어가 만남의 천막에서 일할 수 있는 모든 남자로 40
이렇게 씨족과 집안별로 사열을 받은 이들은 이천육백삼
십 명이었다. 41 이들이 모두 만남의 천막에서 일할 사람으
로, 게르손 자손들의 씨족들에서 사열을 받은 이들이다.
모세와 아론은 주님의 분부에 따라 그들을 사열하였다.
42 므라리 자손들의 씨족들 가운데에서 씨족과 집안별로
사열을 받은 이들은, 43 곧 서른 살 이상에서 쉰 살까지,
복무에 들어가 만남의 천막에서 일할 수 있는 모든 남자
로 44 이렇게 씨족별로 사열을 받은 이들은 삼천이백 명이
었다. 45 이들이 므라리 자손들의 씨족들에서 사열을 받은
이들이다. 모세와 아론은 주님께서 모세를 통하여 내리신
분부에 따라 그들을 사열하였다.
46 모세와 아론과 이스라엘의 수장들은 레위인들을 씨족
과 집안별로 사열하였는데, 이때에 사열을 받은 이들은 모
두, 47 곧 서른 살 이상에서 쉰 살까지, 복무에 들어가 만
남의 천막에서 일을 하고 짐 나르는 일을 할 수 있는 모든
남자로 48 이렇게 사열을 받은 이들은 팔천오백팔십 명이
었다. 49 주님께서 모세를 통하여 내리신 분부에 따라 사
람마다 일과 짐을 맡았다. 그들은 이렇게 주님께서 모세에
게 명령하신 대로 사열을 받은 것이다.

부정한 사람의 처리

5 1 주님께서 모세에게 이르셨다. 2 "너는 이스라엘 자
손들에게 명령하여, 악성 피부병 환자와 고름을 흘
리는 사람과 주검에 닿아 부정하게 된 사람을 모두 진영
밖으로 내보내게 하여라. 3 너희는 남자 여자 가릴 것 없이
내보내야 한다. 그들을 진영 밖으로 내보내어, 내가 이스
라엘 자손들 가운데에 머무르는 진영을 그들이 부정하게
만들지 않도록 해야 한다."

4,49. 위계와 직무를 결정할 때 세심하게 신경을 쓰는 것은 구식 율법주의로 보일 수도 있지만, 백성의 정체성 재발견을 목적으로 한 유배 이후 변화의 핵심 부분이었다. 동시에 주님의 거룩함도 강조한다. 사제와 크핫 자손 사이의 구별뿐 아니라 예배를 행하는 여러 수행원들 사이의 강력한 위계는 신적인 거룩함에서 자신을 보호하려는 관심사에서 나온다. 오직 이런 방식으로 하느님께서는 당신을 계시하시고 이스라엘을 만나 주신다.

5,1-4. 하느님께서 백성 가운데 머무시고자 당신 거처를 세우신 진영 전체가 부정해지지 않도록, 부정한 존재로 여겨진 사람은 멀리 떨어져야 한다. "머물다"로 번역한 '사칸'("천막을 펴다", "거처를 취하다")은 지속적인 체류를 가리킨다. 신약 성경은 "말씀이 사람이 되시어 우리 가운데 사셨다(자구적으로는 "천막을 치셨다")."라고 말한다(요한 1,14).

5,2. "악성 피부병 환자" 이 말의 히브리어는 쉽게 설명할 수 없고 한 가지 병리 현상으로만 축소하기 힘든 모든 종류의 피부병을 앓는 사람이다. 이런 이는 진영 밖으로 내보내야 한다(레위 13,1-59 참조).

4,37 3,27. 4,38 창세 46,11. 5,2 19,11; 레위 13,3.46; 15,2. 5,3 레위 26,11.12; 2코린 6,16.

5-6장에 의식적 정결에 대한 관심이 다시 명확하게 나오는데(레위 11-15장 참조) 공동체 삶과 관련된 규정이 나온다.

4 이스라엘 자손들은 이렇게 하여 그들을 진영 밖으로 내
보냈다. 이스라엘 자손들은 주님께서 모세에게 이르신 대
로 하였다.

잘못에 대한 배상

5 주님께서 모세에게 이르셨다. 6 "너는 이스라엘 자손들
에게 일러라. 남자든 여자든 남에게 어떤 잘못을 저질러
주님을 배신할 경우, 그자는 죄인이 된다. 7 그런 자는 자
기가 저지른 잘못을 고백한 다음, 손해를 끼친 이에게 전
액을 보상하고, 거기에 오분의 일을 더하여 갚아야 한다.
8 그러나 그 피해자에게 대신 보상을 받을 근친이 없으면,
속죄 예식에 쓰는 속죄 숫양은 물론이고 그 보상도 주님
에게 돌아가 사제의 몫이 된다.
9 이스라엘 자손들이 사제에게 가져오는 모든 거룩한 예
물 가운데 흔들어 바치는 것은 모두 사제의 것이 된다. 10
각자의 거룩한 예물은 자기 것이 되지만, 누가 사제에게
준 것은 사제의 것이 된다."

간통 혐의를 받는 여자

11 주님께서 모세에게 이르셨다. 12 "이스라엘 자손들에게
일러라. 그들에게 이렇게 말하여라. '어떤 사람의 아내가
빗나가 남편을 배신하고 13 다른 남자와 동침하였는데, 그
여자가 제 몸을 더럽힌 사실이 남편 눈에 드러나지 않고
감추어진 채, 증인도 없고 현장에서 붙들리지도 않았을
경우, 14 남편이 질투심에 사로잡혀 실제로 몸을 더럽힌 아
내를 의심하게 되거나, 또는 질투심에 사로잡혀 몸을 더럽
히지 않았는데도 아내를 의심하게 되면, 15 그 남편은 자기
아내를 사제에게 데리고 와야 한다. 아울러 아내 몫으로
보릿가루 십분의 일 에파를 예물로 가져와야 한다. 그 예
물에는 기름을 따라서도 안 되고 유향을 얹어서도 안 된
다. 그것은 질투의 곡식 제물이며, 죄를 상기시키는 기억
의 곡식 제물이기 때문이다.
16 사제는 그 여자를 가까이 오게 하여 주님 앞에 세운다.
17 그런 다음에 사제는 거룩한 물을 옹기그릇에 떠 놓고,
성막 바닥에 있는 흙먼지를 긁어 그 물에 탄다. 18 사제는
그 여자를 주님 앞에 세운 채 그 여자의 머리를 풀고, 기억

5,6 레위 5,21.22; 루카 19,8. 5,7 레위 5,5.24; 26,40. 5,8 레위 5,25.26; 7,7. 5,9 레위 6,10.11.19; 7,6-14. 5,10 레위 10,13. 5,12 탈출 20,14; 요한 8,3. 5,13 레위 18,20. 5,15 에제 29,16; 히브 10,3. 5,18 1코린 11,6.

5,11-31. 아내의 간통이 의심되는 경우에 질투하는 남편은 소위 "쓴 물의 시험"이라는 사법 재판에 의존할 수 있다. 그 재판의 결과는 간통죄로 고발된 여자의 유무죄에 대한 하느님의 응답으로 간주되었다. 이런 신의 심판이 고대 근동에 알려져 있었지만 "질투의 곡식 제물"은 이스라엘에서만 행해졌다. 그러나 증인의 진술이 있으면 간통한 남자와 여자는 모두 사형을 당해야 했을 것이다(레위 20,10 참조). "쓴 물 시험"은 여자의 간통이 의심될 경우에만 사용했다.

5,15. 죄를 상기하여 고백하게 하는 예물의 경우 보릿가루 위에 기름이나 유향을 놓아서는 안 된다. 일반적인 곡식 제물은 이런 것을 얹도록 규정되어 있다(레위 2,1 참조). 에파는 용량 측정 단위인데 약 45리터에 해당한다.

5,17. "거룩한 물" 이 표현은 구약 전체에서 여기만 나온다. 그리스어 번역본에서는 "깨끗한 생수"로 번역한다.

5,18. "쓴 물" 자구적 표현은 "쓰라림의 물"인데, 여자가 실제로 간통했을 경우 이 물이 쓰라린 결과를 가져오는 것을 의미했을 수 있다.

의 곡식 제물 곧 질투의 곡식 제물을 그 여자의 두 손바닥
에 얹어 놓는다. 사제 자신은 저주를 부르는 쓴 물을 손에
들고 19 이렇게 말하며, 그 여자를 맹세하게 한다. '다른 남
자가 그대와 동침한 적이 없고, 그대가 남편 밑에 있으면
서 빗나가 몸을 더럽힌 일이 없으면, 저주를 부르는 이 쓴
물이 그대에게 해를 끼치지 않을 것이다. 20 그러나 그대가
남편 밑에 있으면서 빗나가 몸을 더럽혔거나, 남편 아닌
다른 남자가 그대와 동침한 적이 있으면, 21 — 이때 사제
는 그 여자에게 저주의 맹세를 하게 하면서 이렇게 말한
다.— 주님께서 그대의 허벅지를 떨어져 나가게 하시고 그
대의 배를 부풀어 오르게 하시어, 그대의 백성 가운데에
서 그대를 저주와 맹세의 본보기로 만드실 것이다. 22 이제
저주를 부르는 이 물이 그대의 창자 속에 들어가, 배를 부
풀어 오르게 하고 허벅지를 떨어져 나가게 할 것이다.' 그
러면 그 여자는 '아멘, 아멘!' 하고 대답해야 한다.
23 사제는 이 저주를 글로 써서 그 쓴 물에 씻는다. 24 저주
를 부르는 쓴 물을 그 여자에게 마시게 하면, 저주를 부르
는 그 물이 몸 안에 들어가 쓰라리게 하는 것이다.
25 사제는 그 여자의 손에서 질투의 곡식 제물을 받아, 주
님 앞에 흔들어 바치고 제단으로 가져온다. 26 사제는 그
곡식 제물을 한 손 가득 퍼내어, 그것을 기념 제물로 제단
위에서 살라 연기로 바친다. 그런 다음에 그 물을 여자에
게 마시게 한다.
27 그 물을 여자에게 마시게 하였을 때, 그 여자가 몸을 더
럽히고 자기 남편을 배신하였으면, 저주를 부르는 그 물이
몸 안에 들어가 쓰라리게 할 것이다. 그 여자의 배를 부풀
어 오르게 하고 그 여자의 허벅지를 떨어져 나가게 할 것
이다. 그리하여 그 여자는 자기 백성 가운데에서 저주의
본보기가 될 것이다. 28 그러나 그 여자가 몸을 더럽힌 일
이 없이 깨끗하면, 해를 입지 않고 자식도 낳을 수 있을 것
이다.
29 이것이 질투에 관한 법이니, 여자가 남편 밑에 있으면서
빗나가 몸을 더럽혔거나, 30 남편이 질투심에 사로잡혀 자
기 아내를 의심하게 되면, 그 여자를 주님 앞에 세우고, 사
제는 이 법을 모두 그 여자에게 적용해야 한다. 31 그러면
남편은 죄를 면하고 아내는 자기 죗값을 지게 된다.'"

5,19. "해를 끼치지 않을 것이다." 자구적 번역은 "너는 결백하여라"인데, 여기에 쓰인 명령형은 결과가 확실함을 표현한다. 대중 라틴말 성경은 "너를 해치지 않을 것이다"로 해석한다. 같은 동사가 쓰인 탈출 21,19처럼 "벌을 면하다"의 의미로 이해하는 것이 적절하다(그리스어 번역본도 같은 노선에서 해석한다. 28절과 31절도 참조).

5,23-31. 재판관이 아니라 의식의 집행자인 사제는 속죄의 표시로 성막 바닥의 흙먼지를 물에 탄 후 저주를 글로 써서 그 쓴 물에 씻어야 했다. 그 여자는 저주를 부르는 그 쓴 물을 마셔야 했다. 그녀가 유죄라면 영원히 불임이 되겠지만, 결백하다면 자식을 낳을 수 있을 것이다.

5,25. 흔들어 바치는 예식에 대해서는 탈출 29,24의 주 참조.

5,21 여호 6,26; 1사무 14,24. 5,22 신명 27,15; 시편 109,18. 5,25 레위 8,27. 5,27 예레 29,18;42,18; 즈카 8,13.

나지르인

6 1 주님께서 모세에게 이르셨다. 2 "너는 이스라엘 자
손들에게 일러라. 그들에게 이렇게 말하여라. '남
자든 여자든 자신을 주님에게 봉헌하기로 하고, 특별한 서
원 곧 나지르인 서원을 할 경우, 3 그는 포도주와 독주를
삼가야 하고, 포도주로 만든 식초와 독주로 만든 식초를
마셔서는 안 된다. 또 어떤 포도즙도 마셔서는 안 되고, 날
포도도 건포도도 먹어서는 안 된다. 4 봉헌 기간 내내 그는
씨에서 껍질에 이르기까지, 포도나무 열매로 만든 것은 어
떤 것도 먹어서는 안 된다.
5 서원한 봉헌 기간 내내 그는 머리에 면도칼을 대서는 안
된다. 주님에게 자신을 봉헌한 기간이 다 찰 때까지 그는
거룩한 사람이 되어야 한다. 그래서 머리털이 길게 자라도
록 내버려 두어야 한다.
6 그는 자신을 주님에게 봉헌한 기간 내내 죽은 이에게 다
가가서는 안 된다. 7 아버지나 어머니, 형제나 누이가 죽었
을 때에도, 그들의 주검으로 자신을 부정하게 해서는 안
된다. 하느님에게 봉헌한 표를 머리에 지니고 있기 때문이
다. 8 봉헌 기간 내내 그는 주님에게 거룩한 사람이 되어야
한다.
9 누가 그의 곁에서 갑자기 순식간에 죽어, 봉헌된 그의 머
리를 부정하게 할 경우, 몸을 정결하게 하는 날에 머리를
깎아야 한다. 곧 이레째 되는 날에 깎아야 한다. 10 그리
고 여드레째 되는 날에는 산비둘기 두 마리나 집비둘기 새
끼 두 마리를 만남의 천막 어귀로 가져와 사제에게 준다.
11 사제는 한 마리는 속죄 제물로, 다른 한 마리는 번제물
로 바쳐, 주검 때문에 죄를 지은 그를 위하여 속죄 예식을
거행한다. 그는 그날로 다시 자기 머리를 거룩하게 바친다.
12 그는 봉헌하기로 정한 기간 동안 자신을 다시 주님에게
봉헌하기로 하고, 일 년 된 어린 숫양을 보상 제물로 가져
온다. 이미 지난 기간은 그의 봉헌이 부정하게 되었으므로
무효가 된다.
13 봉헌 기간이 다 찼을 때에 나지르인과 관련된 법은 이러
하다. 먼저 그를 만남의 천막 어귀로 오게 한다. 14 그러면
그는 주님에게 예물을 바친다. 곧 일 년 된 흠 없는 어린
숫양 한 마리는 번제물로, 일 년 된 흠 없는 어린 암양 한

6,1-21. '나지르'의 의미는 "다른 사람과 분리된, 하느님께 헌신된"인데, 나지르인은 일시적 또는 영속적인 서원으로 하느님께 자신을 봉헌하였다. 포도주와 발효 음료를 삼가고 머리카락이 자라게 놔두며 어떤 종류의 주검과도 접촉하는 행위가 금지된다. 삼손처럼 모태에서부터 죽을 때까지 봉헌될 수 있으며(판관 13,5-7; 16,17 참조) 사무엘처럼 어머니에 의해 생애 전체가 주님께 봉헌되거나(1사무 1,11 참조) 세례자 요한처럼 천사가 즈카르야에게 그는 포도주도 독주도 마시지 않을 것이라고 말한 경우도 있다(루카 1,15 참조).

6,7. "부정"이라는 용어에 대해서는 레위 20,3 주 참조.

6,10. 히브리어 본문에는 비둘기 "새끼" 두 마리라고 되어 있는데 고대 번역본들은 이것을 "작은" 비둘기로 이해하였다.

6,11. 속죄 제물에 대해서는 레위 4,3 참조.

6,1-21 사도 21,26. 6,2 판관 13,5; 16,17; 아모 2,11.12; 사도 18,18. 6,3 루카 1,15. 6,5 1사무 1,11. 6,6 19,11-22; 레위 21,1-3. 6,9 사도 21,24. 6,10 레위 5,7. 6,12 레위 5,6. 6,13 사도 21,26;6,14 15,27; 레위 14,10.

마리는 속죄 제물로, 흠 없는 숫양 한 마리는 친교 제물로
바친다. 15 또 누룩 없는 빵과 고운 곡식 가루에 기름을 섞
어 만든 과자와 기름을 발라 누룩 없이 만든 부꾸미 한 광
주리를 곡식 제물과 제주와 함께 바친다. 16 사제는 그것들
을 주님 앞에 가져와서, 그를 위한 속죄 제물과 번제물로
바친다. 17 숫양은 그 누룩 없는 빵 한 광주리와 함께 주님
에게 친교 제물로 바친다. 사제는 곡식 제물과 제주도 함
께 바친다. 18 그다음에 나지르인은 봉헌한 자기 머리를 만
남의 천막 어귀에서 깎는다. 봉헌한 자기 머리의 털은 가
져다가, 친교 제물 밑에서 타고 있는 불 위에 얹는다. 19 이
렇게 나지르인이 봉헌한 자기 머리를 깎고 나면, 사제는 삶
은 숫양의 어깨 고기, 그리고 광주리에서 누룩 없는 과자
하나와 누룩 없는 부꾸미 하나를 가져와 나지르인의 두
손에 얹었다가, 20 그것을 주님 앞에 예물로 흔들어 바친
다. 그것은 흔들어 바친 가슴 고기와 들어 올려 바친 넓적
다리 고기와 함께 사제의 거룩한 몫이 된다. 그런 다음에
야 나지르인은 포도주를 마셔도 된다.
21 이것이 서원을 한 나지르인에 관한 법이다. 이것이, 그가
따로 마련할 수 있는 것 외에, 자기의 봉헌 서약과 관련하
여 주님에게 올려야 하는 예물이다. 그는 자기가 한 서원
에 따라서, 자기의 봉헌 서약과 관련된 법에 맞추어 바쳐
야 한다.'"

6,21. "그가 따로 마련할 수 있는 것 외에" 최소한의 예물에 관한 규정을 다룬다. 그렇게 가난한 사람을 도울 수 있고(사도 21,24 참조) 부자가 관대하게 베풀도록 자극한다. 유사한 조항이 믿는 이의 속죄 제물(레위 5,7 참조)과 출산한 여자의 정결례(레위 12,8 참조)에도 적용된다.

사제의 축복

22 주님께서 모세에게 이르셨다. 23 "아론과 그의 아들들
에게 일러라. '너희는 이렇게 말하면서 이스라엘 자손들
에게 축복하여라.
24 '주님께서 그대에게 복을 내리시고

6,24-26. 고고학자들이 예루살렘 지역에서 "아론의 기도" 본문을 발굴하였다. 그것은 기원전 600년으로 거슬러 올라가는 은으로 된 원통 두 개에 쓰여 있었는데, 우리가 소유하고 있는 성경 본문 가운데 가장 오래된 기록 증언이다. 사해 주변 지역 쿰란에서 발견된 같은 내용의 사본보다 약 400년 앞선다.

6,15 15,1-7. 6,18 사도 18,18ㄴ; 21,24. 6,23 1역대 23,13. 6,24 신명 28,3-6.

✠ 6,22-27. 아론과 그의 아들들이 이스라엘을 축복할 때 사용할 정식을 하느님께서 직접 가르치신다. 축복은 사제에 의해 주어지지만 실제로 축복하시는 분은 하느님이시다. 축복의 대상은 온 백성이지만 축복이 각 사람에게 개별적으로 주어지기 때문에 "그대"로 정식화된다. 하느님과 축복받는 사람 사이에 개인적인 관계를 부여하면서 주님의 이름을 세 차례 선포한다. 새해 기원 미사, 천주의 성모 마리아 대축일 진례에서 이 본문을 사용한다. 그리고 미사 끝에 장엄한 축복 양식으로 사용하기도 한다.

6,24-26. 히브리어 본문은 단어를 짧은 것에서 긴 것 순으로 배치하는(24절은 3개의 단어, 25절은 5개의 단어, 26절은 7개의 단어) 점증법 형태의 3부 구조로 되어 있어, 이 축복 정식을 잘 기억할 수 있다. 또 하느님의 배려와 도움을 청하는 말들은 "복을 내리다"(24절)와 "평화"(26절)라는 두 단어에 둘러싸여 있다. 동사 "복을 내리다"는 "확장하다", "넓게 하다", "흐르게 하다"와 동일한 의미가 있는데 풍요의 이미지 안에 포함된다. 명사 "평화"는 재산을 가질 수 있는 조건뿐만 아니라 그것을 즐기는 것까지 총체적인 의미를 담고 있다. 라삐 전승에 따르면 저녁 희생 제사 후에 매일 이 축복 기도를 바쳤다.

그대를 지켜 주시리라.
25 주님께서 그대에게 당신 얼굴을 비추시고
그대에게 은혜를 베푸시리라.
26 주님께서 그대에게 당신 얼굴을 들어 보이시고
그대에게 평화를 베푸시리라.'
27 그들이 이렇게 이스라엘 자손들 위로 나의 이름을 부르
면, 내가 그들에게 복을 내리겠다."

각 지파 수장들의 예물

7 1 성막 세우는 일을 마치던 날에 모세는 성막에 기
름을 부어, 성막과 거기에 딸린 모든 기물, 그리고
제단과 거기에 딸린 모든 기물을 성별하였다. 모세가 그것
들에 기름을 부어 성별하자, 2 이스라엘의 수장들 곧 각 집
안의 우두머리들이 예물을 바쳤다. 이들은 각 지파의 수
장들로서 사열하는 일을 맡아보던 이들이다. 3 이들이 주
님 앞에 예물을 가져왔는데, 덮개가 있는 수레 여섯 대와
소 열두 마리였다. 수레는 수장 둘에 한 대씩, 소는 한 사
람에 한 마리씩이었다. 그들이 이것들을 성막 앞으로 끌
고 오자, 4 주님께서 모세에게 이렇게 말씀하셨다. 5 "너는
그들에게서 그 예물을 받아 만남의 천막 일에 써라. 레위
인들에게 저마다 맡은 일에 따라 나누어 주어라." 6 모세는
그 수레와 소를 받아 레위인들에게 넘겨주었다. 7 게르손
의 자손들에게는 그들이 맡은 일에 따라 수레 두 대와 소
네 마리를 주었다. 8 므라리의 자손들에게는 아론 사제의
아들 이타마르의 지휘 아래 그들이 맡은 일에 따라 수레
넉 대와 소 여덟 마리를 주었다. 9 그러나 크핫의 자손들에
게는 하나도 주지 않았다. 그들이 맡은 거룩한 일은 어깨
에 메고 가는 것이었기 때문이다.
10 제단에 기름을 붓던 날, 수장들은 제단 봉헌 예물을 바
쳤다. 그들이 자기들의 예물을 제단 앞에 바치자, 11 주님
께서 모세에게 말씀하셨다. "하루에 수장 한 사람씩 제단
봉헌을 위한 예물을 바치게 하여라."
12 첫째 날에 예물을 바친 이는 유다 지파 소속 암미나답
의 아들 나흐손이었다. 13 그의 예물은 성소 세켈로 백삼
십 세켈 나가는 은 대접 하나와 일흔 세켈 나가는 은 쟁반
하나였다. 이 두 그릇에는 곡식 제물로 바칠, 기름을 섞어

6,25. 신이나 임금이 얼굴을 감추는 것은 그들의 신자나 신하에게 진노하고 있다는 것을 뜻한다. 얼굴을 비춘다는 것은 호의와 자비를 보이는 것과 같다. 이런 의미를 살려 "그대에게 우호적이시어"라고 의역하면 "그대에게 은혜를 베푸시리라"와 더 잘 어울릴 수도 있겠다.

7,1-10,10. 과거로 돌아가 회상하면서('플래시백') 본문의 주제를 잠시 벗어난 여담이 7,1에서 시작된다. 이것은 민수기를 시작할 때의 시점보다 한 달 전 곧 둘째 해 둘째 달 첫날에서(1,1 참조) 둘째 해 첫째 달 첫날(탈출 40,17; 민수 7,1; 9,1.5도 참조)로 데려간다. 10,11에서 정상적인 시점으로 돌아온다.

7,9. 크핫 자손들에게 계약 궤, 등잔, 제단과 성소 기물을 옮기는 일을 맡긴다(3,31 참조). 모든 물건은 지극히 공경하는 자세로 다루어야 한다. 따라서 물건을 수레가 아니라 어깨에 짊어지고 옮겨야 한다.

7,10-88. 지파들이 제단에 봉헌 예물을 바치는 순서는 만남의 천막 주변에 진을 친 것과 같은 순서를 따른다(2장). 수장들은 각각 자기 지파를 위해 봉헌 예물을 바치는데 이들은 1,5-15에서 언급한 수장과 같은 사람이다.

7,13 3,47. 주 참조.

6,25 창세 43,29; 시편 80,4.8.20; 119,135. 6,26 시편 4,7; 44,4; 요한 14,27. 6,27 신명 28,10; 2역대 7,14 . 7,1 탈출 40,18. 7,2 1,5-16. 7,7 4,24. 7,8 4,28.31.33. 7,9 4,15. 7,10 2역대 7,9. 7,13 3,47.

7,24. 이 단락에서 저자는 이스라엘 수장들이 봉헌하는 예물 이야기를 전하면서 같은 내용을 반복한다. 이런 반복이 고대인에게는 말하고 있는 것의 중요성과 말하는 사람의 위엄을 강조하는 방법이다. 오늘날이라면 훨씬 더 요약적으로 이야기를 쓸 것이다. 먼저 열두 지파 이름을 적고 그다음에 지파들이 바친 단일한 예물 목록을 적는다. 이렇게 같은 제물 내용을 반복하지 않고 총합만 적고 마무리할 것이다.

반죽한 고운 곡식 가루가 가득 담겨 있었다. 14 그리고 향
이 가득 담긴, 열 세켈 나가는 금 접시 하나, 15 번제물로
바칠 황소 한 마리와 숫양 한 마리, 일 년 된 어린 숫양 한
마리, 16 속죄 제물로 바칠 숫염소 한 마리, 17 친교 제물로
바칠 소 두 마리, 숫양 다섯 마리, 숫염소 다섯 마리, 일 년
된 어린 숫양 다섯 마리였다. 이것이 암미나답의 아들 나
흐손이 바친 예물이었다.
18 둘째 날에는 이사카르의 수장, 추아르의 아들 느탄엘이
예물을 바쳤다. 19 그가 예물로 바친 것은 성소 세켈로 백
삼십 세켈 나가는 은 대접 하나와 일흔 세켈 나가는 은 쟁
반 하나였다. 이 두 그릇에는 곡식 제물로 바칠, 기름을 섞
어 반죽한 고운 곡식 가루가 가득 담겨 있었다. 20 그리고
향이 가득 담긴, 열 세켈 나가는 금 접시 하나, 21 번제물로
바칠 황소 한 마리와 숫양 한 마리, 일 년 된 어린 숫양 한
마리, 22 속죄 제물로 바칠 숫염소 한 마리, 23 친교 제물로
바칠 소 두 마리, 숫양 다섯 마리, 숫염소 다섯 마리, 일 년
된 어린 숫양 다섯 마리였다. 이것이 추아르의 아들 느탄
엘이 바친 예물이었다.
24 셋째 날에는 즈불룬 자손들의 수장, 헬론의 아들 엘리
압이 바쳤다. 25 그가 예물로 바친 것은 성소 세켈로 백삼
십 세켈 나가는 은 대접 하나와 일흔 세켈 나가는 은 쟁반
하나였다. 이 두 그릇에는 곡식 제물로 바칠, 기름을 섞어
반죽한 고운 곡식 가루가 가득 담겨 있었다. 26 그리고 향
이 가득 담긴, 열 세켈 나가는 금 접시 하나, 27 번제물로
바칠 황소 한 마리와 숫양 한 마리, 일 년 된 어린 숫양 한
마리, 28 속죄 제물로 바칠 숫염소 한 마리, 29 친교 제물로
바칠 소 두 마리, 숫양 다섯 마리, 숫염소 다섯 마리, 일 년
된 어린 숫양 다섯 마리였다. 이것이 헬론의 아들 엘리압
이 바친 예물이었다.
30 넷째 날에는 르우벤 자손들의 수장, 스데우르의 아들
엘리추르가 바쳤다. 31 그가 예물로 바친 것은 성소 세켈로
백삼십 세켈 나가는 은 대접 하나와 일흔 세켈 나가는 은
쟁반 하나였다. 이 두 그릇에는 곡식 제물로 바칠, 기름을
섞어 반죽한 고운 곡식 가루가 가득 담겨 있었다. 32 그리
고 향이 가득 담긴, 열 세켈 나가는 금 접시 하나, 33 번제
물로 바칠 황소 한 마리와 숫양 한 마리, 일 년 된 어린 숫
양 한 마리, 34 속죄 제물로 바칠 숫염소 한 마리, 35 친교
제물로 바칠 소 두 마리, 숫양 다섯 마리, 숫염소 다섯 마

7,14 탈출 30,34. 7,17 레위 3,1. 7,18 1,8. 7,24 1,9. 7,29 레위 7,32. 7,30 1,5.

리, 일 년 된 어린 숫양 다섯 마리였다. 이것이 스데우르의
아들 엘리추르가 바친 예물이었다.
36 다섯째 날에는 시메온 자손들의 수장, 추리사따이의
아들 슬루미엘이 바쳤다. 37 그가 예물로 바친 것은 성소
세겔로 백삼십 세겔 나가는 은 대접 하나와 일흔 세겔 나
가는 은 쟁반 하나였다. 이 두 그릇에는 곡식 제물로 바칠,
기름을 섞어 반죽한 고운 곡식 가루가 가득 담겨 있었다.
38 그리고 향이 가득 담긴, 열 세겔 나가는 금 접시 하나, 39
번제물로 바칠 황소 한 마리와 숫양 한 마리, 일 년 된 어
린 숫양 한 마리, 40 속죄 제물로 바칠 숫염소 한 마리, 41
친교 제물로 바칠 소 두 마리, 숫양 다섯 마리, 숫염소 다
섯 마리, 일 년 된 어린 숫양 다섯 마리였다. 이것이 추리
사따이의 아들 슬루미엘이 바친 예물이었다.
42 여섯째 날에는 가드 자손들의 수장, 드우엘의 아들 엘
야삽이 바쳤다. 43 그가 예물로 바친 것은 성소 세겔로 백
삼십 세겔 나가는 은 대접 하나와 일흔 세겔 나가는 은 쟁
반 하나였다. 이 두 그릇에는 곡식 제물로 바칠, 기름을 섞
어 반죽한 고운 곡식 가루가 가득 담겨 있었다. 44 그리고
향이 가득 담긴, 열 세겔 나가는 금 접시 하나, 45 번제물로
바칠 황소 한 마리와 숫양 한 마리, 일 년 된 어린 숫양 한
마리, 46 속죄 제물로 바칠 숫염소 한 마리, 47 친교 제물로
바칠 소 두 마리, 숫양 다섯 마리, 숫염소 다섯 마리, 일 년
된 어린 숫양 다섯 마리였다. 이것이 드우엘의 아들 엘야
삽이 바친 예물이었다.
48 일곱째 날에는 에프라임 자손들의 수장, 암미훗의 아들
엘리사마가 바쳤다. 49 그가 예물로 바친 것은 성소 세겔
로 백삼십 세겔 나가는 은 대접 하나와 일흔 세겔 나가는
은 쟁반 하나였다. 이 두 그릇에는 곡식 제물로 바칠, 기름
을 섞어 반죽한 고운 곡식 가루가 가득 담겨 있었다. 50 그
리고 향이 가득 담긴, 열 세겔 나가는 금 접시 하나, 51 번
제물로 바칠 황소 한 마리와 숫양 한 마리, 일 년 된 어린
숫양 한 마리, 52 속죄 제물로 바칠 숫염소 한 마리, 53 친
교 제물로 바칠 소 두 마리, 숫양 다섯 마리, 숫염소 다섯
마리, 일 년 된 어린 숫양 다섯 마리였다. 이것이 암미훗의
아들 엘리사마가 바친 예물이었다.
54 여덟째 날에는 므나쎄 자손들의 수장, 프다추르의 아들
가믈리엘이 바쳤다. 55 그가 예물로 바친 것은 성소 세겔
로 백삼십 세겔 나가는 은 대접 하나와 일흔 세겔 나가는

7,36 1,6. 7,42 1,14. 7,48 1,10. 7,52 히브 10,4. 7,54 1,10.

7,61-65. 예물은 모든 지파에게 동등하다. 은 대접과 은 쟁반, 금 접시와 짐승들은 수량과 가치가 동일하다. 이것은 주님 앞에서 각 지파의 평등을 강조하기 위한 방식이다.

은 쟁반 하나였다. 이 두 그릇에는 곡식 제물로 바칠, 기름
을 섞어 반죽한 고운 곡식 가루가 가득 담겨 있었다. 56 그
리고 향이 가득 담긴, 열 세켈 나가는 금 접시 하나, 57 번
제물로 바칠 황소 한 마리와 숫양 한 마리, 일 년 된 어린
숫양 한 마리, 58 속죄 제물로 바칠 숫염소 한 마리, 59 친교
제물로 바칠 소 두 마리, 숫양 다섯 마리, 숫염소 다섯 마
리, 일 년 된 어린 숫양 다섯 마리였다. 이것이 프다추르의
아들 가믈리엘이 바친 예물이었다.
60 아홉째 날에는 벤야민 자손들의 수장, 기드오니의 아
들 아비단이 바쳤다. 61 그가 예물로 바친 것은 성소 세켈
로 백삼십 세켈 나가는 은 대접 하나와 일흔 세켈 나가는
은 쟁반 하나였다. 이 두 그릇에는 곡식 제물로 바칠, 기름
을 섞어 반죽한 고운 곡식 가루가 가득 담겨 있었다. 62 그
리고 향이 가득 담긴, 열 세켈 나가는 금 접시 하나, 63 번
제물로 바칠 황소 한 마리와 숫양 한 마리, 일 년 된 어린
숫양 한 마리, 64 속죄 제물로 바칠 숫염소 한 마리, 65 친
교 제물로 바칠 소 두 마리, 숫양 다섯 마리, 숫염소 다섯
마리, 일 년 된 어린 숫양 다섯 마리였다. 이것이 기드오니
의 아들 아비단이 바친 예물이었다.
66 열째 날에는 단 자손들의 수장, 암미사따이의 아들 아
히에제르가 바쳤다. 67 그가 예물로 바친 것은 성소 세켈
로 백삼십 세켈 나가는 은 대접 하나와 일흔 세켈 나가는
은 쟁반 하나였다. 이 두 그릇에는 곡식 제물로 바칠, 기름
을 섞어 반죽한 고운 곡식 가루가 가득 담겨 있었다. 68 그
리고 향이 가득 담긴, 열 세켈 나가는 금 접시 하나, 69 번
제물로 바칠 황소 한 마리와 숫양 한 마리, 일 년 된 어린
숫양 한 마리, 70 속죄 제물로 바칠 숫염소 한 마리, 71 친교
제물로 바칠 소 두 마리, 숫양 다섯 마리, 숫염소 다섯 마
리, 일 년 된 어린 숫양 다섯 마리였다. 이것이 암미사따이
의 아들 아히에제르가 바친 예물이었다.
72 열한째 날에는 아세르 자손들의 수장, 오크란의 아들
파그이엘이 바쳤다. 73 그가 예물로 바친 것은 성소 세켈로
백삼십 세켈 나가는 은 대접 하나와 일흔 세켈 나가는 은
쟁반 하나였다. 이 두 그릇에는 곡식 제물로 바칠, 기름을
섞어 반죽한 고운 곡식 가루가 가득 담겨 있었다. 74 그리
고 향이 가득 담긴, 열 세켈 나가는 금 접시 하나, 75 번제
물로 바칠 황소 한 마리와 숫양 한 마리, 일 년 된 어린 숫
양 한 마리, 76 속죄 제물로 바칠 숫염소 한 마리, 77 친교

7,60 1,11. 7,66 1,12. 7,70 히브 10,4. 7,72 1,13.

제물로 바칠 소 두 마리, 숫양 다섯 마리, 숫염소 다섯 마
리, 일 년 된 어린 숫양 다섯 마리였다. 이것이 오크란의
아들 파그이엘이 바친 예물이었다.
78 열두째 날에는 납탈리 자손들의 수장, 에난의 아들 아
히라가 바쳤다. 79 그가 예물로 바친 것은 성소 세켈로 백
삼십 세켈 나가는 은 대접 하나와 일흔 세켈 나가는 은 쟁
반 하나였다. 이 두 그릇에는 곡식 제물로 바칠, 기름을 섞
어 반죽한 고운 곡식 가루가 가득 담겨 있었다. 80 그리고
향이 가득 담긴, 열 세켈 나가는 금 접시 하나, 81 번제물로
바칠 황소 한 마리와 숫양 한 마리, 일 년 된 어린 숫양 한
마리, 82 속죄 제물로 바칠 숫염소 한 마리, 83 친교 제물로
바칠 소 두 마리, 숫양 다섯 마리, 숫염소 다섯 마리, 일 년
된 어린 숫양 다섯 마리였다. 이것이 에난의 아들 아히라
가 바친 예물이었다.
84 이것이 제단에 기름을 붓던 날에 이스라엘의 수장들
이 바친 제단 봉헌 예물이다. 곧 은 대접이 열둘, 은 쟁반
이 열둘, 금 접시가 열둘이었다. 85 은 대접 하나의 무게가
백삼십 세켈이고, 쟁반 하나의 무게가 일흔 세켈이었으므
로, 그릇에 쓰인 은은 성소 세켈로 모두 이천사백 세켈이
었다. 86 향을 가득 담은 금 접시는 열둘이었는데, 하나가
성소 세켈로 열 세켈이었으므로, 접시에 쓰인 금은 모두
백이십 세켈이었다. 87 번제물로 바친 짐승을 합하면, 황소
가 열두 마리, 숫양이 열두 마리, 일 년 된 어린 숫양이 열
두 마리였고, 또 그것들에 딸린 곡식 제물이 있었다. 숫염
소 열두 마리는 속죄 제물로 바쳤다. 88 친교 제물로 바친
짐승을 합하면, 황소가 스물네 마리, 숫양이 예순 마리,
숫염소가 예순 마리, 일 년 된 어린 숫양이 예순 마리였다.
이것이 제단에 기름을 부은 뒤에 바친 제단 봉헌 예물이
었다.
89 모세는 주님과 말씀을 나누려고 만남의 천막 안으로 들
어가면, 두 커룹 사이에 있는 증언 궤에 놓인 속죄판 위에
서 자기에게 말씀하시는 소리를 듣곤 하였다. 주님께서는
이렇게 모세에게 이르셨다.

7,88. 이 장에서 성소의 거룩함, 성소 가운데에 계시는 하느님 현존에 대한 가시적 증언과 같이 앞에서 다룬 주제들을 발전시킨다. 그리고 여기에 기름부음 받은 사실을 강조하는 내용을 덧붙인다(1.10.84.88절). 이 예식은 12일 동안 계속되는데 예식의 중요성을 명시하기 위해서다. 같은 내용의 세부 사항과 예물 목록을 반복하면서 나열하는 의도는 당신 백성과 함께 온전히 현존하시는 하느님 앞에서 독자가 관대한 마음을 갖도록 자극하기 위해서다.

7,89. 주님께서는 탈출 25,22에서 약속하신 것처럼 속죄판 위에서 말씀하신다. 본문은 모세가 지닌 유일한 지위를 강조한다(탈출 33,11; 민수 12,6-8 참조).

7,78 1,15. 7,87 창세 8,20. 7,89 탈출 25,21.22; 33,9.11.

등잔을 차려 놓는 방식

8 [1] 주님께서 모세에게 이르셨다. [2] "너는 아론에게 일
러라. 그에게 이렇게 말하여라. '네가 등잔들을 차
려 놓을 때, 등잔 일곱 개가 등잔대 앞을 비추게 하여라.'"
[3] 아론은 그대로 하여 주님께서 모세에게 명령하신 대로,
등잔들이 등잔대 앞을 비추도록 차려 놓았다.
[4] 등잔대를 만드는 방식은 이러하였다. 금을 두드려서 만
드는데, 밑받침에서 꽃잎까지 두드려서 만들었다. 주님께
서 모세에게 보여 주신 본보기대로 등잔대를 만들었다.

레위인들의 봉헌식

[5] 주님께서 모세에게 이르셨다. [6] "이스라엘 자손들 가운데
에서 레위인들을 데려다가 그들을 정결하게 하여라. [7] 그들
을 정결하게 할 때에 이렇게 하여라. 그들에게 속죄의 물
을 뿌린 다음, 온몸을 면도칼로 밀고 옷을 빨아 입게 하
여라. 그러면 그들이 정결하게 된다. [8] 그러고 나서 그들에
게 황소 한 마리와, 그것에 곁들여 바칠 곡식 제물로 기름
을 섞은 고운 곡식 가루를 가져오게 하고, 너는 속죄 제물
로 바칠 다른 황소 한 마리를 끌어온다. [9] 그리고 너는 레
위인들을 만남의 천막 앞으로 가까이 오게 하고, 이스라
엘 자손들의 온 공동체를 모은다. [10] 네가 레위인들을 주
님 앞으로 가까이 오게 하면, 이스라엘 자손들은 레위인
들에게 손을 얹는다. [11] 그러면 아론은 레위인들을 이스라
엘 자손들이 올리는 예물로 주님 앞에 흔들어 바친다. 그
러면 그들은 주님을 위한 일을 할 수 있게 된다. [12] 레위인
들이 황소들의 머리에 손을 얹고 나면, 너는 한 마리는 속
죄 제물로, 또 한 마리는 번제물로 주님에게 바쳐, 레위인
들을 위한 속죄 예식을 거행하여라. [13] 너는 또 레위인들
을 아론과 그의 아들들 앞에 세우고, 그들을 흔들어 바치
는 예물로 주님에게 올려라.
[14] 너는 이렇게 레위인들을 이스라엘 자손들 가운데에서 갈

8,7. 사제들, 아론과 그의 아들들은 물로 정화되지만(탈출 29,4; 레위 8,6 참조) 레위인들에게는 속죄의 물(자구적으로는 "죄의 물", 죄의 대속을 위한 물. 민수 19,9 참조)을 뿌린다.

8,10-22. 레위인들은 이스라엘의 맏아들들을 대신하여 주님을 섬기는 봉사를 하는데(3,41.44 참조) 온 공동체가 그들에게 손을 얹음으로써 하느님 봉사를 위임한다. 그리고 아론이 레위인을 이스라엘 자손이 바치는 예물로 삼아 주님 앞에 흔들어 바치는 의식을 올리고 나서야 레위인은 주님께 봉사하는 일을 맡게 된다(탈출 29,24 참조). 여기서 "손을 얹는"('세미카') 의식 행위가 지닌 여러 방식과 의미 중 하나가 소개된다. 27,18에서 모세에게서 여호수아에게로 권위가 넘어갈 때에도 같은 안수 의식을 한다.

8,2 탈출 25,37; 레위 24,2.4. 8,4 탈출 25,18.31-40. 8,7 19,9.17.18; 레위 14,8.9. 8,8 레위 2,1. 8,9 레위 8,3. 8,12 탈출 29,10. 8,14.16 3,12.45.

8,1-4. 등잔이 일곱 개인 등잔대는 봉헌 축제나 빛의 축제로 알려진 하누카 축제 의식에서 중요한 역할을 한다. 이 축제는 기원전 167년 셀레우코스 왕조의 안티오코스 에피파네스가 성전을 더럽힌 후 마카베오 집안 사람들이 예루살렘 성전을 정화하고 다시 봉헌한 것을 기념한다(1마카 4장 참조). 요한 묵시록은 이 책에 나오는 등잔대와 유사한 것을 언급한다(묵시 1,12.13.20; 2,1.5; 11,4 참조). 역사적으로 이스라엘은 그런 등잔대에 대해 다양하게 묘사하면서 계속 특별한 관심을 갖는다(1열왕 7,49의 솔로몬 성전 내부 및 즈카 4,2.11의 제2성전 내부 참조).

라놓아, 그들이 나의 것이 되게 해야 한다. 15 이렇게 한 다
음에야 레위인들은 만남의 천막에 들어가 일을 할 수 있
다. 너는 그들을 이렇게 정결하게 하고, 그들을 흔들어 바
치는 예물로 올려야 한다. 16 그들은 이스라엘 자손들 가
운데에서 바쳐진 이들, 나에게 바쳐진 이들이기 때문이다.
나는 이스라엘 자손들 가운데에서 태를 맨 먼저 열고 나
온 모든 맏아들 대신에 그들을 나의 것으로 삼았다. 17 이
스라엘 자손들 가운데에서 처음 난 것은 사람이든 짐승이
든 다 나의 것이다. 내가 이집트 땅에서 처음 난 것들을 모
두 치던 날, 나는 그들을 나의 것으로 성별하였다. 18 그러
나 나는 이스라엘 자손들의 모든 맏아들 대신에 레위인들
을 나의 것으로 삼았다. 19 나는 나에게 바쳐진 이 레위인
들을 이스라엘 자손들 가운데에서 뽑아, 아론과 그의 아
들들에게 붙여 주었다. 이는 그들이 만남의 천막에서 이
스라엘 자손들을 위한 일을 하고, 이스라엘 자손들을 위
한 속죄 예식을 거행하여, 이스라엘 자손들이 성소에 다
가올 때 재앙이 닥치지 않게 하려는 것이다."
20 모세와 아론과 이스라엘 자손들의 온 공동체는 레위인
들에게 그대로 하였다. 주님께서 레위인들에 관하여 모세
에게 명령하신 대로, 이스라엘 자손들은 그대로 다 하였
다. 21 레위인들은 자신들을 정결하게 하고 옷을 빨아 입었
다. 아론은 그들을 흔들어 바치는 예물로 주님 앞에 드리
고, 그들을 위한 속죄 예식을 거행하여, 그들을 정결하게
하였다. 22 그런 다음 레위인들은 만남의 천막에 들어가,
아론과 그의 아들들 밑에서 맡은 일을 할 수 있게 되었다.
주님께서 레위인에 관하여 모세에게 명령하신 대로, 이스
라엘 자손들은 그대로 다 하였다.

레위인들의 복무 기간

23 주님께서 모세에게 이르셨다. 24 "이것이 레위인들에 관
한 규정이다. 스물다섯 살 이상 되는 남자는 복무에 들어
가 만남의 천막에서 일을 한다. 25 쉰 살부터는 복무를 마
치고 더 이상 일을 하지 않는다. 26 그들은 형제들이 만남
의 천막에서 임무를 수행할 때에 그들의 시중을 들 수는
있어도, 일을 맡아 하지는 못한다. 너는 레위인들의 임무
수행과 관련하여 이렇게 하여라."

8,19 1,53. 8,24 4,3.

8,23. 앞서 나온 레위인 복무규정의 최소 연령 규정(4,3.23.30.46.47 참조)이 바뀐다(1역대 23,24-27에서 마지막으로 스무 살로 낮춘다). 새 법은 레위인이 복무를 마치는 쉰 살 후에도 성막에서 보조 임무를 가질 수 있다고 규정한다.

8,24. "복무"로 번역한 단어는 탈출 38,8에서는 "봉사"로 번역했다. 또한 "전쟁하다"(31,7), "전쟁에 나가다"(31,42)라는 의미도 있어 "입대하여"라고 의역할 수도 있다.

두 번째 파스카 축제

9 1 이스라엘 자손들이 이집트 땅에서 나온 그 이듬
해 첫째 달, 주님께서 시나이 광야에서 모세에게
이르셨다. 2 "이스라엘 자손들은 정해진 때에 파스카 축제
를 지내야 한다. 3 너희는 정해진 때, 곧 이달 열나흗날 저
녁 어스름에 파스카 축제를 지내야 한다. 관련된 모든 규
정과 법규에 따라 그것을 지내야 한다." 4 모세는 이스라엘
자손들에게 파스카 축제를 지내라고 일렀다. 5 그래서 그
들은 시나이 광야에서 첫째 달 열나흗날 저녁 어스름에
파스카 축제를 지냈다. 이스라엘 자손들은 주님께서 모세
에게 명령하신 대로 다 하였다.
6 그런데 사람의 주검에 몸이 닿아 부정하게 되어, 그날에
파스카 축제를 지내지 못하는 사람들이 있었다. 그날, 그
들이 모세와 아론 앞으로 다가와 7 말하였다. "우리가 사
람의 주검에 몸이 닿아 부정하게 되기는 하였지만, 이스
라엘 자손들 가운데 우리만 떨어져서 정해진 때에 주님께
예물을 바치지 못할 까닭이 어디 있습니까?" 8 모세가 그
들에게 대답하였다. "기다려라. 주님께서 너희에게 무엇을
명령하시는지 들어 보아야겠다."
9 주님께서 모세에게 이르셨다. 10 "이스라엘 자손들에게
일러라. '너희와 너희 후손들 가운데 누가 주검에 닿아 부
정하게 되거나, 먼 길을 나선다 해도, 주님을 위한 파스카
축제를 지내야 한다. 11 이런 이들은 둘째 달 열나흗날 저
녁 어스름에 파스카 축제를 지내라. 누룩 없는 빵과 쓴나
물을 곁들여 파스카 제물을 먹어라. 12 아침까지 아무것도
남겨서는 안 되고, 뼈를 부러뜨려서도 안 된다. 파스카 축
제의 모든 규정에 따라 그것을 지내야 한다. 13 그러나 정
결한 사람이나 길을 나서지 않은 사람이 파스카 축제를
거르고 지내지 않으면, 그는 자기 백성에게서 잘려 나갈
것이다. 정해진 때에 주님에게 예물을 바치지 않았기 때문
이다. 그러한 사람은 자기 죗값을 지는 것이다. 14 너희와
함께 사는 이방인이 주님을 위한 파스카 축제를 지내고자
하면, 파스카 규정과 법규에 따라 지내야 한다. 이방인이

9,1-5. 이스라엘인들은 탈출 12장에서 묘사한 예식에 따라 파스카를 지낸다. 이는 이집트 땅에서 나온 그 이듬해 니산 달(첫째 달) 14일째이며, 주님께서 모세에게 백성의 인구 조사를 하라고 명령하신 후 14일째이다(1,1-4 참조).

9,3. "저녁 어스름에" 자구적으로는 "두 저녁 사이에"인데 다양하게 해석한다. 아마도 해가 질 때부터 어둠이 깔릴 때까지의 짧은 시간을 말하는 듯하다(탈출 12,6; 16,12; 29,39.41; 30,8; 민수 9,11 참조).

9,6-12. 몇 가지 특수한 경우를 규정한다. 정해진 날(첫 달 14일)에 파스카를 지낼 수 없거나, 주검과 접촉해서 부정하게 되거나, 여행 중이어서 파스카를 지낼 수 없는 경우에는 한 달 후에(둘째 달 14일) 파스카를 지내야 한다.

9,14. 이방인이든 본토인이든 모두 공동체의 일부이다.

9,1 1,1. 9,2 탈출 12,6; 레위 23,5; 신명 16,1.6. 9,5 여호 5,10. 9,6 19,11-22. 9,8 탈출 18,15; 민수 27,5. 9,11 탈출 12,8. 9,12 탈출 12,10.43.46; 요한 19,36. 9,13 탈출 12,15. 9,14 탈출 12,48.49.

9,12. 탈출 12,46에서 이미 언급했듯이 파스카 어린양은 어떤 뼈도 부러뜨려서는 안 된다. 신약 성경에서 예수님께서는 참된 파스카 어린양으로 간주된다(1코린 5,7 참조). 요한은 십자가에 매달리신 예수님의 다리가 부러뜨려지지 않았음을 언급하면서(요한 19,33 참조) "성경 말씀이 이루어지려고 이런 일들이 일어난 것"(19,36)임을 강조한다.

든 본토인이든 너희에게 규정은 한 가지뿐이다.'"

광야 길을 인도하는 구름

15 성막을 세우던 날에 구름이 성막, 곧 증언판을 모신 천
막을 덮었다. 저녁부터 아침까지는 불 모양으로 성막 위에
자리 잡았다. 16 그것은 늘 그러하였다. 구름이 성막을 덮
었고, 밤에는 그것이 불 모양으로 변하였다. 17 구름이 천
막에서 올라갈 때마다, 그에 따라 이스라엘 자손들은 길
을 떠나고, 구름이 내려앉은 곳에 진을 쳤다. 18 이렇게 이
스라엘 자손들은 주님의 분부에 따라 길을 떠나고, 주님
의 분부에 따라 진을 쳤다. 구름이 성막 위에 내려앉은 동
안 내내 그들은 진을 치고 살았다. 19 구름이 성막 위에서
많은 날을 지체할 때에도, 이스라엘 자손들은 주님의 명
령을 지켜 길을 떠나지 않았다. 20 구름이 성막 위에 며칠
만 머무를 때도 있었다. 그럴 때에도 그들은 주님의 분부
에 따라 진을 치고, 주님의 분부에 따라 길을 떠났다. 21
구름이 저녁부터 아침까지만 머무를 때도 있었다. 그럴 때
에도 아침에 구름이 올라가면, 그들은 길을 떠났다. 하루
밤낮을 머무를 때에도, 구름이 올라가면 그들은 길을 떠
났다. 22 이틀이든 한 달이든 또는 그 이상이든 구름이 성
막 위에 내려앉아 지체하면, 이스라엘 자손들은 진을 친
채 길을 떠나지 않았다. 그러다가 구름이 올라가면 그들
은 길을 떠났다. 23 이렇게 그들은 주님의 분부에 따라 진
을 치고, 주님의 분부에 따라 길을 떠났다. 그들은 주님께
서 모세를 통하여 내리신 분부에 따라 주님의 명령을 지
켰다.

9,15-23. 주님께서는 당신 백성의 인도자이시다. 모세는 하느님 뜻의 중개자 역할을 한다. 구름은 양면성을 지니는데, 하느님 현존의 모습인 한편, 그 현존을 숨기고 가리는 표징이다(탈출 13,21-22; 40,34-35 참조).

나팔 신호

10 1 주님께서 모세에게 이르셨다. 2 "너는 은 나팔
을 두 개 만들어라. 은을 두드려서 만들어야 한
다. 그래서 공동체를 불러 모으거나 진영을 출발시킬 때에
그것을 써라. 3 두 개를 같이 불면, 온 공동체가 만남의 천
막 어귀로 너에게 모여 오고, 4 하나만 불면, 수장들 곧 이스
라엘 부족의 우두머리들이 너에게 모여 오게 하여라. 5 너희
가 비상 나팔을 불면 동쪽에 진을 친 진영들이 출발하고,
6 두 번째 비상 나팔을 불면 남쪽에 진을 친 진영들이 출
발한다. 출발할 때마다 이렇게 비상 나팔을 불게 하여라.

10,5. "비상 나팔"의 히브리어는 '트루아'인데 전투에서 지르는 외침이다. 원래는 전투를 하고 있는 사람들을 격려하고 원수들의 사기를 꺾기 위해 지르는 함성이었는데, 계약 궤와 성전 전례 안의 환호로 바뀌었다(민수 29,1; 1사무 4,5-6; 17,20; 2사무 6,15 참조).

9,15 탈출 13,21; 40,34.38; 느헤 9,12.19; 시편 78,4. 9,17 10,11.12; 탈출 40,36-38. 9,18 1코린 10,1. 9,19 1,53; 3,8. 9,22 탈출 40,36.37. 10,3 예레 4,5.

[7] 집회를 소집할 때에는 그냥 나팔을 불고 비상 나팔을 불
지 않는다. [8] 사제들인 아론의 자손들만 나팔을 불 수 있
다. 이것은 너희가 대대로 지켜야 할 영원한 규정이다. [9] 너
희 땅에서 너희에게 맞서는 적과 싸우러 나갈 때에는 비
상 나팔을 불어라. 그러면 주 너희 하느님이 너희를 기억
하여, 너희 원수들에게서 너희를 구해 줄 것이다. [10] 또 너
희의 잔칫날과 축일과 매달 초하룻날에, 너희는 번제물과
친교 제물을 올리면서 나팔을 불어라. 그러면 너희 하느님
이 너희를 기억할 것이다. 나는 주 너희 하느님이다."

시나이 광야를 떠나다

[11] 둘째 해 둘째 달 스무날에 증언판을 모신 성막에서 구
름이 올라갔다. [12] 그러자 이스라엘 자손들은 시나이 광
야를 떠나 차츰차츰 자리를 옮겨 갔다. 그 뒤에 구름은 파
란 광야에 이르러 내려앉았다.
[13] 그들이 주님께서 모세를 통하여 내리신 분부에 따라 길
을 떠난 것은 이것이 처음이다. [14] 맨 먼저 유다 자손들의
진영이 깃발을 앞세우고 부대별로 출발하였는데, 전 부대
의 책임자는 암미나답의 아들 나흐손이었다. [15] 이사카르
자손 지파의 부대 책임자는 추아르의 아들 느탄엘이었고,
[16] 즈불룬 자손 지파의 부대 책임자는 헬론의 아들 엘리압
이었다.
[17] 이어서 성막을 걷자, 게르손의 자손들과 므라리의 자손
들이 그 성막을 메고 출발하였다.
[18] 다음으로 르우벤 진영이 깃발을 앞세우고 부대별로 출
발하였는데, 전 부대의 책임자는 스데우르의 아들 엘리추
르였다. [19] 시메온 자손 지파의 부대 책임자는 추리사따이
의 아들 슬루미엘이었고, [20] 가드 자손 지파의 부대 책임
자는 드우엘의 아들 엘야삽이었다.
[21] 다음으로 성소의 집기들을 나르는 크핫인들이 출발하였
다. 이들이 도착하기 전에 성막은 미리 세워 놓아야 했다.
[22] 다음으로 에프라임 자손들의 진영이 깃발을 앞세우고
부대별로 출발하였는데, 전 부대의 책임자는 암미훗의 아
들 엘리사마였다. [23] 므나쎄 자손 지파의 부대 책임자는 프
다추르의 아들 가믈리엘이었고, [24] 벤야민 자손 지파의 부
대 책임자는 기드오니의 아들 아비단이었다.

10,11. 여기서 민수기 제2부가 시작된다. 이스라엘은 긴 행진을 거쳐 모압 초원에 도착할 것이다. 저자는 모든 사건들의 주요 날짜와 같이 출발 날짜를 정확히 기록한다. 이스라엘은 "이집트 땅에서 나온 뒤 셋째 달 바로 그날"(탈출 19,1)에 시나이에 도착한다. 다음 해 첫 달 첫날에 성소가 세워진다(탈출 40,2.17 참조). 같은 달 14일에 파스카를 지낸다(민수 9,1-3 참조). 둘째 달 첫날에 주님께서는 인구 조사를 명령하신다(민수 1,1-2 참조). 그리고 같은 달 20일에 이스라엘은 행진을 시작한다.

10,12. 시나이 광야는 시나이산 남쪽에, 파란 광야는 반대편인 북쪽에 있다. 가나안 땅 북쪽 경계에 도달하기 위해서는 이 마지막 광야를 통과해야 했다.

10,8.9 31,6; 판관 2,18; 시편 106,4. 10,10 29,1; 레위 23,24; 시편 81,4-6. 10,11 9,17. 10,13 신명 1,6-7. 10,14 2,3-9. 10,17 4,21-32. 10,18 2,10-16. 10,21 4,4-20. 10,22 2,18-24.

25 다음으로 앞의 진영들을 뒤에서 지키는 단 자손들의 진
영이 깃발을 앞세우고 부대별로 출발하였는데, 전 부대의
책임자는 암미사따이의 아들 아히에제르였다. 26 아세르
자손 지파의 부대 책임자는 오크란의 아들 파그이엘이었
고, 27 납탈리 자손 지파의 부대 책임자는 에난의 아들 아
히라였다.
28 이것이 이스라엘 자손들의 부대별 행진 순서였다. 그들
은 이렇게 길을 떠났다.

광야의 길잡이

29 모세가 미디안 사람 르우엘의 아들 호밥에게 청하였다.
그는 모세의 장인이었다. "이제 우리는 주님께서 우리에게
주시겠다고 말씀하신 곳으로 떠납니다. 우리와 함께 가시
지요. 잘 모시겠습니다. 주님께서는 이스라엘에게 좋은 것
을 약속해 주셨습니다." 30 호밥이 그에게 말하였다. "나는
가지 않겠네. 내 고향, 내 친족들에게로 돌아가야겠네." 31
그러자 모세가 다시 말하였다. "우리를 버리지 마십시오.
이 광야 어디에 진을 쳐야 할지 장인께서만 알고 계시지
않습니까? 우리의 길잡이가 되어 주십시오. 32 우리와 함
께 가시기만 하면, 주님께서 우리에게 베푸시는 좋은 것은
무엇이든 장인께 베풀어 드리겠습니다."

행진의 시작

33 그들은 주님의 산을 떠나 사흘 길을 갔다. 그들이 쉴 곳
을 찾으려고 주님의 계약 궤가 그들 앞에 서서 사흘 길을
갔다. 34 그들이 진영을 떠나면 주님의 구름이 낮 동안 그
들 위를 덮어 주었다.
35 궤가 떠날 때면 모세가 이렇게 말하였다.
"주님, 일어나소서.
당신의 원수들은 흩어지고
당신을 미워하는 자들은 당신 앞에서 도망치게 하소서."
36 그리고 궤가 멈추어 설 때면 이렇게 말하였다.
"주님, 돌아오소서,

10,29-32. 친척 관계를 가리키는 히브리 용어가 정확하지 않음을 감안할 때, 이 전승에 따른 호밥이 몇몇 구절들에서는 르우엘(탈출 2,18 참조)이라고도 불리는 모세의 장인 이트로(탈출 3,1; 4,18; 18,1-27 참조)와 동일한 인물이라고 말하기도, 르우엘의 아들인지 사위인지(판관 4,11도 참조) 말하기도 어렵다. 첫 번째 경우, 시나이산에 도착하기 전에 광야에서 이트로가 모세를 방문한 이야기가 여기서 다시 언급되는 것이다(탈출 18장 참조). 반대로 판관 1,16에 따르면 모세의 장인은 카인족이었다. 31절에 따르면 이 인물은 이스라엘이 광야 여행의 여러 단계에서 통과해야 했던 장소들의 전문적인 안내자로서 모세와 이스라엘에게 유용한 도움을 주었으리라는 것은 주목할 만하다. 이런 식으로 실제적 체험을 지닌 이 비이스라엘인도 마치 인도자처럼 주님의 구름(민수 9,15-23; 10,33-34 참조) 곁에 협력자로서 동반하게 된다.

10,25 2,25-31; 여호 6,9.13. 10,29 창세 12,7; 32,13; 탈출 2,18;3,8; 판관 4,11. 10,32 레위 19,34; 시편 22,28-32. 10,33 신명 1,33; 이사 11,10. 10,34 9,15-23. 10,35 신명 7,10; 32,41; 시편 68,2.

10,33-36. 광야를 통과하는 이스라엘의 여행은 군사 행진인 동시에 제의 행진처럼 보인다. 여기에 계약 궤 의식에 속하는 고대 찬가 일부가 나오는데 확실히 사람들 사이에 널리 알려져 있었을 형식이다. 사실 35절은 시편 68,2에서 글자 그대로 다시 옮겨진다.

이스라엘의 수만 군중에게로!"

광야에서 백성이 불평하다

11 1 백성이 주님의 귀에 거슬리는 불평을 하였다.
주님께서 그것을 들으시고 진노하셨다. 그러자
주님의 불이 그들을 거슬러 타올라 진영 언저리를 삼켜
버렸다. 2 백성이 모세에게 부르짖었다. 그리하여 모세가
주님께 기도하자 불이 꺼졌다. 3 그래서 그곳의 이름을 타
브에라라고 하였다. 주님의 불이 그들을 거슬러 타올랐기
때문이다.
4 그들 가운데에 섞여 있던 어중이떠중이들이 탐욕을 부
리자, 이스라엘 자손들까지 또 다시 울며 말하였다. "누가
우리에게 고기를 먹여 줄까? 5 우리가 이집트 땅에서 공짜
로 먹던 생선이며, 오이와 수박과 부추와 파와 마늘이 생
각나는구나. 6 이제 우리 기운은 떨어지는데, 보이는 것은
이 만나뿐, 아무것도 없구나."
7 만나는 고수 씨앗과 비슷하고 그 빛깔은 브델리움 같았
다. 8 백성은 돌아다니며 그것을 거두어서, 맷돌에 갈거나
절구에 빻아 냄비에다 구워 과자를 만들었다. 그 맛은 기
름과자 맛과 같았다. 9 밤에 이슬이 진영 위로 내리면, 만
나도 함께 내리곤 하였다.
10 모세는 백성이 씨족끼리 저마다 제 천막 어귀에 앉아
우는 소리를 들었다. 주님께서 대단히 진노하셨다. 모세
에게도 그것이 언짢았다. 11 그래서 모세가 주님께 여쭈었
다. "어찌하여 당신의 이 종을 괴롭히십니까? 어찌하여 제
가 당신의 눈 밖에 나서, 이 온 백성을 저에게 짐으로 지우
십니까? 12 제가 이 온 백성을 배기라도 하였습니까? 제가
그들을 낳기라도 하였습니까? 그런데 어째서 당신께서는

11,1 14,2; 레위 10,2; 16,11.35; 17,20. 11,2 21,7. 11,4-9 // 탈출 16,1-35. 11,4 탈출 12,38; 시편 78,18; 1코린 10,6. 11,5 탈출 16,3. 11,6 21,5. 11,7 탈출 16,14.31. 11,9 탈출 16,13.14. 11,10 시편 78,21. 11,12 창세 26,3; 탈출 13,5; 이사 40,11; 49,23.

11,4-6. 시나이산에 도착하기 전에 탈출 16,2-31에서 본 만나와 메추라기 이야기의 또 다른 버전을 보게 된다. 탈출기에서는 굶어 죽을 위험에 처한 상황에서 음식을 요구한 백성이 벌을 받지 않았다. 그러나 시나이 계약 이후인 여기서 상황은 달라진다. 백성은 이미 만나가 있는데도 탐욕으로 고기도 요구한다. 이 요구는 그들의 의심과 믿음의 부족함을 보여 주고 주님께서는 백성의 욕심에 벌을 내릴 것이다(34절 참조). 계약에 충실하지 않은 사람은 처벌된다. 자기 하느님을 신뢰하지 않는 사람은 약속의 땅에 들어갈 수 없다.

11,11ㄱㄷ-12.14-17.24-25ㄴ. 이 구절은 사제 서품 기도에서 인용한다. 그 기도에서 "칠십 인의 지혜로운 원로들"에 대해 말하는데 그들에게 하느님의 종, 모세의 영이 전달된다. 이 본문은 또한 사제 서품 미사에서 제1독서로 사용한다.

11,1-3. 파란 광야로 향한 행진에서 백성은 불평하기 시작한다(1절에 "거슬리는"이라고 정확히 표현). 그들은 생존 문제에 직면하자 이집트를 그리워하면서 약속의 땅에 가기를 거부하고, 주님을 신뢰하지 않음이 드러난다. 그 결과 하느님의 심판, 벌을 받는다. 이 에피소드는 지역 이름의 원래 의미와 관련한 어원학에 대한 설명으로 마무리된다('타브에라'는 "화재"를 뜻한다).

11,1-2. 하느님 현존과 불을 연결하는 것은 드문 일이 아니다. 이미 시나이산의 하느님 발현에서 그런 현상이 드러난다(탈출 19,18 참조). 그러나 여기서는 불이 하느님께서 사용하는 심판의 도구가 된다(레위 10,2 참조).

11,4-35. 이야기 안에 서로 구별되는 두 주제가 얽혀 있다. 하나는 이스라엘의 고기에 대한 억제할 수 없는 욕망이고 다른 하나는 백성이 모세에게 지우는 지나친 짐의 무게(탈출 18,18 참조)로 인한 모세의 저항이다. 주님께서 이 두 가지 문제를 해결하신다. 주님께서는 많은 양의 메추라기가 진영 위에 떨어지게 하시고(31-32절 참조) 모세의 영을 70명의 원로에게 내려 그들 위에 머물게 하신다(24-25절; 탈출 18,13-27 참조).

11,4. "어중이떠중이들"(공동 번역 "외국인")은 아마도 이집트에서 도망칠 때 이스라엘에 합류한 비이스라엘인을 암시할 것이다(탈출 12,38; 레위 24,10 참조).

11,6. "기운" 히브리어 '네페쉬'("목")의 의미를 생각하면 이 말을 "목숨"으로 여기는 것이 더 나을 것이다. 그러나 여기서 이 단어를 "식욕"으로 번역할 수도 있는데 이 말이 문맥에 더 적합하다. "우리는 계속 만나만 보게 되니 식욕을 잃습니다." 만나의 선물에 대해서는 탈출 16장; 여호 5,10-12 참조.

11,10-17. 모든 사람에게 고기를 줄 수 없다는 것이 모세를 억누르는 짐이 되자 모세는 하느님께 항의한다. 그리고 70명의 원로 이야

그들 조상들에게 맹세하신 땅으로, 유모가 젖먹이를 안고
가듯, 그들을 제 품에 안고 가라 하십니까? 13 백성은 울
면서 '먹을 고기를 우리에게 주시오.' 하지만, 이 온 백성
에게 줄 고기를 제가 어디서 구할 수 있겠습니까? 14 저 혼
자서는 이 온 백성을 안고 갈 수 없습니다. 저에게는 너무
나 무겁습니다. 15 저에게 이렇게 하셔야겠다면, 제발 저를
죽여 주십시오. 제가 당신의 눈에 든다면, 제가 이 불행을
보지 않게 해 주십시오."
16 주님께서 모세에게 말씀하셨다. "네가 백성의 원로이며
관리라고 알고 있는 이스라엘의 원로들 가운데에서 나를
위해 일흔 명을 불러 모아라. 그들을 데리고 만남의 천막
으로 와서 함께 서 있어라. 17 내가 내려가 그곳에서 너와
말하겠다. 그리고 너에게 있는 영을 조금 덜어 내어 그들
에게 나누어 주겠다. 그러면 그들이 이 백성을 너와 함께
짊어져서, 네가 혼자 지지 않아도 될 것이다. 18 너는 또 백
성에게 이렇게 말하여라. '내일을 위하여 너희 자신을 성
결하게 하여라. 너희가 고기를 먹게 될 것이다. 너희는 주
님의 귀에다 대고, '누가 우리에게 고기를 먹여 줄까? 우
리가 이집트에서는 참 좋았는데!' 하면서 울었다. 이제 주
님이 너희에게 고기를 줄 터이니 너희가 먹게 될 것이다.
19 너희가 하루만 먹는 것이 아니다. 이틀도 아니고 닷새도
아니며, 열흘도 아니고 스무 날도 아니다. 20 한 달 내내,
너희 콧구멍에서 그것이 나와 구역질이 날 때까지다. 너희
가운데에 있는 주님을 너희가 배척하고, 그 앞에서 '우리
가 어쩌자고 이집트를 떠났던가?' 하면서 울었기 때문이
다.'"
21 그러자 모세가 말하였다. "저를 둘러싼 백성은 걸어서
행진하는 사람만 육십만 명입니다. 당신께서는 '내가 그
들에게 고기를 주어 한 달 내내 먹게 하겠다.' 하시지만, 22
양 떼와 소 떼를 다 잡는다 한들 그들에게 넉넉하겠습니
까? 바다의 고기를 모조리 모아들인다 한들 그들에게 넉
넉하겠습니까?" 23 주님께서 모세에게 대답하셨다. "주님
의 손이 너무 짧기라도 하단 말이냐? 이제 너는 내 말이
들어맞는지, 맞지 않는지 보게 될 것이다."

기가 나온다(탈출 18,13-27; 신명 1,9-18 참조). 그들은 주님에게서 영을 받고 모세가 백성의 짐을 지고 갈 수 있도록 도울 것이다(그러나 본문은 그들이 어떻게 모세를 돕는지는 설명하지 않는다).

11,12. "땅" 히브리어 '아다마'는 세상으로서의 땅에 해당한다. 하느님께서는 흙이 아니라 땅을 약속하셨다. 이스라엘과 관련하여 하느님을 암묵적으로 언급하면서 사용되고 있는 모성적인 이미지를 특별히 주목할 필요가 있다(신명 32,18; 이사 42,14; 66,13도 참조).

11,16-17. 하느님이 아니라 모세의 장인 이트로가 모세의 조력자로서 정해진 숫자의 원로들을 세우는 데 주도권을 취했다는 다른 전승도 존재한다(탈출 18,13-26 참조).

11,18-20. 백성이 투덜거리자 주님께서는 이 백성이 "주님을 배척"했다고 말씀하시면서 분노를 터트리시며 응답하신다. 모세 오경 전체에서 여기서만 이 백성이 주님을 배척했다고 말한다(시편 78,22 참조).

11,13 요한 6,5-9. 11,14; 탈출 18,18. 11,15 1열왕 19,4; 요나 4,3. 11,16 탈출 24,1.9; 신명 16,18; 루카 10,1. 11,17; 탈출 19,20; 1사무 10,6; 2열왕 2,15. 11,18 탈출 16,7; 19,10. 11,19.20 21,5; 시편 78,29; 106,15. 11,22 마태 15,33. 11,23 23,19; 이사 50,2; 59,1.

원로 일흔 명이 주님의 영을 받다

24 모세는 밖으로 나와 주님의 말씀을 백성에게 전하였다.
그는 백성의 원로들 가운데에서 일흔 명을 불러 모아, 천
막 주위에 둘러 세웠다. 25 그때에 주님께서 구름 속에서
내려오시어 모세와 말씀하시고, 그에게 있는 영을 조금 덜
어 내시어 그 일흔 명의 원로들에게 내려 주셨다. 그 영이
그들에게 내려 머무르자 그들이 예언하였다. 그러나 다시
는 예언하지 않았다.
26 그때에 두 사람이 진영에 남아 있었는데, 한 사람의 이
름은 엘닷이고 다른 사람의 이름은 메닷이었다. 그런데
명단에 들어 있으면서 천막으로 나가지 않은 이 사람들
에게도 영이 내려 머무르자, 그들이 진영에서 예언하였다.
27 한 소년이 달려와서, "엘닷과 메닷이 진영에서 예언하
고 있습니다." 하고 모세에게 알렸다. 28 그러자 젊을 때부
터 모세의 시종으로 일해 온, 눈의 아들 여호수아가 말하
였다. "저의 주인이신 모세님, 그들을 말리셔야 합니다." 29
모세가 그에게 말하였다. "너는 나를 생각하여 시기하는
것이냐? 차라리 주님의 온 백성이 예언자였으면 좋겠다.
주님께서 그들에게 당신의 영을 내려 주셨으면 좋겠다." 30
모세와 이스라엘의 원로들은 진영으로 돌아왔다.

주님께서 메추라기 떼를 보내시다

31 그때 주님에게서 바람이 일어나, 바다 쪽에서 메추라기
를 몰아다가 진영을 돌아가며 진영 이쪽과 저쪽으로 하룻
길 되는 너비로 떨어뜨려, 땅 위에 두 암마가량 쌓이게 하
였다. 32 그러자 백성은 일어나 그날 온종일 밤새도록, 그리
고 이튿날도 온종일 메추라기를 모았는데, 적게 거둔 사람
이 열 호메르를 모았다. 그들은 그것들을 진영 둘레에 널

11,26. 성경 다른 곳에는 나오지 않는 두 이름 엘닷과 메닷은 "사랑하다"를 뜻하는 히브리어 어원에서 유래한다. 엘닷은 "하느님('엘')께서 사랑하신다", 메닷은 "(하느님에 의해) 가장 사랑받는 이(또는 애인)"를 뜻한다. 민수기 다른 구절들(2,2; 5,3 참조)과 달리 이 전승은 아마도 탈출 33,7-11에 기록된 것처럼 이스라엘 진영 '밖에' 만남의 천막이 있는 상황을 전제할 것이다.

11,31-34. 탈출 16,13에 나오는 것과 유사한 에피소드다. 탈출기에서 메추라기의 등장은 하느님 선의의 표징인데 여기서는 하느님 심판의 표징이다.

11,31. 암마는 길이 측정 단위이다. "긴 암마"는 45~52.5cm에 해당한다.

11,32. 호메르는 용량을 측정하는 단위로 약 450리터이다.

11,25 12,5; 1사무 10,5.6.10; 사도 2,3.17-18. 11,26 1사무 10,6; 1테살 5,19. 11,28; 마르 9,38; 루카 9,49. 11,29; 사도 2,18; 1코린 14,5. 11,31 탈출 16,13; 시편 78,26-28; 105,40.

✠ 11,25-29. 나해 연중 제26주일에 봉독한다. 이 본문과 비슷한 내용이 요한 사도가 한 말에 드러나는 마르 9,38-43.45.47-48과 연결되어 있다. 전례는 이 두 본문과 야고 5,1-6을 연결하는데, 은사뿐만 아니라 재산도 공동체가 공평하게 사용할 수 있다고 제안하고 있다.

11,25. 원로들에게 주어진 영은 모세 위에 머물던 주님의 영이다. 구약에서 일반적으로 일어나듯이 이 영은 예언할 수 있는 능력을 주며 특별한 권위를 부여한다(2열왕 2,15; 이사 11,2 참조). 우리말 성경은 히브리어 본문의 자구적 의미처럼 "영의 일부를 덜어 내시어"를 표현하기 위해 "영을 조금 덜어 내시어"라고 번역했다.

11,28-30. 모세는 진영에 남아 있던 두 원로의 직무를 인정한다. 그들도 주님에게서 은사를 받았다. 예수님께서도 요한에게 비슷한 대답을 하실 것이다(마르 9,38-40; 루카 9,49-50 참조).

어놓았다. 33 그런데 그들이 고기를 다 씹기도 전에, 주님
께서 백성에게 진노하셨다. 그래서 주님께서는 매우 큰 재앙
으로 백성을 치셨다. 34 그래서 그곳 이름을 키브롯 타아와라
고 하였다. 탐욕스러운 백성을 그곳에 묻었기 때문이다.
35 백성은 키브롯 타아와를 떠나 하체롯으로 향하였다. 그
들은 하체롯에 머물렀다.

미르얌과 아론이 모세를 시기하다

12 1 모세가 에티오피아 여자를 아내로 맞아들였
는데, 미르얌과 아론은 모세가 아내로 맞아들
인 그 에티오피아 여자 때문에 모세를 비방하였다. 2 그들
은 이렇게 말하였다. "주님께서 모세를 통해서만 말씀하
셨느냐? 우리를 통해서도 말씀하시지 않았느냐?" 주님께
서 이 말을 들으셨다. 3 그런데 모세라는 사람은 매우 겸손
하였다. 땅 위에 사는 어떤 사람보다도 겸손하였다.
4 주님께서 갑자기 모세와 아론과 미르얌에게 말씀하셨
다. "너희 셋은 만남의 천막으로 나오너라." 그들 셋이 나
오자, 5 주님께서 구름 기둥 속에 내려오시어 천막 어귀에
서시고, 아론과 미르얌을 부르셨다. 그 둘이 나와 서자 6
말씀하셨다.

"너희는 내 말을 들어라.
너희 가운데에 예언자가 있으면
나 주님이 환시 속에서 나 자신을 그에게 알리고
꿈속에서 그에게 말할 것이다.
7 나의 종 모세는 다르다.
그는 나의 온 집안을 충실히 맡고 있는 사람이다.
8 나는 입과 입을 마주하여 그와 말하고
환시나 수수께끼로 말하지 않는다.
그는 주님의 모습까지 볼 수 있다.
그런데 너희는 어찌하여 두려움도 없이
나의 종 모세를 비방하느냐?"

9 주님께서는 그들에게 진노하시며 떠나가셨다.

11,34. 백성이 탐욕을 부린 결과는 그 장소에 붙여진 이름의 유래이다. '키브롯 타아와'는 자구적으로 "탐욕의 무덤들"을 뜻한다.

12,1-16. 미르얌과 아론은 모세의 영적 정치적 수위권을 질투해서 그가 이방인 여자와 혼인했다는 것을 핑계로 그에게 도전한다. 그들은 모세가 계시에 대한 접근을 독점했다고 비난한다. 주님께서는 모세의 지위가 유일하며 다른 어떤 예언자보다 뛰어나다는 것을 분명히 밝히시면서 "당신의 종"을 변호하고자 개입하신다(신명 34,10 참조). 이스라엘 진영 내 분열은 점점 더 심해져, 가장 말단(민수 11,1 참조)부터 내부의 "어중이떠중이"들(11,4과 관련된 주 참조)과 모세와 가장 가까운 친척인 형제들까지도 그에게 불평한다(탈출 15,20; 민수 26,59; 1역대 5,29; 미카 6,4 참조).

12,1. 일부 학자들은 모세와 혼인한 에티오피아 여자를 치포라와 동일인으로 본다. 탈출 2,16-22에서는 치포라를 미디안 여자라고 말한다.

12,8. "주님의 모습"은 히브리어 성경 전체에서 여기에만 나오는 표현이다. 무엇보다도 모세가 주님을 친밀하게 알고 있음을 강조하며, 아마도 모세가 하느님의 등을 본 것(탈출 33,21-23 참조)을 넌지시 언급하는 것 같다.

11,33 시편 78,30.31; 106,15; 묵시 16,21. 11,34 신명 9,22; 1코린 10,6. 11,35 33,17. 12,1 탈출 2,21. 12,2 16,3; 요한 9,29. 12,3 집회 45,4; 마태 11,29. 12,5 11,25; 16,19. 12,6 창세 31,10.11; 46,2; 1열왕 3,5. 12,7 히브 3,5; 탈출 3,2.5도 참조; 시편 105,26; 히브 3,2; 묵시 15,3. 12,8 탈출 33,11.19; 신명 34,10; 요한 9,29; 1코린 13,12; 히브 11,27; 2요한 12; 3요한 14.

미르얌이 벌을 받다

10 구름이 천막 위에서 물러가자, 미르얌이 악성 피부병
에 걸려 눈처럼 하얗게 되어 있는 것이 아닌가? 아론이 몸
을 돌려 미르얌을 보자, 과연 그 여자는 악성 피부병에 걸
려 있었다. 11 아론이 모세에게 말하였다. "아, 나의 주인
님, 우리가 어리석게 행동하여 저지른 죄의 값을 우리에게
지우지 마십시오. 12 미르얌을, 살이 반은 뭉그러진 채 모
태에서 죽어 나온 아이처럼 저렇게 놓아두지 말아 주십시
오."
13 그러자 모세가 주님께 "하느님, 제발 미르얌을 고쳐 주
십시오." 하고 부르짖었다. 14 주님께서 모세에게 말씀하셨
다. "미르얌의 얼굴에 그의 아버지가 침을 뱉었다면, 그 여
자가 이레 동안 부끄러워해야 하지 않느냐? 그러니 그를
이레 동안 진영 밖에 격리하였다가, 그 뒤에 돌아오게 하
여라." 15 미르얌은 이레 동안 진영 밖에 격리되었다. 백성
은 미르얌이 돌아올 때까지 떠나지 않았다. 16 그 뒤에 백
성은 하체롯을 떠나 파란 광야에 이르러 진을 쳤다.

정찰대를 가나안으로 보내다

13 1 주님께서 모세에게 이르셨다. 2 "사람들을 보
내어, 내가 이스라엘 자손들에게 주는 가나안
땅을 정찰하게 하여라. 각 지파에서 모두 수장을 한 사람
씩 보내야 한다."
3 모세는 주님의 분부에 따라 파란 광야에서 그들을 보냈
다. 그 사람들은 모두 이스라엘 자손들의 우두머리였다. 4
그들의 이름은 이러하다.

르우벤 지파에서는 자쿠르의 아들 삼무아
5 시메온 지파에서는 호리의 아들 사팟
6 유다 지파에서는 여푼네의 아들 칼렙
7 이사카르 지파에서는 요셉의 아들 이그알
8 에프라임 지파에서는 눈의 아들 호세아
9 벤야민 지파에서는 라푸의 아들 팔티

12,10 신명 24,9; 2열왕 5,27; 15,5; 마태 8,2. 12,11 2사무 24,10. 12,13 마태 8,2. 12,14 레위 13,46. 13,1-14,9 신명 1,19-33. 13,1-33 // 신명 1,20-29. 13,2 신명 1,22. 13,6 // 1코린 4,15.

13,1-33. 이 장에서는 약속의 땅의 지도를 그린다. 친 광야(파란 광야 북부)에서 네겝을 통과하여 헤브론을 지나 북쪽 경계인 하맛 어귀 르홉(헤르몬산의 남서쪽)까지(21절) 묘사한다. 정찰대는 카데스-바르네아에 진을 치고 있는 모세와 온 공동체에게로 돌아간다(32,8; 34,4; 신명 1,2 참조). 이 장소는 브에르 세바 남쪽에서 약 80km 떨어진 곳에 있는 광대한 오아시스인데 이스라엘은 오랫동안 여기에 머물렀다(민수 20,1; 27,14; 신명 1,46 참조).

12,10-15. 피부의 하얀 얼룩은 피부 질환의 한 형태였는데 초기에 이레 동안 공동체와 격리되어야 했다(레위 13,4-6 참조). 모세의 중재 기도 덕분에 미르얌의 형벌은 이 기간에만 제한되며, 그녀는 이레 후 진영에 다시 받아들여진다(레위 13,1-59 주 참조).

12,10. 왜 미르얌만 벌을 받았는지에 대해서는, 대사제인 아론이 "나병"(레위 13장 참조)이라는 심각한 부정 상태에 있게 되어 그가 일상적 사제 직무 수행을 못하게 되는 것을 피하기 위해서라고 추정할 수 있다.

12,11.13. 기도의 절박함은 "제발", "부디" 등으로 번역할 수 있는 단어(1사무 25,24; 2사무 24,17)가 이 구절의 히브리어 본문과 고대 번역본들에서 두 번이나 나오는 것으로 강조된다. 우리말 성경에는 "아"라는 말로 한 번만 번역했다.

12,14. 얼굴에 침을 뱉는 행위는 심한 경멸과 굴욕의 몸짓이다(신명 25,9; 욥 30,10; 이사 50,6; 마태 26,67 참조).

13,1-16. 가나안 땅을 정찰하는 과업은 열두 지파의 대표자 그룹에게 맡겨졌다. 정찰대원들 가운데 호세아와 칼렙만이 약속의 땅에 들어갈 수 있을 것이다(민수 26,65 참조). 호세아는 모세의 후계자가 되며(민수 27,15-23 참조) 여호수아로 이름이 바뀌게 된다(16절 참조). 호세아와 여호수아는 실제로 같은 이름의 두 가지 다른 형태로 "주님이 구원하신다/구원하셨다"라는 뜻이다. 나자렛의 마리아와 요셉도 아들에게 이 이름을 지어 준다(마태 1,21 참조).

13,6.8. 호세아("여호수아"라는 새 이름을 받는다. 16절)와 칼렙은 앞으로의 이야기 전개에서 특별한 정찰대원이 되는데 그들의 일로 하느님 계획을 돕기 때문이다. 칼렙은 유다 지파에 속하는데 32,12과 여호 14,6.14에서는 크나즈 사람으로 등장한다.

[10] 즈불룬 지파에서는 소디의 아들 가띠엘
[11] 요셉 지파와 므나쎄 지파에서는 수시의 아들 가띠
[12] 단 지파에서는 그말리의 아들 암미엘
[13] 아세르 지파에서는 미카엘의 아들 스투르
[14] 납탈리 지파에서는 옵시의 아들 나흐비
[15] 가드 지파에서는 마키의 아들 그우엘이었다.
[16] 이것이 모세가 그 땅을 정찰하라고 보낸 사람들의 이름
이다. 모세는 눈의 아들 호세아에게 여호수아라는 이름
을 주었다.
[17] 모세는 가나안 땅을 정찰하라고 그들을 보내면서 말하
였다. "저기 네겝 지방에도 올라가 보고, 산악 지방에도
올라가 보아라. [18] 그 땅이 어떠한지 살펴보고, 그곳에 사
는 백성이 강한지 약한지, 적은지 많은지, [19] 그들이 사는
땅이 좋은지 나쁜지, 그들이 사는 마을들이 천막으로 되
어 있는지 요새로 되어 있는지, [20] 그 땅이 기름진지 메마른
지, 그곳에 나무가 있는지 없는지 살펴보아라. 용기를 내어
라. 그리고 그 땅의 과일을 가져오너라." 그때는 첫 포도가
익는 철이었다.
[21] 그들은 올라가서 친 광야에서 하맛 어귀 르홉까지 그
땅을 정찰하였다. [22] 그들은 네겝으로 올라가 헤브론에 이
르렀다. 거기에는 아낙의 후손인 아히만, 세사이, 탈마이
가 살고 있었다. 헤브론은 이집트의 초안보다 칠 년 먼저
세워졌다. [23] 그들은 에스콜 골짜기에 이르러, 포도송이 하
나가 달린 가지를 잘라, 두 사람이 막대기에 꿰어 둘러메
었다. 석류와 무화과도 땄다. [24] 이스라엘 자손들이 그곳
에서 자른 포도송이 때문에, 그곳을 에스콜 골짜기라고
하였다.

정찰대의 보고

[25] 그들은 사십 일 만에 그 땅을 정찰하고 돌아왔다. [26] 그
들은 파란 광야 카데스로 모세와 아론과 이스라엘 자손
들의 온 공동체에게 왔다. 그들은 모세와 아론과 온 공동
체에게 그 땅의 과일을 보여 주면서 보고하였다. [27] 그들은
모세에게 이렇게 이야기하였다. "우리를 보내신 그 땅으로
가 보았습니다. 과연 젖과 꿀이 흐르는 곳이었습니다. 이
것이 그곳 과일입니다. [28] 그러나 그 땅에 사는 백성은 힘
세고, 성읍들은 거창한 성채로 되어 있습니다. 더군다나

13,20. "기름진지 메마른지"는 땅이 "비옥한지 불모지인지"라는 뜻이며, 언급되고 있는 계절은 7월이나 8월일 것이다.

13,22. "아낙의 후손" 아낙인들(28절도 참조)은 키가 큰 민족으로 자주 거인들에 비교되었다(13,33; 신명 1,28; 2,10.11.21; 9,2 참조). 여호 11,21-22에 따르면 이 민족의 생존자들은 가자와 필리스티아 도시 갓과 아스돗에서 계속 살았다. 2사무 21,18-22에 따르면 다윗 군대는 네 명의 아낙인들을 살해했고 다윗이 갓 사람 거인 골리앗을 죽였다(1사무 17장 참조).

13,24. '에스콜'은 "포도송이"를 뜻한다.

13,25-33. 탈출 3,8에서 주님께서는 당신 백성에게 아주 풍요로운 땅("젖과 꿀이 흐르는 땅")을 약속하셨다. 정찰대는 그 땅이 비옥함을 확인했지만 성읍들이 거창한 성채임을 강조하며 이스라엘인들을 실망시킨다. 강하게 보이는 그 땅의 주민들은 이야기 안에서 전설 속 거인이 된다(창세 6,4 참조).

13,20 신명 1,24.25; 31,6.23. 13,22; 여호 15,13.14; 시편 78,12. 13,26 20,1.16; 32,8. 13,27; 탈출 3,8; 신명 1,25. 13,28 신명 1,28.

우리는 그곳에서 아낙의 후손들도 보았습니다. 29 아말렉
족은 네겝 땅에 살고, 히타이트족과 여부스족과 아모리족
은 산악 지방에 살고 있습니다. 그리고 가나안족은 바닷
가와 요르단강 가에 살고 있습니다."
30 칼렙이 모세 앞에서 백성을 진정시키면서 말하였다.
"어서 올라가 그 땅을 차지합시다. 우리는 반드시 해낼 수
있습니다." 31 그러나 그와 함께 올라갔다 온 사람들은, "우
리는 그 백성에게로 쳐올라가지 못합니다. 그들은 우리보
다 강합니다." 하면서, 32 이스라엘 자손들에게 자기들이
정찰한 땅에 대하여 나쁜 소문을 퍼뜨렸다. "우리가 가로
지르며 정찰한 그 땅은 주민들을 삼켜 버리는 땅이다. 그
리고 우리가 그 땅에서 본 백성은 모두 키 큰 사람뿐이다.
33 우리는 또 그곳에서 나필족을 보았다. 아낙의 자손들은
바로 이 나필족에서 나온 것이다. 우리 눈에도 우리 자신
이 메뚜기 같았지만, 그들의 눈에도 그랬을 것이다."

백성이 반란을 일으키다

14 1 온 공동체가 소리 높여 아우성쳤다. 백성이
밤새도록 통곡하였다. 2 이스라엘의 모든 자손
이 모세와 아론에게 투덜거렸다. 온 공동체가 그들에게
말하였다. "우리가 차라리 이집트 땅에서 죽었더라면! 아
니면 이 광야에서라도 죽어 버렸으면! 3 주님께서는 어쩌자
고 우리를 이 땅으로 데려오셔서, 우리는 칼에 맞아 쓰러
지고, 우리 아내와 어린것들은 노획물이 되게 하시는가?
차라리 이집트로 돌아가는 것이 더 낫지 않겠나?" 4 그러
면서 서로 "우두머리를 하나 세워 이집트로 돌아가자." 하
고 말하였다.
5 모세와 아론은 이스라엘 자손들의 온 공동체의 회중 앞
에서 얼굴을 땅에 대고 엎드렸다. 6 그러자 그 땅을 정찰하
고 돌아온 이들 가운데 눈의 아들 여호수아와 여푼네의
아들 칼렙이 자기들의 옷을 찢고 나서, 7 이스라엘 자손들
의 온 공동체에게 말하였다. "우리가 가로지르며 정찰한
저 땅은 정말 무척이나 좋은 땅입니다. 8 우리가 주님 마
음에 들기만 하면, 그분께서는 우리를 저 땅으로 데려가셔
서 그곳을 우리에게 주실 것입니다. 그곳은 젖과 꿀이 흐
르는 땅입니다. 9 다만 여러분은 주님을 거역하지만 마십

13,29. "아말렉의 자손들"인 아말렉족은 이스라엘의 적대자들이었다(예로 탈출 17장; 1사무 15장 참조).

14,1-9. 온 이스라엘이 모세와 아론에게 다시 투덜거린다. 그들은 하느님을 불신하며 여행을 계속하려 하지 않는다. 주님을 신뢰하라고 권하는 여호수아와 칼렙에게 돌을 던져 죽이려 한다. 주님께서 당신 영광과 빛나는 현존을 드러내 개입하신다(탈출 40,34-35 참조).

14,4. 이미 다른 구절에서도 이스라엘인들은 반항하면서 이집트에서 노예 생활을 하던 때에 대한 향수를 드러냈다(탈출 16,3; 민수 11,5 참조).

14,6. 옷을 찢는 것은 보통 애도와 고통의 표시였다(창세 37,29.34; 2사무 1,11; 13,31; 2열왕 18,37 참조). 또한 신성 모독을 들었을 경우에 항의의 표시이기도 했다(마태 26,65; 마르 14,63 참조).

13,29 14,43. 13,30 14,6.24. 13,31 신명 1,28. 13,32 14,36-37; 시편106,24; 아모 2,9. 13,33 신명 1,28; 9,2. 14,2 11,1.5; 1코린 10,10. 14,3 사도 7,39. 14,5 16,4.22. 14,7 13,27; 신명 1,25. 14,8 13,27. 14,9 신명 9,7.23.24; 7,18; 20,1.3.4.

시오. 그리고 여러분은 저 땅의 백성을 두려워하지 마십시
오. 그들은 이제 우리의 밥입니다. 그들을 덮어 주던 그늘
은 이미 걷혀 버렸습니다. 주님께서 우리와 함께 계십니다.
그들을 두려워하지 마십시오."

모세가 백성을 위하여 기도하다

10 그러자 온 공동체가 돌을 던져 그들을 죽이자고 말해
댔다. 그때 주님의 영광이 만남의 천막에서 이스라엘의 모
든 자손에게 나타났다. 11 주님께서 모세에게 말씀하셨다.
"이 백성은 언제까지 나를 업신여길 것인가? 내가 그들 가
운데에서 일으킨 그 모든 표징을 보고도, 이자들은 언제
까지 나를 믿지 않을 것인가? 12 내가 이제 이들을 흑사병
으로 치고 쫓아내 버린 다음, 너를 이들보다 더 크고 강한
민족으로 만들겠다."
13 모세가 주님께 아뢰었다. "당신께서 이 백성을 당신의
힘으로 이집트 한가운데에서 데리고 올라오셨는데, 이집
트인들이 이 일을 듣게 되면, 14 그들은 그것을 저 땅의 주
민들에게 말할 것입니다. 주님, 당신께서 이 백성 한가운
데에 계시다는 말을 그들은 들었습니다. 그리고 주님, 당
신께서는 눈과 눈을 마주하여 이 백성에게 나타나 보여
주시고, 당신의 구름이 그들 위에 머무르며, 낮에는 구름
기둥 속에서, 밤에는 불기둥 속에서 몸소 그들 앞에 서서
가신다는 말을 그들은 들었습니다. 15 그런데 이제 당신께
서 이 백성을 사람 하나 죽이듯 죽여 버리시면, 당신에 대
한 소문을 들은 민족들은 이렇게 말할 것입니다. 16 '주님
은 저 백성에게 맹세한 땅으로 그들을 데리고 갈 능력이
없어서, 그들을 광야에서 몰살시켜 버렸다.' 17 그러니 주
님, 당신께서 말씀하신 대로, 제발 당신의 힘을 크게 펼치
시기 바랍니다.

> 18 '주님은 분노에 더디고
> 자애가 충만하며
> 죄악과 악행을 용서한다.
> 그러나 벌하지 않은 채 내버려 두지 않고
> 조상들의 죄악을 아들을 거쳐
> 삼 대 사 대까지 벌한다.' 하셨으니,

19 이집트에서 여기에 올 때까지 이 백성을 용서하셨듯이,

14,11-12. 하느님께서 위협하시는 형벌은 죄의 무게에 비례한다. 하느님을 무시하는 반항의 백성은 멸망할 것이다. 반면에 모세는 더 크고 더 강력한 민족의 조상이 될 수 있을 것이다(탈출 32,7-12 참조). 오직 하느님을 신뢰하는 사람만이 상속 곧 약속된 땅을 소유하는 데 참여할 수 있다.

14,13-19. 모세는 주님께 당신의 명예가 위태로움을 호소하며 다시 백성을 위해 중재 기도를 한다(탈출 32,11-14 참조). 그는 용서를 청하면서 탈출 34,6-7의 주님께서 계시하신 당신의 속성, 특히 당신의 충실한 사랑에 호소한다.

14,16. '몰살시키다'로 번역한 히브리어 동사는 희생 제사의 제물을 죽이는 행위를 가리키는 특수 용어로도 쓰인다(레위 1,5; 4,24에서는 "잡다"로 번역).

14,10 탈출 17,4; 16,10; 레위 9,23. 14,11 신명 9,7.8; 시편 78,22; 106,24. 14,12 탈출 32,10. 14,13 시편 106,23. 14,14 탈출 13,21; 15,14; 여호 2,9.10. 14,16 신명 9,28; 1코린 10,5. 14,18-19 // 탈출 34,6-7. 14,18 탈출 20,5; 34,6.7; 시편 103,8. 14,19 탈출 34,9; 시편 78,38; 106,45.

15,32-36. 구체적인 사례에 일반 규칙을 적용하기 위해(탈출 31,12-17; 35,1-3 참조) 모세에게 의존하고 모세는 다시 하느님께 의존한다. 안식일 준수 위반은 매우 심각한 침해(안식일 준수는 하느님 백성에 소속됨을 드러낸다)로 여겨진다. 이 죄를 지은 사람의 사형 집행에는 온 공동체가 참여해야 한다.

님의 계명을 어겼기 때문이다. 그런 자는 반드시 잘려 나
가고 자기 죗값을 져야 한다.'"

안식일을 어긴 자에 대한 벌

32 이스라엘 자손들이 광야에 있을 때, 안식일에 나무를
줍는 사람을 보게 되었다. 33 나무를 줍는 그 사람을 본 이
들이 그를 모세와 아론과 온 공동체에게 데리고 갔다. 34
그들은 그를 가두어 두었다. 그를 어떻게 해야 할지 결정
된 것이 아직 없었기 때문이다. 35 그때에 주님께서 모세에
게 말씀하셨다. "그 사람은 사형을 받아야 한다. 온 공동
체가 진영 밖에서 그에게 돌을 던져야 한다." 36 그래서 온
공동체는 주님께서 모세에게 명령하신 대로, 그를 진영 밖
으로 끌어내다가 돌을 던져 죽였다.

옷자락에 다는 술

37 주님께서 모세에게 말씀하셨다. 38 "너는 이스라엘 자손
들에게 일러라. 그들에게 말하여, 대대로 옷자락에 술을
만들고 그 옷자락 술에 자주색 끈을 달게 하여라. 39 그리
하여 너희가 그것을 볼 때마다, 주님의 모든 계명을 기억
하여 실천하고, 너희 마음이나 눈이 쏠리는 것, 곧 너희를
배신으로 이끄는 것에 끌리지 않도록 하는 술이 되게 하
여라. 40 그래서 너희는 나의 모든 계명을 기억하고 실천하
여, 너희 하느님에게 거룩한 사람들이 되어라. 41 나는 너
희의 하느님이 되려고 너희를 이집트 땅에서 이끌어 낸 주
너희 하느님이다. 나는 주 너희 하느님이다."

15,32 탈출 31,14.15; 35,2.3. 15,34 레위 24,12. 15,35 탈출 31,14.15; 레위 24,14; 사도 7,58; 히브 13,13. 15,38 신명 22,12; 마태 9,20; 23,5; 마르 6,56; 루카 8,44. 15,39 신명 4,23; 시편 73,27. 15,40 레위 11,44; 로마12,1; 콜로 1,22; 1베드 1,15.16.

15,37-41. 마지막 규정은 주님의 모든 계명을 기억하고 실천할 수 있도록, 의식에 따라 꼬아서 겉옷 네 모퉁이에 다는 술('치칫')에 관한 것이다(신명 22,12 참조). 네 모퉁이의 술 안에는 특정 연체동물에서 추출한 물질로 염색한 자주색 끈을 넣어야 했다. 라삐 해석에서는 '치칫'이라는 말을 이루는 각 히브리어 알파벳의 숫자와 모든 옷자락 술 매듭과 실의 수를 합하면 613개(248개는 긍정 명령어이고 365개는 하지 말라는 금령)인데, 이는 지켜야 할 규정들의 수를 상기시킨다. 복음서에서 예수님도 술이 달린 이런 옷을 입으셨던 것 같다(마태 9,20; 14,36; 마르 6,56; 루카 8,44 참조).

코라와 다탄과 아비람의 반역

16 1 이츠하르의 아들이고 크핫의 손자이며 레위
의 증손인 코라가, 르우벤의 자손들인 엘리압
의 아들 다탄과 아비람, 그리고 펠렛의 아들 온과 함께 뻔
뻔스럽게 행동하였다. 2 이자들이 이스라엘 자손들 가운데
에서 이백오십 명과 함께 모세에게 맞서 일어났다. 이들은
집회에서 뽑힌 공동체의 수장들로서 이름난 사람들이었
다. 3 그들이 모세와 아론에게 몰려와서 말하였다. "당신들
은 너무하오. 온 공동체가 다 거룩하고, 주님께서 그들 가
운데에 계시는데, 어찌하여 당신들은 주님의 회중 위에 군
림하려 하오?"
4 이 말을 듣고 모세는 얼굴을 땅에 대고 엎드렸다. 5 그러
고 나서 코라와 그의 온 무리에게 말하였다. "내일 아침
에 주님께서는 누가 당신의 사람이고, 누가 거룩하며, 누
가 당신께 가까이 갈 수 있는지 알려 주실 것이다. 당신께서
선택하신 사람을 당신께 가까이 오게 하실 것이다. 6 너희
는 이렇게 하여라. 코라와 그의 무리는 모두 향로를 가지고
오너라. 7 내일 주님 앞에서 향로에 불을 담고, 그 위에 향을
피워라. 그때에 주님께서 선택하시는 사람이 바로 거룩한
사람이다. 레위의 자손들아, 너희야말로 너무하구나."
8 모세가 코라에게 말하였다. "레위의 자손들아, 제발 들
어 보아라. 9 이스라엘의 하느님께서 너희를 이스라엘의
공동체 가운데에서 가려내셔서, 당신께 가까이 오게 하시
어 주님 성막의 일을 맡기시고, 공동체 앞에 서서 그들을
보살피게 하셨는데, 그것으로는 모자란다는 말이냐? 10
그분께서는 너를, 그리고 너의 형제 레위인들을 모두 너와
함께 당신께 가까이 올 수 있게 해 주셨다. 그런데 이제 사
제직마저 요구하는구나. 11 너와 너의 무리는 바로 주님을

16,1. 펠렛과 온은 구약 성경의 다른 곳에는 나타나지 않는다. 그래서 학자들은 26,5.8.9에 따라 '르우벤의 자손들인, 팔루의 손자들이요 엘리압의 아들들인 다탄과 아비람'으로 수정하기도 한다.

16,3. "당신들은 너무하오."라고 옮긴 히브리어 표현은 "이제 그만!", "됐습니다!", "충분해요!"(신명 3,26; 2사무 24,16)로 번역할 수도 있다.

16,1-35 집회 45,18-20; 판관 11. 16,1 탈출 6,21. 16,2 26,9. 16,3 14,14; 탈출 19,6; 시편 106,16. 16,4 14,5. 16,5 17,20.23; 레위 10,3; 시편 65,5; 2티모 2,19. 16,8-35 1코린 10,10. 16,9 3,6.9; 8,14. 16,11 탈출 16,7.8; 1코린 10,10.

16,1-35. 이 한 이야기에 일부 백성들과 지도자(모세와 아론) 사이에 벌어진 여러 가지 갈등이 소개된다. 코라의 반항은 종교적 성격을 띠지만 다탄과 아비람의 반란(신명 11,6 참조)은 정치적 성격을 띤다. 그들은 모세의 권위에 맞서며 순종하기를 거부한다(시편 106,16-18; 집회 45,18-19 참조). 공동체 내부의 대립은 두 가지 다른 개념의 공존에서 비롯되었다. 첫 번째 개념에 따르면 공동체 전체가 거룩하기 때문에(탈출 19,6; 신명 7,6; 14,2; 26,19 참조) 모든 사람이 주님과 그분의 제단에 접근할 수 있었다. 그러나 사제계 본문들(P)에 따르면 그 거룩함은 성소, 제단, 사제에게 유보되었다(탈출 29,44 참조). 그러므로 사제 집안은 더 높은 권위를 가지고 있다고 주장했다. 이런 종류의 갈등은 사제와 레위 가문 내에서 주도권을 차지하기 위한 경쟁을 반영한다. 진영의 가장 말단에서 시작된 이스라엘의 반란(11,1 참조)이 어떻게 이스라엘의 가장 깊숙하고 결정적인 부분에서 위협에 이르게 되는지를 보게 된다(12,1-16의 주 후반부 참조).

거슬러 모여든 것이다. 아론이 누구인데 너희가 그에게 투
덜댄다는 말이냐?"
12 모세는 엘리압의 아들 다탄과 아비람을 부르러 사람을
보냈다. 그러나 그들은 이렇게 말하였다. "우리는 올라가
지 않겠소. 13 우리를 젖과 꿀이 흐르는 땅에서 데리고 올
라와, 이 광야에서 죽이는 것만으로는 모자라서, 이제 우
리 위에서 아주 군주 노릇까지 하려 드시오? 14 더군다나
당신은 우리를 젖과 꿀이 흐르는 땅으로 데려가지 못하였
소. 그리고 밭과 포도원을 우리 소유로 주지도 못하였소.
당신은 이 사람들의 눈을 멀게 할 셈이오? 우리는 올라가
지 않겠소."
15 모세는 몹시 화가 나서 주님께 아뢰었다. "저들이 바치
는 제물에는 눈도 돌리지 마십시오. 저는 저들에게서 나
귀 한 마리 가져오지 않았고, 저들 가운데 그 누구에게도
해를 끼치지 않았습니다."
16 모세가 코라에게 말하였다. "너와 너의 무리는 모두 내
일 주님 앞으로 나오너라. 너와 그들, 그리고 아론이다. 17
저마다 자기 향로를 들고 거기에 향을 담아, 주님 앞으로
가져와야 한다. 저마다 자기 향로를 가져오면, 향로가 이
백오십 개가 될 것이다. 너와 아론도 저마다 제 향로를 가
져와야 한다." 18 그리하여 그들은 저마다 향로를 들어 불
을 담고 그 위에 향을 피운 다음, 모세와 아론과 함께 만
남의 천막 어귀에 섰다. 19 코라는 그 두 사람에게 맞서 온
공동체를 만남의 천막 어귀로 모이게 하였다. 그러자 주님
의 영광이 온 공동체에게 나타났다.
20 주님께서 모세와 아론에게 이르셨다. 21 "너희는 이 공
동체에게서 떨어져 서라. 내가 그들을 한순간에 없애 버리
겠다." 22 그러자 그들이 얼굴을 땅에 대고 엎드려 말하였
다. "하느님, 모든 육체에 영을 주시는 하느님, 죄는 한 사
람이 지었는데, 온 공동체에게 격분하십니까?"
23 주님께서 모세에게 이르셨다. 24 "너는 이 공동체에게 코
라와 다탄과 아비람의 거처 주변에서 물러서라고 일러라."
25 모세가 일어나 다탄과 아비람에게 가자, 이스라엘의 원
로들도 그 뒤를 따라갔다. 26 모세가 공동체에게 일렀다.
"너희는 이 악인들의 천막을 떠나라. 그들에게 딸린 것은
아무것도 건드리지 마라. 그랬다가는 그들의 모든 죄 때문

16,13. 약속된 땅 가나안의 비옥함을 정의하기 위한 전형적인 묘사(탈출 3,8.17; 13,5; 33,3; 레위 20,24; 민수 13,27; 14,8; 16,14 참조)를 종살이 땅인 이집트에 대해 사용하는 역설을 주목할 필요가 있다.

16,16-35. 모세는 반역자들이 주님의 심판을 받게 하고, 그들의 가족에게까지 확장된 하느님의 벌이 즉시 내리게 된다. 지배적인 사고방식은 아직까지는 공동 책임이다. 더 후대에 가서야만 각자가 자기 행동에 책임이 있음을 알아듣고 개인의 벌에 대해 말한다(예레 31,29-30; 에제 18장 참조).

16,17. 오직 하느님만이 사제들을 택하셨다. 향을 가져오는 것은 상징적으로 사제로서 인정을 받고 그 임직식을 하기 위해 하느님 앞에 서는 것과 같다.

16,13 11,4-6; 탈출 2,14; 사도 7,27.35. 16,14 레위 20,24. 16,15 창세 4,4.5; 1사무 12,3. 16,19 14,10; 탈출 16,7.10; 레위 9,6.23. 16,21 탈출 32,10.12. 16,22 14,5; 히브 12,9. 16,26 창세 19,12.14; 2티모 2,19.

에 너희도 같이 휘말려 죽을 것이다.” 27 그러자 공동체는
코라와 다탄과 아비람의 거처 주변에서 물러섰다. 다탄과
아비람은 밖으로 나와, 그들의 아내와 아들과 어린것들과
함께 자기들의 천막 어귀에 섰다. 28 그때에 모세가 말하였
다. “너희는 이제 일어나는 일을 보고, 이 모든 일이 주님
께서 나를 보내시어 하게 하신 것이지, 내 마음대로 한 것
이 아님을 알게 될 것이다. 29 이자들이 여느 사람처럼 죽
는다면, 또는 이들에게 닥칠 운명이 여느 사람의 운명과
같다면, 주님께서 나를 보내신 것이 아니다. 30 그러나 주
님께서 완전히 새로운 일을 하시어, 땅바닥이 입을 열어젖
히고 이들과 이들에게 딸린 모든 것을 집어삼켜서, 이자
들이 산 채로 저승에 내려가게 되면, 그때에 너희는 이 사
람들이 과연 주님을 업신여겼다는 것을 알게 될 것이다.”
31 그가 이 모든 말을 마치자마자, 그들 발밑의 땅바닥이
갈라졌다. 32 땅은 입을 벌려 그들과 그들 집안, 그리고 코
라에게 딸린 모든 사람과 모든 재산을 삼켜 버렸다. 33 그
리하여 그들은 자기들에게 딸린 사람들과 함께 산 채로
저승에 내려가고, 땅은 그들을 덮어 버렸다. 이렇게 그들
은 공동체 가운데에서 사라졌다. 34 그들의 비명 소리에
주위에 있던 이스라엘인들은 모두, “땅이 우리마저 삼킬
지 모른다!” 하며 도망쳤다.
35 그러자 주님에게서 불이 나와, 향을 바치던 이백오십 명
을 삼켜 버렸다.

벌받아 죽은 이들의 향로로 제단을 씌우다

17

1 주님께서 모세에게 이르셨다. 2 “너는 아론 사
제의 아들 엘아자르에게 말하여 불탄 자리에
서 향로들을 모으게 하고, 불은 멀리 흩어 버려라. 그것들
은 거룩하게 되었다. 3 죄를 지어 목숨을 잃은 이 사람들의
향로는 주님 앞에 가져왔던 것으로 이미 거룩하게 된 것이
니, 두드려 펴서 제단을 씌워, 이스라엘 자손들에게 표징
이 되게 하여라.”
4 엘아자르 사제는 타 죽은 이들이 주님 앞에 가져왔던 청
동 향로들을 거두어, 두드려 펴서 제단에 씌웠다. 5 그리하
여 그것은 주님께서 모세를 통하여 이르신 대로, 아론의
후손이 아닌 속인이 주님 앞에 향을 피우러 다가갈 수 없

16,28 24,13; 탈출 3,12; 요한 5,30; 6,38; 7,17. 16,30 시편 55,16; 묵시 12,16. 16,31 26,10. 16,32 26,11; 묵시 12,16. 16,33 묵시 19,20ㄴ. 16,35 11,1-3; 26,10. 17,3 26,10; 히브 12,3. 17,5 3,10; 2역대 26,18.

17,3.25. 히브리어 용어는 실제로 “표징”을 의미하지만, 문맥상 “훈계”, “경고”의 의미가 있다.

17,5-15. 코라의 반란을 진압한 것은 아론과 그 자손들이 가진 사제직의 적법성과 배타성을 확인해 준다. 모세의 위임을 받은 아론이 하느님의 진노를 달래기 위해 향로를 가지고 속죄 의식을 집행한다(지혜 18,20-23 참조).

고, 그렇게 하였다가는 코라와 그 무리처럼 된다는 것을
이스라엘 자손들에게 상기시키는 것이 되었다.

아론이 백성을 위하여 속죄 예식을 거행하다

6 이튿날, 이스라엘 자손들의 온 공동체가 모세와 아론에
게, "당신들은 주님의 백성을 죽였소." 하며 투덜거렸다.
7 공동체가 모세와 아론에게 몰려오자, 둘은 만남의 천막
을 향하여 돌아섰다. 그때에 구름이 천막을 덮고 주님의
영광이 나타났다. 8 모세와 아론이 만남의 천막 앞으로 가
자, 9 주님께서 모세에게 이르셨다. 10 "너희는 이 공동체에
게서 물러서라. 내가 그들을 한순간에 없애 버리겠다." 그
러자 그들은 얼굴을 땅에 대고 엎드렸다. 11 그리고 모세가
아론에게 말하였다. "향로를 가져다가 제단 위에 있는 불
을 담고 향을 피워, 어서 공동체에게 가서 그들을 위하여
속죄 예식을 거행하십시오. 주님 앞에서 격분이 터져 나
와 재앙이 시작되었습니다." 12 아론은 모세가 말한 대로
향로를 들고 공동체 가운데로 뛰어갔다. 백성 사이에서는
이미 재앙이 시작되고 있었다. 그는 향을 넣고 백성을 위
하여 속죄 예식을 거행하였다. 13 그가 죽은 이들과 산 이
들 사이에 서자, 재난이 그쳤다. 14 이 재난으로 죽은 이가
만 사천칠백 명이나 되었다. 이는 코라의 일로 죽은 이들
은 뺀 것이다. 15 재난이 그치자, 아론은 만남의 천막 어귀
로 모세에게 돌아왔다.

아론의 지팡이에 싹이 돋다

16 주님께서 모세에게 이르셨다. 17 "이스라엘 자손들에게
일러, 집안마다 지팡이 하나씩, 곧 각 집안의 수장에게서
지팡이 하나씩 열두 개를 거둔 다음, 수장의 이름을 각기
그의 지팡이에 새겨라. 18 그리고 아론의 이름을 레위 집안
의 지팡이에 써라. 각 집안의 우두머리마다 지팡이가 하
나씩 있어야 하기 때문이다. 19 너는 그것을 만남의 천막
안, 내가 너희와 만나는 증언판 앞에 놓아라. 20 내가 선택
하는 바로 그 사람의 지팡이에서 싹이 돋을 것이다. 이렇
게 하여 이스라엘 자손들이 너희에게 투덜거리는 것을 멈
추게 하겠다."
21 모세가 이스라엘 자손들에게 말을 전하자, 이스라엘의
모든 수장이 각자 집안마다 지팡이 하나씩, 모두 열두 개

17,10. 16,21도 참조. 다시 모세와 아론의 중재(14,13-19; 16,22 참조)로 주님께서 전멸시키겠다는 말씀의 실행을 단념하신다.

17,16-28. 하느님께서는 아론의 지팡이에서 꽃이 피게 하심으로써 당신의 선택을 확실하게 보여 주신다("지팡이"로 번역한 단어는 "지파"의 뜻도 지닌다). 다른 지파들은 레위 지파에 종속된 채 남는다.

17,17.18.21. 1,16 주 참조.

17,7 20,6; 탈출 40,34. 17,11 8,19; 시편 106,29. 17,12 25,7.8,13. 17,13 시편 106,30. 17,19 탈출 25,22; 29,42.43. 17,20 16,5.11.

의 지팡이를 모세에게 내놓았다. 아론의 지팡이도 그 지
팡이들 가운데에 있었다.22 모세는 증언판을 모신 천막 안
주님 앞에 그 지팡이들을 놓았다.
23 이튿날 모세가 증언판을 모신 천막에 들어가 보니, 레
위 집안을 대표한 아론의 막대기에 싹이 나 있는 것이었
다. 싹이 나오고 꽃이 피고 편도 열매가 이미 익어 있었다.
24 모세가 그 지팡이들을 모두 주님 앞에서 이스라엘의 모
든 자손에게로 내오자, 그들은 저마다 자기 지팡이를 찾
아 들었다. 25 주님께서 모세에게 말씀하셨다. "아론의 지
팡이는 증언판 앞으로 도로 가져다 놓아, 반역자들에게
표징이 되도록 보존하여라. 그렇게 해서 너는 그들이 나
에게 그만 투덜거려, 그런 일로 죽는 일이 없게 하여라." 26
모세는 그렇게 하였다. 그는 주님께서 자기에게 명령하신
대로 하였다.
27 이스라엘 자손들이 모세에게 말하였다. "보십시오, 우
리는 죽게 되었습니다. 우리는 망했습니다. 다 망했습니다.
28 가까이 가는 이, 주님의 성막에 가까이 가는 이는 누구
나 죽을 텐데, 우리가 이렇게 모조리 죽어 가야 한단 말입
니까?"

사제와 레위인의 직무

18 1 주님께서 아론에게 말씀하셨다. "성소를 범한
죄에 대해서는 너와 네 아들들과 네 집안이 함
께 책임을 져야 한다. 너희의 사제직을 범한 죄에 대해서
는 너와 네 아들들이 함께 책임을 져야 한다. 2 너는 네 아
버지 지파인 레위 지파에 속한 형제들도 데려오너라. 그리
하여 너와 네 아들들이 증언판을 모신 천막 앞에 있을 때,
그들이 네 곁에 있으면서 시중을 들게 하여라. 3 그들은 너
를 위한 임무와 천막 전체를 위한 임무를 수행한다. 그러
나 성소의 기물들이나 제단에 가까이 와서는 안 된다. 그
렇게 하였다가는 그들뿐 아니라 너희도 죽을 것이다. 4 그
들은 네 곁에 있으면서, 만남의 천막에서 이루어지는 온
갖 일과 관련하여 그곳에서 맡은 임무를 수행한다. 속인
은 너희에게 가까이 와서는 안 된다. 5 너희는 성소를 위한
임무와 제단을 위한 임무를 수행하여, 다시는 이스라엘
자손들에게 격분이 내리지 않게 하여라. 6 이제 나는 이스
라엘 자손들 가운데에서 너희 형제 레위인들을 가려낸다.

17,22 18,2; 사도 7,44. 17,25 히브 9,4. 17,28 1,51.53. 18,1 탈출 28,38. 18,2 3,5-10. 18,3 3,25; 4,15; 히브 9,6. 18,4 3,10. 18,6 3,9.12.45.

17,27-28. 16,34에서 땅이 자신들을 삼킬까 봐 두려워 도망친 이스라엘인들은 주님의 성막에 다가가는 것이 위험할 수 있음을 깨닫는다. 그런 연유로 18장에서 성소와 전례 봉사에 관련된 모든 것이 레위인들에게 맡겨진다.

18,1-32. 주님께서 사제와 레위인의 직무 관련 지침들에 대해, 봉헌물에 대한 사제들의 권한을 정하기 위해 아론에게 직접 말씀하신다(1-24절 참조). 그런데 25-32절은 평소처럼 모세에게 말씀하신다. 레위인들이 주님께 봉헌하기 위해 수입에서 얼마큼 따로 떼어 놓아야 하는지(26절 "그 십일조에서 십일조" 즉 아론에게 십일조의 10퍼센트를 주어야 한다) 설명하는 사람은 모세일 것이다. 이렇게 두 상황을 동시에 언급함으로써, 레위인의 직분과 사제직의 관계를 법으로 정하고, 레위인 코라의 반란 이야기에서(16장 참조) 다룬 수위권과 권한 행사라는 주제를 조화와 균형을 유지하면서 다시 다룬다.

18,5. "다시는 이스라엘 자손들에게 격분이 내리지 않게 하여라."의 번역은 히브리어 문장에 대한 다소 자구적 번역이라 어색한 감이 있다. "나는 더 이상 이스라엘 자손들에게 격분하지 않을 것이다."라고 번역하는 편이 좋겠다.

18,7. 사제직은 세습되고 하느님께서 아론과 그 아들들에게 주신 선물이다. 제단에서 제사를 바치는 봉사는 그들에게 유보되었고 대사제만 1년에 한 번 계약 궤가 있는 지성소 안에 들어갈 수 있었다(16,2-9; 히브 9,7 참조).

18,11. 흔들어 바치는 예물에 대해서는 탈출 29,24 주 참조.

18,14. 몰살하기로 서약한 모든 봉헌물은 사제의 몫이며("완전 봉헌물"의 히브리어 '헤렘'은 "금지, 저주, 파괴"를 뜻한다) 공동으로 사용할 수 없고 하느님께 봉헌되었다(레위 27,28-29 참조).

18,15-18. 사제는 친교 제물을 통해 봉헌된 짐승의 가슴과 오른쪽 허벅지만 받을 권리가 있다(레위 7,28-34 참조). 그러나 대속하지 않은 짐승 맏배의 모든 고기는 그들 몫이었다(물론 피는 제단에 뿌리고 굳기름은 불에 살라 바쳐야 했다).

18,16. 3,47 주 참조.

그들은 만남의 천막 일을 하도록 너희에게 내린 선물이며,
주님에게 바쳐진 이들이다. 7 너와 네 아들들은 제단과 휘
장 안의 모든 일과 관련하여 사제직을 수행하고, 그곳에
서 일을 해야 한다. 나는 너희의 사제직을 선물로 준다. 가
까이 오는 속인은 죽게 될 것이다."

사제의 몫

8 주님께서 아론에게 이르셨다. "자, 나는 사람들이 나에
게 바치는 예물들의 관리를 너에게 맡긴다. 이스라엘 자
손들이 바치는 모든 거룩한 예물 가운데에서 한 부분을
영원한 규정에 따라 너와 네 아들들의 몫으로 준다. 9 불
에 사르지 않는 가장 거룩한 것 가운데에서 이것들이 너
의 차지가 될 것이다. 곧 그들이 나에게 되돌려 주는 모든
곡식 제물과 모든 속죄 제물과 모든 보상 제물 등 그들의
모든 예물이다. 이는 가장 거룩한 것으로서 너와 네 아들
들의 것이다. 10 너는 그것을 가장 거룩한 것으로 알고 먹
어야 한다. 남자는 모두 그것을 먹을 수 있다. 그것은 너에
게 거룩한 것이다. 11 또 이것들도 너의 차지다. 이스라엘
자손들의 선물 가운데 들어 올려 바친 예물과 흔들어 바
친 모든 예물을, 내가 영원한 규정에 따라, 너와 네 아들
들, 그리고 너와 함께 있는 너의 딸들에게 준다. 네 집안에
있는 사람으로 정결한 이는 모두 그것을 먹을 수 있다. 12
가장 좋은 햇기름과 가장 좋은 햇포도주와 곡식, 곧 그들
이 주님에게 바치는 맏물을 모두 내가 너에게 준다. 13 그
들의 땅에서 나는 모든 것 가운데에서 그들이 주님에게
가져오는 맏물은 너의 것이 된다. 네 집안에 있는 사람으
로 정결한 이는 모두 그것을 먹을 수 있다. 14 이스라엘에
서 바쳐지는 완전 봉헌물도 모두 너의 것이 된다. 15 사람
이나 짐승이나 육체를 지닌 온갖 것들 가운데에서, 모태
를 처음으로 열고 나와 주님에게 바쳐지는 것도 모두 너의
것이 된다. 그러나 사람의 맏아들은 대속해야 한다. 부정
한 짐승의 맏배도 대속해야 한다. 16 한 달 된 것부터 대속
하는데, 그 값은 스무 게라를 한 세켈로 하는 성소 세켈에
따라 은 다섯 세켈로 정하여라. 17 그러나 소의 맏배나 양
의 맏배나 염소의 맏배는 대속하지 못한다. 그것들은 거
룩한 것이다. 그 피는 제단에 뿌리고, 굳기름은 주님을 위

18,7 3,10; 히브 9,3.6. 18,8 탈출 29,29; 40,13.15; 레위 6,9.11; 7,6.32; 1코린 9,13. 18,9 레위 2,2.3; 6,18.19; 7,7; 10,12.13. 18,10 레위 6,9.19. 18,11 탈출 29,27; 레위 22,1-16. 18,12-13 탈출 22,28; 23,19; 34,26; 신명 18,4; 느헤 10,36. 18,14 레위 27,29. 18,15 탈출 13,2.13; 레위 27,26. 18,16 레위 27,6. 18,17 레위 3,2.5.

한 향기로운 화제물로 불에 살라 바쳐야 한다. 18 그러나
그 살코기는 흔들어 바친 가슴 부위와 오른쪽 넓적다리처
럼 너의 것이 된다. 19 이스라엘 자손들이 주님에게 들어
올려 바치는 거룩한 예물들은 모두, 영원한 규정에 따라,
내가 너와 너의 아들들, 그리고 너와 함께 있는 너의 딸들
에게 준다. 이는 너와 너의 후손들을 위하여 주님 앞에서
맺은 영원한 소금 계약이다."
20 주님께서 아론에게 말씀하셨다. "너는 이스라엘 자손들
의 땅에서 상속 재산을 가질 수 없다. 그들 사이에서 너에
게 돌아갈 몫은 없다. 이스라엘 자손들 가운데에서 네가
받을 몫과 상속 재산은 바로 나다."

레위인의 몫

21 "레위의 자손들에게는, 만남의 천막에서 그들이 하는
일의 값으로, 이스라엘에서 나는 십일조 전부를 재산으로
준다. 22 앞으로 이스라엘 자손들은 만남의 천막 가까이
오지 못한다. 그랬다가는 그 죗값을 지고 죽을 것이다. 23
만남의 천막 일은 레위인들만 하고, 자기들의 잘못에 대해
서는 스스로 책임을 진다. 이는 너희가 대대로 지켜야 할
규칙이다. 그들은 이스라엘 자손들 사이에서 상속 재산
을 받지 못한다. 24 이스라엘 자손들이 주님에게 들어 올
려 바치는 십일조를 내가 레위인들에게 재산으로 주기 때
문이다. 그래서 그들은 이스라엘 자손들 가운데에서 상속
재산을 받지 못한다고 내가 말한 것이다."

레위인의 십일조

25 주님께서 모세에게 이르셨다. 26 "너는 레위인들에게 일
러라. 그들에게 이렇게 말하여라. '내가 너희에게 재산으
로 주는 십일조를 이스라엘 자손들에게서 받으면, 너희는
그 십일조에서 십일조를 떼어 주님에게 들어 올려 바치는
예물로 올려야 한다. 27 그것은 타작마당의 곡식과 술틀의
포도주처럼, 너희가 들어 올려 바치는 예물로 셈해질 것이
다. 28 그러므로 너희는 이스라엘 자손들에게서 받는 모든
십일조에서 그 일부를 주님에게 들어 올려 바쳐야 한다.
너희는 그것을 주님에게 들어 올려 바치는 예물로 아론 사
제에게 주어야 한다. 29 너희가 받는 모든 선물 가운데 일
부를 주님에게 들어 올려 바치는 온전한 예물로 올려야

18,19 2역대 13,5. 18,20 신명 10,9; 12,12; 14,27.29; 여호 13,33; 에제 44,28. 18,21 레위 27,30-33; 히브 7,5. 18,22 1,51. 18,23 3,7. 18,26 느헤 10,39. 18,28 탈출 29,27.

18,19. "소금 계약"은(2역대 13,5 참조) 계약의 안정성을 강조하기 위해 "파기할 수 없는 계약"으로도 번역한다. 고대 근동 전역에서는 계약을 마무리하기 위해 함께 소금을 먹었다. 레위 2,13은 예물을 봉헌할 때 "계약의 소금"이 없어서는 안 된다고 규정한다. 에즈 4,14도 이런 내용을 언급한다.

18,20-29. 아론에게는 상속 재산 규정이 없는데, 주님께서 "네가 받을 몫과 상속 재산은 바로 나다."(20절)라고 말씀하셨기 때문이다. 주님의 일에만 전념해야 하는 레위인들은 소유 재산으로 땅을 분배받지는 못했지만 그들이 거주할 일부 성읍이 그들에게 남겨졌다(35,3-8 참조). 그들은 이스라엘인들이 바치는 농산물의 십일조로 생계를 유지해야 했다. 레위인들도 여기서 십일조를 따로 떼어 하느님 곧 사제들에게 바쳐야 했다(느헤 10,38-39 참조).

한다. 그 모든 것 가운데에서도 가장 좋은 것을 거룩한 예
물로 올려야 한다.'
30 너는 또 그들에게 말하여라. '너희가 그 가운데 가장 좋
은 것을 들어 올려 바치면, 나머지는 레위인들을 위하여
타작마당의 소출과 술틀의 소출로 셈해질 것이다. 31 그것
은 너희와 너희 집안 사람들이 아무 곳에서나 먹을 수 있
다. 그것은 만남의 천막에서 너희가 하는 일의 값으로 너
희가 받는 보수이다. 32 그 가운데 가장 좋은 것을 들어 올
려 바치면, 너희는 그 일에 대한 죗값을 지지 않을 것이다.
그리하여 이스라엘 자손들이 바치는 거룩한 예물을 더럽
혀서 너희가 죽는 일이 없을 것이다.'"

정화의 물

19 1 주님께서 모세와 아론에게 이르셨다. 2 "다음
은 주님이 명령하는 법 규정이다.
너는 이스라엘 자손들에게 일러, 흠 없이 온전하고 아직
멍에를 메어 본 일이 없는 붉은 암소를 너에게 끌어오게
하여라. 3 너희는 그것을 엘아자르 사제에게 주어라. 그런
다음에 그것을 진영 밖으로 끌고 가, 그의 앞에서 잡게 하
여라. 4 엘아자르 사제는 손가락으로 그 피를 찍어, 만남의
천막 앞쪽으로 그 피를 일곱 번 뿌린다. 5 그 암소는 그가
보는 앞에서 불에 사른다. 가죽과 고기와 피를 내장에 든
것과 함께 불에 사른다. 6 사제는 향백나무와 우슬초와 다
홍색 천을 가져다가, 암소를 사르는 불 가운데로 던진다. 7
그런 다음에 사제는 자기 옷을 빨고 몸을 물로 씻는다. 그
렇게 한 뒤에야 그는 진영 안으로 들어올 수 있다. 그러나
그 사제는 저녁때까지 부정하다. 8 그 암소를 불에 사른 이
도 자기 옷을 물에 빨고, 몸을 물로 씻는다. 그는 저녁때
까지 부정하다. 9 그 뒤에 정결한 사람이 그 암소의 재를 거
두어, 진영 밖 깨끗한 곳에 가져다 놓는다. 그것은 이스라엘
자손들의 공동체를 위한 정화의 물에 쓸 것이므로 잘 보관
해야 한다. 이 암소는 속죄 제물이다. 10 암소의 재를 거두는
이는 옷을 빨아야 한다. 그는 저녁때까지 부정하다.
이는 이스라엘 자손들과 너희 가운데에 머무르는 이방인
들이 지켜야 할 영원한 규정이 되어야 한다.

19,1-22. 정화 의식에 대한 관심이 이 장에 뚜렷이 나타난다. 붉은 암소를 살라 재와 함께 정화의 물(깨끗이 하는 물)을 준비하는 의식과 주검에 닿아 부정하게 된 경우에 따라야 할 절차를 서술한다.

19,3-10. 의식을 수행하는 데 아론의 아들 사제 엘아자르가 선택되는데 아마도 대사제가 법적 부정에 오염되는 것을 막기 위해서였을 것이다. 그의 임무는 만남의 천막 앞에 암소의 피를 뿌리고(4절 참조) 향백나무, 우슬초, 다홍색 천을 불 속에 던지는 것이다. 그는 옷을 빨고 몸을 씻은 후 진영 안에 들어오지만, 저녁때까지 부정하다. 나머지 의식(소를 잡아 불살라 재를 모으고 진영 밖에 두는 것)은 사제의 임무가 아니었다.

19,6. 붉은 암소, 향백나무(붉은색)와 다홍색 천은 시각적으로 피를 상징한다. 반면 우슬초는 종종 정화 의식과 관련이 있다(레위 14장과 시편 51,9 참조).

18,31 마태 10,10; 루카 10,7; 1코린 9,13; 1티모 5,18. 18,32 레위 19,8; 22,2.15.16. 19,2 신명 21,3. 19,3 레위 4,12.21; 16,27. 19,4 레위 4,6; 히브 9,13. 19,6 히브 9,19. 19,7 레위 11,25; 16,26.28; 22,6. 19,9 히브 9,13.

11 누구의 주검이든 그것에 몸이 닿는 이는 이레 동안 부
정하다. 12 그가 사흘째 되는 날과 이레째 되는 날에 그 물
로 자신을 정화하면 정결하게 된다. 그가 사흘째 되는 날
과 이레째 되는 날에 자신을 정화하지 않으면 정결하게 되
지 않는다. 13 누구든지 주검, 곧 죽은 사람의 몸에 닿은
이가 자신을 정화하지 않으면, 그는 주님의 성막을 부정하
게 만든다. 그런 자는 이스라엘에서 잘려 나가야 한다. 정
화의 물을 자기 몸에 뿌리지 않아, 그가 부정한 그대로이
며 그의 부정이 여전히 그에게 남아 있기 때문이다.
14 사람이 천막 안에서 죽었을 경우와 관련된 법은 이러하
다. 그 천막에 들어가는 이나 천막 안에 있던 이는 모두 이
레 동안 부정하게 된다. 15 끈으로 맨 뚜껑 없이 위가 열린
그릇도 모두 부정하게 된다. 16 들에 있다가, 칼에 맞아 죽
은 이나 저절로 죽은 이, 또는 사람의 뼈나 무덤에 몸이 닿
는 이는 모두 이레 동안 부정하게 된다.
17 이렇게 부정하게 된 이를 위해서, 속죄 제물이 타고 남
은 재를 얼마쯤 그릇에 담고 그 위에 생수를 붓는다. 18 그
런 다음, 정결한 사람이 우슬초를 가져다가 그 물을 찍어,
천막과 모든 기물과 그 안에 있던 이들에게 뿌린다. 뼈나
살해된 이나 저절로 죽은 이나 무덤에 몸이 닿은 이에게
도 그렇게 한다. 19 정결한 이가 사흘째 되는 날과 이레째
되는 날에 부정한 이에게 그 물을 뿌려 준다. 이렇게 정결
한 이가 이레째 되는 날에 부정한 이를 정화해 주면, 그는
자기 옷을 빨고 몸을 물로 씻는다. 저녁때가 되면 그는 정
결하게 된다. 20 부정하게 된 사람이 자신을 정화하지 않으
면, 그는 공동체에서 잘려 나가야 한다. 그가 주님의 성소
를 부정하게 만들었기 때문이다. 정화의 물을 자기 몸에
뿌리지 않아, 그는 부정하다.
21 이는 그들이 지켜야 할 영원한 규정이 되어야 한다. 정
화의 물을 뿌린 이는 자기 옷을 빨아야 한다. 정화의 물에
몸이 닿는 이도 저녁때까지 부정하다. 22 부정한 이가 닿는
것은 무엇이든지 부정하게 되고, 그것에 몸이 닿는 사람도
저녁때까지 부정하게 된다."

19,17-18. 보관해 둔 붉은 암소의 재 일부(9절)를 그릇에 담고 그 위에 샘에서 흘러나온 생수를 부은 다음, 정결한 사람이 우슬초로 이 물을 찍어 부정해진 모든 사람에게 뿌린다.

19,11 5,2; 레위 21,1. 19,12 31,19. 19,13 8,7; 레위 7,20; 15,31; 22,3. 19,17 히브 9,13. 19,19 히브 10,22. 19,22 하까 2,13.14.

미르얌의 죽음

20 1 첫째 달에 이스라엘 자손들, 곧 온 공동체는
친 광야에 이르렀다. 그리하여 백성은 카데스에
자리를 잡았다. 그곳에서 미르얌이 죽어 거기에 묻혔다.

므리바의 물

2 공동체에게 마실 물이 없었다. 그래서 그들은 모세와 아
론에게 몰려갔다. 3 백성은 모세와 시비하면서 말하였다.
"아, 우리 형제들이 주님 앞에서 죽을 때에 우리도 죽었더
라면! 4 어쩌자고 당신들은 주님의 공동체를 이 광야로 끌
고 와서, 우리와 우리 가축을 여기에서 죽게 하시오? 5 어
쩌자고 당신들은 우리를 이집트에서 올라오게 하여 이 고
약한 곳으로 데려왔소? 여기는 곡식도 무화과도 포도도
석류도 자랄 곳이 못 되오. 마실 물도 없소."
6 모세와 아론은 공동체 앞을 떠나 만남의 천막 어귀로 가
서, 얼굴을 땅에 대고 엎드렸다. 그러자 주님의 영광이 그
들에게 나타났다. 7 주님께서 모세에게 이르셨다. 8 "너는
지팡이를 집어 들고, 너의 형 아론과 함께 공동체를 불러
모아라. 그런 다음에 그들이 보는 앞에서 저 바위더러 물
을 내라고 명령하여라. 이렇게 너는 바위에서 물이 나오게
하여, 공동체와 그들의 가축이 마시게 하여라."
9 모세는 주님께서 명령하신 대로 주님 앞에 있는 지팡이
를 집어 들었다. 10 모세가 아론과 함께 공동체를 바위 앞
에 불러 모은 다음, 그들에게 말하였다. "이 반항자들아,
들어라. 우리가 이 바위에서 너희가 마실 물을 나오게 해
주랴?" 11 그러고 나서 모세가 손을 들어 지팡이로 그 바
위를 두 번 치자, 많은 물이 터져 나왔다. 공동체와 그들의
가축이 물을 마셨다.
12 주님께서 모세와 아론에게 말씀하셨다. "너희는 나를
믿지 않아 이스라엘 자손들이 보는 앞에서 나의 거룩함
을 드러내지 않았다. 그러므로 너희는 내가 이 공동체에게
주는 땅으로 그들을 데리고 가지 못할 것이다." 13 이것이
이스라엘 자손들이 주님과 시비한 므리바의 물이다. 주님
께서는 이 물로 당신의 거룩함을 드러내셨다.

20,1-13 // 탈출 17,1-7. 20,1 33,36. 20,2 탈출 17,1. 20,3 14,2.3; 16,31-35; 탈출 17,2. 20,4 탈출 17,3. 20,6 14,5.10. 20,7-11 1코린 10,4. 20,8 탈출 17,5; 느헤 9,15; 이사 43,20; 48,21. 20,10 시편 106,32.33. 20,11 시편 78,16; 지혜 11,4; 이사 48,21. 20,12 27,14; 레위 10,3; 신명 1,37; 3,26.27. 20,13 신명 33,8; 시편 95,8.

20,1. "친 광야" 카데스에서 가나안 남쪽 국경까지 뻗어 있다. 탈출 16,1에서 말하는 "신 광야"가 아니다(민수 33,11 참조).

20,2-11. 물이 없다는 에피소드는 탈출 17,1-7에 이미 나왔다. 그런데 사제계 문서(P)에 속하는 이 둘째 형태에서, 이야기는 모세와 아론이 약속의 땅에 들어갈 수 없는 이유를 설명하기 위해 수정된 것이다(27,12-23; 신명 32,48-52 참조). 모세는 바위에서 물이 터져 나오게 하기 위해 주님 말씀대로 바위에 "말하는" 대신 지팡이로 두 번 바위를 친다.

20,3. 백성이 광야에서 행진하는 동안 그들을 덮친 여러 가지 재앙을 언급한다(11,33; 16,31-35; 17,6-14 참조).

20,10. 히브리어의 의문 조사는 감탄의 의미를 나타낼 때가 있다. 이 구절도 모세가 이스라엘 백성에게 "우리가 이 바위에서 너희가 마실 물이 나오게 해 주리라!"라고 이해할 수 있다. 또한 모세의 말에서 "우리"라는 단어의 의미도 명확하지 않다. 이처럼 모세의 말은 해석이 모호해 문장 전체적으로 이해하기가 어렵다. 의문 형식을 유지함으로써 바위에서 물이 나오게 하는 것이 정말로 가능한가에 대한 모세(와 아론)의 의심이 표현되고 있는 것일까? "우리"라고 할 때 는 하느님도 포함(즉 모세와 아론 그리고 하느님)하는 것일까? 아니면 하느님을 제외한 모세와 아론이 자기들만으로 이 기적을 행하고 싶다는 것을 보여 주는 것인가? 이 모든 가능성을 제외하고도 여전히 주님의 단호한 심판은 남는다. 어쨌든 모세와 아론은 하느님을 향한 불신을 드러냈다는 것이다(12절 참조). 어떤 해석에서는, 하느님의 개입에 대한 온전한 신뢰로 바위를 지팡이로 한 번 칠 것을 두 번 쳤다는 점(11절 참조)이 불신(적어도 모세의)을 나타낸다고 본다.

20,12-13. 주님께서 모세와 아론을 꾸짖으신다. 그들이 당신을 믿지 않고 이스라엘 자손들이 보는 앞에서 당신을 거룩하게, 곧 당

에돔이 이스라엘의 통과 요청을 거절하다

14 모세는 카데스에서 에돔 임금에게 사자들을 보냈다.
"임금님의 형제 이스라엘이 이렇게 요청합니다. 임금님께
서는 우리가 겪은 온갖 고초를 알고 계십니다. 15 일찍이
우리 조상들은 이집트로 내려갔습니다. 그 뒤에 우리가 오
랫동안 이집트에 살게 되었는데, 이집트인들은 우리와 우
리 조상들을 학대하였습니다. 16 그래서 우리가 주님께 부
르짖자, 그분께서는 우리 소리를 들으시고 천사를 보내시
어, 우리를 이집트에서 이끌어 내셨습니다. 그리하여 우리
는 임금님의 영토 경계에 있는 성읍 카데스에 와 있습니
다. 17 이제 임금님의 땅을 지나가도록 허락해 주십시오.
밭이나 포도원을 지나가지 않고 우물물도 마시지 않겠습
니다. '임금의 큰길'만 따라가겠습니다. 임금님의 영토를
다 지나갈 때까지 오른쪽으로도 왼쪽으로도 벗어나지 않
겠습니다."
18 그러나 에돔은 그에게 이렇게 대답하였다. "당신은 내
땅을 지나가지 못하오. 그랬다가는 내가 칼을 들고 당신을
치러 나갈 것이오." 19 이스라엘 자손들이 그에게 다시 부
탁하였다. "우리는 길만 따라 올라가겠습니다. 우리와 우
리 가축이 임금님의 물을 마시게 되면, 그 값을 드리겠습
니다. 별것을 바라는 것이 아닙니다. 걸어서 지나가게만 해
주십시오." 20 그러나 그는 "지나가지 못하오." 하고 대답
하였다. 그런 다음에 에돔은 중무장한 큰 군대를 거느리
고 그들을 치러 나왔다. 21 이렇게 에돔은 이스라엘이 자
기 영토를 지나가는 것을 거절하였다. 그래서 이스라엘은
에돔에게서 물러났다.

아론의 죽음

22 이스라엘 자손들, 곧 온 공동체는 카데스를 떠나 호르
산에 이르렀다. 23 주님께서 에돔 땅 경계 부근의 호르산에
서 모세와 아론에게 말씀하셨다. 24 "이제 아론은 선조들
곁으로 간다. 너희가 므리바의 샘에서 나의 분부를 거역
하였으므로, 아론은 내가 이스라엘 자손들에게 준 땅으
로 들어가지 못한다. 25 너는 아론과 그의 아들 엘아자르
를 데리고 호르산으로 올라가서, 26 아론의 옷을 벗겨 그

20,14 신명 2,4. 20,15 창세 46,6; 탈출 12,40; 신명 26,6; 사도 7,15.19. 20,16 탈출 2,23; 14,19. 20,19 신명 2,6.28. 20,21 판관 11,17; 신명 2,8. 20,22 21,4; 33,37. 20,24 창세 25,8. 20,25.28 33,38; 신명 10,6; 32,50.

20,15-16. 이 본문에는 이스라엘 구원 역사에 대한 간략한 요약이 있다. 이집트에서 빠져나오게 한 천사에 대해서는 탈출 14,19; 23,20; 32,34 참조.

신의 초월적 영광과 능력을 드러내지 못했기 때문이다(신명 1,37-38; 3,26에서 주님께서 백성 때문에 모세에게 화를 내신다). 그러나 저자는 주님께서 직접 그들 가운데서 거룩함을 보여 주셨다고('이카데스', 지명 카데스는 이 동사를 암시한다) 말한다. '므리바'라는 이름은 어원 '립', "다투다"에서 유래한다. 이곳에서 이스라엘인들이 주님과 다투었다(탈출 17,7은 마싸도 언급한다).

20,14. 에돔인들은 야곱(이스라엘. 창세 32,29 참조)의 형제 에돔(에사우. 36,1 참조)의 후손이므로 이스라엘 사람들의 "형제"로 정의한다.

20,17. "임금의 큰길"은 남쪽에서 시작하여 아카바만 북쪽으로 에돔, 모압, 암몬 지역을 가로질러 아람 곧 시리아에 도달하기까지의 경로를 말한다.

20,22-29. 아론이 죽자(33,37-39 참조) 아들 엘아자르가 아버지 뒤를 이어 대사제 임무를 맡고 임직식이 거행된다.

20,22. 카데스의 오아시스는 이스라엘의 광야 여정 단계에서 전략적으로 중요한 위치이다(13,26; 20,1.14.16; 27,14; 33,36.37도 참조).

의 아들 엘아자르에게 입혀라. 아론은 선조들 곁으로 간
다. 그는 거기에서 죽을 것이다."
27 모세는 주님께서 명령하신 대로 하였다. 그들은 온 공
동체가 보는 앞에서 호르산으로 올라갔다. 28 모세는 아론
의 옷을 벗겨, 그의 아들 엘아자르에게 입혔다. 아론이 그
곳 산꼭대기에서 죽자, 모세와 엘아자르는 산을 내려왔다.
29 그래서 아론이 숨진 것을 온 공동체가 알게 되었다. 이
스라엘의 온 집안은 아론의 죽음을 슬퍼하며 삼십 일 동
안 곡을 하였다.

호르마를 점령하다

21 1 이스라엘이 아타림 길로 온다는 소식을 네겝
에 사는 가나안 사람, 아랏 임금이 듣고, 이스
라엘에 맞서 싸워 그들 가운데 얼마를 포로로 잡아갔다.
2 그래서 이스라엘은 주님께 서원하였다. "저 백성을 제 손
에 넘겨주시면, 그들의 성읍들을 완전 봉헌물로 바치겠습
니다." 3 주님께서 이스라엘의 소리를 들으시고 가나안족
을 넘겨주셨다. 이스라엘은 그들과 그들의 성읍들을 완전
봉헌물로 바쳤다. 그래서 그곳의 이름을 호르마라 하였다.

구리 뱀

4 그들은 에돔 땅을 돌아서 가려고, 호르산을 떠나 갈대
바다로 가는 길에 들어섰다. 길을 가는 동안에 백성은 마
음이 조급해졌다. 5 그래서 백성은 하느님과 모세에게 불
평하였다. "당신들은 어쩌자고 우리를 이집트에서 올라오
게 하여, 이 광야에서 죽게 하시오? 양식도 없고 물도 없
소. 이 보잘것없는 양식은 이제 진저리가 나오."
6 그러자 주님께서 백성에게 불 뱀들을 보내셨다. 그것들
이 백성을 물어, 많은 이스라엘 백성이 죽었다. 7 백성이
모세에게 와서 간청하였다. "우리가 주님과 당신께 불평

21,1-3. 이와 반대되는 내용이 14,39-45에 나온다. 이스라엘은 아말렉족과 가나안족에 의해 호르마까지 쫓겨났다(45절 참조). 히브리어로 '호르마'는 "파괴"라는 의미를 상기시킨다.

21,4. "갈대 바다"는 탈출 10,19 주 참조.

21,6. 히브리어 본문에서 뱀들은 "불타는"('스라핌') 것으로 묘사된다. 이 형용사는 뱀에 물렸을 때의 타는 듯한 통증을 나타내거나 특정 뱀('사랍')을 언급한 것일 수 있다. 단어의 어근은 사랍의 형상(이사 6,2)과 연결된다. 그리스어 역은 "치명적인"이라는 단어로 설명한다.

21,1 33,40; 판관 1,16. 21,4 20,22. 21,5 탈출 16,3; 17,3; 시편 78,19; 1코린 10,9. 21,6 신명 8,15; 1코린 10,9. 21,7 시편 78,34.

21,4-9. 뱀 숭배는 가나안 땅에 널리 퍼져 있었는데 다산 의식과 관련이 있다. 하지만 여기서 언급한 기둥 위에 달아 놓은 구리 뱀은 오래 지속되어 온 숭배의 일부분(2열왕 18,4 참조)으로 이해해서는 안 되며, 하느님께서 당신 백성에게 주신 구원의 표징이었다(지혜 16,6-7 참조). 히브리어로 "구리 뱀"이라는 표현('느하스 느호셋')은 언어유희에 해당한다. 예루살렘 성전에서 부적절하게 숭배 대상이 된 뱀(2열왕 18,4 참조)은 이 구리 뱀과 비슷한 발음인 '느후스탄'으로 불렸다.

✠ 21,4-9. 예수님께서는 밤에 니코데모와 나눈 대화에서 이 일화를 언급하셨다(요한 3,14-17 참조). 예수님께서 니코데모에게 하신 말씀("모세가 광야에서 뱀을 들어 올린 것처럼, 사람의 아들도 들어 올려져야 한다.")은 십자가 현양 축일(9월 14일)에 이 본문이 제1독서로 선택된 이유를 설명한다.

하여 죄를 지었습니다. 이 뱀을 우리에게서 치워 주시도록
주님께 기도해 주십시오." 그래서 모세가 백성을 위하여
기도하였다. 8 그러자 주님께서 모세에게 말씀하셨다. "너
는 불 뱀을 만들어 기둥 위에 달아 놓아라. 물린 자는 누
구든지 그것을 보면 살게 될 것이다." 9 그리하여 모세는
구리 뱀을 만들어 그것을 기둥 위에 달아 놓았다. 뱀이 사
람을 물었을 때, 그 사람이 구리 뱀을 쳐다보면 살아났다.

호르산에서 모압까지

10 이스라엘 자손들은 길을 떠나 오봇에 진을 쳤다. 11 다
시 오봇을 떠나서는 모압 맞은편, 해 뜨는 쪽 광야에 있는
이예 아바림에 진을 쳤다. 12 그 뒤 그곳을 떠나 제렛 개천
에 진을 쳤다가, 13 또 그곳을 떠나 아르논강 건너편, 아모
리인들의 영토에서 시작하는 광야에 진을 쳤다. 아르논강
은 모압과 아모리인들 사이에 있는 모압의 경계다. 14 그러
므로 '주님의 전쟁기'에도 이렇게 쓰여 있다.

"수파의 와헙과 그 개천들,
아르논과 15 그 개천들의 벼랑은
아르의 거주지로 뻗어 있고
모압의 경계를 따라 이어진다."

16 그들은 그곳을 떠나 브에르로 향하였다. 이것이 바로 주
님께서 모세에게, "백성을 모아라. 내가 그들에게 물을 주
마." 하고 말씀하신 그 우물이다. 17 그때에 이스라엘은 이
러한 노래를 불렀다.

"우물아, 솟아라.
너희는 우물에게 노래하여라.
18 지휘봉과 지팡이로
제후들이 파고
백성의 귀족들이 뚫은 우물이다."

그들은 광야에서 마타나로, 19 마타나에서 나할리엘로,
나할리엘에서 바못으로, 20 바못에서 모압 지방에 있는 골
짜기로 갔다. 그곳은 황야가 내려다보이는 피스가산 꼭대
기 부근이었다.

21,14-15. 이 구절은 "주님의 전쟁기"라는 알려지지 않은 노래 모음집에 대한 유일한 증언이다. 여호 10,13과 2사무 1,18에 따르면 "야사르의 책"('야사르'를 번역하여 "올바른 이의 책"이라고도 한다)이라 불리는, 우리에게는 알려지지 않은 다른 모음집도 존재했다.

21,16-18. 히브리어로 '브에르'는 "우물"을 뜻한다. 17-18절의 짧은 노래는 고대 노동요에서 현재까지 남아 있는 전부다.

21,8 요한 3,14. 21,9 2열왕 18,4; 지혜 16,5-6; 요한 3,14.15. 21,10 33,43. 21,11 33,44. 21,12 신명 2,13. 21,15 신명 2,18.29.

21,21-35. 아모리인들이 자기네 영토를 이스라엘이 통과하는 것을 거부하면서 정복 단계가 시작된다. 신명 2,26-3,11에도 언급된 헤스본 임금 시혼과 바산 임금 옥에 대한 승리를 전례 찬미가(시편 135,10-12; 136,17-22 참조)와 기도(느헤 9,22 참조)에서도 찬양한다.

21,22. 20,17 주 참조.

21,27-30. 서사시 혹은 승리가(탈출 15장; 판관 5장 참조) 유형에 속하는 이 시는 모압을 파괴한 임금 시혼의 왕국을 정복한 것을 기념한다(28-29절 참조).

21,28. 히브리어 본문에 따른 번역은 "아르 모압, 아르논의 산당들의 주인들을 집어먹었다"이다. 그러나 칠십인역에 따라 "주인들"을 "삼켜 버리다"로 번역하였다. "주인"('바알' 판관 2,11 주 참조)과 "삼키다"('발라')의 히브리어 철자가 비슷하다.

21,29. '크모스'는 모압 민족이 경배하는 신이다(판관 11,24; 1열왕 11,33; 2열왕 23,13 참조).

요르단 동쪽을 점령하다

21 이스라엘은 아모리인들의 임금 시혼에게 사자들을 보내
어 청하였다. 22 "우리가 임금님의 땅을 지나가도록 허락해
주십시오. 밭이나 포도원으로 들어가지 않고 우물물도 마
시지 않겠습니다. 임금님의 영토를 다 지나갈 때까지 '임
금의 큰길'만 따라가겠습니다."
23 그러나 시혼은 이스라엘이 자기 영토를 지나가는 것을
허락하지 않았다. 오히려 이스라엘을 치려고 모든 군대를
모아 광야로 나왔다. 그는 야하츠에 이르러 이스라엘과
싸웠으나, 24 이스라엘이 도리어 그를 칼로 쳐 죽이고, 아
르논에서 야뽁까지, 곧 암몬 자손들의 영토에 이르기까지
그의 땅을 차지하였다. 그러나 암몬 자손들의 경계는 굳건
하였다. 25 이스라엘은 그곳의 모든 성읍을 점령하고, 헤스
본과 거기에 딸린 모든 마을을 포함한 아모리인들의 모든
성읍에 자리를 잡았다. 26 헤스본은 아모리인들의 임금 시
혼의 성읍이었다. 시혼은 모압의 이전 임금과 싸워, 아르
논에 이르기까지 그의 땅을 모두 빼앗은 임금이다. 27 그래
서 시인들은 이렇게 읊는다.

"헤스본으로 오너라.
시혼의 성읍을 세워라, 튼튼히 하여라.
28 헤스본에서 불이 나오고
시혼의 성읍에서 불꽃이 나와
아르 모압을 집어먹고
아르논의 산당들을 삼켜 버렸다.
29 불행하여라, 모압아!
크모스의 백성아, 너는 망하였다.
그는 아모리인들의 임금 시혼에게
제 아들들이 쫓겨 가게,
제 딸들이 끌려가게 하였다.
30 그러나 우리가 활을 쏘아 대자
헤스본에서 디본까지 다 망하였다.
우리는 노파까지,
메드바까지 다 황폐시켰다."

31 이렇게 이스라엘은 아모리인들의 땅에 자리를 잡았다.
32 모세는 사람을 보내어 야제르를 정탐하게 하였다. 그 뒤
에 그들은 야제르에 딸린 마을들을 점령하고, 그곳에 사

21,21-25 // 신명 2,26-36. 21,22 20,16.17. 21,23 20,21. 21,24 2,33; 여호 12,1.2; 시편 135,10.11. 21,28-30 // 예레 48,45-46. 21,28 2,9.18; 이사 15,1. 21,29 판관 11,24; 2열왕 23,13; 예레 48,7.13. 21,30 32,3.34; 예레 48,18.22. 21,32 32,1; 예레 48,32.

는 아모리인들을 쫓아냈다.
33 그들은 몸을 돌려 바산 가는 길로 올라갔다. 그러자 그
들을 맞아 싸우려고 바산 임금 옥이 모든 군대를 거느리
고 에드레이로 나왔다. 34 그때에 주님께서 모세에게 말씀
하셨다. "그를 두려워하지 마라. 내가 그와 그의 온 백성과
그의 땅을 네 손에 넘겼으니, 너는 헤스본에 사는 아모리
인들의 임금 시혼을 해치웠듯이 그를 해치워라." 35 그들은
그와 그의 아들들과 그의 온 백성을 생존자 하나도 남기
지 않고 다 쳐 죽였다. 그리고 그의 땅을 차지하였다.

모압 임금이 발라암을 불러오다

22 1 이스라엘 자손들은 길을 떠나, 예리코 앞의
요르단 건너편 모압 벌판에 진을 쳤다.
2 치포르의 아들 발락은 이스라엘이 아모리인들에게 한
일을 다 보았다. 3 모압은 이스라엘 백성의 수가 너무 많아
몹시 무서워하였다. 모압은 이스라엘 자손들 앞에서 겁에
질려, 4 미디안의 원로들에게 말하였다. "소가 들의 풀을
뜯어 먹듯, 이제 이 무리가 우리 주위에 있는 것을 모조리
먹어 버리겠습니다." 그때에 모압 임금은 치포르의 아들
발락이었다. 5 그는 브오르의 아들 발라암을 불러오려고,
강가 아마우인들의 땅에 있는 프토르로 사자들을 보내어
이렇게 말하였다. "어떤 백성이 이집트에서 나와 온 땅을
덮고서는 내 앞에까지 와서 자리를 잡았습니다. 6 그들이
너무 강하여 나로서는 어찌할 수 없으니, 이제 부디 오셔
서 나를 위하여 그 백성을 저주해 주십시오. 그러면 내가
그들을 무찔러 이 땅에서 몰아낼 수도 있을 것입니다. 당
신이 축복하는 이는 복을 받고, 당신이 저주하는 이는 저
주를 받는 줄을 나는 알고 있습니다."
7 모압의 원로들과 미디안의 원로들은 복채를 들고 길을
떠나, 발라암에게 가서 발락의 말을 전하였다. 8 그러자 발
라암이 그들에게 말하였다. "여기에서 오늘 밤을 지내십
시오. 주님께서 나에게 말씀하시는 대로, 여러분에게 대
답해 드리겠습니다." 그래서 모압의 대신들은 발라암과 함

21,33-35 // 신명 3,1-7. 21,33 여호 13,12. 22,1 33,48. 22,3 탈출 15,15. 22,4 31,1-3.8. 22,5 23,7; 신명 23,5; 여호 24,9. 22,6 23,7. 22,7 24,1.

22,1-24,25. 이 세 장은 민수기에서 별도의 한 단락을 이룬다. 이스라엘이 자기 영토에 들어오는 것을 걱정한 모압 임금 발락은 발라암을 초대해 주술로 이스라엘을 저주하고자 한다. 하지만 발라암은 이스라엘의 영광스러운 미래를 선포하며 그들을 축복하는 것 외에는 아무것도 하지 못한다. 그러므로 여기서는 주님께서 당신 백성의 전진을 방해하는 모든 것보다 우위에 계심을 강조하고, 장차 이스라엘이 모압과 미디안에 승리할 것(24,17; 31,1-54 참조)을 준비한다.

22,5. 1967년 데이르 알라에서 발굴된 일부 비문에서 같은 이름을 가진 유명한 이교도 점술사가 요르단 동편에 존재했다는 것을 알 수 있지만 발라암에 대한 정보는 별로 없다. 히브리어 본문에 따르면 발라암은 프토르(피트루로 추정하는데 시리아 북쪽에 있으며 유명한 유프라테스강에서 멀지 않다)에 사는데 그곳은 "아마우인들의 땅"(히브리어 본문의 자구적 번역은 "그의 백성의 자손들")에 있다. "아마우인들의 땅"이라는 번역은 시리아 북부 알랄라에서 발굴된 비문을 기반으로 한다. 새 대중 라틴말 성경은 이 번역을 받아들이지만, 대중 라틴말 성경은 "암몬인들의 자손들"로 번역한다. 히브리어 본문이 모호하다.

22,8. 발라암은 독특한 인물이다. 그는 비록 이방인 주술사지만, 22-24장에는 그가 하느님의 명령을 어길 수 없고 하느님께서 그에게 계시하신 것을 말할 수밖에 없는 예언자로 나온다. 그러나 그는 또한 당나귀보다 보지 못하는 선견자이기도 하다(22,21-35 참조). 다른 본문들에서는 그가 이스라엘을 저주한 것처럼 보이지만 주님께서는 그 저주를 듣지 않으셨다(신명 23,5-6; 느헤 13,2 참조). 여호 24,9-10에서 그는 저주하기를 원하지만 축복하도록 강요받는다. 미카 6,5에서는 발라암의 역할이 모호하다. 민수 31,8에서 발라암은 이스라엘의 다른 원수들과 함께 칼로 살해된다. 민수 31,16에서 모세는 바알-프오르 우상 숭배 죄의 원인이 발라암이라고 그를 고발한다(민수 25,1-3 참조). 신약 성경에서 그는 이익 때문에 행동하는 부패한 예언자(2베드 2,15-16; 유다 11절 참조)로 간주되고 묵시록에서는 잘못된 가르침의 스승들의 상징(2,14)이 된다.

너희를 저주하는 자는 저주를 받으리라."
10 발락은 발라암에게 화가 나서, 손바닥을 치며 발라암
에게 말하였다. "나는 원수들을 저주해 달라고 당신을 불
렀소. 그런데 보시오, 당신은 이렇게 세 번씩이나 그들에
게 축복해 주었소. 11 그러니 이제 당장 당신 고향으로 물
러가시오. 나는 당신을 극진히 대우해 주겠다고 했지만,
보다시피 당신이 대우를 받는 것을 주님이 막아 버렸소."
12 그러자 발라암이 발락에게 말하였다. "임금님께서 저에
게 보내신 사자들에게도 제가 이미 말하지 않았습니까? 13
'발락이 비록 그의 집에 가득 찰 만한 은과 금을 준다 하
여도, 나는 주님의 분부를 어기고서는, 좋은 일이든 나쁜
일이든 내 마음대로 할 수가 없습니다. 나는 주님께서 말
씀하신 것만 말해야 합니다.' 하고 말입니다. 14 이제 저는
제 백성에게 돌아갑니다. 자, 뒷날에 저 백성이 임금님의
백성에게 어떻게 할 것인지나 알려 드리겠습니다."

민족들에게 축복의 도구가 될 것이다.

발라암의 네 번째 신탁

15 그러고 나서 그는 신탁을 선포하였다.
"브오르의 아들 발라암의 말이다.
열린 눈을 가진 사람의 말이며
16 하느님의 말씀을 듣고
지극히 높으신 분의 지식을 아는 이의 말이다.
전능하신 분의 환시를 보고 쓰러지지만
눈은 뜨이게 된다.
17 나는 한 모습을 본다. 그러나 지금은 아니다.
나는 그를 바라본다. 그러나 가깝지는 않다.
야곱에게서 별 하나가 솟고
이스라엘에게서 왕홀이 일어난다.
그는 모압의 관자놀이를,
셋의 모든 자손의 정수리를 부수리라.
18 에돔은 속국이 되리라.
세이르는 원수들의 속국이 되리라.
그러나 이스라엘은 세력을 떨치고

24,15-24. 네 번째 신탁은 한 왕이 다스리는 미래를 멀리서 엿보게 한다(24,14 참조). 별(고대 근동에서는 왕들이 별과 비교되었다), 홀(왕권의 상징), 모든 원수를 물리칠 야곱에게서 나올 통치자가 왕의 표상이다. 이 왕은 아마도 모압(2사무 8,2 참조)과 에돔 전체(2사무 8,13-14; 1열왕 11,15 참조)를 패배시킬 다윗을 가리킬 것이다. 그러나 이 본문은 다르게도 해석할 수 있다.

24,18. "세이르"는 에돔의 다른 이름이다(창세 32,4; 36,8.21 참조).

24,11 22,17.37. 24,13 22,18.20. 24,14 창세 49,1; 다니 2,28; 미카 6,5. 24,17 창세 49,10; 마태 2,2; 묵시 1,7; 22,16ㄴ. 24,18 2사무 8,14.

24,17. 메시아 신학에서 중요한 이 구절의 그리스어 번역은 "왕홀"을 "한 사람"으로 대체하고 세 번째 신탁에서 이미 언급한 "한 사람"(24,7 주 참조)을 가리킨다. 그러나 위 요나탄 타르굼은 "야곱의 집에서 강력한 임금이 나시고 이스라엘의 강력한 왕홀이신 메시아께서 기름부음 받으실 때"라고 제시한다. 별은 메시아의 상징이 되는데(마태 2,2.9-11 참조) 신약 성경은 이에 대해 "높은 곳에서 별이 우리를 찾아오시어"(루카 1,78-79), "다른 민족들에게는 계시의 빛"(루카 2,30-32), "빛나는 샛별"(묵시 22,16)이라고 한다.

19 야곱에게서는 통치자가 나와
이르에서 도망쳐 나온 자들을 멸망시키리라."
20 그런 다음에 그는 아말렉을 보며 신탁을 선포하였다.
"민족들 가운데 첫째인 아말렉.
그러나 그의 종말은 영원한 멸망이 되리라."
21 그는 또 카인족을 보며 신탁을 선포하였다.
"네 거처는 든든하고
네 보금자리는 바위 위에 있다.
22 그러나 카인은 황폐하게 되리라.
아시리아가 너를 언제까지 사로잡아 둘 것인가?"
23 그는 다시 신탁을 선포하였다.
"아, 하느님께서 이 일을 하실 때에 누가 살아남으랴?
24 키팀 쪽에서 배들이 온다.
그들은 아시리아를 억누르고 에베르를 억누르겠지만
그들도 영원히 멸망하리라."
25 발라암은 일어나 제 고향으로 돌아갔다. 발락도 제 갈
길을 갔다.

이스라엘이 프오르에서 우상을 섬기다

25 1 이스라엘이 시팀에 머물러 있을 때, 백성이 모
압의 여자들과 불륜을 저지르기 시작하였다.
2 이 여자들이 저희 신들에게 드리는 제사에 백성을 부르
자, 백성은 거기에서 함께 먹으며 그들의 신들에게 경배하
였다. 3 이처럼 이스라엘이 스스로 프오르의 신 바알의 멍
에를 메자, 주님께서 이스라엘에게 진노하셨다.
4 주님께서 모세에게 말씀하셨다. "너는 백성의 우두머리
들을 모두 잡아다가 대낮에 주님 앞에서 목을 매달아, 주
님의 타오르는 분노가 이스라엘에게서 물러가게 하여라."

24,20. "아말렉"은 13,29 주 참조.

24,21. "카인족"(혹은 "켄족")은 미디안족의 다른 이름이다. 히브리어 이름 '카인'은 '켄'이라는 이름과 유사하다.

24,24. "에베르"는 현대 지리 표기에 따르면 키프로스지만 "에베르"라는 이름이 무엇을 가리키는지는 불확실하다.

24,19 창세 49,10; 미카 5,1. 24,20 탈출 17,8.14.16. 24,24 창세 10,4.21. 24,25 31,8. 25,1 31,16; 미카 6,5; 1코린 10,8; 묵시 2,14. 25,2 탈출 20,5; 34,15; 1코린 10,20; 묵시 2,14. 25,3 시편 106,28.29; 호세 9,10. 25,4 신명 4,3.

25,1-18. 이 장에는 이스라엘이 하느님에게서 멀어지도록 유혹한 이방 여자들 때문에 모압 벌판에서 백성이 지은 우상 숭배 죄의 두 가지 사례를 모아 놓았다. 31,16에서 발라암 탓으로 돌리는 첫 번째 사례는(1-5절 참조) 이스라엘이 바알-프오르를 경배하게 한(호세 9,10 참조) 모압 여자들에게 책임이 있다. 우상 숭배 죄는 주님의 진노를 유발하고 거기에 책임이 있는 백성의 지도자들은 사형에 처해진다. 두 번째 사례는(6-18절 참조) 한 미디안 여자가 관련된다. 피느하스는 신앙의 순수성에 대한 열망에 휩싸여 두 죄인을 창으로 찔렀는데, 미디안 여자는 아랫배, 곧 출산의 장소이자 우상 숭배 죄를 짓는 장소를 찔렀다. 이 우상 숭배 죄로 인해 받은 하느님의 벌과 채찍으로 이집트에서 나온 옛 세대 가운데 아직 살아 있던 전부가 죽은 것 같은데, 숱한 반역 때문에 그들은 약속의 땅을 소유하지 못할 것이라고 주님께서 이전에 명하셨다(14,28-35 참조). 1장에 제시된 것과는 반대로 26장의 새 인구 조사는 그 땅을 소유할 이스라엘의 새 세대의 명부를 제시한다.

5 그리하여 모세가 이스라엘의 판관들에게 말하였다. "너
희는 저마다 자기 사람들 가운데에서 스스로 프오르의
신 바알의 멍에를 멘 자를 죽여라."
6 이스라엘 자손들의 온 공동체가 만남의 천막 어귀에서
통곡하고 있을 때, 이스라엘 자손들 가운데 한 사람이, 모
세와 온 공동체가 보는 앞에서 미디안 여자 하나를 자기
형제들에게 데려왔다. 7 아론 사제의 손자이며 엘아자르
의 아들인 피느하스가 그것을 보고, 공동체 가운데에서
일어나 손에 창을 들고, 8 그 이스라엘 사람을 뒤쫓아 천
막 안으로 들어가, 이스라엘 사람과 그 여자, 둘의 배를 찔
러 죽였다. 그러자 이스라엘 자손들 가운데에서 재난이
그쳤다. 9 그 재난으로 죽은 이들은 이만 사천 명이었다.
10 주님께서 모세에게 이르셨다. 11 "아론 사제의 손자이며
엘아자르의 아들인 피느하스가 이스라엘 자손들 가운데
에서 나를 위하여 열성을 다해, 나의 분노를 그들에게서
물러가게 하였다. 그래서 내가 질투로 이스라엘 자손들을
없애 버리지 않았다. 12 그러므로 너는 이렇게 말하여라.
'보라, 나는 그와 평화의 계약을 맺는다. 13 그것은 그와 그
의 뒤를 잇는 후손들에게 영원한 사제직의 계약이 될 것
이다. 그가 자기 하느님을 위하여 열성을 다하고, 이스라
엘 자손들을 위하여 속죄 예식을 거행하였기 때문이다.'"
14 미디안 여자와 함께 처형된 이스라엘 사람의 이름은 살
루의 아들 지므리였는데, 그는 시메온 지파에 속하는 집
안의 수장이었다. 15 처형된 미디안 여자의 이름은 추르의
딸 코즈비였는데, 추르는 한 부족, 곧 미디안에 있는 한 집
안의 우두머리였다.
16 주님께서 모세에게 이르셨다. 17 "미디안인들을 공격하
여 그들을 쳐 죽여라. 18 그들은 프오르의 일과, 미디안의
한 수장의 딸, 곧 프오르의 일로 재난이 터졌을 때에 처
형된 그들의 누이 코즈비의 일로 너희를 속이면서 괴롭힌
자들이다."

25,8. 한 이스라엘 사람이 미디안 여자와 함께 천막('쿠빠', "천막" 또는 "골방")에 들어간다. 성경에서 여기서만 나오는 이 용어는 아랍인들에게 성스러운 천막을 가리킨다. 따라서 천막이나 천막의 내부 공간("골방") 또는 제의 기능이 있는 천막을 가리킨다. 고대 번역본에서는 이 말을 확실히 부정적 의미로 해석했는데, 라틴어 번역본은 "매춘 굴"로, 그리스어 번역본은 "용광로"로 번역한다.

25,10-13. 백성이 우상을 섬기려고 하느님을 저버릴 때 피느하스가 바로 그 "질투"에 불타(11절 "열성"과 "질투"는 히브리어에서 같은 낱말이다) 움직인 것을 주님께서 인정해 주신다(탈출 20,5; 신명 4,24; 6,14-15; 시편 79,5 참조). 피느하스의 행동 덕분에 이스라엘 사람들에게서 하느님의 분노가 거두어졌다. 주님께서는 그의 후손에게도 이어질 영원한 사제직을 언약하시면서 그와 평화의 계약을 맺으신다. 이제 아론의 손자 피느하스와 맺은 이 영원한 사제직 계약을 통해, 탈출 40,12-15에서 주님께서 아론과 그의 아들들에게 약속하신 것이 아론의 모든 미래 자손들에게 확장된다.

25,7 시편 106,30. 25,9 신명 4,3; 1코린 10,8. 25,11 탈출 20,5; 신명 32,16.21; 시편 106,30. 25,12 이사 54,10; 말라 2,4.5. 25,13 17,11; 탈출 40,15; 집회 45,23-26; 히브 2,17. 25,15 31,8. 25,17 31,2. 25,18 31,16.

두 번째 인구 조사

26 1 그 재난이 지난 다음, 1 주님께서 모세와 아론
사제의 아들 엘아자르에게 말씀하셨다. 2 "너희
는 조상 대대로 내려온 집안에 따라 이스라엘 자손들의
온 공동체, 곧 이스라엘에서 전쟁에 나갈 수 있는 스무 살
이상 된 남자들의 수를 모두 세어라." 3 그리하여 모세와
엘아자르 사제는 예리코 앞의 요르단 건너편 모압 벌판에
서 그들에게 이 사실을 알리고 이렇게 말하였다. 4 "주님께
서 모세에게 명령하신 대로 스무 살 이상 된 남자들의 수
를 센다."
이집트 땅에서 나온 이스라엘 자손들은 이러하다.
5 르우벤은 이스라엘의 맏아들인데, 르우벤의 자손들은
이러하다. 하녹에게서 하녹 씨족이, 팔루에게서 팔루 씨
족이, 6 헤츠론에게서 헤츠론 씨족이, 카르미에게서 카르
미 씨족이 나왔다. 7 이것이 르우벤의 씨족들로서, 그들 가
운데 사열을 받은 이들은 사만 삼천칠백삼십 명이었다.
8 팔루의 아들은 엘리압이다. 9 엘리압의 아들은 느무엘,
다탄, 아비람이다. 이 다탄과 아비람은 공동체에서 뽑힌
이들로서, 코라의 무리가 주님께 대항할 때, 모세와 아론
에게 대항한 자들이다. 10 그 무리가 죽고 불이 이백오십
명을 집어삼켜 버릴 때, 땅이 입을 벌려 그들과 함께 코라
를 삼켜 버렸다. 그리하여 그들은 본보기가 되었다. 11 그
러나 코라의 아들들은 죽지 않았다.
12 씨족에 따라 본 시메온의 자손들은 이러하다. 느무엘에
게서 느무엘 씨족이, 야민에게서 야민 씨족이, 야킨에게서
야킨 씨족이, 13 제라에게서 제라 씨족이, 사울에게서 사
울 씨족이 나왔다. 14 이것이 시메온의 씨족들로서, 이만
이천이백 명이었다.
15 씨족에 따라 본 가드의 자손들은 이러하다. 츠폰에게서
츠폰 씨족이, 하끼에게서 하끼 씨족이, 수니에게서 수니
씨족이, 16 오즈니에게서 오즈니 씨족이, 에리에게서 에리
씨족이, 17 아롯에게서 아롯 씨족이, 아르엘리에게서 아르
엘리 씨족이 나왔다. 18 이것이 사열을 받은 이들에 따라
본 가드 자손의 씨족들로서, 사만 오백 명이었다.
19 유다의 아들은 에르와 오난이다. 에르와 오난은 가나
안 땅에서 죽었다. 20 씨족에 따라 본 유다의 자손들은 이

26,1-65. 1장의 인구 조사보다 약 39년 후에 행한 새 인구 조사의 목적은 가나안 정복 후 상속될 땅의 분배를 설정하는 것이다. 레위인들은 이스라엘인들의 인구 조사에 포함되지 않는다. 그들에게는 땅이 재산으로 분배되지 않고(18,20-29 참조) 그들이 거주할 성읍들만 분배되기 때문이다(35,3-8 참조). 1장에 표시된 것과 같은 순서로 지파들의 인구 조사가 이루어지지만, 이번에는 성조들의 씨족에 따라 분류된다. 새 세대의 이스라엘인(레위인을 제외한 20세 이상의 남자)은 첫 번째 인구 조사의 60만 3,550명(1,46; 2,32 참조)보다 조금 적은 숫자다(합계 60만 1,730명. 51절 참조). 이들 가운데 칼렙과 여호수아를 제외하고 첫 인구 조사에 등록되었던 사람은 아무도 남아 있지 않다(65절 및 14,29-30 참조).

26,12-14. 이전 인구 조사(1,22-23 참조)와 비교할 때, 시메온 지파는 아마도 자기 지파 사람이 지은 죄 때문에(25,6-18 특히 14절 참조) 등록된 사람의 수가 가장 많이 줄어든 지파이다(5만 9,300명에서 2만 2,200명으로).

26,2 1,2; 탈출 30,12; 38,25.26. 26,5-51 // 창세 46,8-27. 26,5 탈출 6,14. 26,9 16,1.2. 26,10 16,32.35; 17,3. 26,11 신명 24,16. 26,14 창세 46,10. 26,15 창세 46,16. 26,18 1,25.

러하다. 셀라에게서 셀라 씨족이, 페레츠에게서 페레츠 씨
족이, 제라에게서 제라 씨족이 나왔다. 21 페레츠의 자손
들은 이러하다. 헤츠론에게서 헤츠론 씨족이, 하물에게서
하물 씨족이 나왔다. 22 이것이 사열을 받은 이들에 따라
본 유다의 씨족들로서, 칠만 육천오백 명이었다.
23 씨족에 따라 본 이사카르의 자손들은 이러하다. 톨라에
게서 톨라 씨족이, 푸와에게서 푸와 씨족이, 24 야숩에게
서 야숩 씨족이, 시므론에게서 시므론 씨족이 나왔다. 25
이것이 사열을 받은 이들에 따라 본 이사카르의 씨족들로
서, 육만 사천삼백 명이었다.
26 씨족에 따라 본 즈불룬의 자손들은 이러하다. 세렛에게
서 세렛 씨족이, 엘론에게서 엘론 씨족이, 야흘르엘에게서
야흘르엘 씨족이 나왔다. 27 이것이 사열을 받은 이들에
따라 본 즈불룬의 씨족들로서, 육만 오백 명이었다.
28 씨족에 따라 본 요셉의 아들들은 므나쎄와 에프라임
이다. 29 므나쎄의 자손들은 이러하다. 마키르에게서 마키
르 씨족이 나왔는데, 마키르는 길앗을 낳았고, 길앗에게
서 길앗 씨족이 나왔다. 30 길앗의 자손들은 이러하다. 이
에제르에게서 이에제르 씨족이, 헬렉에게서 헬렉 씨족이,
31 아스리엘에게서 아스리엘 씨족이, 세켐에게서 세켐 씨
족이, 32 스미다에게서 스미다 씨족이, 헤페르에게서 헤페
르 씨족이 나왔다. 33 헤페르의 아들 츨롭핫에게는 아들
이 없고 딸만 있었다. 츨롭핫의 딸들 이름은 마흘라, 노아,
호글라, 밀카, 티르차였다. 34 이것이 므나쎄의 씨족들로
서, 그들 가운데 사열을 받은 이들은 오만 이천칠백 명이
었다.
35 씨족에 따라 본 에프라임의 자손들은 이러하다. 수텔라
에게서 수텔라 씨족이, 베케르에게서 베케르 씨족이, 타한
에게서 타한 씨족이 나왔다. 36 수텔라의 자손들은 이러하
다. 에란에게서 에란 씨족이 나왔다. 37 이것이 사열을 받
은 이들에 따라 본 에프라임 자손의 씨족들로서, 삼만 이
천오백 명이었다. 이것이 씨족에 따라 본 요셉의 자손들
이다.
38 씨족에 따라 본 벤야민의 자손들은 이러하다. 벨라에게
서 벨라 씨족이, 아스벨에게서 아스벨 씨족이, 아히람에게
서 아히람 씨족이, 39 스푸팜에게서 스푸팜 씨족이, 후팜
에게서 후팜 씨족이 나왔다. 40 벨라의 아들들은 아르드

26,30-32. "헬렉, 아스리엘, 세켐, 스미다" 이 이름들은 기원전 8세기로 추정되는 토기 조각('오스트라카')에서 발견되었다. 고대에는 토기 조각이 파피루스보다 가격이 싸서 기록하는 데 사용되었다.

26,22 1,27. 26,24 창세 46,13. 26,25 창세 30,18. 26,27 1,31. 26,30 27,1; 36,1; 여호 17,2. 26,35 1역대 7,20. 26,37 1,33. 26,38 창세 46,21. 26,40 1역대 8,3.

와 나아만이다. 아르드에게서 아르드 씨족이, 나아만에게
서 나아만 씨족이 나왔다. 41 이것이 씨족에 따라 본 벤야
민의 자손들로서, 그들 가운데 사열을 받은 이들은 사만
오천육백 명이었다.
42 씨족에 따라 본 단의 자손들은 이러하다. 수함에게서
수함 씨족이 나왔다. 이것이 씨족에 따라 본 단의 씨족들
이다. 43 이것이 사열을 받은 이들에 따라 본 수함의 씨족
들로서, 육만 사천사백 명이었다.
44 씨족에 따라 본 아세르의 자손들은 이러하다. 임나에게
서 임나 씨족이, 이스위에게서 이스위 씨족이, 브리아에게
서 브리아 씨족이 나왔다. 45 브리아의 자손들은 이러하다.
헤베르에게서 헤베르 씨족이, 말키엘에게서 말키엘 씨족
이 나왔다. 46 아세르의 딸 이름은 세라이다. 47 이것이 사
열을 받은 이들에 따라 본 아세르 자손의 씨족들로서, 오
만 삼천사백 명이었다.
48 씨족에 따라 본 납탈리의 자손들은 이러하다. 야흐츠엘
에게서 야흐츠엘 씨족이, 구니에게서 구니 씨족이, 49 예체
르에게서 예체르 씨족이, 실렘에게서 실렘 씨족이 나왔다.
50 이것이 씨족에 따라 본 납탈리의 씨족들로서, 그들 가
운데 사열을 받은 이들은 사만 오천사백 명이었다.
51 이처럼 사열을 받은 이스라엘 자손들은 육십만 천칠백
삼십 명이었다.

땅 분배에 관한 일반적인 지시

52 주님께서 모세에게 이르셨다. 53 "이들에게 사람 수에
따라 땅을 상속 재산으로 나누어 주어라. 54 수가 많은 지
파에게는 상속 재산을 많이 주고, 수가 적은 지파에게는
상속 재산을 적게 주어야 한다. 각 지파에게, 사열을 받은
이들의 수에 따라 상속 재산을 주어야 한다. 55 그러나 제
비를 뽑아 땅을 나누어야 하고, 조상 대대로 내려온 지파
이름에 따라 상속 재산을 받게 해야 한다. 56 수가 많은 지
파와 적은 지파 사이에서 제비를 뽑아, 그 결과에 따라 상
속 재산을 나누어 가져야 한다."

레위인들의 두 번째 인구 조사

57 씨족에 따라 사열을 받은 레위인들은 이러하다. 게르손
에게서 게르손 씨족이, 크핫에게서 크핫 씨족이, 므라리

26,41 1,37. 26,42 창세 46,23. 26,47 1,41. 26,50 1,43. 26,53.54.55 // 33,54; 34,13도 참조; 여호 11,23; 14,1.

에게서 므라리 씨족이 나왔다. 58 레위의 씨족들은 이러하
다. 리브니 씨족, 헤브론 씨족, 마흘리 씨족, 무시 씨족, 코
라 씨족이다. 크핫은 아므람을 낳았다. 59 아므람의 아내
이름은 레위의 딸 요케벳인데, 그는 이집트에서 레위가 낳
은 딸이다. 요케벳은 아므람에게 아론과 모세, 그리고 그
들의 누이 미르얌을 낳아 주었다. 60 아론에게서는 나답,
아비후, 엘아자르, 이타마르가 태어났는데, 61 나답과 아비
후는 속된 불을 주님 앞에 바치다가 죽었다. 62 한 달 이상
된 남자로서 사열을 받은 이들은 모두 이만 삼천 명이었
다. 그들은 이스라엘 자손들 가운데에서 받을 상속 재산
이 없었으므로, 다른 이스라엘 자손들과 함께 사열을 받
지 않았다.

인구 조사의 결론

63 이들이 모세와 엘아자르 사제가 사열한 이들이다. 모세
와 엘아자르는 예리코 앞의 요르단 건너편 모압 벌판에서
이스라엘 자손들을 사열하였다. 64 이들 가운데에서 모세
와 아론이 시나이 광야에서 이스라엘 자손들을 사열할
때, 그 사열을 받은 사람은 하나도 없었다. 65 주님께서 그
들을 두고 "그들은 반드시 광야에서 죽을 것이다." 하고
말씀하셨기 때문이다. 그들 가운데 여푼네의 아들 칼렙과
눈의 아들 여호수아 말고는 한 사람도 남지 않았다.

딸의 유산 상속권

27 1 그때에 츨롭핫의 딸들이 앞으로 나왔다. 츨롭
핫은 요셉의 아들 므나쎄 씨족에 속한 사람으
로, 헤페르의 아들이고 길앗의 손자이며 마키르의 증손
이고 므나쎄의 현손이다. 그 딸들의 이름은 마흘라, 노아,
호글라, 밀카, 티르차이다. 2 그들은 만남의 천막 어귀에서
모세와 엘아자르 사제와 수장들과 온 공동체 앞에 서서
말하였다. 3 "저희 아버지는 광야에서 돌아가셨습니다. 그
분은 주님을 거슬러 모여든 무리, 곧 코라의 무리 속에 끼
지 않으셨습니다. 다만 당신의 죄로 돌아가셨을 따름입니
다. 그런데 저희 아버지에게는 아들이 없습니다. 4 그러나
아들이 없다고 해서 저희 아버지의 이름이 당신 씨족 가
운데에서 없어져서야 어찌 되겠습니까? 저희 아버지의 형

26,58-65. 인구 조사에 레위인(한 달 이상 된 사내아이들)도 포함된다. 게르손에게서 리브니 씨족, 크핫(그에게서 코라의 아버지 이츠하르와 아므람도 태어났다)에게서 헤브론 씨족, 므라리에게서 마흘리 씨족과 무시 씨족(3,14-39; 탈출 6,16-23 참조)이 나왔다. 본문은 아론, 모세, 미르얌의 아버지 아므람을 강조한다. 아론에게서 사제 계급이 내려오는데 그의 네 아들 나답, 아비후, 엘아자르, 이타마르 가운데 처음 두 명은 합당하지 않은 불을 주님께 바치다가 죽었다(레위 10,1-2 참조).

27,1-11. 가나안에 들어온 후 26장의 인구 조사에 기초해 땅을 분배하는데 문제가 발생한다. 남자 상속인 없이 광야에서 죽은 츨롭핫(므나쎄 지파)의 딸들은 아버지 가족이 어떤 재산도 가질 수 없다는 것을 불공평하다고 생각한다(여성은 상속받을 수 없음). 이 문제는 딸들이 아버지의 재산을 상속받을 수 있게 함으로써 해결된다(17,3-6 참조). 그러나 36,1-12에서 이 여성들은 가족의 재산을 보호하기 위해 자기 지파 외의 남자와는 혼인할 수 없다는 규정이 설정될 것이다.

27,1. 사내아이를 낳지 않고 죽은 츨롭핫에 대한 소식은 앞에 나온 인구 조사(26,33 참조)에 이미 나온다.

27,3. 이것에 대해서는 16장 참조.

26,59 탈출 6,20. 26,60 3,2. 26,61 3,4; 레위 10,1.2. 26,62 1,47; 18,20.23.24. 26,64 신명 2,14.15. 26,65 14,28.29.30; 1코린 10,5.6. 27,1 26,33; 36,1. 27,3 16,1.2; 26,64.65. 27,4 여호 17,4.

제들과 더불어 저희에게도 소유지를 주십시오."
5 모세가 그들의 소송건을 주님 앞으로 가져가니, 6 주님께
서 모세에게 말씀하셨다. 7 "츨롭핫의 딸들이 하는 말이
옳다. 너는 그들 아버지의 형제들과 더불어 그들에게도 반
드시 상속 재산으로 소유지를 주어라. 그들 아버지의 상
속 재산이 그들에게 넘어가게 하여라. 8 그리고 너는 이스
라엘 자손들에게 일러두어라. '누구든지 아들 없이 죽으
면, 그의 상속 재산은 딸에게 넘어가게 하여라. 9 만일 딸
이 없으면, 그의 상속 재산을 그의 형제들에게 주어라. 10
형제들도 없으면, 그 상속 재산을 그의 아버지 형제들에
게 주어라. 11 그의 아버지에게 형제들이 없으면, 그의 씨
족 가운데에서 그에게 가장 가까운 친족에게 주어 그것을
소유하게 하여라.' 이는 주님이 모세에게 명령한 대로, 이
스라엘 자손들이 지켜야 할 법 규정이 되어야 한다."

여호수아가 모세의 후계자로 임명되다

12 주님께서 모세에게 말씀하셨다. "너는 이 아바림산으로
올라가, 내가 이스라엘 자손들에게 준 땅을 바라보아라.
13 그 땅을 바라본 다음에는, 너의 형 아론이 간 것처럼 너
도 선조들 곁으로 가게 될 것이다. 14 이는 친 광야에서 공
동체가 시비를 걸어올 때, 그들이 보는 앞에서 물로 나의
거룩함을 드러내라는 내 분부를 너희가 거역하였기 때문
이다." 이 물은 친 광야에 있는 므리밧 카데스의 물을 가
리킨다.
15 모세가 주님께 아뢰었다. 16 "모든 육체에게 영을 주시는
주 하느님께서는 이 공동체 위에 한 사람을 세우시기 바
랍니다. 17 그들 앞에 서서 나가고 그들 앞에 서서 들어오
는 사람, 그들을 데리고 나가고 그들을 데리고 들어오는
사람입니다. 그리하여 주님의 공동체가 목자 없는 양 떼
처럼 되지 않게 하시기를 바랍니다." 18 주님께서 모세에
게 대답하셨다. "눈의 아들 여호수아를 데려오너라. 그는

27,12. 모세 자신이 들어갈 수 없는 땅을 내려다보려고 올라가야 하는 산은 사해 동쪽에 있는 아바림 산맥에 속한 느보산이다(신명 32,49 참조). 피스가산(민수 21,20 참조)과 프오르산(23,28 참조)도 이 산맥에 속한다.

27,14. 언급된 내용에 따르면 모세는 특히 므리바에서 이스라엘이 물 문제로 반란을 일으킬 때 주님의 거룩함을 드러내지 않았기 때문에 가나안 땅에 들어가 그곳을 소유할 수 없었을 것이다(20,2-13과 20,10 주 참조; 신명 32,50-52도 참조). 다른 전통에 따르면 모세는 자기 개인의 죄가 아니라 그의 백성이 저지른 죄 때문에 벌을 받았다(신명 1,37; 3,23-28 참조)고 한다.

27,5 9,8. 27,6 36,2. 27,12-23 // 신명 31,1-8.23. 27,12 33,47; 신명 32,49. 27,13 31,2. 27,14 20,12; 탈출 17,7; 사도 7,51. 27,16 16,22; 사도 6,3; 히브 12,9. 27,17 신명 31,2; 마태 9,36; 마르 6,34; 요한 10,9. 27,18 11,25-29; 신명 34,9; 사도 6,6.

27,12-23. 엘아자르의 임직 후에 아론이 죽듯이(20,22-29 참조) 여호수아에 대한 안수 의식 행위 후에 모세가 죽는다. 여호수아는 이미 영을 받았기 때문에 모세 후계자로 선택되었다(신명 34,9에서 그는 전례 의식에 이어 지혜의 영을 받는다). 여호수아의 은사를 공적으로 확증하기 위해 온 공동체 앞에서 모세의 권한 일부가 여호수아에게 건네진다.

영을 지닌 사람이다. 너는 그에게 네 손을 얹어라. 19 그리
고 그를 엘아자르 사제와 온 공동체 앞에 세워, 그들이 보
는 앞에서 임명하여라. 20 너의 권위 가운데 일부를 그에
게 주어, 이스라엘 자손들의 온 공동체가 그에게 순종하
게 하여라. 21 그러나 그는 엘아자르 사제 앞에 서야 한다.
그러면 엘아자르가 주님 앞에서, 그에게 어떤 결정이 내려
질지 우림으로 물어볼 것이다. 여호수아와 이스라엘의 모
든 자손, 곧 온 공동체는 그의 지시에 따라 나가고 그의 지
시에 따라 들어와야 한다."
22 모세는 주님께서 명령하신 대로 하였다. 그는 여호수아
를 데려다가 엘아자르 사제와 온 공동체 앞에 세웠다. 23
모세는 주님께서 자기를 통하여 이르신 대로, 그에게 자기
손을 얹고 그를 임명하였다.

주님께 바치는 제물

28 1 주님께서 모세에게 이르셨다. 2 "너는 이스라
엘 자손들에게 명령하여라. 그들에게 이렇게
말하여라. '너희는 내가 받을 예물, 곧 향기로운 화제물로
내가 받을 양식을 정해진 때에 바치도록 명심하여라.' 3 너
는 또 그들에게 말하여라. '너희가 주님에게 바쳐야 하는
화제물은 이러하다.'

일일 번제물

'날마다 일 년 된 흠 없는 어린 숫양 두 마리를 일일 번제
물로 바쳐야 한다. 4 어린 숫양 한 마리는 아침에 바치고,
다른 한 마리는 저녁 어스름에 바쳐라. 5 또 찧어서 짠 기
름 사분의 일 힌을 섞은 고운 곡식 가루 십분의 일 에파를
곡식 제물로 바친다. 6 이는 시나이산에서 제정된 일일 번
제물로, 주님을 위한 향기로운 화제물이다. 7 그리고 이와
함께 바치는 제주는 어린 숫양 한 마리마다 사분의 일 힌
으로 한다. 너희는 성소에서 주님에게 독주를 제주로 부
어 바쳐야 한다. 8 두 번째 어린 숫양을 저녁 어스름에 바
칠 때에도, 아침에 한 것처럼 곡식 제물과 제주를 함께 바
친다. 이는 주님을 위한 향기로운 화제물이다.'

27,21. 우림과 툼밈은 대사제가 그의 가슴받이 안에 넣은 신성한 물건이다(아마도 두 개의 돌 또는 두 개의 막대기. 탈출 28,30; 레위 8,8 참조). 주님께 자문을 구하는 데 사용했다(1사무 14,41-42 참조).

28,1-29,39. 여기 언급된 전례력의 몇 가지 측면에 대한 사항은 탈출 23,14-17 주 참조.

28,3-10. 탈출 29,38-42에서와 같이 매일 두 마리의 어린 양을 번제로 바칠 것을 규정한다. 아침에 한 마리, 저녁 어스름(자구적으로는 "두 저녁 사이에"인데, 아마도 해가 진 다음부터 밤의 어둠이 내릴 때까지의 짧은 기간. 9,3 참조)에 한 마리를 바친다. 이것이 일일(자구적으로는 "지속되는") 번제물이며 기름을 섞은 밀가루와 제주로 포도주도 항상 함께 바쳐야 한다고 지시한다. 안식일에는 일일 번제물 외에 제물과 제주와 함께 양 두 마리를 더 바쳐야 한다(9-10절 참조).

28,5. "찧어서 짠 기름"은 "순수한 기름"으로 번역하기도 하는데 "새 기름"이 더욱 적절할 것이다. 에파에 대해서는 5,15 주 참조. 힌에 대해서는 15,4 주 참조.

27,19 신명 31,3.7.8.23. 27,20 여호 1,16.17. 27,21 탈출 28,30; 요한 11,51. 27,23 사도 6,6. 28,2 레위 3,11. 28,3-8 // 탈출 29,38-46. 28,3 히브 7,27.

28-29장. 이 두 장에는 제물과 축제에 관한 다른 법규가 포함되어 있다. 레위 23장의 전례 주기를 다시 언급하면서 여러 경우에 바칠 제물을 명시한다. 물론 이 법규들은 이스라엘이 정확한 전례력을 지키던, 정착한 공동체가 되었을 때의 후대 시기와 관련된다. 아마도 이것은 제2성전 제물들의 완전한 목록일 것이다.

안식일에 바치는 제물

9 ‘안식일에는 일 년 된 흠 없는 어린 숫양 두 마리를, 기름
을 섞은 고운 곡식 가루 십분의 이 에파의 곡식 제물과 제
주와 함께 바친다. 10 이는 일일 번제물과 그것에 딸린 제
주 외에 안식일마다 따로 바치는 번제물이다.’

28,9. 모세 오경에서 여기서만 안식일의 번제물과 곡식 제물 규정을 소개한다.

매달 초하룻날에 바치는 제물

11 ‘너희는 매달 초에 주님에게 번제물을 바쳐야 한다. 황
소 두 마리와 숫양 한 마리, 일 년 된 흠 없는 어린 숫양 일
곱 마리를 바쳐야 한다. 12 황소 한 마리마다 기름을 섞은
고운 곡식 가루 십분의 삼 에파를 곡식 제물로 곁들이고,
숫양 한 마리에는 기름을 섞은 고운 곡식 가루 십분의 이
에파를 곡식 제물로 곁들인다. 13 그리고 어린 숫양 한 마
리마다 기름을 섞은 고운 곡식 가루 십분의 일 에파씩을
곡식 제물로 곁들인다. 이는 향기로운 번제물, 곧 주님을
위한 화제물이다. 14 이와 함께 바칠 제주는 황소 한 마리
에 포도주 반 힌, 숫양 한 마리에 삼분의 일 힌, 어린 숫양
한 마리에 사분의 일 힌이다. 이것이 일 년 내내 달마다 그
달에 바치는 월 번제물이다. 15 또한 일일 번제물과 그것에
딸린 제주 외에, 속죄 제물로 숫염소 한 마리를 주님에게
바쳐야 한다.’

파스카 제사

16 ‘첫째 달 열나흗날에는 주님을 위한 파스카 축제를 지
내야 한다. 17 그달 열닷샛날은 축제일이다. 이레 동안 누
룩 없는 빵을 먹어야 한다. 18 첫날에 거룩한 모임을 열고,
생업으로 하는 일은 아무것도 해서는 안 된다. 19 너희는
화제물 곧 주님을 위한 번제물을 바쳐야 한다. 황소 두 마
리와 숫양 한 마리와 일 년 된 어린 숫양 일곱 마리인데,
흠 없는 것이어야 한다. 20 이와 함께 기름을 섞은 고운 곡
식 가루를 곡식 제물로 곁들이는데, 황소 한 마리에는 십
분의 삼 에파, 숫양 한 마리에는 십분의 이 에파를 바쳐야
한다. 21 어린 숫양 일곱 마리의 경우에는, 어린 숫양 한 마

28,16-25. 파스카와 무교절에 대해서는 레위 23,5-8의 주 참조.

28,18. 거룩한 모임에 대해서는 탈출 12,16 주 참조.

28,9 마태 12,5. 28,11 10,10; 에제 45,17; 46,6. 28,12 15,4-12. 28,16 탈출 12,6.18; 레위 23,5; 신명 16,1. 28,17 레위 23,6. 28,18 탈출 12,16; 레위23,7.

28,11-15. 오래된 축제인 음력 매달 초하룻날(이사 1,13-14; 호세 2,13; 아모 8,5 참조)에 바치는 제물을 정한다. 구약에서는 이날이 안식일과 축일들과 분리할 수 없는, 영구적인 제도라고 말한다(1역대 23,31과 2역대 8,13; 2열왕 4,23도 참조; 이사 66,23; 에제 46,1-7 참조). 바오로 시대에 일부 그리스도인들이 여전히 그것을 지켰지만(갈라 4,10과 콜로 2,16 참조) 나중에 그 중요성을 잃게 되었다.

리에 십분의 일 에파씩을 바친다. 22 또 숫염소 한 마리를
속죄 제물로 바쳐, 너희를 위하여 속죄 예식을 거행하여
라. 23 너희는 일일 번제물에 속하는 아침 번제물과는 따
로 이것들을 바쳐야 한다. 24 너희는 이렇게 이레 동안 날
마다 주님에게 양식을, 곧 향기로운 화제물을 바쳐야 한
다. 일일 번제물과 그것에 딸린 제주 외에 이것을 바쳐야
한다. 25 이레째 되는 날에 너희는 다시 거룩한 모임을 열
고, 생업으로 하는 일은 아무것도 해서는 안 된다.'

주간절에 바치는 제물

28,26-31. 주간절 축제(또는 오순절)에 대해서는 레위 23,15-21 주 참조. 사도 2,1도 참조.

26 '만물의 날, 곧 햇곡식을 주님에게 제물로 바치는 주간
절에 너희는 거룩한 모임을 열고, 생업으로 하는 일은 아
무것도 해서는 안 된다. 27 너희는 주님을 위한 향기로운
번제물로 황소 두 마리와 숫양 한 마리와 일 년 된 어린
숫양 일곱 마리를 바쳐야 한다. 28 이와 함께 기름을 섞은
고운 곡식 가루를 곡식 제물로 곁들이는데, 황소 한 마리
에 십분의 삼 에파, 숫양 한 마리에 십분의 이 에파이다. 29
어린 숫양 일곱 마리의 경우에는, 어린 숫양 한 마리에 십
분의 일 에파씩이다. 30 또 너희를 위한 속죄 예식을 거행
할 숫염소 한 마리를 바쳐야 한다. 31 너희는 일일 번제물
과 그것에 딸린 곡식 제물과는 따로, 이것들을 제주와 함
께 바쳐야 한다. 그것들은 흠 없는 것이어야 한다.'

신년제에 바치는 제물

29,1-6. 일곱째 달의('티스리') 첫날, 그 해의 가장 장엄한 초하룻날을 위해 바쳐야 할 제물들을 규정한다. 이날은 "나팔을 부는 날"(레위 23,24-25 참조)로 정의된다. 이 장엄한 날을 위해 규정된 특별 예물은 황소 한 마리, 숫양 한 마리, 일 년 된 흠 없는 어린 숫양 일곱 마리, 그것에 딸린 곡식 제물, 속죄 예물인 염소 한 마리인데, 이는 일일 번제물과 그것에 딸린 곡식 제물과 제주, 월 번제물(민수 28,14 참조)과는 별도로 추가되는 것이다. 가을에 해당되는 일곱째 달의 첫날(1절 참조)은 새해 첫날이다.

29 1 '일곱째 달 초하룻날에 너희는 거룩한 모임을
열고, 생업으로 하는 일은 아무것도 해서는 안
된다. 이날은 나팔을 부는 날이다. 2 너희는 주님을 위한 향
기로운 번제물로 황소 한 마리와 숫양 한 마리와 일 년 된
흠 없는 어린 숫양 일곱 마리를 바쳐야 한다. 3 이와 함께
기름을 섞은 고운 곡식 가루를 곡식 제물로 곁들이는데,
황소 한 마리에 십분의 삼 에파, 숫양 한 마리에 십분의 이
에파이다. 4 어린 숫양 일곱 마리의 경우에는, 어린 숫양 한
마리에 십분의 일 에파이다. 5 또 너희를 위한 속죄 예식을
거행할 숫염소 한 마리를 바쳐야 한다. 6 너희는 법규에 따
라, 월 번제물과 그것에 딸린 곡식 제물, 그리고 일일 번제
물과 그것에 딸린 곡식 제물과 제주와는 따로, 이것들을
주님을 위한 향기로운 화제물로 바쳐야 한다.'

28,25 탈출 12,16. 28,26 탈출 23,16; 34,22; 레위 23,10.15; 신명 16,10. 29,1 레위 23,24. 29,6 28,3.11.

속죄일에 바치는 제물

7 '이 일곱째 달 초열흘날에도 너희는 거룩한 모임을 열고
고행을 하며, 생업으로 하는 일은 아무것도 해서는 안 된
다. 8 너희는 주님을 위한 향기로운 번제물로 황소 한 마리
와 숫양 한 마리와 일 년 된 어린 숫양 일곱 마리를 바쳐
야 한다. 그것들은 흠 없는 것이어야 한다. 9 이와 함께 기
름을 섞은 고운 곡식 가루를 곡식 제물로 곁들이는데, 황
소 한 마리에 십분의 삼 에파, 숫양 한 마리에 십분의 이
에파이다. 10 어린 숫양 일곱 마리의 경우에는, 어린 숫양
한 마리에 십분의 일 에파씩이다. 11 또 속죄 예식에 쓰는
속죄 제물과 일일 번제물, 그리고 그것에 딸린 곡식 제물
과 제주와는 따로, 숫염소 한 마리를 속죄 제물로 바쳐야
한다.'

29,7-11. 일곱째 달 초열흘날인 속죄일에는 토라에 의해 규정된 유일한 단식의 의무를 지켜야 한다(레위 16,29-31; 23,27-32; 사도 27,9 참조). 이날 바치는 제물은 다른 축제와 유사하다. 황소 한 마리, 숫양 한 마리, 어린 숫양 일곱 마리, 이것들에 딸린 곡식 제물, 일일 번제물과 그것에 딸린 곡식 제물과 제주, 속죄 제물을 위해 숫염소 한 마리를 바친다. 이 모든 것에 속죄 예식에 필요한 속죄 예물을 덧붙인다(레위 16장).

29,7. "고행을 하며"라고 옮긴 부분은 "스스로를 낮추며", "단식하며", "참회하며" 등으로도 번역한다.

초막절에 바치는 제물

12 '일곱째 달 열닷샛날에 너희는 거룩한 모임을 열고, 생
업으로 하는 일은 아무것도 해서는 안 된다. 너희는 이레
동안 주님을 위한 축제를 지내야 한다. 13 주님을 위한 향
기로운 화제물인 번제물로 황소 열세 마리와 숫양 두 마
리와 일 년 된 어린 숫양 열네 마리를 바쳐야 한다. 그것들
은 흠 없는 것이어야 한다. 14 이와 함께 기름을 섞은 고운
곡식 가루를 곡식 제물로 곁들이는데, 황소 열세 마리의
경우에는 황소 한 마리에 십분의 삼 에파, 숫양 두 마리의
경우에는 숫양 한 마리에 십분의 이 에파, 15 어린 숫양 열
네 마리의 경우에는 어린 숫양 한 마리에 십분의 일 에파
씩이다. 16 또 일일 번제물과 그것에 딸린 곡식 제물과 제
주와는 따로, 숫염소 한 마리를 속죄 제물로 바친다.
17 둘째 날에는 황소 열두 마리와 숫양 두 마리와 일 년 된
흠 없는 어린 숫양 열네 마리를 바친다. 18 황소와 숫양과
어린 숫양에게 딸린 곡식 제물과 제주는 짐승의 수대로
법규에 따라 바친다. 19 또 일일 번제물과 그것에 딸린 곡
식 제물과 제주와는 따로, 숫염소 한 마리를 속죄 제물로
바친다.
20 셋째 날에는 황소 열한 마리와 숫양 두 마리와 일 년 된
흠 없는 어린 숫양 열네 마리를 바친다. 21 황소와 숫양과
어린 숫양에게 딸린 곡식 제물과 제주는 짐승의 수대로
법규에 따라 바친다. 22 또 일일 번제물과 그것에 딸린 곡

29,12-38. 가장 중요한 축제인 초막절은 티스리 달 15일(9월/10월)에 시작하여 이레 동안 계속되며 여드레째에 마무리되는데 매일 주님께 예물을 바쳐야 한다(레위 23,33-36 참조). 처음 이레 동안에는 관련된 곡식 제물을 곁들인 일일 번제물과 제주와 속죄 제물로 염소 외에, 숫양 두 마리와 어린 양 열네 마리와 황소 몇 마리를 바쳐야 했다. 황소는 첫날은 열세 마리, 둘째 날은 열두 마리, 이런 식으로 일곱째 날에는 일곱 마리에 도달할 때까지 날이 갈수록 줄어든다. 여드레째 날에는 다른 축제들처럼 황소 한 마리, 숫양 한 마리, 어린양 일곱 마리(곡식 예물, 제주와 함께), 그리고 일일 번제물과 속죄 제물로 염소를 바친다.

29,7 레위 16,29-34; 23,26-32. 29,11 28,3; 레위 16,3.5. 29,12 레위 23,33-35.
29,18 15,12; 28,7.14. 29,22 28,15.

식 제물과 제주와는 따로, 숫염소 한 마리를 속죄 제물로
바친다.
23 넷째 날에는 황소 열 마리와 숫양 두 마리와 일 년 된
흠 없는 어린 숫양 열네 마리를 바친다. 24 황소와 숫양과
어린 숫양에게 딸린 곡식 제물과 제주는 짐승의 수대로
법규에 따라 바친다. 25 또 일일 번제물과 그것에 딸린 곡
식 제물과 제주와는 따로, 숫염소 한 마리를 속죄 제물로
바친다.
26 다섯째 날에는 황소 아홉 마리와 숫양 두 마리와 일 년
된 흠 없는 어린 숫양 열네 마리를 바친다. 27 황소와 숫양
과 어린 숫양에게 딸린 곡식 제물과 제주는 짐승의 수대
로 법규에 따라 바친다. 28 또 일일 번제물과 그것에 딸린
곡식 제물과 제주와는 따로, 숫염소 한 마리를 속죄 제물
로 바친다.
29 여섯째 날에는 황소 여덟 마리와 숫양 두 마리와 일 년
된 흠 없는 어린 숫양 열네 마리를 바친다. 30 황소와 숫양
과 어린 숫양에게 딸린 곡식 제물과 제주는 짐승의 수대
로 법규에 따라 바친다. 31 또 일일 번제물과 그것에 딸린
곡식 제물과 제주와는 따로, 숫염소 한 마리를 속죄 제물
로 바친다.
32 일곱째 날에는 황소 일곱 마리와 숫양 두 마리와 일 년
된 흠 없는 어린 숫양 열네 마리를 바친다. 33 황소와 숫양
과 어린 숫양에게 딸린 곡식 제물과 제주는 짐승의 수대
로 법규에 따라 바친다. 34 또 일일 번제물과 그것에 딸린
곡식 제물과 제주와는 따로, 숫염소 한 마리를 속죄 제물
로 바친다.
35 여덟째 날에는 거룩한 집회를 열고, 생업으로 하는 일
은 아무것도 해서는 안 된다. 36 주님을 위한 향기로운 화
제물인 번제물로 황소 한 마리와 숫양 한 마리와 일 년 된
흠 없는 어린 숫양 일곱 마리를 바쳐야 한다. 37 황소와 숫
양과 어린 숫양에게 딸린 곡식 제물과 제주는 짐승의 수
대로 법규에 따라 바친다. 38 또 일일 번제물과 그것에 딸
린 곡식 제물과 제주와는 따로, 숫염소 한 마리를 속죄 제
물로 바친다.
39 너희는 정해진 때마다, 너희의 서원 제물과 사원 제물,
그리고 너희의 번제물과 곡식 제물과 제주와 친교 제물과
는 따로, 이것들을 주님에게 바쳐야 한다.'"

29,28 15,24. 29,35 레위 23,36. 29,39 레위 7,11.16; 23,2; 1역대 23,31; 2역대 31,3.

30

1 모세는 주님께서 자기에게 명령하신 모든 것
을 이스라엘 자손들에게 말하였다.

여자의 맹세

2 모세는 이스라엘 자손 지파의 우두머리들에게 말하였
다. "이것은 주님께서 명령하신 것이다. 3 남자가 주님께 서
원을 하거나 맹세를 하여 스스로 서약을 할 경우, 자기 말
을 어겨서는 안 된다. 제 입에서 나온 것을 다 그대로 실행
해야 한다.
4 여자가 아버지 집에 살면서 어린 나이로 주님께 서원을
하거나 서약을 할 경우, 5 그의 아버지가 딸의 서원이나 딸
이 스스로 한 서약을 듣고 딸에게 아무 말도 하지 않으면,
그의 모든 서원은 그대로 성립되고, 그가 스스로 한 모든
서약도 그대로 성립된다. 6 그러나 그의 아버지가 그것을
듣는 날로 반대하면, 그의 모든 서원과 스스로 한 서약은
성립되지 않는다. 아버지가 딸에게 반대하였기 때문에 주
님께서도 그 딸을 용서해 주신다.
7 서원에 매여 있거나, 또는 생각 없이 입을 놀려 스스로
서약한 채 시집을 갈 경우, 8 남편이 그것을 듣고 들은 그
날로 아내에게 아무 말도 하지 않으면, 그의 서원은 그대
로 성립되고, 그가 스스로 한 서약도 그대로 성립된다. 9
그러나 남편이 그것을 들은 그날로 반대하면, 아내가 매여
있는 서원과 아내가 생각 없이 입을 놀려 스스로 서약한
바를 남편이 취소시키는 것이 된다. 그러면 주님께서도 그
여자를 용서해 주신다. 10 과부나 소박맞은 여자의 서원은
그가 스스로 무슨 서약을 하였든 그대로 성립된다. 11 그
러나 남편 집에 살면서 서원하거나, 맹세로써 스스로 서약
할 경우, 12 남편이 그것을 듣고 아내에게 아무 말도 하지
않고 반대하지 않으면, 그의 모든 서원은 그대로 성립되
고, 스스로 한 모든 서약도 그대로 성립된다. 13 그러나 남
편이 그것을 들은 날로 곧 취소시키면, 그 여자가 자기 서
원과 스스로 한 서약과 관련하여 제 입으로 말한 모든 것
은 성립되지 않는다. 그의 남편이 그것을 취소시킨 것이
고, 주님께서도 그 여자를 용서해 주신다. 14 아내가 한 모
든 서원과 고행하기로 서약한 모든 맹세는, 남편이 성립시
킬 수도 있고 취소시킬 수도 있다. 15 만일 남편이 그날부
터 다음 날까지 아내에게 아무 말도 하지 않으면, 그는 아

30,1-17. 서원에 대해, 또 서원이 유효하기 위한 조건에 대해 할애하는 이 장은 무언가를 봉헌하거나 하겠다고 하느님께 자발적으로 약속한 "서원"('네데르')과 어떤 것이나 어떤 행동을 피하겠다는 약속인 "서약"('이싸르', "구속", "의무")을 구별한다. 이때 발언하는 이가 남자라면 이는 항상 유효하며 지켜져야 한다(코헬 5,3-4 참조). 그러나 미혼 여성의 서원은 아버지(또는 결혼 후 남편)가 그 서원을 알고 반대하면 무효이다. 혼인한 여성이 한 서원과 서약은 암묵적으로라도 남편이 승인한 경우에 유효하다. 하지만 과부나 소박맞은 여자의 서원은 항상 유효하다.

30,7. "생각 없이 입을 놀려 스스로 서약"한다는 것은 경솔하고 무분별하게 말을 내뱉었지만 그 말을 지킬 의무를 지게 되었음을 뜻한다(레위 5,4; 시편 106,33 참조).

30,3 신명 23,22; 마태 5,33. 30,6; 코헬 5,3. 30,7 시편 56,13.

내의 모든 서원과 모든 서약을 성립시키는 것이 된다. 그
가 그것을 들은 날 아무 말도 하지 않았으니, 곧 그것을 성
립시키는 것이다. 16 그러나 그것을 듣고서 얼마 뒤에야 취
소시키면, 그는 아내의 죄를 짊어지게 된다."
17 이는 남편과 아내 사이, 아버지와 아직 아버지 집에 사
는 어린 딸 사이에 관하여 주님께서 모세에게 명령하신
규정이다.

미디안과 전쟁을 하다

31 1 주님께서 모세에게 이르셨다. 2 "너는 미디안
인들에게 이스라엘 자손들의 원수를 갚아라.
그런 다음에 너는 선조들 곁으로 가게 될 것이다." 3 그래서
모세가 백성에게 일렀다. "너희 가운데에서 전쟁에 나갈
사람들은 무장하여라. 미디안으로 쳐들어가, 미디안에게
주님의 원수를 갚아야 한다. 4 이스라엘의 모든 지파는 지
파마다 천 명씩 전쟁에 내보내야 한다."
5 그리하여 이스라엘의 부족들에서 각 지파마다 천 명씩
헤아리니, 전쟁에 나가려고 무장한 사람이 만 이천 명이
되었다. 6 이렇게 모세는 각 지파에서 천 명씩 전쟁에 내보
냈다. 그들과 함께 엘아자르 사제의 아들 피느하스에게도
성소의 기물들과 신호용 나팔을 손에 들려 전쟁에 내보
냈다. 7 그들은 주님께서 모세에게 명령하신 대로 미디안
과 전쟁하여, 남자들을 모두 죽였다. 8 그들은 이렇게 살
해된 자들에다 미디안의 임금들까지 죽였다. 곧 에위, 레
켐, 추르, 후르, 레바 등 미디안의 다섯 임금, 그리고 브오
르의 아들 발라암을 칼로 쳐 죽였다. 9 이스라엘 자손들은
미디안의 여자들과 아이들을 사로잡아 오고, 그들의 짐승
과 가축과 재산을 모조리 빼앗았다. 10 그리고 그들이 살
던 성읍들과 고을들을 모두 불태워 버리고, 11 사람과 짐
승은 모두 노획물과 전리품으로 삼았다. 12 그들은 포로와
전리품과 노획물을, 예리코 앞의 요르단 건너편 모압 벌판
에 자리 잡은 진영으로, 모세와 엘아자르 사제와 이스라
엘 자손들의 공동체에게 끌고 왔다.
13 모세와 엘아자르 사제와 공동체의 수장들이 모두 그들
을 맞으러 진영 밖으로 나갔다. 14 그런데 모세가 전쟁에서
돌아오는 군대 지휘관들, 곧 천인대장들과 백인대장들에
게 화를 내었다. 15 그들에게 모세가 말하였다. "너희가 여

30,17 탈출 15,26. 31,2 25,1.16.17; 27,13. 31,6 10,9. 31,8 여호 13.21.22. 31,11; 신명 20,14.

31,1-2. 사제계 전승(P)에 속하는 이 장은 프오르의 일의 결과로 미디안 사람들을 공격하라는 주님의 명령(25,16-18 참조)에 연결되어 있다. 거룩한 전쟁 후에는 27,12-13에서 이미 선포된 대로 모세는 죽을 것이다. 그러나 신명 34,1에만 모세가 느보산에 올라가 그곳에서 죽을 것이라고 되어 있다(신명 34,5 참조). 이 장에서는 약속의 땅을 정복하기 위해 새 세대가 전투에 임한 첫 번째 군사 원정을 다루고 있다(민수 15,2 주; 25,1-18 주 참조).

31,5. 각 지파는 법적으로 천 명, 백 명, 오십 명, 열 명으로 세분되었다(탈출 18,21 참조). 2사무 18,1에서 그런 구분은 군사적 성격도 갖는다.

31,6. 군대 지도자는 사제 엘아자르의 아들 피느하스인데, 그는 자신의 열성으로 이스라엘 백성에게서 주님의 진노를 물러가게 했다(25,6-18 참조). 피느하스의 존재는 이 전쟁을 성전으로, 또 미디안에 맞선 행렬을 군사적이면서 종교적인 행군으로 정의하게 한다.

31,7-54. 보통 거룩한 전쟁에서 전리품 전체는 주님께 봉헌된 것이어서 완전히 없앴다("완전 봉헌물", '헤렘'의 자구적인 의미는 "금지"이다. 여호 6,17-18 참조). 이 경우 모든 포로도, 이스라엘을 우상 숭배로 이끈 죄가 있다고 여겨진 여자들(민수 25,1-3 참조)도 죽였다. 처녀들은 살려줬는데, 이스라엘인과 결혼함으로써 공동체 안에 섞일 수 있기 때문이다. 반면 전리품은 전쟁에 참가한 전사들과 공동체가 함께 나누어 갖는다(25-47절 참조).

31,8. 16절에 따르면 발라암의 죽음(22-24장 참조)은 이스라엘인들을 타락시키라고 그가 미디안 여자들에게 제안했다는 사실 때문이다(25,1-18 참조).

자들을 모두 살려 두다니! 16 프오르에서 그 일이 일어났
을 때, 발라암의 말에 따라 이스라엘 자손들에게 주님을
배신하게 하여, 주님의 공동체에게 재앙이 내리게 한 것이
바로 이 여자들이다. 17 그러니 이제 아이들 가운데 남자
는 다 죽여라. 남자와 잠자리를 같이하여 사내를 아는 여
자도 모두 죽여라. 18 다만 남자와 잠자리를 같이하지 않
아 사내를 안 일이 없는 여자아이들은 너희를 위하여 살
려 두어라. 19 그리고 너희는 이레 동안 진영 밖에 머물러
야 한다. 사람을 죽였거나 살해된 자의 몸에 닿은 이는, 너
희만이 아니라 너희 포로들까지 사흘째 되는 날과 이레째
되는 날에 자신을 정화해야 한다. 20 또 너희는 모든 옷가
지, 모든 가죽 제품, 염소 털로 짠 모든 것, 나무로 만든 모
든 것도 정화해야 한다."
21 엘아자르 사제가 전쟁에 나갔던 군인들에게 말하였다.
"주님께서 모세에게 명령하신 법 규정은 이러하다. 22 금,
은, 구리, 철, 주석, 납 등 23 불에 들어갈 수 있는 것은 모
두 불 속에 넣었다가 꺼내면 깨끗하게 되지만, 다시 정화
의 물로 정화되어야 한다. 불에 들어갈 수 없는 것은 모두
물에 담갔다가 꺼내면 된다. 24 너희의 옷을 이레째 되는
날에 빨면 너희가 정결하게 된다. 그런 다음에 진영 안으
로 들어올 수 있다."

31,19-24. 전쟁에 참여한 사람들은 정화 규정을 지키면서 진영 밖에서 이레 동안 머물러야 한다. 자신의 몸과 옷을 씻고, 전리품을 가능한 한에서 불과 정화수로, 혹은 정화수로 깨끗하게 해야 한다.

포로와 전리품의 분배

25 주님께서 모세에게 말씀하셨다. 26 "너는 엘아자르 사제
와 공동체의 각 가문의 우두머리들과 함께, 사람이든 짐
승이든 사로잡아 온 전리품의 수를 세어라. 27 그리고 너
는 그 전리품을 나누어, 반은 전쟁에 나갔던 전사들에게,
반은 온 공동체에게 나누어 주어라. 28 그런 다음에 전쟁
에 나갔던 병사들에게서 주님을 위하여 공물을 떼어 내어
라. 사람이든 소든 나귀든 양이든 그 오백분의 일을, 29 그
들이 차지한 절반에서 받아, 주님을 위한 예물로 엘아자르
사제에게 주어라. 30 이스라엘 자손들이 차지한 절반에서
는, 사람이든 소든 나귀든 양이든 어떤 가축이든 그 오십
분의 일을 받아, 주님의 성소를 보살피는 레위인들에게 주
어라."
31 모세와 엘아자르 사제는 주님께서 모세에게 명령하신
대로 하였다.

31,25-47. 직접 전투에 참여한 사람과 참여하지 않은 사람 사이에 전리품을 절반씩 나누라고(1사무 30,24-25 참조) 주님께서 몸소 명령하신다. 그러나 군사들이 성전에 내야 하는 공물은 공동체의 나머지 사람들이 내는 것보다 열 배나 적었을 것이다(50분의 1이 아닌 500분의 1).

31,31-47. 이 부분은 전리품의 정화와 합당한 분배를 다루는데 전리품의 엄청난 목록이 나온다. 그 숫자는 광야에서 부족들 사이 전쟁의 실제적인 결과라기보다는 승리의 위대함을 표현한다. 정확한 기준으로 분배가 이루어지고, 사제들과 레위인들에게 특권이 주어진다. 전쟁은 하느님의 깃발 아래에서 치러졌기 때문이다.

31,16 25,1-9; 2베드 2,15; 묵시 2,14. 31,17 판관 21,11. 31,23 19,9.17. 31,24 레위 11,25.
31,28 18,25-30. 31,30 3,7; 8,25; 18,3.4.

32 군사들이 빼앗은 것 가운데에서 남은 전리품은 양이
육십칠만 오천 마리, 33 소가 칠만 이천 마리, 34 나귀가 육
만 천 마리이고, 35 사람은, 남자와 잠자리를 같이하지 않
아 사내를 안 일이 없는 여자가 전부 삼만 이천 명이었다.
36 이 가운데에서 절반이 전쟁에 나갔던 이들의 몫이 되었
는데, 양의 수는 삼십삼만 칠천오백 마리였고, 37 이 양들
가운데에서 주님을 위한 공물은 육백일흔다섯 마리였다.
38 소는 삼만 육천 마리였는데, 주님을 위한 공물은 일흔
두 마리였고, 39 나귀는 삼만 오백 마리였는데, 주님을 위
한 공물은 예순한 마리였다. 40 또 사람은 만 육천 명이었
는데, 주님을 위한 공물은 서른두 명이었다. 41 모세는 주
님께서 자기에게 명령하신 대로 이 공물, 곧 주님을 위한
예물을 엘아자르 사제에게 주었다.
42 모세가 전쟁에 나갔던 사람들에게서 떼어 이스라엘 자
손들에게 나누어 준 나머지 절반, 43 곧 공동체가 받은 나
머지 절반은 양이 삼십삼만 칠천오백 마리, 44 소가 삼만
육천 마리, 45 나귀가 삼만 오백 마리, 46 사람이 만 육천
명이었다. 47 모세는 주님께서 자기에게 명령하신 대로, 이
스라엘 자손들이 차지한 그 절반에서, 곧 사람이든 짐승
이든 그 오십분의 일을 받아, 주님의 성소를 보살피는 레
위인들에게 주었다.

지휘관들의 봉헌물

48 군부대의 지휘관들, 곧 천인대장들과 백인대장들이 모
세에게 와서, 49 그에게 말하였다. "당신의 이 종들이 저희
수하에 있는 병사들의 수를 세어 보았는데, 우리 쪽에서
는 한 사람도 실종되지 않았습니다. 50 그래서 저희가 주
님 앞에서 속죄하려고, 저마다 자기가 얻은 금패물, 곧 팔
고리, 팔찌, 인장 가락지, 귀걸이, 구슬 장식을 주님께 예
물로 가져왔습니다." 51 모세와 엘아자르 사제는 그들에게
서 금으로 된 그 모든 세공품을 받았다. 52 이렇게 천인대
장들과 백인대장들에게서 받아 주님께 예물로 바친 금은
모두 만 육천칠백오십 세켈이었다. 53 그 밖의 군인들은 저
마다 자기의 노획물을 가지고 있었다. 54 모세와 엘아자르
사제는 천인대장들과 백인대장들에게서 금을 받아, 주님

31,52. 3,47 주 참조.

31,32 창세 49,27; 탈출 15,9. 31,41 5,9. 31,50 탈출 30,16. 31,53 신명 20,14. 31,54 탈출 30,16.

31,48-54. 어떤 이스라엘인도 전투에서 죽지 않았다는 사실은 승리가 하느님의 개입 덕분이었음을 보여 준다. 부대 지휘자들은 감사드리면서 그들의 개인 전리품에서 금패물들을 주님께 봉헌한다.

앞에 바칠 이스라엘 자손들의 기념 제물로서 만남의 천막
안으로 가져갔다.

요르단강 동쪽 지역을 나누다

32 1 르우벤의 자손들과 가드의 자손들에게는 매
우 큰 가축 떼가 있었다. 그들이 야제르 땅과
길앗 땅을 바라보니, 목축에 알맞은 곳이었다. 2 그래서 가
드의 자손들과 르우벤의 자손들이 와서, 모세와 엘아자르
사제와 공동체의 수장들에게 말하였다. 3 "아타롯, 디본,
야제르, 니므라, 헤스본, 엘알레, 스밤, 느보, 브온, 4 곧 주
님께서 이스라엘의 공동체 앞에서 쳐 이기신 이 땅은 목
축에 알맞은 땅입니다. 그런데 당신의 이 종들에게는 가
축 떼가 있습니다." 5 그들은 계속 말하였다. "저희가 당신
의 눈에 든다면, 이 땅을 당신의 종들에게 소유로 주시어,
저희가 요르단을 건너지 않게 해 주십시오."
6 모세가 가드의 자손들과 르우벤의 자손들에게 말하였
다. "너희 형제들은 싸우러 가는데, 너희만 여기에 머물러
살겠다는 말이냐? 7 너희는 어찌하여 이스라엘 자손들의
용기를 꺾어, 주님께서 그들에게 주신 땅으로 건너가지 못
하게 하려고 하느냐? 8 저 땅을 살펴보라고 내가 너희 아
버지들을 카데스 바르네아에서 보냈을 때에, 그들도 이처
럼 하였다. 9 그들은 에스콜 골짜기까지 올라가서 저 땅을
살펴보고 와서는, 이스라엘 자손들의 용기를 꺾어 주님께
서 그들에게 주신 땅으로 들어가지 못하게 하였다. 10 그
러자 그날 주님께서 진노하시어 이렇게 맹세하셨다. 11 '이
집트에서 올라온 남자들 가운데 스무 살 이상 된 자는, 내
가 아브라함과 이사악과 야곱에게 주기로 맹세한 땅을 결
코 보지 못할 것이다. 그들이 나를 온전히 따르지 않았기
때문이다. 12 다만 크나즈 사람 여푼네의 아들 칼렙과 눈
의 아들 여호수아는 주님을 온전히 따랐으므로 예외다.'
13 주님께서는 이렇게 이스라엘에게 진노하시어, 주님의
눈에 거슬리는 악한 짓을 한 그 세대가 모두 없어질 때까
지, 광야에서 사십 년 동안 떠돌아다니게 하셨다. 14 그런

32,3. 언급되는 도시들은 시혼 임금의 영토 내에 있는 아르논과 야뽁 사이에 있다(21,24 참조). 다른 지명 목록은 34-38절과 여호 13,17-20.25-27에 나온다.

32,8-13. 모세는 가드와 르우벤 지파의 요청 때문에 다른 이스라엘인들이 낙담해서 약속의 땅에 들어가지 못할까 두려워 13,1-14,35에 묘사된 사건들을 상기시킨다.

32,1-42 // 신명 3,12-20. 32,1 21,32; 탈출 12,38. 32,7 13,27-14,4. 32,8 13,3.26. 32,10 14,11.21; 신명 1,34. 32,11 14,28-30; 신명 1,35. 32,12 14,24; 신명 1,36. 32,13 14,33-35; 26,64.65.

32,1-42. 정복의 첫 단계는 요르단강 동쪽 지역 분배로 마친다. 그 지역 땅은 가드와 르우벤 지파가 가축을 위해 모세에게 직접 요청한 곳이다. 그러나 그 땅을 얻으려면 두 지파가 다른 이스라엘 사람들과 함께 가나안 정복에 똑같이 참여할 것을 약속해야 한다. 분배된 땅들은 아모리 임금 시혼과 바산 임금 옥에게서 빼앗은 땅이다(21,32-35 참조). 므나쎄의 반쪽 지파도 영토 일부를 받는다(33절 참조).

32,15. 요르단 동편 지파들이 이스라엘 전체를 해롭게 할 수 있는 불충실의 다른 본보기는 여호 22,18을 참조한다.

32,15-17. 법정에서 사용하는 전형적인 공식 문장 형태이다. 모세는 임금의 권위를 행사한다.

데 이제 죄인들의 족속인 너희가 너희 아버지들 대신 일어
나, 이스라엘에 대한 주님의 분노를 더 타오르게 하려는
구나. 15 너희가 주님을 따르지 않고 돌아선다면, 그분께서
는 이 백성을 다시 광야에 내버려 두실 것이다. 그러면 너
희가 이 온 백성을 망하게 하는 것이다."
16 그러자 그들이 모세에게 다가와 말하였다. "그러면 여기
에다 먼저 저희 가축 떼를 위한 양 우리들과 저희 어린것
들을 위한 성읍들을 세우겠습니다. 17 그런 다음에 저희는
이스라엘 자손들을 그들이 살 곳으로 데려갈 때까지, 무
장을 갖추고 그들 앞에 선발대로 서겠습니다. 그동안에 저
희의 어린것들은 이 땅의 주민들을 피하여 요새 성읍들
안에서 머무를 수 있을 것입니다. 18 이스라엘 자손들이
저마다 자기 상속 재산을 받을 때까지 저희는 집으로 돌
아오지 않겠습니다. 19 저희가 요르단 이편 동쪽에서 상속
재산을 차지하게 되었으니, 요르단 건너 저편에서는 그들
과 함께 재산을 받지 않겠습니다."
20 모세가 그들에게 대답하였다. "너희가 그 말대로 한다
면, 너희가 주님 앞에서 싸우려고 무장을 하고, 21 주님께
서 당신의 원수들을 당신 앞에서 쫓아내실 때까지, 무장
을 한 너희가 모두 주님 앞에서 요르단을 건너가 머무른
다면, 22 그러고 나서 그 땅이 주님 앞에서 점령되면, 너희
가 돌아올 수 있다. 그러면 너희는 주님과 이스라엘에 대
한 의무에서 벗어나고, 이 땅은 주님 앞에서 너희 소유가
될 것이다. 23 그러나 너희가 이렇게 하지 않으면, 너희는
주님께 죄를 짓는 것이다. 그러면 너희가 이 죄에서 벗어나
지 못한다는 사실을 알아 두어라. 24 너희 어린것들을 위
한 성읍들과 양들을 위한 우리들을 세워라. 그리고 너희
입으로 한 말을 지켜라."
25 그러자 가드의 자손들과 르우벤의 자손들이 모세에게
말하였다. "당신의 이 종들은 나리께서 명령하신 대로 할
것입니다. 26 저희의 어린것들과 여자들과 가축과 모든 짐
승은 여기 길앗의 성읍들에 남아 있게 하겠습니다. 27 그
러나 당신의 이 종들은 나리께서 이르신 대로, 주님 앞에
서 싸우려고 모두 전쟁 무기를 갖추고 건너가겠습니다."
28 그러자 모세는 이들과 관련하여 엘아자르 사제와 눈의
아들 여호수아와 이스라엘 자손 각 지파의 집안 수장들에
게 명령하였다. 29 모세는 그들에게 말하였다. "가드의 자

32,15 신명 30,17.18. 32,17 여호 4,12.13. 32,18 여호 22,1-4. 32,20 신명 3,18. 32,22 신명 3,12-20. 32,26 여호 1,14. 32,27 여호 4,12. 32,28 여호 1,13.

손들과 르우벤의 자손들이 주님 앞에서 싸우려고 모두 무
장을 하여 요르단을 건너가고, 그 땅이 너희 앞에서 점령
되면, 길앗 땅을 그들 소유로 주어라. 30 그러나 그들이 무
장을 하고 너희와 함께 건너가지 않으면, 너희와 함께 가
나안 땅에서 소유지를 차지하게 하여라."
31 가드의 자손들과 르우벤의 자손들이 대답하였다. "주님
께서 당신의 이 종들에게 이르신 것을 그대로 하겠습니다.
32 저희는 주님 앞에서 무장을 하고 가나안 땅으로 건너가
겠습니다. 저희 상속 재산이 될 소유지가 요르단 이쪽에
있게만 해 주십시오."
33 모세는 가드의 자손들과 르우벤의 자손들과 요셉의 아
들 므나쎄의 반쪽 지파에게, 아모리 임금 시혼의 왕국과
바산 임금 옥의 왕국, 곧 그 땅과 그 안 사방에 흩어져 있
는 성읍들과 그 주변 영토를 주었다.
34 그리하여 가드의 자손들은 디본, 아타롯, 아로에르, 35
아트롯 소판, 야제르, 욕보하, 36 벳 니므라, 벳 하란 등 요
새 성읍들과 양 우리들을 세웠다. 37 르우벤의 자손들은
헤스본, 엘알레, 키르야타임, 38 나중에 이름이 바뀐 느보
와 바알 므온, 그리고 시브마를 세웠다. 그들은 자기들이
지은 성읍들에 이름을 붙였다.
39 므나쎄의 아들 마키르의 자손들이 길앗으로 가서 그곳
을 점령하고, 그곳에 있는 아모리인들을 쫓아냈다. 40 그
리하여 모세는 길앗을 므나쎄의 아들 마키르에게 주어 그
곳에 살게 하였다. 41 므나쎄의 아들 야이르도 가서 그들
의 부락들을 점령하여, 그곳을 '야이르의 부락들'이라 하
였다. 42 노바도 가서 크낫과 거기에 딸린 마을들을 점령하
고, 자기 이름을 따서 그곳을 노바라 하였다.

32,33. 므나쎄의 반쪽 지파가 처음으로 소개되며 르우벤과 가드의 자손들이 요구한 요르단강 동쪽 영토 상속과 관련된다(여호 13,8-32). 므나쎄 나머지 반쪽 지파는 요르단강 서쪽 가나안 땅에서 적절한 땅을 상속받을 것이다(여호 17,1-13 참조).

32,38. 이스라엘인들은 두 도시의 이름을 바꾸는데, 느보(또는 나부)와 바알은 이방 신들의 이름이므로(이사 46,1 참조) 그들이 입으로 발음해서는 안 되기 때문이다.

32,33 21,24.33.35; 여호 12,1-6. 32,41 판관 10,4.

이집트에서 요르단에 이른 여정

33 1 이스라엘 자손들이 부대로 편성되어 모세와
아론의 지휘 아래 이집트 땅에서 나와 행군한
여정은 이러하다. 2 모세는 주님의 분부에 따라 그들이 머
무르다 떠난 출발지들을 기록하였다. 출발지에 따라 본 그
들의 여정은 이러하다.
3 그들은 첫째 달, 곧 첫째 달 열닷샛날에 라메세스를 떠
났다. 파스카 축제 다음 날에 이스라엘 자손들은 온 이집
트인들이 보는 앞에서 당당하게 나왔다. 4 그때에 이집트
인들은 주님께서 쳐 죽이신 모든 맏아들의 장사를 지내고
있었다. 주님께서는 그들의 신들에게도 심판을 내리셨다.
5 이스라엘 자손들은 라메세스를 떠나 수콧에 진을 쳤다.
6 수콧을 떠나서는 광야 언저리에 있는 에탐에 진을 쳤
고, 7 에탐을 떠나서는 바알 츠폰 앞 피 하히롯으로 돌아
가 믹돌 앞에 진을 쳤다. 8 피 하히롯을 떠나서는 바다 한
가운데를 지나서 광야로 나가, 에탐 광야에서 사흘 길을
걸어가 마라에 진을 쳤다. 9 그러고는 마라를 떠나 엘림으
로 갔다. 엘림에는 샘이 열두 개 있고 야자나무가 일흔 그
루 있었는데, 그들은 그곳에 진을 쳤다. 10 엘림을 떠나서
는 갈대 바다 가에 진을 쳤다. 11 갈대 바다를 떠나서는 신
광야에 진을 쳤고, 12 신 광야를 떠나서는 돕카에 진을 쳤
다. 13 그리고 돕카를 떠나서는 알루스에 진을 쳤다. 14 알
루스를 떠나서는 르피딤에 진을 쳤는데, 그곳에는 백성이
마실 물이 없었다. 15 르피딤을 떠나서는 시나이 광야에 진
을 쳤다. 16 시나이 광야를 떠나서는 키브롯 타아와에 진
을 쳤고, 17 키브롯 타아와를 떠나서는 하체롯에 진을 쳤
다. 18 하체롯을 떠나서는 리트마에 진을 쳤다. 19 리트마를
떠나서는 림몬 페레츠에 진을 쳤고, 20 림몬 페레츠를 떠나
서는 리브나에 진을 쳤다. 21 그리고 리브나를 떠나서는 리
싸에 진을 쳤다. 22 리싸를 떠나서는 크헬라타에 진을 쳤
고, 23 크헬라타를 떠나서는 세페르산에 진을 쳤다. 24 또
세페르산을 떠나서는 하라다에 진을 쳤고, 25 하라다를 떠

33,3. "당당하게"(자구적으로 "쳐든 손으로")는 드문 표현으로 탈출 14,8에도 나온다. 승리한 모습으로 하느님의 인도를 받으며 이집트에서 나오는 백성의 힘을 표현한다.

33,8. "사흘 길" 탈출 3,18; 15,22; 민수 10,33 참조.

33,10-11. "갈대 바다"에 대해서는 탈출 10,19 주 참조.

33,1 시편 77,21; 미카 6,4. 33,3 탈출 12,37; 14,8. 33,4 탈출 12,12. 33,6 탈출 13,20. 33,7 탈출 14,2.9. 33,8 탈출 14,22. 33,9 탈출 15,27. 33,11 탈출 16,1. 33,14 탈출 17,1. 33,15 탈출 19,1. 33,16 11,34. 33,17 11,35. 33,20 여호 10,29.

33,1-49. 라메세스에서 모압 벌판까지 이스라엘의 긴 여행(탈출 12,37 참조) 단계를 되돌아본다(민수 22,1 참조). 아마도 이집트에서 추방당한 집단이 해안 길을 따라 걸은 여정(탈출 11,1 참조)과 이집트에서 스스로 도망친 집단이 시나이를 통과한 여정(14,5 참조), 이 두 개가 여기에 섞인 듯하다. 많은 장소가 탈출기, 민수기, 신명기에서 언급되고 다른 장소들은 민수기의 이 장에만 나온다. 겨우 몇몇 장소만 확실히 어디인지 파악할 수 있다.

나서는 막헬롯에 진을 쳤다. 26 막헬롯을 떠나서는 타핫에
진을 쳤다. 27 타핫을 떠나서는 테라에 진을 쳤고, 28 테라
를 떠나서는 밋카에 진을 쳤다. 29 그리고 밋카를 떠나서는
하스모나에 진을 쳤다. 30 하스모나를 떠나서는 모세롯에
진을 쳤고, 31 모세롯을 떠나서는 브네 야아칸에 진을 쳤
다. 32 브네 야아칸을 떠나서는 호르 깃갓에 진을 쳤다. 33
호르 깃갓을 떠나서는 욧바타에 진을 쳤고, 34 욧바타를
떠나서는 아브로나에 진을 쳤다. 35 아브로나를 떠나서는
에츠욘 게베르에 진을 쳤고, 36 에츠욘 게베르를 떠나서는
친 광야 곧 카데스에 진을 쳤다. 37 그리고 카데스를 떠나
서는 에돔 땅 언저리에 있는 호르산에 진을 쳤다.
38 아론 사제가 주님의 분부에 따라 호르산에 올라가 그
곳에서 죽으니, 그때가 이스라엘 자손들이 이집트 땅에서
나온 지 사십 년 되는 해 다섯째 달 초하룻날이었다. 39 아
론이 호르산에서 죽을 때에 나이는 백스물세 살이었다.
40 가나안 땅 네겝에 사는 가나안 사람 아랏 임금은 이스
라엘 자손들이 온다는 소식을 들었다.
41 그들은 호르산을 떠나 찰모나에 진을 쳤다. 42 찰모나를
떠나서는 푸논에 진을 쳤다. 43 푸논을 떠나서는 오봇에
진을 쳤고, 44 오봇을 떠나서는 모압 영토 안에 있는 이예
아바림에 진을 쳤다. 45 이임을 떠나서는 디본 가드에 진을
쳤다. 46 디본 가드를 떠나서는 알몬 디블라타임에 진을 쳤
고, 47 알몬 디블라타임을 떠나서는 느보 앞 아바림산에
진을 쳤다. 48 그리고 아바림산을 떠나서는 예리코 앞 요르
단강 가의 모압 벌판에 진을 쳤다. 49 그들은 요르단강 가
를 따라 모압 벌판에 진을 쳤는데, 벳 여시못에서 아벨 시
팀까지 이르렀다.

가나안 땅을 정복하라고 지시하시다

50 주님께서 예리코 앞 요르단강 가의 모압 벌판에서 모세
에게 이르셨다. 51 "너는 이스라엘 자손들에게 일러라. 그
들에게 이렇게 말하여라. '너희가 요르단을 건너 가나안
땅으로 들어가면, 52 그 땅의 주민들을 너희 앞에서 모조
리 쫓아내고, 돌에 새긴 그들의 우상들과 주조 신상들을
없애고, 그들의 산당들도 모조리 헐어 버려야 한다. 53 너
희는 그 땅을 차지하고 거기에서 살아라. 내가 너희에게

33,52. "산당"에 대해 1열왕 3,2 주 참조.

33,30 신명 10,6. 33,33 신명 10,7. 33,35 신명 2,8. 33,36 20,1. 33,37 20,16.22; 21,4. 33,38 20,25.28; 신명 10,6. 33,40 21,1. 33,43 21,10. 33,44 21,11. 33,48 22,1. 33,49 25,1. 33,52 탈출 23,24.33; 34,13; 신명 7,2.5; 12,3; 여호 11,12.

그 땅을 차지하라고 주었다. 54 너희는 씨족별로 제비를 뽑
아 재산을 받아라. 큰 씨족에게는 상속 재산을 많이 주
고, 작은 씨족에게는 상속 재산을 적게 주어라. 제비를 뽑
아 나오는 대로 저마다 제 것으로 삼아라. 조상 대대로 내
려온 지파에 따라 재산을 받아라. 55 너희가 그 땅의 주민
들을 너희 앞에서 쫓아내지 않으면, 너희가 남겨 놓은 자
들이 너희 눈에 가시가 되고 너희 옆구리에 바늘이 되어,
너희가 살아갈 그 땅에서 너희를 괴롭힐 것이다. 56 그리
고 나는 그들에게 하려고 생각했던 그대로 너희에게 하겠
다.'"

33,55-56. 판관기는 이스라엘이 약속의 땅에 정착한 후에도 가나안 사람들이 거기에 있었다는 것을 계속 증언한다(판관 1,1-2,5; 2,11-3,6 참조).

가나안 땅의 경계

34 1 주님께서 모세에게 이르셨다. 2 "너는 이스라
엘 자손들에게 명령하여라. 그들에게 이렇게
말하여라. '너희가 가나안 땅에 들어가면, 그것이 너희에
게 상속 재산으로 돌아갈 땅이 된다. 곧 다음과 같이 경계
가 정해진 가나안 땅이다.
3 남쪽은 친 광야에서부터 에돔 땅을 따라간다. 그러므로
너희의 남쪽 경계는 '소금 바다' 동쪽 끝에서 시작된다. 4 너
희의 이 경계는 '아크라빔 오르막' 남쪽을 돌아 친 광야
를 지나서, 그 끝이 카데스 바르네아 남쪽에 이른다. 거기
에서 하차르 아따르로 나가 아츠몬을 지난다. 5 그 경계는
다시 아츠몬에서 '이집트 마른내' 쪽으로 돌아, 그 끝이
바다에 이른다.
6 서쪽 경계는 큰 바다와 그 해변이다. 이것이 너희의 서쪽
경계다.
7 너희의 북쪽 경계는 이러하다. 큰 바다에서 호르산까지
선을 그어라. 8 또 호르산에서 하맛 어귀까지 선을 긋고,
이 경계선의 끝이 츠닷에 이르게 하여라. 9 그런 다음, 경
계선은 지프론으로 나와 그 끝이 하차르 에난에 이른다.
이것이 너희의 북쪽 경계다.
10 동쪽 경계선은 먼저 하차르 에난에서 스팜까지 그어라.

34,3. "소금 바다"(12절도)는 사해를 가리킨다.

34,5. "이집트 마른내"는 오늘날 와디 엘 아리쉬로 여겨지는데 이집트와 팔레스티나 경계에 있다.

34,6-7. "큰 바다"인 지중해가 서쪽 경계를 이룬다. 약속의 땅 북쪽 경계인 호르산은 아론이 죽은 에돔 영토 경계에 있는 산(20,22; 33,37; 신명 32,50 참조)과 이름은 같지만 다른 산이다.

33,54 // 26,53-55. 33,55 여호 23,13; 시편 106,34.36. 34,2 창세 17,8; 신명 1,7; 시편 78,55; 에제 47,15. 34,3 여호 15,1-3. 34,5 창세 15,18; 여호 15,4.47. 34,7 에제 47,15-17. 34,8 13,21.

34,1-29. 약속의 땅 경계를 서술한다. 요르단강 동편에 이미 정착한 르우벤, 가드, 므나쎄 반쪽 지파를 제외한 지파들(32장 참조)과 자기 땅을 소유하지 않을 레위 지파를 제외하고 제비를 뽑아 땅이 분배될 것이다(18,20-24; 35,2-8 참조). 주님께서 직접 누가 땅 분배를 맡아야 하는지 결정하신다(16-29절 참조). 사제 엘아자르와 이미 모세의 후계자로 지정된 눈의 아들 여호수아(27,15-23 참조) 외에 각 지파에서 한 명의 대표자가 그 일을 맡는다. 영토 경계와 분배에 대해서는 여호 13-19장과 에제 47,13-21도 참조.

11 이 경계선은 아인 동쪽의 리블라까지 내려온 다음, 다
시 더 내려가서 킨네렛 호수 동쪽 비탈에 다다른다. 12 거
기에서 경계선은 다시 요르단으로 내려가, 그 끝이 '소금
바다'에 이른다. 이것이 사방 경계가 정해진 너희 땅이 될
것이다.'"
13 모세가 이스라엘 자손들에게 명령하였다. "이것이 너희
가 제비를 뽑아 상속 재산으로 받을 땅, 곧 주님께서 아홉
지파와 반쪽 지파에게 주라고 명령하신 땅이다. 14 르우벤
자손 지파와 가드 자손 지파는 이미 집안별로 상속 재산
을 받았고, 므나쎄 반쪽 지파도 그것을 받았다. 15 이 두 지
파와 반쪽 지파는 예리코 앞의 요르단 건너편 해 뜨는 동
쪽에서 자기들의 상속 재산을 이미 받았다."

34,11. "킨네렛 호수"는 신약 성경에서 겐네사렛 호수(갈릴래아 호수)라고 불리는 곳이다.

소유지 분배 책임자들

16 주님께서 모세에게 이르셨다. 17 "너희에게 땅을 상속 재
산으로 나누어 줄 사람들의 이름은, 엘아자르 사제와 눈
의 아들 여호수아이다. 18 너는 또 땅을 상속 재산으로 나
누어 주도록 지파마다 수장을 한 사람씩 뽑아라. 19 그 사
람들의 이름은 이러하다. 유다 지파에서는 여푼네의 아
들 칼렙, 20 시메온 자손 지파에서는 암미훗의 아들 스무
엘, 21 벤야민 지파에서는 키슬론의 아들 엘리닷, 22 단 자
손 지파에서는 요글리의 아들 부키 수장, 23 요셉의 자손
들 가운데, 므나쎄 자손 지파에서는 에폿의 아들 한니엘
수장, 24 에프라임 자손 지파에서는 십탄의 아들 크무엘
수장, 25 그리고 즈불룬 자손 지파에서는 파르낙의 아들
엘리차판 수장, 26 이사카르 자손 지파에서는 아짠의 아
들 팔티엘 수장, 27 아세르 자손 지파에서는 슬로미의 아
들 아히훗 수장, 28 납탈리 자손 지파에서는 암미훗의 아
들 프다엘 수장이다."
29 이 사람들이 가나안 땅에서 이스라엘 자손들에게 상속
재산을 나누어 주도록 주님께서 명령하신 이들이다.

34,17-28. 유다 지파를 위해 선택된 칼렙을 제외하고 목록에 있는 다른 이름들은 새로운 이름이다. 이전 세대에서 여호수아와 칼렙만이 약속의 땅에 들어갈 수 있었다(14,30 참조).

34,11 신명 3,17; 여호 11,2; 2열왕 23,33. 34,14 32,33; 여호 14,2.3. 34,18 1,4.16.

레위인들에게 나누어 줄 거주지

35 1 주님께서 예리코 앞 요르단강 가의 모압 벌판
에서 모세에게 이르셨다. 2 "너는 이스라엘 자
손들에게 명령하여, 그들 소유로 받은 상속 재산 가운데
에서 레위인들이 살 성읍들을 내주게 하여라. 그 성읍들
주위에 있는 목초지도 내주어야 한다. 3 그래서 그 성읍들
은 레위인들이 살 곳이 되고, 그 목초지들은 레위인들의
가축과 재산과 모든 짐승을 위한 곳이 되게 하여라. 4 너희
가 레위인들에게 내줄 성읍의 목초지는 성벽에서 밖으로
사방 천 암마의 땅이다. 5 성읍을 한가운데에 두고 성읍 바
깥 동쪽으로 이천 암마, 남쪽으로 이천 암마, 서쪽으로 이
천 암마, 북쪽으로 이천 암마씩 재어라. 이것이 그들의 성
읍에 딸린 목초지다.
6 너희가 레위인들에게 내줄 성읍들에는 살인자가 피신할
수 있도록 너희가 정한 도피 성읍 여섯이 들어 있어야 한
다. 이 밖에도 너희는 마흔두 성읍을 내주어야 한다. 7 그
래서 너희가 레위인들에게 내줄 성읍은 모두 마흔여덟 성
읍이 된다. 곧 그 성읍들과 거기에 딸린 목초지들이다. 8
이렇게 이스라엘 자손들의 소유 가운데에서 내주는데, 큰
지파에서는 많이 떼고 작은 지파에서는 적게 떼어라. 저
마다 받은 상속 재산에 따라 레위인들에게 성읍들을 얼
마씩 내주어라."

도피 성읍

9 주님께서 모세에게 이르셨다. 10 "너는 이스라엘 자손들
에게 일러라. 그들에게 이렇게 말하여라. '너희가 요르단
을 건너 가나안 땅에 들어가거든, 11 몇몇 성읍을 선정하
여 도피 성읍으로 삼아, 실수로 사람을 쳐 죽인 살인자가
그곳으로 피신할 수 있게 하여라. 12 너희는 이 성읍들을
보복자를 피하는 도피처로 삼아, 살인자가 재판받으려고
공동체 앞에 서기 전에 죽는 일이 없게 해야 한다.
13 너희는 이렇게 여섯 성읍을 정하여 도피 성읍으로 삼아
라. 14 세 성읍은 요르단 건너편에 정하고 세 성읍은 가나
안 땅에 정하여, 도피 성읍이 되게 하여라. 15 이 여섯 성
읍은 이스라엘 자손들뿐 아니라 이방인이나, 그들 가운데
에 머무르는 거류민에게도 도피처가 되어, 실수로 사람을

35,1-8. 오로지 예배에만 헌신해야 했던 레위 지파는 그들 소유의 영토를 갖지 않았다. 주님께서는 모세에게 레위인을 위해 48개의 성읍과 그 주변 땅(가축용)을 남겨 두라고 명령하셨다. 이 성읍들 가운데 6개 성읍은 도피 성읍의 기능을 가지는데, 실수로 살인한 사람은 그곳으로 도망칠 수 있었다.

35,4. 11,31 주 참조.

35,9-15. 미리 의도한 살인은 사형을 선고받았다(탈출 21,12-14 참조). 그러나 부주의로 인한 살인이나 고의가 없는 살인의 경우에, 살인자가 도피 성읍에 피신할 수 있다면 피의 보복자('고엘 하땀', 살해당한 친척의 무죄한 피를 "구원하는 사람")로부터 보호를 받았다. 탈출 22,1-2 참조. 그러나 원로들이 그를 유죄로 인정한다면 피의 보복자에게 그를 넘겨주어야 했다(신명 19,12 참조). 이런 성읍을 지정하게 된 배경에는 성소나 보통의 예배 장소가 거기서 공경받는 신들이 사람들을 돌봐주고 보호하는 장소라는 이해가 있으며(35,6.28 참조) 이것은 고대 근동뿐만 아니라 여러 문화에서도 새로운 것이 아니었다.

35,2 레위 25,32-34; 여호 14,3.4. 35,6 여호 20,7-9; 21,3.13.21.27.32.36.38. 35,8 26,54; 레위 25,32-34; 여호 21,1-42. 35,11 탈출 21,13; 신명 19,1-13. 35,12 여호 20,2-6.

쳐 죽인 자는 모두 그곳으로 피신할 수 있게 하여라.
16 그러나 누가 쇠 연장으로 남을 쳐서 죽게 하였으면, 그
는 살인자다. 살인자는 사형을 받아야 한다. 17 누가 사람
을 죽일 만한 돌을 손에 쥐고 남을 쳐서 죽게 하였으면, 그
는 살인자다. 살인자는 사형을 받아야 한다. 18 또는 누가
사람을 죽일 만한 나무 연장을 손에 쥐고 남을 쳐서 죽게
하였으면, 그는 살인자다. 살인자는 사형을 받아야 한다.
19 피의 보복자가 바로 그런 살인자를 죽여야 하는 사람이
다. 그는 살인자를 만나는 대로 죽인다. 20 미워하여 밀치
거나 악의를 품고 무엇을 던져 남을 죽게 하였으면, 21 또
는 적의를 품고 손으로 쳐서 남을 죽게 하였으면, 그 가해
자는 사형을 받아야 한다. 그는 살인자다. 피의 보복자는
그 살인자를 만나는 대로 죽인다.
22 그러나 어쩌다가 적의 없이 남을 밀치거나 악의 없이 아
무 연장이나 던졌으면, 23 또는 미처 보지 못하고 사람을
죽일 만한 돌을 떨어뜨려 남을 죽게 하였으면, 서로 원수
도 아니고 해칠 뜻도 없었으므로, 24 공동체는 이 법규들
에 따라 그 가해자와 피의 보복자 사이를 판가름해 주어
야 한다. 25 공동체는 그 살인자를 피의 보복자의 손에서
구하여, 그가 피신해 있던 도피 성읍으로 돌려보낸다. 그
는 거룩한 기름을 부어 세운 대사제가 죽을 때까지 거기
에서 살아야 한다. 26 그러나 만일 살인자가 피신해 있던
도피 성읍의 경계 밖으로 나가면, 27 피의 보복자가 도피
성읍의 경계 밖에서 그 살인자를 발견하고 그를 살해하여
도, 피의 보복자에게는 살인죄가 성립되지 않는다. 28 살
인자는 대사제가 죽을 때까지 반드시 도피 성읍에서 살아
야 한다. 대사제가 죽은 다음에야 자기의 소유지로 돌아
갈 수 있다. 29 이것은 너희가 어디에서 살든지 대대로 지
켜야 할 법 규정이다.
30 누구든지 사람을 죽였을 경우에는 증인들의 말에 따라
그 살인자를 처형해야 한다. 그러나 증인 한 사람의 증언
만으로는 사형에 처하지 못한다. 31 너희는 죽을죄를 지은
그런 살인자의 목숨에 대한 대가로 배상금을 받아서는 안
된다. 그는 사형을 받아야 한다. 32 너희는 살인자가 도피
성읍으로 피신하였다가 사제가 죽으면 고향에 돌아와 살
게 해 주는 대가로 배상금을 받아서는 안 된다.
33 너희가 사는 땅을 더럽혀서는 안 된다. 피는 땅을 더럽

35,16 탈출 21,12.14; 레위 24,17. 35,22 탈출 21,13. 35,30 신명 17,6; 19,15; 마태 18,16; 2코린 13,1; 히브 10,28. 35,33 창세 9,6; 시편 106,38.

35,16-28. 16-21절에는 죽이려는 의도를 가지고 있었기 때문에 살인자가 피의 보복자에 의해 사형을 받아야 할 여러 가지 살인의 경우를 열거한다. 어떤 경우든 살인에 대한 판결은 공동체가 했다. 공동체가 살인에 의도가 없었음을 인정한다면 살인자는 도피 성읍 가운데 하나에 거주할 수 있었다. 그는 대사제가 죽을 때까지 거기에 남아 있어야 했다.

35,29. "지켜야 할 법 규정"은 "판결 규정" 또는 "재판 규정"을 의미한다.

35,31-34. 살인자는 사형, 또는 대사제가 죽을 때까지 도피성 안에 머물러야 하는 의무를 배상금으로 대체할 권한이 없었다.

힌다. 땅에 피가 흐르면, 땅은 그 피를 흘리게 한 자의 피
가 아니고는 속죄될 수 없다. 34 너희가 사는 땅, 곧 내가
그 안에 머무르는 땅을 너희는 더럽혀서는 안 된다. 나 주
님이 이스라엘 자손들 가운데에 머무르기 때문이다.'"

여자 상속인의 혼인

36 1 요셉 자손의 씨족들 가운데, 므나쎄의 손자이
자 마키르의 아들인 길앗 자손의 씨족들에 속
하는 각 가문의 우두머리들이 나서서, 모세와 수장들, 곧
이스라엘 자손들의 각 가문의 우두머리들 앞에서 말하였
다. 2 그들은 이렇게 이야기하였다. "주님께서는 제비를 뽑
아 이 땅을 이스라엘 자손들에게 상속 재산으로 나누어
주라고 나리께 명령하셨습니다. 그리고 나리께서는 우리
의 동기 슬롭핫의 상속 재산을 그의 딸들에게 주라고 주
님께 명령을 받으셨습니다. 3 그런데 그들이 이스라엘 자손
들 가운데 다른 지파 사람들에게 시집가게 되면, 그들의
상속 재산은 우리 조상들의 상속 재산에서 떨어져 나가,
그들이 시집간 지파의 상속 재산에 보태질 것입니다. 그러
면 우리 상속 재산의 몫이 떨어져 나가게 되는 것입니다. 4
이스라엘 자손들에게 희년이 돌아온다 하여도, 그들의 상
속 재산은 그들이 시집간 지파의 상속 재산에 보태져, 우
리 조상 대대로 내려온 지파의 상속 재산에서 그들의 상
속 재산이 떨어져 나가게 될 것입니다."
5 모세가 주님의 분부에 따라 이스라엘 자손들에게 명령
하였다. "요셉 자손 지파가 하는 말이 옳다. 6 슬롭핫의 딸
들과 관련하여 주님께서 명령하신 것은 이러하다. '그들은
저마다 눈에 드는 사람에게 시집갈 수 있다. 다만 자기 아
버지의 지파에 속한 씨족으로 시집가야 한다. 7 이스라엘
자손들의 상속 재산은 이 지파에서 저 지파로 넘어가서는
안 된다. 이스라엘 자손들은 저마다 조상 대대로 내려온
지파의 상속 재산에 붙어살아야 한다. 8 이스라엘 자손들
의 지파 가운데에서 상속 재산을 이어받은 딸은, 누구나
자기 아버지 지파의 씨족에 속하는 사람에게만 시집갈 수
있다. 그리하여 이스라엘 자손들이 저마다 자기 조상들의
상속 재산을 이어받게 해야 한다. 9 상속 재산은 한 지파
에서 다른 지파로 넘어가서는 안 된다. 이스라엘 자손 지
파들은 저마다 자기 상속 재산에 붙어살아야 한다.'"

36,1-2. 므나쎄 지파의 슬롭핫의 딸들에게 아버지의 재산을 주면 (27,1-11 참조) 이 처녀들이 다른 지파 남자들과 혼인할 경우에는 지파의 토지 소유권이 이전된다. 그러므로 남자 상속자가 없는 상태에서 아버지 재산을 물려받는 여성은 자기 지파 내의 남자와 혼인해야 할 것이다.

36,4. 레위 25,8-55 참조.

35,34 탈출 29,45.46; 레위 18,25. 36,1 26,29; 27,1. 36,2 26,55; 27,1.7; 33,54. 36,4 레위 25,10. 36,8 1역대 23,22.

10 그리하여 츨롭핫의 딸들은 주님께서 모세에게 명령하
신 대로 하였다. 11 츨롭핫의 딸들, 곧 마흘라, 티르차, 호
글라, 밀카, 노아는 모두 사촌 오빠들에게 시집갔다. 12 이
렇게 그들이 요셉의 아들 므나쎄 자손의 씨족에게 시집갔
으므로, 그들의 상속 재산이 그들 아버지 씨족의 지파에
남아 있게 되었다.

맺는 말

13 이는 주님께서 예리코 앞 요르단강 가의 모압 벌판에서
모세를 통하여 이스라엘 자손들에게 명령하신 계명과 법
규들이다.

36,13. 민수기는 레위기와 비슷한 결론으로 끝난다(레위 26,46; 27,34 참조). 민수 22-36장에 포함되어 있고 모압 벌판(신명 28,69에 따르면 이곳에서 주님께서는 호렙에서 맺은 계약 외에 이스라엘과 또 다른 계약을 맺을 것이다)에서 반포된 율법은 주님께서 시나이산에서 모세에게 주신 율법과 동일하다.

36,11 27,1. 36,13 22,1; 레위 26,46; 27,34.

신명기

제목과 정경 내의 위치

서구 전승에서 모세 율법의 마지막 책 이름은 신명 17,18의 히브리어 표현 '미스네 하토라'를 칠십인역의 그리스어본('데우테로노미온', 곧 '데우테로스 노모스')과 대중 라틴말 성경('데우테로노미움')이 번역한 데서 취했다. 이 히브리어 표현 그 자체로는 임금이 즉위 후 레위인 사제들이 보관해 온 율법서를 견본으로 개인 용도를 위해 편집하게 했을 "율법서 복사본"을 가리키지만, 그리스어역과 라틴어역의 책 이름은 "두 번째 율법서"라는 의미를 더 지니게 된다. 이 두 번째 율법서는 주님께서 이전에 시나이산에서 모세에게 주신 광범위한 율법집(탈출 19,1부터 레위기 전체, 민수 10,10까지의 넓은 범위)과는 별도로, 모세가 모압 땅에서 반포한(신명 1,1-5 참조) 부가적인 율법집을 말한다.

그러나 유다 전승은 율법 두루마리 첫 구절에서 이름을 따는 관습에 따라 '드바림'(1,1의 둘째 단어)이라는 이름으로 부르는데, 이는 "말들" 또는 "담화"를 가리킨다. 이 이름은 이 책의 근본 주제와 작품 전체의 토대 구조가 바로 모세의 마지막 담화임을 상기시킨다. 이는 온 이스라엘 백성이 주님께서 아브라함을 부르실 때부터(창세 12,1 참조) 그들의 조상들에게 상속으로 주시기로 약속하신 가나안 땅을 차지하기 전에 모압에 모여 있을 때 모세가 그의 생애 끝 날에 한 말을 일컫는다.

구조와 문학적 특성

이야기의 관점에서, 이 책의 지리적 배경이 민수 22,1(21,20도 참조)부터 이스라엘이 머물고 있넌 모압평야(신명 1,5; 34,1.5.6.8 참조)라면, 신명기의 시간적 맥락은 이스라엘이 이집트에서 나온 후 사십 년째 되던 해 열한째 달 초하룻날, 곧 이스라엘이 광야에 머문 시기의 끝 무렵이다. 이미 언급한 대로 모세의 생애 마지막인 그때, 위대한 영도자요 과거와 미래 모든 시대에 가장 위대한 이 예언자(34,10 참조)는 백성의 끊임없는 불충에서부터 하느님의 한결같은 충실에 이르기까지, 광야를 순례하던 모든 세월 동안 일어난 사건들을 생생하게 기억하고 종합하는 길고도 열정적인 고별사를 행한다.

이 책의 전체 양식은 이전 책들과 비교할 때 두드러진 특성을 지닌다. 신명기는 반복 표현의 사용과 강렬하며 감동적이고 감정적으로 생생하고 강한 어조의 선택을 계속 선호하면서 언어로 또 교훈과 변호와 권고와 설교에서 나타나는 전형적인 느낌으로 특히 구별된다. 이는 더 절제되고 문학적으로 덜 특징적인 유형을 지닌 이전 책들에 비해서 쉽게 구별되고 파악될 수 있는 산문 유형이다. 이것이 바로 신명기 양식으로 불린다.

신명기 내용의 구조를 살펴보려면 의미와 형식에서 대단히 비슷한 네 개의 제목 또는 요약이 전체 본문을 분리하고 있음을 파악해야 한다. 이 제목 혹은 요약은 모세의 4개의 긴 담화의 입문 역할을 하는데, 미리 선택된 용어를 통해 이어질 담화의 내용이 선포된다. 그 제목들은 1,1의 "말"(자구적으로는 "말들"로 복수형이며 유다 전승에서는 이 책 전체의 명칭이 되기도 하는 용어), 4,44의 "율법", 28,69의 "계약의 말씀", 33,1의 "축복"이다.

책 전체 입문(1,1-5) 외에도 첫째 부분(1,6-4,43)은 호렙산(33,2의 '시나이'를 제외하고 신명기에서 항상 이 이름으로 불린다)에서 신명기 전체의 배경이 되는(1,6-3,29 참조) 모압평야까지 이스라엘이 걸어온 여정을 회상하면서 서술한다. 그리고 이 부분은 미래로 시선을 돌려서 계약에의 충실과 과거에 호렙에서 선포된 계명 준수를(4,1-40 참조) 기초로 하여 이스라엘이 약속의 땅에서 살 것을 미리 내다본다.

범위가 매우 넓은 둘째 부분(4,44-28,68)은 모세의 긴 둘째 담화이기도 하다. 이 부분의 광범위한 내용은 유배 이전의 계약 법전(탈출 20,22-23,33)을 유배 시대에 확장하고 재해석하여 개정한 신명기 법전(12,1-26,19 참조)을 주로 수용하면서 형성되었다.

셋째 부분(28,69-32,52)은 한편으로는 조상들의 하느님에게 근본적이고 절대적으로 충실하라는 요구를 통해(특히 29-30장 참조) 주님과 이스라엘 사이의 계약이라는 주제를 중요시한다. 다른 한편으로는 모세가 긴 생애를 마치고 자기 선조들에게 떠날 때 민족 지도자로서 모세의 뒤를 잇는 것을 매우 강조한다(특히 31-32장; 민수 27,12-23도 참조). 이 부분 마지막에 모세의 노래가 있는데, 이스라엘이 하느님께 불충한 상황들을 열거한 후에 이스라엘 원수들에게 심판과 벌을 선포한다.

끝으로 넷째 부분(33-34장)은 같은 문학 유형과 유사한 운문 스타일을 띤다는 점에서 야곱의 축복(창세 49장 참조)과 대칭이 되는 모세의 축복(신명 33장 참조)을 소개하는데, 야곱의 열두 아들에게서 나온 열두 지파의 운명과 미래가 선포된다. 그리고 짧은 이야기 형태인 마지막 장은 모세의 네 개의 긴 담화 끝에 그의 역사와 삶의 마지막 행적인 죽음과 장례를 서술한다.

세상 창조부터 이스라엘의 해방자요 영도자의 죽음에 이르기까지 토라 다섯 권을 통해 거쳐 온 그 광범위한 여정이 마무리되면서, 이야기는 가나안 땅 정복과 여러 지파의 땅 분배 사건을 서술하기 위해 여호수아서로 넘어갈 것이다. 모세의 후계자 여호수아의 이름을 딴 여호수아서는 히브리 성경에서 두 번째로 큰 항목인 역사서 혹은 유다교 용어로 전기 예언서의 시작으로 자리 잡는다.

주요 신학 노선

신명기는 이미 인용한 계약 법전(탈출 20,22-23,33 참조)과 같이 이전 책들의 몇몇 본문들과 연결되어 있음이 명백히 드러나는 한편, 맹세와 저주 정식으로 인준된 조항들과 규정들(예를 들어 신명 28,15-44 참조)을 담고 있는 신아시리아 조약문들의 문학 유형과 다소 유사한 요소를 보여 준다. 이처럼 신명기 본문은 주제 및 양식 면에서 아시리아 문화와 문명에 의존하고 있음을 뚜렷이 보이면서 모세 율법의 이전 책들에 비해 매우 개별적이고 특별한 신학적 사고와 주제를 전개해 나간다.

전체 본문은 현재의 신명기 정경 본문에서 알 수 있듯이 이스라엘 백성을 위한 중요하고 기본적인 신학 주제들을 설득력 있게 집약한 개론서로 보인다. 무엇보다도 주님의 유일성과 비가시성, 역사 사건에 대한 최고 통치권, 한결같은 충실함, 그 결과 이스라엘이 살아 있는 동안 매일 지켜야 할 그분을 사랑하고 경외하라는 명령(특히 4장과 6장 참조) 등의 주제를 단호하고 지속적으로 제시한다. 주님의 항구한 충실과 대조되는 이스라엘 백성의 불충실과 40년 광야 순례 중에 일어난 벌을 묘사한다(특히 1-2장 참조). 그리고 하느님께서 호렙산에서 십계명을 선물히 심을 회상하는 것(5장 참소), 다른 민족들보다 이스라엘을 선택하신 것(7장 참조), 땅의 선물(8장 참조)은 특별히 강조된다. 신명기의 신학적 사고의 또 다른 초석은 이스라엘이 우상 숭배에 빠지는 위험에 관한 성찰과 연결되어(13장 참조) 예루살렘에서만 예배를 바치고 그곳만 유일한 성소로 인정하는 것(12장 참조)이다. 그리고 권위가(비록 예루살렘 왕정의 통제하일지라도) 집중되지 않고 분산된 지도층, 더 이상 가난도 소외도 없는 백성을 전제로(15,1-18; 24,10-15 참조) 항상 토라의 규정과 책무에 순종하는(16,18-18,22 참조) 지도층을 바란다는 것도 중요한 신학적 특성이다. 소위 신명기 법전의 엄격히 규범적인 장들(12-26장 참조) 외의 이러한 내용들은 이 책의 주요 주제들 가운데 일부에 불과하다. 이 주제들은 적어도 이스라엘의 신학적 성찰의 위대한 개방성을 보여 주는 한편, 그런 성찰의 수용과 결과물의 영속적 타당성을 보여 주기에 충분하다.

이 책에서 제시한 이스라엘 성찰의 다른 토대는 집단의 사회적 가치와 전례 및 축제 거행으로 가능해진 정체성 인식의 사회적 가치이다(예를 들어 민수 16장과 26장 참조). 전례 및 축제 거행이 갖는 기쁨이라는 특성은 가족부터 씨족, 온 백성에 이르기까지 모두를 소집할 때 공동체를 형성하고, 그 공동체를 축제 거행이라는 공통의 전통에 대한 소속감 안에 뿌리내리게 한다. 다른 한편으로는 자기 역사의 근본적 사건들을 형제애 안에서 살아가고 현실화하면서 공동체를 고양하고 새롭게 한다. 이와 관련하여 예루살렘의 예배 집중화에 대해 언급할 필요가 있다. 예배 장소인 성소의 단일화(예를 들어 신명 12,5.11.13-14.18.21.26 참조)는 전례와 연결된 백성의 정체성과 집단이라는 요소들을 강조하는 데 공헌한다.

이 책의 정점은 이스라엘이 그 실존 과정에서 살게 될 다양하고 변화하는 오늘 안에서 토라를 지속적이고 영속적으로 현실화하라는 요구이다. 오늘이란 이미 말했듯이 바로 이 책 전체 내용의 맥락인 모세의 생애 마지막 날의 오늘에서 출발한다. 중요한 예를 5,3에서 볼 수 있는데, 여기서 모세는 실은 39년 전에 주님께서 지금은 고인이 된 이스라엘 세대와 광야의 산 위에서 맺은 계약을 현 세대의 오늘에 현실화하고 있다.

신명기는 이렇게 참되고 고유한 기억의 신학을 전개하기에 이른다. 주님께서 과거에 당신 백성을 위해 일으키신 사건들을 기억하고 회상하고 기념해야 할 필요성을 본문 전체에서 여러 차례(서른 번 정도) 강조한다. 하느님께서 이루신 놀라운 일들을 이스라엘이 기억하는 것은 그것을 살고 실현하는 것이다. 반대로 잊는 것은 죽는 것이다(8,18.19-20 참조). 이 본문에서 가장 어둡고 소외된 죽음의 장소가 바로 회상과 기억의 상실이라는 것은 우연이 아니다(32,26 참조).

신명기 법전으로 불리는 법률 전집(12-26장 참조)에는 덜 유복한, 사회적·경제적으로 생활상의 어려움에 더 노출된 백성을 보호하기 위한 중요한 규정들도 있다. 즉 과부나 고아, 이방인은 이스라엘의 사회보장 및 복지 법으로 많은 보호를 받는다. 여러 가지 이유로 백성 가운데 가난과 궁핍의 상황이 있을 수밖에 없다면 법전은 거기에 되도록 신속한 회복 조치를 취하는 데 관심을 갖는다(여러 구절 가운데 15,11 참조). 주님께서 조상들에게 상속해 주시겠다고 약속하신 땅에서의 행복과 번영을 보장하는 것은 바로 주님께 대한 충실뿐만 아니라 토라에 대한 순종의 상태일 것이다. 이런 의미에서 임금의 인물상을 진지하고 생동감 있게 언급함으로써 왕정 시대 이스라엘에 만연했던 불가피한 사회 계층의 형성과 계층 간 불균형을 막으려고 노력한다. 한편으로는 자기 백성 앞에서 오만하지 않은 임금 상을 언급하고(17,20 참조), 다른 한편으로는 임금, 레위인 사제들, 예언자(17,14-18,22 참조) 같은 지배 계층의 적절한 위계 조직을 통해 적어도 이론적으로는 명백하고 눈에 띄는 불일치 없이 백성 내부에서 조화로운 공존 차원에 이르려고 노력한다.

이스라엘을 부르는 집단적 "너"(예를 들어 4,1; 5,1; 6,3.4; 9,1; 20,3; 27,9의 "이스라엘아, 들어라!")도 문학 양식에서나 특유의 신학적 노선에서 중요하다. 백성으로서의 이스라엘은 유일한 주체, 하나의 몸, 단일한 본성, 개별 인격을 형성한다. 그래서 이 책 전체는 하나의 백성 앞에 계신 한 분이신 하느님의 상을 정의하기에 이른다. 하느님께서 명하신 대로 온 백성이 그분 법을 지키고 예배하며 그분을 찬미할 바로 그때, 이스라엘은 참으로 하나가 될 것이며 모든 민족 중에서 선택된 피조물이 부여받은 "너"가 자기 창조주의 "너" 앞에 머물듯이 집단의 다양성에도 불구하고 "너"이신 하느님 앞에서 머물 수 있을 것이다.

본문의 작성과 전수

이미 말했듯이, 다양한 주제들과 여러 저술 목적 외에 신명기는 예루살렘의 예배 집중화라는 원인과 밀접하게 관련된다. 비록 개연성이 높지 않더라도 2열왕 18,4.22에 나오듯이 원래 신명기 내용의 작은 일부였던 그 본문이 유다 임금 히즈키야 시대(기원전 725-697)에 이미 예루살렘의 예배 집중화에 정당성을 부여하는 데 공헌했을 것이다.

그러나 더 계획적이고 중요한 집중화는 2열왕 23,4-20에 나오듯이 요시야 임금 통치 시기(기원전 640-609년)에 이루어진 것으로 잘 알려져 있다. 2열왕 22장 이야기에 따르면(2열왕 23장도 참조) 바로 이 임금이 다스리던 기원전 622년에 예루살렘 성전에서 율법서(2열왕 22,8 참조)라고 불리는 책이 발견되었다. 궁정 환경에서 예루살렘의 엘리트 집단이 작성했을 가능성이 높은 이 문서는 성경 학자들이 원신명기라고 부르는, 곧 현재의 신명기 법전(신명 12-26장 참조)의 일부를 구성했을 것이다. 당시 유다와 그 주변국을 짓밟았던 신아시리아의 영토 확장과는 반대로, 율법서의 재발견과 연결된 사건들 후에 역사서 편집 작업이 있었다고 보통 추정하지만, 이 작업은 오직 후대에 와서야 현재의 신명 1장~여호 22장까지 광범위한 부분을 구성하게 되었다. 재발견된 책을 정당화하기 위해 이 책을 모세 시대로 소급 적용함으로써 모세가 죽기 전에 이스라엘에게 한 마지막 담화라는 현재의 문학적 틀을 형성했다.

수년에 걸쳐, 특히 유배 시대에 이 책의 대부분 장들이 첨가되고 개정되었다. 아마도 기원전 4세기 초에 신명기 본문이 여호수아서 본문에서 분리되어 '토라'의 다섯 번째 책이 되었을 것이다. 같은 시기에 모세의 축복(신명 33장 참조), 책 안에 있는 네 개의 제목들(구조와 문학적 특성 참조), 이야기 전체의 결론 구절들과 같은 마지막으로 편집한 내용들도 삽입되었다.

페데리코 준톨리Federico Giuntoli

신명기

모세가 설교한 곳과 때

1 1 이것은 모세가 요르단 건너편 아라바에 있는 광
야에서, 온 이스라엘에게 한 말이다. 아라바는 숩
을 마주 보고, 파란과 토펠, 라반, 하체롯, 디 자합 사이에
있다. 2 호렙에서 세이르산 길을 따라 카데스 바르네아에
이르기까지는 열하루가 걸렸다. 3 사십 년째 되던 해 열한
째 달 초하룻날, 모세는 주님께서 이스라엘 자손들을 두
고 자기에게 명령하신 그대로 그들에게 일렀다. 4 그가 헤
스본에 사는 아모리족의 임금 시혼을 쳐부수고, 아스타롯
과 에드레이에 사는 바산 임금 옥을 쳐부순 다음이었다. 5
모세는 요르단 건너편 모압 땅에서 이 율법을 설명하기 시
작하였다.

호렙을 떠나라는 명령을 받다

6 "주 우리 하느님께서 호렙에서 우리에게 이르셨다. '너희
는 이 산에서 오랫동안 머물렀다. 7 이제 발길을 돌려 떠나
라. 아모리족의 산악 지방, 그리고 그 부근의 모든 지역, 곧
아라바, 산악 지방, 평원 지대, 네겝, 해안 지대로 가거라.
가나안족의 땅, 그리고 레바논과 큰 강 유프라테스강까지
가거라. 8 보아라, 내가 너희 앞에 저 땅을 내놓았다. 가서

1,3 민수 33,38. 1,4 민수 21,24.33. 1,6 탈출 3,1; 민수 10,11-13. 1,7 묵시 9,14. 1,8 창세 12,7; 15,18; 17,7.8; 26,4; 28,13.

1,1-5. 모세의 첫째 담화(신명 1,6-4,40)를 소개하는 이 구절은 신명기와 민수기를 연결하는 기능을 한다. 모세는 예언자로 소개되는데 그의 말은 하느님 말씀과 비슷하다. 그는 주님께서 자신을 통해 이스라엘에게 말씀하신(민수 36,13 참조) 바로 그 장소에서 온 이스라엘에게 말하고 율법의 모든 가르침을 설명한다. 모세의 긴 담화는 그의 생애 마지막 날, 단 하루에 선포된다. 이집트 탈출 후 사십 년째 되던 해 열한째 달 초하룻날이었다(3절; 신명 32,48-52; 34,1-5 참조).

1,6. 모세의 첫째 담화는 "주 우리 하느님"(계약을 상기시키는 정식)이라는 말로 시작하며 4,40에서 마친다. 책 전체의 역사적 서문인 1-3장은 시나이/호렙에서의 출발 순간부터 요르단강 앞에 있는 피스가산에 도착하기까지의 사건들을 기억한다. 4장에서는 이스라엘에게 계약에 충실할 것을 권고한다.

1,1. 고대에 아라바는 티베리아스 호수까지 이르는 요르단강과 사해가 있는 계곡이었다. 이 책의 특징적인 표현 "온 이스라엘"(14번 나온다. 신명기 이전에는 탈출 18,25과 민수 16,34에만 나온다)은 개별 지파들 사이에 존재하는 뚜렷한 다양성을 넘어 유일한 형태의 체험, 목표, 책임 안에서 자신을 정립하고 인식하려고 노력하면서 전체 백성의 단일성과 결속을 강조한다.

1,2. 호렙은 집회 48,7에서도 확인할 수 있듯이 이 책에서 시나이산을 가리키는 명칭(신명 33,2은 제외)이다. 이집트에서 시나이까지 해당하는 탈출 첫 단계는(민수 33,3-15 참조) 건너뛰고 호렙부터 이 백성이 오랫동안 머물(신명 1,46 참조) 카데스 바르네아까지의 여정만(1,19 참조) 기억한다.

1,3. 탈출 12,2에 따르면 한 해의 첫 달은 아빕 달(유배 후에 니산 달로 불린다)인데 3-4월에 해당한다. 열한째 달은 스밧 달인데(즈카 1,7 참조) 1-2월에 해당한다.

1,4. 이스라엘은 하느님의 인도로 아모리족의 두 임금 시혼과 옥(3,8)을 쳐부순다. 신명기는 이를 위대한 승리로 고백한다(2,26-3,10). 이로써 요르단 건너편의 정복이 완성된다.

1,8. "주님이… 약속한" 6절부터 말씀하시는 분이 주님인데도 1인칭 주어로 쓰지 않은 점이 이상하다. 하지만 이는 오히려 모세의 말이 주님의 말씀과 긴밀히 연결되어 두 대화자의 말이 중첩되기까지 한 것을 보여 준다. 7,4; 17,2-3; 28,20; 29,4-5에도 이런 현상이 나타난다.

주님이 너희 조상 아브라함과 이사악과 야곱과 그 후손들
에게 주겠다고 약속한 땅을 차지하여라.'"

모세가 우두머리들을 세우다

9 "그때에 내가 너희에게 말하였다. '나 혼자서는 너희를
떠맡을 수 없다. 10 주 너희 하느님께서 너희를 불어나게
하셔서, 너희가 오늘 하늘의 별처럼 많아진 것이다. 11 주
너희 조상들의 하느님께서 너희에게 이르신 대로, 너희를
천배나 더 많게 하시고 너희에게 복을 내리시기를 빈다. 12
그렇지만 나 혼자서 어떻게 너희의 무거운 짐과 너희 송
사를 다 떠맡을 수 있겠느냐? 13 너희는 지파별로 지혜롭
고 슬기로우며 지식을 갖춘 사람들을 뽑아라. 그러면 내
가 그들을 너희의 우두머리로 세우겠다.' 14 그러자 너희는
'말씀하신 대로 하는 것이 좋겠습니다.' 하고 나에게 대답
하였다. 15 그래서 나는 너희 지파들의 우두머리들, 곧 지
혜롭고 지식을 갖춘 사람들을 데려다가 너희의 우두머리
로 내세워, 그들을 각 지파의 천인대장, 백인대장, 오십인
대장, 십인대장으로, 그리고 관리로 삼았다. 16 또한 그때
에 나는 너희의 판관들에게 명령하였다. '너희 동족 사이
에 문제가 생기면 잘 듣고 의롭게 재판하여라. 동족뿐 아
니라 동족과 이방인 사이도 그렇게 하여라. 17 너희는 재
판할 때에 한쪽을 편들어서는 안 된다. 낮은 자의 말이나
높은 자의 말이나 똑같이 들어 주어라. 재판은 하느님께
속한 것이니 사람을 두려워하지 마라. 그리고 너희가 감
당하기 힘든 송사는 나에게 가져오너라. 내가 그것을 들어
주겠다.' 18 그때에 나는 이렇게 너희가 해야 할 모든 일을
명령하였다."

1,9-18. 모세는 이스라엘을 통치하도록 그를 도와야 했던 판관 제도를 상기시킨다(탈출 18,21-22; 민수 11,16-17 참조). 이 단락에서는 이스라엘 사람 수가 많은 것이 하느님 축복 때문이라고 여기지만 민수 11,11-13에서는 모세가 하느님께 이의를 제기하는 이유가 된다.

1,13. "우두머리"로 번역한 명사는 군대나 재판의 책임을 맡은 사람, 부족이나 가정의 원로를 가리킨다.

1,15. "관리"로 번역한 단어는 군사 훈련, 사회질서 유지, 사법 행정에 종사하는 하급 관료를 가리킨다.

1,16. "이방인" 이 히브리어는 보통 땅이 없는 이방인, 한시적으로나 영구적으로 자기 지파와 고장에서 멀리 떨어져 사는 가난한 사람을 가리킨다. 이런 이유로 신명기는 이스라엘에게 자비로운 태도를 가지라고 반복해서 권고한다. 현대에는 "이주민"이 더 적합하겠다.

가나안 정찰과 백성의 불평

19 "우리는 주 우리 하느님께서 명령하신 대로 호렙을 떠
나, 너희가 본 저 크고 무서운 광야를 가로질러, 아모리족
의 산악 지방 길을 따라 카데스 바르네아에 이르렀다. 20 거
기에서 내가 너희에게 말하였다. '너희는 주 우리 하느님께서
우리에게 주시는 아모리족의 산악 지방에 이르렀다. 21 보아

1,19. 모세는 "우리"에서 "너희"로 주어를 바꾸면서 백성의 배은망덕과 불순종(26절)을 강조한다.

1,20-21. 이 책에서는 자주 "너희"(20절)와 "너"(21절의 명령형은 모두 2인칭 단수 동사이며 자구적 번역은 "주 너의 하느님께서 네 앞에", "주 너의 조상들의 하느님께서 너에게 이르신 대로"이다)가 번갈아 쓰인다. 모세는 온 민족을 상대로 말하지만 각 개인도 염두에 둔다.

1,9-18 // 탈출 18,13-26. 1,9 탈출 18,18. 1,10 창세 15,5; 신명 10,22; 히브 11,12. 1,11 창세 22,17; 탈출 32,13. 1,13 탈출 18,21. 1,15 탈출 18,25. 1,16 16,18; 레위 24,22. 1,17 탈출 18,19-26; 레위 19,15; 야고 2,1. 1,19-33 민수 13,1-14,9. 1,19 8,15; 민수 13,26. 1,20-29 // 민수 13,1-33. 1,21 여호 1,9.

✠ 1,9-14. 이 단락을 성품 후보자 선정 예식의 독서로 사용한다.

라, 주 너희 하느님께서 너희 앞에 저 땅을 내놓으셨다. 주
너희 조상들의 하느님께서 너희에게 이르신 대로 올라가
서 차지하여라. 두려워하지도 말고 겁내지도 마라.' 22 그러
나 너희는 모두 나에게 가까이 와서 말하였다. '우리보다
앞서 사람들을 보내어 저 땅을 정찰한 다음, 우리가 올라
가야 할 길과 들어가야 할 성읍들에 관하여 보고하게 합
시다.' 23 나는 그 말이 좋게 들려서 각 지파에서 한 사람
씩, 열두 사람을 뽑았다. 24 그들은 발길을 돌려 산악 지방
으로 올라가서, 에스콜 골짜기까지 가며 그 땅을 정탐하
였다. 25 그들은 그 땅에서 난 열매를 따 가지고 우리에게
내려와서, '주 우리 하느님께서 우리에게 주시는 저 땅은
좋습니다.' 하고 보고하였다.
26 그러나 너희는 올라가려 하지 않고, 오히려 주 너희 하
느님의 분부를 거역하였다. 27 그러면서 너희는 천막 안에
서 불평하며 말하였다. '주님께서 우리를 미워하셔서, 아
모리족의 손에 넘겨 멸망시키시려고 우리를 이집트 땅에
서 이끌어 내셨구나. 28 우리가 어디로 올라가야 한단 말
인가? 우리의 형제들이 ′그곳 백성은 우리보다 우람하고
키도 크다. 성읍들은 클뿐더러 하늘까지 닿는 요새로 되
어 있다. 우리는 또 거기에서 아낙인들까지 보았다.′ 하면
서, 우리의 마음을 약하게 하지 않았는가?'
29 그때에 내가 너희에게 말하였다. '그들을 무서워하지도
두려워하지도 마라. 30 너희 앞에 서서 가시는 주 너희 하
느님께서는, 너희가 보는 앞에서 이집트에서 하신 것과 똑
같이 너희를 위하여 싸워 주실 것이다. 31 너희는 마치 사
람이 제 아들을 업고 다니듯, 주 너희 하느님께서 너희가
이곳에 다다를 때까지 걸어온 그 모든 길에서 줄곧 너희
를 업고 다니시는 것을 광야에서 보았는데, 그 광야에서
도 그렇게 싸워 주셨다. 32 그런데도 너희는 주 너희 하느
님을 믿지 않았다. 33 너희가 천막을 칠 곳을 찾아 주시려
고, 또 너희가 갈 길을 보여 주시려고, 밤에는 불 속에서,
낮에는 구름 속에서 앞장서 가시는 주님을 너희는 믿지
않았다.'"

1,26-36. 정찰대의 보고에 이스라엘의 반응은 믿음의 부족을 드러내고, 당신 백성의 부당한 불평에 하느님은 정당한 대응을 하신다. 이스라엘은 믿음 없이 약속의 땅에 들어갈 수 없을 것이다.

1,29-33. 이스라엘이 참여하는 전쟁 활동을 하느님 뜻에 긴밀히 의존하는 행위로 본다는 사실은 이 책의 신학을 대표한다. 이스라엘은 하느님께 충실할 때만 전쟁에서 원수에게 승리할 것이다.

1,31. 주님께서는 아들을 인도하고 보호하는 아버지로서 당신 백성에게 자신을 드러내셨다. 32,11에서는 독수리가 새끼를 보호하는 이미지가 그분께 사용된다(탈출 19,4도 참조).

1,23 민수 13,1-3. 1,24 민수 13,22-24. 1,25 민수 13,27. 1,26 민수 14,1-4. 1,27 9,28; 시편 106,25. 1,28 9,1.2; 민수 13,28.31-33. 1,30 3,22; 탈출 14,14. 1,31 32,11.12; 사도 13,18. 1,32 시편 106,24; 지혜 18,13. 1,33 탈출 13,21; 민수 10,33.

주님께서 진노하시어 이스라엘을 벌하시다

34 "주님께서는 너희가 하는 소리를 듣고 진노하시어 이렇
게 맹세하셨다. 35 '이 악한 세대, 이 사람들 가운데에서는
아무도, 내가 너희 조상들에게 주기로 맹세한 좋은 땅을
보지 못할 것이다. 36 그러나 여푼네의 아들 칼렙만은 그
땅을 볼 것이다. 그는 주님을 충실히 따랐으므로, 나는 그
가 밟은 땅을 그와 그의 아들들에게 주겠다.' 37 주님께서
는 너희 때문에 나에게도 화를 내시면서 말씀하셨다. '너
또한 그곳으로 들어가지 못할 것이다. 38 너의 시중을 드는
눈의 아들 여호수아가 그곳으로 들어갈 것이다. 그가 바로
이스라엘에게 그 땅을 차지하게 해 줄 사람이니, 너는 그
에게 용기를 북돋아 주어라. 39 그리고 적의 약탈물이 되리
라고 너희가 말한 너희 어린아이들과, 아직 좋고 나쁜 것을
구별할 줄 모르는 너희 자식들도 그곳으로 들어갈 것이다.
내가 그들에게 그 땅을 주어 그들이 차지할 것이다. 40 그러
나 너희는 발길을 돌려 갈대 바다 길을 따라 광야로 떠나
라.'
41 그러자 너희는 나에게 말하였다. '우리가 주님께 죄를
지었습니다. 주 우리 하느님께서 우리에게 명령하신 대로
우리가 올라가 싸우겠습니다.' 너희는 저마다 무기를 들고
산악 지방으로 올라가는 것을 대수롭지 않게 여겼다. 42
그때에 주님께서 나에게 말씀하셨다. '그들에게 말하여라.
"내가 너희 가운데에 없을 것이니, 너희는 올라가지도 말
고 싸우지도 마라. 그래야 너희가 적 앞에서 패배하지 않
을 것이다."' 43 내가 이렇게 너희에게 일렀지만 너희는 듣
지 않았다. 너희는 주님의 분부를 거역하고 주제넘게 산
악 지방으로 올라갔다. 44 그러자 그 산악 지방에 살던 아
모리족이 너희에게 마주 나와 벌 떼처럼 달려들어 너희를
내몰았다. 그들은 세이르에서 호르마까지 뒤쫓아 가며 너
희를 쳤다. 45 너희는 돌아와 주님 앞에서 울었지만, 주님
께서는 너희의 소리를 듣지 않으시고, 너희에게 귀를 기울
이지도 않으셨다. 46 그래서 너희가 그렇게 오랫동안 카데
스에 머물렀던 것이다."

1,35-39. 주님께서 백성 때문에 모세에게 화를 내셨는데(3,25-26도 참조), 민수 20,12-13에 따르면 모세가 이스라엘 앞에서 주님의 거룩함을 드러내지 않았기 때문에 약속된 땅에 들어가지 못할 것이라고(신명 32,50-52도 참조) 한다. 이집트에서 나온 세대 중 칼렙과 여호수아와 아이들만 약속의 땅에 들어갈 것이다(민수 14,30-31 참조). 민수 27,14 주 참조.

1,40. "갈대 바다" 탈출 13,17-18 주 참조.

1,34-40 // 민수 14,20-38. 1,35 요한 6,49. 1,37 3,26; 민수 20,12; 시편 106,32. 1,38 3,28; 31,7; 민수 14,30. 1,39 민수 14,3.31. 1,40 민수 14,25. 1,41-45 // 민수 14,39-45. 1,44 시편 118,12.

헤스본 임금 시혼을 쳐부수다

26 "그래서 나는 크데못 광야에서 헤스본 임금 시혼에게
사자들을 보내어, 이렇게 인사의 말을 하였다. 27 '내가 임
금님의 땅을 지나가게 해 주십시오. 오른쪽으로도 왼쪽으
로도 벗어나지 않고 길만 따라가겠습니다. 28 나는 임금님
이 돈을 받고 파시는 음식만 먹고, 임금님이 돈을 받고 주
시는 물만 마시겠습니다. 내가 걸어서 지나가게만 해 주십
시오. 29 세이르에 사는 에사우의 자손들과 아르에 사는
모압인들이 나에게 해 주었듯이, 내가 요르단을 건너 주
우리 하느님께서 우리에게 주시는 땅에 이르도록 허락해
주십시오.' 30 그러나 헤스본 임금 시혼은 우리를 지나가지
못하게 하였다. 주 너희 하느님께서 오늘 이처럼 그를 너희
손에 넘겨주시려고, 그의 영을 완고하게 하시고 그의 마음
을 고집스럽게 만드셨기 때문이다.
31 주님께서 나에게 말씀하셨다. '보아라, 내가 이제부터
시혼과 그의 땅을 너희에게 넘겨주리니, 그 땅을 차지해
나가라.' 32 시혼이 제 모든 백성을 거느리고 우리와 맞서
싸우러 야하츠로 나왔다. 33 그러나 주 우리 하느님께서 그
를 우리에게 넘겨주셨으므로, 우리는 그와 그의 아들들
과 그의 모든 백성을 쳐부수었다. 34 그때에 우리는 시혼의
모든 성읍을 점령하고, 남자, 여자, 아이 할 것 없이 성읍
주민들을 모조리 전멸시켜, 생존자를 하나도 남기지 않았
다. 35 다만, 가축과 우리가 점령한 성읍들에서 약탈한 물
건들만 전리품으로 거두었다. 36 아르논강 끝에 있는 아로
에르와 그 강가의 성읍에서 길앗에 이르기까지, 우리가 차
지하지 못한 성은 하나도 없었다. 주 우리 하느님께서 그
것들을 모두 우리에게 넘겨주셨던 것이다. 37 그러나 너희
는 암몬 자손들의 땅과 야뽁강 주변 전역과 산악 지방의
성읍들, 그리고 주 우리 하느님께서 금하신 곳은 어느 곳
에도 가까이 가지 않았다."

2,36. 특별한 경우를 제외하고 성경에서 강이나 시내를 말할 때는 현대의 급류 하천과 비슷한, 계절에 따라 나타나는 물 흐름(와디)을 의미한다.

2,26-36 // 민수 21,21-25. 2,26 20,10. 2,27 민수 21,21.22. 2,28 민수 20,19. 2,30 민수 21,23. 2,31 1,8. 2,32 7,2; 20,16; 민수 21,23.24. 2,34 3,6. 2,36 3,12; 4,48; 시편 44,4. 2,37 민수 21,24.

바산 임금 옥을 쳐부수다

3 1 "우리는 발길을 돌려 바산 쪽으로 올라갔다. 그러
자 바산 임금 옥이 우리에게 맞서 싸우려고 온 백
성을 거느리고 에드레이로 나왔다. 2 그때에 주님께서 나
에게 말씀하셨다. '그를 두려워하지 마라. 내가 그와 그의
온 백성과 그의 땅을 너희 손에 넘겨주었으니, 너희는 헤
스본에 사는 아모리족의 임금 시혼을 쳐부수었듯이 그를
쳐부수어라.' 3 이렇게 주 우리 하느님께서 바산 임금 옥과
그의 온 백성을 우리 손에 넘겨주셨으므로, 우리는 생존
자 하나 남기지 않고 그들을 모두 쳐부수었다. 4 그래서 우
리는 그의 성읍들을 모두 점령하였다. 우리가 그들에게서
빼앗지 못한 성은 하나도 없었다. 바산에서 다스리던 옥
의 왕국인 아르곱 전 지역에는 성읍이 예순 개나 있었는
데, 5 그 성읍들은 모두 높은 성벽과 성문과 빗장으로 요
새가 되어 있었다. 그 밖에 성벽이 없는 마을들도 매우 많
았다. 6 우리는 헤스본 임금 시혼에게 한 것처럼 그들을 전
멸시켰다. 모든 성읍에서 남자, 여자, 아이 할 것 없이 전
멸시켰다. 7 그러나 성읍들의 모든 가축과 노획물은 전리
품으로 거두었다.
8 이렇게 우리는 요르단 건너편에 있던 아모리족의 두 임
금으로부터 아르논강에서 헤르몬산에 이르는 땅을 빼앗
았다. — 9 헤르몬을 시돈인들은 시르욘이라 하고, 아모리
족은 스니르라고 하였다. — 10 우리는 고원 지대에 있는
모든 성읍과 살카와 에드레이에 이르기까지 길앗과 바산
의 전 지역을, 곧 바산에서 다스리던 옥의 왕국의 성읍들
을 빼앗았던 것이다. — 11 바산 임금 옥은 라파인들 가운
데에서 홀로 살아남았다. 쇠로 만든 그의 침대가 지금도
암몬 자손들이 사는 라빠에 있지 않은가? 그것은 보통 암
마로 길이가 아홉 암마, 너비가 네 암마나 된다."

요르단 건너편 땅을 분배하다

12 "그때에 우리는 이 땅을 차지하였다. 나는 아르논강에
있는 아로에르에서 시작하여 길앗 산악 지방의 절반과 그
성읍들을 르우벤인들과 가드인들에게 주었다. 13 그리고
길앗의 나머지 지역과 옥의 왕국인 바산 전역을 므나쎄

3,1-11. 민수기는 헤스본 임금 시혼(21,21-31 참조)의 패배에 대해서만 상세히 전하고 옥의 패배에 대해서는 짧게 언급하는 반면(21,33-35), 신명기는 옥에 대해서도 세부 설명을 제시한다. 바산 임금 옥(요르단 건너편 북쪽 지역)도 아모리 임금 시혼과 같은 운명을 겪는다. 성읍들과 주민들은 완전 봉헌물로 바쳐지지만, 성읍의 짐승과 노획물은 승리자들이 접수한다. 아모리족의 두 임금 시혼과 옥에 대한 승리로 이스라엘은 호렙산을 떠날 때 받은 하느님의 명령(1,7)을 성취하고 자신들의 불순명(1,20-21.26)을 기워 갚는다. 그 결과로 땅의 분배가 이어진다(3,12-17).

3,5. 성벽이 없는 마을은 농민들의 거주 공간으로, 전쟁 때는 마을을 버리고 성으로 피신했다.

3,9. 시돈인은 페니키아인으로 함의 후손이다(창세 10,15 참조).

3,11. 라파인은 전설 속 팔레스티나 고대 민족으로(창세 14,5; 15,20 참조) 거인으로 여겨졌다(신명 2,11.20 참조). 바산 임금 옥의 쇠(또는 현무암) 침대에 대한 특이한 소식이 전해지는데, 침대는 길이가 약 4m, 넓이는 거의 2m이다. 아마도 현무암으로 된 석관이나 고인돌일 것이다. 암마는 길이를 측정하는 단위로 45~52.5cm에 해당한다.

3,1-7 // 민수 21,33-35. 3,4 1열왕 4,13. 3,6 2,24.34. 3,9 시편 29,6. 3,11 창세 14,5; 2사무 12,26; 예레 49,2; 묵시 21,17. 3,12-20 // 민수 32,1-42. 3,12 2,36; 민수 32,32-38; 여호 13,8-13.

3,17. 자구적인 번역인 "소금 바다"는 사해를 가리킨다.

3,18-20. 르우벤 지파, 가드 지파, 므나쎄 반쪽 지파에게 그들의 요구에 따라 이미 정복된 땅이 분배된다. 여자들, 아이들과 가축이 그 땅에 즉시 거주하게 되고 남자들은 다른 이스라엘인들과 함께 땅 정복에 참여한다(민수 32장 참조).

3,23-28. 주님께서는 1,38에서 이미 말씀하신 내용을 모세에게 반복하신다. 모세는 요르단강을 건너지 못할 것이다. 모세는 자신을 대신해 백성을 인도할 여호수아에게 힘을 북돋아 주어야 한다.

3,26. 민수 27,14 주 참조(민수 20,10 주도 참조)

반쪽 지파에게 주었다. — 아르곱의 전 지역, 곧 바산의 전
지역은 라파인들의 땅이라 불렸다. 14 므나쎄의 아들 야이
르는 그수르인들과 마아카인들의 경계에 이르기까지, 아
르곱 지역을 모두 빼앗았다. 그런 다음에 그곳 바산을 자
기 이름을 따서 '야이르의 부락들'이라 불렀는데, 오늘날
까지 그렇게 불린다. — 15 나는 마키르에게도 길앗을 주었
다. 16 그리고 르우벤인들과 가드인들에게는, 아르논강 가
운데를 경계로 하여 길앗에서 아르논강까지, 그리고 암
몬 자손들의 경계인 야뽁강까지 주었다. 17 또한 요르단
을 경계로 하여, 아라바와, 킨네렛에서 아라바 바다, 곧
동쪽의 피스가 기슭 아래 '소금 바다'에 이르는 지역을 주
었다.
18 그때에 내가 너희에게 명령하였다. '주 너희 하느님께서
이 땅을 너희에게 주셔서 차지하게 하셨다. 그러므로 너
희 용사들은 무장을 하고, 너희 형제들인 이스라엘 자손
들 앞에 서서 건너가거라. 19 다만 너희 아내들과 아이들,
그리고 내가 알기로는 너희에게 가축이 많이 있는데, 그
가축은 내가 너희에게 준 성읍들에 머물러 있게 하여라.
20 주님께서 너희와 마찬가지로 너희의 형제들에게도 안
식을 베푸시고, 그들 또한 주 너희 하느님께서 요르단 건
너편에서 그들에게 주시는 땅을 차지하게 되면, 그때에야
너희는 저마다 내가 너희에게 준 땅으로 돌아올 수 있다.'
21 그때에 나는 여호수아에게 명령하였다. '너는 주 너희
하느님께서 이 두 임금에게 하신 모든 것을 똑똑히 보았
다. 주님께서는 네가 들어가는 모든 나라에도 그렇게 하
실 것이다. 22 너는 그들을 두려워하지 마라. 주 너희 하느
님은 바로 너희를 위하여 싸워 주시는 분이시다.'"

모세가 요르단을 건너지 못하게 되다

23 "그때에 내가 주님께 이렇게 간구하였다. 24 '주 하느님,
주님께서는 이제 당신 종에게 당신의 위대함과 당신의 뛰
어난 능력을 보여 주기 시작하셨습니다. 하늘이나 땅에
있는 어떤 신이 당신의 업적과 위업과 같은 일을 할 수 있
겠습니까? 25 부디 저를 건너가게 해 주시어, 제가 요르단
건너편에 있는 저 좋은 땅, 저 아름다운 산악 지방과 레바
논을 보게 하여 주십시오.' 26 그러나 주님께서는 너희 때

3,14 민수 32,41; 1역대 2,22. 3,15 민수 32,39. 3,17 민수 34,11; 여호 13,27. 3,18 민수 32,20. 3,20 여호 22,4. 3,22 1,30. 3,24 탈출 15,11; 시편 86,8. 3,26 1,37; 31,2.

문에 나에게 진노하시어 내 말을 들어 주지 않으셨다. 주
님께서 나에게 말씀하셨다. '그만 됐다. 더 이상 이 일로
나에게 말하지 마라. 27 피스가 꼭대기에 올라가서, 서쪽
과 북쪽과 남쪽과 동쪽으로 눈을 들어, 네 눈으로 똑똑히
보아라. 너는 이 요르단을 건너지 못할 것이다. 28 너는 여
호수아에게 책임을 맡겨라. 그에게 힘과 용기를 북돋아 주
어라. 그는 이 백성 앞에 서서 건너갈 사람이며, 이 백성에게
네가 보는 땅을 상속 재산으로 나누어 줄 사람이다.' 29 그래
서 우리는 벳 프오르 맞은쪽 골짜기에 머물렀다."

하느님의 법

4 1 "이스라엘아, 이제 내가 너희에게 실천하라고 가
르쳐 주는 규정과 법규들을 잘 들어라. 그래야 너
희가 살 수 있고, 주 너희 조상들의 하느님께서 너희에게
주시는 땅에 들어가 그곳을 차지할 것이다. 2 내가 너희에
게 명령하는 말에 무엇을 보태서도 안 되고 빼서도 안 된
다. 너희는 내가 너희에게 내리는 주 너희 하느님의 명령을
지켜야 한다. 3 너희는 주님께서 바알 프오르에서 하신 일
을 두 눈으로 보았다. 주 너희 하느님께서는 프오르의 바
알 신을 따라간 사람들을 너희 가운데에서 모두 멸망시키
셨다. 4 그러나 주 너희 하느님께 충실하였던 너희는 오늘
모두 살아 있다.
5 보아라, 너희가 들어가 차지하게 될 땅에서 그대로 실천
하도록, 나는 주 나의 하느님께서 나에게 명령하신 대로
규정과 법규들을 너희에게 가르쳐 주었다. 6 너희는 그것
들을 잘 지키고 실천하여라. 그리하면 민족들이 너희의 지
혜와 슬기를 보게 될 것이다. 그들은 이 모든 규정을 듣고,
'이 위대한 민족은 정말 지혜롭고 슬기로운 백성이구나.'
하고 말할 것이다. 7 우리가 부를 때마다 가까이 계셔 주시
는, 주 우리 하느님 같은 신을 모신 위대한 민족이 또 어디
에 있느냐? 8 또한 내가 오늘 너희 앞에 내놓는 이 모든 율
법처럼 올바른 규정과 법규들을 가진 위대한 민족이 또

3,27. 하느님은 모세의 간청(25절, 건너감과 봄) 중 적어도 하나는 들어주신다. 32,49에 따르면 모세가 멀리서 약속의 땅을 보기 위해 올라가야 했던 장소는 느보 산이다(어쨌든 민수 27,12과 신명 34,1도 참조).

4,1-40. "이제"라는 표현은 주님의 명령으로 규정과 법규를 가르치는 스승(1.5.14절 참조)으로 자신을 소개하는 모세의 담화에서 방향 전환을 의미한다. "이제" 이스라엘인들은 하느님께서 그들을 위해 한 일에 응답해야 한다. 히브리어 본문은 인칭 대명사 "너"와 "너희"를 번갈아 사용하는데 이는 각자가 개인적으로 요청받는 느낌을 준다.

4,2. 주님께서 선포하신 율법은 바꿀 수 없고 변질됨도 없이 영속되어야 한다. 그러나 설명과 해석이 필요하다(1,5; 느헤 8,7-8 참조).

4,3. 바알 프오르 사건에 대해서는 민수 25장 참조.

4,5-8. 이스라엘은 다른 민족들과 똑같이 하나의 민족이면서, "위대한 민족"(탈출 19,6도 "거룩한 민족"; 신명 4,33-34 참조)이며, 지혜(주님의 율법을 지키면)와 율법과 하느님과의 가까운 관계 때문에 구별되는 백성이다.

3,27 민수 27,12; 마태 4,8. 3,28 31,3.7; 민수 27,18.23. 3,29 4,46; 34,6. 4,1 5,33; 8,1; 16,20; 30,16.19. 4,2 13,1; 여호 1,7; 묵시 22,18-19. 4,3 민수 25,3.4; 시편 106,28.29. 4,6 30,19.20; 32,46.47; 집회 1,14-16. 4,7 2사무 7,23; 시편 46,2; 이사 55,6; 로마 3,1-2.

✠ 4,1-2.6-8. 이 본문은 인간의 전통과 반대되는 하느님의 계명에 관한 예수님의 말씀을(마르 7,1-8.14-15.21-23) 도입하는 독서로 나해 연중 제22주일에 봉독한다. 제2독서 야고 1,17-18.21ㄴ-22.27에서는 단순한 경청에서 말씀 실천으로 넘어가라는 초대를 덧붙인다.

어디에 있느냐? 9 너희는 오로지 조심하고 단단히 정신을
차려, 너희가 두 눈으로 본 것들을 잊지 않도록 하여라. 그
것들이 평생 너희 마음에서 떠나지 않게 하여라. 또한 자
자손손에게 그것들을 알려 주어라."

호렙산에서 내린 계시

10 "너희가 호렙에서 주 너희 하느님 앞에 서 있던 날, 주님
께서 나에게 말씀하셨다. '백성을 나에게 불러 모아라. 내
가 그들에게 내 말을 들려주어, 그들이 이 땅에 사는 동안
늘 나를 경외하는 법을 배우고 그들의 자손들도 가르치게
하겠다.' 11 그리하여 너희가 다가와서 산 밑에 서자, 그 산
은 하늘 한가운데까지 치솟는 불길에 휩싸였다. 그런데도
어둠과 짙은 구름이 깔려 있었다. 12 그때에 주님께서 불
속에서 너희에게 이르셨다. 너희는 말씀하시는 소리는 들
었지만, 어떤 형상도 보지 못하였다. 너희는 소리만 들었
을 뿐이다. 13 그분께서는 너희에게 실천하라고 명령하신
당신의 계약을, 곧 십계명을 너희에게 선포하시고 그것을
두 돌판에 써 주셨다. 14 또한 그때에 주님께서는, 너희가
건너가 차지할 땅에서 실천해야 할 규정과 법규들을 너희
에게 가르쳐 주라고 나에게 명령하셨다."

우상 숭배를 경고하다

15 "주님께서 호렙산 불 속에서 너희에게 말씀하시던 날,
너희는 어떤 형상도 보지 못하였으니 매우 조심하여, 16 남
자의 모습이든 여자의 모습이든, 어떤 형상으로도 우상을
만들어 타락하지 않도록 하여라. 17 땅 위에 있는 어떤 짐
승의 형상이나, 하늘을 날아다니는 어떤 새의 형상이나,
18 땅 위를 기어 다니는 어떤 것의 형상이나, 땅 아래 물속
에 있는 어떤 물고기의 형상으로도 우상을 만들어서는 안
된다. 19 너희는 하늘로 눈을 들어, 해나 달이나 별 같은 어
떤 천체를 보고 유혹을 받아, 그것들에게 경배하고 그것
들을 섬겨서는 안 된다. 그것들은 주 너희 하느님께서 온

4,9 6,7; 11,19; 창세 18,19; 시편 78,5.6; 잠언 4,23; 에페 6,4. 4,10 탈출 19,9.16; 사도 7,38. 4,11 탈출 19,18; 히브 12,18-19. 4,12 5,4.22; 탈출 20,22; 요한 5,37; 사도 9,7; 히브 12,19. 4,13 9,9.11; 탈출 24,12; 31,18; 34,28. 4,15-18 로마 1,23. 4,16 5,8; 탈출 20,4.5; 32,7. 4,19 17,3; 2열왕 17,16; 지혜 13,2; 로마 1,25.

4,9-14. 주님의 목소리로 직접 십계명을 들은 이스라엘인들은 이제 모세의 말을 통해 율법과 규정을 들어야 한다. 이는 그것을 실천하기 위해서, 또 그들이 자기 후손들에게도 그것을 가르치기 위함이다. 땅을 소유하기 전에 주님께 순종한다는 것은 산다는 것을 뜻한다.

4,13. 계약은 주님께서 직접 두 개의 돌판에 기록하신 십계명과 동일시된다.

4,15-24. 시나이/호렙에서는 하느님의 어떤 형상도 보이지 않는다. 하느님께서는 소리로 곧 말씀으로 당신을 계시하셨는데, 이는 백성이 듣도록 하기 위해서다. 그래서 형상을 금지한다. 주님에 대한 어떠한 형상뿐만 아니라 보통 형상들로 공경한(1열왕 12,28-30 참조) 다른 신 예배도 금지한다. 이스라엘의 하느님이 질투하는 분이심을 언급하면서 첫째 계명을 명시한다(탈출 20,3-5; 신명 5,7-9 참조). 태워 버리는 불은 하느님의 본질을 묘사한다. 하느님의 참된 형상은 이스라엘을 이집트 손에서 구체적으로 해방시킨 일 안에 있다. 이스라엘이 그 체험을 잊어버리고 그것을 피조물이나 형상(23-26절 참조) 공경으로 대체하는 것은 우상 숭배에 빠지는 것을 뜻한다.

4,15. "매우 조심하여" 같은 히브리어 표현이 9절에도 나온다("오로지 조심하고").

하늘 아래에 있는 다른 모든 민족들에게 주신 몫이다. 20 그
러나 너희는, 주님께서 도가니 곧 이집트에서 이끌어 내셔
서 오늘 이처럼 당신의 소유로 삼으신 백성이다.
21 주님께서는 너희 때문에 나에게 진노하시어, 내가 요르
단을 건너지 못하고, 주 너희 하느님께서 너희에게 상속
재산으로 주시는 저 좋은 땅에 들어가지 못한다고 맹세하
셨다. 22 그래서 나는 요르단을 건너지 못하고 이 땅에서
죽겠지만, 너희는 건너가서 저 좋은 땅을 차지할 것이다.
23 너희는 주 너희 하느님께서 너희와 맺으신 계약을 잊지
않도록 조심하고, 주 너희 하느님께서 너희에게 금하신 그
어떤 형상으로도 우상을 만들지 않도록 조심하여라. 24 주
너희 하느님은 태워 버리는 불이시며 질투하시는 하느님
이시기 때문이다.
25 너희가 자손들을 낳으며 그 땅에서 오래 살게 될 때, 너
희가 어떤 형상으로든 우상을 만들어 타락하거나, 주 너
희 하느님의 눈에 거슬리는 악한 짓을 저질러 그분의 분노
를 일으키면, 26 내가 오늘 너희를 거슬러 하늘과 땅을 증
인으로 세우는데, 너희가 요르단을 건너가 차지하려는 저
땅에서 너희는 반드시 망할 것이다. 너희는 그곳에서 오래
살지 못하고 반드시 멸망할 것이다. 27 주님께서 너희를 다
른 민족들 사이에 흩어 버리실 것이며, 주님께서 너희를
쫓아 보내실 그곳 백성들 가운데에서 살아남을 사람이 얼
마 되지 않을 것이다. 28 너희는 거기에서 사람의 손이 나
무나 돌로 만든 신들, 곧 보지도 못하고 듣지도 못하며 먹
지도 못하고 냄새도 맡지 못하는 신들을 섬길 것이다.
29 거기에서 너희는 주 너희 하느님을 찾게 될 것이다. 너
희가 마음을 다하고 목숨을 다하여 그분을 찾으면 만나
뵐 것이다. 30 너희가 곤경에 빠지고 이 모든 일이 너희에
게 닥치면, 마침내 너희는 주 너희 하느님께 돌아가 그분

4,21.22. 기름진 땅을 뜻하는 "좋은 땅"이란 표현은 신명기에 여러 차례 나온다(1,25.35; 3,25; 6,18; 8,7.10; 9,6; 11,17).

4,25. 약속의 땅에 들어가 오랜 시간이 지난 역사적 상황을 배경으로 하는데, 이집트 탈출과 광야의 체험을 잊고 우상 숭배에 빠진 이스라엘 임금 시대(예를 들어 므나쎄 임금)를 가리킨다.

4,20 9,29; 1열왕 8,51; 예레 11,4. 4,21 1,37. 4,22 3,25.26. 4,23 탈출 20,4.5. 4,24 히브 12,29; 또한 탈출 24,17; 신명 6,15; 9,3도 참조. 4,25 2열왕 17,17. 4,26 30,18.19. 4,27 28,62.64. 4,28 28,64; 1사무 26,19; 시편 115,4.5; 사도 7,41; 17,29. 4,29 30,1-3; 2역대 15,4; 이사 55,6.7; 예레 29,12-14.

4,25-31. 흩어 버리는 것은 계약을 저버린 사람들에게 내리는 저주와 같은 유배를 상기시킨다. 하느님 명령을 거슬러 새긴 우상들을 만든 사람은 이민족들 사이로 흩어질 것이고 거기서 우상들의 형상을 섬길 것이다. 축복과 저주는 계약 조항에서처럼 양자택일로 주어지는 것이 아니라, 역사 과정에서 하나에 이어 다른 하나가 일어나는 두 가지 현실이다. 그러나 마지막 날에 회심의 가능성이 있을 것이다(30-31절). 유배 중인 이스라엘이 온 존재로 주님을 찾을 때 그분을 만나고 그분 말씀을 들을 수 있을 것이다. 하지만 정작 주님이 당신 백성을 찾으러 나서신다. 사실 30절ㄱ의 자구적 번역은(너희 곤경에서 이 모든 "말씀들이 너희를 만날 것이며") 바로 그분 말씀이 이스라엘을 만날 것이라고 하기 때문이다.

의 말씀을 잘 듣게 될 것이다. 31 주 너희 하느님께서는 자
비하신 하느님이시기 때문에 너희를 버리지도 파멸시키지
도 않으실 것이며, 너희 조상들에게 맹세하신 계약도 잊지
않으실 것이다."

주 하느님의 위대함과 선택받은 이스라엘

32 "이제, 하느님께서 땅 위에 사람을 창조하신 날부터 너
희가 태어나기 전의 날들에게 물어보아라. 하늘 이 끝에
서 저 끝까지 물어보아라. 과연 이처럼 큰일이 일어난 적
이 있느냐? 이와 같은 일을 들어 본 적이 있느냐? 33 불 속
에서 말씀하시는 하느님의 소리를 듣고도 너희처럼 살아
남은 백성이 있느냐? 34 아니면 주 너희 하느님께서 이집트
에서 너희가 보는 가운데 너희를 위하여 하신 것처럼, 온
갖 시험과 표징과 기적, 전쟁과 강한 손과 뻗은 팔과 큰 공
포로, 한 민족을 다른 민족 가운데에서 데려오려고 애쓴
신이 있느냐?
35 그것을 너희에게 보여 주신 것은 주님께서 하느님이시
고, 그분 말고는 다른 하느님이 없음을 너희가 알게 하시
려는 것이다. 36 그분께서는 너희를 깨우치시려고 하늘로
부터 당신의 소리를 너희에게 들려주셨다. 또 땅 위에서
는 당신의 큰 불을 너희에게 보여 주시고, 너희가 불 가운
데에서 울려 나오는 그분의 말씀을 듣게 해 주셨다. 37 그
분께서는 너희 조상들을 사랑하셨으므로 그 후손들을 선
택하셨다. 그분께서는 몸소 당신의 큰 힘으로 너희를 이집
트에서 이끌어 내셨다. 38 그리하여 너희보다 크고 강한 민
족들을 너희 앞에서 내쫓으시고, 너희를 이 땅으로 데려
오셔서, 오늘 이처럼 이 땅을 너희에게 상속 재산으로 주
신 것이다.
39 그러므로 너희는 오늘, 주님께서 위로는 하늘에서, 아
래로는 땅에서 하느님이시며, 다른 하느님이 없음을 분명
히 알고 너희 마음에 새겨 두어라. 40 너희는 오늘 내가 너
희에게 명령하는 그분의 규정과 계명들을 지켜라. 그래야

4,31. 새로운 시작은 항상 가능하다. 주님께서는 질투하는(24절) 하느님이시다. 그러나 또한 당신 백성을 사랑하는 분이시기도 하다("자비하신"으로 번역한 형용사 '라훔'의 어근은 "모태"를 의미하는 '레헴'으로 하느님의 모성적 사랑을 함축한다). 그분은 이스라엘을 버리지 않으시고 파멸하지 않으실 것이며(호세 11,8-9 참조) 시나이 계약보다 앞선 조상들과의 계약을 잊지 않으실 것이다(창세 15장 참조).

4,32-40. 이 담화는 하느님의 유일성과 그분이 이스라엘과 맺는 배타적 관계에 대한 단언으로 마무리된다. 이를 확신하기 위해 이스라엘은 다른 민족들과 자신을 비교하고 주님 구원의 행위를 기억하는 것으로 충분하다.

4,35. 하느님의 구원 행위의 목적은 당신을 알게 하고 당신만이 하느님임을 알게 하려는 것이다. 이 유일신 선언은 신명기 신론을 함축한다.

4,39. "너희 마음에 새겨 두어라." 자구적으로는 "네 마음에 돌아가게 하여라."이다. 이 표현에 다른 동사들이 자주 연결되는데 이 동사들은 기억이 단순히 과거에 일어난 어떤 것을 다시 생각하는 것이 아니라, 성찰, 이해, 간직함, 행동과 결합된 것임을 추론케 한다. "마음에 돌아가게 하여라"는 내적 치유와 변화의 시작이다. 기억 훈련은 새로운 상태라는 가능성을 연다.

4,31 2역대 30,9; 시편 116,5. 4,32 28,64; 32,7; 창세 1,27; 마르 13,19. 4,33 5,24.26; 탈출 20,22. 4,34 7,19; 26,8; 34,12; 탈출 6,6; 7,3; 13,3; 사도 13,17. 4,35 32,39; 1사무 2,2; 이사 45,5.18; 마르 12,32. 4,36 탈출 19,9.19; 히브 12,18. 4,37 10,15; 탈출 13,3.9.14; 사도 13,17. 4,38 7,1; 9,1.4.5; 마태 5,5. 4,39 여호 2,11. 4,40 5,16.29.33; 레위 22,31; 에페 6,2.3; 루카 1,6. 4,41 민수 35,6.

✠ 4,32-34.39-40. 이 단락은 나해 지극히 거룩하신 삼위일체 대축일에 (신학적인 언어에 따라) 경륜적 삼위일체, 곧 구원 역사의 과정에서 성삼위의 행위가 펼쳐지는 것을 가리키는 데 사용된다.

너희와 너희 자손들이 잘되고, 주 너희 하느님께서 너희에
게 영원토록 주시는 땅에서 오래 살 것이다."

요르단 동쪽에 있는 도피 성읍

[41] 그때에 모세는 요르단 건너편, 해 뜨는 쪽에 성읍 셋을
따로 떼어 놓고, [42] 전에 미워한 일이 없는 이웃을 실수로
죽인 살인자가 그곳으로 피신할 수 있게 하였다. 살인자가
이 성읍들 가운데 하나로 피신하면 살 수 있었다. [43] 그 성
읍들은 르우벤인들에게 속한 고원 지대 광야의 베체르,
가드인들에게 속한 길앗의 라못, 므나쎄인들에게 속한 바
산의 골란이다.

모세가 율법을 선포한 곳

[44] 이것이 모세가 이스라엘 자손들 앞에 내놓은 율법이다.
[45] 또한 이것이 이스라엘 자손들이 이집트에서 나올 때,
모세가 그들에게 선포한 법령과 규정과 법규들이다. [46] 요
르단 건너편, 벳 프오르 맞은쪽 골짜기, 헤스본에 살던 아
모리족의 임금 시혼의 땅에서 있었던 일이다. 그는 모세
와 이스라엘 자손들이 이집트에서 나올 때 쳐부순 임금이
다. [47] 그들은 시혼 임금의 땅과 바산 임금 옥의 땅을 차지
하였는데, 이들은 요르단 건너편, 해 뜨는 쪽에 있던 아모
리족의 두 임금이다. [48] 그들이 차지한 땅은 아르논강 어귀
에 있는 아로에르에서 시온산, 곧 헤르몬까지, [49] 동쪽으
로 요르단 건너편에 있는 아라바 전 지역, 그리고 피스가
기슭 아래 아라바 바다까지다.

십계명

5 [1] 모세는 온 이스라엘을 불러 그들에게 말하였다.
"이스라엘아, 내가 오늘 너희에게 똑똑히 일러 주
는 규정과 법규들을 들어라! 너희는 그것들을 배우고 명
심하여 실천하여라. [2] 주 우리 하느님께서는 호렙에서 우리
와 계약을 맺으셨다. [3] 주님께서는 이 계약을 우리 조상들
과 맺으신 것이 아니라, 오늘 여기에 살아 있는 우리 모두

4,44-49. 이 구절들은 모세의 첫째 담화를 시작하는 정식(1,1 참조)과 유사한 표현으로 그의 둘째 담화를 소개한다. 44절은 율법 전체를 암시하지만 45절은 신명기 계약 법전을 가리킨다(이 책의 핵심부인 12-26장). 사실 신명기는 모세가 백성과 함께 걸어온 사십 년 광야 순례를 회고하는 것과 다양한 신학적 성찰에 중점을 둔 중요한 이야기 부분 외에 주로 이 계약 법전의 설명에 집중한다.

4,48. 헤르몬산에 붙여진 시온산이란 이름은 우리가 잘 알고 있는 예루살렘의 시온산과 다른 이름이다. 히브리어에서는 이 두 철자가 다르다.

5,1. "너희에게 똑똑히 일러 주는" 자구적 번역은 "너희 귀에 대고 말하는"이다. 법, 명령, 계약 같은 용어 다음에 동사 '사마르'가 이어지면 "명심하다", "지키다", "존중하다"라는 동사들로 번역하는 것이 적절하다. 시편 132,12 참조.

4,46 3,29; 민수 21,21-25. 4,48 2,36; 3,12. 5,2 탈출 19,5.

5,1-3. 시나이/호렙에서 이스라엘과 하느님께서 맺은 계약은 과거가 아니라 현재의 것이다. 즉 주님께서는 당신 말씀을 듣고 실천하는 모든 사람과 계약을 맺으신다. 신명기에서 세 가지 계약이 언급되는데 성조들에게 한 언약(창세 15장 참조), 호렙산에서 맺은 계약(신명 5,2 참조), 그리고 모압평야에서 봉인된 계약(신명 29장 참조)을 기억한다.

와 맺으신 것이다. 4 주님께서는 그 산 위 불 속에서 너희
와 얼굴을 마주 보고 말씀하셨다. 5 그때에 너희가 그 불이
무서워서 산에 올라가지 못하였으므로, 내가 주님과 너희
사이에 서서, 너희에게 주님의 말씀을 알려 주었다. 주님
께서 말씀하셨다.
6 '나는 너를 이집트 땅, 종살이하던 집에서 이끌어 낸 주
너의 하느님이다.
7 너에게는 나 말고 다른 신이 있어서는 안 된다.
8 너는 위로 하늘에 있는 것이든, 아래로 땅 위에 있는 것
이든, 땅 아래로 물속에 있는 것이든 어떤 형상으로도 신
상을 만들어서는 안 된다. 9 너는 그것들에게 경배하거나
그것들을 섬기지 못한다. 주 너의 하느님인 나는 질투하는
하느님이다. 나를 미워하는 자들에게는 조상들의 죄악을
삼 대 사 대 자손들에게까지 갚는다. 10 그러나 나를 사랑
하고 내 계명을 지키는 이들에게는 천대에 이르기까지 자
애를 베푼다.
11 주 너의 하느님의 이름을 부당하게 불러서는 안 된다.
주님은 자기 이름을 부당하게 부르는 자를 벌하지 않은
채 내버려 두지 않는다.
12 주 너의 하느님이 너에게 명령한 대로 안식일을 지켜 거
룩하게 하여라. 13 엿새 동안 일하면서 네 할 일을 다 하여
라. 14 그러나 이렛날은 주 너의 하느님을 위한 안식일이다.
그날 너의 아들과 딸, 너의 남종과 여종, 너의 소와 나귀,
그리고 너의 모든 집짐승과 네 동네에 사는 이방인은 어떤
일도 해서는 안 된다. 그렇게 하여 너의 남종과 여종도 너
와 똑같이 쉬게 해야 한다. 15 너는 이집트 땅에서 종살이
를 하였고, 주 너의 하느님이 강한 손과 뻗은 팔로 너를 그
곳에서 이끌어 내었음을 기억하여라. 그 때문에 주 너의

5,6-21. 십계명의 이 두 번째 형태는 이전 형태(탈출 20,1-17)에 비해 다른 점이 몇 가지 있다. 가장 중요한 점들은 안식일 준수 동기가 다르다는 것 외에도(12-15절; 탈출 20,8-11) 긍정적으로 제시된 안식일 성화와 부모 공경의 두 규정을 더 확장한 것, 이웃의 아내를 탐내지 말라는 규정을 이웃의 집을 탐내지 말라는 것 앞에 배치한 것(21절; 탈출 20,17), 사회생활과 관련된 6개의 명령이 원문에서 대등접속사 "그리고"로 연결된 것(16-21절)이다.

5,6-11. 십계명의 첫 부분은 십계명의 두 형태에서 동일하며(탈출 20,2-7 참조) 우상 숭배 금지에 중요성을 부여한다.

5,12-16. 안식일이 탈출 20,8에서는 창조의 기념일이지만 여기서는 이집트 탈출의 기념일이 된다. 하느님의 선물로서의 해방 체험을 다시 사는데, 이를 땅의 모든 존재와 공유한다. 12.15.16절에서 이 계명과 부모 공경 계명의 신적 기원이 강조된다.

5,13. "네 할 일을 다 하여라."를 "네 모든 일을 계속하여라."로 옮길 수도 있다.

5,14. "동네" 자구적으로는 "성문"이지만 부분으로 전체를 가리키는 제유법(12,18; 14,28.29의 "성안"도)이 사용된 번역이다. "이방인"은 이주민을 말한다.

5,4 4,33.36; 탈출 19,9.19. 5,5 탈출 20,18.21; 갈라 3,19. 5,6-22 // 탈출 20,2-17. 5,8 묵시 5,3. 5,9 탈출 34,7. 5,10 예레 32,18. 5,13 루카 13,14. 5,14 창세 2,2; 탈출 16,29.30; 마태 12,1-2; 마르 2,23-24.27. 5,15 15,15; 4,34.37; 사도 13,17.

5,12-15. 안식일을 지키라는 계명의 차이를 주목할 필요가 있다. 탈출 20,8에서 이 계명은 "기억"해야 할 무엇이지만 신명 5,12에서는 "지켜"야 할 무엇이다. 이 표현의 차이는 두 개의 편집에서 기인하는 신학적 차이 때문이다. 탈출 20,11에서 안식일 휴식은 창조 이렛날 하느님께서 쉬신 것에 기초하지만(창세 2,2-3 참조), 신명 5,15에서 이 휴식은 이집트 노예 생활 중단을 통해 이스라엘을 위해 주님께서 획득하신 자유를 기념하는 데 기초한다.

5,12-15. 나해 연중 제9주일에 이 본문을 사용한다. 안식일 준수를 해방(이집트 탈출)과 인간 평등(자녀, 종, 이방인도 똑같이 쉼)에 기초한 이 본문은 "안식일이 사람을 위하여 생긴 것이지, 사람이 안식일을 위하여 생긴 것은 아니다."라는 예수님 가르침(마르 2,23-3,6)과 잘 어울린다.

하느님이 너에게 안식일을 지키라고 명령하는 것이다.
16 주 너의 하느님이 너에게 명령하는 대로, 아버지와 어
머니를 공경하여라. 그러면 너는 주 너의 하느님이 너에게
주는 땅에서 오래 살고 잘될 것이다.
17 살인해서는 안 된다.
18 간음해서는 안 된다.
19 도둑질해서는 안 된다.
20 이웃에게 불리한 허위 증언을 해서는 안 된다.
21 이웃의 아내를 탐내서는 안 된다. 이웃의 집이나 밭, 남
종이나 여종, 소나 나귀 할 것 없이 이웃의 재산은 무엇이
든지 욕심내서는 안 된다.'
22 주님께서는 구름이 덮이고 어두운 산 위 불 속에서, 큰
소리로 너희 온 회중에게 이 말씀을 하시고, 아무것도 보
태지 않으셨다. 그리고 두 돌판에 이 말씀을 쓰시어 나에
게 주셨다."

백성이 모세의 중개를 요청하다

23 "산이 불에 타고 있는 가운데, 어둠 속에서 울려 나오는
소리를 듣고, 너희 지파의 우두머리들과 원로들이 모두 나
에게 가까이 와서 24 말하였다. '보십시오, 주 우리 하느님
께서 우리에게 당신의 영광과 위대함을 보여 주시고, 우리
는 불 속에서 울려 나오는 그분의 소리를 들었습니다. 그
리고 하느님께서 사람과 말씀하셨는데도 그 사람이 살아
있는 것을 오늘 우리가 보았습니다. 25 그런데, 이제 왜 우
리가 죽어야 합니까? 이 큰 불이 우리를 삼키려 하고 있습
니다. 우리가 주 우리 하느님의 소리를 다시 듣는다면, 우
리는 죽게 될 것입니다. 26 육체를 가진 사람 가운데, 살아
계신 하느님께서 불 속에서 말씀하시는 것을 듣고도 우리
처럼 산 사람이 어디 있습니까? 27 그러니 당신께서 가까
이 가시어 주 우리 하느님께서 말씀하시는 것을 모두 들으
십시오. 그리고 주 우리 하느님께서 하신 모든 말씀을 우
리에게 전해 주시면, 우리가 듣고 실천하겠습니다.'
28 주님께서는 너희가 나에게 말할 때에 그 말을 들으시
고, 나에게 말씀하셨다. '이 백성이 너에게 한 말을 다 들
었다. 그들이 한 말은 모두 옳다. 29 그들이 그러한 마음을

5,16-20 마태 19,18-19; 마르 10,19; 루카 18,20. 5,16 마태 15,4; 마르 7,10; 에페 6,2-3; 집회 3,1-16도 참조. 5,17-21 로마 13,9. 5,17-18 야고 2,11. 5,17 마태 5,21. 5,18 마태 5,27. 5,21 로마 7,7; 13,9. 5,22 4,13; 탈출 31,18; 히브 12,18. 5,24 탈출 19,19. 5,25 18,16. 5,26 4,33. 5,28 18,17. 5,29 4,40; 시편 81,14; 이사 48,18.

5,16. 부모를 공경하라는 것은 부모가 늙고 병들었을 때 그들에게 물질적 필요를 제공하는 것도 의미한다(마태 15,3-9 참조). 부모를 공경하는 사람에게는 장수와 행복이 주어진다.

5,17-21. 십계명은 이웃에게 해를 끼치는 행위를 단죄하면서 타인의 권리에 대한 존중과 관계들로 이루어지는 삶을 보호하고자 한다. 악을 피하는 것뿐만 아니라 악 자체의 뿌리로 가는 것이 요구된다. 곧 삶을 파괴하는 행위에서 말과 욕구의 영역으로(탈출 20,13-17 참조) 넘어가는데, 이 말과 욕구는 예수님께서 마태 15,19에서 말씀하신 것처럼 마음에서 나온다.

5,20. 이 계명을 위반한 중대한 사례는 1열왕 21,1-16의 일화에서 볼 수 있다(신명 17,6은 이와 반대된다).

5,22-30. 십계명은 하느님께서 온 회중에게 직접 하신 유일한 말씀이다. 22절은 주님께서 "아무것도 보태지 않으셨다."고 명시한다. 하느님의 현현으로 겁에 질린 백성은 모세에게 중재 역할을 요구한다(탈출 20,18-21 참조). 그래서 율법판을 받아 백성에게 건네주기 위해 산에 올라가는 사람은 바로 모세이다.

가져, 늘 나를 경외하고 나의 모든 계명을 지킨다면 얼마
나 좋겠느냐? 그러면 그들과 그들 자손들이 영원토록 잘
될 것이다. 30 가서 그들에게 천막으로 돌아가라고 일러라.
31 그러나 너는 여기에서 나와 함께 있어라. 네가 그들에게
가르쳐야 할 모든 계명과 규정과 법규를 내가 너에게 일러
주겠다. 그들은 내가 그들에게 차지하라고 주는 땅에서
그것들을 실천해야 한다.'
32 그러므로 너희는, 주 너희 하느님께서 너희에게 명령하
신 대로 그것들을 명심하여 실천해야 한다. 너희는 오른
쪽으로도 왼쪽으로도 벗어나서는 안 된다. 33 너희는 주
너희 하느님께서 너희에게 명령하신 길을 따라 걸어야 한
다. 그러면 너희가 차지할 땅에서 너희가 살 수 있을 뿐만
아니라, 잘되고 오래 살 것이다."

주 너희 하느님을 사랑하여라

6 1 "이는, 너희가 건너가 차지하게 될 땅에서 실천하
도록 너희에게 가르치라고, 주 너희 하느님께서 명
령하신 계명과 규정들과 법규들이다. 2 그것은 너희와 너
희 자손들이 평생토록 주 너희 하느님을 경외하고, 내가
너희에게 이르는 그분의 모든 규정과 계명을 지켜 오래 살
게 하려는 것이다. 3 그러므로 이스라엘아, 이것을 듣고 명
심하여 실천하여라. 그러면 주 너희 조상들의 하느님께서
너희에게 약속하신 대로, 젖과 꿀이 흐르는 땅에서 너희
가 잘되고 크게 번성할 것이다.
4 이스라엘아, 들어라! 주 우리 하느님은 한 분이신 주님

6,1-25. 6장의 주제는 최고 계명인 사랑의 계명이고, 오래 행복하게 사는 데 필수 조건인 "하느님을 경외하라"는 권고로 1-3절에서 시작한다.

6,2. 5,16 주 참조.

6,3. 땅에 대한 전통적이고 전형적인 묘사인 "젖과 꿀이 흐르는 땅"은 관심과 순종을 불러일으키기 위한 표현이다(11,9; 26,9.15; 27,3; 31,20 참조). 젖과 꿀은 매우 좋은 음식이며, 다른 본문에서는 인간 사랑의 감미로움을 묘사한다(아가 4,11; 5,1 참조).

5,31 탈출 24,12. 5,32 17,20; 28,14; 여호 1,7; 23,6. 5,33 4,40. 6,2 10,12.13; 탈출 20,20. 6,3 5,33; 창세 15,5; 탈출 3,8. 6,4 마르 12,29.32; 또한 요한 17,3; 1코린 8,4.6; 야고 2,19도 참조.

✠ 6,2-6. 나해 연중 제31주일 복음인 마르 12,28ㄱㄷ-34의 도입으로 이 단락을 사용한다. 복음서의 "하느님의 나라에서 멀리 있지 않은" 율법 학자가 "모든 계명 가운데에서 첫째가는 계명"이 무엇인지 예수님께 질문하고 응답하도록 초대한다. 예수님께서는 신명 6,4-5을 인용하시고 거기에 둘째 계명으로서 레위 19,18을 덧붙이신다.

6,4-9. 이스라엘은 경청하라고 초대받는다. 행동과 회개 곧 하느님 말씀이 가리키는 여정으로 돌아가도록 이끄는 경청으로 초대받는다. 하느님께서 한 분이시며 유일한 분이시라는 선포가 이어지는데(이것이 유다이즘의 핵심이자 신앙 고백을 구성한다), 이 선포 위에 온 존재로 하느님을 사랑하라는 계명이 기초한다. 이것이 계명들 중에 가장 중요한 첫째 계명이다(마태 22,38; 루카 10,25-27; 마르 12,28-34 참조). 이스라엘인들은 매일 아침과 저녁에(신명 6,7; 11,19 참조), 또 자기 전에 유다이즘에서 소중한 기도이자 신앙 고백이며 '쉐마 이스라엘' "들어라. 이스라엘아"의 첫 부분이 되는 이 구절을(여기에 신명 11,13-21과 민수 15,37-41을 덧붙인다) 암송한다.

✠ 6,4-9. 고해성사 예식을 위한 여러 독서 중에 이 본문을 읽는다. "사실상 믿는 이가 자기 죄를 알도록 그를 비추고 그를 회심에로 부르며 하느님 자비를 신뢰하도록 자극하는 것은 하느님 말씀이다."

이시다. 5 너희는 마음을 다하고 목숨을 다하고 힘을 다하
여 주 너희 하느님을 사랑해야 한다. 6 오늘 내가 너희에게
명령하는 이 말을 마음에 새겨 두어라. 7 너희는 집에 앉
아 있을 때나 길을 갈 때나, 누워 있을 때나 일어나 있을
때나, 이 말을 너희 자녀에게 거듭 들려주고 일러 주어라.
8 또한 이 말을 너희 손에 표징으로 묶고 이마에 표지로
붙여라. 9 그리고 너희 집 문설주와 대문에도 써 놓아라.
10 주 너희 하느님께서 너희 조상 아브라함과 이사악과 야
곱에게 맹세하신 땅을 너희에게 주시려고, 너희를 그곳으
로 데려가실 것이다. 거기에는 너희가 세우지 않은 크고
좋은 성읍들이 있고, 11 너희가 채우지 않았는데도 이미
온갖 좋은 것으로 가득 찬 집들과, 너희가 파지 않았는데
도 이미 파인 저수 동굴들과, 너희가 가꾸지도 않은 포도
밭과 올리브 밭이 있다. 거기에서 너희가 마음껏 먹게 될
때, 12 너희를 이집트 땅, 종살이하던 집에서 이끌어 내신
주님을 잊지 않도록 조심하여라. 13 너희는 주 너희 하느님
을 경외하고 그분을 섬기며, 그분의 이름으로만 맹세해야
한다.
14 너희는 너희 주위에 있는 민족들의 신들 가운데 그 어
떤 신도 따라가서는 안 된다. 15 너희 가운데에 계시는 주
너희 하느님은 질투하시는 하느님이시다. 주 너희 하느님
의 진노가 너희를 거슬러 타올라, 너희를 저 땅에서 멸망
시키시는 일이 없게 하여라.
16 너희가 마싸에서 주 너희 하느님을 시험한 것처럼, 그분
을 시험해서는 안 된다. 17 너희는 주 너희 하느님의 계명
들과, 그분께서 너희에게 명령하신 법령과 규정들을 잘 지
켜야 한다. 18 너희는 주님의 눈에 드는 옳고 좋은 일을 해야
한다. 그래야 너희가 잘되고, 주님께서 너희 조상들에게 맹
세하신 저 좋은 땅에 들어가, 그것을 차지할 것이다. 19 또한
주님께서는 약속하신 대로 너희의 모든 원수를 너희 앞에
서 쫓아내실 것이다.

6,7. "거듭 들려주고" 이 히브리어 동사 자체의 의미는 "예리하게 하다, 날카롭게 하다"인데 보통 무기에 사용한다. 여기서는 계속되는 반복 과정을 통해서만 얻을 수 있는 개념들을 터득하기 위한 지속적인 작업이라는 은유적 의미를 지닌다.

6,9. "문설주와 대문에도 써 놓아라." 이 관습은 아직도 지켜진다. 모든 히브리 집 출입구 오른쪽 문설주에 특별한 상자('메주자')를 붙이는데 그 안에는 율법의 두 본문이(신명 6,4-9; 11,13-21 참조) 기록된 양피지가 들어 있다. 원래는 이 상자 안에 십계명을 보관했다.

6,16. 하느님을 시험한다는 것은 그분의 능력과 선하심을 의심하면서 표징을 요구하는 것을 뜻한다(마태 4,7과 루카 4,12 참조). 목마른 이스라엘인들이 그들 가운데 계신 주님의 현존을 의심한 마싸와 므리바 일화가 언급된다(탈출 17,1-7; 민수 20,2-13 참조).

6,5 마태 22,37; 마르 12,30.33; 루카 10,27; 신명 10,12도 참조. 6,7 4,9; 에페 6,4. 6,8 11,18; 탈출 13,9.16; 마태 23,5. 6,9 11,20. 6,10 9,1; 여호 24,13. 6,11 8,10. 6,13 10,20; 마태 4,10; 루카 4,8. 6,15 4,24. 6,16 마태 4,7; 루카 4,12; 또한 탈출 17,2.7; 히브 3,9도 참조. 6,17 11,22. 6,18 4,40.

6,8. 히브리인들은 이 구절과 11,18을 자구적으로 받아들여 평일 아침 기도 때 몸에 '테필린'("성구함")을 착용한다. 이는 검은 가죽으로 된 사각형 모양의 작은 상자 두 개인데 그 안에 율법의 네 본문(탈출 13,1-10; 13,11-16; 신명 6,4-9; 11,13-21)이 담겨 있다. '테필린'은 정확한 의식에 따라 왼팔(심장에 가까운)과 이마에 긴 가죽끈으로 고정하는데, 하느님과 이스라엘 사이에 맺은 계약의 표징이다.

20 뒷날, 너희 아들이 너희에게, '주 우리 하느님께서 부모
님께 명령하신 법령과 규정과 법규들이 왜 있습니까?' 하
고 물으면, 21 너희는 너희 아들에게 이렇게 말해 주어야 한
다. '우리는 이집트에서 파라오의 종이었다. 그러나 주님께
서는 강한 손으로 우리를 이집트에서 이끌어 내셨다. 22 주
님께서는 우리가 보는 앞에서 이집트, 곧 파라오와 그의
집안에 크고 무서운 표징들과 기적들을 내리셨다. 23 그리
고 그곳에서 우리를 이끌어 내셨다. 우리 조상들에게 맹
세하신 땅으로 우리를 데려다가, 그 땅을 우리에게 주시려
는 것이었다. 24 그런 다음에 우리가 늘 잘되고 오늘 이처
럼 우리를 살게 해 주시려고, 주님께서는 이 모든 규정을
실천하고 주 우리 하느님을 경외하라고 우리에게 명령하
셨다. 25 주 우리 하느님께서 명령하신 대로, 그분 앞에서
이 모든 계명을 명심하여 실천하면, 우리가 의로워질 것이
다.'"

이스라엘과 이민족의 관계

7 1 "주 너희 하느님께서, 너희가 차지하러 들어가려
는 땅으로 너희를 데려가시고, 많은 민족, 곧 너희
보다 수가 많고 강한 일곱 민족인 히타이트족, 기르가스
족, 아모리족, 가나안족, 프리즈족, 히위족, 여부스족을 너
희 앞에서 몰아내실 때, 2 그리고 주 너희 하느님께서 그들
을 너희에게 넘겨주셔서 너희가 그들을 쳐부수게 될 때,
너희는 그들을 반드시 전멸시켜야 한다. 너희는 그들과 계
약을 맺어서도, 그들을 불쌍히 여겨서도 안 된다. 3 너희는
또한 그들과 혼인을 해서는 안 된다. 너희 딸을 그들의 아
들에게 주지도 말고, 너희 아들에게 주려고 그들의 딸을
맞아들여서도 안 된다. 4 그런 짓은 너희의 아들이 나를 따
르지 않고 돌아서서 다른 신들을 섬기게 만들 것이다. 그
러면 주님의 진노가 너희를 거슬러 타올라 주님께서 너희
를 곧바로 멸망시키실 것이다. 5 오히려 너희는 그들에게
이렇게 해야 한다. 그들의 제단들을 허물어뜨리고 그들의
기념 기둥들을 부수며, 그들의 아세라 목상들을 찍어 버

6,21-23. 이 구절은 이스라엘의 기원에 대한 전승의 핵심인 "소역사신경(small historical creed)"을 구성하는데, 26,5-9에서 더 명확한 형태가 소개된다. 아들의 질문(20절)과 아버지의 응답 간 상호 작용은 유다 가정의 파스카 전례에서 중요한 부분으로, 지금도 마찬가지다. 이 신경은 26,5-9의 보다 명확한 역사적 신경과 구별해서 가끔 교육 신경이라고 불린다.

7,1. 이스라엘이 땅을 갖기 위해 정복해야 할 가나안 땅의 거주민 목록은 숫자와 순서가 다르지만 다른 본문에도 나온다. 창세 13,7; 15,20-21; 탈출 3,8.17; 13,5; 23,23; 33,2; 34,11; 민수 13,29; 신명 20,17; 여호 3,10; 9,1; 11,3; 12,8; 24,11 참조.

7,4. 하느님의 목소리와 모세의 목소리 사이 중첩에 대해서는 1,8 주와 11,14-15 주 참조.

7,5. 기념 기둥('마체바')에 대해서는 2열왕 10,26-27 주 참조; 아세라 목상('아세라')에 대해서는 판관 3,7 주 참조.

6,20 탈출 13,14. 6,24 10,12. 6,25 24,13. 7,1 31,3; 사도 13,19. 7,2 13,9; 탈출 23,32. 7,3 탈출 34,15.16. 7,4 6,15. 7,5 탈출 23,24.

7,1-6. 이스라엘은 하느님께 사랑받는 선택된 백성, 거룩한 백성, 즉 주님께 봉헌된 백성(탈출 19,5-6; 신명 14,2.21; 28,9 참조)이므로, 다른 민족들에게서 분리된(신명 26,18-19 참조) 백성이다. 협약으로도 혼인으로도 다른 민족들과 섞여서는 안 된다. 뿐만 아니라 주님께서 그들에게 넘겨주시는 모든 우상 숭배의 장소 및 민족들을 전멸시켜야 한다(히브리어 '헤렘', "금지된", "저주" - 2.26절; 레위 27,28-29; 민수 31,7-18; 여호 6,17-18 참조). 그 민족들이 이스라엘을 참된 하느님에게서 떼어 놓을 수 있기 때문이다.

리고 그들의 우상들을 불에 태워 버려야 한다. 6 이는 너희
가 주 너희 하느님의 거룩한 백성이며, 주 너희 하느님께서
너희를 선택하시어 땅 위에 있는 모든 민족들 가운데에서
너희를 당신 소유의 백성으로 삼으셨기 때문이다.
7 주님께서 너희에게 마음을 주시고 너희를 선택하신 것
은, 너희가 어느 민족보다 수가 많아서가 아니다. 사실 너
희는 모든 민족들 가운데에서 수가 가장 적다. 8 그런데도
주님께서는 너희를 사랑하시어, 너희 조상들에게 하신 맹
세를 지키시려고, 강한 손으로 너희를 이끌어 내셔서, 종
살이하던 집, 이집트 임금 파라오의 손에서 너희를 구해
내셨다. 9 그러므로 너희는 주 너희 하느님께서 참하느님이
시며, 당신을 사랑하고 당신의 계명을 지키는 이들에게는,
천대에 이르기까지 계약과 자애를 지키시는 진실하신 하
느님이심을 알아야 한다. 10 또 당신을 미워하는 자에게는
그를 멸망시키시어 직접 갚으신다는 것을 알아야 한다. 그
분께서는 당신을 미워하는 자에게 지체 없이 직접 갚으신
다. 11 그러므로 내가 오늘 너희에게 실천하라고 명령하는
계명과 규정들과 법규들을 너희는 지켜야 한다.
12 너희가 이 법규들을 들어서 지키고 실천하면, 주 너희
하느님께서도 너희 조상들에게 맹세하신 계약과 자애를
너희에게 지켜 주실 것이다. 13 너희를 사랑하시고 너희에
게 복을 내리시며 너희를 번성하게 하실 것이다. 또 너희
에게 주시겠다고 너희 조상들에게 맹세하신 땅에서, 너희
몸의 소생들과 너희 땅의 열매, 곧 곡식과 포도주와 기름,
그리고 송아지와 새끼 양들에게도 복을 내리시어 불어나
게 해 주실 것이다. 14 너희는 어떤 민족보다 복을 더 받아
서, 너희에게는 아기를 낳지 못하는 남자도 여자도 없을
것이며, 너희 가축들 가운데에는 새끼를 낳지 못하는 암
컷도 수컷도 없을 것이다. 15 주님께서는 너희에게서 온갖
병을 없애 주실 것이다. 또 너희가 이집트에서 본 온갖 나
쁜 질병을 너희에게는 퍼뜨리지 않으실 것이다. 그러나 너
희를 미워하는 모든 자에게는 그 질병들을 내리실 것이다.
16 너희는 주 너희 하느님께서 너희에게 넘겨주시는 모든
민족들을 없애 버려라. 너희는 그들을 동정해서는 안 된

7,6 14,2; 탈출 19,5.6; 티토 2,14. 7,8 10,15; 탈출 13,3.14; 32,13. 7,9 4,35.39; 느헤 1,5; 1코린 10,13. 7,12 레위 26,3; 신명 28,1; 시편 105,8.9. 7,13 28,4. 7,14 탈출 23,26. 7,15 탈출 15,26. 7,16 탈출 23,33.

✠ 7,6-11. 가해 예수 성심 대축일에 이 본문을 읽는다. 선택된 백성의 사명이 오직 하느님 마음에서 나오는 것임을 매우 분명하게 설명한다. "주님께서 너희에게 마음을 주시고 너희를 선택하신 것은⋯ 너희를 사랑하시어⋯."

7,6. "당신 소유의 백성"으로 번역한 히브리어 '스굴라'는 "특별한 백성", "특전을 받은 백성"으로 옮길 수도 있으며, 그 자체로 "특별한 재산"을 의미한다(임금의 "보물"을 가리킨다. 탈출 19,4-6 주 참조).

7,7. 이스라엘만을 선택하셨음을 배제하지 않으면서도, 이사 45,22-23 같은 예언서 본문을 따르고 이스라엘에서 신학적 숙고가 심화되면서 주님께 나아가고 그분을 유일한 하느님으로 인식할 수 있는 가능성이 모든 민족에게도 주어진다.

7,8. 오직 주님의 사랑 덕분인 이집트 탈출이 주님께서 조상들에게 하신 맹세의 결과로 소개된다.

7,10. 개인의 책임에 대해 말하기 시작한다(탈출 34,7 참조). 이 원칙은 24,16과 예레 31,29-30에서 명확하게 표현되며 에제 14,12-20; 18,10-20에서 발전된다.

7,12. 이 책의 전형적인 특징은 이스라엘의 행복이 모든 율법 규정의 실천에 달려 있음을 계속 강조하는 것이다. 이 관계가 깨진 예를 루카 13,1-5과 요한 9,1-3에서 볼 수 있다.

7,16. "너희는 그들을 동정해서는 안 된다."는 "너의 눈이 그들에 대해 연민을 느껴서는 안 된다"로 직역할 수 있다(13,9도). 쳐다보지도 말라는 뜻이다.

7,17-24. 이스라엘이 모든 민족들 가운데 가장 수가 적은 민족일지라도(7,7 참조) 그들이 하느님을 저버리지 않는다면 그들과 그들의 승리를 위해 하느님께서 전쟁에 참가하실 것이다.

7,25-26. 이 계명을 지키지 않은 사례는 여호 7,1-26의 아칸 이야기 참조.

다. 그들의 신들을 섬겨서도 안 된다. 그것은 너희에게 올
가미가 될 것이다.
17 너희 마음속에 '이 민족들이 우리보다 수가 많은데, 우
리가 어떻게 그들을 내쫓을 수 있겠는가?' 하는 생각이 들
더라도, 18 너희는 그들을 두려워하지 말고, 주 너희 하느
님께서 파라오와 온 이집트에 하신 일을 똑똑히 기억하여
라. 19 너희가 두 눈으로 본 큰 재앙들, 그리고 주 너희 하
느님께서 표징과 기적들을 일으키시며 강한 손과 뻗은 팔
로 너희를 이끌어 내신 것을 기억하여라. 주 너희 하느님
께서는 너희가 두려워하는 모든 민족들에게도 그렇게 하
실 것이다. 20 게다가 주 너희 하느님께서는 그들 가운데로
계속 말벌을 보내셔서, 살아남은 자들과 너희 앞에서 숨
은 자들을 기어이 멸하실 것이다. 21 위대하고 두려운 하느
님이신 주 너희 하느님께서 너희 가운데에 계시니, 너희는
그들을 겁내지 마라. 22 주 너희 하느님께서는 그 민족들
을 너희 앞에서 조금씩 몰아내실 것이다. 너희는 그들을
단번에 제거하지는 못할 것이다. 그러면 너희가 감당할 수
없을 정도로 들짐승이 많아질 것이기 때문이다. 23 그러나
주 너희 하느님께서는 그들을 너희에게 넘겨주시고 줄곧
큰 혼란에 빠뜨리시어, 마침내 그들을 멸망시키실 것이다.
24 그분께서는 그들의 임금들을 너희 손에 넘겨주실 것이
고, 너희는 하늘 아래에서 그들의 이름을 없애 버릴 것이
다. 아무도 너희에게 맞서지 못할 것이며, 너희는 마침내
그들을 멸망시킬 것이다. 25 너희는 그들의 신상들을 불에
태워 버려야 한다. 그리고 너희는 그것들 위에 입혀진 은
이나 금을 탐내어 너희 것으로 삼지 마라. 그러면 너희가
덫에 걸릴 것이다. 정녕 그런 짓은 주 너희 하느님께 역겨
운 짓이다. 26 역겨운 것을 너희 집에 들여놓아서는 안 된
다. 그러면 너희도 그것처럼 전멸할 것이다. 그것은 전멸하
게 되어 있는 물건이므로, 너희는 그것을 철저히 혐오하고
역겨워해야 한다."

7,18 31,6. 7,19 4,34. 7,20 탈출 23,28; 여호 24,12; 지혜 12,8. 7,21 10,17. 7,22 탈출 23,29.30. 7,25 여호 7,1.21; 판관 8,27; 1역대 14,12.

광야에서 이스라엘에게 베푸신 주님의 은혜

8 1 “너희는 오늘 내가 너희에게 명령하는 모든 계명
을 명심하여 실천하여라. 그러면 너희가 살 수 있
고 번성할 것이다. 그리고 주님께서 너희 조상들에게 맹세
하며 약속하신 땅에 들어가 그 땅을 차지할 것이다. 2 너희
는 이 사십 년 동안 광야에서 주 너희 하느님께서 너희를
인도하신 모든 길을 기억하여라. 그것은 너희를 낮추시고,
너희가 당신의 계명을 지키는지 지키지 않는지 너희 마음
속을 알아보시려고 너희를 시험하신 것이다. 3 그분께서는
너희를 낮추시고 굶주리게 하신 다음, 너희도 모르고 너
희 조상들도 몰랐던 만나를 먹게 해 주셨다. 그것은 사람
이 빵만으로 살지 않고, 주님의 입에서 나오는 모든 말씀
으로 산다는 것을 너희가 알게 하시려는 것이었다. 4 이 사
십 년 동안 너희 몸에 걸친 옷이 해진 적이 없고, 너희 발
이 부르튼 적이 없다. 5 너희는 마치 사람이 자기 아들을
단련시키듯, 주 너희 하느님께서 너희를 단련시키신다는
것을 마음 깊이 알아 두어야 한다.”

약속의 땅에서 받게 될 유혹

6 “너희는 주 너희 하느님의 계명을 지키며, 그분의 길을
따라 걷고 그분을 경외해야 한다. 7 주 너희 하느님께서는
너희를 좋은 땅으로 데리고 가신다. 그곳은 물이 흐르는
시내와 샘이 있고, 골짜기와 산에서는 지하수가 솟아 나
오는 땅이다. 8 또 밀과 보리와 포도주와 무화과와 석류가
나는 땅이며, 올리브 기름과 꿀이 나는 땅이다. 9 그곳은
너희가 모자람 없이 양식을 먹을 수 있고, 아쉬울 것이 하
나도 없는 땅이며, 돌이 곧 쇠이고, 산에서는 구리를 캐낼
수 있는 땅이다. 10 너희는 배불리 먹고, 주 너희 하느님께
서 너희에게 주신 좋은 땅 때문에 그분을 찬미하게 될 것
이다.

8,3. 시험을 통해 하느님께 전적으로 의존하고 있음을 인정해야 한다(지혜 16,26 참조). 악마의 유혹을 겪을 때 예수님께서는 바로 이 구절을 인용하실 것이다(마태 4,4; 루카 4,4 참조).

8,7-20. 6,10-14과 비슷하지만 확장해서 설명한다. 약속의 땅에 들어가서 이스라엘은 종살이에서 해방시켜 주신 주님을 잊지 말아야 한다. 7-10절은 그 상태(사람들이 살게 될 풍요로운 삶의 상황)를 제시하고, 11-20절은 그 결과인 받은 모든 은혜를 잊고 오만해지는 위험을 표현한다. 그러므로 이스라엘은 잊지 말고 기억하라고 계속해서 초대받는다. 모든 것이 주님의 선물임을 인식하고 그분의 길을 걸어야 한다.

8,7. “좋은 땅” 4,21.22 주 참조.

8,1 4,1. 8,2 13,4; 29,4. 8,3 마태 4,4; 루카 4,4; 탈출 16,2.3.12.14.35; 1코린 10,3. 8,4 29,4. 8,5 잠언 3,12; 지혜 11,9-10; 히브 12,5.6. 8,6 5,33. 8,7 11,10-12. 8,10 6,11.12.

8,2-6. 순종하라는 서두 권고와 그에 상응한 축복에 대한 언급 후에 이스라엘에게 광야 체험을 기억하고 거기서 그들의 믿음에 합당한 결과를 끌어내라고 초대한다. 이 긴 여정에서 주님께서는 그들을 인도하셨고 아버지가 아들에게 하듯이 교정하셨다는 것을 알아야 한다. 이 인식에서 이스라엘은 주님의 계명을 지키면서 그분의 길을 걸어야 한다는 실천적인 적용이 나온다.

✠ 8,2-3.14ㄴ-16ㄱ. 가해 지극히 거룩하신 그리스도의 성체 성혈 대축일에 이 본문을 사용한다. 굶주림과 목마름을 몇 차례 강조하는데 항상 광야에서 하느님의 자비로운 개입으로 이 문제가 해결된다.

8,13. 히브리어 본문은 여기서 "불어나다"로 번역된 동사를 세 번 반복한다. 언어적 청각적 효과가 강렬한데 이를 통해 전하고자 하는 생각은 삶의 모든 영역을 포함하는 증가와 풍요에 관한 것이다.

8,20. 주님께 순종하지 않으면 이스라엘도 이미 멸망시킨 다른 민족들과 같은 운명을 맞을 것이다(28,15-69 참조).

11 너희는 주 너희 하느님을 잊지 않도록 조심하고, 내가 오
늘 너희에게 명령하는 그분의 계명과 법규와 규정들을 지
키지 않는 일이 없도록 조심하여라. 12 너희가 배불리 먹으
며 좋은 집들을 짓고 살게 될 때, 13 또 너희 소 떼와 양 떼
가 불어나고 너희에게 은과 금이 많이 생기며, 너희가 가
진 모든 것이 불어날 때, 14 너희 마음이 교만해져, 너희
를 이집트 땅, 종살이하던 집에서 이끌어 내신 주 너희 하
느님을 잊지 않도록 하여라. 15 그분은 불 뱀과 전갈이 있
는 크고 무서운 광야, 물 없이 메마른 땅에서 너희를 인도
하시고, 너희를 위하여 차돌 바위에서 물이 솟아나게 하
신 분이시다. 16 또 그 광야에서 너희 조상들이 몰랐던 만
나를 너희가 먹게 해 주신 분이시다. 그것은 너희를 낮추
고 시험하셔서 뒷날에 너희가 잘되게 하시려는 것이었다.
17 너희는 마음속으로 '내 능력과 내 손의 힘으로 이 재산
을 마련하였다.' 하고 생각할 수도 있다. 18 그러나 너희는
주 너희 하느님을 기억해야 한다. 바로 그분은 오늘 이처
럼, 너희 조상들에게 맹세하신 계약을 이루시려고, 너희
가 재산을 모으도록 너희에게 힘을 주시는 분이시다. 19 만
일 너희가 정녕 주 너희 하느님을 잊고, 다른 신들을 따라
가 그들을 섬기고 그들에게 경배한다면, 내가 오늘 분명히
경고하는데, 너희는 반드시 멸망하고야 말 것이다. 20 너희
가 주 너희 하느님의 말씀을 들으려 하지 않는다면, 주님께
서 너희 앞에서 멸망시키신 민족들처럼 너희도 멸망할 것
이다."

이스라엘이 다른 민족들보다 의로울 것이 없다

9 1 "이스라엘아, 들어라! 너희는 너희보다 더 크고 힘
센 민족들에게 가서 그들을 쫓아내고, 하늘까지 닿
는 성벽으로 둘러싸인 큰 성읍들을 차지하러, 오늘 요르
단을 건너가려 하고 있다. 2 저기에는 우람하고 키 큰 백성,
곧 너희가 아는 아낙인들이 있다. '누가 아낙인들과 맞설
수 있겠느냐?' 하는 말을 너희는 들었다. 3 그러나 너희는

8,14 시편 106,21; 집회 10,12. 8,15 민수 21,6; 20,11; 시편 78,15; 114,8. 8,16 탈출 16,15. 8,18 잠언 10,22; 호세 2,10. 8,19 4,26; 30,18. 9,1 11,31. 9,2 민수 13,22.28.32.33. 9,3 4,24; 7,23.24; 31,3; 히브 12,29.

9,1-10,11. 이 책의 전형적인 호소를("이스라엘아, 들어라!") 다시 도입하면서 문학적으로 단일한 새 단락을 시작하는데 10,11에서 마친다. 이스라엘인들은 약속된 땅에 들어가려 하고 모세는 탈출 순간부터 경험한 다양한 사건을 상기시킨다. 이집트에서 나온 순간부터 이스라엘의 역사 전체가 죄와 반역의 역사이므로 그는 정복이 무상의 과분한 선물임을 강조한다.

오늘 주 너희 하느님은 태워 버리는 불이 되시어 너희 앞
에 서서 건너가시는 분이심을 알아야 한다. 그분께서 너
희 앞에서 그들을 멸망시키시고, 또 그분께서 너희 앞에
서 그들을 굴복시키실 것이다. 그리하여 주님께서 너희에
게 말씀하신 대로, 너희는 곧바로 그들을 쫓아내고 멸할
것이다.
4 주 너희 하느님께서 그들을 너희 앞에서 몰아내실 때, 너
희는 마음속으로 '우리가 의롭기 때문에 주님께서 우리를
데려오시어 이 땅을 차지하게 하셨다.' 하고 생각해서는
안 된다. 주님께서 저 민족들을 너희 앞에서 쫓아내시려
는 것은 그들이 악하기 때문이다. 5 너희가 그들의 땅을 차
지하러 들어가는 것은, 너희가 의롭거나 마음이 올곧아서
가 아니다. 다만 저 민족들이 악하기 때문에 주 너희 하느
님께서 그들을 너희 앞에서 쫓아내시려는 것이다. 그리하
여 주님께서 너희 조상 아브라함과 이사악과 야곱에게 맹
세하신 약속을 이루시려는 것이다. 6 그러므로 너희는 주
너희 하느님께서 저 좋은 땅을 차지하라고 너희에게 주시
는 것은, 너희가 의롭기 때문이 아니라는 것을 알아야 한
다. 정녕 너희는 목이 뻣뻣한 백성이다."

이스라엘이 광야에서 하느님께 불충하다

7 "너희는 광야에서 주 너희 하느님의 분노를 일으킨 일
을 기억하여 잊지 마라. 너희가 이집트 땅에서 나와 이곳
에 이를 때까지, 너희는 줄곧 주님을 거역해 왔다. 8 호렙
에서 너희가 주님의 분노를 일으켰으므로, 주님께서는 너
희에게 진노하시어 너희를 멸망시키려 하셨다. 9 내가 돌
판, 곧 주님께서 너희와 맺으신 계약의 판을 받으러 산으
로 올라갔을 때, 나는 밤낮으로 사십 일을 산에 머무르면
서, 빵도 먹지 않고 물도 마시지 않았다. 10 그때에 주님께
서 나에게 하느님의 손가락으로 쓰신 두 돌판을 주셨는
데, 거기에는 집회의 날에 주님께서 그 산의 불 속에서 너
희와 하신 말씀이 모두 그대로 쓰여 있었다. 11 밤낮으로
사십 일이 지난 뒤에 주님께서는 나에게 두 돌판, 곧 계약
판을 주셨다. 12 그리고 주님께서 나에게 말씀하셨다. '일

9,4-7. 일반적으로 이스라엘은 구원 역사 사건들을 "기억하여서", 주님께서 그들을 위해 하신 일들을 "알고", 그분 계명의 준수를 통해 그분 은혜에 응답하도록 요청받는다(8,2-6 참조). 여기서 그 순서가 바뀐다. "(생각해서는 안 된다.) …알아야 한다. …기억하여" 약속된 땅에 들어가는 것은 조상들에게 한 약속의 결과일 뿐만 아니라 가나안 민족들에 대한 하느님의 개입, 악에 대한 단죄의 심판으로도 제시된다.

9,6. "목이 뻣뻣한"은 금송아지 사건의 죄를 가리키는 전형적인 표현이다(탈출 32,9; 33,3.5; 34,9; 신명 9,13 참조). 고집불통과 완고함을 나타내며 특히 듣기를 거부하는 불순종을 보여 준다(목이 뻣뻣한 사람은 자신에게 말하는 사람을 돌아볼 수 없다). 이 표현은 예레미야서의 친근한 이미지인 '얼굴이 아니라 등을 돌리다'와 유사하다(예레 2,27; 18,17; 32,33 참조).

9,12. "타락하였다." 이 동사는 홍수 이전 인간들의 행동을 정의하는 데 쓰였다(창세 6,12 참조). 이는 그 자체로 썩어서 이미 죽은 것을 하느님께서 파괴하시려고 개입하심을 설명한다. 신적 행위는 이미 일어난 일을("빨리도 벗어나…") 확인하고 승인한다. 백성은 주님에게서 멀어졌다. 그러나 주님도 이스라엘과 거리를 두신다("네가… 이끌어 낸 너의 백성").

9,12-19. 주님의 길에서, 그리고 충실과 순종으로 살던 삶에서 멀어지는 것은 생명과 행복을 주는 유일한 길을 포기하는 것을 의미한다. 죄와 불순종의 체험은 죽음에 이르게 한다(30,15-20 참조).

9,4 8,17; 18,12; 레위 18,24.25; 로마 10,6-7. 9,5 창세 12,7; 티토 3,5. 9,6 31,27; 탈출 32,9. 9,7-29 // 탈출 32,1-35. 9,8 탈출 32,7-10. 9,9 24,12.15.18; 마태 4,2; 히브 9,4. 9,10 4,13; 탈출 31,18; 사도 7,38; 2코린 3,3. 9,12 31,29; 탈출 32,7.8.

✠ 9,7-19. 백성의 죄와 모세의 중재(18절 "주님 앞에… 엎드려 있었다")에 대한 이 묘사는 고해성사 예식을 위한 독서에 사용한다.

어나 빨리 여기에서 내려가거라. 네가 이집트에서 이끌어
낸 너의 백성이 타락하였다. 저들은 내가 명령한 길에서
빨리도 벗어나 자기들의 우상을 만들었다.' 13 주님께서 또
나에게 말씀하셨다. '내가 이 백성을 보니, 정말로 목이 뻣
뻣한 백성이구나. 14 나를 말리지 마라. 내가 저들을 멸망
시키고 저들의 이름을 하늘 아래에서 지워 버리겠다. 그
대신에 나는 너를 저들보다 더 강하고 수가 많은 민족으로
만들어 주겠다.' 15 내가 돌아서서 산에서 내려오는데, 산
은 불에 타고 있었고, 나의 양손에는 두 쪽으로 된 계약판
이 들려 있었다. 16 내가 보니, 너희는 송아지 우상을 만들
어 주 너희 하느님께 죄를 짓고 있었다. 너희는 이렇게 주
님께서 너희에게 명령하신 길에서 빨리도 벗어났다. 17 그
래서 나는 양손으로 그 두 판을 치켜들어 내던져서, 그것
들을 너희가 보는 앞에서 깨뜨려 버렸다."

모세가 백성을 위하여 주님께 간청하다

18 "그런 다음에 나는 전과 같이, 주님 앞에서 밤낮으로 사
십 일을 엎드려 있었다. 너희가 주님의 눈에 거슬리는 악
한 짓을 저질러 그분의 분노를 돋우며 지은 그 온갖 죄 때
문에, 나는 빵도 먹지 않고 물도 마시지 않았다. 19 그것은
주님께서 너희를 멸망시키시려고 너희에게 품으신 분노와
열화를 내가 두려워하였기 때문이다. 그러나 주님께서는
이번에도 나의 간청을 들어 주셨다. 20 또 주님께서 아론에
게도 몹시 화를 내시어 그를 멸망시키려 하셨으므로, 나
는 그때에 아론을 위해서도 기도하였다. 21 그리고 나는 너
희가 만든 죄악, 곧 송아지를 가져다가 불에 태우고 그것
을 부순 다음, 먼지 같은 가루가 될 때까지 잘게 갈아, 산
에서 내려오는 시내에 내버렸다.
22 너희는 타브에라와 마싸와 키브롯 타아와에서도 주님
을 분노하시게 만들었다. 23 또 주님께서 카데스 바르네아
에서, '올라가서 내가 너희에게 준 땅을 차지하여라.' 하시
며 너희를 보내실 때에도, 너희는 주 너희 하느님의 분부
를 거역하고 그분을 믿지 않았으며 그분의 말씀을 듣지
않았다. 24 내가 너희를 알게 된 날부터 너희는 줄곧 주님
을 거역해 왔다.

9,21. "불에 태우고 그것을 부순 다음…" 이 행동의 순서는 그 자체로는 논리적이지 않다. 아마도 "태우다"와 "부수다"는 우상을 완전히 파괴하는 것을 가리키기 위해 근동 세계에서 널리 사용하던 상징적 언어에 속할 것이다.

9,13 탈출 32,9. 9,14 29,20; 탈출 32,10; 민수 14,12; 바룩 2,30. 9,15 탈출 32,15-19; 19,18. 9,16 탈출 32,19; 사도 1,25. 9,18 탈출 34,28. 9,19 탈출 32,10-14; 히브 12,21. 9,21 탈출 32,20. 9,22 탈출 17,7; 민수 11,3.34. 9,24 31,27.

25 주님께서 너희를 멸망시키겠다고 하셨기 때문에, 나는
밤낮으로 사십 일을 주님 앞에 엎드려 있었다. 26 그러면서
나는 주님께 이렇게 기도하였다. '주 하느님, 당신의 그 큰
능력으로 구해 내시고, 강한 손으로 이집트에서 이끌어
내오신, 당신의 소유, 이 백성을 파멸시키지 말아 주십시오.
27 당신의 종 아브라함과 이사악과 야곱을 기억하셔서, 이 백
성의 완고함과 악과 죄를 보지 말아 주십시오. 28 당신께서
저희를 이끌어 내오신 그 땅에 사는 사람들이, '주님은 그
들에게 약속한 땅으로 그들을 데리고 갈 능력이 없구나.
그가 그들을 미워하여 광야에서 죽게 하려고 그들을 이
끌어 내었구나.' 하고 말하지 못하게 해 주십시오. 29 그들
은 당신께서 당신의 큰 힘과 당신의 뻗은 팔로 이끌어 내
오신 당신 백성, 당신의 소유입니다.'"

9,25-29. 하느님께서 백성의 죄를 단죄하라고 파견한 모세는 동시에 이 백성의 중재자로서 그들과 연대한다(탈출 32,31-32 참조).

새 십계판과 계약 궤

10 1 "그때에 주님께서 나에게 말씀하셨다. '너는
먼젓번과 같은 돌판 두 개를 깎아서, 산으로
나에게 올라오너라. 또 나무 궤를 하나 만들어라. 2 그러면
네가 부수어 버린 먼젓번 판 위에 쓰여 있던 말을 내가 그
판 위에 써 줄 것이니, 너는 그것을 궤 안에 넣어라.' 3 그래
서 나는 아카시아 나무로 궤를 만들고, 먼젓번과 같은 돌
판 두 개를 깎아서, 그 두 판을 손에 들고 산으로 올라갔
다. 4 그러자 주님께서는, 당신께서 집회의 날에 그 산의 불
속에서 너희에게 이르신 십계명을, 먼젓번에 쓰셨던 것처
럼 그 판 위에 쓰셔서 나에게 주셨다. 5 그 뒤에 나는 돌아
서서 산을 내려와, 주님께서 나에게 명령하신 대로 내가
만든 궤 안에 판들을 넣었는데, 그것들은 지금도 그 안에
있다.
6 이스라엘 자손들은 브에롯 브네 야아칸을 떠나 모세라
로 옮겼다. 거기에서 아론이 죽어 그곳에 묻히고, 그의 아
들 엘아자르가 뒤를 이어 사제가 되었다. 7 그들은 그곳을
떠나 굿고다로 옮겼고, 굿고다에서는 다시 물이 흐르는
욧바타로 옮겼다.
8 그때에 주님께서는 레위 지파를 따로 가려내셔서, 주님
의 계약 궤를 나르게 하시고, 주님 앞에 서서 당신을 섬기

10,1-5. 계약 궤와 그 내용물에 대해서는 탈출 25,10-22 주해 참조.

10,6-7. 약속의 땅을 향한 이스라엘 백성 여정의 마지막 단계만 언급한다(민수 21,10-20도 참조). 민수 33,1-49에서는 전체 여정을 볼 수 있다.

10,6. "브에롯 브네 야아칸"은 장소 이름으로 볼 수도 있고 "야아칸의 아들들(곧 야아칸인들)의 우물"로 해석할 수도 있다.

10,8. '주님 앞에 서다'(18,7에서도 레위인들의 봉사를 묘사)와 '주님을 섬기다'라는 히브리어 표현은 제의 봉사를 가리키는 전문 용어이다.

9,25-29 // 탈출 32,11-14; 사도 13,17도 참조. 9,27 로마 2,5. 9,29 4,34; 사도 13,17. 10,1-5 // 탈출 34,1-2.27. 10,1 탈출 25,10. 10,2 4,13; 탈출 25,16.21. 10,3 탈출 34,4; 37,1. 10,4 탈출 20,1. 10,5 탈출 40,20. 10,6 민수 33,30.31.38. 10,7 민수 33,32-34. 10,8 18,5; 21,5; 민수 3,6; 4,15; 히브 10,11.

며 당신의 이름으로 축복을 하게 하셨는데, 그것이 오늘
날까지 이어져 내려온다. 9 그 때문에 레위인에게는 동족과
함께 받을 몫도 상속 재산도 없다. 그 대신에 주 너희 하느
님께서 그들에게 말씀하신 대로, 주님께서 친히 그들의 상
속 재산이 되신다.
10 내가 산 위에서 먼젓번처럼 밤낮으로 사십 일을 머물렀
는데, 주님께서는 이번에도 나의 간청을 들어 주셨다. 주
님께서는 너희를 멸망시키지 않기로 하신 것이다. 11 그러
고 나서 주님께서는 나에게, '일어나 백성 앞에 서서 길을
떠나라. 그래서 그들이, 내가 그들의 조상들에게 주기로
맹세한 땅에 들어가 그 땅을 차지하게 하여라.' 하고 말씀
하셨다."

사랑과 순종의 법

12 "이제 이스라엘아, 주 너희 하느님께서 너희에게 요구하시
는 것이 무엇이겠느냐? 그것은 주 너희 하느님을 경외하고, 그
분의 모든 길을 따라 걸으며 그분을 사랑하고, 마음을 다하
고 목숨을 다하여 주 너희 하느님을 섬기는 것, 13 그리고
너희가 잘되도록 오늘 내가 너희에게 명령하는 주님의 계
명과 규정들을 지키는 것이다. 14 보라, 하늘과 하늘 위의
하늘, 그리고 땅과 그 안에 있는 모든 것이 주 너희 하느님
의 것이다. 15 그런데도 주님께서는 너희 조상들에게만 마
음을 주시어 그들을 사랑하셨으며, 오늘 이처럼 모든 백
성 가운데에서도 그들의 자손들인 너희만을 선택하셨다.
16 그러므로 너희 마음에 할례를 행하고, 더 이상 목을 뻣
뻣하게 하지 마라. 17 주 너희 하느님은 신들의 신이시고 주
님들의 주님이시며, 사람을 차별 대우하지 않으시고 뇌물
도 받지 않으시는, 위대하고 힘세며 경외로우신 하느님이
시다. 18 또한 그분은 고아와 과부의 권리를 되찾아 주시
고, 이방인을 사랑하시어 그에게 음식과 옷을 주시는 분
이시다. 19 너희는 이방인을 사랑해야 한다. 너희도 이집트

10,9. 레위 지파에게는 약속된 땅의 영토가 주어지지 않는다. 레위인들은 주님의 일에만 관심을 가져야 했기 때문이다(민수 18,20 참조).

10,16-19. 마음에 할례를 행하라는 권고는 회심에로의 초대이다(레위 26,41; 신명 30,6; 예레 4,4; 9,24-25 참조). 로마 2,29에서 바오로는 계약의 표징으로 살에 새겨진 흔적을(창세 17,11 참조) 넘어 이것이 참된 할례라고 말한다.

10,17. "신들의 신"이라는 표현은 탈출 26,33의 지성소(거룩한 곳들 중의 거룩한 곳)처럼 최상급의 개념을 표현한다.

10,9 민수 18,20.24. 10,10 9,18.25; 탈출 33,17. 10,12 5,33; 6,5.13; 미카 6,8; 루카 10,27. 10,14 탈출 19,5; 1열왕 8,27. 10,15 4,37; 사도 13,17. 10,16 9,6; 예레 4,4. 10,17 여호 22,22; 사도 10,34; 갈라 2,6; 묵시 17,14; 19,16. 10,18 시편 68,6; 지혜 6,7; 집회 35,11-16. 10,19 레위 19,34.

10,12-13. 신명기는 고대 세계의 봉신(封臣) 계약의 어휘를 신학의 세계에 들여온다. 고대 세계에서 군주는 아버지고 봉신은 아들이며 아들이 되는 것은 종이 되는 것과 같다(2열왕 16,7 참조). 봉신에게 사랑을 명령할 수 있는데 군주 앞에서 충성을 표현하기 때문이다. 주님을 경외하는 것은 그분의 모든 길을 따라 걷는 것, 그분의 뜻에 따라 행동하는 것을 뜻한다. 다른 무엇보다도 먼저 주님께 온전히 봉헌하는 것이 요구된다.

땅에서 이방인이었기 때문이다. 20 너희는 주 너희 하느님
을 경외하고 그분을 섬기며, 그분께만 매달리고 그분의 이
름으로만 맹세해야 한다. 21 그분은 너희가 찬양을 드려야
할 분이시고, 너희가 두 눈으로 본 대로, 너희를 위하여
이렇게 크고 두려운 일을 하신 너희 하느님이시다. 22 너희
조상들이 이집트로 내려갈 때에는 일흔 명밖에 되지 않았
지만, 이제 주 너희 하느님께서 너희를 하늘의 별처럼 많
게 해 주셨다."

모세가 주님의 위대함을 가르치다

11 1 "너희는 주 너희 하느님을 사랑하고, 그분의
명령과 규정과 법규와 계명들을 늘 지켜야 한
다. 2 주 너희 하느님의 징계를 알지도 못하고 보지도 못한
너희 자녀들이 아니라 바로 너희가, 오늘 그분의 위대함
과 그분의 강한 손과 뻗은 팔을 기억해야 한다. 3 또한 그분
께서 이집트 한가운데에서 이집트 임금 파라오와 그의 온
나라에 일으키신 표징과 업적을, 4 그리고 이집트의 군대
와 말들과 병거들이 너희를 뒤쫓아 올 때, 갈대 바다의 물
이 그들을 덮치게 하시어, 오늘날까지 그들을 멸망시키신
일과, 5 너희가 이곳에 이르기까지 광야에서 너희에게 하
신 일을, 6 그리고 르우벤의 손자이며 엘리압의 아들인 다
탄과 아비람에게 하신 일, 곧 땅이 입을 벌려, 온 이스라엘
가운데에서 그들과 그들의 집안과 천막과 그들을 따르던
모든 사람을 삼켜 버리게 하신 일을 기억해야 한다. 7 너희
는 주님께서 하신 이 모든 위대한 업적을 두 눈으로 보았
다."

주님께서 좋은 땅을 약속하시다

8 "그러므로 너희는 내가 오늘 너희에게 명령하는 모든 계
명을 지켜야 한다. 그러면 너희가 강해져서, 너희가 건너
가 차지하려는 땅에 들어가 그 땅을 차지할 것이다. 9 또한
너희는 주님께서 너희 조상들과 그 후손들에게 주시겠다
고 맹세하신 땅, 젖과 꿀이 흐르는 땅에서 오래 살 것이다.
10 너희가 차지하러 들어가는 땅은 너희가 나온 이집트 땅
과 같지 않다. 이집트에서는 너희가 씨를 뿌린 다음에, 채

10,20. 이스라엘은 자기 하느님께만 매달리기를('다박', "달라붙다", "따르다") 요구받는다. 구약성경에서 이 동사는 매우 깊은 상호 인격적 관계, 계약의 근본적인 요구, '온 마음으로 주님을 사랑하라'와 '그분께만 일치하라'(신명 11,22; 13,5; 30,20; 시편 63,9 참조)와 같은 유일하고 주된 계명을 가리킨다. 바오로는 1코린 6,17에서 주님과의 전적인 친교, 곧 사랑과 충실 안에서 온 존재가 주님께 매달리는 것을 표현하기 위해 그리스어 동사('콜라오')를 사용한다.

11,2-7. 이스라엘은 자기 눈으로 주님께서 하신 일들을 보았고(탈출 5-14장; 민수 16장 참조) 그분의 위대하심과 권능을 알아보았기 때문에 사랑과 계명 준수로 응답해야 한다(1절 참조).

11,4. "갈대 바다"에 대해서는 탈출 13,17-18 주 참조.

11,6. 이 회고하는 시선에서 신명기는 반역자들 가운데 한 사람으로 코라를 언급하지 않는다(민수 16장 참조).

10,20 11,22; 시편 63,12; 마태 4,10; 루카 4,8; 1코린 6,17. 10,21 탈출 15,2; 시편 106,21.22; 루카 1,49. 10,22 1,10; 창세 46,27; 히브 11,12. 11,1 10,12; 즈카 3,7. 11,2 5,24; 8,5. 11,4 탈출 14,27.28. 11,6 민수 16,31-33; 묵시 12,16. 11,8 여호 1,6.7. 11,9 4,40; 9,5; 탈출 3,8.

소밭처럼 발로 물을 대야만 했다. 11 그러나 너희가 차지하
러 건너가는 땅은 언덕과 골짜기가 많은 땅으로, 하늘에
서 내리는 비가 촉촉이 적셔 주는 곳이다. 12 주 너희 하느
님께서 돌보아 주시며, 주 너희 하느님의 눈이 한 해가 시
작할 때부터 한 해가 끝날 때까지 늘 살펴 주시는 땅이다.
13 내가 오늘 너희에게 명령하는 계명을 잘 들어, 주 너희
하느님을 사랑하고 마음을 다하고 목숨을 다하여 그분을
섬기면, 14 주님께서 너희 땅에 제때에 비를, 이른 비와 늦
은 비를 내려 주시어, 너희가 곡식과 포도주와 기름을 거
두게 해 주실 것이다. 15 또 너희 들에서는 가축에게 풀을
주시어, 너희가 배불리 먹게 해 주실 것이다. 16 너희는 마
음에 유혹을 받아, 길을 벗어나서 다른 신들을 섬기거나
그들에게 경배하는 일이 없도록 조심하여라. 17 그러지 않
으면 주님의 진노가 너희를 거슬러 타올라 하늘을 닫으실
것이다. 그러면 비가 내리지 않아 땅이 소출을 내지 않고,
너희는 주님께서 너희에게 주시는 좋은 땅에서 바로 멸망
할 것이다.

18 그러므로 너희는 나의 이 말을 너희 마음과 너희 정신
에 새기고 너희 손에 표징으로 묶고 이마에 표지로 붙여
라. 19 또 이 말씀을 너희 자녀에게 가르쳐 주어라. 너희가
집에 앉아 있을 때나 길을 갈 때나, 누워 있을 때나 일어
나 있을 때나 이 말씀을 일러 주어라. 20 그리고 그것을 너
희 집의 문설주와 대문에도 써 놓아라. 21 그러면 주님께
서 너희 조상들에게 주겠다고 맹세하신 땅에서 너희와 너
희 자손들이, 땅 위에 있는 하늘처럼 오래오래 살 것이다.
22 내가 너희에게 실천하라고 명령하는 이 모든 계명을 너
희가 꼭 지키고, 주 너희 하느님을 사랑하며 그분의 모든
길을 따라 걷고 그분께 매달리면, 23 주님께서는 저 모든
민족들을 너희 앞에서 쫓아내실 것이고, 너희는 너희보다
크고 강한 민족들을 차지할 것이다. 24 너희 발바닥이 밟

11,13. "계명을"의 자구적 번역은 "나의 계명들을"인데, 말하는 사람이 모세이기 때문에 의미가 분명하지 않다. 소유격 "나의"는 모세의 담화 안에 당신 목소리를 삽입하신 하느님을 가리킬 수 있고, 이런 식으로 전달하는 계명에 온전히 일치하고 있음을 드러내는 모세를 가리킬 수도 있다.

11,14-15. "주님께서"라고 번역한 부분의 직역은 "내가"이다. 모세의 담화는 여기서 갑자기 하느님께서 당신 백성에게 직접 하시는 말씀 형태를 취하는데, 그분께서 약속 실현의 보증이 되심을 가리키기 위함이다. 여기서도 하느님의 목소리와 모세의 목소리가 중첩된다. 1,8 주 참조.

11,24. 발바닥으로 땅을 밟는 것은 소유권을 보여 주는 법적 표현이다. 여기서 언급한 땅의 경계는 이스라엘이 가장 강했을 때(다윗 시대)의 영토이다.

11,11 8,7; 히브 6,7. 11,13 6,17; 10,12. 11,14 28,12; 요엘 2,23; 야고 5,7. 11,15 6,11. 11,16 8,19; 29,17. 11,17 4,26; 6,15; 1열왕 8,35. 11,18 6,6.8; 마태 23,5. 11,19 6,7; 4,9.10. 11,20 6,9. 11,22 6,17; 10,20. 11,23 9,1.5. 11,24 창세 15,18; 탈출 23,31; 여호 1,3.

✠ 11,13-21. 6,4-9과 민수 15,37-41과 함께 이 단락은 그 앞뒤에 축복이 덧붙여져 '쉐마' 본문을 이룬다. 쉐마 본문은 헤브라이즘의 기본적인 기도로 모든 히브리인이 하루에 몇 차례 바친다(6,4-9 주 참조).

✠ 11,18.26-28.32. 가해 연중 제9주일에 봉독한다. "주님, 주님"이라는 말만 반복하지 말고 반석 위에 자신의 집을 지으라는 그분 뜻을 실천하려고 애쓰라는 복음 권고(마태 7,21-27)의 주제 입문으로 쓰인다.

는 곳은 모두 너희 것이 될 것이다. 광야에서 레바논까지,
큰 강 유프라테스강에서 서쪽 바다까지 너희의 영토가 될
것이다. 25 아무도 너희에게 맞서지 못할 것이다. 주 너희
하느님께서는, 너희에게 말씀하신 대로, 너희가 밟는 땅
어디에서나 너희에 대한 무서움과 두려움을 퍼뜨리실 것
이다."

축복과 저주

26 "보아라, 내가 오늘 너희 앞에 축복과 저주를 내놓는다.
27 내가 오늘 너희에게 명령하는 주 너희 하느님의 계명들
을 너희가 듣고 따르면 복이 내릴 것이다. 그러나 28 너희
가 주 너희 하느님의 계명들을 듣지 않고, 내가 오늘 너희
에게 명령하는 길에서 벗어나, 너희가 알지도 못하는 다른
신들을 따라가면 저주가 내릴 것이다.
29 주 너희 하느님께서 너희가 차지하러 들어가려는 땅으
로 너희를 데려가시면, 그리짐산 위에서는 축복을, 에발
산 위에서는 저주를 선언해야 한다. 30 그 산들은 요르단
건너편에, 서쪽으로 좀 더 가서, 아라바에 사는 가나안인
들의 땅에, 곧 길갈 맞은쪽, 모레의 참나무 곁에 있지 않느
냐? 31 너희는 요르단을 건너, 주 너희 하느님께서 너희에
게 주시는 땅으로 들어가 그곳을 차지하려고 한다. 너희
가 그 땅을 차지하고 그곳에 자리 잡으면, 32 내가 오늘 너
희 앞에 내놓는 모든 규정과 법규를 명심하여 실천해야
한다."

유일한 성소

12 1 "이것이 너희가 세상에서 사는 동안 언제나,
주 너희 조상들의 하느님께서 너희에게 차지하
라고 주신 땅에서 명심하여 실천해야 할 규정들과 법규들
이다.
2 너희는, 너희가 쫓아낼 민족들이 높은 산 위에서든, 언
덕 위에서든, 푸른 나무 아래에서든, 자기들의 신들을 섬

11,25 7,24; 탈출 23,27. 11,26 30,1.19. 11,27 28,3. 11,28 28,15. 11,29 27,12; 여호 8,33; 요한 4,20. 11,30 창세 12,6; 여호 4,19. 11,31 9,1; 여호 1,11. 12,1 4,9.10.

12,1-26,15. 이 장들은 이전의 법률을 다른 사회 상황에 현실화하면서 계약 법전(탈출 20,23-23,19 참조)을 통합한 신명기 법전을 구성한다. 예루살렘으로 예배, 재판, 권력의 중앙 집중화가 전제되는 반면, 부계 중심 가정은 예전처럼 중요하지 않다. 법전 제1부(신명 12,1-16,17)는 주로 예배 관련 사항들을 다루지만 16,18-18,22은 국가 기구의 다양한 측면(판관, 왕정, 사제, 예언자)을 다룬다. 또 19,1-25,19은 무엇보다도 사법적 문제들과 보통 비종교적 사항들을 다룬다. 26,1-15은 맏물 봉헌과 십일조를 다룬다.

11,26-28. 율법 준수는 미래 축복의 조건이지만(탈출 19,5-6; 신명 27,10; 28,1-14 참조) 계약에 대한 불충실은 하느님의 분노를 초래하며 저주(신명 28,15-46; 30,10 참조)와 유배 생활(신명 28,47-48 참조)의 원인이 된다. 주님 계명을 지키기로 선택하면서 축복에 머무를 가능성은 이스라엘에게 또 우리 각자에게 달려 있다("오늘"은 선택 능력을 모든 시대로 확장한다).

11,29-30. 에발산과 그리짐산은 팔레스티나 중심부에 있는데 에발산은 스켐 북쪽이며 사마리아인들의 예배 중심지가 되는 그리짐산은(요한 4,20-21 참조) 남쪽에 있다. 축복과 저주 의식은 신명 27,2-26에서 서술한다(여호 8,30-35도 참조).

12,2-27. 번제물, 제물, 예물은 주님께서 선택하신 장소(레위 17,3-9 참조)에서 바쳐야 함을 여러 번 강조하면서(5-7.8-12.13-19.26-27절 참조) 유일한 성소에 관련된 법을 소개한다. 그러나 제물로 바치지 않는 모든 짐승은 항상 피의 규정을 존중하면서 어디서나 잡을 수 있다. 그 고기는, 먹을 수는 있지만(14,5 참조) 하느님께 제물로 바칠 수 없는 사슴과 영양의 고기처럼, 법적으로 부정한 사람을 포함해서 모두가 먹을 수 있다.

기던 곳은 모조리 없애 버려야 한다. 3 그들의 제단들을 허
물어뜨리고 그들의 기념 기둥들을 부수며, 그들의 아세라
목상들을 불에 태워 버려야 한다. 또 그들의 신상들을 깨
뜨리고 그들의 이름을 그곳에서 없애 버려야 한다.
4 너희는 주 너희 하느님을 그렇게 경배해서는 안 된다. 5 너
희는 주 너희 하느님께서 당신의 이름을 두시고 당신의 거
처로 삼으시려고, 너희 모든 지파 가운데에서 선택하시는
곳을 찾아가야 한다. 너희는 반드시 그곳으로 가야 한다.
6 너희는 번제물과 희생 제물, 십일조와 예물, 그리고 서원
제물과 자원 제물, 소와 양의 맏배들을 그곳으로 가져가
야 한다. 7 너희는 거기, 주 너희 하느님 앞에서 먹어라. 너
희와 너희 집안은 주 너희 하느님께서 너희에게 복을 내리
시어 너희 손으로 얻은 모든 것을 두고 기뻐하여라.
8 우리가 오늘 여기에서는 저마다 제 눈에 옳게 보이는 것
을 다 하고 있지만, 너희는 앞으로 그렇게 해서는 안 된다.
9 그렇게 하는 것은 너희가 아직은 주 너희 하느님께서 너
희에게 주시는 안식처와 상속지에 들어가지 않았기 때문
이다. 10 그러나 너희가 요르단을 건너가, 주 너희 하느님께
서 너희에게 상속 재산으로 주시는 땅에 자리 잡고, 그분
께서 너희 주위에 있는 원수들을 모두 물리치시고 너희에
게 안식을 주셔서 너희가 평안히 살게 되면, 11 그때에는
내가 너희에게 명령하는 모든 것, 곧 번제물과 희생 제물,
십일조와 예물, 너희가 주님께 바치겠다고 서원한 가장 좋
은 서원 제물을, 주 너희 하느님께서 당신의 이름을 머무
르게 하시려고 선택하시는 곳으로 가져가야 한다. 12 그리
고 너희는 주 너희 하느님 앞에서 너희의 아들딸들, 남종
들과 여종들, 그리고 너희와 함께 받을 몫이나 상속 재산
없이 너희 성안에서 사는 레위인들과 함께 기뻐하여라.
13 너희는 눈에 뜨이는 아무 곳에서나 번제물을 바치는 일
이 없도록 조심해야 한다. 14 오직 주님께서 너희의 한 지
파에서 선택하시는 곳에서만 번제물을 바치고, 거기에서
또 내가 너희에게 명령하는 모든 것을 해야 한다.
15 그러나 주 너희 하느님께서 너희에게 베푸신 복에 따라,
너희가 원하는 대로 어느 성에서든지 짐승을 잡아 그 고
기를 먹을 수 있다. 부정한 사람도 정결한 사람도 그것을
영양이나 사슴 고기처럼 먹을 수 있다. 16 그러나 그 피를 먹

12,3. 7,5 주 참조.

12,11. "당신의 이름을 머무르게 하시려고" 이 표현은 아카드어를 차용한 것으로, 임금이 소유권과 주권을 드러내기 위해 기록문이나 기념비에 자기 이름을 넣어 영원히 기억하게 하는 관습을 반영한다(2사무 12,28 참조).

12,15. "짐승을 잡아" 히브리어 동사의 자구적인 의미는 짐승 도살을 통한 희생 제사를 가리키지만(탈출 20,24 참조) 여기서는 그런 의미로 쓰이지 않았다. 고기는 제물에서 보통 음식으로 바뀐다. 21절도 참조.

12,3 7,5. 12,5 요한 4,20. 12,7 14,26. 12,10 11,31. 12,12 10,9. 12,15 14,5. 12,16 레위 17,10-12.

어서는 안 된다. 그것은 물처럼 땅에 쏟아야 한다. 17 그리
고 너희의 곡식과 포도주와 기름의 십일조, 소와 양의 맏
배와 너희가 바치기로 서원한 온갖 서원 제물과 자원 제
물과 예물은, 너희가 사는 성에서 먹을 수 없다. 18 너희는
그것들을 주 너희 하느님께서 선택하시는 곳에서, 주 너희
하느님 앞에서만 먹을 수 있다. 너희는 너희의 아들딸들,
남종들과 여종들, 그리고 너희 성안에 사는 레위인들과
함께 먹으며, 너희 손으로 얻은 모든 것을 두고 주 너희 하
느님 앞에서 기뻐하여라. 19 너희는 저 땅에서 사는 동안
늘 레위인들을 저버리지 않도록 조심하여라.
20 주 너희 하느님께서 너희에게 말씀하신 대로 너희의 영
토를 넓혀 주신 뒤, 너희가 고기가 먹고 싶어서, '고기를
먹어야겠다.' 하면, 원하는 대로 고기를 먹을 수 있다. 21
주 너희 하느님께서 당신의 이름을 두시려고 선택하시는
곳이 너희가 사는 곳에서 멀리 떨어져 있으면, 내가 너희
에게 명령한 대로, 주님께서 너희에게 주신 소나 양을 잡
아, 너희가 사는 성에서 원하는 대로 먹을 수 있다. 22 영양
이나 사슴을 먹듯이 그 고기를 먹을 수 있으며, 부정한 사
람이나 정결한 사람이나 다 함께 그것을 먹을 수 있다. 23 그
렇지만 어떤 일이 있어도 피는 먹어서는 안 된다. 피는 생명
이고 생명을 고기와 함께 먹어서는 안 되기 때문이다. 24 너
희는 피를 먹어서는 안 된다. 그것은 물처럼 땅에 쏟아야 한
다. 25 너희는 그것을 먹어서는 안 된다. 주님의 눈에 드는 옳
은 일을 해야 너희와 너희 자손들이 잘될 것이다.
26 너희가 바쳐야 할 거룩한 것과 너희의 서원 제물은, 주
님께서 선택하시는 곳으로 들고 가야 한다. 27 번제물의 고
기와 피는 주 너희 하느님의 제단 위에서 바쳐야 한다. 희
생 제물의 피는 주 너희 하느님의 제단에 쏟고, 고기는 너
희가 먹어도 된다.
28 너희는 내가 너희에게 명령하는 이 모든 말을 명심하여
들어라. 그렇게 하는 것이 주 너희 하느님의 눈에 드는 좋
은 일과 옳은 일을 하는 것이므로, 그래야 너희와 너희 자
손들이 영원토록 잘될 것이다."

12,19 14,27. 12,20 창세 15,18. 12,23 레위 17,11.14. 12,25 4,40; 13,19. 12,28 4,40.

12,17. 자주 곡식과 포도주, 기름과 양을 하느님 축복의 표시로 여긴다(7,13; 11,14-15; 14,23; 28,51 참조). 주님께로부터 오는 이 좋은 것들은 온 백성에게 축복이므로 제물 봉헌을 위해 미리 선택된 장소로 옮겨져야 한다.

12,18. 5,14 주 참조.

12,19. 레위인들은 자기 땅을 갖지 않고 오직 주님께만 속했기 때문에(민수 3,12.45; 8,14; 18,6.23-24; 신명 18,1-2; 여호 14,3-4; 18,7 참조) 이스라엘 백성이 그들의 생계를 살펴야 했다(신명 14,27도 참조). 이에 관해 세 해마다 바치는 십일조 규정도 고려해야 한다(신명 14,28-29; 민수 18,20-32도 참조).

12,31. 예레 7,31; 19,5; 32,35도 이방신들에게 아이를 불살라 바치는 관습을 언급한다. 신명기계 역사가는 이 관습에 대해 아하즈와 므나쎄 임금을 비난한다(2열왕 16,3; 21,6 참조). 2열왕 23,10의 본문은 요시야가 아이들을 죽여 바치는 이교 예배 장소를 파괴하게 했다고 전한다.

13,1. 율법서에 어떤 것도 보태거나 빼지 말라고 이스라엘에게 경고한다(4,2 참조). 이 율법서는 공인된 공적 문서로, 성소에서 계약 궤 옆에 두어야 한다(31,26 참조). 그리고 칠 년마다(탕감의 해) 초막절에 이것을 공식적으로 읽어야 했다(31,10-13; 느헤 13,1-3 참조).

13,2-19. 우상 숭배 유혹을 물리치기 위한 세 개의 법이 사례를 드는 방식으로 제시된다. 이 법들은 거짓 예언자들의 제안(2-6절 참조), 가족의 은밀한 선동(7-12절 참조), 불량한 사람들이 성읍 전체를 유혹(12-18절 참조)하는 것을 다룬다.

13,2. 고대 근동에서 꿈은 계시의 도구여서 꿈을 풀이하는 능력은 높이 평가받았고 예언자는 그 설교와 능력으로 대중에게 큰 영향력을 행사했다. 그러나 이런 종교적 권위도 하느님과의 관계를 중심으로 식별해야 한다.

13,3.5. "섬기다"로 번역한 '아바드'는 이 문맥에서 "경배하다"라는 구체적인 의미를 갖는다.

가나안의 우상 숭배를 경고하다

29 "주 너희 하느님께서 너희가 가서 쫓아내려는 민족들을
너희 앞에서 제거하시면, 또 너희가 그들을 쫓아내고 그들
의 땅에 자리 잡으면, 30 그들이 너희 앞에서 멸망한 다음,
그들의 뒤를 따르려는 유혹에 넘어가지 않도록 조심하여
라. 또한 '이 민족들이 자기네 신들을 어떻게 섬겼을까? 나
도 그렇게 하고 싶다.' 하며 그들의 신들을 찾는 일이 없도
록 조심하여라. 31 너희는 주 너희 하느님을 그렇게 경배해
서는 안 된다. 그들은 저희 신들을 위하여 주님께서 싫어
하시는 온갖 역겨운 짓을 하며, 심지어 아들딸마저 불에
살라 저희 신들에게 바친다."

우상 숭배의 유혹을 물리쳐야 한다

13 1 "내가 너희에게 명령하는 모든 말을 명심하여
실천해야 한다. 거기에 무엇을 보태서도 안 되
고 빼서도 안 된다.
2 너희 가운데에서 예언자나 환몽가가 나타나 너희에게
표징이나 기적을 예고하고, 3 그가 말한 표징이나 기적이
일어나더라도, 너희가 알지 못하는 '다른 신들을 따라가
그들을 섬기자.' 하고 그가 말하거든, 4 너희는 그 예언자
나 환몽가의 말을 들어서는 안 된다. 그것은 주 너희 하느
님께서, 너희가 마음을 다하고 목숨을 다하여 주 너희 하
느님을 사랑하는지 알아보시려고 너희를 시험하시는 것
이다. 5 너희는 주 너희 하느님을 따르고 그분을 경외해야
한다. 그분의 계명을 지키고 그분의 말씀을 들으며, 그분
을 섬기고 그분께 매달려야 한다. 6 그 예언자나 환몽가는
죽임을 당해야 한다. 그자들은 너희를 이집트 땅에서 이
끌어 내시고 너희를 종살이하던 집에서 구해 내신 주 너
희 하느님을 배반하라는 말을 하여, 주 너희 하느님께서
너희에게 따라 걸으라고 명령하신 길을 벗어나게 만들었
기 때문이다. 이렇게 너희는 너희 가운데에서 악을 치워
버려야 한다.
7 너희의 동복형제나 너희의 아들이나 딸이나 너희 품의
아내나 너희 목숨과도 같은 친구가 은근히 너희를 꾀면서,
너희도 너희 조상들도 알지 못하던 '다른 신들을 섬기러
가자.' 하는 경우가 있을 것이다. 8 그 신들은 땅의 한쪽 끝

12,31 9,5; 18,10. 13,1 묵시 22,18-19. 13,2 마태 24,24; 마르 13,22. 13,4 8,2.16. 13,5 10,20; 2열왕 23,3. 13,6 17,7; 18,20; 마태 24,24; 마르 13,22. 13,7 17,2-7; 29,17.

에서 다른 쪽 끝까지, 가까이 있든 멀리 있든, 너희 주위에
있는 민족들의 신이다. 9 그런 경우에 너희는 그의 말을 받
아들이지도 듣지도 말아야 한다. 그를 동정하지도 불쌍히
여기지도 말며 그를 감싸 주지도 말아야 한다. 10 너희는
오히려 그를 반드시 죽여야 한다. 그를 죽일 때에는 너희
가 먼저 손을 대고, 온 백성이 그 뒤를 따라야 한다. 11 너
희는 돌을 던져 그를 죽여야 한다. 그는 이집트 땅, 종살이
하던 집에서 너희를 이끌어 내신 주 너희 하느님에게서 너
희를 떼어 내려고 하였기 때문이다. 12 그러면 온 이스라엘
이 그 일을 듣고 두려워하여, 너희 가운데에서 다시는 그
런 악한 짓을 저지르지 않을 것이다.
13 주 너희 하느님께서 너희에게 살라고 주시는 성읍들 가
운데 한 곳에서 들리는 말이, 14 너희 가운데에서 불량한
자들이 나와 성읍 주민들을 유혹하며, 너희가 알지 못하
던 '다른 신들을 섬기러 가자.' 한다 하거든, 15 너희는 탐
문하고 조사하고 심문해 보아야 한다. 그래서 너희 가운데
에서 그런 역겨운 짓이 벌어졌다는 말이 사실로 드러나면,
16 너희는 반드시 그 성읍 주민들을 칼로 쳐 죽이고, 성읍
과 그 안에 있는 모든 것과 가축까지 칼로 전멸시켜야 한
다. 17 그런 다음에 모든 노획물을 성읍의 광장 한가운데
에 모아 놓고, 성읍과 모든 노획물을 불살라 주 너희 하느
님께 통째로 바쳐야 한다. 그리고 그 성읍은 영원히 폐허
더미로 만들고 다시는 세우지 말아야 한다. 18 너희는 그
완전 봉헌물 가운데에서 아무것도 손을 대어서는 안 된
다. 그래야 주님께서 당신의 진노를 푸시고 너희를 가엾이
여기시며, 너희 조상들에게 맹세하신 대로 너희를 가여워
하시며 너희를 번성하게 해 주실 것이다. 19 너희가 주 너
희 하느님의 말씀을 듣고 내가 오늘 너희에게 명령하는 그
분의 모든 계명을 지켜, 주 너희 하느님의 눈에 드는 옳은
일을 하면, 주님께서 그렇게 해 주실 것이다."

13,9. 7,16 주 참조.

13,14. "불량한 자들"(자구적으로는 "무가치함['벨리아르']의 아들들" 곧 쓸모없는 사람들)은 반사회적 사람과 범죄자를 가리킨다. 그들의 행동은 사회의 안정을 위협한다. 벨리아르란 용어는 유다이즘, 쿰란, 신약 성경에서 사탄의 인격화로 자주 사용된다(2코린 6,15 참조).

13,10 17,5.7. 13,12 19,20. 13,14 1요한 2,19. 13,16 탈출 22,19. 13,17 여호 6,24; 8,28. 13,18 민수 25,4; 30,3. 13,19 12,28.

거룩한 백성에게 금지된 장례 풍습

14

1 “너희는 주 너희 하느님의 자녀들이다. 너희는 죽은 이를 위하여 제 몸에 상처를 내거나 앞머리를 밀어서는 안 된다. 2 이는 너희가 주 너희 하느님의 거룩한 백성이며, 주님께서 너희를 선택하시어 땅 위에 있는 모든 민족들 가운데에서 너희를 당신 소유의 백성으로 삼으셨기 때문이다.”

정결한 짐승과 부정한 짐승

3 “너희는 역겨운 것은 무엇이든지 먹어서는 안 된다. 4 너희가 먹을 수 있는 짐승은 이런 것들이다. 곧 소와 양과 염소, 5 사슴과 영양과 꽃사슴, 들염소와 산염소, 그리고 들양과 산양이다. 6 짐승 가운데 굽이 갈라지고 그 틈이 둘로 벌어져 있으며 새김질하는 짐승은 모두 너희가 먹을 수 있다. 7 그러나 새김질하거나 굽이 갈라졌더라도 이런 것들은 먹어서는 안 된다. 낙타와 토끼와 오소리는 새김질은 하지만 굽이 갈라지지 않았으므로 너희에게 부정한 것이다. 8 돼지는 굽은 갈라졌지만 새김질을 하지 않으므로 너희에게 부정한 것이다. 너희는 이런 짐승의 고기를 먹어서도 안 되고, 그 주검에 몸이 닿아서도 안 된다.

9 물에 사는 모든 것 가운데에서 이런 것은 너희가 먹을 수 있다. 지느러미와 비늘이 있는 것은 무엇이든 먹을 수 있다. 10 그러나 지느러미와 비늘이 없는 것은 너희에게 부정한 것이므로 먹어서는 안 된다.

11 정결한 새는 무엇이든지 너희가 먹을 수 있다. 12 그러나 그것들 가운데에서 먹을 수 없는 것은 이러하다. 곧 독수리와 참수리와 수염수리, 13 새매와 검은 솔개와 각종 말똥가리, 14 각종 모든 까마귀, 15 타조와 쏙독새와 갈매기와 각종 매, 16 부엉이와 올빼미와 따오기, 17 사다새와 물수리와 가마우지, 18 황새와 각종 왜가리와 오디새와 박쥐다. 19 날개 달린 곤충은 모두 너희에게 부정한 것이므로 먹어서는 안 된다. 20 그러나 정결하고 날개 달린 것은 모두 너희가 먹을 수 있다. 21 너희는 저절로 죽은 것은 아무것도 먹어서는 안 된다. 너희는 그것을 너희 성안에 있는 이방인에게 먹으라고 주거나, 외국인에게 팔아야 한다. 너희는 주 너희 하느님의 거룩한 백성이기 때문이다.

14,1. 우상 숭배와 결합된 가나안 사람들의 애도 예식을 금지한다(레위 19,28 참조). 그러나 이스라엘인들은 계속 그런 예식을 실행한다(예로 예레 16,6; 41,5; 47,5; 48,37 참조).

14,2-21. (자연사하지 않은 경우에) 먹을 수 있는 정결한 짐승과 먹을 수 없는 부정한 짐승이 구별된다. 레위 11,2-23의 목록에 비해 신명 14,4-5에서는 정결한 짐승 열 종류가 첨가된다. 그리고 날개를 가진 모든 곤충은 부정한 것으로(19절 참조) 여기지만 레위 11,22에서 메뚜기는 예외로 한다(마태 3,4; 마르 1,6 참조). 단락 전체를 포괄하는 2절과 21절에서 말하듯이 이스라엘은 주님의 거룩한 백성이기 때문에 이 법들을 지켜야 한다.

14,2. 7,6 주 참조.

14,21. 이스라엘은 생명의 기원인 주님께 봉헌된 백성이므로 부정한 것과 죽음에서 엄격하게 거리를 유지해야 한다(1절도 참조). 이런 의미에서 새끼 염소를 그 어미의 젖에 삶지 말라는 명령은(21절 참조) 생명(젖)을 죽음(살해된 염소)으로 오염시키지 말라는 명령일 수 있다. 이 규정에 대해서는 탈출 23,19; 34,26도 참조한다.

14,1-2 레위 19,27-28. 14,1 레위 21,5; 로마 8,14; 9,4. 14,2 7,6; 사도 15,14; 티토 2,14. 14,3-21 // 레위 11,1-47; 사도 10,14도 참조. 14,8 레위 11,26.27. 14,9 레위 11,9. 14,19 레위 11,20. 14,21 탈출 23,19; 34,26; 레위 17,15.

너희는 새끼 염소를 그 어미의 젖에 삶아서는 안 된다."

십일조 규정

22 "너희는 해마다 밭에서 나는 모든 소출의 십분의 일을
떼어 놓아야 한다. 23 너희는 주 너희 하느님께서 당신의
이름을 머무르게 하시려고 선택하시는 곳에서, 너희의 곡
식과 포도주와 기름의 십분의 일을, 그리고 너희의 소와
양의 맏배를 그분 앞에서 먹어야 한다. 그러면 너희가 언
제나 주 너희 하느님을 경외하는 법을 배울 수 있을 것이
다. 24 그러나 주 너희 하느님께서 너희에게 복을 내리셨는
데, 주님께서 당신의 이름을 두시려고 선택하시는 곳이 너
희에게서 너무 떨어져 있어서, 길이 멀어 십일조를 가져갈
수 없을 경우에는, 25 그것을 돈으로 바꾸어서 손에 단단
히 쥐고, 주 너희 하느님께서 선택하시는 곳으로 가야 한
다. 26 거기에서 너희가 원하는 것은 무엇이든지, 소나 양,
포도주나 독주, 그리고 마음에 드는 것은 무엇이든지 돈
을 주고 사서, 주 너희 하느님 앞에서 먹으며, 너희와 너희
의 온 집안이 기뻐해야 한다. 27 또한 너희 성안에 사는 레
위인들도 저버려서는 안 된다. 그들에게는 너희와 함께 받
을 몫도 상속 재산도 없기 때문이다.
28 너희는 세 해마다 끝에, 그해에 난 소출의 십분의 일을
모두 가져다가 너희 성안에 저장해 두어라. 29 그러면 너희
성안에서, 너희와 함께 받을 몫도 상속 재산도 없는 레위
인과 이방인과 고아와 과부가 와서 배불리 먹게 될 것이
다. 그러면 주 너희 하느님께서는 너희가 하는 모든 일에
복을 내리실 것이다."

빚을 탕감해 주는 해에 대한 규정

15 1 "너희는 일곱 해마다 빚을 탕감해 주어야 한
다. 2 탕감에 관한 규정은 이러하다. 이웃에게
빚을 준 모든 사람은 자기가 꾸어 준 것을 탕감해 주어야
한다. 주님의 탕감령이 선포되었으므로, 자기 이웃이나

14,22-29. 매년 바치는 십일조는 성전에 봉헌해야 했다. 거주 장소에서 성전까지 십일조를 운반하는 어려움을 피하기 위해 돈으로 바꾼 후에 예루살렘에서 봉헌할 물건들을 다시 살 수 있었다. 세 해마다 바치는 십일조는 고아, 과부, 이방인(시민과 동화된 이주민), 레위인들 같은 약자들에게 분배되었고 이는 바로 그 거주지에서 소비해야 했다(26,12-15; 토빗 1,8 참조). 세 해마다 바치는 십일조가 해마다 바치는 그해의 십일조를 대체하는지 아니면 거기에 덧붙이는지는 분명하지 않다.

14,27-29. 십일조의 참된 의미는 소출의 십분의 일을 하느님께 바치는 종교적 규정인 동시에 가난한 사람들을 돕는 정의 구현의 역할에 있다.

14,22 레위 27,30; 마태 23,23. 14,23 4,10; 12,5-7. 14,24 12,5.21. 14,26 12,7.18. 14,27 12,12; 민수 18,20. 14,28 26,12. 14,29 15,10; 26,12; 루카 14,13. 15,1 31,10.

15,1-11. 안식년에 규정된 땅의 휴식에(탈출 23,10-11; 레위 25,2-7 참조) 빚 탕감이 추가된다(신명 31,10 참조). 일곱째 해마다 주님을 위해 빚 탕감이 이루어져야 하는데(느헤 10,32도 참조), 백성에 속하지 않는 이방인은 이 은혜를 입을 수 없다. 이 유형의 법령이 메소포타미아의 고대 바빌론에 이미 존재했다. 그곳에서 임금은 신하들에게 좋은 아버지, 의롭고 올바른 임금으로서 자신을 소개하였는데, (무엇보다도 즉위의 순간에) 곤궁한 상태에서 진 빚을 탕감했다.

동족에게 독촉해서는 안 된다. 3 너희가 외국인에게는 독
촉할 수 있지만, 너희 동족이 너희에게 진 빚은 탕감해 주
어야 한다. 4 주 너희 하느님께서 너희에게 상속 재산으로
차지하라고 주시는 땅에서 너희에게 복을 내리실 것이므
로, 너희 가운데에는 가난한 이가 없을 것이다. 5 너희가 주
너희 하느님의 말씀을 잘 들어, 내가 오늘 너희에게 명령
하는 이 모든 계명을 명심하여 실천하기만 하면 그렇게 될
것이다. 6 주 너희 하느님께서 너희에게 말씀하신 대로 너
희에게 복을 베푸실 것이므로, 너희가 많은 민족들에게
꾸어 주기는 하여도 꾸지는 않을 것이고, 너희가 많은 민
족들을 다스리기는 하여도 그들이 너희를 다스리지는 못
할 것이다."

가난한 이들에 대한 규정

7 "주 너희 하느님께서 너희에게 주시는 땅 어느 성에서 너
희 동족 가운데 가난한 이가 있거든, 가난한 그 동족에게
매정한 마음을 품거나 인색하게 굴어서는 안 된다. 8 오히
려 너희 손을 활짝 펴서, 그가 필요한 만큼 넉넉히 꾸어 주
어야 한다. 9 너희 마음에 비열한 생각이 들어, '일곱째 해,
곧 탕감의 해가 다가오는구나.' 하면서, 너희가 가난한 동
족을 괄시하고 그에게 아무것도 주지 않는 일이 없도록 조
심하여라. 그가 너희를 걸어 주님께 호소하면 너희에게 죄
가 될 것이다. 10 너희는 그에게 반드시 주어야 한다. 그리
고 그에게 줄 때에 아까워하는 마음을 갖지 말아야 한다.
그러면 이 일 때문에, 주 너희 하느님께서 너희가 하는 모
든 일과 너희가 손대는 모든 것에 복을 내리실 것이다. 11
그 땅에서 가난한 이가 없어지지는 않을 것이다. 그러므로
내가, 너희 땅에 있는 궁핍하고 가난한 동족에게 너희 손
을 활짝 펴 주라고 너희에게 명령하는 것이다."

빚 때문에 종이 된 이를 놓아주는 규정

12 "너희 동족인 히브리 남자나 여자가 너희에게 팔려 와
서, 여섯 해 동안 너희의 종으로 일할 경우, 일곱째 해에
는 그를 자유로이 놓아주어야 한다. 13 너희가 그를 자유로
이 놓아줄 때, 그를 빈손으로 놓아주어서는 안 된다. 14 너
희는 그에게 너희의 양 떼와 타작마당과 술틀에서 넉넉히

15,9. "비열한"으로 번역한 단어는 우상 숭배의 유혹 맥락에서 "불량한"(13,14)과 동일하게 쓰였다. 동족에게 흔쾌히 꾸어 주지 않는 것은 우상 숭배만큼이나 나쁜 행위이다. 가난한 동족을 괄시하는 것(자구적으로는 "너의 눈이 너의 가난한 형제에게 악하다")은 인색하게 행동하는 것(잠언 23,6 참조)을 뜻한다.

15,12-18. 종살이에서 풀어 주는 것에 대한 율법 조치는 계약 법전에 규정된 것(탈출 21,2-11 참조)보다 더 인간적이다. 무엇보다도 파산으로 종이 된 히브리인들은 형제들로 여겨진다. 사실 모든 히브리인이 이집트에서 종이었고 주님에 의해 해방되었다. 남녀가 같은 권리를 지니며, 그들이 해방될 때 빈손으로 내보내서는 안 된다. 원한다면 그들은 주인에게 계속 속해 있을 수 있으며, 그 가족과 결정적 인연을 맺는다는 상징으로 문에 대고 그의 귀를 뚫는다.

15,4 사도 4,34. 15,5 28,1. 15,6 28,12.13. 15,7 마태 5,42; 1요한 3,17. 15,8 레위 25,35. 15,9 24,15; 마태 6,23. 15,10 24,19; 2코린 9,5.7. 15,11 마태 26,11; 마르 14,7; 요한 12,8. 15,12 탈출 21,2; 레위 25,39.

내주어야 한다. 주 너희 하느님께서 너희에게 복을 내리신
것을 그에게도 주어야 하는 것이다. 15 너희는 너희가 이집
트 땅에서 종이었다는 것과 주 너희 하느님께서 너희를 구
해 내신 것을 기억하여라. 그래서 내가 오늘 너희에게 이
것을 명령하는 것이다.
16 그러나 그 종이 너희와 너희 집안을 사랑하고 너희와
함께 있는 것이 좋아서, 너희에게 '저는 주인님에게서 떠
나지 않겠습니다.' 하고 말하면, 17 너희는 송곳을 가져다
가 그의 귀를 문에 대고 뚫어라. 그러면 그는 평생 너희의
종이 될 것이다. 너희의 여종에게도 똑같이 하여라.
18 너희는 그를 자유로이 놓아줄 때에 그것을 언짢게 여겨
서는 안 된다. 그는 여섯 해 동안 품팔이꾼 삯의 갑절만큼
이나 너희를 섬겼기 때문이다. 그러면 주 너희 하느님께서
너희가 무슨 일을 하든지 너희에게 복을 내리실 것이다."

가축의 맏배에 대한 규정

19 "너희의 소와 양에게서 난 맏배의 수컷은 모두 주 너희
하느님께 봉헌해야 한다. 너희는 소의 맏배를 부리거나 양
의 맏배의 털을 깎아서는 안 된다. 20 주님께서 선택하시는
곳에서, 주 너희 하느님 앞에서 너희와 너희 집안은 해마
다 그것을 먹어야 한다. 21 그러나 그 짐승에게 흠이 있으
면, 곧 다리를 절거나 눈이 멀었거나 그 밖에 어떤 흉한 흠
이 있으면, 그것을 주 너희 하느님께 제물로 잡아 바쳐서
는 안 된다. 22 그런 것은 영양과 사슴처럼, 너희 성안에서
부정한 이와 정결한 이가 다 함께 먹을 수 있다. 23 그렇지
만 그 피를 먹어서는 안 된다. 그것은 물처럼 땅에 쏟아야
한다."

15,19-20. 짐승의 수컷 맏배를 봉헌하는 법을 다시 소개한다(탈출 13,1-2; 22,29 참조). 이 맏배들은 해마다 연례 축제 중 한 날에 성소에서 제물로 바쳐야 한다.

15,15 5,15; 16,12. 15,16-17 탈출 21,5.6. 15,19 탈출 13,2. 15,20 12,5-7.17. 15,21 레위 22,19-25. 15,22 12,15.22. 15,23 12,16.

파스카 축제

16

1 "너희는 아빕 달을 지켜, 주 너희 하느님을 위
하여 파스카 축제를 지내야 한다. 그것은 아빕
달에, 주 너희 하느님께서 너희를 밤에 이집트에서 이끌
어 내오셨기 때문이다. 2 주님께서 당신의 이름을 머무르게
하시려고 선택하시는 곳에서, 양과 소를 주 너희 하느님께
파스카 제물로 잡아 바쳐야 한다. 3 너희는 누룩 넣은 빵을
그 제물과 함께 먹어서는 안 된다. 이레 동안은 누룩 없는
빵, 곧 고난의 빵을 그 제물과 함께 먹어야 한다. 그것은
너희가 이집트 땅에서 급하게 나왔기 때문이다. 또한 너희
가 이집트 땅에서 나온 날을 평생토록 기억하게 하려는 것
이다. 4 이레 동안은 너희 영토 어디에서든지 누룩이 너희
눈에 뜨여서도 안 되고, 너희가 첫날 저녁에 제물로 잡은
고기가 아침까지 남아 있어서도 안 된다. 5 너희는 주 너희
하느님께서 너희에게 주시는 성 가운데 아무 데서나 파스
카 제물을 잡아 바칠 수는 없다. 6 오직 주 너희 하느님께서
당신의 이름을 머무르게 하시려고 선택하시는 곳에서만,
너희가 이집트에서 나오던 그 시각, 곧 저녁 해거름에 파
스카 제물을 잡아 바쳐야 한다. 7 너희는 주 너희 하느님께
서 선택하시는 곳에서 고기를 끓여 먹고, 아침에 너희 천
막으로 돌아가야 한다. 8 너희는 엿새 동안 누룩 없는 빵을
먹어야 하며, 이렛날에는 주 너희 하느님을 위하여 거룩한
집회를 열어야 한다. 그날은 어떤 일도 해서는 안 된다."

주간절

9 "너희는 일곱 주간을 세는데, 수확할 곡식에 낫을 대는
날부터 시작하여 일곱 주간을 세어야 한다. 10 그런 다음
에 주 너희 하느님께서 너희에게 복을 내려 주시는 대로,
너희가 바칠 자원 제물을 들고 와서, 주 너희 하느님을 위
하여 주간절 축제를 지내야 한다. 11 너희는 주 너희 하느
님께서 당신의 이름을 머무르게 하시려고 선택하시는 곳

16,1-7. 이 전례력에 대한 다른 사항들은 탈출 23,14-17 주도 참조. 이전 전례력(탈출 23,14-17; 34,18-26; 민수 28-29장 참조)에 비해서 다양한 의식이 이루어져야 할 장소를 명시하는 것(2절의 "주님께서 당신의 이름을 머무르게 하시려고 선택하시는 곳" 6.15.16절도 참조)에 주목할 필요가 있다. 이는 가정 의식에서 공동체적·국가적 의식으로 옮겨가는 표징이다(레위 23,1-44의 전례력 참조).

16,1-8. 한 해의 첫 달인 아빕 달(탈출 23,15; 34,18 참조), 바빌론 달력으로는 니산 달에 파스카를 지낸다(탈출 12,1-14 참조). 이 축제에 무교절 축제가 덧붙는다(탈출 12,15-20; 레위 23,5-8도 참조. 이 의식에 따라 파스카 축제를 지낸 것은 2열왕 23,21-23; 2역대 35,1-19 참조). 전례에서 이집트 탈출을 기억하고 기념하면서(1.3.12절 참조) 그 탈출을 현재화하고 개인적으로 그것에 참여한다. 오늘날에도 유다교에서는 장엄한 파스카 만찬에서 이집트 탈출 이야기를 읽으면서(히브리어로 하가다) 모든 세대의 각자는 그 자신이 이집트에서 탈출한 것으로 여겨야 한다고 반복한다(탈출 13,8; 신명 6,23).

16,9-12. 보리 수확이 시작된 날로부터 일곱 주간 뒤에(레위 23,15-16 참조) 주간절 축제(또는 오순절. 파스카 축제 후 오십 일째)를 지낸다. 이 맏물 축제(탈출 34,22 참조)는 밀 수확과 일치하므로 탈출 23,16에서는 수확절로 불린다. 후에 이스라엘은 이를 구원 역사와 연결하여 율법을 선물 받은 축제로 지낸다.

16,1 탈출 12,2.29.42; 13,4. 16,2 12,5.26; 마르 14,12. 16,3 탈출 12,8.15; 루카 22,19. 16,4 탈출 12,10; 13,7. 16,6 12,5; 탈출 12,6. 16,7 탈출 12,8.9. 16,8 탈출 12,16. 16,9 탈출 23,16; 34,22; 레위 23,15; 민수 28,26. 16,11 12,7.12.

✠ 16,1-17. 이 단락의 전례력은 무교절 축제와 연결된 파스카 축제, 주간절 축제, 초막절 축제(탈출 23,14-17; 34,18-23 참조. 레위 23장은 다른 축제들을 덧붙이고 전례 주기를 정의한다)의 3대 연례 대축일 거행을 소개한다. 이것들은 순례 축제인데 주님께서 선택하신 곳에서 지내기 때문이다(5-6.11.15.16절 참조). 일 년에 세 번 (토라의 명령을 지킬 의무가 있는) 모든 히브리 성인 남자들은 예루살렘에 가야 했다. 따라서 전례를 통해 국가적 일치의 의미도 강화된다.

에서, 너희의 아들과 딸, 남종과 여종, 그리고 너희 성안에
사는 레위인, 너희 가운데에 있는 이방인과 고아와 과부
와 함께 주 너희 하느님 앞에서 기뻐하여라. 12 너희는 너
희가 이집트 땅에서 종이었던 것을 기억하고, 이 모든 규
정을 명심하여 실천해야 한다."

초막절

13 "너희는 타작마당과 술틀에서 소출을 거두어들일 때,
이레 동안 초막절 축제를 지내야 한다. 14 너희는 축제를
지내는 동안, 너희의 아들과 딸, 남종과 여종, 그리고 너희
성안에 사는 레위인과 이방인과 고아와 과부와 함께 기뻐
하여라. 15 이레 동안 너희는 주님께서 선택하시는 곳에서,
주 너희 하느님을 위하여 축제를 지내야 한다. 주 너희 하
느님께서 너희의 모든 소출과 너희가 손대는 모든 일에 복
을 내리시어, 너희가 한껏 기뻐하게 될 것이기 때문이다.
16 너희 가운데 모든 남자는 해마다 세 번씩, 곧 무교절과
주간절과 초막절에, 주 너희 하느님께서 선택하시는 곳에
서, 그분 앞에 나아가야 한다. 그러나 빈손으로 주님 앞에
나아가서는 안 된다. 17 저마다 주 너희 하느님께서 내려
주신 복에 따라, 제 능력껏 주님께 바쳐야 한다."

16,13-15. 가을에는 초막절 축제를 지낸다(레위 23,33-43 참조). 이것은 올리브와 포도를 수확하는 고대 축제인데 추수절로도 불리며(탈출 23,16ㄴ; 34,22 참조) 순례 축제들 중 가장 큰 축제요 최고 축제로 여긴다(1열왕 8,2.65; 에제 45,25 참조).

판관이 지켜야 할 규정

18 "너희는 주 너희 하느님께서 너희에게 주시는 모든 성에
판관들과 관리들을 세워, 그들이 백성에게 올바른 재판을
하게 해야 한다. 19 너희는 공정을 왜곡해서도 안 되고 한
쪽을 편들어서도 안 되며 뇌물을 받아서도 안 된다. 뇌물
은 지혜로운 이들의 눈을 어둡게 하고, 의로운 이들의 송
사를 뒤엎어 버린다. 20 너희는 정의, 오직 정의만 따라야
한다. 그래야 너희가 살 수 있고, 주 너희 하느님께서 너희
에게 주시는 땅을 차지할 것이다."

16,18-20. 판관에 대한 법에서 예언자들의 영향을 알아볼 수 있다. 판관들은 편파적이지 않아야 하며 정의에 맞게 재판해야 한다(2역대 19,5-11 참조).

16,12 15,15. 16,13 탈출 23,16; 레위 23,34. 16,15 레위 23,39. 16,16 탈출 23,14-17; 34,20.23; 루카 2,41; 요한 7,2. 16,18 1,16. 16,19 1,17; 탈출 23,8. 16,20 로마 9,31.

16,18. 여기서 공적 권리를 다루는 항목이 시작된다. 첫째 부분(16,18-18,22 참조)에서는 국가의 정치적·종교적 조직에 대해 소개한다. 둘째 부분(19,1-21,9 참조)에는 살인(19,1-13; 21,1-9 참조) 및 이웃의 경계 존중(19,14 참조), 증인들(19,15-20 참조), 전쟁(20,1-20 참조)과 관련된 다양한 규정이 모여 있다. 첫째 대목은 판관과 관리(16,18-17,13 참조), 임금(17,14-20 참조), 레위인 사제(18,1-8 참조), 예언자(18,9-22 참조)의 이스라엘 공직 네 계층을 소개한다.

16,21-22. 7,5 주 참조.

16,21-17,1. 예배에 관한 세 가지 금령을 명확히 제시한다. 처음 두 가지는 7,5; 12,3 참조. 마지막 금령인 하느님께서 역겨워하시는 일에 대해서는 레위 22,19-20 참조.

17,2-3. 하느님의 말씀과 모세의 말 사이의 중첩에 관해서는 1,8 주 참조.

17,2-7. 피고의 유죄를 법정에서 확증하기 위해 증인 두세 명의 증언이 필요하다(19,15 참조). 사형의 경우에 증인들이 먼저 죄인에게 돌을 던지고 그다음 온 백성이 형벌 집행에 참여한다고 정함으로써 증인들의 막중한 책임이 강조된다.

17,8-13. 특히 힘든 소송을 위해 성소에 레위인 사제들과 책임을 맡은 재판관들로(1,9-18 참조) 이루어진 중앙 법정이 있었다. 2역대 19,5-11에 따르면 이 새 조직은 여호사팟 왕조 시대에 만들어졌다.

금지된 예배 관습

21 "너희가 만들 주 너희 하느님의 제단 옆에, 어떤 나무로
도 아세라 목상을 박아서는 안 된다. 22 또한 주 너희 하느
님께서 싫어하시는 기념 기둥을 세워서도 안 된다.

17 1 어떤 결함이든 흠이 있는 소나 양을 주 너희
하느님께 제물로 바쳐서는 안 된다. 주 너희 하
느님께서는 그것을 역겨워하신다.
2 너희 가운데에서, 곧 주 너희 하느님께서 너희에게 주시
는 성들 가운데 한 곳에서, 남자든 여자든 주 너희 하느님
의 계약을 어기고 그분의 눈에 거슬리는 악한 짓을 저지
를 경우, 3 내가 명령하지 않았는데도 해나 달이나 하늘의
모든 군대와 같은 다른 신들에게 가서 그것들을 섬기고
경배할 경우, 4 그 일을 너희가 듣고 알게 되면, 철저히 조
사해 보아야 한다. 그런 다음에 이스라엘에서 그런 역겨운
짓을 한 것이 사실로 드러나면, 5 너희는 그 악한 짓을 저
지른 남자나 여자를 성문으로 끌어내어, 돌을 던져 죽여
야 한다. 6 그렇지만 반드시 증인 둘이나 셋의 증언이 있어
야 그를 죽일 수 있다. 증인 한 사람의 증언으로 그를 죽여
서는 안 된다. 7 증인들이 먼저 그에게 손을 대고, 온 백성
이 그 뒤를 따라야 한다. 이렇게 너희는 너희 가운데에서
그 악을 치워 버려야 한다."

성소에서 이루어지는 재판

8 "너희 성안에서 살인이나 다툼이나 폭력과 관련하여 너희
가 판결을 내리기 어려운 송사가 있을 경우에는, 일어나 주 너
희 하느님께서 선택하시는 곳으로 올라가야 한다. 9 너희
는 레위인 사제들과 그때에 직무를 맡은 판관에게 가서 문
의해야 한다. 그러면 그들이 너희에게 그 사건의 판결을
알려 줄 것이다. 10 너희는 주님께서 선택하시는 곳에서 그
들이 너희에게 알려 준 판결대로 해야 한다. 그들이 너희
에게 지시하는 그대로 명심하여 실행해야 한다. 11 너희는
그들이 너희에게 내리는 지시와, 너희에게 일러 주는 판결
대로 실행해야 한다. 그들이 너희에게 알려 주는 결정에서
오른쪽으로도 왼쪽으로도 벗어나서는 안 된다. 12 그러나
어떤 사람이 거기에서 주 너희 하느님을 섬기는 당직 사제

16,21 7,5; 탈출 34,13. 17,1 15,21; 말라 1,8.13. 17,2 13,7. 17,4 13,13.15. 17,6 히브 10,28; 또한 민수 35,30; 신명 19,15; 마태 18,16; 마르 14,56; 요한 8,7도 참조. 17,7 13,6.10; 요한 8,7; 사도 7,58; 1코린 5,13. 17,8-13 마태 5,22. 17,8 12,5. 17,9 19,17; 에제 44,24. 17,11 25,1.

나 판관의 말을 듣지 않고 제멋대로 행동하면, 그 사람은
마땅히 죽어야 한다. 이렇게 너희는 이스라엘에서 악을 치
워 버려야 한다. 13 그러면 온 백성이 듣고서 두려워하며
다시는 주제넘게 굴지 않을 것이다."

임금이 지켜야 할 규정

14 "너희는 주 너희 하느님께서 너희에게 주시는 땅으로 들
어가서 그 땅을 차지하고 그곳에 자리 잡은 다음, '우리도
우리 주위에 있는 모든 민족들처럼 임금을 세워야지.' 하
는 생각이 들거든, 15 반드시 주 너희 하느님께서 선택하시
는 사람을 임금으로 세워야 한다. 너희는 너희 동족 가운
데에서 임금을 세워야 하며, 너희 동족이 아닌 외국인을
임금으로 삼아서는 안 된다.
16 그렇지만 임금은 군마를 늘리거나, 그것을 늘리려고 백
성을 이집트로 돌려보내서는 안 된다. 주님께서 너희에게
'다시는 너희가 이 길로 돌아가서는 안 된다.' 하고 말씀하
셨기 때문이다. 17 임금은 또 아내를 늘려 마음이 빗나가
는 일이 있어서는 안 되고, 은이나 금을 너무 많이 늘려서
도 안 된다.
18 임금은 왕위에 오르면, 레위인 사제들 앞에서 이 율법의
사본을 책에 기록해야 한다. 19 그리고 그것을 자기 곁에
두고 평생토록 날마다 읽으면서, 주 자기 하느님을 경외하
는 법을 배우고, 이 율법의 모든 말씀과 이 규정을 명심하
여 실천해야 한다. 20 그렇게 하여 그는 자기 동족을 업신
여기지 않고, 계명에서 오른쪽으로도 왼쪽으로도 벗어나
지 말아야 한다. 그러면 그와 그의 자손들이 이스라엘에
서 오랫동안 왕위에 앉을 것이다."

레위인의 권리

18 1 "레위인 사제들을 비롯하여 온 레위 지파는
이스라엘과 함께 받을 몫이나 상속 재산이 없
다. 그래서 그들은 주님께 바치는 화제물과 사람들이 그분
의 상속 재산에서 바치는 예물을 먹고 살아야 한다. 2 그들
에게는 자기 동족 가운데에서 차지할 상속 재산이 없다.
주님께서 그들에게 이르신 대로, 주님께서 바로 그들의 상

17,13 13,12; 19,20. 17,14 11,31; 1사무 8,5.19.20. 17,15 예레 30,21. 17,16 1열왕 10,26.28; 이사 31,1; 에제 17,15. 17,17 1열왕 11,3.4. 17,18 31,24-26. 17,19 여호 1,8. 17,20 5,32; 사도 1,25. 18,1 10,9; 1코린 9,13.

17,14. 이스라엘과 다른 주변 민족들이 동등하다고 보고 임금을 요구한 이유에 대해 사무엘은 이스라엘에서도 인간의 혈통에 따라 왕위 계승 제도를 얻으려는 저속한 속셈이라고 단죄할 것이다(1사무 8,4-18; 12장도 참조).

17,16. 여기서 솔로몬 왕국을 암시하는 것 같다(1열왕 10,26-29과 12,1-19 참조).

17,17. 1열왕 11,1-8 주해 참조.

17,18. "율법의 사본"(히브리어의 자구적 번역)으로 옮긴 부분을 칠십인역은 '데우테로노미온'("두 번째 율법서")이라고 번역하는데 여기서 모세 오경의 다섯째 책 이름이 나온다.

17,20. 시편 2,7과 45,6-9 같은 본문들은 몇몇 시적 과장법을 차치하고라도 이런 유형의 임금이 보여 주는 단순함과 겸손과는 대조된다. 이 본문들의 임금 모습은 하느님 모습에 매우 가깝다.

18,1-8. 레위인들에게 맡겨진 봉사에 대해서는 민수 3,1-39; 8,5-26; 18,1-7.23도 참조.

18,1-5. 다른 지파들과는 달리, 전례 봉사에 봉헌된 레위인에게는 땅이 분배되지 않는다. 레위인은 희생 예물로 생계를 유지해야 한다(레위 7,31-35; 민수 18,8-24.29-31 참조).

18,1. 민수기는 사제를 아론의 자손으로, 레위인을 아론과 아론 자손의 시중을 드는 사람으로(민수 3,6.9; 18,2) 구별하지만, 신명기는 이 둘을 구별하기보다 공통점을 강조하고 나란히 언급함으로써 레위 지파 전체가 사제와 같이 중요하다는 것을 드러낸다.

속 재산이시다.
3 백성에게, 곧 소나 양을 제물로 잡아 바치는 사람들에게
사제들이 요구할 수 있는 것은 이러하다. 사제들에게는 그
제물의 어깨와 턱과 위를 주어야 한다. 4 너희는 너희의 곡
식과 포도주와 기름의 맏물, 그리고 양털의 맏물도 그들
에게 주어야 한다. 5 그것은 주 너희 하느님께서 너희의 모
든 지파 가운데에서 그들을 선택하셔서, 그들과 그 아들
들이 언제나 그분 앞에 서서 주님의 이름으로 예식을 거
행하게 하셨기 때문이다.
6 레위인이 이스라엘 어디에서든지, 너희 성들 가운데 한
곳에서 살다가, 자기가 원하여 그곳을 떠나 주님께서 선택
하시는 곳으로 갈 경우, 7 그는 그곳에서 주님 앞에 서 있
는 다른 모든 형제 레위인처럼 주 자기 하느님의 이름으로
예식을 거행할 수 있다. 8 또한 그는 조상에게서 받은 것을
팔아 얻는 수입과 상관없이, 그들과 똑같은 몫을 받아먹
을 수 있다."

18,8. 레위 25,32-34에 따르면 레위인들에게는 자기 성읍에서 소유한 집들을 되살 수 있는 영구적인 권한이 있었다(민수 35,2-5 참조).

이방 풍습의 금지

9 "너희는 주 너희 하느님께서 너희에게 주시는 땅에 들어
가거든, 그 민족들의 역겨운 짓을 배워 그대로 해서는 안
된다. 10 너희에게는 제 아들이나 딸을 불 가운데로 지나가
게 하는 자와, 점쟁이와 복술가와 요술사와 주술사, 11 그리
고 주문을 외우는 자와 혼령이나 혼백을 불러 물어보는 자
와 죽은 자들에게 문의하는 자가 있어서는 안 된다. 12 그
런 짓을 하는 자는 누구나 주님께서 역겨워하신다. 주 너
희 하느님께서는 그런 역겨운 짓 때문에 그들을 너희 앞
에서 쫓아내신다. 13 너희는 주 너희 하느님께 흠이 없어야
한다. 14 너희가 쫓아낼 저 민족들은 복술가들이나 점쟁이
들의 말을 듣지만, 너희에게는 주 너희 하느님께서 그것을
허락하지 않으셨다."

18,9-12. "역겨운 짓" 이 용어(히브리어로 '토에바')는 신명기에 여러 번 나오는데 몇몇 심각한 관행들을 단죄한다(17,1; 22,5; 23,19; 24,4; 25,16 참조). 아이들을 제물로 바치는 제사는 12,31; 예레 7,31; 에제 16,21도 참조. 영매들과 점쟁이들의 자문에 대해서는 레위 19,31; 20,6.27; 1사무 28,9 참조.

18,3 레위 7,30-34. 18,4 민수 18,12. 18,5 10,8. 18,7 히브 10,11. 18,8 느헤 12,44.47. 18,9 12,29-31. 18,10 12,31; 레위 19,26.31; 사도 19,19. 18,12 9,4. 18,13 마태 5,48.

참예언자의 모습

15 "주 너희 하느님께서 너희 동족 가운데에서 나와 같은 예
언자를 일으켜 주실 것이니, 너희는 그의 말을 들어야 한
다. 16 그것은 너희가 호렙에서 집회의 날에 주 너희 하느님
께 청한 것이다. 그때에 너희는 이렇게 말하였다. '다시는
저희가 주 저희 하느님의 소리를 듣지 않게 하시고 이 큰
불도 보지 않게 해 주십시오. 저희가 죽지 않게 해 주십시
오.' 17 그러자 주님께서 나에게 말씀하셨다. '그들이 한 말
은 옳다. 18 나는 그들을 위하여 그들의 동족 가운데에서
너와 같은 예언자 하나를 일으켜, 나의 말을 그의 입에 담
아 줄 것이다. 그러면 그는 내가 그에게 명령하는 모든 것
을 그들에게 일러 줄 것이다. 19 그가 내 이름으로 이르는
말을 듣지 않는 사람은 내가 직접 추궁할 것이다. 20 또한
내가 말하라고 명령하지도 않은 것을 주제넘게 내 이름으
로 말하거나, 다른 신들의 이름으로 말하는 예언자가 있으
면, 그 예언자는 죽어야 한다.'
21 그런데 너희가 마음속으로, '주님께서 하지 않으신 말
씀을 우리가 어떻게 알아낼 수 있을까?' 하고 생각할 수도
있을 것이다. 22 그러나 예언자가 주님의 이름으로 말하였
는데도 그 말이 이루어지지 않거나 일어나지 않으면, 그것
은 주님께서 하신 말씀이 아니라 예언자가 제멋대로 말한
것이므로, 너희는 그를 무서워해서는 안 된다."

도피 성읍

19 1 "주 너희 하느님께서 너희에게 주시는 땅, 그
곳에 사는 민족들을 주 너희 하느님께서 없애
버리시고, 너희가 그들을 쫓아내어 그 성읍과 집에서 살
게 되면, 2 주 너희 하느님께서 너희에게 차지하라고 주시
는 땅에 성읍 셋을 따로 떼어 놓아야 한다. 3 그러고 나서
주 너희 하느님께서 너희에게 상속 재산으로 주시는 땅을
세 지역으로 나누고 길을 지정하여, 모든 살인자가 그곳으
로 피신할 수 있게 하여라.
4 살인자가 피신하여 살 수 있는 경우는 이러하다. 전에 미

18,15. 이 언약에 기초하여 이스라엘은 새로운 모세이자 완전한 예언자로서 메시아를 고대하였다(요한 1,21 참조). 사도 3,22-26에 따르면 이 예언은 그리스도 안에서 성취된다.

18,18-22. 예언자는 주님의 이름으로 말하는 사람이다. 그의 말은 하느님의 말씀이며 이루어져야 한다. 바로 이것이 거짓 예언자와 참된 예언자를 구별하게 해 주는 기준이다(1열왕 13장 참조). 신명 13,2-5에 따르면 또 다른 기준은 주님의 뜻에 대한 예언자의 충실이다(1열왕 13,20-26 참조).

19,1-13. 실수로 살인한 사람은 피의 보복자(민수 35,19 참조. 히브리어로 '고엘 하땀', 살해당한 친척의 무죄한 피를 속량하는 사람)에게서 피신하기 위해 특정 도성 안으로 도피하면 목숨을 구할 수 있다. 2절과 7절에 따르면 이 목적으로 성읍 셋을 따로 떼어 놓고 영토가 확장된 경우에 거기에 또 세 성읍을 덧붙일 수 있다. 민수 35,13-14에 따르면 도피 성읍은 요르단 건너편에 세 개, 가나안 땅 안에 세 개가 있었다(여호 20장도 참조). 이 성읍들의 위치는 쉽게 도달할 수 있는 곳이어야 했다.

18,15-19 사도 3,22-23. 18,15 사도 7,37; 또한 마태 17,5; 마르 9,4.7; 루카 7,39; 9,35; 24,25; 요한 1,21; 5,46도 참조. 18,16 5,23-27; 탈출 20,19. 18,17 5,28. 18,18 이사 51,16; 요한 4,25-26. 18,19 사도 3,23. 18,20 13,2.3.6. 18,22 예레 28,9. 19,1 12,29. 19,2 민수 35,10.14.

✠ 18,15-20. 이 본문은 나해 연중 제4주일에 사용한다. 복음서의 문맥은 이 본문을 예수님 공생활 시작을 표시하는 일들로 생긴 놀람/두려움(마르 1,21ㄴ-28)과 연결하여 메시아라는 열쇠로 해석하도록 제안한다.

워한 일이 없는 이웃을 실수로 죽인 자나, 5 자기 이웃과
함께 나무를 베러 숲으로 가서, 나무를 찍으려고 손에 도
끼를 잡고 휘두르다가 도끼날이 자루에서 빠져나가 이웃
을 치는 바람에 그 이웃을 죽게 한 자는, 그 성읍들 가운
데 한 곳으로 피신하면 살 수 있다. 6 살인자가 전에 그 이
웃을 미워한 일이 없으므로 사형 판결을 받지 않아도 되
는데, 피의 보복자가 흥분한 나머지 그 살인자를 뒤쫓아
가서, 그 성읍에 이르는 길이 먼 탓에 그를 따라잡아 때려
죽이는 일이 있어서는 안 된다. 7 그래서 내가 너희에게 '성
읍 셋을 따로 떼어 놓아야 한다.' 하고 명령한 것이다.
8 주 너희 하느님께서 너희 조상들에게 맹세하신 대로 너
희 영토를 넓혀 주시고, 너희 조상들에게 주시겠다고 이
르신 모든 땅을 너희에게 주시면, 9 곧 내가 오늘 너희에게
명령하는 모든 계명을 명심하여 실천하고 주 너희 하느님
을 사랑하며 언제나 그분의 길을 따를 경우에 그렇게 해
주시면, 그때에는 이 성읍 셋에 또 다른 성읍 셋을 보태야
한다. 10 그리하여 주 너희 하느님께서 너희에게 상속 재산
으로 주시는 너희 땅에서 무죄한 이의 피가 흐르는 일이
없게 해야 한다. 그렇지 않으면 그 피에 대한 책임이 너희
에게 있다.
11 그러나 어떤 사람이 이웃을 미워하여, 숨어서 기다리다
가 그를 덮쳐 때려 죽게 한 다음, 이 성읍들 가운데 한 곳
으로 피신할 경우에는, 12 그가 살던 성읍의 원로들이 사
람을 보내어 그곳에서 그를 잡아다가, 피의 보복자의 손에
넘겨 죽게 해야 한다. 13 너희는 그를 동정해서는 안 된다.
이렇게 이스라엘에서 무죄한 피를 흘리는 일을 없애 버려
야 너희가 잘될 것이다."

19,11-13. 고의적 살인의 경우에는 재판을 피할 수 없다.

이웃의 경계를 존중해야 한다

14 "너희는 주 너희 하느님께서 너희에게 차지하라고 주시
는 땅에서, 너희가 물려받을 너희 상속지에 선조들이 정
해 놓은 이웃의 경계를 밀어내서는 안 된다."

19,6 민수 35,12. 19,9 여호 20,7.8. 19,10 21,1-9; 민수 35,33. 19,13 7,2. 19,14 27,17.

증인에 관한 규정

15 "어떤 사람이 저지르는 모든 잘못과 관련하여, 그의 어
떤 죄나 잘못이든지, 증인 한 사람만으로는 그 증언이 성립
되지 못하고, 증인 둘이나 셋의 증언이 있어야 유죄가 성립
된다. 16 악의가 있는 증인이 나서서 어떤 사람이 잘못하였
다고 증언하면, 17 그 사건의 두 당사자는 주님 앞에, 사제
들과 그때에 직무를 맡은 판관들 앞에 서야 한다. 18 판관
들이 잘 심문한 결과, 그 증인이 거짓 증인이고 자기 동족
에 대하여 거짓으로 증언한 것이 드러나면, 19 너희는 그
가 자기 동족에게 하려고 작정하였던 것과 똑같이 그에게
해야 한다. 그래서 너희는 너희 가운데에서 악을 치워 버
려야 한다. 20 그러면 남은 사람들이 그것을 듣고 두려워하
여, 너희 가운데에서 다시는 그런 악한 짓을 하지 않을 것
이다. 21 너희는 그를 동정해서는 안 된다. 목숨은 목숨으
로, 눈은 눈으로, 이는 이로, 손은 손으로, 발은 발로 갚
아야 한다."

19,15. "증인"에 해당하는 히브리어 명사는 재판에서 증인 역할을 하는 사람을 말하는데 보통 고소하는 쪽 증인을 가리킨다.

19,16. "나서서"(자구적 번역은 "일어서서")란 청중은 앉아서 재판에 참석하는 반면 발언자는 일어서서 말하는 식의 재판 과정을 암시할 것이다. 여기서는 어떤 소송에 대해, 여러 증언들의 근거에 대해 절차나 판결을 정하는 것을 표현하고 있다.

19,18-20. 거짓 증언을 한 증인은 그가 한 고발의 중대함에 비례하여 벌을 받는다. 그에 대한 처벌은 다른 사람들의 같은 악행을 막았을 것이다.

19,21. 레위 24,10-23 주 참조.

전쟁에 관한 법

20

1 "너희가 적과 싸우러 나가서, 기마와 병거와
너희보다 수가 더 많은 군대를 보더라도, 그들
을 두려워해서는 안 된다. 너희를 이집트 땅에서 데리고
올라오신 주 너희 하느님께서 너희와 함께 계시다. 2 싸울
때가 다가오면 사제가 앞에 나서서 백성에게 말해야 한다.
3 그는 백성에게 이렇게 말해야 한다. '이스라엘아, 들어라.
너희가 오늘 적과 싸울 때가 다가왔다. 너희 마음을 약하
게 가지지 말고 두려워하지 마라. 당황하지도 말고 그들
앞에서 떨지도 마라. 4 주 너희 하느님은 너희를 위하여 적
들과 싸우시러 너희와 함께 나아가셔서, 너희를 구원해 주
시는 분이시다.'
5 그다음에 군관들이 백성에게 이렇게 말해야 한다. '새 집
을 짓고서 아직 봉헌하지 못한 사람이 있느냐? 그런 사람
은 집으로 돌아가라. 그가 싸우다 죽어서, 다른 사람이 그
집을 봉헌하는 일이 있어서는 안 된다. 6 또 포도밭을 가꾸
어 놓고서 아직 그 열매를 맛보지 못한 사람이 있느냐? 그
런 사람은 집으로 돌아가라. 그가 싸우다 죽어서, 다른 사

20,1-4. 전쟁 관련 문제들에 할애된 이 장은 두려워하지 말라는 권고로 시작한다. 주님께서는 전쟁에서도 당신 백성을 인도하시기 때문이다.

20,5. "군관" 고대 이스라엘의 공적 임무에 정확히 상응하는 현대 사회의 공적 임무를 찾기는 매우 힘들다. 이 히브리어는 행정관, 공적 관료를 가리킨다. 그리스어 번역에서는 서기관으로, 라틴어 번역에서는 더 일반적인 의미의 지도자들로 옮겼다.

19,15 마태 18,16; 2코린 13,1; 또한 민수 35,30; 신명 17,6; 마르 14,56; 요한 8,17; 1티모 5,19도 참조. 19,16 탈출 23,1; 시편 27,12. 19,17 17,9. 19,18 요한 7,51. 19,19 잠언 19,5.9. 19,21 탈출 21,23; 레위 24,20; 마태 5,38. 20,3 여호 23,10; 히브 12,3. 20,4 1,30. 20,5 1마카 3,56. 20,6 1코린 9,7.

람이 그 열매를 맛보는 일이 있어서는 안 된다. 7 또 여자
와 약혼하고서 아직 그 여자를 맞아들이지 못한 사람이
있느냐? 그런 사람은 집으로 돌아가라. 그가 싸우다 죽어
서, 다른 사람이 그 여자를 맞아들이는 일이 있어서는 안
된다.' 8 군관들은 백성에게 다시 이렇게 말해야 한다. '겁
이 많고 마음이 약한 사람이 있느냐? 그런 사람은 집으로
돌아가라. 그런 자가 형제들의 마음을 제 마음처럼 녹아
내리게 하는 일이 있어서는 안 된다.' 9 군관들이 백성에
게 할 말을 마치면, 백성을 지휘할 장수들을 임명해야 한
다.

20,10-18. 이스라엘은 자기들을 우상 숭배로 이끌 수 있는 성읍들을 전멸(히브리어로 '헤렘'은 "금지, 저주")해야 한다.

10 너희가 어떤 성읍을 치려고 그곳에 다가가면, 먼저 그
성읍에 화친을 제안해야 한다. 11 그 성읍이 너희의 화친
을 받아들여서 문을 열면, 그곳에 있는 백성은 모두 너희
의 노역자가 되어 너희를 섬기게 해야 한다. 12 그러나 그
성읍이 너희와 화친하지 않고 싸우려 하면 그 성읍을 포
위하여라. 13 그러면 주 너희 하느님께서 그 성읍을 너희
손에 넘겨주실 것이니, 너희는 그곳의 남자를 모두 칼로
쳐 죽여야 한다. 14 그렇지만 여자들과 아이들과 가축과,
성읍 안에 있는 모든 것, 곧 모든 노획물은 전리품으로 삼
아도 된다. 너희는 주 너희 하느님께서 너희에게 주시는
적의 노획물을 먹고 쓸 수 있다. 15 저기에 있는 민족들의
성읍이 아니라, 너희에게서 아주 멀리 떨어져 있는 모든
성읍에 그렇게 해야 한다.

16 그러나 주 너희 하느님께서 너희에게 상속 재산으로 주
시는 저 민족들의 성읍에서는, 숨쉬는 것은 하나도 살려
두어서는 안 된다. 17 너희는 주 너희 하느님께서 너희에게
명령하신 대로, 히타이트족, 아모리족, 가나안족, 프리즈
족, 히위족, 여부스족을 모조리 전멸시켜야 한다. 18 그래
야 그들이 자기 신들에게 하는 온갖 역겨운 짓을 너희도
하라고 가르쳐서 너희가 주 너희 하느님께 죄를 짓게 되는
일이 없을 것이다.

20,7 24,5. 20,8 판관 7,3. 20,14 여호 8,2; 22,8. 20,16.17 7,1.2; 여호 11,14. 20,18 탈출 23,33.

20,7. 5-8절에서 규정한 군 복무 면제 사례(1마카 3,56은 이 규정이 적용된 사례)에서 이미 혼인 합의를 맺은 자신의 여자와 아직 동거를 시작하지 않은 사람의 경우가 나온다. 사실 신부는 혼인의 마무리 단계에서 나중에야 친정을 떠나고(라삐 유다이즘에서 '닛수인'이라는 용어를 사용하는데 이 어근 동사는 '나사', "취하다"에서 유래한다), 남자는 혼인을 완성하기 위해 집으로 돌아가야 한다. 아내를 맞아들여 동거를 시작한 후에는 한 해 동안 자유롭게 집에 있으면서 "새로 맞은 아내를 기쁘게 해 주어야 한다."(신명 24,5)

[19] 너희가 어떤 성읍을 점령하려고 싸움을 벌여 오랫동안
포위하고 있을 때, 그 성읍의 나무에 도끼를 휘둘러 나무
를 쓰러뜨려서는 안 된다. 너희는 그 나무에서 열매를 따
먹을 수는 있지만 그것을 베어서는 안 된다. 들의 나무는
너희가 포위해야 할 사람이 아니지 않으냐? [20] 그렇지만
너희가 알기로 열매를 먹을 수 없는 나무는 쓰러뜨리고 베
어서, 너희와 싸우는 성읍이 함락될 때까지 그 성읍을 포
위하는 공격 보루를 만들어도 된다."

20,19-20. 반대 경우는 예레 12,10-13 참조.

범인을 알 수 없는 살인에 대한 속죄 의식

21 [1] "주 너희 하느님께서 너희에게 차지하라고 주
시는 땅에서, 살해당한 사람이 들에 쓰러진 채
발견되었는데, 누가 그를 때려죽였는지 알 수 없는 경우
에는, [2] 너희의 원로들과 판관들이 나가서, 살해당한 사람
이 있는 곳에서 주변 성읍들에 이르는 거리를 재어야 한
다. [3] 그러면 살해당한 사람에게서 가장 가까운 성읍이 있
을 것이다. 그 성읍의 원로들은 아직 부린 적도 없고, 멍
에를 메워 끌어 본 적도 없는 암송아지 한 마리를 끌고 와
야 한다. [4] 그러고 나서 성읍의 원로들은 늘 물이 흐르는
골짜기로 그 암송아지를 끌고 내려가, 갈지도 씨 뿌리지
도 않은 그 시냇가에서 암송아지의 목을 꺾어야 한다. [5] 그
런 다음에 레위의 자손 사제들이 앞으로 나와야 한다. 주
너희 하느님께서 그들을 선택하시어 당신을 섬기고 주님
의 이름으로 축복하게 하셨으며, 그들의 판결에 따라 모
든 송사와 폭력 사건이 해결될 것이기 때문이다. [6] 살해당
한 사람에게서 가장 가까이 있는 그 성읍의 원로들이 시
냇가에서 목이 꺾인 암송아지 위에서 손을 씻고, [7] 이렇게
증언해야 한다. '저희의 손은 이 사람의 피를 흘리지 않았
고 저희의 눈은 보지 못하였습니다. [8] 주님, 당신께서 구해
내신 당신 백성 이스라엘의 죄를 벗겨 주시고, 당신 백성
이스라엘 가운데에서 무죄한 피를 흘리지 않게 해 주십시
오.' 그러면 그들은 그 피에 대한 책임을 벗게 된다. [9] 이렇
게 너희는 주님의 눈에 드는 옳은 일을 하여, 너희 가운데
에서 무죄한 이가 흘린 피에 대한 책임을 치워 버려야 한
다."

21,1-9. 들판에서 살해당한 시신이 발견되었지만 범인을 모르는 경우에, 가장 가까운 성읍을 살인 혐의에서 풀어 주기 위해 특별한 속죄 의식이 규정되어 있다. 그 성읍의 원로들은 물이 흐르는 시냇가에서 암송아지의 목을 꺾고 사제들이 보는 앞에서 그 암송아지 위에서 손을 씻으면서 자신들의 무죄를 주장한다. 동시에 장엄한 맹세로 성읍 주민들의 죄 없음을 선언하면서 주님께 무죄한 이의 피에 대한 책임을 그들에게 묻지 않기를 청한다. 암송아지 피가 물에 흘러가면서 살인죄에 따른 저주도 사라질 것이다. 살인으로 인해 흘린 피에 대한 책임에서 벗어나는 표징으로(7절 참조) 손을 씻는 것(6절 참조)에 대한 신약 성경의 암시적인 언급은 마태 27,24에서 볼 수 있다.

21,1 여호 1,6. 21,5 17,8-11. 21,6-8 마태 27,24. 21,9 19,13.

21,10-14. 보통 전쟁 포로는 종으로 삼았다. 그러나 한 남자가 포로를 아내로 삼았다가 그녀를 더 이상 원하지 않으면 종이던 그녀는 자유로운 몸이 될 권한이 있었다. 그 이유는 혼인의 맥락에서 이해될 수 있다. 곧 그 남자가 그 여자를 욕되게 해서가 아니라 그녀를 아내로 취했기 때문이다(탈출 21,7-11 참조).

여자 포로를 아내로 맞는 규정

10 "너희가 적과 싸우러 나갔을 때, 주 너희 하느님께서 그
들을 너희 손에 넘겨주시어 너희가 포로들을 사로잡았는
데, 11 그들 가운데에서 예쁘게 생긴 여자를 보고 마음에
들어 아내로 삼게 될 경우, 12 너희는 그 여자를 집으로 데
리고 들어가서, 그 여자가 머리를 자르고 손톱 발톱을 손
질한 다음, 13 포로 때에 입었던 옷을 벗게 해야 한다. 그
여자는 너희 집에 살면서 한 달 동안 자기 아버지와 어머
니를 위하여 곡을 해야 한다. 그런 다음에 그 여자와 동침
하여 남편이 되면 그 여자는 아내가 된다. 14 그러나 그 여
자가 너희 마음에 들지 않으면 마음대로 가게 하되, 돈을
받고 팔 수는 없다. 너희가 그 여자를 욕되게 하였으므로
함부로 다루어서는 안 된다."

21,15-17. '사랑하다'와 '미워하다'의 대조 안에서 히브리어 동사 '미워하다'는 선택과 관계의 차이를 표현한다. 창세 29,31에서 레아가 사랑받지 못하는(선택받지 못한, 홀대하는) 상황이 언급된다(루카 14,26 참조). '미움받다'라는 우리말 번역은 이 히브리 동사의 의미를 잘 표현하지 못한다. "하나는 많이 사랑받고 다른 하나는 덜 사랑받았다."라고 번역하는 것이 더 적절하겠다.

맏아들의 권리

15 "어떤 사람에게 아내가 둘 있는데, 하나는 사랑을 받고
다른 하나는 미움을 받다가, 사랑받는 여자와 미움 받는
여자가 다 그 사람에게 아들을 낳아 주었을 때, 맏아들
이 미움 받는 아내의 아들일 경우, 16 그 사람이 아들들에
게 재산을 물려주는 날, 맏아들인 미움 받는 여자의 아들
대신에 사랑받는 여자의 아들에게 장자권을 줄 수 없다.
17 미움 받는 여자의 아들을 맏아들로 인정하여 그에게 자
기의 모든 재산에서 두 몫을 주어야 한다. 그 아들이 자기
정력의 맏물이며 그에게 맏아들의 권리가 있기 때문이다."

21,18-21. 부모가 고집이 세고 반항하는 아들을 바로잡을 권한을 어떤 방식으로도 행사할 수 없을 때 그들은 성읍의 원로들에게 말해야 했고 아들은 사형을 받았을 것이다.

불효자에 관한 규정

18 "어떤 사람에게, 고집이 셀뿐더러 반항만 하며 아버지
의 말이나 어머니의 말을 들으려 하지 않고, 부모가 꾸짖
어도 듣지 않는 아들이 있을 경우, 19 그의 아버지와 어머
니는 그를 붙잡고 그가 사는 성읍의 성문으로 원로들에게
데리고 가서, 20 그들에게 '이 우리 아들은 고집이 셀뿐더
러 반항만 하며 우리 말을 듣지 않는 데다가 방탕아이고
술꾼입니다.' 하고 말해야 한다. 21 그러면 그 성읍의 남자
들이 모두 그에게 돌을 던져 죽여야 한다. 그렇게 너희는
너희 가운데에서 악을 치워 버려야 한다. 온 이스라엘은
그것을 듣고 두려워할 것이다."

21,12 레위 14,8.9; 민수 6,9. 21,17 창세 49,3. 21,18 이사 30,1; 마태 5,22. 21,20 마태 11,19. 21,21 13,11.

사형수에 관한 규정

[22] "죽을죄를 지어서 처형된 사람을 나무에 매달 경우, [23] 그
주검을 밤새도록 나무에 매달아 두어서는 안 된다. 반드
시 그날로 묻어야 한다. 나무에 매달린 사람은 하느님의
저주를 받은 자이기 때문이다. 너희는 주 너희 하느님께서
너희에게 상속 재산으로 주시는 땅을 부정하게 만들어서
는 안 된다."

이웃의 재산에 관한 규정

22 [1] "너희는 동족의 소나 양이 헤매고 있는 것을
보거든, 그것들을 모르는 체하지 말고 반드시
너희 동족에게 데려다 주어야 한다. [2] 너희 동족이 가까이
살지 않거나 너희가 그를 알지 못하거든, 그 짐승을 너희
집으로 끌고 가서, 너희 동족이 그것을 찾으러 올 때까지
데리고 있다가 그에게 돌려주어야 한다. [3] 너희 동족의 나
귀도 그렇게 하고 그의 겉옷도 그렇게 해야 한다. 너희 동
족이 잃은 것은 무엇이든지, 너희가 발견하면 그렇게 하고
그것들을 모르는 체해서는 안 된다.
[4] 너희는 너희 동족의 나귀나 소가 길에 넘어져 있는 것을
보거든, 그것들을 모르는 체하지 말고 반드시 너희 동족
을 거들어 일으켜 주어야 한다."

그 밖의 규정

[5] "여자가 남자 복장을 해서도 안 되고, 남자가 여자 옷을
입어서도 안 된다. 그런 짓을 하는 자는 누구든지, 주 너희
하느님께서 역겨워하신다.
[6] 너희가 길을 가다가 나무에서건 땅에서건 어린 새나 알
이 있는 둥지를 보았을 때, 어미 새가 어린 새나 알을 품
고 있거든, 새끼들과 함께 어미 새까지 잡아서는 안 된다.
[7] 새끼들은 잡아도 되지만 어미 새는 반드시 날려 보내야
한다. 그러면 너희가 잘되고 오래 살 것이다.
[8] 너희는 새 집을 지을 경우, 옥상에 난간을 만들어야 한
다. 그래야 누가 옥상에서 떨어지더라도, 너희 집에는 그
피에 대한 책임이 없을 것이다.
[9] 너희는 포도밭에 다른 종류의 씨를 뿌려서는 안 된다.
그렇게 하면 너희가 씨 뿌린 곡물과 포도밭의 소출이 모

21,22-23. 처형된 범죄자는 다른 사람에게 일종의 경고로 기둥에 매달아 놓았다. 바오로는 23절을 그리스어 번역에서 인용하면서 예수님의 죽음에 적용한다. "나무에 매달린 사람은 모두 저주받은 자다."(갈라 3,13)

22,1-4. 탈출 23,4-5에서 길을 잃은 원수의 소와 나귀를 데려다주어 원수를 도와주라고 권고하는데 여기서는 이웃에 대한 사랑을 권고한다. 모든 사람을 형제로 여기고 도와줘야 하는데 모르는 사람에게도 그러해야 한다.

22,5. 이 구절은 가나안에 널리 퍼진 몇몇 우상 숭배 관습을 암시하는 것 같다. 레위 19,19과 신명 22,9-11의 주도 참조.

22,6-7. 새끼들은 잡아도 되지만 어미 새는 다시 새끼를 낳을 수 있으므로 생명을 이어 가는 차원에서 보내 주어야 한다(20,19-20도 참조).

22,9-11. 여기서 다양한 종들의 차이를 보존하고 보호함으로써(창세 1,11-12.24-25 참조) 창조 질서를 유지하고 존중하라는 명령을 상기한다(레위 19,19도 참조).

21,23 갈라 3,13; 또한 여호 8,29; 10,26.27; 마태 27,58; 마르 15,42; 루카 23,53; 요한 19,31; 사도 5,30도 참조. 22,1-4 // 탈출 23,4-5. 22,4 루카 14,5. 22,6 레위 22,28. 22,7 4,40. 22,9.11 레위 19,19.

두 손댈 수 없는 것이 된다.
10 너희는 소와 나귀를 함께 부려서 밭을 갈아서는 안 된다.
11 너희는 양털과 아마를 섞어서 짠 옷을 입어서는 안 된다.
12 너희는 몸에 두를 겉옷 자락 네 귀퉁이에 술을 만들어
달아야 한다."

혼인과 처녀성과 간음에 관한 규정

13 "어떤 남자가 아내를 맞이하여 동침한 다음에 그 여자
가 미워지자, 14 그 여자에게 터무니없는 비방을 하며, '내
가 이 여자를 맞아 가까이하여 보았더니 처녀가 아니었
다.' 하고 누명을 씌울 경우, 15 그 젊은 여자의 아버지와 어
머니는 젊은 여자의 처녀성을 증명하는 물증을 성문으로
그 성읍의 원로들에게 가지고 나간 다음, 16 젊은 여자의
아버지가 원로들에게 이렇게 말해야 한다. '내가 나의 딸
을 이 남자에게 아내로 주었는데 그가 내 딸을 미워하여,
17 남의 입에 오르내릴 일을 꾸며 내어서, ′당신 딸이 처녀가
아닙니다.′ 하면서 소문을 퍼뜨리고 있습니다. 그러나 이것
이 내 딸의 처녀성을 증명하는 물증입니다.' 그리고 그들은
성읍의 원로들 앞에 그 겉옷을 펴 놓아야 한다. 18 그러면
그 성읍의 원로들은 그 남자를 붙잡아서 벌을 주어야 한
다. 19 원로들은 그에게서 은 백 세켈을 벌금으로 받아, 그
젊은 여자의 아버지에게 주어야 한다. 그것은 그 남자가
이스라엘의 처녀에게 누명을 씌웠기 때문이다. 그런 다음
에 그 여자는 계속 그의 아내로 남고, 그는 평생 그 여자
를 내보낼 수 없다.
20 그러나 그 일이 사실이어서 그 젊은 여자의 처녀성이 증
명되지 않으면, 21 그 여자를 제 아버지의 집 대문으로 끌
어내어, 그 성읍의 남자들이 그 여자에게 돌을 던져 죽여
야 한다. 그 여자가 제 아버지의 집에서 음행을 하여 이스
라엘에서 추잡한 짓을 하였기 때문이다. 이렇게 너희는 너
희 가운데에서 악을 치워 버려야 한다.
22 어떤 남자가 남편이 있는 여자와 동침하다가 들켰을 경
우, 동침한 그 남자와 여자 두 사람 다 죽어야 한다. 이렇
게 너희는 이스라엘에서 악을 치워 버려야 한다.
23 어떤 젊은 처녀가 한 남자와 약혼을 하였는데, 성읍 안

22,12. 겉옷 자락 네 귀퉁이에 대해서는 민수 15,37-41을 참조한다. 이 민수기 단락에서 의식용으로 옷자락에 다는 술의 목적을 정확히 서술한다.

22,13-21. 혼인 후 동침한 신부가 처녀가 아닌 것이 밝혀져 남편에게 고발을 당하면 그 여자는 돌에 맞아 죽어야 한다. 하지만 그 고소가 근거가 없는 것으로 밝혀지면 그 성읍의 원로들이 거짓을 선언한 남편에게 벌을 주어야 한다(25,3의 규정처럼 대략 마흔 대의 매). 그리고 그는 손해 배상을 해야 하고(은 백 세켈) 결코 아내를 내보낼 수 없다. 그러나 남자에 대한 처벌은 여자에게 내리는 벌(사형)보다는 훨씬 가벼워 보인다. 반면 19,19에 따르면 거짓을 말한 증인에게는 그가 형제에게 하려고 생각한 것 그대로 그에게 해야 한다.

22,13. "동침한"이라고 번역한 히브리어 표현(자구적으로 "그녀에게 간")은 성관계를 가리키며(창세 16,2; 30,3-4 참조) 이야기의 논리상 그리스어 번역본처럼 '동거한'으로 옮길 수도 있다.

22,15. "젊은 여자의 처녀성을 증명하는 물증"은 혼인에 이어진 첫 번째 성관계 후 그녀의 피로 얼룩진 겉옷(부부가 깔고 동침한 겉옷)일 것이다(17절도 참조).

22,19. 세켈은 무게 단위로, 무거운 궁정 세켈은 11.5~13g에 달했다. 성소 세켈도 있었다.

22,23-27. '약혼하다'라고 번역한 히브리어는 이미 혼례식 첫 단계를 거친 상태를 가리킨다(20,7 주해 참조). 약혼한 여자는 비록 아직 남편과 동거하지는 않더라도 이미 아내의 법적 신분을 가진다. 간음의 경우에 두 가지 가능성을 구분한다. 여자가 동의했다면(성읍 안에 있으면서 소리치지 않은 경우) 간음한 것으로 여기고 남자와 함께 사형에 처한다. 그러나 동의하지 않았거나(성읍 안에 있으면서 고함을 지른 경우) 아무도 목격한 증인이 없다면(들판에 있었고 고함을 질렀지만 아무도 그

22,12 민수 15,37-41; 마태 9,20; 23,5. 22,13 24,1. 22,21 13,6; 23,18.19. 22,22-24 레위 20,10; 요한 8,5.

22,22. 남편이 있는 여자(친정을 떠나 이미 남편과 같이 살기 시작한)의 혼외 관계는 간음으로 여겼다. 그 여자는 자신과 동침하다가 들킨 남자와 함께 사형을 선고받는다. 형벌의 목표는 이스라엘에서 악을 제거하는 것이다.

에서 다른 남자가 그 여자와 만나 동침하였을 경우, 24 너
희는 두 사람을 다 그 성읍의 성문으로 끌어내어, 그들에
게 돌을 던져 죽여야 한다. 그 처녀는 성읍 안에 있으면서
도 고함을 지르지 않았기 때문이고, 그 남자는 이웃의 아
내를 욕보였기 때문이다. 이렇게 너희는 너희 가운데에서
악을 치워 버려야 한다.
25 그러나 그 남자가 약혼한 그 젊은 여자를 들에서 만나
여자를 강제로 붙잡아 동침하였을 경우, 그 여자와 동침
한 남자만 죽어야 한다. 26 그 젊은 여자에게는 죽을죄가
없으므로, 너희는 그 여자에게 아무것도 해서는 안 된다.
이 경우는 어떤 사람이 이웃에게 덤벼들어 그를 죽이는
것과 같기 때문이다. 27 또한 남자가 그 약혼한 젊은 여자
를 만난 곳이 들이었으므로, 여자가 고함을 질렀다 하더
라도 구해 줄 사람이 없었기 때문이다.
28 어떤 남자가 약혼하지 않은 젊은 처녀를 만나, 그 여자
를 붙들어 동침하였다가 들켰을 경우, 29 그 여자와 동침
한 남자는 그 젊은 여자의 아버지에게 은 쉰 세켈을 주어
야 한다. 그가 그 여자를 욕보였으므로, 그 여자는 그의
아내가 되고, 그는 평생 그 여자를 내보낼 수 없다.

23

1 아무도 자기 아버지의 부인을 아내로 맞아서
는 안 된다. 어떤 남자도 자기 아버지의 옷자락
을 들추지 못한다."

이스라엘의 회중에 들 수 없는 사람들

2 "고환이 눌려 터졌거나 음경이 잘린 사람은 주님의 회중
에 들 수 없다.
3 사생아는 주님의 회중에 들 수 없고, 그의 십 대손까지
도 주님의 회중에 들 수 없다.
4 암몬족과 모압족은 주님의 회중에 들 수 없고, 그들의

외침을 듣지 못한 경우) 그녀가 강간을 당했다고 여기고 남자만 사형에 처한다.

23,1. 옷자락을 들추다는 표현은 치부를 드러내는 것(레위 18,6-9; 20,11.17-21)처럼 성적 결합을 의미한다(신명 27,20 참조). 반면 여자 위에 옷자락을 펼친다는 표현(룻 3,9; 에제 16,8 참조)은 그녀와 혼인하는 것을 의미한다.

23,2. 이 금지 사항으로 이스라엘 공동체 안에서 개인의 생식력을 절대적으로 보호하고자 한다.

23,4. 이스라엘과 암몬인 및 모압인 사이의 갈등은 그 뿌리가 깊다(민수 25장; 판관 3,12-30; 10,6-18; 2사무 8,2 참조). 창세 19,30-38에 따르면 이 두 민족의 탄생은 롯의 두 딸이 아버지와 근친상간을 맺은 것에서 비롯한다.

22,25 요한 8,1-11. 22,28.29 탈출 22,15.16. 23,1 27,20. 23,2 사도 8,27; 갈라 5,12.

22,28-29. 약혼하지 않은 젊은 처녀는 재판에 붙일 수 없고(아마도 너무 어렸기에) 유혹한 남자와 혼인할 권한을 얻는다(탈출 22,15-16 참조). 이때 남자는 결코 그녀를 내칠 수 없다(남자가 이혼할 수 없는 다른 한 사례는 신명 22,19에 예시된다).

23,2-9. 공동체에서 배제되는 사람, 따라서 전례에도 참여할 수 없는 사람의 범주를 정확하게 규정한다. 성적 장애자는 필수적인 신체의 온전함에 흠이 있어서(레위 21,17-21 참조) 안 된다. 그리스어 번역본에서 비합법적인 아들로 번역한 사생아(사실 이 용어의 의미가 모호하다. 여기 외에는 아스돗의 혼혈 민족을 가리키는 즈카 9,6에만 나온다. 느헤 13,23-27 참조), 암몬족과 모압족(느헤 13,1-3 참조. 사실 모압 여자 룻과 암몬의 아키오르도 받아들여졌다. 판관 14,10 참조)도 안 된다. 에돔족과 이집트인들은 처음 두 세대만 배제된다. 이사 56,1-8은 계약 충실을 조건으로 장차 이런 제한이 폐지될 것임을 예견한다.

23,5-7. 발라암 이야기는 민수 22-24장 참조.

23,8. 2,1-8도 참조. 사해와 아카바만 사이 지역에 사는 주민을 가리키는 '에돔'이라는 용어는 구약성경의 히브리어 본문에 백여 차례 나온다. 그리스어 번역본과 라틴어 번역본은 이 용어를 '에돔'과 '이두메오/아'로 번역한다.

자손들은 십 대손까지도 결코 주님의 회중에 들 수 없다.
5 이는 너희가 이집트에서 나올 때, 그들이 빵과 물을 가
지고 길에서 너희를 맞이하지 않았고, 너희를 저주하려고
브오르의 아들 발라암을 고용하여 아람 나하라임의 프토
르에서 데려왔기 때문이다. 6 그러나 주 너희 하느님께서
는 너희를 사랑하시기 때문에, 발라암의 말을 들으려 하
지 않으셨다. 오히려 주 너희 하느님께서는 너희를 위하여
저주를 복으로 바꾸어 주셨다. 7 너희는 평생토록 그들의
평화와 행복을 위하여 힘써서는 안 된다.
8 너희는 에돔족을 역겨워해서는 안 된다. 그는 너희의 친
족이다. 너희는 이집트인을 역겨워해서는 안 된다. 너희가
그의 땅에서 이방인으로 있었기 때문이다. 9 그들에게서
삼 대손으로 태어난 아들들은 주님의 회중에 들 수 있다."

23,10-15. 이스라엘 회중에 관한 규정을 전쟁 상황(10절)에 맞춰 제시하며 주제는 성과 청결이다. 여기서 청결은 개인위생뿐만 아니라 거룩함을 해치는 어떤 것도 금지하는 것을 말한다. 진영이 거룩해야 하는 것은 진영 가운데 하느님께서 계시기 때문이다.

진영의 청결에 관한 규정

10 "너희는 적과 싸우러 진영으로 나갈 경우, 온갖 나쁜 것
을 조심해야 한다.
11 너희 가운데 밤에 흘린 것 때문에 정결하지 못한 사람
이 있을 경우, 그 사람은 진영 밖으로 나가 진영 안으로 들
어와서는 안 된다. 12 그러나 저녁 무렵에는 물로 목욕하고
해가 질 때에 진영 안으로 들어올 수 있다.
13 너희는 진영 밖에 뒷간을 두어, 밖으로 나가 일을 보아
야 한다. 14 너희는 장비 외에 작은 삽을 가지고 있다가, 밖
에서 뒤를 볼 때에 그것으로 구덩이를 판 다음, 돌아서서
배설한 것을 덮어야 한다. 15 주 너희 하느님께서 너희를
구원하시고, 너희 적들을 너희에게 넘겨주시려고 너희의
진영 가운데를 다니시므로, 너희의 진영은 거룩해야 한다.
그래야 주님께서 더러운 것을 보시고 너희에게서 돌아서
지 않으실 것이다."

23,16-17. 이 규정은 도망간 노예를 가혹하게 대하는 고대 근동의 다른 법규들과는 반대로 가난하고 곤경에 처한 사람을 우선적으로 선택하는 특별함을 보여 준다.

피신해 온 종에 관한 규정

16 "너희는 제 주인에게서 피신해 온 종을 주인에게 넘겨
서는 안 된다. 17 그가 마음에 들어 선택하는 성의 한 곳에
서, 너희와 함께, 너희 가운데에서 살게 하고 그를 구박해
서는 안 된다."

23,5 2베드 2,15.

신전 매음에 관한 규정

18 "이스라엘의 딸은 신전 창녀가 되어서는 안 되고, 이스
라엘의 아들은 신전 남창이 되어서는 안 된다. 19 너희는
창녀의 해웃값이나 남창의 몸값을, 주 너희 하느님의 집에
어떤 서원 제물로도 가져와서는 안 된다. 주 너희 하느님
께서는 둘 다 역겨워하신다."

이자에 관한 규정

20 "너희는 동족에게 이자를 받고 꾸어 주어서는 안 된다.
돈에 대한 이자든 곡식에 대한 이자든, 그 밖에 이자가 나
올 수 있는 것은 모두 마찬가지다. 21 이방인에게는 이자를
받고 꾸어 주어도 되지만, 너희 동족에게는 이자를 받고
꾸어 주어서는 안 된다. 그래야 주 너희 하느님께서, 너희
가 차지하러 들어가는 땅에서 너희 손이 하는 모든 일에
복을 내려 주실 것이다."

서원에 관한 규정

22 "너희는 주 너희 하느님께 서원을 할 경우, 그것을 미루
지 말고 채워야 한다. 그러지 않으면 주 너희 하느님께서
반드시 그것을 너희에게 요구하실 것이고, 너희에게는 죄
가 될 것이다. 23 아예 서원하지 않으면 죄가 될 일도 없다.
24 너희 입으로 주 너희 하느님께 스스로 서원한 대로, 너
희 입에서 나온 것을 명심하여 실천해야 한다."

남의 포도나 곡식에 관한 규정

25 "너희가 이웃의 포도밭에 들어갈 경우, 원하는 만큼 배
불리 포도를 먹을 수는 있지만 그릇에 담아서는 안 된다.
26 너희가 이웃의 곡식밭에 들어갈 경우, 손으로 이삭을
자를 수는 있지만 이웃의 곡식에 낫을 대서는 안 된다."

23,18 22,21. 23,19 마태 27,6. 23,20 탈출 22,24; 레위 25,36.37. 23,21 28,12. 23,22 민수 30,3; 코헬 5,3-5; 마태 5,33. 23,26 마태 12,1; 마르 2,23; 루카 6,1.

23,18-19. 가나안 신앙에서 보통 다산을 촉진하기 위해 행한 신전 매음은 남자든 여자든 단죄를 받는다. 이스라엘에서는 이를 역겨운 것으로 여겨졌고 그 수익은 예물이나 제물로 사용할 수 없었다(1열왕 14,24; 15,12; 22,47; 2열왕 23,7; 호세 4,14 참조).

23,20-21. 탈출 22,24에서는 백성 중 누군가("가난한 사람")에게 빌려준 돈에 대한 이자를 금지하지만, 신명기 법은 이스라엘인이라면(무엇보다도 형제로 고려된) 모든 종류의 이자를 금지한다. 그 동기는 신학적인 것이다. "주 너희 하느님께서… 복을 내려 주실 것"이기 때문이다.

23,25-26. 나그네에게 호의를 베풀기 위해 재산권을 제한하는데 그는 다른 사람의 포도밭에 들어가 포도를 먹을 수 있고 곡식밭을 지나가면서 이삭을 거둘 수 있다(마태 12,1 참조). 그와 동시에 남용을 제한하는 것도 염려한다.

이혼과 재혼에 관한 규정

24 1 “어떤 남자가 여자를 맞아들여 혼인하였는데,
그 여자에게서 추한 것이 드러나 눈에 들지 않
을 경우, 이혼 증서를 써서 손에 쥐어 주고 자기 집에서 내
보낼 수 있다. 2 그 여자가 그의 집을 떠나가서 다른 남자의
아내가 되었는데, 3 두 번째 남편도 그 여자를 싫어하여 이
혼 증서를 써서 손에 쥐어 주고 자기 집에서 내보낸 경우
나, 그 여자를 아내로 맞아들인 남자가 죽은 경우, 4 그 여
자가 이미 더럽혀졌으므로, 그를 내보낸 첫 남편은 다시
그를 아내로 맞아들일 수 없다. 그런 일은 주님 앞에 역겨
운 짓이다. 너희는 주 너희 하느님께서 너희에게 상속 재
산으로 주시는 땅에 죄를 끌어들여서는 안 된다.”

갓 혼인한 남자에 관한 규정

5 “어떤 남자가 신부를 맞이하였을 경우, 그를 군대에 보내
서도 안 되고, 그에게 어떤 의무를 지워서도 안 된다. 그는
한 해 동안 자유롭게 집에 있으면서 새로 맞은 아내를 기
쁘게 해 주어야 한다.”

담보물에 관한 규정

6 “맷돌은 그 위짝 하나라도 담보물로 삼아서는 안 된다.
그것은 생명을 담보물로 삼는 것이다.”

납치에 관한 규정

7 “어떤 사람이 자기 형제인 이스라엘 자손 하나를 납치하
여 혹사하거나 팔아넘긴 경우, 그 납치자는 죽어야 한다.
이렇게 너희는 너희 가운데에서 악을 치워 버려야 한다.”

악성 피부병에 관한 규정

8 “악성 피부병이 생겼을 경우, 레위인 사제들이 너희에게
가르쳐 주는 그대로 명심하여 철저히 실천하여라. 내가 너
희에게 명령하는 대로 명심하여 실천해야 한다. 9 너희가
이집트에서 나오던 길에, 주 너희 하느님께서 미르얌에게

24,1-4. 남자는 아내에게서 “추한 것”(자구적으로 ‘뭔가 부끄러운 것’)을 발견하면 그녀를 내보낼 권리가 있다. 의도적으로 일반적 표현을 쓴 것은 간음과 연결된 무엇을 암시하는 듯하다. 기원전 1세기 후반에 라삐 샴마이도 이 의미로 해석했지만, 더 관대한 라삐 힐렐은 더 광범위하게 해석한다(‘수치스러운 것이면 뭐든지’). 그러나 예수님은 근본적으로 이혼을 단죄한다(마태 19,3-9; 마르 10,12 참조).

24,4. “더럽혀졌으므로” 이 동사는 보통 거룩함의 영역 안에 들어올 수 없는 제의적 부정을 가리킨다. 피를 흘려 땅이 더럽혀진 상황을 서술한 21,23에도 이 동사가 나온다. 씨는 남자의 피이고 두 개의 다른 씨가 심겨 여자가 더럽혀졌다는(신명 22,9 참조) 생각을 통해 이 두 구절이 연결될 수 있다. 두 경우 모두 피를 흘리는 것, 곧 생명의 낭비를 다룬다. 그러나 다른 해석도 가능하다.

24,6. 온 가족이 밀을 가는 맷돌은 매일의 양식 생산을 위해 필수적이었다.

24,8. “악성 피부병” 레위 13,1-59 주 참조. 미르얌에게 일어난 사건은 민수 12,10-15에 나온다.

24,1 22,13-21; 마태 5,31; 19,7; 마르 10,4. 24,4 예레 3,1. 24,5 20,7; 루카 14,20. 24,7 탈출 21,16. 24,8 레위 13,2; 14,2. 24,9 민수 12,10.

24,4. 남자가 아내에게 자신이 참을 수 없는 어떤 것이 있어서 그녀를 내보내고 그녀가 다른 남자와 혼인한다면, 이 첫째 남편은 비록 얼마 후에 그녀가 법적으로 자유로운 몸이 되었다 해도(예레 3,1 참조) 그녀를 다시 아내로 맞아들일 수 없다. 이 새로운(셋째) 혼인은 역겨운 것으로 여겨지고(남편은 아내가 이전에 지었을 수도 있는 간음의 공범이 될 것이다) 마을 전체에 죄를 끌어들일 것이다.

하신 것을 기억하여라."

담보물에 관한 규정

10 "너희는 이웃에게 무엇이든지 꾸어 줄 경우, 담보물을
잡으려고 그의 집에 들어가서는 안 된다. 11 너희는 밖에
서 있고, 너희가 꾸어 줄 사람이 밖으로 담보물을 가지고
나와야 한다. 12 그 사람이 가난하면, 너희는 그의 담보물
을 잡아 둔 채 잠자리에 들어서는 안 된다. 13 해가 질 무렵
에는 그 담보물을 반드시 돌려주어, 그가 자기 겉옷을 덮
고 잘 수 있게 해야 한다. 그러면 그가 너희를 축복할 것이
며, 너희는 주 너희 하느님 앞에서 의로워질 것이다."

품삯에 관한 규정

14 "너희는 너희 동족들 가운데에서나, 너희 땅, 너희 성안
에 있는 이방인들 가운데에서, 가난하고 궁핍한 품팔이꾼
을 억눌러서는 안 된다. 15 그의 품삯은 그날로 주어야 한
다. 그는 가난하여 품삯을 애타게 기다리므로, 해가 지기
전에 그에게 품삯을 주어야 한다. 그래야 그가 너희를 거
슬러 주님께 호소하지 않을 것이고, 너희에게 죄가 없을
것이다."

개인의 책임

16 "자식 때문에 아버지가 사형을 당해서도 안 되고, 아버
지 때문에 자식이 사형을 당해서도 안 된다. 사람은 저마
다 자기 죄로만 사형을 당해야 한다."

약한 사람을 보호하는 규정

17 "너희는 이방인과 고아의 권리를 왜곡해서는 안 되고,
과부의 옷을 담보로 잡아서도 안 된다. 18 너희는 너희가
이집트에서 종이었고, 주 너희 하느님께서 너희를 거기에
서 구해 내신 것을 기억해야 한다. 그 때문에 내가 너희에

24,12-13. "담보물"은 아마도 밤에 담요로 사용할 수 있는 겉옷을 가리킬 것이다(탈출 22,25-26 참조).

24,13. 가난한 사람이 축복할 때 주님의 복을 받을 수 있다. 이는 주님께서 가난한 이와 가까이 계심을 드러낸다. 사회적 약자를 의롭게 대한 사람만이 하느님 앞에서 의로울 것이다.

24,15. "품삯을 애타게 기다리므로" 문맥과 히브리어 '네페쉬'("생명의 숨결", "실존")의 가능한 의미들 가운데 하나를 고려하면, 이 표현(자구적으로는 "그것을 향해 자신의 '네페쉬'를 들어 올리다")은 "그의 생명이 그 품삯에 달려 있다"로 이해할 수 있다. 이를 대중 라틴말 성경은 "그는 그것으로 생명을 유지한다"로, 새 대중 라틴말 성경은 "그의 영혼이 그것을 갈망한다"로 번역한다.

24,12-13 // 탈출 22,25-26. 24,13 6,25. 24,14 15,7-18; 레위 25,35-43; 마태 20,8; 마르 10,19; 야고 5,4. 24,15 15,9; 레위 19,13; 에페 4,26; 야고 4,17. 24,16 // 2열왕 14,6; 2역대 25,4; 또한 예레 31,29.30; 에제 18,20; 요한 8,21도 참조. 24,17 1,17; 10,17; 16,19. 24,18 16,12.

24,16. 7,10(예레 31,29-30; 에제 18,10-20 참조)에서 이미 언급한 개인 책임의 원칙을 명확히 한다.

24,17-22. 보다 약한 범주에 속하는 고아나 과부, 이방인('게르', 시민에 동화된 이주민)의 권리를 보호한다. 추수한 후 밭에 남은 곡식이나 수확하고 남은 올리브와 포도를 거둘 수 있는 권리도 주어진다(탈출 23,10-11 참조). 신명기 법은 뛰어난 사회적 감각과 더 절제된 엄격함을 보여 준다.

게 이것을 실천하라고 명령하는 것이다.
19 너희가 밭에서 곡식을 거둘 때에, 곡식 한 묶음을 잊어
버리더라도 그것을 가지러 되돌아가서는 안 된다. 그것은
이방인과 고아와 과부의 몫이 되어야 한다. 그래야 주 너
희 하느님께서 너희 손이 하는 모든 일에 복을 내리실 것
이다. 20 너희가 올리브 나무 열매를 떨 때, 지나온 가지에
다시 손을 대어서는 안 된다. 그것은 이방인과 고아와 과
부의 몫이 되어야 한다. 21 너희는 포도를 수확할 때에도
지나온 것을 따서는 안 된다. 그것은 이방인과 고아와 과
부의 몫이 되어야 한다. 22 너희는 너희가 이집트 땅에서
종이었던 것을 기억해야 한다. 그 때문에 내가 너희에게
이것을 실천하라고 명령하는 것이다."

판관이 지켜야 하는 공정

25,1-3. 이 규정은 과도한 신체 처벌을 피하기 위한 것이다. 후대에 법을 위반하지 않기 위하여 마흔 대에서 하나가 모자라게(2코린 11,24 참조) 매질하는 관례가 생겼다.

25 1 "사람들 사이에 분쟁이 생겨서 재판받으러 나
아가면, 판관들은 그들을 재판하여 옳은 이에
게는 무죄를 선언하고, 그른 자에게는 유죄를 선언해야
한다. 2 그른 자가 매를 맞아야 하면, 판관은 그를 자기 앞
에 엎드리게 한 다음, 그의 잘못에 해당하는 대 수만큼 매
질하게 해야 한다. 3 그를 마흔 대까지는 매질하여도 괜찮
지만 그 이상은 안 된다. 그것은 마흔 번이 넘도록 너희 동
족을 매질하다가, 너희가 보는 앞에서 그가 업신여김을 받
지 않게 하려는 것이다."

타작하는 소에 관한 규정

4 "타작 일을 하는 소에게 부리망을 씌워서는 안 된다."

후손에 관한 규정

5 "형제들이 함께 살다가 그 가운데 하나가 아들 없이 죽
었을 경우, 죽은 그 사람의 아내는 다른 집안 남자의 아내

24,19 레위 19,9.10; 23,22. 24,21 레위 19,10. 25,1 1,16.17; 19,17. 25,3 2코린 11,24. 25,4 1코린 9,9; 1티모 5,18. 25,5-6 마태 22,24; 루카 20,28; 마르 12,19.

25,5-10. 레비라 법은 형제들이 함께 사는 경우에(이 표현은 재산을 나눌 수 없음을 가리키는 것 같다) 그들 가운데 한 명이 아들 없이 죽으면 그 과부는 남편의 형제(히브리어 '야밤', 라틴어 '레비르', 여기서 '레비라'가 나왔다)와 결혼하고 그마저 없으면 고인의 가까운 친척과 혼인하여 그 첫 남편의 후손을 확실하게 보장해야 한다고 정한다. 남편의 형제가 자기 의무를 실행하기 거부하면 그 여자는 원로들 앞에서 시숙의 신발을 벗기고(재산권 포기의 상징) 그의 얼굴에 침을 뱉을 것이다(모욕으로 여기는 행위). 창세 38장의 유다와 며느리 타마르 이야기는 레비라 제도에 기초한다. 이 법 덕분에 보아즈는 룻과 혼인하는데, 이는 죽은 남편의 이름을 세워 주기 위해서이다(룻 4,5.10).

가 될 수 없다. 남편의 형제가 가서 그 여자를 아내로 맞
아들여, 시숙의 의무를 이행해야 한다. 6 그리고 그 여자
가 낳은 첫아들은 죽은 형제의 이름을 이어받아, 그 이름
이 이스라엘에서 지워지지 않게 해야 한다. 7 그러나 그 남
자가 자기 형제의 아내를 맞아들이기를 원하지 않으면, 그
형제의 아내가 성문으로 원로들에게 올라가서 이렇게 말
해야 한다. '제 시숙이 이스라엘에서 자기 형제의 이름을
이어 주기를 거부합니다. 저에게 시숙의 의무를 이행하려
고 하지 않습니다.' 8 그러면 성읍의 원로들이 그를 불러서
그에게 타일러야 한다. 그래도 그가 고집을 부리며 '나는
이 여자를 맞아들이고 싶지 않습니다.' 하고 말하면, 9 그
형제의 아내가 원로들이 보는 앞에서 그에게 다가가 발에
서 신을 벗기고 그의 얼굴에 침을 뱉은 다음, '자기 형제의
집안을 세우지 않는 사람은 이렇게 된다.' 하고 말해야 한
다. 10 그러면 이스라엘에서 그의 이름은 '신 벗겨진 자의
집안'이라고 불릴 것이다."

싸울 때에 금지된 행동

11 "두 사람이 싸울 때, 한 사람의 아내가 남편을 때리는
사람의 손에서 남편을 구해 내려고 손을 내밀어 그 사람
의 치부를 붙잡을 경우, 12 너희는 그 여자의 손을 잘라 버
리고, 동정해서는 안 된다."

25,11-12. 이 사례 외에도 이스라엘의 재판 관행에서 신체 절단은 레위 24,19-20(탈출 21,23-25도 참조)에만 나온다.

도량형에 관한 규정

13 "너희는 자루에 크고 작은 두 개의 저울추를 가지고 있
어서는 안 된다. 14 너희는 집에 크고 작은 두 개의 되를 가
지고 있어서는 안 된다. 15 너희는 정확하고 올바른 저울추
를 가지고 있어야 하며, 정확하고 올바른 되를 가지고 있
어야 한다. 그래야 주 너희 하느님께서 너희에게 주시는
땅에서 오래 살 수 있다. 16 이런 일을 하는 자, 곧 불의를
저지르는 자는 모두 주 너희 하느님께서 역겨워하신다."

25,14. "되"라고 번역한 '에파'는 부피 단위로, 약 45리터에 해당한다.

아말렉인들을 치라는 명령

17 "너희가 이집트에서 나오던 길에 아말렉인들이 너희에
게 한 짓을 기억하여라. 18 그들은 너희가 피곤하고 지쳐
있을 때에 너희와 길에서 마주치자, 하느님 두려운 줄도

25,6 창세 38,9; 룻 4,10. 25,7 룻 4,1.2. 25,8 룻 4,6. 25,9 룻 4,7.11. 25,13 레위 19,35-37. 25,16 잠언 11,1. 25,17 탈출 17,8.

모르고 너희 뒤에 처진 사람들을 모두 쳐 죽였다. 19 그러
므로 주 너희 하느님께서 너희가 차지하도록 상속 재산으
로 주시는 땅에서 너희 주위의 모든 적을 물리쳐 너희에
게 안식을 주시면, 너희는 하늘 아래에서 아말렉인들에
대한 흔적조차 없애 버려야 한다. 이것을 잊어서는 안 된
다."

26,1-11. 매년 농부는 주간절 또는 수확절(오순절) 축제 동안에 추수 선물을 하느님께 돌려 드리는 상징으로 수확의 맏물을 주님께 바쳐야 했다(탈출 22,28; 23,19 참조). 이 기회에 그는 야곱(이스라엘)을 이집트로 부르심, 이집트 탈출을 통한 해방의 선물, 약속의 땅에 들어감과 같이 주님께서 당신 백성을 위해 하신 구원 활동을 기억하면서 전례 정식의 선포를 통해 자신의 믿음을 고백해야 했다. 그 후에 자기가 가져온 것을 기쁘게 레위인들과 이방인과 함께 나눴을 것이다. 26,5ㄴ-9에서 이스라엘이 생겨난 데까지 거슬러 올라가는 사건들을 몇 구절에 요약한 최근의 기원 요약문을 보게 된다(6,20-24; 여호 24,2-13도 참조). 이 종류의 요약문은 흔히 "소역사신경(small historical creed)"이라고 부른다.

맏물의 봉헌

26 1 "너희는 주 너희 하느님께서 너희에게 상속
재산으로 주시는 땅에 들어가 그것을 차지하
여 그곳에 자리 잡게 되면, 2 주 너희 하느님께서 너희에게
주시는 땅에서 거두어들이는 모든 수확의 맏물을 가져
다가 광주리에 담아, 주 너희 하느님께서 당신의 이름을
머무르게 하시려고 선택하시는 곳으로 가야 한다. 3 그리
고 너희는 그때에 직무를 맡은 사제에게 가서, '주 우리
조상들의 하느님께서 우리에게 주시겠다고 맹세하신 땅
으로 우리가 들어왔음을, 오늘 주 당신의 하느님께 아뢰
니다.' 하고 말해야 한다.
4 사제가 너희 손에서 광주리를 받아 그것을 주 너희 하느
님의 제단 앞에 놓으면, 5 너희는 주 너희 하느님 앞에서
이렇게 말해야 한다. '저희 조상은 떠돌아다니는 아람인
이었습니다. 그는 몇 안 되는 사람들과 이집트로 내려가
이방인으로 살다가, 거기에서 크고 강하고 수가 많은 민
족이 되었습니다. 6 그러자 이집트인들이 저희를 학대하고
괴롭히며 저희에게 심한 노역을 시켰습니다. 7 그래서 저희
가 주 저희 조상들의 하느님께 부르짖자, 주님께서는 저희
의 소리를 들으시고, 저희의 고통과 불행, 그리고 저희가
억압당하는 것을 보셨습니다. 8 주님께서는 강한 손과 뻗
은 팔로, 큰 공포와 표징과 기적으로 저희를 이집트에서
이끌어 내셨습니다. 9 그리고 저희를 이곳으로 데리고 오
시어 저희에게 이 땅, 곧 젖과 꿀이 흐르는 땅을 주셨습니
다. 10 주님, 그래서 이제 저희가 주님께서 저희에게 주신
땅에서 거둔 수확의 맏물을 가져왔습니다.' 그런 다음에

25,19 1사무 15,2.3. 26,2 탈출 22,28; 23,16.19; 민수 18,13. 26,5 10,22; 창세 43,1.2; 45,7.11; 46,27; 호세 12,13; 사도 7,15. 26,6 탈출 1,11.14. 26,7 탈출 2,23-25. 26,8 4,34. 26,9 탈출 3,8.

✠ 26,4-10. 다해 사순 제1주일에 이 본문으로 하느님께 대한 믿음을 강조한다. 그분에게서 모든 도움이 오며 오직 그분께 감사와 온갖 형태의 예배를 바쳐야 한다. 복음(루카 4,1-13)에서 볼 수 있는 사탄의 유혹에 대한 예수님의 응답은 이 본문의 진리와 노선이 같다.

너희는 그것을 주 너희 하느님 앞에 놓고, 주 너희 하느님
께 경배드려야 한다. 11 그리고 너희는 레위인과 너희 가운
데에 있는 이방인과 함께, 주 너희 하느님께서 너희와 너
희 집안에 베푸신 모든 좋은 것을 두고 기뻐하여라."

세 해마다 바치는 십일조

12 "너희는 세 해마다 십일조를 바칠 때에 너희 소출에서
십분의 일을 모두 떼어 놓고, 그것을 레위인과 이방인과
고아와 과부에게 주어 그들이 너희 성안에서 배불리 먹
게 될 때, 13 너희는 주 너희 하느님 앞에서 이렇게 말해야
한다. '저희는 거룩한 것을 저희 집에서 떼어 놓아, 그것을
당신께서 저희에게 명령하신 모든 계명대로 레위인과 이
방인과 고아와 과부에게 주었으며, 당신의 계명을 하나도
어기지 않고 잊지도 않았습니다. 14 저희는 애도할 때에 십
일조에서 아무것도 먹지 않았고, 저희가 부정할 때에 그
것을 떼어 놓지 않았으며, 그것을 죽은 자에게 바친 적이
없습니다. 저희는 주 저희 하느님의 말씀을 듣고, 당신께
서 저희에게 명령하신 대로 다 하였습니다. 15 당신의 거
룩한 처소 하늘에서 굽어보시어, 당신 백성 이스라엘에게
복을 내려 주시고, 당신께서 저희 조상들에게 말씀하신
대로, 저희에게 주신 땅, 젖과 꿀이 흐르는 이 땅에도 복
을 내려 주십시오.'"

하느님의 백성 이스라엘

16 "오늘 주 너희 하느님께서 이 규정과 법규들을 실천하라
고 너희에게 명령하신다. 그러므로 너희는 마음을 다하고
목숨을 다하여 그것들을 명심하여 실천해야 한다. 17 주님
을 두고 오늘 너희는 이렇게 선언하였다. 곧 주님께서 너희
의 하느님이 되시고, 너희는 그분의 길을 따라 걸으며, 그
분의 규정과 계명과 법규들을 지키고, 그분의 말씀을 듣
겠다는 것이다.
18 그리고 주님께서는 오늘 너희를 두고 이렇게 선언하셨
다. 곧 주님께서 너희에게 말씀하신 대로, 너희가 그분 소
유의 백성이 되고 그분의 모든 계명을 지키며, 19 그분께서

26,11 12,7. 26,12 14,28.29; 히브 7,5.9.10. 26,13 시편 119,141.153.176. 26,14 레위 7,20; 호세 9,4. 26,15 바룩 2,16. 26,16 4,29. 26,18 7,6. 26,19 7,6; 28,1; 시편 148,14.

26,12-15. 세 해마다 바치는 십일조의 분배는 가난한 계층에 유보된다(14,28-29도 참조). 또 주님께서 명령하신 것을 지켰다고 선언하며 복을 내려 달라는 청원을 바친다.

26,14. 십일조 일부를 애도를 위한 음식(예레 16,7; 에제 24,17.22 참조), 또는 죽은 이의 무덤에 바치는 제물(바티칸 그리스어 사본에 따르면 토빗 4,17; 그리스어 번역본에 따른 집회 30,18 참조)로 사용하는 것은 십일조를 부정하게 만든다.

26,16-19. 모세는 신명기 법전 규정을 마치면서 계약을 지키라고 다시 권고한다. 16.17.18절에 반복되는 "오늘"은 청중이 개인적으로 호소를 받고 있다고 느끼게 한다.

26,19. "당신께서 만드신 모든 민족들"이란 말을 통해 창조주 하느님에 대한 신뢰에서 그분 말씀에 의지하고 살아갈 힘을 얻도록 초대하며 "주 너희 하느님께서 말씀하신 대로"라는 말을 통해 그분의 섭리와 구원 의지에 대한 신뢰를 갖도록 독려한다.

는 너희를 당신께서 만드신 모든 민족들 위에 높이 세우시
어, 너희가 찬양과 명성과 영화를 받게 하시고, 너희가 주
너희 하느님께서 말씀하신 대로 그분의 거룩한 백성이 되
게 하시겠다는 것이다."

율법의 돌

27 1 모세와 이스라엘의 원로들이 백성에게 명령
하였다. "내가 오늘 너희에게 명령하는 모든
계명을 지켜라. 2 너희가 요르단을 건너 주 너희 하느님께
서 너희에게 주시는 땅에 들어가는 날, 너희는 큰 돌들을
세우고 거기에 석회를 발라야 한다. 3 그리고 너희가 건너
가거든 이 율법의 모든 말씀을 그 돌들 위에 써야 한다.
그래야 주 너희 조상들의 하느님께서 너희에게 말씀하신
대로, 주 너희 하느님께서 너희에게 주시는 땅, 곧 젖과
꿀이 흐르는 땅에 들어가게 될 것이다. 4 너희가 요르단을
건너가거든 내가 오늘 너희에게 명령하는 대로 돌들을
에발산에 세우고, 거기에 석회를 발라야 한다. 5 그리고 그
곳에 주 너희 하느님을 위하여 제단을, 곧 쇠 연장을 대지
않은 돌로 제단을 만들어야 한다. 6 너희는 다듬지 않은
돌로 주 너희 하느님을 위하여 제단을 만들고, 그 위에서
주 너희 하느님께 번제물을 바쳐야 한다. 7 또 너희는 친
교 제물을 바치고 거기에서 먹으며 주 너희 하느님 앞에
서 기뻐하여라. 8 그리고 돌들 위에 이 율법의 모든 말씀
을 분명하게 써야 한다."
9 모세와 레위인 사제들이 온 이스라엘에게 일렀다. "이스
라엘아, 조용히 하고 들어라. 오늘 너희는 주 너희 하느님
의 백성이 되었다. 10 그러므로 주 너희 하느님의 소리를 듣
고, 내가 오늘 너희에게 명령하는 그분의 계명과 규정들
을 실천해야 한다."
11 그날 모세가 백성에게 명령하였다. 12 "너희가 요르단을
건넌 뒤, 백성에게 축복하기 위하여 그리짐산에 서야 할
지파들은 시메온, 레위, 유다, 이사카르, 요셉, 벤야민이
다. 13 그리고 저주하기 위하여 에발산에 서야 할 지파들
은 르우벤, 가드, 아세르, 즈불룬, 단, 납탈리이다."

27,4. 사마리아 오경은 에발산이 아니라 사마리아인들에게 신성한 장소인 그리짐산(11,29-30 주 참조)으로 읽는다. 이 구절에 대한 쿰란 사본(기원전 1세기로 추정)의 최근 출판본에 따르면 그리짐이 맞는 것 같지만(11,29과 27,12에서 이 산은 축복 장소로 나온다) 무엇이 원래 본문인지 확정하기 힘들다.

27,12-13. 축복과 저주 선포를 위한 지파 구별에 대해 어떤 지파에는 긍정적 운명을, 다른 지파에는 부정적 운명을 예견하려는 것이 아니다. 오히려 온 이스라엘의 동등한 참여를 강조한다.

27,2 여호 8,30-32. 27,3 26,9. 27,5 탈출 20,25; 여호 8,31. 27,9 26,18. 27,12 여호 8,33-35; 요한 4,20.

27,1-8. 약속의 땅에서 율법의 모든 말씀을 돌 위에 기록하고 다듬지 않은 돌로 제단을 만들라는(탈출 20,25 참조) 모세의 명령은 여호수아가 실행할 것이다. 여호수아는 큰 소리로 율법의 모든 조항, 축복과 저주를 선언할 것이다(신명 11,29-30; 여호 8,30-35 참조).

열두 가지 저주

14 "그리고 레위인들은 큰 소리로 모든 이스라엘 사람에게
이렇게 선포해야 한다.
15 '주님께서 역겨워하시는, 새겨 만든 우상이나 부어 만든
우상, 곧 장인의 손으로 만든 것을 은밀한 곳에 두는 자는
저주를 받는다.' 하면, 온 백성은 '아멘.' 하고 응답해야 한
다.
16 '자기 아버지나 어머니를 업신여기는 자는 저주를 받는
다.' 하면, 온 백성은 '아멘.' 하고 말해야 한다.
17 '이웃의 경계를 밀어내는 자는 저주를 받는다.' 하면, 온
백성은 '아멘.' 하고 말해야 한다.
18 '눈먼 이를 길에서 잘못 인도하는 자는 저주를 받는다.'
하면, 온 백성은 '아멘.' 하고 말해야 한다.
19 '이방인과 고아와 과부의 권리를 왜곡하는 자는 저주를
받는다.' 하면, 온 백성은 '아멘.' 하고 말해야 한다.
20 '아버지의 아내와 동침하는 자는 아버지의 옷자락을 들
추었으므로 저주를 받는다.' 하면, 온 백성은 '아멘.' 하고
말해야 한다.
21 '짐승과 관계하는 자는 저주를 받는다.' 하면, 온 백성은
'아멘.' 하고 말해야 한다.
22 '아버지의 딸이든 어머니의 딸이든 제 누이와 동침하는
자는 저주를 받는다.' 하면, 온 백성은 '아멘.' 하고 말해야
한다.
23 '장모와 동침하는 자는 저주를 받는다.' 하면, 온 백성
은 '아멘.' 하고 말해야 한다.
24 '이웃을 은밀한 곳에서 쳐 죽이는 자는 저주를 받는다.'
하면, 온 백성은 '아멘.' 하고 말해야 한다.
25 '무죄한 사람을 살해하는 대가로 뇌물을 받는 자는 저
주를 받는다.' 하면, 온 백성은 '아멘.' 하고 말해야 한다.
26 '이 율법의 말씀들을 존중하여 실천하지 않는 자는 저
주를 받는다.' 하면, 온 백성은 '아멘.' 하고 말해야 한다."

27,15-26. 레위인들이 선포하는 저주 정식은 예배라는 구체적 맥락 안에 있다. 각각의 저주는 "저주를 받는다."라는 정식으로 제시되고 온 백성은 거기에 한목소리로 "아멘" 하고 응답하면서 저주의 가치를 강화한다(축복처럼 저주도 고유한 힘을 가지고 작동한다. 저주를 말함으로써 저주가 효력이 있게 된다). 심각한 범죄나 종종 감추어져 있어 주님만 벌하실 수 있는 잘못(29,19-20 참조)을 저지른 사람은 저주를 받는다.

27,20. 23,1 주 참조.

27,22. 레위 18,9 주 참조.

27,24. "쳐 죽이는" 이 히브리어 동사의 기본적인 의미는 "세게 때리다"지만 문맥에 따라 번역했다.

27,15 탈출 20,4.23; 34,17. 27,16 탈출 21,17; 레위 20,9. 27,17.18 레위 19,14. 27,19 10,18; 24,17. 27,20 레위 18,8; 신명 23,1. 27,21 레위 18,23. 27,22 레위 18,9; 20,17. 27,23 레위 20,14. 27,24 레위 24,17; 민수 35,31. 27,25 탈출 23,7.8; 마태 27,4. 27,26 갈라 3,10; 또한 신명 28,15; 요한 7,49; 갈라 3,13도 참조.

27,15-25. 여기서 제시하는 많은 계명이 은밀하고 개인적인 행동에 관한 것이라는 점은(15절의 은밀한 곳에 우상을 두는 것, 16절의 부모에 대한 개인적 무시, 17절의 주로 밤에 일어나는 이웃 경계 변경, 20-23절의 은밀한 성범죄들, 24절의 은밀한 살인, 25절의 몰래 받는 뇌물) 주님의 가르침을 스스로 내면화하여 남이 보지 않는 곳에서도 실천해야 한다는 초대임을 암시한다.

순종에 따르는 복

28 [1] "너희가 주 너희 하느님의 말씀을 잘 듣고,
내가 오늘 너희에게 명령하는 그분의 모든 계
명을 명심하여 실천하면, 주 너희 하느님께서 땅의 모든
민족들 위에 너희를 높이 세우실 것이다. [2] 너희가 주 너희
하느님의 말씀을 잘 들으면, 이 모든 복이 내려 너희 위에
머무를 것이다.
[3] 너희는 성읍 안에서도 복을 받고 들에서도 복을 받을 것
이다.
[4] 너희 몸의 소생과 너희 땅의 소출도, 새끼 소와 새끼 양
을 비롯한 너희 가축의 새끼들도 복을 받을 것이다.
[5] 너희의 광주리와 반죽 통도 복을 받을 것이다.
[6] 너희는 들어올 때에도 복을 받고 나갈 때에도 복을 받을
것이다.
[7] 주님께서는 너희를 거슬러 일어나는 적들이 너희 앞에
서 패배하게 하실 것이다. 그들이 너희를 치러 한 길로 나
왔다가, 너희 앞에서 일곱 길로 흩어져 도망칠 것이다.
[8] 주님께서 명령하시어, 너희의 곳간과 너희 손이 하는 모
든 일에 복이 넘치게 하실 것이다. 이렇게 주 너희 하느님
께서는 너희에게 주시는 땅에서 너희에게 복을 내리실 것
이다.
[9] 너희가 주 너희 하느님의 계명들을 지키고 그분의 길을
따라 걸으면, 주님께서는 너희에게 맹세하신 대로 너희를
당신의 거룩한 백성으로 세우실 것이다. [10] 그리하여 땅의
모든 민족들이 너희가 주님의 이름으로 불리는 것을 보고
너희를 두려워할 것이다.
[11] 주님께서는, 너희에게 주시겠다고 너희 조상들에게 맹
세하신 땅에서, 너희 몸의 소생과 가축의 새끼와 땅의 소
출을 풍성하게 해 주실 것이다. [12] 주님께서는 너희를 위하
여 당신의 그 풍요로운 곳집 하늘을 여시어, 너희 땅에 때
맞추어 비를 주시고 너희 손이 하는 모든 일에 복을 내리
실 것이다. 너희는 많은 민족들에게 꾸어 주기는 하여도
너희가 꾸지는 않을 것이다. [13] 내가 명심하여 실천하라고

28,1-2. 26,16-19에서처럼 하느님께서 모든 민족들 위에 이스라엘을 세우실 것을 약속하신다. 이스라엘은 주님께 순종하면서 다른 민족들과 구별되는 거룩한 민족이 된다. 이스라엘은 주님께 봉헌되었기 때문이다(탈출 19,6; 신명 7,6 참조).

28,3-14. 이스라엘이 주님께 순종한다면 도달할 수 있을 축복은 이 백성의 실존 전체와 관련된다. 항상("들어올 때도… 나갈 때에도") 또 어디서나("성읍 안에서도… 들에서도"), 자손과 땅의 소출과 가축이 많아질 것이며 적들에게 승리할 것이다.

28,9. 이 구절은 어떤 특정 역할을 맡은 이가 하느님 활동에 온전히 의존하는 것을 강조한다. 그래서 그는 주님께서 명령하신 것에 순종하면서 자신의 사명을 수행한다. 구체적으로 말하면 계약과 관련해서 특별한 호의를 통해 누군가를 선택하시는 하느님의 주도권이 매우 강조된다.

28,1 7,12-26; 26,19. 28,3 창세 39,5; 시편 128,4. 28,4 창세 49,25; 시편 107,38; 잠언 10,22; 루카 1,42. 28,7 레위 26,7.8. 28,9 신명 7,6. 28,10 2역대 7,14; 야고 2,7. 28,11 30,9. 28,12 15,6; 레위 26,4.

28,1-68. 모세는 이 장에서 그의 둘째 담화를 마무리한다. 보통 고대 근동의 대왕과 그의 봉신 사이에 맺는 조약에서 봉신의 행위에 따라 보상이 주어지는 것처럼 모세는 축복과 저주로 장엄하게 계약을 승인한다. 축복은 율법의 충실한 준수 여부에 달려 있다(3-14절). 이스라엘이 계약에 불충실하면 저주가 그들을 칠 것이다(15-68절).

오늘 너희에게 명령하는 주 너희 하느님의 계명들을 너희
가 듣고 따르면, 주님께서 너희를 머리가 되게 하시고 꼬
리는 되지 않게 하실 것이며, 너희는 위로만 올라가고 아
래로는 내려가지 않을 것이다. 14 또한 너희에게 명령하는
모든 말씀에서 오른쪽으로든 왼쪽으로든 벗어나서 다른
신들을 따라가 섬기지 않으면, 그렇게 될 것이다."

저주의 경고

15 "그러나 너희가 주 너희 하느님의 말씀을 듣지 않고, 내
가 오늘 너희에게 명령하는 그분의 모든 계명과 규정을 명
심하여 실천하지 않으면, 이 모든 저주가 내려 너희 위에
머무를 것이다.
16 너희는 성읍 안에서도 저주를 받고 들에서도 저주를 받
을 것이다.
17 너희의 광주리와 반죽 통도 저주를 받을 것이다.
18 너희 몸의 소생과 너희 땅의 소출도, 새끼 소와 새끼 양
도 저주를 받을 것이다.
19 너희는 들어올 때에도 저주를 받고 나갈 때에도 저주를
받을 것이다.
20 너희가 주님을 저버린 악행 때문에, 주님께서 너희 손이
하는 모든 일에 저주와 혼란과 위협을 계속 보내시어, 마
침내 너희가 순식간에 멸망하고 멸절되게 하실 것이다.
21 주님께서는 너희에게 계속 흑사병이 달라붙게 하시어,
너희가 차지하러 들어가는 땅에서 마침내 너희를 없애 버
리실 것이다.
22 주님께서는 너희를 폐병과 열병과 염증, 무더위와 가뭄
과 마름병과 깜부깃병으로 계속 치시고, 마침내 너희가
망할 때까지 그것들이 너희를 쫓아다니게 하실 것이다.
23 너희 머리 위에 있는 하늘은 구리가 되고 아래에 있는
땅은 쇠가 될 것이다.
24 주님께서는 너희 땅의 비를 재와 먼지로 만드셔서, 너희
가 멸망할 때까지 그것들이 하늘에서 줄곧 너희 위로 내
리게 하실 것이다.
25 주님께서는 너희가 적들 앞에서 패배하게 하실 것이다.
너희가 적을 치러 한 길로 나갔다가, 그 앞에서 일곱 길로
흩어져 도망칠 것이며, 너희는 땅의 모든 나라에 공포의

28,15-68. 축복에 비해 저주에 더 넓은 지면이 할애된다. 15-19.25절에서 1-6.7절의 축복에 대칭되는 내용이 나타난다. 그 후에 저주에 관한 담화가 확장되며 이스라엘의 불행과 관련한 긴 목록이 열거된다. 47-48절의 첫 결론 후 다시 저주가 나오는데 전쟁과 끔찍한 포위 공격, 그로 인한 굶주림으로 어머니들이 자기 자식들을 먹으려는 것이 예견된다(49-57절; 2열왕 6,26-29 참조). 끝으로 유배에 대한 전망도 나온다(63-68절 참조). 결코 되돌아가서는 안 되는 이집트로(17,16 참조) 돌아가게 될 것이라고 이스라엘은 위협을 받는다. 그들은 배에 실려 이집트 종으로 팔려 갈 것이다(68절; 요엘 4,6 참조).

28,20. "주님을"의 직역은 "나를"이다. 하느님 목소리와 모세 목소리의 중첩에 대해서는 11,14-15 주 참조.

28,22. "가뭄" 히브리어 본문은 "칼"('헤렙')로 읽고 칠십인역도 그렇게 옮기지만 문맥에 맞지 않다. 히브리어의 모음만 바꾸어 "가뭄"(호렙)이 되는데 (새) 대중 라틴말 성경도 그렇게 옮긴다.

28,14 5,32. 28,15 레위 26,14; 여호 23,15; 말라 2,2. 28,20 4,26. 28,21 레위 26,25; 예레 24,10. 28,22 레위 26,16; 아모 4,9; 사도 23,3. 28,23 레위 26,19. 28,25 레위 26,17.37; 예레 15,4.

28,37. 이스라엘은 더 이상 모든 이가 바라던 축복의 민족이 아니라 모든 민족들의 놀람거리와 놀림거리와 웃음거리가 될 것이다. 축복과 저주의 바탕에는 성경, 특히 신명기 안에 자주 나오는 원칙인 응보의 원칙이 있다. 죄와 벌, 충실과 상급은 분리할 수 없는 한 쌍이며 개인과 민족의 역사와 생애 동안에 이미 작용한다.

대상이 될 것이다. 26 너희 주검이 하늘의 모든 새와 땅의
모든 짐승의 먹이가 되어도, 그것들을 쫓아 줄 사람이 없
을 것이다.
27 주님께서는 너희가 고치지 못할 이집트의 궤양과 종기와
옴과 가려움 병으로 너희를 치실 것이다. 28 주님께서는 또
정신병과 실명증과 착란증으로 너희를 치실 것이다. 29 눈
먼 이가 어둠 속에서 더듬는 것처럼, 너희는 대낮에도 더
듬으며 길을 제대로 찾아가지 못할 것이다. 너희가 늘 억
압을 받고 착취를 당하여도 구원해 줄 사람이 없을 것이
다.
30 너희가 여자와 약혼하여도 다른 남자가 그 여자와 동침
하고, 집을 지어도 거기에서 살지 못하며, 포도나무를 심
어도 그 열매를 따지 못할 것이다. 31 너희의 소를 너희 눈
앞에서 잡아도 너희는 그것을 먹지 못하고, 너희의 나귀
를 너희 눈앞에서 빼앗겨도 그것을 되찾지 못하며, 너희의
양 떼가 너희 원수들에게 넘어가도 너희를 도와줄 사람이
없을 것이다.
32 너희의 아들딸들이 다른 백성에게 넘겨져, 너희 눈이
온종일 그쪽을 바라보다 기진하여도, 너희 손은 아무것도
할 수 없을 것이다. 33 너희 땅의 소출과 너희가 일하여 얻
은 모든 것을 너희가 알지도 못하는 백성이 먹어 버리며,
너희는 언제나 억압을 받고 짓밟히기만 할 것이다. 34 너희
의 두 눈으로 보는 광경 때문에 너희는 미치게 될 것이다.
35 주님께서는 너희가 고치지 못할 악성 궤양으로 너희의
무릎과 정강이를 치실 것이며, 그것은 너희의 발바닥에서
정수리까지 번질 것이다.
36 주님께서는 너희뿐 아니라 너희가 받들어 세운 임금을,
너희와 너희 조상들이 알지도 못하던 민족들에게 데려가
실 것이고, 너희는 거기에서 나무와 돌로 된 다른 신들을
섬기게 될 것이다. 37 주님께서 너희를 끌고 가실 그곳의 모
든 민족들 가운데에서 너희는 놀람거리와 놀림거리와 웃
음거리가 될 것이다.
38 너희가 밭에 씨를 많이 뿌려도 메뚜기가 그것을 먹어 치
워 버려서, 너희는 조금밖에 거두지 못할 것이다. 39 너희
가 포도나무를 심고 가꾸어도 벌레가 그것을 먹어 치워
서, 너희는 포도주를 마시지도 못하고 저장하지도 못할 것

28,26 예레 7,33; 16,4; 34,20. 28,28-29 사도 22,11; 2베드 1,9. 28,29 욥 5,14; 이사 59,10. 28,30 예레 8,10; 12,13; 아모 5,11. 28,33 예레 5,17. 28,35 묵시 16,2. 28,36 4,28; 2열왕 17,4.6; 24,12.14; 25,7.11. 28,37 시편 44,15; 예레 24,9. 28,38 미카 6,15.

이다. 40 너희의 온 영토에 올리브 나무가 있어도 그 열매가
떨어져서, 너희는 기름을 몸에 바르지 못할 것이다. 41 너희
가 아들딸들을 낳아도 그들이 포로로 잡혀 가서, 너희에
게 남아 있지 않을 것이다. 42 너희 땅의 나무와 열매는 모
두 벌레가 차지하고 말 것이다.
43 너희 가운데에 있는 이방인은 너희보다 점점 높아지겠
지만, 너희는 점점 낮아질 것이다. 44 그는 너희에게 꾸어
주어도 너희는 그에게 꾸어 주지 못하며, 그는 머리가 되
고 너희는 꼬리가 될 것이다.
45 이 모든 저주가 너희 위에 내려, 너희가 멸망할 때까지 너
희를 쫓아다니며 너희 위에 머무를 것이다. 이는 너희가 주
너희 하느님의 말씀을 듣지 않고, 그분께서 너희에게 명령
하시는 계명과 규정들을 지키지 않았기 때문이다. 46 이 저
주들은 너희와 너희 후손들에게 영원토록 표징과 표지가
될 것이다.
47 모든 것이 풍부한데도, 너희가 기쁘고 행복한 마음으
로 주 너희 하느님을 섬기지 않은 까닭에, 48 너희는 굶주
림과 목마름과 헐벗음과 온갖 궁핍 속에서, 주님께서 너
희를 치라고 보내시는 너희의 원수들을 섬기게 될 것이
다. 또 주님께서는 너희 목에 쇠 멍에를 씌워 두시어, 마침
내 너희를 멸망시키실 것이다. 49 주님께서는 너희를 치라
고 땅끝 먼 곳에서 한 민족을 데려오실 것인데, 너희가 알
아듣지도 못하는 말을 하는 그 민족이 너희에게 독수리처
럼 날아들 것이다. 50 얼굴이 뻔뻔스럽게 생긴 그들은 노인
을 존경하지도 않고, 어린이를 불쌍히 여기지도 않는 민
족이다. 51 그들은 너희 가축의 새끼들과 너희 땅의 소출
을 줄곧 먹어 치워, 마침내 너희가 멸망하게 할 것이다. 그
들은 너희에게 곡식도 포도주도 기름도 새끼 소들과 새끼
양들도 남겨 두지 않아서, 마침내 너희를 멸망시킬 것이
다. 52 그들은 너희의 모든 성을 에워싸고, 너희가 믿던 높
고 튼튼한 성벽이 온 땅에서 무너져 내리게 할 것이다. 주
너희 하느님께서 너희에게 주신 온 땅의 모든 성을 그렇게
에워쌀 것이다. 53 너희의 원수들이 너희를 조여 오는 곤경
과 고난으로, 너희는 너희 몸의 소생을, 곧 주 너희 하느님
께서 너희에게 주신 아들딸들의 살을 먹을 것이다. 54 너
희 가운데에서 매우 온순하고 고상한 사람도 제 형제들과
제 품 안의 아내와 남아 있는 자식들에게 험악한 눈을 하

28,42. "벌레"로 옮긴 히브리어는 의성어('츨라찰')이다. 자음 'ㅊ'과 'ㄹ'을 두 번 반복하면서 베짱이, 메뚜기, 귀뚜라미 같은 벌레 소리를 모방한 것이다.

28,54.56. '험악한 눈을 하다' 직역은 '그의 눈이 악하다'인데 칠십인역은 '눈으로 질투하다'로 옮긴다.

28,47 32,15. 28,48 예레 28,13.14. 28,49 예레 5,15; 바룩 4,15. 28,52 예레 10,17.18; 스바 1,15.16. 28,53 레위 26,29; 예레 19,9; 애가 2,20; 로마 2,9.

며, 55 자기가 먹고 있는 제 자식의 살점을 그들 가운데 아
무에게도 주려고 하지 않을 것이다. 그것은 너희의 원수
가 너희의 모든 성마다 너희를 조여 오는 곤경과 고난으로
아무것도 남지 않을 것이기 때문이다. 56 너희 가운데에서
온순하고 고상한 여자, 한 번도 맨발바닥을 땅에 대 본 적
이 없을 정도로 고상하고 온순한 여자도, 제 품 안의 남편
과 아들딸에게 험악한 눈을 하고, 57 제 두 다리 사이에서
나온 어린것들과 자기가 낳은 자식들에게도 그렇게 하며,
그들을 잡아먹으려 할 것이다. 원수가 너희의 성마다 너희
를 조여 오는 곤경과 고난으로 아무것도 남지 않을 것이
기 때문이다.
58 너희가 이 영광스럽고 경외로운 이름, 주 너희 하느님을
경외하고, 이 책에 쓰인 율법의 모든 말씀을 명심하여 실천
하지 않으면, 59 주님께서는 크고 질긴 재난과, 고약하고 질긴
질병으로 너희와 너희 후손을 호되게 치실 것이다. 60 그분
께서는 너희가 겁내던 이집트의 모든 질병을 너희에게 되
돌리시어, 그것들이 너희에게 달라붙게 하실 것이다. 61 주
님께서는 이 율법서에 쓰여 있지 않은 모든 병과 재난을
줄곧 너희 위에 내리시어, 마침내 너희가 멸망하게 하실
것이다. 62 너희가 하늘의 별처럼 많다 하여도 적은 수밖에
남지 않을 것이다. 이는 너희가 주 너희 하느님의 말씀을
듣지 않았기 때문이다. 63 주님께서 너희가 잘되고 번성하
게 하시기를 좋아하신 것처럼, 너희를 멸절시키고 멸망시
키시기를 좋아하실 것이다. 그러면 너희가 차지하러 들어
가는 땅에서 너희는 뿌리째 뽑히고 말 것이다.
64 주님께서는 땅끝에서 땅끝까지, 모든 민족들 가운데로
너희를 흩으실 것이니, 너희는 그곳에서, 너희와 너희 조
상들이 알지 못하던, 나무와 돌로 된 다른 신들을 섬기게
될 것이다. 65 또 너희는 그 민족들 가운데에서 쉬지 못할
뿐 아니라, 발바닥이 쉴 곳조차 찾지 못할 것이다. 거기에
서 주님께서는 너희 마음이 떨리고 눈이 어두워지고 얼이
빠지게 하실 것이다. 66 너희는 생명의 위협을 느끼고 밤낮
으로 공포에 떨면서, 계속 살 수 있으리라는 확신을 가질
수 없을 것이다. 67 너희는 마음에 느끼는 공포와 두 눈으
로 보는 광경 때문에, 아침에는 '저녁이 되었으면!' 하고,
저녁에는 '아침이 되었으면!' 할 것이다.
68 '너희가 다시는 보지 않을 것이다.' 하고 내가 너희에게

28,58. 이 구절은(28,61; 29,20; 30,10도 참조) 문서화된 율법의 존재를 전제하는데 31,9에서만(24절도 참조) 묘사되는 내용을 앞당겨 제시한다.

28,65. 히브리어 뉘앙스를 살리면 마음이 떨리게 한다는 것은 걱정하고 두려워하게 한다는 것이고, 눈이 어두워지게 한다는 것은 점차 보이지 않거나 아예 볼 수 없게 한다는 것이며, 얼이 빠지게 한다는 것은 겁먹어 비열해지고 실패감과 절망감에 빠지게 한다는 것을 가리킨다.

28,58 탈출 6,3; 갈라 3,10. 28,61 4,25.26. 28,62 4,27; 10,22. 28,63 예레 12,14; 45,4. 28,64 4,27.28; 루카 21,24. 28,65 레위 26,16.36.

말한 그 길로, 주님께서는 너희를 배에 태워 이집트로 도
로 데려가실 것이다. 거기에서 너희가 원수들에게 자신을
남종이나 여종으로 팔려고 하여도, 살 사람이 없을 것이
다."
69 이것은 주님께서 호렙에서 맺으신 계약에 덧붙여, 모압
땅에서 이스라엘 자손들과 맺으라고 모세에게 명령하신
계약의 말씀이다.

모압 땅에서 맺은 계약에 따르는 의무

29 1 모세가 온 이스라엘을 불러 그들에게 말하였
다. "너희는 주님께서 너희 눈앞에서 하신 일을
보았다. 이집트 땅에서 파라오와 그의 모든 신하와 그의
온 나라에 하신 일을 모두 보았다. 2 그것은 너희가 두 눈
으로 본 그 큰 시험과 표징과 큰 기적들이다. 3 그러나 주님
께서는 오늘날까지 너희에게 깨닫는 마음과 보는 눈과 듣
는 귀를 주지 않으셨다.
4 주님께서는 너희를 사십 년 동안 광야에서 인도하셨다.
그동안 너희 몸에 걸친 옷들이 해진 적이 없고, 너희 발에
신은 신들이 떨어진 적이 없다. 5 또 너희는 빵도 먹지 않
았고 포도주나 독주도 마시지 않았다. 그것은 주님께서 주
너희 하느님이라는 것을 너희가 알게 하시려는 것이었다.
6 그리고 너희가 이곳에 다다랐을 때, 헤스본 임금 시혼과
바산 임금 옥이 우리와 맞서 싸우러 나왔지만, 우리는 그
들을 쳐부수었다. 7 우리는 그들의 땅을 빼앗아, 르우벤인
들과 가드인들, 그리고 므나쎄 반쪽 지파에게 그 땅을 상
속 재산으로 주었다. 8 그러므로 너희는 이 계약의 말씀들
을 지키고 실천해야 한다. 그래야 너희가 하는 모든 일이
잘될 것이다.
9 너희는 오늘 모두 주 너희 하느님 앞에 나와 섰다. 너희
지파의 우두머리들과 원로들과 관리들과 이스라엘의 모

29,1-8. 주님께서 이스라엘을 위해 하신 일을 상기하면서 근본적인 여정(이집트, 광야, 약속의 땅)을 강조하는데, 언급되는 사건들에 신학적 해석이(3.5ㄴ절 참조) 뒤따른다.

29,4-5. "주님께서" 직역은 "내가"이다. 하느님 목소리와 모세 목소리의 중첩에 대해서는 11,14-15 주 참조.

29,4. "인도하셨다." 이 형태의 히브리어 동사는 신명기에 딱 세 번 더 나오며(8,2.15; 28,36 "데려가실 것이고" 참조) 주어는 항상 주님이시다. 그 모든 구절에서 주님께서는 당신 백성을 이끌어 가시는 유일한 분이시다. 다른 어느 누구도 그분을 대체할 수 없다. 이 형태의 동사는 모세가 이스라엘을 인도하는 데는 사용하지 않는다.

29,9-14. 매우 장엄한 동심 구조의 이 본문은 신명기에 자주 나오는 시간 부사 "오늘"로 강조되어 있다. 이 단어가 여섯 구절에 다섯 번이나 나오며 청중 각자가 개인적으로 호소를 받는 것처럼 느끼게 한다. 율법이 현실화되어 하느님의 구원 활동과 인간의 응답이 항상 현재화하게 한다. 중심부인 12절에 공동체 전체와 맺은 계약 정식이(주님께서는 이스라엘의 하느님이시며 이스라엘은 주님의 백성이다) 나온다. 집회 목적은 하느님 말씀과 조상들에게 하신 맹세에 기초한 계약 체결이다.

28,69 5,2.3. 29,1 탈출 19,4. 29,3 이사 6,9.10; 사도 28,26.27; 로마 11,8; 에페 4,18. 29,4 8,4. 29,5 8,3. 29,6 2,32; 3,1; 민수 21,21-24.33-35. 29,7 3,12.13; 민수 32,33. 29,8 4,6; 여호 1,7.

28,69. 모세의 첫째 담화(1,1 참조)와 둘째 담화(4,44 참조)를 소개하는 것과 유사한 정식으로 셋째 담화가 시작한다. 호렙에서 맺은 계약과 완전히 구별되는 모압 땅에서의 계약을 언급한다. 이는 광야 체험 후에 약속의 땅에 들어가기 바로 전에 맺는 새로운 계약이다. 이 새로운 계약은, 새 세대가 오직 하느님 말씀을 들으며 약속의 땅에 들어갈 것이라는 예언자들의 예언(예레 31,31-34 참조)에 대한 묘사처럼 보인다.

29,1-30,20에서 이스라엘 역사는 계약이라는 열쇠로 재해석된다. 어떤 저자들은 이 대목에서 역사적 서문(29,1-8 참조), 토대가 되는 선언(29,9-17 참조), 저주와 축복(29,18-30,10.15-20 참조), 축복과 저주 정식(30,16-18 참조), 증인으로서 하늘과 땅(30,19 참조)이라는 계약 정식의 도식을 발견한다.

든 사람, 10 너희의 어린것들과 아내들, 그리고 장작을 패
주고 물을 길어 주는 이에 이르기까지 너희 진영에 있는
이방인들이 다 나와 섰다. 11 이는 주 너희 하느님께서 오
늘 너희와 맺으시는 주 너희 하느님의 계약과 맹세에 너희
가 참여하려는 것이다. 12 또한 주님께서 너희에게 이르신
대로, 너희의 조상 아브라함과 이사악과 야곱에게 맹세하
신 대로, 너희를 당신의 백성으로 삼으시고 너희의 하느님
이 되시려는 것이다. 13 나는 이 계약과 이 맹세를 너희하
고만 맺는 것이 아니고, 14 오늘 주 우리 하느님 앞에서 우
리와 함께 여기에 서 있는 사람들과 오늘 우리와 함께 여
기에 있지 않은 사람들과도 맺는다.
15 우리가 이집트 땅에서 어떻게 살았는지, 또 우리가 민
족들 가운데를 어떻게 지나왔는지 너희는 잘 알고 있다.
16 너희는 그들이 모시는 혐오스러운 것들과 우상들, 나
무와 돌과 은과 금으로 만든 것들을 보았다. 17 너희 가운
데에는 남자든 여자든, 씨족이든 지파든, 오늘 주 우리 하
느님에게서 마음이 돌아서서, 저 민족들의 신들을 섬기러
가는 자가 있어서는 안 된다. 너희 가운데에는 이렇게 독
이 든 쓴흰쑥 열매를 맺는 뿌리가 있어서는 안 된다. 18 어
떤 사람이 이 맹세의 말씀들을 듣고서도, 제 마음속으로
자신을 부추기며, '내가 마음대로 고집하며 살아, 젖은 것
이든 마른 것이든 모조리 휩쓸어 간다 하더라도, 나에게
는 아무 일이 없을 것이다.' 한다면, 19 주님께서 그를 용서
하려 하지 않으실 것이다. 오히려 그에 대한 주님의 진노와
질투가 타올라 이 책에 쓰인 모든 저주가 그 위에 내리고,
주님께서 그의 이름을 하늘 아래에서 지워 버리실 것이다.
20 주님께서는 그를 이스라엘의 모든 지파에서 떼어 내시
어, 이 율법서에 쓰인 계약의 저주대로 그에게 재앙을 내
리실 것이다.
21 너희 뒤에 일어날 다음 세대의 자손들과 먼 땅에서 올
외국인이, 이 땅의 재난과 주님께서 이 땅을 병들게 하신
질병들을 보고서 이렇게 말할 것이다. 22 '온 땅이 유황과
소금으로 불타 버려 씨를 뿌리지도 못하고 뿌린 씨가 나오
지도 못하는구나. 이곳은 어떤 풀도 돋아나지 않아, 마치
주님께서 당신의 분노와 진노로 멸망시키신 소돔과 고모

29,11. 이 "맹세"는 저주 조항이 수반된 맹세이다(13.18.19.20절도 참조).

29,17. 주요 계명인 우상 숭배 금지(탈출 20,3; 34,14; 신명 5,7 참조)가 개인적이고 은밀하게 다른 신들을 경배하는 영역에 적용되어 나온다.

29,10 여호 9,21.23.27. 29,12 28,9; 창세 17,7; 탈출 6,7. 29,17 히브 12,15; 또한 신명 11,16; 사도 8,23도 참조. 29,19 9,14; 탈출 32,33; 시편 74,1; 79,5; 묵시 22,18-19. 29,20 마태 24,51. 29,21 예레 19,8. 29,22 창세 19,24; 이사 34,9; 예레 20,16.

라와 아드마와 츠보임의 처지와 같구나.’ 23 또 모든 민족
들이 ‘왜 주님께서 이 땅에 이렇게 하셨는가? 타오르는 이
큰 분노는 어찌 된 것인가?’ 하고 물으면, 24 사람들이 이
렇게 대답할 것이다. ‘그들이 주 저희 조상들의 하느님께
서 자기들을 이집트 땅에서 이끌어 내실 때에 자기들과 맺
으신 그분의 계약을 저버렸기 때문이다. 25 그들은 자기들
이 알지도 못하고, 주님께서 허락하지도 않으신 다른 신들
에게 가서 그것들을 섬기고 경배하였다. 26 그래서 이 땅을
거슬러 주님의 진노가 타올라, 이 책에 쓰인 모든 저주가
그 위에 내렸다. 27 주님께서 분노하시고 진노하시며 크게
격분하셔서 그들을 제 땅에서 뽑아, 오늘 이처럼 다른 나
라로 쫓아 버리신 것이다.’
28 감추어진 것은 주 우리 하느님의 것이지만, 드러난 것은
영원토록 우리와 우리 자손들의 것이니, 우리는 이 율법의
말씀을 실천해야 한다.”

주님께 돌아오다

30 1 “이 모든 말씀, 곧 내가 너희 앞에 내놓은 축
복과 저주가 너희 위에 내릴 때, 주 너희 하느님
께서 너희를 몰아내 버리신 모든 민족들 가운데에서 너희
가 마음속으로 뉘우치고, 2 주 너희 하느님께 돌아와서, 내
가 오늘 너희에게 명령하는 대로 너희와 너희의 아들들이
마음을 다하고 정신을 다하여 그분의 말씀을 들으면, 3 주
너희 하느님께서 너희의 운명을 되돌려 주실 것이다. 주
너희 하느님께서는 또 너희를 가엾이 여기시어, 주 너희 하
느님께서 너희를 흩어 버리신 모든 민족들에게서 너희를
다시 모아들이실 것이다. 4 너희가 하늘 끝까지 쫓겨났다
하더라도, 주 너희 하느님께서는 그곳에서 너희를 모아들
이시고 그곳에서 너희를 데려오실 것이다. 5 주 너희 하느님
께서는 너희 조상들이 차지하였던 땅으로 너희를 들어가
게 하시어, 너희가 그 땅을 차지하고 조상들보다 더 잘되

29,23-28. 다른 신들을 섬기는 것(우상 숭배)은 주님과의 계약을 저버려 그분을 진노하게 하며, 따라서 숨겨진 죄의 경우에도 벌을 내리게 하는 저주로 매 맞는 것을 뜻한다. 율법(“드러난 것” 28절)은 준수되기 위해서 인간에게 주어진 것이다.

29,27. 동사 ‘뽑다’는 전체 백성 또는 한 집단이 땅을 잃는 것을 은유적으로 가리킬 때 항상 사용한다. 이는 식물이 자라던 땅에서 뿌리가 뽑히듯, 사람이 자기 고장에서 완전히 뽑히는 것으로 이해되는 유배 체험에서 나온다. 동사 ‘쫓아 버리다’는 유배를 가리키는 신명기 저자의 전문 용어이다(2열왕 13,23; 17,20; 24,20; 2역대 7,20; 예레 7,15; 52,3 참조). 이는 땅에서 추방한다는 생각과 주님 현존에서 멀어져 그분께서 백성을 버리시는 것을 암시한다. 이것은 거부된 사람들에게 가해지는 굴욕이라는 생각과 자주 결합한다.

30,1. “마음속으로 뉘우치고” 자구적인 의미는 “네 마음으로 돌아오게 하고”이다. 4,39 주 참조(같은 히브리어 본문을 “너희 마음에 새겨 두어라”로 옮겼다).

29,23 예레 22,8.9. 29,27 1열왕 14,15; 2역대 7,20. 30,1 11,26; 28,64; 29,27. 30,2 4,29. 30,3 4,30; 예레 29,14; 32,37. 30,4 느헤 1,9; 이사 43,6; 마태 24,31; 마르 13,27.

30,1-10. 여기서 축복은 저주와 번갈아 나오는 형식(28,3-14 축복; 28,15-68 저주; 30,1-10 축복)으로 제시된 것이 아니라 회심으로 인해 주어지는 것이다(8절; 4,25-31 참조). 이스라엘 역사는 저주와 유배가 아니라 자비가 진노를 이기게 하는(탈출 34,6-7; 호세 11,8-9; 하바 3,2 참조) 주님께의 회개와 내면의 변화로 끝난다. 저주(신명 28,63-64)가 축복(30,3.5.9)으로 바뀌고 28,3-10의 축복 내용이 여기에 다시 나온다. 그래서 이사 43,18-21; 51,11처럼 새로운 시작이 예견된다.

30,6. 10,16에서 이스라엘은 마음의 할례를 요구받았다(예레 4,4 참조). 여기서 이스라엘이 당신을 사랑하도록 이 정화를 수행하시는 분은 바로 주님 자신이시다.

고 번성하게 해 주실 것이다.
6 주 너희 하느님께서는 너희의 마음과 너희 후손의 마음
에 할례를 베푸시어, 너희가 마음을 다하고 정신을 다하
여 주 너희 하느님을 사랑하게 하셔서, 너희를 살게 해 주
실 것이다. 7 또한 주 너희 하느님께서는 너희의 원수들과,
너희를 미워하며 쫓아다니던 자들 위에 이 모든 저주를
내리실 것이다. 8 그때에 너희는 돌아와서 주님의 말씀을
듣고, 내가 오늘 너희에게 명령하는 그분의 모든 계명을
실천할 것이다. 9 그러면 주 너희 하느님께서는 너희 손이
하는 모든 일과, 너희 몸의 소생과 너희 가축의 새끼와 너
희 땅의 소출을 풍성하게 해 주실 것이다. 주님께서 너희
조상들을 두고 흐뭇해하셨듯이, 정녕 다시 너희의 번영을
두고 기뻐하실 것이다. 10 너희가 주 너희 하느님의 말씀을
듣고, 이 율법서에 쓰인 그분의 계명들과 규정들을 지키
며, 마음을 다하고 목숨을 다하여 주 너희 하느님께 돌아
오면 그러하실 것이다."

30,11-14. 지혜는 가끔 도달할 수 없는 것으로 소개되지만(욥 28,12-28; 바룩 3,29-31 참조), 여기서는 주님 말씀이 매우 가까이 있다고 선언된다. 충실은 불가능한 과제가 아니라 모든 사람이 해낼 수 있는 것이다. 이스라엘에게 하느님 말씀은 참된 지혜이며 하느님 사랑의 특별한 증거이다(4,6.8 참조).

말씀은 가까이 있다

11 "내가 오늘 너희에게 명령하는 이 계명은 너희에게 힘
든 것도 아니고 멀리 있는 것도 아니다. 12 그것은 하늘에
있지도 않다. 그러니 '누가 하늘로 올라가서 그것을 가져
다가 우리에게 들려주리오? 그러면 우리가 실천할 터인
데.' 하고 말할 필요가 없다. 13 또 그것은 바다 건너편에 있
지도 않다. 그러니 '누가 바다 저쪽으로 건너가서 그것을
가져다가 우리에게 들려주리오? 그러면 우리가 실천할 터
인데.' 하고 말할 필요도 없다. 14 사실 그 말씀은 너희에게
아주 가까이 있다. 너희의 입과 너희의 마음에 있기 때문
에, 너희가 그 말씀을 실천할 수 있는 것이다."

30,6 예레 32,39; 로마 2,29. 30,9 28,11; 예레 32,41. 30,10 갈라 3,10. 30,11 이사 45,19; 1요한 5,3. 30,12 로마 10,6; 요한 3,13도 참조. 30,13 집회 51,26; 로마 10,7. 30,14 로마 10,8.

✠ 30,10-14. 다해 연중 제15주일에 착한 사마리아인 이야기(루카 10,25-37)와 연결해 이 본문을 읽는다. 이렇게 하느님 말씀(30,14 참조)과 형제애는 가까이 있다.

생명을 선택하여라

15 "보아라, 내가 오늘 너희 앞에 생명과 행복, 죽음과 불
행을 내놓는다. 16 내가 오늘 너희에게 명령하는 주 너희
하느님의 계명을 듣고, 주 너희 하느님을 사랑하며 그분의
길을 따라 걷고, 그분의 계명과 규정과 법규들을 지키면,
너희가 살고 번성할 것이다. 또 주 너희 하느님께서는 너희
가 차지하러 들어가는 땅에서 너희에게 복을 내리실 것이
다. 17 그러나 너희의 마음이 돌아서서 말을 듣지 않고, 유
혹에 끌려 다른 신들에게 경배하고 그들을 섬기면, 18 내
가 오늘 너희에게 분명히 일러두는데, 너희는 반드시 멸망
하고, 요르단을 건너 차지하러 들어가는 땅에서 오래 살
지 못할 것이다. 19 나는 오늘 하늘과 땅을 증인으로 세우
고, 생명과 죽음, 축복과 저주를 너희 앞에 내놓았다. 너
희와 너희 후손이 살려면 생명을 선택해야 한다. 20 또한
주 너희 하느님을 사랑하고 그분의 말씀을 들으며 그분께
매달려야 한다. 주님은 너희의 생명이시다. 그리고 너희의
조상 아브라함과 이사악과 야곱에게 주시겠다고 맹세하
신 땅에서 너희가 오랫동안 살 수 있게 해 주실 분이시다."

31 1 모세는 가서 온 이스라엘에게 이 말을 하였
다.

여호수아가 모세의 후계자가 되다

2 모세는 또 그들에게 말하였다. "나는 오늘로 백스무 살
이나 되어 더 이상 나다닐 수가 없게 되었다. 또 주님께서
는 나에게, '너는 이 요르단을 건너지 못할 것이다.' 하고
말씀하셨다. 3 주 너희 하느님께서 친히 너희 앞에 서서 건
너가시고, 저 모든 민족들을 너희 앞에서 멸망시키시어,
너희가 그들을 쫓아내게 하실 것이다. 주님께서 말씀하신

30,16. "사랑하며… 걷고… 지키면…" 이는 주님께 대한 충실과 율법에 대한 순종을 말하기 위해 신명기 저자가 자주 사용하는 일련의 동사들이다. 이러한 동사 연결의 특이성은 동사 '사랑하다'의 위치와 관련이 있는데, 이 동사는 이어서 나오는 다른 동사들보다 앞장서며, 결과적으로 '사랑하다'와 뒤이어 나온 동사들 사이에 존재하는 관계를 제시한다. 사실 세 동사 모두 문법상 같은 형태지만, '사랑하다'에 뒤따른 동사들은 이 '사랑하다'와 대등 관계가 아니다. (히브리어 문장에서) '걷다'와 '지키다' 사이는 '그리고'로 연결되지만 이 동사들과 '사랑하다' 사이에는 그 접속사가 없기 때문이다. 이 특성은 동사 '사랑하다'가 어떤 의미에서 다른 행동들을 명령한다는 것을 보여 주는 것일 수 있다. 율법에 대한 순종은 주님께 대한 사랑에서 나오고 그것을 명시적으로 보여 준다.

31,2-3. 모세가 약속의 땅에 들어갈 수 없고 여호수아가 그의 뒤를 이을 것이라는 선포는 이미 3,23-29에 나왔다. 그러나 이스라엘의 두 지도자 사이의 주요 차이점을 강조하는 것은 중요하다. 모세는 그를 통해 율법이 주어진 사람이고 여호수아는 그것을 연구하고 적용하며 간직하도록 부름받은 사람이다(32,44-47; 여호 1,8 참조).

30,15 집회 15,16-17. 30,16 로마 2,26. 30,18-19 4,26. 30,20 6,5; 10,20; 시편 27,1; 요한 11,25. 31,1-8.23 // 민수 27,12-23. 31,1 마태 26,1. 31,2 3,27; 34,7. 31,3 3,28; 9,3.

30,15-20. 율법은 소중한 선물이지만, 주님을 사랑하고 그분 말씀에 순종하며 그분과 일치하면서(20절의 동사 '매달리다'는 깊고도 내적인 추종, 누군가와의 친교를 가리킨다) 인간이 자유롭게 투신해야 할 여정이기도 하다. 하느님께서는 강요하지 않으시고 자유를 선사받은 인간에게 선과 악, 생명과 죽음 사이에서 선택할 수 있게 하신다. 인간의 선택에 축복(16절 참조)과 저주(17-18절 참조)가 달려 있다. 여기서도 29,9-14처럼 시간 부사 "오늘"이 여러 차례 나오는데(15.16.18.19절 참조), 이 "오늘" 덕분에 하느님의 구원 활동이 항상 현재화되고 각자 스스로 응답하게 된다.

30,15-20. 고해성사 거행을 위해서 생명과 선, 죽음과 악이라는 두 가지 고전적인 길의 유형을 소개하는 이 본문을 사용한다.

31,1. 신명기의 결론 부분이 시작되는데 이 부분으로 모세 오경 전체가 끝난다. 모세는 죽기 전에 마지막 말을 하고 주님의 마지막 명령을 경청하기 위해 여호수아와 함께 만남의 천막 안에 선다.

대로 여호수아가 너희 앞에 서서 건너갈 것이다. 4 주님께
서는 아모리족의 임금 시혼과 옥과 그 나라를 멸망시키신
것처럼, 저들에게도 그렇게 하실 것이다. 5 이렇게 주님께
서 그들을 너희에게 넘겨주시면, 너희는 내가 너희에게 명
령하는 모든 계명대로 그들에게 해야 한다. 6 너희는 힘과
용기를 내어라. 그들을 두려워해서도 겁내서도 안 된다.
주 너희 하느님께서 너희와 함께 가시면서, 너희를 떠나지
도 버리지도 않으실 것이다."
7 그러고 나서 모세는 여호수아를 불러 놓고, 온 이스라엘
이 보는 앞에서 그에게 말하였다. "힘과 용기를 내어라. 너
는 이 백성과 함께, 주님께서 그들의 조상들에게 주시겠다
고 맹세하신 땅으로 들어가서, 그들에게 저 땅을 나누어
주어야 한다. 8 주님께서 친히 네 앞에 서서 가시고, 너와
함께 계시며, 너를 버려두지도 저버리지도 않으실 것이니,
너는 두려워해서도 낙심해서도 안 된다."

31,7-8. 모세는 죽으러 느보산에 올라가기 전에(32,48-50 참조) 여호수아에게 자신의 자리를 잇게 한다. 모세는 앞에서 이미 주님 명령에 따라 여호수아에게 안수하면서 자기 권위의 일부를 전수했다(민수 27,15-23 참조).

일곱 해마다 율법을 읽어야 한다

9 모세는 이 율법을 써서, 주님의 계약 궤를 나르는 레위
자손 사제들과 이스라엘의 모든 원로에게 주었다. 10 그리
고 모세는 그들에게 이렇게 명령하였다. "일곱 해마다, 곧
탕감의 해로 정해진 때마다 초막절에, 11 온 이스라엘이 주
너희 하느님 앞에 나아가려고 그분께서 선택하시는 곳으
로 모여 올 때, 너희는 이 율법을 온 이스라엘 앞에서 똑
똑히 읽어야 한다. 12 너희는 남자와 여자와 어린이를 가릴
것 없이 온 백성과 너희 성안에 있는 이방인까지 불러 모
아, 그들이 듣고 배워 주 너희 하느님을 경외하고, 이 율법
의 모든 말씀을 명심하여 실천하게 해야 한다. 13 또한 이
것을 모르는 그들의 아들들도, 너희가 요르단을 건너가
차지할 땅에서 너희가 사는 동안에 언제나 듣고 배워, 주
너희 하느님을 경외하게 해야 한다."

31,5 7,2. 31,6 히브 13,5; 또한 신명 1,29; 20,4; 여호 10,25도 참조. 31,7 1,38; 3,28; 히브 4,8. 31,8 히브 13,5. 31,9 민수 4,15. 31,10 15,1; 레위 23,34. 31,11 16,16; 여호 8,34.35. 31,12 4,10. 31,13 11,2; 시편 78,6.7.

31,9-13. 모세는 사제들과 원로들에게 자신이 쓴 율법을 맡긴다. 이는 공적인 문서이고 일곱 해마다 초막절에 이를 공식적으로 읽으라고 규정한다.

주님께서 모세에게 하신 마지막 말씀

14 주님께서 모세에게 말씀하셨다. "자, 네가 죽을 날이 가
까웠다. 여호수아를 불러 만남의 천막 안에 함께 서라. 내
가 그에게 명령을 내리겠다." 그래서 모세와 여호수아가
만남의 천막 안에 함께 섰다. 15 그때에 주님께서 구름 기
둥 속에서 천막 안에 나타나시고, 구름 기둥은 천막 어귀
위에 머물러 있었다.
16 주님께서 모세에게 말씀하셨다. "자, 이제 너는 조상들
과 함께 잠들 것이다. 그러나 이 백성은 저 땅으로 들어가,
거기에서 낯선 신들을 따르며 불륜을 저지르기 시작할 것
이다. 그들은 나를 저버리고, 내가 그들과 맺은 나의 계약
을 깨뜨릴 것이다. 17 그날에 그들을 거슬러 나의 분노가
타올라서, 나는 그들을 저버리고, 그들에게서 나의 얼굴
을 감추어 버릴 것이다. 그러면 그들은 남의 먹이가 되고
많은 재앙과 고난이 그들을 덮칠 것이다. 그날에 그들은,
'하느님께서 우리 가운데에 계시지 않기 때문에 이 재앙
들이 우리를 덮친 것이 아닌가?' 하고 말할 것이다. 18 그러
나 그들이 다른 신들에게 돌아서서 저지른 모든 악행 때
문에, 나는 그날 나의 얼굴을 기어이 감추어 버리겠다."

주님께서 모세에게 노래를 적으라고 명령하시다

19 "이제 너희는 이 노래를 적은 다음, 이스라엘 자손들에
게 가르쳐 그들의 입에서 떠나지 않게 하여라. 이 노래는
이스라엘 자손들에게 나의 증인이 될 것이다. 20 내가 그들
의 조상들에게 맹세한 땅, 젖과 꿀이 흐르는 땅으로 그들
을 데리고 들어가, 그들이 배불리 먹고 살찌게 되면, 그들
은 다른 신들에게 돌아서서 그것들을 섬기고 나를 업신여
기며 나의 계약을 깨뜨릴 것이기 때문이다. 21 그러나 많은
재앙과 고난이 그들을 덮칠 때에, 이 노래가 증인이 되어
그들 앞에서 증언할 것이다. 그 후손들의 입에서 이 노래
가 잊히지 않을 것이기 때문이다. 사실 내가 맹세한 땅으
로 그들을 데리고 들어가기도 전에, 나는 오늘 그들이 품
고 있는 생각을 이미 알고 있다." 22 그날 모세는 이 노래를
적어 이스라엘 자손들에게 가르쳤다.
23 주님께서 눈의 아들 여호수아에게 명령하셨다. "힘과
용기를 내어라. 내가 이스라엘 자손들에게 주겠다고 맹세

31,14. 천막 안에 있는 여호수아에 대해서는 탈출 33,11 참조.

31,16. 하느님과 이스라엘의 관계는 결혼으로 비유되기도 해서 다른 신을 따르는 것은 불륜으로 정의된다(탈출 34,15-16; 판관 2,17; 1역대 5,25 참조).

31,17-18. 32,20에도 나오는 '얼굴을 감추다'라는 표현은(이사 54,8; 59,2; 예레 33,5; 미카 3,4 참조) 하느님께서 당신께 반역하는 사람에게서 멀어지시는 벌을 가리킨다.

31,17. "그날"은 유다 왕국 멸망과 바빌론 유배를 암시한다.

31,19-22. 모세가 회중 앞에서 선포하고 이스라엘인들에게 가르쳐야 할 노래는 이스라엘이 주님의 선물을 받은 후 계약의 임무에 충실하지 않을 때 바로 이 이스라엘을 꾸짖는 증언이 될 것이다. 백성이 하느님을 배반하면 그에 따른 벌을 내리시리라고 하느님께서 미리 알려 주셨으니 나중에 그들이 고통을 당하면 그 책임이 하느님이 아니라 그들에게 있음을 이 노래가 증언한다는 것이다.

31,14 32,49.50. 31,15 탈출 33,9. 31,16 판관 2,11.12; 10,6.13. 31,17 32,20; 민수 14,42; 판관 2,14; 6,13. 31,20 32,15-17. 31,21 호세 5,3. 31,23 여호 1,6.

한 땅으로 그들을 데리고 들어갈 사람은 바로 너다. 내가
너와 함께 있겠다."

율법서의 보존

24 모세는 이 율법의 말씀들을 책에 끝까지 다 쓴 다음, 25 주
님의 계약 궤를 나르는 레위인들에게 명령하였다. 26 "이
율법서를 가져다가 주 너희 하느님의 계약 궤 곁에 두어라.
거기에서 이 책이 너희에 대한 증인이 되게 하여라. 27 그
것은 내가 너희의 반항심과 너희의 고집을 잘 알기 때문이
다. 내가 오늘 이처럼 너희와 함께 살아 있는데도 너희가
주님께 반항하는데, 내가 죽은 다음에는 얼마나 더하겠느
냐? 28 너희 지파들의 모든 원로와 관리를 나에게 불러모
아라. 내가 그들에게 이 말씀들을 똑똑히 들려주고, 하늘
과 땅을 그들에 대한 증인으로 내세우겠다. 29 내가 죽은
뒤에, 너희가 타락하여 내가 명령한 길에서 벗어나리라는
것을 나는 알고 있기 때문이다. 또한 너희가 주님의 눈에
거슬리는 악한 짓을 저질러 너희 손이 하는 일로 그분을
진노하시게 하여, 뒷날 너희에게 재앙이 닥치리라는 것도
알기 때문이다."
30 모세는 이스라엘의 온 회중에게 이 노래를 끝까지 똑똑
하게 들려주었다.

31,26. 십계명이 새겨진 돌판은 계약 궤 안에 들어 있지만(탈출 25,16.21; 40,20; 신명 10,2.5 참조) 모세가 쓴 율법서는 레위인들에게 맡겨진다. 그들이 계약 궤 옆에서 그 율법서를 지키도록 하기 위함이다(24-27절 참조).

모세의 노래

32 1 하늘아, 귀를 기울여라. 내가 말하리라.
땅아, 내 입에서 나오는 말을 들어라.
2 나의 가르침은 비처럼 내리고
나의 말은 이슬처럼 맺히리라.
푸른 들에 내리는 가랑비 같고
풀밭에 내리는 소나기 같으리라.
3 내가 주님의 이름을 부르면
너희는 우리 하느님께 영광을 드려라.

32,3. "영광을 드려라."(자구적 번역은 "위대함을 드려라")는 "위대하심을 알아보라", "영예를 드려라", "찬미하여라"로도 옮길 수 있다.

31,26 마태 10,18; 요한 5,45-46. 31,27 9,6.24. 31,28 4,26. 31,29 28,15; 32,5. 32,1 이사 1,2. 32,2 이사 55,10.11. 32,3 3,24; 탈출 33,19.

32,1-43. 이 노래의 연대 추정은 일치하지 않는데 하느님과 당신 백성 사이의 논쟁('립')이라는 문학 유형에 속한다. 지혜의 스승으로 자신을 소개하면서 말하는 사람은 바로 모세이며 그의 말은 땅을 기름지게 한다. 이스라엘의 하느님 힘을 선포하고 계약의 책무를 소홀히 한 백성에게 호소하는데 모세의 말에도 하느님의 개입이 섞여 있다. 하늘과 땅 같은 우주의 요소들을 향한 경청에의 초대는(이사 1,2; 시편 50,4-6 참조) 하느님과 당신 백성 쌍방의 논쟁에서 자주 나타난다.

4 바위이신 그분의 일은 완전하고
그분의 모든 길은 올바르다.
진실하시고 불의가 없으신 하느님
의로우시고 올곧으신 분이시다.

5 그분께 못된 짓을 하여
그 허물로 이제는 그분의 자녀가 아닌 그들,
비뚤어지고 뒤틀린 세대일 따름이다.
6 주님께 이렇게 보답하느냐?
어리석고 지혜롭지 못한 백성아!
그분은 너희를 내신 아버지가 아니시냐?
그분께서 너희를 만들고 세우시지 않았느냐?
7 옛날을 기억하고
대대로 지나온 세월을 생각해 보아라.
아버지에게 물어보아라. 알려 주리라.
노인들에게 물어보아라. 말해 주리라.
8 지극히 높으신 분께서 민족들에게 상속 재산을 나누어 주실 때
사람들을 갈라놓으실 때
이스라엘 자손들의 수에 따라
민족들의 경계를 정하셨다.
9 그러나 주님의 몫은 당신의 백성
그분의 소유는 야곱이었다.

10 주님께서는 광야의 땅에서
울부짖는 소리만 들리는 삭막한 황무지에서
그를 감싸 주시고 돌보아 주셨으며
당신 눈동자처럼 지켜 주셨다.
11 독수리가 보금자리를 휘저으며
새끼들 위를 맴돌다가
날개를 펴서 새끼들을 들어 올려
깃털 위에 얹어 나르듯
12 주님 홀로 그를 인도하시고
그 곁에 낯선 신은 하나도 없었다.

32,4-5. 이 노래에서 여러 번 하느님께 부여된 칭호 "바위"(15.18.30절)는 그분의 힘과 굳건함, 구원 활동을 가리키기 위해 시편에도 나오는 은유이다(시편 18,3.32.47; 62,7; 73,26 참조). 31절과 37절에서 이방신들을 가리키는 데도 쓰이지만 주님의 뛰어남과 유일성이 강조된다. 곧 참된 바위는 이스라엘의 하느님이시다(37-39절. 시편 18,32 참조). 하느님의 의로움과 충실을 선포하면서 계약에 불충실한 백성을 고발한다. 이스라엘이 나중에 이 노래를 반복할 때 바로 이 선포는 그들 입에서 자기 죄에 대한 고백이 될 것이다(신명 31,19.21-22 참조).

32,4. "불의"로 옮긴 히브리어는 "악의", "속임", "배반"의 의미도 지닌다.

32,7-18. 하느님께서 이스라엘을 위해 하신 구원 활동과 이 백성에 대한 그분의 큰 사랑을 기억한다. 그러나 하느님의 선물은 이스라엘에게 반역의 기회가 된다. 백성은 자신을 창조한 하느님을 거부한다.

32,8. "이스라엘 자손들의 수에 따라"를 칠십인역과 쿰란 사본은 "하느님 자녀들의 수에 따라"로 읽는데 이것이 원문일 수도 있다. 여기서 하느님의 자녀들은 신들을 가리킬 수 있는데(욥 1,6; 2,1; 38,7; 시편 29,1; 89,7 참조) 후대에 라삐들이 다신론의 모든 흔적을 없애기를 원하면서 원문을 수정했을 수 있다.

32,10-11. "눈동자"는 가장 소중한 것을 상징한다. 독수리가 날개를 펴서 새끼들을 들어 올리는 것은 새끼들에게 나는 법을 가르치는 행동인데 이 표상을 통해 하느님께서 이스라엘을 광야에서 돌보시고 단련시키셨다는 의미를 제시한다.

32,4 7,9; 시편 92,16; 로마 9,14; 1요한 1,9; 묵시 15,3-4; 16,5. 32,5 31,29; 마태 12,39; 17,17; 루카 9,41; 사도 2,40; 필리 2,15. 32,6 1,31. 32,7 탈출 13,14. 32,8 창세 11,8; 사도 17,26. 32,9 1열왕 8,51.53; 예레 10,16. 32,10 예레 2,6; 즈카 2,12. 32,11 탈출 19,4; 이사 31,5; 루카 13,34.

[13] 주님께서는 그가 이 땅의 높은 곳을 달리게 하시고
들의 소출로 그를 먹이셨다.
바위에서 나오는 꿀을 빨아 먹게 하시고
차돌 바위에서 나오는 기름을 먹게 하셨다.
[14] 엉긴 소젖과 양의 젖을
어린양들의 굳기름과 함께 먹게 하시고
바산의 숫양과 염소들을
기름진 밀과 함께 먹게 하셨다.
그리고 너희는 붉은 포도로 빚은 술을 마셨다.
[15] 여수룬은 살이 찌더니 불평을 늘어놓았다.
살이 찌고 몸이 불어나 기름기가 흐르더니
자기를 만드신 하느님을 저버리고
제 구원의 바위이신 분을 업신여겼다.
[16] 그들은 낯선 신들로 그분을 질투하시게 하고
역겨운 짓으로 그분을 분노하시게 하였다.
[17] 그들은 하느님이 아니라 잡신들에게 제물을 바쳤다.
그들이 알지도 못하던 신들
갓 들어온 새 신들
너희의 조상들은 두려워하지도 않던 신들이다.
[18] 너희는 너희를 낳으신 바위를 무시하고
너희를 세상에 내신 하느님을 잊어버렸다.

[19] 주님께서는 그것을 보시고 분노하시어
당신 아들딸들을 물리치셨다.
[20] 그리고 주님께서 말씀하셨다.
"나는 그들에게서 나의 얼굴을 감추고
그들의 끝이 어떻게 되는지 지켜보리라.
그들은 타락한 세대
진실이라고는 전혀 없는 자식들이다.
[21] 그들은 신도 아닌 것들로 나를 질투하게 하고
헛것들로 나를 분노하게 하였다.
나 또한 내 백성이 아닌 자들로 그들을 질투하게 하고
어리석은 민족으로 그들을 분노하게 하리라.
[22] 나의 진노로 불이 타올라
저승 밑바닥까지 타 들어가며

32,15. "여수룬"은 이스라엘을 부르는 시적인 별명으로(33,5.26도 참조) 아마도 "올바른 사람", "의인"을 의미하는 듯하다. 이 경우에 자연스럽게 역설적인 의미로 사용된다.

32,17. "잡신들"은 고대의 다른 이방신들 경배를 가리킨다. 이 표현이 나오는 시편 106,37("마귀"로 번역)에서는 인신 공양과 연결시킨다.

32,18. 당신 백성에 대한 하느님의 행위를 묘사하기 위해서 모성의 은유('낳다'는 일반적인 출산을, '세상에 내다'는 출산의 고통을 표현)를 강조하는 다른 예는 이사 42,14; 63,15-16을 참조한다.

32,19-36. 다른 민족들이 하느님 백성에게 벌을 주는 하느님 손의 도구가 된다(21절에서 벌은 죄에 상응한다). 그러나 그들이 억압자가 되면서 도를 넘게 되면 주님께서는 복수하시기 위해(35절), 곧 죄인들을 벌하시면서 정의를 다시 세우기 위해 개입하신다(시편 94,1에서 주님은 "복수하시는 하느님"으로 불리고 사람들 사이에 정의를 회복하기 위해 개입하도록 요청받으신다). 계약의 하느님께서는 원수에게 억압받는 당신 백성을 버려두실 수 없다(40-43절; 시편 94,1도 참조).

32,21. 이스라엘이 "신도 아닌 것들로" 하느님을 질투하게 하고 분노케 하였으니 하느님도 "백성이 아닌 자들로" 당신 백성을 질투하게 하고 분노케 하신다.

32,13 욥 29,6; 이사 58,14. 32,14 시편 147,14. 32,15 33,5.26; 이사 1,4. 32,16 시편 78,58; 1코린 10,22. 32,17 28,64; 판관 5,8; 시편 106,37; 1코린 10,20; 묵시 9,20. 32,18 시편 106,21; 이사 17,10. 32,19 시편 106,40; 예레 44,21-23. 32,20 31,17.29; 마태 12,39; 17,17; 루카 9,41. 32,21 로마 10,19; 1코린 10,22. 32,22 예레 15,14.

땅과 그 소출을 삼켜 버리고
산들의 기초까지 살라 버리리라.
23 나는 그들에게 재앙을 퍼붓고
나의 화살을 모조리 쏘리라.
24 그들은 굶주려 쇠약해지고
열병과 모진 괴질로 죽어 가리라.
나는 그들에게 짐승들의 이빨을
먼지 위를 기는 것들의 독과 함께 보내리라.
25 밖에서는 칼이 아이들을 앗아 가고
안에서는 공포가 난무하여
총각도 처녀도
젖먹이도 백발노인도 같은 꼴을 당하리라.
26 '나는 그들을 산산조각 내고
사람들에게서 그들의 기억을 지워 버리리라.' 생각하였지만
27 원수가 뽐낼까 두려워서
또 그들의 적대자들이 착각하여
'우리의 손이 더 강하였다.
이 모든 것을 한 이는 주님이 아니다.' 할까 보아
그렇게 하지 않았다."

28 정녕 그들은 소견이 없는 백성이며
슬기가 없는 자들이다.
29 그들이 지혜롭다면 이것을 이해하고
자기들의 끝이 어떠할지 깨달을 터인데.
30 그들의 바위께서 그들을 팔아 버리지 않으신다면
주님께서 그들을 넘겨주지 않으신다면
어찌 한 사람이 천 명을 쫓을 수 있으며
두 사람이 만 명을 도망치게 할 수 있으랴?

31 우리 원수들이 스스로 판단을 내린다 하더라도
정녕 그들의 바위는 우리의 바위와 같지 않다.
32 그들의 포도나무는 소돔의 포도나무이며
고모라의 밭에서 나온 것.
그들의 포도는 독 포도여서
송이마다 쓰기만 하다.

32,26-30. 벌이 이스라엘의 전적인 파괴에까지 미친다면 원수들은 그것을 자신의 힘으로 했다고 여길 것이고, 그들 손에 당신 백성을 넘긴 것은 바로 주님이심을 이해하지 못할 것이다.

32,23 29,20; 에제 5,16. 32,24 28,22; 레위 26,22. 32,25 에제 7,15; 2역대 36,17. 32,26 4,27; 시편 34,17. 32,27 9,26-28; 이사 10,13. 32,28 루카 19,42. 32,29 시편 81,14. 32,30 레위 26,7.8. 32,31 1사무 2,2; 4,8.

33 그들의 포도주는 뱀의 독
독사의 무서운 독이다.

34 "그것은 나에게 간직되어 있지 않느냐?
나의 보고 안에 밀봉되어 있지 않느냐?
35 그들의 발이 비틀거릴 때
복수와 보복은 내가 할 일,
멸망의 날이 가까웠고
그들의 재난이 재빨리 다가온다."

36 당신 백성의 힘이 다함을,
노예도 자유인도 남아 있지 않음을 보시고
주님께서는 당신 백성의 권리를 옹호하시며
당신의 종들을 가엾이 여기시리라.

37 주님께서 말씀하시리라. "그들의 신들은 어디 있느냐?
그들이 피신처로 삼던 바위는 어디 있느냐?
38 그들이 바친 희생 제물의 굳기름을 먹고
그들이 따라 바친 제주를 마시던 것들이 아니냐?
그것들에게 일어나 너희를 도와 달라고,
너희의 피난처가 되어 달라고 하여라.
39 이제 너희는 보아라! 나, 바로 내가 그다.
나 말고는 하느님이 없다.
나는 죽이기도 하고 살리기도 한다.
나는 치기도 하고 고쳐 주기도 한다.
내 손에서 빠져나갈 자 하나도 없다.
40 나는 하늘로 손을 들어
나의 영원한 삶을 두고 맹세한다.
41 내가 번뜩이는 칼을 갈아
내 손으로 재판을 주관할 때
나의 적대자들에게 복수하고
나를 미워하는 자들에게 되갚으리라.
42 내 화살들이 피를 취하도록 마시고
내 칼이 살코기를 먹게 하리리.

32,35. "복수"로 번역한 히브리어는 법정 변호 활동에서 히브리어 '립'("소송", "재판")과 동의어로 사용된다. 이는 "복수"라는 용어가 비열하고 비난받을 만한 행동을 의미하지 않는다는 것을 이해할 수 있다. 오히려 이 용어는 사회를 규범으로 다스리고자 하는 목적 아래 이미 당한 피해와 앞으로 상대에게 부가할 피해가 같아야 한다는 기준으로 누군가에게 피해를 그대로 갚아 주는 것을 표현한다.

32,37-39. 주님께서는 4.15.18.30절에서 이스라엘의 "바위"이시다. 그분은 참된 바위이시며 그분과 비교할 때 이방신들은 바위라고 여길 수 없다(31.37절 참조). 이방신들은 그들의 나라를 구원할 능력이 없다. 그들은 아무것도 아니다. 이제 다른 신들보다 주님이 우월하다는 것뿐만이 아니라(탈출 15,11 참조) 주님의 유일성도 선포된다. 시편 18,32은 수사학적 질문을 사용하면서 이 선포를 크게 강조한다. "정녕 주님 말고 그 누가 하느님이며 우리 하느님 말고 그 누가 반석이 되어 주겠는가?"

32,33 시편 58,5. 32,34 호세 13,12. 32,35 로마 12,19; 히브 10,30; 루카 21,22도 참조. 32,36 // 시편 135,14; 히브 10,30; 또한 판관 2,18; 시편 106,45; 요엘 2,14도 참조. 32,37 예레 2,28. 32,39 시편 50,22; 이사 41,4; 요한 5,21. 32,40 묵시 1,18; 10,5-6. 32,41 에제 21,14.15. 32,42 예레 46,10.

살해당한 자들과 포로들의 피를 마시고
적장들의 머리를 먹게 하리라."

43 민족들아, 그분의 백성에게 환호하여라.
그분께서는 당신 종들이 흘린 피를 갚아 주시고
당신의 적대자들에게 복수하시며
당신 땅과 당신 백성의 죄를 풀어 주신다.

44 모세는 눈의 아들 여호수아와 함께 가서, 백성에게 이
노래를 모두 똑똑히 들려주었다.

생명의 유일한 원천인 율법

45 모세가 온 이스라엘에게 이 모든 말씀을 끝까지 들려준
다음, 46 그들에게 말하였다. "너희는, 내가 오늘 너희를 거
슬러 증언한 모든 말씀을 마음에 간직해야 한다. 그리고
너희 자손들에게 명령하여 이 율법의 모든 말씀을 명심하
여 실천하게 하여라. 47 이 말씀은 빈말이 아니라 너희의
생명이기 때문이다. 또한 너희는 이 말씀 덕분에, 너희가
요르단을 건너 차지하러 가는 땅에서 오래 살 것이다."

모세가 느보산으로 올라가라는 명령을 받다

48 바로 그날에 주님께서 모세에게 이르셨다. 49 "너는 예리
코 맞은쪽, 모압 땅에 있는 아바림산맥의 느보산으로 올
라가서, 내가 이스라엘 자손들에게 소유하라고 주는 가나
안 땅을 바라보아라. 50 그리고 너의 형 아론이 호르산에
서 죽어 선조들 곁으로 간 것처럼, 너도 네가 올라간 산에
서 죽어 선조들 곁으로 가야 한다. 51 그것은 너희가 친 광
야에 있는 므리밧 카데스 샘에서, 이스라엘 자손들 한가
운데에서 나를 배신하였고, 이스라엘 자손들 한가운데에
서 나의 거룩함을 드러내지 않았기 때문이다. 52 너는 내가
이스라엘 자손들에게 주는 땅을 멀리 바라보기만 할 뿐
들어가지는 못한다."

32,44. "여호수아" 히브리어 본문은 "호세아"이다. 이 이름에 대해서는 민수 13,6.8과 관련된 주 전반부 참조.

32,48-52. 이미 민수 27,12-14에서 주님께서 모세에게 약속의 땅을 보도록 아바림산으로 올라가라고 명령하셨다. 그러나 모세도 아론처럼 그 땅에 들어가지 못할 것이다(민수 20,24 참조). 민수 27,15-23에서 모세의 후계자로서 여호수아를 임명하는 장면이 이어진다. 이제 모세가 주님의 명령으로 느보산에 올라가는 것과 그의 죽음이 이어질 것이다(신명 34,1.7-9 참조). 신명 3,27의 주도 참조.

32,43 로마 15,10; 또한 시편 85,2; 묵시 6,10; 12,12; 19,2ㄴ도 참조. 32,46 6,6; 에제 40,4. 32,47 30,20; 사도 7,38. 32,49 민수 27,12-14. 32,51 민수 20,11-13; 27,14. 32,52 1,37; 34,1-3.

33,2-5. 축복에 앞서 주님을 찬미하는 짧은 찬미가가 나온다. 주님께서는 이스라엘 지파("민족들", "당신의 거룩한 이들")를 사랑하신다. 그분께서는 시나이에서 그들에게 율법을 주신 후에 그들을 인도하셨다. 26-29절의 다른 짧은 찬미가로 축복이 마무리될 것이다. 신명기 전체에서 2절에서만 "시나이"라는 이름이 등장하고 여기서는 계속해서 "호렙"으로 나온다.

33,3. "민족들을 사랑하시는 분"이란 칭호는 유다교 전통에서 '그의 백성을 사랑하는 자'라는 칭호를 임금에게 부여했다는 점에서 볼 때 하느님께서 참된 임금이시라는 것을 고백한다.

33,5. "여수룬" 32,15 주 참조.

모세의 축복

33

1 이것은 하느님의 사람 모세가 죽기 전에 이스
라엘 자손들에게 한 축복이다. 2 그가 말하였다.

주님께서 시나이에서 오시고
세이르에서 그들 위에 떠오르셨다.
그분께서 파란산에서 빛을 내시고
므리밧 카데스에서 오시는데
그분의 오른손에는 타오르는 횃불이 들려 있었다.

3 정녕 민족들을 사랑하시는 분.
당신의 거룩한 이들은 모두 당신 손안에 있습니다.
그들은 당신 발 앞에 엎드려
저마다 당신의 말씀을 받습니다.
4 모세가 우리에게 율법을 명령하였으니
야곱의 모임에 소유로 준 것이다.
5 백성의 우두머리들이
이스라엘의 지파들과 함께 모였을 때
여수룬에 한 임금이 일어났다.

6 "르우벤은 죽지 않고 살리라.
그러나 사람 수는 많아지지 않으리라."

7 그가 유다를 두고서는 이렇게 말하였다.
"주님, 유다의 소리를 들으시고
그를 자기 백성에게 데려다 주십시오.
그의 손이 자신을 위해 싸우게 하시고
당신께서 그를 도우시어 그의 원수들을 물리쳐 주십시오."

33,1 여호 14,6. 33,2 다니 7,10; 하바 3,3; 마태 25,31; 사도 7,53; 갈라 3,19; 유다 14; 묵시 5,11. 33,3 14,2; 호세 11,1; 사도 7,38; 20,32. 33,4 시편 119,111; 요한 1,17. 33,7 창세 49,8-12.

33,1-29. 창세 49장의 야곱처럼 모세도 죽기 전에 이스라엘 지파를 축복한다. 그러나 지파들의 배열이 다르다. 역사 상황이 다르고 모두가 같은 시기의 것도 아닌 듯하다. 시메온은 보이지 않는데(창세 49,5-7 참조) 아마 유다에 의해 흡수된 듯하다(여호 19,1.9 참조). 르우벤은 작아진다(창세 49,3-4 참조). 유다는 나머지 지파들에게서 떨어져 있는 듯하다. 가장 중요한 축복은 요셉을 위한 것이며 형제들의 맏이로 여겨진다. 레위 지파는 하느님 봉사에 온전히 헌신한다는 점에서 칭송을 받는다. 그러므로 이 본문은 확실히 모세 시대 후에 일어난 이스라엘 역사 사건들이 편집되어 서로 연결되어 있음을 반영한다.

8 레위를 두고서는 이렇게 말하였다.
“당신께 충실한 이에게
당신의 툼밈과 당신의 우림을 주십시오.
당신께서는 마싸에서 그를 시험하시고
므리바의 샘에서 그와 겨루셨습니다.
9 그는 자기 아버지와 어머니를 두고
‘나는 그를 본 적이 없다.’ 하며
자기 형제를 외면하고
자기 아들들을 아는 체하지 않았습니다.
정녕 그는 당신의 말씀을 지키고
당신의 계약을 준수하였습니다.
10 그는 당신의 법규들을 야곱에게 가르치고
당신의 율법을 이스라엘에게 가르칩니다.
당신 앞에 향을 피워 올리고 당신
제단에서 번제물을 바칩니다.
11 주님, 그의 힘에 복을 내리시고
그의 손이 하는 일을 기꺼이 받아 주십시오.
그를 반대하는 자들의 허리를 치시고
그를 미워하는 자들이 다시는 일어나지 못하게 해 주십시오.”

12 벤야민을 두고서는 이렇게 말하였다.
“주님께서 사랑하시는 그는 주님 곁에서 평안히 산다.
주님께서 언제나 그를 보호하시니
그는 그분의 어깨 사이에서 산다.”

13 요셉을 두고서는 이렇게 말하였다.
“그의 땅은 주님께 복 받은 땅.
하늘의 귀한 선물인 이슬과
저 아래 펼쳐진 심연으로,
14 해가 내놓는 값진 선물과
다달이 나오는 값진 선물로,
15 예로부터 있던 산에서 나는 최상품과
처음부터 있던 언덕에서 나는 값진 선물로,
16 땅과 그 안에 가득 찬 것에서 나는 값진 선물과
떨기에 사시는 분의 은총으로 복을 받아라.

33,8-11. 레위 지파는 탈출 32,26-29의 일화에서 혈연을 염두에 두지 않고 반역자들을 처벌하면서 그들의 열정을 보여 주었다. 야곱은 레위와 시메온의 분노와 화를 저주하지만(창세 49,5-7 참조) 모세는 레위인 사제들의 특권을 묘사하면서 레위 지파를 축복한다. 우림과 툼밈으로 하느님의 말씀을 전하는 역할(민수 27,21에서 사제 엘아자르의 역할 참조), 이스라엘 백성을 가르치는 것, 끝으로 제단에서 봉사하는 것이 그들에게 명령으로 맡겨진다. 제물 봉헌은 사제들의 가장 중요한 일이 된다(히브 5,1; 8,3 참조). 우림과 툼밈에 대해서는 탈출 28,30 주 참조.

33,9. “당신의 계약을 준수하였습니다.” 5,1 주 참조.

33,13-17. 요셉에게 가장 중요한 부분이 할애된다(창세 49,8-12에서는 유다에게 할당된 것). 그에게 큰 번영을 기원하고 그의 정치적, 군사적 힘을 소의 이미지로 강조한다. 들소의 두 뿔은 요셉의 아들 에프라임과 므나쎄 지파를 가리킨다.

33,8 탈출 17,7; 28,30. 33,9 탈출 32,26-29; 마태 10,37; 루카 14,26. 33,10 31,9-13; 탈출 30,7.8; 시편 51,21. 33,11 2사무 24,23; 시편 20,4. 33,12 2테살 2,13. 33,13 창세 27,28; 49,25. 33,15 창세 49,26. 33,16 탈출 3,2.4; 사도 7,30.35.

이 모든 복이 요셉의 머리 위에,
형제들 가운데에서 뽑힌 그의 정수리 위에 내리리라.
17 그는 맏이로 난 소, 그에게 영예가 있어라.
그의 뿔은 들소의 뿔.
그 뿔로 민족들을
땅 끝까지 모두 들이받으리라.
에프라임의 수만 명이 그러하고
므나쎄의 수천 명이 그러하리라."

18 즈불룬을 두고서는 이렇게 말하였다.
"즈불룬아, 집을 나서면서 기뻐하여라.
이사카르야, 천막 안에서 기뻐하여라.
19 그들은 민족들을 산으로 불러 모아
거기에서 의로운 희생 제물을 바치리니
바다의 풍요와
모래 속에 감추어진 보화를 누리기 때문이다."

20 가드를 두고서는 이렇게 말하였다.
"가드의 땅을 넓혀 주신 분께서는 찬미받으소서.
가드는 암사자처럼 자리 잡고서
먹이의 팔과 머리를 찢는다.
21 그는 가장 좋은 것을 골랐으니
그곳에 지도자의 몫이 간직되어 있기 때문이다.
그는 백성의 우두머리들을 오라 하여
주님의 정의를,
이스라엘과 함께 그분의 공정을 실천하였다."

22 단을 두고서는 이렇게 말하였다.
"단은 바산에서 뛰어나오는
사자 새끼다."

23 납탈리를 두고서는 이렇게 말하였다.
"은총이 충만하고
주님의 복이 가득한 납탈리.
그는 바다와 남쪽 지방을 차지한다."

33,18-19. 이사카르와 즈불룬에게 내린 유일한 축복은 해상 무역과 농산물 교역을 통해 그들이 번영하리라는 것이다. 그들이 희생 제물을 바치는 산은 즈불룬과 납탈리의 경계에 위치한 타볼산(또는 카르멜)인 것 같다.

33,19. 희생 제물이 의롭다고 하는 것은 의로운 상태에서 바쳐지거나, 많은 양을 바치거나 하느님과 인간의 관계에 합당한 방식으로 이루어지기 때문이다(시편 4,6; 51,21 참조).

33,20-21. 가드는 르우벤과 므나쎄 반쪽 지파와 함께 맨 먼저 요르단 건너편에 정착했지만, 약속의 땅 정복을 돕기 위해 다른 지파들과 함께 요르단을 건넜다.

33,22. 사자 새끼로 불리는 단은 지중해 해안에서 이스라엘 북쪽, 라이스로 이동한 후에 단이라고 불렸다(판관 18,7-29 참조).

33,23. 납탈리는 요르단 윗부분의 동쪽에 있는 매우 비옥한 지역에 정착하였다(여호 19,32-39 참조).

33,17 민수 23,22; 시편 44,6. 33,18 창세 49,13-15. 33,19 이사 2,3; 시편 4,6. 33,20 창세 49,19. 33,21 민수 31,32; 여호 4,12; 22,1-3. 33,22 창세 49,16. 33,23 창세 49,21.

24 아세르를 두고서는 이렇게 말하였다.
"아들 가운데에서 가장 큰 복을 받은 아세르.
그는 형제들이 가장 좋아하는 이가 되어
발을 기름에 담그리라.
25 너의 빗장은 쇠와 구리
너는 한평생 평안하리라."

26 "여수룬의 하느님 같으신 분은 없다.
그분께서는 너를 도우시러 하늘을 타고 오시며
당신의 권능과 함께 구름을 타고 오신다.
27 예로부터 계시는 하느님은 피난처이시고
처음부터 계시는 그 팔은 지주이시다.
그분께서는 네 앞에서 원수를 쫓아내시며
'멸망시켜라.' 하고 말씀하셨다.
28 이스라엘은 평안히 살고
야곱의 후손들은 안전하게
하늘이 이슬을 내려 주는
곡식과 포도주의 땅에 산다.
29 이스라엘아, 너는 복되어라.
주님께 구원을 받은 백성아, 누가 너와 같겠느냐?
그분은 너를 도우시는 방패이시며
너를 힘 있게 하시는 칼이시다.
너의 원수들은 너에게 아부하지만
너는 그들의 등을 짓밟으리라."

모세의 죽음

34 1 모세가 모압평야에서 예리코 맞은쪽에 있는
느보산 피스가 꼭대기에 올라가자, 주님께서
그에게 온 땅을 보여 주셨다. 단까지 이르는 길앗, 2 온 납
탈리, 에프라임과 므나쎄의 땅, 서쪽 바다까지 이르는 유
다의 온 땅, 3 네겝, 그리고 초아르까지 이르는 평야 지역,
곧 야자나무 성읍 예리코 골짜기를 보여 주셨다. 4 그리고
주님께서 그에게 말씀하셨다. "저것이 내가 아브라함과 이
사악과 야곱에게, '너의 후손에게 저 땅을 주겠다.' 하고
맹세한 땅이다. 이렇게 네 눈으로 저 땅을 바라보게는 해
주지만, 네가 그곳으로 건너가지는 못한다."

33,24 창세 49,20; 욥 29,6. 33,25 4,40. 33,26 탈출 15,11; 시편 68,34.35. 33,27 여호 24,18; 시편 90,1.2. 33,28 창세 27,28; 민수 23,9. 33,29 2사무 7,23; 시편 18,15; 144,15. 34,1 3,27; 32,49.52; 마태 4,8. 34,4 창세 12,7; 28,13.

33,24. 아세르의 큰 번영을 암시하는데(창세 49,20 참조) 카르멜과 페니키아 사이 해안에 있는 풍요로운 올리브 경작지와 이 지파의 강력한 요새들 때문이다.

33,26-29. 축복은 원수들에게서 당신 백성을 구하셨고 풍요로운 땅으로 그들을 인도하신, 강력하신 하느님이요 이스라엘의 하느님을 찬양하는 찬미가로 마무리된다.

34,1. 이미 창세 12,1에서 아브라함에게 보여 주시기로 약속하신 그 땅을 주님께서는 산꼭대기에서 모세에게 보여 주신다. 모세는 그 땅에 들어갈 수 없을 것이다. 모세가 시작한 일은 여호수아가 완수할 것이다. 가나안의 온 땅을 바라본다는 사실은 여기서 소유한다는 상징적 가치가 있다(창세 13,14-15도 참조). 신명 3,27 주도 참조.

34,6. "묻히게 하셨는데" 히브리어 본문에서는 주어 없이 단수 3인칭 동사인데 우리말 성경은 주님을 주어로 보고 의역했다. 칠십인역은 사람들을 주어로 보고 번역한다.

34,8. 아론의 죽음 때처럼 삼십 일 동안의 애도 후에(민수 20,29 참조) 여호수아는 백성이 약속의 땅에 들어가게 할 것이다. 사십 일 후에 마침내 약속의 땅에 도착한다(여호 4,19 참조).

34,10. "얼굴을 마주 보고" 주님과 모세의 관계가 중재가 필요 없는 직접적인 것이었음을 가리킨다(탈출 33,11; 민수 12,6-8 참조). 예언자로서 모세의 자격은 신명 18,15 참조.

5 주님의 종 모세는 주님의 말씀대로 그곳 모압 땅에서 죽
었다. 6 그분께서 그를 모압 땅 벳 프오르 맞은쪽 골짜기에
묻히게 하셨는데, 오늘날까지 아무도 그가 묻힌 곳을 알
지 못한다. 7 모세는 죽을 때에 나이가 백스무 살이었으나,
눈이 어둡지 않았고 기력도 없지 않았다. 8 이스라엘 자손
들은 모압평야에서 삼십 일 동안 모세를 생각하며 애곡하
였다. 그런 뒤에 모세를 애도하는 애곡 기간이 끝났다.
9 모세가 눈의 아들 여호수아에게 안수하였으므로, 여호
수아는 지혜의 영으로 가득 찼다. 이스라엘 자손들은 그
의 말을 들으며, 주님께서 모세에게 명령하신 대로 실천하
였다.
10 이스라엘에는 모세와 같은 예언자가 다시는 일어나지
않았다. 그는 주님께서 얼굴을 마주 보고 사귀시던 사람
이다. 11 주님께서 그를 보내시어, 이집트 땅에서 파라오와
그의 모든 신하와 온 나라에 일으키게 하신 그 모든 표징
과 기적을 보아서도 그러하고, 12 모세가 온 이스라엘이 보
는 앞에서 이룬 그 모든 위업과 그 모든 놀라운 대업을 보
아서도 그러하다.

34,5 32,50; 여호 1,1.2; 묵시 15,3. 34,7 31,2. 34,9 민수 27,18.23; 이사 11,2; 사도 6,6. 34,10 민수 12,6.8; 집회 45,1-5. 34,11 4,34.

34,9. 안수 예식 행위를 강조한다. 이 안수로 여호수아는 영을 받아 지혜로 통치할 수 있게 된다. 그러나 민수 27,15-23에서 여호수아는 이미 영을 지니고 있기 때문에 모세의 계승자로 선택된다. 안수로 모세의 권위 일부를 여호수아에게 넘김으로써 공동체 전체 앞에서 공적으로 그의 은사가 확인된다.

34,10-12. 모세 오경은 모세가 주님과 가졌던 특권적인 관계 때문에 다른 어떤 예언자보다 뛰어나다는 선언으로 마무리된다. 그는 어떤 중재도 없이 주님과 얼굴을 마주 보는 사이였다(탈출 33,11; 민수 12,6-8 참조). 예수님만이 모세보다 뛰어난 인물이 될 것이다(히브 3,1-6 참조).